Reclams Kammermusikführer

Reclams Kammermusikführer

Herausgegeben von Arnold Werner-Jensen
Unter Mitarbeit von Ludwig Finscher,
Wolfgang Ludewig und Klaus Hinrich Stahmer

Mit 560 Notenbeispielen

Zwölfte Auflage

Philipp Reclam jun. Stuttgart

Autoren dieses Bandes:

AWJ	Prof. Dr. Arnold Werner-Jensen
LF	Prof. Dr. Ludwig Finscher
WL	Wolfgang Ludewig
KHS	Prof. Dr. Klaus Hinrich Stahmer
GW	Dr. Gerhard Wienke
KWJ	Dr. Karin Werner-Jensen
WT	Dr. Wolfgang Thein
IB	Irmgard Brockmann

Noten: la mà de guido, Sabadell (Barcelona, Spanien)
Gesamtherstellung: Reclam, Ditzingen. Printed in Germany 1997
RECLAM ist eine eingetragene Marke
der Philipp Reclam jun. GmbH & Co., Stuttgart
ISBN 3-15-010437-8

INHALT

Vorwort 7

Gattungen und Besetzungen der Kammermusik 11

Die Kammermusik vor Corelli 13

Entwicklungen im 15. und 16. Jahrhundert auf dem Kontinent 13

Die Sonderentwicklung in England 19

Das 17. Jahrhundert 22

Arcangelo Corelli 29

Die Triosonate nach Corelli 30

Italien 30

Frankreich 33

England 35

Deutschland 38

Die Sonate für Melodie-Instrument und Generalbaß . 43

Sonaten für ein Melodie-Instrument allein 50

Kammermusik für Melodie- und obligates Tasteninstrument 53

Duette für Melodie-Instrumente ohne Generalbaß . . 56

Begleitete Cembalomusik 59

Die Entstehung der klassischen Gattungen 64

Kammermusik für ein Melodie- und ein Tasteninstrument (Klavier) 67

Die Violinsonate 67

Die Bratschensonate 72

Die Cellosonate 73

Sonaten für Bläser 76

Die Klarinettensonate 77

Das Klaviertrio 79

Das Klaviertrio mit Bläsern 84

Das Klavierquartett 85
Das Klavierquintett 88
Klavierquintette mit Bläsern 92
Klaviersextett und Klavierseptett 93
Kammermusik mit Harfe 94
Das Streichtrio 95
Das Trio mit Bläsern und das Bläsertrio 99
Das Streichquartett 101
Das Quartett mit Bläsern 116
Das Streichquintett 117
Das Quintett mit Bläsern 121
Das Streichsextett 123
Das Sextett mit Bläsern 125
Das Septett 125
Das Oktett und das Nonett mit Bläsern 126
Das Doppelquartett und das Oktett für Streicher . . . 128
Kammermusik für Bläser 129

Die Komponisten und ihre Werke
(in chronologischer Folge) 133

Zwischenüberblicke:
Die Mannheimer Hofmusiker 355
Komponisten um Schumann und Brahms 699
Europäische Komponisten am Beginn und in der
1. Hälfte des 20. Jahrhunderts 840
USA 858
Die »Groupe des Six«, die Neoklassizisten und ihre
Zeitgenossen 865
Neutöner und Traditionalisten – die Schönberg-Ära . . 910
Neue Musik nach 1945 1082

Fachwort-Erläuterungen 1111

Namenregister und Verzeichnis der besprochenen Werke 1133

VORWORT ZUR ZEHNTEN, VÖLLIG NEU BEARBEITETEN AUFLAGE

Vor 35 Jahren, 1955, erschien zum ersten Mal *Reclams Kammermusikführer* von Hans Renner; dieses Buch hat sich im Laufe seines langen Lebens über viele Auflagen hin zu einer Institution entwickelt. Dennoch ging auch an einem solchen Standardwerk die Zeit nicht spurlos vorüber; alle möglichen Arten der Begegnung mit Kammermusik haben sich kontinuierlich weiterentwickelt und verändert: das Musizieren, das Hören und parallel dazu eben auch das Interpretieren und Beschreiben von Musik. Wissenschaftler und wissenschaftlich informierte Musiker haben vor allem älterer Musik gegenüber neue Ansätze gefunden und ausprobiert; zugleich hat sich das verfügbare Repertoire in geradezu beängstigendem Maße ausgeweitet: Die Forschung hat zahllose Werke bedeutender und weniger bedeutender älterer Komponisten wiederentdeckt, und der zeitgenössische Vorrat ist gleichzeitig ständig weiter gewachsen.

Diese Umstände führten zur Entscheidung, Renners Buch nicht noch einmal zu überarbeiten und zu ergänzen, sondern statt dessen Zeile für Zeile einen völlig neuen Kammermusikführer zu verfassen, der den gewandelten Hör- und Musiziergewohnheiten soweit wie möglich Rechnung trägt. Dabei bleibt das Nachfolgewerk auf selbstverständliche Weise der Pionierleistung Renners verpflichtet und stellt sich ganz bewußt in seine Tradition. So blieb beispielsweise das Grundverständnis von Kammermusik unangetastet: Vorgestellt werden Kompositionen für eine Besetzung von einem einzelnen Instrument bis hin zum solistischen Ensemble mit acht oder neun Mitwirkenden, selten mehr, wobei die Klaviermusik als umfangreichste Sondergattung weiterhin einem eigenen Führer überlassen bleibt.

Eine gewichtige Neuerung, die den Kompendiumscharakter dieses Buches erhöhen dürfte, ist der nach Besetzungen zusammenfassend gegliederte Überblick als Einführung, der dem Leser zugleich eine konzentrierte und systematische Geschichte der Kammermusik in die Hand gibt, wie sie bisher vermißt wurde.

Weniger denn je ist es möglich gewesen, in den Umfangsgrenzen eines handlichen Bandes eine Enzyklopädie der Kammermusik zu erstellen. Die Auswahl der vorgestellten Werke richtet sich überwiegend nach dem derzeit gespielten und gehörten Repertoire; Auslassungen waren deshalb nicht zu vermeiden.

Darüber hinaus war es Verlag und Herausgeber ein Anliegen, den Anteil der Musik unseres Jahrhunderts und vor allem der Gegenwart angemessen zu berücksichtigen und damit zu erhöhen. Es ergab sich hieraus natürlich der Zwang zur Einsparung an anderer Stelle. So mußte vieles bis zum beginnenden 18. Jahrhundert summarisch zusammengefaßt werden oder auch ganz entfallen, was angesichts der deutlichen Typisierung der Gattungen gerade in der Barockepoche immerhin plausibel erscheint. Nicht davon betroffen sind aber die Passagen größerer Ausführlichkeit, mit denen die Autoren neue Akzente setzen wollten, sei es, um der Erweiterung der Konzertprogramme in den letzten Jahrzehnten zu entsprechen, sei es, um die Aufmerksamkeit der Leser auf vernachlässigte Komponisten und Werke zu lenken. So z. B. bei Zelenka, Boccherini, Cherubini, Brahms, Dvořák und manchem Markstein des 20. Jahrhunderts.

Natürlich ist die Abgrenzung der Gattung »Kammermusik« gegenüber benachbarten Bereichen zunehmend problematisch geworden, zumal bei modernen Kompositionen, die über traditionelle Besetzungen und Instrumentarien hinausgehen, z. B. in den Bereich der elektronischen Klangerzeugung.

Nicht nur aus den genannten Gründen verschoben sich die Gewichte, sondern auch aus dem geänderten Forschungs- und Rezeptionsstand. Um nur einige markante Beispiele zu nennen: Haydn ist nach wie vor unter den bedeutendsten Meistern derjenige, der am empfindlichsten und ungerechtesten »unter Wert gehandelt« wird, und zwar sowohl bei Hörern wie bei Spielern; und selbst gegenüber Dvořák und Tschaikowskij gibt es immer noch manches hartnäckige Vorurteil abzubauen.

Hans Renner (1901–1971) verfaßte beinahe sein ganzes Werk allein; auch hier änderte sich unser Konzept sehr bewußt und keineswegs nur unter dem Druck der übermächtigen Materialfülle. Die Aufteilung des Buches auf mehrere Autoren bezweckt vielmehr erklärtermaßen auch die Vorstellung verschiedenartiger didaktischer, wissenschaftlicher und stilistischer Ansätze des Schreibens über Musik. Auf diese Weise mag sich als willkommene Begleiterscheinung ein überblickartiges

Spektrum der Möglichkeiten ergeben haben, wie man sich heute erklärend musikalischen Kunstwerken nähern kann.
Angaben zu den Aufführungsdauern, die von vielen Seiten aus begreiflichen Gründen immer wieder gewünscht werden, sind lediglich in Ausnahmefällen aufgenommen (und in der Regel eher als Näherungswerte zu betrachten). Auch hier gab vor allem eine sich abzeichnende Entwicklung der Aufführungspraxis den letzten Anstoß: daß nämlich immer öfter, aus gewachsenem historischem Bewußtsein heraus, Wiederholungsvorschriften in älterer Musik befolgt werden, so daß sich die zeitliche Ausdehnung eines Satzes oder einer ganzen Komposition überhaupt nicht mehr exakt angeben läßt, ganz abgesehen von individuellen Abweichungen durch die Maßgaben der Interpreten.
So wendet sich dieser neue Kammermusikführer wie sein Vorgänger an ein vielschichtiges Publikum: zuallererst an den Information und Verständnishilfen suchenden Hörer, dann aber auch, im Rahmen seiner Möglichkeiten als Nachschlagewerk, an alle mit Kammermusik im privaten Kreis oder beruflich Befaßten. Wenn es ihm gelingt, das Musikerlebnis zu vertiefen, also zur Musik hinzuführen und nicht etwa von ihr abzulenken, dann ist seine Aufgabe erfüllt.

Arnold Werner-Jensen

GATTUNGEN UND BESETZUNGEN DER KAMMERMUSIK

Der Begriff der Gattung ist in der Geschichte der Kammermusik so wichtig wie in kaum einem anderen Bereich der Musikgeschichte, weil hier Entstehung und Entwicklung der Gattungen modellhaft deutlich zu beobachten sind und weil sich Werkgruppen, der Beitrag einzelner Komponisten zur Kammermusik wie auch die einzelnen Werke wesentlich durch ihren Bezug zur jeweiligen Gattung definieren. Die »corellisierenden« Triosonaten des 18. Jh. spiegeln die normative Bedeutung, die das von ARCANGELO CORELLI geschaffene Muster der Gattung Triosonate erreicht hatte, und sind zugleich schöpferische Auseinandersetzungen mit diesem Muster. Die revolutionäre Bedeutung der Klaviertrios op. 1 von BEETHOVEN wird erst dann ganz verständlich, wenn man den »Gattungshintergrund« sieht, von dem sie sich abheben, d. h. die Klaviertrios HAYDNS und MOZARTS. Die besondere Rolle, die das Streichquartett bei den »Klassikern« der Neuen Musik (SCHÖNBERG, BARTÓK, SCHOSTAKOWITSCH) gespielt hat und in der neuesten Musik wiederum spielt, ist ganz nur aus der Geschichte der Gattung zu erklären.
Gattungen in der Musikgeschichte lassen sich als Konstellationen kompositorischer Merkmale und als Traditionszusammenhänge beschreiben. Dabei sind die Grenzen zwischen bloßer Besetzungskonvention und Gattung im engeren Sinne oft fließend, und eine eindeutige Gattungsdefinition ist am ehesten dort möglich, wo ein mehr oder minder genau zu datierendes Modell und eine daran anschließende Theorie der Gattung erkennbar sind. Strenggenommen ist das nur bei zwei Gattungen der Fall: bei der Triosonate und beim Streichquartett. Andere Gattungen, die wir wie selbstverständlich als solche begreifen, sind primär durch ihren Traditionszusammenhang definiert, ohne daß man einen genaueren Zeitpunkt ihrer Entstehung oder gar »Erfindung« nennen könnte. Bei einigen barocken Gattungen, deren Traditionszusammenhang im Stilwandel des 18. Jh. abgebrochen war, ist eine auf verschiedenste Weise historisierende »Renaissance« in der Musik des 20. Jh. zu beobachten, am deutlichsten vielleicht bei der Sonate für Vio-

line allein. Und andererseits gibt es »synthetische« Gattungsbezeichnungen, die einen historischen Zusammenhang suggerieren, der nicht existiert hat: Die Sonate für Melodie-Instrument und obligates Tasteninstrument umfaßt eine vor allem durch BACH repräsentierte Sonderform der barocken Trio- und Solosonate und die Violin-Klavier-Sonate seit dem späteren 18. Jh., obwohl beide außer der Besetzung nichts gemein haben.

Besetzungen allein konstituieren also noch keine Gattung – das gilt auch für die (insgesamt seltenen) Fälle, in denen ein Komponist auf ein bestimmtes Werk eines anderen reagiert, diesen Weg dann aber nicht weiterverfolgt. Die »klassischen« Beispiele hierfür finden sich bei BEETHOVEN und in BEETHOVENS Umkreis: das Streichtrio Es-Dur op. 3 (1797 veröffentlicht) ist nach MOZARTS Divertimento in derselben Tonart, KV 563, das Quintett für Bläser und Klavier Es-Dur op. 16 (ebenfalls 1797) nach MOZARTS Es-Dur-Quintett KV 452 modelliert; ähnlich hat die Popularität von BEETHOVENS Septett CONRADIN KREUTZER und FRANZ BERWALD zu Werken derselben ungewöhnlichen Besetzung gereizt. Und um ungewöhnliche Besetzungen – manchmal verbunden mit Lehrer-Schüler-Beziehungen oder einem allgemeineren Schulzusammenhang – handelt es sich auch später, so bei der Sonate für Klarinette und Klavier op. 5 von GUSTAV JENNER (1900), die BRAHMS' Klarinettensonaten op. 120 folgt, bei der Beziehung von ALEXANDER ZEMLINSKYS Trio für Klarinette, Violoncello und Klavier op. 3 (1896) zu BRAHMS' op. 114 (1892) in derselben Besetzung, oder bei SCHUMANNS »Märchenerzählungen« für Klarinette, Viola und Klavier op. 132 (1853) und den 8 Stücken für dieselbe Besetzung von MAX BRUCH op. 83 (1910).

Die Gattungsproblematik kompliziert sich aber noch weiter dadurch, daß die Merkmale, nach denen sich Gattungen definieren lassen, in durchaus verschiedenen Konstellationen zusammentreten, daß sich diese Konstellationen im historischen Prozeß verändern können (ohne daß dadurch der Gattungszusammenhang gefährdet würde) und daß die Rolle, die Gattungen und das Bewußtsein von Gattungen in der Kompositionsgeschichte gespielt haben, sich im Lauf der Jahrhunderte wandelte. So ist die Triosonate allgemein durch satztechnische Merkmale definiert: 2 Melodie-Instrumente in Sopranlage und ein Generalbaß, der von verschiedenen Instrumenten und Instrumenten-Gruppen ausgeführt werden kann; die »klassi-

sche« Triosonate um 1700 aber ist zusätzlich definiert durch Violinen als Melodie-Instrumente und durch die normierten Satzfolgen des Typus Sonata da chiesa und des Typus Sonata da camera. Violin-Klavier-Sonate und Klaviertrio sind allgemein bezeichnet durch ihre Instrumenten-Kombinationen, aber zum Kern der Gattung gehört die klassische Viersätzigkeit beim Klaviertrio sehr viel regelmäßiger als bei der Violinsonate. Umgekehrt ist beim Streichquartett zu beobachten, daß die Viersätzigkeit bis ins 20. Jh. die Norm blieb, obwohl der späte BEETHOVEN sie durchbrochen hatte, daß aber die außerordentlich reiche Streichquartett-Produktion der postseriellen Musik als Normen nur noch die Besetzungen und – vor allem – den Anspruch der Gattung bewahrt. So notwendig also der Aspekt der Gattung für das Verständnis kammermusikalischer Werke und ihrer Geschichte ist, so begrenzt ist er auch. Er kann die Individualität des Werkes nicht erklären, aber er trägt zu ihrer Erklärung und ihrem Verständnis bei. Das Maß, in dem er dies kann, ist seinerseits durch die Geschichte bestimmt.
Die große Zeit der Gattungen – die Zeit, in der es für jeden Komponisten von Bedeutung war, in welchem Gattungszusammenhang und in welcher Gattungsästhetik er komponierte – war das 18. Jh.; die Tatsache, daß dieses emphatische Gattungsbewußtsein den großen Umsturz in der Kompositionsgeschichte um 1720/30 überdauerte, deutet darauf hin, daß es sich hier um eine Denkform handelte, die nicht nur die Musik betraf. Und es ist noch offenkundiger, daß auch die Entwicklung vom Gattungsdenken zum Denken in einzelnen Werken von je einzigartiger Individualität, die das 19. Jh. kennzeichnet, in übergreifenden ideengeschichtlichen Prozessen wurzelt, an denen die Musikgeschichte nur partizipierte.

Die Kammermusik vor Corelli

Entwicklungen im 15. und 16. Jahrhundert auf dem Kontinent

Die »gattungsstiftende« Rolle ARCANGELO CORELLIS (1653 bis 1713) ist so offenkundig, daß es naheliegt, einen Überblick über die Entwicklung der Kammermusik unter gattungsgeschichtlichen Aspekten an seinem Werk zu gliedern. Auch dann bleibt diese Entwicklung noch kompliziert genug, vor allem dadurch, daß Besetzungen und Formen selbst dort, wo Momente gattungsähnlicher Verfestigung sichtbar werden, weitgehend variabel blieben. Die kompositionsgeschichtliche Zäsur um 1600, also die Ausbildung des Generalbaßsatzes, änderte daran so wenig wie die Zäsur um 1720/30 das Gattungsdenken des 18. Jh. außer Kraft setzte – das neue satztechnische Konzept rief neue Besetzungen hervor, die sich aber erst durch und nach CORELLI zu Gattungen verfestigten. Dementsprechend muß ein Überblick, neben der zweifellos vorhandenen Entwicklung auf CORELLI hin, nationale und regionale Aspekte berücksichtigen, und dies um so mehr, als vor allem im 17. Jh. diese Aspekte besonders deutlich hervortreten. CORELLIS europäischer Erfolg bewirkte auch die Einebnung oder wenigstens Reduzierung solcher Unterschiede.

Bezeichnet man als Kammermusik, wie üblich, die in der Regel solistisch besetzte Instrumentalmusik für 2 bis 9 Stimmen (dazu als Sonderfall die Musik für ein Melodie-Instrument seit dem Barock), so beginnt die Geschichte der Kammermusik als (Quasi-)Gattungsgeschichte mit den instrumentalen Ensembleformen des 16. Jh.: Bicinium, Tricinium, Carmen, Canzone, Ricercar, Tanz und Tanzfolge, Fancy und In nomine – Formen, die im folgenden erläutert werden. Was wir an instrumentalen Ensemblestücken aus dem 15. Jh. kennen, sind einzelne Sätze, die sich von Vokalstücken – Chansons, Liedern oder Messensätzen – nur durch ihre Textlosigkeit unterscheiden, die also eher eine Aufführungsspielart als selbständige Instrumentalmusik sind (so wie es grundsätzlich und bis gegen Ende des 16. Jh. möglich war, Vokalwerke jeder Art rein instrumental auszuführen). Instrumentale Idiomatik – Spielfiguren, Sequenzen, Läufe mit großem Ambitus – findet sich gelegentlich, aber sie findet sich ebenso in (vermutlich) instrumentalen Stimmen von Messen, Motetten oder Chansons; sie begründet weder Gattungen noch eine eigentliche Instrumentalmusik überhaupt, und entsprechend unspezifisch ist die Überlieferung – verstreut in Handschriften oder (dies noch durch das ganze 16. und bis ins 17. Jh.) als Anhang zu Vokaldrucken. Andererseits entwickelt sich aber um und kurz nach 1500 ein kleines Repertoire von 4- und 5stimmigen Instrumentalsätzen, das offenbar auf den süddeutsch-österreichischen Raum beschränkt ist und das – zum ersten Mal – Gattungsbezeichnungen trägt, und zwar solche, die auf einen humanistischen Einfluß schließen lassen: *Carmen* und *Melodia*. Carmina sind von HEINRICH ISAAC und LUDWIG

SENFL überliefert; Melodiae (octo tonorum, also geordnet nach den 8 Kirchentonarten) nur von dem ungarischen Hofkapellmeister THOMAS STOLTZER. Alle diese Sätze unterscheiden sich satztechnisch von Vokalsätzen der Zeit nicht wesentlich; natürlich fehlen auch alle Besetzungsangaben. Auswirkungen scheint das kleine Repertoire nicht gehabt zu haben; einzig die gelehrte Beziehung der (sehr kunstvollen und klangschönen) »Octo tonorum melodiae« von STOLTZER auf das System der Kirchentonarten deutet auf den besonderen Kunstanspruch des späteren Ricercar in Italien und der Fancy in England voraus.

Umfangreicher und weiter verbreitet, auch selbständiger gegenüber der herrschenden Vokalmusik der Epoche ist das Repertoire an 2stimmigen Stücken des frühen und mittleren 16. Jh., das vor allem in Deutschland und Italien überliefert ist, entsprechend der Stimmenzahl – die hier also das gattungsbestimmende Merkmal ist – unter den Bezeichnungen *Bicinia* (mit stärkerem humanistischem Einschlag auch *Diphona*) oder einfach *Musica duorum*. Was dieses Repertoire besonders heraushebt, ist seine geschlossene Überlieferung in Handschriften und, vor allem, Drucken, die nichts anderes als eben 2stimmige Sätze zum instrumentalen Gebrauch bereitstellen, also auf einen breiteren Abnehmerkreis zielen (Drucke) oder für lokalen Gebrauch angelegt wurden (Handschriften). Inhaltlich handelt es sich zum Teil einfach um 2stimmige Abschnitte aus Messen oder um zur Zweistimmigkeit reduzierte Chansons, mit oder ohne Text. Interessanter, weil weiter von der Vokalsphäre entfernt, sind Sätze, in denen zu einer aus einem anderen Stück übernommenen Stimme eine neue 2. Stimme hinzukomponiert wird (die Vorlagestimme ist immer aus einem Vokalsatz) oder »echte« neukomponierte 2stimmige Instrumentalsätze, die meist allerdings in ihrer Satztechnik und ihren Ansprüchen kaum von 2stimmigen Vokalsätzen unterschieden sind. Am interessantesten schließlich sind die Stücke, die spezifisch instrumentale Merkmale zeigen, nicht nur in Spielfiguren und ähnlichem, sondern vor allem darin, daß sie kleine Motive imitierend, sequenzierend und variierend regelrecht »durchspielen«, Reprisenformen und einen Kernbestand instrumentaler Formeln ausbilden. EUSTACHIO ROMANOS »Musica duorum« (Rom 1521) ist die erste bedeutende Sammlung solcher »echten« Instrumentalduos.

Ähnlich fließend wie in der 2stimmigen »Spielmusik« der Epo-

che sind die Übergänge zur Vokalmusik auch im 3- und 4stimmigen Repertoire, und ebenso gilt hier wie im 2stimmigen Satz die Regel, daß grundsätzlich alles, was nicht spezielles Repertoire für Tasten- oder Zupfinstrumente ist, vokal oder instrumental ausgeführt werden kann – »zum Singen und Spielen«, »auch gut auf Instrumenten« und wie die Angaben auf den Titelblättern der Drucke des 16. Jh. heißen mögen.
Während das 3stimmige Repertoire im späten 15. und frühen 16. Jh. weitgehend aus der textlosen Überlieferung ursprünglich textierter Sätze oder aus Stücken »zum Singen und Spielen« besteht – hierher gehören auch die Gegenstücke zu den Bicinia, die *Tricinia*-Sammlungen vor allem deutscher Verleger –, gibt es eine kleine Gruppe von Stücken, die eindeutig instrumental erfunden sind und ähnliche Charakteristika wie Eustachio Romanos »Musica duorum« zeigen. Teils sind es Bearbeitungen gängiger Liedmelodien (wie das niederländische »T'Andernaken op den Rhyn« oder wie Heinrich Isaacs weitverbreiteter Satz »Der Hund«), teils tragen sie Phantasietitel wie »Der Pfauenschwanz« und andere Sätze in dem um 1470 geschriebenen »Glogauer Musikbuch«, teils auch Bezeichnungen, die auf Tänze deuten, auch wenn die Sätze gar keinen Tanzcharakter haben (»La Alfonsina«).
Wesentlich deutlicher als in diesem etwas diffusen, dabei quantitativ kleinen Bereich wird eine Quasi-Gattungsbildung in der meist 4-, seltener mehrstimmigen Ensemblemusik des 16. Jh. in Italien und Frankreich, und zugleich treten hier, zum ersten Mal ganz deutlich, nationale Unterschiede der Entwicklung auf. In Italien entsteht vor allem ein Repertoire von *Canzoni* und *Ricercari*, seltener *Fantasie*, parallel zur Ausbildung entsprechender Typen in der Musik für Laute und der Musik für Tasteninstrumente. Die Satztechniken dieser Stücke sind aus denjenigen der Vokalmusik entwickelt, vor allem der der französischen Chanson, die in Italien als höfischer Importartikel sehr beliebt war (daher oft auch *Canzon alla francese* oder ähnliche Titel), und der der Motette um 1520; in beiden Fällen handelt es sich vor allem um die Reihung kleiner Imitationsabschnitte (in der Canzone meist mit dem typischen Anfangsrhythmus 𝅗𝅥 ♩ ♩), unterbrochen von akkordischen Absätzen, die auch Tanzcharakter haben können. Spätestens um die Mitte des 16. Jh. entwickelt sich hieraus eine spezifisch instrumentale Formbildung durch Abschnittswiederholungen, aus denen Schlußbetonungen (z. B. a b c d e e) oder symmetrische Gebilde

(z. B. abcba) oder rondoartige Formen (abacadae) entstehen. Techniken und Formtypen dieser Art sind für die Entwicklung eines selbständigen instrumentalen Formdenkens von entscheidender Bedeutung gewesen; zusammen mit der Entwicklung der Tanzmusik vor allem in Frankreich haben sie die endgültige Trennung der Instrumentalmusik von der Vokalmusik – die sich ihrerseits nun immer intensiver auf die Entwicklung ihrer musikalischen Strukturen aus ihren Texten konzentriert – vollzogen.

Andererseits reichte diese Entwicklung noch nicht aus, um instrumentale Gattungen im engeren Sinne zu begründen. Form- und Satztypen entwickeln sich in allen instrumentalen Besetzungen parallel; lediglich die Überlieferung in Stimmbüchern (je ein geschriebenes oder gedrucktes Heft für je eine Stimme der Komposition) unterscheidet die Ensemblemusik von derjenigen für Orgel, Cembalo oder Laute. Instrumentenbezeichnungen sind vor dem Ende des 16. Jh. kaum zu finden – gespielt werden kann dieses Repertoire von allen Instrumenten, die den Umfang der einzelnen Stimmen realisieren können. Andererseits gibt es einige Nachrichten über feste Ensembles, deren Funktionen und deren Wertschätzung durch die höfische Gesellschaft. BALDASSARE CASTIGLIONE rühmt in seinem höfischen Erziehungsbuch »Il libro del Cortegiano« (veröffentlicht 1528) ein Ensemble von 4 »viole da arco« als »musica soavissima e artificiosa« (zum ersten Mal wird hier die Idee einer besonders kunstvollen Haltung von Kammermusik sichtbar), und es gab tatsächlich Gruppen von Violenspielern, die durch Ober- und Mittelitalien zogen und an den Höfen zur Tafel oder in der Kammer aufspielten. Daneben gab es Ad-hoc-Ensembles mit Holz- und Blechbläsern, Streichern und Zupfinstrumenten in bunter Mischung, vor allem bei Banketten, politischen Ereignissen, Theateraufführungen und allen Arten von Festen. Dabei deutet sich die Trennung von privater und öffentlicher Musik vielfach an, ist aber noch nicht vollzogen: Bei einem Hochzeitsbankett in Ferrara 1528 spielen nacheinander ein Ensemble von 5 Posaunen und einem Zink und »stillere«, im engeren Sinne kammermusikalische Gruppen, und noch bei den öffentlichen Umzügen der Florentiner Fürstenhochzeit 1586 musizieren »stille« und laute Ensembles, geringstimmige und vielstimmige in buntem Wechsel. Daneben freilich gibt es auch an den italienischen Höfen des 16. Jh. schon die typische höfisch-kammermusikalische Situation des gemeinsamen kennerhaften Musizierens von Fürsten und Hofmusikern »in der Kammer«; solche »Kammermusik« ist aber vor allem vokal (Madrigale), erst in zweiter Linie instrumental, und entsprechend sind in den Hofkapellen die »musici da camera« eher Sänger als Instrumentalisten.

Gänzlich anders als in Italien verlief die Entwicklung in Frankreich und Flandern, wohl auch deshalb, weil hier die Träger der Musikkultur nicht eine relativ große Zahl von über eine weite Region verstreuten Höfen, sondern ein einziger, zentralistischer Hof und zwei Großstädte – Paris und Antwerpen – waren, die zugleich Zentren des aufblühenden Musikverlagswesens bildeten. In beiden Städten – bei ATTAINGNANT in Paris (Basses danses, Branles, Pavanes, Gaillardes, zuerst 1530, dann bis 1557 10 weitere Bände) wie bei SUSATO in Antwerpen (Het derde musyck boexcken, 1551) und bei allen anderen Verlegern – dominieren die Tänze, meist in einfachem Satz zu 4 oder 5 Stimmen, wobei die *Basse danse* – eine Gattung, die ihren Höhepunkt offenbar schon im 15. Jh. in über der Baßmelodie improvisierter Mehrstimmigkeit erlebt hatte – im Lauf des Jahrhunderts langsam zurücktrat. Über Funktionen und Aufführungsorte dieser französischen Tanzmusik wissen wir nicht viel; vermutlich wurde sie vor allem tatsächlich als Gebrauchsmusik für höfische und stadtbürgerliche Tanzvergnügen und als bürgerliche »Kammermusik« zusammen mit der Chanson verwendet, wobei sich die einfachen Satzstrukturen und relativ fest umrissenen Tanzcharaktere für solchen – gegenüber der höfischen Verfeinerung in Italien eher schlichten – Gebrauch besonders anboten. Besetzungsangaben fehlen, wie in Italien, und hier wie dort wird man – je nach den akustischen Gegebenheiten und der Zahl der Anwesenden – mit einfacher oder mit chorischer Besetzung der einzelnen Stimmen und mit homogenen (Violen) oder gemischten Ensembles rechnen müssen.

Unter allen diesen Aspekten war die französische instrumentale Ensemblemusik des 16. Jh. sehr viel stärker einfache Gebrauchsmusik als die italienische. Kunstvoll ausgearbeitete *Fantasien* hatten in dieser Welt kaum einen Platz; die rund 40 3- bis 6stimmigen Fantasien von EUSTACHE DU CAURROY (1549–1609), in denen gregorianische Melodien und französische Lieder in motettischem Cantus-firmus-Satz behandelt werden, sind eher akademische Stilübungen (DU CAURROY stand BAÏFS Académie de poésie et musique nahe) und blieben isoliert.

Die Sonderentwicklung in England

Die instrumentale Ensemblemusik in England zeigte in der 1. Hälfte des 16. Jh. deutliche Parallelen zur Entwicklung in Frankreich, entfaltete sich dann aber sehr schnell zu voller Eigenart – einer Eigenart, die einen sehr viel stärkeren Akzent auf der Ausbildung klar definierter Gattungen hatte, als es in Italien oder Frankreich der Fall war. Verbunden mit diesem Gattungsdenken war nicht nur ein gesteigerter Kunstanspruch (wie teilweise in Italien), sondern auch eine klarere Trennung von intim-kammermusikalischer und repräsentativ-öffentlicher Musik als irgendwo auf dem Kontinent; hinzu kam, daß die Kammermusik – von MICHAEL PRAETORIUS im »Syntagma Musicum« 1618 als »gar still, sanfft und lieblich« gerühmt – die öffentliche qualitativ und quantitativ bei weitem überwog. Unter allen diesen Aspekten war die englische Ensemblemusik des 16. und 17. Jh. in sehr viel präziserem Sinne Kammermusik als die kontinentalen Gattungen, Formen und Ensembles, und auch in ihrer Qualität erscheint sie uns heute als der Höhepunkt der europäischen Kammermusik bis zum Ende des 17. Jh.
Zum besonderen Charakter dieser englischen Entwicklung gehört, daß sich eine spezielle Terminologie sowohl für Gattungen als auch für Besetzungen entwickelte, Zeugnis eines ausgeprägten Gattungsdenkens, das wiederum – wie offenbar stets in der Entwicklung kammermusikalischer Gattungen – mit einem gesteigerten Kunstanspruch zusammenhing. Die wesentlichen Besetzungen waren »whole consort« und »broken consort«: ersteres ein Ensemble aus Instrumenten nur einer Familie (Gamben oder Blockflöten zumeist), letzteres ein aus Streich-, Blas- und Zupfinstrumenten gemischtes Ensemble, dessen vielfarbige Kombinationsmöglichkeiten mit außerordentlicher Klangphantasie genutzt wurden. Die Begriffe »whole« und »broken« scheinen anzudeuten, daß sowohl die Homogenität (ähnlich wie später beim Streichquartett) als auch die Farbigkeit des Ensembleklanges als ästhetische Qualitäten begriffen wurden – Vorstellungen, für die es auf dem Kontinent offenbar kaum Parallelen gab; die Möglichkeiten des Broken consort mußten andererseits dazu führen, daß man für spezifische Besetzungen, die dann auch genau bezeichnet wurden, zu komponieren begann (wobei sich diese Tendenz allerdings erst gegen Ende des 16. Jh. durchgesetzt hat, also parallel zur Entwicklung in Italien, vor allem bei GIOVANNI GABRIELI in Vene-

dig). Die Anfänge selbständiger Instrumentalmusik in England scheinen unmittelbar mit musikalischen Vorlieben des Hofes unter dem musikliebenden und komponierenden HEINRICH VIII. verbunden gewesen zu sein, der auch eine für damalige Verhältnisse riesige Instrumentensammlung besaß (1526 werden 3 Lauten, 15 Trompeten, 3 Rebecs, eine Harfe, 2 Violen, 4 Pauken – und 10 Dudelsäcke genannt). Das Repertoire, das am Hof und wohl auch vom Adel und von wohlhabenden Bürgern gepflegt wurde, bestand größtenteils aus Tänzen – soziale Situation und Repertoire entsprechen also etwa den Verhältnissen in Paris; ein erster englischer Zug (wie im – höfischen! – Instrumentarium die Dudelsäcke) ist nur, daß neben den modischen französischen Tänzen wie Branle, Pavane, Galliarde und Allemande auch englische – Hornpipe und Jig – eine Rolle spielen.

Ihre volle Eigenart erhält die Entwicklung um die Mitte des 16. Jh. durch die Ausbildung zweier fest umrissener Gattungen, des *Fancy* (auch, italianisierend, *Fantasia* oder *Fantasy*) und des *In nomine*; zum Gattungs-Charakter beider gehört von Anfang an, daß sie weitgehend getrennt überliefert werden, also in Fancy- oder in In-nomine-Handschriften. Zum Gattungs-Charakter gehört auch, daß wenigstens für die Fancy der gehobene Kunstanspruch formuliert wurde: THOMAS MORLEY schreibt 1597, daß in dieser Gattung »may more art be showne than in any other musicke«. Und zum Gattungs-Charakter gehört schließlich, daß Fancy und In nomine ein langes Leben hatten: Noch HENRY PURCELLS Fantasien für Violen-Ensemble (1681) gehören in den Gattungszusammenhang der Fancy, und der Jurist und Musikliebhaber ROGER NORTH (1653–1734) erinnerte sich gegen Ende seines Lebens, daß das In nomine als Prüfstein für die kontrapunktische Geschicklichkeit eines Komponisten galt. Die Popularität der Gambe in England bis gegen Ende des 18. Jh. und die entsprechend langsame Durchsetzung des Violoncellos haben in der durch Gattungen und Gattungsansprüche verfestigten Tradition des Violen-Ensembles einen wesentlichen Grund.

Musikalisch war die *Fancy* ein motettischer Satz, der den Satztypen und Formen der italienischen Fantasia, der Canzone und des Ricercars ähnlich war und der auch eine ähnliche Entwicklung nahm (Kontrast- und Abschnittsbildungen, Abschnittswiederholungen); aber anders als in Italien, wo die Wende von der polyphonen zur generalbaßmäßigen Satzstruktur auch für die

Kammermusik eine entscheidende Zäsur bewirkte, entwickelte sich die Fancy bis zum Ende des 17. Jh. weiter, einerseits zur Mehrsätzigkeit, andererseits zur besonders kunstvollen Fantasie über ein einziges Thema; zugleich nahm sie Tanz-Charaktere, die virtuosen Variations- und Spieltechniken der Virginalisten und Basso-ostinato-Techniken (ground) in sich auf und wurde so zu einem hochkomplexen, gelegentlich auch überkünstlichen Gebilde. In der 2. Hälfte des 17. Jh. wurde schließlich die Fancy in großer Broken-consort-Besetzung vom italienischen Concerto, die geringstimmige Fancy für (zumeist) Whole consort (Violen) von der italienischen Triosonate allmählich verdrängt.

Enger, aber auch konzentrierter in seinem Gattungs-Charakter stellt sich das *In nomine* dar, ein Satz für meist 4 bis 7 Stimmen, der seine Blüte etwa zwischen 1560 und 1610 erlebte. Das namengebende Modell der Gattung war der Abschnitt »In nomine Domini« aus dem »Benedictus« der Messe »Gloria tibi Trinitas« von JOHN TAVERNER (vor 1528), in dem der Cantus firmus (Gloria tibi Trinitas) in der zweithöchsten Stimme des 4stimmigen Satzes in breiten Notenwerten erklingt. Dieser Ausschnitt aus einer Messe wurde mehrfach isoliert, als Quasi-Instrumentalsatz und mit der Textmarke »In nomine« überliefert, ganz analog zur »Instrumentalisierung« einzelner Abschnitte aus Messen kontinentaler Komponisten aus dieser oder der vorangegangenen Generation (wie JOSQUIN DESPREZ und HEINRICH ISAAC). An diese Überlieferung schloß sich dann der Brauch an, TAVERNERS Satz immer neu zu variieren, TAVERNERS Cantus firmus in immer neuen Formulierungen kontrapunktisch zu umkleiden. Aus den Spielregeln, d. h. aus der Begrenztheit der Aufgabe, ergab sich zwangsläufig eine unablässige Steigerung des Aufwandes an kontrapunktisch-variativer Geschicklichkeit und Phantasie, und es gibt keinen Komponisten der Epoche, der nicht versucht hätte, in dieser Gattung sein Bestes zu geben, von THOMAS TALLIS und CHRISTOPHER TYE (der seinen In nomines gern phantasieanregende Titel wie »My death« oder »Trust« gab) über WILLIAM BYRD, THOMAS WEELKES oder ORLANDO GIBBONS bis zu WILLIAM LAWES und JOHN JENKINS. Im Laufe des 17. Jh. nahm zwar auch das In nomine gelegentlich Tanz-Elemente in sich auf (so wie umgekehrt Ensembletänze durch Kontrapunkt überformt, in ihrem Tanz-Charakter gleichsam kontrapunktisch überwuchert wurden), die eigentliche, strenge Tradition blieb aber ungebrochen, auch wenn die Gattung im Schatten der modernen italienischen Importe, also der generalbaß-fundierten Gattungen, nur noch ein esoterisches Dasein fristete. In diesem strengen, ja rigiden Gattungszusammenhang, im gelehrten Quasi-Dialog der Komponisten über Generationen hin und (wörtlich wie übertragen) über ein und dasselbe Thema, ist das In nomine offenbar die erste kammermusikalische Gattung im engsten Sinne gewesen, vergleichbar am ehesten der Triosonate des CORELLI-Typus und dem Streichquartett.

Das 17. Jahrhundert

Die Überlagerung und weitgehende Ersetzung des traditionellen kontrapunktischen Satzes durch den Generalbaßsatz, die sich ausgehend von Italien im späten 16. und frühen 17. Jh. in allen Kompositionsbereichen vollzog, traf in der instrumentalen Kammermusik auf den offenbar sehr viel langsameren Prozeß der Ausbildung idiomatischer Schreibweisen, hin zu spezifischen Streicher- oder Bläsertechniken und entsprechenden festen Besetzungen. Dabei ging allerdings die Idee des stimmig-kontrapunktischen Satzes nicht ganz verloren, und mit ihr erhielt sich eine begrenzte Variabilität der Besetzungen: Die »klassische« *Triosonate* wurde zu einem neuen Modell des 3stimmigen Satzes, aber ihre beiden Oberstimmen konnten oft von Violinen oder Flöten, ihr bezifferter Baß von vielen verschiedenen Instrumenten-Kombinationen ausgeführt werden (ganz abgesehen davon, daß viele Kammermusik bis zur Mitte des 18. Jh. zwar primär für solistische Besetzung geschrieben wurde, aber auch in chorischer Besetzung gespielt werden konnte). Erst im Zeitalter der Wiener Klassik wurden Besetzungen endgültig zu Gattungsnormen.
Die Verbindung von neuer Satztechnik und idiomatischer Schreibweise führte in Italien sehr schnell zur Ausbildung bevorzugter Stimmenkombinationen und Satztypen, in deren Rahmen sich die Idiomatik der Instrumente weiter entfalten konnte; Formen und erst recht Werkbezeichnungen – in Italien *Sonata*, *Canzone*, *Sinfonia*, *Toccata* oder *Partita*, in Frankreich *Leçon* und *Suite*, in Deutschland italienische und französische Terminologie – blieben bis zum Ende des Jahrhunderts variabel. Das Satzmodell Oberstimme plus Baß, das schon in den geringstimmigen und vielstimmigen Concerti und Sonaten GIOVANNI GABRIELIS entwickelt worden war,

wurde zum Muster für den Satz *Melodie-Instrument plus Generalbaß*.
Der Wechsel vom Basso seguente (akkordische Ausfüllung der jeweils tiefsten Stimme des kontrapunktischen Satzes) zum echten Generalbaß (akkordische Ausfüllung einer als selbständige Stimme konzipierten Baß- bzw. Fundamentstimme) vollzieht sich im Werk GIOVANNI GABRIELIS selbst: Während die meisten seiner gering- und vielstimmigen Canzonen und Sonaten auch ohne Akkordinstrument auszuführen sind, ist die Sonate für 3 Violinen und Baß aus den postum 1615 gedruckten »Canzoni e sonate« ein echtes Generalbaß-Werk – der Baß ist reine Stützstimme in breiten Notenwerten, die am motivisch-kontrapunktischen Spiel der Violinen (das an die Techniken des konzertierenden Madrigals erinnert) nicht teilnimmt. Diese Sonate ist eine der ersten, wenn nicht überhaupt die erste Sonate für Generalbaß und konzertierende Melodie-Instrumente. In ihrem Kontrast zu den großangelegten, zum Teil mehrchörigen Canzonen und Sonaten, die GABRIELI für die Instrumentalmusik in San Marco in Venedig schrieb, markiert sie zugleich den ersten Schritt zur endgültigen Differenzierung von kleinem und großem Ensemble, Kammer- und Orchestermusik.
Das Satzmodell der Vokalkonzerte LODOVICO VIADANAS mit 2 kontrapunktisch aufeinander bezogenen, meist gleich hohen Oberstimmen und einem Baß, der zugleich als Generalbaß und als 3. kontrapunktische Stimme fungierte, wurde zum Muster für die Triosonate. Elemente des virtuos-solistischen Instrumentalspiels (aus den konzertanten Einschlägen in der Canzone des 16. Jh.) und des affektiven Sologesangs (aus den Anfängen der Oper) flossen in den Satz für Melodie-Instrument und Generalbaß ein, in geringerem Maße auch in den Triosatz. Schon um 1610, in den Sonaten a due und a tre von GIOVANNI PAOLO CIMA und in den Triosonaten von SALOMONE ROSSI, waren die beiden Satztypen definiert, die Möglichkeiten ihrer Entfaltung angespielt. Damit war ein Gattungsrahmen geschaffen, auch wenn den Satztypen noch keine festen Formen und Besetzungen entsprachen. Die Entwicklung bis zu CORELLI kann als Ausfüllung dieses Rahmens verstanden werden: in der Entwicklung instrumental-solistischer Idiomatik, in der Erprobung neuer Instrumenten-Kombinationen, im Wechselspiel und in der Durchdringung von kontrapunktisch-stimmigem und konzertant-virtuosem Satz, in der Ausbildung und langsamen Normierung von Satzfolgen und in der Erweiterung der Satz-

dimensionen. Daneben stehen allerdings auch im frühen 17. Jh. Komponisten, die weiter in der Tradition der kontrapunktischen Canzone und Fantasie komponieren, und zwar auf höchstem Niveau. Das herausragende Beispiel ist GIROLAMO FRESCOBALDI, dessen Canzonen und Fantasien für eine bis acht Instrumentalstimmen mit und ohne Generalbaß zwischen 1608 und 1645 gedruckt wurden – noch immer »per sonare con ogni sorte di strumenti«, zum Spielen mit jedem beliebigen Instrument. Es sind betont nicht-virtuose Stücke (im Gegensatz etwa zu den Sonaten von FRANCESCO TURINI oder DARIO CASTELLO), ganz auf kunstvollen Kontrapunkt und subtile Variationstechnik gestimmt; in der so ungestüm und experimentierfreudig sich entwickelnden virtuosen und instrumentenidiomatischen Musik ihrer Zeit müssen sie geradezu klassizistisch gewirkt haben. Es ist wohl kein Zufall, daß ein Großteil von ihnen nicht nur in Stimmen, sondern auch in Partiturdrukken erschien, wodurch sie nicht nur für das Orgelspiel, sondern auch für das Kontrapunktstudium zugänglich wurden.
Daß diese Entwicklung auch – wenn nicht vor allem – ein Prozeß der Verschmelzung und Abschleifung der Extreme zu einer – dann von CORELLI normativ durchgeführten – »klassischen« Mäßigung war, zeigt sich am deutlichsten dort, wo die Extreme zunächst hart gegeneinander standen, in der Musik für ein Melodie-Instrument und Generalbaß. Schon bei ROSSI und CIMA, erst recht bei BIAGIO MARINI (op. 1,1617; op. 8,1629) spielt geigerische Virtuosität eine große Rolle; DARIO CASTELLO nennt seine virtuosen Violinsonaten (in denen zusätzlich der Generalbaß durch konzertante Fagott-Episoden aufgelockert wird) programmatisch »Sonate concertate in stilo moderno« (1621, 1629). Das andere Extrem bilden die betont einfachen und kurzen Violinsonaten von INNOCENTIO VIVARINO (1620), die bezeichnenderweise nicht separat, sondern als Anhang einer Sammlung von Vokalkonzerten für Sopran und Generalbaß veröffentlicht werden – schon hier scheint sich die Spaltung der Produktion in »leichte« und »schwere« Kammermusik für verschiedene Publikums- und Hörerschichten anzudeuten, die sich dann in den großstädtischen musikalischen Zentren des 18. Jh. durchsetzen wird. Wiederum in eine andere Richtung experimentiert in Bologna PIETRO DEGLI ANTONII mit Tanzfolgen und Sonaten für Violine und Generalbaß (zwischen 1670 und 1686), die sich als intensive Affektstudien mit quasi-vokalen Ariosi und affektgeladenen Pausen, unterbro-

chen von virtuosem Figurenwerk, darstellen. Noch bunter wird das Bild dadurch, daß mit neuen Melodie-Instrumenten experimentiert wird (auch wenn die Vorherrschaft der Violine ungebrochen bleibt); 1645 veröffentlicht GIOVANNI ANTONIO BERTOLI in Bologna die ersten Sonaten für Fagott und Generalbaß; in den 1680er Jahren folgen die beiden Cellisten DOMENICO GABRIELLI und GIUSEPPE JACCHINI mit den ersten Cellosonaten.

Satzfolgen, Satzformen und Bezeichnungen dieser Musik für Melodie-Instrument und Generalbaß bleiben fast das ganze Jahrhundert hindurch variabel, und das langsame Vordringen der Bezeichnung *Sonata* bedeutet noch keine Normierung: Sonaten können ein- und mehrsätzig sein und freie Formen mit Tanzsätzen mischen – »Sinfonie, Canzone, Balli e Sonate«, wie es bei MARINI 1617 heißt. Und auch der Ort dieser Kammermusik ist nicht ausschließlich die »Kammer«; vielmehr wird ausdrücklich die Verwendung in der Kirche (meist wohl als Vespermusik oder als Musik zur Wandlung in der Messe) nahegelegt: »per chiesa e camera« (TARQUINIO MERULA, 1637), »da camera come da chiesa« (MARCO UCCELLINI, 1649) oder, im italienischen Einflußbereich nördlich der Alpen und geistlich-höfisch latinisiert, »tam aris quam aulis« (HEINRICH IGNAZ FRANZ BIBER, 1676), »Fidicinium sacro-profanum« (derselbe, 1680/84) oder »Sacro-profanus concentus« (JOHANN HEINRICH SCHMELZER, 1662). Auch in dieser Hinsicht wird erst CORELLI die Begriffe normieren und zugleich mit neuem Sinn füllen. Schließlich scheint auch die Veröffentlichungstechnik erst auf dem Weg zur Normierung zu sein: Drucke mit Werken für eine einzige Besetzung setzen sich langsam gegenüber den Sammlungen mit 2- bis vielstimmigen Sätzen für verschiedene Besetzungen durch. Und so wie die Bezeichnung Sonata auf dem Vormarsch ist, so bürgert sich allmählich der Brauch ein, nicht eine beliebige Zahl von Werken unter einer Opuszahl zu veröffentlichen, sondern ein ganzes oder ein halbes Dutzend.

So wie schon am Anfang des Jahrhunderts in den Sonaten für Melodie-Instrument und Generalbaß von GIOVANNI PAOLO CIMA ein Modell für eine gattungsspezifische Entwicklung entstanden war, so bilden die Triosonaten von SALOMONE ROSSI (zwischen 1607 und 1623) das Muster, an dem sich die Triosonate bzw. der Triosatz bis zur Normierung der Gattung durch CORELLI entwickeln. Auf engem Raum und mit vergleichsweise bescheidenem Anspruch werden hier schon die Satztech-

niken durchgespielt, von denen der instrumentale Triosatz (zuerst noch in Abhängigkeit vom vokalen Triosatz VIADANAS, dann immer idiomatischer werdend) lebt: polyphones Oberstimmen-Duo (gern mit Vorhaltsketten) über frei stützendem Baß, konzertantes Motivspiel, in das der Baß einbezogen werden kann, Dialog zwischen gemeinsamen Oberstimmen und Baß, 3stimmig-homophone Kontrastabschnitte. Die vorherrschende Stimmenkombination ist diejenige, die auch bei VIADANA und generell im 3stimmigen Vokalkonzert überwiegt, 2 Stimmen in Sopranlage gegen einen Baß. In der instrumentalen Kammermusik scheint die Verfestigung dieser Stimmenkombination mit der Ausbreitung der Violinen und der totalen Verdrängung der Violen in Italien zusammenzuhängen; jedenfalls fällt auf, daß Abweichungen – die 2. Oberstimme in Alt- oder Tenorlage – vor allem dort zu finden sind, wo die Violen sich länger und besser neben den Violinen behaupten konnten, also in England und Deutschland.
Während das Satzmodell der Triosonate immer der 3stimmige Satz blieb – auch dort, wo der Baß nicht mehr 3. Kontrapunktstimme, sondern nur noch harmonisches Fundament war –, konnte die Besetzung und Ausführung der Baßstimme sehr stark variieren, bis hin zu (wie in der Literatur für Melodie-Instrument und Generalbaß) einkomponierten konzertanten Einwürfen einzelner Baßinstrumente wie Violoncello oder Fagott. Entsprechend unklar war, bis zum Ende der Gattung im 18. Jh., die Terminologie: HENRY PURCELLS erste Triosonatensammlung (1683) wurde als »Sonnata's of III Parts« veröffentlicht, die zweite postum (1697) als »Sonata's in Four Parts«, aber beide Drucke bestehen aus je 4 Stimmheften, 2 Violinen, »Bassus« und bezifferter Generalbaß »to the Organ or Harpsecord«. Auch in dieser Hinsicht haben erst CORELLIS Triosonaten eine endgültige Normierung durchgeführt, wenn auch nicht durchgesetzt.
Vergleicht man die Entwicklung der italienischen Triosonate bis CORELLI mit derjenigen der Literatur für Melodie-Instrument und Generalbaß, so ist der auffälligste Unterschied die stärkere und frühere Normierung von Satztypen und Formen, der höhere Kunstanspruch vor allem durch die größere Rolle des kontrapunktischen Satzes und das Zurücktreten instrumentaler Virtuosität – kurz, die Verfestigung eines Komplexes von Merkmalen, der dann durch CORELLI zur Gattungsnorm erhoben wurde. Dieser Vereinheitlichungsprozeß setzt ganz deut-

lich allerdings erst um die Jahrhundertmitte ein. In BIAGIO MARINIS »Affetti musicali« (1617) sind als Melodie-Instrumente noch Cornetti oder Violini wahlweise möglich, während bei anderen Komponisten Instrumenten-Angaben überhaupt fehlen. In den Formen und Abschnitts- oder Satzfolgen herrscht größte Vielfalt von Ritornell-Formen, fugierten Kanzonen, Tanzsätzen, virtuosen Prunkstücken und Variationen über beliebte Bässe wie Ciacona, Bergamasca, Folia, Romanesca oder Ruggiero; daneben finden sich Programm-Stücke oder Programm-Suiten wie auch Tanzfolgen, die schon 1620 bei MARINI durch gleiche Anfänge aller Tänze thematisch vereinheitlicht werden. Auf einer anderen Ebene beginnt die Vereinheitlichung in der langsamen Reduktion der Zahl (und Erweiterung des Umfangs) der Imitationsabschnitte der Kanzonensätze, die Hand in Hand mit tonaler Konzentration, stärkerer harmonischer Zielgerichtetheit der Kadenzbildungen und Überformung der stereotypen Kanzonen-Motivik durch modernere, individuellere Themenbildung geht; am Ende dieses Prozesses steht dann der fugierte Allegro-Satz der »klassischen« Triosonate.

Die Entwicklung der Besetzungsform zur Gattung Triosonate in der 2. Hälfte des Jahrhunderts unterscheidet sich von den Anfängen vor allem in zwei Punkten: in der immer klareren Trennung von *Sonata da chiesa* und *Sonata da camera* durch formale Normierung beider Typen, und in der internationalen Ausbreitung, die mit einem sprunghaften Anschwellen der Produktion auch in Italien selbst verbunden ist. Am Anfang dieser Entwicklung steht noch einmal BIAGIO MARINI mit seinem op. 22 (1655), das programmatisch »Diversi generi di sonate, da chiesa, e da camera« überschrieben ist: Sonate da chiesa sind hier ernste, betont kontrapunktische Stücke, die zum Teil noch in der Tradition der kontrapunktischen Kanzone stehen; Sonate da camera bestehen aus freien, kontrapunktischen oder konzertanten »sinfonie«, auf die eine lockere (noch nicht normierte) Reihe von Tänzen folgt. In ähnlicher Richtung arbeitet GIOVANNI LEGRENZI in seinem op. 4, »Suonate da chiesa, e da camera« (1656), in dem die Chiesa-Form noch stärker verfestigt wird, wenn auch abweichend von der wenig später etablierten Normalform: Bei LEGRENZI umrahmen je 2 schnelle und 2 langsame Sätze symmetrisch ein Mittelstück (schnell – langsam – moderato – langsam – schnell), und die beiden schnellen Ecksätze sind Fugati über eng verwandte Themen.

Die Entwicklung zum Normaltypus wird vor allem in Bologna weitergetrieben, bei MAURIZIO CAZZATI, GIOVANNI BATTISTA VITALI und GIUSEPPE TORELLI, daneben in Modena durch GIOVANNI MARIA BONONCINI. 12 Sonaten werden jetzt die Norm für ein Opus; die Trennung von Sonate da chiesa und Sonate da camera ist weit fortgeschritten. In CAZZATIS op. 18 (1656) wird den 12 Sonaten ein »Capriccio« – ein Virtuosenstück über einem Ostinato-Baß – als Bravournummer angehängt, eine Praxis, die von der Corelli-Generation und Corelli-Nachfolge ausgebaut wird. Bei VITALI (Triosonatendrucke zwischen 1664 und 1692) ist die Sonata da chiesa der klassischen Satzfolge langsam – schnell – langsam – schnell und auch der klassischen satztechnischen Akzentuierung dieser Satzfolge angenähert: Die langsamen Sätze führen edle und affektgesättigte Cantabile-Melodik (die Violine als Gegenstück zur menschlichen Stimme) und lange Vorhaltsketten vor; die schnellen Sätze sind fugiert. Die Sonata da camera besteht aus »Correnti e balletti« (so der Titel des op. 1, 1666) oder Tanzpaaren (op. 12, 1692); daneben gibt es allerdings auch noch gleichsam Rückfälle in die buntere Praxis der 1. Jahrhunderthälfte wie im op. 11 (1684), das Tanzsätze verschiedener Besetzungen vereinigt. Bei BONONCINI taucht eine Terminologie auf, die später oft zu finden ist: Sonate da chiesa heißen einfach »sonate«, vielleicht ein Indiz dafür, daß sie nun als das Zentrum der Gattung betrachtet werden; nur die Sonate da camera (auch bei BONONCINI noch nicht streng normierte Tanzfolgen) sind als solche bezeichnet. Bei TORELLI signalisiert eine terminologische Abweichung den Übergang zum Konzert: Die virtuosen, mit vielen Soli durchsetzten Triosonaten op. 2 (1686) heißen nicht mehr Sonate, sondern »Concerti da camera«. Eine Beziehung zwischen Triosonate und Concerto grosso ist bei GEORG MUFFAT hergestellt: Die Concerti des »Armonico tributo« (1682; nach MUFFATS Worten nach dem Muster von CORELLI-Concerti geschrieben, die er in Rom gehört hatte) sind so komponiert, daß sie auch als Triosonaten gespielt werden können, d. h., der musikalische Satz ist 3stimmig, und die Tutti im concertohaften Wechsel von Tutti und Soli sind chorische Stimmenverdoppelungen dieses Kernsatzes. Das umgekehrte, kompositorisch aufwendigere Verfahren praktizierte eine Generation später FRANCESCO GEMINIANI mit seinen Bearbeitungen von CORELLI-Triosonaten als Concerti grossi.

Arcangelo Corelli

MUFFATS Bericht zeigt, daß CORELLI schon um 1680 mit einem Concerto-grosso-Typus zu experimentieren begann, dessen satztechnischer Kern die Triosonate war. Veröffentlicht wurden solche Concerti allerdings erst nach CORELLIS Tod; die systematische Ordnung, in der er selbst seine Triosonaten und Violinsonaten zum Druck brachte, legt die Vermutung nahe, daß die Concerti grossi, die wohl die Reihe seiner Werkdrucke krönen sollten, nicht fertig geworden sind. Die Systematik der Sonatendrucke aber läßt keinen Zweifel daran, daß hier die kammermusikalischen Gattungen in mustergültigen Opera definiert werden sollten:

- op. 1 (1681): 12 Sonate da chiesa – 4 Stimmen (2 Violinen, Basso, b. c.),
- op. 2 (1685): 12 Sonate da camera – 3 Stimmen (2 Violinen, b. c.),
- op. 3 (1689): 12 Sonate da chiesa – 4 Stimmen,
- op. 4 (1694): 12 Sonate da camera – 3 Stimmen,
- op. 5 (1700): 12 Sonate für Violine und Generalbaß, je 6 da chiesa und da camera – 2 Stimmen (Violine, b. c.).

Die 12. Sonate des op. 2 ist eine Ciacona, d. h. ein kontrapunktischer Variationensatz über eine Baßmelodie; die 12. Sonate des op. 5 ist eine Folia, d. h. ein virtuoser Variationensatz über eine Baßmelodie. – Da-chiesa- und Da-camera-Typus sind voll entwickelt.

Die Sonata da chiesa ist 4sätzig in der Tempofolge langsam – schnell – langsam – schnell; dabei sind oft die langsamen Sätze mit den schnellen dadurch verbunden, daß sie mit einem Halbschluß, also harmonisch offen, enden. Der 1. Satz ist ein meist geradtaktiges Grave mit affektvoll-kantabler Melodik und Vorhalts- und Sequenzenketten über gleichmäßig schreitender oder laufender Baßbewegung. Das erste Allegro ist ein fugierter, oft auch konzertant aufgelockerter Satz. Der 3. Satz ist ein Adagio, meist im Dreiertakt, oft mit Zügen eines langsamen Tanzes (Sarabande) und satztechnisch meist einfacher als der Kopfsatz. Das Finale ist wiederum ein fugiert-konzertantes Allegro, satztechnisch nicht unbedingt einfacher als das erste Allegro, aber oft mit Abschnittswiederholungen, fast immer im 3/8- oder 6/8-Takt und mit deutlichen Tanz-Charakteristika (Gigue).

Die Sonata da camera ist in Satzzahl und Satzfolge nicht ganz so festgelegt, aber ebenfalls an den zentralen Formprinzipien – Wechsel von langsamen und schnellen Tempi und Viersätzigkeit – orientiert. Der 1. Satz ist fast immer ein Preludio, das in Satztechnik und Tonfällen ganz ähnlich den Kopfsätzen der Sonate da chiesa ist; ihm folgen normalerweise 3 Tänze. Die eher theoretisch konstruierte als in der Praxis wirklich dominierende Normalform Preludio - Allemande - Sarabande - Gigue ist auch bei CORELLI keineswegs die Regel; gelegentlich finden sich Allegro- oder Adagio-Sätze ohne Tanzbezeichnung und Tanzcharakter, und das Finale ist zwar oft eine Giga, kann aber auch eine Corrente oder Gavotta sein.

Die Triosonate nach Corelli

Italien

Der außerordentliche musikalische Reichtum, den CORELLI in diesen Gattungen trotz oder wegen ihrer selbstgezogenen engen Grenzen entfaltet, hat zur Popularität der Werke sicherlich nicht weniger beigetragen als die klare, ästhetisch einleuchtende und – nicht zuletzt – leicht als Rezept zu gebrauchende Definition der Gattungen. Vor allem durch CORELLI wurde die Triosonate zur anspruchsvollsten Gattung der Kammermusik, und mit Triosonaten als op. 1 zu debütieren, wurde fast zum guten Ton. Während der neue, homophon-melodiebetonte Stil auch in die Triosonate eindrang, spaltete sich eine konservative Minderheit von der allgemeinen stilgeschichtlichen Tendenz ab und konservierte das große Vorbild in »corellisierenden« Sonaten (TELEMANN u. a.); für konservative Kritiker blieb die Triosonate auch um die Mitte des 18. Jh. die zentrale Gattung kontrapunktischer Kammermusik. Der Nimbus des besonderen Anspruchs der Gattung führte zu Partitur-Ausgaben der CORELLI-Triosonaten, die für das Studium gedacht waren und zum Teil mit didaktischen Vorworten versehen wurden. An die Popularität der Gattung schloß sich der – allerdings kurzlebige – Verlegerbrauch an, beliebte Stücke aus anderen Bereichen für Triosonatenbesetzung zu arrangieren (so sind die von ROGER in Amsterdam um 1700 veröffentlichten 6 Sonate da camera von AGOSTINO STEFFANI nichts anderes als arrangierte Opernarien). Genau die gleichen Wirkungs- und Verbreitungsphäno-

mene werden sich ein knappes Jahrhundert später im Streichquartett zeigen, intensiviert und weiter ausgebreitet vor allem durch die Entwicklung der bürgerlichen Hausmusik und des großstädtischen Musikverlagswesens.
Qualität, Mustergültigkeit und Nachahmbarkeit des CORELLI-Typus führten sehr schnell zu einem Violinsonaten-, vor allem aber Triosonaten-Boom nicht nur in Italien, sondern in allen Zentren höfischer und städtischer Kammermusik in Europa, sogar in Frankreich, und zum endgültigen Verschwinden der Stimmen- und Besetzungsvielfalt von Violen- und anderen Ensembles auch in England und Deutschland – die Kodifizierung von Violinsonate und Triosonate führte auch zu einer Verarmung, wenngleich schon die Generation nach CORELLI mit anderen als den reinen Violinen-Besetzungen zu arbeiten begann.
Wie sehr und wie schnell die Gattungsdefinitionen CORELLIS sich durchsetzten, zeigt am deutlichsten die kammermusikalische Produktion TOMMASO ANTONIO VITALIS in Modena: op. 1 und 2 sind je 12 Triosonaten da chiesa in der CORELLI-Satzfolge (beide 1693), op. 3 (1695) bringt 12 Triosonaten da camera, ebenfalls nach dem Muster CORELLIS und op. 4 (1701) besteht aus 12 Violinsonaten, da chiesa und da camera gemischt und mit einer Folia am Schluß. ANTONIO CALDARA debutierte mit einem Triosonaten-Opus 1693, TOMMASO ALBINONI 1694 (BACH benutzte Themen aus der 3. und 8. Sonate), CORELLIS englischer Schüler JOHN RAVENSCROFT 1695, FRANCESCO ANTONIO BONPORTI 1696, ANTONIO VIVALDI 1705 (mit einer Folia als 12. Sonate).
Andererseits begann schon die VIVALDI-Generation in Italien mit der stilistischen und formalen Verwandlung der Modelle; gleichzeitig ging die Triosonatenproduktion merklich zurück, während sie an anderen Orten – vor allem in London, aber auch in Paris und Norddeutschland – erst richtig aufzublühen begann.
VIVALDI selbst bleibt in seinen veröffentlichten Triosonaten (nach dem erwähnten op. 1 nur noch op. 5, um 1716, mit 12 Werken und als Anhang 4 Violinsonaten) konservativ »corellisierend«, während er in seinen nur handschriftlich überlieferten Stücken mit Mischformen und vor allem mit farbigen und ausgefallenen Besetzungen experimentiert (Sonaten mit 2 Flöten, 2 Oboen, Violine und Cello, Violine und Laute, Blockflöte und Fagott); dazu kommt eine kleine, aber musikalisch ungemein

reizvolle Gruppe von noch bunter besetzten Werken, die satztechnisch und in den Tonfällen zwischen Kammermusik und Konzert stehen, in keine Gattungstradition einzuordnen sind und beredtes Zeugnis von VIVALDIS Experimentierlust – und vom Reichtum der instrumentalen Ressourcen, die ihm in Venedig zur Verfügung standen – ablegen (z. B. »concerti«, jeweils mit Generalbaß, für Blockflöte, Oboe und 2 Violinen; Flöte, Oboe, Violine und Fagott; Laute und 2 Violinen; Blockflöte, Oboe und Fagott; dagegen sind die unter dem Titel »Il pastor fido« um 1737 in Paris erschienenen Sonaten eine Verleger-Erfindung aus echten Sonatensätzen, Arrangements und Stücken anderer Komponisten).

Bei GIUSEPPE TARTINI, GIOVANNI BATTISTA SAMMARTINI, PIETRO NARDINI, GAETANO PUGNANI überlagern 3sätzige Formen die Viersätzigkeit, vor allem die 3sätzige Form von Concerto und Sinfonia (schnell – langsam – schnell) und die besonders in der Kammermusik verbreitete Satzfolge langsam – schnell – schnell (der 3. Satz oft Tempo di Minuetto); gleichzeitig wird der Gegensatz (und mit ihm das höchst subtile Wechselspiel) von Chiesa- und Camera-Satztypen nivelliert. Ebenso auf der Höhe der Zeit, d. h. der allgemeinen stilgeschichtlichen Entwicklung, sind die Triosonaten dieser Komponisten im satztechnischen Detail (sofern es sich nicht um »corellisierende« Sonaten handelt): in der Ausbildung regelmäßig periodisierter Lied- und Tanzmelodik, dem Übergreifen 2teiliger Tanzformen auf alle Sätze und der Entwicklung der Sonatensatzform, der Einführung mehrerer und kontrastierender Themen und der weiträumigen Gliederung der Form durch harmonisch definierte Themen- und Überleitungsabschnitte, der Verlangsamung des harmonischen Rhythmus und der Ausbildung weiträumiger Tonarten- und Modulationspläne, der Ausbildung einer neuen, wesentlich durch die Oper geprägten Affektsprache; schließlich – wohl am wichtigsten für die Triosonate, weil sie deren Vorrangstellung zerstörte – der allgemeinen Wendung von kunstvoller Polyphonie zum melodiebetonten harmonischen Satz.

Die Produktion von Triosonaten ging in Italien in der 2. Hälfte des Jahrhunderts aber auch deshalb zurück, weil die italienische Kammermusik insgesamt auf dem Rückzug vor der Oper und der Kirchenmusik war (die Violinsonate hielt sich, als Medium der Selbstdarstellung der großen Virtuosen, etwas besser). Damit und mit dem Fehlen einer musikalischen Metropole

hängt wiederum das fast völlige Fehlen von Musikverlagen zusammen, das die Komponisten dazu zwang, ihre Werke in Paris, London oder Amsterdam (seit den 1780er Jahren zunehmend auch in Wien) drucken zu lassen, wenn sie nicht überhaupt auswanderten.
Trotz dieser ungünstigen Umstände hielt sich der Brauch, mit einem Triosonaten-Opus zu debütieren, bis in die 2. Jahrhunderthälfte, bei dem nach Stockholm emigrierten Italiener FRANCESCO ANTONIO UTTINI (6 Triosonaten op. 1, 1768, die 3. mit obligatem Violoncello, die 6. mit obligatem Cembalo) und bei dem nach Italien eingewanderten Tschechen JOSEF MYSLIVEČEK (ebenfalls 1768). Etwa um dieselbe Zeit zeigten sich zwei Tendenzen, die in Paris und London früher und ausgeprägter sichtbar geworden waren: die Tendenz, Triosonaten technisch leichter und oft stilistisch konservativer zu komponieren als Violinsonaten (besonders deutlich bei TARTINI und NARDINI), und die Tendenz, die Gattung in »seriöse« und »leichte« Opera aufzuspalten. Hier wie in so vielen Momenten des neuen Stils scheint GIOVANNI BATTISTA SAMMARTINI in Mailand eine führende Rolle gespielt zu haben: Sein op. 1 (London 1744) umfaßt »normale« Triosonaten, während op. 7 (Paris um 1760) kurze, im Ton und in der Satztechnik leichtere »Sonate notturne« bringt. Die Unterscheidung wurde von PUGNANI – normale »Sonate a tre«, 2sätzige und leichtgewichtige »Divertimenti a tre« – aufgegriffen; der SAMMARTINI-Schüler LUIGI BOCCHERINI machte sie zu einem Ordnungs- und Stilprinzip, indem er (in seinem eigenhändigen Werkverzeichnis) in den verschiedensten Gattungen anspruchsvolle und weniger anspruchsvolle Werke (»opere grandi« – »opere piccole«) unterschied. Bei der politischen Bindung Oberitaliens an das habsburgische Reich und bei dem ständigen Strom italienischer Musiker nach Norden ist es nicht verwunderlich, daß sich ähnliche Unterscheidungen auch in der Triosonate in Wien und in dessen kultureller Umgebung ausbreiteten.

Frankreich

Ganz anders als in Italien verlief die Entwicklung in Frankreich, d. h. in Paris. Bis gegen Ende des 17. Jh. hatte es hier, neben der reichen Orchestermusik und den Repertoires für Orgel, Clavecin und Laute, kaum Kammermusik gegeben; noch 1739 konnte

JOHANN MATTHESON schreiben, daß die »Sonate« in Frankreich eine »unnatürliche« Neuerung darstelle. Das Vorbild dieser »unnatürlichen« Entwicklung war wiederum CORELLI – FRANÇOIS COUPERIN berichtet, daß CORELLI-Sonaten schon um 1690 in Paris gespielt wurden, und der Musikschriftsteller FRANÇOIS RAGUENET lobte in seinem Vergleich der italienischen und französischen Musik (»Parallèle des Italiens et des François . . .«, 1702) die Triosonaten CORELLIS, die er in Rom gehört hatte. In COUPERINS Schaffen gipfelt denn auch die französische Triosonate, mit einem ganz ähnlichen Kunstanspruch wie bei CORELLI, der aber – in charakteristisch französischer Wendung – programmatisch-allegorische Gestalt annimmt. Die Sonates en trio in den Sammlungen »Le Parnasse ou l'Apothéose de Corelli«, »Les Nations«, »L'Apothéose de Lully« und »Les goûts-réunis« (1724/26) feiern CORELLI und LULLY als die beiden musikalischen Nationalhelden, zugleich aber – als COUPERINS eigenstes Verdienst – die Synthese von französischem und italienischem »goût«, in der Verschmelzung der melodischen Idiome ebenso wie in der Darstellung französischer Tänze und Programmstücke in Gestalt von Triosonaten. Aber trotz ihrer außerordentlichen Qualität und trotz der starken Stellung COUPERINS im Pariser Musikleben des frühen 18. Jh. haben diese Werke keine große Nachfolge gefunden (JEAN-FERY REBEL, JEAN-FRANÇOIS DANDRIEU, FRANÇOIS DUVAL). Der Einfluß VIVALDIS überlagerte bald den Einfluß CORELLIS; gleichzeitig begann die Violinsonate ihren Siegeszug durch die Pariser Salons. In den ersten Werken von JEAN-JOSEPH CASSANÉA DE MONDONVILLE (Violinsonaten op. 1, 1733; Triosonaten op. 2, 1734) beginnt sich eine neue Rollenverteilung zwischen den beiden Gattungen abzuzeichnen: Die Trios sind technisch wesentlich einfacher als die auf brillanten Vortrag berechneten Sonaten, dafür sind sie in einer zukunftsträchtigen Mischung von Kontrapunkt und »dialogisierendem« Satz gearbeitet, an dem streckenweise auch das Cello, vom Generalbaß getrennt, Anteil hat. Die Unterscheidung von relativ virtuoser Violin- und relativ einfacher Triosonate – oft verbunden mit einer etwas konservativeren Sprache in der Triosonate – prägt sich in der weiteren Entwicklung noch deutlicher aus, vor allem natürlich in den Werken der Geigenvirtuosen wie NICOLAS VIBERT (1752), JEAN-BAPTISTE MIROGLIO (1753) oder PIERRE VACHON (op. 4 und 5, um 1772). Daß sich andererseits auch in Frankreich der Brauch, mit einem Triosonaten-Opus zu

debütieren, noch lange hielt, zeigt das op. 1 (1753) von FRANÇOIS-JOSEPH GOSSEC.
Schon kurz nach der Jahrhundertwende setzte aber auch innerhalb der Gattung Triosonate eine Aufspaltung in »seriöse« und musikalisch »leichte« (dabei technisch oft virtuose) Werke ein – ein Vorgang, der in der anderen großen Musikmetropole London ganz ähnlich, in Italien, wo eine solche Metropole fehlte, dagegen erst eine Generation später und nur abgeschwächt zu beobachten ist. So spezialisierte sich JOSEPH BODIN DE BOISMORTIER mit nicht weniger als 4 Triosonaten-Opera auf leicht spielbare, einfache und kurze Stücke (die formal gleichwohl CORELLI verpflichtet sind); MICHEL BLAVET schrieb virtuose Programm-Suiten für 2 Flöten und Generalbaß; NICOLAS CHÉDEVILLE, ein gefeierter Musette-Spieler, komponierte »Sonates à deux muzettes« (op. 8, 1739).

England

Im Gegensatz zu Paris gab es in England am Ende des 17. Jh. eine blühende und differenzierte Kammermusikkultur, in der die Triosonate sich erst durchzusetzen hatte. Entsprechend fließend sind die Übergänge und entsprechend bunt die Mischformen, auch wenn sich Anfang des 18. Jh. ein nicht kleines und qualitativ sehr bedeutendes Repertoire im CORELLI-Stil ausbildete. HENRY PURCELL scheint hier eine ähnliche Rolle gespielt zu haben wie COUPERIN in Paris: Noch 1681 veröffentlichte er Fantasien für Violen-Ensemble, aber 1683 die »Sonnata's of III Parts«, ausdrücklich als Versuch einer »just imitation of the most fam'd Italian Masters« (unter denen aber offenbar noch nicht CORELLI war). In den seit 1688 erscheinenden Sonaten von GOTTFRIED FINGER ist der Chiesa-Typus schon deutlicher ausgeprägt, andererseits werden in ein und demselben Opus Werke verschiedener Besetzung zusammengefaßt, und die meisten Sonaten sind für Bläser, nicht für Violinen gedacht.
Daß London zu Beginn des 18. Jh. eine Musik-Metropole mit einem vielschichtigen musikalischen Markt geworden war und daß die Triosonate als eine zentrale Gattung auf diesem Markt gehandelt wurde, zeigen zwei gattungsgeschichtlich typische Entwicklungen, wie sie sehr ähnlich auch in der Wiener Klassik zu beobachten sind: die Bearbeitungsindustrie (Arrangements beliebter Opernarien, Tänze und Lieder für Triosonaten-Besetzung durch anonyme Musiker im Dienst der Verleger) und die

Entwicklung der »populären« Triosonate für bescheidenere musikalische Ansprüche. Sie beginnt mit den Werken von WILLIAM CORBETT, Tanzsammlungen in betont leichtem Stil und einfacher Technik, in denen Bläserbesetzungen überwiegen (Drucke in Amsterdam und London, um 1700–1713) und findet ihren Höhepunkt in den Triosonaten von JOHN HUMPHRIES (6 Sonaten um 1733, erweitert zu 12 Sonaten 1734).
Erst mit den beiden Immigranten JOHANN CHRISTOPH PEPUSCH und JEAN-BAPTISTE LŒILLET beginnt die spezifische Londoner CORELLI-Tradition, für die ein deutlicher konservativer Grundzug bezeichnend ist. In ihren Zusammenhang gehören auch die meisten Triosonaten HÄNDELS und die Werke von FRANCESCO BARSANTI und FRANCESCO GEMINIANI, die besonders instruktive Beispiele für den »gelehrten« Dialog der Komponisten über die Gattung Triosonate liefern: Aus GEMINIANIS enorm erfolgreichem op. 1 (12 Sonaten für Violine und Generalbaß, 1716) wurden die letzten 6 um 1735 von BARSANTI, die ersten 6 um 1740 von GEMINIANI selbst zu Triosonaten umgearbeitet. Die 40er und 50er Jahre des 18. Jh. bezeichnen den Höhepunkt der Londoner Entwicklung: CHARLES BURNEYS op. 1, 6 ausgesprochen »corellisierende« Triosonaten, erscheint 1747, im selben Jahr wie die 12 Trios von WILLIAM BOYCE, Werke, die den Sonaten HÄNDELS und GEMINIANIS durchaus ebenbürtig sind und deren ungeheuren Erfolg – die Erstausgabe hatte rund 600 Subskribenten – BURNEY als Musikhistoriker beschrieben hat.
Die Werke von MICHAEL CHRISTIAN FESTING (zwischen 1730 und 1750) und THOMAS AUGUSTIN ARNE (um 1740) weichen von der CORELLI-Tradition dadurch ab, daß sie häufig als Finale einen 5. Satz, meist einen Tanz, an die Chiesa-Satzfolge anhängen; stilistisch vollziehen sie den Übergang vom außerordentlich dichten, harmonisch und kontrapunktisch reichen Satz HÄNDELS, GEMINIANIS und BOYCES zum kleingliedrigen, melodiebetonten, verzierungsreichen und dynamisch differenzierten Idiom der Jahrhundertmitte. Eher konservativ in der Satztechnik, aber modern in der Satzfolge (langsam – schnell – Tempo di Minuetto) sind die 6 Triosonaten von CHRISTOPH WILLIBALD GLUCK, die 1746 in London erschienen und nach dem Muster von 6 Trios von GIOVANNI BATTISTA SAMMARTINI (London 1744) gearbeitet sind; dies sind die Werke, auf die HÄNDELS sarkastische (und übertriebene) Bemerkung gemünzt war, sein Koch verstehe mehr vom Kontrapunkt als

GLUCK. Ähnlich zwischen CORELLI-Tradition und neuem Stil stehen die Triosonaten op. 1 und op. 2 von GIOVANNI BATTISTA LAMPUGNANI (1745 und 1750) mit der Satzfolge der italienischen Sinfonia und des Concerto (schnell – langsam – schnell) und die 6 NICCOLÒ JOMMELLI zugeschriebenen Werke (1753). Für die Bedeutung der Triosonate im Londoner Musikleben dieser Zeit ist wohl kaum etwas bezeichnender als die Tatsache, daß Komponisten wie GLUCK und LAMPUGNANI, die vor allem und zeitlebens Opernkomponisten waren, gerade der Triosonate Tribut zollten, sobald sie nach London kamen.

Zur besonderen Londoner Tradition gehört auch, daß Triosonaten noch um 1780 ihre Käufer fanden, so daß die Londoner Verleger nicht nur Werke von einheimischen, sondern auch Triosonaten-Opera von fremden Komponisten druckten (oder Triosonaten solchen Komponisten zuschrieben, wenn es um einen verkaufsträchtigen Namen ging). Die 6 Triosonaten des Brüsseler Hofmusikers PIERRE VAN MALDERE (bezeichnenderweise konservativere Stücke als seine Sinfonien) erschienen 1756; von CARLO ANTONIO CAMPIONI, der seit 1763 in Florenz arbeitete, kamen zwischen 1758 und 1765 nicht weniger als 6 Opera zu je 6 Sonaten heraus, und noch um 1770 wurden Triosonaten von Mannheimer Komponisten gedruckt. Die meisten Londoner Triosonatendrucke stammen allerdings von Ausländern, die vom Musikleben der Metropole angezogen waren und sich in London niedergelassen hatten (CHARLES AVISON mit seinem op. 1, um 1757, ist die Ausnahme): VINCENZO LEGRENZIO CIAMPI (3 oder 4 Opera zwischen 1751 und 1756), ANTONIO SACCHINI (op. 1, um 1775), PASQUALE RICCI, MATTIA VENTO, FELICE DE GIARDINI (DEGIARDINI), GIAMBATTISTA CIRRI, FRANÇOIS-HIPPOLYTE BARTHÉLEMON (op. 1, 1765) und ANTON KAMMEL. Und schließlich gehören in diesen Zusammenhang die sogenannten Triosonaten, die GIOVANNI BATTISTA PERGOLESI zugeschrieben wurden und die um 1770 (also über 30 Jahre nach PERGOLESIS Tod) in London erschienen: »Twelve Sonatas for Two Violins and a Bass or an Orchestra.« Es sind durchaus qualitätvolle Stücke, die stilistisch in die 60er Jahre, keineswegs zu PERGOLESI passen; ihre Überlieferung unter seinem Namen ist nicht mehr als das Produkt der sentimentalen Verehrung des frühverstorbenen Götterjünglings, der besonderen Stellung der Triosonate im Londoner Musikleben, auch wohl des in London früher als auf dem Kontinent einsetzenden praktischen und antiquarischen Interesses an »alter« Musik – und, natürlich, des gesunden Geschäftssinns.

Deutschland

Sehr viel komplizierter als in Paris und London verlief die Entwicklung zur Triosonate hin und die Entfaltung der Gattung selbst in den deutschsprachigen Ländern. Zum italienischen Einfluß trat hier schon seit dem frühen 17. Jh. der englische, der durch die mit den englischen Theatertruppen reisenden Musiker, durch reisende Komponisten (z. B. JOHN DOWLAND) und durch englische Emigranten an deutschen Höfen (z. B. WILLIAM BRADE) vermittelt wurde. Entsprechend bunt und entsprechend stark von englischen Ensembleformen, vor allem dem Violen-Ensemble, geprägt ist das Bild der Kammermusik an den deutschen Höfen und in den deutschen Städten. Geringstimmige und vielstimmige Sonaten und Canzonen – mit allen nur möglichen Übergangsformen zwischen Kammermusik und Orchestermusik, zwischen musikalischer Unterhaltung für Kenner und Repräsentationsmusik – fanden bis fast zum Ende des Jahrhunderts ein Publikum. Auch die Veröffentlichung von Werken verschiedener Besetzungen und Formen unter einer Opus-Nummer scheint sich ungewöhnlich lange gehalten zu haben, und die Normierung der Triosonate in Besetzung und Satzfolgen begann erst um die Jahrhundertwende. Bunt ist das Bild schließlich auch in stilistischer Hinsicht; traditioneller Canzonen-Kontrapunkt und canzonenhafte Abschnittsreihung (MATTHIAS WECKMANN), italianisierte Cantabile-Melodik (JOHANN ROSENMÜLLER) und die Vermischung italienischer, französischer, englischer Elemente mit deutschen Tänzen in allen möglichen Abstufungen stehen nebeneinander (JOHANN PEZEL, JOHANN THEILE in Hamburg, JOHANN VIERDANCK in Stralsund, JOHANN ERASMUS KINDERMANN und JOHANN STADEN in Nürnberg, der Italiener CARLO FARINA in Dresden, HEINRICH IGNAZ FRANZ BIBER in Salzburg und viele andere).

Die Verfestigung der Triosonate zur Gattung – vorerst allerdings nur in der Besetzung, noch nicht in den Formen – beginnt in Deutschland erst in den 1680er Jahren greifbar zu werden, also zu einer Zeit, da der klassische Typus CORELLIS schon bekannt war und in Italien schon fleißig nachgeahmt wurde. Die Sonaten des Wolfenbütteler Hofkapellmeisters JOHANN

ROSENMÜLLER sind weniger wegen ihrer entwicklungsgeschichtlichen Bedeutung als vielmehr wegen ihrer kompositorischen Qualität bemerkenswert. Die Tanzsuiten der Studentenmusik (1654) »mit drey oder fünff Violen oder auch anderen Instrumenten« sind noch relativ anspruchslose Gebrauchsmusik, allerdings konsequent nach Tonarten angeordnet (je eine Suite in C, d, e, F, G/g, a, B, c und D). Die 1670 in Venedig veröffentlichten Sonate da camera sind für 5 Melodie-Instrumente und Generalbaß geschrieben und der Form nach wiederum Tanzsuiten, denen aber je eine italienische Sinfonia vorangestellt ist; Ton und Satztechnik sind anspruchsvoller, auch wenn der 5stimmige Violen-Consort, eigenartig gemischt mit italienischer Sonaten- und Sinfoniemelodik, noch immer durchscheint. Ganz individuell ist erst ROSENMÜLLERS letztes Werk, die 1682 erschienenen 12 Sonaten für 2 bis 5 Instrumente und Generalbaß, darunter 2 Sonaten für 2 Violinen und b.c. und eine Sonate für Violine, Viola und b.c. – formal noch ganz canzonenhaft »unregulierte«, inhaltlich außerordentlich affektstarke und dicht gearbeitete Werke.

Der ROSENMÜLLER-Schüler JOHANN PHILIPP KRIEGER übernimmt den italienischen Brauch, 12 Werke einer Besetzung unter einer Opus-Nummer zu veröffentlichen, hält aber (wie auch JOHANN CHRISTOPH PEZ, 12 Triosonaten op. 1, 1696) an der canzonenhaften Freiheit der Satzfolgen fest. Die Triosonaten op. 1 (1688), bestimmt zur Unterhaltung »bey einer Fürstlichen Tafel-Music oder sonsten bey einem Music-Kräntzlein«, sind Tanzsuiten für 2 Violinen und Generalbaß; die Triosonaten op. 2 (1693) für Violine, Gambe und Generalbaß nähern sich in den Satzfolgen der Sonata da chiesa und sind im Tonfall ernster, in der Satztechnik anspruchsvoller als op. 1 – ein Indiz dafür, daß sich nun auch in Deutschland die Unterscheidung von Sonata da chiesa und Sonata da camera durchzusetzen beginnt. Allerdings gibt es daneben eine Mischform, die sich vielleicht von ROSENMÜLLERS 5stimmigen Sonaten von 1670 herleitet: Einer Sonata mit der Satz- oder Tempofolge schnell – langsam – schnell folgen Tänze, bei PHILIPP HEINRICH ERLEBACH (1694, 6 Sonaten, die ausdrücklich solistisch oder chorisch zu besetzen sind) Allemande – Courante – Sarabande und 2 von Sonate zu Sonate wechselnde; bei JOHANN ADAM REINKEN (1688) die »klassische« französische Ordnung Allemande – Courante – Sarabande – Gigue.

Deutsche Tradition, aber wohl auch englischer Einfluß zeigt sich in der besonderen Rolle, welche die Kammermusik für und mit Gamben bis ins 18. Jh. hinein bei deutschen Komponisten gespielt hat. Hierher gehören die 14 Sonaten des Gambenvirtuosen AUGUST KÜHNEL (1698), die durch Anordnung und Besetzung besonders interessant sind: Je 3 Sonaten und Partiten für 2 Baßgamben und Generalbaß folgen je 4 Werke beider Formen für eine Baßgambe und Generalbaß; alle 14 Werke können aber auch ohne Generalbaß gespielt werden (da die Baßgambe als Generalbaßinstrument Tradition hatte und da sie zum Akkordspiel besonders geeignet war, lagen solche Alternativbesetzungen hier besonders nahe). Ähnlich sind die »Scherzi musicali« (um 1692) und das »Echo du Danube« (um 1694) von JOHANN SCHENCK, einem anderen Gambenvirtuosen, arrangiert: Sonaten für 1 und 2 Gamben mit Generalbaß, mit Generalbaß ad lib. und ohne Generalbaß.
In der Tradition der Gambenmusik stehen auch die Triosonaten DIETRICH BUXTEHUDES für Violine, Gambe und Generalbaß (zweimal 7 Sonaten als op. 1 und op. 2, 1696, weitere handschriftlich überliefert), formal und auch im Wechsel der Besetzungen (Binnensätze als Soli mit b.c.) außerordentlich phantasievolle Werke, 3 bis 13 längere oder kürzere Sätze umfassend – also alles andere als »reguliert« – und, in eigenartigem Kontrast zur geradezu wuchernden Phantasiefülle des Details tonartlich nach der F-Dur-Tonleiter geordnet (deshalb auch die sonst nirgendwo zu findende Zahl von 7 Sonaten in einem Opus): in op. 1 ganz regelmäßig F, g, a, B, c, d, e, in op. 2 dieselben Tonarten in unregelmäßiger Folge.
Der klassische Typus der Triosonate CORELLIS scheint sich in Deutschland kurz nach 1700 durchgesetzt zu haben, zuerst und am nachdrücklichsten wohl bei dem Münchner Hofkammermusiker EVARISTO FELICE DALL'ABACO, dessen op. 3 (1714), je 6 Sonate da chiesa und da camera, ausgesprochen »corellisierend« ist. Was hier noch unmittelbare zeitliche Nähe und unmittelbare Nachfolge war, wird eine Generation später, vor allem in Norddeutschland, zum schon leicht historisierenden Kunststück, vor allem in den geistreichen und ausdrücklich so genannten »corellisierenden« Triosonaten TELEMANNS, aber auch in Werken von JOHANN DAVID HEINICHEN, JOHANN FRIEDRICH FASCH, JOHANN JOACHIM QUANTZ, FRIEDRICH D. GR., JOHANN ADOLF HASSE, JOHANN HEINRICH STOELZEL, JOHANN PHILIPP KIRNBERGER und anderen. Unmittelbar

neben solchen Stilübungen stehen, vor allem wiederum bei TELEMANN, aber auch bei den Berliner Hofmusikern QUANTZ, CARL PHILIPP EMANUEL BACH, JOHANN GOTTLIEB GRAUN und FRANZ BENDA oder bei dem Dresdner CHRISTLIEB SIEGMUND BINDER, Triosonaten »modernen« Zuschnitts, 3sätzig (schnell – langsam – schnell oder langsam – schnell – Tempo di Minuetto) und mit empfindsamer, liedhaft periodisierter Melodik, bei TELEMANN auch mit virtuos ausgespielten volksmusikalischen (vor allem polnischen) Tonfällen. »Corellisierend« in der Form, aber stilistisch moderner sind die Triosonaten des Darmstädter Hofkapellmeisters CHRISTOPH GRAUPNER. Das stilistisch und formal so außerordentlich bunte Bild dieser nord- und mitteldeutschen Entwicklung wird nur durch jenen konservativen Grundzug zusammengehalten, der in der Formulierung der Gattungsnorm bei JOHANN ADOLPH SCHEIBE (1745) und QUANTZ (1752) zur Sprache gebracht wurde: der kontrapunktische Satz mit 2 gleichberechtigten Oberstimmen, gestützt vom Generalbaß – und nicht der neue, aus Lied, Tanz und Arienmelodik sich bildende Satz aus Melodie plus Begleitung, obwohl er in der Praxis, auch in der Triosonate und auch bei den nord- und mitteldeutschen Komponisten, nicht mehr aufzuhalten war.
Dieselbe konservative Haltung steht auch hinter einem Ableger der Triosonate, dem 4stimmigen *»Quadro«*, das QUANTZ in seiner Flötenschule 1752 den »Probirstein eines ächten Contrapunctisten« nannte. Das Hauptwerk der Gattung (neben einzelnen Stücken von JOHANN GOTTLIEB JANITSCH, JOHANN GOTTLIEB GRAUN, CHRISTOPH SCHAFFRATH und einigen anderen) sind TELEMANNS sogenannte »Pariser Quartette« (»Nouveaux Quatuors en six Suites«, Paris 1738, für Flöte, Violine, Gambe und Generalbaß), die den Komponisten nicht nur als »ächten Contrapunctisten«, sondern auch als pointiert französischen Musiker zeigen. Die allmähliche Verwandlung dieses kontrapunktischen 4stimmigen Satzes in eine Satztechnik, die dem Konversationsideal des französischen Salons angemessen war, zeigen die Werke, mit denen LOUIS-GABRIEL GUILLEMAIN auf TELEMANNS Opus antwortete (in derselben Besetzung, op. 12 1743, op. 17 1756) und deren Titel ein Programm ist: »Sonates en quatuor ou conversations galantes et amusantes . . .«.
Die Gattungsnorm der »klassischen« Triosonate war aber auch in weniger theoriegeprägten und theoriefreudigen Regionen als

Berlin, Nord- und Mitteldeutschland noch soweit wirksam, daß ehrgeizigere Komponisten ihre kontrapunktischen Ambitionen (abgesehen natürlich von der Kirchenmusik) vor allem in der Triosonate verfolgten. Im österreichisch-süddeutschen Raum gilt das für den Wahl-Wiener NICOLA PORPORA, dessen 6 Sinfonie da camera op. 2 (1736) die Satzfolge der Sonata da chiesa, aber den leichteren Ton der Sonata da camera bevorzugen, und für die Triosonaten des Wiener Hofkapellmeisters JOHANN JOSEPH FUX, die in der Form meist moderner (schnell – langsam – schnell), satztechnisch aber konservativ sind. Die konservativen Züge der Triosonaten von solchen Komponisten, die auch oder vor allem für die Kirche arbeiteten, hängen aber wohl auch damit zusammen, daß solche Werke tatsächlich in der Kirche gespielt wurden, chorisch besetzt als »starke Sonaten«, wie JOHANN MATTHESON es nannte; gerade für Triosonaten von FUX ist diese Verwendung und Besetzung nachgewiesen. Daß umgekehrt die Triosonate als private Kammermusik auch im kirchlichen Milieu gepflegt wurde, zeigen die Werke, die der Hofmusiker des Fürstbischofs JOHANN THEODOR von Freising († 1763), PLACIDUS VON CAMERLOHER, für seinen Dienstherrn schrieb.

Die allmähliche Auflösung des alten Stils führte aber auch in der österreichisch-süddeutschen Triosonate – wie in der oberitalienischen und offenbar von ihr beeinflußt – zu einer Aufspaltung der Gattung in »seriöse« und leichte Werke, letztere oft unter Titeln wie Divertimento, Partita oder Sinfonia (was bei dem für diese Umbruchszeit charakteristischen terminologischen Durcheinander nicht ausschließt, daß auch konservativ-kontrapunktische Triosonaten als Divertimenti überliefert wurden). Zur Teilgattung der leichteren Triosonate gehören Werke von MATTHIAS GEORG und JOHANN CHRISTOPH MONN, GEORG CHRISTOPH WAGENSEIL, LEOPOLD MOZART und eine Reihe von Jugendwerken JOSEPH HAYDNS.

Gegenüber der eher diffusen Entwicklung und Überlieferung in diesem Raum stellt sich die Mannheimer Triosonate als ein geschlossener Bereich dar: anspruchsvolle Kammermusik in der traditionellen Besetzung, aber im neuen Stil wie die Werke von ANTON FILTZ, CHRISTIAN CANNABICH und CARLO GIUSEPPE TOESCHI oder die etwas konservativeren von FRANZ XAVER RICHTER. Daß die Mannheimer Hofkapelle eine »Armee von Generälen« war, zeigt sich in einer gewissen Neigung zur virtuosen Behandlung der 1. Stimme, so in RICHTERS

op. 3 (London 1764 [?] und Amsterdam 1765 [?]; Violine) oder in JOHANN BAPTIST WENDLINGS op. 5 (London 1772; Flöte); WENDLING war Flötist in der Kapelle und der Flötenlehrer seines Dienstherrn, des Kurfürsten CARL THEODOR.
Das Ende der Gattung wurde in Deutschland wie allgemein durch das Verschwinden des Generalbasses besiegelt, durch den Siegeszug neuer Gattungen wie Klaviersonate mit begleitenden Melodie-Instrumenten, Streicher- und Bläserdivertimento beschleunigt, wenn auch in regional sehr unterschiedlicher Weise. Nach 1765 scheinen kaum noch Triosonaten komponiert worden zu sein, und neben der süddeutsch-österreichischen Kammermusik und den »begleiteten« Klaviersonaten von CARL PHILIPP EMANUEL BACH haben selbst die späten Flöten-Triosonaten von QUANTZ einen schon leicht anachronistischen Zug.

Die Sonate für Melodie-Instrument und Generalbaß

Die Entwicklung der Besetzungen für ein Melodie-Instrument und Generalbaß verlief in den Grundzügen der Entwicklung der Triosonate sehr ähnlich, aber mit dem für Struktur, Form und Anspruch der Werke wichtigen Unterschied, daß die instrumentale Virtuosität (dazu der Virtuose, der sich seine Vortragswerke selber schreibt) von Anfang an eine sehr viel größere Rolle spielte und daß sich mit dem Siegeszug der Violinen über die Violenfamilie die *Violinsonate* als zentrale Gattung herausbildete. Auch die geographische Ausbreitung erfolgte analog derjenigen der Triosonate, und weitgehend waren auch die Komponisten die gleichen.
Die Entwicklung im 17. Jh. in Italien ist schon oben skizziert worden. Außerhalb Italiens ist ein nennenswertes und selbständiges Repertoire offenbar nur von einer Gruppe deutschsprachiger Violinvirtuosen überliefert, bei denen die Verbindung von gesteigerter Virtuosität und kompositorischem Anspruch ganz deutlich wird. Alle waren Hofmusiker: JOHANN HEINRICH SCHMELZER in Wien, HEINRICH IGNAZ FRANZ BIBER in Salzburg, JOHANN JAKOB WALTHER und JOHANN PAUL WESTHOFF in Dresden. SCHMELZERS Sonaten von 1664 sind die erste im deutschsprachigen Raum veröffentlichte Sammlung von Werken für Violine und Generalbaß, Stücke von noch kan-

zonenhaftem Zuschnitt und beträchtlicher Virtuosität. Die musikalisch bedeutendsten Beiträge stammen von BIBER: 15 »Rosenkranz-Sonaten« mit einer Passacaglia für Violine allein (um 1675), die als Kirchenmusik gedacht sind, und die außerordentlich virtuosen 8 Sonaten von 1681. WALTHERS »Scherzi musicali« (1676) und »Hortulus chelicus« (1688) sind mehr dankbare Vortragsstücke als bedeutende Musik, und Ähnliches gilt für die Werke seines Kapellgenossen WESTHOFF, der den Ruhm der Dresdner Geiger auf Konzertreisen nach Paris und England (1682 und 1684/85) verbreitete. In JOHANN GEORG PISENDEL setzte sich die Dresdner Tradition fort. Französische und italienische Einflüsse verbinden sich in den Violinsonaten (op. 1, 1722) des Kasseler Kapellmeisters JOHANN ADAM BIRCKENSTOCK. Fast alle diese Virtuosen-Komponisten sind schließlich an der Entwicklung der Sonate für Violine allein als einer »deutschen« Spezialität beteiligt.

Für die Geschichte der Violinsonate mit Generalbaß war CORELLIS Werk eine ebenso einschneidende Zäsur wie für die Geschichte der Triosonate – die Zusammenfassung und Ordnung der bisherigen italienischen Entwicklung und die Demonstration dieser Ordnung in seinem op. 5 (1700) besteht aus je 6 Sonate da chiesa und da camera, die weitgehend den in op. 1–4 durchgespielten Regeln für die beiden Teilgattungen entsprechen; die letzte Sonate ist eine virtuose Variationenfolge über die Folia. Wie sehr dieses Opus als Muster wirkte, zeigt sich drastisch in den Anspielungen und Nachahmungen, die sich regelmäßig entweder mit dem 1. Satz der 1. Sonate beschäftigten oder die letzte Sonate, also die Folia-Variationen, imitierten (VIVALDI, TOMMASO ANTONIO VITALI, TOMMASO ALBINONI, FRANCESCO MARIA VERACINI, FRANCESCO GEMINIANI, HENRICO ALBICASTRO, EVARISTO FELICE DALL'ABACO). VERACINI schrieb ein ganzes Opus »Dissertazioni sopra l'opera quinta del Corelli«, GIUSEPPE TARTINI 50 Variationen über »die« Gavotte von CORELLI (der 4. Satz aus der Sonate op. 5 Nr. 10) unter dem Titel »L'arte del arco«.

Angesichts solcher Exerzitien und angesichts der auch in Italien, wie eine Generation früher in Deutschland, engen Verbindung von Virtuosität und Komposition ist es ein bemerkenswertes Zeugnis für die Macht der durch CORELLI kodifizierten Tradition, wie maßvoll (und oft eben konzentriert auf die letzte Sonate eines Opus) die Virtuosität, wie dominant der kompositorische Anspruch in der Sonate für Melodie-Instrument und

Generalbaß blieb, auch wenn sich dieser Anspruch – entsprechend den Möglichkeiten der Besetzung – weniger als in der Triosonate in kontrapunktischer Kunst, stärker in der melodischen Invention und der formalen Durcharbeitung zeigte (und eben das ist der Grund, warum die italienische und italianisierende Sonate für Melodie-Instrument und Generalbaß in der Regel attraktiver, zumindest eingängiger ist als die Triosonate).

Der Einschlag von Virtuosität und die Rolle der komponierenden Virtuosen einerseits, die stärkere Betonung der melodischen Invention andererseits führten in der Nachfolge von CORELLIS op. 5 dazu, daß intensiver als in der Triosonate mit Solo-Instrumenten außer der Violine experimentiert und daß schneller als in der Triosonate die Affektsprache der Opernarie und der auch aus ihr gespeiste neue Stil in der Gattung integriert wurden – der Einschlag von Abstraktheit, »reinem« 3stimmigem Satz, der die Triosonate gerade in ihren bedeutendsten Werken kennzeichnete, fehlt in diesem direkter praxisbezogenen Repertoire ganz. Damit hängt wohl auch zusammen, daß schon bald nach 1700 die 4sätzigen Formtypen CORELLIS durch die neuen 3sätzigen Formen überlagert wurden.

Die Sonaten von ALBINONI (op. 4, um 1704; op. 6, um 1711), VIVALDI (op. 2, 1709), FRANCESCO ANTONIO BONPORTI (op. 7, 1707; op. 10, 1712/13) und DALL'ABACO (op. 1, 1705; op. 4, 1715) sind »corellisierende« Sonate da chiesa oder da camera. Die ohne Opuszahl 1716 erschienenen Sonaten für Violine oder Flöte von VERACINI sind typische Sonate da chiesa; die Violinsonaten op. 1 (1720) sind noch strenger geordnet als CORELLIS op. 5: 6 Sonate da camera in Moll-, 6 Sonate da chiesa in Dur-Tonarten, in der Form aber 5sätzig. Die virtuosen »Sonate accademiche« op. 2 (1744) heißen zwar noch da camera und da chiesa, lösen aber beide Typen in eine phantasievolle Mischung mit Charakterstücken, Capricci und Exotismen auf. Bei GIOVANNI BATTISTA SOMIS (ab 1722) und CARLO TESSARINI (ab 1729) setzen sich die 3teiligen Satzfolgen durch; PIETRO LOCATELLI verbindet in seinen Violinsonaten op. 6 (1737) das erste Satzpaar der Sonata da chiesa (mit beträchtlichen Anforderungen an den Geiger im polyphonen Allegro-Satz) mit freien Sätzen, gern mit einem Menuetto con variazioni als Finale; die letzte Sonate des Opus ist – wie bei CORELLI, aber mit »moderneren« Mitteln – herausgehoben durch Fünfsätzigkeit und durch ein hochvirtuoses Capriccio als Finale.

Die Verbindung der beiden Tendenzen der Gattung seit den 1730er Jahren, gesteigerte Virtuosität und gesteigerte Affektsprache, zeigt sich wohl am eindrucksvollsten in den Violinsonaten GIUSEPPE TARTINIS, in den hohen technischen Anforderungen der schnellen (wie in der schon zu ihrer Zeit berühmten »Teufelstriller-Sonate«) und im edlen Cantabile-Stil der langsamen Sätze, besonders sinnfällig aber in den vielen Sonaten und Sätzen vorangestellten poetischen Motti, die nicht als Programm, sondern am ehesten wohl als Hilfe zur Einstimmung in den Affekt der Musik gedacht sind. Formal sind TARTINIS Sonaten – von denen mehr als 150 überliefert sind – zum Teil 3sätzig, zum Teil nur noch 2sätzig (also »halbierte« CORELLI-Sonaten); die traditionelle Viersätzigkeit tritt demgegenüber zurück. Stilistisch sind sie zum Modell für die jüngeren italienischen Violinvirtuosen geworden, die ihre Vortragsstücke in großer Zahl auf den Markt brachten (zumeist natürlich dort, wo wirklich ein Markt war, also in Pariser und Londoner Verlagen): DOMENICO FERRARI (6 Opera 1758/62), PIETRO NARDINI (4 Opera zwischen 1760 und 1793), ANTONIO LOLLI (5 Opera 1765/95) und GAETANO PUGNANI (3 Opera zwischen 1761 und 1774).
Die Steigerung der spieltechnischen Ansprüche und der Affektsprache führte in der italienischen Violinsonate zwangsläufig zu immer ausgeprägterer Idiomatik und damit zum Aussterben der Besetzung für Violine oder Flöte (ein spätes Beispiel noch bei GIOVANNI BATTISTA SAMMARTINI, op. 8, London 1759) – ohne daß, im Gegensatz zu anderen Ländern, ein Ersatzrepertoire für die Flötisten entstanden wäre (BENEDETTO MARCELLOS und PIETRO LOCATELLIS op. 2 [1712 bzw. 1732] hatten kaum Nachfolge, VIVALDIS wenige Flötensonaten blieben ungedruckt). Ein kleineres Repertoire entwickelte sich für das Violoncello (TORELLI, PORPORA, BENEDETTO MARCELLO, VIVALDIS 6 um 1740 gedruckte Sonaten und andere).
Eine der Violinsonate fast gleichrangige Stellung eroberte sich die Flötensonate dagegen nördlich der Alpen, begünstigt einerseits durch zentralistisch-großstädtische Verhältnisse (London, in geringerem Maße auch Hamburg), andererseits durch flötespielende Herrscher (FRIEDRICH D. GR. in Potsdam und Berlin; später CARL THEODOR von der Pfalz in Mannheim).
In Paris bildete sich zunächst allerdings ein Violinsonaten-Repertoire, das noch von der großen Tradition der »24 violons du roy« getragen wurde, Sonaten von JEAN-FERY REBEL

(1713), JEAN-FRANÇOIS DANDRIEU (op. 2, um 1733, Sonate da camera, aber zu je 6 Tänzen), FRANÇOIS DUVAL (ab 1704). Auffallend streng scheint man in Paris, auch unter den jüngeren Komponisten, an der Viersätzigkeit CORELLIS festgehalten zu haben, die nur im stilistischen Detail, etwa in den charakteristischen Verzierungen, französisch überformt wurde, so bei dem eingewanderten Italiener MICHELE MASCITTI (9 Opera von Violinsonaten, eines davon mit 2. Violine ad lib., zwischen 1704 und 1738), JEAN-BAPTISTE SENALLIÉ (5 Opera zu je 10 Sonaten, 1710–27), LOUIS und FRANÇOIS FRANCŒUR und JACQUES AUBERT. Der 1710 aus London eingewanderte HENRY ECCLES veröffentlichte 1720 ein »Livre 1« von 12 Violinsonaten, die zum größten Teil aus GIUSEPPE VALENTINIS op. 8 von 1714 gestohlen waren. Noch immer 4sätzig, aber in der Bevorzugung französischer Tänze und im Tonfall deutlich vom italienischen Vorbild distanziert sind die Werke von JEAN-MARIE LECLAIR l'aîné (4 Opera von je 12 Sonaten, teilweise äußerst virtuos, zwischen 1723 und 1738). Bei JEAN-PIERRE GUIGNON (op. 1, 1737; op. 6, nach 1742) beginnt sich die modische Dreisätzigkeit durchzusetzen, die nach der Jahrhundertmitte zur Norm wird (Werke, oft als op. 1, von PIERRE GAVINIÈS [1760, 1764], PIERRE VACHON [1760, 1769], NICOLAS CAPRON [1768], SIMON LE DUC l'aîné [1768], ISIDORE BERTHEAUME [1769]). GIOVANNI BATTISTA VIOTTIS Pariser Erstlinge (zweimal 6 Sonaten für Violine und Baß, 1782) stehen auf der Grenze zwischen der alten Violinsonate mit Generalbaß und dem neuen Duett für 2 Melodie-Instrumente: Der Baß ist nicht mehr beziffert und kann auch vom Violoncello allein gespielt werden, hat aber noch weitgehend das Aussehen einer Generalbaßstimme.

Während die Pariser Triosonate und die Kammermusik ohne Generalbaß im 2. Drittel des Jahrhunderts zur Simplizität neigten und offenbar vor allem für musizierende Laien im Salon gedacht waren, blieb die Sonate für Melodie-Instrument und Generalbaß musikalisch und technisch Vortragsmusik auf hohem Niveau. Offensichtlich ist das nicht nur in der reichen Violinsonaten-Literatur, sondern auch – wenngleich spieltechnisch etwas abgeschwächt – in den Flötensonaten von MICHEL BLAVET (virtuose Programm-Suiten wie seine Triosonaten op. 1) oder in den Cellosonaten von JEAN BARRIÈRE (op. 1, 1733). Mit den Werken von BARRIÈRE und mit MARTIN BERTEAU, der vor allem als Lehrer wichtig war, begann eine Pariser

Tradition des Cellospiels und der Cellomusik, die oft von ganzen Cellisten-Familien getragen wurde und die auch in der Kammermusik Früchte trug, in den Sonaten von JEAN-BAPTISTE JANSON, FRANÇOIS CUPIS, JEAN-BAPTISTE BRÉVAL, JEAN-PIERRE DUPORT D. Ä. und anderen. LUIGI BOCCHERINI schrieb wahrscheinlich ebenfalls in Paris 6 Sonaten mit Generalbaß, die 1770 als Violinsonaten, 1771 in London als Cellosonaten veröffentlicht wurden, aber wahrscheinlich für das Cello gedacht sind.

Eine größere Rolle als in Paris spielte die Sonate für andere Melodie-Instrumente als Violine in Deutschland und in London, mit Nuancierungen, die für die Bedingungen am jeweiligen Ort charakteristisch sind. Am preußischen Hof ergab sich eine Art von Arbeitsteilung durch das Flötenspiel des Königs: QUANTZ und FRIEDRICH schrieben Flötensonaten (der König etwa 120), die Geiger der Hofkapelle JOHANN GOTTLIEB GRAUN und FRANZ BENDA Violinsonaten (letztere zum Teil mit Verzierungen überliefert). Gänzlich anders stellt sich die Situation in Hamburg dar, wo ein bürgerliches Laienpublikum Träger des Musiklebens war und wo infolgedessen JOHANN MATTHESON (12 Sonaten »Der brauchbare Virtuoso«, 1720) und TELEMANN (»Methodische Sonaten«, 1732; 12 Sonaten, 1734; einzelne Sonaten in »Der getreue Music-Meister«) an der Besetzung für Violine oder Flöte festhielten, die Trennung und die Ansprüche von Sonata da chiesa und da camera aufgaben und sich um einen einfachen, wenngleich nicht kunstlosen Stil ohne Gelehrsamkeit und ohne Virtuosität bemühten.

Komplizierter ist das Bild in London. HÄNDEL, PEPUSCH und vor allem GEMINIANI vertreten die anspruchsvolle Violinsonate in der Nachfolge CORELLIS; GEMINIANI liefert zugleich das beste Beispiel dafür, wie Komponisten sich durch Bearbeitung besonders erfolgreicher Stücke für andere Besetzungen (dies tat auch HÄNDEL gern) und durch revidierte Neuauflagen ganzer Opera auf den sich entwickelnden musikalischen Markt einstellten. Die 12 Violinsonaten op. 1 (1716) wurden 1739 revidiert und mit Phrasierungs- und Ornamentationsangaben (wie sie professionelle Musiker nicht, Laien aber sehr wohl nötig hatten) neu aufgelegt, zwischen 1735 und 1740 außerdem teils von GEMINIANI selbst, teils von FRANCESCO BARSANTI zu Triosonaten (s. o.) umgearbeitet; von den 12 Violinsonaten op. 4 (um 1735) wurde die Hälfte später zu Concerti grossi erweitert. Dabei blieb GEMINIANIS Stil denkbar konservativ; noch die

Einteilung des op. 1 und des op. 4 in je eine anspruchsvollere und eine »leichtere« Hälfte ist ein Nachklang der Gliederung von CORELLIS op. 5 in je 6 Sonate da chiesa und da camera. Neben dieser seriösen Sonate, die der »corellisierenden« Triosonate entsprach, entwickelte sich aber wie in der Triosonate ein musikalisch wie technisch sehr viel leichteres und auf andere Käuferschichten zielendes Repertoire, so in den Sonaten von WILLIAM CORBETT, WILLIAM BABELL und JOHN HUMPHRIES, die vor allem aus Tänzen (auch englischen) zusammengesetzt sind. Schließlich entspricht es den Gesetzen des expandierenden Marktes, daß die Violinsonaten-Komponisten auch für andere Besetzungen schrieben und daß sich gleichzeitig die konzertierenden Virtuosen (London hatte schon in der 1. Hälfte des 18. Jh. das vielfältigste Konzertleben in ganz Europa) ihr Repertoire selbst komponierten. So schrieb GEMINIANI je 6 Sonaten für Flöte (um 1720) und für Cello (op. 5, 1746), JOHN ERNEST GALLIARD je 6 Werke für Flöte (1711) und Fagott (oder Cello, 1732), JOSEPH DALL'ABACO (der Sohn des Münchner Hofmusikers) eine große Zahl (ungedruckter) Cellosonaten. JEAN-BAPTISTE LŒILLET, konzertierender Flötist, spezialisierte sich auf die Flötensonate (op. 1–4 je 12 Sonaten, op. 5 je 6 für eine und für 2 Flöten, 1712–1720).
Wohl auf die Anregungen einer Englandreise gehen die 12 Flötensonaten zurück, die der schwedische Hofkapellmeister JOHAN HELMICH ROMAN 1727 in Stockholm veröffentlichte. Auf Beziehungen zwischen London und Stockholm weisen schließlich auch die musikalisch bedeutenden 57 Stücke (15 Sonaten) für Viola d'amore und Generalbaß von ATTILIO ARIOSTI hin, die nur in einer Abschrift von JOHAN HELMICH ROMAN überliefert sind (6 weitere Sonaten, in englischer Terminologie »lessons«, für dieselbe Besetzung erschienen 1724 in London).
Die Produktion schwoll nach der Jahrhundertmitte weiter an, vor allem durch die vielen italienischen und deutschen Musiker, die vom blühenden und chancenreichen Londoner Musikleben angezogen wurden; die Sonate für Melodie-Instrument und Generalbaß hielt sich, trotz der aufkommenden neuen Besetzungen für Klavier und begleitende Instrumente, hier wie unter ähnlichen (höchstens stärker durch die Hofgesellschaft geprägten) Umständen in Paris, vermutlich deshalb, weil gerade diese Besetzung dem Virtuosen einen glänzenden Auftritt ohne aufwendige Begleitung ermöglichte (ein ähnlicher Vorgang wie im

Streichquartett die Entwicklung des Quatuor brillant als Ersatz für das Violinkonzert). So erklärt sich gerade in London und Paris das erstaunlich zähe Leben der Sonate mit Generalbaß – als Konzert- und Vortragsmusik im Gegensatz zu den hausmusikalischen neuen Besetzungen: Flötensonaten von CARL FRIEDRICH ABEL (op. 6, 1765), Violinsonaten von FELICE GIARDINI (oder DEGIARDINI), ANTON KAMMEL und FRANÇOIS-HIPPOLYTE BARTHÉLEMON, Cellosonaten von GIOVANNI BATTISTA CIRRI. Weniger die neuen kammermusikalischen Besetzungen für Klavier mit begleitenden Instrumenten als vielmehr die Verlagerung des allgemeinen Interesses auf das Klavier als Solo-Instrument im Konzert und in der Hausmusik, bewirkt durch MUZIO CLEMENTI und die von ihm ausgehende Londoner Klavierschule, ließ die Generalbaß-Traditionen endgültig absterben.

Sonaten für ein Melodie-Instrument allein

Von den kammermusikalischen Gattungen und Quasi-Gattungen, die auf den Generalbaß verzichten, sind diejenigen für Melodie-Instrument allein und für Melodie-Instrument und obligates Tasteninstrument am leichtesten zu umschreiben. Die Solosonate war in ihren Anfängen eine Spezialität vor allem der deutschen Gamben- und Violinvirtuosen, als virtuoses Vortragsstück gedacht, in dem eher technische Probleme als Gattungszusammenhänge auskomponiert wurden: Das gilt für die Gambenstücke von JOHANN SCHENCK wie für die Gambensonaten von CARL FRIEDRICH ABEL, dem letzten großen Gambisten des 18. Jh. (um 1760/80), ebenso für die Passacaglia, mit der BIBER seine »Rosenkranz-Sonaten« abschloß (um 1675), und für die vereinzelten Werke der mitteldeutschen Geigerschule (WALTHER, WESTHOFF, PISENDEL; in ihrer Nähe auch die Partiten für Viola d'amore von CHRISTIAN PEZOLD). Isoliert in ihrer Umgebung scheinen auch die wenigen italienischen Sonaten für Violine solo geblieben zu sein, je ein Werk von GEMINIANI und NARDINI. Eine Ausnahme, die auf BACH vorausweist, sind die 6 Partiten für Violine von JOHANN PAUL WESTHOFF (1696), die aber in ihrer kompositorischen Substanz weit hinter den Sonaten und Partiten BACHS zurückstehen. Es ist kein Zufall, daß BACH der einzige Komponist war und blieb, der die solistischen Möglichkeiten der Violine und des Violon-

cellos systematisch und in Werkzyklen von höchstem geistigem wie technischem Anspruch erforschte (die je 12 Fantasien für Flöte [oder Violine?] und für Violine von TELEMANN sind, wenngleich dankbare Kammermusik, wesentlich bescheidener). Und es ist ebensowenig ein Zufall, daß alle späteren Kompositionsversuche in diesen und ähnlichen solistischen Besetzungen nicht Weiterentwicklungen einer lebendigen und gattungsmäßig definierten Tradition, sondern bewußtes Aufgreifen dieses einzigartigen Sonderfalls waren.
Das beginnt vielleicht schon mit der Sonate für Flöte von CARL PHILIPP EMANUEL BACH (1747, erst 1763 veröffentlicht), jedenfalls aber mit den 3 Violinsonaten von FRIEDRICH WILHELM RUST (1795), die fast BACH-Kopien sind. Im 19. Jh. riß diese Tradition ab; die BACH-Sonaten wurden primär als Übungsstücke verstanden oder für den Konzertvortrag mit Klavierbegleitung versehen. Erst mit MAX REGERS Sonaten, Präludien und Fugen für Violine (beginnend mit op. 42, 1899, erschienen 1900) und den späten Suiten für Bratsche und Cello (op. 131, 1914/16) beginnt eine neue, nun sehr intensive Auseinandersetzung mit BACHS Werken und den technischen Möglichkeiten der Streichinstrumente (während die Holzblasinstrumente nur eine sehr untergeordnete Rolle spielen); zusätzliche Impulse erhält sie durch große Solisten, die sich der BACH-Sonaten im Konzertsaal annehmen (HENRI MARTEAU, CARL FLESCH, ADOLF BUSCH als Geiger, PABLO CASALS als Cellist). Werke, die direkt oder indirekt mit dieser ersten, durch REGER initiierten Renaissance der Musik für Solostreicher zusammenhängen, sind – bei durchaus verschiedener stilistischer Orientierung im Detail – die Sonaten von JULIUS WEISMANN (op. 30, 1910), RICHARD WETZ (op. 33, 1913), PHILIPP JARNACH (1. Sonate op. 8, 1913) und SIGFRID KARG-ELERT (1912).
Eine auffallende Häufung geistig und technisch höchst anspruchsvoller, stilistisch sehr vielgestaltiger, dabei immer ganz deutlich auf das Vorbild BACH bezogener Sololiteratur (vor allem wieder für die Violine) findet sich aber zwischen 1919 und etwa 1930 – eine Entwicklung, zu der zusätzliche Impulse beitrugen: die Affinität von Neoklassizismus und Neuer Sachlichkeit zur Barockmusik, Gruppenbildungen wie der Kreis junger Komponisten um die Zeitschrift für Neue Musik »Melos«, aber auch ERNST KURTHS epochemachendes Buch über BACHS melodische Polyphonie und linearen Kontrapunkt (1917), das

auf die Neue Musik im deutschsprachigen Raum großen Einfluß hatte. Fast alle bedeutenden Komponisten der 20er Jahre aus diesem Raum – außerhalb der Wiener Schule – traten plötzlich mit Sonaten und Suiten für Violine hervor, darunter auch drei große Pianisten, die als Neutöner begannen: ARTUR SCHNABEL (Sonate 1919, ein Werk, das großes Aufsehen machte), WILHELM KEMPFF und EDUARD ERDMANN (beide 1921). Zu nennen sind weiter LOTHAR WINDSPERGER (1919), PHILIPP JARNACH (2. Sonate op. 13, 1922), ALEXANDER JEMNITZ (op. 18, 1922; 2 weitere Sonaten 1935 und 1938), EGON WELLESZ (op. 36, 1924), ERNST KRENEK (op. 33, 1924), PAUL HINDEMITH (op. 31/1–2, 1924) und, über den engeren Bereich der BACH-Renaissance hinaus, NIKOS SKALKOTTAS (1925), CARL NIELSEN (Präludium und Thema mit Variationen op. 48, 1923) und WILLEM PIJPER (1931). Ganz manifest schon in der Publikationsweise wird die Beziehung auf BACH bei den Komponisten, die 3 oder 6 Werke zu einem Opus zusammenfassen: AUGUST HALM (3 Sonaten, 1919/21), WALTER COURVOISIER (6 Suiten op. 31, 1921/22, veröffentlicht 1925), JULIUS RÖNTGEN (3 Suiten und 3 Sonaten, 1922) und EUGÈNE YSAYE (6 Sonaten op. 27, 1924). Sehr viel bescheidener blieb die Ausbeute für Bratschisten (REGER, HINDEMITH) und für Cellisten (REGER, HINDEMITH, YSAYE und – vor allem – die Sonate von ZOLTÁN KODÁLY).

Während in der Zwischenkriegszeit und im 2. Weltkrieg nur sehr wenige bedeutende Werke entstanden, die eher isolierte Nachläufer der Produktion der 1920er Jahre als Monumente eines ungebrochenen Gattungszusammenhanges zu sein scheinen (ARMIN KNABS »Variationen über ein Volkslied« [1937], Violinsonaten von ARTHUR HONEGGER und HENK BADINGS [1940], von JOHANN NEPOMUK DAVID [1943] und vor allem die Sonate von BÉLA BARTÓK [1944]), setzte nach 1950 die Komposition von Solowerken für Streichinstrumente wiederum sprunghaft ein – entsprechend den veränderten Kommunikationsverhältnissen jetzt ganz international, aber auch wieder inspiriert durch Institutionen (Darmstadt) und Solisten (YEHUDI MENUHIN, ISAAC STERN, SASCHKO GAWRILOFF). Dabei reicht das stilistische Spektrum von JOHANN NEPOMUK DAVID und HENK BADINGS bis zu IANNIS XENAKIS und KRZYSZTOF PENDERECKI, die stilistische Entwicklung vom Neoklassizismus der späten 40er Jahre über Dodekaphonie, Serialismus, Aleatorik bis zum Stilpluralismus der Gegenwart

(Werke für Violine von NIELS VIGGO BENTZON, GISELHER KLEBE, BORIS BLACHER, BERND ALOIS ZIMMERMANN, ERNST KRENEK, ROGER SESSIONS, DAVID DIAMOND, RICHARD RODNEY BENNETT, PAUL BEN-HAIM, ERNEST BLOCH, SERGEJ PROKOFJEW, MILKO KELEMEN, CHRISTÓBAL HALFFTER; für Bratsche von BERND ALOIS ZIMMERMANN; für Cello von HANS WERNER HENZE, ZIMMERMANN, BENJAMIN BRITTEN, BLOCH, XENAKIS und PENDERECKI).
Auf einer ganz anderen Ebene liegt die virtuose Sololiteratur, die zugleich Konzertmusik und Etüde ist, wobei der Etüden-Charakter im 19. Jh., entsprechend der fortschreitenden Arbeitsteilung zwischen Komponisten, Interpreten und Lehrern und entsprechend der Ausbreitung einer in Konservatorien institutionalisierten Musikerausbildung, dominierend wird. Auch hier ist das Repertoire für die Violine reicher und wohl auch musikalisch interessanter als dasjenige für Bratsche und Cello, beginnend mit den 24 Capricci von PIETRO LOCATELLI (ursprünglich Kadenzen zu den Violinkonzerten op. 3, 1733) über Capriccio- und Etüdensammlungen, seltener auch Sonaten der Pariser Geigerschule um 1800 (PIERRE GAVINIÈS, ISIDORE BERTHEAUME, RODOLPHE KREUTZER, PIERRE RODE) bis zu den 24 Capricci von NICCOLÒ PAGANINI, die unmittelbar an LOCATELLI anknüpfen (um 1805), und den zahlreichen Etüden und Capricen der Virtuosen des 19. und früheren 20. Jh.

Kammermusik für Melodie- und obligates Tasteninstrument

Schmaler und geschlossener ist das Repertoire des späten 17. und frühen 18. Jh. für Melodie-Instrument und obligates Tasteninstrument, auch wenn seine Grenzen gegenüber der Triosonate (von der es satztechnisch herkommt) und gegenüber den jüngeren Besetzungen für Tasteninstrument und begleitende Melodie-Instrumente (in die es sich aufzulösen scheint) nicht immer deutlich zu ziehen sind. Insgesamt handelt es sich um ein fast ausschließlich mittel- und norddeutsches Repertoire. Im Zentrum steht auch hier JOHANN SEBASTIAN BACH, der als erster und fast als einziger die Besetzungen Violine/Cembalo, Flöte/Cembalo und Gambe/Cembalo systematisch auskomponierte; älter als diese Werkzyklen scheint nur eine (heute verschollene) Sonate für Violine und Cembalo von JOHANN

PACHELBEL (um 1690) gewesen zu sein. In der Nachfolge BACHS stehen am ehesten die überlieferten Werke aus seinem Schülerkreis und aus der sächsisch-thüringischen Nachbarschaft, Sonaten von WILHELM FRIEDEMANN BACH, JOHANN GOTTLIEB GOLDBERG, JOHANN LUDWIG KREBS und von dem Dresdner Hoforganisten CHRISTLIEB SIEGMUND BINDER; sodann Kompositionen aus der preußischen Hofkapelle und deren weiterem Umfeld wie die »Sei duetti a cembalo obbligato e violino ò flauto traverso concertato« op. 1 (Nürnberg 1746) vom Hofcembalisten der Prinzessin AMALIE, CHRISTOPH SCHAFFRATH (von ihm auch über 20 Sonaten handschriftlich überliefert, meist mit Violine, aber auch mit Flöte, Oboe, Fagott, Cello oder Gambe), Sonaten von JOHANN HEINRICH ROLLE in Magdeburg, TELEMANN in Hamburg, CHRISTOPH GRAUPNER in Darmstadt, JOHANN ADOLPH SCHEIBE in Kopenhagen, JOHANN PFEIFFER am Hof der Schwester FRIEDRICHS D. GR. in Bayreuth, CARL PHILIPP EMANUEL BACH und der Brüder JOHANN GOTTLIEB und CARL HEINRICH GRAUN. Isoliert von diesem so außerordentlich geschlossenen, regional-dynastisch geprägten Repertoire steht nur die HÄNDEL zugeschriebene Sonate für Gambe und Cembalo.
Die Satzstruktur der Werke ist primär – am deutlichsten und konsequentesten bei BACH – vom Modell der Triosonate geprägt (wodurch sich auch, wenigstens partiell, die Beliebtheit dieser Besetzungen im konservativen nord- und mitteldeutschen Raum erklärt): Die linke Hand des Cembalisten spielt den (oft bezifferten) Baß, die rechte Hand und das Melodie-Instrument übernehmen die beiden gleichrangigen und wesentlich in der gleichen (Diskant-)Lage sich bewegenden Oberstimmen. Wird dieses Satzmodell konsequent durchgehalten und wird der Baß nicht akkordisch ausgesetzt, so entsteht zwischen den beiden Diskantstimmen und dem Baß ein klangliches Loch (das in der klassischen Triosonate eben durch die Aussetzung des Generalbasses ausgefüllt wurde) – ein Problem, das im Laufe der Entwicklung des neuen Stils durch Auflösung der strengen Dreistimmigkeit, konzertante Auflockerung des Cembalosatzes und Verlegung der zweiten Melodiestimme in die Altlage gelöst wurde. Am Ende dieser Entwicklung und der parallel zu ihr laufenden Entwicklung der Cembalomusik mit begleitenden zur Cembalomusik mit obligaten Melodie-Instrumenten (s. u.) stehen die klassische Sonate für Klavier und Melodie-Instrument und das klassische Klaviertrio.

Die ursprüngliche Beziehung von Triosonate und Sonate mit obligatem Cembalo zeigt sich im umschriebenen Repertoire nicht nur darin, daß BACH und andere ihre Werke mit obligatem Cembalo als Sonate a tre oder Trios bezeichneten (womit eben die Stimmenzahl, nicht die Besetzung gemeint ist), sondern auch in Doppelüberlieferungen ein und desselben Werkes und in aufführungspraktischen Anweisungen. So sind TELEMANNS Konzerte aus den »Six concerts et six suites« von 1739 und CARL PHILIPP EMANUEL BACHS 1751 veröffentlichte Triosonaten (Wotquenne-Verz. 161/1–2) ausdrücklich zur Ausführung entweder als Triosonaten oder als Duett mit Cembalo und Violine bestimmt. Noch deutlichere Indizien gibt die handschriftliche Triosonaten-Überlieferung, in der dem »normalen« Stimmensatz (Flöte 1, Flöte 2, bezifferter Baß) eine Cembalostimme hinzugefügt ist, die aus Flöte 1 (rechte Hand) und Baß (linke Hand) zusammengesetzt wurde (Werke von CARL PHILIPP EMANUEL BACH und den Brüdern GRAUN). Daß diese doppelte Aufführungspraxis weitverbreitet war, ist sicher; wie weit sie aber zeitlich und regional genau reichte, ist noch gänzlich unklar.

Während die Voraussetzung für eine solche Aufführungspraxis der kontrapunktisch durchgearbeitete Generalbaßsatz – also das Modell des Triosonatensatzes und damit ein konservatives Moment – war, setzt im gleichen Repertoire und bei denselben Komponisten die Entwicklung zur Auflösung des Triosatzes in der Sonate mit obligatem Cembalo ein: in der Auflockerung des Cembalosatzes durch Spielfiguren der rechten Hand (seltener beider Hände), durch Akkordbrechungen, durch konzertantes Wechselspiel zwischen rechter Hand und Melodie-Instrument mit Melodie- und Begleitstimme, sogar durch den Wechsel zwischen ausgearbeitetem mehrstimmigem Satz und beziffertem Generalbaß im Cembalo. Beispiele bieten etwa die Sonaten der Brüder GRAUN, in denen konzertant-solistische Passagen im Wechsel von rechter Hand und Violine, Flöte oder Gambe zum Teil schon recht ausgebildet sind, oder die Sonaten von CHRISTOPH SCHAFFRATH, die einen teilweise durch Spielfiguren aufgelockerten, teilweise auch zur reinen Begleitung reduzierten Cembalosatz mit einer relativ steifen und konservativen Führung der Violine verbinden. Das Ende der Entwicklung scheint um 1775 dort erreicht zu sein, wo die Violinsonate mit begleitendem Tasteninstrument (also das Gegenteil der – europäisch um diese Zeit noch dominierenden – Cembalomusik mit begleitender Violine!) und die klassische Violin-Klaviersonate fertig ausgebildet sind, erstere in den Sonaten (für Violine oder Flöte oder Violetta) von CHRISTIAN MICHAEL WOLFF (Stettin 1776), letztere in den Violinsonaten von JOHANN CHRISTOPH FRIEDRICH BACH (Riga 1777) und JOSEPH SCHUSTER (1776/1777).

Duette für Melodie-Instrumente ohne Generalbaß

Während für die zentralen Kammermusikgattungen der Generalbaßzeit – Triosonate und Violinsonate – das Werk CORELLIS den Höhepunkt und Wendepunkt der Gattungsgeschichte bezeichnet und während die Sonate für Melodie-Instrument ohne Generalbaß und die Sonate für Melodie-Instrument und Cembalo in dieser Epoche, gattungsgeschichtlich gesehen, praktisch in den Werken JOHANN SEBASTIAN BACHS aufgehen, ist die Geschichte des Duetts ohne Generalbaß als Gattungsgeschichte kaum zu fassen: Weder gibt es eine überragende Persönlichkeit, deren Werk als Anschauungsmodell für Gattungsnormen dienen konnte, noch gibt es deutliche Zäsuren in der Entwicklung zwischen dem 17. und 18. Jh., und selbst der Stilwandel seit etwa 1720/30, dem die Generalbaßgattungen allmählich weichen mußten, hat in der generalbaßlosen Besetzung für 2 Melodie-Instrumente geringere Verwandlungen bewirkt als in irgendeiner anderen Art von Kammermusik. Die Möglichkeiten und Grenzen des 2stimmigen instrumentalen Satzes waren vor und nach der Stilwende zu eng, um bedeutende Werke zu inspirieren; gerade die Grenzen der Besetzung legten eine Konzentration auf »leichte« und auf pädagogische Komposition wie auch – in den Metropolen des Musikverlagswesens – die Entstehung eines großen Repertoires von Bearbeitungen gängiger Musik für Duette für alle Arten von Melodie-Instrumenten nahe. Es ist bezeichnend für die relative Enge und Unbeweglichkeit des Duos im 18. Jh., daß HEINRICH CHRISTOPH KOCH in seiner Kompositionslehre noch 1793 die Flötenduette von TELEMANN (1738) und QUANTZ (1759) als die »eigentlichen«, weil primär kontrapunktisch gesetzten Duette bezeichnen konnte, von denen sich die Werke der »neueren Tonsetzer« mit ihrer Technik, abschnittsweise je eine Stimme führen und die andere begleiten zu lassen, unvorteilhaft abhoben – daß aber

diese beiden »Idealtypen« in der Kompositionspraxis einander weitgehend durchdrangen.
Entsprechend der besonderen Nähe des Duetts zu den weniger anspruchsvollen Schichten des Musikmarktes waren die Metropolen London und Paris, ab etwa 1780 auch Wien, die Brennpunkte der Duettproduktion, und da das Duett als virtuoses Vortragsstück weniger geeignet war als die Sonate mit Generalbaß, fehlt es fast ganz in der italienischen Überlieferung; schließlich zeigt sich eine direkte, durch keinen besonderen Kunstanspruch überlagerte Beziehung zum Markt auch darin, daß in London wie in Paris am Anfang des 18. Jh. das Flötenduett noch eine große Rolle spielt, während in der 2. Jahrhunderthälfte Besetzungen für Streicher dominieren (2 Violinen, aber auch Violine und Viola oder Violine und Violoncello). So sind für London kurz nach der Jahrhundertwende die Flötenduette von WILLEM DE FESCH, WILLIAM CROFT und RALPH COURTEVILLE (2 Blockflöten, 1702) repräsentativ, gegen Ende des Jahrhunderts die Streicherduette der eingewanderten Violinvirtuosen (WILHELM CRAMER, FELICE DE GIARDINI, ANTON KAMMEL, MADDALENA LAURA LOMBARDINI SIRMEN); für Paris zuerst die einfachen Tanzsuiten von BOISMORTIER (auch für 2 Fagotte und 2 Violinen) und JACQUES-CHRISTOPHE NAUDOT (für Quer- und Blockflöten), schon seit den späten 30er Jahren dann die anspruchsvolleren Violinduette von GUIGNON, LECLAIR und GUILLEMAIN. Seit etwa der Jahrhundertmitte scheint sich vor allem in Paris (und von Paris ausstrahlend auf Wien) die Entwicklung nach drei Richtungen differenziert zu haben: in das konzertante Duett, das am entschiedensten Kunstanspruch hatte, das virtuose Duett für Violine mit einem Begleitinstrument (Violine, Viola oder Violoncello) und das didaktische Duett, oft schon im Titel als »instructif et progressif« bezeichnet. Den größten Erfolg hatten die Werke, die Kunstanspruch mit gehobenen technischen Anforderungen, wenigstens an den ersten Spieler, verbanden – die Duette von LUIGI BOCCHERINI (op. 3, als op. 5 1770 für Violine und unbezifferten Baß, 1771 für Cello und unbezifferten Baß veröffentlicht und bis um 1835 nachgedruckt) und die Sonaten für Violine und unbezifferten Baß von GIOVANNI BATTISTA VIOTTI (ab 1782). Virtuose Duette schrieben, neben anderen, NICOLAS VIBERT (1752), ANTONIO BARTOLOMEO BRUNI und JOSEPH BOULOGNE Chevalier de SAINT-GEORGES (1800 postum veröffentlicht); didaktische Duette neben VIOTTI ALESSANDRO

ROLLA, CHARLES-AUGUSTE DE BÉRIOT, CHARLES DANCLA, RODOLPHE KREUTZER und viele Lokalgrößen, die sich von dieser Art Kammermusik für den alsbaldigen Verbrauch und von Arrangements für 2 Flöten, Oboen, Fagotte, Violinen, Bratschen oder Celli ernähren konnten – noch der junge JACQUES OFFENBACH hat von dieser Pariser Duettproduktion komponierend profitiert (Duette für 2 Violoncelli).
Ein verhältnismäßig breites, differenziertes und auch musikalisch reizvolles Duett-Repertoire entwickelte sich gegen Ende des 18. Jh. außer in Paris vor allem in Wien (die Mannheimer und die italienische Produktion sind demgegenüber von geringerer Bedeutung – Werke vor allem von FRANZ XAVER RICHTER und ERNST EICHNER in Mannheim, von CAMPIONI, NARDINI, LOLLI und PUGNANI in Italien); wie in Paris reichte es von Bearbeitungen modischer Opernarien oder Instrumentalsätze über Variationen, leichte divertimentohafte Sonaten (JOSEPH und MICHAEL HAYDN, FRANZ ASPLMAYR, VÁCLAV PICHL) und virtuose Duette (LUIGI TOMASINI, FRANZ KROMMER) bis zur anspruchsvollen Kammermusik (FLORIAN LEOPOLD GASSMANN, ANTON WRANITZKY, ADALBERT GYROWETZ, PETER HÄNSEL, JOHANN BAPTIST VANHAL, FELICE RADICATI, FRANZ KROMMER und natürlich MOZARTS Sonaten KV 423 und 424). Deutlicher noch als in Paris zeigt sich schließlich die Verbindung von Verlagsgeschäft und Gebrauchsmusik in den zahlreichen Duetten des Verleger-Komponisten FRANZ ANTON HOFFMEISTER und in der Ausbreitung des didaktischen Duetts (JOHANN GEORG ALBRECHTSBERGER, VANHAL, FRANZ ALEXANDER POESSINGER, JOSEPH PIRLINGER; Duette für Violine und Viola von HÄNSEL, für 2 Violoncelli von JUSTUS JOHANN FRIEDRICH DOTZAUER, FRIEDRICH AUGUST KUMMER, BERNHARD ROMBERG) bis hin zu den Duetten LOUIS SPOHRS.
Während das didaktische Duett (wie das didaktische Solostück) das ganze 19. Jh. hindurch von Virtuosen und Instrumentallehrern kontinuierlich und ohne großen Kunstanspruch weitergetragen wurde, erlebte das anspruchsvolle Duett – wie die anspruchsvolle Solosonate und, nicht zufällig, bei denselben Komponisten – eine kurze Renaissance ab 1914, vor allem im Neoklassizismus mit wenigen, aber qualitätvollen Werken: KODÁLYS großartiges Duo (Violine und Cello) op. 7 (1914), REGERS 3 Duos im alten Stil (Kanons und Fugen) für 2 Violinen (1914), HONEGGERS Sonate für 2 Violinen (1920) und seine

Sonatine für Violine und Cello (1932), RAVELS Sonate für Violine und Cello (1920/22), HINDEMITHS »Kanonische Sonate« für 2 Flöten (op. 31/3, 1924) und die Duette aus dem Schulwerk op. 44, die Duette für Violinen op. 49 von REINHOLD GLIER (GLIÈRE) und, vor allem, BÉLA BARTÓKS 44 Duos für 2 Violinen (1932).

Begleitete Cembalomusik

Im Gegensatz zur mittel- und norddeutschen Sonate für Melodie-Instrument und obligates Tasteninstrument, die aus dem kontrapunktischen Triosatz entstand, entwickelte sich die begleitete Cembalomusik in Paris aus der französischen Tradition der Pièce de clavecin. Schon um 1700 gab es Clavecinmusik, bei der ausdrücklich die Stimme der rechten Hand auch auf einer Violine gespielt werden konnte (CHARLES [FRANÇOIS?] DIEUPART und andere) – eine Steigerung des Gebrauchswertes solcher Stücke und zugleich ein Reflex der modischen Begeisterung für die Violine, die – früher in Frankreich vor allem ein Instrument der niedrigen Tanzmusik – durch die importierte italienische Violin- und Triosonate der CORELLI-Generation sozial aufgestiegen, zum Instrument für Salon und Kammer geworden war. Dennoch blieb diese allein aufführungspraktisch definierte Cembalo-Violin-Musik grundsätzlich Musique de clavecin.

Aber schon in den 30er Jahren des Jahrhunderts verwandelte sich der Usus wenn nicht in eine Gattung, so doch in eine notierte Veränderung und Erweiterung des traditionellen Clavecinstücks: die »Pièces de clavecin en sonates avec accompagnement de violon« von JEAN-JOSEPH CASSANÉA DE MONDONVILLE (op. 3, 1734), die im programmatischen Vorwort des Komponisten als etwas grundsätzlich Neues vorgestellt werden, verbinden auf der Basis des traditionellen Clavecinstils und der traditionellen Formen der französischen Suite die beiden Instrumente auf vielfältige und phantasievolle Weise: im kontrapunktisch-3stimmigen Satz der klassischen Triosonate, im Clavecin-Satz mit begleitender, nur Akkordtöne oder Haltetöne spielender Violine, im Satz für melodisch führende Violine und begleitendes Tasteninstrument, in der Verdoppelung der rechten Hand durch die Violine und in der 6. Suite im Wechsel von »tutti« und »soli« (im Druck so bezeichnet), wobei die Soli

techniken und die Überlieferung: Oft hat man nur eine Partitur oder sogar nur die 2 Systeme für den Clavecinisten gestochen oder geschrieben, und der Geiger mußte ihm beim Spielen über die Schulter sehen (wie in dem bekannten Bild der musizierenden Familie MOZART in Paris von LOUIS CARROGIS DE CARMONTELLE, 1764 [London, British Library]) – oder die Violinstimmen wurden separat hergestellt, gingen aber, eben weil sie so unwichtig waren, verloren, so daß wir heute aus ebendieser französischen begleiteten Clavecinmusik viele Werke haben, von denen sich nur die Clavecinstimme erhalten hat.

Die Konzentration auf das Tasteninstrument wurde vermutlich noch gesteigert durch die Wendung vom traditionellen französischen Clavecin- zum moderneren Cembalo-, dann bald Klavierspiel, die in Paris durch eine Gruppe deutscher Pianisten und Klavierlehrer vollzogen wurde: voran JOHANN SCHOBERT, der – wie CHARLES BURNEY 1789 in seiner Musikgeschichte schrieb – »the symphonic, or modern overture style, upon the harpsichord« übertrug, und neben ihm JOHANN GOTTFRIED ECKARD, LEONTZI HONAUER und HERMANN FRIEDRICH RAUPACH. Die meisten ihrer Kammermusikwerke sind Sonaten für Klavier mit begleitender Violine, in denen die Violinstimme fast oder ganz entbehrlich ist; von SCHOBERT sind außerdem 7 Sonaten »en trio« (mit Violine und Cello) und 4 »en quatuor« (mit 2 Violinen und Cello) überliefert, in denen das Cello – genauso wie im klassischen Generalbaßsatz – lediglich zur Verstärkung der Baßstimme des Klaviers dient. In den Zusammenhang dieser »deutschen« Klaviermusik in Paris gehören außerdem die begleiteten Klaviersonaten, die das Wunderkind WOLFGANG AMADEUS MOZART mit Hilfe seines Vaters 1764–66 auf der Reise nach Paris, London und den Niederlanden schrieb und die der Vater sofort zum Druck brachte: je 2 Sonaten für Klavier und begleitende Violine op. 1 und 2 (Paris 1764; KV 6–7 und 8–9), 6 Sonaten mit Flöte und Violoncello op. 3 (London 1764; KV 10–15) und 6 Sonaten mit Violine op. 4 (Den Haag 1766; KV 26–31).

Während die 1760er Jahre insofern einen Tiefpunkt der Entwicklung bezeichnen, als in ihnen die Violine zum kompositorisch total überflüssigen, lediglich von der Mode und vom Spieltrieb der Dilettanten geforderten Accessoire wurde, begann schon gegen Ende des Jahrzehnts der gegenläufige Prozeß, an dessen Ende die Klavier-Violinsonate stehen sollte, ausgelöst wahrscheinlich durch den enormen Erfolg von LUIGI BOCCHE-

RINIS 6 Sonaten op. 5 für »pianoforte con accompagnemento di un violino« (wie es im eigenhändigen Werkverzeichnis des Komponisten heißt) oder für »cembalo e violino obbligato« (so der Titel des Pariser Erstdrucks 1769) – ein Werk, von dem Nachdrucke noch um 1800 in London und Amsterdam, noch um 1830 in Paris erschienen. Während hier die Violine noch untergeordnet, aber wenigstens streckenweise nicht mehr entbehrlich, also Bestandteil des musikalischen Satzes ist, wird sie im Laufe der 70er Jahre immer mehr zum obligaten und schließlich gleichberechtigten Partner des Klaviers; vermutlich verstärkt wurde diese Entwicklung dadurch, daß jetzt endgültig das Clavecin durch das klangstärkere Pianoforte verdrängt wurde und damit die Geiger nicht mehr gezwungen waren, mit halbem Ton zu spielen, »diskret« (wie GUILLEMAIN es 1745 ausdrücklich gefordert hatte). Hinzu kam die schon bei MONDONVILLE angelegte Verbindung von Konzert und Sonate, kombiniert mit einer modischen Begeisterung für konzertante Musik generell, die in der Symphonie concertante gipfelte: sinnfällig wird diese Verbindung etwa in den Sonaten »dans le goût de la symphonie concertante« und mit »violon obligé« von JEAN-JACQUES BEAUVARLET-CHARPENTIER (1773/78), in denen homophone, ganz »symphonisch« erfundene und gesetzte Tutti mit konzertant-virtuosen Soli des Klaviers und der Violine wechseln. In einigen Sonaten des Elsässer Pianisten NICOLAS-JOSEPH HÜLLMANDEL, in JOHANN LUDWIG WENZEL LACHNITHS Sonates concertantes op. 14 (um 1788), MARIE-ALEXANDRE GUÉNINS op. 5 (1781) und im op. 1 (1791) des Chevalier DE SAINT-GEORGES ist der Typus der »klassischen« Violinsonate dann praktisch voll ausgeprägt. Die begleitete Klaviersonate lebt allerdings neben der neuen Gattung weiter, und in Paris offenbar hartnäckiger als an anderen Orten: bei JOHANN FRIEDRICH EDELMANN, in dessen Sonaten die Violine teils ganz untergeordnet ist, teils satzweise überhaupt pausiert; bei HENRI-JOSEPH RIGEL (HEINRICH JOSEPH RIEGEL), dessen Klaviersonaten teils mit 2 Violinen, 2 Hörnern und Cello – alles ad lib. – zu spielen sind; bei ÉTIENNE-NICOLAS MÉHUL, dessen op. 1 (1788) eine Violinstimme ad lib. beigegeben ist. Die eleganten Klaviersonaten von LOUIS-EMMANUEL JADIN mit Violine oder Violine und Cello (1795/1810) schlagen die Brücke zur »Pianisten-Kammermusik« des 19. Jh.

Neben Paris war das zweite Zentrum in der Entwicklung der begleiteten Klaviermusik – wie allgemein in der Geschichte der

Instrumentalmusik im 18. Jh. – London; allerdings setzte hier die Entwicklung sehr viel später als in Paris und bereits auf der Stufe der Ausbildung obligater Begleitstimmen ein, während Werke mit gänzlich unselbständigen und Ad-libitum-Stimmen offenbar die Ausnahme und die Domäne von Kleinmeistern blieben (LOUIS VON ESCH, 5 Opera zwischen 1781 und 1798). Der vor allem als Musikästhetiker bedeutende CHARLES AVISON war offenbar der erste, der RAMEAUS »Pièces de Clavecin en concerts« in England einführte (nach 1750); nach deren Muster sind AVISONS eigene Sonaten für Cembalo mit Begleitung von 2 Violinen und Cello (je 6 Werke op. 5, 7 und 8, 1756–64) und die ebenso besetzten Werke von AVISONS Freund JOHN GARTH (op. 2 um 1768, op. 4–7 – in der Qualität abnehmend und zum Salon tendierend – zwischen etwa 1772 und 1782) geschrieben. In den zahlreichen Sonaten mit Violine und Trios mit Violine und Cello von JOHANN CHRISTIAN BACH und CARL FRIEDRICH ABEL (zwischen 1760 und den frühen 80er Jahren) ist zwar immer der Klaviersatz dominierend und das Cello nur Klangverstärkung des Klavierbasses, die Violinstimme aber ein nie ganz entbehrlicher Bestandteil des musikalischen Satzes. Den Übergang zum konzertierenden Satz bezeichnen Sonaten von JOHANN SAMUEL SCHROETER, MATTIA VENTO, PASQUALE RICCI, ANTONIO SACCHINI und schließlich die frühen Sonaten MUZIO CLEMENTIS (op. 2–6, 13 und 15, zwischen 1773 und 1786), mit denen sich auch in London das Pianoforte durchsetzte. CLEMENTIS Sonaten der frühen 90er Jahre (op. 27, 29, 31 und 33) sind bereits echte Klaviertrios.

Gegenüber der reichen Produktion begleiteter Klaviermusik in den beiden europäischen Hauptstädten der Musik tritt die Entwicklung in den deutschsprachigen Ländern erheblich zurück; Wien wird zur dritten Musikmetropole erst in dem Augenblick, in dem Violinsonate und Klaviertrio bereits als neue, voneinander wie von der Klaviermusik unterschiedene Gattungen greifbar werden. In Mannheim bildete sich ein kleines Repertoire aus, in dem – im Gegensatz zu allen anderen Orten und Regionen – die Klaviersonate mit begleitender Violine (ERNST EICHNER, CARL STAMITZ) eine geringere Rolle spielt als das Trio mit Violine und Cello (FRANZ XAVER RICHTER, EICHNER, in Karlsruhe FRIEDRICH SCHWINDEL); bei dem exzentrischen Abbé GEORG JOSEPH VOGLER zeigt sich der Experimentiergeist, der generell zur begleiteten Klaviermusik (soweit sie nicht

reines Gesellschaftsspiel bleibt) gehört, besonders deutlich in den 6 Sonaten mit Begleitung von 1 bis 4 Instrumenten, die für sich – ohne das Klavier – auch als Quartett gespielt werden können.
Die sozialen Bedingungen der Kammermusik in den deutschen Ländern, die von denen in Paris und London so sehr verschieden waren, zeigen sich sinnfällig darin, daß die begleitete Klaviermusik kein Modeartikel, sondern nur sporadisch und vor allem von Musikern an einzelnen Höfen gepflegt wurde; gerade ihre relative Unabhängigkeit von einem breiteren Publikum mag aber mit dazu beigetragen haben, daß sich hier die »echte« Klavier-Violinsonate früher ausbildete als in den Weltstädten, und zwar genau in den Jahren, in denen sich die Veröffentlichung auch von begleiteten Klaviersonaten auffallend häuft. 1770 und 1772 erschienen die Sonaten des Eisenacher Kapellmeisters JOHANN ERNST BACH mit untergeordneter, aber obligater Violine, 1772 diejenigen des Bonner Kapellmeisters ANDREA LUCCHESI; 1776 folgten die meisten Klaviertrios (mit begleitender Violine und Cello) von CARL PHILIPP EMANUEL BACH in Londoner und Leipziger Verlagen und die Sonaten von BEETHOVENS Lehrer CHRISTIAN GOTTLOB NEEFE (mit ganz entbehrlicher Violinstimme) in Leipzig, 1777 die Sonaten op. 2 von JOHANN FRIEDRICH REICHARDT und 1778 das op. 2 des Dresdner Hofkapellmeisters JOHANN GOTTLIEB NAUMANN. Und in den Jahren 1776–78 entstanden bzw. erschienen die ersten Werke, die als Violinsonaten im klassischen Sinne gelten können: die Sonaten des Bückeburger Kapellmeisters JOHANN CHRISTOPH FRIEDRICH BACH, die Divertimenti des Dresdner Hofmusikers JOSEPH SCHUSTER und die sogenannten »Mannheimer Sonaten« des reisenden Salzburger Hofmusikers WOLFGANG AMADEUS MOZART.

Die Entstehung der klassischen Gattungen

Die neuen Gattungen der Kammermusik, wie sie sich in der 2. Hälfte des 18. Jh. ausbildeten und wie sie noch unser gegenwärtiges Konzertleben weitgehend prägen, entstanden aus dem Zerfall des Generalbaßsatzes und der Generalbaßpraxis, dem Vordringen des Klaviers in Haus- und Kammermusik parallel zur Ausbreitung und langsamen Verwandlung der aristokratischen Kammer- in die bürgerliche Hausmusik, dem Hinzutreten einzelner Instrumente und allmählich sich verfestigender Instrumentenkombinationen zum Klavier und der Ausbildung eines obligaten Satzes für solche Kombinationen, parallel dazu der Ausbildung einiger – zunächst ganz weniger – verfestigter Besetzungen für Melodie-Instrumente ohne Klavier (Streichtrio, Streichquartett, Streichquintett). Das Ausmaß und das Tempo, in denen sich bestimmte Besetzungen und Satzweisen zu Gattungen im emphatischen Sinne verdichteten, waren dabei so verschieden wie die spezifischen Bedingungen, unter denen sich solche Besetzungen und Satzweisen zu Normen verfestigten: Violinsonate und Klaviertrio entstanden in einem offenbar kontinuierlichen und kaum zu gliedernden Prozeß aus den Ad-libitum-Besetzungen der begleiteten Klaviermusik, während sich das Streichtrio aus der Triosonate herausbildete; dagegen scheinen Streichquartett und Streichquintett eher »Erfindungen« zu sein, die des Streichquartetts offenbar durch zufällige Musiziersituationen inspiriert. Der Gattungs-Charakter des Streichquartetts bildete sich – im wesentlichen durch die Werke HAYDNS – sehr schnell aus und wurde bald auch verbal, durch Musiktheoretiker und Musikschriftsteller, fixiert, während Streichtrio und Streichquintett eben durch diese Entwicklung in eine Art Abhängigkeit vom Quartett gerieten und zu quasi sekundären Gattungen wurden; das Ergebnis war eine Gattungshierarchie, in der allerdings nur die führende Rolle des Quartetts genau bestimmt und von Dauer war, während die Positionen der übrigen Gattungen sich im kompositionsgeschichtlichen Prozeß veränderten – das Klaviertrio wurde erst durch BEETHOVEN zu einer »hohen«, dem Streichquartett fast ebenbürtigen Gattung.

Die Bedingungen des Musiklebens wirkten in diese Prozesse hinein. Das Vordringen der Klavier-Kammermusik im 19. Jh. war auch eine Folge der Ausbreitung des öffentlichen Konzerts und der Aufspaltung der Kammermusik in öffentliche und private; dementsprechend sonderte sich von der großen, primär oder auch für das öffentliche Konzert gedachten Kammermusik (auch wenn sie bis mindestens hin zu BRAHMS noch von Laien gespielt werden konnte und gespielt wurde) eine geistig und technisch anspruchslosere Hausmusik ab, zu der etwa die zahlreichen Klavier-Kammermusikwerke CARL GOTTLIEB REISSIGERS gehören (»a class of music that appeals to the uneducated«, wie WALTER W. COBBETT es ausdrückte), aber auch die vielen Violinsonatinen des 19. Jh., von WEBER und SCHUBERT

bis zu DVOŘÁK. Die Ausbreitung der Kammermusik für den Konzertsaal führte andererseits zur Ausbildung eines Virtuosenrepertoires (vor allem von Geigern und Pianisten), in dem der konzertnahe Typus der Kammermusik für ein Solo-Instrument mit Begleitung weitergebildet wurde (Quatuor brillant, virtuoses Klaviertrio, Grand Duo usw.), aber auch zur immer idiomatischeren Behandlung der Instrumente und damit zum endgültigen Verschwinden der Doppelbesetzungen, wie sie im 18. Jh. so lange lebendig geblieben waren – Sonaten für Flöte oder Violine, Klarinette oder Bratsche tauchen erst gegen Ende des 19. Jh. und meist als bewußt historisierende Rückgriffe auf barocke Musizierpraxis wieder auf (BRAHMS op. 120, REGER op. 77a und 141a, dann häufiger im Neoklassizismus; PROKOFJEWS Flötensonate op. 94 ist ein Sonderfall, weil hier die Violinfassung – op. 94bis – tatsächlich eine selbständige, nicht nur spieltechnisch veränderte Fassung ist).
Die Entwicklung Wiens zur dritten europäischen Musikmetropole nach Paris und London, die zentrale Stellung anspruchsvoller Instrumentalmusik im Musikleben dieser Metropole und nicht zuletzt die weitgehende Zerstörung der traditionellen Pariser Kammermusikkultur durch die Revolution führten seit dem Ende des 18. Jh. dazu, daß die Wiener klassische Instrumentalmusik (und damit die Kammermusik), im 19. Jh. die auf ihr aufbauende Instrumentalmusik der deutschsprachigen Länder zu jener »Weltherrschaft« gelangten, von der noch ARNOLD SCHÖNBERG ganz unbefangen sprechen konnte; zugleich wurde diese deutsche Kammermusikkultur, je mehr der Kammermusik des europäischen Adels vor allem durch die Folgen der Napoleonischen Kriege die wirtschaftliche Basis verlorenging, zu einer ausgeprägt bürgerlichen. Der Anspruch, den die Werke der Wiener Klassiker in der Kammer- wie in der Orchestermusik gesetzt hatten, führte zu einer drastischen Reduzierung der Produktion und zur Konzentration auf das Einzelwerk statt auf die Serie von 6 oder wenigstens 3 aufeinander abgestimmten Werken unter einer Opuszahl (einer der letzten, die zahlreiche Opera zu je 6 Werken veröffentlichten, war ANTON REICHA). Ganz sinnfällig wird diese Entwicklung zuerst – und beispielgebend – bei BEETHOVEN, in dessen Kammermusik die Gruppe von 6 oder 3 Werken (op. 18, op. 1, op. 9, aber auch noch op. 59) durch Gruppen von je 2 oft dann dialektisch aufeinander bezogenen Werken (op. 5, 70, 102) oder durch Einzelwerke ersetzt wird; zugleich zeigt sich die auch bei ihm wirk-

same Gattungshierarchie darin, daß sich die Tendenz zum Einzelwerk im Streichquartett durchsetzt (und in den untergründigen Beziehungen der letzten Quartette zueinander aufgefangen wird), während es im Klaviertrio (op. 70) und der Cellosonate (op. 102) auch im Spätwerk bei Zweiergruppen bleibt. Im Laufe des 19. Jh. verstärkt sich die Tendenz zum Einzelwerk so sehr, daß viele Komponisten überhaupt nur noch ein einziges Werk in einer Gattung schreiben (zuerst und wohl programmatisch CÉSAR FRANCK: ein Klavierquintett, eine Violinsonate, ein Streichquartett).
Der Anspruch der Kammermusik allgemein – der die Hierarchie der Gattungen keineswegs einebnete –, die durch ihn geförderte Tendenz zum Einzelwerk und die Etablierung der Kammermusik im Konzertsaal waren schließlich dafür verantwortlich, daß Kammermusikwerke im 19. Jh. in die Dimensionen von Orchesterwerken hineinwuchsen, bis hin zu so monumentalen Werken wie TSCHAIKOWSKIJS Klaviertrio, BRUCKNERS Streichquintett oder ARNOLD BAX' Klavierquintett. Erst die Auflösung der meisten klassisch-romantischen Gattungstraditionen (ausgenommen das Streichquartett) und die Abdankung der deutschen Kammermusik von der »Weltherrschaft« seit dem Anfang des 20. Jh. haben auch die Regel, daß ein anspruchsvolles Kammermusikwerk 25 bis 30 Minuten dauern sollte, außer Kraft gesetzt.

Kammermusik für ein Melodie- und ein Tasteninstrument (Klavier)

Die Violinsonate

Die Sonate mit obligater Violine (oft noch: oder Flöte) und Klavier hat sich in den 1770er Jahren aus der begleiteten Klaviersonate entwickelt. Die Übergänge zwischen Klaviersatz mit entbehrlicher, streckenweise obligater und gänzlich obligater Melodiestimme und zwischen streng-stimmigem Satz und allen Stufen der konzertanten und dialogischen Auflockerung sind dabei so fließend, daß sich eine genaue Chronologie nicht bestimmen läßt; immerhin zeigt sich um 1777/78 im deutschsprachigen Bereich eine Häufung von Werkgruppen, in denen das Melodie-Instrument schon recht selbständig und weitestgehend obligat behandelt ist. JOHANN CHRISTOPH FRIEDRICH BACH, der in den 60er Jahren eine Reihe begleiteter Klaviersonaten geschrieben hatte, veröffentlichte 1777 6 Sonaten »für das Clavier mit Begleitung einer Flöte oder Violine«, in denen das Melodie-Instrument praktisch obligat ist. 2 andere Opera sind dadurch besonders wichtig geworden, daß MOZART sich, ebenfalls 1777, mit ihnen beschäftigte: JOSEF MYSLIVEČEKS 6 Sonaten (London 1775), die er seiner Schwester NANNERL empfahl, und die 6 »Duetti« des Dresdner Hofmusikers JOSEPH SCHUSTER, die er in einem Brief aus München »nicht übel« nennt und die ihn offenbar zur Nachahmung gereizt haben. Diese »Nachahmung« wurden die 7 in Mannheim und Paris 1778 komponierten Violinsonaten KV 296 und 301–306, welche die ersten voll ausgebildeten Muster der Gattung sind, wenngleich sie noch an der vorklassischen Zweisätzigkeit festhalten. MOZARTS spätere, in Salzburg und Wien geschriebene Sonaten erweitern die Form zur »klassischen« Dreisätzigkeit, die für die klassischen Kammermusikgattungen »unterhalb« des Streichquartetts verbindlich wurde und an der auch BEETHOVEN in den meisten seiner Violinsonaten festhielt. Andererseits scheint BEETHOVEN der erste Komponist gewesen zu sein, der die große 4sätzige Form (mit Menuett oder Scherzo als 2. oder 3. Satz) auf die Violinsonate übertrug, und offenbar nach diesem Muster hat sich die weitere Entwicklung der Gattung seit dem frühen 19. Jh. in mehreren Richtungen differenziert: zur Grande Sonate, in der sich musikalischer Anspruch und Virtuosität verbinden und die für das öffentliche Konzert eher als für die Hausmusik bestimmt war, und zur Sonatine, die formal und inhaltlich bescheidener ist und die geringe, oft auch didaktisch gestaffelte spieltechnische Anforderungen stellt. Dabei finden sich gerade in der Grande Sonate noch häufig Reste der nichtobligaten Behandlung der Violine, und auch die Besetzung für Violine oder Flöte (in der Grande Sonate, Sonate und Sonatine) findet sich noch bis in die 20er Jahre des 19. Jh.

Grandes Sonates oder Grands Duos sind etwa schon einige der Sonaten von GIUSEPPE SARTI, auch SCHUBERTS Duo A-Dur (D 574), das »Rondo brillant« (D 895) und die Fantasie C-Dur (D 934), einige Werke des BEETHOVEN-Schülers FERDINAND RIES, die Sonate op. 19 (1820) von WOLFGANG AMADEUS MOZART JUNIOR, Sonaten von JOSEPH MAYSEDER und die bedeutende Grande Sonate op. 5 (1823) von JAN VÁCLAV VOŘÍŠEK (WORZISCHEK); ein Sonderfall sind die virtuosen Sonaten für Violine und Gitarre, die NICCOLÒ PAGANINI sich

in Lucca (zweimal 6 Werke op. 2 und 3, um 1805) und später (»Centone di sonate«, 18 Werke, nach 1828) für seine Konzertreisen schrieb. Mit PAGANINI beginnt auch die lange Reihe der reisenden Virtuosen des 19. Jh. die sich Virtuosenstücke für den eigenen Gebrauch schrieben; ein typisches Beispiel ist PABLO DE SARASATE, der Salonstücke und Opernfantasien schrieb und der vor allem mit seinen »Zigeunerweisen« op. 20 (1878) und den »Spanischen Tänzen« op. 21, 22, 23 und 26 (1878–82) Erfolg hatte – keineswegs reizlosen Stücken, die auf der Modewelle der musikalischen Touristen-Folklore des späten 19. Jh. schwimmen.
Im »mittleren« Bereich der haus- und kammermusikalischen, meist 3sätzigen Sonate halten sich die meisten Werke der kleineren Meister aus dem Umkreis der Klassik und Romantik wie JOHANN NEPOMUK HUMMEL und HEINRICH MARSCHNER; in der französischen Tradition, die bis etwa 1870 quantitativ ganz zurücktritt, etwa die Violinsonaten von GEORGE ONSLOW und ANTON REICHA. Musikalisch und technisch betont bescheidene Sonaten (dabei durchaus auch 4sätzige) und Sonatinen sind die von JAN LADISLAV DUSSEK, SCHUBERTS op. 137 (D 384, 385, 408), CARL MARIA VON WEBERS »Six sonates progressives« von 1810, einige Werke von FERDINAND RIES und im späteren 19. Jh. die Sonatinen von DVOŘÁK, IGNAZ LACHNER und CARL REINECKE.
Die Tendenz zur Grande Sonate und die allgemeine Tendenz zur »Vereinzelung« des Werkes führt in der Violinsonate wie in den meisten Kammermusikgattungen seit etwa der SCHUMANN-Generation dazu, daß die Komponisten immer weniger und zugleich immer gewichtigere und technisch anspruchsvollere Sonaten schreiben; parallel zu dieser Entwicklung breitet sich die Violinsonate, die bis etwa 1830 weitgehend auf den Umkreis der Wiener Klassik konzentriert war, in die meisten europäischen Länder aus, die überhaupt eine sich entwickelnde oder (wie Frankreich) eine wiederaufblühende Kammermusikkultur haben oder (wie die kleineren Nationalstaaten) eine solche zu bilden beginnen.
Am Anfang dieser Entwicklungen stehen die großen konzertierenden Sonaten von BERNHARD MOLIQUE, die stärker klassizistischen Werke MENDELSSOHNS und des MENDELSSOHN-Schülers NIELS WILHELM GADE; seit den 50er Jahren wird der Strom breiter mit den 2 großen Sonaten von SCHUMANN (op. 105 und 121 1851, dazu 1853 die Sonate o. op., in der

SCHUMANN seine beiden Sätze aus der FAE-Sonate mit 2 neuen Sätzen kombiniert), der von SCHUMANN, BRAHMS und ALBERT DIETRICH geschriebenen FAE-Sonate für JOSEPH JOACHIM (1853), den 5 anspruchsvollen Sonaten von JOACHIM RAFF und den 4 Sonaten von FRIEDRICH KIEL (alle zwischen 1854 und 1869), dann vor allem den Sonaten von BRAHMS und aus dem engeren und weiteren BRAHMS-Umkreis (KARL GOLDMARK, ROBERT FUCHS, JOSEPH RHEINBERGER, IGNAZ BRÜLL, WILHELM BERGER, FRIEDRICH GERNSHEIM, HEINRICH VON HERZOGENBERG, DVOŘÁK, JULIUS RÖNTGEN und – als einziger direkter BRAHMS-Schüler – GUSTAV JENNER).

Etwas später strahlt die Entwicklung auch auf andere Länder aus, allerdings nie so intensiv, daß man von einer eigenständigen Tradition sprechen könnte, und immer gefärbt von den mitteleuropäischen Traditionen oder – in der Zeit der Polarisierung BRAHMS-WAGNER – Parteiungen; so im tschechischen Sprachraum, abgesehen von DVOŘÁKS op. 57, vor allem in JOSEF BOHUSLAV FOERSTERS Sonate op. 10 (1889), in Rumänien bei GEORGE ENESCU, in Rußland bei ANTON RUBINSTEIN, in Norwegen bei EDVARD GRIEG (op. 8, 13, 45) und CHRISTIAN SINDING (»Suite im alten Stil« op. 10, 1899; Sonaten op. 12 und 27; »Sonate im alten Stil« op. 99). Eine eigene Tradition entwickelt sich dagegen in Frankreich, gestützt und gefördert durch die Gründung der »Société Nationale de Musique« 1871 und der »Schola Cantorum«, in den Violinsonaten von CÉSAR FRANCK, GABRIEL FAURÉ (op. 13, 108), CAMILLE SAINT-SAËNS (op. 75, 102), GUILLAUME LEKEU, SYLVIO LAZZARI und – schon im 20. Jh. – ALBÉRIC MAGNARD, FLORENT SCHMITT, CLAUDE DEBUSSY und MAURICE RAVEL (vor und neben dieser »Wiedergeburt« der französischen Violinsonate, die ein Teil der Renaissance der französischen Kammermusik war, entstanden nur einige Einzelwerke wie das um 1840 entstandene »Grand duo concertant« des Außenseiters CHARLES ALKAN und ausgesprochene Virtuosensonaten wie die der französisch-belgischen Geigerschule, CHARLES-AUGUSTE DE BÉRIOT und später HENRI VIEUXTEMPS).

Der vorherrschende Anspruch großer und oft auch virtuos-konzerthafter Kammermusik für den Konzertsaal blieb für die Violinsonate auch im 20. Jh. charakteristisch, nur nahm die Produktion einerseits deutlich ab und wurde andererseits durch neue, kleinere und oft klassizistische Werke ergänzt – beides

parallel zur allgemeinen Auflösung des spätromantischen Stils und zur Ausbreitung des Stilpluralismus der Neuen Musik um und nach 1900 und gleichsam programmatisch abzulesen an der Wendung REGERS von der großen und anfangs ganz brahmsischen Konzertsonate (op. 1, 3, 41, 72, 84) zu Suiten »im alten Stil« (op. 93) und »kleinen Sonaten« (op. 103b; danach aber noch die beiden großen und bedeutenden Sonaten op. 122 und 139). Die BRAHMS-Tradition tritt zurück; am nächsten stehen ihr noch, neben den genannten Stücken REGERS, die großen Einzelwerke von ERNST VON DOHNANYI (op. 21, 1913), EDWARD ELGAR (op. 82, in ELGARS Kammermusikjahr 1918); FERRUCCIO BUSONI (2. Sonate op. 36a, 1898), HANS PFITZNER (op. 27, 1918), die zum Teil sehr gewichtigen und glänzenden Nebenwerke oder Jugendwerke der Opernkomponisten RICHARD STRAUSS (op. 18, 1888), FRANZ SCHREKER (o. op., 1897) und ERICH WOLFGANG KORNGOLD (op. 6, 1912) sowie die effektvolle Sonate von OTTORINO RESPIGHI (1917).
Einzelwerke mit hohem musikalischem und meist auch beträchtlichem technischem Anspruch sind auch die Violinsonaten jener Außenseiter der Neuen Musik, die sich in keine der Strömungen einordnen lassen, die schließlich die beherrschenden wurden – die Sonaten von CHARLES IVES (4 Werke zwischen 1902 und 1916) und die Suite von HENRY COWELL (1927), die beiden Sonaten von CARL NIELSEN (op. 9, 1895; op. 35, 1912), die Sonate von LEOŠ JANÁČEK (1914) und die Sonate von ERNEST BLOCH, die je 3 Sonaten von FREDERICK DELIUS (1814–24) und ARNOLD BAX (1920–29).
Dem breiten Spektrum der neoklassizistischen und neobarokken Strömungen mit ihren von REGER ausgehenden Vorläufern und dem bis in die späten 40er Jahre sehr viel schmaleren Spektrum der Dodekaphonie sind die nicht sehr zahlreichen Werke seit etwa 1920 zuzuordnen, die überhaupt noch an der Gattungsidee der Sonate teilhaben: im deutschen Sprachbereich die Werke von PHILIPP JARNACH, ALEXANDER JEMNITZ, PAUL HINDEMITH, GOTTFRIED VON EINEM; im französischen die Werke von RAVEL, die je 2 Sonaten von ALBERT ROUSSEL und ARTHUR HONEGGER und STRAWINSKYS »Duo concertant« (1932); im holländischen die Sonaten von WILLEM PIJPER und HENK BADINGS; im ungarischen die beiden Sonaten von BÉLA BARTÓK (op. 18 und 21). In der 2. Wiener Schule hat die Musik für Violine und Klavier – geschweige denn die Violinsonate –

kaum noch eine Bedeutung gehabt – die extreme Differenzierungstendenz dieser Richtung legte anspruchsvollere Gattungen wie das Streichquartett und differenziertere Besetzungen näher. SCHÖNBERGS Fantasie für Violine und Klavier (op. 47, 1949) und ERNST KRENEKS Violinsonate von 1944/45 sind die bedeutenden Ausnahmen, welche die Regel bestätigen.
In der zeitgenössischen Musik spielt die Violinsonate als Gattung keine erkennbare Rolle mehr, und die Besetzung Violine/Klavier hat ihren herausgehobenen Rang wie ihre Rolle im Konzertleben offenbar gänzlich verloren.

Die Bratschensonate

Der Charakter und die geschichtliche Würde der Violinsonate als Gattung ist für uns auch durch das Alter der Gattung und durch die große Zahl bedeutender Werke geprägt, die sie hervorgebracht hat (und hier wiederum besonders durch diejenigen bedeutenden Werke, die das heute lebendige Repertoire ausmachen, also neben den Sonaten BACHS die der Wiener Klassiker und die des 19. Jh.). Daraus ergibt sich, daß der Gattungs-Charakter aller anderen Besetzungen für Melodie-Instrument und Tasteninstrument weniger ausgeprägt und die Zahl der ästhetisch und historisch bedeutenden, erst recht der heute lebendigen Werke in ihnen erheblich kleiner ist. Das gilt deutlich schon für die Cellosonate und die Klarinettensonate, die ihre relativ große Bedeutung der Beliebtheit beider Instrumente seit der Romantik und der entsprechend großen Zahl konzertierender Virtuosen verdanken; es gilt noch deutlicher für alle übrigen Besetzungen, in denen eine nicht ganz geringe Zahl von Werken überliefert ist.
So ist die Bratschensonate im 19. Jh. nur mit einer Handvoll von Werken belegt, die sich von Violinsonaten durch nichts als durch Klangcharakter, Lage und Spieltechnik des Melodie-Instruments unterscheiden (JOHANN NEPOMUK HUMMEL, ANTON RUBINSTEIN, FRIEDRICH KIEL, FELIX DRAESEKE); dazu einige wenige Werke für die von HERMANN RITTER entwickelte Viola alta (neben Stücken von RITTER selbst vor allem 2 Sonaten von FELIX DRAESEKE, 1892 und 1901/02), schließlich BRAHMS' eigene Bratschenfassung seiner Klarinettensonaten op. 120. Aber der eigentümlich gedämpfte und verschleierte Klang der normalen Viola hat eine Reihe von Komponisten in der Nachfolge von SCHUMANNS »Märchenbildern« op. 113

(1852) zu ähnlichen Charakterstücken für Klavier und Bratsche inspiriert, die fast eine eigene kleine Gattung, jedenfalls einen Traditionszusammenhang von hohem Reiz bilden: die »Phantasiestücke« op. 43 von CARL REINECKE (1857), die »Legenden« op. 62 von HEINRICH VON HERZOGENBERG (1890) und die späten Stücke von ROBERT FUCHS (op. 86, 1909; op. 117, 1927), die trotz ihrer Entstehungszeit noch in die SCHUMANN-BRAHMS-Tradition gehören. Lebhafter als im 19. Jh. ist die Bratschensonate in der klassischen Moderne gepflegt worden, vor allem dank den Anregungen, die von bedeutenden Bratschern wie LIONEL TERTIS, PAUL HINDEMITH und WILLIAM PRIMROSE ausgingen (HINDEMITH op. 11/4 und Sonate 1939; ARTHUR HONEGGER 1920; ARNOLD BAX 1921/22; CHARLES KOECHLIN 1923; WILLIAM WALTON 1938; DARIUS MILHAUD mit 2 Sonaten 1944; ERNST KRENEK 1948; BENJAMIN BRITTEN, »Lachrymae«, 1950; DIMITRIJ SCHOSTAKOWITSCH 1975).

Die Cellosonate

Die Cellosonate hat sich wie die Bratschensonate erst im 19. Jh. ganz etabliert, sich aber als Gattung von Anfang an sehr viel selbständiger entwickelt, wahrscheinlich aus einer ganzen Reihe von Gründen: Das Reservoir von Cellospielern war, schon wegen der traditionellen Generalbaßrolle des Instruments, größer, und dementsprechend größer war die Zahl der Virtuosen, die sich herausbildeten; die Cellosonate war schon in der Generalbaßzeit eine relativ selbständige und relativ weit verbreitete Gattung gewesen; das Cello war klang- und spieltechnisch ergiebiger und für die virtuos-solistische Exhibition ungleich geeigneter als die Bratsche; und schließlich stellte die Verbindung von Cello und Klavier im obligaten Satz, gerade wegen der traditionell eingeübten Bindung von Klavierbaß und Generalbaß-Cello, den anspruchsvolleren Komponisten dankbare, weil schwierige satztechnische Aufgaben. Es mag mit allen diesen Gründen zusammenhängen, daß sich die Literatur für Cello und Klavier im 19. und 20. Jh. fast ganz auf die Sonate als die anspruchsvollste Form konzentrierte und daß – anders als in der Bratschenliteratur – Werke wie SCHUMANNS »Stücke im Volkston« op. 102 kaum Nachfolge fanden.

Da die frühen und in ihrer Echtheit nicht ganz gesicherten Cellosonaten von LUIGI BOCCHERINI (6 von ihnen um 1770/75 in

London als Cellosonaten, dieselben 6 1775 in Paris als Violinsonaten veröffentlicht) noch in den entwicklungsgeschichtlichen Zwischenbereich der Sonate für Melodie-Instrument und (hier unbezifferten) Baß gehören, also zwischen Generalbaßsonate und Streicherduett stehen, sind BEETHOVENS 2 Sonaten op. 5 (1796) die ersten Cellosonaten im heutigen Sinn – die zentrale Rolle der Wiener Klassik in der Entstehung der »modernen« kammermusikalischen Gattungen zeigt sich also auch hier. Freilich sind die beiden Werke, die (wie MOZARTS letzte Quartette, HAYDNS op. 50, Streichquartett-Opera anderer Komponisten und die vielen Werke, die BOCCHERINI als preußischer Hofkomponist »von Haus aus« schrieb) dem cellospielenden König FRIEDRICH II. in Berlin gewidmet worden, Experimentierstücke, in denen das Klavier durchaus dominiert und die in ihrer – vielleicht auf BOCCHERINI anspielenden? – Satzfolge (langsame Einleitung – Sonatensatz-Allegro – Finale) eher retrospektiv wirken. Die besonderen Möglichkeiten des Cellos, vor allem seine Kantabilität, werden erst in der Sonate op. 69 ausgespielt, einer »grande sonate« auch in ihrer klassischen Viersätzigkeit und der konzertant-obligaten Gleichberechtigung beider Instrumente. Es ist diese eine Sonate, die der großen, für das Konzert mehr als für die Kammer gedachten Cellosonate des 19. Jh. als Anstoß und Muster gedient hat, während die beiden Sonaten op. 102, schwierige und experimentelle Spätwerke, sich eigentlich bis heute nicht durchgesetzt haben.

Die Entwicklung der Cellosonate nach BEETHOVEN lief, ähnlich wie die der Violinsonate, in mehrere Richtungen (nur daß in der Cello-Literatur die »didaktische« Sonatine kaum vorkommt): Einerseits wurde der schon beträchtliche spieltechnische Anspruch von BEETHOVENS op. 69 und 102 zugespitzt zum Typus der Virtuosensonate, die entweder von den Virtuosen selbst (BERNHARD ROMBERG, GEORG GOLTERMANN, JULIUS KLENGEL) oder für einen bestimmten Virtuosen komponiert wurde (hierzu gehören CHOPINS op. 3 – »Introduction et polonaise brillante« – und seine 4sätzige g-Moll-Cellosonate op. 65 [1845/46] wie CHARLES ALKANS große »sonate de concert« op. 47, alle für und zum Teil mit Beratung durch den Cellisten AUGUSTE FRANCHOMME komponiert). Den Hauptstrom bildete aber die große Konzertsonate, in der technische Ansprüche nur der Reflex der musikalischen sind; dabei ist die Zahl der Komponisten, die mehr als eine Sonate schrieben, noch kleiner als in der Geschichte der Violinsonate, das Gewicht der einzelnen Werke entsprechend groß. Der allgemeinen kompositionsgeschichtlichen Tendenz des Jahrhunderts entspricht es, daß sich dieser Prozeß in seinem Verlauf zuspitzt: der BEETHOVEN-Schüler RIES, IGNAZ MOSCHELES, MENDELSSOHN, CARL REINECKE und ANTON RUBINSTEIN schreiben noch je mehrere Cellosonaten; BRAHMS mit seinen 2 Werken (op. 38, 1866; op. 99, 1887) ist in seiner Zeit fast schon die Ausnahme, zusammen mit FERDINAND HILLER.

Der ungeheure Einfluß von BRAHMS auf die »absolute« Musik und vor allem die Kammermusik seit den 60er Jahren des Jahrhunderts wird dann auch in der Cellosonate, wie in anderen Gattungen, durch eine große Zahl qualitätvoller, wenngleich mehr oder weniger epigonaler Werke in der BRAHMS-Nachfolge offenkundig: Sonaten von FRIEDRICH GERNSHEIM, FRIEDRICH KIEL, KARL GOLDMARK, IGNAZ BRÜLL, ROBERT FUCHS, HEINRICH VON HERZOGENBERG, ERNST VON DOHNÁNYI, RICHARD STRAUSS, JEAN-LOUIS NICODÉ, JOSEPH RHEINBERGER, HANS PFITZNER (op. 1, 1892) und anderen (es sind meist dieselben Namen wie bei der Violinsonate oder beim Klaviertrio, Klavierquartett oder Klavierquintett). Geringer ist die Zahl, wenn auch keineswegs die Qualität der Einzelwerke aus anderen Ländern, zum Teil ebenfalls deutlich unter BRAHMS-Einfluß (CHARLES VILLIERS STANFORD, GIUSEPPE MARTUCCI), zum Teil eigenständiger (EDVARD GRIEG, SERGEJ RACHMANINOW, JOSEF BOHUSLAV FOERSTER). Wiederum wie in den meisten anderen Kammermusik-Gattungen bildet sich eine kleine Gruppe von Werken in der Renaissance der französischen Kammermusik heraus, die in den Impressionismus übergeht: SAINT-SAËNS, D'INDY, FAURÉ, CHARLES-MARIE WIDOR, CLAUDE DEBUSSY (1915), FREDERICK DELIUS und GABRIEL PIERNÉ (beide 1919).

Und wie in der Violinsonate, so geht auch in der Cellosonate die Produktion in der Neuen Musik drastisch zurück. In den 20er Jahren entstand noch eine Reihe bedeutender Werke wie die Sonaten von HINDEMITH (op. 11/3), HONEGGER (1920), KODÁLY (op. 4, 1922), die beiden Werke von WILLEM PIJPER (1919, 1925) und die Sonate op. 50 von ERNST TOCH (1929); aus den folgenden Jahrzehnten sind kaum noch mehr zu nennen als die Werke von SCHOSTAKOWITSCH (op. 40, 1934), VÍTĚZSLAV NOVÁK (op. 68, 1941), ELLIOTT CARTER (1948), SERGEJ PROKOFJEW und WOLFGANG FORTNER (beide 1949) sowie BENJA-

MIN BRITTEN (op. 65, 1961). In der im engeren Sinne zeitgenössischen, avantgardistischen Musik hat sich die Gattung ebenso aufgelöst wie die Violinsonate.

Sonaten für Bläser

Noch stärker als die Bratschensonate sind die Sonaten für Holz- und Blechbläser – abgesehen von der Klarinettensonate – Spezialgenres, die von der Neigung einzelner Komponisten und vom Beispiel einzelner Interpreten leben und bei denen man, angesichts dieser Umstände, bezweifeln könnte, ob sie als Gattungen im vollen Sinne zu bezeichnen wären.

So ist schon die *Flötensonate* an ganz wenige Namen gebunden: Die 6 Sonaten für Cembalo und Flöte des Dresdner Hofkapellmeisters FRANZ SEYDELMANN (3 davon in Dresden 1785 gedruckt) scheinen ohne Nachfolge geblieben zu sein und haben jedenfalls keine Gattung gegründet; was ihnen im 19. Jh. folgte, war fast ausschließlich virtuose Konzertmusik wie SCHUBERTS Introduktion und Variationen über »Trockne Blumen« op. 160 (D 802), die zahlreichen Sonaten und »Duos brillants« des Flötenvirtuosen FRIEDRICH KUHLAU oder die Sonaten von JOHANN NEPOMUK HUMMEL und IGNAZ MOSCHELES. Eine Ausnahme bildet CARL REINECKES Sonate »Undine« op. 167, die sich im Repertoire wohl auch deshalb gehalten hat, weil sie nicht nur ein höchst dankbares Virtuosenstück, sondern eine gehaltvolle und handwerklich meisterliche Komposition ist. Ausnahmen sind bedeutende Flötensonaten dann auch in der Neuen Musik geblieben (PAUL HINDEMITH, WILLEM PIJPER, ERWIN SCHULHOFF); dagegen haben sich eine Zeitlang in der französischen Musik der 20er und 30er Jahre kleinere Formen wie Suite und Sonatine – in einem geistreichen Divertissement-Stil, für den die Flöte von allen Holzblasinstrumenten sicherlich am besten geeignet ist – einer gewissen Beliebtheit erfreut (Werke von HENRI SAUGUET, LILI BOULANGER, ANDRÉ CAPLET, JACQUES IBERT, GEORGES MIGOT, GUY ROPARTZ, ALBERT ROUSSEL, ALEXANDRE TANSMAN, ANDRÉ JOLIVET).

Kann man in solchen Teilbereichen noch von einem – wenn auch bescheidenen und kurzlebigen – Gattungszusammenhang sprechen, so verflüchtigt sich die Gattung zu isolierten Einzelwerken in den Besetzungen mit *Oboe* und *Fagott* – aus dem 19. Jh. sind hier fast nur die 3 Oboen-Romanzen von SCHU-

MANN zu nennen (op. 94), aus dem 20. Jh. die beiden Sonaten von HINDEMITH (beide 1939) oder die Sonate von FRANCIS POULENC (1962). Einen Sonderfall bilden die 3 späten Sonaten von CAMILLE SAINT-SAËNS (op. 166 für Oboe, 167 für Klarinette, 168 für Fagott, 1921), in denen sich auf ebenso eigenartige wie musikalisch reizvolle Weise Traditionen der FRANCK-Schule mit neobarocken Zügen (inspiriert durch die Beschäftigung des Komponisten mit RAMEAU) verbinden.
Etwas umfangreicher ist das Repertoire in der Besetzung *Horn und Klavier*, obwohl die technischen Grenzen des Horns, die Probleme der Klangbalance und natürlich der Mangel an Hornspielern in der Hausmusik eine Ausbreitung und gattungsähnliche Verfestigung verhindert haben. Wie in der Cellosonate, so scheint auch in der Hornsonate BEETHOVEN am Anfang zu stehen: seine Sonate op. 17, für den Wiener Hornisten WENZEL STICH (PUNTO) geschrieben, den schon MOZART geschätzt hatte, ist vor allem in der mit vergleichsweise einfachen technischen Mitteln erreichten Balance von Klavier und Horn das Muster aller weiteren Versuche in dieser Besetzung geblieben (FRANZ DANZI, FERDINAND RIES, IGNAZ MOSCHELES, JOSEPH RHEINBERGER). SCHUMANN hat, wie in anderen kammermusikalischen Besetzungen und Gattungen, um die traditions- und anspruchsbelastete zyklische Sonatenform einen Bogen zu machen und eine eigene, kleinere Form zu entwickeln versucht (Adagio und Allegro op. 70). In der Musik des 20. Jh. ist, neben der Sonate von HINDEMITH (1940) vor allem die Sonate von PETER RACINE FRICKER (1955) zu nennen, die – wie viele andere Werke verschiedenster Besetzungen mit Horn – für den großen englischen Hornisten DENNIS BRAIN komponiert wurde.

Die Klarinettensonate

Unter den Bläserbesetzungen ist die Klarinettensonate wahrscheinlich die einzige, die sich als Gattung im vollen Sinne ausgebildet hat – einerseits dank Klangfülle, Registerreichtum, Ambitus und virtuoser Beweglichkeit des Instruments, andererseits dadurch, daß sich zweimal im 19. Jh. ein großer Virtuose fand, der die Komponisten inspirierte: Gleich am Beginn der Entwicklung (JAN BAPTIST VANHALS Sonate von 1806 steht noch vor diesem Anfang einer kontinuierlichen Tradition) HEINRICH BAERMANN, der selbst Kammer- und Konzertmusik

mit Soloklarinette komponierte, für den MENDELSSOHN seine Klarinettensonate (1824) und seine 2 Konzertstücke für Klarinette, Bassetthorn und Klavier (1833) schrieb und durch den WEBER sich zu seinem »Grand Duo concertant« op. 48 (1815/1816) inspirieren ließ. (Vor allem das Werk WEBERS, der als erster bedeutender Komponist nach MOZART und über MOZART hinaus die klanglichen und virtuosen Möglichkeiten der Klarinette entdeckt hatte, wurde zu einer Fundgrube für die Klarinettenkomponisten des ganzen 19. Jh.). Dann gegen Ende des Jahrhunderts der Soloklarinettist der Meininger Hofkapelle, RICHARD MÜHLFELD, für den BRAHMS (op. 120, 1895) und dessen Schüler GUSTAV JENNER (op. 5, 1900) ihre Sonaten schrieben. Die Tradition WEBERS und MENDELSSOHNS setzte sich vor allem fort in der Klarinettensonate von NORBERT BURGMÜLLER (op. 15, 1865); in den BRAHMS-Umkreis gehören die Werke von FELIX DRAESEKE (op. 38, 1888, also noch vor BRAHMS' Klarinettensonaten), JOSEPH RHEINBERGER (op. 105a, 1893), MAX REGER (2 Sonaten op. 49, 1903, und die späte Sonate op. 107, 1909) und CHARLES VILLIERS STANFORD (op. 129, 1911 komponiert, 1918 veröffentlicht).
Ganz ähnlich wie bei der Bratschensonate und sicherlich aus ähnlichen Gründen – der Affinität des Klarinettenklangs zur romantischen Bild- und Klang-Phantasiewelt – entstand daneben in der Schumann-Zeit ein kleines Repertoire von »Phantasiestücken«: SCHUMANN (op. 73), CARL BAERMANN, der Sohn HEINRICH BAERMANNS, NIELS W. GADE (op. 43) und CARL REINECKE (op. 22) – noch die »Vier Stücke« von ALBAN BERG (op. 5) gehören entfernt in diesen Zusammenhang.
In der Neuen Musik ist andererseits der Traditionszusammenhang der Klarinettenmusik und erst recht der Gattungszusammenhang der Klarinettensonate fast spurlos verschwunden – einerseits weil die aus dem 19. Jh. tradierten Gattungen (ausgenommen das Streichquartett) generell aufgelöst wurden, andererseits wohl deshalb besonders gründlich, weil die Klarinette wie sonst nur noch das Horn zum »romantischen« Instrument schlechthin geworden war (nur wenige Kompositionen wie die Sonatinen von HONEGGER und MILHAUD und die Sonaten von HINDEMITH und POULENC sind erwähnenswert).

Das Klaviertrio

Nach dem Streichquartett ist das Klaviertrio – in der Normalbesetzung Klavier, Violine und Cello – diejenige Gattung, die sich schon in der Wiener Klassik unzweideutig als selbständige Gattung etabliert, im 19. Jh. eine große Zahl bedeutender Werke hervorgebracht, in den letzten Jahrzehnten des 19. und im frühen 20. Jh. eine wesentliche Rolle in den vielgestaltigen Experimenten mit der zyklischen Sonatenform gespielt und die schließlich – wenn auch nur in Resten – als Gattung die Stilwandlungen im 20. Jh. überlebt hat. Das Klaviertrio hat damit einen Gattungs-Charakter ausgebildet, der ausgeprägter als derjenige des Streichquintetts oder Klavierquintetts ist; hinter demjenigen des Streichquartetts bleibt er vor allem in zwei Hinsichten zurück: durch das Fehlen einer theoretisch-ästhetischen Diskussion über die Gattung als Gattung und durch die hier – wie in Klavierquartett und Klavierquintett – immer wieder durchbrechende Klaviervirtuosität, die aus der kammermusikalischen Gattung gelegentlich ein Klavierkonzert mit reduziertem Orchester gemacht hat und die der Gattungsidee der Gleichberechtigung der Instrumente, die sich in der Klassik gleichsam programmatisch entwickelte, schroff entgegensteht.

Zum hohen Rang des Klaviertrios in der klassischen Gattungshierarchie hat aber noch ein anderes Moment der Entwicklung schon in der Wiener Klassik beigetragen: der von BEETHOVEN gleichsam handstreichartig inszenierte Übergang von der Dreisätzigkeit und dem gesellschaftlichen oder intimen Ton der »untergeordneten« Gattungen zur Viersätzigkeit und zu den Inhalten des Streichquartetts. Das Klaviertrio vor (und natürlich auch noch neben) BEETHOVEN war 2sätzig oder 3sätzig, oft mit noch ganz oder teilweise unselbständigem, den Klavierbaß verdoppelndem Cello (eine Verdoppelung, die aus dem Generalbaßdenken und der früheren Generalbaßrolle des Cellos und wohl auch aus dem schwachen Ton der Bässe auf den meisten Hammerklavieren der Zeit zu erklären ist) und in den Tonfällen und Techniken gesellschaftlicher Unterhaltungsmusik gefaßt oder, von BEETHOVEN her gesehen, befangen. Hierher gehören die Trios von JOHANN CHRISTOPH FRIEDRICH BACH, dem experimentierfreudigen Abbé VOGLER (je 6 Trios op. 6 und 7, um 1782), PAUL WRANITZKY, ANTON EBERL, FRANZ KROMMER, FRANZ XAVER STERKEL, ANTON REICHA, WENZEL

PICHL und ADALBERT GYROWETZ (die zum Teil noch zwischen begleiteter Klaviersonate und echtem Trio schwanken).

Aus der zahlenmäßig reichen Produktion heben sich – wie zu erwarten – nur zwei Werkgruppen deutlich heraus: die Klaviertrios MOZARTS und HAYDNS, diejenigen MOZARTS durch ihren Einfallsreichtum, ihren verfeinerten und individualisierten kammermusikalischen Ton und ihre weitestgehend, durch konzertante Techniken wie durch thematische Arbeit verwirklichte Gleichberechtigung der Instrumente, diejenigen HAYDNS (wenigstens die späten, seit Ende 1789 entstandenen) durch eine Subtilität und eine Experimentierfreude, die sie ebenbürtig neben seine späten Streichquartette stellen und das für die Praxis heute verhängnisvolle Manko der Werke, die weitgehend unselbständige Führung des Cellos, vergessen machen.

An diese späten Trios HAYDNS, die zum großen Teil kurz vor und während BEETHOVENS Studienzeit bei ihm entstanden, knüpfte der jüngere Komponist mit seinen 3 Trios op. 1 (Druck 1795) geradezu provozierend an, indem er ein Gegenmodell aufstellte: große, thematisch wie affektiv höchst differenzierte und betont persönliche Werke, in 4 Sätzen wie ein Streichquartett oder eine Sinfonie und mit gänzlich selbständigem Cello. Damit war die Gattung aus dem Bereich gesellschaftlicher Unterhaltung und für Kenner reservierter Subtilität heraus- und von der weiteren Entwicklung her gesehen emporgehoben auf die Ebene großer, persönlicher und potentiell für den Konzertsaal bestimmter Musik, in der sich Elemente kammermusikalischer Feinheit, sinfonischer Monumentalität und konzerthafter Brillanz zu einem durchaus neuen Gattungs-Charakter verbanden. BEETHOVEN hat diesen Charakter in seinen späteren Trios vertieft, auch wenn nicht alle Werke 4sätzig sind und Nebenwerke in der klassischen Besetzung (Variationen op. 121a) oder ähnlichen Besetzungen (Klarinettentrio op. 11) hinzutraten; außerdem zeigt sich als eine der Konsequenzen des »Handstreichs« mit op. 1, daß nun großbesetzte Werke nicht nur (wie es schon länger Usus war) für Streichquartett, sondern auch für Klaviertrio arrangiert wurden, so das Septett durch den Komponisten selbst, die 2. Sinfonie durch seinen Schüler RIES: ein ziemlich sicheres Indiz für die Aufwertung der Gattung und zugleich für die Beliebtheit der Besetzung in der aristokratischen und bürgerlichen Hausmusik Wiens.

Die Beliebtheit der Besetzung, die der Ausbreitung der Gattung das notwendige wirtschaftliche Fundament zu geben versprach, führte schon zu BEETHOVENS Zeit – noch ausgeprägter als in der Violinsonate – zu einer Entwicklung in verschiedene Richtungen, zum Salontrio, »that appeals to the uneducated«, wenn auch in vielen Stufen der Annäherung an das klassische Trio (FRIEDRICH HEINRICH HIMMEL, sechsmal 3 Trios zwischen 1798 und 1810; später ALEXANDER FESCA und CARL GOTTLIEB REISSIGER), und zum Trio mit virtuos dominierendem Klavier; hierher gehören gattungsgeschichtlich, trotz ihrer von MOZART zur Frühromantik vermittelnden stilgeschichtlichen Züge, die 3 Werke von Prinz LOUIS FERDINAND VON PREUSSEN (gedruckt 1806–10) und die 8 Trios von JOHANN NEPOMUK HUMMEL (zwischen 1803 und 1822), die sämtlich 3sätzig sind. Im klassischen Trio in der BEETHOVEN-Nachfolge, das quantitativ durch das ganze Jahrhundert hindurch dominierte, herrschten dagegen die klassischen Prinzipien: Viersätzigkeit, satztechnische Durcharbeitung und Gleichberechtigung der Instrumente, höchster geistiger und emotionaler Anspruch. In diese sehr dichte Tradition gehören praktisch alle bedeutenden Trios bis in die 2. Jahrhunderthälfte hinein, die Werke von SCHUBERT, MENDELSSOHN, CLARA und ROBERT SCHUMANN, ROBERT VOLKMANN, HERMANN GOETZ (op. 1), MAX BRUCH, LOUIS SPOHR, HENRY LITOLFF, WOLDEMAR BARGIEL, ALBERT DIETRICH, JOACHIM RAFF. Ein Indiz für den Anspruch der Gattung ist das Bemühen weniger bedeutender (oder in der Kammermusik weniger bedeutender) Komponisten, sich zumindest die 4sätzige Form, wenn nicht die klassischen Satzmuster anzueignen, so bei CONRADIN KREUTZER und CARL MARIA VON WEBER (Trio für Flöte oder Violine, Cello und Klavier op. 63, 1819), bei HEINRICH MARSCHNER (7 Trios) oder bei JOHANN WENZEL KALLIWODA und BERNHARD MOLIQUE. Schließlich entwickelt sich im SCHUMANN-Umkreis – ähnlich wie in der Bratschen- und der Klarinettenmusik – ein kleines Repertoire poetischer Klaviertrio-Miniaturen, die ebenfalls – da die Besetzung ja nicht wie bei Bratsche und Klarinette dem angestrebten poetisch-intimen Ton besonders entgegenkommt – indirekt von der Ausdehnung und Bedeutung der Gattung zeugen (SCHUMANN, »Phantasiestücke« op. 88, 1842, veröffentlicht 1850; NIELS W. GADE, »Novelletten« op. 29, 1855, veröffentlicht 1863).

Nur sehr wenige Komponisten suchten in dieser Zeit ihren Weg abseits der Tradition, meist in (dann um so gewichtigeren) Einzelwerken. Hierher gehört SMETANAS 1855 komponiertes, aber erst 1880 veröffentlichtes Trio op. 15, ein bedeutendes 3sätziges Werk, das unter dem Eindruck des Todes seiner Tochter entstand, oder das 2. Klaviertrio op. 5 von ROBERT VOLKMANN (1849/50), das die Neigung der Komponisten um und nach BRAHMS zu Formexperimenten vorwegnimmt. Abseits der klassischen Tradition stehen auch die nicht wenigen »Pianistentrios«, in denen das Klavier eine dominierende und ausgesprochen konzerthafte Rolle spielt, nun – und das unterscheidet diese Werkgruppe von den virtuosen Trios der Frühromantik – mit dem ganzen pianistischen Aufwand der CHOPIN-Zeit und der folgenden Generationen: Werke von FRIEDRICH KALKBRENNER (5 Trios, 1810–41) und HENRY LITOLFF, CHARLES VALENTIN ALKAN (op. 30, 1841), CHRISTIAN SINDING (3 Trios, 1893–1908) oder ANTON RUBINSTEIN (5 Trios, 1855–83; dabei ist es für die Hierarchie der Gattungen bezeichnend, daß der Pianist RUBINSTEIN in seinen Klaviertrios das Klavier dominieren läßt, während er sich in seinen Streichquartetten streng an die klassischen Muster und den besonderen Anspruch der Gattung hält). Das herausragende Werk dieser Gruppe ist CHOPINS 4sätziges g-Moll-Trio op. 8 (1828/29, gedruckt 1833), das trotz der deutlichen Dominanz des Klaviers ein anspruchsvolles Kammermusikwerk ist.

Das spätere 19. Jh. steht im Klaviertrio wie in den meisten Kammermusikgattungen im Zeichen einerseits des europäischen Einflusses von BRAHMS, andererseits der Renaissance der französischen Kammermusik um CÉSAR FRANCK; dazu treten gegen Ende des 19. und im frühen 20. Jh. – wie im Streichquartett und in geringerem Maß im Klavierquartett und Klavierquintett – Experimente mit der Form (thematische Vereinheitlichung 3- oder 4sätziger Formen, Verschmelzung von klassischer Viersätzigkeit und übergeordneter Sonatensatzform) und dem Inhalt (Programmtrio). In die unmittelbare oder mittelbare BRAHMS-Nachfolge gehören viele der bedeutenderen Werke dieser Jahrzehnte, von FRIEDRICH KIEL (bedeutend das 4. Trio in cis-Moll), HEINRICH HOFMANN (op. 18, 1874) und KARL GOLDMARK, HANS PFITZNER und HUGO KAUN, ALEXANDER ZEMLINSKY (op. 3, 1896) und ERICH WOLFGANG KORNGOLD (das op. 1 des Dreizehnjährigen, 1910), in entfernterem Zusammenhang auch noch REGERS op. 102 (1907/08).

Die Entwicklung in Frankreich, die im Klaviertrio wie in allen anderen Gattungen von Anfang an mit der Tendenz zu thematischer Vereinheitlichung (bis zur Entwicklung eines 4sätzigen Zyklus aus einem einzigen Thema) verbunden ist, beginnt mit den 3 Trios op. 1 von CÉSAR FRANCK (1840/41) und reicht über die klassizistisch-glatten Werke von ÉDOUARD LALO (1851, 1852, 1880) und VINCENT D'INDY (op. 29, 1887; das 2. Trio op. 98, 1929, gehört zu den neoklassizistischen Spätwerken) bis zu GABRIEL PIERNÉ (op. 45, 1922), indirekt auch zu RAVEL (1915).

Relativ eigenständige Traditionen haben sich im Klaviertrio (wie sonst wohl nur im Streichquartett) in der Tschechoslowakei und in Rußland ausgebildet, in beiden Ländern offenbar ausgehend von besonders bedeutenden Werken: bei den Tschechen von SMETANAS op. 15 und DVOŘÁKS op. 90, dem »Dumky-Trio« (ZDENĚK FIBICH, JOSEF SUK, VÍTĚZSLAV NOVÁK, JOSEF BOHUSLAV FOERSTER), bei den Russen von TSCHAIKOWSKIJS op. 50 (ANTON ARENSKIJ, SERGEJ TANEJEW, SERGEJ RACHMANINOW).

Während das Programmtrio eher eine Kuriosität ist, in der sich indirekt der relativ hohe Rang der Gattung spiegelt (HANS HUBER: »Eine Bergnovelle« op. 120, 1903; PAUL GRAENER: »Der Hungerpastor« op. 20, 1906; PAUL JUON: »Gösta Berling« op. 39, 1908, und spätere Werke), bildet das englische Phantasy-Trio eine reizvolle Teilgattung, in der die europäischen Bemühungen um eine neue zyklische Form um 1900 um eine originelle Nuance bereichert wurden. Das Phantasy-(oder Fantasy-)Trio wurde (wie einige andere Phantasy-Besetzungen) in einem bewußten Schöpfungsakt geschaffen, als Wiederbelebung der 1sätzigen Fancy-Kompositionen verschiedener Besetzungen in der englischen Kammermusik des 17. Jh. WALTER WILLSON COBBETT setzte für solche 1sätzigen Werke in Kammerbesetzung einen Preis aus, der erstmals 1905 vergeben wurde und für den im Laufe weniger Jahre mehr als 40 Kompositionen verschiedener Besetzungen geschrieben wurden. Es ist bezeichnend für die Hierarchie der Gattungen, daß die herausragenden Werke dieser Art Streichquartette und Klaviertrios waren (Trios von FRANK BRIDGE und JOHN IRELAND); es ist ebenso bezeichnend für die Allgegenwärtigkeit der Experimente mit Sonatensatz und Sonatenzyklus, daß die meisten dieser Werke Versuche mit der Mehrsätzigkeit in der Einsätzigkeit anstellten, obwohl COBBETTS Wettbewerbsregeln lediglich ein

1sätziges Werk »in any shape – so long as it was a shape« verlangten.
In der Neuen Musik des frühen 20. Jh. und in der Musik der Gegenwart scheint die Gattung Klaviertrio nur noch in wenigen Einzelwerken (CHARLES IVES, 1904/05, revidiert 1911) und – wie zu erwarten – bei besonders traditionsbewußten Komponisten weiterzuleben (SCHOSTAKOWITSCH op. 67, 1944), gelegentlich mit einem expliziten Traditionsbezug, der noch einmal den Rang der Gattung bewußt macht, wie in WILHELM KILLMAYERS Trio »Brahms-Bildnis« (1976), im Klaviertrio von WOLFGANG RIHM (1981) oder in MAURICIO KAGELS Werk von 1985.

Das Klaviertrio mit Bläsern

Keine ausgebildeten Gattungszusammenhänge, wohl aber bescheidenere Traditionen lassen sich bei verschiedenen Triobesetzungen mit Bläsern beobachten: am deutlichsten in der Besetzung Klavier, Flöte und Cello (WEBER op. 63, 1819; FERDINAND RIES, CONRADIN KREUTZER, JOHANN NEPOMUK HUMMEL, JOSEPH MAYSEDER), bescheidener in der Besetzung Klavier, Klarinette und Cello (BEETHOVEN op. 11, RIES op. 28). BRAHMS' Trio in derselben Besetzung (op. 114) geht wohl weniger auf das Vorbild BEETHOVEN als auf die Beziehung des Komponisten zu dem Klarinettisten MÜHLFELD zurück. VINCENT D'INDYS Klarinettentrio op. 29 (1887, mit den Sätzen Ouverture, Divertissement, Chant élégiaque, Finale) und GABRIEL PIERNÉS Flötentrio op. 48 (1928, mit dem Titel »Sonata da Camera«) gehören in den Zusammenhang der historisierenden Tendenzen innerhalb der französischen Kammermusik-Renaissance. Einzelwerke (jedenfalls wenn man sich auf bedeutende Werke beschränkt) sind MOZARTS Klarinettentrio (mit Bratsche statt Cello) KV 498 und HINDEMITHS Trio op. 47 mit Heckelphon und Bratsche (1930) geblieben, während das Horntrio op. 40 von BRAHMS einen sehr bedeutenden Nachfolger in GYÖRGY LIGETIS Horntrio (»Hommage à Brahms«, 1982) gefunden hat. Einen kleinen, aber reizvollen Traditionszusammenhang gibt es dagegen – wie bei den lyrischen Stücken für Klarinette und Klavier und wohl aus denselben Gründen – beim lyrischen Stück für Klavier, Klarinette und Bratsche (SCHUMANN, »Märchenerzählungen« op. 132, 1854; MAX

BRUCH, 8 Stücke op. 83, 1910). Und schließlich verdienen die heute fast vergessenen, aber schon wegen ihrer Besetzungsvielfalt bemerkenswerten Spätwerke von CARL REINECKE erwähnt zu werden: Trios mit Oboe und Horn (oder Violine/Bratsche) (op. 188), Klarinette und Bratsche (op. 264), Klarinette und Horn (oder Violine/Bratsche) (op. 274); für diese Besetzung außerdem – in der direkten BRAHMS-Nachfolge – das C-Dur-Trio von GUSTAV JENNER (1900).

Das Klavierquartett

Das Klavierquartett ist nicht, wie man vielleicht erwarten könnte, aus einer Erweiterung des Klaviertrios entstanden, sondern hat sich aus dem diffusen Bereich der begleiteten Klaviermusik mit verschiedenen Besetzungen relativ früh mit der Standardbesetzung Klavier, Violine, Bratsche und Cello herausgebildet, allerdings nie die Bedeutung gehabt und die Verbreitung gefunden wie das Klaviertrio. Die Besetzung mit 3 Streichinstrumenten, die zusammen den ganzen Streicher-Ambitus ausfüllen können, hat von Anfang an – anders als im Klaviertrio, ähnlich wie im Klavierquintett – dazu geführt, Klavier und Streichergruppe voneinander zu trennen und einander konzertant gegenüberzustellen; wahrscheinlich hat das dazu beigetragen, daß Klavierquartette bei fast allen Komponisten Einzelwerke geblieben sind, und sicherlich hat es dazu beigetragen, daß der Anteil ausgesprochen konzertnaher Werke beim Klavierquartett insgesamt wesentlich größer ist als beim Klaviertrio.

Das Repertoire vor MOZART ist durch das Nebeneinander von begleiteter Klaviermusik und Werken mit obligaten Stimmen, von Bläser- und Streichbesetzungen und auch von wechselnden Besetzungen gekennzeichnet; ein Indiz für die Labilität der Besetzung im Vorfeld der Gattungsbildung ist auch, daß einige Quartett-Opera nur erweiterte Besetzungen geringstimmiger Werke (ohne wesentliche Änderung des Satzes und der Substanz) sind und daß der Typus begleiteter Klaviermusik noch einige Zeit neben dem echten Klavierquartett weiterbestand. Bezeichnend für ersteres sind 6 Sonaten für Cembalo und Violine von JOHANN MELCHIOR MOLTER, die der Komponist zu Quartetten mit einer Flöte als Füllstimme und einem mit dem Cembalobaß gehenden Cello erweiterte, oder JOHANN GOTT-

LIEB NAUMANNS 6 Sonatinen für Klavier, Oboe und Fagott (oder Klavier, Flöte und Baß, um 1775), die umgearbeitet als op. 1 für Klavier, Flöte, Violine und Cello erschienen (die nicht zahlreichen obligaten Stellen der Flötenstimme als »solo« bezeichnet); Beispiele für letzteres bieten die 3 Quartette op. 40 (1811–13) von JAN KŘTITEL (JOHANN BAPTIST) VANHAL mit der klassischen Besetzung Violine, Bratsche und Cello, aber mit Bratsche und Cello ad lib.

Ein relativ geschlossenes Repertoire bildet dagegen eine Gruppe frühklassischer Werke mit Flöte, Violine (oder 2 Violinen) und Cello, die fast alle aus Paris oder von westdeutschen Höfen französischen Zuschnitts stammen und die zum Teil – zehn Jahre vor MOZARTS Klavierquartetten – schon ganz obligat gesetzt sind: 3 Quartette von Pater JOSEPH SCHMITT (op. 9, 1776), 3 Werke von TOMMASO GIORDANI (op. 3), 6 »à quattro parti obligati« von JOHANN GEORG LANG (op. 3, 1775). Besonders beliebt und weit verbreitet scheinen die fünfmal 3 Quartette von JOSEF ANTON BAUER (op. 1–5, Paris 1770–76) gewesen zu sein, die zum Teil klassisch-4sätzig sind; der junge BEETHOVEN hat sie in Bonn kennengelernt.

Während die Besetzung mit Flöte und Violine oder mit 2 Violinen sich noch an der Aufteilung des Klangraums in der traditionellen (und um 1775 ja noch nicht ganz ausgestorbenen) Triosonate orientieren konnte, stellte die Besetzung mit Violine, Bratsche und Cello andere satztechnische Probleme – schon deshalb ist es wenig wahrscheinlich, daß BEETHOVENS 3 Bonner Klavierquartette (1785 geschrieben, also im selben Jahr wie MOZARTS g-Moll-Klavierquartett KV 478) durch die Werke JOSEF ANTON BAUERS angeregt worden sind. Eher könnte Abbé VOGLERS »Notturno en quatuor« von Einfluß gewesen sein, ein eher bescheidenes 2sätziges Werk des experimentierfreudigen Abbés, das zuerst 1778 in Paris erschien und weite Verbreitung fand (Nachdrucke von Artaria/Wien, Schott/Mainz, Schmitt/Amsterdam und Boßler/Speyer). Gattungbegründendes Format und gattungbegründende Wirkung hatten aber erst – wie im Klaviertrio – die beiden großen Werke MOZARTS von 1785/86, KV 478 und 493 (während BEETHOVENS 3 Jugendwerke praktisch unbekannt blieben): An ihnen orientierten sich EMANUEL ALOYS FÖRSTER (op. 8, 10, 11, nach 1794) und Prinz LOUIS FERDINAND VON PREUSSEN (op. 5 und 6, beide 4sätzig), BEETHOVEN mit seiner Bearbeitung des eigenen Bläserquintetts op. 16 und BEETHOVENS Schüler FER-

DINAND RIES und die Komponisten im weiteren Umkreis der Wiener Klassiker wie PAUL WRANITZKY und FRANZ ANTON HOFFMEISTER in Wien, VÁCLAV JAN TOMÁŠEK in Prag, JOHANN NEPOMUK HUMMEL, MICHAEL GOTTHARD FISCHER, FRANZ XAVER STERKEL an anderen Orten. Etwas abseits steht, wie immer, CARL PHILIPP EMANUEL BACH mit drei bedeutenden Werken für Klavier, Flöte, Bratsche und (nicht notiertem, den Klavierbaß verstärkendem) Cello aus dem Todesjahr des Komponisten (1788; Wq 93–95, H 537–539).
Die der Besetzung gleichsam immanente Tendenz, Klavier und Streichergruppe gegeneinander »auszuspielen«, führte gleichzeitig zum Quartett mit konzertant-virtuosem Klavierpart, so bei ANTON EBERL (op. 18 und 25) und FRANZ SCHUBERT (D 487), JAN LADISLAV DUSSEK, FRIEDRICH SCHNEIDER und den reisenden Virtuosen wie CARL CZERNY und KALKBRENNER.
Genau analog zur Entwicklung des Klaviertrios hebt sich auch im Klavierquartett von diesen virtuosen Konzertstücken einerseits das populäre und technisch einfache »Salon-Klavierquartett« (REISSIGER), andererseits die Entfaltung der Gattung zum großformatigen und gewichtigen Einzelwerk seit SCHUMANNS op. 47 ab (während MENDELSSOHNS op. 1–3, 1822–24, noch relativ leichtgewichtige Jugendwerke sind): Werke von HILLER, KIEL, THEODOR KIRCHNER, HERMANN GOETZ, HEINRICH MARSCHNER (2 Klavierquartette) oder CARL REINECKE, daneben und später die Komponisten im näheren und weiteren Umkreis von BRAHMS wie FRIEDRICH GERNSHEIM, HERZOGENBERG, RHEINBERGER, DVOŘÁK, AUGUST BUNGERT, ROBERT FUCHS, IWAN KNORR, RICHARD VON PERGER; auch das Fragment gebliebene Klavierquartett von GUSTAV MAHLER (1876/78?), das op. 13 von RICHARD STRAUSS, JOSEF SUKS op. 1 (1891) und noch MAX REGERS op. 113 und 133 gehören in diesen Zusammenhang. Etwas abseits stehen mit zum Teil sehr bedeutenden Werken die französische Schule (FAURÉ, SAINT-SAËNS, D'INDY, ERNEST CHAUSSON), »Einzelgänger« wie PAUL JUON oder SERGEJ TANEJEW und einige englische Komponisten (FRANK BRIDGE mit einem Phantasy-Quartett, JOSEPH HOLBROOKE mit 2 programmatischen »Symphonies« op. 21 und 31).
In der Neuen Musik sind kaum noch Klavierquartette mit Streichern, wohl aber einige bedeutende Werke *mit Bläsern* entstanden: HEINRICH KAMINSKIS op. 1 b mit Klarinette, Bratsche und Cello (1926), HINDEMITHS Werk mit Klarinette, Violine

und Cello (1938), vor allem aber ANTON WEBERNS op. 22 mit Violine, Klarinette und Tenorsaxophon (1930) und OLIVIER MESSIAENS »Quatuor pour le fin du Temps« (in der gleichen Besetzung wie HINDEMITHS Werk, 1941). Die auffällige Bevorzugung der Klarinette in diesen Besetzungen geht natürlich nicht auf die romantische Klarinettentradition zurück, sondern hat satztechnische und klangliche Gründe: Die zum Klavier wie zu den Streichern scharf kontrastierenden Klangfarben und die extreme Beweglichkeit des Instruments erlauben eher als die Gegenüberstellung Klavier-Streicher die Entwicklung eines ausdifferenzierten Satzes tendenziell gleichberechtigter Stimmen und Instrumente und damit eine Entwicklung fort vom extravertiert-konzerthaften zum streng kammermusikalischen Satz.

Das Klavierquintett

Noch deutlicher und hartnäckiger als im Klavierquartett zeigen sich im Klavierquintett die gegensätzlichen Tendenzen zur kammermusikalischen Differenzierung des Satzes und zum konzerthaft-virtuosen Quintett, wobei erstere durch das größere Gewicht, Klangvolumen und Differenzierungspotential des Streichquartetts als Gegengewicht zum Klavier begünstigt wird, letztere durch die größere Besetzung zum »sinfonischen« Klang und Gestus tendiert. Beide Entwicklungen wurden vermutlich dadurch begünstigt, daß das Klavierquintett als Gattung sehr spät entstand: Es ist die einzige der großen Kammermusik-Gattungen, die nicht in der Wiener Klassik entwickelt wurde und die daher einerseits vom entwickelten romantischen Klaviersatz und der romantischen Klaviertechnik, andererseits vom entwikkelten Streichquartettsatz und einer etablierten Streichquartett-Kultur profitieren konnte – bezeichnend für die zeitliche und stilistische Verschiebung gegenüber der Klassik, daß die Schlüsselwerke der Gattung SCHUMANNS op. 44 und BRAHMS' op. 34 sind.
Dem Klavierquintett mit 2 Violinen, Bratsche und Cello geht eine relativ geschlossene kleine Gruppe von Werken voraus, die mit Violine, Bratsche, Cello und Kontrabaß besetzt sind und die klanglich wie stilistisch zwischen Klavier-Kammermusik und Klavier-Konzert stehen: Es sind im wesentlichen die Werke von FERDINAND RIES (op. 74, 1815), FRANZ SCHUBERT (das »Forellenquintett« D 667, 1819), JOHANN NEPOMUK HUMMEL

(op. 87, 1822), JAN LADISLAV DUSSEK (op. 41 oder 47, Craw-Verz. 172, veröffentlicht 1803) und die beiden Quintette von GEORGE ONSLOW (op. 70 und 76, 1847 und 1849). Ein Nachzügler, der nichts mehr mit der konzertanten Haltung dieser Gruppe zu tun hat, und ein sehr persönliches und bedeutendes Kammermusikwerk ist HERMANN GOETZ' op. 16 (1874).

Das Klavierquintett in der klassischen Besetzung mit Streichquartett hat einige Vorläufer, die gattungsgeschichtlich offenbar wirkungslos blieben, als Werke aber keineswegs bedeutungslos sind. Am Anfang stehen die 6 Quintette für Streichquartett und Orgel oder Cembalo, die ANTONIO SOLER 1776 für den spanischen Infanten GABRIEL schrieb. SOLER, Mönch und Kapellmeister im Escorial, war der Cembalolehrer des Prinzen; die Besetzung der Werke (wie auch die Entstehung der Konzerte für 2 Orgeln, die ebenfalls ohne Vorbild in der Musikgeschichte waren) erklärt sich wohl aus den Bedürfnissen des Unterrichts und den mehr oder minder zufällig zur Verfügung stehenden Kräften (ähnlich wie bei der »Erfindung« des Streichquartetts durch HAYDN). Es sind groß angelegte, 4- bis 5sätzige Werke (ohne normierte Satzfolge) in einem sehr differenzierten, teils polyphonen Satz, in dem das Tasteninstrument streckenweise auch virtuos-solistisch hervortritt; die Tonfälle sind galant.

SOLERS Quintette, die in ihrer Zeit nur handschriftlich überliefert wurden, sind vielleicht das Vorbild für die späten Klavierquintette BOCCHERINIS gewesen, zweimal 6 Werke op. 56 und 57, die 1797 und 1799 entstanden. Alle 12 wurden von BOCCHERINI wenig später als Streichquintette mit 2 Bratschen, 3 der Werke auch als Quintette für Streichquartett und Gitarre arrangiert. Die Werke sind 3- und 4sätzig, wobei aber die Wiener klassische Viersätzigkeit kaum vorkommt. Stilistisch ähneln sie den späten Streichquartetten und Streichquintetten des Komponisten; ihr bemerkenswertester Zug ist die ausgewogene Behandlung der beiden Klanggruppen, so daß das Klavier (BOCCHERINI verlangt ausdrücklich »forte-piano«) fast nirgends dominiert.

Die Quintette op. 56 sind die letzten Werke, die BOCCHERINI als preußischer Hofkomponist »von Haus aus« (das heißt ohne Residenzpflicht) an FRIEDRICH WILHELM II. schickte. Die Vorstellung, daß Prinz LOUIS FERDINAND VON PREUSSEN sie hier kennenlernte und in seinem op. 1, dem Klavierquintett c-Moll, nachahmte, ist reizvoll; andererseits ist LOUIS FERDI-

NANDS Vorbild schon in diesem Werk BEETHOVEN, während satztechnisch – nicht erstaunlich beim Erstlingswerk eines virtuosen Pianisten – das Klavier dominiert. Gattungsgeschichtlich steht das Stück in der Klassik weitgehend isoliert.

Die eigentliche Gattungsgeschichte im Sinne einer zusammenhängenden und sich verzweigenden Tradition und im Sinne des direkten oder indirekten Bezugs auf einzelne, als Muster geltende Werke beginnt mit SCHUMANNS Es-Dur-Quintett op. 44 (1842), das mit seiner außerordentlich dichten thematischen und kontrapunktischen Arbeit und seiner zyklischen Formidee (Wiederkehr des Hauptthemas des 1. Satzes am Ende des Finales) sogleich einen sehr hohen Standard setzt. Thematische Konzentration, Dichte des Satzes und der thematischen Arbeit und nicht zuletzt Formexperimente kennzeichnen von nun an fast alle bedeutenden Werke der Gattung (abgesehen von den konzertant-sinfonischen), keineswegs nur in der SCHUMANN-Nachfolge, sondern auch im anderen Lager wie bei FRANZ BERWALD (op. 5, 1856; op. 6, LISZT gewidmet, 1858).

Bezeichnend ist es in diesem Zusammenhang, daß in der französischen Kammermusik mit ihrer besonders starken Neigung zu thematischer Vereinheitlichung das Klavierquintett zur wichtigsten Gattung neben dem Streichquartett wurde und daß sich hier ein besonders enger Zusammenhang zwischen den einzelnen Werken herstellte: die Quintette von CÉSAR FRANCK (1878/79), GABRIEL FAURÉ (op. 89, 1906; op. 115,1921), VINCENT D'INDY (op. 81, 1924), FLORENT SCHMITT (op. 51, 1901/1908), GABRIEL PIERNÉ (op. 41, 1916/17) und LOUIS VIERNE (op. 42, 1917/18). Alle stehen in Moll-Tonarten – FRANCKS Quintett (vielleicht programmatisch?) in f-Moll, der Tonart von BRAHMS' op. 34, und alle zeigen die gesteigerte Emotionalität, die sich mit solchen Tonarten traditionell verbindet; das Quintett von VIERNE hat darüber hinaus autobiographische Züge. Form und thematische Arbeit zeigen, deutlicher als in anderen kammermusikalischen Besetzungen, die Frontstellung der FRANCK-Schule gegen die deutsche Tradition. Beherrschende Formidee ist die zyklische Dreisätzigkeit (ohne Scherzo) mit der Wiederkehr und Kombination weniger Themen; die analysierende und entwickelnde thematische Arbeit der BEETHOVEN-BRAHMS-Tradition ist weitgehend ersetzt durch das emphatische Herausstellen und Steigern von Themen, die als Themen weitgehend intakt bleiben, oder das Variieren eines einzigen, alle Sätze beherrschenden Themas. In den Umkreis dieser fran-

zösischen Klavierquintett-Tradition gehört auch das g-Moll-Werk (1898) von ENRIQUE GRANADOS.
Die Zahl der Klavierquintette, die dem op. 44 von SCHUMANN, später – in der Neuorientierung an BRAHMS, die für die mitteleuropäische Kammermusik seit etwa den 60er Jahren so charakteristisch ist – dem op. 34 von BRAHMS (1865) nachfolgen, ist nicht groß, und die meisten der Komponisten, die sich überhaupt auf die Gattung einließen, haben in ihr nur ein einziges Werk (fast immer in der klassischen Viersätzigkeit) geschrieben: JOACHIM RAFF, CARL REINECKE, ANTON RUBINSTEIN, PHILIPP WOLFRUM, HANS PFITZNER, WILHELM BERGER (op. 95, in der BRAHMS-Tonart f-Moll), PAUL JUON (op. 33, mit Violine, 2 Bratschen und Cello), ERICH WOLFGANG KORNGOLD; je 2 Werke bei FRANZ LACHNER, FRIEDRICH KIEL, FRIEDRICH GERNSHEIM, ANTONÍN DVOŘÁK. Bezeichnend für die besondere Bedeutung, die das Klavierquintett um die Jahrhundertwende gewonnen hatte, ist außerdem die Gruppe von unveröffentlicht gebliebenen oder als op. 1 veröffentlichten Jugendwerken von Komponisten, die später zum Teil ganz andere Wege gingen: REGERS c-Moll-Quintett von 1898 (veröffentlicht erst 1923), dessen brahmsische Haltung im Quintett op. 64 quasi zurückgenommen wurde, ERNST VON DOHNANYIS op. 1 in es-Moll (1902), BÉLA BARTÓKS 3 Werke, von denen das erste verloren ist, das zweite unvollendet blieb und erst das dritte – auch dieses ganz brahmsisch – vollendet wurde (1903/1904), ANTON WEBERNS Werk von 1907. Nachzügler der BRAHMS-Tradition sind die Werke von EDWARD ELGAR (op. 84, 1918/19) und das Quintett mit einem Klavierpart für die linke Hand, das FRANZ SCHMIDT 1926 für den Pianisten PAUL WITTGENSTEIN (den Bruder des Philosophen) schrieb, der im 1. Weltkrieg den rechten Arm verloren hatte.
Eine eigenständige, musikalisch aber kaum gleichwertige Gruppe bilden die Werke aus dem späten 19. Jh., die pianistische Brillanz und »sinfonischen« Ton in den Vordergrund kehren, dabei aber oft auch der allgemeinen Tendenz zu thematischer Vereinheitlichung und neuen zyklischen Formbildungen folgen: Hierher gehören die beiden Quintette von GIOVANNI SGAMBATI (von WAGNER 1876 dem Verlag Schott warm empfohlen) und das Quintett GIUSEPPE MARTUCCIS, die Werke von CHRISTIAN SINDING (mit op. 5, 1882/84, wurde SINDING berühmt – das direkte Vorbild für das Quintett von JEAN SIBELIUS, 1889), ANTON ARENSKIJ und SERGEJ TANEJEW und eine

Generation später das sinfonische Quintett von JOSEPH HOLBROOKE. Zu den englischen Formexperimenten im Umkreis der Phantasy-Wettbewerbe seit 1905 gehören das Werk von FRANK BRIDGE und das bedeutende, nur unmäßig lange Quintett von ARNOLD BAX. Ein Außenseiterwerk, zugleich eines der letzten dem Anspruch nach großen Quintette ist schließlich HERMANN ZILCHERS op. 42 (1919), das mit Lied- und Choralzitaten die Schrecken des 1. Weltkriegs zu bannen sucht.
In der Neuen Musik ist das Klavierquintett – entsprechend seiner leicht sich einstellenden Tendenz zum Sinfonischen – fast nur von Komponisten benutzt worden, die zur Sinfonie und zur Weltanschauungsmusik neigten (DMITRIJ SCHOSTAKOWITSCH [op. 57, 1940], ERNEST BLOCH [1924, mit Vierteltönen], WALTER PISTON [1949], in jüngerer Zeit [1972/76] ALFRED SCHNITTKE).

Klavierquintette mit Bläsern

Die an sich äußerst reizvollen Möglichkeiten der Kombination von Klavier und verschiedenen Bläser- oder Bläser/Streicher-Besetzungen sind in der Geschichte der Kammermusik kaum genutzt worden – vermutlich deshalb, weil in der Praxis solche Besetzungen selten und meist nur ad hoc zusammenkamen und weil die Bläser-Kammermusik im 19. Jh., nach ihrer Blüte in der 2. Hälfte des 18. Jh., fast völlig verdrängt und in den Bereich der »didaktischen« Musik abgeschoben wurde. Dementsprechend gibt es hier keine Traditions-, geschweige denn Gattungszusammenhänge, höchstens direkte Beziehungen von einem Werk auf das andere wie im Fall von MOZARTS Quintett KV 452 und BEETHOVENS nach ihm modelliertem op. 16 (beide mit Oboe, Klarinette, Horn und Fagott). Dieselbe Besetzung haben FRIEDRICH WITTS Quintett op. 6 (um 1805) und HEINRICH VON HERZOGENBERGS op. 43 (1888); sonst ist kaum etwas in ihr überliefert. Nur wenig umfangreicher ist die Gruppe der Werke mit Flöte statt Oboe: je ein Quintett von LOUIS SPOHR (op. 52, mit virtuosem Klavierpart) und von GEORGE ONSLOW (op. 30) in der ersten nachklassischen Generation (daneben CONRADIN KREUTZERS Quintett mit Flöte, Klarinette, Bratsche und Cello), später Werke von ANTON RUBINSTEIN (op. 55, 1861), NIKOLAJ RIMSKIJ-KORSAKOW (op. post., 1910) und HANS HUBER (op. 136, 1920).

Klaviersextett und Klavierseptett

Weder in der Sextett- noch in der Septettbesetzung haben sich im Laufe der Kammermusikgeschichte feste Besetzungen und damit die Grundlagen für eine Gattungsbildung entwickelt; lediglich zwei Tendenzen sind konstant geblieben: die zur Mischung von Streichern und Bläsern und die zur Betonung der Baßregion durch Besetzungen mit Cello, Kontrabaß und Fagott. Eine größere Zahl von Werken ist nur aus der 1. Hälfte des 19. Jh. überliefert; davor gibt es nur ganz wenige Stücke, später nur einige, allerdings sehr gewichtige, Einzelwerke aus der Neuen Musik.
In *Sextett*besetzung hebt sich aber wenigstens eine kleine Gruppe von Werken heraus, die das Klavier mit einem reinen Streicher-Ensemble verbinden (2 Violinen, Bratsche, Cello und Kontrabaß) – fast alles Werke von Pianisten, in denen das Klavier entsprechend anspruchsvoll behandelt ist und die Grenze zwischen Kammermusik und Konzert gelegentlich verschwimmt: Stücke von ALEXANDER ERNST FESCA, FERDINAND RIES, FRIEDRICH KALKBRENNER, FELIX MENDELSSOHN und (1833) dem jungen MICHAIL GLINKA; dazu am Rande die beiden Sextette op. 30 und op. 77b von GEORGE ONSLOW (wahlweise mit Flöte, Klarinette, Horn, Fagott und Kontrabaß oder 2 Violinen, Bratsche, Cello und Kontrabaß). Gelegenheitswerke mit Zufallsbesetzungen sind dagegen die beiden Sextette, die DOMENICO CIMAROSA als Hof-Opernkomponist in St. Petersburg (1787/91) schrieb, das eine mit 2 Violinen, Bratsche, Cello und Fagott, das andere mit Harfe, Violine, Cello, Kontrabaß bzw. Generalbaß und Fagott. Aus dem späteren 19. Jh. ist praktisch nur das Sextett mit Flöte, Oboe, Klarinette, Horn und Fagott von LUDWIG THUILLE (op. 6, 1889) erwähnenswert, aus dem 20. Jh. das zwischen Kammermusik und Solokonzert stehende Concerto für Cembalo, Flöte, Oboe, Klarinette, Violine und Cello von MANUEL DE FALLA (1928).
Unter den *Septetten* gibt es weder im frühen 19. noch im 20. Jh. reine Klavier/Streicher- oder reine Klavier/Bläser-Besetzungen (und wenigstens insofern eine gewisse Kontinuität). Die bunten Bläser- und Streicher-Kombinationen, die große Besetzung generell und die Verbindung mit dem Klavier führen notwendig (anders als etwa bei Bläserseptetten oder -oktetten ohne Klavier) aus der kammermusikalischen Sphäre hinaus und in den

Konzertsaal, machen aber auch praktisch jedes der überlieferten Werke zu einem Ausnahmewerk – die Komponisten wenigstens des 19. Jh. schreiben, wenn sie sich überhaupt für eine solche Besetzung entscheiden, gewissermaßen über ihrem Niveau. Zu erwähnen sind die Septette von FERDINAND RIES (op. 25, 1808), FRIEDRICH KALKBRENNER, GEORGE ONSLOW, IGNAZ MOSCHELES, LOUIS SPOHR und ALEXANDER ERNST FESCA, vor allem aber die beiden prächtigen Werke von JOHANN NEPOMUK HUMMEL (op. 74 und das »Septuor militaire« mit Trompete op. 114), dazu aus dem späten 19. Jh. das op. 65 (1881) von CAMILLE SAINT-SAËNS (mit Trompete, 2 Violinen, Bratsche, Cello und Kontrabaß). Aus dem 20. Jh. stammen 4 Werke, die – gänzlich verschieden voneinander – allesamt Hauptwerke der Neuen Musik und Schlüsselwerke im Schaffen ihrer Komponisten sind: RUDI STEPHANS »Musik für 7 Saiteninstrumente« (Klavier, Harfe, 2 Violinen, Bratsche, Cello und Kontrabaß, 1911), LEOŠ JANÁČEKS »Concertino« (1925), ARNOLD SCHÖNBERGS Suite op. 29 (1925/26) und IGOR STRAWINSKYS Septett von 1952/53.

Kammermusik mit Harfe

Kammermusik mit Harfe ist, außer im französischen Impressionismus, fast nur von Harfen- und für Harfenvirtuosen geschrieben worden, und sie ist, außer wiederum im Impressionismus und in E. T. A. HOFFMANNS Quintett für Harfe und Streichquartett (1807?), fast immer von geringer Bedeutung gewesen: Zu nennen sind vor allem die zahlreichen Werke, die JEAN-BAPTISTE KRUMPHOLTZ (1742–90) für sich selbst schrieb und die 3 Sonaten für Harfe und Violine, die LOUIS SPOHR für seine Frau DORETTE und für sich komponierte. Aus dem Impressionismus, für den die Harfe fast zu einem Symbolinstrument wurde, stammt dann eine größere Zahl fast ausnahmslos bedeutender Werke wie FLORENT SCHMITTS Quintett für Harfe und Streichquartett (1906), MAURICE RAVELS »Introduktion und Allegro« für Harfe, Flöte, Klarinette und Streichquartett (ebenfalls 1906), CLAUDE DEBUSSYS Sonate für Harfe, Flöte und Bratsche (1916), DÉSIRÉ-ÉMILE INGHELBRECHTS »Esquisses antiques« für Harfe und Flöte (1903), Sonatine für Harfe und Flöte und Quintett für Harfe und Streichquartett (beide 1919), später und schon zur Neuen Musik gehörend die

Serenade (Harfe, Flöte, Violine, Bratsche und Cello, 1925) von ALBERT ROUSSEL und das Quartett für Harfe, Flöte, Klarinette und Violine von GEORGES MIGOT. Außerhalb der französischen Tradition sind nur ganz wenige größere Werke entstanden: von ARNOLD BAX ein »Elegiac Trio« in derselben Besetzung wie DEBUSSYS Sonate (1916), das Harfenquintett in einem Satz (1919), die Sonatine für Flöte und Harfe (1928) und die »Fantasy Sonata« für Harfe und Bratsche (1929), unter BAX' weniger bedeutenden späteren Werken noch einige mit ungewöhnlichen und großen Besetzungen (Nonett für Flöte, Oboe, Klarinette, Harfe, Streichquartett und Kontrabaß, 1930; »Threnodie und Scherzo« für Fagott, Harfe und Streichsextett, 1934; eine Bearbeitung der Sonatine [1928] als Concerto für Flöte, Oboe, Harfe und Streichquartett, 1936); die Sonate für Harfe und Flöte von SEM DRESDEN (1918) und das »Nocturne« für Harfe, Oboe, 2 Bratschen und Cello (1913) von NIKOLAJ ROSLAWEZ.

Das Streichtrio

Entstehung und Frühgeschichte des Streichtrios sind kaum exakt zu bestimmen und zu beschreiben, weil in den Jahrzehnten vor der »Normierung« von Besetzung (Violine, Bratsche und Cello) und Form in der Wiener Klassik ganz verschiedene Entwicklungen einander kreuzten und überlagerten: die Triosonate und das Orchestertrio, die auch solistisch besetzt und ohne Generalbaß gespielt werden konnten, Trio concertant und Trio brillant für 2 Violinen und Bratsche oder 2 Violinen und Cello, das »echte« Trio für 2 Violinen und Cello und die Anfänge der klassischen Besetzung Violine/Bratsche/Cello; dazu kommt in der Frühphase der Entwicklung, bevor sich die Schreibweise für die Violine idiomatisch ausdifferenziert, häufig die Möglichkeit variabler Besetzungen (Flöte oder Oboe statt Violine). Von einer Gattung Streichtrio läßt sich daher erst seit der Wiener Klassik, vor allem seit BEETHOVENS op. 9 (1798), sprechen. Die Verfestigung zur Gattung führt aber zugleich dazu, daß die Produktion im 19. Jh. erheblich abnimmt, vermutlich durch die übermächtige Konkurrenz des Streichquartetts, durch das Verschwinden der Adels-Kammermusikkultur im Gefolge der Wirtschaftskrisen der Napoleonischen Kriege und, natürlich, durch die allgemeine Tendenz der

Kammermusik fort von der Werkserie und hin zum gewichtigen Einzelwerk.

Die Beziehung des frühen Streichtrios zur Triosonate zeigt sich darin, daß die Besetzung mit 2 Violinen und Cello älter (wenn auch nur wenig älter) als die klassische ist; dadurch, daß manche Komponisten (oder Verleger) Alternativbesetzungen ausdrücklich offenlassen (Werke mit »Violoncello obbligato figured for the harpsichord«: ANDREAS LIDEL, op. 1, London 1776), und nicht zuletzt darin, daß die norddeutsche, vor allem Berliner Kritik in den frühen 70er Jahren, ähnlich wie beim Streichquartett, einen Feldzug gegen den »modernen«, d. h. homophonen und dialogisch-konzertanten und für den »eigentlichen«, d. h. kontrapunktischen Triosatz führt – natürlich ohne die Entwicklung im geringsten aufzuhalten.

»Moderne« Streichtrios für 2 Violinen und Cello schreiben zuerst Pariser, dann auch norddeutsche, Mannheimer und österreichische Komponisten seit den 60er Jahren; zuerst LUIGI BOCCHERINI, der das Streichtrio wie das Streichquartett in Paris populär gemacht zu haben scheint und der – wiederum wie im Streichquartett – zwischen »opere piccole« (»trietti« oder »terzettini«), d. h. einfacheren und meist 2sätzigen, und »opere grande«, d. h. anspruchsvolleren und 3- oder 4sätzigen Werken, unterscheidet (»kleine« Trios ab op. 1, 1760, »große« ab op. 6, 1766). Dem Beispiel BOCCHERINIS folgen in Paris die eingewanderten oder durchreisenden Italiener wie GIUSEPPE CAMBINI, GIOVANNI BATTISTA VIOTTI, FEDERIGO FIORILLO, ANTONIO BARTOLOMEO BRUNI und einheimische Komponisten wie NICOLAS-JOSEPH CHARTRAIN und JEAN-BAPTISTE DAVAUX, anderenorts Mannheimer wie GIUSEPPE TOESCHI, Österreicher und Tschechen wie FRANZ ASPLMAYR, DITTERSDORF mit seinen 2sätzigen Triosonaten, die alle in Dur stehen, VANHAL und IGNAZ PLEYEL und in Norddeutschland die kontrapunktisch-konservativeren JOHANN GOTTFRIED SCHWANENBERGER und JOHANN FRIEDRICH REICHARDT. Die Konzentration der frühen Entwicklung auf Paris hat offenkundig etwas mit dem Zusammentreffen der »école française du violon« mit den in Paris geradezu einfallenden italienischen Geigenvirtuosen (und, im Falle BOCCHERINIS, Cellovirtuosen) zu tun: Ebenso wie im Streichquartett und gleichzeitig mit ihm entwickeln sich Spezialgattungen, die alle die Französische Revolution nicht (oder nur als Exportartikel) überleben werden – das »Trio d'airs variés« als Salon-Unterhaltungsmusik, in der beliebte Lieder und Opernstücke anspruchslos variiert werden (CAMBINI, ANTON KAMMEL); das »Trio dialogué« und »concertant« als gehobene Salonmusik, die im konzertanten Wechselspiel der Instrumente den Ton der galanten und witzigen Konversation nachahmt (CAMBINI, BRUNI, CHARTRAIN, DAVAUX); das »Trio brillant« als prunkvolles Vortragsstück für einen Virtuosen, der von der 2. Violine und dem Cello sehr bescheiden begleitet wird. Es ist vor allem dieser Typus, der durch die reisenden Virtuosen verbreitet wird und in anderen Ländern Nachahmung findet – auch dies in genauer Parallele zur Entwicklung im Streichquartett (Werke von RODOLPHE KREUTZER, PIERRE BAILLOT, ALESSANDRO ROLLA, FELICE RADICATI, ANTON BOHRER, FERDINAND FRÄNZL, BERNHARD ROMBERG).

Deutlich abgesetzt von dieser geradezu stürmischen Entwicklung und Differenzierung ist das kleine, auf Paris und Mannheim konzentrierte Repertoire von sogenannten Orchestertrios, d. h. Werken, die chorisch besetzt mit Generalbaß oder solistisch besetzt ohne Generalbaß ausgeführt werden können. JOHANN STAMITZ' berühmtes op. 1 (Paris 1755) ist der Prototyp: »Six sonates à trois parties concertantes, ou à trois, ou avec tout l'orchestre«; ihm folgen CHRISTIAN CANNABICH (Paris 1766), JEAN-GUILLAIN CARDON (Paris 1768) und JOSEF MYSLIVEČEK (London 1772). FRANÇOIS-JOSEPH GOSSEC (op. 9 mit 2 Hörnern ad lib., 1766), MARIE-ALEXANDRE GUÉNIN (op. 1, 1769) und JEAN-GUILLAIN CARDON (Versailles 1772) schreiben Opera mit je 3 Trios »à grand orchestre« und »à parties simples« oder »à trois personnes«. Die Differenzierung von orchestralem und kammermusikalischem Satz und Tonfall, die sich hier schon innerhalb eines Opus ankündigt, bedeutete schließlich das Ende des »Orchestertrios«.

Die Triobesetzung für Violine, Bratsche und Cello, die an kein älteres Repertoire wie das der Triosonate anknüpfen konnte, scheint sich etwa zur gleichen Zeit in Paris und im süddeutsch-österreichischen Raum als feste Besetzung herausgebildet zu haben; eine »Polygenese«, die kaum erstaunlich ist, da im generalbaßlosen kammermusikalischen Satz die Aufteilung des Tonraums der Streicher auf je ein hohes, mittleres und tiefes Instrument nahelag. In Paris scheint die Entwicklung wiederum von BOCCHERINI ausgegangen zu sein (je 6 Trios op. 14, 1772, und op. 38, 1793); allerdings fand er, da die meisten Komponisten sich auf Trio dialogué, concertant und brillant für 2 Violinen und Cello warfen, kaum Nachfolge (JEAN-BAPTISTE BRÉVAL [op. 3, 1777, und op. 27, um 1786, beide »concertants et dialogués«], GIUSEPPE CAMBINI [op. 33, 36 und 40], FELICE GIARDINI [op. 17, 20 und 26, London 1773/84]). Wichtiger war die Entwicklung im süddeutsch-österreichischen Raum, aus der das klassische Streichtrio hervorging (VANHAL, ASPLMAYR, DITTERSDORF, HOFFMEISTER, GYROWETZ, PAUL WRANITZKY); allerdings war hier auch das Trio mit 2 Violinen und Cello (oder Baß bzw. Generalbaß) in den 60er und 70er Jahren noch weit verbreitet (fast alle Streichtrios von JOSEPH HAYDN – zwischen den späten 50er Jahren und 1767 entstanden – sind für diese Besetzung geschrieben). Die eigentlich »gattungstiftenden« Werke waren aber diejenigen MOZARTS und BEETHOVENS: MOZARTS Divertimento KV 563 (1788), auf das BEETHOVEN mit seinem noch in Bonn komponierten Trio op. 3 (und der leichter wiegenden Serenade op. 8, 1796/97) antwortete und an die sich eine kleine Gruppe von vielsätzigen »Grands Trios« anschloß (JOSEPH EYBLER 1798, FERDINAND KAUER 1804, FRANZ KROMMER 1818); vor allem aber BEETHOVENS op. 9, die 3 Trios von 1797/98, in denen das klassische Muster der Gattung, das 4sätzige, anspruchsvolle Kammermusikwerk in Triobesetzung, geschaffen war. Die Art und Weise, wie hier in Auseinandersetzung mit der Tradition – erst in direkter Anknüpfung an MOZART im op. 3, dann auf der Stil-Ebene des Streichquartetts – eine Gattung gleichsam »gesetzt« wurde, erinnert auffallend an BEETHOVENS Verwandlung des Klaviertrios durch sein op. 1, allerdings mit dem Unterschied, daß das Klaviertrio für ihn eine wichtige Gattung blieb, während das Streichtrio sich bald als eine Art Durchgang zum Streichquartett erwies.

BEETHOVENS Beispiel hat nun allerdings im 19. Jh. kaum Nachfolge gefunden – die Zahl der großen, 4sätzigen Streichtrios auf der Stil-Ebene des Streichquartetts ist klein, und die meisten sind Einzelwerke (REICHA [vor 1809], GOTTFRIED WEBER [1815], SCHUBERT [1817, D 581]; schon etwas abseits dieser Linie die 3 Trios op. 5 von PETER JOSEPH VON LINDPAINTNER [um 1825], in denen alle 3 Instrumente betont virtuos behandelt sind). Danach versiegt die Produktion fast völlig; erst gegen Ende des Jahrhunderts entstehen wieder einige bedeutende 4sätzige »große« Trios und eine kleine Gruppe von Serenaden und Divertimenti: Trios von HEINRICH VON HERZOGENBERG (2 Werke op. 27, 1879), FERDINAND HILLER (op. 207, postum

1886), CARL REINECKE (op. 249, 1901), MAX REGER (op. 77b, 1904); Serenaden von ERNST VON DOHNANYI (op. 10, 1904, 5sätzig), JOSEPH HAAS (Divertimento op. 22, 1904, ebenfalls 5sätzig) und MAX REGER (op. 141b, 1915, 3sätzig).
Merkwürdigerweise ist das Streichtrio dann in der Neuen Musik für einige der bedeutendsten Komponisten so wichtig geworden wie seit BEETHOVEN nicht mehr: Beispiele dafür sind die Werke von WEBERN (op. 20, 1926/27, dazu der ausgeschiedene Triosatz o. op.), HINDEMITH (op. 34, 1924, und o. op., 1933), ALEXANDER JEMNITZ (op. 21, 1926, und Serenade op. 24, 1929), ERNST KRENEK (1948 und die »Parvula corona musicalis ad honorem J. S. Bach«, 1950), WOLFGANG FORTNER (1953) und vor allem das monumentale Streichtrio von ARNOLD SCHÖNBERG (op. 45, 1946).
Neben der »Triosonatenbesetzung« 2 Violinen und Cello und der klassischen Besetzung Violine, Bratsche und Cello haben alle übrigen Besetzungen für den Triosatz nach der Generalbaßzeit nur episodische Bedeutung gehabt. Für 2 Violinen und Bratsche gibt es ein relativ umfangreiches Repertoire aus der Londoner und Pariser Vorklassik – Werke von JOHANN CHRISTIAN BACH (6 Sonaten op. 2, Paris um 1764, mit oder ohne Generalbaß zu spielen), NICOLAS-JOSEPH CHARTRAIN (sechsmal 3 Trios, nicht datiert) und GIUSEPPE CAMBINI (je 6 Trios op. 3 und 34) – und, als bescheidenen Ableger des anspruchsvollen Trios, die »Terzette« von DVOŘÁK (op. 74, 1887) und ROBERT FUCHS (op. 61, 1898, und op. 107, 1923); außerdem, ganz isoliert, die bedeutende und technisch sehr anspruchsvolle Serenade op. 12 von ZOLTÁN KODÁLY (1920). Der Vorliebe eines musikbegeisterten und reichen Fürsten – NIKOLAUS ESZTERHÁZY – für das Baryton verdankt schließlich das reiche, aber zeitlich und räumlich eng begrenzte Repertoire des Baryontrios (meist für Baryton, Bratsche und Cello, seltener mit Violine statt Bratsche) seine Existenz (Werke von Mitgliedern der ESZTERHÁZY-Hofkapelle: JOSEPH PURKSTEINER, LUIGI TOMASINI und, vor allem, JOSEPH HAYDN).

Das Trio mit Bläsern und das Bläsertrio

Von den vielen möglichen Triobesetzungen für Streicher und Bläser und für Bläser allein hat sich keine zu einem Traditionszusammenhang verdichtet, aus dem sich eine Gattung hätte bil-

den können, und wie bei fast allen gemischten oder reinen Bläserbesetzungen ist auch hier der (relativen) Blüte in Klassik und Frühromantik nach etwa 1830 so gut wie nichts mehr gefolgt.
Vergleichsweise häufig ist die Besetzung mit Flöte, Violine und Bratsche, die durch ihren Klangcharakter und den im leichten 3stimmigen Satz dominierenden Ton der Flöte von vornherein eine serenadenhafte Haltung nahelegt: Belege dafür sind BEETHOVENS Serenade op. 25 (1801) und einige Werke aus ihrem Umkreis (FRANZ ANTON HOFFMEISTER, IGNAZ PLEYEL, FRANZ ALEXANDER POESSINGER und andere), die eleganten, aber oberflächlichen Trios des Bückeburger Hofkapellmeisters FRANZ CHRISTOPH NEUBAUER (op. 3 und 14, dazu zweimal 3 Trios mit Cello statt Bratsche op. 6 und 8, alle um 1799–1808 [postum]), aber auch die beiden Serenaden op. 77a und 141a von REGER, neben BEETHOVENS Werk wohl die einzigen wirklich bedeutenden Zeugnisse dieser Besetzung. Von der Wiener Produktion unabhängig, wohl auch etwas älter, ist das Repertoire unterhaltender Stücke in ähnlichen Besetzungen in Paris (vor allem Werke von CAMBINI, auch für 2 Flöten und Bratsche); daneben gibt es hier wie dort eine große Menge von kleinen Werken mit Cello statt Bratsche oder – in der Übergangszone zwischen Generalbaßtradition und 3stimmigem Satz ohne Generalbaß – mit »Basso«. Und schließlich entwickelte sich in allen den Städten, die einen Musik-»Markt« hatten, also vor allem London, Paris und Wien, ein buntes Angebot von Trios für alle nur möglichen Bläserbesetzungen, oft (wie beim Bläserduett) mit didaktischer Absicht.
Seit dem späten 19. Jh. hat es nur in Paris eine kleine Renaissance des Bläsertrios (wie der Bläser-Kammermusik überhaupt) gegeben, inspiriert durch eine ganze Reihe (oft kurzlebiger) Bläser-Ensembles wie die »Société Taffanel« (1879), die »Société moderne d'instruments à vent« (1895) oder das Bläser-Ensemble der »Société des concerts du Conservatoire« (1921). Für solche Ensembles sind Werke wie die Bläsertrios von HENRY BARRAUD, JACQUES IBERT, CHARLES KOECHLIN, JEAN MARTINON, DARIUS MILHAUD, GUY ROPARTZ oder ALEXANDRE TANSMAN geschrieben worden.

Das Streichquartett

Die Wurzeln der kammermusikalischen Gattung, die zur wichtigsten des 19. und 20. Jh. werden sollte, liegen im 2. Drittel des 18. Jh. In Sinfonia, Concerto und Concertino a quattro in Oberitalien (und exportiert nach Paris, London und in die deutschsprachigen Länder), Ouverture à quatre, Symphonie und Sonate en quatuor in Paris, Quartett-Symphonie und Quartett-Divertimento in den deutschsprachigen Ländern breitete sich der 4stimmige Generalbaßsatz (für 2 Violinen, Viola und Baß) über alle Musikzentren Europas aus; in den konzertanten Typen dieses Satzes bahnte sich die solistische Besetzung des 4stimmigen Ensembles an, und zugleich begann die Vierstimmigkeit des Satzes, in der Viola und 2. Violine die akkordische Realisation des Gerüstsatzes von Baß und Diskant übernehmen konnten, den Generalbaß überflüssig zu machen. Die Ausbreitung solistischer Besetzungen führte zur Unterscheidung orchestraler und kammermusikalischer Tonfälle und Thementypen und schließlich zur Trennung von orchestralem und kammermusikalischem Satz. Alle diese Entwicklungen vollzogen sich allerdings in einem langsamen, oft widersprüchlichen und regional unterschiedlichen Prozeß, der dann doch erst durch die Leistung einzelner Komponisten auf den Punkt der Gattungsgründung gebracht werden mußte, um historisch so außerordentlich wirken zu können, wie es der Fall war. Die Gattungsgründung geschah an zwei Orten ziemlich genau zur gleichen Zeit: in und um Wien durch HAYDN gegen Ende der 1750er Jahre, in Mailand durch BOCCHERINI um 1761 (Kompositionsdatum seines 1. Streichquartett-Opus). Die Wirkung dieser beiden Gründungs-Akte war allerdings ungleich. Aus HAYDNS zunächst eher unscheinbaren Quartett-Divertimenti, die als op. 1 und op. 2 veröffentlicht wurden, entwickelte sich – durch HAYDNS eigene systematische Arbeit – der Typus des klassischen Streichquartetts, der erst nach 1780 ganz ausgebildet war und als klassisches Muster rezipiert wurde. BOCCHERINI begann gleichsam mit einem Vorsprung, dem voll entwickelten Typus des konzertanten Quartetts, der durch die Veröffentlichung seiner Werke in Paris ab 1767 schnell populär wurde, sich aber weder bei BOCCHERINI noch bei seinen Zeitgenossen eigentlich weiterentwickelte. Der überragenden Qualität des Haydnschen Quartettstils war auf die Dauer keine Konkurrenz gewachsen. Die Entwicklungsdynamik dieses Stils machte die neue Gattung zu einem »work in progress«, und so wurde sie auch von den Zeitgenossen verstanden.

HAYDN begann – wahrscheinlich in den späten 1750er Jahren – mit der Arbeit am Quartettstil aus einer zufälligen Musiziersituation heraus, in der 2 Geiger, ein Bratscher und ein Cellist Stücke zum hausmusikalischen Ensemblespiel suchten, aber er nutzte den Anlaß mit charakteristischer Energie und musikalischer Intelligenz, um die Möglichkeiten eines solchen Ensembles gleichsam systematisch zu erproben. Die 10 frühen Divertimenti, Cassationen oder Notturni (die Bezeichnungen wechseln in den Quellen), von denen die meisten als op. 1 und 2 publiziert wurden, machen eine im süddeutsch-österreichischen Divertimento offenbar weiter verbreitete Satzfolge (schnell – Menuett – langsam – Menuett – schnell) zur Norm, erproben Techniken der motivischen Arbeit und der konzertanten Gleichberechtigung der Instrumente und verbinden Satz-Elemente und Tonfälle des Divertimentos, der Sinfonie, des Solokonzerts, der Triosonate und der Opernarie zu einer bunten, durch eine von Anbeginn an überragende kompositorische Intelligenz geordneten Mischung, die sofort Erfolg hatte und sich mit den ersten Drucken von Paris aus (das Wiener Musikverlagswesen war noch kaum existent) über Europa ausbreitete. Es ist höchst charakteristisch, daß HAYDN mit diesem Erfolgsrezept nicht zufrieden war, vielmehr – nach einer Zeit des Experimentierens vor allem mit der Sinfonie – um 1770 mit gesteigertem Anspruch einen neuen Anfang setzte, jetzt mit der später »klassischen« Viersätzigkeit als Norm (op. 9, 17 und 20, bis 1774 veröffentlicht). Nach einer neuen, wohl durch den experimentellen Stil des op. 20 herbeigeführten und vor allem mit der Erprobung und Entwicklung des Barytontrios gefüllten Pause von fast zehn Jahren war schließlich mit dem op. 33 (1781, gedruckt 1782) der Typus gefunden, der von den Zeitgenossen als klassisches Muster verstanden wurde und an dem sich direkt oder indirekt die gesamte weitere Entwicklung der Gattung orientierte, zuerst und programmatisch MOZART mit seinen 6 dem Freunde HAYDN gewidmeten Werken.

An HAYDNS Quartetten ab op. 33, etwas später an den 10 großen Quartetten MOZARTS, noch wesentlich später auch an BEETHOVENS Quartetten entwickelte sich die Anschauung, daß das Streichquartett die anspruchsvollste Gattung der Kammermusik, sogar der Instrumentalmusik oder der Musik schlechthin sei, gestützt durch die bis ins 16. Jh. zurückreichen-

den Vorstellungen der Kompositionslehre über die besondere Vollkommenheit des 4stimmigen Satzes und die ebenso alte Hilfskonstruktion der Musikanschauung, daß dieser 4stimmige Satz Gesprächscharakter habe (in GOETHES berühmten Worten: »man hört vier vernünftige Leute sich untereinander unterhalten«). Aus dem vernünftigen Gespräch – jener Leitidee des aufgeklärten 18. Jh., die für viele Kammermusik der Epoche schon vor dem Streichquartett wichtig gewesen war – wurde im 19. Jh. dann das vertraute, seelenbewegende: so bei SMETANA, der über sein 1. Quartett 1876 schrieb, es sei ein privates Werk, in dem die 4 Instrumente sich im intimen Kreis über die Dinge unterhalten, die den Komponisten bewegen, bei SIBELIUS, der seinem einzigen Quartett den Titel »Voces intimae« gab (1908), bei JANÁČEK (»Intime Briefe«, 1928) oder bei CHARLES IVES in den Sätzen »Discussions« und »Arguments« des 2. Streichquartetts (1907/13).
Der besondere Rang der Gattung führte seit den 1780er Jahren vor allem im engeren Umkreis der Wiener Klassik dazu, daß immer mehr ehrgeizige Komponisten mit einem Streichquartett-Opus debütierten, so wie hundert Jahre zuvor in der CORELLI-Nachfolge Triosonaten als op. 1, wiederum achtzig oder siebzig Jahre früher in der GABRIELI-Nachfolge Madrigale als op. 1 das angemessene Debüt waren. Der Rang der Gattung, ihre steigenden musikalischen und technischen Ansprüche führten auch dazu, daß sich spezialisierte Ensembles bildeten (das erste offenbar in Paris mit BOCCHERINI und CAMBINI; die ersten längerlebenden in Wien, vor allem das Quartett IGNAZ SCHUPPANZIGHS, das für BEETHOVEN wichtig wurde) – eine Entwicklung, die dann wieder auf die Komponisten zurückwirkte; eine ähnliche Wechselwirkung ist seit den 1950er Jahren wieder deutlich zu beobachten. Die »Institutionalisierung« der Gattung – ein Vorgang, wie er nirgendwo sonst in der Kammermusik so deutlich und so kontinuierlich zutage tritt – breitete sich im 19. Jh. in verschiedenen Bereichen aus, so in Kompositionswettbewerben, die den Preisträgern einen Vorsprung sicherten, den sie manchmal nicht einhalten konnten (z. B. JULIUS SCHAPLER, Preisquartett 1841, das von SCHUMANN vergeblich hoch gelobt wurde), oder im privaten Mäzenatentum (z. B. im 19. Jh. der St. Petersburger Verleger MITROFAN BELJAJEW (Belaieff), für den RIMSKIJ-KORSAKOW, LJADOW, BORODIN und GLASUNOW das »Quatuor B-la-f« schrieben, oder im 20. Jh. ELIZABETH SPRAGUE COOLIDGE, deren Stif-

tungen für die Geschichte der Gattung zwischen den beiden Weltkriegen wichtig wurden, wenngleich sie nicht ausschließlich dem Streichquartett galten).

Zur Institutionalisierung der Gattung gehörte ferner, daß sie – im Gefolge der ästhetisch-theoretischen Diskussion über ihren Rang und ihre Normen und getragen von dem im 19. Jh. sich ausbreitenden Musikjournalismus – ein intensiveres öffentliches (veröffentlichtes) Interesse fand als jede andere. Und schließlich trug zur Absicherung ihres Ranges bei, daß gerade für das Streichquartett die Studienpartitur, die um 1730/40 schon einmal in London (für die Triosonate und das Concerto grosso) erprobt worden war, noch einmal »erfunden« wurde – jetzt als Taschenpartitur zum Studium und zum Mitlesen im Konzert. Den Anfang machte der HAYDN-Schüler IGNAZ PLEYEL in Paris mit 4 Sinfonien und 30 Quartetten seines Lehrers in 10 Bänden (1802/03), dann den 6 großen MOZART-Quartetten (1807?) und MOZARTS Quintetten (1809?); ihm folgten TRAEG in Wien mit den 6 MOZART-Quartetten (1804), der Mannheimer Verleger HECKEL mit sämtlichen HAYDN-Quartetten (um 1825), schließlich BEETHOVENS Verleger mit Taschenpartituren der späten Quartette, die gleichzeitig mit den Stimmen publiziert wurden.

Entscheidend blieb aber, kompositionsgeschichtlich, der Anspruch der Gattung, wie er in den Werken der Wiener Klassiker niedergelegt war und wie er in der ihnen folgenden ästhetischen und kompositionstechnischen Literatur verfestigt wurde. Wer überhaupt Kammermusik schrieb, gab im Streichquartett sein Bestes, zögerte lange, bis er ein Quartett der Öffentlichkeit übergab (wie BRAHMS), wagte im Quartett das Äußerste an Modernität (wie der späte BEETHOVEN oder wie BARTÓK). Der Anspruch der Gattung implizierte die Tendenz zu extremen Formulierungen vor allem in stil- und formgeschichtlichen Grenzsituationen: die äußerste Verdichtung des 4sätzigen Zyklus in einem Quasi-Sonatensatz in SCHÖNBERGS op. 7, die Sprengung der überlieferten Form und Sprache in SCHÖNBERGS op. 10 und die Verdichtung zum »Satz« oder zur »Bagatelle« bei WEBERN, in der Gegenwart die Extreme von nicht mehr darstellbarer Länge (MORTON FELDMAN, 2. Streichquartett, 1983) und beliebig anzuordnenden Sekundenstücken (JOHN CAGE, »Thirty Pieces for String Quartet«, 1983).

Der Anspruch der Gattung schloß aber natürlich nicht aus, daß sich unterhalb der obersten Qualitätsebene eine Quartettproduktion entfaltete, die von der Beliebtheit der Gattung in der Hausmusik wie im Konzertsaal (seit etwa 1840 immer häufiger: dem Kammermusiksaal) auf vielfältige Weise profitierte. Hierhin gehören die zahlreichen Quatuors brillants aus der 1. Hälfte des 19. Jh., die den reisenden Violinvirtuosen als Ersatz für das Violinkonzert dienen konnten, wenn kein Orchester aufzutreiben war; hierher gehören ebenso die auf die Hausmusik gezielten »humoristischen« Quartette aus der 2. Hälfte des Jahrhunderts (MORITZ KÄSSMEYER, ANTON RAZEK), vor allem aber die Unmengen von Arrangements (mit oder ohne Singstimmen), Variationenwerken und Potpourris, mit denen sinfonische Musik und Opern für Streichquartett zubereitet wurden. Besonders in der Blütezeit der Wiener Kammermusik und der Wiener Musikverlage zwischen etwa 1780 und 1820 erreichte diese Produktion (natürlich nicht nur für Streichquartett) ein geradezu industrielles Ausmaß und besserte manchem Musiker (wie noch RICHARD WAGNER in seiner Pariser Hungerzeit) die Einkünfte auf.

Die Entwicklung, die an das im engeren Sinne klassische Streichquartett (HAYDN und MOZART) und im Laufe des 19. Jh. immer mehr auch an BEETHOVEN anknüpfte, blieb von alledem ebenso unberührt wie von der Entwicklung, die in Paris von BOCCHERINI ausgegangen war. BOCCHERINI selbst unterschied in seiner bis zum Jahrhundertende reichenden Quartettproduktion, wie in anderen Gattungen, zwischen »opere grande« und »opere piccole«, entwickelte aber seinen Personalstil nicht wesentlich weiter. Seinen »opere grande« waren vor allem die Komponisten des »Quatuor concertant« und des »Quatuor dialogué« (2- und 3sätzige Werke mit konzertierendem, quasi »gesprächsartigem« Hervortreten der einzelnen Instrumente) wie CAMBINI, DALAYRAC, DAVAUX, FODOR, GOSSEC, der Chevalier DE SAINT-GEORGES, VACHON und VIOTTI verpflichtet. Daneben bildete sich, ebenfalls wie im Streichtrio und getragen vor allem von den Violinvirtuosen unter den Komponisten, das »Quatuor brillant« für virtuose 1. Violine und 3 Begleitstimmen aus (VIOTTI, SAINT-GEORGES, im frühen 19. Jh. RODE und RODOLPHE KREUTZER), für bescheidenere Ansprüche, neben der auch in Paris blühenden Arrangierindustrie, das »Quatuor d'airs connus« und »d'airs variés« über beliebte Lieder oder Opernmelodien (für die weitere Entwicklung vgl. auch die gattungsgeschichtliche Skizze im Kapitel »Cherubini«). Über Paris hinaus hat von diesen Ent-

wicklungen das gewirkt, was auf ähnliche »Marktbedingungen« – groß- und mittelstädtisches Konzert und die untere Ebene der bürgerlichen Hausmusik – rechnen konnte: Quatuor brillant und die Quartette über Lied- und Opernmelodien. Umgekehrt setzte sich der Einfluß des Wiener klassischen Streichquartetts bei den wenigen Komponisten durch, die zwischen Französischer Revolution und der Kammermusik-Renaissance um CÉSAR FRANCK überhaupt noch Kammermusik schrieben (CHERUBINI, REICHA, ONSLOW), und sogar bei den Opernkomponisten, die Streichquartette als Fingerübungen und zur eigenen Unterhaltung komponierten (GOUNOD, AUBER).
Eine gegenüber Wien so selbständige und vielschichtige Quartettkultur wie in Paris gab es im 18. und frühen 19. Jh. – bevor der Einfluß des klassischen Quartetts europäisch wurde – in keiner anderen Stadt. London war – bei sehr ähnlicher Struktur des öffentlichen und privaten Musiklebens – eher rezeptiv als produktiv an der Entwicklung beteiligt: Die einheimischen (besser: zugewanderten) Komponisten orientierten sich stilistisch an Mannheim und Paris und schrieben lieber Quartette mit Bläsern (s. unten) als Streichquartette (CARL FRIEDRICH ABEL, ANDREAS LIDEL, ANTON KAMMEL, GIARDINI, CIRRI und VENANZIO RAUZZINI). Die großen Städte Hollands, Nord- und Mitteldeutschlands, die für Musikverlag und Musikalienhandel wichtig waren oder wurden, bezogen ihr Repertoire aus Wien und Paris (Amsterdam, Hamburg, Berlin, Leipzig). In Mannheim entstand ein größeres Repertoire, in dem aber gegenüber den »echten« Quartetten von ANTON STAMITZ und FRANZ XAVER RICHTER lokale Besonderheiten dominierten, die Quartettsinfonie mit Bläsern ad lib. (TOESCHI, CARL STAMITZ) und das Quartett mit einer führenden Bläserstimme (s. unten). In Italien, wo es außer in Mailand kaum eine höfisch-großstädtische Kammermusikkultur gab, blühte das Streichquartett im Verborgenen: PAISIELLO, DONIZETTI und ROSSINI schrieben ihre Quartette zur eigenen hausmusikalischen Unterhaltung (die 6 witzigen und graziösen »Sonate a quattro« von ROSSINI, um 1804 geschrieben, für 2 Violinen, Cello und Kontrabaß). In Spanien entstand eine bescheidene Streichquartettpflege nur an einigen fürstlichen Höfen. BOCCHERINI mußte seine Werke, auch nachdem er in Spanien heimisch geworden war, weiter in Paris drucken lassen und schrieb einen großen Teil seiner Quartette und Quintette außerdem für den preußischen König, dessen Hofkomponist »von Haus aus« er war.

MANUEL CANALES orientierte sich in seinen Quartetten an HAYDNS früheren Werken (op. 9), und der hochbegabte JUAN CRISÓSTOMO DE ARRIAGA starb mit 20 Jahren in Paris (3 Streichquartette, 1824).

Daß der klassische Wiener Quartett-Typus im 19. Jh. immer deutlicher zur europäischen »Norm« des Streichquartetts wurde, lag nicht nur daran, daß neben HAYDN, MOZART und BEETHOVEN auch überdurchschnittlich Begabte als kleine Talente wirken mußten, sondern ebenso daran, daß die Wiener Situation – die Schaffung des klassischen Typus durch HAYDN und MOZART um 1780, also in dem Augenblick, in dem Wien als Musik-, Musikhandels- und Musikverlagsmetropole plötzlich aufblühte und Paris und London den Rang streitig zu machen begann – eine breitere Quartettproduktion als irgendwo sonst und eine Produktion auf einem Niveau stimulierte, das dem der großen Komponisten wenigstens nahekam. Die Verbreitung einer vielschichtigen Quartettkultur nach dem Wiener Muster wurde weiter durch die bürgerliche Hausmusik gefördert, die sich allerdings im Laufe des 19. Jh. immer deutlicher am anspruchsvollen Streichquartett orientierte, wodurch einerseits der Massenproduktion von Arrangements und anderen leichtwiegenden Werken der Boden entzogen wurde, während andererseits das auf die großen Werke der Vergangenheit sich konzentrierende hausmusikalische Quartettrepertoire langsam den Anschluß an die jeweils zeitgenössischen Komponisten verlor, welche die technischen Ansprüche der Gattung immer mehr steigerten. Dieser Prozeß wurde noch dadurch verstärkt, daß sich parallel zur hausmusikalischen Quartettpflege das halböffentliche und öffentliche Quartettkonzert entwikkelte, in dem sich die von (oft fest angestellten) Berufsmusikern getragene Quartettpflege der großen Adelshäuser fortsetzte, erst in den Groß- und Mittelstädten des deutschsprachigen Raumes, ab etwa der Jahrhundertmitte praktisch in allen den europäischen Städten, in denen überhaupt ein Interesse an Kammermusik bestand. Neben die städtischen Quartett-Vereine, die von Berufsmusikern oder auf professionellem Niveau spielenden Laien getragen wurden und die oft ganze Serien von Quartettkonzerten im Abonnement – streng getrennt vom »großen Konzert« mit seinem bunten Repertoire, was die Sonderstellung des Streichquartetts zusätzlich akzentuierte – veranstalteten, traten seit dem 2. Drittel des Jahrhunderts die reisenden Ensembles, wie sie heute das Konzertleben beherrschen und die

damals wie heute Entscheidendes für die Durchsetzung schwieriger Werke leisteten, die aber ebenso dazu beitrugen, daß die zuvor so reich differenzierte Quartettkultur immer einseitiger zu einer Konzertkultur wurde, in der ein relativ kleines Repertoire immer wieder und auf höchstem Interpretationsniveau durchgespielt wurde. Und dieses Repertoire wurde um so konservativer, je mehr sich die jeweils zeitgenössische Quartettproduktion vom Geschmack des Publikums, der am klassisch-romantischen Gattungstypus und Werkkanon gebildet war, entfernte. Erst nach dem 2. Weltkrieg hat sich hier durch die Entwicklung der Medienkultur und deren mäzenatische Rolle ein Wandel vollzogen, der nun aber die gesamte Musikkultur betrifft und insofern die Hierarchie der Gattungen – mit dem Streichquartett an der Spitze – noch weiter nivelliert hat, als es die kompositionsgeschichtliche Entwicklung ohnehin tat. Umgekehrt scheinen die unverändert starke Faszination durch das große klassisch-romantische Quartettrepertoire und die neuen – auch wirtschaftlich neuen – Möglichkeiten der Medienkultur zusammen bewirkt zu haben, daß seit 1945 eine große Zahl von Quartett-Ensembles entstanden ist, die wiederum die Quartettkomposition außerordentlich stimuliert haben.
Alle diese Entwicklungen zusammen, vor allem und immer wieder aber das besondere Ansehen der Gattung und das künstlerische Gewicht ihres Werkkanons, haben dazu geführt, daß die Geschichte des Streichquartetts seit dem frühen 19. Jh. zu einer Geschichte der Meisterwerke wurde und daß die Gattung fast immer an der Spitze der stilgeschichtlichen Entwicklung stand.
Das Quatuor brillant wurde noch bis etwa zur Jahrhundertmitte vor allem von reisenden Virtuosen getragen, lockte aber fast nur noch diejenigen Komponisten, die selbst konzertierende Geiger waren (JOSEPH MAYSEDER, LOUIS SPOHR); in der Gattungsästhetik galt es als »verderbtes«, »aus der Art geschlagenes« Quartett (FERDINAND HAND, 1841). Das »eigentliche« Quartett dagegen spielte für fast alle Komponisten, die sich ihm zuwandten, eine besondere Rolle. SCHUBERT lernte vor allem am Streichquartett komponieren, zunächst auf hausmusikalischem Niveau und mehr nachahmend als persönlich, später noch einmal auf höchstem Niveau, als er sich mit Kammermusik, vor allem Quartetten, »den Weg zur großen Symphonie« bahnen wollte. MENDELSSOHN knüpfte mit seinen beiden ersten Quartetten unmittelbar an BEETHOVENS Spätwerke an –

damals eine außerordentliche Kühnheit –, schuf dann (in für ihn ungewöhnlich mühevoller Arbeit) einen eigenen, klassizistischen Werktypus, durchbrach ihn aber am Ende seines Lebens in dem aufgewühlt-bekenntnishaften op. 80. BRAHMS schrieb und vernichtete zahlreiche Quartette, bevor er – als längst berühmter Meister – die beiden Werke op. 51 und das Quartett op. 67 veröffentlichte. DVOŘÁK lernte, ähnlich SCHUBERT, das kompositorische Handwerk vor allem am Streichquartett, wohl schon in Zlonice bei dem Deutschlehrer und Organisten LIEHMANN, der zu den vielen Musikern gehörte, die klassische Werke (so die »Zauberflöte«) für Streichquartett arrangierten. SCHUMANN, der mit seinen Kritiken über die Quartettkonzertreihen des Gewandhauses einer der wichtigsten Zeugen für die öffentliche Quartettpflege in der 1. Hälfte des 19. Jh. ist, versuchte in seinen Quartetten, den zur zweiten Natur gewordenen pianistischen Stil durch Polyphonie, intensive thematische Arbeit und zyklische Form kammermusikalisch zu vertiefen. HUGO WOLF knüpft in seinem Streichquartett d-Moll (1879) an BEETHOVENS op. 95 und an WAGNER an – der Versuch einer gleichsam programmatischen Synthese, der von SCHÖNBERG noch anspruchsvoller und konzentrierter im Quartett op. 7, in derselben Tonart, wiederholt wurde (1904/05). REGER begann – nach jugendlichen Versuchen, die er später nicht mehr anerkannte – in den beiden Quartetten op. 54 (1901) mit einem über die Grenzen der Spielbarkeit hinaus differenzierten und überladenen Satz, aus dem sich nur langsam der luzide Spätstil der letzten Werke (vor allem op. 121, 1911) entwickelte.

Die Bemühung, im Streichquartett an die Grenze der Leistungsfähigkeit vorzustoßen, ist auch bei den Komponisten deutlich, die nicht ganz so viel zu leisten vermochten wie HAYDN, MOZART, BEETHOVEN, SCHUBERT oder BRAHMS, und erst recht bei denen, die einen eigenen Weg abseits der zentralen klassisch-romantischen Überlieferung suchten. Schon aus dem Umkreis der Wiener Klassiker gibt es eine große Zahl von Werken, die wir als erstklassig ansehen würden, gäbe es nicht die Quartette von HAYDN, MOZART und BEETHOVEN – Kompositionen von EMANUEL ALOYS FÖRSTER, DITTERSDORF, ADALBERT GYROWETZ, ANTON und PAUL WRANITZKY, LEOPOLD KOZELUCH, PETER HÄNSEL, FRANZ KROMMER, ANDREAS und BERNHARD ROMBERG, IGNAZ PLEYEL (der genau zwischen anspruchsvollen und quasi-populäreren Quartetten unterschied, wie eine Generation später

SPOHR zwischen Quatuor brillant und eigentlichem Quartett) und vielen anderen. Daneben hielten oder entwickelten sich in Wien einige Sondertraditionen: das kontrapunktische Quartett, stilistisch zum Teil noch an der Kirchensonate orientiert, das tatsächlich als Kirchenmusik dienen konnte, das sich aber vor allem auf die Vorliebe des Hofes (mit dem selber quartettspielenden JOSEPH II.) für »Fugen« stützte (JOHANN GEORG ALBRECHTSBERGER, FLORIAN LEOPOLD GASSMANN, MATTHIAS GEORG MONN, GREGOR JOSEPH WERNER, GEORG CHRISTOPH WAGENSEIL, CHRISTOPH SONNLEITHNER; indirekt auch HAYDNS op. 20 und MOZARTS KV 168 und 173); die Bearbeitung von Fugen BACHS und HÄNDELS für Streichquartett (seltener Trio), die vor allem durch die BACH-HÄNDEL-Pflege im Haus des Hofbibliotheksdirektors Baron GOTTFRIED VAN SWIETEN Auftrieb erhielt (GASSMANN, FÖRSTER, MOZART). Auf einen von außen kommenden Anreiz, ebenfalls im Rahmen des höfischen Systems der Musikpflege und des Mäzenatentums, gehen die Wiener Quartett-Opera mit konzertantem Cello zurück, die für den cellospielenden FRIEDRICH WILHELM II. von Preußen und dessen Kammermusik-Intendanten JEAN-PIERRE DUPORT geschrieben wurden (HAYDN op. 50, MOZART KV 575, 589 und 590, FÖRSTER op. 7, PLEYEL op. 9, PAUL WRANITZKY op. 23; das Engagement BOCCHERINIS als preußischer Hofkammerkomponist 1786 war wenigstens zum Teil darin begründet, daß der Cellist BOCCHERINI Quartette und Quintette mit dankbaren Cellopartien schrieb).
Für die Komponisten der ersten Generationen nach BEETHOVEN bestand der Werkkanon der Gattung Streichquartett noch immer vor allem aus den Quartetten HAYDNS und MOZARTS, dazu BEETHOVENS op. 18 und 59, später MENDELSSOHNS op. 44; dagegen spielten die späten Quartette BEETHOVENS schon deshalb keine Rolle, weil sie kaum aufgeführt wurden – daß der junge MENDELSSOHN Partituren und Stimmen der Werke bei deren Verlegern subskribierte, war eine erstaunliche Ausnahme; erst das späte 19. und vor allem das 20. Jh. brachten den Durchbruch der Werke im Konzertsaal und machten sie zum Zentrum der Gattungs-Anschauung. Zu nennen sind aus der Zeit des späten BEETHOVEN etwa sein Schüler RIES, JOHANN PETER PIXIS, FRIEDRICH ERNST FESCA (dessen Quartetten CARL MARIA VON WEBER eine ausführliche und kluge Rezension widmete) und, als bedeutendster und fruchtbarster Quartettkomponist dieser Gruppe, LOUIS SPOHR; aus der Zeit

MENDELSSOHNS (und meist unter seinem Einfluß) neben SCHUMANN CARL LOEWE, OTTO NICOLAI, CARL GOTTLIEB REISSIGER (der sich, bezeichnenderweise, im Streichquartett seriöser gab als in seiner offen auf den Salon zielenden Kammermusik mit Klavier), NORBERT BURGMÜLLER, VINZENZ und FRANZ LACHNER, JOACHIM RAFF, MAX BRUCH (2 Quartette), JOHANNES VERHULST, BERNHARD MOLIQUE und ROBERT VOLKMANN. Etwas abseits steht HERMANN HIRSCHBACH mit seinen »Lebensbildern«, Programmstücken, die mit hohem Anspruch auftraten und von SCHUMANN sehr gelobt wurden, aber bald in Vergessenheit gerieten.
In der Zeit MENDELSSOHNS begann auch die internationale Ausbreitung des klassisch-romantischen Streichquartetts nicht nur, wie oben skizziert, in Frankreich, sondern auch in den Ländern, in denen sich eine nationale Kammermusikkultur erst zu bilden begann, so in Schweden mit den bedeutenden, erst postum bekannt gewordenen Quartetten FRANZ BERWALDS, in Dänemark mit den Werken NIELS W. GADES, etwas später in Norwegen (GRIEGS op. 27, 1879) und vor allem in Rußland. Es ist bezeichnend für die Macht der Gattungstradition, daß sich die bedeutendsten der betont nationalen russischen Komponisten, MUSSORGSKIJ und BALAKIREW, vom Streichquartett wie überhaupt von der Kammermusik fernhielten, daß aber umgekehrt ein Quartettstil, der den traditionellen Anspruch der Gattung mit Elementen des nationalen volksmusikalischen Idioms verband, zuerst und vor allem den Komponisten gelang, die »Westler« waren, ANTON RUBINSTEIN (dessen 10 Quartette, im Gegensatz zu seiner Klavierkammermusik, einen starken klassizistischen Einschlag haben) und PETER TSCHAIKOWSKIJ, während bei ALEXANDER BORODIN, NIKOLAJ AFANASSJEW (12 Quartette, darunter das preisgekrönte Programmquartett »Wolga«), ANTON ARENSKIJ der nationale Ton stärker durchklingt. Bei ALEXANDER GLASUNOW und vor allem in den 6 Quartetten SERGEJ TANEJEWS, die zum Bedeutendsten der russischen Kammermusik um die Jahrhundertwende gehören, überwiegt ein Klassizismus, der auch die russische Revolution ziemlich unbeschädigt überstand. Dagegen ist das Streichquartett in Italien nie heimisch geworden, trotz (oder gerade wegen?) der klassizistisch-trockenen Bemühungen ANTONIO BAZZINIS und der etwas lebendigeren Werke GIOVANNI SGAMBATIS und ANTONIO SCONTRINOS, trotz VERDIS Streichquartett (1877) und trotz der Gründung zahlreicher Quartett-Gesell-

schaften und bedeutender Quartett-Ensembles, die aber immer wieder nur das klassisch-romantische Kernrepertoire pflegten.

Das Beispiel von BRAHMS scheint ab etwa 1860 auch im Streichquartett, wie in den meisten anderen Gattungen der Kammermusik, unmittelbar inspirierend auf eine große Zahl deutschsprachiger Komponisten, mittelbar auch auf die Entwicklung in Frankreich und – auf dem Weg über DVOŘÁK – in der aufblühenden tschechischen Nationalmusik gewirkt zu haben. Die Namen der bedeutenderen Komponisten sind hier fast dieselben wie in der Klavierkammermusik, mit der – wiederum für das Ansehen der Gattung bezeichnenden – Ausnahme, daß auch »Außenseiter« wie EUGEN D'ALBERT oder ENGELBERT HUMPERDINCK Quartette schrieben (2 bzw. ein einziges): FRIEDRICH GERNSHEIM, HEINRICH VON HERZOGENBERG, JOSEPH RHEINBERGER, FELIX DRAESEKE, FERRUCCIO BUSONI, um die Jahrhundertwende ERNST VON DOHNÁNYI, CONRAD ANSORGE, HUGO KAUN, in Norwegen CHRISTIAN SINDING (das bedeutende, monothematisch-kontrapunktische op. 70, 1904), in Dänemark CARL NIELSEN, dessen 4 Quartette allerdings nicht so bedeutend wie seine Sinfonien sind. In Frankreich wurde das Streichquartett, wie alle anderen Gattungen, durch CÉSAR FRANCK (Quartett C-Dur, 1889) und durch FRANCKS Neigung zur thematischen Vereinheitlichung mehrsätziger Werke geprägt, die von den Söhnen und Enkeln dieser überragenden Vaterfigur immer weiter verfeinert wurde (D'INDY, SAINT-SAËNS, FAURÉ, CHAUSSON, DEBUSSY, ALBÉRIC MAGNARD, RAVEL, FREDERICK DELIUS). In der tschechischen Musik begann die Entwicklung mit den teils klassizistisch, teils wagnerisch geprägten Frühwerken DVOŘÁKS, spaltete sich aber sehr schnell in zwei erheblich divergierende Tendenzen: das autobiographische und national-programmatische Quartett (SMETANA, »Aus meinem Leben«, 1876) und den persönlichen Quartettstil DVOŘÁKS (op. 34, BRAHMS gewidmet, 1878), in dem sich Brahmsscher Quartettsatz und tschechische Tonfälle verbanden. Für die jüngeren Komponisten ist dieser Zwiespalt, mit dem sie sich auseinandersetzen mußten, zur Inspirationsquelle geworden – die Werke von JOSEF BOHUSLAV FOERSTER, VÍTĚZSLAV NOVÁK und JOSEF SUK, schließlich und vor allem die beiden Quartette LEOŠ JANÁČEKS sind zugespitzt persönliche Auseinandersetzungen mit den beiden tschechischen Quartett-Traditionen wie mit der tschechischen Volksmusik im Kontext anspruchsvollster Kammermusik.

Der Rang der Gattung Streichquartett zeigte sich um 1900 schließlich auch darin, daß hier so intensiv und einfallsreich wie in keiner anderen Gattung mit der traditionellen 4sätzigen Form experimentiert wurde. Schon der Außenseiter FRANZ BERWALD hatte mit solchen Experimenten begonnen, aber seine Quartette waren unveröffentlicht geblieben; an BEETHOVENS späte Quartette hatte nur MENDELSSOHN (op. 12 und 13) angeknüpft, der später durch die Popularität seines op. 44 und dessen Aufnahme in den Gattungskanon zu einem der Haupt-»Schuldigen« an der jahrzehntelangen Festlegung auf die klassisch-romantische Viersätzigkeit als absolute Norm wurde. Unterwandert wurde diese Norm aber durch drei Entwicklungen: die in anderen Gattungen unternommenen Versuche besonders der »Neudeutschen« zur thematischen Vereinheitlichung und zur Konzentration des 4sätzigen Zyklus in einem großen Sonatensatz (vor allem LISZT, 1. Klavierkonzert und Klaviersonate h-Moll), BRAHMS' Verfahren der »entwickelnden Variation« und die einer Idée fixe nahekommende Beschäftigung mit thematischer Einheit in der CÉSAR-FRANCK-Schule (wobei die Einheit weniger als bei BRAHMS durch thematische Entwicklung, sondern eher durch thematische Setzung erreicht wurde). Am fruchtbarsten wirkte das Brahmssche Verfahren in Verbindung mit der Idee der in einen übergeordneten Sonatensatz eingebauten Viersätzigkeit (während BRAHMS selber an der Norm der Viersätzigkeit festhielt) oder ähnlicher 1sätziger und thematisch vereinheitlichter, aber mehrteiliger Formen, so bei JOSEF BOHUSLAV FOERSTER (3. Quartett, 1913), JOSEF SUK (op. 31, 1910/11) und VÍTĚZSLAV NOVÁK (op. 35), in SCHÖNBERGS op. 7, bei DOHNÁNYI (op. 15, 1907), HERMANN SUTER und OTHMAR SCHOECK, bei PAUL JUON (op. 4, 1898, und op. 29, 1904, beide in 5sätzig-symmetrischer Anlage), bei ALEXANDER ZEMLINSKY (op. 15, 1916) u. a.; auch in der Neuen Musik haben diese Formideen nachgewirkt, so in HEINRICH KAMINSKIS Quartett in F (1923) oder in OTTORINO RESPIGHIS »Quartetto dorico« (1924). Nur wenige konservativere Komponisten, deren Schaffen noch in die Epoche nach 1910 hineinreicht, sind der BRAHMS-Tradition gefolgt (PFITZNER, FRANZ SCHMIDT). In den Zusammenhang der englischen Fantasy-Formen im Umkreis der COBBETT Competitions gehören die Streichquartette von FRANK BRIDGE und JOSEPH HOLBROOKE.

Es ist bemerkenswert und vielleicht das vorläufig letzte Indiz für die besondere Rolle des Streichquartetts, für wie viele bedeutende Komponisten der Neuen Musik die Gattung eine hervorgehobene oder sogar zentrale Bedeutung gehabt hat, und zwar ganz unabhängig von ihrer Stilhaltung: für SCHÖNBERG und BARTÓK, MILHAUD und HINDEMITH, KRENEK und SCHOSTAKOWITSCH, wobei SCHOSTAKOWITSCHS enge Bindung an die von BEETHOVEN ausgehenden Traditionen darin besonders deutlich wird, daß zum Streichquartett als zweite zentrale Gattung die Sinfonie tritt – in beiden Gattungen je 15 Werke – und daß beide Gattungen in Funktion und Struktur streng voneinander getrennt sind – die Sinfonie als Medium der Weltanschauung, das Quartett als Medium der Innerlichkeit und des musiksprachlichen Experimentierens und Nachdenkens. Auf besondere Weise zeigt sich der Anspruch der Gattung bei HENRY COWELL, dessen Quartette wesentliche Entwicklungsschritte des Komponisten markieren und in ihrer radikal experimentellen Haltung weit in die Zukunft weisen: das »Quartet Euphometric« (1916/19) mit Ansätzen seriellen Denkens, das »Movement for String Quartet« (2. Streichquartett, 1934) als Studie in dissonantem Kontrapunkt, das »Mosaic Quartet« (1935) als Modell einer »elastic form« (5 Sätze in beliebiger Reihenfolge) und das »United Quartet« (1936) als Versuch, durch die Rückkehr zu modaler Harmonik, Tonfällen verschiedenster Volksmusik und einfachen Formen eine neue, allgemeinverständliche »Weltmusik« zu schaffen.
An die großen Komponisten der Epoche und an ihre stil- und gattungsästhetischen Vorstellungen haben sich die vielen, zum Teil noch lebenden Komponisten angeschlossen, welche die Gattungstradition auch in der Neuen Musik aufrechterhalten und die Geschichte der Gattung bereichert haben; stellvertretend genannt seien aus den verschiedenen Strömungen des Neoklassizismus IBERT, FRANÇAIX, ROUSSEL und HONEGGER, BUSONI, JARNACH und die vielen HINDEMITH-Nachfolger; die beiden ganz eigenständigen Werke von KAROL SZYMANOWSKI (op. 37, 1917; op. 56, 1927); aus der näheren und ferneren Umgebung SCHÖNBERGS ZEMLINSKY, HANS ERICH APOSTEL und EGON WELLESZ; in England – in einer deutlichen »Renaissance« des Streichquartetts seit den 30er Jahren – WILLIAM WALTON, ARTHUR BLISS, ALAN RAWSTHORNE, ELISABETH LUTYENS, ROBERTO GERHARD und vor allem MICHAEL TIPPETT und BENJAMIN BRITTEN; in den USA neben

dem Außenseiter CHARLES IVES etwa ROY HARRIS, WALTER PISTON, ROGER SESSIONS, LEON KIRCHNER, ELLIOTT CARTER; in der Sowjetunion die bedeutenden Werke von SERGEJ PROKOFJEW (op. 50, 1930; op. 92, 1941) und die vielen zumeist naiv-klassizistischen, aber handwerklich stets meisterhaften und interessanten Werke von NIKOLAJ MJASKOWSKIJ.

Eine kleine, aber gewichtige Gruppe bilden die Werke, in denen der Gattungsanspruch, die Formexperimente um 1900, der Verlust der Tonalität als Basis für große Formen und die Tendenz zur Überorganisation des Details, die diesen Verlust kompensieren sollte, zu Miniaturformen oder zu Techniken ähnlich der Schönbergschen Dodekaphonie führten. Zu letzteren gehören die Quartette des Norwegers FARTEIN VALEN (op. 10, 1928/29, und 13, 1930/31) mit ihrer an SCHÖNBERGS 3. und 4. Quartett erinnernden, im Idiom aber ganz eigenartigen Verbindung von Dodekaphonie und klassischen Formen, oder ALAN BUSHS Quartett »Dialectic« (op. 15, 1929), in dem sich die Einsätzigkeit der englischen Fantasy-Tradition mit einer sehr persönlichen Abwandlung der Zwölftontechnik verbindet.

Stilistisch vielfältig, aber doch zusammengehalten durch die zeittypische Tendenz zur kleinen (was nicht immer hieß: konzentrierten) Form ist die Gruppe der Quartett-Miniaturen: Am Anfang stehen STRAWINSKYS »Trois pièces« von 1914 (veröffentlicht 1922), die in ihrer Zeit als das Ende aller Streichquartett-Tradition verstanden wurden, und das 1sätzige Concertino für Streichquartett 1920 (1923); ihnen folgten, mehr oder weniger unter STRAWINSKYS Einfluß, die Stücke von GIAN FRANCESCO MALIPIERO (»Rispetti e strambotti«, 1920; »Stornelli e ballate«, 1923; »Cantari alla madrigalesca«, 1931), ALFREDO CASELLA (»Cinque pezzi«, 1920/21; »Concerto«, 1923/24) und MAX BUTTING (»10 kleine Stücke«, 1924); daneben, aus dem Umkreis SCHÖNBERGS und BERGS, HANS GÁL (»5 Intermezzi«, 1921), ANTON WEBERN (»5 Sätze« op. 5, komponiert 1909, UA 1910, und »6 Bagatellen« op. 9, komponiert 1911/13, UA 1924), ERWIN SCHULHOFF (»5 Stücke«, 1925), HERBERT EIMERT (»5 Stücke«, 1926) und THEODOR W. ADORNO (»2 Stücke«, op. 2); schließlich abseits der Schulen, am ehesten DEBUSSY verpflichtet, aber in genau derselben Zeit, GEORGES MIGOT mit »Cincq mouvements d'eau« (1921).

Die Entwicklung des Streichquartetts nach 1945 ist, wie schon gesagt, offenbar sehr stark mit den zahlreichen Gründungen hochqualifizierter Quartett-Ensembles verbunden, aber es ist noch nicht abzusehen, ob die Ensembles die Komposition von Streichquartetten oder die Komponisten die Gründung von Ensembles inspiriert haben. Dagegen ist ganz deutlich, daß auch in der zeitgenössischen Musik Komponisten gerade im Streichquartett immer wieder an die Grenzen dessen vorgestoßen sind, was sie zu formulieren vermochten – immer noch ist die Geschichte des Streichquartetts wenigstens partiell eine Geschichte der kompositionsgeschichtlichen Extreme, auch wenn für manche der jüngsten Komponisten das Streichquartett eine selbstverständliche, aber keine besondere Gattung mehr ist. Zu diesen extremen, möglicherweise Kompositionsgeschichte machenden Werken gehören BOULEZ' »Livre pour quatuor« (1948/49, Aufführungen einzelner Sätze ab 1955; zurückgezogen und umgearbeitet als »Livre pour cordes« ab 1968), GUNTHER SCHULLERS 1. Quartett (1957), IANNIS XENAKIS' »ST/4« (1956–62) und »Tetras« (1983), die beiden Werke PENDERECKIS (1960 und 1968), LIGETIS 2. Quartett (1968), POUSSEURS »Ode pour quatuor« (1960/61), NONOS »Fragmente – Stille. An Diotima« (1979/80).

Das Quartett mit Bläsern

Es ist ein naheliegender, aber vorerst nicht weiter plausibel zu machender Gedanke, daß die relativ weite Verbreitung des Quartetts für ein Blasinstrument (meist Flöte, seltener Oboe, Klarinette oder Fagott) und Violine, Viola und Cello im Umkreis der Wiener Klassik etwas mit der Beliebtheit und dem sich herausbildenden Rang des Streichquartetts (verstanden als 4stimmige Kammermusik) zu tun hatte; andererseits ist das Quartett mit Bläsern (wie alle anderen Mischbesetzungen und wie erst recht die reinen Bläserbesetzungen) stets von äußeren Gegebenheiten und Anlässen mitbestimmt gewesen und deshalb nie eine quasi-autonome Gattung wie das Streichquartett geworden: geschrieben für einen großstädtischen Markt (London, Wien), um dilettierende oder professionelle Flötisten, Oboisten usw. zu befriedigen, für eine Kapelle mit besonders guten Bläsern unter einem Fürsten, der selbst Flöte spielte (Mannheim), oder einfach von virtuosen Bläsern für sich selbst oder für einen Kollegen.

In den Londoner Zusammenhang gehören die Flötenquartette von JOHANN CHRISTIAN BACH (op. 8, 1772), GIOVANNI BAT-

TISTA CIRRI, ANDREAS LIDEL und anderen; in die Mannheimer Hofkapelle (später in München) und deren Umkreis die Flötenquartette von CHRISTIAN CANNABICH, CARLO GIUSEPPE TOESCHI, FRIEDRICH SCHWINDEL und MOZART, die Klarinettenquartette von CARL STAMITZ und die Fagottquartette von FRANZ DANZI, indirekt die Flötenquartette des Mainzer Hofmusikers GEORG ANTON KREUSSER, diejenigen ANTON REICHAS und die Fagottquartette des mecklenburgischen Hofmusikers FRANZ ANTON PFEIFFER, der aus der Mannheimer Kapelle stammte. Zu den reisenden Virtuosen, die sich ihre Vortragsstücke selbst schrieben, gehören KASPAR KUMMER (Flötenquartette) und WENZEL STICH genannt PUNTO mit seinen Quartetten für konzertierendes Horn und Violine, Viola und Baß oder Violine, Fagott und Cello (insgesamt 21 Werke, op. 1, 2, 3 und 18, Paris zwischen etwa 1785 und 1796) und viele andere, im frühen 19. Jh. BERNHARD HENRIK CRUSELL mit seinen Klarinettenquartetten. Im engeren und weiteren Umkreis der Wiener Klassik entstanden Gelegenheitswerke, einzeln oder in Opera zu je 3 oder 6, von GYROWETZ, PAUL WRANITZKY, KROMMER, WENZEL PICHL und DOMENICO CIMAROSA. Im 19. und 20. Jh. hat das Quartett mit Bläsern fast keine Rolle mehr gespielt; BENJAMIN BRITTENS frühes Fantasy-Quartett für Oboe, Violine, Viola und Cello (op. 2, 1932) gehört in den Zusammenhang der 1sätzigen englischen Fantasy-Kammermusik.

Das Streichquintett

In der musikästhetischen Literatur ist das Streichquintett, soweit es dort überhaupt eine Rolle spielt, meist als problematische, dem »reinen« Quartett unterlegene Gattung angesehen worden – bezeichnend dafür sind etwa die Anekdote, HAYDN habe stets mit 4 Stimmen genug gehabt, die 5. Stimme »nicht finden können« und habe deshalb keine Quintette komponiert, oder SCHUMANNS Ansicht, statt der »vier einzelnen Menschen« glaube man im Quintett »eine Versammlung vor sich zu haben«. Die Komponisten des 18. und 19. Jh. dachten anders, und so wurde das Streichquintett das Paradebeispiel für eine Gattung, deren kompositions- und gattungsgeschichtliche Bedeutung einerseits und deren ästhetisch-theoretische Einschätzung andererseits gänzlich divergieren. Von Anfang an haben gerade

die bedeutendsten und die für die Gattungsgeschichte wichtigsten Komponisten den Gegensatz zwischen Quartett und Quintett (oder genauer: 4- und 5stimmigem solistischem Streichersatz) vor allem durch zwei Maßnahmen akzentuiert und fruchtbar gemacht: im größeren Umfang der Quintette (Korrelat, wenigstens in der frühen Gattungsgeschichte, zur größeren Besetzung) und in der Aufgliederung des Satzes in eine hohe und eine tiefe Gruppe, geführt von der 1. Violine und der 1. Viola im Quintett mit 2 Bratschen oder dem 1. Cello im Quintett mit 2 Celli.
Die Erweiterung der Dimensionen zeigt sich schon in dem offenbar einzigen Streichquintett, das JOSEPH HAYDN geschrieben hat, einem Divertimento in der 5sätzigen symmetrischen Form der frühen Quartett-Divertimenti, aber mit vorangestelltem zusätzlichem »Scherzo« (Hob. II:2, vor 1763, vielleicht schon 1753/54); sie zeigt sich noch deutlicher und verbunden mit der Aufspaltung des 5stimmigen Satzes in MICHAEL HAYDNS Quintett C-Dur (1773) und in dem von ihm angeregten ersten Quintett MOZARTS KV 174 (ebenfalls 1773). Schon in den 70er Jahren des 18. Jh. gehörte das Streichquintett zu den beliebtesten Kammermusikgattungen in Wien, ohne daß ein »gattungstiftender« Akt oder ein qualitativ überragendes Muster wie beim Streichquartett zu erkennen wäre; die Besetzung, die zunächst noch schwankend war (2 Violinen, 2 Bratschen und Baß; 3 Violinen, Viola und Baß), stabilisierte sich gegen Ende des Jahrhunderts zur »deutschen« Normalbesetzung 2 Violinen, 2 Bratschen und Cello, und die Aufspaltung des 5stimmigen Satzes in eine hohe und eine tiefe Gruppe führte – analog zur Entwicklung der konzertanten Streichquartett-Typen – zur Ausbildung des Quintetts mit konzertanter oder sogar virtuoser 1. Violine und 1. Viola (KROMMER), dann zum brillanten Quintett für Violine und 4 begleitende Stimmen (GYROWETZ, HÄNSEL, RIES, FRIEDRICH ERNST FESCA, SPOHR [op. 33, 1814]). Den Kern des Repertoires bildeten qualitativ natürlich die großen Quintette MOZARTS, die zu den Musterwerken der Gattung wurden, aber das Repertoire insgesamt ist reich – wenn auch nicht ganz so reich wie das des klassischen Streichquartetts – und gehört qualitativ zum Besten, was die Komponisten im Umkreis MOZARTS, HAYDNS, später BEETHOVENS geschrieben haben. Daß diese Komponisten praktisch keinen Unterschied zwischen Quartett und Quintett machten, kann allerdings auch als ein Mangel an Sensibilität interpretiert werden –

immerhin fällt auf, daß MOZART das Quintett in seinen späten Werken als Steigerung des Quartetts angesehen zu haben scheint und daß umgekehrt BEETHOVEN nur ein einziges Streichquintett komponiert hat (op. 29, 1800/01; op. 4 ist eine allerdings eingreifende Bearbeitung des Bläseroktetts op. 103, op. 104 eine weniger selbständige Bearbeitung des Klaviertrios op. 1/3).

Die Komponisten, die in diesem Zusammenhang zu nennen sind, sind fast sämtlich diejenigen, die auch für die Geschichte des Streichquartetts in der Klassik Bedeutung hatten: GASSMANN (»Notturni ossia Serenate« op. 2), WAGENSEIL, ALBRECHTSBERGER, MYSLIVEČEK und VANHAL; CARL STAMITZ und IGNAZ HOLZBAUER; MICHAEL HAYDN, HOFFMEISTER, FÖRSTER, JOHANN BRANDL, PLEYEL, KROMMER, GEORG ABRAHAM SCHNEIDER (op. 3, 1799, dem Andenken MOZARTS gewidmet); GYROWETZ, HÄNSEL und PAUL WRANITZKY; MAYSEDER, SPOHR, FRIEDRICH ERNST FESCA und REICHA.

Unabhängig von der Wiener Tradition entstand in Spanien mit den je 6 Werken op. 10 von BOCCHERINI und op. 1 von GAETANO BRUNETTI – beide Opera 1771 datiert – das Streichquintett mit 2 Celli. Den Anlaß zu dieser Besetzung gaben wahrscheinlich äußere Umstände: bei dem königlichen Kammermusiker BRUNETTI die 5 kostbaren STRADIVARI-Instrumente im Besitz des Königs CARLOS IV.; bei dem Kammervirtuosen des Infanten Don LUIS, BOCCHERINI, eine quartettspielende Familie von Hofangestellten, der sich der cellospielende Komponist zugesellte (also exakt dieselbe Situation wie bei der »Erfindung« des Streichquartetts durch HAYDN). Und ähnlich wie HAYDN blieb BOCCHERINI der zufällig gefundenen Besetzung treu, auch wenn er in seinen Quintetten (wie in den Streichquartetten) einen sehr viel kürzeren Entwicklungsweg zurücklegte. BRUNETTI dagegen wechselte, obwohl er im spanischen Hofdienst blieb, nach dem op. 1 zur Wiener Besetzung, bei der er – wir wissen nicht, weshalb – in seinen 60 späteren Streichquintetten blieb.

BOCCHERINIS Quintettbesetzung wurde sehr bald von anderen Komponisten aufgegriffen, während die gattungsgeschichtlich frühen Werke für 3 Violinen, Viola und Cello von FRANCESCO ZANETTI (London 1763) und GIOVANNI BATTISTA SAMMARTINIS nur handschriftlich überlieferte Spätwerke für dieselbe Besetzung (1773) keine Nachfolge fanden. Daß auch BOCCHE-

RINI den Unterschied zwischen Quartett und Quintett von Anfang an gleichsam auskomponierte, zeigt sich auf ähnliche, wenn auch anders nuancierte und pointierte Weise wie im Wiener Typus: Die erweiterten Dimensionen prägen sich vor allem in den frühen Quintetten in häufigerer Viersätzigkeit (in verschiedenen Satzfolgen, keineswegs nur der von HAYDN um dieselbe Zeit normierten klassischen) aus; bei der Aufspaltung in 2 »Chöre« übernimmt das konzertant behandelte 1. Cello die Führung, und ebendiese Satzbehandlung machte BOCCHERINIS Quintette am Hofe des cellospielenden FRIEDRICH WILHELM II. von Preußen so willkommen. Von den 125 Werken sind 113 (op. 10, 1771, bis op. 51, 1795) für diese Besetzung und mehr oder minder in dieser Weise geschrieben, nur die letzten 12 (op. 60 und 62, 1801/02) haben die klassische Besetzung.
BOCCHERINI hat also im Streichquintett wie im Streichquartett eine spezifische Gattungstradition begründet, die durch den Druck seiner Werke in Paris bekannt wurde. Die Verbreitung dieser Tradition von Paris aus erklärt, warum sich vor allem französische und in Frankreich lebende Komponisten mit ihr identifizierten, so vor allem CAMBINI mit seinen mindestens 110 Quintetten, CHERUBINI (ein Quintett 1837) und GEORGE ONSLOW, der einen großen Teil seiner Quintette aber auch für die Wiener Besetzung mit 2 Bratschen einrichtete. Mit ONSLOW ist die Tradition des »französischen« Streichquintetts praktisch erloschen; AMBROISE THOMAS' op. 7 (um 1835, mit Cello und Kontrabaß) und die Programm-Quintette von FÉLICIEN DAVID (»Les quatre saisons«, 1845/46, ebenso) gehören eher zur Salon- als zur Kammermusik. Außerhalb Frankreichs hat das Quintett mit 2 Celli kaum Nachfolge gefunden, außer in Werken für den preußischen Hof wie den Quintetten DITTERSDORFS (6 mit Cello und Kontrabaß 1782, 6 mit 2 Celli 1789). ANTON WRANITZKYS Quintette für Violine, 2 Bratschen und 2 Celli sind vor allem Experimente mit dem 5stimmigen kammermusikalischen Satz gleichsam unter erschwerten Bedingungen (tiefe Lage, weniger variabler Klang, Stimmenkreuzungen); vielleicht ist aus einer solchen Experimentierhaltung auch das Werk entstanden, das die Gattung turmhoch überragt, SCHUBERTS C-Dur-Quintett (D 956). CARL GOTTLIEB REISSIGERS Quintette, mit 2 Bratschen oder 2 Celli, sind, wie fast alle seine Kammermusik außer den Quartetten, Salonmusik. FRANZ XAVER GEBEL, der von 1817 bis zu seinem Tode 1843 in Moskau lebte und dort eine ganz an der Wiener Klassik orientierte Kammermusikkultur

schuf, schrieb 8 Quintette mit 2 Celli und sogar ein Doppelquintett (wohl angeregt durch SPOHRS Doppelquartette). Einige wenige gewichtigere Werke sind gegen Ende des Jahrhunderts entstanden: vor allem DVOŘÁKS op. 77 für 2 Violinen, Viola, Cello und Kontrabaß (1875, gedruckt 1888) KARL GOLDMARKS op. 9 (1870), FELIX DRAESEKES op. 77 (1903), ALEXANDER GLASUNOWS op. 39 (1891/92) und SERGEJ TANEJEWS op. 14 (1901, umgearbeitet 1903).
Nur wenig reicher an bedeutenden Werken ist die Entwicklung des Quintetts in der Wiener Besetzung nach dem Ende der Wiener Klassik und der Verarmung der Wiener Kammermusikkultur – der plötzliche Bruch von einer quantitativ sehr reichen zu einer fast spärlichen Produktion ist hier noch ausgeprägter als im Streichquartett. Den Kern des Repertoires bilden, wie im Streichquartett, die beiden Werke von MENDELSSOHN und die beiden Werke von BRAHMS, dazu kommen in der MENDELSSOHN-Nachfolge das Quintett op. 8 von NIELS W. GADE (1846) und im BRAHMS-Umkreis die Einzelwerke von GERNSHEIM (op. 9, 1868), NIELSEN (1888), HERZOGENBERG (op. 77, 1892), DVOŘÁK (op. 97, 1893), später das 2. Quintett von TANEJEW (op. 16, 1905). Ganz für sich stehen einige Werke, die nicht nur stilistisch, sondern in der Verbindung von Monumentalität und höchstem kammermusikalischem Anspruch eigene Wege gehen: das Quintett von ANTON BRUCKNER (1879, aufgeführt 1884; dazu das Intermezzo, das als Ersatz für das Scherzo gedacht war, dann aber verworfen wurde), das fis-Moll-Quintett von HEINRICH KAMINSKI (1917, umgearbeitet 1927) und das BUSONI gewidmete op. 10 von PHILIPP JARNACH. In der Neuen Musik spielt das Streichquintett, abgesehen von einigen Werken von DARIUS MILHAUD (2. Streichquintett mit Kontrabaß, 1952) und BOHUSLAV MARTINŮ, keine Rolle mehr.

Das Quintett mit Bläsern

Die Entwicklung des Quintetts mit Bläsern ist im 18. und 19. Jh. derjenigen des Quartetts mit einer Bläserstimme in fast jeder Hinsicht ähnlich, ausgenommen das Klarinettenquintett, das sich zu einer eigenen Gattung ausbildete. Die verbreitetste Besetzung war die für Flöte, Violine, 2 Bratschen und Cello (DANZI, KROMMER, GYROWETZ, PICHL, ANDREAS ROM-

BERG, GEORG ABRAHAM SCHNEIDER, RIES, KUHLAU, FRIEDRICH ERNST FESCA, MOLIQUE); daneben stehen vorklassische Werke, die noch mit dem Generalbaß rechnen (Flötenquintette op. 10 von GEORG ANTON KREUSSER), die 6 Quintette für Flöte, Oboe, Violine, Viola und Generalbaß von JOHANN CHRISTIAN BACH, die Quintette mit 2 Flöten von CANNABICH, die dreimal 6 Werke für Flöte und Streichquartett von BOCCHERINI und die 29 Quintette für dieselbe Besetzung von CAMBINI. Andere Besetzungen sind, wie im Quartett mit Bläsern, wesentlich seltener: Hornquintette von MOZART (KV 407) und REICHA (op. 106, mit Kontrabaß ad lib.), Fagottquintette von JOHANN BRANDL (op. 14 und 52, 1797 und 1823) und einige Werke aus dem 20. Jh. für Oboe, Klarinette, Violine, Viola und Kontrabaß (PROKOFJEW op. 39, 1924) und für Klarinette, Horn, Violine, Viola und Cello (KAMINSKI, 1926).
Während man bei diesem Werkbestand und dieser Überlieferung kaum von einer Gattung wird sprechen können, hat das *Klarinettenquintett* den Status einer Gattung dadurch erreicht, daß zweimal in seiner Geschichte ein einziges, großes Werk einen unmittelbaren Zusammenhang von anspruchsvollen, zum Teil bedeutenden Werken hervorbrachte: MOZARTS Quintett KV 581 (1789) und BRAHMS' Quintett op. 115 (1891). In beiden Fällen war die Beziehung des Komponisten zu einem Klarinettisten der entscheidende Anstoß zur Komposition: im Falle MOZARTS ANTON STADLER, für den auch das Klarinettenkonzert und die obligaten Klarinetten- und Bassetthorn-Partien in »La clemenza di Tito« entstanden, im Falle BRAHMS' RICHARD MÜHLFELD, für den BRAHMS außerdem das Klarinettentrio und die Klarinettensonaten schrieb. Schließlich wurde durch MOZARTS Quintett auch die Besetzung – Klarinette und Streichquartett – normiert, von der unter den wichtigeren Werken nur JOSEPH KÜFFNERS »Introduktion, Thema und Variationen« op. 33 (früher WEBER zugeschrieben) abweicht (Violine, 2 Bratschen, Cello).
Wie MOZART seine Klarinettenmusik für ANTON STADLER schrieb, so sind fast alle Klarinettenwerke WEBERS für den wohl bedeutendsten Klarinettisten des frühen 19. Jh., HEINRICH BAERMANN, gedacht, an dessen Spiel der Komponist besonders die klangliche Homogenität von den (sonst oft schrill klingenden) höchsten bis zu den tiefsten Registern schätzte. WEBERS Klarinettenquintett op. 34 (1815) nutzt diesen Vorzug entsprechend aus und gerät schon dadurch, erst recht durch

WEBERS allgemeine Neigung zum Konzerthaften, in die Nähe eines Klarinettenkonzerts. Für BAERMANN geschrieben ist auch das Klarinettenquintett des jungen GIACOMO MEYERBEER (1812), und schließlich hat der Münchner Hofmusiker, der zahlreiche Konzertreisen durch Europa unternahm, auch eine Reihe von Werken für sich selbst geschrieben (der langsame Satz aus dem Quintett op. 23 – original mit 2 Hörnern ad lib. – ist eine Zeitlang RICHARD WAGNER zugeschrieben worden).
Der Virtuose, für den BRAHMS seine späte Klarinetten-Kammermusik schrieb, war der Soloklarinettist der Meininger Hofkapelle, RICHARD MÜHLFELD, dessen Spiel ähnliche Qualitäten wie dasjenige BAERMANNS gehabt zu haben scheint – weichen und gleichmäßigen Ton (BRAHMS nannte ihn »das Fräulein Klarinette«) und eindrucksvollen, zum Dramatischen neigenden Vortrag. MÜHLFELD ist auch das Quintett von HENRI MARTEAU (op. 13, 1909) gewidmet; die meisten Klarinettenquintette in der BRAHMS-Nachfolge gehen allerdings mehr auf BRAHMS direkt als auf die Inspiration durch einen Solisten zurück (ROBERT FUCHS op. 102, 1919; EWALD STRÄSSER op. 34, 1920; MAX REGER op. 146, 1916; GÜNTER RAPHAEL, op. 4, 1925), während das fis-Moll-Quintett von SAMUEL COLERIDGE-TAYLOR (1895) vor allem dadurch Aufsehen erregte, daß es sich nicht an BRAHMS, sondern an DVOŘÁK orientierte.

Das Streichsextett

Die wenigsten Komponisten des 18. und 19. Jh. haben dem Streichsextett mehr als vorübergehende Aufmerksamkeit gewidmet, und auch die beiden Werke von BRAHMS haben die spärliche Überlieferung nicht zu einem Gattungszusammenhang verdichten können. Der 6stimmige, klanglich homogene Satz (fast immer in der naheliegenden Besetzung von je 2 Violinen, Bratschen und Celli) bot zwar Möglichkeiten zur Klangregie, die über diejenigen des Quintettsatzes erheblich hinausgingen, setzte aber der kammermusikalischen Durcharbeitung Widerstände entgegen. Wo diese Tendenz zur Vorherrschaft des Klanges auf eine besonders ausgeprägte Klangsensibilität traf oder wo sie sich mit Programm-Absichten verband, lag der Schritt zur »sinfonischen« Struktur sehr nahe. Es ist schwerlich ein Zufall, daß BRAHMS' Sextette zu seiner relativ unbeküm-

merten frühen Kammermusik gehören (gleichwohl sind sie die bedeutendsten Werke des Repertoires), daß TSCHAIKOWSKIJ als Sextett ein großflächiges Programmstück schrieb (»Souvenir de Florence« op. 70, 1890) und daß SCHÖNBERG sein Sextett »Verklärte Nacht« für Streichorchester umarbeitete. Zur Problematik der Besetzung gehörte aber natürlich auch, daß sie die »normalen« Ressourcen der bürgerlichen Hausmusik überstieg und daß auch für den Konzertsaal nicht ohne weiteres 6 Streicher zu finden waren, die sich zu einem kammermusikalischen Ensemble zusammenfügten. Bezeichnend dafür sind die Schwierigkeiten, die BRAHMS bei der Suche nach einem Verleger für sein zweites Sextett hatte: SIMROCK, der das erste verlegt hatte, winkte beim zweiten zunächst ab, und BREITKOPF & HÄRTEL sagten zwar zu, warnten aber: »daß ein Sextett und ein Duo für Pianoforte und Violoncello keinen großen Absatz finden können, liegt in der Natur der Gattungen«.
Der Ausnahmecharakter der Sextettbesetzung zeigt sich auch darin, daß vor BRAHMS fast keine Streichsextette überliefert sind. Eine Ausnahme bildet wieder derjenige Komponist, der außer den Wiener Klassikern am meisten für die Ausbreitung der Kammermusik vor 1800 geleistet hat – BOCCHERINI. Seine 6 »sestetti« op. 23 (1776 geschrieben, um 1780 gedruckt) sind in der Faktur zwar relativ einfach und auf den Satztypus Melodie und (5stimmige) Begleitung konzentriert, haben aber fast alle die große 4sätzige Form von BOCCHERINIS »opere grandi« und erscheinen auch in seinem Werkverzeichnis unter dieser Rubrik; noch deutlicher als »echte« Kammermusik sind sie dadurch herausgehoben, daß die 1773 geschriebenen Sextette op. 16 für Flöte, 2 Violinen, Viola und 2 Celli (dazu Kontrabaß ad lib.) zwar auch »opere grandi«, aber als »divertimenti« bezeichnet sind.
Nach BOCCHERINI und vor BRAHMS scheinen nur sehr wenige Komponisten Sextette geschrieben zu haben. Bemerkenswert ist LOUIS SPOHRS op. 140 (1848), ein anspruchsvolles Kammermusikwerk, das aber bezeichnenderweise die Formidee einer klassischen Sinfonie – die Verschränkung von Scherzo und Finale in BEETHOVENS 5. – wieder aufgreift. Die Sextette von FERDINAND DAVID (op. 38, 1861) und NIELS W. GADE (op. 44, 1865) entstanden, bevor BRAHMS' Sextette öffentlich bekannt wurden; die Werke von RAFF, (op. 178, 1873), RUBINSTEIN (op. 97, 1878) und dem eleganten Eklektiker HEINRICH HOFMANN (op. 25, ca. 1875) stehen MENDELSSOHN näher als

BRAHMS. In die unmittelbare oder mittelbare BRAHMS-Nachfolge gehören damit nur wenige Werke: DVOŘÁKS Sextett op. 48 (1878), schon weiter entfernt die 3 Werke von REINHOLD GLIER (op. 1, 1902; op. 7, 1904; op. 11, 1906) und das Sextett von REGER (op. 118, 1910); in den STRAUSS-Umkreis gehört das virtuose op. 10 (1917) von ERICH WOLFGANG KORNGOLD. Im weiteren 20. Jh. ist die Tradition so gut wie erloschen. VINCENT D'INDYS Sextett op. 92 (1927) gehört nicht zu seinen stärksten Kammermusikwerken, auch wenn es den Komponisten auf der Höhe seiner Formvirtuosität zeigt. RICHARD STRAUSS' Vorspiel zu »Capriccio« (1943), das auch als selbständiges 1sätziges Sextett gespielt werden kann, ist eine (bezaubernde) Ausnahme.

Das Sextett mit Bläsern

Sextette mit Bläsern – meist mit 2 Bläser- und 4 Streicherstimmen – gibt es nur in ganz geringer Zahl, wenn man die vorklassischen Serenaden-Besetzungen (Streichquartett und 2 Hörner, gelegentlich auch mit Kontrabaß ad lib.), die zur Freiluft-, nicht zur Kammermusik gehören, außer acht läßt. Aus der Klassik gibt es einige »echte« Sextette von JOHANN BRANDL (für Oboe, Fagott, Violine, 2 Bratschen und Cello) und dem Wallersteinschen Hofkapellmeister JOHANN ANDREAS AMON (mit Flöte statt Oboe). In den 1880er Jahren entstanden für den Philharmonic Club New York einige Auftragswerke in der vorgeschriebenen Besetzung Flöte, 2 Violinen, Viola, Cello und Kontrabaß, aber auch sie sind nicht mehr als eine Fußnote in der Geschichte der Kammermusik gewesen (2 Serenaden von THÉODORE GOUVY, Sextett von EDMUND KRETSCHMER, Divertimento von FRIEDRICH GERNSHEIM, je eine Serenade von HEINRICH HOFMANN und ARNOLD KRUG).

Das Septett

Septette – immer in Mischbesetzung, fast immer nicht nur mit Holz-, sondern auch mit Blechbläsern – scheint es erst seit BEETHOVENS op. 20 und vor allem in dessen direkter Nachfolge zu geben – ein Zusammenhang, der die ungeheure Popularität andeutet, die das Werk schon bei den Zeitgenossen errang und die BEETHOVEN schließlich lästig geworden sein soll. Der Besetzung, dem serenadenhaften Ton und zum Teil auch der Satzfolge (wobei die Folge von mehr als 4 Sätzen den Serenadencharakter noch betont) entsprechen das von BEETHOVEN und SCHUBERT abhängige Werk des BEETHOVEN-Schülers Erzherzog RUDOLPH (1830) und die Septette von CONRADIN KREUTZER, FRANZ BERWALD und (in klassischer Viersätzigkeit) MAX BRUCH; eine leicht abweichende Besetzung (kein Kontrabaß, dafür 2. Horn) haben die Werke von PETER VON WINTER und das ganz eigenständige, träumerisch-melancholische Septett »Aus meinem Leben« von JOSEPH MIROSLAV WEBER (1896, gedruckt 1899). Mit dieser Aufzählung ist der Gattungszusammenhang auch schon erschöpft. D'INDYS op. 24 für Trompete, 2 Flöten, 2 Violinen, Viola und Cello (1886) ist ausdrücklich eine »Suite dans le style ancien«. Die Septette von STRAWINSKY und HINDEMITH sind echte und bedeutende Kammermusikwerke – Kammermusik für den Konzertsaal und für professionelle Ausführende, wie es schon die älteren Septette waren –, die aber mit der klassisch-romantischen Tradition nichts mehr zu tun haben.

Das Oktett und das Nonett mit Bläsern

Für beide Besetzungen gibt es je ein »klassisches« Werk, das klassisch auch in dem Sinne war, daß es unmittelbar nachgeahmt wurde: SCHUBERTS Oktett D 803 (1824), das allerdings erst nach seiner Veröffentlichung 1853 wirken konnte, und SPOHRS Nonett op. 31 (1817). Die Nachahmer von SCHUBERTS Werk (das zumindest in der Satzfolge unmittelbar von BEETHOVENS Septett inspiriert ist) taten sich freilich – verständlicherweise – schwer: Meisterwerke sind die 5sätzigen Stücke von HEINRICH Freiherr VON BACH (Pseudonym HEINRICH MOLBE) und FERDINAND THIERIOT nicht geworden. Selbständig und bedeutender ist das 1sätzige Oktett von HUGO KAUN (op. 34, 1892); hier wie in HINDEMITHS Oktett (1958, mit Violine und 2 Bratschen statt 2 Violinen und Bratsche) weist nur noch die Besetzung auf SCHUBERT zurück. Gerade in der Besetzung weichen schließlich die Oktette ab, die SCHUBERTS Werk vorausgehen: BOCCHERINIS »Ottetti notturni« (eines in op. 38, 1787, 1798 als Symphonie concertante gedruckt; eines in op. 42, 1789, verloren); das Oktett op. 96 von ANTONÍN

REICHA für Streichquartett, Oboe, Klarinette, Fagott und Horn (um 1817) und das Oktett von SPOHR für Violine, 2 Bratschen, Cello, Kontrabaß, Klarinette und 2 Hörner (op. 32, 1814).

SPOHRS Nonett (op. 31, 1813) wurde wie das Oktett für den Wiener Fabrikanten TOST geschrieben, einen reichen Kammermusik-Mäzen, dem bereits HAYDN seine Streichquartette op. 64 gewidmet hatte. Aber während das Oktett schon durch seine Besetzung (je 2 Bratschen und Hörner) zum Klang und zur Faktur einer Sinfonie tendiert, ist dem Komponisten im Nonett das Kunststück gelungen, mit einem solistisch besetzten Orchester (Flöte, Oboe, Klarinette, Fagott, Horn, Violine, Viola, Cello und Kontrabaß) ein Werk zu schreiben, das kammermusikalische Faktur und sinfonischen Klang ideal verbindet. Die Schwierigkeit dieses Balanceaktes hat SPOHRS beträchtliches Talent zu einer Höchstleistung angespornt: Das Nonett ist wahrscheinlich sein bestes Kammermusikwerk und jedenfalls das einzige, das bis heute populär geblieben ist. ONSLOW (op. 77), FRANZ LACHNER (1875) und RHEINBERGER (op. 139, 1885) sind dem Beispiel SPOHRS gefolgt, ohne daß ihre Nonette Repertoirestücke geworden wären.

Soweit sich im 20. Jh. überhaupt von Nonetten sprechen läßt, zeigen sie eine Entwicklung, die alle traditionellen Grenzen zwischen den Formen, Besetzungen und Gattungen verfließen läßt: Für 9 Instrumente (fast immer 9 verschiedene) gibt es Serenaden (OTHMAR SCHOECK, op. 1, 1907), Suiten (BRUNO STÜRMER, op. 9, 1923), Kammermusiken (EGON KORNAUTH, op. 31, 1924), sinfonische Musiken (ERNST KRENEK, op. 11, 1923) und ANTON WEBERNS Konzert op. 24. Entscheidend sind hier nicht mehr Kammermusiktraditionen, sondern die Möglichkeiten, mit 9 solistisch beweglichen, in ihren unterschiedlichen Klangfarben und Spieltechniken scharf definierten Instrumenten einen aufs äußerste differenzierten vielstimmigen Satz zu schreiben. Damit verschwinden aber auch die Grenzen zwischen Kammermusik und Sinfonie. WAGNERS »Siegfried-Idyll« (1870) ist für 11 Instrumente geschrieben; die Besetzung der kleinen Gruppe von Kammersinfonien seit ERMANNO WOLF-FERRARIS Sinfonia da camera op. 8 (1903) und SCHÖNBERGS Kammersinfonie op. 9 (1906) reicht von 9 (RICHARD STÖHR, op. 32, 1920) bis zu 23 Instrumenten (FRANZ SCHREKER, 1916).

Das Doppelquartett und das Oktett für Streicher

Doppelquartett und Oktett haben zwar die gleiche Besetzung, aber eine sehr verschiedene Geschichte gehabt. Das Doppelquartett war eine »Erfindung« LOUIS SPOHRS. In seiner Autobiographie berichtet der Komponist, daß die erste Anregung von ANDREAS ROMBERG beim gemeinsamen Quartettspiel ausgegangen sei (tatsächlich hat der 1821 gestorbene ROMBERG ein unvollendetes Doppelquartett hinterlassen) und was ihn bei der Niederschrift des 1. Doppelquartetts (März 1823, als op. 65 veröffentlicht) bewegt habe: ». . . ich stellte mir die Aufgabe . . . zwei Quartetten nebeneinander sitzend ein Musikstück ausführen zu lassen, dabei aber die beiden Quartetten nach Art von Doppelchören häufig abwechseln und konzertieren zu lassen und das achtstimmige nur für die Hauptstellen der Komposition aufzusparen. Nach dieser Aufgabe schrieb ich also mein erstes Doppelquartett, begann das Thema des ersten Allegro mit beiden Quartetten unisono und forte, um es den Hörern recht einzuprägen, und führte es dann konzertierend durch beide Quartetten abwechselnd durch.« Die »neue Gattung von Kammermusik«, wie SPOHR sie selbstbewußt nennt, blieb allerdings auf seine eigenen Doppelquartette (nach op. 65 noch op. 77 [1827], 87 [1833] und 136 [1849]) beschränkt, obwohl die Stücke zum Besten gehören, das SPOHR geschrieben hat, und zur Nachahmung hätten reizen können. Das Problem der Gattung lag aber ganz einfach darin, daß für die Ausführung 2 gleichrangige Quartett-Ensembles nötig waren – die Idee der Doppelchörigkeit implizierte die Gleichwertigkeit beider Chöre, und die Besetzung jedes Chores mit einem Streichquartett brachte die Ansprüche der Gattung Streichquartett ins Spiel. Erst nach dem 2. Weltkrieg ist die Idee des Doppelquartetts gelegentlich wieder aufgegriffen worden: in MARIO PERAGALLOS »Musica« für 2 Quartette (1948; das 2. Quartett mit Violine, Viola, Cello und Kontrabaß) und in DARIUS MILHAUDS witzigem Kunststück op. 291 (1948/49), 2 Streichquartetten (Nr. 14 und 15), die je für sich oder zusammen gespielt werden können.

Technisch einfacher zu realisieren war dagegen ein Oktettsatz, der nicht auf der Verdoppelung des Quartettsatzes bestand, sondern eine gewisse technische Hierarchie – schwierigere und leichtere Stimmen – mit satztechnischer Beweglichkeit verband und der auch »sinfonische« Wirkungen nicht verschmähte. Das

Muster einer solchen Satzbehandlung und ein Werk von höchster Qualität schuf MENDELSSOHN in seinem op. 20 (1825, gedruckt 1830), das die Erfahrungen mit dem reinen Streichersatz ausnutzt, die der Komponist in seinen frühen Streichersinfonien gemacht hatte, und zu dem er ausdrücklich bemerkte, es müsse »im Stil einer Symphonie« gespielt werden. Da MENDELSSOHN für mindestens 2 Jahrzehnte und weit über den deutschsprachigen Raum hinaus das große Vorbild zahlreicher Kammermusik-Komponisten war, ist es nicht verwunderlich, daß auch sein Oktett Nachfolge fand; freilich haben der kombinierte kammermusikalisch-sinfonische Anspruch und die begrenzten Aufführungsmöglichkeiten die Zahl dieser Nachfolgewerke klein gehalten, und keines von ihnen hat die Qualität von MENDELSSOHNS genialem Jugendwerk erreicht (KARL SCHUBERTH, op. 25, 1848; NIELS W. GADE, op. 17, 1849; JOHAN SVENDSEN, op. 3, 1867; CARL GRAEDENER, op. 49, 1870; JOACHIM RAFF, op. 176, 1872; WOLDEMAR BARGIEL, op. 15a, 1877; HERMANN GRAEDENER, op. 12, 1881; FERDINAND THIERIOT, op. 78, 1903; REINHOLD GLIER, op. 5, 1903; GEORGE ENESCU, op. 7, 1905; DMITRIJ SCHOSTAKOWITSCH, op. 11, 1924).

Kammermusik für Bläser

Das 18. Jh. hat Werke für Bläser, die im Sinne der Gattungen Streichquartett oder Klaviertrio als Kammermusik im eigentlichen Sinne bezeichnet werden könnten, nicht hervorgebracht, wohl aber eine unübersehbare Fülle von didaktischen Werken für kleine Besetzungen (s. oben unter Streichtrio) und von Divertimenti und Serenaden – höfische Freiluft- und Tafelmusik –, vor allem für die Standardbesetzungen Quintett (Flöte, Oboe, Klarinette, Fagott, Horn) und Oktett (je 2 Flöten, Oboen, Fagotte und Hörner); sie und die vielen anderen, nach Anlaß oder Personal wechselnden Besetzungen wurden gern unter dem Begriff »Harmoniemusik« zusammengefaßt. Der stilistische und qualitative Bereich, in dem solche Werke angesiedelt sind, ist außerordentlich groß: er reicht von Reihungen kurzer Tänze, Märsche und Modelieder in den »Pièces d'harmonie« der französischen und englischen Hof- und Adels-Bläserkapellen über Opernarrangements (in manchmal hervorragender handwerklicher und beachtlicher musikalischer Qualität, wie z. B. die MOZART-Bearbeitungen von JOHANN WENT, Oboist in der Harmoniemusik des Wiener Hofes), 1- oder vielsätzige Unterhaltungsmusik bis zu Werken, die jeder Sinfonie und jedem Streichquartett ebenbürtig sind, wie MOZARTS Serenaden KV 361, 375 und 388. Allerdings sind Werke dieses Anspruchs seltene Ausnahmen, und es ist kein Zufall, daß MOZART das am wenigsten serenadenhafte dieser Werke, die c-Moll-Serenade KV 388, später als Streichquintett bearbeitete und es damit gleichsam in die geistige und soziale Sphäre transponierte, in die es eigentlich gehörte. Am nächsten kommen den Werken MOZARTS die Bläser-Kammermusik von FRANZ DANZI und ANTONÍN REICHA, aber auch DITTERSDORFS klangvolle Partia Es-Dur gehört hierher.

Die Bläser-Kammermusik des 19. und 20. Jh. hat zwar kaum bewußt an diese Ausnahmewerke angeknüpft, aber doch ein kleines Repertoire von Werken verschiedener Besetzungen hervorgebracht, das zumindest der Intention nach Kammermusik ist. Natürlich hängt diese Wandlung ganz unmittelbar mit den gesellschaftlichen Umwälzungen im Gefolge der Französischen Revolution zusammen – unmittelbar, weil die Bläsermusik eben nicht die relative Autonomie der großen kammermusikalischen Gattungen sich erobert hatte: Nach dem Zusammenbruch der höfischen europäischen Kultur, der Auflösung der meisten Hofkapellen und der Ausbreitung des bürgerlich-öffentlichen Musiklebens blieb der Bläsermusik kein anderer Raum als der Konzertsaal und kein Maßstab als das Kammermusik-Ideal des gebildeten Bürgertums. Damit verschwand die Bläsermusik als Teil einer musikalischen Alltagskultur, und an ihre Stelle trat das Einzelwerk für den Konzertsaal, meist in großer Besetzung und oft genug mit einem sinfonischen Anspruch, der die Möglichkeiten gerade des solistischen Bläsersatzes zu filigranhafter Durcharbeitung der Stimmen überlagerte: kein Zufall, daß CHARLES GOUNOD seine elegante Bläsersinfonie zwar »Petite Symphonie«, aber eben doch Sinfonie nannte, obwohl sie für die 1879 von PAUL TAFFANEL gegründete »Sociéte de Musique de Chambre pour Instruments à vent« gedacht war (für Flöte, 2 Oboen, 2 Klarinetten, 2 Fagotte und 2 Hörner, 1885). Ähnlich zwischen Kammermusik und sinfonischer Musik stehen die Oktette von FRANZ LACHNER (op. 156, 1872) und CARL REINECKE (op. 216, um 1892; von ihm auch ein Sextett op. 271, um 1905), das Oktett und Nonett von THÉO-

DORE GOUVY, die Serenade für 7 Instrumente von JULIUS RÖNTGEN (op. 14, 1878) oder JOSEPH RHEINBERGERS Nonett (op. 139). Die Hauptwerke in diesem Bereich sind aber sicherlich die beiden Jugendwerke von RICHARD STRAUSS: die 1sätzige Bläserserenade op. 7 (1881) und die Suite op. 4 (1883/84), während die beiden Sonatinen für Bläser »Aus der Werkstatt eines Invaliden« (1943) und »Fröhliche Werkstatt« (1944/45, veröffentlicht als Sinfonie für Bläser) in Besetzung, Stil und Ausdehnung sinfonische Werke sind, vergleichbar am ehesten der Sinfonietta für 10 Instrumente von JOACHIM RAFF (op. 188, 1873).

Etwas anders steht es mit kammermusikalischen Bläserbesetzungen in der Neuen Musik. Hier haben einerseits die im Gefolge von TAFFANELS »Société de Musique de Chambre pour Instruments à vent« gegründeten Pariser Bläser-Ensembles zu einem Aufschwung der französischen Bläser-Kammermusik vor allem in den 1920er Jahren geführt – stilistisch allerdings geprägt von der französischen Musikästhetik ihrer Zeit, so daß das schnelle Veralten dieser »Unterhaltungsmusik« vorprogrammiert war (POULENC, FRANÇAIX). Andererseits aber sind einige der Epochenwerke der Neuen Musik für Bläserbesetzungen geschrieben worden, die – bei gänzlich unterschiedlichen ästhetischen und stilistischen Prämissen – von der Eignung des solistischen Bläser-Ensembles für eine gleichsam trockene Klarheit der Linien und des Details und vom gegenüber den Streichern geringeren klanglichen Verschmelzungsgrad der Bläser Gebrauch machen. Hierher gehören im Vorfeld der Neuen Musik das Bläserquintett op. 43 von CARL NIELSEN (1922), das eine ganze Reihe vor allem dänischer Komponisten zur Nachahmung reizte, und LEOŠ JANÁČEKS Suite »Mladí« (Jugend) für Flöte, Oboe, Klarinette, Baßklarinette, Fagott und Horn (1925); in der eigentlichen Neuen Musik EDGAR VARÈSES »Octandre« (mit Kontrabaß, 1924), IGOR STRAWINSKYS Oktett (Flöte, Klarinette, 2 Fagotte, 2 Trompeten, 2 Posaunen) aus demselben Jahr, ARNOLD SCHÖNBERGS Quintett op. 26 (1923/24, in der klassischen Besetzung) – der erste Höhepunkt in SCHÖNBERGS Entwicklung der Zwölftontechnik und in der Rückkehr zu klassischen Satzformen und Satzfolgen – und ROBERTO GERHARDS Quintett von 1928, mit dem GERHARDS persönliche Abwandlung der Zwölftontechnik beginnt; schließlich (sieht man von HINDEMITHS weniger wichtigem Septett von 1948 und einigen Quintetten von HENK BADINGS,

PETER RACINE FRICKER und HANS WERNER HENZE ab) KARLHEINZ STOCKHAUSENS »Zeitmaße« (1955/56, in der klassischen Quintettbesetzung, nur mit Englisch Horn statt Horn) und – ein Unikum und eine musikalische und technische Tour de force – ELLIOTT CARTERS Quintett für Blechbläser (1974).

LF

Arcangelo Corelli

* 17. Februar 1653 in Fusignano (Ravenna), † 8. Januar 1713 in Rom

Corelli, aus einer wohlhabenden Gutsbesitzerfamilie, wurde ab seinem 13. Lebensjahr in Bologna als Geiger ausgebildet und erhielt sicherlich dort auch systematischen Kompositionsunterricht, vielleicht von Giovanni Battista Bassani. 1670 wurde er in die Accademia Filarmonica zu Bologna aufgenommen; 1675 ist er in Rom nachweisbar, wo er schnell zu einem der führenden Geiger (in einer an Musikern überreichen Stadt) wurde und Kontakt zu den reichsten und einflußreichsten Musikmäzenen wie dem Kardinal Benedetto Pamphili und Königin Christine von Schweden gewann. 1684 wurde er, zusammen mit Alessandro Scarlatti, Mitglied der Congregazione dei virtuosi di Santa Cecilia, einer Art »akademischen« Elite-Orchesters. 1687 trat er in die Dienste des Kardinals Pamphili, in dessen Palazzo er Konzerte – oft mit als sensationell empfundenen großen Besetzungen – organisierte, die seinen Ruhm mindestens ebenso verbreiteten, wie es seine Werke taten.

Werke: Je 24 *Sonate da chiesa* und *Sonate da camera a tre* op. 1–4, 12 *Sonaten* für Violine und Generalbaß op. 5, 12 *Concerti grossi* op. 6; einige weitere in Handschriften und Drucken überlieferte *Sonaten* (z. T. zweifelhaft); eine *Sinfonia*.

Corellis Schaffen zeigt den einzigartigen Fall, wie die rigorose Beschränkung nicht nur auf Instrumentalmusik (in Italien ohnehin ungewöhnlich), sondern sogar auf ganz wenige Gattungen zum Fundament einer europäischen Wirkung wird: vor allem die Violin- und die Triosonaten, weniger vielleicht die Concerti grossi haben nicht nur stilbildend, sondern geradezu gattungskonstituierend gewirkt. Corellis Unterscheidung und zugleich dialektische Vermittlung von Sonata da camera und Sonata da chiesa, die Ausbildung bestimmter Satztypen und deren Zuordnung zu den beiden Bereichen da chiesa und da camera, die Verbindung von konzertanter Freiheit (ein Erbteil der Bologneser Studienjahre) und strenger Satz- und Formkunst in den Triosonaten, von geigerischer Virtuosität und kammermusikalischer Feinheit in den Violinsonaten, selbst einzelne Stücke wie vor allem die 12. Violinsonate (»La folia«) sind von Zeitgenossen und jüngeren Komponisten in ganz Europa bis zum Überdruß nachgeahmt worden. (Zu Corellis gattungsgeschichtlicher Bedeutung vgl. S. 29.) Daß Corelli mit alldem Modelle schaffen, daß er die Violin- und Triosonate auf ein neues Formniveau heben wollte, kurz: daß er außerordentlich bewußt arbeitete, wird schon im Publikationsschema der Werksammlungen deutlich und bestätigt sich in der gleichsam »klassischen« Stilhaltung, die alle Extreme meidet, deren Ausgeglichenheit aber nicht die der Blässe und Phantasiearmut, sondern das Ergebnis eines rigoros disziplinierten Erfindungsreichtums ist.

Violinsonaten

Die 12 **Violinsonaten op. 5**, 1700 in Rom veröffentlicht, teilen sich in je 6 Sonate da chiesa und Sonate da camera; die Reihenfolge chiesa/camera (die natürlich auch eine hierarchische Ordnung ist) entspricht derjenigen der Triosonatendrucke, und wie die Sonate da camera op. 2 und die Sonate da chiesa op. 3 jeweils mit einem besonderen Stück schließen, so schließt op. 5 mit der einzigen Violinsonate, in der geigerische Virtuosität als selbständiges Wirkungsmittel entfaltet wird, einer Variationenfolge über den Folia-Baß. Die Satzformen sind, wie in allen Werken Corellis, grundsätzlich (natürlich abgesehen von Ciacona und Folia) die des 2teiligen Suitensatzes in den Kammersonaten, die des Fugato und der freien Abschnittreihung in den Kirchensonaten. Die Harmonik ist, ebenfalls wie in allen Werken Corellis, für ihre Zeit modern – nicht im Aufsuchen von Komplikationen, für die im Stilideal des Komponisten kein Platz ist, sondern in ihrer Zielgerichtetheit, welche die Entwicklung relativ weiträumiger Formteile mit harmonischen Mitteln erlaubt. Freilich sind die Dimensionen der Sätze und der Sonaten insgesamt noch bescheiden – kaum ein Satz dauert länger als 2½ bis 3, kaum eine Sonate länger als 10 Minuten (und die längste ist, bezeichnenderweise, wieder die »Folia«).

Die 6 **Sonate da chiesa** sind 5sätzig – eine Abweichung von der 4sätzigen Normalform, die sich dadurch erklärt, daß Corelli entweder nach dem ersten oder vor dem zweiten Allegro einen kurzen schnellen Satz einschiebt, der als (bescheiden) virtuoses Vortragsstück fungiert. Sieht man von diesen »Intermezzi«, die sich von ihrer Umgebung deutlich abheben, einmal ab, so haben alle 6 Werke die normale Form der Sonata da chiesa: ein melodiebetontes, manchmal feierlich wirkendes Grave (teils mit kleinen eingeschlossenen Kadenzen), gefolgt von einem geradtaktigen Allegro, in dem die Violine den fugierten Satz einer

Triosonate andeutet, und als zweites Satzpaar ein gesangliches Adagio (meist im Tripeltakt), gefolgt von einem Allegro im $^6/_8$- oder $^{12}/_8$-Takt. So wie in die Sonata da camera Elemente der Sonata da chiesa integriert werden, so hat dieser Schlußsatz in den Sonate da chiesa meist ziemlich deutliche Züge eines Tanzsatzes; der Schlußsatz der 5. Sonate heißt denn auch und ist eine Giga. Nicht ganz so konsequent wie in den Triosonaten, aber konsequenter als in den Concerti grossi ist schließlich die Tonartenwahl, bei der es Überschneidungen fast nur zwischen der Gruppe der Sonate da chiesa und der Gruppe der Sonate da camera gibt: Die Kirchensonaten stehen in D, B, D, F, g und A.

Die **Sonate da camera** sind, außer der letzten, 4- oder 5sätzig und zeigen etwas buntere Satzfolgen als die Kirchensonaten. Nur der Anfang mit einem Preludio ist allen außer der letzten gemeinsam, in der 7. Sonate ein schnelles, sonst ein langsames Stück. Auf diese Einleitung folgen 3 bis 4 Tanzsätze aus dem Standardrepertoire der (hier natürlich hochstilisierten) barokken Tänze, Allemande, Sarabande, Courante, Gavotte und Gigue, in wechselnder Auswahl und geordnet nach dem Prinzip des Tempo- und Taktwechsels, das ja auch der Sonata da chiesa zugrunde liegt: In Nr. 7 sind es (mit den von Corelli benutzten italienischen Namensversionen) Corrente, Sarabanda und Giga, in Nr. 8 Allemanda statt Corrente, in Nr. 9 Giga, ein kleines Adagio ohne Tanzcharakter und ein Tempo di Gavotta, in Nr. 10 Allemanda, Sarabanda, Gavotta und Giga. In Nr. 11 ist nur noch die abschließende Giga ein als solcher deklarierter Tanzsatz; ihm gehen nach dem Preludio 3 Sätze ohne Tanzbezeichnungen voraus, Allegro, Adagio und Vivace, so daß sich insgesamt die Satzfolge einer Sonata da chiesa (langsam – schnell – langsam – schnell) mit angehängtem Tanzsatz ergibt. Die Tonarten der 5 Sonaten sind d, e, A, F und E; die Folia-Variationen stehen wieder in d, sind also auch auf diese Weise herausgehoben.
Der römische Originaldruck von 1700 nennt die Besetzung, für welche die Sonaten gedacht waren: »Sonate a violino e violone o cembalo« – die Generalbaßinstrumente sind also Violone oder Cembalo (was nicht ausschließt, daß auch beide zusammen oder, wie heute üblich, ein Cello und ein Cembalo verwendet werden können). Da die sorgfältige Unterscheidung der Besetzungen von Kirchen- und Kammersonaten bei op. 1–4 (vgl. d.)

fehlt, in einer beide Formtypen zusammenfassenden Sammlung auch publikationstechnisch kaum zu verwirklichen gewesen wäre, sind die Violinsonaten nur noch virtuell als Sonate da chiesa und da camera unterschieden, praktisch aber einheitlich »Kammermusik«.
Was der römische Druck nicht angibt, ist etwas, das für die Geiger des 17. und 18. Jh. selbstverständlich war: die Verzierung der langsamen Sätze. Der Ruhm Corellis und das Gewicht seiner Sonaten als »klassisches« Muster führten aber dazu, daß »musterhafte« Verzierungen von geschäftstüchtigen Verlegern gedruckt wurden und daß Komponisten und Geiger ihre eigenen Verzierungen aufschrieben, d. h. ausarbeiteten und so zu einem Bestandteil der Werke machten – ganz besonders in England, wo Corellis Musik intensiver und länger verehrt wurde als im übrigen Europa und wo man sich entsprechend intensiv Gedanken über die »richtigen« Verzierungen gemacht zu haben scheint.

Triosonaten

So reizvoll und historisch wichtig die Violinsonaten sind, so deutlich stehen sie doch an musikalischem Gewicht hinter den Triosonaten zurück, die den Kern von Corellis Œuvre bilden. Die je 24 Sonate da chiesa und da camera sind in 4 Opera von je 12 Werken umschichtig erschienen: Sonate da chiesa op. 1 1681, Sonate da camera op. 2 1685, Sonate da chiesa op. 3 1689, Sonate da camera op. 4 1694. Wie schon erwähnt, sind die letzten Sonaten von op. 2 und op. 3 formal herausgehoben, also analog zur letzten Sonate des op. 5; dagegen schließen op. 1 und op. 4 mit einer »normalen« Kirchen- bzw. Kammersonate. Die Tonartenfolge läßt nur in op. 1 einen Plan erkennen, der erheblich über die Vermeidung von Tonartenwiederholungen hinausgeht – die Ordnung ist hier F e (also willkürlich), dann aber A a/E – B h – C c – G g – d D. In op. 2 finden sich noch einige analoge Gruppierungen, aber ohne übergreifende Ordnung: D d – C e – B g F – h fis E – Es G. In op. 3 wird a-Moll zweimal benutzt: F D B h d G e C f a g a; op. 4 läßt keine Ordnung erkennen: C g A D a E F d B G c h. Sehr ausgewogen ist dagegen die Relation von Dur- zu Moll-Tonarten, nicht nur in op. 1: 7 Dur- und 5 Moll-Werke in den Kammersonaten op. 2 und 4, umgekehrt 5 Dur- und 7 Moll-Werke in den Kirchensonaten op. 3. Indizien genug also, daß die Opera, bis zu einem gewissen Grade,

nicht nur als Werksammlungen, sondern als »komponierte« Einheiten gedacht sind.
Corelli unterscheidet, wie schon gesagt, in den Triosonaten zwischen Kirchen- und Kammersonate nicht nur nach Formen und Satztypen, sondern auch nach der Besetzung: Nach den Titeln der römischen Drucke sind die Sonate da chiesa »a tre: due violini e violone o arcileuto, col basso per l'organo«, die Sonate da camera dagegen, analog den Violinsonaten, »a tre: due violini e violone o cembalo« zu instrumentieren. Die Nennung der Orgel ist schwerlich als Hinweis darauf zu verstehen, daß die Kirchensonaten wirklich in der Kirche gespielt werden sollten, aber als aufführungspraktische Vorschrift sicherlich ernst zu nehmen (Positiv, Portativ). Die Aufführungsmöglichkeit mit Orgel und »arcileuto« kann eine Vorstellung von dem klangfarblichen Reiz vermitteln, den Aufführungen dieser Sonaten zu Corellis Zeit in Rom haben konnten. (Der Arcileuto [Arciliuto] ist eine theorbierte Laute mit 5 bis 8 offenen Baßsaiten, zusätzlich zu der normalen Lautenbesaitung, und scheint als Generalbaß- und Soloinstrument um 1700 in Rom besonders beliebt gewesen zu sein.)

Sonate da chiesa, op. 1 und op. 3

Den Sonaten liegt jene »Normalform« zugrunde, die seit Corelli als Norm der Kirchensonate begriffen wird: 4 Sätze in der Tempofolge langsam – schnell – langsam – schnell; die beiden langsamen oder einer von ihnen mit einem Halbschluß zum nächsten Satz überleitend; der 1. Satz feierlich im Ton, geradtaktig und oft mit den seit Corelli typischen Vorhaltsketten der beiden Violinen über schreitenden Achtel-Skalen im Baß; der 2. Satz fugiert und geradtaktig; der 3. ein kantables, oft pathetisches Adagio im $^3/_2$- oder $^3/_4$-Takt; der letzte wieder fugiert im $^3/_4$-, $^3/_8$- oder $^6/_8$-Takt. Diese Grundform ist zwar in den meisten Sonaten erkennbar, wird aber vielfach variiert, von anderen Formen überlagert und mit Elementen der Kammersonate (Anspielungen auf Tanztypen) angereichert – mit einem Phantasiereichtum und einer Variationsbreite, die um so erstaunlicher sind, als Corelli an der »klassischen« Zurückhaltung seiner Sprache in fast allen Werken festhält – die Gefahr der Monotonie ist, wenn man eine ganze Reihe dieser Sonaten hintereinander spielt oder hört, ebenso weit entfernt wie etwa bei der Beschäftigung mit den Streichquartetten Haydns. Gerade in der Verbindung von konstruktiver Phantasie, Beziehungsreichtum und klassischem Maß wird Corellis Größe sichtbar.

Die ersten 3 Sonaten des **op. 1** entsprechen ziemlich genau der Norm, warten aber im Detail schon mit kleinen Überraschungen auf. Das Finale der **1. Sonate** hat ein völlig tänzerisches Thema:

aber nicht die Form eines Suitensatzes, sondern eine 4teilige Anlage A A′ A A″, wobei der letzte Teil aus einer überraschenden Adagio-Version des Themas, die dessen Charakter völlig verändert, und einem durch Wiederholung akzentuierten Schluß-Allegro besteht; darüber hinaus wird ständig mit dem Wechsel von tanzhaften 4-Takt-Gruppen und asymmetrischen Perioden gespielt, die Erwartung auf einen echten Tanzsatz raffiniert und witzig getäuscht. – In der **2. Sonate** löst sich das kompakte und kontrapunktisch komplizierte Fugato des ersten Allegro gegen Schluß in eine ganz merkwürdige »Affekt-Überlagerung« auf, konzertierende Trillermotive der beiden Violinen über einem chromatischen Lamento-Baß. – In der **3. Sonate** erscheint zum erstenmal – als 2. langsamer Satz – ein Adagio-Typus, den Corelli besonders liebt, ein pathetischer, durch lange Vorhaltsketten der Violinen schmerzlich getönter Gesang im 3/2-Takt einer Sarabande, aber ohne deren regelmäßige Periodik; das Finale dieser Sonate spielt wieder mit Tanzsatz-Assoziationen im Wechsel von 3-, 4- und 5-Takt-Gruppen und fügt als weiteres Tanzsatz-Element sogar die in der Gigue beliebte Themenumkehrung am Anfang des zweiten Teils hinzu. – Die **4. Sonate** ist in der Form und im Charakter ganz irregulär: Einem kurzen und praktisch nur aus Sechzehntel-Kaskaden bestehenden Vivace folgen ein Adagio, das die fallende Skalenbewegung (die »Themen« beider Sätze sind praktisch identisch) ins Feierliche wendet, dann ein fugiert beginnendes, aber sehr bald konzertant aufgelockertes Allegro und ein Presto, das sich über fallende Akkordbrechungen gleichsam zur fallenden Skalenbewegung der beiden ersten Sätze zurückentwickelt; alle Sätze stehen im geraden Takt, und obwohl die Grundtonart a-Moll ist, endet das Stück in E-Dur. – Die **5. Sonate** weicht auf andere Weise von der Norm ab: Der 1. Satz ist ein Grave im $^3/_2$-Takt und vom oben beschriebenen Typus, der normalerweise für den 3. Satz einer Kirchensonate reserviert ist; ihm folgen ein fugiertes Allegro, dann ein »Phantasiestück«, in dem kurze, aber harmonisch sehr intensive Adagio-Sätzchen mit einem zweimal wiederholten und variierten Allegro von ebenfalls nur wenigen Takten gleichsam dialogisieren, und schließlich ein giguenhaftes $^6/_8$-Allegro. – Wiederum anders experimentiert die **9. Sonate** des op. 1 mit der Normalform: Hier ist ein Phantasiestück vorangestellt, ein 3teiliges Allegro (ABA'), die Rahmenteile über einem Orgelpunkt erst der Tonika, dann der Dominante, ganz auf fröhlichen Signalmotiven aufgebaut, die eine Jagdszene assoziieren lassen. 4 freie Adagio-Takte leiten danach zur Tonika zurück und zu einem fugierten Allegro, dem ein Adagio vom Pathos-Typ im $^3/_2$-Takt und ein Allegro im $^3/_4$-Takt folgen, das deutlich auf die Signalmotive der »Jagdszene« zurückgreift; noch einmal 4 Adagio-Takte bilden den Schluß.

Ganz ähnlich von der Norm abgehoben ist die **12. Sonate** des **op. 3**, durch die damit der Abschluß der beiden Opera mit Kirchensonaten ähnlich akzentuiert wird wie das erste Opus der Kammersonaten durch eine Ciacona und die Violinsonaten durch die Folia-Variationen abgeschlossen werden. Das Stück beginnt mit einem großen Präludium, das fast ganz mit einem Dialog der Violinen mit den typischen präludienhaften Skalen und Akkordbrechungen, grundiert von langen Orgelpunkten, bestritten wird: Erst 2 Takte Adagio-Kadenz, dann ein Allegro mit Adagio-Halbschluß, ein zweites im $^3/_4$-Takt und ein kurzes drittes im $^6/_8$-Takt, schließlich ein nicht mehr halb improvisatorisches, sondern kontrapunktisch verfestigtes Adagio von 9 Takten. Darauf folgen ein Vivace vom Allemanden-Typus, 15 Melodietakte der Violinen (8 + 7), die mit veränderter Baßbegleitung wiederholt werden; dann noch einmal ein halb improvisatorischer Allegro-Satz mit Adagio-Schluß, ein fugiertes Allegro, das motivisch eng mit dem vorangehenden Satz verwandt ist, und ein giguenhaftes Finale im $^6/_8$-Takt.
Ebenso wie Formerweiterungen dieser Art gibt es unter den Sonate da chiesa Formverkürzungen, Satzverschiebungen (wie die schon erwähnte Verwendung des $^3/_2$-Adagio-Typus als Kopfsatz), Anspielungen auf Tanzsatz-Typen, und zwar nicht nur auf die Gigue in Schlußsätzen, sondern auch auf die Allemande in langsamen oder schnellen Kopfsätzen, Sätze in 3teiliger

Rahmenform (A B A) und veritable Suitensätze. Immer wieder ist Corellis Fähigkeit, vorgegebene Satzformen und Satztypen zugleich auszuspielen und zu verändern, staunenswert. – **Op. 3/4** beginnt mit einem Largo, das zu Beginn an eine langsame Allemande erinnert; im 2. Takt wird ein unscheinbares und zunächst konventionelles Motiv eingeführt, aus dem 15 Takte später, gegen Ende des Satzes, ein höchst affektvoller Seufzer-Dialog zwischen 1. Violine und 2. Violine/Generalbaß entwickelt wird. Der 2. Satz, Vivace, ist eine konzentrierte Fuge (wie meist bei Corelli mit obligatem Kontrapunkt zum Thema), die Händel als Vorbild für mehrere seiner Concerto- und Cembalo-Fugen diente. Der 3. Satz bringt einen ganz neuen, weit in die Zukunft weisenden Adagio-Typus, eine wundervoll fließende, empfindsame Kantilene im 3/8-Takt, die fast ganz der 1. Violine anvertraut ist. Das Schluß-Presto beginnt fugiert, löst sich aber gleich in ein konzertantes Spiel auf, dessen Motive dem Fugenthema entnommen sind. – **Op. 3/6** beginnt statt mit einem langsamen Satz mit einem Vivace, das noch dazu ein 2teiliger Suitensatz (mit Wiederholung beider Teile) ist, aber am Anfang des zweiten Teils sind 8 motivisch neue Takte eingeschoben, und danach wird die Rückwendung – über konzertierende Verarbeitung des Kopfmotivs des ersten Teils – durch einen chromatisch aufsteigenden Baß akzentuiert, der zur fast notengetreuen Wiederholung der Schlußtakte des ersten Teils führt: insgesamt fast so etwas wie ein »Sonatensatz« in nuce. Als 2. Satz folgt dann das typische Grave, das an erster Stelle stehen sollte; den Schluß bilden ein fugiertes geradtaktiges Allegro und ein fugiertes Allegro im giguenhaften 6/8-Takt. – **Op. 3/7** beginnt als eine »normale« Sonata da chiesa: Grave und fugiertes Allegro im geraden Takt, pathetisches Adagio im 3/2-Takt, aber als Finale folgt ein Suitensatz mit konzerthafter Motivik im 3/4-Takt. – Der Schlußsatz von **op. 3/8** ist ein vollends konzerthaftes Stück mit einem von rollenden Sechzehntel-Figuren beherrschten homophonen Rahmenteil und einem effektvoll kontrastierenden Mittelteil im Tonfall der kontrapunktisch-vorhaltsgesättigten langsamen Sätze. – **Op. 3/10** beginnt statt mit einem langsamen Satz mit einem kurzen Vivace, das mit einem Halbschluß zum fugierten Allegro überleitet; der 3. Satz, ein ganz kurzes Adagio vom Pathos-Typ, wirkt ähnlich als Einleitung zum folgenden Finale, schließt aber auf der Tonika, und das Finale selbst ist ein reiner Sonata-da-camera-Satz, eine Gigue im 12/8-Takt.

Sonate da camera, op. 2 und op. 4

Der Reichtum an Werkformen, Satzformen und Satztypen ist in den Kammersonaten nicht ganz so groß wie in den Kirchensonaten, und Sätze und Werke sind in der Regel kürzer als dort; aber andererseits zeigen sich gerade dadurch, daß hier der Grundton intimer, die Auswahl durch die Standard-Tanzsätze der Epoche begrenzter ist, Corellis Phantasie und Scharfsinn und die Prinzipien, nach denen er arbeitet, im schönsten Licht. Die Sonaten sind in der Regel 4sätzig, und neben einigen 3sätzigen findet sich nur eine 5sätzige (op. 4/7), in der aber das kurze, an den 2. Satz angehängte Grave mehr eine Überleitung als ein Satz ist. Fast alle Sonaten beginnen mit einem langsamen Preludio, an das sich 2 oder 3 Tanzsätze (seltener vermischt mit freien Sätzen ohne Tanzcharakter) anschließen, aber auch diese Präludien haben z. T. deutlich den Charakter, zum kleineren Teil auch die Suitensatzform eines Tanzsatzes. Zu dieser Technik der Anspielung treten in den Präludien und in den »echten« Tanzsätzen zwei weitere Verfahren, mit denen die starre Form und Typologie der Tanzsätze überformt wird: einmal die Technik, traditionell schnelle Sätze durch ein langsames Tempo gleichsam zu »verfremden«, und verbunden damit eine Auflockerung der tanzhaft regelmäßigen Periodenstruktur (in der Regel Viertakter) durch Verkürzung oder Erweiterung und umgekehrt, in einigen freien Sätzen, deren Annäherung an Tanzformen durch annähernd regelmäßige Periodenbildung. Wieder auf einer anderen Ebene spielt die Überformung einer (ständig mitgedachten) Norm durch wechselnde Folgen der Tanzsätze, so daß als Finale keineswegs immer eine Giga dient, sondern auch eine Allemanda oder eine Corrente.

Da hier keine ausführlichen Analysen aller Sonaten gegeben werden können, müssen einige Hinweise genügen. – **Op. 2/1** beginnt mit einem Preludio ohne Tempoangabe, das satztechnisch und thematisch bis ins Detail der Presto-Allemanda aus op. 2/3 entspricht (genauer: deren erstem Teil, da hier die Suitensatzform fehlt) – das aber als Preludio wohl doch in langsamem Tempo gedacht ist; ein typisches Beispiel für die Anspielung auf einen Tanzcharakter und zugleich dessen Überlagerung durch ein anderes Tempo. Als 2. bis 4. Satz folgen eine (nun so bezeichnete) Largo-Allemanda von leicht abweichendem Allemandentypus, eine Corrente und eine geradezu winzige Gavotta von 2mal 4 Takten. – **Op. 2/2** besteht aus nur 3

Sätzen, wieder einer Adagio-Allemanda, einer Corrente voller Finessen der Rhythmik und Periodenbildung und einer Giga. – In **op. 2/3** bildet die schon erwähnte Presto-Allemanda den Schlußsatz; ihm gehen ein Largo-Preludio, eine Allegro-Allemanda und ein hochpathetisches $\frac{3}{2}$-Takt-Adagio im Stil der Kirchensonate voran. – **Op. 2/4** beginnt mit einem Preludio, in dem auf wieder andere Weise ganz verschiedene Bereiche in Beziehung gesetzt werden: formal ein Suitensatz, der ähnlich einer Corrente – aber Adagio – beginnt und am Anfang auch in tanzhaften Zweitaktern und Viertaktern periodisiert ist, im zweiten Teil aber in die feierlich strömende Melodik und die Vorhaltsketten langsamer Sätze vom Pathos-Typ der Kirchensonaten mündet. Der 2. Satz ist eine Allemanda, der 3. ein Adagio ohne Tanzcharakter, das in seiner reichen Harmonik und melodischen Chromatik den ernsten Ton des Kopfsatzes noch verstärkt. Am Schluß aber steht eine Giga von so ungehemmter Fröhlichkeit und so einfacher Struktur, wie Corelli sie selten geschrieben hat (zugleich ein schönes Beispiel dafür, daß Moll-Tonarten im Barock, anders als in der Neuen Musik seit 1730, keineswegs immer ernste oder traurige Affekte bezeichnen):

Op. 2/5 (Preludio – Allemanda – Sarabanda – Tempo di Gavotta) hat eine periodisch ganz unregelmäßig gebaute Allegro-Allemanda, die aus der pathetischen Motivik und punktierten Rhythmik einer französischen Ouvertüre entwickelt wird, andererseits aber den zweiten Teil mit der (vor allem in der Gigue) typischen Umkehrung des Kopfmotivs beginnen läßt, schließlich jedoch in Vorhaltsketten und ein »Solo« des Generalbasses zu einem liegenden Ton in den beiden Violinen mündet. – In der Largo-Allemanda, mit der **op. 2/6** beginnt, herrschen dann die Tonfälle der französischen Ouvertüre, d. h. ihres langsamen Teils, absolut und im sozusagen richtigen Tempo.

Ganz aus dem Rahmen der Normen fällt natürlich die **Ciacona**, mit der op. 2 schließt – eines der großartigsten Stücke Corellis. Der 4taktige Baß, der das Werk trägt (g – fis – e – d), wird in einer Largo-Einleitung vorgestellt; dabei werden der 1. und 2. Viertakter durch eine erst von der 1., dann von der 2. Violine vorgetragene Kantilene akzentuiert. Beim 3. Auftreten wird der Baß zu einer Kadenz zum d (nach D-Dur) umgebogen; der 4. Viertakter ist frei und leitet kadenzierend nach G-Dur zurück, mit dessen Grundton im Baß dann der Allegro-Hauptteil der Chaconne beginnt. Fast alles, was folgen wird, ist in dieser Einleitung schon angedeutet – Umspielung, harmonische Umdeutung und Überlagerung des Chaconne-Basses bis zu seinem Verschwinden; zugleich ist mit der Folge Largo-Einleitung – Allegro-Hauptteil eine (wenn auch begrenzte) Beziehung zu den Formprinzipien einer Sonata da camera oder da chiesa hergestellt. Sofort mit dem Beginn des Allegros werden zusätzliche Gestaltungsmittel eingesetzt, die – ganz ähnlich wie die mannigfachen Überformungen des Grundtypus in den vorangegangenen Sonate da camera – das Chaconne-Prinzip überformen: die variative Entwicklung eines Motivs in den Violinen (das im Lauf des Satzes noch mehrfach wiederkehrt) und die Überlappung der Stadien dieses Variationsverfahrens mit den Viertaktern des Chaconne-Basses. In der Mitte des gar nicht ungewöhnlich langen, aber sehr ungewöhnlich konzentrierten und kunstvollen, dabei von großartiger melodischer Erfindung durchströmten Satzes werden die freien Abschnitte eingeschoben, die in den Schlußtakten der Einleitung gleichsam versprochen worden waren; daran anschließend häufen sich Abschnittswiederholungen in den Oberstimmen, jetzt übereinstimmend mit dem Chaconne-Baß zäsuriert (wie am Anfang der Einleitung), mit Vertauschung der Stimmen, wechselnden Zusatzstimmen zu einer wiederholten Stimme, schließlich wieder Variationen des ersten Allegro-Motivs, bis der Satz mit einer bekräftigenden Wiederholung des letzten Viertakters (eine Schlußbildung, die auch in den »echten« Sonate da camera sehr häufig ist) schließt. Bei aller Gedrängtheit, Dichte und Kompliziertheit wirkt die ganze Ciacona zuerst und vor allem als ein großartiges Stück Musik, als ein beschwingt-feierlicher Tanzsatz (dies durch seinen rhythmischen Reichtum und seine wiederum sehr kunstvoll abgestuften Bewegungskontraste) – und als ein Tanzsatz dann auch als »echte« Sonata da camera.

Die Sonaten des **op. 4** haben kein solches Prunkstück aufzuweisen wie die Ciacona, sind aber im Detail eher noch reicher als op. 2, vor allem in der Einführung neuer Preludio-Formen. – Die **6. Sonate** hat das längste und komplizierteste aller Präludien: erst ein kurzes Adagio, dessen gehende Achtelbewegung im Baß und dessen punktierte Rhythmen in den Oberstimmen an eine Allemande erinnern, dann ein vergnügtes Allegro im ¾-Takt, ein kurzes Adagio vom Pathos-Typ, eine stark variierte Wiederholung des Allegros und eine leicht variierte des Adagios, die sich mit 2 angehängten Kadenztakten zur Dominante und zur anschließenden Allemanda öffnet. – Einfacher, aber nicht minder originell ist das Preludio der **10. Sonate**, ein konzertantes Allegro in Da-capo-Form (A B A′), eingerahmt von 2 Takten Adagio-Kadenz (geradtaktig) am Anfang und 3 Takten Adagio-Kadenz (³⁄₂-Takt) am Schluß. – Ein Preludio vom reinsten Pathos-Typ, geprägt von einer Melodik, deren Weiträumigkeit an Händel gemahnt, hat die **8. Sonate**. – Natürlich finden sich neben diesen neuen Zügen alle Elemente des op. 2 in ständig neuen Konstellationen wieder, so die Überlagerung oder »Verfremdung« traditioneller Tanz-Typik wie in der Vivace-Sarabande von **op. 4/7**, an die sich Händel offenbar erinnerte, als er den Schlußchor seiner Oper »Poro« schrieb. Auch die paradox-verschachtelten Beziehungen zwischen einzelnen Sätzen und Sonaten fehlen nicht: so, wenn die Presto-Allemande am Schluß der **1.** und das Grave-Preludio der **2. Sonate** satztechnisch auf den ersten Blick fast identisch, im Klang- und Affekteindruck gänzlich verschieden sind.
Immer wieder zeigt sich in solchen Details, die das vergleichende Hören und Studium dieser Sonaten zu einem stets neuen geistigen Abenteuer machen (und auch darin sind Corellis Triosonaten am ehesten den Streichquartetten Haydns zu vergleichen), daß Corelli das gelungen ist, was bei einer so rigorosen Beschränkung des Mediums als fast unmöglich erscheinen mag, was aber wohl eben durch die abzuarbeitenden Widerstände, die diese Beschränkung der Phantasie entgegensetzte, erst möglich wurde: sich niemals zu wiederholen und doch stets, unverwechselbar, Corelli zu sein.

LF

Henry Purcell

* 1659 wahrscheinlich in London, † 21. November 1695 in London

Purcell, über dessen kurzes Leben wenig bekannt ist, kam aus einer weitverzweigten Musikerfamilie; er begann seine Laufbahn, wie üblich, als Chorknabe in der Chapel Royal. Seit seinem 8. Lebensjahr scheint er komponiert zu haben. Mit 20 Jahren wurde er Organist der Westminster Abbey als Nachfolger von John Blow; 1682 folgte er Edward Lowe als einer der Organisten der Chapel Royal, 1683 wurde er zum »keeper of the king's instruments« ernannt. In diesen Ämtern – unter Charles II., James II. und William III. –, in denen er auch Kompositionen für höfische Feste zu liefern hatte, blieb er bis zu seinem Tode. Er wurde in der Westminster Abbey beigesetzt. 3 Jahre nach seinem Tod veröffentlichte Henry Playford eine Anthologie von Purcells Liedern unter dem seitdem sprichwörtlich gewordenen Titel »Orpheus Britannicus«.

Kammermusik: *Fantasien* und *In nomines* für 3–7 Stimmen (ohne Generalbaß); *Fantasia upon a Ground*, *Chaconne* und *Pavanen* für 2–3 Streicher, *Triosonaten* (12 1683, 10 weitere postum 1697, eine nicht veröffentlichte), alles mit Generalbaß. Die *Ouvertüren* für Streicher und Generalbaß und die Sonate für Trompete und Streicher sind eher Orchester- als Kammermusikwerke.

Purcell war ohne Zweifel einer der größten Komponisten des Barock und der größte, den England hervorgebracht hat, in der Bedeutung, Fülle und Vielseitigkeit seines einem allzu kurzen Leben abgewonnenen Werkes Mozart vergleichbar. Er begann als vergleichsweise konservativer Komponist, vor allem in seiner Vokalmusik, nahm aber schnell französische und immer mehr italienische Anregungen auf und entwickelte gleichzeitig die Fähigkeit, für die ihn Playford 1698 besonders rühmte: das »besondere Genie, die Kraft der englischen Sprache [the energy of English words] so auszudrücken, daß er damit das Gefühl [the passions] aller Hörer bewegte«. Die frühe Instrumentalmusik zeigt, auf der Basis einer noch deutlich modal gefärbten Harmonik und einer mehr durch Klangsensibilität als Kadenzlogik regulierten, oft atemberaubenden Chromatik, eine intensive Auseinandersetzung mit der englischen Tradition (Fancy, Ground und In nomine für viol consort; s. S. 20), aber ebenso mit der italienischen Triosonate unmittelbar vor dem Auftreten Corellis. Die reife geistliche und weltliche Vokalmusik entfaltet, nun auf der Basis einer einfacheren und weiträumiger geplanten Kadenzharmonik, einen außerordentlichen Reichtum der Tonfälle und Techniken, vom mühelos gehandhabten Ground bzw. der Lullyschen Chaconne über die grandios-

pathetische und die pittoreske französische Opernszene bis zum volkstümlichen und derben Tanz- und Trinklied und von der extrem figurenhaft-textdarstellenden Sprache der Anthems bis zur bezwingend intensiven Affektszene (Didos Tod) oder zur virtuosen Tonmalerei. Zum einheitlichen und unverwechselbaren Stil wird diese aus so vielen und verschiedenen Quellen gespeiste musikalische Diktion durch die fast nie versiegende Inspiration Purcells und durch einen ebenso unverwechselbar englischen, aus der Sprachmelodie entwickelten Tonfall.
Purcells Kammermusik scheint mit wenigen Ausnahmen um 1680 entstanden zu sein; ein Teil der Fantasien ist auf 1680 datiert, und die postum veröffentlichten Triosonaten unterscheiden sich von den 1683 publizierten stilistisch so wenig, daß auch sie in die frühe Zeit gehören dürften. Die Tatsache, daß die formal und technisch sehr deutlich unterschiedenen Fantasien und Triosonaten aus derselben Zeit stammen, ist ein schönes Beispiel für die Wichtigkeit gattungsgeschichtlicher Zusammenhänge.

Die 3stimmigen Fantasien – im Violin-, Alt- und Baßschlüssel notiert und der Tradition entsprechend auf Violen, aber auch auf Instrumenten der Violinfamilie ausführbar – sind kurze und im Vergleich zu den 4stimmigen Fantasien einfache Werke (d-Moll, F-Dur, g-Moll), in denen 2 oder 3 jeweils auf der Tonika beginnende und endende Abschnitte aneinandergereiht werden. Die meisten Abschnitte führen ein Motiv oder eine Reihe von Motiven imitierend durch alle Stimmen, oft auch in Engführungen; den Schluß der **1.** und **2. Fantasie** bildet jeweils ein heftig chromatischer, akkordisch vollstimmiger Abschnitt. Die Abschnitte sind nicht nur durch Kadenzen voneinander getrennt, sondern auch durch Tempowechsel: Der 1. Abschnitt ist stets (wie auch in den 4stimmigen Fantasien) ohne Tempobezeichnung (Moderato), der 2. »quick« oder »brisk«, der 3. »slow« oder »drag«. Der musikalische Sinn der Werke, die entsprechend der englischen Consort-music-Tradition keine Vortragsmusik, sondern subtile Kammermusik für Kenner sind, liegt in der außerordentlichen kontrapunktischen und klanglichen Phantasie des 3stimmigen Satzes. Eben vermöge dieser Phantasie der nie versagenden Erfindung aber können sie auch den modernen unvorbereiteten Hörer in ihren Bann schlagen.

Die 9 4stimmigen Fantasien sind wesentlich umfangreicher, kunstvoller in der Polyphonie, kühner in der Chromatik, und deutlicher als in den 3stimmigen Werken tritt in ihnen Purcells Fähigkeit hervor, einen Satz zu schreiben, in dem alle Stimmen nicht nur kontrapunktisch gleichberechtigt, sondern in einer hochpathetischen und ganz persönlichen Melodiesprache individualisiert sind. Die meisten Fantasien sind 4teilig (ohne Tempoangabe – slow – quick – slow oder umgekehrt: ohne Tempoangabe – brisk – slow – brisk); die Binnenteile enden jetzt meist nicht auf der Tonika, sondern auf der Dominante oder in einer anderen nahe verwandten Tonart. Die fast immer homophonen und stark chromatisierten langsamen Teile setzen, nach einer kurzen Generalpause oder unmittelbar anschließend, gern mit der Moll-Wendung des vorangegangenen Dur-Dreiklangs ein. Der so gesteigerten Klangkunst im 4stimmigen Satz entspricht die gesteigerte kontrapunktische Kunst: Oft werden nicht einfache Motive, sondern 2 Motive zugleich und diese recto und in Umkehrung durchimitiert; der erste schnelle Teil der **6. Fantasie** verarbeitet 3 Motive und deren Umkehrung im dreifachen Kontrapunkt, und der Schlußteil der **9. Fantasie** greift sogar auf die Proportionskünste des 15. und 16. Jh. zurück, indem ein Quartenmotiv in einfachen, doppelten und vierfachen Notenwerten durchgespielt und umgekehrt wird (und eine zusätzliche Pointe ist hier wie bei allen solchen kontrapunktischen Kunststücken Purcells, daß man kaum etwas von solchem Kunstaufwand, vielmehr einen lebendig fließenden und bezaubernd klangschönen Satz hört). Daß das Tonartenspektrum der Stücke wie auch der Modulationsplan jedes einzelnen Werkes – bei aller klanglichen Buntheit im Detail – eng begrenzt ist, entspricht der Beziehung der Kompositionen zu einem bis ins 16. Jh. zurückreichenden Traditionszusammenhang. (Die 9 Fantasien stehen in g, B, F, c, d, a, e/E, g und d.)

Ein besonders kunstreiches Stück ist die **»Fantasia upon one note«** für 5 Stimmen in F: Die Mittelstimme des Satzes spielt 40 Brevis-Takte hindurch den Ton c; die 4 anderen Stimmen umgeben diese Tonachse mit einem kontrapunktischen und klanglichen Satz, der wie in den 4stimmigen Stücken durch Wechsel der Tempi und Satztechniken gegliedert ist, der aber zusätzlich von Abschnitt zu Abschnitt in kleineren Notenwerten, also gesteigertem Tempo verläuft, so daß gegen die gleichbleibende

Brevis-Bewegung der Kernstimme eine zweite Tempoebene aufgebaut wird.

Unter den Kammermusikwerken mit Generalbaß sind die 5 Pavanen – 4 für 2 Violinen und Baßgambe, eine für 3 Violinen und Baßgambe mit Generalbaß – die bescheidensten. Ähnlich wie die In nomines gehen sie auf eine spezifisch englische Pavanentradition seit dem 16. Jh. zurück, die in England erst eigentlich aufblühte, als die Pavane als Hoftanz in ihrem Ursprungsland Italien schon unmodern geworden war. Entsprechend dieser Tradition sind sie 3teilig (jeder Teil wiederholt), also nicht 2teilig wie der Suiten-Tanzsatz des späten 17. Jh. Der Satz ist meist homophon und mehr auf Klang, Melodik und – entsprechend der Tanztradition – Rhythmik als auf kontrapunktische Feinheiten gestellt; in den meisten Stücken werden die 3 Teile durch ein jedem Teil eigenes rhythmisches Grundmuster differenziert.

Sehr viel gewichtiger sind der 4stimmige Ground in F – »Three Parts upon a Ground« – und die Chaconne in g, die auf wiederum sehr bezeichnende Weise an zwei verschiedene Traditionen anknüpfen.
Die **»Fantasia upon a Ground«** entwickelt einen überaus abwechslungsreichen und kunstvollen kontrapunktischen Satz, ganz im Sinne der englischen Tradition, über einem ebenfalls traditionellen 3taktigen Ground (Basso ostinato). Die harmonische Unergiebigkeit dieses Fundaments wird von Purcell wie von vielen seiner Vorgänger durch ein wahres kontrapunktisches Feuerwerk kompensiert: Der Ground wandert, nachdem er 7mal im $^6\!/\!_4$-Takt und 8mal im $^3\!/\!_4$-Takt durchgespielt und durch freie Kontrapunktstimmen überlagert worden ist, in die Oberstimmen, wo er als 3stimmiger Kanon behandelt wird (was eine plötzliche Tempoverlangsamung impliziert), dann wieder zurück in den Baß, während die Oberstimmen freie Abschnitte mit wechselnden rhythmischen Grundmustern aneinanderreihen und weitere Kanons einbauen, darunter erst einen ganz kurzen Abschnitt, in dem ein Tonleitermotiv in Vierteln gleichzeitig recto, in Umkehrung und im Krebs erscheint (so, daß man es nicht hören kann), dann einen Doppelkanon über den Ground und ein freies Motiv.
Ganz anders ist die **Chaconne** aufgebaut, die deutlich an französische Modelle anknüpft. Ihr Baß ist 8taktig und harmonisch so reich wie der Ground einfach war:

Dieser harmonische Reichtum wird von Purcell weidlich ausgekostet; dafür entwickeln sich die Oberstimmen fast durchweg im typischen Chaconne-Rhythmus ♩ ♩. ♪, sind sehr viel homophoner behandelt als im Ground, überlappen z. T. die Periodengrenzen des Basses und sind z. T. miteinander verschränkt, einige Male auch durch freie Takte voneinander getrennt. Dadurch wird das Höchstmaß von Variabilität erreicht, das bei einem so starren Schema überhaupt möglich ist, und Purcells Phantasie triumphiert, wieder einmal, gerade über die rigoroseste technische Beschränkung.

Den Kernbestand der Kammermusik Purcells bilden aber zweifellos die Triosonaten (Drucke von 1683 und 1697). Die handschriftlich überlieferte, auch als Violinsonate mit Generalbaß veröffentlichte g-Moll-Sonate gehört stilistisch zu ihnen, ist aber nur in einer etwas ungewissen Gestalt auf uns gekommen.

Die 12 **»Sonnata's of III Parts: Two Viollins And Basse: To the Organ or Harpsecord«** hat Purcell mit einem Vorwort versehen, in dem er die Ziele darlegt, die er mit dieser Veröffentlichung – dem ersten Triosonatendruck in England – verfolgte: den Versuch, »a just imitation of the most fam'd Italian Masters« zu geben und damit den »Ernst und die Würde dieser Art von Musik« in England zu verbreiten, da es nun an der Zeit sei, daß die Engländer »the levity and balladry« ihrer Nachbarn, nämlich der Franzosen, zu verachten lernten. Mit dem italienischen Stil werden natürlich auch die Besetzung (also Violinen statt Violen) und die italienischen Tempobezeichnungen eingeführt.

Die »most fam'd Italian Masters«, an denen Purcell sich orientierte, sind in der Generation vor Corelli zu suchen, da Corellis op. 1 erst zwei Jahre vor Purcells Sonaten erschien; tatsächlich tragen die Sonaten (wie auch die 10 von 1697) neben vielen Merkmalen der englischen Fantasie Züge der Bologneser Triosonate um 1660/70, vor allem der frühen Sonaten von Giovanni Battista Vitali. Das Entscheidende ist jedoch, wie immer bei Purcell, der ganz eigene Ton, der aus einer solchen Mischung entsteht: hier die außerordentlich plastische und individuelle

Durcharbeitung der 3 Stimmen, der harmonische Reichtum, die Verschmelzung von kühner Klangfarbigkeit im Detail (Erbteil der Fantasie) mit großflächiger modulatorischer Zielstrebigkeit (Erbteil Italiens), die knapp und schlagend herausgearbeitete Individualität jeder Sonate und jedes Satzes.

Die 12 Sonaten von 1683 sind tonartlich in Gruppen zu je 3 geordnet, und zwar mit einer Ausnahme in steigenden oder fallenden Dreiklängen und außerdem so, daß sich 6 Werke in Dur und 6 in Moll ergeben:

gBd FAC eGc AfD

Nur eine der Sonaten hat die Satzfolge des Corelli-Typus langsam – schnell – langsam – schnell; die meisten haben 5 Sätze in verschiedenen Tempofolgen. Wenn 2 langsame Sätze aufeinander folgen, steht immer einer im geraden, der andere im ungeraden Takt. Die Kopfsätze sind – wie in den Fantasien die ersten Abschnitte – ohne Tempoangabe und je nach ihrer Satzstruktur langsam oder moderato zu spielen. Alle übrigen Sätze sind mit den Termini bezeichnet, die Purcell im Vorwort erklärt; eine Ausnahme bilden nur die mit Canzona überschriebenen Sätze, die aber entsprechend der Alla-breve-Taktangabe und der vorherrschenden Bewegung in Achteln und Sechzehnteln immer schnell sind.

Die Tonartenverhältnisse innerhalb der Sonaten sind großräumig sehr einfach, im Detail durch die Merkmale gekennzeichnet, die auch die Fantasien prägen, wenngleich die Sonaten vor allem in den schnellen Sätzen zurückhaltender, stärker an größeren Kadenzzusammenhängen interessiert, kurz: italienischer sind: Klangphantasie, überraschende Dur-Moll-Kontraste, melodische und harmonische Chromatik. Dabei sind fast alle Sätze tonal geschlossen – im Gegensatz zur Triosonate des frühen 18. Jh.; die Attacca-Verbindung eines langsamen und eines schnellen Satzes vollzieht sich also nicht, wie später, durch Halbschluß am Ende des langsamen Satzes und dann Allegro-Beginn auf der Tonika, sondern wie in der Fantasie durch eine Tonika-Kadenz, auf deren Zielakkord das Allegro beginnt.

In diesem verhältnismäßig einfachen Rahmen entfaltet Purcell nun einen Einfallsreichtum und eine kontrapunktische Bravour, die in ihrer Zeit einzigartig sind und von denen nur eine sehr ausführliche Analyse einen ungefähren Begriff geben könnte. Einige Andeutungen müssen hier genügen. Die lang-

sam oder moderato zu spielenden Kopfsätze sind meist von enggeführten Imitationen kleiner Motive beherrscht, in denen sich Purcells ungewöhnlich plastische Motiv-Erfindung besonders schön zeigt; durch ihren besonders dichten kontrapunktischen Satz erfüllen die Sätze ihre Einleitungsfunktion auf andere Weise, aber nicht schlechter als der langsame Satz einer französischen Ouvertüre mit seinen typischen punktierten Rhythmen (ein Typus, den Purcell z. B. in der **3. Sonate** verwendet). Dagegen folgen die langsamen Mittelsätze in gerader Taktart meist dem französischen Ouvertüren-Typus, während diejenigen im Tripeltakt melodienbetont-homophon und oft im Rhythmus der Sarabande gehalten sind. Die schnellen Sätze vom Canzonentypus greifen deutlich auf die italienische Canzona zurück, teilweise in der Motivbildung mit ihren charakteristischen Tonwiederholungen, teilweise auch in der Aneinanderreihung kleiner Abschnitte mit je einem durch alle Stimmen wandernden Motiv. Alle anderen schnellen Sätze zeigen eine so außerordentliche Vielfalt der Thematik, der Formen und der Satztechniken, daß sie kaum unter Typen zu ordnen sind – hier wie auf nahezu allen anderen Gestaltungsebenen zeigt sich, wie bunt die italienische und italianisierende Triosonate noch unmittelbar vor Corellis Auftreten war und, umgekehrt, welch außerordentliche Leistung Corelli mit der Kodifizierung und dialektischen Vermittlung der beiden Grundtypen Sonata da chiesa und Sonata da camera vollbrachte.
Die schnellen und nichtcanzonenhaften Sätze sind meist auch diejenigen, in denen Purcell seine Virtuosität in allen Spielarten des Kontrapunkts demonstriert. So wird schon im Vivace der **1. Sonate** die Fortspinnung des ersten Themeneinsatzes zum obligaten Kontrapunkt, und Thema und Kontrapunkt werden in jenen Terzen-Parallelen durchgespielt, mit denen Purcell hier und in den kantablen langsamen Sätzen der Sonaten gern experimentiert. Der Kopfsatz der **2. Sonate**, in relativ schneller Bewegung, führt sein Thema (nicht dagegen den obligaten Kontrapunkt) recto und inverso, dann in originalen und verdoppelten Notenwerten durch. Fast eine Standardtechnik in den schnellen Sätzen ist die kontrapunktische Durchführung eines Themas erst recto, dann inverso und schließlich recto und inverso zugleich. Schließlich bringt die **6. Sonate** ein besonderes kontrapunktisches Kunststück, das, wie die Kanonabschnitte in den Fantasien und im Ground, an die Kanon-Künste des 15. und 16. Jh. anknüpft: Der 1. Satz der Sonate ist ein 3stimmiger

Kanon mit verdoppelten Notenwerten in der 2. und vervierfachten in der 3. Stimme, weiter dadurch kompliziert, daß er in 5 Abschnitte geteilt ist, in denen das Kanonthema des 1. immer neu variiert wird und in denen die Lage der Stimmen wechselt, so daß die Grundstimme einmal die untere, dann die mittlere oder die obere des Satzes ist; außerdem wechseln die Einsatzabstände der Stimmen, während die Einsatzintervalle – Quinte und Oktave – gleich bleiben; schließlich treten im 2. und 3. Abschnitt nur die Augmentation 1:2, im 4. nur die Augmentation 1:4 auf, wodurch eine subtile Abstufung der Intensität und auch des Bewegungs-Eindrucks erreicht wird.

Die 10 Sonaten aus dem Nachlaß Purcells wurden 1697 veröffentlicht und von seiner Witwe einer früheren Schülerin des Komponisten, Lady Rhodia Cavendish, gewidmet. Offensichtlich sind sie alles, was im Nachlaß zu finden war, keine geplante Sammlung (die Tonarten sind h, Es, a, d, g, g, C, g, F und D), aber unter ihnen sind einige der schönsten Sonaten, die Purcell schrieb, dabei die F-Dur-Sonate (Nr. 9), die später den Beinamen »Golden Sonata« erhielt, und die zweite g-Moll-Sonate (Nr. 6), die keine Sonate, sondern eine Chaconne ist.
Formal und stilistisch unterscheiden sich die Sonaten kaum von den 1683 veröffentlichten; höchstens einige satztechnisch einfache tanznahe und tanzhaft-regelmäßig periodisierte Sätze wie das abschließende Satzpaar Largo – Allegro der 10. Sonate und die insgesamt »moderner« wirkende »Golden Sonata« lassen vermuten, daß wenigstens einige der Werke jünger sind und daß die 10 Sonaten insgesamt vielleicht das »Rohmaterial« bilden, aus dem Purcell eine zweite Sammlung von 12 Sonaten herausarbeiten wollte.
Für die Werke, die denen von 1683 nahestehen, kann die **1. Sonate (h-Moll)** als Beispiel dienen. Sie beginnt mit einem kurzen – ausnahmsweise mit Tempoangabe versehenen – Adagio, das vollständig aus dem halb seufzerhaften, halb feierlich-marschähnlichen Motiv des Anfangs

entwickelt wird; der Schluß ist durch einen chromatischen Baßgang formal und zugleich affektiv (Verstärkung des Lamento-Charakters) intensiviert. Es folgt eine Canzona, die den

Marschrhythmus – jetzt Allegro – aufgreift und ins Heiter-Spielerische wendet; formal ist sie deutlich 3geteilt: zuerst 12 Takte, in denen das Canzonenthema und seine beiden Gegenstimmen buchstäblich allgegenwärtig in jedem Takt (außer dem nach D-Dur kadenzierenden 11.) sind:

dann 8 Takte mit dem Thema inverso, dann recto und inverso mit den Gegenstimmen recto; schließlich, nach einer Kadenz zur Wechseldominante E-Dur, ein großer Schlußabschnitt (16 Takte) über ein neues, in Sechzehntel-Girlanden aufsteigendes Motiv, das in den Oberstimmen meist in Terzenparallelen geführt wird, in solchen Parallelen über einem Dominant-Orgelpunkt kulminiert und das diesem Satzteil einen brillant-konzertanten Ton gibt. In heftigem Kontrast dazu steht das Largo, das von fern an eine Sarabande erinnert, seinen intensiven Lamento-Ton aber vor allem einer fallenden Melodielinie verdankt, die in der zuerst vorgeführten Gestalt und in Ableitungen den ganzen Satz, durch die Stimmen wandernd, durchzieht und die mit den dissonanten Vorhaltsketten, die von der Melodiegestalt nahegelegt werden, harmonisiert wird. Der Schluß des Satzes geht attacca in das abschließende Vivace über, das mit einem langen, rhythmisch pointierten Sequenzthema beginnt, dieses Thema dann in zahlreichen Engführungen und, wie bei Purcell üblich, mit einem obligaten Kontrapunkt durchführt, wodurch ein sehr dichter, von rhythmischer Energie geladener Satz entsteht, der durch dissonante Vorhalte im Baß noch harmonisch gewürzt wird.

Die **»Golden Sonata« (Sonate Nr. 9, F-Dur)** beginnt mit einem kurzen concertohaften Allegro über ein Doppelthema, das eher orchestral wirkt und das recto, inverso, mit einem zusätzlichen Achtelsequenzmotiv und in immer dichter und bewegter wer-

dendem Satz durchgespielt wird – trotz allem kontrapunktischen Aufwand eher eine (sehr italienische, fast opernhafte) Intrada als ein Sonatensatz. Auf seinen F-Dur-Schlußakkord folgt, in f-Moll einsetzend, ein schneidend intensives Lamento-Adagio mit einer selbst für Purcell ungewöhnlich reichen Harmonik, das in einer Kette von Seufzern und deren Piano-Wiederholung ausklingt. Die anschließende Canzona knüpft in ihrer ganz canzonentypischen Fanfarenmotivik, die praktisch den ganzen Satz beherrscht, an den Ton der »Intrada« an. Ein kurzes, motivisch kaum verfestigtes d-Moll-Adagio (einer der wenigen Sätze in Purcells Sonaten, die in einer anderen als der Grundtonart stehen) leitet zum Finale, einem Allegro im 3/8-Takt, das in seiner tanznahen Melodik und Periodisierung fast wie ein 3/8-Menuett des frühen 18. Jh. wirkt und das auch harmonisch ungewöhnlich einfach ist. In der Einfachheit und Tanznähe dieses Satzes, aber auch in der Zuspitzung und Kontrastierung der fröhlichen und schmerzlichen Affekte ist das Werk, auch wenn es an der 5sätzigen Normalform Purcells festhält, sicherlich die modernste (und deshalb vielleicht die populärste) der Triosonaten des Komponisten.
Die **Chaconne (Sonate Nr. 6, g-Moll)** hat annähernd den Umfang und auch die Bewegungs- und Affektkontraste einer Sonate, ist aber auf einem 5taktigen Baß aufgebaut:

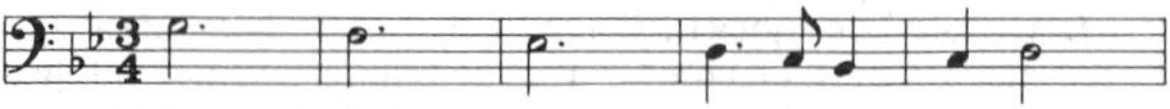

der 44mal im Baß erklingt. Der 2stimmige Satz über diesem Baß ist chaconnehaft im erklingenden oder durchscheinenden Rhythmus ♩ ♩. ♪ im schnellen Motiv- und Bewegungswechsel von Abschnitt zu Abschnitt, wobei die Kadenzen im ersten und letzten Takt des Werkes regelmäßig auf die Zäsuren des Basses fallen, im mittleren Teil häufiger diese Zäsuren übergreifen, wodurch die für Purcells Chaconne-Typus so bezeichnende metrisch-harmonische Spannung entsteht. Der Oberstimmensatz ist aber zugleich sonatenhaft in der kontrapunktischen Beziehung der Stimmen durch Imitation, Umkehrung, Vorhaltsketten, Terz- und Sextparallelen – also eine gänzlich andere Satzstruktur als in der einzelnen g-Moll-Chaconne (s. o.). Nur der Schluß des großartigen Satzes ist wie dort akzentuiert: durch eine Hemiolenbildung in den allerletzten Takten. *LF*

Jan Dismas Zelenka

* 16. Oktober 1679 in Louňovice (Böhmen)
† 22./23. Dezember 1745 in Dresden

Zelenkas Vater war Organist in dem Städtchen Louňovice (Launowitz); der Sohn besuchte wahrscheinlich das Collegium Clementinum der Jesuiten in Prag – die anspruchsvollste Schule im habsburgischen Böhmen – und erhielt dort wohl auch seine erste musikalische Ausbildung. 1709 stand er im Dienst des Grafen Hartig in Prag, 1710 wurde er als Kontrabassist in der sächsischen Hofkapelle in Dresden angestellt, 1715 auf Kosten des Hofes zur weiteren Ausbildung nach Italien geschickt. Zelenka unterbrach die Reise in Wien, um bei Johann Joseph Fux zu studieren, und ging dann zu Antonio Lotti in Venedig. 1717–19 war er wieder in Wien; ab 1719 bis zu seinem Tode wieder in Dresden, das er nur noch einmal, 1723, zu den Prager Feiern zur Krönung Kaiser Karls VI. zum böhmischen König verließ, bei denen sich das halbe musikalische Europa versammelte und bei denen auch eine Festoper (Serenata) Zelenkas aufgeführt wurde. In Dresden diente er weiter als Instrumentalist in der Hofkapelle und als Lieferant von Kirchenmusik für die Hofgottesdienste, aber seine Musik war bei Hofe nicht beliebt; als der Hofkapellmeister Johann David Heinichen starb, wurde nicht Zelenka, sondern der aufsteigende Stern der »modernen« Musik, Johann Adolf Hasse, zum Nachfolger ernannt und Zelenka mit dem Titel eines Hof-Kirchen-Compositeurs getröstet – eine Entscheidung, die man einem barocken Hof, der wie jeder Hof weniger musikalisch belehrt als musikalisch unterhalten werden wollte, schwerlich verübeln kann.

Zelenka hat an Kammermusik nur 6 Triosonaten hinterlassen, aber dieses fast einzigartig schmale Œuvre hat genügt, um ihn als einen der ungewöhnlichsten Komponisten der Bach-Generation erscheinen zu lassen – die deutliche »Zelenka-Renaissance« der 1970/80er Jahre ist von den Triosonaten ausgelöst worden. Es sind Werke von unverwechselbarer, oft fast bis ins Bizarre getriebener Eigenart, sehr lang (länger sogar als die meisten Kammermusikwerke Bachs), sehr kompliziert und mit einer nie nachlassenden Intensität durchgearbeitet (wenig Kammermusik des Barock, diejenige Bachs wieder ausgenommen, erfordert eine so große Höranstrengung), gleichwohl überquellend von einer »musikantischen« Erfindung, die oft, etwa in der Neigung zu Moll-Tonarten (3 der Sonaten und mehr als die Hälfte aller Sätze stehen in Moll) und zu plötzlichen Dur-Moll-Wechseln, zur linearen und vertikalen Mischung von geradtaktiger und triolischer Bewegung, an die tschechische Herkunft des Komponisten erinnern.
Die Sonaten sind wahrscheinlich 1715 geschrieben und wohl nicht als »opus« konzipiert; jedenfalls ist die Tonartenwahl mit

ihrem engen Spektrum und ihren Wiederholungen (FgBgFc) sehr ungewöhnlich. Sie haben, außer der 5., die Form der »klassischen« Sonata da chiesa: ein langsamer Satz, meist in geradem Takt, der mit einem Halbschluß zum folgenden Allegro überleitet, das immer geradtaktig ist; ein 2. langsamer Satz, meist im Tripeltakt oder einer zusammengesetzten Taktart (6/4 in der 1. Sonate), der sich wieder zur Dominante öffnet und auf den als Finale ein schneller Satz im Tripeltakt oder 2/4-Takt folgt. Daß dieses Finale einen etwas leichteren Tonfall hat als das erste Allegro – Zelenka spielt vor allem in diesen Schlußsätzen auf tschechische Tanzmusik an – gehört ebenfalls zur Norm der Triosonate um 1720, wie sie von Corelli begründet und von der ihm folgenden Generation ausgebaut und weiter verfestigt wurde. Auch die 5. Sonate folgt einem festen Formtypus, allerdings einem moderneren: dem Concerto-Typ Vivaldis.
In jeder anderen Hinsicht dagegen herrscht in den Sonaten eine geradezu verwirrende Fülle des unorthodoxen Details. Das beginnt bei der Besetzung, die ausdrücklich für »due Hautbois et Basson con due bassi obligati« ist – was bedeutet, daß die beiden Oboen und das Fagott einen obligaten 3stimmigen Satz bilden, zu dem der Generalbaß als 4. obligate Stimme hinzutritt, die aber streckenweise nur das Fagott verdoppelt, streckenweise eine vereinfachte Version der Fagottstimme spielt, strekkenweise aber auch pausiert, so daß ein generalbaßloser, aber nicht baßloser 3stimmiger Satz entsteht. In der unzweideutig im Titel der autographen Partitur geforderten Besetzung mit Holzbläsern mag eine weitere Erinnerung an tschechische Inspirationsquellen liegen; wichtiger ist aber, daß diese Besetzung der Musik Zelenkas mit ihren nicht enden wollenden virtuosen Soli, ihrem kompakt-kontrapunktischen Satz, ihrer Neigung zu chromatisch und durch große Sprünge geschärfter Melodik nicht nur eine besondere Klangfarbe, sondern dadurch, daß sie die Interpreten an die Grenzen ihrer Leistungsfähigkeit führt, eine ungeheure, kaum für einen Moment nachlassende Spannung gibt. Von jeder Alternativbesetzung mit Streichern muß daher, obwohl sie natürlich dem Usus der Zeit Zelenkas entsprechen würde, ganz dringend abgeraten werden.
Zelenka ist ein Komponist, der so konsequent wie wenige seiner Zeitgenossen kontrapunktisch gedacht hat, der aber zugleich eben aus der Dichte der unablässigen kontrapunktischen Arbeit zu einer Technik der Verarbeitung kontrapunktischer Motive vorgestoßen ist, die wie ein Vorgriff auf klassische thematische

Arbeit erscheinen kann, die aber vor allem wieder an Bach erinnert (es bezeichnet Zelenkas Rang, daß sich der Vergleich mit Bachs Musik immer wieder aufdrängt, obwohl die beiden Komponisten, die sich kannten, einander in keiner Weise beeinflußt haben). Die Technik der kontrapunktischen Themenerfindung wird am deutlichsten dort, wo man es am wenigsten erwarten würde, nämlich in einem der »leichteren« Finalsätze (zugleich mit der typischen Triolenrhythmik), Sonate Nr. 2 g-Moll:

Die Technik der Verarbeitung einzelner Motive demonstriert am klarsten das Finale der 3. Sonate, in dem aus dem – wieder kontrapunktisch erfundenen – 1. Thema

die 2 charakteristischen Motive der Oberstimme isoliert, dann aber bezeichnenderweise wieder kontrapunktisch – das erste mit einer kleinen Zusatzstimme, das zweite in Engführung, die überhaupt als Steigerungs- und Schlußbildungs-Mittel bei Zelenka eine große Rolle spielt – verarbeitet werden. Schließlich entspricht der Melodik Zelenkas, die auch rhythmisch außerordentlich plastisch und spannungsreich wirkt, eine ebenso gespannte Harmonik, die vor allem mit schnellen Harmoniewechseln, Chromatik und Dur-Moll-Kontrasten arbeitet. Das Extrem, bis zu dem Zelenka auf diesem Gebiet geht, bezeichnet der langsame Satz der 5. Sonate, der in g-Moll steht, aber mit einem Sekundakkord (es–fis–a–c) beginnt, sich ständig über Sept- und Nonenakkorden weiterentwickelt und keinmal eindeutig zur Tonika kadenziert. Wieder liegt es nahe, an Bach zu denken.

Sonate Nr. 1 F-Dur

Adagio ma non troppo – Allegro – Larghetto – Allegro assai.

Der *1. Satz* ist ein Duett der Oboen über freiem Generalbaß, das erst ein ruhig-kantables Thema aufstellt, diesem aber schon im 8. Takt ein in punktierten Rhythmen empordrängendes, gespanntes 2. Thema entgegenstellt, das dann fast die ganze weitere Entwicklung beherrscht. – Das *Allegro* ist als (unregelmäßige) Fuge mit konzertanten Zwischenspielen angelegt, wobei sich die Baßstimme an den Durchführungen des Fugenthemas beteiligt; charakteristisch für Zelenkas Stil ist, daß das Sequenzmotiv, das auf den Themenkopf folgt, streckenweise auch als Kontrapunkt zum Themenkopf benutzt wird und außerdem einem Spiel mit Dur-Moll-Kontrasten dient, das den ganzen Satz durchzieht. Ebenso charakteristisch ist, daß schon nach dem ersten konzertanten Zwischenspiel (1. Oboe) mit Engführungen des Fugenthemas gearbeitet wird; gegen Ende des Satzes werden dann Engführungen, Kontrapunktierung von Themenkopf und 2. Motiv und die Sechzehntel-Girlanden der freien Zwischenspiele immer enger verschränkt, wodurch sich die Intensität bis zum Ende hin steigert. – Das *Larghetto* (d-Moll, am Schluß nach A-Dur) ist, ähnlich dem 1. Satz, 2stimmig über freiem Generalbaß, jetzt aber eine fast zäsurenlos strömende Kantilene voller rhythmischer und harmonischer Spannungen, die dem Satz ein ganz eigenes, dunkles Pathos geben. – In scharfem Kontrast dazu ist das *Finale* ein geradezu fröhlicher, durch Triolen und Synkopen rhythmisch belebter Tanzsatz mit fast ganz freiem Baß.

Sonate Nr. 2 g-Moll

Andante – Allegro – Andante – Allegro.

Das Werk ist, wie die 5. und 6. Sonate, als Bläsertrio mit einem Generalbaß konzipiert, der streckenweise die Fagottstimme vereinfacht stützt, streckenweise aber pausiert, so daß eine Art Tutti-Soli-Struktur entsteht. – Das einleitende *Andante* entwikkelt sich aus einem melodisch und harmonisch sehr intensiven 2stimmigen Thema, aus dem einzelne Motive auch abgespalten und für sich ausgesponnen werden. – Das *1. Allegro* ist großformal ein 2teiliger Suitensatz mit Wiederholung des 1. Teils, aber Zelenka benutzt diese Form zur Entwicklung eines 3stimmigen Doppelfugato mit konzertanten Zwischenspielen. Mehrere Durchführungen beider Themen zusammen leiten den Satz zu einem großartigen Höhepunkt und Schluß. Das *2. Andante* (B-Dur, am Schluß nach D-Dur) beginnt wieder mit einem der für Zelenka so charakteristischen 2stimmigen Themen, hier besonders spannungsreich durch den Gegensatz zwischen ruhiger, durch Seufzermotive affektgesättigter Melodik der Oboe und dem riesigen Melodiebogen des Fagotts. Im Lauf der Entwicklung des Satzes setzt sich ein neues Motiv in punktierten Rhythmen durch, das den Seufzer-Affekt der Oboenmelodie noch verstärkt; am Schluß kehrt – so daß sich eine einfache Dreiteiligkeit ergibt – die Melodik des Anfangs wieder, jetzt aber, mit wunderbarer Wirkung, in d-Moll, das sich erst ganz am Schluß nach D-Dur wendet. – Das *Finale* ist 2teilig wie der 1. Allegro-Satz, verarbeitet aber nur ein Thema (s. o.), dessen Zweistimmigkeit wie im vorangegangenen Andante durch einen (hier noch krasseren) Affektkontrast angereichert ist; Zelenka nutzt diesen Affektkontrast vor allem dort aus, wo er die tänzerische Oberstimme des Themas getrennt von der chromatischen Gegenstimme verarbeitet und dadurch den Affekt ganzer Satzabschnitte modifiziert.

Sonate Nr. 3 B-Dur

Adagio – Allegro – Largo – Allegro. Tempo giusto.

Die Sonate beginnt mit einem *Adagio* (eigentlich Andante), in dem ganz ähnlich wie im Kopfsatz der 1. Sonate einem ruhig-kantablen Thema ein in punktierten Rhythmen empordrängendes Thema entgegengestellt wird; aus dem ständigen Ineinander beider gewinnt der Satz eine große Form- und Affektdynamik. – Der 2. Satz ist ein höchst kompliziert fugiertes *Allegro* über ein 2stimmiges Kopfmotiv und ein kontrastierend anschließendes chromatisches Gegenmotiv, die gemeinsam und jeweils für sich durchgeführt und vielfach enggeführt werden; dabei wird wie in früheren Sätzen der Affektkontrast der Motive breit ausgespielt, vor allem in der Verarbeitung des chromatischen Motivs. – Das *Largo* (g-Moll, am Schluß nach D-Dur) ist ein Siciliano im 12/8-Takt, aber eines, das den traditionellen Siciliano-Charakter durch stufenreiche und chromatisierte Harmonik ganz überlagert. – Das *Finale* ist – nicht nur durch die schon erwähnte Tendenz zu motivischer Arbeit – wohl der »modernste« Satz der 6 Sonaten, zugleich derjenige, in dem tschechische Töne am deutlichsten sind (angesichts der Rolle, die wenig später die tschechische und die süddeutsch-österreichische Volksmusik für die Entstehung des klassischen Stils spielen sollten, wohl keine zufällige Verbindung). Der ersten thematischen Periode, die auf fast schon klassische Weise aus 2-Takt-Gruppen gebildet wird, folgt sofort, nach der B-Dur-Kadenz in b-Moll beginnend, ein 14taktiges Kontrastthema; danach werden beide Themen und Motive aus ihnen, verbunden mit einem charakteristischen Triolenmotiv des Basses, breit durchgeführt, wobei natürlich immer wieder der Dur-Moll-Kontrast ausgespielt wird. Erst im letzten Satzdrittel wird dann ein ganz neues Thema

eingeführt, das anschließend mit den beiden ersten Themen zusammen verarbeitet wird und das die tänzerische Grundhaltung des Satzes, trotz aller bis zum Schluß vorhaltenden Moll-Trübungen, noch betont.

Sonate Nr. 4 g-Moll

Andante – Allegro – Adagio – Allegro ma non troppo.

Die Sonate beginnt mit einem großen Satz im 3/2-Takt, der Corellis Pathos-Typ in ein kontrastreiches, melodisch sehr bewegtes Duett der Oboen über einem fast ganz freien Baß verwandelt und der auch den traditionellen Charakter solcher Sätze durch seine geradezu leidenschaftlichen melodischen Ausbrüche und seinen extremen Dissonanzenreichtum weit hinter sich läßt. – Kaum weniger eigenartig und im Affekt ähnlich, wenn auch zurückhaltender, ist das *1. Allegro*, wieder ein Duett mit weitgehend freiem Baß über ein Thema, das aus eigenartig »stampfenden« und seufzerhaften Motiven zu einer manisch in sich kreisenden Periode von 18 Takten ausgeweitet wird. Kurz vor dem Ende läuft sich der Satz in einem Dominantquintsextakkord fest; die anschließende Coda bringt in Engführung die Affekte der beiden Kernmotive des Themas zu einer letzten Steigerung. – Das *Adagio* (Es-Dur, am Schluß nach D-Dur) ist ein konsequent 4stimmiger Satz: Fagott und Baß bilden einen rhythmisch ostinaten Grund, darüber duettieren die beiden Oboen in einer weitgespannten Kantilene, die sich weniger aus großen melodischen Phrasen als vielmehr aus kleinen Motiven und melodischen Sprüngen auf höchst affektive Weise entwickelt und steigert; zusätzliche Spannung bringt der Kontrast zwischen dieser einmal stockenden, einmal eilenden Oberstimmenmelodik und dem schnellen punktierten Rhythmus des Fagotts. – Das *Finale* ist ein 2teiliger Suitensatz, der sich auch im Charakter, vor allem durch den $^6/_8$-Takt und das tänzerische 1. Thema, dem Gewohnten nähert, diese Annäherung aber sogleich auch überlagert, in der Zweistimmigkeit des Themas selbst, in seiner harmonisch unruhigen Verarbeitung und (ähnlich wie im 1. Allegro der 2. Sonate) in der Einführung eines 2. Themas am Beginn des 2. Teils und der abschließenden Kombination beider Themen.

Sonate Nr. 5 F-Dur

Allegro – Adagio – Allegro.

Die Sonate ist insofern das modernste der 6 Werke, als sie statt der Sonata da chiesa die Form des italienischen Solokonzerts benutzt; freilich führt Zelenka auch hier erhebliche Veränderungen des Formtypus ein. – Das *1. Allegro* ist auf dem Kontrast zwischen einem blockhaften, aber charakteristisch unregelmäßig aufgebauten Ritornell (unisono aller Instrumente) und virtuosen Soli aufgebaut, in denen vor allem das Fagott hervortritt; zugleich werden aber motivische Beziehungen zwischen einzelnen Soli hergestellt, das 4. Solo zur Verarbeitung eines Ritornellmotivs (wie in den Solokonzerten Bachs und Vivaldis) ausgebaut und das vorletzte Ritornell zu einer konzertant-motivischen Verarbeitung des Ritornellthemas und des ersten Fagottsolos erweitert. Die virtuose Behandlung des Bläsertrios, die rauschenden Skalenmotive und die betont einfache, im Unisono-Klang wuchtig wirkende Ritornellmotivik geben dem Satz einen trotz aller ungewöhnlichen Details durchaus festlichen Ton. – Den denkbar schärfsten Kontrast dazu bildet das *Adagio* mit seiner exzentrischen Harmonik und schweifenden Melodik – auch dies allerdings Züge, die (gemäßigter) in langsamen Mittelsätzen italienischer Konzerte der Vivaldi-Zeit zu finden sind. – Das *Finale* ist wieder ein Concerto-Satz, dem aber die Komplikationen der Form und der motivischen Arbeit aus dem 1. Satz fehlen und dessen Ton ganz von der Synkopenrhythmik des Ritornells und der Spielfreude der Soli (bei denen jetzt die 1. Oboe die Führung hat) bestimmt ist.

Sonate Nr. 6 c-Moll

Andante – Allegro – Adagio – Allegro.

Die 6. Sonate beginnt mit einem 3stimmigen *Andante* (Fagott und Baßstimme unisono), das als Duett der beiden Oboen über freiem Baß angelegt ist. Die Oboen sind fast durchgehend in freien und sequenzierten Imitationen geführt, mit der intensiven, oft seufzerhaften Chromatik und den schroff dissonanten Vorhalten, die so typisch für Zelenkas Stil sind. Die Form des Satzes ist deutlich 3teilig, aber ohne melodische Kontraste. Der Schluß wendet sich wie üblich zur Dominante, jetzt in Dur. – Das anschließende *Allegro* ist ein besonders schönes Beispiel für die Art, wie Zelenka seinen dichten kontrapunktischen Satz organisiert. Das Thema besteht aus 4 Motiven, von denen das 2. und das 3. fast identisch sind, während sonst das Prinzip des Kontrastes herrscht; die thematische Periode wird durch eine längere Fortspinnung zur Kadenz gebracht:

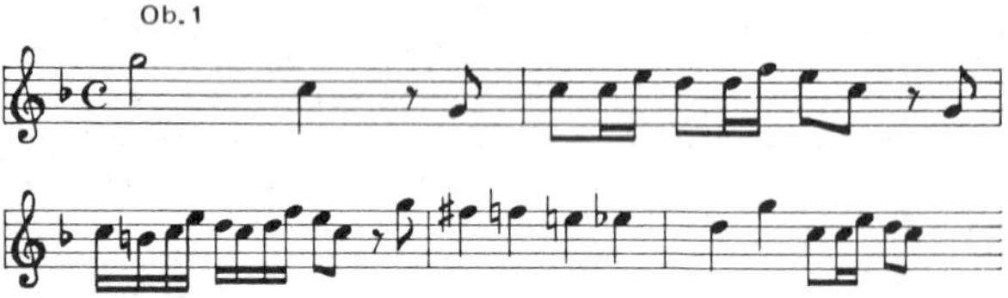

Aus der kontrapunktischen Verarbeitung dieser Motive – einzeln, zu zweit, zusammen oder in neuen Kombinationen – werden die Hauptteile des Satzes entwickelt; zwischen ihnen wird als Mittelteil ein langes, konzertantes Solo der 1. Oboe eingefügt, und die verkürzte Wiederholung des Hauptteils wird durch vielfache Engführung der Motive konstruktiv und vor allem durch die Engführung des chromatischen Quartfalls (passus duriusculus) auch affektiv intensiviert. Die durch das Oboensolo so sinnfällige concertohafte Dreiteiligkeit des Satzes wird schließlich durch den Wechsel zwischen 4stimmigem und 3stimmigem (generalbaßlosem) Satz – quasi Tutti und Soli – modifiziert. – Das *Adagio* – wie der 1. langsame Satz von c-Moll nach G-Dur gehend – verbindet Zelenkas Neigung zur Erfindung 2stimmig-kontrapunktischer Themen mit seiner Vorliebe für große und spannungsreiche melodische Sprünge: Der Satz beginnt als Doppelkanon (später freie Imitationen) zweier Motive, die vor allem durch pathetische kleine Sextsprünge nach oben charakterisiert sind; infolge der dichten kanonisch-imitatorischen Struktur beherrschen diese Sexten fast den ganzen Satz. – Das *Finale* ist – einmalig in Zelenkas Triosonaten – ein Menuett, ungewöhnlich auch in der leicht durchhörbaren und fast ganz regelmäßigen Periodik und der Melodiebildung aus 1- und 2taktigen Motiven, deren Wiederholung und Sequenzierung. Die einfache Menuettform ist durch Soli in einer Weise, die deutlich an den 1. Satz erinnert, erweitert.

LF

Georg Philipp Telemann

* 14. März 1681 in Magdeburg, † 25. Juni 1767 in Hamburg

Telemann fiel sehr früh durch seine musikalische Begabung und Aktivität auf und begann bereits vor seinem ersten offiziellen Musikunterricht, sich autodidaktisch auszubilden, mehr oder weniger gegen den Widerstand seiner Familie. Nach dem Umweg über ein (unvollendetes) Jurastudium wurde er in Leipzig (1700) endgültig zum Musiker, schrieb hier vierzehntäglich Kantaten für die Thomaskirche und übernahm die Leitung der Opernbühne, wo er zugleich als Dirigent, Regisseur, Sänger und Komponist tätig war. Außerdem gründete er ein »Collegium musicum« und bestritt damit regelmäßig öffentliche Konzerte. 1705 wurde Telemann Hofkapellmeister in Sorau, 1706 Konzertmeister in Eisenach, wo er J. S. Bach kennenlernte, nachdem er bereits Jahre zuvor (1700) mit Händel Freundschaft geschlossen hatte. 1712 wurde er Kirchenmusikdirektor in Frankfurt am Main; 1721 schließlich erfolgte die endgültige Übersiedlung nach Hamburg als Kantor und Musikdirektor der fünf Hauptkirchen. Ein Jahr darauf übernahm Telemann zusätzlich noch die Leitung der Oper am Gänsemarkt und wurde mit seinen Aufführungen zum eigentlichen Begründer des öffentlichen Musiklebens in der Hansestadt.

Kammermusik: Zahlreiche Soli, Duette und Quartette ohne b. c., Solo- und Duosonaten mit b. c., Triosonaten, Quartette und Quintette, häufig in Gruppen zu je 6 veröffentlicht sowie enthalten in größeren Sammlungen (z. B. *Der getreue Musicmeister* [1728/29], *Musique de table* [1733], *Essercizii musici* [nach 1739]).

Telemanns nicht nur für damalige Verhältnisse langes Leben bescherte der musikliebenden Öffentlichkeit eine schier unübersehbare Flut von Kompositionen. Der Ruf des Vielschreibers hat sich ihm scheinbar unauflöslich angeheftet, so als müsse eine hohe Opuszahl zwangsläufig zu Oberflächlichkeit und Mittelmäßigkeit führen. Gegen dieses Vorurteil ist Telemann nachdrücklich in Schutz zu nehmen, und es ist von verschiedenen Ansätzen her auch leicht zu entkräften. Zunächst einmal besagt die Menge der Werke überhaupt nichts über ihren künstlerischen Wert, wie das in mancher Hinsicht vergleichbare Beispiel Haydn lehrt, der durchaus als eine Art Parallelfall zu Telemann gesehen werden kann, was Lebensalter, Fleiß und bis zu einem gewissen Grad auch stilistische Bedeutung angeht. Gewiß liegt es nahe, Telemann mit seinem Zeitgenossen J. S. Bach zu vergleichen, und gerade auf diesem Weg eines Sich-Messens mit dem bedeutendsten Schöpfer seiner Zeit werden wichtige Eigenarten Telemanns deutlich, der damals den ungleich größeren Ruf in der Musikwelt genoß – immerhin betraute man Bach erst mit dem Posten des Thomaskantors, nachdem Telemann abgesagt hatte. Gegenüber dem tiefsinnig-schwerblütigen, dem Klischee des ernsthaften Deutschen entsprechenden Meister Bach besaß er die weltgewandtere Leichtigkeit, gepaart mit größerer Aufgeschlossenheit für alles Moderne, ja Modische. Allem Anschein nach neigte er stärker zum spielerischen, zum unterhaltenden Moment in der Musik, wobei man sich sehr bewußt sein muß, daß das Wort »Unterhaltungsmusik« erst in unseren Tagen eine abschätzige Note bekommen hat.

Der Autodidakt Telemann war in allen Bereichen und Gattungen der Musik zu Hause und verstand es wie kaum ein zweiter, Tradition und Fortschritt miteinander zu verbinden. Wie in einem Schmelztiegel sammeln sich in seiner Musik die überlieferten und in den führenden Musiknationen Europas gepflegten Formen und Stilmerkmale und führen zu Klängen, die dennoch kaum als epigonal oder eklektizistisch zu bezeichnen sind, weil Telemanns eigener gelassen-diesseitiger Tonfall immer erkennbar bleibt. Zugleich aber entstehen in diesem Schmelztiegel

neuartige und zukunftweisende Kompositionen, kündigt sich unüberhörbar der neue Stil des Galanten und Empfindsamen an. Sogar Vorläufer des klassischen Sonatensatzes finden sich hier schon; in einigen Stücken fehlt der gewohnte Basso continuo, was damals wiederum gar nicht so neu war.
Telemanns heutiger Ruf als Komponist von anspruchslosen und stereotypen Blockflötensonaten ist nicht ihm und seiner Musik anzulasten, sondern viel eher jener zwiespältig-modischen und an Mißverständnissen reichen Barockwelle, die um die Mitte des 20. Jh. auch die unterste Ebene der Hausmusik erfaßt hat und sich einer Reihe seiner Stücke bemächtigte, weil sie, vordergründig betrachtet, geringe technische Anforderungen stellen. Telemann war auch insofern ein äußerst bewußter Zeitgenosse, als er seine Musik den musizierenden Bedürfnissen und Grenzen seiner Abnehmer anzupassen verstand, ohne sich dabei seiner Individualität und seines Niveaus zu begeben. Wenn wir also heute häufig einer seiner »leichten« Sonaten in unzulänglicher Ausführung begegnen, sollten wir das fairerweise nicht ihrem Schöpfer übelnehmen. Eine intensive und sorgfältige Auseinandersetzung mit Telemanns Musik auf der Grundlage soliden instrumentalen Könnens ist der beste Schlüssel zur Würdigung ihrer Qualitäten.
Angesichts der schier unübersehbaren Fülle von Kammermusikwerken, die Telemann hinterließ, kann hier nur exemplarisch vorgegangen werden, mit einigen gezielten Hinweisen, die jeweils stellvertretend für ganze Reihen sein sollen. Uns kommt dabei zu Hilfe, daß die Typisierung der einzelnen Formen zu jener Zeit weit fortgeschritten und gleichzeitig die Sprache dieser Musik einheitlich und eingängig war, so daß vieles einmal Gesagte übertragbar ist. Verständnisprobleme dürfte Telemanns Musik ohnehin kaum aufwerfen. Der Übersichtlichkeit halber gliedert man am besten nach der Besetzung: zum einen nach Mitwirkung oder Fehlen des Generalbasses, zum anderen nach der Anzahl der beteiligten Instrumente.
Die Gruppe der Werke ohne Generalbaß ist die wesentlich kleinere. Sie umfaßt dreimal 12 Fantasien für unterschiedliche Blas- und Streichinstrumente (ab 1732) sowie eine Solosonate für Viola da gamba aus dem »Getreuen Musicmeister« (1728/29); dann etwa 35 Sonaten oder Duos (Duette), überwiegend für Violine und die verschiedenen Flötenarten, wobei in der Mehrzahl der Stücke die Besetzungsangabe als Alternative gemeint ist (Querflöte oder Blockflöte oder Violine), was wiederum ein

deutlicher Hinweis auf den Praxisbezug dieser Musik ist; schließlich als Rarität die 3 Konzerte für 4 Violinen. Dagegen ist die Gruppe mit Generalbaß kaum zu überblicken, denn unter diesen zahlreichen Duos, Trios und Quartetten liegen auch viele nur im Manuskript bzw. in der Gesamtausgabe vor: weit über 70 Sonaten und Stücke für ein Instrument und b. c., etwa 140 Triosonaten und Stücke für 2 Instrumente und b. c., ungefähr 50 Quartette und noch 9 Sonaten in Fünferbesetzung. Die überwiegende Zahl aller dieser Sonaten und Einzelstücke (wie Scherzi, Märsche) ist in der damals üblichen Zusammenfassung zu je 6 Werken erschienen. Alle Besetzungsarten und -größen erscheinen auch in Telemanns berühmten Kompositionssammlungen, vor allem also im »Getreuen Musicmeister« von 1728/29 mit seinen 70 Einzeltiteln sowie in der »Musique de table« von 1733 und in den »Essercizii musici« (nach 1739). Unter ihnen ist wohl die »Tafelmusik« am bekanntesten geworden; für sie interessierten sich damals beim Erstdruck 186 Subskribenten, darunter 52 aus dem europäischen Ausland! Sie enthält in 3 Teilen angeordnet jeweils Solosonaten, Triosonaten und Quartette (immer mit b. c.) in festgelegter Reihenfolge (Ouvertüre–Quartett–Concerto–Trio–Solo–Ouvertüre da capo), aber in phantasievoll wechselnder Besetzung. Der Stil ist für die damalige Zeit neuartig und effektvoll, überwiegend französisch-galant. Ein ausdrucksvolles Beispiel aus dem Querflötensolo des 1. Teils mag stellvertretend für andere erscheinen:

Kammermusik ohne Generalbaß

Der Verzicht auf den Basso continuo allein war zu jener Zeit noch kein Hinweis auf Fortschrittlichkeit. Er war als Abweichung von der Regel durchaus gebräuchlich, auch wenn uns heutigen Beobachtern des »Generalbaßzeitalters« das nicht mehr geläufig ist. Allerdings war immer der ausdrückliche Hinweis »senza b. c.« notwendig und üblich. Mit solchen Kompositionen suchte man vorwiegend Musikliebhabern Unterhaltung und Lernstoff zu vermitteln; man schrieb oft für Instrumentenpaare (Duos). Ihre Weiterführung fand diese Tradition, die vor allem in Frankreich beliebt war (Flöte und Violine), bei den Bach-Söhnen, bei C. Stamitz und bei Adolf Bernhard Marx. Von Telemann kennen wir eine Reihe von Werkzyklen zu je 6 Sonaten. Ihr Stil ist ungemein phantasievoll und abwechslungsreich, dabei »gelehrte« Kontrapunktik und faßliche Melodik miteinander verbindend.

In den je 12 **Fantasien für Flöte** und **Violine allein** (1732/33 und 1735) schwankt die Zahl der Sätze: Die Stücke sind entweder traditionell 4sätzig oder aber 3sätzig in der Reihung Andante–Allegro–Presto, also in einer Tempsteigerung. Zusätzlich findet sich eine Reihe neuartiger Satzbezeichnungen, die eher den Affekt als das Tempo ansprechen: dolce, piacevolemente, soave, affettuoso. Langsame Sätze geraten häufig zu kurzen Abschnitten mit Überleitungscharakter. Zu Beginn steht manchmal die Form der Französischen Ouvertüre, Schlußsätze haben oft Tanzcharakter mit Minore-Maggiore-Gliederung. Hier ein Notenbeispiel aus der **4. Fantasie** für Violine allein:

Darüber hinaus existieren noch eine beachtenswerte **Sonate für Viola da gamba D-Dur** (aus der Sammlung »Der getreue Musicmeister«) sowie wiederum 12 **Fantasien für »Basse de Viole«** (1735).

Telemanns zahlreiche Duos ohne Generalbaß bilden eine farbige und unterhaltende Reihe. Die 6 **Sonaten op. 2** (1727) sind alternativ für je 2 Querflöten oder Violinen besetzbar und

durchweg 4sätzig gehalten. – Dagegen folgen die 6 **»Kanonischen« Sonaten op. 5** (1738) dem 3sätzigen Muster. Geradezu modellartig werden in ihnen die kanonisch-imitatorischen Satzkünste vorgeführt; die Themenerfindung basiert in ihnen in der Regel auf dem Prinzip des doppelten Kontrapunkts (Stimmentausch). Den Abschluß dieses kunstvollen zyklischen Gebildes markiert ein nachgestellter sogenannter Zirkelkanon – ein »canone infinito«, beliebig lange und theoretisch ohne Ende weiterzuführen.
Weiterhin gibt es noch 2 Folgen von je 6 **Sonaten für 2 Querflöten**, die eine unterhaltsame und lehrreiche Mischung des »galanten« und »gelehrten« Stils darstellen und den Flötisten dankbare Aufgaben stellen. Wieder unterscheiden sich beide Folgen durch die Satzreihung: 3sätzige Stretta-Form in der I. Folge, 4sätziger »Standardtyp« in der II. Folge. Und die Tempo- und Charakterbezeichnungen, vor allem der langsamen Sätze, deuten in ihren phantasiereichen Überschriften Ausdrucksvielfalt an – »piacevole«, »soave«, und – in der **6. Sonate E-Dur** der II. Folge – »amoroso«:

Weitere Duos finden sich im »Getreuen Musicmeister«, darunter auch 2 Einzelstücke ohne zyklischen Zusammenhang. – Nicht erhalten sind leider 6 Duos in der ungewöhnlichen Besetzung für Querflöte und Violoncello (1733).

Seltener waren damals Gruppierungen zu 3 und mehr Instrumenten ohne b. c. Ungewöhnlich von der Besetzung her sind hier Telemanns 3 **Konzerte für 4 Violinen** (C, D und G, ein 4. in A ist zweifelhaft; alle 4 sind nicht genau datierbar, wohl in Eisenach oder Frankfurt entstanden). Es handelt sich hier jedoch um mehrsätzige Sonaten von durchweg stark imitatorischem Charakter, in denen die 4 gleichen Instrumente eine große klangliche Dichte erreichen.

Kammermusik mit Generalbaß

Auch unter den Solosonaten mit Basso continuo gibt es eine Reihe von Alternativbesetzungen, am häufigsten für Violine oder Flöte. Unter ihnen stellt die **»Kleine Kammermusik«** von 1716/²1728 mit ihren 6 Partien eine der frühesten und zugleich erfolgreichsten Druckausgaben Telemanns dar, die von zahlreichen Fürstenhäusern und Musikern subskribiert wurde. – Eine farbige Fundgrube stellen die 10 Sonaten in den **»Essercizii musici«** (nach 1739) dar; sie bestehen aus 5 Paaren, jeweils für Violine, Querflöte, Blockflöte, Viola da gamba und Oboe.

Bemerkenswert sind darüber hinaus vor allem die beiden Folgen der sogenannten **»Methodischen Sonaten«** (1728 und 1732) für Violine oder Flöte und b. c. In seinem Vorwort weist Telemann auf den singenden Stil der Musik hin und betont, die Sonaten würden »denen sehr nützlich sein können, so der sangbaren Manieren sich befleißigen wollen«. Die Titel der beiden Sammlungen machen einen feinen Unterschied in der Besetzung: I: Violine (Querflöte)/II: Querflöte (Violine) – es überwiegt jeweils das erstgenannte Instrument. Heft I enthält 4sätzige Sonaten nach dem Muster der Kirchensonate, Heft II 5sätzige. Das 1. Adagio soll »allemal mit Manieren begleitet« sein; Telemann liefert für die Solostimme 2 Fassungen: eine einfache und eine kunstvoll im Stil der Zeit ausgezierte, als Einweisung für Ungeübte in die Kunst der Verzierung – daher der pädagogische Titel dieser Sammlungen. Als Beispiel für dieses lehrreiche Verfahren, eine »Rohfassung« auszuschmücken, hier das Adagio aus der **1. Sonate g-Moll**:

Auch Trios entstanden häufig aus pädagogischem Anlaß, oft für bürgerliche Musikliebhaber; deshalb waren sie spieltechnisch nicht zu anspruchsvoll, unterhaltend und allgemein verständlich gehalten. So dienten beispielsweise Telemanns **»Drei Trietti metodichi und drei Scherzi« für Violine oder Flöte** (1731) ebenfalls wie die »Methodischen Sonaten« der Einführung in die Kunst der Verzierung. In seiner Autobiographie von 1718 weist Telemann darauf hin, daß ihm die Komposition von virtuosen Konzerten »niemals recht von Herzen gegangen« sei. Statt dessen habe er Neigung zur Kammermusik und insbesondere zur Triosonate empfunden. Und er nennt auch gleich aufrichtig seine Lehrmeister, nämlich »neuere deutsche und italienische Meister mit ihrer erfindungsvollen, singenden und zugleich arbeitsamen Arth«. 1739 fügt er Namen hinzu: Steffani und Rosenmüller, Corelli und Caldara. Auch über seine kompositorischen Absichten gibt er Auskunft (1718): er achte darauf, »daß eine Stimme so viel zu arbeiten hätte als die andere«, und er richte es so ein, »daß die zweite Partie die erste zu seyn schien und der Baß in natürlicher Melodie und in einer zu jenen nahe tretenden Harmonie« einherging.

Die als **»Pyrmonter Kurwoche«** bekanntgewordenen **»Scherzi melodichi«** dürften zwischen 1731 und 1734 entstanden sein. Sie tragen den Untertitel »Settimana prima«, indem sie sich in 7 Teilen auf die Wochentage Montag bis Sonntag beziehen, und sind dem Fürsten Carl August Friedrich von Waldeck gewidmet. Telemann bestimmte das Werk zur Unterhaltung der Pyrmonter Kurgäste, unter denen er selber 1731 und 1736 war.

Der formale Aufbau entspricht dem der »Kleinen Kammermusik« von 1716: Es handelt sich um 7sätzige Suiten, die durchgehend in einer Tonart stehen. Am Anfang steht jeweils eine »Introduzione« in Gestalt eines 1teiligen Satzes, in dem Haupt- und Nebenthemen in nahe verwandten Tonarten erklingen und am Ende mit einer Art »Reprise« noch einmal das Hauptthema wiederkehrt. Der Kopfsatz der 7. Suite ist eine Französische Ouvertüre. Im übrigen ist die Satzfolge kontrastierend angelegt; die jeweils 6 »Arietten« sind fast alle 2teilig und verschieden lang; auch ein Rondo erscheint ausnahmsweise (I/4 und VI/1).

Die Besetzung umfaßt 2 Melodieinstrumente und Generalbaß; dabei sind die beiden Oberstimmen entweder festgelegt, oder sie tragen lediglich den Hinweis »für verschiedene Instrumente«. Normalerweise sind beide Melodiestimmen gleichberechtigt; hier haben sie verschiedene Lagen, etwa Violine und Viola da gamba, wobei letztere ein wenig untergeordnet klingt und dem

Basso continuo angenähert ist. Hierzu ein Beispiel aus dem **2. Scherzo** (**»Martedi«**, Introduzione seconda):

Allegro

Der Stil dieser Musik ist, dem Zweck entsprechend, überwiegend galant und kantabel, dabei sorgsam auf Kontrastwirkungen hin angelegt. Der Titel »Scherzi« ist aus heutiger Sicht eher verwirrend: ursprünglich eine Vokalgattung für wenige Stimmen, wurde daraus im 17. Jh. eine locker gefügte instrumentale Satzreihe, in schlichtem, unvirtuosem, volkstümlichem Stil mit Borduneffekten und Polonaisenrhythmen. Ein solches volkstümlich eingängiges Thema hat beispielsweise der 5. Satz des 2. Scherzos:

Vivace

während das »Gratioso« aus Nr. 3 den kantablen Stil pflegt.

Die **»Corellisierenden Sonaten« für 2 Violinen und b. c.** erschienen 1734/35, wie die »Pyrmonter Kurwoche« im Selbstverlag. Sie huldigen dem Vorbild des großen Italieners, dessen berühmte Triosonaten damals bereits an die 50 Jahre alt waren. Telemann übernimmt zwar die Hauptmerkmale des Modells, verwischt aber ihre Grenzen und verändert sie schöpferisch, indem er beispielsweise auch zusätzliche Sätze einschiebt. Je 2 der 6 Sonaten haben 4, 5 und 6 Sätze; die Sonaten 2, 4 und 6 enthalten nach dem Muster der Kammersonate suitenartige Sätze mit entsprechenden Bezeichnungen, die 3 anderen entsprechen dem Typus der Kirchensonate.

In diesen Werken kann man eine geschickte Vermengung deutscher, italienischer und französischer Stilelemente beobachten; es wechseln homophone und kontrapunktische, affektbetonte und konzertant-spielerische Passagen, und die Melodik ist überwiegend schlicht und volkstümlich. Insgesamt hat man den Eindruck einer gelungenen künstlerischen Synthese von Tradition und Fortschritt in sehr charakteristischen Werken eines Tonsetzers, der sich selber erklärtermaßen als »modernen« Komponisten betrachtete und zugleich, als Autodidakt, seinen Vorbildern dankbare Verehrung zollte. – Die Sonaten waren ursprünglich wohl allein für 2 Violinen vorgesehen, ließen dann jedoch als Alternative auch 2 Flöten zu. Das folgende Notenbeispiel gibt einen Eindruck des kantablen, galanten Stils einer Reihe von Sätzen (»Dolce« aus der **1. Sonate F-Dur**):

Unter den zahlreichen weiteren Triosonaten finden sich auch Kuriositäten. So gibt es beispielsweise die 6 **Konzerte** und 6 **Suiten für Flöte, konzertierendes Cembalo und b. c.** (alternativ Violine und Flöte). Ungewöhnlich in ihnen ist der Einsatz eines selbständig auskomponierten Cembalos, wie es uns dann auch in den Sonaten für konzertierendes Cembalo mit Flöte, Violine oder Gambe von J. S. Bach begegnet. Hier sind Flöte und Tasteninstrument gleichberechtigt, was zur Folge hat, daß ein zweites Cembalo (oder etwa eine Gitarre) als notwendiges harmoniegreifendes Generalbaßinstrument erforderlich wird.
In Telemanns erster zyklischer Sammlung eigener (und auch fremder) Kompositionen, im 70 Werke umfassenden »Getreuen Musicmeister« von 1728/29, gibt es schließlich auch eine Triosonate mit außermusikalischen Bezügen, die **Sonate C-Dur für 2 Blockflöten** (oder Violine und Querflöte) **mit b. c.** Sie ist 7sätzig im französischen Stil gehalten, und ihre Sätze tragen programmatische Überschriften: als witzig karikierende Porträts treten uns nacheinander recht gegensätzliche Frauengestalten gegenüber: die streitsüchtige Xanthippe, die zärtliche Lucretia, die bäuerlich-ländliche Corinna, die lebhafte Clelia und schließlich Dido, die den Hörer jedoch irreführt, denn bei ihr stimmt die fröhlich-ausgelassene Musik überhaupt nicht mit den Spielanweisungen (»triste«, »disperato«) überein.
Auch die Reihe der 4fach besetzten Werke, der Quartette, ist lang und abwechslungsreich. Sie beginnt mit einer Sechsergruppe aus dem Jahr 1730, deren Besetzung Violine, Querflöte, Viola da gamba (alternativ Violoncello) und b. c. vorsieht und die sich in je 2 Concerti, Balletti und Sonaten gliedert.
Die »Tafelmusik« enthält ebenfalls in jedem ihrer 3 Teile ein Quartett, jeweils in wechselnder gemischter Streicher-Bläser-Besetzung. Das Quartett im II. Teil der Sammlung beispielsweise ist vorgesehen für Blockflöte oder Fagott (oder Cello) und 2 Querflöten und ist, wie seine beiden Schwesterwerke aus den Teilen I und III, ein reifes Beispiel der kunstvollen kammermusikalischen Setzweise Telemanns, die immer wieder voller Überraschungen steckt. So zeichnet sich etwa der Vivace-Satz durch Virtuosität und durch seine sehr individuelle und aufgelockert durchbrochene Stimmführung aus: Die 3. Stimme pausiert zunächst 25 Takte lang und setzt dann überraschend mit einem völlig neuen Bewegungsmotiv ein; noch später (T. 65) tritt ein weiterer neuer Gedanke hinzu, der indessen ein

Sechzehntel-Motiv vom Satzanfang in der Umkehrung wieder aufgreift:

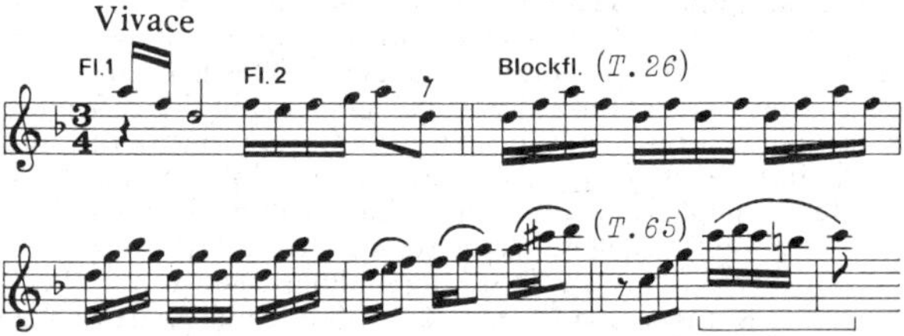

Die Besetzung der 12 **»Pariser Quartette«**, die in 2 Folgen (»Quadri«, Hamburg 1730, bzw. »Quatuors«, Paris 1738) herauskamen und beim Publikum äußerst erfolgreich waren, ist Querflöte, Violine, Viola da gamba (Violoncello) und b. c. Die ersten beiden Stücke sind konzertmäßig 3sätzig angelegt, die Sonaten Nr. 3 und 4 entsprechen dem gängigen 4sätzigen Muster, und der große Rest (5–12) stellt Suiten dar, mit 5 (Nr. 6), 6 und 7 (Nr. 9) Sätzen. Der Reichtum an formalen Besonderheiten und melodischen Einfällen ist sehr groß. Drei recht unterschiedliche Beispiele mögen den Phantasiereichtum dieser Musik, der sich auch in einfallsreichen französischen Satzbezeichnungen dokumentiert (»gai«, »flatteusement« usw.), stellvertretend belegen: zunächst der konzertante Tutti-Solo-Effekt aus dem Largo des **1. Quartetts** (Concerto primo):

dann die spielerische Imitation von Flöte und Violine im Largo des **4. Quartetts** (Sonata seconda):

Schließlich die behende Verzahnung der beiden Oberstimmen im »Vite«-Satz des suitenartigen **8. Quartetts**:

AWJ

Georg Friedrich Händel

* 23. Februar 1685 in Halle (Saale), † 14. April 1759 in London

Über Händels Jugend haben wir keine sicheren Zeugnisse. Er studierte vor allem beim Organisten der Liebfrauenkirche in Halle, Friedrich Wilhelm Zachow, bei dem er Orgelspiel, Kontrapunkt und Komposition lernte. 1703 ging er als Geiger, später Cembalist an die Hamburger Oper, damals die einzige nichthöfische Oper in deutschen Landen. In Halle hatte er Freundschaft mit dem damals in Leipzig studierenden Telemann geschlossen; in Hamburg befreundete er sich mit Johann Mattheson und lernte von Reinhard Keiser, dem führenden Komponisten der Hamburger Oper. 1705 wurden seine ersten Opern aufgeführt, von denen »Almira« ein großer Erfolg war.

1706 ging Händel auf Einladung des Prinzen Ferdinando de' Medici nach Florenz, wo seine erste italienische Oper aufgeführt wurde, dann nach Rom. 1709 errang seine zweite italienische Oper, »Agrippina«, in Venedig einen sensationellen Erfolg. 1710 wurde Händel in Hannover als Hofkapellmeister angestellt und reiste, sogleich für ein Jahr beurlaubt, weiter nach London (der Kurfürst von Hannover war der englische Thronfolger [Georg I.]). Seine erste in London geschriebene und aufgeführte Oper, »Rinaldo« (1711) – die erste für eine Londoner Bühne geschriebene italienische Oper überhaupt – machte ihn über Nacht zum führenden Komponisten der Metropole. Nach einem kurzen Zwischenspiel in Hannover (1711/1712) kehrte Händel im Herbst 1712 nach London zurück, dem er mit kurzen Unterbrechungen bis zu seinem Ende treu blieb; je länger er in London lebte, desto dezidierter fühlte er sich als Engländer und desto sicherer wurde er im öffentlichen Bewußtsein zum größten Komponisten Englands, als der er noch heute und mit Recht gilt.

Händel war in seiner ersten Londoner Zeit vor allem freier Opern-Unternehmer, stand daneben allerdings, nachdem er die offiziellen Festmusiken zur Feier des Utrechter Friedens 1713 geliefert hatte, auch in enger Beziehung zum Hof. Die Opernunternehmungen Händels und seiner Mitarbeiter, als Aktiengesellschaften organisiert, waren nach den öffentlichen Opern in Venedig und Hamburg die ersten, die als großstädtische Musikbühnen unter den Gesetzen des Marktes zu arbeiten versuchten. Händels Produktion in diesen Jahren konzentrierte sich natürlich fast ganz auf die Oper; die Anstellung beim Duke of Chandos, meist auf dessen Landsitz

Cannons (1717/19 oder 1720), war nur ein Intermezzo, in dem Händel allerdings neben anderen Werken die erste Fassung des Oratoriums »Esther« schrieb. Als dieses Oratorium 1732 ohne Händels Zustimmung in London szenisch und mit großem Erfolg wiederaufgeführt wurde, arbeitete er selbst das Werk um und produzierte es – nichtszenisch – im königlichen Opernhaus: die Geburtsstunde des englischen Oratoriums. Dennoch versuchte Händel bis 1741 immer wieder sein Glück auch mit der italienischen Oper; erst vom »Messiah« (1742) an, durch den er zu einem national-religiösen Komponisten wurde, konzentrierte er sich ganz auf die neue Gattung. Die vielen kleineren Werke, Orchestermusik, vokale und instrumentale Kammermusik, Orgelkonzerte und Cembalowerke, die neben den Opern und Oratorien entstanden, sind den beiden zentralen Schaffensbereichen deutlich nachgeordnet. 1751 setzte seine Augenkrankheit dem Komponieren ein Ende. Die letzten Jahre brachten nur noch Revisionen älterer Werke, die der praktisch blinde Komponist einem Adlatus diktierte. Händel wurde, gemäß seinem testamentarischen Wunsch, mit einem großen Trauergottesdienst in der Westminster Abbey beigesetzt – im Tod wie im Leben eine öffentliche, nationale Persönlichkeit.

Kammermusik: Nach dem gegenwärtigen Stand der Forschung (die Überlieferung ist unsicher und kompliziert) mindestens 13 Triosonaten für 2 Diskant-Instrumente und Generalbaß und mindestens 16 Sonaten für ein Melodie-Instrument und Generalbaß.

Händels Stil war von Anfang an der eines Dramatikers; die gründliche kontrapunktische Schulung, die er durch Zachow in Halle erhielt, ist zeitlebens das selbstverständliche und virtuos behandelte Fundament, nicht das Wesentliche seiner Sprache gewesen. Der Entfaltung des Dramatikers waren aber in den italienischen Opern durch das Regelsystem der Opera seria (das Händel in London, letztlich erfolglos, zu durchbrechen versuchte), in den Oratorien durch den Zwang zur nichtszenischen Darstellung Grenzen gesetzt. Nicht zuletzt an diesen Begrenzungen hat sich Händels Phantasie entzündet und hat sich sein Stil zugespitzt: in der Konzentration auf die große melodische Geste und den intensiven klanglichen Augenblick; später vor allem in den Oratorien, aber auch in manchen Orchesterwerken in der Tendenz einerseits zu monumentaler, andererseits zu ganz intimer Simplizität. In der Fähigkeit, menschliche Situationen und Affekte in einer suggestiven melodisch-klanglichen Chiffre zu verdichten, ist Händels Musik in ihrer Zeit einzigartig gewesen und kaum verstanden worden. Erst Mozart und Beethoven haben von ihr gelernt.

Daß sich Händels Phantasie so oft an dramatischen Situationen entzündete, macht die Größe, aber auch die Ungleichheit seines

Werkes aus. Vor allem in den Opern, seltener in den Oratorien stehen Szenen von atemberaubender Intensität neben bloßer Routine (die bei einem Komponisten dieses Formats natürlich noch immer hoch über der Routine kleinerer Meister steht), und nur wenige Werke wie »Acis and Galatea«, »Messiah«, »Saul«, »Jephta« erscheinen uns als ganz oder fast schlackenlos. In den Orchesterwerken und Konzerten tritt diese Problematik weit weniger deutlich in Erscheinung, vor allem da, wo Händel seine außerordentliche Klangphantasie und seinen grandiosen melodisch-rhythmischen Schwung einsetzen konnte wie in der »Wassermusik« und der »Feuerwerksmusik«. Die Kammermusik ist problematischer, vor allem wenn man den hier besonders naheliegenden, aber ganz unangemessenen Vergleich mit Bach zieht: Die großen Kammermusikwerke sind bei Händel nicht die der kontrapunktischen Logik und der Durchformung des Details, sondern die des erfüllten melodischen Augenblicks, der großen und pathetischen, aber auch eleganten und tänzerisch-beschwingten Melodik.

Triosonaten

Die sogenannten Hallenser Sonaten

In einer Stimmenkopie des frühen 18. Jh. sind 6 Händel zugeschriebene Sonaten erhalten, die nach anekdotischer Überlieferung die ersten Versuche des Wunderkindes im 3stimmigen Satz, noch vor dem Unterricht bei Zachow, sein sollen. Die Handschrift nennt als Besetzung 2 Oboen und Generalbaß, doch kann kein Zweifel daran sein, daß die gemeinte Besetzung Oboe, Violine und Generalbaß ist.

Die 6 Werke sind ausgedehnte, kontrapunktisch sorgfältig gearbeitete Sonaten in der Nachfolge der Sonata da chiesa des Corelli-Typus, in der Form fast ganz schematisch: erst ein Adagio im $4/4$-Takt mit 2 imitatorischen Melodiestimmen, meist in den charakteristischen punktierten Rhythmen dieses Satztypus, über freiem Baß, am Schluß gern mit einer Moll-Wendung oder einer anderen kleinen harmonischen Komplikation; dann ein 3stimmig (also unter Einschluß des Basses) fugiertes Allegro in geradem oder ungeradem Takt, meist 3teilig mit deutlicher, aber kontrapunktisch oft etwas aufgelockerter »Reprise«; das 2. Adagio wieder 2stimmig imitierend über freiem Baß, teilweise Corellis Pathos-Typ nahestehend, harmonisch reicher als

die in der Harmonik meist ungewöhnlich einfachen übrigen Sätze, meist in der Moll- bzw. Dur-Parallele der Haupttonart stehend und auf der Dominante schließend; als Finale ein wieder fugiertes Allegro, jetzt aber mit freiem Baß, in 2teiliger Suitensatzform und thematisch wie im oft konzertant aufgelokkerten Kontrapunkt deutlich leichter und spielerischer wirkend als das 1. Allegro. In allen Sonaten stehen wenigstens die beiden schnellen Sätze in verschiedenen Taktarten. Das Gesamtbild einer planvollen, aber etwas schematischen Anlage der 6 Werke als Opus wird durch die Wahl der Tonarten abgerundet: B, d, Es, F, G und D. Die 3 letzten Sonaten wirken insgesamt lebendiger als die 3 ersten, wozu besonders der Schlußsatz der 5. Sonate mit seinen munteren Signalmotiven wie das Finale der 6. Sonate – ein vitaler Concerto-Satz à la Vivaldi – beitragen.
Mit Händel haben die Werke sicherlich nichts zu tun – dafür spricht nicht zuletzt der für ihn höchst ungewöhnliche Umstand, daß nichts aus ihnen in echten Werken wiederverwendet ist. Eher stammen sie aus dem weiteren mittel- und norddeutschen Umfeld Bachs (das Wasserzeichen der Quelle weist auf den Raum Südhannover und auf die Zeit nach 1735).

Triosonaten op. 2

Die 6 Sonaten op. 2 erschienen zuerst um 1730 mit der Verlagsangabe von Jeanne Roger in Amsterdam, um 1732 in einer revidierten Fassung mit der Verlagsangabe von Walsh in London. Die Angabe der ersten Version war eine Mystifikation, wahrscheinlich von Händels »Haus-Verleger« Walsh selbst inszeniert, um einen holländischen Raubdruck vorzutäuschen und Händel so zu zwingen, einer korrekten Londoner Ausgabe zuzustimmen. Die Sonaten sind zweifellos echt, stammen aber aus verschiedenen Schaffensperioden und waren nie als Opus gedacht (Tonarten: h g B F g g).

Op. 2 Nr. 1 h-Moll

Andante – Allegro ma non troppo – Largo – Allegro.

Die Sonate stand ursprünglich in c-Moll und war für 2 Violinen gedacht; sie wurde (vermutlich vom Verleger) nach h-Moll transponiert, um die Oberstimme für Flöte bequemer spielbar zu machen. – Das *Andante* entwickelt sich aus einer weitgespannten Melodie in dem für so viele langsame Sätze

Händels charakteristischen marschartigen Rhythmus, bildet aus dieser Melodie aber sehr bald einen affektvollen Dialog, in dem die Oberstimmen über ruhig schreitendem Baß einander kurze Motive zuwerfen oder gemeinsam in Sexten oder Terzen seufzen; der Satz endet auf einem Halbschluß. Das folgende *Allegro* ist ganz ähnlich angelegt (auch hier ist der Baß freie Begleitstimme), beginnt mit der Affektmotivik aber schon im Thema. Das zauberhaft klangschöne *Largo* geht auf eine Arie aus Reinhard Keisers Oper »Octavia« (1705) zurück, die Händel noch mehrfach verarbeitet hat. Das *Finale* ist, ganz im Gegensatz zum 1. Allegro, ein kurzgliedriger, rhythmisch energischer, tanzähnlicher Satz von großer Vitalität.

Op. 2 Nr. 2 g-Moll

Andante – Allegro – Largo – Allegro.

Die Sonate ist angeblich ein Jugendwerk, vielleicht das älteste, das wir von Händel besitzen; Charles Jennens, der dem Komponisten in dessen späteren Jahren nahestand, hat auf einer Kopie vermerkt »Composed at the Age of 14«. Eine ganze Reihe ungewöhnlicher Details sprechen für die (relative?) Richtigkeit dieser Angabe, auch wenn der Beginn des 1. Satzes deutlich an den Beginn des Kernstücks aus »Acis and Galatea« (1718), »The flocks shall leave the mountains«, erinnert: die Kürze und motivische Kurzatmigkeit vor allem der schnellen Sätze, die Kanzonenmelodik des 1. Allegros, die Da-capo-Form (AA′A″A, jeder Teil wiederholt), die Tonart des 1. Allegros (B-Dur statt g-Moll). Andererseits ist es, wenn dies wirklich ein Werk des 14jährigen Händel sein sollte, um so sicherer, daß die »Hallenser Sonaten« nicht von ihm stammen, denn diese g-Moll-Sonate ist in ihrem Phantasiereichtum, in der Sicherheit der Affektsprache und in der Originalität des Details (z. B. der Periodenbildung im Finale!) ein kleines Meisterwerk.

Op. 2 Nr. 3 B-Dur

Andante – Allegro – Larghetto – Allegro.

Der *Kopfsatz* dieser Sonate (eine sehr freie Bearbeitung des 1. Satzes der 1. »Dresdner« Triosonate) mit seinem emphatischen Sextsprung am Anfang (ähnlich dem Beginn der deutschen Arie »Meine Seele hört im Sehen«) ist ein schönes Beispiel für das Pathos, das der »erfüllte melodische Augenblick«

bei Händel oft hat. Das *1. Allegro* ist ein – im Thema wieder von großen Intervallen geprägtes – stark konzertant aufgelockertes Fugato, an dem auch der Baß beteiligt ist. Das *Larghetto* (g-Moll, auf der Dominante D-Dur endend) ist – sehr ungewöhnlich und sehr »modern« wirkend – auf weite Strecken ein Dialog zwischen den in Terzparallelen geführten und sehr »sprechend« klagende Motive artikulierenden Melodie-Instrumenten und dem Baß, ein äußerst affektstarkes, im 2. Teil durch Chromatik noch intensiviertes Stück. Das *Finale* ist ein Konzertsatz für die 1. Violine. – 2. und 3. Satz sind von Händel in der Ouvertüre zur 1. Fassung von »Esther« (1718) wiederverwendet worden, zu der auch der Kopfsatz Beziehungen hat; das Finale taucht als Finale des Orgelkonzerts op. 4 Nr. 2 1735 wieder auf (allerdings besteht bei diesem Satz mit seiner für eine Triosonate so ungewöhnlichen, reinen Concerto-Anlage doch die Möglichkeit, daß er ursprünglich ein Konzertsatz, kein Triosonatensatz war).

Op. 2 Nr. 4 F-Dur

Larghetto – Allegro – Adagio – Allegro – Allegro.

Die Sonate ist die einzige 5sätzige in op. 2; ihre Oberstimme kann statt mit einer 1. Violine auch mit Flöte oder Blockflöte besetzt werden. – Der *Kopfsatz* ist ein ganz melodiebetontes »Solo« der Oberstimme; es leitet mit einem Halbschluß zum *Allegro*, das – sehr ungewöhnlich – ein nichtfugierter Tanzsatz im 3/8-Takt ist. Das *Adagio* (d-Moll, auf der Dominante A-Dur endend) wird wie der 1. Satz von einer großen, pathetischen Kantilene beherrscht. Ihm folgt ein fugiertes *Allegro*, wie man es als 2. Satz erwartet hätte. Den Abschluß bildet eine ganz homophone, schwungvolle *Gigue* im 12/8-Takt, die Händel in der Ouvertüre zum »Parnasso in Festa« (1734) wiederverwendet hat. Enge Beziehungen bestehen ferner zwischen dem 1. Satz und dem Anfang des frühen Anthems »O sing unto the Lord« (1712/1714?) sowie dem 4. Satz und dem 2. Teil der Ouvertüre zum Chandos-Anthem »O let us sing unto the Lord« (1717/1718).

Op. 2 Nr. 5 g-Moll

Larghetto – Allegro – Adagio – Allegro.

Die Sonate beginnt, sehr ähnlich der 1., mit einem pathetisch weitgeschwungenen *Larghetto*-Thema in dichter Kontrapunktik der Melodiestimmen, das sich bald in einen affektvollen Dialog auflöst. Das *1. Allegro* beginnt, wie viele schnelle Triosätze Händels, mit einem extrem langen, aber aus wenigen Motiven gebildeten Thema, dessen fugierter Aufstellung sofort eine ganz frei-konzertante Verarbeitung folgt. Der 2. langsame Satz (B-Dur, nach g-Moll-Kadenz auf der Dominante von g-Moll, D-Dur, endend) ist ein kantabel fließendes *Adagio* von entfernt sarabandenähnlichem Ton. Als *Finale* folgt ein prächtiger Konzertsatz in tänzerisch synkopiertem $\frac{3}{4}$-Takt. – Die beiden schnellen Sätze hat Händel später im Orgelkonzert op. 4 Nr. 3 wiederverwendet, das zuerst 1735 gespielt wurde (aber hier gilt der gleiche Vorbehalt wie beim Schlußsatz von op. 2 Nr. 3).

Op. 2 Nr. 6 g-Moll

Andante – Allegro – Arioso – Allegro.

Die Sonate ist wahrscheinlich sehr viel früher als die meisten Werke des op. 2, aber später als op. 2 Nr. 2 geschrieben, vielleicht um 1707 in Italien (Beziehungen – allerdings nicht sehr ausgeprägte – zum 1707 komponierten Psalm »Dixit Dominus« zeigt der 2. Satz). – Das einleitende *Andante* wirkt wie eine thematisch blassere Vorstufe des entsprechenden Satzes aus der 5. Sonate; das *1. Allegro* ist – einzig in op. 2 – ein Doppelfugato, in das auch der Baß fast ständig einbezogen ist; ein virtuoser, auch konzertant aufgelockerter Satz. Das *Arioso* (B-Dur, auf D-Dur endend) ist eine große Kantilene über ein durch Septsprünge harmonisch spannungsreiches Thema, das *Finale* eine schwungvolle Gigue.

Triosonaten op. 5

Die 7 Sonaten op. 5 wurden 1739 von John Walsh junior veröffentlicht, sicherlich mit Zustimmung Händels, der für einige der Stücke neue Sätze komponierte oder ältere neu bearbeitete, die meisten Sätze aber aus anderen Kompositionen übernahm, vor allem den Ouvertüren zu den Chandos-Anthems (1717/18) und den Ballettmusiken der Opern und Opern-Pasticci der Spielzeit 1734/35 (»Arianna in Creta«, »Oreste«, »Ariodante«, »Alcina«,

»Terpsicore«, »Il pastor fido«), dem Oratorium »Athalia« (1733) und einigen anderen Quellen. Die bunten Satzfolgen, die Zahl von 7 (statt 6 oder 12) Sonaten unter einer Opus-Nummer, vor allem der Rückgriff auf Ballett-Nummern mit ihrem natürlich orchestralen, von der »klassischen« Triosonate weit entfernten Satz lassen die Werke eher als Trio-Auszüge bereits erprobter Erfolgsstücke denn als vollwertige Kammermusik erscheinen, und sicherlich haben Händel und Walsh bei ihrer Veröffentlichung vor allem das Geschäft im Auge gehabt, zumal die Saison 1734/35 (außer der sehr erfolgreichen »Alcina«) und die folgenden, letzten Opernspielzeiten Händels eine finanzielle Katastrophe gewesen waren. Andererseits enthalten gerade diese Sonaten, eben wegen ihrer Nähe zum Ballett, eine Fülle einfacher, melodisch und rhythmisch unmittelbar wirkender, ja zündender Musik. Man sollte sie als das verstehen, was sie – von wenigen Sätzen abgesehen – sein wollen: Unterhaltungsmusik, die im Grunde der von der Popularität der Gattung Triosonate zehrenden Londoner Arrangier-Industrie näher steht als der Idee der Triosonate als anspruchsvollster Kammermusik. Im folgenden werden nur die Satzfolgen und die Herkunft der Sätze, mit einigen ergänzenden Bemerkungen, aufgeführt.

Op. 5 Nr. 1 A-Dur. *Andante* und *Allegro*: Ouvertüre zum Chandos-Anthem »I will magnify thee« (das Andante ursprünglich aus der Sonata a 5 für Violine und Orchester, um 1707). – *Larghetto* (fis-Moll/Cis-Dur) und *Allegro*: neukomponiert; das Larghetto kaum mehr als eine Überleitung, das Allegro im Stil einer Ballettmusik. – *Gavotte*: Ballettmusik aus »Arianna« (1734).

Op. 5 Nr. 2 D-Dur. *Adagio* und *Allegro*: Ouvertüre zum Chandos-Anthem »O be joyful«. – *Musette – Allegro* (d-Moll) – *Musette*: Ballettmusik aus »Ariodante« (1735). – *Marche* und *Gavotte*: ursprünglich Einzelstücke oder neukomponiert.

Op. 5 Nr. 3 e-Moll. *Andante larghetto*: Ouvertüre zum Chandos-Anthem »As pants the heart«. – *Allegro*: neukomponiert. – *Sarabande, Allemande, Rondeau, Gavotte*: aus den Ballettmusiken zu »Ezio« (1732), »Ariodante« (1734) und »Terpsicore« / »Il pastor fido« (1734).

Op. 5 Nr. 4 G-Dur. *Allegro*: Ouvertüre zu »Athalia« (1733). – *A tempo ordinario*: Ouvertüre zu »Il Parnasso in Festa« (1734). –

Allegro: zuerst Finale der 1. Dresdner Triosonate, dann 2. Satz der Ouvertüre zu »Athalia«. – *Passacaille (Chaconne)*: zuerst in »Radamisto« (1720), dann in »Terpsicore« (1734). – *Gigue:* »Terpsicore«. – *Menuett:* »Alcina« (1735).

Op. 5 Nr. 5 g-Moll. *Largo:* neubearbeitet nach »Tamerlano« (1724). – *Come alla breve:* Cembalofuge c-Moll (1735), nach g transponiert und in verdoppelten Notenwerten. – *Larghetto:* neubearbeitet nach »Athalia« (1733). – *A tempo giusto:* Fuge aus der Cembalosuite e-Moll (1720), transponiert nach g-Moll. – *Air:* »Terpsicore« (1734). – *Bourrée:* neukomponiert?

Op. 5 Nr. 6 F-Dur. *Largo:* neukomponiert, wiederverwendet im Orgelkonzert F-Dur von 1739. – *Allegro:* neubearbeitet nach der 1. »Dresdner« Triosonate (vgl. unten). – *Adagio* (d-Moll): desgleichen. – *Allegro:* neukomponiert, wiederverwendet wie oben. – *Menuett:* neukomponiert. Im Autograph der Sonate statt dessen ein Andante mit einer Variation, neubearbeitet nach dem Schlußsatz des Orgelkonzerts op. 4 Nr. 1 (zuerst aufgeführt 1735); von Händel für die Druckfassung durch das Menuett ersetzt.

Op. 5 Nr. 7 B-Dur. *Larghetto* und *Allegro ma non presto:* Ouvertüre zum Chandos-Anthem »Let God arise«. – *Adagio* und *Allegro:* Ouvertüre zum Chandos-Anthem »O sing unto the Lord«. – *Gavotte:* aus »Oreste« (1734). – *Menuett:* aus »Terpsicore« (1734).

Die »Dresdner« Triosonaten

Die 3 Werke in F, g und E sind nur in Handschriften der Sächsischen Landesbibliothek Dresden überliefert.
Die **Sonate F-Dur** ist wahrscheinlich echt, ein bedeutendes Werk, das im plötzlichen Wechsel von kantabler Melodik zu eckigen Sprüngen (1. Satz), im Einschalten freier und modulierender Abschnitte und dramatischer Generalpausen (2. und 3. Satz) und in der Virtuosität des Finales einen jugendlichen Überschwang zeigt, zu dem die vorgeschlagene Datierung (Italien um 1707) gut passen würde. Alle 4 Sätze, die der klassischen Corelli-Form folgen (Andante – Allegro – Adagio – Allegro), sind später wiederverwendet worden, aber bezeichnenderweise nicht unverändert oder kaum verändert (wie die vielen in op. 5 übernommenen Ballettsätze), sondern eingreifend umkompo-

niert, mit einer deutlichen Tendenz zur kontrapunktischen und thematischen Konzentration.
Die **2. Dresdner Sonate** folgt ebenfalls dem formalen Modell des Corelli-Typus, hier mit der Variante, daß sich der 1. Satz durch Kadenz zur Dominante zum Allegro hin öffnet, während der 3. Satz (B-Dur) tonal geschlossen ist. Viele Züge des Werkes – die langen und vielgliedrigen Themen des 1. und 2. Satzes und die Seufzerketten des 1. und 3., auch der kräftige Tanz-Tonfall des 4. – erinnern an Händel. Gegen die Echtheit des Stückes sprechen aber die Blässe der thematischen Erfindung und – vor allem – die Tatsache, daß nichts aus dieser Sonate in echten Werken Händels wiederzufinden ist, bei Händels extensiver und intensiver Bearbeitungspraxis gerade in der Instrumentalmusik ein ausgesprochen verdächtiger Zug.
Die **3.** der **Dresdner Sonaten** stammt mit Sicherheit nicht von Händel, sondern von einem jüngeren Komponisten, der – wie schon der Beginn des Kopfsatzes mit seinem verschnörkelt-kantablen und mit der typischen Triolen-Kadenzfigur endenden Thema zeigt – bereits stark vom »galanten« Stil geprägt ist.

Einzelne Triosonaten

Einige weitere Werke, die nicht in die gedruckten Sammlungen eingingen, sind in problematischer Form überliefert oder von zweifelhafter Echtheit; sie seien hier nur kurz erwähnt.
Die **Sinfonia B-Dur** ist ein 3sätziges Stück, das vermutlich aus Händels italienischer Zeit stammt; das Thema des 1. Satzes geht auf eine Arie aus Händels Hamburger Oper »Almira« (1705) zurück und ist vom Komponisten in einer der Klaviersuiten aus der 1733 veröffentlichten Sammlung wiederverwendet worden. Der Titel Sinfonia und die Dreisätzigkeit weisen das Werk als

Orchester-, nicht als Kammermusik aus, auch wenn es in Triobesetzung gespielt werden kann.
Die **Sonate für 2 Blockflöten und Generalbaß F-Dur** ist autograph überliefert und stammt wahrscheinlich ebenfalls aus der italienischen Zeit. Von den 3 Sätzen (Allegro – Grave – Allegro) ist der 1. im Autograph ohne, in einer sekundären Quelle aber mit Generalbaß aufgezeichnet.
Die 4sätzige **Sonate für 2 Flöten und Generalbaß e-Moll** (Largo – Allegro – Largo – Allegro) ist in einer allgemein zuverlässigen Quelle überliefert, stammt aber dennoch sicherlich nicht von Händel.
Die **Sonate für 2 Violinen und Generalbaß C-Dur** besteht aus einem konzerthaften Allegro, einem Andante larghetto und 2 Allegro-Sätzen, deren 1. fugiert und deren 2. ein Tanzsatz ist. Die 3 ersten Sätze – die zusammen eine italienische Opern-Sinfonia, wenn auch eine sehr anspruchsvolle, bilden – sind von Händel zur Ouvertüre für das Oratorium »Saul« (1738) »orchestriert« worden; der letzte Satz dient, entsprechend ausgearbeitet, als eine der Sinfonien im 2. Akt desselben Werkes. Die Triosonatenfassung ist wahrscheinlich nicht mehr als ein ausgearbeiteter Entwurf, kein selbständiges Werk.

Solosonaten

Die 12 Sonaten für ein Melodie-Instrument und Generalbaß, die unter dem Namen Händel publiziert wurden, brachte der Londoner Verleger Walsh auf dieselbe Weise wie Händels Triosonaten auf den Markt: zuerst (um 1730) in einer Ausgabe mit der wahrscheinlich fingierten Verlagsadresse von Jeanne Roger in Amsterdam, dann etwa 2 Jahre später unter dem Namen Walsh und in revidierter Fassung – wobei die Revision hier so weit ging, daß 2 der Sonaten gegen 2 andere ausgetauscht wurden (heute gelten alle 4 als unecht). Da die alte Händel-Ausgabe und viele moderne Ausgaben beträchtliche Verwirrung über Zahl und Besetzung der echten Sonaten gestiftet haben, werden die echten und die zweifelhaften Werke getrennt – und jeweils nach gedruckten und handschriftlich überlieferten geordnet – besprochen.

1. Echte Werke, zu Händels Lebzeiten gedruckt

Violinsonate d-Moll (Flötensonate e-Moll) op. 1 Nr. 1

Grave – Allegro – Adagio – Allegro.

Schon das *Grave* zeigt, wie sehr die Solosonaten Händels – obwohl sie an der von Corelli normierten 4sätzigen Form der Sonata da chiesa zumeist festhalten – die Dimensionen der Sonaten der Corelli-Generation überschreiten: Es ist ein langsam schreitender, sehr ernster und ausgedehnter Satz, dessen feierlich wirkende punktierte Rhythmen an eine französische Ouvertüre erinnern. Besonders bemerkenswert ist die latente Mehrstimmigkeit der Melodiestimme, die durch große Sprünge und weiträumige Motivtranspositionen erreicht wird – ganz ähnlich wie in den Sonaten ohne Generalbaß von Bach.

Das *1. Allegro* wird von einer weitgehend konzertant-freien Melodiestimme geprägt, zu der aber der Baß mehrfach, den fugierten Satz einer Triosonate und zugleich die Motiv-Arbeit eines Konzertsatzes andeutend, das Kopfthema der Melodiestimme vollständig oder motivisch zerlegt intoniert. Das *Adagio* ist nur eine Überleitung, die in einer einzigen schön geschwungenen Melodiephrase zum Allegro führt. Dieses *Allegro* ist dann ein wirklich einfacher, lebhafter Tanzsatz im 3/8-Takt.

Blockflötensonate g-Moll op. 1 Nr. 2

Larghetto – Andante – Adagio – Presto.

Die Sonate beginnt mit einem *langsamen Satz*, dessen Melodik in der Oberstimme – über einem hier ganz neutral begleitenden Baß – verdeutlicht, wie genau Händel auf die Möglichkeiten der Instrumente achtete (was die verlegerische Strategie, solche Sonaten für verschiedene Instrumente freizugeben, und die heute weitverbreitete Überzeugung, man könne wirklich so verfahren, weitgehend relativiert): kurze und sorgfältig ausgewogene, melodiebetonte Phrasen hier, lange und latent mehrstimmige Melodiebögen dort. Der *2. Satz* ist – ungewöhnlich – kein fugiertes oder konzertantes Allegro, sondern ein 2teiliger Tanzsatz, sarabandenähnlich, aber durch konzertante Einwürfe des Basses aufgelockert; thematisch hängt er eng mit einem Satz aus dem A-Dur-»Te-Deum« von 1724 zusammen. Das ganz kurze *Adagio* (Corellis Pathos-Typ folgend) hat Händel im Orgelkonzert op. 4 Nr. 3 neu bearbeitet; die abschließende fröhliche *Gavotte* kehrt, verändert, in demselben Konzert und auch noch im Orgelkonzert op. 7 Nr. 5 wieder.

Flötensonate e-Moll nach den Sonaten op. 1 Nr. 1 und Nr. 2
(Sonate 1a in der alten Händel-Ausgabe)

Larghetto – Andante – Largo – Allegro – Presto.

Die Sonate ist in Händels Autograph überliefert und ausdrücklich für Querflöte bestimmt; entstanden ist sie wahrscheinlich um 1727 als Zusammenstellung und Bearbeitung von Sätzen aus älteren Sonaten (vermutlich einem Flötisten zu Gefallen). – Der *1. Satz* entspricht ganz dem 1. von op. 1 Nr. 1, nur sind die für die Flöte zu hoch liegenden Phrasen des Originals eine Oktave tiefer versetzt und am Schluß 1½ Kadenztakte angefügt, die den Satz zum Halbschluß öffnen. Der *2. Satz* ist identisch mit dem 2. der Blockflötensonate op. 1 Nr. 2, nur von g-Moll nach e-Moll transponiert. Das kurze, aber gewichtige *Largo* (G-Dur, auf H-Dur schließend) beginnt mit einem der großartigsten melodischen Einfälle Händels:

der später, umgeformt und intensiviert, den Kopfsatz der großen D-Dur-Violinsonate trägt:

Mit Rücksicht auf den Tonumfang der Flöte ist er aber hier um seinen Spitzenton – und damit um seine eigentliche melodische

Pointe – gebracht, ein sicheres Indiz dafür, daß auch dieser Satz die Bearbeitung einer (verschollenen) Vorlage ist. Das folgende *Allegro* entspricht dem Schlußsatz der Sonate op. 1 Nr. 1, ist aber stärker umgearbeitet als der aus derselben Sonate übernommene 1. Satz. Das *Finale* ist dann wieder nur eine einfache Transposition der Schluß-Gavotte aus der Blockflötensonate op. 1 Nr. 2.

Violinsonate A-Dur op. 1 Nr. 3

Andante – Allegro – Adagio – Allegro.

Eine der prächtigsten Sonaten Händels und eine der wenigen, die ausgesprochen virtuose Züge haben. Einem *Andante* über ruhig schreitendem Baß folgt ein für seine Substanz fast zu kurzes *Allegro*, das als Doppelfugato beginnt, einen konzertant-virtuosen Mittelteil folgen läßt und mit einer erweiterten Wiederholung des 1. Teils, intensiviert durch real 2stimmigen Kontrapunkt in der Violine und virtuose Arpeggien, schließt. Das *Adagio* ist lediglich eine ausgeschriebene Kadenz von fis-Moll nach Cis-Dur, das *Finale* eine robuste Gigue, die leicht verändert als Finale der Blockflötensonate B-Dur (1. Fitzwilliam-Sonate) wiederkehrt.

Blockflötensonate a-Moll op. 1 Nr. 4

Larghetto – Allegro – Adagio – Allegro.

Der *1. Satz* ist eine der merkwürdigsten Bearbeitungen Händels: eine ruhig und in großen melodischen Bögen beginnende, später durch Triolen und punktierte Rhythmen stärker belebte Melodie, die ganz neu erfunden ist, über einem als quasi-ostinato behandelten Baßmotiv, das in Händels italienische Zeit zurückreicht und in einer Kantate und in der Oper »Agrippina« auftaucht. Der *2. Satz* ist ganz ähnlich wie derjenige der Blockflötensonate op. 1 Nr. 2 angelegt, eine Melodiestimme mit kräftiger und einfacher (hier ganz konzerthafter) Melodik, konzertierend mit dem Baß, das Ganze in 2teiliger Suitensatzform. Das *Adagio* (F-Dur, auf E-Dur schließend) ist dem 1. Satz jener Sonate eng verwandt, nicht nur satztechnisch, sondern sogar in Thematik und Melodik. Das *Finale* ist, ähnlich wie der 2. Satz, ein relativ einfacher Suitensatz; sein Thema (mit der charakteristischen 3taktigen Motivbildung) geht auf den Schlußsatz der frühen Triosonate op. 2 Nr. 2 zurück.

Oboensonate F-Dur (Flötensonate G-Dur) op. 1 Nr. 5

Adagio – Allegro – Adagio – Bourrée – Menuetto.

Das Werk ist im op. 1 als Flötensonate veröffentlicht, aber in zeitgenössischen Abschriften als Oboensonate überliefert; die Behandlung des Melodie-Instruments vor allem im 2. Satz macht es wahrscheinlich, daß die Besetzung mit Oboe die von Händel intendierte ist. – Das *Adagio* ist eine kurze, auf einem Halbschluß endende Einleitung, die vom Solisten kantables Spiel und lang gehaltene Töne verlangt; der genau auskomponierte Wechsel zwischen sehr ruhiger und lebhaft ornamentierter Bewegung macht es wahrscheinlich, daß die (insgesamt vorherrschende) ruhige Achtel-Melodik nicht ausgeziert werden sollte. Das *Allegro* ist ein glänzender Konzertsatz, fast eine Schlachtenmusik, die in der konzertanten Verarbeitung des Signalmotivs vom Anfang des Satzes kulminiert (gegen Ende, mit großem Effekt, erscheint es auf dem Spitzenton der Barock-Oboe, c^3). Das *2. Adagio* (d-Moll bzw. e-Moll, auf Halbschluß endend), ein feierlich-kantabler Satz im ¾-Takt, erscheint in der Blockflötensonate op. 1 Nr. 7 wieder, auch dort als 3. Satz; der quasi-ostinate Baß stammt aus einem der Chandos-Anthems. Den *Abschluß* bilden 2 sehr einfache Tanzsätze, durch die die ungewöhnliche »Buntheit« der Sonate noch gesteigert wird; das Menuett ist eine (wahrscheinlich frühere) Variante des Finales aus dem Concerto grosso op. 3 Nr. 4 und auch als Cembalostück überliefert.

Violinsonate (Gambensonate) g-Moll op. 1 Nr. 6

Larghetto – Allegro – Adagio – Allegro.

Die Sonate ist in op. 1 als Oboensonate gedruckt, aber im Autograph als Violinsonate bezeichnet, so daß an Händels Absicht ebensowenig gezweifelt werden kann wie bei der ebenfalls autograph überlieferten späteren Fassung für Gambe und Generalbaß; außerdem ist sie formal, satztechnisch und in den Tonfällen fast eine Replik der großen Violinsonate A-Dur, nur ohne deren Virtuosität. – Die beiden langsamen Sätze sind die bedeutendsten, obwohl – wie in der A-Dur-Sonate – der 2. nur eine Überleitung zum Finale ist. Das 1. Allegro ist ein temperamentvoller Konzertsatz (vermutlich hat seine Signalmotivik Walsh dazu verleitet, das Werk als Oboensonate zu drucken), das 2. – genau wie in der A-Dur-Sonate – eine Gigue im 12/8-Takt.

Blockflötensonate C-Dur op. 1 Nr. 7

Larghetto – Allegro – Larghetto – A tempo di Gavotta – Allegro.

Das *Larghetto* – wie immer bei Händel als relativ schnelles Tempo zu verstehen – ist in der Melodik, vor allem durch die Wiederholungen von 2-Takt-Gruppen, mit denen es beginnt, ein ausgesprochen zierlicher, fast schon »galanter« Satz, dagegen harmonisch außerordentlich reich und voller Überraschungen; aus der Spannung beider Komponenten entsteht ein ungewöhnlich reizvoller Satz. Das *Allegro* ist, wie so oft in diesen Sonaten, ein ziemlich freier und konzertanter Satz, der die traditionelle Fugato-Anlage nur noch andeutet, auch durch Wiederholungen oder Teilwiederholungen des Themas im Baß. Das Thema selbst hat Händel in der Ouvertüre zur Oper »Scipione« (1726) wieder (oder erstmals) verwendet; verändert taucht es auch als Finale-Thema des Orgelkonzerts op. 4 Nr. 4 auf. Das *2. Larghetto* ist identisch mit dem 3. Satz der Sonate op. 1 Nr. 5 – dort mit der Tempovorschrift Adagio! *Gavotte* und *Allegro (Menuett)* sind, wie in jener Sonate, sehr einfache und hübsche Tanzsätze, durch die die Sonata da chiesa auf unterhaltsame Weise doch noch in eine Sonata da camera verwandelt wird. Das Thema des Menuetts taucht, in Varianten, bei Händel noch mehrfach auf: in der Oper »Alessandro« (1726, wie der oben erwähnte »Scipione«) im Concerto grosso op. 3 Nr. 6 und im Orgelkonzert op. 7 Nr. 4 sowie in der 3. Suite für Cembalo.

Oboensonate c-Moll op. 1 Nr. 8

Largo – Allegro – Adagio – Allegro (Bourrée angloise).

Das Werk gehört wahrscheinlich zu den frühesten überlieferten Solosonaten Händels; vermutlich entstand es um 1711 in London. Mit dieser Entstehungszeit hängen wohl die Kürze der Sonate und die sehr enge Bindung der Satztypen und Satzcharaktere an die Corelli-Tradition zusammen: Einem sehr ernsten, im 2. Teil seufzerreichen *langsamen Satz* folgt ein ungewöhnlich dicht gearbeitetes fugiertes *Allegro* über ein chromatisches Thema und ein Fortspinnungsmotiv, die auch getrennt (das chromatische Thema auch in Umkehrung) verarbeitet werden.

b

Das *Adagio* ist trotz seiner feierlichen 3/2-Bewegung weniger ein Ableger des Pathos-Typus Corellis als vielmehr ein ganz langsamer Tanzsatz, dessen 2. Teil mit einer freien Umkehrung des Anfangs beginnt. Auch bei dieser sehr verschleierten Verbindung von Sonata-da-chiesa-Grundtypus mit Sonata-da-camera-Elementen scheint Corelli Pate gestanden zu haben; mindestens ebenso deutlich auch im *Finale*, das eine ernste Bourrée ist.

Blockflötensonate (Violinsonate) d-Moll op. 1 Nr. 9

Largo – Vivace – Presto (Furioso) – Adagio – Alla breve – Andante – A tempo di Minuet.

Die Sonate steht im op. 1 als Flötensonate in h-Moll, im Autograph in d-Moll und ohne Instrumentenbezeichnung. Für eine Besetzung mit Querflöte spricht nichts; für die Blockflöte nur der Umfang der Melodiestimme, der dem Umfang der Blockflöte gut entspricht. Mehrere Argumente gibt es nur für die Violine: Das Fehlen der Instrumentenbezeichnung im Autograph kann als Fehlen einer Selbstverständlichkeit verstanden werden, und das selbstverständliche Melodie-Instrument in einer Sonate der Epoche ist die Violine; der furiose 3. Satz ist musikalisch sinnvoll am ehesten auf der Violine auszuführen; die Melodik des Adagios steht dem großen Thema am Anfang der späten D-Dur-Violinsonate sehr nahe.
Im Detail ist die Sonate ein ähnlich buntes Stück wie die Oboensonate op. 1 Nr. 5. Einem ganz ernsten *Adagio* folgen ein ausgedehntes *Vivace* im 3/2-Takt, das eine Moll-Variante der berühmten Hornpipe aus der »Wassermusik« ist, ein *Presto* (B-Dur bzw. G-Dur), das mit seinen Sechzehntel-Kaskaden (bei denen der Baß fast mehr zu tun hat als die Oberstimme) fast eine »tempestà« à la Vivaldi ist, ein wieder ganz ernstes und feierliches *Adagio* und eine veritable 2stimmige *Fuge* (in abweichender Fassung auch als Cembalostück überliefert). Am *Schluß* stehen, wie in der 5. und 7. Sonate, 2 Tanzsätze (beide auch in der 2. Fitzwilliam-Sonate, s. d.; der zweite außerdem als Cembalostück bekannt).

Blockflötensonate F-Dur op. 1 Nr. 11

Larghetto – Allegro – Alla siciliana – Allegro.

Die Sonate ist die einfachste und eingängigste des op. 1. Das *Larghetto* ist ganz strömende Kantilene, einer der großen, gerade durch seine Einfachheit großen melodischen Einfälle Händels. Das *1. Allegro* ist ein ganz knapper Suitensatz mit konzerthafter Thematik, das *Siciliano* ähnlich knapp und konzis; nur das *2. Allegro*, eine Gigue, holt etwas weiter aus. Ohne jeden Anspruch auf Tiefe und Kompliziertheit ist hier etwas gelungen, was nicht nur bei Händel selten ist: ein vollkommenes kleines Kunstwerk, in dem kein Takt uns als überflüssig erscheint. Händel hat die ganze Sonate, wiederum ohne viel Aufwand und wiederum mit schlagender Wirkung, später in das Orgelkonzert op. 4 Nr. 5 verwandelt, indem er den vorhandenen 2stimmigen Satz auf Orchestertutti und Orgelsoli verteilte, im 2. Satz zusätzliche Wiederholungen einbaute und im 3. und 4. Satz einige Tuttitakte hinzukomponierte.

2. Echte Werke, zu Händels Lebzeiten nur handschriftlich überliefert

Violinsonate D-Dur

Affettuoso – Allegro – Larghetto – Allegro.

Die Sonate ist in einem Autograph überliefert, das um 1750 zu datieren ist, und sie ist damit die letzte Sonate, die wir von Händel besitzen. Zugleich ist sie die bedeutendste. – Der *Kopfsatz* entfaltet das grandiose Thema, das schon in der Flötensonate e-Moll auftaucht, mit höchstem Pathos und abwechselnd im Glanz der hohen und in der Sonorität der tiefsten Lage. Das *1. Allegro* – ein Doppelfugato, das konzertant aufgelockert und am Schluß wieder verfestigt wird – erinnert deutlich an den entsprechenden Satz der A-Dur-Violinsonate aus op. 1, und vorübergehend taucht auch ein Motiv aus dem Thema des 2. Satzes der g-Moll-Violinsonate auf; Thema und obligaten Kontrapunkt hat Händel (vor oder nach der Violinsonate?) auch in einem Chor im Oratorium »Solomon« (1749) verwendet. Das *Larghetto* (h-Moll, nach einer h-Moll-Kadenz sich zum Halbschluß in Fis-Dur öffnend) ist ein weniger pathetischer als vielmehr sanfter und lieblicher Satz, der zum hohen Pathos des Affettuoso und zum Glanz des 1. Allegros wirkungsvoll kontrastiert. Das *Finale* ist, ohne einem Tanz genau zu entsprechen, ein tänzerisch beschwingtes, glanzvolles und geigerisch dankbares Stück, das thematisch auf eine Kantate und eine Arie aus »Riccardo primo« (1727) zurückgreift. Händel hat den Satz als Orchester-Sinfonia in sein letztes großes Oratorium, »Jephta« (1752), übernommen und dabei um 6 Takte im 1., einmal 4 und einmal 8 Takte im 2. Teil gekürzt; leider ist er mit diesen Kürzungen in der alten Händel-Ausgabe und seitdem häufig veröffentlicht worden.

Blockflötensonate B-Dur (1. Fitzwilliam-Sonate)

Courante – Adagio – Allegro.

Die Sonate ist vermutlich um 1725 entstanden. Im Autograph hat sie keine Instrumentenangabe, und da sie keinerlei geigerische Züge trägt, auf der Blockflöte aber sehr gut zu spielen ist, erscheint die übliche Besetzung gerechtfertigt (zu denken gibt aber immerhin, daß der 3. Satz von Händel als Finale der Violinsonate A-Dur op. 1 Nr. 3 verwendet wurde). Ob das Stück wirklich als »Werk« gedacht war, ist nach seiner Überlieferung und Gestalt nicht ganz zweifelsfrei (wenn auch weniger zweifelhaft als bei der 2. Sonate). Die 3sätzige Form (schnell – langsam – schnell) und der Beginn mit einem leichtgewichtigen Tanzsatz sind für Händel sehr ungewöhnlich, und kaum weniger merkwürdig ist der Mangel an Gleichgewicht zwischen dem kurzen 1. und dem sehr langen und gewichtigen 3. Satz. Vielleicht ist das Stück doch mehr ein Entwurf oder eine Sammlung von Sätzen, die für spätere Verwendung vorläufig aufgezeichnet wurden, wie Händel es öfter tat. Der 1. Satz ist wiederverwendet in der Ouvertüre zur Oper »Scipione« (1726), der 2. als 3. Satz im Orgelkonzert op. 4 Nr. 4, der 3. als Finale der Violinsonate op. 1 Nr. 3.

Blockflötensonate d-Moll (2. Fitzwilliam-Sonate)

Andante – Andante – Menuett.

Der Verdacht, daß es sich hier nicht um eine Sonate, sondern um ein »Reservoir« von Einzelsätzen für spätere Verwendung handelt, liegt nach der Überlieferung und Form des Stückes sehr nahe. Abgesehen davon handelt es sich um durchaus reizvolle Musik: Der *1. Satz* ist ein in seiner Verbindung von $^6/_8$-Takt und sehr ernstem Grundton ganz eigenartiges Stück (das als Finale der Blockflötensonate d-Moll op. 1 Nr. 9 am richtigen Platz steht, während es als Kopfsatz einer Sonate deplaciert erscheint); das *Andante* (später der vorletzte Satz derselben Sonate) ist in der hier vorliegenden Fassung der späteren mindestens ebenbürtig. Weniger bedeutend ist das Finale, ein sehr einfaches *Menuett*, das (wie der 1. Satz) auch als Cembalostück überliefert ist.

Blockflötensonate d-Moll (3. Fitzwilliam-Sonate)

Largo – Vivace – Furioso – Adagio – Alla breve.

Identisch mit der Blockflötensonate d-Moll (Flötensonate h-Moll) op. 1 Nr. 9, ohne deren beide Schlußsätze (die in umgekehrter Reihenfolge 1. und 2. Satz der 2. Fitzwilliam-Sonate sind).

Oboensonate B-Dur

Andante – Grave – Allegro.

Auch diese Sonate ist nur in einem Autograph im Fitzwilliam Museum Cambridge überliefert und etwa 1709/10 in Venedig oder Hannover entstanden. Ungewöhnlich ist auch hier die Dreisätzigkeit; allerdings läßt sie sich bei einem frühen und möglicherweise noch in Italien entstandenen Werk so erklären, daß Händel hier noch mit der »modernen« 3sätzigen Sonaten- und Konzertform experimentierte und sich erst in London, wo die Corelli-Tradition so besonders stark war (vgl. S. 36 u. 48 im Kap. »Gattungen und Besetzungen), dem Corelli-Typus zuwandte (und in London sind zweifellos die meisten Sonaten entstanden, auch wenn ihre genaue Entstehungszeit noch weitgehend ungewiß ist). Die Sonate ist – verglichen mit den bedeutenden Stücken des op. 1 – sicherlich ein Nebenwerk, aber ein recht reizvolles: mit einem etwas kurzatmigen, aber eleganten *Andante* über ruhig schreitenden Bässen, einem ernsten, zum Finale überleitenden und recht kurzen *Grave* und einem *Schlußsatz*, in dem Oboe und Baß spielfreudig miteinander konzertieren.

3. Zweifelhafte Werke, von Walsh zu Händels Lebzeiten gedruckt

Violinsonate A-Dur (op. 1 Nr. 10 in der Erstausgabe ca. 1730)

Adagio – Allegro – Largo – Allegro.

Die Sonate ist ein qualitätvolles, aber in allen Sätzen auffallend kurzes und formal ziemlich schematisches Stück. Das Adagio ist recht farblos, aber das Largo (fis-Moll, nach Cis-Dur kadenzierend) hat eine Kantilene, die durchaus an Händel erinnert. Am charakteristischsten erscheinen die beiden schnellen Sätze, die auch geigerisch höchst dankbar sind.

Violinsonate E-Dur (op. 1 Nr. 12 in der Erstausgabe ca. 1730)

Adagio – Allegro – Largo – Allegro.

Die Sonate ist sicherlich vom selben Komponisten wie die vorige, aber dieser Komponist ist gewiß nicht Händel. Formal gleichen beide Stücke einander aufs Haar genau, nur ist die E-Dur-Sonate technisch weniger anspruchsvoll und in der melodischen Erfindung reicher und individueller (die Themen vor allem der beiden ersten Sätze haben eine weit überdurchschnittliche Prägnanz; was aus ihnen entwickelt wird, ist allerdings weniger originell).

Violinsonate g-Moll (op. 1 Nr. 10 in der Zweitausgabe ca. 1732)

Andante – Allegro – Adagio – Allegro.

Die beiden Violinsonaten, die Walsh 1732 anstelle der beiden vorigen Stücke in das op. 1 einschob, zeigen eine ganz andere Handschrift als die Sonaten in A-Dur und E-Dur – allerdings eine, die noch deutlicher von Händel entfernt ist. – Die g-Moll-Sonate beginnt vielversprechend mit einem harmonisch reichen, ouvertürenhaft-pathetischen Andante, aber das anschließende Allegro bringt eine fast bizarre Reihung farbloser Einfälle, und die Originalität, die sich gegen Ende des Satzes in den kreisenden Sextakkordketten einstellt, ist sicherlich nicht die Originalität Händels. Formal ist der Satz (wie alle schnellen Sätze in den 4 fraglichen Sonaten des op. 1) ein 2teiliger Suitensatz. Das Adagio ist eine sehr einfache Quasi-Sarabande, das Finale eine Gigue.

Violinsonate F-Dur (op. 1 Nr. 12 in der Zweitausgabe ca. 1732)

Adagio – Allegro – Largo – Allegro.

Die Sonate ist qualitativ weit besser als ihr Schwesterwerk, aber darum nicht händelscher. Das *Adagio* ist ein in fast grandiosem Ton beginnender, dann schnell lieblicher werdender Satz, der – ganz ungewöhnlich für diese Zeit – rondohaft gegliedert ist. Das *1. Allegro* ist ein schwungvolles Stück, scheinbar noch ein 2teiliger Suitensatz, in Wirklichkeit aber ein großer 3teiliger Satz mit einem konzertant-freien Mittelstück und einer freien »Reprise«

des 1. Teils. Das *Largo* (d-Moll) ist durch eine Melodik charakterisiert, die ständig um die Moll-Quinte und deren oberen und unteren chromatischen Nebenton kreist – ein ehrwürdiger Thementypus des Barock und der Klassik, der z. B. auch dem Thema von Bachs »Musikalischem Opfer« zugrunde liegt. Das *Finale* ist wieder eine Gigue über ein sehr simples, aber sehr schlagkräftiges Thema.

Flötensonate a-Moll (»Hallenser Sonaten« Nr. 1)

Adagio – Allegro – Adagio – Allegro.

Die 3 Flötensonaten in a-, e- und h-Moll, die von Walsh 1730 publiziert wurden, sind gelegentlich für Jugendwerke Händels aus Halle gehalten worden, daher ihr Beiname. – Die a-Moll-Sonate ist in allen Sätzen – offenbar – original, aber doch wohl zu ungleich in Faktur und Qualität, um von Händel zu sein. Das *Adagio* beginnt mit einem eigenartig dialogisierenden Abschnitt, in dem die Flöte nach 6 Takten zur Begleitstimme wird, und ist im übrigen rhythmisch und harmonisch von einer Monotonie und Kurzatmigkeit, die man auch dem jungen Händel nicht zutrauen möchte (man denke an die Qualität der Triosonate op. 2 Nr. 2). *Allegro* und *2. Adagio* sind dagegen 2 interessante und einfallsreiche Sätze, das Allegro mit einer wilden Chromatik, die an Händels italienische Jahre erinnert, das Adagio mit einem melodisch-motivisch fast gleichberechtigten Baß (was allerdings, wie auch die melodische Erfindung des Satzes, sehr unhändelsch ist). Das *Finale* ist ein ganz knapper Tanzsatz im ¾-Takt.

Flötensonate e-Moll (»Hallenser Sonaten« Nr. 2)

Adagio – Allegro – Grave – Minuet.

Die Sonate ist ein Pasticcio, für das wohl eher der geschäftstüchtige Verleger als der Komponist verantwortlich ist: Der *1.* und *2. Satz* sind (transponiert) identisch mit den beiden ersten Sätzen der Oboensonate c-Moll op. 1 Nr. 8 (die Walsh also im selben Jahr wie die Flötensonate auf den Markt brachte!), und das Finale ist identisch mit einem Cembalo-Menuett, das 1733 gedruckt wurde, wahrscheinlich aber sehr viel älter ist. Der einzige Satz, für den bisher keine Vorlage gefunden wurde, ist das *Grave*. Es basiert auf einem sarabandenähnlichen Thementypus, den Händel mehrfach verarbeitet hat (der Anfang des Andante der Blockflötensonate g-Moll, op. 1 Nr. 2, ist fast identisch mit den ersten 4 Takten dieses Satzes; daß es sich andererseits um einen verbreiteten Typus handelt, zeigt das recht ähnliche Adagio der g-Moll-Violinsonate, op. 1 Nr. 10 von 1732), aber die Verzierungen der Flötenmelodie, die ganz unmotiviert mit dem 3. Takt einsetzen, klingen kaum nach Händel. Noch bedenklicher wirkt, daß das folgende *Menuett* auf demselben Rhythmus aufbaut – ein Mangel an Abwechslung, den Händel sich kaum gestattet hätte.

Flötensonate h-Moll (»Hallenser Sonaten« Nr. 3)

Adagio – Allegro – Largo – Allegro.

Das Werk ist eine anspruchslose, melodisch wenig profilierte Sonata da chiesa, in der aber beide schnellen Sätze Suitensatzform und Tanzcharakter haben. Für Händels Autorschaft sprechen am ehesten der schöne Anfang des Largo (das nur eine kurze Überleitung zum letzten Satz ist) und die schwungvolle Thematik des Finales.

4. Zweifelhafte Werke, zu Händels Lebzeiten nur handschriftlich überliefert

Sonate für Flöte und Generalbaß D-Dur. Die Sonate ist in einer Brüsseler Handschrift unbekannter Provenienz aus dem 18. Jh. überliefert und dort »Sr Weiss« zugeschrieben (vermutlich **JOHANN SIGISMUND LEOPOLD WEISS**, Musikdirektor am pfälzischen Hof bis zu seinem frühen Tod 1737, Bruder des berühmten Lautenisten Silvius Leopold Weiss). Sie hat thematische Beziehungen zu einigen Werken Händels. Wäre sie wirklich und in allen Teilen von Händel, müßte sie ein frühes Werk, wohl noch aus Italien, sein; dann aber ist kaum zu erklären, wie sie in die Brüsseler Handschrift und neben einige weitere, Weiss zugeschriebene Sonaten geraten konnte. Musikalisch ist das Werk, das die Form einer Sonata da chiesa in der Corelli-Nachfolge hat, wenig bedeutend.

Alle anderen unter Händels Namen zu Händels Zeit oder heute kursierenden Sonaten sind mit größter Wahrscheinlichkeit unecht. Das gilt auch für die schöne **Sonate für Gambe und obligates Cembalo C-Dur**, die vielleicht von **JOHANN MATTHÄUS LEFFLOTH** ist.

LF

Johann Sebastian Bach

* 21. März 1685 in Eisenach, † 28. Juli 1750 in Leipzig

Bach entstammt einer alten und weitverzweigten Familie, in der die Musik, einem Handwerk vergleichbar, seit langem verwurzelt war. Sein Vater Johann Ambrosius brachte es vom »Stadtpfeifer« zum Hofmusiker und vermittelte seinem Sohn die Grundlagen seiner Kunst. Nach dem frühen Tod von Vater und Mutter wuchs Johann Sebastian seit seinem 10. Lebensjahr bei seinem Bruder Johann Christoph in Ohrdruf auf, der ihn im Klavier- und Orgelspiel und in der Komposition unterwies. Ab 1700 folgten 3 weitere Gymnasialjahre in Lüneburg, von wo aus Bach auch die berühmte Hamburger Orgeltradition studieren konnte.

Die erste Station seines bewegten Berufslebens war 1703 in Weimar die Privatkapelle des Herzogs Johann Ernst; nach wenigen Monaten wechselte er bereits als Organist nach Arnstadt. Von hier aus unternahm er seine bekannte Fußreise zu Dietrich Buxtehude nach Lübeck und handelte sich wegen des dabei überzogenen Urlaubs großen Ärger ein. 1707 wurde Bach Organist in Mühlhausen und heiratete Maria Barbara. 1708 kehrte er als Hoforganist und Kammermusiker nach Weimar zurück; 1714 wurde er Konzertmeister. Nach einem Zerwürfnis mit seinem Herzog übernahm Bach 1717 in Köthen die Stelle des Hofkapellmeisters und des »Direktors der Kammermusiken« und schuf hier für die Kapelle des Fürsten Leopold eine Reihe seiner bedeutendsten Instrumentalwerke. Nach dem Tode seiner ersten Frau heiratete er Anna Magdalena Wilcken. 1723 schließlich wechselte Bach noch ein letztes Mal vom weltlichen in den geistlichen Dienst, als Kantor der Thomaskirche und Musikdirektor der städtischen Hauptkirchen in Leipzig. In den letzten Lebensjahren führte ein Augenleiden zur allmählichen Erblindung.

Kammermusik: Sonaten und Partiten für Violine solo; Suiten für Violoncello solo; Partita für Flöte solo; Sonaten für Violine, Viola da gamba und Flöte mit obligatem Cembalo; Sonaten für Violine und Flöte mit b. c.; Triosonaten.

Die Kammermusik nimmt im umfangreichen Lebenswerk Bachs eine wichtige Stellung ein. Aus seiner Biographie geht deutlich hervor, wann die überwiegende Zahl seiner »Werke für die Kammer« entstanden sein muß, denn an seinen jeweiligen Wirkungsstätten als Instrumentalist und Komponist hatte er fest umrissene Aufgaben, von denen jeweils exakt die Art von Musik abhing, die er anzufertigen und aufzuführen hatte. So stammen also fast alle Stücke dieses Bereichs aus seiner Köthener Zeit (1717–23), wo er in dem Fürsten Leopold von Anhalt-Köthen einen kunstverständigen und ihm geradezu freundschaftlich zugewandten Gönner und Dienstherrn hatte, für dessen höfische Instrumentalisten er den Bedarf an neuen und originellen Kompositionen zu decken hatte. Bekanntlich gab es

damals noch kein »Repertoire« und auch keinen Musikalienhandel, so daß man eben ständig selber für »neue Musik« sorgen mußte.
Schwierig und oft ganz unmöglich ist eine genaue Datierung der einzelnen Werke dieses Zeitraums, denn wir können uns bis auf Ausnahmen weder auf zeitgenössische Druckausgaben noch auf Autographe von der Hand des Komponisten stützen. Damals spielte man aus handschriftlichen Noten; wenn sich eine solche Niederschrift, gar von der Hand des Komponisten, bis zum heutigen Tag erhalten haben sollte, dann ist damit noch nicht die Frage des Entstehungsjahres geklärt, denn auf den Noten ist zumeist kein Datum vermerkt. Und sollte das doch der Fall sein, wie bei den Partiten und Sonaten für Violine solo, dann besagt die Jahreszahl mit Sicherheit lediglich, daß die Niederschrift zur genannten Zeit abgeschlossen wurde, nicht jedoch die Komposition.
Hinzu kommen Probleme der Echtheit; nicht alle unter dem Namen Bachs bekannten Werke sind als Originalkomposition gesichert, und die Stellungnahmen der Musikwissenschaft wechseln hier durchaus mit dem jeweiligen Stand der Forschung. Hierauf wird jeweils beim Einzelwerk eingegangen.
Man hört sehr oft die Meinung, Bach sei kein Revolutionär, sondern eher ein Vollender gewesen, der seine Epoche noch einmal auf meisterhafte Weise zusammenfaßte. Das ist eine zumindest einseitige, wenn nicht gar falsche Sicht; statt vom »Revolutionär« spricht man besser vom »Neuerer« und »Pionier« Bach. Gerade an seiner Kammermusik läßt sich die Unhaltbarkeit jener so griffigen und deshalb in den Allgemeinbesitz übergegangenen These belegen: Weder gibt es vor Bach Vergleichbares zu den Solosonaten und -suiten für Violine und Violoncello, noch schuf irgend jemand vor ihm wirkliche Duos für Melodie- und Tasteninstrumente ohne Generalbaß. Seine Soli gerieten so erschreckend neu und maßstabsetzend, daß sich lange Zeit kein Komponist mehr an dergleichen heranwagte, und seine konzertanten Duosonaten wurden zum Auslöser aller klassischen, romantischen und modernen Sonaten für 2 Instrumente.
Es fällt nicht immer ganz leicht zu entscheiden, was nach heutiger Auffassung noch als Kammermusik anzusehen ist und was den Rahmen sprengt. Zu Bachs Zeit wurden alle instrumentalen Ensemblewerke recht ungenau als »Kammermusik«

bezeichnet, ob das nun Solosonaten oder Solokonzerte mit Orchesterbegleitung waren, also in diesem Fall auch die Violin- und Cembalokonzerte sowie die für die Köthener Hofmusiker geschriebenen »Brandenburgischen Konzerte« und die Ouvertüren. »Kammer« war lediglich als abgrenzende Bezeichnung gemeint für einen Raum im profanen Bereich, im Gegensatz zum Theater und zur Kirche mit ihrer jeweils eigenen Musik.

Wir halten uns bei unserer Auswahl deshalb an die heute üblichen Gesichtspunkte, die freilich gerade bei Bach nie ganz eindeutig anwendbar sind – beispielsweise lassen sich 3. und 6. Brandenburgisches Konzert sehr gut und stilecht solistisch besetzen. Dennoch verzichten wir auf die Betrachtung aller Konzerte, also auch der Brandenburgischen. Es bleiben alle jene Werke, die heute von Kammerensembles in solistischer Besetzung aufgeführt werden.

Zur Form: In der Kammermusik der Bach-Zeit dominierte die Sonate, die aber nicht mit der Komposition gleichen Namens, welche von der Wiener Klassik bis ins 20. Jh. das Feld beherrschte, verwechselt werden darf. Mit ihr hat sie lediglich den zyklischen Aufbau, also die Reihung mehrerer Sätze in gleicher oder nahe verwandter Tonart, gemeinsam.

Man kannte und befolgte drei Grundtypen: Da ist einmal die Sonata da chiesa (Kirchensonate) mit der Satzreihung langsam – schnell – langsam – schnell, wie sie vor allem seit Corelli von Italien aus bekannt war und geliebt wurde. Hier ist der 2. (bewegte) Satz häufig polyphon, gelegentlich sogar als echte Fuge gestaltet, während der 3. (langsame) als einziger oftmals in eine Paralleltonart ausweichen darf. Ihr gegenüber steht die Sonata da camera (Kammersonate), die nichts anderes als eine Suite ist. Eine Suite (oder Partita) aber ist eine Folge von mehr oder weniger stilisierten Tanzsätzen, von denen in der Regel 4 einen festliegenden Rahmen bilden: Allemande, Courante, Sarabande und Gigue, jeweils mit ihren charakteristischen Rhythmus- und Tempomerkmalen. Zwischen 3. und 4. »Standardtanz« wurden meistens noch einige zusätzliche »modischere« Tanzsätze, oft in paarweiser oder A-B-A-Anordnung, eingeschoben (Menuett, Gavotte, Bourrée). Als Einleitung stand vor der Allemande oft ein Präludium, wobei die Satzbezeichnungen leicht variierten und entweder vom italienischen oder französischen Vorbild abgeleitet wurden. Bach nennt die Kammersonate jedoch nie Sonate; diese Bezeichnung reserviert

er entweder der Kirchensonate oder einem dritten Modell, das 3sätzig gehalten war (schnell – langsam – schnell) und sein Vorbild im Concerto-Aufbau hat (z. B. die Gambensonate g-Moll). Fragen der Aufführungspraxis stellen gerade in unseren Tagen ein ebenso hochkompliziertes wie interessantes Kapitel dar. Der Rahmen des vorliegenden Führers verbietet eine Auseinandersetzung mit diesem Themenkomplex; immerhin sei nachdrücklich auf die Frage nach den »richtigen« Instrumenten verwiesen, die Berufsmusiker und Laien beschäftigt und vor allem verunsichert. Hier kann nur empfohlen werden, sich am öffentlichen Konzertleben und an einschlägigen Veröffentlichungen zu orientieren (z. B. auch an Texten auf Schallplattenhüllen) und sich im übrigen nicht etwa so sehr verunsichern zu lassen, daß man lieber auf das Musizieren dieser Werke verzichtet, als sich notfalls eines modernen Klaviers zu bedienen.
Eine angemessene Wiedergabe der ungemein farbigen, sprechenden Ausdruckswelt in Bachs Kammermusik ist nur aus einem einzigen Grund so schwierig: weil der nackte Notentext uns gerade aus jener Zeit fast gar keine Feinheiten der Interpretation – vor allem also der Deklamation und Phrasierung – mitteilt. So etwas setzte man damals als bekannt voraus; wir können leider nur vermuten und forschen.

Solowerke

Sonaten und Partiten für Violine solo

»Sonaten ohne begleitenden Baß« nennt Bach seine 6 Sonaten und Partiten für Solovioline, die uns in einem der schönsten und kostbarsten Autographe der Musikgeschichte überliefert sind. Dieses Exemplar der Bachschen Eigenschrift ist erst 1890 wieder aufgetaucht (es wurde Johannes Brahms zum Kauf angeboten, der jedoch an der Echtheit zweifelte und ablehnte). Auf allerlei Umwegen gelangte das Manuskript 1917 an die Berliner Königliche Bibliothek (heute Besitz der Staatsbibliothek Berlin-West). Auf dem Titelblatt hat der Komponist die Jahreszahl 1720 vermerkt, was zumindest soviel bedeutet, daß diese Werke nicht später als 1720, also in Köthen, entstanden sein können.
In regelmäßigem Wechsel folgen die 6 Kompositionen den beiden gängigen Formmustern der barocken Sonate: der Sonata da chiesa mit ihren 4 Sätzen (langsam – schnell – langsam – schnell)

und der Sonata da camera, die uns als Suite oder auch Partita geläufig ist und aus einer Folge von stilisierten Tanzsätzen in überwiegend festgelegter Reihenfolge besteht.
Nach Bachs Tod waren die Sonaten über ein Jahrhundert lang fast vergessen; immerhin waren sie manchen Eingeweihten bekannt, so etwa Robert Schumann, der ihnen in völliger Verkennung ihrer stilistischen Eigenart, aber eben aus dem Geist seiner Epoche heraus, eine Klavierbegleitung hinzufügte. Und erst der Geiger Joseph Joachim wagte es, sie öffentlich zu spielen; er bereitete auch die erste praktische Neuausgabe vor, die nach seinem Tod 1908 herauskam. Ihrer Intention nach dürften die Sonaten und Partiten zwar wohl, wie so viele andere bedeutende Instrumentalwerke Bachs (vor allem die für Cembalo), für pädagogische Zwecke geschrieben worden sein. Nach ihrer Wiederentdeckung gehören sie jedoch als nie wieder erreichte Meilensteine einer singulären Gattung ins Repertoire aller großen Geigenvirtuosen, für die sie eine technische und geistige Herausforderung ohnegleichen bedeuten.
Es gibt gewiß wenige Beispiele, die so konsequent Musik »an sich« sind, die so vollkommen auf alle außermusikalischen Hörhilfen verzichten und so hohe Anforderungen auch an das Konzentrationsvermögen ihrer Hörer stellen. Eher noch höher sind die Anforderungen an den heutigen Interpreten, der sich – abgesehen von der Bewältigung der vielfältigen spieltechnischen Probleme – mit Fragen der historischen Aufführungspraxis auseinandersetzen muß. So ist mit moderner Bogentechnik das häufig verlangte mehrstimmig-polyphone Spiel schwieriger zu bewältigen als zur Bach-Zeit, als man mit lockerer gespannten Bögen auf Geigen anderer Mensur musizierte. Und die immer wieder lediglich als Akkorde notierten Arpeggien geben bis heute Rätsel auf, denn Bach setzte zu seiner Zeit beim Musiker die Kenntnis derartiger Spielpraktiken und Stilgefühl voraus.

Sonate Nr. 1 g-Moll (BWV* 1001)

Adagio – Fuga – Siciliano – Presto.

Mit reichem, ausdrucksstarkem Figurenwerk hebt das gelassen ausschwingende *Adagio* (C) an, wobei die sich auf und ab ran-

* BWV = Bach-Werke-Verzeichnis. Numerierung nach *Wolfgang Schmieder: Thematisch-systematisches Verzeichnis der musikalischen Werke von Johann Sebastian Bach.* Leipzig 1950. (Mehrfach nachgedruckt.)

kenden Zweiunddreißigstel- und Vierundsechzigstel-Linien immer wieder durch ruhende Pole in Gestalt von Vorhaltbildungen und Akkorden gegliedert werden. An zweiter Stelle steht – wie in allen 3 Kirchensonaten – eine reguläre 3stimmige *Fuge* (¢), die auf einem kurzen, rhythmisch einprägsamen Thema basiert und insgesamt recht streng abläuft, in enger Bindung an das eine, gelegentlich sogar variierte Thema und mit relativ knapp gehaltenen Zwischenspielen, die meist aus spielerischen Dreiklangsbrechungen bestehen und ganz am Ende der Fuge in 2 improvisatorische Schlußtakte münden. Auch das zart verinnerlichte *Siciliano* (B-Dur, 12/8) an 3. Stelle ist durchweg in polyphoner Dreistimmigkeit gehalten: Einer melodischen Baßstimme antworten die beiden Oberstimmen in Sextenvorhalten:

Beachtenswert ist die Kunst, mit der Bach die technisch bedingten Grenzen der Violine im mehrstimmigen Spiel überwindet, indem er einen zwar ständig von Pausen durchbrochenen Satz schreibt, im Hörer aber dennoch den Eindruck fortlaufender Dreistimmigkeit erweckt. Das Schluß-*Presto* (3/8) jagt, eine Etüde für Akkordbrechungen aller Art, kompromißlos, in äußerster Virtuosität und in pausenloser Einstimmigkeit dahin, als wirkungsvoller Kontrast zu den 3 vorangegangenen Sätzen.

Partita Nr. 1 h-Moll (BWV 1002)

Allemande (Double) – Courante (Double) – Sarabande (Double) – Tempo di Borea (Double).

Diese Suite besteht aus nur 4 Standardtanzsätzen mit einer die Gigue vertretenden Bourrée am Schluß; eine Ausnahmestellung gewinnt sie jedoch dadurch, daß Bach jedem Einzelsatz noch ein Double, also eine Variation, anfügt, so daß sich eine paarweise geordnete Achtteiligkeit ergibt. Gleich an der *Allemande* zeigt sich anschaulich, wie der Komponist aus gleicher Substanz 2 recht verschiedenartige Sätze gewinnt: Während die Urgestalt melodisch und rhythmisch reich gegliedert ist und fast ein wenig bizarr wirkt, löst sich das musikalische Geschehen im

Double in ein gleichmäßiges Sechzehntel-Fließen auf. Die *Courante* (3/4) hält sich in fast monoton anmutender Einheitlichkeit an eine auf- und absteigende Achtel-Bewegung, die sich im Double zu einer etwas verbindlicheren, tonleitergeprägten Geläufigkeit beschleunigt. Die *Sarabande* ist durchgehend akkordisch (bis zu 4stimmig) gesetzt und besticht durch ihre ausgewogene Melodik; das Double löst ihre Umrisse in gleichmäßige Achtel-Triolen auf.
Als Finale weicht Bach der gewohnten Gigue aus und verwandelt obendrein noch die sie vertretende Bourrée in ein *»Tempo di Borea«* – man möchte frei übersetzen: in der Art einer Bourrée, Stilisierung des ursprünglichen Tanzes also im höchsten Maße. Auch diese Borea ist in weiten Teilen mehrstimmig gehalten; ihre entschlossene 4/4-Thematik verwandelt sich immer wieder in geschmeidigere Achtel-Passagen, die danach in ihrem Double vollends dominieren.

Sonate Nr. 2 a-Moll (BWV 1003)

Grave – Fuga – Andante – Allegro.

Das einleitende *Grave* ist von ähnlich improvisierendem, melodisch ausschwingendem Charakter wie das Adagio der 1. Sonate, voller ausgezierter Zweiunddreißigstel-Bögen zwischen akkordischen Ruhepunkten. Das einprägsame knappe Thema der folgenden ungewöhnlich langen *Fuge* erscheint mehrfach auch in der Umkehrung. Es wird vor allem durch sein rhythmisches Kopfmotiv geprägt, das im Verlauf des Satzes ständig präsent ist und für motivisch-thematische Dichte vor allem auch in den Zwischenspielen sorgt. Für eine gewisse Lockerung der kontrapunktischen Spannung sorgen einige wenige Episoden mit Dreiklangsbrechungen und Tonleiterandeutungen.
Einem Atemholen gleich nach der Konzentrationsübung dieser Fuge erscheint danach das eher meditativ-schlichte, gleichwohl durchgehend 2- bis 3stimmige 2teilige *Andante* (C-Dur, 3/4). In monotoner Beharrlichkeit durchzieht das Stück ein gleichförmig pochender Achtel-Baß, über dem sich das melodische Geschehen entfaltet – eine geigerisch recht knifflige Aufgabe!

Auch das *Finale* (¢) entspricht demjenigen der g-Moll-Sonate, in seiner Lebhaftigkeit, die einseitig auf Einstimmigkeit und auf in Sechzehnteln durchlaufende Akkordbrechung abgestellt ist. Aufschlußreich, auch für zahlreiche andere unbezeichnete Parallelstellen, sind Bachs vereinzelte originale f- und p-Zeichen, mit denen Echoeffekte herausgehoben werden, wie etwa gleich zu Beginn.

Partita Nr. 2 d-Moll (BWV 1004)

Allemande – Courante – Sarabande – Giga – Chaconne.

Die *Allemande* wird von einem ruhig pulsierenden Viertel-Metrum getragen, über dem sich melodische Gebärden von großem Ernst ausbreiten, die jedoch immer wieder durch Triolen und Zweiunddreißigstel gegliedert und aufgelockert werden. Insgesamt jedoch wirkt diese Musik verinnerlicht und unprätentiös, ganz anders als das stark ausgezierte Gegenstück der 1. Partita. Die folgende *Courante* lebt von der rhythmischen Wechselbeziehung zwischen Triolen und Punktierungen, was um so deutlicher wird, je schärfer die Punktierungen ausgeführt werden, sich also von der wiegenden Dreierbewegung entfernen. Die *Sarabande* setzt entschlossen mit dem klaren Schreitrhythmus dieses Tanzmodelles ein, überhöht und überwindet ihn jedoch sehr bald zunehmend durch hochexpressives Figurenwerk; ihre ersten Takte wirken wie eine direkte Vorausnahme des späteren Chaconne-Themas. Ungewöhnlich ist auch die Form: zunächst 2 wiederholte Teile mit 8 und 16 Takten, danach überraschend noch ein 4taktiger Epilog, in dem der ursprünglich so eindeutige Sarabandencharakter endgültig aufgegeben wird; lediglich der Schlußtakt ruft ihn mit seinem nachdrücklichen »kurz–lang« wieder in Erinnerung.
Der große Ernst, der über allen Sätzen dieses Werkes ruht, geht auch im Tanzschwung der *Giga* nicht verloren, sondern gewinnt lediglich zusätzliche Farbe durch sein überbordendes Spieltemperament im großräumigen 12/8-Takt. So steigern sich in dieser Partita innere und äußere Bewegung, von der zurückhaltend düsteren Allemande bis zur fast wilden Gigue, die geradezu suggestiv zum eigentlichen Höhepunkt hinführt: zur monumentalen *Ciacona*, die mit ihren 256 Takten alle Dimensionen zu sprengen scheint und zugleich auch der einzige Variationensatz in allen Kammermusikwerken von Bach ist. Das altüberlieferte Chaconne-Modell wird hier mit großzügiger Phantasie

aufgegriffen, denn Bach variiert auch immer von neuem die Harmonienfolge, obwohl doch das Schema besagt: Variationen über einem gleichbleibenden Baß mit festliegender Akkordfolge. Wenn man also von einem »Thema« sprechen will, dann meint man hier zwar zunächst diesen harmonisierten 4taktigen Chaconne-Baß. In motivischer Hinsicht ergibt jedoch erst das 2malige Erklingen dieses Basses ein in sich geschlossenes 8taktiges Thema:

So befindet sich die Formbetrachtung dieses Satzes im Dilemma: Es tauchen 4taktige Kurz- und 8taktige Langvariationen auf, über jeweils 1- oder 2maligem Erklingen des Basses. Bei dieser thematisch bedingten Zählweise lassen sich (nach H. Vogt) 34 Variationen feststellen, nämlich 8 4taktige und 26 8taktige, wobei Anfang und Ende, also das eigentliche Thema mit seiner abschließenden Wiederholung, dann nicht als Variation gelten. Zählt man jedoch schematischer, streng nach dem Chaconne-Modell, lassen sich 64 4taktige Abschnitte ermitteln.
Die gesamte Satzanlage ist 3teilig: 131 Takte Moll, 76 Takte Dur, 49 Takte Moll. Schier unerschöpflich ist der figurative und melodische Einfallsreichtum: Doppelgriff- und Bariolagespiel sowie Akkordbrechungen und Tonleiterspiel; rhythmische Impulse (etwa durch Tonwiederholungen) und melodisches Singen wechseln sich in mehreren großen Spannungsbögen ab, wobei der Eintritt des Dur-Mittelteils wie ein tiefgründiger langsamer Satz anmutet. Die Wiederholung des vollständigen 8taktigen Themas beendet die monumentale Architektur dieses Kunstwerks.

Sonate Nr. 3 C-Dur (BWV 1005)

Adagio – Fuga – Largo – Allegro assai.

Nach 4 gleichwohl ausgeprägt individuellen Moll-Soli ist dies die erste Dur-Sonate. Ihr Eröffnungs-*Adagio* ist dennoch kein strahlend-festliches Präludium, sondern zeichnet sich eher durch nach innen gekehrte, verhaltene Freudigkeit aus; strukturelle Dichte erhält es durch die Konzentration auf ein einziges Kernmotiv, dessen punktierter Rhythmus den gesamten Satz prägt, nur an 2 Stellen kurz durch improvisatorisches Laufwerk unterbrochen. Eine Riesen*fuge* mit 354 Takten schließt sich an, deren Thema Bach vom Choral »Komm, Heiliger Geist, Herre Gott« abgeleitet hat:

In 5 großen Durchführungen erscheint das Thema sowohl in der Originalgestalt wie in seiner Moll-Version und in seiner Umkehrung, während die Zwischenspiele jeweils über 1stimmigen Spielfiguren Spannungssteigerungen aufbauen und latente Mehrstimmigkeit erkennen lassen; 2mal münden sie in ausgedehnte Orgelpunkte.
Ein freundliches *Largo*, das eher fließenden Charakter hat, bringt nach dieser hochkonzentrierten Satzkunst die nötige Entspannung; und das Schluß-*Allegro* steuert schließlich auch noch das bisher ausgesparte Element des Konzertant-Virtuosen bei, im temperamentvoll-ausgelassenen Spiel mit Tonleitern und Akkordbrechungen.

Partita Nr. 3 E-Dur (BWV 1006)

Preludio – Loure – Gavotte en Rondeau – Menuett I – Menuett II – Bourrée – Gigue.

In der letzten Partita handhabt Bach die Suitenform ungewöhnlich frei; nur hier stellt er ein *Präludium* (3/4) voran, ein äußerst effektvolles musikantisches Stück, dessen energisch herabstürzender Anfang sogleich die Stimmungslage des ganzen diesseitig eingängigen Werkes erkennen läßt. Die Standardtänze Allemande, Courante und Sarabande entfallen; statt dessen folgt sofort eine seltene *Loure* (6/4) in gemütlich wiegender Halbtaktigkeit und durchweg 2- bis 3stimmig gehalten. Die Rondoform der *Gavotte* ist bereits in der Überschrift fixiert; ihr einprägsames Hauptthema gliedert die mehrteilige Form sehr hilfreich:

Danach alternieren 2 gemütliche *Menuette*, deren zweites das zartere und stillere ist. Die beiden abschließenden Sätze kultivieren noch einmal den musikantischen Grundton der ganzen Partita: die *Bourrée* mit einigen original vermerkten Echostellen, die *Gigue* in konsequenter schwungvoller Einstimmigkeit.

Suiten für Violoncello solo

Es konnte bisher nicht geklärt werden, ob die Suiten für Violoncello solo vor oder nach den Violinsuiten und -partiten (1717/20) entstanden sind; immerhin ist es ein gewichtiges Argument, daß die kompositorisch vielseitigeren und sozusagen »experimentelleren« Violinsoli logischerweise nach den von der Form her konventionelleren Violoncellosuiten entstanden sein müßten. Auch hier schuf Bach grundlegend Neues, ja Revolutionäres, und zwar auf so maßstabsetzende Weise, daß ihm kaum ein späterer Komponist in dieser Gattung zu folgen wagte (von ganz wenigen Ausnahmen wie Kodály abgesehen). Das künstlerische Prinzip ist das gleiche wie bei den Sonaten und Partiten für Violine: radikaler Verzicht auf jedes Generalbaßfundament, dafür sowohl versteckte wie echte Mehrstimmigkeit auf einem einzelnen Saiteninstrument; gegenüber der Geige bietet das Cello den Vorteil der eigenen Baßlage bei dennoch beträchtlichem (tenoralem) Höhenumfang.
Obwohl vermutlich ursprünglich zu Lehr- und Lernzwecken als Studienwerke entstanden, gehören die 6 Cellosuiten heute sozusagen als »Pflichtstücke« ins Repertoire aller bedeutenden Solisten dieses Instruments und werden gelegentlich auch zyklisch aufgeführt.

Im Gegensatz zu den je 3 Sonaten und Partiten für Violine solo weisen die 6 Violoncellosuiten alle die gleiche Form auf: Auf ein einleitendes »Prélude« folgen jeweils die 4 immer 2teiligen »Standard«-Tanzsätze der barocken Suite: Allemande, Courante, Sarabande und Gigue. Diese werden an der damals üblichen Stelle, nämlich zwischen Sarabande und Gigue, durch ein zusätzliches Satzpaar in A-B-A-Reihung unterbrochen und zwar in je 2 Suiten in gleicher Form (Menuett in Suite I und II, Bourrée in Suite III und IV, Gavotte in Suite V und VI). Diese Einschübe stellen sozusagen die etwas modischeren Tänze dar, in denen Spielfreude und tänzerische Bewegung dominieren, während die sie umgebenden Sätze einen höheren Grad an kunstvoller Stilisierung aufweisen.

Suite Nr. 1 G-Dur (BWV 1007)

Ein echtes »Vorspiel« ist das *Prélude* der 1. Suite in seiner spielerischen Beschränkung auf Dreiklangsbrechungen und Tonleiterfiguren, die sich am Ende großartig im chromatischen Aufstieg bis zum höchsten Ton g^1 steigern. Bereits die motivisch ständig wiederkehrende Akkordbrechung im 1. Takt suggeriert die Klanglichkeit eines mehrstimmigen Ensembles. *Allemande* und *Courante* leben vom Bewegungskontrast, der sich vom jeweils zugrunde liegenden rhythmischen Tanzmodell ableitet: in gemäßigter geradtaktiger Sechzehntel-Figuration die Allemande, in rhythmisch ausgeprägterem bewegtem ¾-Takt die Courante, deren charakteristisches Motivelement der markant abspringende Anfangsdreiklang ohne Terz ist. Die *Sarabande* ist in ihren bescheidenen Ausmaßen (8+8 Takte) ein Musterbeispiel klassisch ausgewogenen Periodenbaus. Die beiden eingeschobenen *Menuette* sind in schlichter Einstimmigkeit gehalten, doch knüpfen beide recht deutlich an die Motivik des Préludes: Im Menuett I sind die 5 ersten Töne identisch, Menuett II greift 3 (bzw. 4) von ihnen wieder auf:

Eine knappe, gleichwohl kraftvoll rhythmisierte *Gigue* beschließt das Werk.

Suite Nr. 2 d-Moll (BWV 1008)

Hier ist das *Prélude* rhythmisch und melodisch bewegter gehalten als in der 1. Suite; einmal im letzten Drittel hemmt sogar eine Fermate den Fluß, und die Akkorde der Schlußtakte sind in freier Arpeggienimprovisation aufzulösen. Auch in der *Allemande* finden sich stärkere rhythmische Gliederungen bis hin zu Zweiunddreißigstel-Bewegungen; dafür ist diesmal die *Courante* überwiegend in fließenden Sechzehnteln gehalten. Die *Sarabande* greift die wenigen akkordischen Momente der Allemande auf und pflegt ausgeprägt mehrstimmiges Spiel, das zugleich den charakteristischen Sarabandenrhythmus erkennen läßt:

Von den beiden korrespondierenden *Menuetten* steht das mittlere im freundlichen D-Dur und hebt sich auf diese Weise kontrastreich von der herberen Doppelgriffigkeit des Moll-Menuetts ab. Auch die abschließende *Gigue* ist ein recht derb-düsteres Stück, mit gezackter Melodik und in stampfendem, sehr wenig tänzerischem Rhythmus.

Suite Nr. 3 C-Dur (BWV 1009)

Gleich der Beginn des *Préludes* eröffnet mit seinem entschlossenen 2taktigen Abstieg durch Tonleiter und Dreiklang die ganze festliche Weite des C-Dur-Raumes, bevor dann ein sich steigerndes ständiges Sechzehntel-Fließen einsetzt, das seinen Höhepunkt in weit ausholenden Arpeggien über einem 7taktigen Orgelpunkt findet. Kadenzierende Akkorde und Trillerfiguren führen zur Schlußwendung, die genau dem 1. Takt des Satzes entspricht.

Der Grundton klangvoll strahlender Festlichkeit bleibt auch in den folgenden Sätzen gewahrt: in der fein gegliederten figurenreichen *Allemande*; in der behende dahinjagenden *Courante*; in der würdig schreitenden und zugleich doch sehr besinnlich verweilenden *Sarabande*; schließlich in der mit virtuosen Effekten und Kunstgriffen gespickten *Gigue*, die mit ihrer entschlossen auffahrenden Anfangsgeste der deutlichen Abwärtsbewegung der ersten 3 Satzanfänge entgegensteht:

Entspannt und spielerisch klingen die beiden *Bourrées*, deren zweite den Bewegungsfluß nach c-Moll wendet.

Suite Nr. 4 Es-Dur (BWV 1010)

Im *Prélude* dominiert über weite Strecken hin eine energisch absteigende, in der 2. Takthälfte jeweils getreppte Akkordbrechung; sie wird lediglich nach einer beruhigenden Fermate und am Ende durch Sechzehntel-Tonleitern und Akkorde aufgelockert, so daß insgesamt fast der Eindruck einer Etüde in dieser für Streicher unangenehmen Tonart entsteht. Nach einer eingängig-unkomplizierten *Allemande*, in der die ungewöhnlichen aufwärtsgerichteten Septimensprünge auffallen, folgt eine vor allem rhythmisch recht vielschichtige *Courante*, die zwischen Achteln, Achtel-Triolen und Sechzehnteln pendelt. Über schwerpunktmäßig eingesetzten Akkorden schwebt in der *Sarabande* eine graziöse Melodie, deren Kennzeichen zierliche Punktierungen sind. Die beiden *Bourrées* leben vom Reiz ihrer melodischen Eingebungen, wobei die zweite nur 12 Takte lang ist (A B A) und die tiefe Lage bevorzugt. Eine äußerst konzentrierte und dabei hochvirtuose 3teilige *Gigue* beschließt die unverdientermaßen ziemlich selten gespielte Suite.

Suite Nr. 5 c-Moll (BWV 1011)

Ungewöhnlich ist hier die Vorschrift Bachs, die (oberste) A-Saite des Instruments um einen Ganzton herabzustimmen. Auf diese Weise wird zweierlei erreicht: Die Klangfarbe ändert sich zum Dunkleren, Gedeckteren hin, und es lassen sich nur so bestimmte Akkorde spielen, die Bach hier spezifisch einsetzt. Wenn das Violoncello jedoch, wie heute häufig zu beobachten, in seiner Normalstimmung belassen wird, müssen solche Akkordgriffe verändert werden, und der spezifische Klangreiz des Werkes geht verloren.

Das *Prélude* ist als einziges von allen 6 Suiten-Vorspielen in 2 gegensätzliche Abschnitte gegliedert: in eine eher improvisatorisch wirkende, zwischen melismatisch gegliederten Melodien und akkordischen Ruhepunkten pendelnde Einleitung und einen bewegten Teil; dieser – obwohl (fast) 1stimmig – macht paradoxerweise doch den polyphonen Eindruck einer Fuge und kommt in seinem thematischen Aufbau ganz dem Bauplan einer Fuge nahe, nämlich mit entsprechend geregelten Themeneinsätzen und freien Zwischenspielen. Sogar eine Art Exposition im Dux-Comes-Verhältnis (Tonika-Dominante) mit 4 Themeneinsätzen gibt es, nur eben alles 1stimmig! Das formale Muster dieses Satzes ist zweifellos die Französische Ouvertüre, jedoch (wie in der Cembalopartita D-Dur BWV 828) ohne die am Ende wiederholte langsame Einleitung. – Es folgen eine melodisch sehr improvisatorische, farbige, betont ruhige *Allemande* und eine der für Bach typischen 3/2-*Couranten*, deren beide Hälften am Ende ebenso typisch zum 6/4-Takt umschlagen.
Ein kompositorisches Wunderwerk stellt die *Sarabande* dar; sie beschränkt sich auf radikale Einstimmigkeit und gewinnt unter völligem Verzicht auf den charakteristischen Tanzschritt höchste Expressivität allein aus ihrer ungemein persönlichen, von schmerzlichen Vorhalten geprägten melodischen Linie:

Nach so viel Ernst hellt sich die Stimmung in den beiden *Gavotten* ein wenig auf, obwohl die Grundtonart c-Moll nicht verlassen wird: im charakteristischen Tanzschritt (mit seinen halbtaktigen Auftakten), der sich in der 2. Gavotte zu kontinuierlich wiegender Triolenbewegung mildert. Knapp und tänzerisch beschließt die *Gigue* im punktierten 3/8-Rhythmus dieses ungemein komplexe und tiefsinnige Werk.

Suite Nr. 6 D-Dur (BWV 1012)

Auch diese Suite ist nicht für das uns geläufige Violoncello geschrieben, sondern für ein 5saitiges Instrument mit zusätzlicher Diskant-e^1-Saite, wie es Bach am Köthener Hof begegnet sein muß (Viola pomposa). Deshalb entstehen bei der Aufführung auf den gewohnten 4 Saiten Probleme, die jedoch mit moderner Spieltechnik ohne Eingriffe in die Komposition zu

bewältigen sind: Bariolagegriffe, in denen etwa die leere e-Saite verlangt wird, sind durch den Daumenaufsatz zu meistern, und der erweiterte Höhenumfang wird in Kompositionen der Klassik und Romantik ohnehin bereits vom 4saitigen Cello verlangt.
Das eröffnende *Prélude* ist trotz seiner scheinbaren äußeren Gleichförmigkeit der Achtel-Triolen und trotz seiner beachtlichen Länge übersichtlich gegliedert und von großer formaler Logik, die allerdings ein bewußt hörendes Nachvollziehen der sich steigernden und lockernden Spannungsbögen erfordert. Motivisch gliedernde Elemente werden gleich zu Beginn aneinandergereiht, darunter (im 1. und 2. Takt) die obengenannte Bariolagebewegung:

Hierzu steht die vielschichtig gegliederte *Allemande* mit ihrem bewegten Linienspiel in deutlichem Gegensatz; dagegen wiederum steht die schlichte, heitere Geradlinigkeit der *Courante* mit ihrem einprägsamen Dreiklangsanfang, dessen rhythmischer Kopf nachdrücklich den ganzen Satz prägt. Ihr folgt eine in ihrer Bewegung typische *Sarabande* voller melodischen Wohlklangs und reich an geradezu sinnlichen Sextenparallelen. Zur melodisch eingängigen unbeschwerten 1. *Gavotte* ist die 2. das aparte Pendant, mit reizvollen Musetteklängen über dem Orgelpunkt d. Schließlich hebt die *Gigue* (6/8) an; sie erinnert in ihrer unbekümmerten Ausgelassenheit in der Tat an eine lustige Waldjagd – atmosphärisch, nicht programmatisch!

Partita für Flöte solo

Neben den Soli für Violine und Violoncello erscheint – als Einzelwerk – für Flöte solo die

Partita a-Moll (BWV 1013).

Allemande – Corrente – Sarabande – Bourrée anglaise.

Bei dem 4sätzigen Werk kann man nicht sicher sein, ob es sich hier um die Originalfassung handelt oder um die Bearbeitung einer ursprünglichen Version für ein Tasteninstrument. Die beiden ersten Sätze mit ihrer jeweils ununterbrochenen Bewegung – ständige Sechzehntel in der *Allemande*, überwiegendes Sechzehntel-Laufwerk auch in der *Corrente* – stützen diese Vermutung, denn sie stellen den Flötisten vor unlösbare atemtechnische Probleme. Die *Sarabande* fungiert als kantabel-ausdrucksvoller und spannungsreicher langsamer Satz; statt der üblichen Gigue gibt sich abschließend die *»englische Bourrée«* als echter Tanzsatz voll fröhlicher Volkstümlichkeit und bildet auf diese Weise das künstlerisch notwendige Gegengewicht zu den 3 abstrakten Sätzen zuvor.

Duosonaten

Sonaten für Violine und Cembalo

Bachs Sonaten für konzertierendes Cembalo und ein Solo-Instrument stellen Pionierleistungen auf dem Gebiet des instrumentalen Duos dar. Sie sind die ersten gewichtigen Kompositionen, in denen das Tasteninstrument nicht lediglich als »Harmoniefüller« innerhalb der Continuo-Gruppe, also neben einem tiefen Melodie-Instrument (Gambe, Cello usw.), auftritt. Bis auf einige wenige Passagen in einzelnen Sätzen, die noch Generalbaßcharakter tragen (vor allem die Anfangstakte schneller Sätze), ist die Cembalostimme nun Ton für Ton auskomponiert, bei ausgewogener Gleichberechtigung von linker und rechter Hand. Auf diese Weise ergibt sich in vielen, meist bewegten Sätzen zusammen mit der Linie des anderen Instruments ein regelrechter polyphoner Triosatz: Solo – rechte Hand – linke Hand. Aus diesem Grund wäre es auch nicht sinnvoll, den Cembalobaß durch ein mitlaufendes Violoncello oder eine Gambe zu verstärken: er erhielte dann klangliches Übergewicht und beeinträchtigte die Balance des Trios, so daß die Oberstimme des Cembalos in den Hintergrund träte (obwohl in zwei überlieferten Handschriften der Sonaten eine Gambenstimme »se piace«, also »nach Belieben«, vorgesehen war). Innerhalb der Gattung des instrumentalen Duos sind diese Sonaten die direkten Vorläufer und Wegbereiter der klassischen Sonaten für Violine und Violoncello mit Klavier (Mozart, Beethoven). Sie erfordern zur adäquaten Aufführung ein erstklassiges Cembalo, d. h. ein am historischen Vorbild orientiertes Modell mit entsprechend tragfähigem und farbigem Ton.

Die 6 Sonaten für Violine und Cembalo entstanden mit Sicherheit zwischen 1718 und 1722 während Bachs Köthener Tätigkeit. 5 von ihnen halten sich an das überlieferte und übliche Muster der 4sätzigen Kirchensonate: langsam – schnell – langsam – schnell, während die 6. eine ganz individuelle Satzreihenfolge aufweist und auch in mehreren Fassungen vorliegt. In allen 4sätzigen Sonaten rückt Bach übrigens nur im 2. langsamen Satz von der Grundtonart ab, wobei er in der Mehrzahl der Fälle zur Paralleltonart ausweicht. Trotz der (überwiegenden) Gleichheit der Form ist jedes einzelne Werk ein unverwechselbares Individuum.

Sonate Nr. 1 h-Moll (BWV 1014)

Adagio – Allegro – Andante – Allegro.

Das eröffnende *Adagio* (6/4) ist kein Triosatz; vielmehr werden hier die beiden so unterschiedlichen Instrumentalcharaktere vorgestellt: Das Cembalo ist überwiegend 3stimmig gehalten und bevorzugt eine fast ständige Achtel-Bewegung voller Vorhaltterzen und -sexten (rechts) und ausgespielten Dreiklangsbrechungen (Baß). Die Violine setzt zunächst mit langausgehaltenen Hintergrundtönen ein, die durch Sechzehntel-Arabesken verbunden sind, bevor sie sich im weiteren Verlauf mit Doppelgriffterzen und -sexten dem Cembalo anpaßt. – Das Alla-breve-*Allegro* zeigt den typischen strengen 3stimmigen Bau, der in allen schnellen Sätzen, von wenigen Takten abgesehen, durchgehalten wird. Über einigen b.-c.-Takten präsentiert die Violine das 4taktige Thema, das anschließend in beiden Cembalostimmen imitiert wird. Die Form ist 3teilig: Die ersten 40 Takte erscheinen, quasi als Reprise, am Ende unverändert wieder, während sich im ausgedehnten Mittelteil auf kontrapunktischer Basis durchaus so etwas wie eine durchführungsähnliche Verarbeitung thematischer Bestandteile ereignet.

Im 3stimmigen *Andante* (D-Dur, 4/4) entfaltet sich ein Duo der beiden Oberstimmen, in teils parallelen, teils einander imitierenden Sechzehntel-Linien über einem durchgehenden Achtel-Fundament. Das Schluß-*Allegro* (3/4) besteht aus 2 jeweils wiederholten Teilen, deren zweiter etwa um die Hälfte gedehnt ist: als strenger, aber zugleich ungemein spielfreudiger Triosatz, dessen Verlauf durch die markante Tonwiederholung des Kopfthemas, durch ein sequenziert auftretendes kleines Zweiunddreißigstel-Motiv vom Ende dieses Themas sowie durch charakteristische Synkopierungen geprägt wird:

Sonate Nr. 2 A-Dur (BWV 1015)

Ohne Tempoangabe – Allegro – Andante un poco – Presto.

Freundlich und »süß« (dolce) folgen die 3 Stimmen des (unbezeichneten) langsamen *1. Satzes* (6/8) einander in tongetreuer Nachahmung. Der ganze Verlauf ist auffällig geprägt durch den schmeichelnden Triller des Kopfmotivs, der insgesamt nicht weniger als 24mal erklingt, darunter einmal in 4facher Aufwärtssequenzierung parallel in beiden Oberstimmen (mit zweimaliger rhythmischer Verkürzung). Das folgende 3/4-*Allegro* entspricht wieder dem 3teiligen Reprisenmuster: Fanfarenartig steigt sein Kopfthema in kleinteiliger Motivsequenz auf. Sein charakteristischer 3-Noten-Rhythmus durchzieht das ganze Stück; er beendet als Unikum sogar in 3stimmigem Unisono Anfangs- und Schlußteil. Eine auch spieltechnische Besonderheit gibt es vor Wiedereintritt des Hauptteils: Von der Violine werden Arpeggio-Improvisationen verlangt (notiert ist lediglich pro Takt ein 3stimmiger Akkord), über einem 20taktigen Dominantorgelpunkt der Unterstimme und der motivisch gebundenen, bewegten Mittelstimme.

Die eigenartige Tempobezeichnung *Andante »un poco«* mag wohl den »gehenden« Charakter des intermezzoartigen friedlichen 3. Satzes (fis-Moll, 4/4) unterstreichen; in der Unterstimme sorgt der Zusatz »staccato sempre« für die nötige Durchsichtigkeit der kaum unterbrochenen Sechzehntel-Bewegung, was einem »quasi pizzicato« nahekommt. Darüber spielen die beiden Oberstimmen einen ebenso strengen wie ausdrucksvollen Kanon bis zum Halbschluß auf der Dominante Cis-Dur. Das Schluß-*Presto* (2/2) ist wiederum in gedehnter (und jeweils wiederholter) Zweiteiligkeit gehalten. Sein spielfreudiges Hauptthema liefert zugleich das wichtigste Baumaterial für den ganzen Satzverlauf. Sein charakteristischer Kopf mit fallender und aufsteigender Quarte (a) wird am Ende durch mehrere halbtaktige Engführungen hervorgehoben, und die kleinen Tonleiterausschnitte in T. 2–4 (b) sorgen im weiteren Ablauf für unauffällige kompositorische Dichte, denn allenthalben durchdringen sie das Stimmengeflecht:

Sonate Nr. 3 E-Dur (BWV 1016)

Adagio – Allegro – Andante ma non troppo – Allegro.

Die E-Dur-Sonate ist in ihren Dimensionen und in ihren spieltechnischen Anforderungen sicher die anspruchsvollste unter ihren Schwestern. Im eröffnenden ausgedehnten *Adagio* gehen beide Instrumente strikt getrennte und jeweils typische Wege: Das Cembalo beschränkt sich auf einen eher begleitenden vollgriffigen Akkordsatz, der gleichwohl durchweg motivisch geprägt ist, denn er wiederholt Takt für Takt ein einziges, sich drehendes Sechzehntel-Motiv, während die Unterstimme lediglich die Baßtöne beisteuert. Darüber rankt sich, nach einem energischen Aufstieg durch den E-Dur-Dreiklang, ausdrucksvolles, weitgespanntes Figurenwerk, das einen reizvollen Gegensatz zum eher statischen Charakter des Tasteninstruments bildet.

Auch das folgende 2/2-*Allegro* weist, wie die entsprechenden Sätze der beiden vorangehenden Sonaten, 3teilige Form auf; hier wird jedoch ein eher kontrastierender Mittelteil zwischen die beiden miteinander korrespondierenden Außenteile eingeschoben. Anfang und Ende sind konsequent kontrapunktisch und triogemäß angelegt, mit zahlreichen Imitationen aller Stimmen und von großer motivischer Dichte. Dagegen weicht im Mittelteil die polyphone Strenge einer eher gelösten Aufgabenteilung: Über einem monoton schreitenden Viertel-Baß alternieren die beiden Oberstimmen und wechseln sich in der Führung ab. – Der *3. Satz* (cis-Moll, 3/4) ist wiederum recht ausgedehnt und gleichzeitig auf unauffällige Weise kunstvoll gebaut. Der Baß bringt chaconneartig eine 4taktig sequenziert absteigende Linie in ruhiger Viertel-Bewegung, die insgesamt 15mal auf verschiedenen harmonischen Ebenen wiederkehrt. Sein erstes Auftreten wird nur durch begleitende Akkordanschläge der Oberstimme gestützt, danach tritt eine zwischen Triolen und Sechzehnteln pendelnde Melodielinie der Geige hinzu. Diese Elemente verschränken sich und steigern sich im Verlauf des Satzes im ständigen Wechselspiel der beiden Oberstimmen. – Der *letzte Satz* (3/4) schließlich betont besonders das virtuose Element. Seine Anlage ist 3teilig, motorisch ständig geprägt durch sein zu Beginn sich aus engstem Umfang quasi hinaufschraubendes Thema, das sogleich in einen energischen Achtel-Kontrapunkt mündet:

Der Mittelteil (T. 35) bietet dann zunächst einen überraschenden Kontrast durch seine weiche Triolenbewegung, die ständig von thematischen Einwürfen »gestört« wird. Erst in seinem weiteren Verlauf wird die Triolenbewegung allmählich zurückgedrängt, und ab T. 78 hat sich endgültig die energische Zweierrhythmik des Anfangs durchgesetzt. Sie führt in großer Steigerung und am Ende nachdrücklich kadenzierend zur »Reprise« (T. 119) zurück.

Sonate Nr. 4 c-Moll (BWV 1017)

Largo – Allegro – Adagio – Allegro.

Das fast genau symmetrisch 2teilige *Largo* (16+20 Takte) ist ein 6/8-Siciliano, dem die weich punktierte Violinstimme seinen innigen melodischen Charakter verleiht; das Cembalo beschränkt sich hier konsequent auf eine gleichmäßig arpeggierende Begleitung. Dafür darf es das folgende *Allegro* (4/4) allein eröffnen: mit einem umfangreichen und motivisch durchkonstruierten Thema, dessen einzelne Bestandteile fast den ganzen langen Satz beherrschen. Sein Ablauf wirkt deshalb ungemein konzentriert und fast abstrakt, lediglich an 2 Stellen (T. 34–39 und T. 89–94) unterbricht eine schmeichelnde melodische Wendung, alternierend in Violine und Cembalo, das strenge Geschehen:

Hiervon hebt sich wirkungsvoll das freundliche Es-Dur des folgenden *Adagios* (3/4) ab; in ständigem (vorgeschriebenem) Wechsel von forte und piano führt die Violine, während das Cembalo in pausenlosen Triolen die Grenzen zwischen reiner Begleitung und gleichberechtigtem Kontrapunkt verwischt. Die letzten 4 Takte wechseln unvermutet die Bewegung: Sich kreuzende Sechzehntel-Ketten führen quasi improvisierend zum Dominantschluß G-Dur. Ein temperamentvolles *Allegro* (2/4) bildet auf rhythmisch sehr prägnante Weise den Abschluß; sein Hauptthema tritt wieder zuerst im Cembalo auf; es enthält gemeinsam mit dem sich anschließenden Kontrapunkt wiederum bereits keimzellenartig alle wichtigen Elemente des musikalischen Geschehens.

Sonate Nr. 5 f-Moll (BWV 1018)

Ohne Tempoangabe – Allegro – Adagio – Vivace.

Der (unbezeichnete) *1. Satz* in ruhig schreitender 3/2-Bewegung variiert in nicht enden wollendem Fließen den Grundeinfall: eine abwärts gerichtete, ungemein ernste melodische Gebärde, die sich in ständiger mehrstimmiger Imitation harmonisch fortbewegt, zunächst vom Cembalo allein vorgetragen, dann sehr zart und frei von der Violine beantwortet. Allmählich wächst die Geigenstimme immer intensiver in das Stimmengeflecht des Cembalos hinein, indem sie seine durchgängige Dreistimmigkeit zum 4stimmigen Satz ergänzt. Der offene Dominantschluß führt direkt in ein 2teiliges, kompositorisch äußerst dichtes *Allegro* (4/4). Sein Hauptthema erscheint in der Violine, sogleich im Cembalo von einem Kontrapunkt sekundiert. Im Mittelteil, nach dem ersten Doppelstrich, taucht ein kleines neues Motiv in Gestalt eines Seufzervorhalts auf; in T. 53 glaubt man so etwas wie eine Reprise des Anfangs zu vernehmen, doch ist der Abschluß gegenüber dem Anfang sehr stark verkürzt und verändert.

Unter allen 26 Sätzen dieser 6 Sonaten ist das nun folgende c-Moll-*Adagio* (4/4) sicher der eigentümlichste und, wenn man so will, radikalste. Äußerlich gesehen zeichnet es sich durch eine geradezu spartanische Mittelbeschränkung aus; in insgesamt 27

Takten geschieht nichts als die ständige Wiederholung dreier Elemente, von denen sich zwei noch dazu als Varianten ein und desselben Einfalls aufeinander beziehen: Im Cembalo nämlich alternieren linke und rechte Hand von Viertel zu Viertel in Zweiunddreißigstel-Werten – links Arpeggio, rechts abwärts gerichtete Tonleiterbewegung (in einer schlichteren früheren Fassung standen hier nur Achtel-Noten); darüber liegen in der Violine pausenlose und (bis auf die Schlußtakte) unrhythmisierte 2stimmige Doppelgriffe. Doch im großen Zusammenhang des ganzen Satzes erkennt man eine weit ausholende, gleichwohl unauffällig gegliederte Violinmelodie über einer spannungsreich ausgezierten harmonischen Kadenz im Cembalo. Sie führt schließlich nach As-Dur und zielt so, einem Doppelpunkt ähnlich, auf den f-Moll-Schlußsatz. Dieses 3/8-*Vivace* ist einer der kontrapunktisch strengsten Sätze im ganzen Zyklus; er wird auffällig geprägt durch die Synkopierungen seines chromatischen Kopfthemas:

sowie durch ständiges Spiel mit auf- und absteigenden Tonleitern und durch sehr enge motivische Verzahnung aller 3 Stimmen, in gelegentlich fast bizarr geschlängelten imitatorischen melodischen Wendungen.

Sonate Nr. 6 G-Dur (BWV 1019)

Allegro – Largo – Allegro – Adagio – Allegro.

Am Ende der Reihe steht eine Sonate, die sowohl auf Grund ihrer verworreneren Entstehungsgeschichte wie ihrer vom Üblichen abweichenden Satzfolge aus dem Rahmen fällt. Bach hat aus heute unbekanntem Anlaß dieses Werk zweimal umgearbeitet, wobei bereits die 1. Köthener Fassung 5 Sätze hatte und ihre beiden Ecksätze identisch waren. Das Ergebnis der 1. Leipziger Überarbeitung (vor 1731) knüpft hier an, indem es ebenfalls den Kopfsatz am Ende wiederholt, den ursprünglichen Cantabile-Mittelsatz jedoch bereits durch ein e-Moll-Cembalosolo ersetzte und zusätzlich an vorletzter Stelle ein Violinsolo mit Continuobegleitung einschob, so daß die Sonate nun gar 6 Sätze umfaßte. Die beiden Solosätze wanderten dann später als »Courante« und »Gavotte« in die große Cembalopartita e-Moll (BMV 830).

In der heute gebräuchlichen und sicher auch als endgültig zu betrachtenden 3. (Leipziger) Fassung kehrt Bach zur symmetrischen Fünfsätzigkeit zurück, ersetzt jedoch das zentrale Cembalosolo durch eine Neukomposition und beendet die Sonate auch nicht durch bloße Wiederholung des 1. Satzes, sondern fügt ein neues Allegro an. Die beiden geopferten Sätze aus der 1. und 2. Fassung sollten gleichwohl nicht vergessen werden: das herrliche weitausholende Cantabile mit seinem zwischen bloßem Generalbaß und obligater Stimmführung pendelnden Cembalopart und das kurze h-Moll-Adagio der 2. Fassung mit seiner fast spröde zu nennenden imitatorischen Kontrapunktik.

Der *Eröffnungssatz* (4/4) zeigt in Themenerfindung und Satzverlauf Verwandtschaft mit den »Brandenburgischen Konzerten«, beispielsweise in der klaren festlichen Dreiklangbasis des Beginns. Dieses Thema ist relativ einseitig und wenig verarbeitungsfähig, so daß Bach ihm bald 2 weitere Themen zur Seite stellt: ein durch Septsprünge charakterisiertes und ein auf der Dominante nach einer Zäsur (T. 22) einsetzendes 3., das zugleich den ausgedehnten Mittelteil des Satzes eröffnet, dessen Entwicklung nun vor allem auf diesem ergänzenden Motivmaterial basiert. Schließlich kommt es (T. 70) zu einer wörtlichen Reprise.

Ein relativ kurzer *langsamer Satz* (e-Moll, 3/4) bildet die Überleitung zum zentralen Cembalosolo: Die Violine trägt das kurze, leicht kapriziös über anderthalb Oktaven verziert herabsteigende Thema vor; etwas später verdichtet sich die ursprüngliche Dreistimmigkeit zur Vierstimmigkeit und führt sogar zu einem thematischen Baßeinsatz. Die Dominante leitet über zum *Allegro* (e-Moll, 4/4), dem einzigen Solosatz in allen 6 Sonaten: einem capriccioähnlichen 2teiligen Stück, in dessen B-Teil jedoch eine variierte und verkürzte Reprise enthalten ist; auch die Proportionen deuten auf Dreiteiligkeit hin – A 24 Takte, B 37 Takte. Die vorherrschende Zweistimmigkeit wird nur an wenigen Stellen behutsam zum Trio angereichert oder akkordisch aufgefüllt – ein sehr reizvoller und cembalistisch dankbarer Satz!

Das h-Moll-*Adagio* (4/4) zeichnet sich durch recht ausgeprägte und motivisch wirksame Synkopierungen aus sowie durch deutliche chromatische Färbungen. Mit seinen beiden Schlußtakten moduliert es nach D-Dur, der Dominante des abschließenden 6/8-*Allegros*, einem diesseitig-derben Springtanz voller hüpfender Achtel und spielerischer Sechzehntel-Sequenzketten. In seinem Mittelteil dominiert ein leicht bizarr getöntes Trillermotiv:

und auf einmal baut Bach dem Hörer eine regelrechte Falle: eine richtig vorbereitete Dominantfermate (T. 71), nach der man natürlich die Reprise erwartet. Die jedoch kommt erst ganze 18 Takte später, nach durchführungsartig fortgesetztem Mittelteil.

Neben diesen 6 Sonaten existiert noch ein weiteres Werk mit obligatem Cembalo, die **Sonate F-Dur** (BWV 1022), die jedoch eine Transkription der Triosonate G-Dur (BWV 1038) ist, um einen Ganzton nach unten versetzt. Aus diesem Grund muß die Violine um einen Ton tiefer gestimmt werden (vgl. S. 231).

Sonaten für Violine und Basso continuo

Sonate G-Dur (BWV 1021)

Adagio – Vivace – Largo – Presto.

Diese kurze (und in ihrer Echtheit auch angezweifelte) Sonate hat den gleichen Baß wie die Triosonate BWV 1038 und wie deren Bearbeitung BWV 1022, ist insgesamt jedoch einfacher gehalten als diese. Ihre beiden langsamen Sätze sind reich ausgeziert, und das Finale ist eine zur Zweistimmigkeit reduzierte Fassung der Fuge, mit der die Triosonate abschließt.

Sonate e-Moll (BWV 1023)

Adagio ma non tanto – Allemande – Gigue.

Die Sonate wurde vermutlich 1717 in Weimar komponiert; sie verdient eher als formales Unikum Beachtung denn als Meisterwerk: Ihrem Eröffnungs-Adagio ist eine Art Violinimprovisation über 29 Takten Orgelpunkt vorangestellt; und danach folgen gegen alle Traditionen 2 einzelne Suitensätze, deren direkte Paarung ebenfalls unüblich ist.

Sonaten für Viola da gamba und Cembalo

Die 3 Sonaten für Gambe und konzertierendes Cembalo sind heute leider recht selten zu hören, obwohl es sich bei ihnen um ebenso abwechslungsreiche und dankbare Werke handelt wie bei den Violinsonaten. Der Grund ist naheliegend: Die Gambe ist ein fast »ausgestorbenes« Instrument, und die beiden moderneren Ersatzmöglichkeiten Viola und Violoncello klingen anders und haben auch spieltechnisch ganz andere Voraussetzungen als die Gambe. Eine Aufführung auf Bratsche oder Cello stellt also zwar immer einen Kompromiß dar, ist aber angesichts des schmalen Repertoires dieser Besetzung dennoch als dankbare Alternative anzusehen, vorausgesetzt man verfügt über ein erstklassiges (historisch orientiertes) und damit gleichwertiges Cembalo. Die 3 Sonaten entstanden zwischen 1717 und 1723 in Köthen für den Gambisten Christian Ferdinand Abel. Die beiden ersten sind 4sätzige Kirchensonaten (langsam – schnell – langsam – schnell), die 3. gehört zum 3sätzigen Typ mit langsamem Satz in der Mitte.

Sonate Nr. 1 G-Dur (BWV 1027; s. a. Triosonate BWV 1039)

Adagio – Allegro ma non tanto – Andante – Allegro moderato.

Das *Adagio* (12/8) des Beginns nähert sich mit seiner fließenden und sprechend phrasierten Melodik eher einem Andante; über einem freien Baß halten die beiden Oberstimmen Zwiesprache, antworten und imitieren einander. Eine Dominantschlußkadenz leitet attacca zum ebenfalls gemächlichen *Allegro* (3/4) über. Hier beteiligt sich nun auch die Baßstimme am thematischen Geschehen, greift aber erst relativ spät (T. 65) das Hauptthema selber auf. Die Form ist 3teilig, wobei der Mittelteil

(T. 61/62) das Thema einfach umgekehrt verwendet und es auch nach Moll versetzt. Mit der Reprise treibt Bach seinen Spaß: Irreführend läßt er das Thema zunächst 2mal unvollständig

(T. 92 ff.), dann vereinzelt vollständig (T. 106) und schließlich endgültig im Kanon (T. 121 ff.) auftreten.
Das kurze *Andante* (e-Moll, 4/4) ist ein Unikum, noch radikaler in seiner Art als der vergleichbare 3. Satz in der f-Moll-Violinsonate. Über einem monotonen, entlegene harmonische Bereiche abschreitenden Achtel-Baß aus gebrochenen fallenden Oktaven verzahnen sich die beiden Oberstimmen ebenfalls quasi rhythmuslos mit Sechzehntel- und Achtel-Bewegungen, die noch dazu auf der Basis zugrunde liegender Akkordbrechungen und Vorhalte fast melodielos gehalten sind; erst ab T. 13 löst sich die Gambenstimme für den Rest des Satzes und ruht auf einem gehaltenen Ton aus, bevor ein freier melodischer Abstieg zum Halbschluß auf der Dominante führt. Um so krasser wirkt dann die konzertante Diesseitigkeit des abschließenden *Allegros* (alla breve) mit seinem prägnanten Dreiklangsthema, dem im Verlauf des Satzes 5 verschiedene Baßkontrapunkte beigegeben werden.

Sonate Nr. 2 D-Dur (BWV 1028)

Adagio – Allegro – Andante – Allegro.

Das *Adagio* (3/4) hat Einleitungscharakter; es läßt über einem gemächlich schreitenden Achtel-Baß 2 Melodielinien miteinander dialogisieren: In freier Imitation antwortet das Cembalo jeweils der um einen Takt vorausgehenden Violine. – Im folgenden 2teiligen *Allegro* (2/4) begegnet uns eine der wenigen Ausnahmen von der Regel: Alle 3 Stimmen setzen zugleich ein, wobei die beiden Oberstimmen in parallelen Terzen das Thema vorstellen und der Baß den rhythmisch prägnant abgehobenen Kontrapunkt dazu liefert. Dieser Kontrapunkt taucht jeweils nur zu Beginn und zu Ende der beiden Satzteile auf. Für das musikalische Geschehen wichtig wird der synkopische Rhythmus des 1. Taktes; in T. 80 kommt es trotz der 2teiligen Satzanlage zu einem nachdrücklichen Repriseneffekt, bei dem das Kopfmotiv im Cembalo jetzt der führenden Violine um ein Achtel versetzt folgt. Gelegentlich ist der originale Cembalosatz hier übrigens behutsam mit Generalbaßakkorden angereichert. – Im *Andante* (h-Moll, 12/8), einem weit ausschwingenden Siciliano-Satz von großer melodischer Schönheit und Ausdruckskraft, kommt es zu einem sich allmählich verdichtenden Zwiegesang beider Oberstimmen über einem ruhig schreitenden Baßfundament, das am thematischen Geschehen nicht beteiligt wird. – Das Schluß-*Allegro* (6/8) steuert wiederum das konzertante Element bei; auch hier setzen alle 3 Stimmen gleichzeitig ein: Beide Oberstimmen wetteifern mit einem Doppelthema:

das eine Fülle motivischer Anregungen für den Verlauf des Satzes bereitstellt. Die Form ist 3teilig, mit überlangem A-Teil, ungewöhnlich knappem Mittelteil und einer energisch herbeigeführten Reprise auf der Dominante (T. 97); ihr geht eine ausgedehnte, völlig unthematische, mit bloßen Dreiklangsbrechungen und Oktavsprüngen quasi improvisierende Episode voran (T. 84–96). Sie zeigt dann sogar noch Nachwirkungen in den folgenden Takten der Reprise, so daß nach erneuter Kadenzierung ein zweiter Reprisenanlauf, diesmal auf der Subdominante (T. 111), unternommen werden muß – ein (unter allen Bachschen Sonatensätzen) einzigartiger Vorgang!

Sonate Nr. 3 g-Moll (BWV 1029)

Vivace – Adagio – Allegro.

Diese Sonate folgt im Gegensatz zu den beiden Schwesterwerken dem 3sätzigen Concerto-Typus. Das *Vivace* (4/4) ist 3teilig und wird in seinem konzertanten Charakter durch das motivisch gegliederte Hauptthema geprägt, das stark an den Anfang des 3. Brandenburgischen Konzerts erinnert. Ihm werden im weiteren Verlauf noch 2 Nebenthemen zur Seite gestellt: zunächst bereits in T. 7 ein vorhaltsreicher Gedanke, dann vor allem – bereits im langen Mittelteil (T. 26–94) – ein spielerisches Motiv mit einem 2maligen aufwärtsgerichteten Zweiunddreißigstel-Schleifer (T. 32), das von hier an immer wieder in den beiden Oberstimmen auftaucht. Bemerkenswert ist, wie Bach den Eintritt der Reprise hervorhebt: nämlich mit einem markanten Unisono aller 3 Stimmen (T. 95). – Einen tiefgründigen Ruhepunkt zwischen den beiden lebhaften Sätzen stellt das 2teilige, ungemein gelassen ausschwingende *Adagio* (B-Dur, 3/2) dar, in dem über einem ruhigen unthematischen Baß die beiden reich ausgezierten und melodisch bewegten Oberstimmen ihr kunst-

volles Duett singen. Im Gegensatz zu zahlreichen verwandten Sätzen bestehen hier zwischen beiden Linien kaum motivische Querverbindungen, mit Ausnahme weniger kleiner Berührungspunkte im 2. Teil. Ihre innere Verwandtschaft ist dennoch so stark, daß sie sich gemeinsam zu einem Stimmungsbild von großer Abgeklärtheit ergänzen.
Das abschließende *Allegro* stellt dann der Geradtaktigkeit des 1. Satzes die tänzerisch-hüpfende Virtuosität des 6/8-Taktes gegenüber. Das charakteristische Thema mit seinen einprägsamen Tonwiederholungen wird sogleich in den beiden anderen Stimmen nachgeahmt, und zwar in Form einer regelrechten Fugenexposition mit der tonalen Beantwortung des Comes, wobei sich das auffallende Intervall der Quinte (vorschriftsmäßig) zur Quarte verwandelt:

Im weiteren Verlauf prägt sich ein sequenziertes Triolenmotiv ein, dem bald eine Art »2. Thema« folgt: eine Gesangslinie der Gambe über einer verblüffend unpolyphonen reinen Begleitpassage des Cembalos (T. 19 ff.). Diese Begleitung wiederum gewinnt jedoch im Mittelteil durchaus motivische Eigenständigkeit und wandert durch alle Stimmen. Eine Reprise findet lediglich in ziemlich verschleierter Form statt; sie ist auch stark verkürzt und variiert, steigert dafür aber die kontrapunktische Dichte durch kunstvolle Stimmenverzahnungen und erreicht den Schluß mit seinen gemeinsam hinabstürzenden Dreiklangsbrechungen aller 3 Stimmen – sie sind aus der Begleitpassage abgeleitet! – über einen effektvollen Trugschluß (T. 107).

Flötensonaten

Bei den Sonaten für Querflöte und Cembalo bzw. Basso continuo gibt es Echtheitsprobleme: Die Musikwissenschaft betrachtet von den überlieferten 6 Werken jeweils nur 2 als gesicherte Kompositionen Bachs; bezüglich BWV 1031 (Es-Dur) und BWV 1033 (C-Dur) bestehen mehr oder weniger begründete Vorbehalte, doch haben auch sie ihren festen Platz im Repertoire und stellen darüber hinaus dankbare und wertvolle Kompositionen dar, so daß wir sie mit in unsere Reihe aufnehmen, ohne ihre Echtheit weiter diskutieren zu wollen.

Sonaten für Querflöte und Cembalo

Sonate h-Moll (BWV 1030)

Andante – Largo e dolce – Presto.

Als Vorläuferin ist eine Fassung in g-Moll aus Köthen (etwa 1720) zu betrachten; die endgültige Version entstand um 1736/1737 in Leipzig.
Der 1. Satz, obwohl mit *Andante* überschrieben, vertritt die Stelle des üblichen schnellen Kopfsatzes innerhalb des 3sätzigen Typus mit Concerto-Charakter (schnell – langsam – schnell). Angesichts eines überwältigenden Reichtums an thematisch wirksamen Gedanken und so farbiger Kontrapunktik ist die »bremsende« Tempobezeichnung jedoch nur zu berechtigt. Mit seinem gelassen dahinströmenden Grundtempo ist dieser Satz einer der längsten und zugleich bedeutendsten Bachschen Sonatensätze und besitzt auch eines der längsten und verzwicktesten Themen: Nach 4taktigem motivischem Vorlauf setzt es endgültig in T. 4 ein und ist mannigfaltig gegliedert; auch die begleitenden Cembalofiguren der rechten Hand werden im Satzverlauf motivisch wirksam. Der Baß beschränkt sich mit Ausnahme weniger Stellen weitgehend auf seine laufende Stützfunktion, was als weise künstlerische Ökonomie zu verstehen ist, denn eine weitere derart kompliziert strukturierte Stimme brächte die Gefahr der Überladenheit mit sich und würde gewiß Hörer und Spieler überfordern. Auffällig ist auch ein ständiges wohlkalkuliertes Schwanken zwischen diatonischen und chromatischen Passagen, was sich bereits im Hauptthema selber bemerkbar macht. Die Form ist 3teilig, mit überlangem A-Teil (T. 1–58) und einer verkürzten Reprise (ab T. 80). – Künstlerische Ökonomie bewirkt auch, daß diese Sonate nicht kopflastig wird, sondern in ihren 3 Sätzen zu einem ausgewogenen Ganzen zusammenwächst. Nach der kontrapunktisch-intellektuellen Hochspannung folgt nun die Entspannung in einem 2teilig angelegten 6/8-*Siciliano*, in dem die stark ausgezierte Flötenmelodie dominiert, über einem weitgehend auf Generalbaßcharakter zurückgenommenen Cembalo. Für das *Finale* ließ sich Bach wieder etwas Ungewöhnliches einfallen: Es ist 2teilig, wobei zunächst eine richtige 3stimmige Fuge beginnt, an die sich attacca und ebenfalls presto eine hüpfende 12/16-Gigue anschließt, die ihrerseits noch einmal symmetrisch 2geteilt ist. Dieser dahinstürmende Schlußsatz ist der künstlerisch notwen-

dige schnelle, konzertante Gegenpol zu den beiden vorangegangenen ruhigen Teilen. Bei dem schnellen Tempo überhört man sehr leicht, daß Fugen- und Giguethema motivisch miteinander verknüpft sind:

Sonate Es-Dur (BWV 1031)

Allegro moderato – Siciliano – Allegro.

Dieses Werk ist das diesseitig heitere Gegenstück zu der so anspruchsvollen h-Moll-Sonate. Aber es beginnt ebenfalls ungewöhnlich, nämlich mit einem 8taktigen Klaviersolo, in dem das in gleichförmiger Sechzehntel-Bewegung gehaltene Hauptthema vorgestellt wird. Auffällig sind dabei auch die häufigen nur baßbegleiteten Flötensoli, die wohl – trotz fehlender Bezifferung – auf eine Generalbaßunterstützung hindeuten. Der kurze Satz ist 3teilig, mit lediglich angedeuteter Reprise (T. 53). Dann folgt ein bezauberndes 6/8-*Siciliano* (g-Moll) mit einer Ständchenmelodie der Flöte über einer mandolinenähnlichen Begleitung. Unversehens fühlt man sich an Mozarts »Don Giovanni« erinnert oder auch an die kleine Cavatine der Barbarina aus »Figaros Hochzeit« (4. Akt). Nach diesem ebenfalls nur 33 Takte langen Intermezzo beschließt ein 2teiliges *Allegro* das Werk; charakteristisch ist hier der prägnante Themenkopf mit der aufwärtsstürmenden Dreiklangsfanfare und der abwärtsgerichteten Tonleiter. Die beiden Oberstimmen sind im gesamten Satz äußerst eng aufeinander abgestimmt, häufig werden sie sogar parallel geführt.

Sonate A-Dur (BWV 1032)

Vivace – Largo e dolce – Allegro.

Auch hier beginnt das Cembalo mit einem 8taktigen Solo, in dem ein Hauptthema präsentiert wird, das sich zunächst sozusagen auf der Stelle zu drehen scheint. Von diesem Satz gab es ein (inzwischen verschollenes) Bach-Autograph, aus dem von unbekannter Hand am Ende etwa ein Drittel herausgeschnitten worden ist. Lediglich die beiden Schlußtakte waren noch vorhanden. So hat man verschiedentlich versucht, auf Grund der vorhandenen ersten 62 Takte die Komposition zu ergänzen, indem man die vorgegebenen Motivkombinationen der 3 Stimmen behutsam fortgeführt hat, unter sorglicher Berücksichtigung stilistischer Feinheiten. Auf diese Weise hat sich auch diese Sonate ihren Platz im Repertoire der Flötisten erobern können. Der a-Moll-*Mittelsatz* ist trotz 6/8-Takt diesmal kein Siciliano; in ihm werden die beiden Oberstimmen häufig parallel geführt. Von größerem Erfindungs- und Kontrapunktreichtum ist dann das Schluß-*Allegro* mit seinem spielerisch-freundlichen Kopfthema:

Sonaten für Querflöte und Basso continuo

Im Gegensatz zu anderen Komponisten seiner Zeit schrieb Bach nur sehr wenige Sonaten für ein Melodieinstrument mit Basso continuo. Unter den Werken mit Flöte gelten heute lediglich 2 als zweifelsfrei gesicherte Bach-Kompositionen.
Die in einigen Ausgaben enthaltene **Sonate C-Dur** (BWV 1033) steht in ihrem Wert, vor allem im Hinblick auf ihre stilistische Geschlossenheit und wegen der Banalität ihrer harmonischen Entwicklung, so deutlich hinter den anderen Sonaten Bachs zurück, daß sie in der Tat kaum von ihm stammen dürfte. – Unklarer ist das Bild jedoch bei BWV 1020, der **Sonate für Flöte oder Violine mit b. c. g-Moll**, die von der Forschung **CARL PHILIPP EMANUEL BACH** zugeschrieben wird, wenngleich auch hier stilistische Untersuchungen noch nicht zu einem abschließenden Ergebnis gefunden haben. – Nachweislich echt ist dagegen die

Sonate e-Moll (BWV 1034).

Adagio ma non tanto – Allegro – Andante – Allegro.

Diese Sonate entstand nach 1720 in Köthen; sie zeigt charakteristische Merkmale der 4sätzigen Generalbaßsonate in der Form der Sonata da chiesa. Außer im Andante ist die Baßstimme mehr oder weniger durchgehend am motivisch-thematischen Geschehen beteiligt, so daß wir hier im Grunde ein kontrapunktisch angelegtes Duo mit harmonischer Auffüllung durch die rechte Cembalohand vor uns haben. Der ausdrucksvolle Kopfsatz (4/4) ist ganz von der leicht gezierten Wirkung des empfindsam gewundenen Hauptthemas geprägt:

während die Flötenmelismen des Andante-Satzes (G-Dur, 3/4) sich über einem nicht konsequent durchgehaltenen wiegenden Ostinato-Baß entfalten. Beide Allegro-Teile (C und 3/4) zeichnen sich durch große Lebendigkeit im rhythmischen Ablauf aus, durchlaufend und motorisch der erste, 2teilig und tänzerischer der letzte.

Sonate E-Dur (BWV 1035)

Adagio ma non tanto – Allegro – Siciliano – Allegro assai.

Bach fertigte diese reife Komposition 1741 oder 1747 für Fredersdorf, den flötespielenden Kammerherrn Friedrichs II. Es ist bemerkenswert, wie hier ein Auftragswerk in den strengen Bahnen der Konvention von dennoch höchster Kunstfertigkeit und Eingebungskraft entstanden ist. Der formale Ablauf entspricht dem bekannten 4sätzigen Muster: voller ausdrucksstarker Flötenfiorituren das Adagio (4/4); in konzentrierter Zweiteiligkeit ganz auf das spielerische und doch sehr entschlossen klingende Hauptthema abgestimmt das 1. Allegro (2/4); mit eher herbem Charme das cis-Moll-Siciliano mit seinem die Flöte durchgehend im Taktabstand imitierenden Baß; schließlich ein melodisch ungewöhnliches und reizvolles Finale, dessen Thema durch die 2malige unvermutet eingeschobene kleine Pause seltsam fragend und ganz »unbachisch« klingt.

Triosonaten

Angesichts der Flut von Triosonaten, die zu jener Zeit entstanden, ist es verwunderlich, daß von J. S. Bach nur ganze 4 Werke dieser »klassischen« Barockgattung vorliegen. Und es gibt noch mehr Einschränkungen: Denn die **Sonate für 2 Flöten und b. c. G-Dur** (BWV 1039) ist lediglich eine andere (wahrscheinlich frühere) Fassung der Gambensonate gleicher Tonart (BWV 1027; s. S. 223). Und die **Triosonate für Flöte, Violine und b. c. G-Dur** (BWV 1038) basiert auf dem gleichen Baß wie die Sonate für Violine und b. c. G-Dur (BWV 1021); darüber hinaus wird ihre Echtheit angezweifelt. Nichtsdestoweniger handelt es sich bei den 4 Sätzen (Largo – Vivace – Adagio – Presto) um lebendige, abwechslungsreiche Musik: Auffällig ist die melodische Nähe des e-Moll-Adagios zu einem Satz der Motette »Jesu meine Freude« (»Gute Nacht, o Wesen«); beim Finale handelt es sich um eine knappe 3stimmige Fuge, an der sich nun auch der Generalbaß thematisch beteiligt und die ohne Umschweife sogleich mit einer 3fachen Engführung einsetzt. (Vgl. auch S. 222, F-Dur-Sonate.)
Ebenfalls fraglich ist die Echtheit der **Triosonate für 2 Violinen oder Violine und Flöte mit b. c. d-Moll** (BWV 1036) mit ihren 4 Sätzen Adagio – Allegro – Largo – Vivace, deren originale Besetzung ebenfalls umstritten ist. Gleichwohl handelt es sich hier um ein lohnendes und dankbares Musizierstück; bemerkenswert ist das solistische Generalbaßende des Allegro-Satzes. Und das Vivace weicht formal vom gewohnten Rahmen ab, indem es einen langsameren Mittelteil einschließt.

Sonate für 2 Violinen und b. c. C-Dur (BWV 1037)

Adagio – Allabreve – Largo – Gigue.

Obwohl Bach nur eine einzige Triosonate in der häufigen Besetzung für 2 Violinen komponierte, lieferte er hier gleich ein Meisterstück, verglichen mit den zahllosen zeitgenössischen »Konkurrenz«-Werken. Auch hier gibt es wieder eine Fuge, jetzt aber, an zweiter Stelle nach dem Eröffnungs-Adagio, eine ausgebaute Tripelfuge, also mit 3 gleichberechtigten Themen. 2 Themen werden gleich zu Beginn gemeinsam vorgestellt; ab T. 91 werden dann alle 3 Themen nach den Regeln des 3fachen Kontrapunkts miteinander kombiniert. Im a-Moll-Largo bestreiten die beiden Geigen einen meditativen Kanon; und als Schlußsatz schreibt Bach, gegen alle Überlieferungen der

Kirchensonate, eine 2teilige Gigue, also den in der Suite üblichen Schlußsatz mit seinem charakteristischen hüpfenden Dreierrhythmus.

Sonate für Flöte, Violine und b. c. c-Moll (aus dem »Musikalischen Opfer« BWV 1079)

Largo – Allegro – Andante – Allegro.

Bachs längste und bedeutendste Triosonate ist Teil eines größeren Ganzen: jenes »Musikalischen Opfers« an Friedrich d. Gr., der Bach bei dessen Besuch 1747 am Hof sein »Königliches Thema« mit auf den Weg gab, an dem der Thomaskantor dann demütig sein gesamtes kontrapunktisches Können wie in einem Brennspiegel zusammenfaßte – in kunstvollen Kanons und Ricercaren und ebendieser Triosonate:

Sie wird berechtigterweise häufig auch einzeln gespielt, obwohl ihre motivische Verknüpfung mit dem gesamten Zyklus des »Opfers« dann natürlich nicht verständlich wird.
Im *Largo* (¾) tritt dieses »Thema regium« noch nicht in Erscheinung; über einem pochenden Achtel-Baß erklingt eine ergreifende Passionsmusik. Ungewöhnlich ist die Form, denn Bach erreicht hier eine Art Synthese zwischen Zweiteiligkeit und konzertanter Dreiteiligkeit: Der 2. Teil ist genau doppelt so lang wie der 1. und enthält eine Reprise, so daß sich die Gliederung ABA in regelmäßiger Proportion (16:16:16 Takte) ergibt.
Einem Cantus firmus gleich beherrscht das unveränderte Königsthema den *folgenden Satz* (²⁄₄), der mit 249 Takten von ungewöhnlicher epischer Breite ist, ohne jedoch deshalb lang zu wirken. Zunächst wird das eigene, vielfach motivisch gegliederte Hauptthema des Satzes vorgestellt, welches das gesamte musikalische Geschehen prägt. So taucht sein Kopfmotiv trillerverziert und in der Umkehrung auf; zugleich bildet es mit dem Königsthema einen doppelten Kontrapunkt. Auch der Baß

beteiligt sich am motivischen Geschehen; die Form ist 3teilig durchkomponiert, mit einem zäsurartigen Adagio-Takt vor der Reprise (T. 168).
Das zarte Es-Dur-*Andante* klingt danach fast wie ein Gruß an das kommende Rokoko und die Welt der Bach-Söhne, so unermüdlich wird ein kleines in Terzen und Sexten parallel geführtes Seufzer-Motiv wiederholt.
Trotz aller kompositorischen Dichte erhält der *Schlußsatz* seine tänzerische Beschwingtheit durch den bewegten 6/8-Takt und durch seine zahlreichen tonleiterartigen Sechzehntel-Läufe. Standen im 1. Allegro Königsthema und Bachs eigene Melodieerfindung noch nebeneinander und wurden durch kontrapunktische Kunstfertigkeit miteinander verbunden, so kommt es nun zu einer echten Synthese, denn das Hauptthema ist nichts als eine raffinierte Variation des Cantus firmus:

Die Form des Satzes ist wieder 3teilig, und auch der Baß ist wieder am thematischen Geschehen beteiligt.

Die Kunst der Fuge (BWV 1080)

Einen Sonderfall in jeder Hinsicht stellt die 1748–50 komponierte »Kunst der Fuge«, Bachs unvollendetes Opus summum, dar. Sie ist keiner Gattung zuzurechnen; ihre 15 kunstvoll-abwechslungsreichen **Fugen** liegen in gleichsam abstrakter 2- bis 4stimmiger Partitur vor und enthalten keinerlei Hinweise für eine mögliche Aufführung, vor allem keine Instrumentationsangaben. Es gibt neuere und neueste Bearbeitungen für Orgel solo, für 1 oder 2 Klaviere, für Kammerorchester und vor allem auch für solistische Kammerensembles. Darunter ist die Fassung für Streichquartett sicher besonders reizvoll und dankbar und verhilft dieser in so hohem Maße vergeistigten Klangkunst zu kammermusikalischer Durchsichtigkeit und Lebendigkeit. Auch die endgültige Reihenfolge der Fugen ist von Bach nicht festgelegt, so daß inzwischen zahlreiche mehr oder weniger wohlbegründete Anordnungen geschaffen worden sind. – Alle Fugen entwickeln sich aus einem zentralen Thema:

Die beiden ersten Fugen beherrscht es allein, die beiden folgenden kehren es um; im weiteren Verlauf erscheint es mehr oder weniger variiert, verkleinert (diminuiert) oder vergrößert (augmentiert) sowie in 2stimmigen Kanons, 3- und 4stimmigen Spiegelfugen und kombiniert mit neuen Themen. Die letzte Fuge blieb unvollendet; sie sollte eine Quadrupelfuge mit 3 zusätzlichen neuen Themen werden. Sie bricht genau dort ab, wo erwartungsgemäß das Hauptthema des ganzen Werkes eintreten sollte. Eines ihrer Bestandteile ist das berühmte b-a-c-h-Motiv.

AWJ

Die Söhne Johann Sebastian Bachs

Wer zu Lebzeiten Johann Sebastian Bachs nur den Familiennamen nannte, meinte weniger den Leipziger Thomaskantor als vielmehr Bachs zweitältesten Sohn Carl Philipp Emanuel. Noch unter der musikalischen Obhut seines Vaters aufgewachsen, stand er später an führender Stelle des Musiklebens, zunächst in Diensten König Friedrichs II. am Berliner Hof; dann versah er die Nachfolge seines Paten Georg Philipp Telemann in Hamburg. Heute verbinden wir mit seinem Namen mehr den ihm gebührenden Anteil am Stilwandel vom Barock zum Zeitalter der Empfindsamkeit in der 1. Hälfte des 18. Jh. Das Schöpfertum der Bach-Söhne markiert generell – freilich mit unterschiedlichen musikalischen »Handschriften« – die Nahtstelle zwischen zwei Epochen: zwischen dem im Generalbaßzeitalter verwurzelten Musiziertypus etwa des Concerto und der an Symbolen der Rhetorik orientierten Klangsprache einerseits, der auf die Empfindungsintensität musikalischer Gesten pointierten musikalischen Äußerung andererseits. Trotz zunehmender Offenheit für das latent aktuelle Stilideal wirkte bei den Bach-Söhnen die Kontinuität des väterlichen Erbes, allerdings mehr in den Werken der beiden ältesten Söhne Wilhelm Friedemann und Carl Philipp Emanuel als im Schaffen der beiden jüngeren, am wenigsten beim »Mailänder« oder »Londoner« Bach, Johann Christian.

Wilhelm Friedemann Bach

* 22. November 1710 in Weimar, † 1. Juli 1784 in Berlin

Der »Hallesche« Bach, so genannt nach dem Ort seines Wirkens, war der älteste Sohn Johann Sebastians; er wurde nach anfänglicher musikalischer Unterweisung in Theorie, Klavier- und Orgelspiel beim Vater, im Violinspiel bei Johann Gottlieb Graun, sodann nach Absolvierung der Leipziger Thomasschule und Universität mit 23 Jahren zum Organisten in Dresden berufen. Von 1747 bis 1764 bekleidete er das Amt des Musikdirektors in Halle und führte danach ein unstetes Leben. Albert Emil Brachvogel berichtete darüber unrühmlich in seinem bekannten, romanhaft ausgestalteten Buch von 1858.

Unsere Betrachtung hat von anderen Fakten auszugehen. Dazu zählen auch die wenigen Kammermusikwerke, die im kompositorischen Nachlaß von Friedemann gegenüber den Werken für Tasteninstrumente, den Solokonzerten und Sinfonien zwar deutlich in der Minderzahl sind, aber dennoch ein bezeichnendes Licht auf seine Schaffenskraft werfen.
Zu nennen sind 4 **Triosonaten** (2 in D-Dur, ein Fragment in a-Moll und eine 4. in B-Dur), die noch während seiner Zeit als Kirchenmusikdirektor in Halle entstanden sein dürften. Nach bewährten Modellen ist die Gleichrangigkeit der jeweiligen Solopartien über einem improvisatorisch konzipierten Generalbaß allein schon durch die traditionell empfundene fugierte Behandlung dokumentiert. Offenbar hat Friedemann bei den beiden **Triosonaten D-Dur** (Falck-Verzeichnis 47 und 48), von denen die erste in 3, die zweite in 2 Sätzen angelegt ist, an die Besetzung für 2 Flöten und Generalbaß gedacht, während die beiden anderen wohl eher für 2 Geigen bestimmt sind. Es spricht einiges dafür, daß insbesondere die fragmentarische **Sonate a-Moll** (FV 49) auf Friedemanns organistische Praxis in Dresden zurückzuführen ist. Hierbei handelt es sich um eine 3stimmige Fuge mit mehreren Engführungen und figurativen Imitationen, die weniger vom strengen Prinzip der Sonate als

vielmehr von der satztechnisch gediegenen Kunst der Improvisation bestimmt ist.
Von den hinterlassenen Werken sind außerdem 2 Serien von 6 bzw. 3 **Duetten** für 2 Flöten bzw. 2 Bratschen, und zwar jeweils ohne Baß zu nennen, die wahrscheinlich aus den letzten Lebensjahren des Komponisten (nach 1770?) stammen. Diese Werke sind fast ausschließlich 3sätzig angelegt, entsprechen somit nicht mehr dem Typus der barocken Kammer- oder Kirchensonate. Auffallend ist an ihnen der Schwerpunkt der langsamen Sätze, deren expressiver Gehalt durch Satzbezeichnungen wie »Larghetto«, »Adagio ma non molto«, »Lamentabile«, »Cantabile« oder schließlich im letzten Bratschenduett mit »Amoroso« angedeutet ist. Die Konzeption dieser Werke als Bicinien bestätigt erneut die Grundveranlagung Friedemanns, polyphon zu denken. Dabei eröffnet der Verzicht auf den Generalbaß den Spielern in korrespondierender Einheit neue Ausdrucksdimensionen, die sich allein schon aus der thematischen Arbeit, etwa durch dramatische Fortschreitungen und Umformungen (Verkürzungen) der Motive, ergeben.
Friedemann war kompositorisch durchaus auf der Höhe seiner Zeit. Von der Konvention und den Aufbruchsmaximen des »Sturm und Drang« gingen Wechselwirkungen aus, die freilich in den Werken seines jüngeren Bruders Carl Philipp Emanuel stärker zum Tragen kamen.

Carl Philipp Emanuel Bach

* 8. März 1714 in Weimar, † 14. Dezember 1788 in Hamburg

C. Ph. Emanuel, zweitältester Sohn Johann Sebastian Bachs und dessen Schüler, studierte zunächst in Leipzig und später in Frankfurt a. d. Oder Jura und wandte sich dort dann ausschließlich der Musik zu. Von 1738 an war er Kammercembalist und Kapellmeister am Hofe des preußischen Kronprinzen Friedrich in Ruppin und schließlich nach dessen Regierungsantritt 1740 (als Friedrich II.) in Potsdam, von 1767 an bis zu seinem Tode als Nachfolger seines Paten G. Ph. Telemann Kirchenmusikdirektor in Hamburg.

Der kompositorische Nachlaß des »Berliner« oder, wie er auch genannt wird, »Hamburger« Bach besteht aus Liedern, Oratorien, Kantaten, Passionen, etwa 50 Klavierkonzerten, zahlreichen Sinfonien und mehreren hundert Klavierkompositionen, zumeist Sonaten, darunter die »Preußischen« (1742), die »Württembergischen« (1745), die »Sonaten mit veränderten Reprisen« (1760) sowie 6 Bände »Sonaten, freie Fantasien und

Rondos für Kenner und Liebhaber« (1779–87) und nicht zuletzt zahlreichen Kammermusikwerken in den verschiedensten Besetzungen. Sein »Versuch über die wahre Art das Clavier zu spielen« (1753 und 1759) gilt heute noch als eine der wichtigsten Quellen des Klavierspiels und der Generalbaßpraxis im 18. Jh.

Die zunehmende Wertschätzung der Flöte, und zwar der ausdrucksintensiveren Traversflöte gegenüber der im Klang statischeren Blockflöte – als eines »klingenden Symbols« des empfindsamen Zeitalters –, schlug sich verstärkt in den Werken der Komponisten des frühen 18. Jh. nieder, auch in denen von C. Ph. Emanuel. Längst bevor er »von Amts wegen« Werke für das Lieblingsinstrument des späteren Königs schuf, komponierte er noch in der Zeit seiner Jurastudien 2 **Sonaten für Flöte und Generalbaß G-Dur** und **e-Moll**, in denen bereits die Loslösung vom traditionellen Erbe signalisiert wird: Die 3sätzigen Werke stellen das Melos der Flötenpartie in den Vordergrund; der Generalbaß ist mehr als Begleitung denn als polyphon-improvisatorisches Gegengewicht zu werten. Auffallend ist in diesen und späteren Werken der melodisch-gefälligere Tonfall, gegenüber den konstruierter erscheinenden Themen aus der Klangwelt seines Vaters, an der sich C. Ph. Emanuel orientierte und was er auch im hohen Alter nie verleugnete.

Freilich sind Besetzungsangaben für die verschiedenen Duette oder Sonaten überliefert, doch analog den Flötenkonzerten, von denen mehrere auch in Fassungen für Violoncello und Orchester vorliegen, waren auch bei kleiner besetzten Werken die Melodiestimmen durchaus nicht immer unverwechselbar auf ein spezielles Instrument zugeschnitten. Das trifft auch auf seine **Duos e-Moll** und **C-Dur** zu, deren erstes dem »Musikalischen Vielerley« von 1770 entstammt und die entsprechend dem Brauch der Zeit ohne tragendes Generalbaßfundament konzipiert sind.

Ebenfalls variabel besetzt sind seine insgesamt 29 **Triosonaten**, die z. T. noch unter Anleitung des Vaters entstanden, doch zunehmend vom eigenen Stilwillen getragen werden. Bei der Durchdringung der Solopartien ging C. Ph. Emanuel gleichermaßen von der Idee des Spaltklanges (Besetzung etwa für Flöte und Violine) und des Verschmelzungsklanges (2 Flöten oder 2 Violinen) aus. Wie auch die Wahl in der heutigen Aufführungspraxis ausfallen mag, dem Komponisten schwebte im instrumentalen Bereich eine Aussage vor, »wozu man sonst viel

bequemer nur Singstimme und Worte braucht«. Der emotional nachvollziehbare Konflikt wird hier allein durch Themenprofilierung und Durchführung mit musikalischen Mitteln ausgetragen. – Waren die frühen Triosonaten durch die Dominanz der beiden Melodielinien und die untergeordnete Rolle des Generalbasses gekennzeichnet, so findet im letzten Schaffensabschnitt ein Rollentausch der Instrumente statt: In 13 Werken, die in einer Sammlung von 1777 zusammengefaßt sind, erhält das Klavier absolute Priorität, während die eher mitlaufenden, individuell konzipierten beiden anderen Instrumente, Violine und Violoncello, zu Begleitinstrumenten werden. Hier entwikkelte sich der Prototyp des späteren Klaviertrios, indem den beiden Streichinstrumenten nicht nur Farbnuancen, rhythmisch profilierte Einwürfe, melodische Korrespondenzen, sondern sogar begleitende Akkorde (Doppelgriffe) zugemutet werden.
Erwähnt werden müssen noch 3 **Klavierquartette** (**C-Dur**, **D-Dur** und **G-Dur**), jeweils für Klavier, Flöte, Bratsche und Violoncello, die dem letzten Lebensjahr des Komponisten entstammen dürften; sie sind erst 1929 aus dem Nachlaß veröffentlicht worden. Es handelt sich dabei um Werke, in denen barockes Pathos und Formdenken abgestreift sind zugunsten einer stärkeren gegenseitigen stimmlichen Durchdringung der verschiedenen Instrumente. Dabei wird dem Klavierpart Vorrang gelassen, wie das in späterer Zeit durchaus üblich war; die flexible Handhabung des Sonatenprinzips rechtfertigt hingegen die Kennzeichnung »frühklassisch«.
Nicht unerwähnt bleiben sollen die beiden **Sonatinen für Cembalo** (Klavier), **2 Flöten, 2 Violinen, Bratsche und Baß d-Moll** (1764) und **Es-Dur** (1766), die man sich ebenso in solistischer wie chorisch orchestraler Besetzung vorstellen kann, während die 6 **Sonaten** (Septette) **für Bläser** aus dem Jahre 1775 in angegebener Besetzung jeweils zweckgebunden als divertimentoartige »Freiluft-Musiken« konzipiert wurden.

Johann Christoph Friedrich Bach

* 21. Juni 1732 in Leipzig, † 26. Januar 1795 in Bückeburg

Der sogenannte »Bückeburger« Bach entstammt der 2. Ehe Johann Sebastian Bachs mit Anna Magdalena Wilcken. Auch er besuchte die Leipziger Thomasschule, wurde von seinem Vater musikalisch unterwiesen und wandte sich darauf dem Studium der Rechte zu, trat aber dann in die Bückeburger Hofkapelle ein, der er zunächst als Kammermusiker, von 1758 an bis zu seinem Tode als Konzert- und Kapellmeister treu blieb.

Sein kompositorischer Nachlaß ist bescheidener als der seiner komponierenden Brüder, um so weniger ist es gerechtfertigt, das Vorurteil vom »Vielschreiber« aufrechtzuerhalten. Er wurde von seinen Zeitgenossen wegen seiner »vortrefflichen Compositionen« geschätzt, die außer dem Vorbild seines Vaters auch Einflüsse seines jüngeren Bruders Johann Christian, aber auch von Haydn und Mozart aufweisen. Er hinterließ geistliche und dramatische Werke, Orchester- und Klaviermusik und nicht zuletzt auch Kammermusik, von der 6 **Quartette für Flöte und Streicher** (1768), 7 **Trios** (die erst in neuerer Zeit veröffentlicht wurden) und je 2 Serien von 8 bzw. 6 **Sonaten für Klavier und Violine** (oder Flöte) zu nennen sind. Zeitgenossen rühmten in ihm den »ungemein fertigen und geschmackvollen Clavier-Virtuosen«, so daß es kein Zufall ist, daß dem Klavier in seinen Ensemblewerken mit Tasteninstrument der Vorrang zukommt. Das trifft auch auf seine zumeist 3sätzigen Trios zu wie auf die Sonaten und das **Septett C-Dur für Pianoforte, Oboe, 2 Hörner, Violine, Viola und b. c.**

Auch bei diesem Bach-Sohn stehen die Ausdrucksmaximen des »empfindsamen« Stils im Vordergrund des Schaffens. Daß sie vor allem im geistlichen Bereich verwirklicht wurden, erklärt sich aus den besonderen Wünschen seines Landesherrn, besonders nach dessen Heirat mit der von pietistischer Frömmigkeit und mystischen Neigungen geprägten Gräfin Maria Eleonore. Kein Geringerer als Johann Gottfried Herder, der einige Jahre als Hofprediger in Bückeburg tätig gewesen ist, lieferte dem Komponisten eine Reihe von Texten.

Johann Christian Bach

* 5. September 1735 in Leipzig, † 1. Januar 1782 in London

Der »Mailänder« oder auch »Londoner« Bach, der jüngste Bach-Sohn, war knapp 15 Jahre alt, als der Vater starb. Die Vater-Söhne-Kontinuität, an welcher der Vater selbst wohl nur geringen Anteil hatte, war durch die Obhut des Bruders Carl Philipp Emanuel gegeben, zu dem der Jüngere 1750 nach Berlin übersiedelte und von dem er das musikalische Rüstzeug als Klavierspieler und Komponist erhielt. Als prägend erwies sich weniger die Kammerkunst am königlichen Hof als vielmehr die Begegnung mit der italienischen Oper. Wohl auf Empfehlung aus Berliner Opernkreisen begab sich Johann Christian 5 Jahre später auf Reisen nach Italien. Wir wissen von der großzügigen Förderung durch den Mailänder Grafen Agostino Litta, der ihm ein bescheidenes Einkommen als Hauskomponist der gräflichen Kapelle ermöglichte, ihm schließlich das Amt des 2. Organisten am Mailänder Dom verschaffte, was die Konversion zum Katholizis-

mus voraussetzte. Dank Littas Vermittlung erhielt er schließlich musikalische Beratung und Förderung durch den Franziskanerpater Martini in Bologna. Es entstanden zahlreiche Kirchenkompositionen; Bachs eigentliches Interesse aber galt der Oper. Erfolge mit seinem ersten Bühnenwerk »Artaserse« in Turin, Mailand und Neapel öffneten ihm die Wege als Komponist zum King's Theatre in London. Von 1762 an beherrschte er als Komponist, Pianist, Dirigent und Konzertveranstalter die Londoner Musikszene. Mit Carl Friedrich Abel gründete er 1764 die »Bach-Abel-Konzerte«. Von den 70er Jahren an strahlte sein Stern nicht mehr ganz so hell; dennoch stellte er das hohe Ansehen seines Vaters und seiner Brüder noch in den Schatten.

Im Werkverzeichnis Johann Christians werden allein 20 Opern, Oratorien und zahlreiche Kantaten genannt. Noch umfangreicher ist sein kompositorischer Nachlaß im Bereich der Orchestermusik, der Instrumentalkonzerte und der Kammermusik – Werke, die auf die Wiener Klassik und hier insbesondere auf Mozart nachhaltigen Einfluß ausgeübt haben. Allein die Liste seiner Kammermusikwerke ist außerordentlich umfangreich. Sie reicht von Duosonaten, Duetten, Kanzonetten, Triosonaten über Quartette und Quintette bis zum Sextett. Auffallend ist dabei die häufige Verwendung des Klaviers, wobei er dem neuen »Pianoforte« den Vorzug vor dem Cembalo gab. In seinen späteren Kompositionen finden wir direkte Crescendo-Anweisungen, die eine Verwendung des neuen Instruments erfordern, das mehr noch als seine Vorläufer kantable Linien, aber auch Kontrastwirkungen ermöglichte.

Kantabilität, Empfindsamkeit und Gefälligkeit der Themen und die daraus resultierende zunehmende Homophonie der Klangsprache hatten dem jüngsten Bach-Sohn den Ruf eines Komponisten von »trunkenmachender Weichlichkeit« eingebracht. Leopold Mozart hingegen verwies auf den natürlichen, flüssigen und leichten Stil, der »alle Merkmale einer guten Komposition« aufweise; Werke dieser Art seien schwerer zu komponieren als »jene harmonischen Folgen, die die meisten Leute sowieso nicht verstehen«. Wir sehen heute den jüngsten Bach-Sohn als einen der wichtigsten Wegbereiter der Klassik, als Repräsentanten einer Epoche, in der spielerischer Anspruch und empfindungsstarke Kantilenen durch »Kunstgriffe« wie Crescendi, Decrescendi, Vorhalte und Nuancen des Vortrags gleichen Wert genossen wie die dem Kenner vorbehaltene Kunst des Kontrapunkts.

GW

Joseph Haydn

* 31. März 1732 in Rohrau (Niederösterreich), † 31. Mai 1809 in Wien

Joseph Haydn, das zweite Kind (Bruder Michael [1737–1806] war das sechste) einer Handwerkerfamilie, fiel durch seine schöne Stimme früh auf und wurde vom Hofkapellmeister Georg Reutter d. J. wahrscheinlich um 1740 als Chorknabe nach Wien geholt. Nach dem Stimmbruch, etwa 1749/1750, auf sich gestellt, schlug er sich als Musiker, Musiklehrer und Gelegenheitskomponist in Wien kümmerlich durch, hatte aber das Glück, in Nicola Porpora um 1755 einen gründlichen Lehrer zu finden. 1759 wurde er Kapellmeister des Grafen Morzin, 1761 Vizekapellmeister des Fürsten Paul Anton Eszterházy und 1766 Kapellmeister des nun regierenden Fürsten Nikolaus. Haydn lebte am Hof der Eszterházy, erst in Eisenstadt, ab 1766 auf dem neuerbauten Prunkschloß Eszterháza, relativ abgeschieden und ganz auf seine Arbeit konzentriert; Besuche in Wien waren selten, und fast alle Werke entstanden bis um 1780 für den Hof, auch wenn sie seit den frühen 60er Jahren immer weiter und bald über ganz Europa verbreitet wurden. Erst ab 1779 (Kontakt mit Artaria in Wien) begann Haydn, mit Musikverlegern direkt zusammenzuarbeiten und Werke für sie zu schreiben, aber zu dieser Zeit war er schon einer der berühmtesten Komponisten Europas.

Beim Tode Nikolaus Eszterházys 1790 wurde die Hofkapelle aufgelöst, aber Haydn offiziell als Hofkapellmeister und mit vollem Gehalt freigestellt; er zog nach Wien. Auf Einladung des Konzertunternehmers Johann Peter Salomon reiste er zweimal (Januar 1791 bis Juni 1792 und Februar 1794 bis August 1795) nach London; für diese Besuche entstanden die 12 letzten Sinfonien, die »Londoner«. Nicht zuletzt durch seine sensationellen Erfolge in der Musikmetropole London war Haydn zum unbestritten berühmtesten Komponisten seiner Zeit geworden.

Nach seiner Rückkehr betraute ihn Fürst Nikolaus II. Eszterházy mit dem Wiederaufbau der Hofkapelle, die nun vor allem Kirchenmusik zu produzieren hatte. Mit dem 1803 unvollendet veröffentlichten Streichquartett op. 103 beendete Haydn seine kompositorische Arbeit. Um dieselbe Zeit erschienen die ersten »Gesamtausgaben« wenigstens bestimmter Werkgruppen – eine einzigartige Ehrung bei Lebzeiten, die Haydns europäischen Ruhm und die enge Verbindung dieses Ruhmes mit dem Aufstreben des Musikverlagswesens dokumentiert (Streichquartette bei Pleyel in Paris, mehrere Werkgruppen bei Breitkopf in Leipzig). Haydns letzte Wochen waren überschattet von der Eroberung Wiens durch die Franzosen – aber sogleich nach der Kapitulation der Stadt ließ Napoleon eine Ehrenwache vor Haydns Haus in Gumpendorf aufziehen.

Kammermusik: 68 Streichquartette; *Die sieben letzten Worte unseres Erlösers am Kreuze* für Streichquartett; 21 Streichtrios; 126 Barytontrios; mindestens 39 Klaviertrios; einige Werke in verschiedenen Besetzungen.

Haydn hat in der relativen Isolierung am Hofe der Eszterházy – die er als Chance verstand, sich ganz auf die eigene Arbeit zu konzentrieren und unbeirrt von fremden Einflüssen »original« zu werden – einen Stil entwickelt, der vor allem für die Instrumentalmusik Europas im Zeitalter der Wiener Klassik konstitutiv wurde und der die Grundlage aller weiteren Entwicklungen der instrumentalen Musiksprache bis zu Schönberg und Webern bildet. Die Grundelemente dieses Stils sind schon in den wahrscheinlich Ende der 1750er Jahre entstandenen ersten Divertimenti a quattro ausgebildet: die Entwicklung musikalischer Zusammenhänge – von der 8taktigen Periode bis zum mehrsätzigen Werk – aus der Entwicklung, Verwandlung, Gegenüberstellung, Kombination und Neukombination individuell geprägter Motive in einem gleichsam logischen Prozeß, für den die Zeitgenossen nicht zufällig das Bild vom aufgeklärten Diskurs bemühten (in Goethes berühmter Formulierung [Brief an Zelter, 9. 11. 1829]: ». . . man hört vier vernünftige Leute sich unter einander unterhalten, glaubt ihren Discursen etwas abzugewinnen . . .«); dazu – und wiederum mit dem Diskurs-Charakter eng verbunden – die Neigung zu überraschenden Pointen, witzigen Aperçus, graziösen, aber auch heftigen Überraschungen – all das, was im 19. Jh. zur behaglichen Schelmerei des »Papa« Haydn verflacht wurde. Haydn hat diesen Stil mit einer Konsequenz, die in der ganzen Musikgeschichte unserer Kultur einzigartig ist, bis in seine letzten Werke hinein ausgebildet und verfeinert, vor allem im Streichquartett, dem er damit das erste große Gattungs-Modell gegeben hat. Zugleich hat er ihn in dem Maße, in dem sein kompositorischer und menschlicher Horizont sich weitete, auch seelisch vertieft, und schließlich hat er ihn mit dem Wachsen der kompositorischen Aufgaben und der kompositorischen Reife in Gattungs-Stile ausdifferenziert: den Stil des »typischen« Streichquartetts und der »typischen« Sinfonie vor allem. Im Spätwerk werden diese Errungenschaften – zu denen in der Sinfonie auch eine äußerst anspruchsvolle und phantasievolle Orchesterbehandlung gehört – auf die großen vokal-instrumentalen Formen von Messe und Oratorium übertragen; auch in diesen Bereichen haben Haydns Werke Maßstäbe gesetzt, an die sich die geschichtsbewußten Komponisten des 19. Jh. auch dann noch erinnerten, als die breitere musikalische Öffentlichkeit sich längst mit dem Zerrbild des »Papa Haydn« eingerichtet und die meisten seiner Werke – außer einer Handvoll später Sinfonien und Quartette – so gut wie vergessen hatte.

Kammermusik mit Klavier

Haydn hat im Bereich der Klavier-Kammermusik nur eine einzige Gattung, diese aber sehr intensiv gepflegt: das Klaviertrio. Neben den über 30 Trios, die von den frühesten Jahren bis in die letzte Schaffensphase reichen, sind nur einige kleinere und durchweg frühe »Divertimenti« oder »Concertini« für Klavier mit begleitenden Instrumenten überliefert – einige davon auch in Fassungen mit zusätzlichen (nur klangverstärkenden) Instrumenten als Klavierkonzerte. Eine klare Trennung zwischen Konzerten und Kammermusik ist in diesem Bereich schon deshalb noch nicht möglich, weil die Werke keinerlei gattungsspezifische Idiome sprechen – in bezeichnendem Gegensatz zu den ersten Streichquartetten und Sinfonien; vielmehr handelt es sich um gleichsam gattungs- und besetzungsneutrale Unterhaltungsmusik von ganz einfacher Faktur und winzigen Dimensionen (schnelle Kopfsätze von 50, sehr schnelle Schlußsätze von 20 oder 24 Takten). Diejenigen unter diesen Werken, die aufgrund ihrer Besetzung (Klavier, 2 Violinen, Cello bzw. Baß) als Kammermusik verstanden werden könnten, sind alle 3sätzig, die meisten mit der Satzfolge Allegro moderato – Menuett – Allegro molto, einige mit einem Adagio als Mittelsatz; fast alle stehen, seltsamerweise, in C-Dur. Alles in allem sind es die Werke **Hob.*** **XIV:3**, **4** und **7–13**.
Werke mit größerer Besetzung, vor allem mit Hörnern, sind eher der Konzert- als der Kammermusik zuzurechnen und der heutigen Kammermusikpraxis, eben wegen der Besetzung, kaum zugänglich. Dazu gehört auch das musikalisch sehr reizvolle, wie die übrigen Divertimenti wohl um die Mitte der 1760er Jahre oder noch früher entstandene **»Quintett« für Cembalo, Violine, 2 Hörner und Baß Es-Dur (Hob. XIV:1)**, ein kleines Klavierkonzert, dessen besonderer Reiz in der solistischen Behandlung der beiden hohen Es-Hörner liegt.

Frühe Klaviertrios (Cembalotrios)

Haydns erste Klaviertrios sind z. T. etwa in derselben Zeit wie die Divertimenti für Cembalo und Begleitung, z. T. vielleicht noch früher entstanden; in der vermutlichen Reihenfolge der

* Hob. = Numerierung nach *Anthony van Hoboken: Joseph Haydn. Thematisch-bibliographisches Werkverzeichnis*. 3 Bde. Mainz 1957, 1971, 1978.

Entstehung sind es die Werke **Hob. XV:36, C1, 37, 38, 34, f1, 41, 40, 1, 35** und **2** (letzteres ursprünglich ein Divertimento für Cembalo, 2 Violinen und Baryton). Haydns stilistische Entwicklung von den ersten Quartett-Divertimenti bis zu den Streichquartetten op. 9 ist an ihnen deutlich abzulesen. Fast alle sind – im Gegensatz zu den meisten Trios der frühen 1780er Jahre – 3sätzig, meist mit der Satzfolge Allegro moderato – Menuett (in XV:36 »Polones«) – Presto oder Allegro molto, also, wie so viele der Barytontrios, ohne langsamen Satz. Die Kopfsätze sind im typischen »galanten« Ton der 60er Jahre gehalten, mit langen und eher ornamentalen als gestalthaft geprägten, vor allem aber ganz konventionellen Themen; sie sind meist 3teilig, aber (noch) keine Sonatensätze: Jeder der 3 Abschnitte beginnt mit dem Kopfthema und läuft dann in mehr oder minder freier Fortspinnung weiter; die tonartliche Disposition und Entwicklung ist wichtiger als Themen und thematische Arbeit. Die Menuette sind meist sehr ausgedehnt, ebenso galant im Tonfall und mit einem langen und affektiven Trio in der gleichnamigen oder parallelen Moll-Tonart. Am originellsten und am deutlichsten auf Haydns spätere Entwicklung vorausweisend sind die sehr schnellen Schlußsätze im 2/4- oder 3/8-Takt, witzige und temperamentsprühende Stücke, die oft schon echte kleine Sonatensätze mit thematisch gearbeiteter Durchführung sind. Das Vergnügen gerade an diesen Sätzen kann aber nicht darüber hinwegtäuschen, daß die Werke insgesamt recht unpersönlich und durchaus »vorklassisch« sind.

Spätere Klaviertrios (Hob. XV: 5–31)

Zwischen Haydns frühen und späten Klaviertrios liegen eine Pause von mindestens 10, vielleicht (bei der unsicheren Datierung der frühen Werke) bis zu 20 Jahren und die Entwicklung vom wenig persönlichen vorklassischen zum ausgeprägt individuellen klassischen Stil. Schon die Werke der frühen 1780er Jahre sind nach den Streichquartetten op. 33 entstanden. Dennoch heißen auch sie – in Haydns Briefen wie in den Ausgaben der Verleger – noch immer Sonaten für Klavier mit Begleitung, was den Tatsachen kaum noch gerecht wird. Der Dialog zwischen Violine und Klavier ist so durchgebildet wie in den (späteren) Klaviertrios Mozarts, auch wenn die technischen Ansprüche an den Geiger relativ bescheiden bleiben. Dagegen ist das Cello nach wie vor an den Klavierbaß gebunden (daß Violine

und Klavier den vollständigen, nicht mehr ergänzungsbedürftigen musikalischen Satz bilden, hat denn auch dazu geführt, daß das Trio XV:32 bis in jüngere Zeit für eine Violinsonate – die dann Haydns einzige wäre – gehalten wurde). Allerdings benutzt Haydn diese sekundäre Cellostimme dann doch – und höchst raffiniert – als klangliches Mittel (Oktavierung des Basses, Pausieren, kürzere oder länger durchgehaltene Töne) zur Setzung von Schwerpunkten, Verdeutlichung thematischer Ereignisse oder Akzentuierung von Kadenzen.
Die Trios der frühen 1780er Jahre (**Hob. XV:5-10**, 1784/85) unterscheiden sich von den späteren vor allem durch ihr Schwanken zwischen 2- und 3sätzigen Formen, die mit traditionellen Satzfolgen kaum in Verbindung zu stehen scheinen, so als gebe Haydn sich hier – nachdem Satzfolgen und -formen für das Streichquartett und die Sinfonie schon festgelegt waren – geradezu Mühe, feste und traditionelle Typen zu vermeiden. – Das **G-Dur-Trio XV:5** besteht aus einem großen, im Tonfall recht pathetischen Adagio (3/4), einem Sonatensatz (Allegro, C) und einem weiteren Allegro (3/4) im Tonfall eines Tempo di Minuetto, aber mit einem Mittelteil, der eine reich figurierte Variation des Hauptteils ist. – Das **F-Dur-Trio XV:6** verbindet einen sehr energischen und großangelegten Sonatensatz, der sich in der Durchführung durch intensive thematische Arbeit und Moll-Eintrübungen dramatisch steigert, mit einem Tempo di Minuetto mit f-Moll-Mittelteil. – Das **D-Dur-Trio XV:7** bringt 2 Andante-Sätze nacheinander: erst einen ziemlich neutralen Variationensatz, dann ein kurzes, aber intensives Siciliano in d-Moll, das attacca in das Finale, ein witziges Sonatensatz-Rondo (Allegro assai, 2/4), übergeht. – Das **B-Dur-Trio XV:8** ist wieder 2sätzig (ähnlich XV:6), doch ist der 1. Satz hier das – bei Haydn seltene – Beispiel eines formal und technisch perfekten, aber thematisch blassen, fast flachen Sonatensatzes; der 2. Satz, ein Tempo di Minuetto mit b-Moll-Mittelteil, hat erst in der stark erweiterten und chromatisierten Wiederholung des Hauptteils interessante Momente. – Das **A-Dur-Trio XV:9**, ebenfalls 2sätzig, beginnt mit einem schönen Adagio (3/4) mit ungewöhnlich selbständigem, gemeinsam mit der Violine dem Klavier entgegengestelltem Cello; der 2. Satz, ein Sonatensatz (Vivace, C), ist dann wieder relativ blaß. – Dagegen ist das ebenfalls 2sätzige **Es-Dur-Trio XV:10** neben XV:6 wohl das bedeutendste Werk der Gruppe, mit einem Sonatensatz (Allegro moderato, ¢), der schon nach 8 Takten mit intensiver

thematisch-kontrapunktischer Arbeit beginnt, dafür aber die Durchführung stärker klanglich-harmonisch als thematisch akzentuiert, und einem stürmischen Sonatensatz-Rondo (Presto, 6/8) mit einer sehr poetischen, im letzten Moment einen ganz neuen Gedanken einführenden Coda.

Die Reihe der großen, kammermusikalisch anspruchsvollen Klaviertrios beginnt aber erst mit den 3 Werken **Hob. XV:11–13**, die zwischen August 1788 und März 1789 für Artaria komponiert wurden, und zwar in enger Fühlungnahme mit dem Verleger. Zum erstenmal tritt hier mit e-Moll (XV:12) eine der entlegeneren Tonarten auf, die in den späteren Trios eine größere Rolle spielen sollten (fis-Moll, es-Moll). Daß die drei Werke aufeinander bezogen sind – ähnlich wie die 6 Werke eines Streichquartett-Opus – zeigt die planvolle Vielfalt ihrer Formen und Charaktere. – Das **Es-Dur-Trio XV:11** hat 2 Sätze: der 1. ist ein gesangliches, weitgehend vom Klavier beherrschtes Allegro moderato, der 2. ein sehr viel ernsteres, kontrapunktisch-chromatisch gewürztes Tempo di Minuetto, das in einem sehr spannenden und langen Schlußabschnitt gleichsam aufgelöst wird. – Das **e-Moll-Trio XV:12** ist 3sätzig, wieder mit einem Allegro moderato als Kopfsatz, das hier aber ein leidenschaftliches und düsteres Stück mit einer intensiven Durchführung und einer ganz veränderten, die Durchführungsarbeit erst zu ihrem Höhepunkt bringenden Reprise ist. Der Mittelsatz (Andante, E-Dur, 6/8) ist ein leicht elegisches, aber mehr elegantes als tiefes Siciliano, das Finale (2/4) ein fast orchestrales und wuchtig-dramatisches Stück, formal aber ein relativ einfaches Rondo. – Das **c-Moll-Trio XV:13** beginnt mit einem Variationen-Andante (2/4), dessen Teile abwechselnd in c-Moll und C-Dur stehen und das in Dur schließt; darauf folgt ein glänzend-konzerthaftes Allegro spiritoso (3/4) in C-Dur, ein Sonatensatz mit intensiver thematischer Arbeit in der stürmischen Durchführung und mit einer spannenden Coda.

Das **As-Dur-Trio XV:14** ist offenbar als Einzelwerk und vermutlich Anfang 1790 entstanden. Der 1. Satz (*Allegro moderato*, 2/4) ist ein formal und im Tonfall sehr merkwürdiger Sonatensatz: Die fast ganz auf harmonische und klangliche Wirkungen abgestellte Durchführung nimmt die gleichsam meditative Haltung mancher Durchführungen in den letzten Trios voraus; als ihr 2. Teil erscheint eine nur leicht veränderte Wiederholung des Satzanfangs in H-Dur. Dieses H-Dur schlägt die Brücke zum langsamen Satz (*Adagio*, ¾, E-Dur), einem sehr ernsten Stück in 3teiliger Liedform, dessen e-Moll-Mittelteil aber eine stark figurierte Variation des Hauptteils ist. Ein offener Schluß in Dis-Dur (Es-Dur) führt attacca zum Finale (*Vivace*, ²⁄₄), einem Sonatensatz-Rondo, das durch seinen direkten und robusten Ton für die nötige Entspannung nach den Extravaganzen der beiden ersten Sätze sorgt.

Etwas leichter wiegt das ebenfalls als Einzelwerk (wahrscheinlich Anfang 1794) entstandene **G-Dur-Trio XV:32**, das früher für eine Violinsonate gehalten wurde. Der 1. der beiden Sätze (*Andante*, ⁶⁄₈) verbindet, wie so oft in diesen späten Trios, 3sätzige Liedform und Variationenprinzip; besonders eindrucksvoll ist die g-Moll-Variation, die den kurzen, aber harmonisch intensiven Mittelteil bildet. Der 2. Satz (*Allegro*, C) ist ein schwungvoller, aber etwas vordergründiger Sonatensatz mit ungewöhnlich themenreicher Exposition und dafür um so kürzerer und einfacherer Durchführung.

Die 3 **Trios Hob. XV:15–17** hängen wieder enger zusammen, schon dadurch, daß sie als erstes Melodie-Instrument die Flöte (XV:17 Flöte oder Violine) fordern; mit der Wahl des Instruments mag es zusammenhängen, daß sie in Tonfall und Faktur etwas leichter als die vorangegangenen Werke sind. Entstanden sind sie 1789/90, XV:17 wahrscheinlich etwas früher als die beiden anderen; veröffentlicht wurden sie von Bland in London.
Das **G-Dur-Trio XV:15** beginnt mit einem ausgesprochen konzertanten und vergnügten *Sonatensatz* (C), der dann allerdings vorübergehend sehr chromatisch getrübt wird. Das *Andante* (⁶⁄₈, C-Dur) ist ein einfaches und liebliches Stück in 3teiliger Liedform mit c-Moll-Mittelteil und variierter Wiederholung des Hauptteils. Das Finale (*Allegro moderato*, ¢) ist der anspruchsvollste Satz des Werkes, ein gar nicht mehr konzertantes, thematisch dicht gearbeitetes und harmonisch reiches Sonatensatz-Rondo mit einem überraschend »offenen« Schluß.
Auch das **D-Dur-Trio XV:16** ist 3sätzig, setzt aber die Akzente ganz anders. Das 1. *Allegro* (C) ist ein behaglich breit und ganz ungetrübt beginnender Sonatensatz, der in der Durchführung chromatisch unruhig, in der Reprise aber, die fast eine 2. Durchführung ist, konflikthaft aufgewühlt wird: ein schönes Beispiel dafür, wie Haydn auch in Werken »mittlerer« Stilhöhe zuweilen geradezu radikale Experimente anstellt. Der Mittelsatz (*Andantino piuttosto allegretto*, ⁶⁄₈, d-Moll) ist ein relativ

einfacher, aber ernster und durch sein abgezirkelt-menuetthaftes Thema leicht archaisierend wirkender Liedsatz. Das Finale (*Vivace assai*, 2/4) ist ein ähnliches Experiment wie der Kopfsatz, nur im Ton freundlicher und dadurch als Finale tauglich: ein Rondo, in dem alle Episoden Variationen des Ritornells sind.
Das **F-Dur-Trio XV:17** umfaßt nur 2 Sätze. Der 1. Satz (*Allegro*, C) weist in seiner verschnörkelten Melodik auf die 1760er Jahre zurück, hat aber eine ganz »moderne« Durchführung, die fast ganz auf die Kombination und Verarbeitung zweier untergeordneter Motive der Exposition konzentriert ist. Der 2. Satz ist ein breit angelegtes *Tempo di Minuetto*, das durch einen durchführungsähnlichen Mittelteil und eine ebenfalls durchführungsähnliche Wiederholung des Hauptteils Züge eines Sonatensatzes hat, im Tonfall aber in den Grenzen des Satztypus Tempo di Minuetto bleibt.

Die 3 **Trios Hob. XV:18–20** entstanden spätestens gegen Ende 1794 und bilden eine geschlossene Werkgruppe; wie die Gruppen XV:24–26 und 27–29 wurden sie für den Verlag Longman & Broderip in London geschrieben. Mit ihnen beginnt die Reihe der Widmungen an klavierspielende Damen, hier an die Fürstin Marie Therese, die zweite Frau Paul Anton Eszterházys. Wie alle späteren Trios außer XV:31 sind sie 3sätzig; Haydn schließt sich damit – was die Form angeht – endgültig an Mozarts Klaviertrio-Typus an und nimmt von den vorklassischen 2sätzigen Formen Abschied. Zugleich wächst, obwohl sich die untergeordnete Rolle des Cellos nicht grundsätzlich ändert, der kammermusikalische Anspruch der Werke: sie sind den späten Quartetten in Substanz und Durcharbeitung ebenbürtig, dabei im Tonfall wesentlich intimer, oft versponnen-introvertiert. Die starke Betonung der klanglichen Möglichkeiten des Klaviers (Akkordspiel, Arpeggien, extreme Lagen) gibt ihnen ein unverwechselbares Kolorit, wie es weder bei Mozart noch beim frühen Beethoven zu finden ist.
Das **A-Dur-Trio XV:18** beginnt mit einem *Allegro moderato* (C), dessen Anfang – Kadenz in 3 Akkordschlägen, dann kantable Melodie – Haydn einige Jahre später im G-Dur-Streichquartett op. 76/1 wieder aufgegriffen hat. Die lange und gestaltenreiche Exposition ist sehr klangbetont, vor allem im Klaviersatz, wodurch streckenweise eine fantasie-ähnliche Wirkung entsteht; in der Durchführung werden diese Fantasie-Elemente

aber in strenge thematische Arbeit eingebunden. Das *Andante* (a-Moll, Mittelteil A-Dur, 6/8) ist ein einfacher und graziöser Liedsatz mit stark ornamentierter Wiederholung des Hauptteils, die attacca in das Finale (*Allegro*, 3/4) leitet. Dieses Finale ist, ähnlich wie im F-Dur-Trio XV:17, eine Mischung aus 3teiligem Tanzsatz und Sonatensatz, hier aber nicht ein sanftes Tempo di Minuetto, sondern eine schwungvolle Polacca.

Das **g-Moll-Trio XV:19** beginnt mit einem Variationensatz (*Andante*, 2/4), der trotz zweier Dur-Variationen zunächst melancholisch bleibt, dann aber mit einer Presto-Variation (G-Dur, 6/8) überraschend energisch schließt. Der langsame Satz (*Adagio ma non troppo*, Es-Dur, 3/4), ein wunderbar fließendes, sanft chromatisches Stück, ist ganz auf Klangfarben und Ornamentik im Klavier gestimmt. Das Finale (*Presto*, 6/8) ist ein Sonatensatz mit einer knappen, aber konzentrierten und ziemlich stürmischen Durchführung; die Reprise setzt in G-Dur ein, das dann bis zum Schluß herrscht und das hier schon sehr deutlich die im 19. Jh. so beliebt werdende »befreiende« Wirkung hat.

Das **B-Dur-Trio XV:20** ist das anspruchsvollste der 3 Werke. Der Kopfsatz (*Allegro*, C) beginnt mit einer Exposition voller kontrastierender Motive, heftiger und pathetischer Gesten, verminderter Septakkorde und Molltrübungen. Die Durchführung steigert die Unruhe zu einer bei Haydn äußerst ungewöhnlichen Dramatik und chromatischen Erregtheit; die Reprise wirkt danach als Entspannung. Der langsame Satz (*Andante cantabile*, G-Dur, 2/4) ist einer der großen Variationensätze Haydns, in denen das Thema sehr frei, aber über gleichbleibendem Baß variiert wird, also nach Art einer Chaconne. Das Finale (*Allegro*, 3/4) ist einer jener »synthetischen«, d. h. aus verschiedenen Traditionen zusammengefügten Sätze, die der späte Haydn so liebte: ein Rondo im Tonfall eines Tempo di Minuetto, angereichert mit thematischer Arbeit und zusätzlich angereichert durch ein (ausdrücklich so bezeichnetes) »Solo« der Violine in b-Moll.

Auch die 3 nächsten **Trios Hob. XV:21–23** bilden eine Gruppe; entstanden sind sie wahrscheinlich Anfang 1795 und gewidmet Maria Josepha Hermenegild, der Gattin Nikolaus' II. Eszterházy, für deren Namenstag Haydn seine großen Messen schrieb. Veröffentlicht wurden sie von Haydns drittem Londoner Verleger, John Preston.

Das **C-Dur-Trio XV:21** beginnt mit einem *Adagio pastorale* (6/8), das schon nach 6 Takten in ein *Vivace assai* umschlägt, einen großen Sonatensatz, der den »pastoralen« Charakter über die teilweise stürmische Durchführung und einige überraschende Eintrübungen in der Reprise hinweg festhält. Der 2. Satz (*Andante molto*, G-Dur, C), aufgebaut auf einer der zugleich liedhaft-einfachen und feierlichen Melodien Haydns, die »den Schein des Bekannten« evozieren (Heinrich Christoph Koch), verbindet Variationensatz und 3teilige Liedform. Das Finale (*Presto,* 2/4), wieder ein Sonatensatz, steigert den Ton des 1. Satzes zu einem wilden Tanz all'ongarese, sehr viel wilder und ungebärdiger als das berühmte Finale des G-Dur-Trios XV:25.

Das **Es-Dur-Trio XV:22** beginnt mit einem *Allegro-moderato*-Sonatensatz (2/4), der nicht nur in der Bewegungsart, sondern auch motivisch und vor allem in der Betonung klanglicher und harmonischer Wirkungen stark an den Kopfsatz des F-Dur-Trios XV:17 erinnert, im Detail aber ungleich feiner durchgearbeitet ist. Den Schwerpunkt des Werkes bildet aber der langsame Satz (*Poco adagio*, G-Dur, C), ein träumerisch-melancholisches, von sanfter 12/8-Bewegung getragenes Klavierstück, zu dem die beiden Streicher nur klangliche Tutti-Akzente beitragen – ein Satz von fast schon romantischer Stimmung. Das Finale (*Allegro*, 3/4) ist ein formal besonders kompliziertes und kunstvolles Sonatensatz-Rondo, das vor allem in den Durchführungsteilen wie der 1. Satz mit klanglichen und harmonischen Wirkungen operiert, im Tonfall einer Polacca nahe.

Das **d-Moll-Trio XV:23** steht eigentlich in D-Dur, beginnt aber mit einem Variationensatz (*Andante molto*, 2/4) besonderer Art: Doppelvariation über ein d-Moll- und ein D-Dur-Thema; die letzte Dur-Variation ist zu einer prächtig-konzertanten Coda ausgebaut. Der langsame Satz (*Adagio ma non troppo*, B-Dur, 3/4) hat ebenfalls eine eigene Formidee: Er beginnt mit einer stark verschnörkelten Melodie im Klavier, die von der Violine zu einer großen, feierlichen Kantilene vereinfacht wird; aus diesem vermittelten Kontrast entwickelt sich dann der ganze Satz. Das Finale (*Vivace*, 3/4) steht von Anfang an in D-Dur, ist aber alles andere als ein fröhlicher Kehraus, vielmehr ein dramatischer Sonatensatz, in dem sich kontrapunktische Energie, dichte thematische Arbeit und fast orchestrale Klangfülle großartig verbinden.

Die 3 **Trios Hob. XV:24–26**, die wahrscheinlich nur wenig später als die 3 vorigen entstanden und Haydns Londoner Schülerin

Madame Schroeter (Witwe des königlichen Musikmeisters Johann Samuel Schroeter) gewidmet wurden, gehören nicht nur durch ihre Tonarten – D-Dur, G-Dur, fis-Moll – relativ eng zusammen, sondern auch dadurch, daß sie gleichsam exemplarisch 3 ganz verschiedene Möglichkeiten der Dreisätzigkeit und innerhalb dieser Formen den größtmöglichen Reichtum an Satzformen vorführen.

Das **D-Dur-Trio XV:24** ist das originellste der drei. Es beginnt mit einem Aufmerksamkeit heischenden Akkordschlag (wie das etwa 2 Jahre ältere Es-Dur-Streichquartett op. 71/3), auf den ein ruhig-kantabel sich ausbreitendes Thema folgt; aus dem Kopfmotiv dieses Themas – 2 Takten – wird praktisch der ganze Satz (*Allegro*, C) entwickelt – ein großer, kontrastreicher Satz und ein Triumph der thematischen Arbeit, wie er selbst bei Haydn nicht häufig ist. Der langsame Satz (*Andante*, d-Moll, 6/8), in freier Dreiteiligkeit, ist nur ein attacca zum Finale überleitendes Intermezzo; dieses Finale mit der ungewöhnlichen und suggestiven Tempobezeichnung *Allegro ma dolce* (3/4) ist dann, abweichend von allen normalen Finale-Typen Haydns, ein formal ganz einfacher 3teiliger Satz mit Minore-Mittelteil, aber entsprechend dem »ma dolce« ohne Tanz-Charakter, sanft fließend in weitgehend kontrapunktischem 3stimmigem Satz, der Minore-Teil aber nichts anderes als eine Variation des Hauptteils, die mit ebenso einfachen wie subtilen Mitteln den Charakter des Satzes völlig umgekehrt – eine Tour de force, durch die die Beziehung zum »mono-motivischen« 1. Satz hergestellt wird.

Das **G-Dur-Trio XV:25** ist das berühmte **Trio all'Ongarese**, im Gegensatz zum D-Dur-Werk ein einfaches, freundliches, im Finale ausgelassenes Stück, das seine Popularität wohl ebensosehr seiner Eingängigkeit wie dem »exotischen« Ton des Finales verdankt. Der 1. Satz ist ein Variationen-*Andante* (2/4), diesmal über ein einziges, aber deutlich 2teiliges Thema, das zuerst in g-Moll, dann in sich steigernder Bewegung in Dur in figuralen Variationen (nicht Charakter-Variationen) durchgespielt wird. Der langsame Satz (*Poco adagio, cantabile*, E-Dur, 3/4) ist ein feierlicher 3teiliger Liedsatz; bei der Wiederkehr des Themas spielt Haydn einen instrumentatorischen Effekt aus, den er in den späten Trios häufiger verwendet: die Verdoppelung (Oktavierung) der Melodie in Violine und Klavier. Das Finale (*Rondo all'ongarese, Presto*, 2/4) ist dann ein natürlich nicht im Sinne Bartóks »ungarisches«, sondern zigeunerisches Rondo

von der Art, wie noch Brahms (der dieses Trio kannte) sie geliebt hat.
Das **fis-Moll-Trio XV:26** beginnt mit einem breit angelegten, schon in der Exposition große Klangflächen aufbauenden Sonatensatz (*Allegro*, C); wie in der Exposition, so beruht auch in der Durchführung die Hauptentwicklung auf rhythmisierten Klangflächen, auf dem Höhepunkt über einem verminderten Septakkord. Der langsame Satz (*Adagio cantabile*, Fis-Dur, 3/4) erscheint in der B-Dur-Sinfonie I:102 (1794) wieder. Das Finale ist ein *Tempo di Minuetto*, das ganz von der fallenden Sept des 1. Themataktes beherrscht wird; der Mittelteil (Fis-Dur) ist durchführungsartig aus den punktierten Rhythmen des 2. Taktes entwickelt, und an die Wiederholung des Hauptteils ist – ungewöhnlich bei Haydn – eine ausdrücklich so bezeichnete Coda angefügt, in der das Septfallmotiv noch einmal breit ausgespielt wird.

Die 3 **Trios Hob. XV:27–29** wurden, wie die meisten vorangegangenen, von Longman & Broderip in London veröffentlicht (1797). Gewidmet sind sie Therese Jansen (für die auch die 3 letzten Klaviersonaten geschrieben wurden), die 1795 in die mit Haydn befreundete Familie Bartolozzi eingeheiratet hatte. Nach dem Anspruch des Klavierparts (vor allem im ersten Trio) zu schließen, muß Therese Jansen eine mindestens so gute Pianistin wie die Widmungsträgerin der vorangegangenen Werkgruppe gewesen sein; besonders im Oktavenspiel und in schnellen Figurationen, aber auch im Cantabile wird Erhebliches verlangt, und insgesamt dominiert das Klavier deutlicher als in den früheren Werken.
Das **C-Dur-Trio XV:27** beginnt mit einem großen Sonatensatz (*Allegro*, C), der schon in den ersten Takten einen außerordentlichen (und für C-Dur ganz untypischen) Reichtum von eleganter Figuration, chromatisch-affektvoller Cantabile-Melodik und Vorhaltsdissonanzen entwickelt und der fast die ganze, sehr ernste und kontrapunktisch dichte Durchführung mit diesen Elementen des 1. Themas bestreitet. Der *2. Satz* (A-Dur, 6/8) beginnt idyllisch, hat aber einen höchst dramatischen a-Moll-Mittelteil; die Wiederholung des ersten Teils ist stark verkürzt und mündet in eine freie Klavierkadenz. Das Finale (*Presto*, 2/4), ein Sonatensatz-Rondo, ist von allen Klaviertrio-Finali dasjenige, das dem Typus des witzigen und temperamentvollen Presto-Finales der Streichquartette am nächsten steht und das, wie

dort, ein wahres Feuerwerk von thematischer Arbeit explodieren läßt, sobald das 1. Thema – erst im Klavier, dann in der Violine – vorgestellt worden ist.
Das **E-Dur-Trio XV:28** beginnt mit einem langsamen *Allegro* (C), dessen Anfang den Cantabile-Stil dieser späten Werke und zugleich Haydns – bei den engen Grenzen der gegebenen Besetzung doppelt erstaunliche – koloristische Klangphantasie besonders schön zeigt. Das Thema fungiert, wie in diesen spä-

Allegro moderato

ten Trios so oft, auch als Seitensatz auf der Dominante; ein drittes Mal erscheint es in der Durchführung, jetzt in As-Dur in gänzlich veränderter »Beleuchtung«, und mit dieser Betonung und Behandlung des Themas korrespondiert, daß die Durchführung insgesamt kaum auf thematische Arbeit und fast ganz auf harmonisch-klangliche Ereignisse abgestimmt ist. Diesem wunderbaren Stück, das die Feinheit und Intimität eines langsamen mit dem thematischen und klanglichen Gewicht eines schnellen Satzes verbindet, folgt ein sehr merkwürdiger langsamer Satz: ein *Allegretto* (e-Moll, 3/4), das mit einem konturlos gleitenden Unisono beginnt, dann ein langes Klaviersolo einschiebt, danach – in einer 2. »Variation« – die Melodie weiterführt und die Achtel-Bewegung in den Streichern und dem ausgeterzten Baß zu 4stimmiger Akkordik (Klavierbaß und Cello in Oktaven) verdichtet, schließlich die Melodie in den Baß und am Ende noch einmal in den akkordisch begleiteten Klavierdiskant legt – das Ganze ein »Nachtstück« von einzigartiger Wirkung. Das Finale (*Allegro*, 3/4) ist ein monothematischer und ganz dicht gearbeiteter, wie atemlos wirkender Satz aus 3 Teilen, die in sich ebenfalls 3teilig sind, der Mittelteil ein düsteres e-Moll-»Trio«.

Das **Es-Dur-Trio XV:29** beginnt wieder – wie auch in den vorangegangenen Gruppen je ein Werk – mit einem Variationensatz (*Poco allegretto*, 2/4), der aber hier zugleich eine Art Rondo ist und auf die Technik der Doppelvariation anspielt: Am Schluß der 1. Variation wird das Thema fast unverändert wiederholt, die 2. Variation ist ein todtrauriges Minore (es-Moll!), die 3. ist eine Wiederholung des Themas, im 2. Teil mit leichten Veränderungen, die 4. Variation ist nicht eine Variation des Themas, sondern der 1. Variation, und die 5. und letzte, die sehr frei ist, mündet wieder in das Thema, das sich aber nach den ersten 8 Takten in kaskadenartige Läufe im Klavier und in der Violine buchstäblich auflöst. Diesem außerordentlichen Satz folgt ein *Andante ed innocentemente* (H-Dur, 6/8), das über eine Es-Dur-Episode attacca ins Finale führt, ein *Presto assai* (3/4), das merkwürdigerweise als *Allemande* bezeichnet ist, in Wahrheit aber die Tonfälle eines (außerordentlich Beethovenschen) Scherzos mit der Form und der thematischen Arbeit eines großen Sonatensatzes verbindet.

Das **Es-Dur-Trio XV:30** ist Haydns letztes Klaviertrio und als solches auch, einzeln, von Artaria in Wien 1797 veröffentlicht worden. Es beginnt mit einem gelösten, fast lyrischen Sonatensatz (*Allegro moderato*, C), in dem eine verschwenderische Fülle von Themen mit fast Mozartscher Unbekümmertheit ausgebreitet wird und in dem auch die knappe Durchführung nicht thematisch arbeitet, sondern die beiden ersten Themen des Satzes neu beleuchtet und weiterspinnt. Der langsame Satz ist wie im vorangehenden Werk ein Intermezzo (*Andante con moto*, C-Dur, 3/8), das – hier aber erst nach einer langen und harmonisch-klanglich farbenreichen Entwicklung – attacca in ein Finale (*Presto*, 3/4) leitet, das eine noch phantasievoller ausgearbeitete Replik des Finales ebenjenes Werkes ist (die Tonarten-Gleichheit beider Stücke dürfte für diese enge Verwandtschaft mitverantwortlich gewesen sein).

Etwas älter als das letzte Es-Dur-Trio, nämlich 1795 entstanden, ist das 2sätzige **es-Moll/Es-Dur-Werk XV:31**. Allerdings wurde es erst 1803 in Wien gedruckt, und obwohl dieser Druck schon vorlag, schickte Haydn es, auf Wunsch des Fürsten Esterházy, im selben Jahr als Violinsonate an die Frau des Generals Moreau nach Paris, die um eine solche Sonate gebeten hatte. Es beginnt mit einem großen es-Moll-Variationensatz (*Andante cantabile*, 2/4), in dessen Mitte das Thema unverändert wiederholt wird (also eine ähnliche Anlage wie im Kopfsatz des Es-Dur-Trios XV:29); in schroffem Kontrast zu diesem sehr ernsten Stück folgt ein entspannter und spielfreudiger Es-Dur-Satz (3/4), der Züge eines Sonatensatzes und eines Rondos hat, ohne wirklich das eine oder andere zu sein.

Kammermusik ohne Klavier

Barytontrios (*Divertimenti*, Hob. XI:1–126)

Haydn hat, neben einer kleineren Zahl von Werken für Baryton und verschiedene Instrumente, vor allem 126 Barytontrios (Baryton, Bratsche und Cello) geschrieben, alle für seinen Dienstherrn Nikolaus Eszterházy, der ein begeisterter Barytonspieler war. Das Baryton, das sich im späten 18. Jh. vor allem im süddeutsch-österreichischen Raum einer gewissen Beliebtheit erfreute, war ein gambenähnliches Instrument, etwa in der Größe einer Baßgambe, mit 6 Saiten, meistens in der Stimmung D G c e a d^1, und dazu etwa 20 zwischen Korpus und Steg und Griffbrett gespannten Resonanzsaiten, die gezupft werden

konnten, vor allem aber beim Spiel mitschwangen und damit dem Instrument seine eigenartige Klangfarbe gaben. Ein Instrument aus dem Besitz Nikolaus Eszterházys befindet sich im Ungarischen Nationalmuseum Budapest.
Haydns Barytontrios sind zwischen etwa 1766 und 1778 entstanden; neben den Sinfonien und den Streichquartetten (op. 9, 17, 20) jener Jahre bilden sie die wichtigste, zahlenmäßig noch vor jenen die größte Gruppe von Instrumentalwerken dieser Zeit. Natürlich fehlt ihnen die experimentelle Haltung der großen Werke, etwa der Moll-Sinfonien und der Quartette op. 20; sie sind in erster Linie Gesellschaftsmusik, und sie nehmen auch Rücksicht auf Fürst Nikolaus' spieltechnisches Können und auf die besonderen Möglichkeiten seines Lieblingsinstruments. Aus beiden Rücksichten erklärt sich, daß fast alle Werke in D-Dur (2 leere Saiten), G-Dur oder A-Dur (je eine leere Saite) stehen, für den Komponisten natürlich eine gravierende Einschränkung. Bedenkt man, einen wie engen Rahmen diese Bedingungen setzen, dann ist es allerdings um so erstaunlicher, wie sich Haydns Phantasie noch in dieser Beschränkung entfaltet, zugleich die Grenzen zur Sinfonie und zum Streichquartett nie überschreitend und den gesellschaftlichen Ton, den »bon goût«, nie verletzend.
Die meisten der Werke sind 3sätzig, wobei 2 Normalformen dominieren: Thema und Variationen (meist Andante oder Adagio) oder ein langsamer Satz in Suitensatzform – Menuett – schnelles Finale oder Moderato – Menuett – schnelles Finale; es fehlen also (mit ganz wenigen Ausnahmen) die eigentlichen langsamen Sätze, die in Sinfonie und Streichquartett um 1770 zum emotionalen Zentrum eines Werkes werden, und es fehlen dementsprechend, auch in den anderen Sätzen, die starken und vor allem die dunklen, emotionalen oder affektiven Töne. Die Moderato-Sätze zeigen die typische ornamental-kantable Melodik des »singenden Allegros« der 1760er Jahre und die ebenso typische Formanlage zwischen 2teiligem Suiten- und 3teiligem Sonatensatz: deutliche Dreiteiligkeit, aber so, daß die »Durchführung« eine freie, durch melodische Fortspinnung und lebhaftere Modulation, nicht durch thematische Arbeit akzentuierte Wiederholung der Exposition, die Reprise eine weitere und genauso organisierte »Variation« der Exposition ist. Bezeichnenderweise halten auch die Trios, die gleichzeitig mit oder sogar nach den Streichquartetten op. 20 geschrieben sind, an dieser Anlage des Moderato-Kopfsatzes fest – der Unterschied

der Gattungen, ihres Gewichts und ihrer entwicklungsgeschichtlichen Bedeutung und die Bewußtheit, mit der Haydn die Gattungen unterschied, werden hierin besonders deutlich. Die Menuette sind, im Gegensatz etwa zu den großen Tempo-di-Minuetto-Sätzen der frühen und mittleren Klaviertrios, relativ kurze und satztechnisch einfache Stücke mit deutlichem Tanz-Charakter; die Trios stehen oft in Moll und prägen dann auch meistens die entsprechenden traurigen oder düsteren Affekte sehr deutlich aus – traditionelle Kontrastform (Menuett/Trio) und moderner Affektkontrast verstärken einander wechselseitig. Die Presto-Finali sind – wiederum auch in den späteren Trios – oft noch ganz suitenhafte Sätze, einfache Rondos oder 3teilige Stücke (A B A); daneben finden sich natürlich auch die typischen Presto-Sätze der 1760er Jahre im 2/4- oder 6/8-Takt, kleine Sonatensätze mit winziger, aber schon ganz witzig thematisch arbeitender Durchführung. In ganz wenigen Werken, wohl aus dem zeitlichen Umkreis der Quartette op. 20, ist das Finale eine Fuge (Hob. XI:97, 101, 114), aber wieder ist es bezeichnend, daß diese Fugen sehr viel konventioneller als diejenigen in op. 20 sind.

Divertimenti für verschiedene Besetzungen

Aus den Jahren, in denen Haydn den offenbar unersättlichen Appetit seines Dienstherrn auf Barytonmusik zu bedienen hatte, stammt eine Reihe von Werken für 1 oder 2 Barytons mit Cello oder Baß, mit 2 Hörnern, Bratsche und Baß oder mit 2 Hörnern, 2 Violinen, Bratsche, Cello und Violone – letztere zwar Kammermusik im Sinne des 18. Jh., aber kaum in unserem Sinne. Die meisten dieser Werke sind verschollen und nur durch entsprechende Eintragungen in Haydns um 1765 begonnenem autographem Werkverzeichnis, dem sogenannten Entwurfkatalog, bezeugt; was – in Bearbeitungen für andere Besetzungen – erhalten ist, steht im musikalischen Anspruch hinter den Barytontrios deutlich zurück.

Gewichtiger sind die 6 Duos für Violine und Viola (genauer: Violinsoli »mit Begleitung einer Viola«), die spätestens 1777 entstanden sind (**Hob. VI:1–6**). Tonarten und Satzfolgen deuten darauf hin, daß die Stücke als Werkgruppe geplant wurden: Sie stehen in F, A, B, D, Es und C und sind 3sätzig, meist in der Satzfolge Moderato (oder Allegro moderato) – Adagio – Tempo di Minuetto, und die Tonarten der langsamen Sätze und der Menuett-Trios sind in allen Werken gleich: die Subdominante in den Trios in B und Es, die gleichnamige Moll-Tonart in den übrigen. Der langsame Satz – mit beseelt »singender« Violine – im Zentrum der 3sätzigen Anlage gibt den Werken ein größeres affektives Gewicht, als es viele der Barytontrios ohne langsamen Satz haben; andererseits sind sie schon durch die Besetzung und durch die ungleiche Behandlung der beiden Instrumente (auch wenn die Rolle der Bratsche über bloße Begleitung hinausgeht) satztechnisch sehr eingeschränkt. Sehr deutlich zeigt sich hier, daß Haydn zur Entfaltung seiner spezifischen Musiksprache mehr als 2 »Stimmen« braucht – im Gegensatz zu dem als Melodiker überlegenen Mozart, und mit dessen Streicherduos KV 423 und 424 sind Haydns harmlos-unterhaltende kleine Werke denn auch nicht zu vergleichen.

Eine größere Gruppe bilden die Streichtrios (**Hob. V:1–21**), fast alle für 2 Violinen und Cello, die wahrscheinlich aus der 1. Hälfte der 1760er Jahre stammen und neben den insgesamt wohl etwas jüngeren Barytontrios die größte Gruppe von Kammermusikwerken zwischen den frühesten Streichquartetten (Divertimenti a quattro) und den Quartetten op. 9 bilden. Wiederum ist es bezeichnend, daß die Werke, wenn auch nicht ganz so weit wie die Duos, in der satztechnischen Durcharbeitung hinter den frühen Quartett-Divertimenti zurückbleiben, andererseits aber das Satzmodell der Triosonate mit 2 gleichberechtigten Oberstimmen hinter sich lassen: Während sich Haydn auf dem neuen, von ihm »entdeckten« Terrain des 4stimmig-solistischen Satzes von Anfang an mit größter Sicherheit bewegt, scheint er für den Triosatz ohne Generalbaß noch keine verbindliche Formulierung zu finden. Sicherlich ist es kein Zufall, daß er nach den Quartetten op.9, die er später als seine ersten eigentlichen Streichquartette betrachtete, keine Streichtrios mehr geschrieben hat.

Die Werke scheinen nicht in Gruppen zu 3 oder 6 komponiert zu sein und sind so auch nicht veröffentlicht worden. Sie sind meist 3sätzig, ohne daß eine bestimmte Satzfolge bevorzugt würde (in deutlichem Gegensatz zu den Barytontrios und den Violinduos, von den Quartetten ganz zu schweigen): Adagio – Allegro – Tempo di Minuetto, Allegro – Adagio – Presto, Adagio – Menuett – Presto, Allegro – Menuett – Presto, Allegro moderato – Menuett – Andante con variazioni; daneben auch einige

2sätzige Stücke. Die langsamen Sätze sind teils kantable Suitensätze, teils Variationensätze, und zwar unabhängig von ihrer Stellung in der Satzfolge; die Moderato- und Allegro-Sätze sind 2- oder 3teilige Suitensätze wie in den Barytontrios, und ebenfalls wie dort sind die Presto-Finali in der Regel die modernsten Stücke. Auffallend ist, wiederum wie dort und im Gegensatz zu den Violinduos, die Seltenheit von Satzfolgen mit einem langsamen Satz in der Mitte; die Divertimento-Haltung, die sich auch in den teilweise winzigen Dimensionen der Sätze zeigt, wird dadurch noch verstärkt. Der Satz ist generell sehr einfach: Die erste Violine führt, die zweite mischt sich gelegentlich konzertierend ein, und das Cello hält sich bescheiden zurück. Der Ton einer nicht anspruchslosen, aber problemlosen Konversation dominiert.

Nicht allzu viele Divertimenti in größerer Streicher- oder gemischter Streicher-Bläser-Besetzung sind überliefert, die nach heutigem Verständnis zur Kammermusik zu zählen wären. Die Cassationen und Scherzandi der frühen 1760er Jahre mit Hörnern (z. B. **Hob. II:33–38**) oder mit Kontrabaß (**Hob. II:1** und **11**) sind eher Freiluft- als Kammermusik; erst recht gilt das für die reinen Bläserbesetzungen der »Parthien« oder »Feld-Parthien«.

Was übrigbleibt, sind Gelegenheitswerke wie das **Divertimento** (nicht Streichquintett) **G-Dur** (Hob. II:2) oder das **Echo für 2 Streichtrios B-Dur** (Hob. II:39, Echtheit nicht gesichert). Das Quintett-Divertimento ist vielleicht eines der ältesten überlieferten Werke Haydns und wäre dann noch vor den ersten Quartett-Divertimenti entstanden, mit denen es die sehr kurzen Sätze, aber auch schon die Munterkeit und den verspielten Witz der Presto-Sätze gemeinsam hat. Seine Sechssätzigkeit läßt sich zur Fünfsätzigkeit der Quartett-Divertimenti reduzieren, wenn man den 2. Satz ausläßt: Presto – Allegro moderato – Menuett (Trio in g-Moll) – Adagio (C-Dur) – Menuett (Trio wieder in g) – Presto. Trotz seiner reinen Streicherbesetzung scheint es nicht für die Kammer, sondern als Freiluftmusik gedacht zu sein; im Entwurfkatalog ist vermerkt »für das Gassatim gehen« (was auch bedeutet: Kontrabaß oder Kontrabaß und Cello für die Basso-Stimme). – Das Divertimento für 2 Streichtrios gehört zur Gattung der Echo-Späße, deren bekanntester Vertreter Mozarts Serenade für 4 Orchester KV 286 ist; je nach der Gelegenheit dürfte es solistisch (mit Cello als Fundamentstimme jedes Trios) oder chorisch (mit Kontrabaß) zu besetzen, Musik für die Kammer oder Freiluftmusik für einen warmen Sommerabend sein. Ungewöhnlich ist seine Fünfsätzigkeit mit 2 langsamen Sätzen: Adagio – Allegro – Menuett – Adagio (B-Dur) – Presto.

Ein ganz kleines, aber durch seine Besetzung besonders reizvolles Gelegenheitswerk ist das 1767 datierte **Divertimento Es-Dur für Corno da caccia, Violine und Cello** (Hob. IV:5), das wohl für eine Tafelmusik oder Abendunterhaltung mit dem ersten Hornisten der Hofkapelle des Fürsten Eszterházy, Karl Franz, geschrieben wurde.

Schließlich gibt es aus Haydns späteren Jahren 2 kleine Werkgruppen, die indirekt zeigen, wie sehr Haydns Phantasie jetzt von anderen Gattungen okkupiert war: Die 6 **Divertimenti für Flöte** (Violine), **Violine und Cello** (Hob. IV:6–11) sind weitgehend Arrangements einzelner Sätze aus verschiedenen älteren Werken und von Haydn 1784 für den Londoner Verleger Forster zusammengestellt; die 4 in London 1794 komponierten **Trios für 2 Flöten und Cello** (Hob. IV:1–4) sind offenbar nicht fertig geworden, jedenfalls nicht in einer definitiven Gestalt überliefert (IV:2 in G-Dur besteht nur aus einem Variationensatz, Andante, dessen letzte Variation, Allegro, einen quasi selbständigen Abschnitt bildet; IV:4 ist nur ein Allegro-Sonatensatz). Um diese Zeit gab es für Haydn nicht nur in der Kammermusik, sondern in der Instrumentalmusik überhaupt nur noch 3 Gattungen, die ernsthaft zählten: Sinfonie, Klaviertrio und Streichquartett.

Streichquartette

Obwohl zwischen Haydns frühen Quartett-Divertimenti und den Streichquartetten ab op. 9 eine personalstilistische Entwicklung liegt, die – wenn man die Gattung isoliert betrachtet – als Sprung erscheint, und obwohl Haydn selbst seine Streichquartette erst ab op. 9 zählen wollte, ist es üblich geworden, auch die frühen Werke als Quartette zu betrachten und der Gattungsgeschichte des Streichquartetts zuzurechnen. Der äußere Grund dafür ist, daß Haydns Schüler Ignaz Pleyel sie 1802 in seine Gesamtausgabe der Quartette aufnahm. Der entscheidende innere Grund ist, daß die Werke – bei aller Bescheidenheit der geistigen und technischen Ansprüche und der Dimensionen – die wichtigsten Prinzipien des Haydnschen

Quartettsatzes, der das Modell des klassischen und romantischen Quartettsatzes werden sollte, schon deutlich ausprägen: die Entwicklung musikalischer Zusammenhänge und Formen durch die thematische Arbeit im geistreich-witzigen und beseelten »Gespräch« der 4 Instrumente im 4stimmigen Satz.
Haydns frühe Divertimenti a quattro sind wahrscheinlich in der 2. Hälfte oder gegen Ende der 1750er Jahre entstanden, und zwar, wie relativ glaubwürdig überliefert ist, aus einem zufälligen Anlaß, den musikalischen Unterhaltungen des Karl Joseph Edler von Fürnberg in dessen Sommersitz Weinzierl (bei Ybbs). Haydn scheint hier zum ersten Mal erprobt zu haben, was zu einem charakteristischen Muster seiner ganzen künstlerischen Entwicklung werden sollte: den zufälligen Anlaß zu ergreifen und systematisch zu erkunden, was aus ihm – hier also: aus der gegebenen Besetzung und dem Zweck, musikalische Unterhaltung für musikalisch Gebildete zu bieten – kompositorisch zu machen sei. Die Werke, die er für Fürnberg oder nach dem Muster dieser ersten Stücke für andere Gelegenheiten schrieb, scheinen sehr schnell populär geworden zu sein; 1764–66 veröffentlichten die Verleger Chevardière in Paris (**»op. 1«**) und Hummel in Amsterdam (**»op. 2«**) 2 Serien von je 6 Quartetten, von denen sie allerdings einige – um die übliche Zahl von Werken für ein Opus zu erreichen – durch Reduktion der originalen Besetzung gewissermaßen selbst herstellten (im Verlagsgeschäft der Zeit eine durchaus übliche Praxis): op. 1/5 ist eine Sinfonie mit 2 Hörnern und 2 Oboen, op. 2/3 und 2/5 sind Divertimenti a sei mit 2 Hörnern. Alle 3 Werke unterscheiden sich auch im Tonfall und in der Satzstruktur, die Sinfonie op. 1/5 auch in ihrer Dreisätzigkeit deutlich von den echten Divertimenti a quattro. Zu diesen echten Stücken kommt ein einzeln überliefertes Quartett-Divertimento (Hob. II:6) hinzu, das gelegentlich als **»op. 1/0«** bezeichnet wird. Insgesamt haben wir also 10 Werke, die in diesen Zusammenhang gehören (**Hob. III:1–4** und **6**, **II:6**, **III:7, 8, 10** und **12**).
Auffallendstes Merkmal der Werke ist ihre symmetrische Fünfsätzigkeit, die sich zwar auch in anders besetzten Stücken dieser Zeit (z. B. den beiden in op. 2 eingeschmuggelten Divertimenti a sei) findet, die aber nirgends so konsequent durchgehalten und zugleich ausdifferenziert, eben in ihren Möglichkeiten gleichsam systematisch erforscht wird. Je 2 schnelle bis sehr schnelle Sätze umrahmen 2 Menuette, zwischen denen ein langsamer Satz (immer ein Adagio) steht. Dieser langsame Satz ist

stets das Affektzentrum des Werkes; die ihn umschließenden Satzpaare werden – mit ganz einfachen Mitteln – voneinander abgehoben, so daß niemals der Eindruck einer Wiederholung entsteht. Die Kopfsätze und meist auch die Schlußsätze sind kleine Sonatensätze, aber die Finali sind durch noch lebhaftere Bewegung, witzige Überraschungseffekte und gesteigertes Spiel mit unregelmäßigen Periodenbildungen herausgehoben; in einigen Werken ist das Verhältnis zwischen Kopf- und Schlußsatz sogar so reguliert, daß nur in einem von beiden Sätzen mit 3- oder 5taktigen Perioden gespielt wird (op. 1/1, 1/2). Die Menuette sind kaum noch Tanzmenuette, sondern empfindsam-galante Sätze von teilweise beträchtlichem Umfang und mit affektstarken, meist in der gleichnamigen Moll-Tonart stehenden Trios; auch hier ist das Spiel mit der (im Menuett natürlich besonders starken) Hör-Erwartung auf 4- und 8taktige Perioden ausgeprägt, aber zugleich sind die Sätze so subtil und erfindungsreich variiert, daß in jedem nicht nur die Menuette, sondern auch die Trios und damit die Beziehung Menuett–Trio deutlich unterschieden sind.

Daß die beiden Opera 1 und 2 vielleicht nicht von Haydn, wohl aber von seinen Verlegern als Werkgruppen »komponiert« wurden, zeigen die Ordnung der Tonarten und die Aufnahme je eines von der normalen Satzfolge abweichenden Werkes. Die 5 »echten« Quartett-Divertimenti des **op. 1** stehen in B, Es, D, G und C (das einzeln überlieferte Es-Dur-Werk »op. 1/0« fällt also auch tonartlich aus dem Rahmen), die des **op. 2** in A und E, F und B. Je ein Werk in jedem Opus (op. 1/3 und 2/6) ist 5sätzig wie die anderen, beginnt aber mit einem Adagio (in op. 1/3 ein feierlicher Triosonatensatz in 3teiliger Liedform, in op. 2/6 ein Variationensatz); zwischen den beiden Menuetten steht infolgedessen kein langsamer Satz, sondern ein »Scherzo«, ein sehr schneller und pointiert witziger Satz im 2/4-Takt, aber in 3teiliger Menuettform. 3teilig und scherzoähnlich, aber sehr viel breiter angelegt sind auch die beiden Finali, die nicht Sonatensätze oder 3teilige Suitensätze en miniature sind (op. 1/3 und 1/4).

Der Reichtum der Charaktere und Tonfälle, Formen und Techniken, der in dem insgesamt noch so engen und bescheidenen Rahmen dieser beiden Werkgruppen ausgebreitet wird, ist erstaunlich und wird noch erstaunlicher, wenn man bedenkt, daß es sich hier um den ältesten größeren Werkbestand handelt, den wir von Haydn kennen. Der Detailreichtum und die Beziehungsfülle nicht nur der Sätze eines Werkes, sondern auch der

Werke untereinander fordern aber auch in diesen frühen und insgesamt noch so harmlos-divertierenden Stücken eine besondere Anstrengung vom Hörer, den Vergleich etwa der Presto-Sätze oder der Menuette in einem Werk und von einem Werk zum anderen, das Verständnis jedes Stückes als eines in sich geschlossenen Werkes und als Teils einer Gruppe. Auch in dieser Hinsicht nehmen op. 1 und 2, obwohl sie keine »kompletten« Gruppen von je 6 Stücken sind, die späteren Quartett-Opera vorweg.

Das **C-Dur-Divertimento op. 1/6** (Hob. III:6) kann als Beispiel für die Grundsätze dienen, nach denen die Werke des Opus insgesamt organisiert sind. Der Kopfsatz (*Presto assai*, 6/8)

spielt, ähnlich dem von op. 1/1:

auf den Tonfall der stilisierten Jagdmusik (chasse) an, aber fröhlicher und, durch den stärker aufgelockerten Satz, leichter als dort; das Notenbeispiel zeigt die Entsprechungen (dynamische Kontraste!) und die Gegensätze. Nach der 8taktigen thematischen Periode wird sofort, in weiteren 8 Takten, zur Dominante moduliert; den Schluß der Exposition bildet ein 3. Achttakter, der kaum thematische Kontur hat und primär der Befestigung der neuen Tonart dient. Die Durchführung ist 16 Takte lang und harmonisch sehr einfach, bringt aber schon dadurch Spannung in den Ablauf, daß die 16 Takte nicht als 8+8, sondern als 7+9 periodisiert sind; zugleich ist der erste Abschnitt eine motivische Steigerung des Themas, wobei vor allem das Forte-Motiv des 2. Taktes zum übermütigen Juchzer intensiviert wird. Die Reprise ist so gut wie unverändert, nur der Schluß wird durch eine kleine signalhafte Wendung im Fortissimo (das erste ff im ganzen Satz) pointiert. – Das *1. Menuett* ist ein relativ tanznaher Satz, greift aber die Forte-piano-Kontraste des 1. Satzes auf, besonders hübsch am Anfang der Wiederholung des ersten Abschnitts (die Form ist 3teilig, ABA), die pianissimo statt forte einsetzt. Das *Trio* (in F-Dur) ist galanter und weniger tanzartig im Tonfall, setzt aber das Spiel zwischen hohen und tiefen Klanggruppen aus dem Menuett-Hauptteil fort. – Das *Adagio* (G-Dur, ²⁄₄) erscheint durch seine ständchenhafte Haltung im Zusammenhang des Werkes nicht so sehr als

Variation des Grundtypus Melodie und Begleitung, sondern eher als reizvolle genrehafte Entsprechung zum Chasse-Ton des Kopfsatzes – nach Jagd und Tanz nun das Schäferstündchen, ohne daß natürlich eine eigentliche Programmatik gemeint ist. – Das *2. Menuett* steht in fast schroffem Gegensatz zum 1.: der Hauptteil ist 2stimmig (Oktaven zwischen 1. und 2. Violine und zwischen Bratsche und Cello) und geprägt von »exotischen« melodischen Wendungen und unruhiger Harmonik; der Eindruck verhaltener Wildheit wird noch verstärkt durch den unregelmäßigen Aufbau des Hauptgedankens in 9 Takten. Das

Trio (c-Moll) wechselt zwischen verhalten-melancholischen Abschnitten in aufgelockerter Dreistimmigkeit ohne Baß und drohenden Forte-unisono-Einwürfen – eine geradezu drastische Analogie zu einem Dialog, die daran denken läßt, daß Haydn in späteren Jahren gesagt haben soll, er habe in einer seiner frühen Sinfonien das Gespräch zwischen Gott und einem »verstockten Sünder« dargestellt (wobei es sich auch hier natürlich nicht um ein Programm, sondern lediglich um die Gesprächsanalogie und Affekthaltung handelt). – Das Finale (*Allegro* oder *Presto*, 2/4) ist einer der typischen Presto-Finalsätze des jungen Haydn, trotz seiner Kürze ein voll ausgebildeter Sonatensatz und nicht einfach ein munterer Kehraus, sondern eine Art Fazit des Werkes und wesentlich anspruchsvoller als der Kopfsatz, vor allem in der Durchführung, in der die dunkleren Töne des 2. Menuetts wiederkehren.

Die 4 echten Quartett-Divertimenti des **op. 2** und das einzeln überlieferte **Es-Dur-Werk** weichen von den Stücken des op. 1 nicht grundsätzlich ab, sind aber fast alle umfangreicher, vor allem in den Durchführungen der Sonatensätze, und z. T. auch intensiver in der Affektsprache und in der thematischen Arbeit; von daher und angesichts ihrer etwas späteren Veröffentlichung liegt die Vermutung nahe, daß es sich tatsächlich um (geringfügig) jüngere Werke handelt.

Ganz anders steht es dagegen mit dem sog. **op. 3** (**Hob. III:13–18**), das 1777 in Paris unter Haydns Namen veröffentlicht wurde und das Haydn selbst – als ganz alter Mann, der den Überblick über seine Jugendwerke verloren hatte – anerkannt hat, das aber mit größter Wahrscheinlichkeit nicht von ihm, sondern wohl von **ROMAN HOFFSTETTER** (1742–1815), damals Benediktinerpater und Regens chori im Kloster Amorbach, stammt. In Haydns gerade im Streichquartett so konsequente Entwicklung passen die Werke, ob man sie nach dem

op. 2 oder entsprechend ihrem Publikationsjahr einordnet, nicht hinein; andererseits sprechen sie eine Sprache, die ohne Anregungen aus Haydns frühen Quartetten, aber auch aus op. 9 sich so kaum ausgebildet hätte. Ihrem Ton und dem Maß ihrer formalen Differenziertheit nach passen sie sehr gut in die 1770er Jahre und zu einem durchaus talentierten Komponisten, der sich keineswegs nur, aber auch an Haydn orientierte.*
Die meisten der 6 Werke, die wie üblich in 6 verschiedenen, aber relativ einfachen Tonarten stehen – E, C, G, B, F und A – sind 4sätzig, aber nicht in der streng geregelten Satzfolge von Haydns op. 9 und op. 17; die Ecksätze sind sehr schnell, aber das Menuett steht in op. 3/1 an zweiter, in op. 3/3, 5 und 6 an dritter Stelle. Das C-Dur-Werk op. 3/2 ist 3sätzig und das B-Dur-Quartett op. 3/4 sogar nur 2sätzig – Formen, die in Haydns Quartetten nicht vorkommen (wenngleich häufig genug in den »niedrigeren« Gattungen). Haydn am nächsten kommen vielleicht die Scherzando-Finali der beiden letzten Quartette, muntere Presto-Sätze im 2/4-Takt, aber ein Vergleich mit den Scherzo-Mittelsätzen in op. 1/3 und op. 2/6 zeigt auch die Gegensätze: Während Haydns Humor sich im Wecken und Enttäuschen von Hör-Erwartungen, im Spiel mit Konventionen und in blitzschnellen Pointen auslebt, also »Witz« im Sinne einer eleganten Konversation ist, greift Hoffstetter zu volkstümlichen, manchmal derben Wirkungen. Neigung zum Volkstümlichen zeigen auch die meisten Menuette, die außerdem kürzer und, vor allem in der regelmäßigen Periodik, einfacher als selbst die Menuette aus op. 1 und 2 sind. Neigung zu kompaktem, oft orchestral wirkendem vollstimmigem Satz zeigen vor allem die Kopfsätze, die darin ebenfalls hinter der schon in op. 1 und 2, wenn auch noch bescheiden, beginnenden Entwicklung zum 4stimmigen Quartettsatz zurückbleiben.
Eines der Werke sei hier etwas genauer besprochen – auch in der Hoffnung, daß das »op. 3« nicht aus dem Repertoire verschwinden möge, nur weil es (wahrscheinlich) nicht von Haydn ist, denn schließlich handelt es sich um durchaus lohnende Kammer- und Hausmusik. – Das **F-Dur-Quartett op. 3/5** (Hob. III:17), berühmt wegen seiner »Serenade«, beginnt mit einem Sonatensatz (*Presto*, 3/8), der durchaus etwas vom Witz

* Zur Frage der Echtheit von op. 3, die noch nicht zweifelsfrei beantwortet ist, vgl. aber den Aufsatz von Günther Zuntz in der Zeitschrift »Die Musikforschung« 39, 1986, S. 217–239.

und der Behendigkeit vor allem der Finalsätze Haydns hat. Das rhythmisch pointierte Hauptthema und der lyrisch-gesangliche Seitensatz sind fast schulmäßig deutlich kontrastiert, haben aber beide Tanz-Charakter. Ungewöhnlich (und eher in die 1770er Jahre als in Haydns Entwicklung vor op. 9 passend) ist, daß die Überleitung zwischen beiden melodisch-motivisch selbständig ist und daß der Seitensatz sehr breit ausgeführt wird. Den Schluß der Exposition bildet – eine sehr hübsche Pointe – der unmerklich wieder eingeführte Schluß des Hauptthemas. Die Durchführung ist relativ lang und – nach der ganz homophonen Anlage der Exposition überraschend – kontrapunktisch gewürzt, macht aber eher den Eindruck einer Reihung scharf kontrastierender Abschnitte als den einer thematischen Entwicklung; an ihrem Ende steht ein neuer kantabler Gedanke – erst 4-, dann 5taktig –, nach dem, wiederum unvermittelt, das Cello mit dem kontrapunktischen Motiv der Durchführung zur Reprise leitet. Die Reprise selbst ist eine praktisch unveränderte Wiederholung der Exposition. – Der langsame Satz (*Andante cantabile*, C-Dur, C), die berühmte *Serenade*, ist ein

Ständchen, das noch einfacher, aber nicht weniger charmant als sein Gegenstück im E-Dur-Quartett op. 3/1 ist. – Das *Menuett* ist ein fröhlich-energischer Tanzsatz, formal sehr einfach wie die meisten Menuette des Opus: 10 Takte Thema, die sich zur Dominante öffnen, 4 Takte Themavariante, 10 Takte Themawiederholung ganz auf der Tonika. Reizvoll wird der kleine Satz nur durch die Frische der Erfindung und den leichten Kontrast zwischen dem robust-tanzhaften ersten Viertakter und dem kantableren Sechstakter der thematischen Periode – eine Art Widerschein des Themenkontrastes eines Sonatensatzes. Das *Trio* (B-Dur) ist genauso aufgebaut und bildet kaum einen Kontrast zum Hauptteil. – Das Finale (*Scherzando*, 2/4) ist ein ganz knapper Sonatensatz mit 2 ausgeprägt gegensätzlichen Themen und einer stampfend-fröhlichen Schlußgruppe; den komischen Effekt des Satzes bewirken vor allem die stockende Entwicklung des Hauptthemas und die plötzlichen dynamischen Kontraste. Wäre der fast ganz von der ersten Violine beherrschte Satz etwas differenzierter, in der Themenbildung persönlicher und in der Periodenbildung etwas wagemutiger, könnte man ihn wohl für ein Quartettfinale Haydns aus dem Umkreis von op. 1 oder 2, allerdings kaum für ein Finale aus der Mitte der 1770er Jahre halten.

Streichquartette op. 9 (Hob. III:19–24)

Haydn soll, nach einer relativ gut bezeugten Überlieferung, die Quartette op. 9, die in den Autographen – wie op. 17 und 20 – noch immer als Divertimenti bezeichnet werden, seine ersten Streichquartette genannt haben. Sie sind wahrscheinlich 1769/1770 und damit etwa 10 Jahre nach op. 1 und 2 entstanden, und Haydn hat in ihnen auf den Erfahrungen, die er in der Sinfonie und im Barytontrio in diesen Jahren gesammelt hatte, aufgebaut: Aus der Sinfonie stammen die Viersätzigkeit und – vor allem – die ausgeprägte Affektsprache (das, was man mißverständlich als Haydns »Sturm und Drang« bezeichnet hat), aus dem Barytontrio die Tendenz zur Verlangsamung des 1. Allegros zum »singenden« Moderato und die fortschreitende kammermusikalische Ausdifferenzierung des Satzes – die engen Grenzen, die diesen Tendenzen im Barytontrio gezogen waren, mögen ein Grund dafür gewesen sein, daß Haydn nach so langer Pause (offenbar ohne Auftrag) wieder zum 4stimmig-kammermusikalischen Satz zurückkehrte und in kurzer Zeit nicht weniger als 3 Opera, also 18 Quartette komponierte, in denen sich der formale und inhaltliche Anspruch der Gattung bis zur Krise in op. 20 schnell zuspitzte.
Op. 9 ist aber auch darin fast ein neuer Anfang, daß hier zum erstenmal eine Gruppe von 6 Werken als Opus »durchkomponiert« ist, der in op. 1 und 2 schon deutlich werdende Anspruch, daß jedes Werk für sich wie als Teil des Opus zu verstehen sei, ganz konsequent durchgeführt wird. Die 6 Werke stehen in verschiedenen Tonarten, eines in Moll (C, Es, G, d, B, A); 5 beginnen mit einem Sonatensatz, eines mit einem langsamen Variationensatz; das letzte Quartett ist »leichter« als die 5 vorangegangenen, wenn nicht in seiner Satzstruktur, dann wenigstens im Tonfall vor allem des Kopfsatzes – oft (wie in

op. 17 und op. 20) ist es ein Satz in einer »hellen« und mit bukolischen Assoziationen verbundenen Tonart (D, A), im 6/8-Takt und mit »ländlichen« Anklängen in der Thematik.
Ebenso wichtig ist die Normierung des einzelnen Werkes, die zur Folie wird, von der sich die immer deutlicher ausgeprägte Individualität des Werk-Charakters abhebt: 4 Sätze, von denen der 1. (Moderato, in op. 9/6 Presto) der anspruchsvollste ist; als 2. folgt – als Tempokontrast und Entspannung – das Menuett, als 3. der langsame Satz (Adagio oder Largo), der wie schon in op. 1 und 2, aber auf viel höherem Niveau, das Affektzentrum des Werkes ist, und als Finale ein Presto (2/4 oder 3/8, nur in op. 9/2 im C-Takt), das für den nicht unbedingt heiteren, aber vitalentspannenden Abschluß sorgt.
Das Formmuster, das auf diese Weise eine Affektkurve einschließt, wird nun in den 6 Werken des Opus mit einer Phantasiefülle, einem Reichtum und einer Differenziertheit der musikalischen Sprache variiert, die das Werk in der Tat zur ersten großen Kammermusik Haydns machen. Der einzige nicht-quartettmäßige Zug des Opus ist die durchgehende Bevorzugung der ersten Violine, die sich in den Ecksätzen zu virtuos-konzerthafter Behandlung steigert (in einigen Sätzen sogar mit den konzertüblichen Fermatenakkorden, die das Zeichen für eine improvisierte Solokadenz geben) – ein Indiz dafür, daß die Quartette auch als Vortragsstücke für Luigi Tomasini gedacht waren, der seit 1762 Konzertmeister der Eszterházyschen Hofkapelle war.

Op. 9 Nr. 1 C-Dur (Hob. III:19)

Moderato – Menuett. Un poco allegretto – Adagio – Presto.

Das C-Dur-Quartett beginnt mit einem 3taktigen, zurückhaltend-freundlichen Gedanken, dessen Kernmotive – Auftaktfigur und Seufzer – fast den ganzen Satz (C) beherrschen und

der sofort, reich figuriert, wiederholt wird. Die Überleitung arbeitet bereits mit chromatischen Schärfungen; der Seitensatz entwickelt sich »gesprächsartig« in 4stimmig durchbrochenem Satz, ist aber erkennbar aus dem ersten Gedanken abgeleitet.

Die Schlußgruppe baut aus einem gänzlich aus Seufzermotiven entwickelten, durch die Stimmen wandernden Gedanken eine große harmonische Spannung auf, die sich in einem Solo der ersten Violine löst. Der Gegensatz schon dieser Exposition zu den knappen Sonatensatzexpositionen in op. 1 und op. 2 ist eklatant: breite Entwicklung, Motivfülle und harmonischer Reichtum einerseits, thematische Konzentration andererseits. Die Durchführung beginnt – im Kontrast zur gestalten- und spannungsreichen Exposition – ganz entspannt mit einer neuen Melodie, die sich über einfacher (cembaloartiger) Begleitung aus dem Kopfmotiv des Satzes entwickelt; dann folgen kleine Durchführungen des Hauptthemas und des Seitensatzes. Die Reprise setzt mit der verzierten Fassung des Hauptthemas ein und verläuft weitgehend regelmäßig. – Das *Menuett* entfernt sich noch weiter als die Menuette der frühen Divertimenti vom Tanztypus und nimmt, vor allem durch die Ausdehnung und thematische Arbeit des Mittelteils, Züge eines kleinen Sonatensatzes an; das *Trio* (g-Moll) verstärkt diese Tendenz noch, indem es die traditionelle Zwei- oder Dreiteiligkeit durch eine erheblich veränderte und kontrapunktisch intensivierte »Reprise« überlagert. – Das *Adagio* (6/8, F-Dur) ist ein ganz von der 1. Violine getragenes Siciliano; im viertletzten Takt hat der

Solist Gelegenheit zu einer Kadenz. – Das *Finale* (2/4) ist ein ziemlich breit ausgeführter, aber auf ein einziges Thema konzentrierter Sonatensatz im Tonfall der sehr schnellen »Kehraus«-Sätze im 2/4-Takt, der seinen großartigen Schwung aus dem Spiel mit chromatischen Läufen und aus der virtuosen Behandlung der 1. Violine bezieht.

Op. 9 Nr. 2 Es-Dur (Hob. III:20)

Moderato – Menuett – Adagio / Cantabile – Allegro di molto.

Der *Kopfsatz* (C) beginnt mit einer verwirrend gestaltenreichen Exposition, in der sich aber im Grunde nur der erste Gedanke zum eigentlichen, in sich geschlossenen Thema verfestigt. Die harmonische Konzeption des Themas – Dreiklangsbrechungen und Vorhalte – teilt sich dem ganzen, harmonisch besonders intensiven Satz mit. – Das *Menuett* ist, wie das des C-Dur-Quartetts, schon durch erweiterte Perioden (2mal 10 Takte) vom Tanzmenuett abgehoben; das *Trio* (in der Grundtonart), konzertant aufgelockert, beginnt in brav regelmäßigen Viertaktern, spielt dann aber witzig mit unregelmäßigen Perioden. – Das

Adagio (C, dann 3/4, c-Moll) beginnt mit einer großartigen fantasieähnlichen Einleitung; der Hauptteil (*Cantabile*) ist wieder eine große, im Gegensatz zum sanften Siciliano des C-Dur-Quartetts aber tiefernste, rhapsodisch ausgeweitete Kantilene; die Solokadenz ist in diesem Satz ausgeschrieben. – Das *Finale* (ausnahmsweise C statt 2/4) ist ein sehr kurzes, fast vorüberwirbelndes Stück, aber dennoch ein vollständiger Sonatensatz. Die Synkopen des Anfangs, die herausgeschleuderten Triolenmotive und die wieder ganz virtuose Behandlung der 1. Violine geben ihm einen Unterton von Wildheit.

Op. 9 Nr. 3 G-Dur (Hob. III:21)

Moderato – Menuett. Allegretto – Largo – Presto.

Der *Kopfsatz* des G-Dur-Quartetts (C) ist sehr viel großflächiger und einfacher angelegt als die entsprechenden Sätze der beiden vorhergehenden Werke, mit einem breit entwickelten singenden Hauptthema, einem kapriziösen Seitensatz, der überraschend zu Motiven des Hauptthemas zurückleitet, einer kurzen Durchführung des Hauptthemas über chromatisch fallendem Baß und einer weitgehend regelmäßigen Reprise – das Ganze, trotz virtuoser Züge der 1. Violine, ein außerordentlich gelöst und freundlich wirkendes Stück. – Das *Menuett* vermischt kontrapunktischen Ernst und Tanzmelodik; das *Trio* (in der Grundtonart) ist ganz kontrapunktisch angelegt. – Das *Largo* (3/4, C-Dur) ist der erste der großen feierlichen Largo-Sätze Haydns, die aus ganz kurzen »sprechenden« Motiven entwikkelt werden (und hier wie später zeigen diese Motive zumeist deutlich den Einfluß der »redenden« Instrumentalmusik Carl Philipp Emanuel Bachs, einen Einfluß, dessen Bedeutung Haydn selbst betont hat). – Das Finale (2/4) ist wieder ein typischer kleiner *Presto*-Sonatensatz, aufgebaut auf einer Reihung kleiner Motive, die den vergnügt-witzigen Ton des Satzes festlegen und die sich vorzüglich zur thematischen Arbeit eignen; da diese Arbeit schon in der Exposition sehr intensiv und pointenreich ist, wird die »Durchführung« auf die einfache Wiederholung einiger Motive in einer neuen Tonart (e-Moll) reduziert.

Op. 9 Nr. 4 d-Moll (Hob. III:22)

Moderato – Menuett – Adagio cantabile – Presto.

Das Werk ist Haydns erstes Moll-Quartett und, was wichtiger ist, das erste, in dem der Affekt der Moll-Tonarten ganz intensiv ausgespielt wird, die Nähe zu den mit Sicherheit oder wahrscheinlich etwas früher komponierten Moll-Sinfonien (Hob. I:26, »Lamentatione«; I:39; I:49) ist so unübersehbar wie die Unterscheidung der extravertiert-pathetischen sinfonischen und der introvertiert-subtilen kammermusikalischen Tonfälle. – Der *1. Satz* (C) beginnt düster-balladesk; aus den Seufzermotiven des Anfangs und ihrer Steigerung zu nicht mehr spielerischer, sondern leidenschaftlicher geigerischer Virtuosität wird

praktisch der ganze Satz entwickelt. – Das *Menuett* ist nur Charakterstück, nicht mehr Tanzsatz – formal dadurch gekennzeichnet, daß die (auch tonal verschleierte) Wiederholung des ersten Abschnitts eigentlich eine Art Durchführung oder entwickelnde Variation ist. Das 3stimmige *Trio* (D-Dur, Violine I in Doppelgriffen und Violine II) setzt einen klanglichen, aber kaum einen Affektkontrast. – Das *Adagio* (¢, aber real 12/8, B-Dur) ist weniger gespannt, freundlicher im Ton und weitgehend wieder ein Violinsolo mit Begleitung; auch die Solokadenz (nicht ausgeschrieben) 4 Takte vor Schluß fehlt nicht. – Das *Finale* (6/8) kehrt, auch dies ein Novum, zum leidenschaftlichen Ton der beiden ersten Sätze zurück, statt einen fröhlichen Kehraus zu bieten; wohl infolge der kontrapunktischen Anlage ist es kein Sonaten-, sondern ein erweiterter Suitensatz.

Op. 9 Nr. 5 B-Dur (Hob. III:23)

Poco adagio – Menuett. Allegretto – Largo cantabile – Presto.

Im Charakter ist das B-Dur-Quartett das Gegenstück zum d-Moll-Werk, in der Gewichtung der Sätze fast eine Umkehrung der mit op. 9 etablierten Norm. – Ein freundlich-harmloser *Variationensatz* steht am Beginn, mit solistischer 1. Violine in der 1. und 3. und solistischem Cello in der 2. Variation (hat Haydn in dieser Zeit französische Quatuors concertants kennengelernt?). – Das *Menuett* kommt von allen Menuetten des op. 9 einem einfachen Tanzsatz am nächsten; das *Trio* (in der Grundtonart) setzt einen etwas ernsteren kontrapunktischen Kontrast. In überraschendem Gegensatz dazu steht das *Largo cantabile* (3/4, Es-Dur), ein wunderbar feierlicher, thematisch wieder an Carl Philipp Emanuel Bach geschulter, stark durchbrochener Satz, dessen Ernst im zweiten Teil durch kontrapunktische Verdichtung noch gesteigert wird. Dem Gewicht dieses Satzes, auf den die beiden ersten Sätze so gar nicht vorbereitet hatten, entspricht auf seine Weise das Finale (2/4), ein quirliges, durch Synkopen, Chromatik und geigerische Virtuosität angereichertes *Presto*, aber auch ein ausgebildeter und ausgedehnter Sonatensatz mit einer ebenso intensiven wie witzigen Durchführung, in der Haydn demonstriert, was er noch aus dem unscheinbarsten 2tönigen Auftaktmotiv machen kann.

Op. 9 Nr. 6 A-Dur (Hob. III:24)

Presto – Menuett – Adagio – Presto.

Das A-Dur-Quartett ist, entsprechend der durch op. 9 geschaffenen Norm, das »leichte« Werk am Ende des Zyklus, gleichsam der Kehraus des ganzen Opus, so wie manche Finali der Kehraus eines Werkes sind. Entsprechend dieser Funktion beginnt es nicht mit einem Moderato, sondern einem *Presto* (6/8), das durch Takt- und Tonart einen bukolischen Einschlag suggeriert, der durch die Thematik und den meist kompaktvollstimmigen und harmonisch schlichten Satz bestätigt wird. – Das *Menuett* ist ein recht ausgedehnter und kunstvoller Satz, eher galant als bukolisch im Tonfall; das *Trio* (a-Moll) führt einen kleinen thematischen Kontrast ein und setzt einen etwas ernsteren Akzent. – Das *Adagio* (¢, real 12/8 wie im d-Moll-Quartett, E-Dur) ist wieder eine große, beseelte Kantilene über sanft fließender Begleitung, das Finale (2/4) ein verblüffend knappes und einfaches *Presto*, das sehr witzig mit einer dreimal scheinbar mißlingenden Schlußwendung spielt (die Form ist: 8 Takte Thema, 16 Takte thematische Fortspinnung, »Reprise« erweitert auf 11 Takte, neuer Ansatz mit veränderter Reprise 8 Takte, endgültige Reprise 10 Takte).

Streichquartette op. 17 (Hob. III:25–30)

Haydns op. 17 ist im Autograph erhalten, das 1771 datiert ist und eine von der heute (nach dem Erstdruck 1772) üblichen abweichende Reihenfolge der Werke zeigt: F, E, c, D, Es und G; das deutlich leichtere und pastorale, im Druck als op. 17/6 gezählte Werk steht also, aus welchem Grund auch immer, hier nicht am Schluß. Wir besprechen die Werke, zur leichteren Orientierung für den Benutzer, in der durch die Drucke eingebürgerten Reihenfolge.

Op. 17 steht, entsprechend seiner Entstehungszeit, dem op. 9 stilistisch insgesamt recht nahe, zeigt aber auch Tendenzen, die auf das krisenhafte op. 20 vorausweisen: geringere Dominanz der ersten Violine, Zurücktreten reiner Virtuosität, stärkere Individualisierung der 4 Stimmen zum »Gespräch«, verstärkte

Neigung zu kontrapunktischer Arbeit und, ganz allgemein, größeres Gewicht der einzelnen Sätze und der Werke. Der auffallendste neue Zug ist aber die Ausdehnung und Durcharbeitung der Schlußsätze: Der bloße vergnügliche Kehraus ist verschwunden, und das Finale beginnt eine neue Rolle als Gegenpol zum 1. Satz zu spielen – nur einen Schritt weiter, und Haydn wird bei der extremen Fugenarbeit des op. 20 angelangt sein.

Op. 17 Nr. 1 E-Dur (Hob. III:25)

Moderato – Menuett – Adagio – Presto.

Das E-Dur-Quartett beginnt mit einem freundlichen und »entspannten« *Sonatensatz* (C), recht ähnlich dem Kopfsatz von op. 9/3, aber intensiver in der thematischen Arbeit und dem harmonischen Reichtum der Durchführung, in der eine kleine Scheinreprise (T. 63) den Hörer irreführt, dann aber in einer thematisch-kontrapunktisch umspielten Sequenz spannend zur eigentlichen und kaum veränderten Reprise führt. – Das *Menuett* beginnt wie ein robuster Tanzsatz, wird aber bald durch Kontrapunkt, motivische Entwicklung und Kontrastierung verfeinert und breit ausgesponnen; das *Trio* (e-Moll) ist ganz in 4stimmigem Kontrapunkt entwickelt; ein eigentümlich gedämpfter, melancholischer Satz, der sehr deutlich macht, wie weit sich Haydn jetzt vom Tanzmenuett, aber auch vom galanten und empfindsamen Modeton entfernt hat. – Das *Adagio* (6/8, e-Moll) ist trotz der Moll-Tonart und trotz reicherer Harmonik im kurzen Mittelteil harmloser, ein sanft-elegisches Siciliano ähnlich demjenigen in op. 9/1. – Das *Finale* (2/4) beginnt mit einem pointiert einfachen Thema, das aber durch Pausen und vor allem durch seine Periodisierung (5+5 Takte) Spannung bekommt.

Die Durchführung setzt, ganz überraschend, mit einer genauen Wiederholung des Themas auf der Tonika ein und ist auch im weiteren Verlauf wenig anderes als eine verkürzte Wiederholung der Exposition; dementsprechend ist die Reprise erheblich verändert und verkürzt, und als Schlußpointe ist eine wieder auf das 1. Thema zurückgreifende Coda angeführt, die im Pianissimo endet.

Op. 17 Nr. 2 F-Dur (Hob. III:26)

Moderato – Menuett. Poco allegretto – Adagio – Allegro di molto.

Das *Moderato* (C) beginnt mit einem weitgespannten und spannungsreichen Thema, dessen unscheinbarstes Element, die

abschließende Sechzehntel-Figur, schon in der Exposition intensiv verarbeitet und zur Keimzelle weiterer, mit dem Thema eng verwandter thematischer Gestalten wird. – Das *Menuett* ist das erste jener eigenartig schattenhaften, scheinbar zäsurenlos fließenden Menuette und Scherzi, auf die Haydn später gern zurückgegriffen hat (berühmtestes Beispiel ist das Sotto-voce-Scherzo aus op. 33/3); wie stark kontrapunktisch Haydn schon in op. 17 denkt, zeigt die freie Wiederholung des Hauptteils, zu der ein Motiv des kleinen Mittelteils als Kontrapunkt benutzt wird. – Das *Adagio* (¢, B-Dur) ist wieder ein großer »Konzertsatz« der ersten Violine, dessen freundliche Grundstimmung nur vorübergehend durch chromatische Triolen getrübt wird. – Im *Finale*, einem überraschend wilden Stück, herrschen geigerische Virtuosität, Synkopen und heftige chromatische Unisoni.

Op. 17 Nr. 3 Es-Dur (Hob. III:27)

Andante grazioso – Menuett. Allegretto – Adagio – Allegro di molto.

Wie in op. 9, so beginnt auch in op. 17 eines der 6 Werke mit einem *Variationensatz*, hier wie dort (und in op. 2) mit 4 Variationen, wobei hier aber die 4. auf andere und geistreichere Weise hervorgehoben ist als in den älteren Werken: Die 3 Oberstimmen bringen das unveränderte Thema (also wieder der Repriseneffekt), aber das Cello legt darunter eine fast virtuose solistische Figuration. – Das *Menuett* variiert den freundlichen Ton des Variationensatzes; das *Trio* (in der Grundtonart) verbreitet mit seinen Orgelpunkteffekten in der 1. Violine und der simplen Melodie der 2. Violine darüber eine fast idyllische Stimmung. – Das *Adagio* (3/4, As-Dur) ist dagegen, entsprechend seiner ungewöhnlichen Tonart, ein sehr feierlicher, kurz vor dem Schluß in dunklere Bereiche (as-Moll) führender Satz. – Das *Finale* (C, nicht 2/4) ist dadurch besonders interessant, daß es geigerische Virtuosität und intensive thematische Arbeit bruchlos verbindet und dazu noch ein gänzlich »modernes« und

finale-typisches Hauptthema einer weitgehend kontrapunktischen Verarbeitung unterwirft, für die es so gar nicht geeignet erscheint: Es macht den Eindruck, als sei Haydn jetzt an dem Punkt seiner Entwicklung angelangt, an dem er buchstäblich alles kann, was er will.

Op. 17 Nr. 4 c-Moll (Hob. III:28)

Moderato – Menuett. Allegretto – Adagio cantabile – Allegro.

Das Moll-Quartett des op. 17 beginnt (C) mit einem aus kontrastierenden Motiven entwickelten, aber viel ruhigeren und weiträumigeren Thema (Zitat S. 278) als das Moll-Werk aus op. 9; auch die weitere Entwicklung des Satzes ist ungewöhnlich weiträumig und wird weitgehend vom Kopfmotiv des Themas geprägt, das auch die feierliche Rückleitung zur Reprise und die kleine, pianissimo verklingende Coda beherrscht. – Das *Menuett* steht, ganz irregulär, in C-Dur statt c-Moll, hat aber ein c-Moll-*Trio*, das die schmerzlichen Akzente des 1. Satzes in kreisender Chromatik und unablässigen Vorhalten außerordentlich steigert. – Das *Adagio* (3/4, Es-Dur) erinnert an die feierlichen Sätze des op. 9, bereichert den Typus aber dadurch, daß die traditionelle Wiederholungsform eines langsamen Suitensatzes

(A://:A') durch das Variationsprinzip überformt wird, so daß die ausgeschriebene Wiederholung des 1. Teils (tonal unverändert) eine Variation, der 2. Teil (ohne Wiederholung) eine 2. Variation, auf der Dominante ansetzend, ist. – Das *Finale* (¢) ist in jeder Hinsicht das Gegenstück zum Kopfsatz: ein Sonatensatz, in dem nun ein polyphon erfundenes Thema in homophoner thematischer Arbeit durchgeführt wird (also eine Umkehrung der Verhältnisse im Finale des Es-Dur-Quartetts) und in dem eine Coda, jetzt in energischen Unisoni und forte, die Entwicklung zusammenfaßt; das einzige finalehaft auflockernde Element bildet die hier sehr ausgeprägte geigerische Virtuosität.

Op. 17 Nr. 5 G-Dur (Hob. III:29)

Moderato – Menuett. Allegretto – Adagio – Presto.

Der *Kopfsatz* des Werkes (C) beginnt freundlich mit einem verschnörkelten und kleingliedrigen kantablen Thema, trübt aber die Idylle sehr bald durch plötzliche Pausen, Fortissimi, Synkopen und chromatische Gänge. Die Durchführung zieht daraus die Konsequenzen, indem sie weniger thematisch arbeitet als vielmehr die motivischen Kontraste rhetorisch-dramatisch zuspitzt; in der am Anfang stark veränderten Reprise wirkt das nach. – Das *Menuett* baut eine ganze Weile lang rustikal-tanzhafte 4-Takt-Gruppen auf, enttäuscht aber die so befestigte Hör-Erwartung ganz am Schluß durch eine witzige Verschiebung (5+3 Takte). Das *Trio* (g-Moll) bildet dazu einen schroffen Kontrast; es ist ein schmerzvoll-verhaltenes, nur ganz am Schluß forte ausbrechendes Stück, das attacca ins Menuett zurückgeführt wird. – Das *Adagio* (3/4, g-Moll) greift die rhetorischen Elemente der Durchführung des 1. Satzes auf und spitzt sie abermals zu, in 2 großen Rezitativen, die den getragenen Fluß der Violinkantilene unterbrechen. – Das Finale (2/4) ist dann wieder ein typisches *Presto*, in dem sich die Spannung löst; die kleine Pointe des Expositionsschlusses – Wiederholung des Kopfmotivs piano nach ausführlicher und konzertanter Forte-Kadenz – wird in der Coda genüßlich noch einmal ausgespielt und intensiviert.

Op. 17 Nr. 6 D-Dur (Hob. III:30)

Presto – Menuett – Largo – Allegro.

Die Entscheidung des Verlegers, gerade dieses Werk ans Ende des op. 17 zu stellen, hat – nach dem Vorbild des op. 9 – durchaus Sinn: Wie dort ist es das einzige, das mit einem Presto-Satz im 6/8-Takt beginnt, und wie dort ist es insgesamt das »leichteste« der 6 Stücke. – Der *Kopfsatz* hat deutlichen Chasse-Tonfall und bekommt durch die durchlaufende 6/8-Bewegung eine starke innere Einheit. – Das *Menuett* ist ein verhältnismäßig einfacher Satz mit spielerisch aufgelockertem *Trio* (in der Grundtonart); das *Largo* (C, G-Dur) eine freundliche, elegant-verschnörkelte Violin-Kantilene. – Das *Finale* (2/4) treibt ein teils wildes, teils witziges, teils kontrapunktisch-»gelehrtes« Spiel mit dem durchaus unscheinbaren Kopfmotiv, vermischt mit virtuosen Passagen der ersten Violine; am Ende steht wieder, wie im G-Dur-Quartett, einer der verblüffenden Pianissimo-Schlüsse, die Haydn zu variieren und immer virtuoser auszuspielen nicht müde geworden ist.

Streichquartette op. 20 (Hob. III:31–36)

Auch op. 20 ist im Autograph erhalten und 1772 datiert, also im Jahr nach op. 17 entstanden. Was im älteren Werk als Tendenz spürbar, aber in der sorgfältig ausgewogenen 4sätzigen Form und Affektkurve stets aufgefangen wurde, wird jetzt in krisenhafter Zuspitzung und Überspitzung sichtbar: die Gewichtsverlagerung auf das Finale (3 der Werke haben Fugen zu Schlußsätzen), die Steigerung der Affektsprache bis ins Bizarre (im g-Moll-Quartett), die Intensivierung der thematischen Arbeit und der Kontraste innerhalb der Sätze, die Erweiterung der Dimensionen bei gleichzeitiger Intensivierung des Details. Es hängt sicherlich mit dieser Zuspitzung der Quartettsprache zusammen, daß in diesem Opus das zu erwartende Quartett mit einem Variationensatz als 1. Satz fehlt; dafür bringt das D-Dur-Quartett einen Variationensatz anstelle des großen Cantabile-Adagios. Noch offenkundiger hängt mit ihr zusammen, daß op. 20 zwei Moll-Quartette statt einem hat und daß die Reihenfolge der Sätze nicht mehr ausschließlich vom Prinzip des Tempokontrasts reguliert wird: Das Menuett nach einem Moderato-Kopfsatz bringen die Quartette in Es und f, den langsamen Satz nach einem schnellen Allegro die Werke in D und A, aber im C-Dur-Quartett folgt einem Moderato das langsame »Capriccio« und im g-Moll-Werk einem Allegro con spirito das Menuett. Ganz offensichtlich ist Haydns Quartett-Welt aus den Fugen. Da die Autographe der 6 Quartette nicht numeriert sind und die zeitgenössischen Ausgaben verschiedene Anordnungen bringen, ist weder die Chronologie der Komposition noch die von Haydn gewünschte Reihenfolge zweifelsfrei zu bestimmen. In der Praxis hat sich die Reihenfolge in Pleyels »Gesamtausgabe« von 1802 durchgesetzt (an der wir, um Verwirrung zu vermeiden, festhalten); nach ihr ist das 6. Werk wieder ein (etwas) »leichteres« mit einem Kopfsatz im 6/8-Takt. Ganz anders und inhaltlich sinnvoller ist die Reihenfolge in Haydns sogenanntem Entwurfkatalog, vor allem dadurch, daß hier die Quartette mit Schlußfugen in »aufsteigender« Reihe erscheinen: f (Fuga a due soggetti), A (Fuga a tre soggetti) und C (Fuga a quattro soggetti), dann die fugenlosen Werke in g, D und Es.

Op. 20 Nr. 1 Es-Dur (Hob. III:31)

Allegro moderato – Menuett. Un poco allegretto – Affettuoso e sostenuto – Presto.

Das Es-Dur-Quartett, insgesamt das am wenigsten problematische und das »konventionellste« der 6 Werke, beginnt mit einem entspannten, relativ langsamen *Allegro* (C), das über den Stil des op. 17 nur in der sehr starken Auflockerung des 4stimmigen Satzes und im völligen Verzicht auf geigerische Virtuosität hinausgeht. – Das *Menuett* beginnt fast wie ein Tanzsatz, entwickelt sich aber zu einem sehr breiten Charakterstück, das sich im f-Moll-Mittelteil bedrohlich eindunkelt; das *Trio*, formal ganz frei, bricht nach chromatischer Steigerung und mitten in einer thematischen Rückleitung zum Menuett-Hauptteil (in f-Moll!) auf dem Dominant-Quintsextakkord ab – von den Menuett-Traditionen des Jahrhunderts findet sich in diesem Stück keine Spur mehr. – Der *langsame Satz* (3/8, As-Dur) ist ein sehr merkwürdiges, fast zäsurenlos, ohne abgegrenztes Thema und sotto voce dahinfließendes Stück, das in seiner verschleiert-geheimnisvollen Stimmung und in seiner unendlich fließenden Achtel-Bewegung vielleicht eine Inspirationsquelle für den langsamen Satz von Beethovens f-Moll-Quartett op. 95 gewesen ist (Beethoven hat das op. 20 gekannt und studiert). – Das Finale (2/4) spielt mit einem munteren 6taktigen Motiv und einer Synkopenbewegung, die schon in der Exposition, erst recht in der Durchführung breit ausgespielt und mit harmonischer Spannung geladen wird.

Op. 20 Nr. 2 C-Dur (Hob. III:32)

Moderato – Capriccio. Adagio – Menuett. Allegretto – Fuga a quattro soggetti. Allegro.

Das *Moderato* (C; Zitat unten und S. 282 oben) beginnt mit dem ersten (und berühmtesten) kontrapunktisch entworfenen Thema Haydns, das dreimal in immer reicherem Satz durchgespielt wird; der ganz kurze Seitensatz korrespondiert dem in 2stimmigem ausgeterztem Kontrapunkt. Die relative Ruhe und Entspanntheit dieser Exposition wird in der Durchführung erst konzertant, dann kontrapunktisch und harmonisch heftig aufgebrochen. Das Pathos steigert sich im *»Capriccio«*, d. h. einem formal freien, inhaltlich phantastisch-bizarren Satz, einem *Adagio* (C, c-Moll), das die Rhetorik des langsamen Satzes aus

op. 17/5 fortführt: Zuerst dialogisieren finstere c-Moll-Unisoni und schweifende Solostimmen, dann beruhigt sich die Stimmung in einer feierlich ausschwingenden Es-Dur-Kantilene, die aber nach 12 Takten in ein unruhiges Solo der ersten Violine aufgelöst, dann von neuen Unisono-Ausbrüchen geradezu zerfetzt wird. – Nach einer G-Dur-Kadenz folgt attacca das *Menuett*, das durch Orgelpunkte (vor allem auf der leeren G-Saite der Violinen) einen Anflug von Hirtenmusik hat, im *Trio* (c-Moll) aber in den Affektbereich des Capriccio zurückführt. – Die

abschließende *Fuge* ist ganz nur zu verstehen, wenn man sie in Beziehung zu den Fugen-Finali mit 2 und 3 Themen setzt: dann erscheint sie als Verwandlung des traditionellen (in der Fuge mit 2 Themen im f-Moll-Quartett noch durchaus herrschenden) Fugenpathos zur kapriziösen, atemberaubend schnell und witzig mit allen Raffinessen der Fugentechnik umspringenden Finalfuge, die ihren »modernen« Charakter in der doppelten Coda – erst in wirbelnden Sechzehnteln, dann in dröhnendem Unisono – ganz zu erkennen gibt.

Op. 20 Nr. 3 g-Moll (Hob. III:33)

Allegro con spirito – Menuett. Allegretto – Poco adagio – Allegro di molto.

Das g-Moll-Quartett ist das extremste der 6 Werke und vielleicht das exponierteste Instrumentalwerk Haydns überhaupt. Es beginnt mit einem zerklüfteten *Sonatensatz* (2/4, nicht C!), dessen atemlos-gehetzter Grundton schon im 7taktigen Hauptthema aufklingt und sich in plötzlich einfallenden Unisoni, grellen Signalmotiven und einem gleichsam stammelnden Rezitativ der 1. Violine steigert. Die Durchführung konzentriert sich fast

ganz auf das 1. Thema, das sinnfällig zerschlagen, zum Verstummen gebracht wird; in der Reprise wirkt dieser Vernichtungsprozeß – zum erstenmal bei Haydn – so intensiv weiter, daß sofort nach der Wiederkehr des Themas eine neue, heftige Durchführung einsetzt und daß auch die übrigen Gestalten (von Themen zu sprechen, wäre zu konventionell) von ihm affiziert werden, am drastischsten in der wilden Verzerrung des Signalmotivs in einem verminderten Septakkord. Die Coda sinkt, wieder mit einer unvergleichlichen Sinnfälligkeit komponiert, in denselben Septakkord pianissimo zusammen; dann führt eine schroffe Fortissimo-Kadenz zum Schluß. – Haydn verschmäht nach diesem erschreckenden Satz die naheliegende Auflösung der Spannung und den ebenso naheliegenden Tempokontrast in einem Adagio, fährt vielmehr mit dem *Menuett* fort, das wie üblich in der Grundtonart g-Moll bleibt, den Tonfall allerdings zu verhaltener Melancholie dämpft und ganz am Schluß, gleichsam verstohlen (perdendosi) nach G-Dur kadenziert. Das *Trio* wirkt, trotz einer vorübergehenden Eintrübung nach f-Moll, noch freundlicher und durch die wiegende Achtel-Bewegung der 1. Violine fast bukolisch. – Erst als 3. Satz folgt das *Adagio* (3/4, G-Dur), das mit seinen schwirrenden hohen Geigen-Fiorituren und den murmelnden Cello-Soli fast den Ton einer Naturszene hat. – Das *Finale* (C, nicht 2/4, also komplementär zum 1. Satz) greift sofort den grimmigen Ton und sogar einzelne motivische Gesten des Kopfsatzes wie den Sechzehntel-Triller und die plötzlichen Unisoni wieder auf, ersetzt nun aber die Zerstückelung eines beherrschenden Themas durch die intensive kontrapunktische Verarbeitung und Kombination thematischer Motive, durch die die Intensität fast noch gesteigert, die Bizarrerie des Kopfsatzes aber gedämpft wird. Die einzigartige Coda bringt schließlich eine Lösung, die kaum als solche wirkt: Während das Cello wie erschöpft das Sechzehntel-Motiv des Hauptthemas repetiert, kadenzieren die Oberstimmen, immer leiser werdend, endlich nach G-Dur.

Op. 20 Nr. 4 D-Dur (Hob. III:34)

Allegro di molto – Un poco adagio e affettuoso – Menuetto alla zingarese. Allegretto – Presto e scherzando.

Schon die Tempo- und Vortragsbezeichnungen deuten an, daß auch dieses Quartett etwas Besonderes ist, nun aber kein düsteres Affektdrama, sondern – bis auf den leicht melancholischen langsamen Satz – ein fröhliches und optimistisches Stück und, wie das Menuett suggeriert, auch ein Ausflug in die ungarische Umgebung von Schloß Eszterháza. – Der *1. Satz* (3/4) beginnt mit einem Thema, wie es Haydn bis dahin für einen Sonatensatz noch nie entworfen hatte: 5 »Liedzeilen« von je 6 Takten in verhaltenem Piano und kompakt-akkordischem Satz. Sofort nach der abrundenden Kadenz zurück zur Tonika setzt eine breite Entwicklung an, aus der sich im Wechsel von Liedzeilen und konzertanten Triolen der wieder liedhafte Seitensatz und die triolische Schlußgruppe herausbilden. Die außerordentlich lange Durchführung verarbeitet nacheinander Hauptthema, Triolen plus Hauptthemarhythmus und Seitensatz, wobei die liedhafte Zeilenmelodik und deren sanfter Charakter weitgehend dominieren. Bemerkenswert ist, daß trotz der Länge des Satzes die traditionelle Wiederholung von Durchführung und Reprise vorgeschrieben ist. Eine kleine Piano-pianissimo-Coda führt zum Schluß. – Das *Adagio* (2/4, d-Moll) ist der einzige Variationensatz der Werkgruppe. Das Thema wirkt in seinem stilisierten Marschtonfall fast archaisch; die Variationen – 4 an der Zahl wie in op. 2, 9, und 17 – beginnen aber mit einer höchst »modernen« Zerlegung des Themas in gänzlich durchbrochenem, geradezu ausgedünntem Satz. Die 2. Variation ist ein weiträumig-pathetisches Cello-, die 3. ein ziemlich virtuoses Violinsolo. Die letzte bringt eine neue Variante der früheren Reprisenbildungen: Das Thema wird unverändert und sotto voce wiederholt, geht aber im vorletzten Takt in eine große, fast dramatisch sich steigernde Coda über. Das *Menuett* mitsamt

dem ganz kurzen und einfachen *Trio*, das in der Grundtonart bleibt, ist ein prächtiges Genrestück, das mit heftigen Akzenten gegen den Takt auf Zigeunermusik anspielt. – Das Schluß-*Presto* (C) beginnt »scherzando« vor allem durch die unvermittelt und heftig kontrastierenden Motive, aus denen sich der erste Abschnitt aufbaut, und setzt sich *»scherzando«* fort in den Staccato-Achtel-Repetitionen, den gravitätischen Bässen und den abschnappenden Begleitfiguren des Seitensatzes, der erst ganz am Ende der Exposition eingeführt wird. In der thematischen Arbeit, der Phantasie der Themenkombinatorik und im bei aller Differenziertheit des Details stets durchgehaltenen großartigen Schwung ist dieser Satz einer der geist- und kunstvollsten, die Haydn bis dahin geschrieben hatte.

Op. 20 Nr. 5 f-Moll (Hob. III:35)

Moderato – Menuett – Adagio – Fuga a due soggetti (Allegro).

Das 2. Moll-Quartett des op. 20 beginnt mit einem »singenden« *Moderato* (C), das sofort figuriert (also in der Technik des op. 9)

wiederholt und nach einer Überleitung noch einmal in As-Dur gebracht wird; erst danach setzt der Seitensatz, ebenfalls in As-Dur, ein. Durchführung und Reprise halten den kantablen Satz und – im Gegensatz zum g-Moll-Quartett – sanft melancholischen Ton der Exposition fest; dementsprechend konzentriert sich die Durchführung nicht auf thematische Arbeit und motivische Kontraste, sondern auf melodische Entfaltung. Die letzte Pointe bringt die ungewöhnlich lange Coda, die aus dem charakteristischen punktierten Rhythmus des Seitensatzes in gro-

der jeweiligen gleichnamigen Moll-Tonart stehen. – Und schließlich ergibt sich nochmals eine sinnvolle Ordnung, wenn man die Form der Finali, mit der Haydn hier ganz offenkundig experimentiert, betrachtet: Sonatensatz (also gemäß der von Haydn selbst geschaffenen und bis dahin favorisierten Tradition) – 3 verschiedene Formen von Rondos (neu in Haydns Streichquartetten) – Variationen und Doppelvariationen (ebenfalls als Finale-Form in einem anspruchsvollen Werk neu). – Und eine Ordnung ganz anderer, noch wichtigerer Art zeigt sich, wenn man die Hauptfunktionen der 4 Sätze eines Werkes betrachtet, die im op. 33 viel deutlicher ausgeprägt und klarer unterschieden sind als in op. 20: der Kopfsatz, immer ein Sonatensatz, als Träger der geistvollen und kunstreichen thematischen Arbeit; das Scherzo als Stilisierung der vitalen Tanzsphäre und zugleich als bevorzugtes Experimentierfeld asymmetrischer Periodik (als eines Elements dieser Stilisierung); der langsame Satz als Affektzentrum; das Finale, in dem vitaler Humor und musikantisches Temperament, aber auch der aufklärerische »Witz«, die Belustigung des Verstandes herrschen. Im Spielen und Hören erscheint diese Verlaufskurve, die seit Haydn in unendlich fortschreitenden Variationen fast allen großen 4sätzig-zyklischen Formen zugrunde liegt, als ein besonders befriedigendes und harmonisches Muster vielschichtiger Ordnung.

Schwieriger zu beantworten und entsprechend heftig umstritten ist die Frage, was Haydn mit der »ganz neuen besonderen Art« des op. 33 – ob der Satz nun ganz oder halb ernst zu nehmen ist – gemeint haben könnte und was die Zeitgenossen gerade an diesem Werk so faszinierte, gleichgültig, ob sie Haydns werbende Worte kannten oder nicht. Ganz sicher ist die »neue Art« nicht, wie man lange geglaubt hat, die Verbindung von Kontrapunkt und thematischer Arbeit, die in op. 20 schon voll entwickelt war. Eher dürfte es der außerordentliche geistige Anspruch der Werke sein (wie er sich, unter anderem, in den oben skizzierten Ordnungsprinzipien spiegelt), ihre geistige und affektive Diszipliniertheit (die Exzesse des op. 20 sind gänzlich verschwunden), ihre weitgehende Realisierung eines wirklich 4stimmigen Satzes und damit das Verschwinden der letzten Reste des galanten Stils; vor allem aber wohl ihre unerschöpflich reiche Verbindung von geistiger und affektiver Tiefe und behendem Witz, von hohem Stil und einer Volkstümlichkeit, die sich nicht anbiedert und nicht genrehaft-distanziert »Volk« darstellt, sondern die aus der Volksmusik als selbstverständlichem Substrat des Stils wächst – die, wie Ernst Ludwig Gerber es als gebildeter Zeitgenosse unübertrefflich formuliert hat, »Kunst, öfter bekannt zu scheinen«. Aus dieser Kunst und dieser Art von musikalischem Reichtum, der in den späteren Quartettwerken immer neu ausgebreitet und immer neu variiert wird, entsteht das eigentlich »Klassische« des klassischen Kunstwerks, eine geistig-sinnliche Struktur, die »nie ganz verstanden zu werden braucht« (Friedrich Schlegel), die aber in »unerschöpflicher Gegenwärtigkeit« (Hans-Georg Gadamer) zu immer neuer Auseinandersetzung auffordert.

Op. 33 Nr. 1 h-Moll (Hob. III:37)

Allegro moderato – Scherzo. Allegro di molto – Andante – Presto.

Was es mit dem Anspruch des op. 33 auf sich hat, der ja immer ein Anspruch an die Ausführenden und die Hörer ist, zeigt die sehr knappe Exposition des *Kopfsatzes* des h-Moll-Werkes (C) exemplarisch: Sie beginnt nämlich in mehreren Anläufen, mit einem durchaus thematisch wirkenden Gedanken, aber tonal unbestimmt, und wendet sich erst im 11. Takt nach h-Moll – in

dem dann das eigentliche Hauptthema erscheint. Das Verwirrspiel wird sogleich fortgesetzt, denn der erste Gedanke folgt noch einmal als Überleitung, nun in klarem D-Dur. Der ganz kurze Seitensatz ist aus dem Hauptthema abgeleitet, erscheint aber als eigenständige thematische Gestalt. (Zitat S. 293.) Durchführung und Reprise sind ein Musterbeispiel für Haydns typisches, gegenüber op. 20 nicht neues, hier aber klarer und auch kunstvoller durchgeführtes Verfahren, die wesentlichen Elemente der Exposition auf ihre Möglichkeiten, gleichsam analytisch, zu untersuchen und aus dieser Untersuchung, die bis in die Reprise hineinreicht, die Form des Sonatensatzes gleich-

(T. 28)

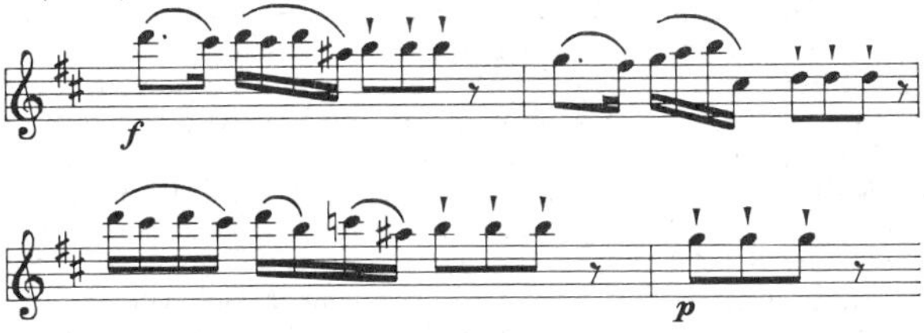

sam jedesmal neu zu entwickeln und zu begründen. Hier, im h-Moll-Quartett, zieht die Durchführung die Konsequenz aus der thematischen Ambiguität der Exposition, indem sie wieder mit dem Einleitungsgedanken, als sei er ein Thema, beginnt, ihn aber sofort und verblüffend in den Seitensatz überleitet, wodurch die Ähnlichkeit beider Formulierungen offenbar wird; aus diesem wird ein dynamisch und harmonisch heftig gesteigertes Violinsolo entwickelt – und das alles geschieht in 12 Takten, am Ende in Cis-Dur. In einem zweiten Anlauf, gewissermaßen einer neuen Argumentationsstrategie, wird ebenso verblüffend der Einleitungsgedanke vertikal mit dem Hauptthema kombiniert. Im dritten Anlauf wird die Einleitung wieder aufgegriffen – scheinbar befinden wir uns schon in der Reprise, aber mit einer doppelten Pointe wird uns diese Vermutung zerstört: Die Einleitung ist jetzt tonal eindeutig in G-Dur; ebendiese Eindeutigkeit wird aber sofort wieder in einer großen, jetzt rein rhythmisch-harmonischen Durchführung aufgehoben. Erst danach – die Durchführung ist jetzt fast genauso lang wie die Exposition – setzt die Reprise ein, nun gleich mit dem Hauptthema. Da aber dieses Thema in der Durchführung kaum ausgewertet worden ist und da eine Wiederholung der Überleitung (mittels des Einleitungsgedankens) den Einleitungsgedanken allzu dominant machen würde, wird anstelle der Überleitung eine kleine, aber intensive, auf dem verminderten Dominantseptakkord anhaltende kontrapunktische Durchführung des Hauptthemas eingeschoben. Nach ihr werden, um die Ordnung wiederherzustellen, Seitensatz und Schlußkadenz unverändert (aber natürlich in der Tonika) wiederholt.

Es ist kaum zu leugnen, daß eine solche Entwicklung einer hochkomplizierten, dabei äußerst knappen Form nicht frei von Spitzfindigkeit ist – die geringe Beliebtheit des op. 33, vom besonders eingängigen C-Dur-Quartett abgesehen, hat wohl hierin ihren Grund. Um so notwendiger erscheint und um so wirkungsvoller ist der Ausgleich, der durch die folgenden Sätze geschaffen wird. – Das *Scherzo* entspricht formal ganz den Menuetten des op. 20: Hauptteil, oft mit kunstvoll verkürzter oder erweiterter Periodenbildung – durchführungsartiger kurzer Mittelteil – variierte Wiederholung des Hauptteils; ein ähnlich aufgebautes Trio, im Charakter kontrastierend; dann Wiederholung des Hauptteils (bei Haydn übrigens stets mit allen Wiederholungen!). Der Hauptteil entwickelt sich von homophon-durchbrochenem Satz zu Anfang über immer stärker

vordringende Kontrapunktik zu einem massiv-akkordischen Schluß; das Trio (H-Dur) antwortet in Klanggruppen und 2taktigen Motiven, aus denen sich eine fließende Bewegung entwikkelt. Warum Haydn den Menuetten des op. 33 die Bezeichnung Scherzo gab (und die Bezeichnung Trio fortließ) – eine Bezeichnung, auf die er später nicht wieder zurückkam –, ist schwer zu sagen; vielleicht soll der Terminus, der ebensowenig mit der geläufigen Vortrags- und Charakterbezeichnung »scherzando« (etwa in op. 20) wie mit Beethovens Scherzo-Typus zu tun hat, einfach andeuten, daß es sich hier um etwas ganz anderes als Menuette handelt. In der Tat ist der Ton der meisten dieser Sätze vom traditionellen Menuett noch weiter entfernt als in op. 20, obwohl auch hier die Unterschiede graduell, nicht prinzipiell sind. Der »Scherz«, der Haydn gerade dieses Wort wählen ließ, könnte einerseits darin liegen, daß die Erwartung auf ein Menuett enttäuscht wird, andererseits aber auch darin, daß die meist introvertierten und ernsten Sätze so gar nicht den Ton, wohl aber die Form eines Menuetts haben – und vielleicht auch darin, daß sie sehr kurz sind.

Der langsame Satz des h-Moll-Quartetts ist ein *Andante* (6/8, D-Dur), dessen Kopfthema deutlich an das Scherzo-Thema anknüpft. Formal ist es ein Sonatensatz mit stark veränderter Reprise, im Tonfall ein freundlich-elegantes, aber trotz des 6/8-Takts nicht bukolisches Stück. Entsprechend seinem Charakter und seiner Stellung im Zyklus verzichtet es ganz auf die scharf-

sinnigen thematischen Verwicklungen des Kopfsatzes und konzentriert die Durchführung auf eine knappe melodische Entwicklung des Hauptthemas. – Das *Finale* (2/4), wieder ein Sonatensatz, hat noch viel vom typischen Presto-Finale der früheren Quartette und ist kaum ausgedehnter; der heitere Finale-Ton wird – in Moll-Sätzen eine naheliegende Lösung – vor allem durch ein großes, zigeunerisch getöntes Violinsolo, in der Durchführung durch mehrfaches Stocken der Bewegung, kontrapunktisch turbulente und motivisch spannende Verarbeitung des Hauptthema-Anfangs erreicht.

Op. 33 Nr. 2 Es-Dur (Hob. III:38)

Allegro moderato – Scherzo. Allegro – Largo e sostenuto – Presto.

Der *Moderato*-Sonatensatz (C) beginnt mit einer großen Kantilene, aus der aber sehr schnell die unscheinbarsten Motive abgespalten werden, die den Rest der kurzen Exposition in thematischer Arbeit beherrschen; ein Seitensatz fehlt. Die Durchführung zeigt mit immer wieder verblüffender Phantasie, was aus

dem Themenkopf und den abgespaltenen Motiven – obwohl sie schon in der Exposition verarbeitet worden sind – in einer »richtigen« Durchführung alles gemacht werden kann. In der Reprise, die durch einen sich gleichsam festrennenden Ansatz des Themas in c-Moll witzig und spannend vorbereitet wird, setzt sich die geradezu erbarmungslose thematische Arbeit noch fort; erst gegen Ende entsteht, durch Erweiterung der konzertanten Passagen der Exposition, eine kleine Entspannung. – Das *Scherzo* beginnt wie ein Tanzmenuett, wird dann aber schnell ernst und harmonisch wie kontrapunktisch anspruchsvoll; das Trio (in der Grundtonart) ist fast ein Ländler, ein ganz einfaches und unendlich liebenswürdiges Stück, das Mozart als Modell für das Menuett-Trio seiner großen Es-Dur-Sinfonie gedient hat. – Der langsame Satz (3/4, B-Dur), ein ernstes *Largo*, ist formal eine Art Rondo (A B A B A Coda), dessen kantabler Hauptgedanke stets in B-Dur erscheint, aber von Mal zu Mal neu umspielt wird, während die durch heftige Synkopen dramatisch-bedrohlich wirkende Episode erst in F-, dann in Es-Dur erscheint. – Dem *Finale* (6/8) verdankt das Werk in den angelsächsischen Ländern seinen Beinamen **»The Joke«**: ein turbulentes Perpetuum mobile in Rondoform (A B A B′ A′). Der A-Teil ist in sich 3teilig (a – a′ auf der Dominante – a wieder auf der Tonika) und wird wie eine Sonatensatzexposition wiederholt; ebendiese Dreiteiligkeit wird am Schluß durch einen parodistisch feierlichen Adagio-Einschub aufgebrochen, und dann folgt der »Spaß«, der für sich selbst spricht.

Op. 33 Nr. 3 C-Dur (Hob. III:39)

Allegro moderato – Scherzo. Allegretto – Adagio ma non troppo – Presto.

Das **»Vogelquartett«** (ein durchaus unpassender Beiname) beginnt mit einem relativ breiten *Sonatensatz* (¢), dessen domi-

nierendes Wirkungsmittel die Harmonik ist: Das Hauptthema, das sich zu seinem jeweiligen Grundton erst hinentwickelt, erscheint sogleich nach dem C-Dur-Beginn in d-Moll und g-Moll, dann – durch neue Begleitstimmen und Diminutionen im Charakter völlig verändert – changierend zwischen g und G, schließlich verkürzt und liedhaft vereinfacht in der Funktion des Seitensatzes in G. C-Dur taucht in dieser Exposition kaum auf.

Die Durchführung arbeitet wieder harmonisch und mit Motivkombinationen; der ruhige und entspannte, durch die breite Anlage, die maßvolle Bewegung und die klaren harmonischen Flächen bewirkte Ton des Satzes wird hier noch deutlicher. Zur harmonischen Konzeption des Satzes gehört es, daß sich die Reprise ins C-Dur (das dann gleich wieder verlassen wird) gleichsam einschleicht und daß die Coda noch einmal harmonische Pointen ausspielt, bis der Satz schließlich mit dem Thema, das nun gleichsam endgültig und triumphal in C-Dur angekommen ist, endet.

Das *Scherzo*, sotto voce, in tiefer Lage und akkordisch-simplem Liedsatz, aber ohne liedhafte Zeilenbildung, vielmehr wie ziellos fließend, ist ein faszinierend fremdartiges, geheimnisvoll umschattet wirkendes »Stimmungsbild«; das Trio, 2stimmig, in hoher Lage, mit Trillern verziert und kindlich einfach in seiner Faktur, bildet einen fast zu scharfen Kontrast. – Das *Adagio* (3/4, F-Dur) ist der erste ganz affektstarke, auch schmerzlich bewegte Satz des op. 33 und der erste auch in der Form anspruchsvolle. Rondo, Liedform und Variationstechnik sind verbunden: Auf das feierliche 8taktige 1. Thema folgt ein freundliches und bewegteres, am Schluß aber chromatisch getrübtes 2. Thema; beide werden variiert und ornamentiert wiederholt, dann folgt plötzlich eine heftig erregte thematisch freie Episode und schließlich die 2. Variation beider Themen, bei der aber das 1. – und damit der ernste Grundton – schnell zurücktritt, so daß der Satz idyllisch endet. – Das *Finale* (2/4) ist ausdrücklich als Rondo bezeichnet, hat aber viel deutlicher als das Finale des vorigen Quartetts Züge eines Sonatensatzes, so in der Durchführung des Ritornellthemas nach der ersten, traditionsgemäß in Moll (a-Moll) stehenden und folkloristisch getönten Episode und in den ineinander übergehenden Durchführungen der Episode und des Themas in der Mitte des Satzes. Am Schluß kehrt aber die Episode nicht wieder, und in der Coda wird das Thema sehr witzig und im Pianissimo verklingend auseinandergenommen, umgekehrt und zu guter Letzt noch variiert.

Op. 33 Nr. 4 B-Dur (Hob. III:40)

Allegro moderato – Scherzo. Allegretto – Largo – Presto.

Das Werk beginnt mit einem *Sonatensatz* (C), der ähnlich – und aus ähnlichen Gründen – spröde ist wie der des h-Moll-Werkes, mit einem eigentlich nur aus Floskeln (die sofort verarbeitet werden) zusammengesetzten Hauptthema, das sich zur Grundtonart erst durcharbeitet, und einem wenig ausgeprägten Seitensatz. Die Durchführung ist der wirkungsvollste Teil des Satzes – eine Tour de force thematischer Arbeit, denn durchgeführt wird nur das unergiebigste Motiv des Themas, aber überlagert von einem dankbaren »Solo« der 1. Violine. Die Reprise setzt erst in der falschen Tonart (Es-Dur) ein, wird am Ende noch einmal durchführungsartig erweitert und schließt mit einer kleinen Coda, die das Hauptthema ähnlich »epigrammatisch« zusammenfaßt wie die Coda im C-Dur-Quartett. – Das Menuett und sein Trio sind mit einem ähnlich kräftigen Kontrast wie im C-Dur-Werk gegeneinander abgesetzt, nur sind hier die Rollen vertauscht: Das *Scherzo* ist freundlich und einfach, das Trio (b-Moll) ist nur aus Seufzern gebildet. – Das *Largo* (3/4, Es-Dur) verbindet wieder Rondoform und Variationstechnik. – Das *Finale* (2/4) ist wieder ein Rondo mit Elementen thematischer Arbeit, jetzt aber mit 2 Episoden: die erste in

Es-Dur und zugleich der erste Durchführungsabschnitt des Themas, die zweite in g-Moll und der eigentliche Kontrast des Sat-

(1. Episode, T. 37)

zes. Die Coda ist wieder als Überraschungsschluß pointiert: Das Thema rennt sich erst in seinem 6. Takt fest und wird schließlich, aufs »Wesentliche« vereinfacht, als Pizzicato-Ständchen stilisiert, das durch das rasende Tempo einen grotesken Zug bekommt.

Op. 33 Nr. 5 G-Dur (Hob. III:41)

Vivace assai – Largo e cantabile – Scherzo. Allegro – Allegretto.

Der *Kopfsatz* (2/4) beginnt mit einer neuen Idee, die Haydn später oft variiert hat, 2 Kadenztakten als »Vorbau«, ehe das Thema beginnt; hier, anders als in späteren Werken, werden

Vivace assai

daraus zusätzliche Pointen gewonnen, indem das Thema wieder in das Motiv mündet, die Reprise ebenfalls mit dem Vorbau einsetzt und der ganze Satz mit einer kleinen »Durchführung« und zweimaligem Zitat der 2 Takte endet, der Vorbau also mehrfach integriert wird. Der Satz ist ein großartig konziser, dabei von Einfällen übersprudelnder Sonatensatz mit deutlich kontrastierendem, aber sehr schnell wieder ins Hauptthema zurückleitendem Seitensatz. – Das *Largo* (¢, g-Moll) ist, entsprechend seiner Tonart, ein leidenschaftliches Stück, das aus der pathetischen Geste des Kopfmotivs einen großen Gesang entwickelt, der am Anfang und Ende durch ein düsteres Unisono umrahmt wird. Das *Scherzo* greift in seinen deutlich auf Beethoven-Scherzi vorausweisenden gegentaktigen Rhythmen, seinen wilden Ausbrüchen und plötzlichen Pausen den ungebärdigen Ton des 1. Satzes wieder auf; das Trio (in der Grundtonart) ist ein sanfter und schlicht-tanzhafter Kontrast. – Das *Finale* (6/8) ist, wie schon erwähnt, ein Experiment: ein Variationensatz als Schlußsatz, noch dazu einer, dessen Thema sicilianohaft getönt ist und damit Assoziationen an freundlich ausgebreitete langsame Sätze, nicht energisch und witzig zusammenfassende, entspannende und pointierende Finali nahelegt. Haydn löst das Problem, indem er schon in der 2. Variation den Tonsatz energisch verändert, nicht nur figuriert, sondern mit dem Kopfmotiv des Themas arbeitet, und in der 3. Variation die beiden Melodieteile nicht genau wiederholt, sondern weiter variiert; schließlich und vor allem aber folgt dieser Variation die 4. (wie in den früheren Quartett-Opera sind es 4 Variationen), ein Presto, in dem die Melodie motivisch verarbeitet, unter eine kantable Oberstimme gelegt und schließlich in der witzigen Technik der anderen Finali aufgelöst wird. Erst durch diese Presto-Variation bekommt der Satz, der das Vorbild für die Variationen in Mozarts d-Moll-Quartett KV 421 wurde, seinen eigentlichen Finale-Charakter.

Op. 33 Nr. 6 D-Dur (Hob. III:42)

Vivace assai – Andante – Scherzo. Allegretto – Allegretto.

Der *Kopfsatz* des Werkes (6/8) beginnt in einem nur scheinbar und nur für kurze Zeit »leichten«, durch die wiegende Melodik und die Orgelpunkte im Cello Hirtenmusiken assoziierenden

Ton. Überleitung und Seitensatz beginnen sogleich mit energischer kontrapunktischer und thematischer Arbeit, und Durchführung und Reprise sind so miteinander verschränkt, daß die Reprise thematisch unvollständig bleibt, aber mehrfach neue und intensive Durchführungen einblendet; erst die kleine Coda scheint in diesem Satz die endgültige Stabilisierung zu bringen. – Der *langsame Satz* (¢, d-Moll) ist eine Art Gegenstück zum pathetischen g-Moll-Satz des vorigen Quartetts, keine Solokantilene, sondern ein sonatensatzartig durchgearbeitetes, dabei ganz einfach aufgebautes Stück. Der Hauptteil beginnt träumerisch und melancholisch unter einem hohen Halteton der 1. Violine, der auch, mit wunderbarer Wirkung, die Durchführung markiert und die Wiederkehr des Themas ankündigt und begleitet. – Das *Scherzo* beginnt sehr einfach, entwickelt aber im 2. Teil eine 7-, dann eine 11taktige und mit Imitationen gewürzte Periode. Das Trio (in der Grundtonart) spielt auf andere Weise dieselbe Idee einer aus dem Einfachen erwachsenden Kompliziertheit durch: ein behagliches Cellosolo, das im 2. Abschnitt kanonisch angereichert, im 3. in einer Art freier Umkehrung unisono zusammengefaßt wird, das alles aber in braven 8taktigen Perioden. – Das *Finale* verzichtet auf die Presto-Zuspitzung des Schlußsatzes im G-Dur-Quartett, steigert aber das Prinzip des Variationensatzes zur Doppelvariation. Hinzu kommt, daß die beiden variierten Themen extrem gegensätzlich sind: das erste eine freundliche, etwas altväterisch einherschreitende Melodie, das zweite ein kontrapunktisch und in Sext- und Septsprüngen pathetisch zugespitzter Satz in d-Moll. Dementsprechend sind die Variationstechniken unterschiedlich: Die D-Dur-Melodie wird figuriert, der d-Moll-Satz kontrapunktisch verändert. Der Gegensatz beider Teile und beider Verfahren gibt dem Satz eine eigentümliche Spannung; dadurch, daß er in einer Dur-Variation endet, bleibt er insgesamt, wie es sich für das Finale eines Dur-Werkes gehört, positiv.

Streichquartett op. 42 d-Moll (Hob. III:43)

Andante ed innocentemente – Menuett. Allegretto – Adagio e cantabile – Presto.

Das einzelne Quartett op. 42, das Haydn 1785 schrieb und das 1786 veröffentlicht wurde, hat (abgesehen davon, daß es nie sehr populär gewesen ist) die Fachleute so oft und so sehr irritiert, daß man versucht hat, es umzudatieren und aus der Entwicklung von op. 33 über op. 50 zu den späten Quartetten herauszuhalten. An seiner Entstehungszeit kann aber kein Zweifel sein. Seine ungewöhnliche Kürze ist nicht die der frühen Divertimenti, sondern das Ergebnis intensiver Konzentration der bis op. 33 entwickelten Formen, und diese vor allem im Adagio und Finale geradezu angestrengt wirkende Lakonik mag ein Grund dafür gewesen sein, daß Haydn hier – zum ersten und einzigen Mal vor op. 77 und op. 103 – nicht 6 Werke, sondern nur ein Quartett schrieb. Das Finale deutet vielleicht an, welche Funktion das Werk für Haydn gehabt hat: Es ist weniger die Fortsetzung oder kontrastierende Ergänzung zu op. 33 – diese Rolle wird op. 50 übernehmen – als vielmehr eine Antwort auf Mozarts 6 Quartette, die 1785 erschienen und Haydn gewidmet waren, vor allem auf das Finale des G-Dur-Quartetts KV 387.

Auch so bleibt allerdings manches Detail, nicht nur die Kürze des Werkes, seltsam. Der 1. Satz (2/4) ist ein *Andante*, aber nicht, wie man erwarten könnte, ein Variationensatz, sondern ein monothematischer Sonatensatz, dessen melancholische Grundstimmung sich kaum je aufhellt; erst im letzten Augenblick und mit wunderbar befreiender Wirkung wendet sich der Satz nach D-Dur. – In D-Dur steht dann auch das *Menuett*, das *Trio* wieder in d-Moll; beide Teile sind im Affekt wie in der Form ziemlich einfach. – Das *Adagio* (¢, B-Dur) ist ein wiederum formal ganz einfaches, wunderbar friedlich und innig wirkendes Stück, in seiner Kürze und Konzentration so etwas wie die Quintessenz der Verbindung von Liedform, Sonatensatz und Variationstechnik, die in Haydns langsamen Quartettsätzen eine so große Rolle spielt. – Das *Finale* schließlich (2/4) ist trotz seiner Kürze der gewichtigste und interessanteste Satz des Werkes: eine Verbindung von Fuge und Sonatensatz, die in den beiden kontrastierenden Teilen des Themas programmatisch angekündigt,

dann sehr energisch und ernst durchgespielt wird. Ein Experiment dieser Art, das nicht zu den Finale-Fugen des op. 20 und deren Entwicklung zum kapriziösen Ton zurückgeht, sondern einen für Haydn ganz neuen ernsten Finale-Typus schafft, ist kaum denkbar ohne das Beispiel des Finales von Mozarts erstem »Haydn-Quartett« KV 387, auch wenn es hinter Mozarts in jeder Hinsicht großem Satz an Tiefe und Umfang weit zurückbleibt. Haydn scheint gefühlt zu haben, daß dies kein angemessener Finale-Typus für ihn war; jedenfalls hat er später fast keine Fugen-Finali in Streichquartetten mehr geschrieben und dort, wo er es tat, den Typus erneut tiefgreifend verändert.

Streichquartette op. 50 (Hob. III:44–49)

Zwischen dem krisenhaften op. 20 und dem »klassischen« op. 33 hatte eine Pause im Streichquartettschaffen gelegen, die 9 Jahre – bei einem so fleißigen Komponisten wie Haydn eine enorm lange Zeit – gedauert und in der Haydn seine Instrumentalsprache im Barytontrio und vor allem in der Sinfonie weiterentwickelt hatte. Zwischen op. 33 und op. 50 lagen, wenn man von dem Einzelwerk op. 42 absieht, noch einmal 6 Jahre: op. 50 wurde 1787 geschrieben und im selben Jahr veröffentlicht. Erst von dieser Werkgruppe an begann Haydn, wirklich kontinuierlich Streichquartette zu komponieren, in einem Rhythmus, der sich erst in den letzten, von Krankheiten und Altersschwäche überschatteten Jahren verlangsamte. Die gesicherten oder wahrscheinlichen Kompositionsdaten sind die folgenden:

op. 50	Anfang bis Mitte oder bis Herbst 1787
op. 54/55	Sommer und Herbst 1788
op. 64	1790, vor der 1. Englandreise
op. 71/74	1793, vielleicht schon 1792 angefangen, sicherlich nach der 1. und vor der 2. Englandreise
op. 76	1797
op. 77	1799, nur noch 2 Quartette
op. 103	1802/03, unvollendet

Die auffallende Pause zwischen op. 33 und op. 50 war sicherlich – wie die Isoliertheit und Eigenart des Quartetts op. 42 – auch durch Mozarts Reaktion auf op. 33 in seinen 6 Haydn gewidmeten Quartetten bedingt, mit denen nun wiederum Haydn sich auseinanderzusetzen hatte: Das ohnehin enge, von höchstem kollegialem Respekt und auf Mozarts Seite von Verehrung

getragene Verhältnis der beiden Komponisten wurde zu einem imaginären Dialog im Medium der Gattung, die eben durch ihr Schaffen zur anspruchsvollsten der Instrumentalmusik geworden war. Die Pause erklärt sich aber wohl auch dadurch, daß der außerordentlich zugespitzte Stil des op. 33 nicht umstandslos weiterzubilden war – und einfach auch dadurch, daß Haydns Arbeitskraft in diesen Jahren mehr als ausgelastet war, mit der Komposition der letzten Opern, der »Sieben Worte« (Orchester- und Streichquartettfassung) und vor allem der 6 für Paris bestimmten Sinfonien (Hob. I:82–87), die in Haydns sinfonischem Schaffen eine ähnliche Schlüsselstellung einnehmen wie op. 33 bei den Streichquartetten.
Haydn widmete op. 50 dem preußischen König Friedrich Wilhelm II. Offensichtlich sind die Werke aber nicht schon mit dem Blick auf den cellospielenden König geschrieben worden, denn dann hätte Haydn das Cello wohl prominenter hervortreten lassen – wie Mozart in seinen 3 letzten, demselben Monarchen gewidmeten Quartetten und wie alle die anderen Komponisten, die Quartette nach Berlin schickten.
Wie in den früheren Opera stehen 5 der Quartette in Dur, eines in Moll; die Reihenfolge des Artaria-Drucks, die wohl als authentisch gelten kann, ist B, C, Es, fis, F und D. Neu ist, daß das 6. Quartett nicht mehr ein »leichteres« Stück ist, und neu ist auch, daß jetzt – und von jetzt an in fast allen Quartetten Haydns – der langsame Satz, unabhängig vom Tempo des Kopfsatzes, an zweiter und das Menuett an dritter Stelle steht. Die so verfestigte Form wird mit Leben erfüllt durch die weiter ausdifferenzierte Verlaufskurve (Verstand – Affekt – Spiel – Witz), die einen Halt im Prinzip des Tempokontrasts nicht mehr nötig hat. Neu ist vor allem, daß Haydn jetzt intensiv mit monothematischen Sonatensätzen arbeitet (wie in den Pariser Sinfonien) und daß er die Experimente des op. 33 mit Rondos und Variationensätzen als Finali aufgibt, statt dessen auch hier Sonatensätze, monothematische und mehrthemige, schreibt – hier im Gegensatz zu den Pariser Sinfonien, deren große »Entdekkung«, das Sonatensatz-Rondo, nicht übernommen wird.

Op. 50 Nr. 1 B-Dur (Hob. III:44)

Allegro – Adagio non lento – Menuett. Poco allegretto – Vivace.

Der *Kopfsatz* (¢) wird getragen von einer fast ununterbrochenen gehenden Viertel-Bewegung, die über weite Strecken von

Triolen überlagert wird. Thematisch geschieht fast nichts, eine sequenzierende Floskel und ein paar Triolen ohne motivische

Kontur bilden das Hauptthema oder besser: definieren die Tonika-Ebene; lebhaftes Konzertieren in Triolen markiert die

Dominant-Ebene. Aber die chromatische Überleitung zur Dominante deutet an, was kommen wird: eine harmonisch aufregende Durchführung des Kopfmotivs und eine aufgeregte Durchführung der Triolenketten, eine »zusammengeschobene« Reprise, die wieder von den Triolen dominiert wird, und eine wunderbar ruhig verklingende Coda, in der auf geradezu feierliche Weise das Fazit gezogen, das Kopfmotiv zu einer schönen thematischen Periode ausgeformt, die schreitende Viertel-Bewegung des Cellos in die Triolenbewegung, die jetzt auf paradoxe Weise ruhig wirkt, verwandelt wird. Ein reicher und schöner Satz – aus einem thematischen Nichts. – Das *Adagio* (6/8, Es-Dur) ist ein Variationensatz – wieder Thema und 4 Variationen –, dessen 2. Variation in es-Moll erscheint und dessen letzte eine vom Thema sehr weit sich entfernende Coda ist. – Das *Menuett* ist ein gar nicht heiterer, sondern verhalten nervöser, chromatisch schattierter Satz voller menuettferner Überraschungen; das *Trio* (in der Grundtonart) ist freundlicher, mit einer witzig variierten Wiederholung des Hauptteils, und läßt die Erregung des Menuetts nur noch im Mittelteil anklingen. – Das *Finale* (2/4) ist ein vitaler, thematisch wie kontrapunktisch gleich dichter monothematischer Sonatensatz.

Op. 50 Nr. 2 C-Dur (Hob. III:45)

Vivace – Adagio cantabile – Menuett. Allegro – Vivace assai.

Der *Kopfsatz* (3/4) beginnt mit einem gar nicht nach D-Dur-Glanz und Heiterkeit klingenden 9taktigen Gedanken, aus dem

Vivace

ein großer, komplexer und wild erregter thematischer Abschnitt gebildet wird. Auf der Dominante schlägt die Erregung jäh in Ruhe und eine fast penetrante Gelassenheit um, aber dieser Seitensatz wird schnell – nun harmonisch – unterminiert, und am Schluß der Exposition erscheint das Hauptthema verkürzt noch einmal. Die Durchführung bringt ein großes Fugato über das Kopfthema und einen obligaten Kontrapunkt, dann über die Umkehrung des Themas; die Verbindung von Sotto-voce-Vortrag, Synkopen und Sforzati mit dichtem Kontrapunkt baut eine bedrohliche Spannung auf, die sich in einer kurzen Einblendung des Seitensatzes löst, aber mit dem Einsatz der Reprise zurückkehrt; da in die Reprise noch einmal ein Fugato eingebaut wird, bleibt der Hörer am Ende mit dem Eindruck eines Satzes zurück, der im Lauf seiner Entwicklung gleichsam monothematisch geworden ist, weil der freundliche Seitensatz sich nicht behaupten konnte. – Das feierlich schreitend beginnende *Adagio* (¢, F-Dur) verbindet Variationen- und Liedsatz mit der Zweithemigkeit eines Sonatensatzes: Thema – Variation – Seitensatz – Mittelteil mit konzertantem Cellosolo – neue Variation – Seitensatz – Coda. Nach der Vorstellung des Themas wird der Satz, außer im Mittelteil, ganz von den hohen chromatischen Fiorituren der 1. Violine geprägt, die ihm einen besonderen Klangreiz geben. – Das *Menuett* knüpft, wie so oft bei Haydn, an den erregten Ton des 1. Satzes an, aber auf eine besondere Weise: Ein ganz harmloses 8taktiges Thema wird in einen Tumult von Einsätzen, verkürzten und verlängerten Perioden, verwegenen Modulationen und Chromatisierungen verwandelt; das *Trio* (in der Grundtonart) wendet diese Phantastik ins Lustige. – Das Finale (2/4) ist gleichsam das Muster eines behenden und witzigen *Vivace*-Sonatensatzes, in dem der Seitensatz (in seiner Chromatik entfernt an Mozart erinnernd, in seiner Zehntaktigkeit echter Haydn) gegen die turbulenten motivischen und kontrapunktischen Umtriebe des Hauptthemas keine Chance hat: in der Durchführung taucht er gar nicht auf, und in der Coda werden die letzten Pointen des Hauptthemas ausgespielt.

Op. 50 Nr. 3 Es-Dur (Hob. III:46)

Allegro con brio – Andante più tosto allegretto – Menuett. Allegretto – Presto.

Das Es-Dur-Quartett beginnt als einziges des op. 50 mit einem Satz im 6/8-Takt (Zitat S. 308), der aber alle Anklänge an die früheren »leichten« 6/8-Takt-Sätze vermeidet. Er ist ganz monothematisch und durch kleine konzertante Soli nur vorübergehend aufgelockert, in der Durchführung kontrapunktisch intensiviert – insgesamt, trotz seines fast harmlosen Beginns, ein

Allegro con brio

äußerst konzentrierter und vitaler Satz. – Das *Andante* (2/4, B-Dur) ist ein Variationensatz, der ähnlich wie der 1. Satz trügerisch harmlos beginnt. Die 1. Variation steht in b-Moll, die 2. ist eine Thema-Wiederholung, aber mit bedrohlich chromatisierten Begleitstimmen, und die 3., lebhafter bewegt und freundlicher, beginnt mit einer freien Introduktion und endet in einer Coda, in der das Thema in einer ganz neuen, vereinfachten und beruhigten Wendung anklingt. – Das *Menuett* beginnt ähnlich harmlos wie das im vorangehenden Quartett und geht dann in ähnliche, wenn auch nicht ganz so exzentrische und ausführliche Modulationen über. Das *Trio* (in der Grundtonart) wirkt wie eine entfernte und idyllische Variation des Menuetts – Monothematik und Variationsprinzip beginnen ins Menuett einzudringen (in den folgenden Quartetten wird sich diese Tendenz verstärken). – Das Finale ist wieder ein 2/4-Takt-*Presto*, diesmal rigoros monothematisch und mit witziger »Arbeitsteilung«: thematisch-kontrapunktische und variative Arbeit in Exposition und Reprise, harmonische Arbeit in der Durchführung. Nach dem monothematischen Kopfsatz, dem Variationensatz und den variativ verbundenen Teilen des Menuetts ist dies der 4. thematisch einheitliche Satz (und der 2. Sonatensatz) des Werkes: Thematische Vereinheitlichung ist kaum weiterzutreiben – aber zugleich ist sie die Aufgabe, über deren Schwierigkeit Haydns Phantasie triumphal siegen kann.

Op. 50 Nr. 4 fis-Moll (Hob. III:47)

Allegro spiritoso – Andante – Menuett. Poco allegretto – Fuga. Allegro moderato.

Der *Kopfsatz* (3/4) bildet sein Thema, das nicht abgeschlossen, sondern sogleich verarbeitet wird, aus 2 Fassungen eines winzigen Motivs: einer melodisch-motivischen, gestalthaft ausgeprägten und einer fast nur rhythmischen. Aus diesen Elementen

wird der ganze Satz, strikt monothematisch, entwickelt. Der auftaktige Achtel-Rhythmus gibt ihm seinen besonderen Impetus; Haydns Kunst der Motivverwandlung bringt es fertig, aus der motivischen Zelle einen »Seitensatz« in leuchtendem A-Dur zu bilden, der tatsächlich als Seitensatz und entspanntes Intermezzo wirkt. – Der *langsame Satz* (2/4, A-Dur/a-Moll) bringt wie das Finale von op. 33/6 Doppelvariationen über je ein Thema in Dur und Moll; wie dort endet er mit einer Dur-Variation. – Das *Menuett* (in Fis-Dur!) ist trotz der aparten Tonart ein eher energisch-vitaler als lieblicher Satz; das *Trio* ist eine kontrapunktisch angereicherte Moll-Variation und setzt damit die Tendenzen zur thematischen Vereinheitlichung des Menuetts aus dem vorangehenden Quartett fort. – Das Finale (6/8), ein relativ kurzer, verhalten melancholischer Satz (eine für Haydn ganz ungewöhnliche Lösung), beginnt zweimal als *Fuge*, die sich in Homophonie auflöst, im 1. Teil durch die Verselbständi-

gung des Seufzermotivs der beiden ersten Töne, aus dem sich eine wie ein Seitenthema wirkende Melodie entwickelt; im 2. Teil, der durch Engführungen und Umkehrungen des Fugenthemas wie eine konzentrierte Reprise erscheint, durch die Ausbildung einer groß gesteigerten Melodie, die aus dem »Seitenthema« abgeleitet ist.

Op. 50 Nr. 5 F-Dur (Hob. III:48)

Allegro moderato – Poco adagio – Menuett. Allegretto – Vivace.

Der *Kopfsatz* (2/4) ist wieder ein monothematischer Sonatensatz, der heiter gelassen und fast wie ein Variationen-Andante beginnt, dann aber vor allem durch die emphatisch ausgespiel-

ten Kadenzwendungen, Kraft und energische Bewegung bekommt. – Das *Adagio* (3/4, B-Dur) hat eine ganz einfache 2teilige Form (A A′) und beginnt, dolce, mit einer zarten Geigenkantilene, die harmonisch reich umkleidet und figurativ ausgesponnen wird. Die große Ruhe und Zartheit des Satzes, der sich kaum über das Piano hinaus steigert, wird nirgends gestört. – Das *Menuett* ist einer der interessantesten und eigenwilligsten Sätze des op. 50: Der Hauptteil entwickelt sich aus einem ornamentalen Auftaktmotiv, dessen immer neues Ansetzen der Bewegung einen eigentümlichen, zugleich graziösen und energischen Schwung gibt; der Schluß bricht diesen Schwung dann plötzlich in einer scheinbar im 2/4-Takt stehenden Kadenz. Das *Trio* (f-Moll) ist eine Variation, wie in den beiden vorangehenden Werken, die aber das Ornament-Motiv zurückdrängt und den Moll-Charakter durch große Unisoni und gänzlich unregelmäßige Periodenbildung steigert. – Das *Finale* (6/8) greift eine Idee des 1. Satzes – Kontrast in der Exposition durch ornamentale Bewegungssteigerung – wieder auf; den Charakter des Satzes bestimmen aber die Signalmotive des (praktisch einzigen) Themas, mit denen er beginnt. Die Reprise ist erheblich verkürzt; dafür erscheinen als Coda, gleichsam perspektivisch zusammengedrängt, noch einmal der Satzanfang und der Schluß der Exposition, so gut wie unverändert – eine für Haydn höchst ungewöhnliche Schlußbildung.

Op. 50 Nr. 6 D-Dur (Hob. III:49)

Allegro – Poco adagio – Menuett. Allegretto – Allegro con spirito.

Der *1. Satz* (C) ist ein fast monothematischer Sonatensatz, in dem nur in den letzten Takten der Exposition so etwas wie ein Seitensatz eingeführt wird. Den Charakter des energisch und breit strömenden Satzes prägt das Thema, das fast zum Typus des »singenden« Allegro-Themas der 60er und frühen 70er

Allegro

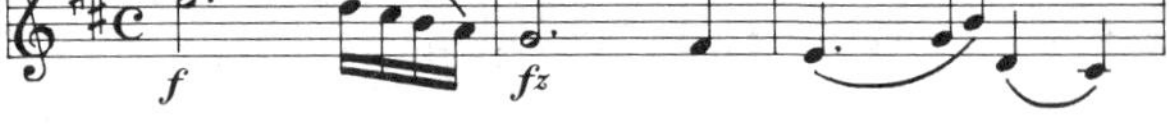

Jahre zurückzukehren scheint, im Verlauf des Satzes aber aus der Abspaltung und faszinierend vielgestaltigen Verarbeitung des Kopfmotivs große Energien gewinnt. – Das *Adagio* (6/8, d-Moll) ist ein wiederum monothematischer Sonatensatz, dessen ernster Grundstimmung durch die schnellen Ornamentfiguren, die durch alle Stimmen wandern, ein Moment von Unruhe beigemischt wird. – Das *Menuett* beginnt sehr energisch in punktierten und lombardischen Rhythmen, die im Mittelteil kurz, aber harmonisch weit ausholend verarbeitet werden. Das *Trio* (in der Grundtonart) ist ernster, im Verarbeitungsteil noch ausführlicher und im Wiederholungsteil stark verändert; sein Thema hat Mozart zum Menuett des 1. »Preußischen« Streichquartetts KV 575 (in derselben Tonart) inspiriert. – Das *Finale* (2/4) hat dem Quartett seinen Beinamen **»Froschquartett«** eingebracht: Es ist geprägt durch schnelle Tonrepetitionen, die abwechselnd auf gegriffener und leerer Saite gespielt werden (Bariolage) und bei unsauberer Technik »quakend« klingen; Haydn baut diesen virtuos-humoristischen Effekt im Lauf des Satzes liebevoll aus, vor allem in chromatischer und akkordischer Umspielung der leeren Saiten in der 1. Violine. Im Gegensatz zu den beiden ersten Sätzen des Werkes ist dieses Finale ein geradezu demonstrativ 2themiger Sonatensatz. Die Durchführung entfesselt ein wildes und skurriles Spiel aus Bariolage und Spielfiguren der hier ganz konzerthaft-solistisch behandelten 1. Violine; den Schluß, nach ziemlich regelmäßiger Reprise, bilden wieder die Bariolage-Effekte mit ihren komisch-bedrohlichen chromatischen Gegenstimmen, piano und pianissimo verklingend.

Streichquartette op. 54 (Hob. III:57–59) und **op. 55** (Hob. III:60–62)

Die je 3 Quartette op. 54 und 55 bilden eine Einheit, formal und inhaltlich, d. h. in der Entwicklung oder (besser:) immer neuen

Umschreibung und Variation des Haydnschen Quartett-Typus; die Opuszahlen sind willkürliche Zutaten der Verleger. Haydn übergab die Werke im September oder Oktober 1788 dem Geiger der Eszterházy-Kapelle und späteren Wiener Kaufmann Johann Tost, der sie mit anderen Werken bei einer Reise nach Paris dem Verleger Sieber (bei dem sie dann auch erschienen) verkaufen sollte; demselben Tost wurden 1790 die Quartette op. 64 gewidmet. Vielleicht hat der Gedanke an den Geiger Tost dazu beigetragen, daß schon in op. 54 und 55 die 1. Violine noch stärker solistisch-virtuos behandelt wird als in op. 50. Der auffallendste Unterschied zu dem älteren Werk liegt aber in der Gestaltung der Ecksätze. Die Kopfsätze arbeiten wieder mit Themenkontrasten – die Phase der konzentrierten monothematischen Experimente ist vorbei, wenngleich Haydn auch später immer wieder monothematische Sonatensätze schreiben wird; die Finali sind, vor allem durch kontrapunktische Elemente, gewichtiger und meist auch formal differenzierter als in op. 50. Die Tonartenwahl – 5 Werke in Dur, eines in Moll – bleibt unverändert (G, C, E, A, f, B); dagegen ist die schon in op. 50 aufgegebene Tradition, das 6. Werk der Reihe etwas leichter zu gestalten, nun endgültig geopfert. Die seit op. 20 ebenfalls aufgegebene Tradition, ein Werk des Opus nicht mit einem Sonatensatz, sondern einem Variationensatz zu beginnen, wird im f-Moll-Quartett op. 55/2 nur scheinbar wieder aufgegriffen, in Wirklichkeit zu einer neuen Form verwandelt. Deutlicher als in op. 50 ist schließlich die Tendenz zu ruhigerem Grundtempo in den Kopfsätzen, verbunden mit langsamerem harmonischem Rhythmus und größeren Dimensionen – der quasi-sinfonische Ton, der sich in op. 64, 71 und 74 verstärken wird, wird zum ersten Mal als ein Grundton spürbar.

Op. 54 Nr. 1 G-Dur (Hob. III:58)

Allegro con brio – Allegretto – Menuett. Allegretto – Presto.

Das Werk ist in Haydns Zählung das 2. Quartett der Reihe (op. 54/2 das 1.). – Der *Kopfsatz* (C) beginnt mit einem schwungvollen und sogleich auf geigerischen Glanz setzenden Thema, das den Charakter des Satzes prägt und so breit entwickelt wird,

daß sich dagegen nur noch ganz am Ende der Exposition ein kleiner Nebengedanke durchsetzen kann. Die Durchführung ist erst geigerisch-klanglich geprägt, dann von intensiver thematischer Arbeit erfüllt, in der das Hauptthema motivisch auseinandergenommen, der vorher meist kompakte Satz extrem aufgelockert wird. Die Reprise verstärkt einerseits die geigerische Komponente, andererseits diese Auflockerung des Satzes und stellt am Schluß Hauptthema und Seitensatz noch einmal gegeneinander. Der fröhliche und extravertierte Ton des Satzes wird für keinen Moment getrübt. – Der *langsame Satz* (6/8, C-Dur) spielt auf Pastoraltypik an, ohne ein richtiges Pastorale zu sein. Formal ist er eine Art Rondo (A B C B′ A C Coda); anders als im Kopfsatz wird hier der liebenswürdig-harmlose Grundton durch kleine Chromatismen, vor allem aber durch das a-Moll des B-Teils und die chromatischen Gänge des C-Teils vielfach überschattet. Die gern (und irreführend) so genannte »romantische« Harmonik des späten Haydn, die gesteigerte Klanglichkeit um ihrer selbst willen und das Aufsuchen weit entfernter Tonarten in relativ knappen Entwicklungen, wird in diesem Satz schon sichtbar. – Das *Menuett* ist wieder ein ganz »positiver« Satz, der mit witzigen Periodenerweiterungen und Asymmetrien arbeitet und am Schluß an die Wiederholung des 1. Teils noch eine 9taktige und harmonisch gespannte Coda anhängt. Das *Trio* (in der Grundtonart) ist ganz regelmäßig gebaut, bekommt aber einen besonderen Reiz durch das quasi-asymmetrische Übereinander eines behaglichen Cellosolos und eines energischeren Oberstimmenmotivs. – Das *Finale* (2/4) ist – zum ersten Mal in Haydns Quartetten – ein Sonatensatzrondo im Tonfall der Finali der Pariser Sinfonien, geprägt vor allem vom witzig pointierten Spiel mit dem Auftaktmotiv des Anfangs.

Op. 54 Nr. 2 C-Dur (Hob. III:57)

Vivace – Adagio / Menuett. Allegretto – Adagio / Presto / Adagio.

Der *Kopfsatz* (¢) beginnt mit einem sehr einfachen und weiträumigen, klangbetonten Thema, das sofort klanglich in effektvollen Rückungen nach G, As und a verarbeitet wird. Die ganze

Exposition ist außerordentlich klangbetont; der Seitensatz ist ähnlich angelegt wie im G-Dur-Quartett, wird aber ausführlicher ausgebreitet. Die Durchführung ist mit 38 Takten nicht einmal halb so lang wie die Exposition, dafür selbst für Haydns Verhältnisse außerordentlich konzentriert, indem sie erst die klangliche Seite des Hauptthemas verschärft, dann Motive aus Haupt- und Seitenthema kontrapunktisch verarbeitet und die konzertanten Soli der 1. Violine gänzlich eliminiert. Die Reprise ist stark erweitert, durch Wiederaufnahme dieser kontrapunktischen Durchführungselemente intensiviert und am Schluß ausgesprochen orchestral gesteigert.

Mit dem *Adagio* (3/4, c-Moll/G-Dur) beginnt die Abkehr vom traditionellen Formschema: Der kurze Satz ist durch die Öffnung nach G-Dur und einen Attacca-Übergang mit dem *Menuett* verbunden, dessen c-Moll-*Trio* wiederum dem c-Moll des Adagios korrespondiert; dieser 2teiligen Anlage entspricht das Finale mit seiner noch ungewöhnlicheren Form. – Das feierlich ernste Adagio-Thema beschreibt in seinen 8 Takten, die melodisch aus der Variation der beiden ersten Takte gewonnen werden, die Bewegung von der Moll-Tonika zur Dur-Dominante, die dann der ganze Satz wiederholen wird; das Thema wird dreimal (mit einer kleinen Coda) in den Unterstimmen wiederholt und variiert; darüber spielt die 1. Violine virtuose Fiorituren, quasi improvisierend und im Gestus einer Zigeunermusik. Das Menuett greift den »zigeunerischen« Gestus in der plötzlichen Chromatisierung, dann der wilden Fortissimo-Steigerung des Schlusses auf; das c-Moll-Trio weist auf den ernsten Ton des Adagio-Themas zurück.

Das *Finale* (2/4) beginnt mit einer Adagio-Melodie, die – vor allem im mehrfachen Ansetzen mit dem punktierten Auftaktmotiv – zunächst nur eine langsame Einleitung erwarten läßt, dann aber in der 1. Violine breit ausgesponnen und schließlich in eine c-Moll-Variation geführt wird; indem diese Variation sich zu einem G-Dur-Schluß entwickelt, knüpft sie an die Beziehung Adagio–Menuett an, und dementsprechend folgt attacca das Presto, das den gewohnten Finale-Tonfall anschlägt, aber plötzlich auf einem Dominantsextakkord zum Stehen kommt. Mit der Wirkung einer Reprise setzt schließlich eine verkürzte Wiederholung des Adagios ein, die den Satz zum Pianissimo-Schluß bringt.

Op. 54 Nr. 3 E-Dur (Hob. III:59)

Allegro – Largo cantabile – Menuett. Allegretto – Presto.

Das 1. *Allegro* (¢) beginnt mit einem Thema, das sich in konzertantem Spiel zwischen der 1. Violine und den Mittelstimmen

zusammensetzt, aber schon nach 8 Takten über einem Tonika-Orgelpunkt quasi improvisierend weitergesponnen, dann in energisch-konzertanten Triolen der 1. Violine aufgelöst wird. Ganz ähnlich aufgelöst wird der Seitensatz, und die ungewöhnlich ausgedehnte Schlußgruppe greift die quasi improvisatorische Fortspinnung des Hauptthemas wieder auf. Die Durchführung ist fast ganz auf klangliche Steigerung und harmonische Abschattierung des Hauptthemas aus und wird nur durch ein kurzes Violinsolo aufgelockert – so »vage« die Exposition mit ihren sich auflösenden thematischen Konturen wirkte, so bestimmt und energisch wirkt jetzt die Durchführung. Die Reprise ist um einige durchführungsartige Entwicklungen erweitert, durch welche der Eindruck der Allgegenwärtigkeit der aus dem 1. Thematakt abgeleiteten Viertel-Bewegung noch gesteigert wird. – Das *Largo* (3/4, A-Dur) ist ein sehr zarter und fast idyllischer Satz in 3teiliger Liedform (der 1. Teil in sich 3teilig); der a-Moll-Mittelteil ist ein großes Solo der 1. Violine, dessen Bewegungsimpetus auch die Wiederholung des 1. Teils mit einem Gespinst zierlicher und höchst virtuoser Verzierungen überzieht. Im Gegensatz zum »zigeunerischen« Ton im C-Dur-Quartett ist der Tonfall hier ganz zart und fast neutral. – Das *Menuett* mit seinen lombardischen Rhythmen pointiert diesen Tonfall ein wenig in Richtung auf die spielerische Eleganz, die von der Tradition der Tonart nahegelegt wird; das *Trio* (in der Grundtonart) vermischt ihn mit energischeren Tönen. – Das *Finale* (2/4) bringt – nach dem Sonatensatzrondo des G-Dur- und der 3teiligen Form des C-Dur-Quartetts – die dritte Finale-Form in diesem Opus: einen monothematischen Sonatensatz, in dem die Intensität der thematischen Arbeit so groß ist, daß Durchführung und Reprise miteinander verschmelzen und die Stabilität einer wirklich reprisenhaften Wiederholung, zusammen mit der Stabilität der Grundtonart, erst in den letzten Takten wieder erreicht wird.

Op. 55 Nr. 1 A-Dur (Hob. III:60)

Allegro – Adagio cantabile – Menuett – Vivace.

Das Werk beginnt mit einem *Sonatensatz* (₵), dessen kraftvoll-pathetisches Dreiklangsthema nach breiter Entwicklung noch einmal auf der Dominante erscheint und in konzertante Triolen der 1. Violine aufgelöst wird, bevor der eigentliche Seitensatz erscheint. Die Durchführung ist ein besonders schönes Beispiel für Haydns Kunst der thematischen Arbeit und der Neugruppierung von Motiven, dabei fast durchweg getragen vom fröhlich-energischen Grundton des Satzes; die Rückleitung zur Reprise wird von 2 Entwicklungsmotiven aus Hauptthema und Seitensatz bestritten, die jetzt völlig selbstverständlich einen neuen Zusammenhang bilden. Die Reprise holt noch einmal zu einer Durchführung des ersten dieser beiden Motive aus, verzichtet dafür auf die am Beginn der Durchführung so strapazierte Schlußwendung der Exposition und schließt den Satz mit dem Kadenzmotiv des Hauptthemas. – Das *Adagio* (2/4, D-Dur) ist in freier 3teiliger Liedform gehalten, die sich mit Variationstechniken und der Rondo-Idee der Wiederkehr des Themas auf der Tonika verbindet. Das ruhige und sanft-feierliche Thema wird zweimal in D-Dur vorgetragen, erst in tiefer Lage 3stimmig, dann in hoher Lage vollstimmig »orchestriert«. Am Schluß wird das Thema sehr poetisch in Läufe und Triller aufgelöst. – *Menuett* und *Trio* (dieses in der Grundtonart) sind ziemlich regelmäßige, ganz einfache und freundliche Stücke; das Trio gibt dem 1. Geiger Gelegenheit, seine Fähigkeiten im Spiel in den höchsten Lagen und auf der G-Saite unter Beweis zu stellen. – Das *Finale* (₵) beginnt mit einem der typischen locker-

entspannten und spielfreudigen Finale-Themen des reifen Haydn, entwickelt aus ihm aber in geistreicher thematischer Arbeit ungeahnte Energien; dort, wo das Thema rondoartig wieder auf der Tonika eintreten müßte – formal handelt es sich um ein Sonatensatzrondo – erscheint mit der Wirkung eines Taschenspielertricks ein 3themiges Fugato.

Op. 55 Nr. 2 f-Moll/F-Dur (Hob. III:61)

Andante più tosto allegretto – Allegro – Menuett. Allegretto – Presto.

Das f-Moll-Quartett, sicherlich das merkwürdigste der 6 Werke, greift die traditionelle Form der Doppelvariationen und die Ausnahmeform eines 4sätzigen Zyklus mit Variationensatz als Kopfsatz wieder auf, ordnet beide aber in einen ganz neuen, übergreifenden Zusammenhang ein: die Entwicklung von f-Moll nach F-Dur, die natürlich auch als Affektentwicklung zu verstehen ist.
Der *Kopfsatz* (2/4) kontrastiert ein schmerzliches Moll-Thema mit einer danach fast hymnisch wirkenden Dur-Kantilene, die aber zugleich schon eine Variation des Moll-Themas ist; beide Themen werden je zweimal variiert (also wieder die traditionelle Zahl von 4 Variationen), so daß der Satz mit einer Dur-Variation und einer kleinen, ruhig-entspannten Coda endet. – In schroffem Kontrast dazu setzt das *Allegro* (¢) in finsterem f-

Moll und mit einem atemlosen Thema ein. Ein Seitensatz und fast jede Aufhellung der Stimmung fehlen; einzelne Motive des Themas werden schon in der Exposition intensiv verarbeitet; Generalpausen, nach denen das Thema jedesmal eine kleine Sekunde höher neu beginnt, lassen die Entwicklung stocken. Die Durchführung, nach der Generalpause eine einzige große Steigerung, beginnt als Fugato und verdichtet sich zur Fuge, die sich in einer wuchtigen Kadenz von f-Moll zur Dominante C-Dur auflöst; danach erscheint, was in diesem Satz die Reprise vertritt: das Thema (mit einer knappen Coda) in F-Dur. Der

Prozeß, der im 1. Satz in die Form der Doppelvariationen gefaßt war, wird also noch einmal vollzogen, jetzt aber in einem Sonatensatz, dessen Entwicklungsdynamik zur äußersten Konsequenz zugespitzt ist: der Entwicklung des ganzen Satzes auf die endgültige Gestalt des Themas hin, die als Resultat dieser Entwicklung erscheint.
Das *Menuett* (F-Dur) greift Momente dieses außerordentlichen Satzes wieder auf, vor allem in der auffallenden und der Menuett-Tradition widersprechenden Betonung des Kontrapunkts; schon das Thema ist 2stimmig, und aus der Oberstimme und deren Umkehrung wird im Mittelteil ein chromatischer Abschnitt entwickelt, der melodisch auf das Thema des Finales vorausweist. Das *Trio* steht, der Idee des Werkes entsprechend, in f-Moll und ist durch Chromatik und Seufzer affektiv aufgeladen. – Das *Finale* (6/8) ist ein verhältnismäßig einfacher monothematischer Sonatensatz, in dem der bisherige Verlauf des Werkes auf einer neuen Ebene zusammengefaßt und gespiegelt wird: dem Buchstaben nach ein Satz in F-Dur, der aber voller chromatischer und harmonischer Unruhe steckt (signalisiert in der chromatischen Melodik des Themas und seinem Schwanken zwischen g-Moll und F-Dur) und der in der Durchführung, wie das 1. Allegro, auch kontrapunktische Energien freisetzt. Erst im letzten Moment, in der Coda, verschwinden Chromatik, Synkopen und Kontrapunkt, und die kreisenden Sechzehntel-Figuren, die zuvor nur ganz vorübergehend Entspannung gebracht hatten, führen zu einem verhalten positiven Piano-Schluß.

Op. 55 Nr. 3 B-Dur (Hob. III:62)

Vivace assai – Adagio ma non troppo – Menuett – Presto.

Das Werk beginnt mit einem sehr energischen und kunstvoll-kontrapunktischen *Vivace* (3/4), das besonders schön Haydns originellen Umgang mit dem Sonatensatz demonstriert: Im Grunde besteht der ganze Satz darin, daß die Exposition zweimal variiert wiederholt wird, das erstemal (in der Durchführung) vor allem harmonisch verändert, das zweitemal (in der Reprise) in intensiver kontrapunktischer Arbeit. Chromatik, kontrapunktische Intensität und die weiträumige Melodik vor allem der 1. Violine geben dem Satz einen starken, aber auch merkwürdig nervösen Bewegungsimpetus, der sich erst in den letzten ruhigen Kadenztakten löst. – Das *Adagio* (2/4, Es-Dur) ist ein einfacher, entfernt marschähnlicher Variationensatz, dessen reich gegliedertes und chromatisch angereichertes Thema einmal figurativ umspielt und in der 2. Variation satztechnisch variiert wird. – Das *Menuett* beginnt tänzerisch und freundlich, schlägt aber im ausgedehnten Mittelteil chromatisch-ernste Töne an; das *Trio* (in der Grundtonart) ist ein ganz einfaches, durch seine Triolen schwebend leicht wirkendes Intermezzo. – Das *Finale* (6/8) ist ein außerordentlich geistreicher, dabei witzig-vitaler Sonatensatz, der fast wie ein Perpetuum mobile in rasender Sechzehntel-Bewegung abschnurrt; auch der liedhaft-wiegende Seitensatz wird von den Sechzehntel-Läufen des Hauptthemas untermalt. In die Reprise ist – ein fast einzigartiger Effekt bei Haydn – vor dem Seitensatz ein ganz neuer, thematisch wirkender Gedanke, wie eine flehende Geste über drohend chromatisch emporstrebendem Baß, eingeschoben, der vor allem durch seinen »unpassenden« Affekt den Satz für einen Augenblick völlig aus dem Gleichgewicht bringt; erst der Seitensatz und die als Coda eingesetzte Schlußwendung des Hauptthemas stellen die Ordnung und den fröhlichen Perpetuum-mobile-Ton wieder her.

Streichquartette op. 64 (Hob. III:63–68)

Op. 64, 1790 geschrieben und 1791 in Wien erschienen, während Haydn auf seiner ersten Englandreise war, ist dem schon erwähnten *Johann Tost* gewidmet. Wenigstens zum Teil ist es wohl schon im Blick auf die Reise nach London geschrieben, denn die »sinfonischen« Tendenzen von op. 54/55 setzen sich in ihm ebenso fort wie die auf den Geiger Tost gemünzte Bevorzugung der 1. Violine. Mindestens 3 der 6 Quartette wurden in Haydns Londoner Konzerten mit großem Erfolg aufgeführt; die konzertanten und quasi-sinfonischen Züge der Werke wie ihre großen, den Sinfonien durchaus vergleichbaren Formen machten sie für solche öffentlichen Aufführungen in großen Sälen und vor einem großen und gemischten, nicht mehr primär kennerhaften Publikum durchaus geeignet.
Wie die früheren Werkgruppen besteht op. 64 aus 5 Quartetten in Dur und einem Quartett in Moll; in der originalen Reihenfolge sind das 5. und 6. Werk vertauscht (C, h, B, G, Es und D). In nicht weniger als 3 Quartetten ist der Kopfsatz, in auffallendem Gegensatz zu op. 54 und 55, ein Allegro moderato oder Allegretto (op. 64/1, 5 und 6), aber nur im C-Dur-Quartett wird die Stellung des Menuetts – nach dem in op. 33 durchgeführten Prinzip des Tempokontrasts – davon beeinflußt.

Op. 64 Nr. 1 C-Dur (Hob. III:65)

Allegro moderato – Menuett. Allegretto ma non troppo – Allegretto scherzando – Presto.

Das C-Dur-Quartett ist dadurch ungewöhnlich stark vereinheitlicht, daß die Themen der 3 ersten Sätze aus einem gemeinsamen Kernmotiv, dem aufsteigenden Dreiklang mit Quartauftakt, entwickelt sind; zugleich wird aber der festlich-energische Grundton, den dieses Motiv anschlägt, in den 3 Sätzen auf je eigene Weise variiert und überlagert.

Das *Allegro moderato* (₵) ist ein monothematischer Sonatensatz, der von Marschrhythmen, die immer wieder in großen und weiträumigen konzertanten Passagen aufgebrochen werden, geprägt wird. Die kurze Durchführung, etwa halb so lang wie die Exposition, verwandelt die Schlußwendung der Exposition in intensiv verarbeitete Seufzermotive und trübt dadurch den Charakter des Satzes vorübergehend ein; in die Reprise ist eine neue Durchführung der Marschrhythmen des Thema-Anfangs eingebaut, und in der kurzen Coda werden die konzertanten Triolen zu martialischen Signalmotiven zugespitzt.

Das *Menuett* greift das Verhältnis von Exposition und Durchführung bzw. Grundton und dessen Eintrübung aus dem 1. Satz

wieder auf, indem der Hauptteil aus dem Grundmotiv in C-Dur, das *Trio* aus dem Grundmotiv in c-Moll und seufzerhaften Nebenmotiven entwickelt wird. – Das *Allegretto scherzando* (2/4), für den späten Haydn ein ungewöhnlich schneller langsamer Satz, ist ein recht einfacher Variationensatz, der wieder mit

Marschtonfällen spielt, nur ruhiger und weniger energisch. – Das *Finale* (6/8) erinnert in vielen Einzelheiten, vor allem aber in seinem unablässig vorwärtsdrängenden rhythmischen Impetus, an die Finali von op. 55/2 und 3; formal ist es, wie der Schlußsatz von op. 55/3, ein Sonatensatz mit deutlich kontrastierendem 2. Thema, zu einem effektvollen Fortissimo-Unisono sich steigernder Durchführung und pianissimo mit dem 1. Thema verklingender Coda.

Op. 64 Nr. 2 h-Moll (Hob. III:68)

Allegro spirituoso – Adagio ma non troppo – Menuett. Allegretto – Presto.

Die in der Klassik ohnehin seltene Tonart h-Moll hatte Haydn im Streichquartett seit op. 33/1 nicht mehr verwendet (in den Sinfonien erscheint sie als Haupttonart überhaupt nicht, in den Streich- und Barytontrios und den Klaviersonaten ganz selten und nach 1774 – Klaviersonate Hob. XVI:32 – nicht mehr), und wie op. 33/1 ist auch dieses Quartett ein besonders subtiles und nuancenreiches Werk.

Der *Kopfsatz* (C) arbeitet mit 2 extrem gegensätzlichen Themen

(das 2. in D-Dur) und einer Schlußgruppe, die aus dem 1. Thema gewonnen ist, dessen Charakter aber durch Pizzicato-Effekte und in Dur gänzlich verändert. Die Durchführung ar-

beitet – ein ganz seltener Fall bei Haydn – ausschließlich mit Nebenmotiven, erst einem chromatischen Gang aus dem 1. Thema, der dessen ernsten Ton ins Schmerzliche steigert, dann konzertant-dramatischen Figuren und einem geheimnisvollen ruhigen Motiv in Halben. Die Reprise ist bis fast zur Unkenntlichkeit verändert: Der Seitensatz folgt sofort auf das Hauptthema, wodurch er, ebenso wie durch die Transposition nach h-Moll, seinen Charakter und seine Bedeutung einbüßt und zum Intermezzo wird; dann folgt eine intensive Durchführung des Hauptthemas und der chromatischen Motive, und erst der Schluß knüpft mit der fast unveränderten Wiederholung der letzten 7 Takte der Exposition wieder deutlich an diese an.
Das *Adagio* (3/4, H-Dur) ist ein feierlich-elegischer Gesang, fast durchgehend mezza voce und piano, der sich formal sehr eigenartig aus 4- und 5taktigen Abschnitten zusammensetzt, die ständig leicht variiert wiederholt werden und zugleich eine freie 3teilige Form ergeben. Dadurch, daß im 1. und 2. Teil die Baßbewegung im Cello nicht verziert wird, entsteht ein passacagliaähnlicher Effekt; dadurch, daß sie im 3. Teil – bei unverändertem Kadenzgang – lebhafter ausgeziert wird, ergibt sich eine schöne Bewegungssteigerung. – Das *Menuett* schafft durch die Verbindung von Moll, Tanzrhythmik und asymmetrischen Perioden eine leicht exotisch-ungarisch getönte Stimmung und löst die traditionelle kleine 3teilige Form in ständiger motivischer Arbeit fast auf; das ganz einfache *Trio* (H-Dur) bildet mit seiner sanften Melodie in hoher Lage der Violine einen freundlichen Kontrast. – Das *Finale* (2/4), ein Sonatensatz, greift die Dur-Moll-Wechsel des 1. Satzes wieder auf, aber mit einer überraschenden Wendung: Als thematischer Kontrast dienen 2 Varianten des Kopfthemas, erst seine freie Umkehrung, dann seine Wendung nach D-Dur, die über einem Orgelpunkt auf d ausgesprochen volksmusikalisch wirkt. Die Durchführung, an

(T.20)

witzigen Pointen reich, arbeitet nur mit dem Themenkopf, der hartnäckig in Moll bleibt; die Reprise bringt endlich, nach kurzem Moll-Anfang, die Lösung der Probleme in strahlendem H-Dur.

Op. 64 Nr. 3 B-Dur (Hob. III:67)

Vivace assai – Adagio – Menuett. Allegretto – Allegro con spirito.

Ähnlich wie sein Schwesterwerk in op. 55 ist das B-Dur-Quartett im *1. Satz* (3/4) ein höchst energisches, streckenweise wild bewegtes Stück, das fast ganz von den rhythmischen Formeln des Anfangs geprägt wird; auch der stark dazu kontrastierende Seitensatz kann sich schon in der Exposition nicht behaupten und wird in der Durchführung vollends aufgelöst. Dem ständig vorwärts drängenden Bewegungsimpetus des Satzes entspricht es, daß die Reprise durchführungsartig erheblich verändert ist. – Das *Adagio* (2/4, Es-Dur) in freier 3teiliger Liedform ist fast durchweg als Duett der Violinen über ruhigeren Begleitstimmen angelegt; der Mittelteil in es-Moll, eine Variation des Hauptteils, trübt die freundliche, durch die punktierten Rhythmen und eleganten Verzierungen ein wenig höfisch wirkende Grundstimmung nur vorübergehend. – Das *Menuett* beginnt harmlos, schlägt aber schnell in einen fast derben volksmusikalischen Ton mit Quintgriffen, getrillerten Synkopen und juchzerhaften Figuren um. Das *Trio* (in der Grundtonart) greift diesen Ton auf und baut die melodischen und rhythmischen Akzente gegen den Takt so kräftig aus, daß man sich in die Welt Beethovenscher Scherzi versetzt fühlt. – Das *Finale* (2/4), ein monothematischer Sonatensatz mit sehr bunter Durchführung und großer Coda, verbindet Synkopenmotive, geigerische Virtuosität und Chromatik zu einem wilden und deutlich »ungarisch«, das heißt hier wie stets bei Haydn zigeunerisch gefärbten Wirbel.

Op. 64 Nr. 4 G-Dur (Hob. III:66)

Allegro con brio – Menuett. Allegretto – Adagio – Presto.

Der *Kopfsatz* des G-Dur-Quartetts (C) ist ein besonders glanzvoller, von sanfter Heiterkeit erfüllter Sonatensatz, dessen sehr nahes Vorbild – der Kopfsatz von Mozarts G-Dur-Werk KV 387 – aus vielen Details deutlich herauszuhören ist. Als 2. Thema

erscheint eine Variante des Hauptthemas, als Schlußgruppe eine fröhliche kleine Melodie, mit der am Beginn der Durchfüh-

rung für einen Augenblick scheinbar (kontrapunktischer) Ernst gemacht wird, bis sie sich in ein Violinsolo auflöst. – Merkwürdigerweise folgt auf dieses schnelle Allegro nicht der langsame Satz, sondern das *Menuett*, das eher ein Ländler als ein Menuett ist und in dessen *Trio* (in der Grundtonart) sich der Ländlerton zu gitarrenhafter Pizzicato-Begleitung einerseits noch verstärkt, andererseits in unregelmäßigen Periodenbildungen raffiniert unterlaufen wird. – Das *Adagio* (2/4, C-Dur) bezieht seine innere Spannung ebenso aus unregelmäßigen, zwischen 4, 5 und 6 Takten schwankenden Melodiezeilen, die außerdem immer neu variiert und im c-Moll-Mittelteil in dunklere Bereiche geführt werden. Die Form ist wie im B-Dur-Quartett eine freie Dreiteiligkeit. – Das *Finale* (6/8) ist, nach den wilden und ungebärdigen oder witzig pointierten Schlußsätzen der vorangehenden Quartette, eine Überraschung: ein trotz des Presto-Tempos ganz entspannter und fast konfliktfreier, im Seitensatz sogar lyrisch sich aussingender Sonatensatz.

Op. 64 Nr. 5 D-Dur (Hob. III:63)

Allegro moderato – Adagio cantabile – Menuett. Allegretto – Vivace.

Das D-Dur-Quartett verdankt seinen Beinamen **»Lerchenquartett«** den Assoziationen, die der Anfang des *1. Satzes* (¢) wecken kann: Über einer zarten Begleitfigur, die in 8 präludierenden Takten eine Kadenz umschrieben hatte, erhebt sich in höchster Lage die Melodie der 1. Violine tatsächlich wie ein Vogelruf.

Sie wird breit entfaltet, so daß für einen Seitensatz kein Raum bleibt, aber eine synkopisch-chromatische Überleitung und energische Achtel-Triolen sorgen dafür, daß die Idylle nicht allzu sanft wird. Ebendiese Elemente beherrschen auch, nach einer kurzen Wendung des Themas zur Subdominante, die Durchführung, die in einem großen, quasi-orchestralen Unisono kulminiert. In der Reprise erscheinen die beiden Kontrastsphären des Satzes, das Thema und die der Durchführung dienenden Motive, ausbalanciert und gleichsam zur Ruhe gekommen, vor allem dadurch, daß das Thema – immer in derselben sehr hohen Lage, die seinen Charakter so wesentlich prägt – nun zweimal erscheint, seine Identität, die von der Durchführung nicht berührt wurde, im wörtlichen Sinne ausspielt. Das von Haydn selbst geschaffene Prinzip des Sonatensatzes, die Entwicklung der Form durch thematische Prozesse, wird auf höchst zukunftsträchtige Weise verändert, indem thematische Verwandlung und thematische Unveränderbarkeit gegeneinander ausgespielt werden.

Das *Adagio* (3/4, A-Dur), wieder in 3teiliger Liedform, aber mit durchführungsartig belebtem a-Moll-Mittelteil, ist eine feierliche Kantilene, die stark an den Adagio-Typus des op. 33 erinnert; die Wiederholung des Hauptteils ist in der melodietragenden 1. Violine phantasievoll ausgeziert, aber im Satz und der Harmonik unverändert. – Das *Menuett* ist, ohne daß die Nähe zum Tanzmenuett je ganz aufgegeben wäre, ein Kabinettstück witziger und eleganter motivischer, kontrapunktischer und metrisch-rhythmischer Arbeit, in der sich die traditionelle Dreiteiligkeit, ähnlich wie in op. 64/2, fast auflöst. Das *Trio* (d-Moll) läßt in noch weiter gesteigerter kontrapunktischer Arbeit und

Chromatik ernste Töne anklingen. – Das *Finale* (2/4) ist ein Perpetuum mobile, in dessen d-Moll-Mittelteil auch der Kontrapunkt in Spaß verwandelt wird; formal ist es ein verblüffend einfaches Stück, nicht einmal ein Rondo, sondern schlicht 3teilig (A A′ A) mit einer kleinen Coda.

Op. 64 Nr. 6 Es-Dur (Hob. III:64)

Allegretto – Andante – Menuett. Allegretto – Presto.

Der *Kopfsatz* des Es-Dur-Quartetts (¢) beginnt mit einem Gesangsthema, das an die »singenden« Allegros der Jahre um 1770 erinnern würde, wenn es nicht so gänzlich bar des Floskelhaften und nicht so kräftig individualisiert und konturiert wäre.

Anstelle eines Seitensatzes erscheint eine kontrapunktisch angereicherte, zugleich entwicklungsträchtig aufgebrochene Variante; beide Formulierungen des Themas laufen in konzertante Violinsoli aus. In der Durchführung werden zuerst die kontrapunktischen Möglichkeiten des Themas energisch und kunstvoll entfaltet; dann wird das Kadenzmotiv des 8. Taktes konzertant und modulierend in einem ganz durchsichtigen, gleichsam »nackten« Satz durchgespielt, bis Ges-Dur erreicht ist, und in Ges-Dur erscheint dann noch einmal das Thema, aus dem heraus in chromatischer Steigerung zur Reprise zurückgeleitet wird, aber nicht, wie zu erwarten, zur Dominante von Es-Dur, sondern nach G-Dur. Gegen die Betonung harmonischer Ereignisse in dieser Durchführung setzt die Reprise sofort einen kontrapunktischen, dann einen motivischen Akzent in der zweimaligen Auflösung des Themas, der jeweils die konzertanten Violintriolen der Exposition folgen – eine geradezu modellhafte doppelte Rückbeziehung auf Durchführung und Exposition. Mit einer Wiederholung der 5 Schlußtakte der Exposition schließt der Satz.

Der *langsame Satz* (3/4, B-Dur) ist als einziger in op. 64 ein Andante, aber kein Variationensatz, sondern ein sehr eigenartiges Stück in 3teiliger Liedform, dessen Hauptteil zwar aus ganz regelmäßigen 4-Takt-Gruppen aufgebaut ist, durch seinen melodisch fast konturenlosen Fluß, frei imitatorische Stimmenauffächerung und seufzerhafte Wendungen aber merkwürdig unruhig wirkt; im b-Moll-Mittelteil explodiert diese latente Unruhe in pathetischen Gesten der 1. Violine über orchestralem Tremolo. – Das *Menuett* entwickelt sich, sehr ähnlich wie das des D-Dur-Quartetts, in motivischer, motiv-kombinatorischer und kontrapunktischer Arbeit, ohne den Tanzcharakter ganz aufzugeben; das *1. Trio* (in der Grundtonart) formt aus denselben motivischen Elementen – rhythmisch betonte Viertel- und ländlerhaft kreisende Achtel-Bewegung – in brav regelmäßigen Viertaktern einen im Charakter ganz anderen, ein wenig biederen Tanzsatz; im *2. Trio* pfeift die 1. Violine am Schluß in höchster Lage gassenjungenhaft einen rhythmischen »Kontrapunkt« dazu. – Das *Finale* (2/4) ist ein turbulentes Sonatensatzrondo, in dessen Durchführungsabschnitten schweres kontrapunktisches und harmonisches Geschütz aufgefahren wird, dessen unberechenbaren Salven dann auch die Reprise weitgehend zum Opfer fällt. Der Schluß mit seinen stockenden Auftakten und der parodistisch-gravitätischen Andante-Einblendung des Themenkopfes erinnert stark an den Finale-Schluß des Es-Dur-Quartetts aus op. 33, so wie der ganze Duktus des Satzes und sein Thema auf das Finale des B-Dur-Quartetts aus demselben Opus zurückweisen. Haydn wird auch später nicht müde werden, die damals gefundene Finale-Typik immer wieder neu zu variieren und immer wieder witzig und temperamentvoll auszuspielen.

Streichquartette op. 71 (Hob. III:69–71) und **op. 74** (Hob. III:72–74)

Wie bei op. 54 und 55 ist die Aufteilung der 6 Quartette, deren Autographe erhalten und auf 1793 datiert sind, das Werk der Verleger; daß es sich um eine einheitlich konzipierte Werkgruppe handelt, wird auch durch die Tonartenfolge nahegelegt (B, D, Es, C, F, g). Die beiden ersten Ausgaben erschienen fast gleichzeitig in London und Wien; beide sind dem *Grafen Anton Apponyi* gewidmet, den Haydn seit den 1780er Jahren kannte, der bei Haydns Aufnahme in den Freimaurerorden als »Pate« fungiert hatte und der im Wiener Musikleben als Geiger und Mäzen eine bedeutende Rolle spielte. Wie üblich wurden die Werke dem Grafen für ein Jahr zur alleinigen Nutzung überlassen, bevor sie gedruckt wurden; Haydn erhielt dafür 100 Dukaten. Wenigstens 2 der Werke – eines davon das B-Dur-Quartett

– wurden bei Haydns zweiter Englandreise in Londoner Konzerten aufgeführt. Daß die ganze Werkgruppe mit dem Blick auf London, d. h. auf das öffentliche Konzert und ein breites, nur noch zum kleinen Teil aus Kennern bestehendes Publikum geschrieben wurde, das vor allem unterhalten sein wollte, zeigt sich in der Verstärkung der Tendenzen des op. 64: große, gleichsam sinfonische Dimensionen – die Werke sollten sich ja im Konzert neben den Londoner Sinfonien behaupten –, relativ einfache und ungebrochene Satzcharaktere und Tonfälle und virtuose Aufgaben für die 1. Violine, das alles aber eingebunden in den nie aufgegebenen kunstvollen Quartettstil, das »Gespräch« vernünftiger Personen.

Op. 71 Nr. 1 B-Dur (Hob. III:69)

Allegro – Adagio – Menuett. Allegretto – Vivace.

Von den 6 Quartetten op. 71 und 74 beginnen 5 den *1. Satz* mit einer Einleitung, die allerdings nur in einem Fall (op. 71/2) eine langsame Einleitung wie in den Sinfonien dieser Jahre ist. Im B-Dur-Werk ist es eine kräftige Kadenz, die nicht nur das Zeichen zum Beginn gibt und das Publikum zur Ruhe mahnt, sondern auch auf die Dreiklangs- und Kadenzgebundenheit des sofort anschließenden Hauptthemas vorausweist; ihre rhythmische Formel (Achtel und Achtel-Pausen) wird außerdem als Begleitrhythmus den ganzen Satz (C) hindurch ausgenutzt, und die abschließende Kadenz des Satzes spielt deutlich auf sie an. Im

Hauptthema verbinden sich, nach den ersten gesanglichen Takten, kantable und virtuose Elemente, die dem ganzen Satz Grazie und Schwung geben; als Seitensatz fungiert eine Variante des Hauptthemas. – Das *Adagio* (6/8, F-Dur) in 3teiliger Liedform bewahrt in seiner Melodik Erinnerungen an traditionelle Pastoralsätze, ist aber gar nicht pastoral heiter, sondern ein sehr ernstes Stück mit einem zwischen Dur und Moll changierenden und bis Des-Dur ausweichenden Mittelteil. – Das ebenfalls ernste, in der Melodik der ersten Takte fast schwärmerische *Menu-*

ett ist deutlicher als die Menuette der vorangegangenen Opera an der Form des Sonatensatzes orientiert, mit einer intensiven kontrapunktischen Durchführung des Schlußmotivs der Exposition und regulär beginnender, dann frei weitergeführter Reprise. Der Satz steckt bei aller Kürze voller Feinheiten; besonders schön ist schon am Anfang die harmonische »Interpretation« des Themas erst in B-Dur, dann überraschend in G-Dur. Das *Trio* (in der Grundtonart) beginnt trügerisch einfach, ist aber genauso sonatensatzhaft gebaut wie das Menuett und arbeitet in der Durchführung mit Motivumkehrungen, in der Reprise mit neuen, aus dem Thema gewonnenen Begleitfiguren. – Das *Finale* (2/4) weicht vom Finale-Typus der vorangegangenen Opera deutlich ab und nähert sich in den Tonfällen, der breiten Anlage und der Form – ein mehrthemiger Sonatensatz mit kurzer, aber intensiver Durchführung und durchführungsartig veränderter Reprise –, vor allem aber im vergleichsweise ernsten Ton und dem Fehlen der finale-typischen »Witze« sehr dem Typus eines Kopfsatzes.

Op. 71 Nr. 2 D-Dur (Hob. III:70)

Adagio/Allegro – Adagio – Menuett. Allegro – Allegretto/Allegro.

Das D-Dur-Quartett beginnt mit einer echten, wenn auch kurzen langsamen Einleitung, in der die harmonische Spannung aufgebaut wird, die sich mit dem Eintritt des Hauptthemas löst. Das Thema selbst ist geprägt durch die Oktavsprünge, mit

denen es beginnt und endet und die recto und inverso, staccato und legato und in stufenweiser Reduktion vom Oktavsprung zur Sekunde den ganzen Satz (C) beherrschen, z. T. auch zusammen mit dem fast gassenhauerhaft simplen Seitensatz verarbeitet werden. Die Allgegenwart dieser Figuren – bis zu ihrer »Apotheose« im letzten Takt – gibt dem Satz einen eigenartig bizarren, überaus reizvollen Ton, wie er bei Haydn selten ist. – Dafür ist das *Adagio* (3/4, A-Dur) eine liebliche, in der melodischen Chromatik und dem harmonischen Reichtum fast mozartische Gesangsszene, an der sich die 4 Instrumente in ganz durchbrochenem Satz beteiligen und die in der überraschenden Wendung nach C-Dur am Anfang des 2. Teils einen feierlichen

Unterton bekommt. – *Trio* und *Menuett* sind wesentlich kürzer als im B-Dur-Quartett; das Trio mit seiner Verbindung 4taktiger, leicht kontrapunktisch-archaisierender Melodiephrasen und chromatischer Seufzerfiguren ist ein besonders reizvolles »Charakterstück«. Das *Finale* (6/8) ist ein Sonatensatzrondo, das nach einer stark kontrapunktischen d-Moll-Episode und durchführungsartiger Wiederkehr des Ritornellthemas in ein wirbelndes Allegro mit großer Coda umschlägt.

Op. 71 Nr. 3 Es-Dur (Hob. III:71)

Vivace – Andante con moto – Menuett – Vivace.

Die Einleitung zum 1. Satz – der ungewöhnlicherweise ein 2/4-Takt-*Vivace* ist – ist hier auf einen energischen Es-Dur-Akkord und eine Pause reduziert; dafür wendet sich das Thema schon

nach 2 Takten (wenn auch nur vorübergehend) zur Dominante B-Dur. Der ganze Satz, in monothematischer Sonatensatzform, wirkt mit seinen kurzen und rhythmisch zugespitzten Motiven, seinen metrischen, rhythmischen und harmonischen Überraschungen und dem Tempo, in dem sich die Ereignisse fast überstürzen, eher wie ein Finale als wie ein Kopfsatz; Gewicht gibt ihm vor allem die großartige Durchführung, die fast ganz aus dem Sechzehntel-Achtel-Motiv des Themas entwickelt wird und in der zwischendurch mehrfach das ganze Thema in verschiedenen Tonarten ausprobiert wird (As-Dur, b-Moll); zusätzliches Gewicht gibt ihm die ungewöhnlich lange Coda, in der noch einmal ganz spannend und intensiv erst das Achtel-, dann das Sechzehntel-Achtel-Motiv des Themas durchgeführt wird.

Das *Andante* (2/4, B-Dur) ist der erste Variationensatz in Haydns Quartetten, der ganz dezidiert von der traditionellen Form – Reihung mehrerer Variationen in wechselnder oder sich steigernder Intensität der variativen Arbeit, eventuell mit Coda – abweicht und sich den anspruchsvolleren Formen und der thematischen Arbeit annähert. Schon die 1. Variation des freundlich-eleganten Themas steht in b-Moll und ist nicht mehr Figural-, sondern ausgeprägte Charakter-Variation; das Thema, nur

noch im Mittelteil deutlich erkennbar, wird auf mehrere Stimmen verteilt und durch neue Motive und Seufzerfiguren überlagert, die ihm einen fast exzessiv traurigen Charakter geben. Die 2. Variation kehrt noch einmal zu dem Verfahren zurück, das Haydn früher zur Akzentuierung der letzten Variation eines Variationensatzes benutzt hatte: Das Thema wird zunächst unverändert vorgetragen und erst bei der Wiederholung (figural) variiert. In der 3. Variation löst sich dann die Gestalt des Themas völlig auf: Zu Beginn (b-Moll–Des-Dur) wird aus dem Thema-Anfang eine neue motivische Fortspinnung entwickelt; nach der Wiederholung dieser ersten 8 Takte geht der Satz in ein freies Fugato über den Thema-Anfang, dann in eine klanglich konzipierte Sechzehntel-Bewegung in ganz hohem und fast baßlosem Satz (staccato assai e piano, später pianissimo) über, und die Form des Themas bleibt nur noch dadurch erkennbar, daß die Zeilenanfänge akzentuiert werden. Die 4. Variation (noch hier wird also an der traditionellen Zahl von 4 Variationen festgehalten) löst dann das Thema in seine motivischen Bestandteile auf, die einzeln verarbeitet und kontrapunktiert werden.
Menuett und *Trio* (beide in der Grundtonart) sind wieder, je für sich, Quasi-Sonatensätze wie in op. 71/1, nur noch ausgedehnter und kunstvoller; der traditionelle Tanzcharakter ist fast völlig verschwunden. Im Menuett wird das in den beiden ersten Takten angeschlagene Grundthema in der Durchführung mit einem neuen Motiv, in der Reprise mit seiner eigenen freien Umkehrung kontrapunktiert; das Trio verarbeitet auf andere Weise ebenfalls 3 auch im Tonfall ganz verschiedene Motive. Der Prozeß der Annäherung an die großen, dem Sonatensatz noch wesentlich näher stehenden Menuette Mozarts ist in Sätzen wie diesem sehr deutlich, auch wenn Mozarts schroffe Kontraste fehlen. – Das *Finale*, ein Sonatensatzrondo, verwandelt die traditionellen Tonfälle eines 6/8-Takt-Finales in einen energisch-ernsten Ton, mit dem sich die Tendenz der vorangegangenen Schlußsätze weg vom pointiert »witzigen« Finale fortsetzt – und hier um so sinnvoller, als ja der Kopfsatz paradoxe Finale-Töne

hatte. Eine zusätzliche Pointe des Satzes ist, daß er mit einem 2. Thema arbeitet, das zugleich an das 1. deutlich gebunden

und ihm deutlich entgegengesetzt ist: Es wird kontrapunktiert von dessen Kopfmotiv und steht in verschleiertem 3/8- statt 6/8-Takt.

Op. 74 Nr. 1 C-Dur (Hob. III:72)

Allegro moderato – Andantino grazioso – Menuett. Allegro – Vivace.

Die Einleitung besteht in diesem Werk aus einer auf den letzten Schritt, Dominante-Tonika, reduzierten Kadenz, also wieder einer gegenüber den vorangegangenen Quartetten neuen Art, die Aufmerksamkeit des Publikums zu wecken – Haydn wäre nicht er selbst, wenn er nicht auch mit den Lösungsmöglichkeiten dieser selbstgestellten Aufgabe gleichsam systematisch experimentieren würde. Das anschließende Hauptthema erinnert mit seinem ruhigen Anfang und den lebhaft dagegen kontrastierenden konzertanten Passagen ein wenig an den Anfang von op. 71/1, hat aber durch seine Chromatik eine stärkere Entwicklungsdynamik; sie zeigt sich vor allem darin, daß fast der ganze Satz (C) von diesem Thema-Beginn und seiner Chro-

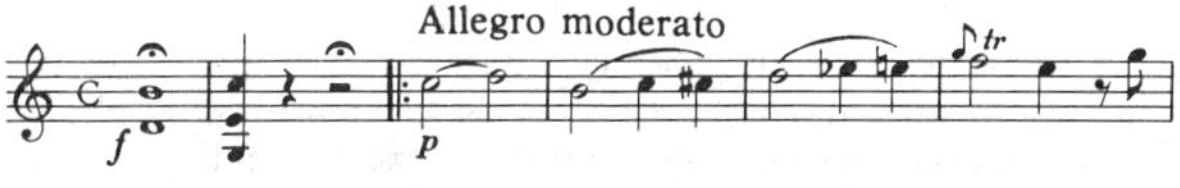

matik geprägt wird. Die Reprise ist sehr frei, aber zugleich sehr konzentriert dadurch, daß sie die konzertanten Passagen reduziert, dafür neue kontrapunktische Durchführungen des Themas einbaut, in einer verblüffenden Wendung zu einer As-Dur-Apotheose des Themas führt und noch in der Coda dessen chromatisches Element temperamentvoll ausspielt. – Das *Andantino* (3/8, G-Dur) ist – nach diesem außerordentlich intensiven Kopfsatz ein notwendiger Kontrast – ein zauberhaft leicht und zart wirkendes Stück, formal wieder ein Sonatensatz, aber mit 2 deutlich und auf einfache Weise gegensätzlichen Themen, die in der kurzen Durchführung (auch das gehört zum »leichteren«

Habitus des Satzes) weniger verarbeitet als in neuen, farbig kontrastierenden Tonarten (Es-Dur, E-Dur) noch einmal durchgespielt werden. Die Reprise überlagert das Hauptthema mit zarten Geigen-Fiorituren und weckt dadurch Assoziationen an einen Variationensatz, den man in den ersten Takten des Satzes ohnehin hätte erwarten können; dem Seitensatz folgt eine lange und ruhige Coda, die noch einmal einen harmonischen Farbtupfer (cis-Moll) beiträgt.
Das auffallend schnelle *Menuett* (Allegro) ist ein energischer, fast wuchtiger Satz mit einem langen durchführungsartigen Mittelteil, der mit einer abrupten Rückung von G-Dur nach As-Dur beginnt; ebenso abrupt wird Des-Dur/As-Dur noch einmal in die »Reprise« eingeblendet – alles zusammen eine nicht zu überhörende Anspielung auf die exzentrische As-Dur-Apotheose des Themas in der Reprise des 1. Satzes; Haydn liebt in seinen späten Werken solche Anspielungen besonders. Das *Trio* – ungewöhnlich: A-Dur – leitet mit offenem Schluß auf E zur Menuettwiederholung zurück; in Tonfall und Form ist es ein betont einfaches und sanftes Stück, so daß im Menuett ein ähnlicher Gegensatz aufgebaut wird, wie es der zwischen Kopfsatz und Andantino war. – Das *Finale* (2/4) greift die chromatisch-melodischen und die kontrapunktischen Elemente des Kopfsatzes noch einmal auf, transponiert sie aber in den leichteren Ton eines Schlußsatzes; formal ist es ein Sonatensatzrondo mit kontrapunktisch angereicherten Durchführungsabschnitten.

Op. 74 Nr. 2 F-Dur (Hob. III:73)

Allegro spiritoso – Andante grazioso – Menuett – Presto.

Das F-Dur-Quartett hat einen ausgesprochen »sinfonischen«, durch kompakten Klang, klare und einfache Thematik und relativ langsamen harmonischen Rhythmus charakterisierten *Kopf-*

satz (¢), und diese Haltung wird durch die Einleitung unzweideutig festgelegt: ein 8taktiges Unisono-Signal, aus dem das Thema (es handelt sich wieder um einen monothematischen Sonatensatz) abgeleitet ist, aber so, daß es einen ganz anderen

Charakter zeigt. Zum Unisono treten als weitere Wirkungsmittel spannende Generalpausen und Sekundrückungen (gleich nach der Aufstellung des Themas dessen Wiederholung in g-Moll), die den sinfonischen Gestus verstärken. Am Schluß der Durchführung kehrt die Unisono-Einleitung verkürzt und in A-Dur wieder; den Schluß des ganzen Satzes bilden die Unisono-Trillermotive vom Ende der Exposition und eine chromatisch geschärfte Wiederholung der vollständigen Einleitung. Der ganze Satz macht den Eindruck, als wolle Haydn einmal demonstrieren, wie »einfach« und wie sehr auf Al-fresco-Effekte bedacht er auch im Quartettsatz arbeiten kann. – Das *Andante* (2/4, B-Dur) ist ein freundlicher und relativ unkomplizierter Variationensatz über eines der entfernt marschähnlichen Themen, die Haydn für solche Sätze so sehr liebt. Da das Thema umfangreich und vielgliedrig ist, hat der Satz nur 3 statt der üblichen 4 Variationen; die 2. steht, wie meist, in Moll. – *Menuett* und *Trio* sind, ähnlich wie im C-Dur-Quartett, ineinander komponiert: Dem energisch-ernsten, nur am Schluß aufgehellten Menuett folgt ein sehr zartes, von Figurationen der 1. Violine umspieltes Trio in Des-Dur, das sich am Schluß über gleichsam verrinnenden Läufen im Cello nach C-Dur und damit zur Wiederholung des Menuetts öffnet. – Das *Finale* (2/4) ist ein grandioses Sonatensatzrondo, in dem sich der typische 2/4-Takt-Finale-Tonfall, unablässige thematische Arbeit und verblüffende Kontrastepisoden verbinden – in seiner außerordentlichen rhythmischen Energie und besonders in den wilden synkopierten Akkordstauungen kurz vor dem Schluß ein Satz, der sehr deutlich auf Beethovensche Finali vorausweist.

Op. 74 Nr. 3 g-Moll (Hob. III:74)

Allegro non troppo – Largo assai – Menuett. Allegretto – Allegro con brio.

Das g-Moll dieses Werkes ist eine ernste Tonart, aber es ist weder das phantastisch-exzentrische g-Moll des op. 20 noch gar das dämonische g-Moll Mozarts – beide Ecksätze enden in G-Dur, und das Menuett steht ganz in dieser Tonart.

Der *Kopfsatz* (3/4) beginnt mit einem kräftigen, durch seine kurzen Vorschläge charakterisierten Unisono, das – zusammen mit

dem jagenden Rhythmus des Finale-Hauptthemas – dem Werk seinen Beinamen »**Reiterquartett**« eingebracht hat. Entfernt erinnert dieser Anfang an die Einleitung des F-Dur-Quartetts, und tatsächlich hat er auch die Funktion einer solchen, was sich daran zeigt, daß die Reprise nicht mit ihm, sondern dem folgenden Motiv einsetzt; andererseits wird er in der Durchführung thematisch verarbeitet. Den Kern des ungewöhnlich vielgestaltigen oder besser: vielmotivigen Hauptthemas bilden aber die anschließenden Vorhaltsmotive und Triolenketten; besonders die letzteren werden breit entwickelt und begleiten auch den freundlichen B-Dur-Seitensatz, der erst ganz am Ende der Exposition auftritt. Die Durchführung, nur gut halb so lang wie die Exposition, verarbeitet eher diskursiv-ausbreitend als zuspitzend oder kontrastierend erst Kopfmotiv und Triolenmotiv gemeinsam, dann kurz den Seitensatz und die Vorhaltsmotive des Hauptthemas. Die Reprise bringt, nach ziemlich (für den späten Haydn ungewöhnlich) regelmäßigem Beginn die eigentliche Pointe, auf die der ganze Satz zusteuert: den Seitensatz (und als seine Begleitung auch das Triolenmotiv des Hauptsatzes) in freundlichem G-Dur.

Das *Largo* (₵, E-Dur) ist einer der großen, feierlich-pathetischen Largo-Sätze des späten Haydn, die aus einem ganz knap-

pen, oft gestisch zugespitzten Motiv (hier dem Motiv der beiden ersten Takte) einen wahren Kosmos melodischer und, immer mehr hervortretend, harmonischer Einfälle entwickeln, mit einer Ruhe, die diesen Sätzen etwas von einem meditativen Selbstgespräch gibt. Besonders deutlich wird das in den subtilen Abstufungen zwischen der Verhaltenheit des Hauptteils, der melodisch aus einer freien Umkehrung seines Themas entwikkelt wird, und der Rückkehr der ruhigen Bewegung des Hauptteils in dessen Wiederholung, belebt von zarten Figurationen in der 1. Violine, und in der pianissimo verklingenden Coda. – Fast robust wirkt danach das erstaunlich einfache und tanznahe G-Dur-*Menuett*, von dem sich das melodisch, periodisch und harmonisch unruhige g-Moll-*Trio* sehr ernst abhebt.
Das *Finale* (C) hat nichts vom traditionellen Finale-Tonfall, ist vielmehr ein 2themiger Sonatensatz, der genau analog zum Kopfsatz gebaut ist – ein in Haydns großer Instrumentalmusik fast einzigartiges Experiment »symmetrischer« zyklischer Formbildung. Die Reprise verstärkt dann die Pointe der Reprise im 1. Satz, indem sie schon nach den ersten 12 Takten mit dem Seitensatz in G-Dur einsetzt, eine Wendung, die den ohnehin freundlichen Ton dieses Seitensatzes schon durch die pointierte Gegenüberstellung mit dem Hauptthema enorm steigert. In die spielerisch-entspannte Ausbreitung in G-Dur-Stimmung werden ganz am Ende dann auch – als letzte Pointe des Satzes und letzte Steigerung gegenüber dem Kopfsatz – wenigstens einige Motive des Hauptthemas einbezogen.

Streichquartette op. 76 (Hob. III:75–80)

Die 6 Quartette op. 76 (Tonartenfolge: G, d, C, B, D und Es) entstanden 1797 und wurden dem *Grafen Joseph Erdödy* gewidmet, der sie gegen ein Honorar von 100 Dukaten für einige Zeit zum alleinigen Gebrauch erhielt, wie der Graf Apponyi op. 71 und 74. Veröffentlicht wurden sie erst 1799. In mancher Hinsicht wirken sie wie eine krönende Zusammenfassung des Haydnschen Quartettschaffens; unter anderen Aspekten sind sie ein Fortschreiten auf dem seit op. 33 verfolgten Weg, das nun in ganz neue Regionen führt. Die quasi-orchestralen Effekte und die Virtuosität der vorangegangenen Opera treten etwas zurück; dafür wächst der Reichtum der Formen bis hin zu den Experimenten des Es-Dur-Quartetts. Der Umgang mit der selbstgeschaffenen Tradition intensiviert sich in zwei Richtungen: Einerseits werden Satz-Charaktere und Themen-Individualitäten noch stärker pointiert, andererseits wird mit traditionellen Charakteren und Tonfällen auf ganz hintergründige Weise gespielt. Bestes Beispiel dafür ist wieder das Es-Dur-Quartett, das als letztes der Gruppe scheinbar zum harmlosen Variationen-Allegretto als Kopfsatz zurückkehrt, die Hör-Erwartung aber, kaum daß sie sich gebildet hat, sogleich mit den außerordentlichsten Experimenten verwirrt. Op. 76, die Arbeit eines Fünfundsechzigjährigen, ist ein Werk, dessen Reichtum unerschöpflich ist.

Op. 76 Nr. 1 G-Dur (Hob. III:75)

Allegro con spirito – Adagio sostenuto – Menuett. Presto – Allegro ma non troppo.

Das G-Dur-Quartett beginnt als einziges der späten Werke noch einmal mit einer Einleitung, die aus 3 Forte-Akkorden (Tonika–Dominante–Tonika) besteht, also die Tonart definiert, zugleich aber durch den Anstieg der Oberstimme vom Grundton zur Terz die Aufmerksamkeit auf das Folgende spannt. Das anschließende Thema setzt zu diesem energischen Beginn einen verblüffenden Kontrast: eine eher unscheinbare,

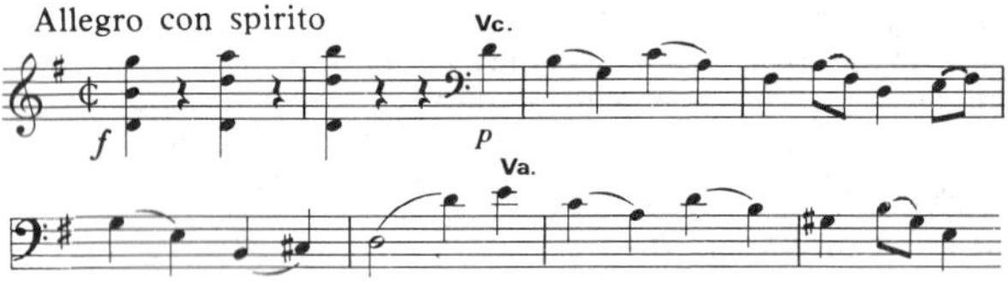

locker gefügte Melodie, die durch die 4 Stimmen emporwandert. Erst wenn die Vierstimmigkeit erreicht ist, wird der Ton etwas energischer und werden die motivischen Konturen schärfer; bis zu dem großen Unisono aber, mit dem der Hauptthema-Komplex schließt, überwiegt der Eindruck des polyphonen und harmonisch reichen, thematisch kaum verfestigten Stimmenflusses. Im letzten Augenblick wird dann ein Seitensatz angefügt, der zum bisherigen Verlauf so drastisch kontrastiert, als wolle Haydn sich über den Satzanfang lustig machen. Die Durchführung verarbeitet nur Motive des Hauptthemas, darunter die geistreich als »Motiv« behandelte Unisono-Figur; der Anfang der Reprise wird durch einen Kontrapunkt in der 1. Violine verschleiert, und kurz vor Schluß ist eine kleine

Durchführung des Seitensatz-Kopfmotivs eingefügt, die verblüffend dem Beginn von Mozarts großer g-Moll-Sinfonie nahekommt. – Die Assoziation zu Mozart ist vielleicht nicht zufällig, denn das feierliche *Adagio* (2/4, C-Dur) wird – im Wechsel zwischen fast choralartig getragenen und lebhafter figurierten Abschnitten – weitgehend von einem sehr mozartischen, bei Haydn eher seltenen Satztypus geprägt, dem Dialog zwischen 1. Violine und Cello zu akkordisch begleitenden Mittelstimmen. – Das *Menuett* verbindet einen ganz auf rasendes Tempo und rhythmisch-metrische Pointen abgestimmten Hauptteil mit einem ständchenhaften *Trio* (in der Grundtonart). – Das *Finale*

(¢), ein groß angelegter Sonatensatz, beginnt mit einer Überraschung, nämlich in g-Moll und mit jener Art von finsterer g-Moll-Thematik, die im g-Moll-Werk in op. 74 weitgehend gefehlt hatte; die Durchführung steigert diesen Ton bis zu einem geradezu besessenen Kreisen um das Triolenmotiv, aber die Reprise wendet, kaum daß sie begonnen hat, das Thema nach G-Dur, in einer der verblüffendsten Affektverwandlungen, die Haydn je erfunden hat. Im weiteren Verlauf der sehr

freien Reprise dienen einige Forte-Kontraste und Moll-Eintrü-

bungen dann nur noch dazu, die Erleichterung über den gefundenen Ausweg zu vertiefen und den kindlich heiteren Ton der endgültigen Thema-Version zu pointieren.

Op. 76 Nr. 2 d-Moll (Hob. III:76)

Allegro – Andante o più tosto allegretto – Menuett. Allegro (ma non troppo) – Vivace assai.

Der Quintfall-Sequenz am Beginn des *Kopfsatzes* verdankt das Werk seinen Beinamen **»Quintenquartett«**, und tatsächlich wird der ganze Sonatensatz (C) mit einer auch bei Haydn sel-

tenen Konsequenz aus diesem einen Motiv entwickelt – mit immer neuen Kontrapunkten, Diminutionen, Umkehrungen, Intervallverkleinerungen und -vergrößerungen (das erinnert an die Behandlung des Oktavsprungs in op. 71/2) und, nicht zuletzt, der Ausschöpfung seiner harmonischen Möglichkeiten. Die ständige Präsenz des Motivs, das mit seinen leeren Quinten und seiner gleichsam rhythmuslosen Gestalt leicht archaisch wirkt, gibt dem Satz zugleich seinen ungewöhnlich strengen, nur für Augenblicke und vorübergehend aufgelockerten Ton. – Das *Andante* (6/8, D-Dur) bildet zu diesem ernsten Anfang einen sehr freundlichen und formal einfachen Kontrast. Es steht in 3teiliger Liedform, deren Mittelteil sehr schnell von d-Moll nach B-Dur und zurück nach D-Dur geht; die Wiederholung des Hauptteils ist durch lebhafte Figurationen der 1. Violine aufgelockert und um eine kleine Coda erweitert. – Das *Menuett* ist ein 2stimmiger Kanon, dessen finstere Moll-Melodik zusammen mit raffiniert asymmetrischen Periodenbildungen eine ganz eigenartige, zwischen Trotz und Unruhe schwankende Stimmung erzeugt; das *Trio* (D-Dur) ist im Kontrast dazu ganz auf stampfende Rhythmik und große, von Moll nach Dur gehende Crescendi abgestimmt. – Das *Finale* (2/4) beginnt wie ein Rondo (die beiden ersten thematischen Perioden werden je für sich wiederholt), läßt dann aber eine Reihe von Themen in C-Dur und F-Dur folgen, ohne daß das scheinbare Ritornell wiederkehrt; nach einer nachdrücklichen F-Dur-Kadenz und mit dem Beginn einer energischen Durchführung einzelner Themen-Motive wird klar, daß es sich um einen Sonatensatz handelt. Dessen eigentliche Pointe aber ist, ähnlich wie im G-Dur-Quartett, der Umschlag nach Dur in der Reprise, hier wie dort nach der Wiederholung des Hauptthemas und mit dessen vollständiger und verblüffender affektiver Verwandlung, womit auch der bis dahin herrschende »ungarische« Ton aufgegeben wird. Der Schluß des Satzes steigert sich zu einem ausgelassenen Wirbel in (bis hierher aufgesparter) Triolenbewegung.

Op. 76 Nr. 3 C-Dur (Hob. III:77)

Allegro – Poco adagio cantabile – Menuett. Allegro – Presto.

Das **»Kaiserquartett«**, so genannt nach seinem Variationensatz über Haydns Kaiserhymne, beginnt mit einem *Allegro* (C), das eigentlich ein Moderato ist und fast ganz aus dem Thema der ersten 4 Takte entwickelt wird. In der Exposition wird das

Thema erst mit einer Begleitung in punktierten Rhythmen versehen, die im ganzen Satz eine große Rolle spielen wird, dann kontrapunktisch verarbeitet und mit Nebenmotiven angereichert; auf der Dominante erscheint ein neu wirkendes, aber aus dem Hauptthema abgeleitetes, energisch-pathetisches 2. Thema, in das eine Hauptthema-Episode in Es-Dur eingeblendet wird – die ganze Exposition ein fast verwirrend reiches, dennoch thematisch ganz einheitlich fundiertes Gebilde. Die Durchführung bringt in diesen verwirrenden Reichtum gleichsam Ordnung (also eine Umdrehung der traditionellen Funktionen von Exposition und Durchführung), und zwar auf eine bei

Haydn seltene Weise: Das Hauptthema mit seinen punktierten Begleitrhythmen wird erst kontrapunktisch-motivisch verarbeitet, dann in ein Genrebild über bukolisch brummenden Quintbässen verwandelt: Die Affektumwandlung eines Themas, die in den vorangegangenen Quartetten ein so wichtiges Mittel der Finale-Gestaltung war, wird hier also zum Element der Durchführung. In die sonst relativ wenig veränderte Reprise ist am Schluß eine kleine Kadenz der 1. Violine eingebaut; bemerkenswerter ist aber, daß der darauf folgende Schlußabschnitt »la seconda volta più presto« zu spielen ist – das heißt, die vorgeschriebene, aber heute meist ignorierte Wiederholung von Durchführung und Reprise ist zwingend notwendig.

Das *Adagio* (¢, G-Dur) variiert – wie bisher in 4 Variationen – Haydns »Volkslied« »Gott erhalte Franz den Kaiser«, das zuerst als Klavierlied zwischen Oktober 1796 und Januar 1797 geschrieben, in der Orchesterfassung zuerst am 12. Februar 1797, dem Geburtstag des Kaisers, im Wiener Burgtheater gespielt worden war. Daß Haydn für diesen Satz das Prinzip der Cantus-firmus-Variation anwendet, hat natürlich symbolische Bedeutung: Die Hymne, die den Kaiser feiert, ist so unantastbar wie dessen Autorität; nur die Begleitstimmen werden variiert. Der 4. Variation, die ein wunderbar nuancenreicher, fast bachischer Choralsatz ist, wird eine kleine Coda angefügt.

Das *Menuett*, ein relativ einfacher und tanznaher Satz, ist auf 2 deutlich kontrastierenden »Themen« aufgebaut, deren erstes einer kleinen kontrapunktisch gewürzten Durchführung unterzogen wird; das *Trio* komponiert die Suche nach der »richtigen« Thema-Gestalt – die nach mehreren Anläufen endlich in befreiendem A-Dur erscheint, während der Satz in a-Moll beginnt und endet – spannend aus. – Ähnlich verblüffend wie im G-Dur-Quartett beginnt das *Finale* (¢) wild aufgeregt und in c-Moll, mit Akkordschlägen, einer von Seufzermotiven geprägten Melodie, die sich nie ganz thematisch verfestigt, und dramatischen Triolenläufen. Die in sich schon durchführungsartig zerklüftete und erregte Exposition setzt sich in einer noch intensiveren Durchführung fort, in der die Triolenmotive, wiederum analog zum Finale des G-Dur-Quartetts, immer dominierender hervortreten. Die Reprise setzt regulär ein, verwandelt sich aber sofort in eine neue Durchführung, die schnell zur Dominante G-Dur führt; erst danach setzt in C-Dur die eigentliche, sehr knappe Reprise ein, in der sich, trotz einiger Anfechtungen, C-Dur und eine von den Seufzervorhalten befreite Version des Themas endlich durchsetzen.

Op. 76 Nr. 4 B-Dur (Hob. III:78)

Allegro con spirito – Adagio – Menuett. Allegro – Allegro ma non troppo.

Der Anfang des Kopfsatzes (C), der sich in mehreren Anläufen mit einer weitgeschwungenen, aus Klangflächen sich erhebenden Geigenmelodie zu einem großen B-Dur-Fortissimo steigert, hat dem Werk den Beinamen **»Sonnenaufgangsquartett«** eingebracht, und ebendieser Beiname hat dann dazu geführt, daß dieser Anfang als »romantisches« Klangerlebnis oder Licht-Crescendo analog der berühmten Stelle zu Beginn der »Schöpfung« (an der Haydn 1797 ja arbeitete) verstanden wurde. Aber das Tempo ist *Allegro con spirito*, gefühlvolles und assoziationsträchtiges Verweilen ist nicht gestattet, und der Sinn des in der Tat verblüffenden und gänzlich unkonventionellen Einfalls, den man kaum als Thema bezeichnen möchte, ist der einer ruhigen klanglich-dynamischen Geste, die den ganzen Satz hindurch in Kontrast zu lebhaft bewegten Tutti-Abschnitten gesetzt wird; aus dieser Spannung zwischen ruhigem und bewegtem Klang, stärker als aus thematischen Prozessen, bezieht der Satz seine ganz eigenartige Dynamik und seinen unverwechselbaren Ton. Ausgebreitet erscheint sie in der Exposition, die nach dem Fortissimo-Höhepunkt noch einmal mit den Klängen und Linien des Anfangs einsetzt, in der Durchführung, die den Gang der Exposition verkürzt und leicht verändert wiederholt, und in der Reprise, die die Kontraste eher verschärft als vermittelt; fast epigrammatisch zugespitzt wird sie in der Coda. – Das *Adagio* (3/4, Es-Dur) steht der Adagio-Fantasia des Es-Dur-Quartetts sehr nahe, ist auch formal kaum noch ein langsamer Satz im Sinne der Tradition, sondern eher eine meditative Phantasie über das anfangs in tastenden Anläufen (analog zum Anfang des Kopfsatzes) entwickelte, dann mit den außerordentlichsten harmonischen Komplikationen und Vorhaltsdissonanzen durchgeführte Thema. Weit deutlicher als im 1. Satz hat sich Haydn hier der Gefühlswelt des 19. Jh. genähert.

Das *Menuett* lenkt in vertrautere Bereiche zurück, schlägt aber auch die Brücke zurück zur »Klangregie« des 1. Satzes, am deutlichsten und originellsten im Attacca-Übergang zum *Trio* (das in der Grundtonart steht) mit einem liegenbleibenden, durch sforzato markierten Grundton (ein Mittel der Satzverknüpfung, das Schumann und Mendelssohn lieb werden sollte); über diesem Ton entfaltet sich dann die auf ungreifbare Weise volksmusikalisch klingende Trio-Melodie. – Das Finale (¢) beginnt – *Allegro ma non troppo* – als ein bedächtiges, fast behagliches Rondo, das auch in der b-Moll-Episode kaum ernstere Töne anschlägt. Die Wiederholung des Ritornells bricht aber an dem Punkt, an dem sie sich zur Durchführung zu erweitern beginnt, in einer abrupten Kadenz ab; die anschließende Stretta – più allegro, dann più presto – setzt noch einmal mit den Durchführungsmotiven an und löst in ihrem immer wilder werdenden Wirbel schließlich alle thematischen Konturen auf. Eine Reprise fehlt; der Satz hat also die ganz erstaunliche, nur noch tonal geschlossene Form Ritornell – Episode – Ritornell – Durchführung/Stretta.

Op. 76 Nr. 5 D-Dur (Hob. III:79)

Allegretto/Allegro – Largo cantabile e mesto – Menuett. Allegro – Presto.

Das D-Dur-Quartett beginnt mit einem einzigartigen Satz (6/8), der weder Sonaten- noch Variationensatz ist, aber Züge beider Formen trägt. Das sehr einfache, sicilianohafte Thema wird

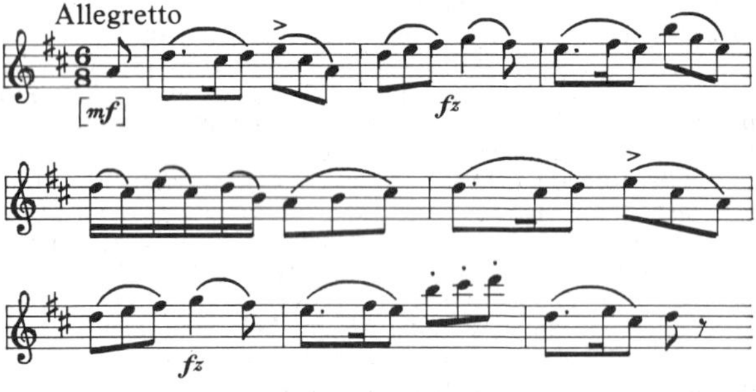

aufgestellt, leicht variiert wiederholt und mit einem 4taktigen Nachspiel abgeschlossen. Danach beginnt ein Abschnitt in d-Moll, der wie eine kontrapunktische Variation ansetzt, das Thema aber sehr schnell durchführungsartig auflöst und sich zu einem dramatischen Höhepunkt steigert. Der nächste Abschnitt, wieder in D-Dur, beginnt erneut wie eine Variation, löst sich aber in eine konzerthaft-freie Kadenz zur Dominante auf; der anschließende Schlußteil, *Allegro*, ist zugleich Stretta, intensive Durchführung des Thema-Anfangs und Wiederaufnahme von Elementen des Moll-Abschnitts (Kontrapunktmotiv und konzertant-freier Höhepunkt). Die Tendenz zu fantasiehaft-freien Formen greift mit diesem Satz zum ersten Mal über die langsamen Sätze und deren meditative Tonfälle hinaus; im letzten Werk des op. 76 wird sich diese Entwicklung fortsetzen.

Der Schwerpunkt des D-Dur-Quartetts liegt aber nicht in diesem außerordentlichen Kopfsatz, sondern – auch hier besteht eine Beziehung zum Es-Dur-Werk – im *Largo*, das ihm folgt und das schon durch seine Tonart Fis-Dur Besonderes signalisiert. Der Satz ist 3teilig, aber ganz aus der Melodie der ersten Takte entwickelt und ganz von ihrem feierlichen Pathos getragen. Wie in den meisten langsamen Sätzen aus Haydns späten Jahren verbindet sich melodisch-harmonische Entwicklung mit thematischer Arbeit, während die ornamentale Umspielung der Melodik gänzlich fehlt, ein Zug, der den Ernst und die Feierlichkeit des Satzes noch steigert. Von unbeschreiblicher Schönheit sind die harmonischen Wendungen des Themas und das sanfte motivische Verlöschen des Endes.

Das *Menuett* kehrt – in fast zu schroffem Kontrast – zum unbeschwerten D-Dur zurück, knüpft an den Beginn des Largo-Themas in genau entsprechender Dreiklangsmotivik an, führt sein Thema dann aber durchaus tanzhaft und mit den bei Haydn menuett-typischen metrischen Verschiebungen weiter. Das *Trio* (d-Moll) entwickelt aus einer kreisenden Achtel-Bewegung im Cello ein kleines Perpetuum mobile, dessen Spannung zwischen betonten Schwerpunkten des ¾-Takts und durchgehender ⅜-Phrasierung der Melodik einen reizvollen und eleganten Kontrast zu den derberen metrischen Akzenten des Menuetts bildet. – Das *Finale* ist ein schwungvoller und witziger Sonatensatz, der noch einmal, das letzte Mal in Haydns Quartettschaffen, zum pointiert geistreichen und überraschungsgeladenen Finale-Typus der 1780er Jahre zurückkehrt.

Op. 76 Nr. 6 Es-Dur (Hob. III:80)

Allegretto/Allegro – Fantasia. Adagio – Menuett. Presto – Allegro spiritoso.

Das Es-Dur-Quartett steht in enger Beziehung zum D-Dur-Werk, vor allem in der Verwandlung einer traditionellen Form im 1. Satz und der experimentellen Haltung des Adagios. – Der *Kopfsatz* (2/4) ist ein Variationensatz über ein Thema, das sehr kompliziert und gar nicht wie ein Variationenthema aufgebaut ist: Es beginnt mit abgezirkelten, ein wenig altertümlich wirkenden 2-Takt-Motiven, die aber harmonisch schon sehr differenziert behandelt sind; nach 16 Takten beginnt eine Wiederholung, die sich sogleich motivisch auflöst, aber in einer melodisch gänzlich neuen Schlußwendung wieder aufgefangen wird. Die ganze Melodie wird nun zunächst als Cantus firmus behandelt (wozu sie wiederum überhaupt nicht zu taugen scheint), in der 1. Variation in der 2. Violine, in der 2. Variation im Cello. Die 3. Variation bringt die Melodie teils figuriert in der 1. Violine, teils als Cantus firmus in der 2. Violine und geht attacca über in die 4. und letzte Variation, *Allegro*, die als Fuge mit obligatem Kontrapunkt beginnt, in einer freien Durchführung des Thema-Kopfes weitergeht und mit der 2. Thema-Hälfte als Cantus firmus in der Bratsche, am Schluß wieder in der 1. Violine schließt. Die Bewegung der Variationen in eine immer größere Entfernung vom Thema – mit dem Höhepunkt im auch harmonisch lebhafteren Mittelteil des Allegros – hat eine gewisse Ähnlichkeit mit dem Durchführungsprinzip eines Sonatensatzes, und diese Ähnlichkeit wird durch den ausgeprägten Repriseneffekt der Rückkehr zum Cantus-firmus-Satz noch verstärkt. Variationensatz und Sonatensatz sind miteinander verbunden; nicht zuletzt dadurch erfüllt der Satz die Funktion eines Kopfsatzes – und eben auf ganz andere und viel subtilere Weise als ein konventioneller Variationensatz.

Die *Adagio-Fantasia* (3/4, H-Dur) ist, wie im D-Dur-Quartett, schon durch ihre vom Grundton des Werkes extrem entfernte Tonart herausgehoben, zusätzlich dadurch, daß im 1. Teil des Satzes die Tonartvorzeichnung fehlt. Dies und die eigenartige Form des Satzes erklärt der Titel Fantasia: ein Stück, das sich an keine überlieferte Form hält und das scheinbar nur der frei schweifenden Phantasie des Komponisten gehorcht. Das an sich einfache, regelmäßig gebaute und verhalten-lyrische Thema wird in H-Dur vorgetragen und echoartig pianissimo wieder-

holt, dann mit einem kurzen Ruck nach cis-Moll geführt; 4 Takte solistisches Zwischenspiel der 1. Violine führen zu einer Wiederholung in E-Dur, die wiederum, noch abrupter, nach G-Dur gelenkt wird. Nach abermals 4 Takten Zwischenspiel, jetzt im Cello, wird es recht eigentlich »phantastisch«: Das Thema beginnt in B-Dur, mündet nach 8 Takten in H-Dur, eine kontrapunktische Entwicklung des Zwischenspielmotivs leitet, über eine Rückung von E nach Es, zur Thema-Wiederholung in As-Dur, und erst von da aus wird über eine Wiederholung des Cellozwischenspiels das nun vorgezeichnete H-Dur erreicht. Mit dieser abenteuerlich umwegigen Rückkehr zur Tonika beginnt nun aber nicht eine tonal verfestigte beruhigte Wiederholung des Themas, sondern dessen fugierte, breit strömende und wunderbar gesteigerte Durchführung – ein Abschnitt, der deutlich auf die kontrapunktischen langsamen Sätze der späten Beethoven-Quartette vorausweist. Ein letztes 4taktiges Zwischenspiel in lebhafterer Bewegung führt zum sanft bewegten und entspannten Schluß, in dem das Thema noch einmal, von Sechzehntel-Figurationen umspielt, anklingt.
Das *Menuett* ist, nach dem phantasieartig lyrisch schweifenden Adagio, ein phantastisch-bizarres Stück, geprägt von wilden Sprüngen und jähen Kontrasten im Hauptteil und einer parodistischen Fuge über die Es-Dur-Tonleiter (abwärts und aufwärts), die schon im Menuett eine Rolle spielte, im *Trio*. – Ein Tonleiterausschnitt, recto und inverso verarbeitet und verbunden mit heftigen rhythmischen und metrischen Akzenten, liegt auch dem *Finale* (3/4) zugrunde; die Beziehung zum Menuett wird noch enger durch die gleiche Taktart, aber der Tonfall dieses monothematischen Sonatensatzes ist völlig anders und ebenso weit entfernt vom traditionellen witzigen Kehraus-Ton – ein wildes, durch die abgerissenen, den ganzen Satz beherrschenden Motive seines Themas atemlos klingendes Stück, das in den heftigen, gegen den Takt gesetzten Akkordschlägen der Durchführung einen Höhepunkt hat, der wiederum sehr deutlich auf Beethoven vorausweist.

Streichquartette op. 77 (Hob. III:81–82)

Haydns letzte, im doppelten Sinne des Wortes vollendete Quartette sind 1799 entstanden und dem *Fürsten Joseph Franz Maximilian Lobkowitz* gewidmet, einem der bedeutendsten Wiener Musikmäzene um 1800: aktiver Musiker, Förderer vor allem Beethovens (so wie sein Vater den jungen Gluck gefördert hatte), Mitbegründer der Gesellschaft der Musikfreunde in Wien und des Prager Konservatoriums. Nach dem Bericht des Haydn-Biographen Griesinger plante der Komponist, 6 Quartette für Lobkowitz und danach 6 Streichquintette für den Grafen von Fries zu schreiben (was die Hinwendung zu einer neuen Gattung in Haydns 67. Lebensjahr bedeutet hätte!). Vollendet wurden nur die beiden Quartette op. 77, die 1802 im Druck erschienen; ein Jahr später veröffentlichte August Eberhard Müller in Leipzig Arrangements der Werke für Flöte oder Violine und Klavier, die in der Hausmusik bis heute beliebt sind.

Gegenüber den vorausgegangenen Werken zeigt op. 77 eine deutliche Beruhigung und »Normalisierung« des Tonfalls und der Formen: breit angelegte Sonatensätze als Kopfsätze und Finali, meist mit 2 ausgeprägt gegensätzlichen Themen und wieder stärker orchestralem Tonfall, ein hymnisch-feierliches Adagio und ein normaler Variationensatz als langsame Sätze. Die Experimente des op. 76 fehlen, und das auffälligste neue Merkmal der beiden Werke, die Gestaltung der Menuette, wirkt nicht experimentell, sondern als das Erscheinen eines fertig ausgebildeten neuen Menuett-Typus: des Beethovenschen Scherzos. Daß Haydn von den Scherzi des jungen Beethoven (in den Klaviertrios op. 1 und den Streichtrios op. 9, die er mit ziemlicher Sicherheit kannte) angeregt, vielleicht auch irritiert wurde, zeigt sich nicht nur hier, wo die Anregungen dem eigenen Menuett-Typus anverwandelt werden, sondern noch deutlicher im Menuett des unvollendeten op. 103, in dem offensichtlich ein neuer Weg – gleichsam an Beethoven vorbei – gesucht und gefunden wird.

Op. 77 Nr. 1 G-Dur (Hob. III:81)

Allegro moderato – Adagio – Menuett. Presto – Presto.

Das D-Dur-Quartett beginnt mit einem breiten *Sonatensatz* (¢), dessen Hauptthema im Tonfall eines Marsches einsetzt. Der Seitensatz, eine kurze, schön geschwungene lyrische Melo-

die, erscheint erst gegen Ende der Exposition und nachdem schon eine Variante des Hauptthemas die Dominantregion markiert hatte – so, als werde doch ein monothematischer Sonatensatz angezielt. Die Durchführung arbeitet, entsprechend der Gestalt der Themen, die sich nicht sehr gut für motivisch-analytische Arbeit eignen, vor allem mit harmonischen Mitteln und in einem erstaunlich engen Bereich, so daß mehrfach Tonika (mit dem 1. Thema) und Dominante (mit dem 2.) ausgespielt werden; die Pointe ist aber, daß beide sehr schnell nach Moll eingedunkelt werden, und dementsprechend läuft die Rückleitung zur Reprise über einen sehr effektvollen G-Dur/g-Moll-Wechsel. In der Reprise selbst taucht der Seitensatz nicht wieder auf, so daß der festlich-marschähnliche Ton des Satzes sich noch intensiviert. – Das *Adagio* (C, Es-Dur) ist einer der schönsten unter den feierlich-meditativen langsamen Sätzen Haydns, über ein Thema, in dem sich großes Pathos und zarte Lyrismen eigenartig verbinden und das in einem regelrechten Sonatensatz durchgeführt wird; dabei spielt das bei Haydn seltene, vermutlich durch Mozart inspirierte Tonsatzmodell des Dialogs zwischen 1. Violine und Cello mit akkordisch begleitenden Mittelstimmen (ähnlich wie im langsamen Satz von op. 76/1) eine große Rolle. Zu dieser Mozart-Nähe paßt, daß die wehmütige Coda auf den Komponisten vorausweist, der Mozart am nächsten stand: Schubert. – Das *Menuett* ist sozusagen Haydns erstes Beethoven-Scherzo, mit einem heftigen, fast ganz von rhythmischen Akzenten geprägten Hauptteil und einem kompakten *Trio*, in dem sich der rhythmische Elan in einen metrischen verwandelt: Durch das schnelle Tempo und die Art der Motivbildung werden je 4 Takte zur (kleinsten) metrischen Einheit zusammengefaßt, so daß, mit Beethoven zu sprechen, ein »ritmo di quattro battute« entsteht. – Das *Finale* (2/4) ist ein monothematischer Sonatensatz, der gänzlich von thematischer Arbeit mit den 3 ersten Tönen des Themas durchzogen ist, für die Reprise aber noch ein paar verblüffende Verwandlungen aufspart – ein Satz, in dem sich der »Witz« früherer Finali ganz in den Impetus thematischer Arbeit, die dem Ganzen einen ungemein energischen Grundton gibt, umgesetzt hat.

Op. 77 Nr. 2 F-Dur (Hob. III:82)

Allegro moderato – Menuett. Presto – Andante – Vivace assai.

Ähnlich wie im G-Dur-Quartett, so spitzt sich auch hier die Bewegung auf einen sehr schnellen, energischen und gar nicht mehr »witzigen« Schlußsatz zu; anders als dort steht hier aber das Menuett an zweiter Stelle, als wollte Haydn zum Prinzip des Tempokontrastes aus op. 33 zurückkehren.

Der *1. Satz* (¢) ist im Gegensatz zum Kopfsatz des Schwesterwerks von Beginn an auf thematisch-kontrapunktische Arbeit

angelegt, mit der nicht 2, sondern 3 Themen durchgeführt werden: das gestisch-extravertierte des Anfangs, ein deutlich kon-

trastierendes Überleitungsthema und der lyrische eigentliche Seitensatz, der aber vom Kopfmotiv des Hauptthemas kontra-

punktiert wird. Die Durchführung, eines der großartigsten Beispiele thematischer Arbeit nicht nur bei Haydn, wird fast ganz vom Überleitungsthema, d. h. dem aus ihm abgeleiteten Motiv 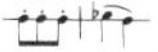 beherrscht, das diesem Teil des Satzes einen insistent-bohrenden, fast drohenden Ton gibt; der Einsatz der Reprise nach spannender Generalpause wirkt danach sehr deutlich als Konfliktlösung. Dementsprechend ist dann die Reprise selbst – beim späten Haydn ein fast einzigartiger Fall – nicht durch zusätzliche Durchführungspartien kompliziert, sondern dort, wo sie überhaupt gegenüber der Exposition verändert ist, konzertant aufgelockert und vereinfacht.

Das *Menuett*, wieder ein Presto-Satz, ist nicht ganz so exzentrisch und wild wie das des G-Dur-Quartetts; es spielt vital-übermütig mit gegentaktigen Motiven und Paukenbässen. Formal ist es ein vollständig ausgebildeter, sogar mit 2 »Themen« versehener Sonatensatz en miniature, der durch seine relativ lange Coda (12 Takte gegen 24 Takte Exposition) auf neue Weise an Beethoven erinnert: an die Tendenz, den dreiteiligen Sonatensatz durch Aufwertung und Ausdehnung der Coda zur

Vierteiligkeit umzuformen. Das *Trio* (in der ausgefallenen Tonart Des-Dur) ist ein sehr viel einfacheres und lyrisches, in seinen chromatischen Schlußbildungen schmerzlich klingendes Charakterstück; eine kleine Coda leitet modulierend und motivisch zur Menuett-Wiederholung.

Der *langsame Satz* (2/4, D-Dur) ist ein Variationensatz ganz eigener Art: das marschähnliche Thema, das sich vom Piano und Mezza voce zu einer großen pathetischen Fortissimo-Geste steigert, wird teils durch Figuralvariationen überlagert, mit freien Zwischenspielen versehen, in einem kleinen d-Moll-Teil motivisch verarbeitet und schließlich vollständig und mit einer pianissimo verklingenden Coda wiederholt. Im Prinzip ähnlich wie in den Kopfsätzen der beiden letzten Quartette aus op. 76, wenn auch im Ton gänzlich anders, werden so Elemente aus Sonatensatz, Variationensatz und Liedform zu einer neuen Form verschmolzen.

Das *Finale* (3/4) ist, in genauer Analogie zum 1. Satz, aus 3 Themen entwickelt, nur daß hier die Themen, entsprechend der Finale-Funktion des Satzes, stärker rhythmisch pointiert, lebhafter und heftiger im Ton sind; das 3. ist eine veritable Polonaise. In der Durchführung herrschen, in turbulenten Engführungen und getragen von einem hinreißenden Bewegungsimpetus, das Kopfmotiv und das Polonaisenthema; in die Reprise ist vor dem letzteren noch einmal eine überraschungsreiche kleine Durchführung eingebaut.

Streichquartett op. 103 (Hob. III:83)

Haydns letztes Streichquartett ist nicht vollendet worden. Begonnen wurde es vielleicht schon 1802, dann aber zugunsten der »Harmoniemesse« beiseite gelegt; vollendet wurden 1803 das Andante in B-Dur und das Menuett in d-Moll, also wahrscheinlich die Mittelsätze eines d-Moll-Werkes. Haydn muß bis 1806 gehofft haben, das Werk noch abschließen zu können; erst in diesem Jahr schickte er dann die beiden Sätze an Breitkopf in Leipzig zur Veröffentlichung, zusammen mit seiner musikalischen »Visitenkarte« mit dem melancholischen Motto:

Aber die beiden Sätze strafen diese Visitenkarte Lügen; sie

zeigen keinerlei Ermüdungserscheinungen, stellen vielmehr dem op. 77 eine neue Wendung zur Intimität entgegen, die im Menuett fast esoterische Züge trägt.

Das *Andante* (2/4, B-Dur) verbindet 3teilige Liedform und Variationenprinzip auf noch einmal neue Weise: Den Rahmen bildet ein sanftes, aber durch Chromatik (vor allem in den Begleitstimmen) subtil belebtes und nuanciertes Liedthema; darin eingebettet ist ein Mittelteil in Ges-Dur und cis-Moll/ D-Dur (die für den späten Haydn charakteristische Neigung zu ausgefallenen Tonarten zeigt sich also auch hier), dessen 2 Abschnitte als Thema und Variation aufeinander bezogen, zugleich aber vage mit dem Rahmenteil verwandt sind. Eine zarte Coda, in der das Thema des Rahmenteils in müden chromatischen Gesten aufgelöst wird, und ein energischer Fortissimo-Schluß beenden den Satz.

Das *Menuett* (d-Moll) führt die »Zersetzung« traditioneller Tonfälle und Thementypen durch Chromatik weiter und ist, entsprechend der zur Vorsicht mahnenden Vortragsangabe Menuet ma non troppo presto, eher ein Charakterstück als ein Tanzsatz – und ein sehr melancholisches, trotz der energischen Fortissimo-Geste des Schlusses. Das *Trio* (D-Dur) bildet kaum einen Kontrast dazu, überlagert vielmehr den traditionellen Tonart-Charakter durch sanfte Melancholie.

Bearbeitungen für Streichquartett

Die sieben letzten Worte unseres Erlösers am Kreuze; op. 51

Haydns Komposition der »Sieben Worte« (nach Lukas 23, Johannes 19 und Matthäus 27) existiert in 3 Fassungen: als Orchesterwerk (Hob. XX:1), im eigenhändigen Arrangement für Streichquartett (Hob. III:50–56) und als Oratorium (Hob. XX:2; der Text, nach einer Bearbeitung des Passauer Hofkapellmeisters Joseph Friebert und mit Anleihen bei K. W. Ramlers »Tod Jesu«, arrangiert von Gottfried van Swieten). Die Orchesterfassung entstand 1785 oder 1786 auf Bestellung eines Domherrn in Cádiz und war als Meditationsmusik innerhalb der Karfreitagsliturgie gedacht. Jedes der 7 Worte wurde vom Bischof von der Kanzel verlesen und ausgelegt, dann kniete der Bischof im stillen Gebet vor dem Altar, und dazu erklang die entsprechende »Sonate«. Anfang 1787 erschienen die Orchesterfassung und das Quartett-Arrangement (das

Haydn teilweise in die Streicherstimmen der Orchesterfassung hineingeschrieben hatte) bei Artaria in Wien; ein Klavierauszug – Haydn fand ihn »sehr gut und mit besonderem Fleiß abgefaßt« – wurde im Verlag hergestellt. Die Oratorienfassung, in der die Orchesterfassung vollständig aufging, entstand erst wesentlich später und angeregt durch Frieberts Bearbeitung, wahrscheinlich 1795/96.
Aus einem Brief Haydns an seinen Londoner Verleger Forster wissen wir, wie sich der Komponist eine Aufführung der Orchesterfassung unabhängig von der Liturgie vorstellte: »ein ganz neues werck. bestehend in blosser Instrumental Music, abgetheilt in 7 Sonaten, wovon jede Sonate 7 bis 8 Minuten dauert, nebst einer vorhergehenden Introduction, zu lezt ein Terremoto, oder Erdbeben. diese Sonaten sind bearbeitet, und angemessen über die wort, so Christus unser Erleser am Creutz gesprochen. [. . .] Jedwede Sonate, oder Jedweder Text ist bloß durch die Instrumental Music dergestalten ausgedruckt, daß es den unerfahrensten den tiefesten Eindruck in Seiner Seel Erwecket, das ganze werk dauert etwas über eine stunde, es wird aber nach jeder Sonate etwas abgesetzt, damit man voraus den darauf folgenden Text überlegen köne [. . .].« Die stumme Vergegenwärtigung der Worte Jesu gehört also unabdingbar zur Aufführung und zum Aufnehmen dieser Musik hinzu.
Natürlich war die Quartettfassung, wie der Klavierauszug, primär nicht als selbständige Fassung des Werkes, sondern als Mittel zu dessen schnellerer Verbreitung gedacht (ähnlich wie die Quartett-Arrangements der wichtigsten Nummern aus beliebten Opern; solche Arrangements gibt es von Haydns Opern »La vera costanza« und »Armida«, vom Komponisten selbst oder mit seiner Zustimmung hergestellt). Im Konzertsaal setzte sie sich aber offenbar mindestens so schnell durch wie die Orchesterfassung, der sie die leichtere Besetzbarkeit und, nicht zuletzt, den Nimbus der Gattung Streichquartett voraus hatte.
Die Subtilität, mit der Haydn hier eine fast unmögliche Aufgabe löste – die Komposition von 7 langsamen, traurig-feierlichen Sätzen mit einer entsprechenden Einleitung, praktisch ohne Kontrast und mit einer vom Gegenstand geforderten besonderen Intensität – wird im Quartettsatz sicherlich deutlicher als im farbenreichen Orchesterklang; allerdings verlangt gerade der (in den Worten Carl Maria von Webers) gleichsam »nackte« 4stimmige Streicherklang ein besonders aufmerksames Hören. Nur dann wird die Abstufung der Sätze, entsprechend ihren

Texten, nach Tonart und Tempo, Form (wobei das zugrunde liegende Modell der Sonatensatz ist) und Thematik, Satztechnik und motivischer Arbeit verständlich und erfahrbar werden: das Maestoso-Pathos der d-Moll-Introduktion, das Christus nicht nur als Leidenden, sondern als Rex und Triumphator beschwört; die Seufzersprache des 1. Wortes (B-Dur, ¾), die feierliche Kantabilität, in der sich die Paradiesverheißung des 2. Wortes darstellt (c-Moll/C-Dur, C); der sanfte, fast idyllische Dialog mit der Mutter und dem Jünger (E-Dur, C); die schmerzlichen Fragegesten des 4. Wortes (f-Moll, ¾); die Steigerung des »Ich durste« von Verhaltenheit zu hohem Pathos (A-Dur, C); die Bewegung von erhabenem Schmerz zur Trostverheißung im »Es ist vollbracht« (g-Moll/G-Dur, C); schließlich der fast liedhafte, vertrauensvolle Gebetston in der Transzendenz-Tonart Es-Dur (¾) im letzten Wort. Das Erdbeben (c-Moll, ¾, Presto e con tutta la forza) ist dann nur noch ein drastisch tonmalerisches Nachspiel.
Zum Verständnis des Werkes gehört schließlich auch, daß die Beziehung zwischen Bibelwort – und zwar dem lateinischen – und Themenerfindung in jedem Satz nachvollzogen wird. Sie ist meistens, wenn auch nicht immer, eine ganz direkte Beziehung, so daß wenigstens der Anfang des jeweiligen Themas aus der emphatischen Deklamation des Textanfangs gebildet ist; nur im 5. (»Sitio«) und 7. Wort (»Pater, in manus tuas commendo spiritum meum«) scheinen nicht die Textworte selbst, sondern aus ihnen gebildete Vorstellungen – Seufzer, Gebet – der Themenbildung zugrunde zu liegen. Die thematische Verarbeitung ist dann in jedem Fall, über den immanent-musikalischen Prozeß hinaus, auch als Ausbreitung und Ausdifferenzierung des im Thema eingefangenen Text-Sinns und Text-Affekts zu verstehen.

LF

Die Mannheimer Hofmusiker

Die Blütezeit der Mannheimer Hofmusik begann mit der Eröffnung des Opernhauses 1742 und mit dem Regierungsantritt des Kurfürsten Carl Theodor von der Pfalz Anfang 1743; sie endete 1778 mit dem Umzug des Hofes von Mannheim nach München, nachdem Carl Theodor das Kurfürstentum Bayern zugefallen war. Als die Mozarts auf ihrer Reise nach Paris im Oktober 1777 in Mannheim eintrafen, stand der Hof kulturell im höchsten Glanz; als sie auf der Rückreise im Oktober 1778 noch einmal für 3 Wochen kamen, war Mannheim fast Provinz geworden. Der Freiherr von Dalberg sprach in dem Brief nach München, in dem er (mit Erfolg) die Gründung eines deutschen Nationaltheaters in Mannheim vorschlug, von einem »Bild des Elends und Unglücks«.

Der Umzug des Hofes fiel in die Zeit der höchsten und vor allem zukunftsträchtigsten kulturellen Entfaltung. Die vom Kurfürsten 1763 gegründete kurpfälzische Akademie der Wissenschaften hatte sich europäisches Renommée erworben; die Deutsche Gesellschaft, die für die Pfalz das werden sollte, was die Académie Française für Frankreich war, hatte 1775 mit ihrer Arbeit begonnen. Die deutsche Schauspieltruppe des Hofes legte den Grund, auf dem das Nationaltheater deutsche und europäische Theatergeschichte machen sollte. Mit der Aufführung von Anton Schweitzers »Alceste« 1775 und von Ignaz Holzbauers »Günther von Schwarzburg« 1777 hatte die große Oper in deutscher Sprache (und mit nationalen Sujets, wenigstens im Falle des »Günther von Schwarzburg«) als programmatisch-nationales Gegenstück zu Opera seria und Tragédie lyrique einen verheißungsvollen Anfang genommen. Die Mannheimer Hofkapelle war eines der berühmtesten, wenn nicht das berühmteste Orchester Europas: Charles Burney nannte es 1772 »eine Armee von Generälen« und meinte, es seien in ihm vielleicht mehr Solisten und gute Komponisten als in irgendeinem anderen.

Das Orchester verdankte seine glänzende Besetzung zu einem nicht geringen Teil der Musikliebe des Kurfürsten, der selbst Klarinette und Cello, vor allem aber Flöte spielte. Der Musikbedarf des Hofes war enorm: In Mannheim oder in der Sommerresidenz Schwetzingen gab es neben der offiziellen Hof-Kirchenmusik und der Oper ein- oder zweimal wöchentlich eine »Akademie«, d. h. ein großes Konzert, in dessen Mittelpunkt neue Sinfonien und Konzerte standen. Kammermusik, an welcher der Kurfürst gern aktiv teilnahm, gab es fast täglich. Dazu kam die Hofmusik der Kurfürstin Elisabeth Auguste, die seit 1761 getrennt vom Hof in Schloß Oggersheim residierte.

Der musikalische Ruhm Mannheims machte die Hofkapelle für Komponisten und Virtuosen aus ganz Europa attraktiv (auch Mozart hatte auf eine Anstellung gehofft), und die relativ gut gesicherte und besoldete Position als kurpfälzischer Hofmusiker begünstigte das Heranwachsen ganzer Komponisten- und

Virtuosendynastien wie der Familien Stamitz, Cannabich und Wendling. Die in Europa offenbar wirklich in ihrer Zeit einzigartige Massierung von Komponisten und Virtuosen in einer vergleichsweise kleinen Residenzstadt ohne kulturell attraktives Umland führte zwangsläufig zu einer Art Laboratoriumssituation, in der die Qualität des Orchesters und die Produktion einer wie nie zuvor aus den Möglichkeiten eines solchen Orchesters entwickelten Orchestermusik einander steigerten. Der Musikbedarf des Hofes sorgte dafür, daß die Produktion auch quantitativ enorm war.

Eben diese fast unübersehbar und wiederum in Europa einzigartig reiche Produktion ist der Grund dafür, daß die Geschichte der Mannheimer Hofmusik als Kompositionsgeschichte noch nicht annähernd zu überblicken und daß ihre Bedeutung für die europäische Kompositionsgeschichte zwischen Barock und Wiener Klassik noch keineswegs sicher bestimmbar ist. Ziemlich sicher ist aber, daß die Mannheimer Sinfonie – eben wegen der besonderen Bedeutung des Orchesters als Orchester – entwicklungsgeschichtlich wichtiger war als die Kammermusik.

So ist es bezeichnend, daß von **Johann Stamitz** (1717–57), dem Begründer dessen, was im weitesten Sinne »Mannheimer Schule« heißen kann, nur wenig Kammermusik überliefert ist und daß nichts von dieser Kammermusik mit Stamitz' großartigen Sinfonien verglichen werden kann. Seine *Orchestertrios* (6 Werke *op. 1*, 1755, und 4 weitere in Sammeldrucken 1757–59), die offenbar eine neue, wenn auch kurzlebige Gattung begründeten (vgl. S. 97), sind zwar nominell auch für solistische Besetzung mit 2 Violinen und Generalbaß, also als Triosonaten geeignet, stilistisch aber eindeutig Sinfonien, nicht Kammermusik, im Klang und Tonfall ebenso wie in ihren großen Formen und ihrer außerordentlichen motivischen Arbeit, in der sich barocke Techniken und weit in die Zukunft weisendes thematisches Denken einzigartig verbinden. Die eigentlichen kammermusikalischen Werke sind demgegenüber – nicht verwunderlich bei dem virtuosen Geiger Stamitz – sehr stark von Virtuosität geprägt. Das gilt für die schönen, noch ganz altertümlich als »sonate da camera« bezeichneten *Violinsonaten op. 6* ebenso wie für die verstreut überlieferten *Triosonaten* und erst recht für die Kuriosität der beiden »divertissements en duo pour un violon seul«, also *Sonaten für Violine allein*, in denen das Soloinstrument ein Geigenduett »imitiert«.

Mehr und gewichtigere Kammermusik ist von den beiden anderen Komponisten der ersten Generation überliefert, die als »fertige« Musiker nach Mannheim kamen: **Franz Xaver Richter** (1709–89) und **Ignaz Holzbauer** (1711–83). Richter war seit 1747 am pfälzischen Hof und ging 1769 als Kathedralkapellmeister nach Straßburg; Holzbauer blieb von 1753 bis zu seinem Tode.

Von **Richter** sind in zeitgenössischen Drucken und in verstreuten Handschriften Triosonaten, Sonaten für Flöte und Generalbaß, Flöten- oder Geigenduette und 6 Streichquartette überliefert, von denen (wie von den Werken aller Mannheimer Komponisten) bisher nur ein kleiner Teil erschlossen ist. Entwicklungsgeschichtlich und qualitativ bedeutend sind einerseits die zuerst 1759 und um 1763 gedruckten 2mal 6 Sonaten für Cembalo obbligato, violino (o flauto) concertato und Cello, andererseits die 6 Streichquartette op. 5, gedruckt 1768.

Die *Cembalosonaten* sind 3sätzig (Andante oder Allegretto – langsam – schnell) oder 2sätzig (Andante – Tempo di Minuetto oder Fugato oder Tanzsatz) und machen auf sehr phantasievolle Weise von den Satztechniken der traditionellen Triosonate – also mit 2 gleichrangigen und in gleicher Lage spielenden Oberstimmen und Generalbaß – und denen der »modernen« Sonate für Cembalo und begleitende Instrumente Gebrauch: Teils bilden rechte Hand des Cembaloparts und Violine das übliche Oberstimmenduett, teils ist das Cembalo nur Generalbaßinstrument, teils spielt es einen auskomponierten freistimmigen Klaviersatz. Ganz unselbständig ist nur das Cello, das dem Cembalobaß folgt. Wie immer bei Richter spielt der Kontrapunkt, vor allem in fugierten Schlußsätzen, eine große Rolle, woraus das gängige Vorurteil vom »konservativen« Richter abgeleitet wurde – in Wirklichkeit sind auch diese fugierten Sätze mit häufigen Wiederholungsformen, großen Steigerungen, Kontrastbildungen und Unisono-Kadenzen in ihrer Zeit durchaus »moderne« Stücke und den Fugen Florian Gassmanns und Haydns vergleichbar, vielleicht abgesehen von der melodischen Erfindung, die überhaupt Richters schwacher Punkt ist.

Die *Streichquartette op. 5* sind öfter auf 1757 zurückdatiert worden, weil Dittersdorf in seinen Erinnerungen berichtet, er habe in diesem Jahr »sechs neue Richtersche Quartetts« gespielt; es dürfte sich hier aber eher um Quartett-Sinfonien gehandelt haben, denn das 1768 gedruckte op. 5 kann aus stilistischen Gründen, bei allem Wagemut und Experimentiergeist Richters,

kaum sehr lange vor 1768 geschrieben sein. Die 6 Werke (in C, B, A, Es, G und D) sind 3sätzig, 4 mit der Satzfolge schnell (oder Allegretto) – langsam – schnell, je eines Andante – Andante – Allegro (Fugato) und langsam – schnell – Tempo di Minuetto. Die Schlußsätze haben ausgeprägten Finale-Charakter: 2 sind Fugati, 2 Tempo-di-Minuetto-Sätze (trotz dieser Bezeichnung aber nicht umfangreiche, ausgearbeitete und »galante« italienische Tempi di Minuetto, sondern eher österreichisch-süddeutsche Tanzmenuette von relativ einfachem Zuschnitt), und 2 sind sehr schnelle Sätze im 3/8-Takt. Was aber vor allem fortschrittlich wirkt, ist die Durcharbeitung des satztechnischen Details und die Individualisierung der Stimmen, auch wenn das Satzmodell der Triosonate – wobei die Bratsche quasi eine Aussetzung des Generalbasses ist – noch oft durchscheint und auch die traditionellen barocken Sequenzen und Vorhaltsketten noch eine Rolle spielen. Besonders bemerkenswert ist die ausgefeilte Dynamik, die bis zu genauen Vibrato-Vorschriften und sogar bis zur dynamischen Hervorhebung thematisch führender Stimmen geht; gerade die dynamische Durcharbeitung des Satzes gibt den Werken natürlich auch deutliche Affekthaltungen, obwohl die Affektsprache hier insgesamt eher moderat ist.
Von **Holzbauer** ist Kammermusik in den verschiedensten Besetzungen überliefert: Triosonaten, Partiten und Sonaten für 4 Streicher, Divertimenti für Streichquintett, Cembaloquintette und Sextette für Streicher und Holzbläser. Musikalisch besonders reizvoll sind die Cembaloquintette und die Sextette.
Die *Quintette*, leider nur 2, sind für Cembalo (oder Hammerklavier), Flöte, Violine, Bratsche und Cello gesetzt; beide sind 2sätzig (Andante bzw. Allegro – Menuett) mit der Besonderheit, daß dem Trio des Menuetts jeweils 5 Variationen beigegeben sind. Holzbauers Phantasie entzündet sich vor allem an den Möglichkeiten der Instrumentenkombinationen und der Vermischung und Kontrastierung verschiedener Satztechniken, und in beidem geht er über Richter erheblich hinaus: Das Tasteninstrument wechselt zwischen Generalbaßspiel, ausgearbeitetem Satz in den verschiedensten Satztechniken und sogar dem konzertierenden Spiel der rechten Hand allein ab; die 4 Melodie-Instrumente treten in wechselnden Kombinationen hinzu, wobei nur das Cello, wie üblich in der Übergangszeit, fast ganz dem Klavierbaß folgt, und besonders reizvoll ist der häufige Wechsel zwischen Abschnitten mit und ohne Tasteninstru-

ment. Es gibt nicht viel Kammermusik dieser Zeit, die gerade klanglich so abwechslungsreich und unterhaltend ist; hinzu kommt, daß Holzbauer eine nicht geringe melodische Erfindungskraft besaß.

Die *Sextette* sind in 2 Versionen überliefert: einmal als *»Nocturni«* für Flöte, Oboe, Violine, Bratsche, Fagott oder Cello und Baß – offenbar die ältere Fassung – und als *»Divertimenti« für Streichquintett*; die 3 handschriftlich überlieferten Werke sind vermutlich identisch mit dem verschollenen Druck der »Sextette« op. 5. Der klangliche Reiz ist natürlich bei der Sextettfassung größer. Die Form ist 2sätzig, aber die Sätze sind groß angelegt und z. T. sehr fein durchgearbeitet, in der Melodik und Harmonik reicher als die Cembaloquintette und breiter im Affektspektrum: Wenn der Unterschied zwischen den beiden Werkgruppen nicht der zwischen Wiener (Sextette) und Mannheimer (Cembaloquintette) Werken ist, dann könnte man ihn auch als Differenz zwischen anspruchsvoller Kammermusik und unterhaltender Gesellschaftsmusik verstehen.

Ganz sicherlich anspruchsvolle Kammermusik sind einige der *Quartette*, die formal und in ihrer Affektsprache gleich bemerkenswert erscheinen: ein *Es-Dur-Quartett* mit der Satzfolge Andantino / Allegro – Andante, in dem das Andante ein Quasi-Menuett mit 2 3stimmigen Trios ist, und eine *Sonata da camera in f-Moll* (Andante assai – Adagio b-Moll – Minuetto – Finale 3/8), die ein echtes f-Moll-Affektstück voller Seufzer, Chromatik und dramatischer Ausbrüche ist. Während das Es-Dur-Werk noch ganz triosonatenhaft, d. h. mit an den Baß gekoppelter Bratsche gesetzt ist, zeigt das f-Moll-Stück einen durchgebildeten Quartettsatz, so daß man es für ein Spätwerk halten möchte.

Die zweite Gruppe der Mannheimer bilden die Komponisten, die in den 20er und 30er Jahren des 18. Jh. geboren wurden und die z. T. Schüler von Johann Stamitz waren: **Johann Baptist Wendling**, der Flötenlehrer Carl Theodors (1723–97, in Mannheim ab 1751/52), **Christian Cannabich** (1731–98, in Mannheim geboren), **Carlo Giuseppe** (**Carl Joseph**) **Toeschi** (1731–88, in Mannheim ab 1742), **Anton Fils (Filtz)** (1733–60, in Mannheim ab 1754) und jener **Ignaz Fränzl** (1736–1811, in Mannheim geboren), der nach 1778 Reorganisator der in Mannheim gebliebenen Kapelle und Musikdirektor des Nationaltheaters war. Außer **Fränzl**, von dem nur wenige

Triosonaten (op. 2) und Streichquartette (op. 3) bekannt sind, gehören sie zu den fruchtbarsten Kammermusik-Komponisten der Mannheimer Kapelle, aber ihre Werke sind noch kaum erschlossen. Kammermusik mit Flöte spielt gerade bei diesen Komponisten, entsprechend den musikalischen Neigungen des Kurfürsten, eine besonders große Rolle, während sie für die jüngeren Kapellmitglieder und erst recht für die, die nach dem Weggang des Hofes in Mannheim blieben, sehr viel weniger wichtig war, teils sicherlich eben wegen der Neigung des nun weit entfernten Carl Theodor zum Flötenspiel, teils aber auch infolge der vor allem durch die Wiener Klassiker beförderten Ausbildung einer kammermusikalischen Gattungshierarchie, in der das Streichquartett den obersten Rang besetzte.

Angesichts der Tatsache, daß alle diese Komponisten in Mannheim aufwuchsen oder in jungen Jahren in die Residenzstadt und die Hofkapelle kamen und daß gerade die begabtesten unter ihnen, Cannabich, Toeschi und Fils, direkte Schüler von Johann Stamitz waren, kann es kaum überraschen, daß ihre Werke stilistisch weit homogener sind als die der drei »Gründerväter«, daß sie sich relativ deutlich von den kompositionsgeschichtlichen und gattungsgeschichtlichen Entwicklungen vor allem in Wien abheben – und daß in ihnen die ersten Anzeichen dessen zu finden sind, was Leopold Mozart (in einem Brief über die in Mannheim komponierte Klaviersonate KV 309 seines Sohnes) warnend den »vermanierierten Manheimmer goût« nannte. In der Kammermusik stellte sich dieser »goût« zwangsläufig anders dar als in der Sinfonie, nämlich durch den oft sehr weit getriebenen Vorrang kantabler Melodik mit chromatischen Vorhalten am Phrasenschluß, Seufzermotiven und oft auch stereotyp synkopierter Rhythmik:

Chr. Cannabich

A. Fils

I. Fränzl

F. Lebrun

F. X. Richter

C. Stamitz

Den sinfonischen und kammermusikalischen Bereichen gemeinsam ist dagegen eine »Baukastentechnik«, durch die relativ große Formen relativ mühelos gefüllt werden können: das Arbeiten mit kleinen, oft nur 1- oder 2taktigen Abschnitten, die in wechselnder Reihenfolge wiederholt und sequenziert werden. Offenbar stammt diese Technik – im Mannheimer Bereich – von Johann Stamitz. Richter war durch seine kontrapunktische Schulung, Holzbauer durch seine wienerischen Lehrjahre gegen sie vergleichsweise unempfindlich; die Stamitz-Schüler brauchten einige Zeit, bis sie sich von ihr lösten und die vor allem in Wien entwickelten Verfahren der Abschnittsbildung durch große, in sich reicher strukturierte melodische Zusammenhänge und vor allem durch thematische Arbeit aufgriffen. Die Betonung der oft »vermanierierten« Melodik blieb aber ein Kennzeichen des Mannheimer Stils bis in die dritte Generation.

Unter den Komponisten der Stamitz-Schülergruppe ist **WENDLING** als Flötist natürlich derjenige, der am konsequentesten Kammermusik für und mit Flöte geschrieben hat: Sonaten für Flöte und Generalbaß und Duos für 2 Flöten, Triosonaten für 2 Flöten oder Flöte und Violine mit Generalbaß und ab etwa 1770 mit Cello statt Generalbaß, später (und nach dem Vorbild Toeschis) auch Quartette für Flöte, Violine, Bratsche und Cello. Bei der Veröffentlichung der Triosonaten (mit Generalbaß) und Trios (ohne Generalbaß) unterscheidet Wendling (oder sein Verleger) genau zwischen »Trios«, die in der Regel 3sätzig und anspruchsvoller sind und »Trietti«, die 2sätzig und kompositions- wie spieltechnisch geringere Ansprüche stellen. Die *Flötenquartette* sind unter der vor Wendlings Weggang nach München komponierten Kammermusik offensichtlich die fortschrittlichsten Stücke: Die Baukastentechnik ist hier weitgehend durch größere melodische Zusammenhänge und deren Reihung ersetzt, und das Cello ist nicht mehr nur Fundament, sondern wird z. T. in die melodische Entfaltung einbezogen.
Weitgehend »vermanieriert«, dabei melodisch und klanglich sehr reizvoll ist die Kammermusik von **CHRISTIAN CANNABICH:** Duette für 2 Violinen, Violine und Flöte oder Flöte und Bratsche, Streichtrios (keine Triosonaten mehr), Streichquartette, Flötenquartette und – eine auch in Mannheim seltenere Besetzung – Quartette für Oboe oder Klarinette und Streicher, Quintette mit 2 Flöten und Streichquintette. Cannabich erreicht einen im Detail sehr beweglichen Satz gern dadurch, daß er 2 Instrumente in Terzen oder Dezimen koppelt, in der Form aber nach dem Baukastenprinzip arbeitet; Abschnittsreihungen und -wiederholungen werden dadurch klanglich abwechslungsreicher, und die oft wechselnden Instrumentenkombinationen sorgen für Spannung und Überraschung. Die Großform ist, wie bei den meisten Mannheimern, 2- oder 3sätzig, mit deutlicher Vorliebe für nur 2 Sätze in der Folge Andante–Allegro; die Wiener Bemühungen um eine große 4sätzige Form mit abgestuftem Gewicht der einzelnen Sätze gehen bis in die 1780er Jahre an den Mannheimern spurlos vorüber – hier geht es um geschmackvolle und empfindsame höfische Unterhaltung, nicht um die äußerste Anspannung des kompositorischen Denkens wie bei Haydn.
Als bedeutendster Mannheimer Flötenkomponist galt den Zeitgenossen nicht Wendling oder Cannabich, sondern **CARLO**

Giuseppe Toeschi, dessen Flötenwerke der Musikschriftsteller Carl Ludwig Junker »epochemachend« nannte. Seine Kammermusik – fast alles wurde zwischen 1765 und 1770 veröffentlicht – umfaßt Duette für 2 Flöten (oder 2 Violinen), »Trietti« für 2 Violinen mit Generalbaß, Flöten- und Streichquartette und -quintette, Sextette in derselben Besetzung wie bei Holzbauer. Eine ganze Reihe von Drucken trägt Titel wie »Il dialogo musicale«, »Quatuors dialogués« oder »Conversation sonatas«, was auf den stimmig durchgearbeiteten Satz vieler Werke, aber auch auf die Technik des echten »Dialogisierens« zweier führender Melodie-Instrumente über Begleitstimmen verweist; vor allem in den Flötenquartetten verbindet sich diese Dialogtechnik auch mit konzerthafter Bevorzugung der Flöte. Die *»Sonates en trio« op. 4* (1765) *für Cembalo, Violine und Baß* sind einerseits durch ihre extreme Baukastentechnik, andererseits dadurch interessant, daß alle möglichen Kombinationen der stets obligaten Violine mit dem Cembalo (Generalbaßsatz, Melodie mit Begleitung, Spielfiguren und Baß) durchgespielt werden. Toeschi schreibt oft einen witzigeren Satz als seine Generationsgenossen, mit temperamentvollem Wechsel zwischen vollem und aufgelockertem Satz, donnernden Unisoni und liedhaft periodisierten Melodien mit phantasievoller Begleitung; dafür ist seine melodische Erfindungsgabe deutlich schwächer als diejenige Cannabichs. – Von seinem Stiefbruder **Giovanni Battista (Johann Christoph) Toeschi** (1735–1800) sind nur 6 Triosonaten (Paris 1768) und einige Werke mit Viola d'amore überliefert.

Vielleicht der interessanteste, dazu der musikalisch ergiebigste Komponist dieser zweiten Mannheimer Generation ist **Anton Fils**, der vor allem in seinen Sinfonien, aber auch in seiner Kammermusik Anregungen aus der Volksmusik seiner bayerischen Heimat (er stammte aus Eichstätt) verarbeitet, besonders in überraschenden »unregelmäßigen« melodischen Perioden aus 5 oder 7 Takten. Fils hat fast durchweg an der generalbaßbegleiteten Kammermusik festgehalten und vor allem Triosonaten komponiert, dazu – wie Toeschi und zu genau derselben Zeit – *»Sonates en trio« für Cembalo, Violine und Baß* (*op. 4*, um 1763), in denen die Verbindung von Violine und Cembalo ähnlich wie dort sehr phantasievoll variiert wird. Die meisten dieser Werke sind 3sätzig, während sich unter den Triosonaten auch 4sätzige finden, nicht in der traditionellen Viersätzigkeit der barocken Triosonate, sondern in der moderneren Satzfolge

Andante – Allegro – Menuett – Finale. Fils schreibt einen sehr kontrast- und pointenreichen Stil, mit schnellem Wechsel von Instrumentenkombinationen und Satztechniken, harmonischen Überraschungen und manchmal parodistisch-übermütigem Spiel mit der Kontrapunkt-Tradition; seine vielleicht einzige Schwäche ist die zwar einschmeichelnd süße, aber recht konventionelle Melodik.

Die dritte Generation der Mannheimer war diejenige, die vom Umzug des Hofes am stärksten betroffen war. Die beiden stärksten Talente, die Stamitz-Söhne Carl und Anton, waren schon 1770 nach Paris abgewandert. 1778 wurde den Hofmusikern großzügig freigestellt, bei gleichem Gehalt in Mannheim zu bleiben, aber die wenigsten machten von diesem Angebot Gebrauch: Holzbauer, der 1783 starb, Franz Danzi, der im selben Jahr doch noch nach München ging, Ignaz Fränzl; von den Jüngeren Georg Joseph (Abbé) Vogler, der erst 1771 nach Mannheim gekommen war, und Peter Ritter. Für kurze Zeit bildete der Abbé Vogler durch seine publizistischen Aktivitäten und seine »Mannheimer Tonschule«, eine Art privates Konservatorium, einen neuen musikalischen Mittelpunkt, aber 1784 verließ auch er die ehemalige Residenz. Ohne Schaden überstand den Umbruch offenbar am ehesten der Musikverlag von Johann Michael Götz.
Bedeutende Kammermusik ist in der dritten Komponisten-Generation in Mannheim selbst kaum noch entstanden. **Carl Stamitz** (1745–1801) und sein Bruder **Anton** (1750–nach 1796) schrieben ihre meisten Werke nach der Emigration und in einem Stil, der weniger mit Mannheim als mit dem großen und gemischten Publikum der Metropolen zu tun hatte, in denen sie lebten; außerdem gilt für sie wie für alle Mannheimer, daß ihre Orchesterwerke origineller als ihre Kammermusik sind – so etwa, besonders deutlich, die Orchesterquartette von Carl Stamitz, die ungleich bedeutender sind als seine rund 30 Streichquartette. Gleichwohl ist Carl Stamitz unter den späten Mannheimern sicherlich der begabteste Kammermusik-Komponist gewesen, und für die damalige wie für die heutige Praxis ist er nicht nur durch seine affektgesättigte und erfindungsstarke Melodik, sondern auch durch die bunte Besetzung seiner Werke attraktiv: Quartette mit 2 Bratschen, mit Klarinette und mit Jagdhorn; Duette für Violine und Bratsche, Violine und Flöte, 2 Bratschen; Streichquintette und Serenaden für Bläser-

quintett und eine Sonate für 2 Klaviere mit obligater Violine. Anton Stamitz hat sehr viel mehr, aber kaum bedeutendere Kammermusik als sein Bruder geschrieben, das meiste in Paris und in deutlicher Hinwendung zum Pariser Geschmack, vor allem in »konzertanten« Werken (einfach und kompakt begleitete Soli aller Instrumente nacheinander) und in »airs variés« für verschiedene Besetzungen.

In Mannheim wurden die Werke des Ehepaars **Franziska Lebrun** (1756–91) und **Ludwig August Lebrun** (1752–90) zwar kaum noch geschrieben – die Lebruns waren ab 1778 meist auf Reisen – aber wenigstens noch bei Götz verlegt: Cembalosonaten mit Violine ad lib. von Franziska, Streichtrios, Flötentrios, »duos faciles« für 2 Flöten und Duette für Streicher von dem virtuosen Oboisten Ludwig August, der merkwürdigerweise keine Oboen-Kammermusik geschrieben zu haben scheint. – **Peter von Winter** (1754–1825), der später von München aus als Opernkomponist Karriere machte, schrieb in Mannheim wahrscheinlich nur die 12 Divertimenti für Streichquartett; der nicht sehr große Rest seiner Kammermusik stammt aus der Münchner Zeit. – **Franz Danzi** (1763–1826), von dem vor allem die klanglich reizvolle und dankbare Bläser-Kammermusik heute wieder lebendig ist, hat seine Heimatstadt schon mit 20 Jahren verlassen.

Als letzte nennenswerte Kammermusik-Komponisten in Mannheim bleiben der **Abbé Vogler** (1749–1814, 1771–84 in Mannheim) und sein Schüler **Peter Ritter** (1763–1846). – **Georg Joseph Voglers** frühe, d. h. Mannheimer Werke (6 »Sonate facili« für Cembalo bzw. Hammerklavier und Violine, 6 Trios für Cembalo, Violine und Cello und 2mal 6 Sonaten für dieselbe Besetzung) sind sehr einfache, meist 2sätzige Werke ohne größere Bedeutung. Interessanter, allerdings eher skurril als bedeutend, sind die Sonaten für Klavier und Streichquartett, in denen musikalische »Nationalcharaktere« (1791, 1806) und »Der eheliche Zwist« (1796) dargestellt werden. Eine amüsante Tour de force sind schließlich die 6 »Pièces de musique d'un genre nouveau«, kurze, meist 2sätzige Sonaten für Klavier, Flöte, Violine, Bratsche und Cello, die auf 5 verschiedene Arten gespielt werden können: mit Klavier allein, mit Klavier und Violine, Klavier und Flöte, Klavier, Violine, Bratsche und Cello und in voller Besetzung.

Ein entschieden seriöserer Komponist als der etwas scharlatanhafte Vogler war der Cellist **Peter Ritter**, der nach 1800 die wichtigste Persönlichkeit des Mannheimer Musiklebens wurde und der vor allem als Opernkomponist Erfolg hatte. Sein *1. Streichquartett* wurde 1780 in Voglers »Betrachtungen der Mannheimer Tonschule« veröffentlicht, ein mehr konzertant als thematisch gearbeitetes, aber formal interessantes und erfindungsreiches 2sätziges Werk, in dessen Finale – ein Rondo im Menuett-Ton – ein Adagio eingebaut ist. 1788 entstanden die 6 »Grands quatuors concertants«, die auch als »Quartette für das Violonzell« angekündigt und dem cellospielenden König Friedrich Wilhelm II. von Preußen gewidmet wurden; außerdem sind Quartette mit konzertantem Fagott, Cellosonaten und konzertante Duette für 2 Celli überliefert.

Nicht unmittelbar zur Mannheimer Schule gehören schließlich einige bedeutendere Komponisten, die im geistigen oder geographischen Umfeld der pfälzischen Hofkapelle aufwuchsen oder wirkten. – Der älteste unter ihnen war **Joseph Aloys Schmittbaur** (1718–1809), der an den Höfen in Karlsruhe und Rastatt wirkte und dessen Werke in Mannheim, Speyer und Offenbach gedruckt wurden; seine 6 Flötenquartette op. 1 (vor 1774) wurden zeitweise auch Haydn zugeschrieben.
Joseph Schmitt (1734–91), der als Zisterzienserpater in Eberbach im Rheingau wirkte, bevor er in Amsterdam einen Musikverlag eröffnete, komponierte Kammer- und Orchestermusik nicht zuletzt für seinen eigenen Verlag (ähnlich wie Hoffmeister in Wien); seine frühen Werke, unter denen die Streichtrios op. 2 (1768/69) besonders berühmt waren, sind der Mannheimer Tradition vor allem in der Konzentration auf kantabel-affektvolle Melodik sehr nahe, während die späteren Kompositionen (Streichtrios, Streichquartette, Flötenquartette, Klavierquartette mit Flöte, Violine und Cello) der europäischen Ausbreitung des Wiener, d. h. des Haydnschen Stils Tribut zollen.
Von vornherein eher an Haydn als an den Mannheimern orientiert war der Benediktinerpater **Romanus Hoffstetter** aus Amorbach im Odenwald (1742–1815), der heute vor allem deshalb bekannt ist, weil 6 sehr wahrscheinlich von ihm und nicht von Haydn stammende Streichquartette 1777 als Haydns »op. 3« (s. d.) in Paris veröffentlicht wurden. Die Werke zeigen, ebenso wie die unter Hoffstetters Namen gedruckten Quartette op. 1 (um 1770) und op. 2 (um 1780), wie sehr ein genaues Haydn-Studium, zu dem Hoffstetter sich dankbar bekannt hat, ein mittleres Talent beflügeln konnte: Wäh-

rend sie in der Originalität und Sicherheit der Formgebung unvermeidlich hinter Haydns Quartetten zurückbleiben, sind sie in der Frische der Melodik und im »Witz« der Satztechnik der besten Mannheimer Kammermusik ebenbürtig.
Ernst Eichner (1740–77), der 1762–72 am Hof in Zweibrükken wirkte, dann nach Paris und London ging und schließlich, allzu jung, als Hofmusiker des preußischen Kronprinzen in Potsdam starb, war sicherlich der bedeutendste Sinfoniker im Umkreis der Mannheimer (in deren Nähe ihn schon das qualitative Übergewicht der Sinfonien über seine Kammermusik stellt), aber auch ein bedeutender Kammermusik-Komponist. Seine *Cembalosonaten mit Streichinstrumenten ad lib.* sind für ihre Zeit (Veröffentlichungsdaten ab 1770) in dieser Besetzung eher konservativ, in ihren großen Satzformen, ihrer energischen und kontrastreichen Thematik und ihrer reichen Harmonik aber ausgesprochen fortschrittlich und in der Neigung zu pianistisch brillanten und harmonisch anspruchsvollen Fantasie-Durchführungen eher von Paris als von Mannheim inspiriert. Ähnlich zwischen den Epochen und Stilen stehen die ebenso bedeutenden *Flötenquartette op. 4* (1771, gedruckt 1772), die einerseits noch mit dem Generalbaß rechnen und andererseits ganz moderne, stimmig ausdifferenzierte, affektstarke, in den Kopfsätzen oft dramatisch kontrastreiche, in den Finali witzige Kammermusik sind.
Ganz am Rande der Mannheimer Tradition steht schließlich **Joseph Martin Kraus** (1756–92), der 1768–73 im Mannheimer Jesuitengymnasium erzogen wurde, 1773–78 Jurastudent in Mainz, Erfurt und Göttingen war und 1778 nach Stockholm ging, wo er 1788 Hofkapellmeister wurde. Kraus' kammermusikalisches Werk ist gering an Umfang, aber groß an Gewicht; im Mittelpunkt stehen 9 Streichquartette, die zwischen etwa 1773 und 1784 entstanden und von denen 6 1784 gedruckt wurden; daneben sind ein Flötenquintett (1783), ein Klaviertrio (1787) und einige Violinsonaten überliefert. Kraus, dessen Hauptwerke, die für Stockholm komponierten Opern, zu den bedeutendsten Bühnenwerken der Gluck-Nachfolge gehören, war von Anfang an ein dramatischer Komponist: Die *Streichquartette* zeigen noch deutliche Mannheimer Spuren vor allem in der Melodik, in unveränderten Abschnittswiederholungen und in der Neigung zum französischen Romanzentonfall, gehen aber weit über alle Vorbilder und Traditionen hinaus in ihrer harmonischen Kühnheit, ihren Kontrastbildungen und Überra-

schungseffekten, vor allem aber in ihrer dramatischen Themenbehandlung und dem rhetorischen und gestischen Aufbrechen des musikalischen Flusses durch isolierte, »sprechende« Motive. In vielen Details lassen die Werke vermuten, daß Kraus Haydns op. 20 genau gekannt hat; im Entscheidenden, dem dramatischen Ton und dessen Konsequenzen für die Satztechnik, wirken sie wie eine Vorahnung der großen Mozart-Quartette.

LF

Luigi Boccherini

* 19. Februar 1743 in Lucca, † 28. Mai 1805 in Madrid

Boccherini kam aus einer Künstlerfamilie. Der Vater war Cello- und Kontrabaßspieler in Lucca; ein Bruder lebte als Tänzer und Bühnendichter in Wien, eine Schwester war Tänzerin, ebenfalls in Wien, und wurde die Mutter des großen Ballettreformers Salvatore Viganò.
Boccherini trat mit 13 Jahren zum ersten Mal öffentlich als Cellist auf; zwischen 1757 und 1763 reisten er und sein Vater mindestens dreimal nach Wien, um bei Hof zu konzertieren. 1765 spielte er in Cremona und Pavia in Konzerten Giovanni Battista Sammartinis und angeblich (nach Wiener Vorbild?) in Mailand Streichquartette mit Pietro Nardini, Filippo Manfredi und Giuseppe Cambini. Mit Manfredi begab er sich Ende 1767 auf Konzertreise nach Paris. 1768 ging Boccherini nach Madrid; 1770 wurde er Kammervirtuose und Hofkomponist des Infanten Don Luis; bis zu seinem Ende scheint er Spanien nicht mehr verlassen zu haben. 1786 wurde er Kammerkomponist des cellospielenden preußischen Kronprinzen (1787 König Friedrich Wilhelm II.) »von Haus aus«; von nun an lieferte er regelmäßig Kammermusik für den preußischen Hof. Daneben genoß er die Patronage des reichen Fürstenhauses Benavente-Osuna. 1797 starb Friedrich Wilhelm II., und Boccherinis Vertrag wurde von Friedrich Wilhelm III. nicht erneuert; 1798 verließ die Familie Benavente-Osuna Madrid. 2 Jahre später gewann der alternde Komponist noch einmal einen Mäzen im französischen Botschafter, Lucien Bonaparte, dem er einige seiner letzten Kammermusikwerke widmete (Boccherini scheint mit der Französischen Revolution sympathisiert zu haben; die Klavierquintette op. 57 (1799) sind »dédiés à la Nation Française«). Als Lucien Bonaparte schon 1801 nach Paris zurückging, war Boccherini ganz auf die bescheidene Pension des spanischen Hofes angewiesen, die durch den Verfall der Währung – eine Parallele zu der Pension, die der Wiener Adel Beethoven aussetzte – weiter reduziert wurde. Boccherini wurde in Madrid begraben. 1927 wurde sein Sarg nach Lucca überführt.

Kammermusik: Fast 100 Streichquartette, über 100 Streichquintette, 48 Streichtrios, 12 Klavierquintette und etwa 50 Werke in anderen Besetzungen.

Boccherini führte von 1760 bis zu seinem Tode ein Werkverzeichnis, in das er die meisten seiner Instrumentalwerke mit dem Kompositionsdatum eintrug; 3- oder 4sätzige Werke sind als »opere grandi«, 2sätzige als »opere piccole« bezeichnet. Dank dieses Kataloges (und des auf ihm aufbauenden Werkverzeichnisses von Yves Gérard, 1969) gibt es kaum offene Fragen der Echtheit und Chronologie. Dagegen gibt es fast keine zuverlässigen Neuausgaben und zahlreiche – nicht als solche gekennzeichnete – willkürliche Bearbeitungen.

Boccherinis Neigung zur Kammermusik, die sein Schaffen auf Kosten fast aller anderen Bereiche der Komposition beherrschte, wurde begünstigt durch die reiche Instrumentalmusiktradition Oberitaliens und durch die Begegnung mit deren stilistisch wie organisatorisch führendem Vertreter, Sammartini: Die **Duette für 2 Violinen op. 3**, die 2mal 6 **Trios für 2 Violinen und Cello op. 1** und **op. 4**, die **Streichquartette op. 2** sind vor 1767 entstanden (Opuszahlen nach dem autographen Werkverzeichnis; in den Drucken oft abweichend). Boccherini brachte diese Werke nach Paris mit und scheint mit ihnen sogleich Erfolg gehabt zu haben, ähnlich wie mit den ersten in Paris geschriebenen Werken, vor allem seinem Beitrag zur modischen Gattung der begleiteten Cembalosonate, den 6 **Sonaten »per pianoforte con accompagnemento di un violino« op. 5** (1768), die in zahlreichen Abschriften und Nachdrucken bis weit ins 19. Jh. verbreitet wurden und von denen 1783 in London sogar eine vereinfachte Ausgabe für Anfänger erschien. Spätestens mit diesen Werken hatte der Komponist im hochgradig kommerzialisierten und spezialisierten Pariser Musikleben seinen Platz als erstklassiger Spezialist für Kammermusik und als Virtuose gefunden. Die Verbindung zu den wichtigsten Pariser Musikverlegern sicherte seinen Ruhm und verbreitete ihn über Europa.

Boccherinis Wendung von Paris nach Madrid ist unter diesen Umständen kaum zu erklären. Die Ruhe zum Komponieren, die er fern der Musikmetropole fand, wurde erkauft mit wachsender Isolierung: Zwar gingen seine Kompositionen über die Pariser Verleger in die Welt, aber allzuwenig von den kompositorischen Entwicklungen dieser Welt drang zu dem Komponisten im provinziellen Madrid vor. So erklärt sich, daß in seinem Schaffen über fast 40 Jahre hin eine stilistische Entwicklung kaum festzustellen ist. Erst in die allerletzten Quartette und Quintette klingen ferne Echos des »modernen« französischen Musik hinein – kein Zufall, daß gerade diese Werke dem »cittadino Luciano Bonaparte« gewidmet sind. Aber auch diese Echos reichen nicht an die Grundlagen jenes Stils, an dem Boccherini seit den ersten Quartetten und Trios festgehalten hatte, der seinen europäischen Erfolg in den letzten Jahrzehnten des Ancien régime begründete und der im Zeitalter der Französischen Revolution und Beethovens nun seinerseits wie ein Echo einer versunkenen Welt wirken mußte.

Boccherinis hartnäckigem, in den späten Jahren immer versponnenerem Festhalten an diesem Stil entspricht die fast völlige Beschränkung auf Kammermusik, vor allem das Streichquartett und das Streichquintett – die beiden Gattungen, die er offenbar unabhängig von Haydn (obwohl er frühe Haydn-Quartette in Wien und Paris kennenlernen konnte), auch unabhängig von Sammartini, für sich selbst »erfunden« hat. Schon in den ersten Quartetten (op. 2, 1761) ist der persönliche Stil ausgeprägt: Boccherini schrieb von Anfang an einen kantabel-konzertanten Satz, in dem die Instrumente praktisch gleichrangig sind, zu verschiedensten Kombinationen in virtuos beherrschten Mischungen aller Satztechniken vom strengen Kontrapunkt bis zur melodischen Homophonie zusammengeführt werden, in dem aber auch einzelne Instrumente (vor allem Boccherinis eigenes Instrument, das Cello) solistisch-konzertant hervortreten. Grazie und Eleganz, oft mit einem Unterton sanfter Melancholie, beherrschen die Melodik, zu der eine sehr fein nuancierte, gern mit Dur-Moll-Schattierungen arbeitende Harmonik tritt. Ebenso nuanciert, oft auf engstem Raum wie ausziseliert wirkt die Dynamik, auch sie schon in den frühesten Werken fast so entfaltet wie in den späten. Eine leichte Neigung zu genrehaftem Musizieren in stilisierten Volksmusik-Tonfällen kommt hinzu, wohl unter dem Eindruck der in Spanien in dieser Zeit noch ganz lebendigen und allgegenwärtigen bäuerlichen und städtischen Volksmusik, aber auch unter dem Eindruck höfischer Tanzmusik.

Musikalische Form scheint für Boccherini nie ein Problem gewesen zu sein: Die traditionellen italienischen und französischen Formen (von diesen vor allem das Rondeau) werden als fertiger Rahmen übernommen, in immer neuen Kombinationen erprobt, auch durch Einschübe, Wiederholungen und Kontraste bereichert, aber nie grundsätzlich in Frage gestellt, nie – wie in der Wiener Klassik – durch thematische Arbeit neu legitimiert; auch die in den späteren Jahren verstärkte Neigung zur Bildung zyklischer Formen mittels Satz- oder Abschnittswie-

derholungen bildet nur eine Nuance und verstärkt eher noch das Prinzip, Form durch vorgegebene Muster zu bilden und von thematischer Arbeit abzusehen. Das Schlüsselwort – nicht negativ zu verstehen – ist Konvention: Konvention ist das gesicherte Fundament, auf dem die musikalische Phantasie sich entfalten kann, ohne die Grenzen des Geschmacks zu verletzen. Hierin, im sensiblen, ja nervösen Auskosten des Details, im leicht melancholischen Sich-Versenken in die eigene Sensibilität bei strikter Wahrung von Etikette und »bon goût«, erreicht Boccherini eine nur ihm eigene Größe, erscheint er als der vollkommene Repräsentant der letzten vorrevolutionären Jahrzehnte europäischer Hofkultur.
Stellvertretend werden im folgenden einige Werke besprochen, die in Neuausgaben oder Schallplattenaufnahmen vorliegen.

Streichquartette

Op. 2 Nr. 1 c-Moll

Komponiert 1761, gedruckt (als op. 1/1) Paris 1767.
Allegro commodo – Largo – Allegro.

Boccherinis wahrscheinlich allererstes Streichquartett ist ein Geniestreich, aber auch ein merkwürdiges Stück, das gleichsam

von Satz zu Satz »moderner« wird. – Das *1. Allegro* ist ein 2teiliger Suitensatz, der mit einer Reihung gesanglicher Themen im 1. Teil von c-Moll zur Tonika-Parallele Es-Dur geführt wird und sich im 2. Teil, in leicht veränderter Wiederholung des 1. und mit einer kleinen kontrapunktisch-chromatischen Komplikation in der Mitte, zur Tonika zurück entwickelt; in der Satztechnik und im barocken Melodietypus des Kopfmotivs (Zitat S. 372) schimmert noch deutlich die Triosonate, in der Formbildung durch Wiederholung oder Sequenzierung 4taktiger und 2taktiger Abschnitte das Vorbild Sammartini durch. – Das *Largo* in Es-Dur ist nur noch in der harmonischen Entwicklung 2teilig wie der 1. Satz, formal dagegen 4teilig (ab/cb) und ganz von strömender, meist dem Cello anvertrauter Cantabile-Melodik beherrscht. – Das *Finale* ist der erste jener Sätze, die Boccherini später gern »Allegro bizzarro« nannte, dazu ein ausgebildeter Sonatensatz mit extrem gegensätzlichen thematischen Einfällen – der erste von in dieser Zeit wirklich bizarrer Eigenart:

– und ebenso scharfen Kontrasten zwischen quasi-orchestralem Unisono, Melodie mit einfacher Begleitung und dichtem Kontrapunkt. In seinem Anspruch und auch in den Dimensionen ist dieser Satz entwicklungsgeschichtlich erheblich moderner als alles, was Haydn vor seinen Quartetten op. 9 (1769/70) geschrieben hat – der entscheidende Unterschied ist nur, daß Boccherini sich von diesem Ansatz aus kaum entwickelte, während Haydn seinen Quartettstil systematisch immer reicher ausformte.

Streichquartette op. 8

Komponiert 1769, gedruckt (als op. 6) schon im Dezember desselben Jahres in Paris.

Die 6 Quartette op. 8 sind die ersten, die Boccherini in Paris komponierte. Ihre außerordentlich schnelle Veröffentlichung ist wohl ein Indiz dafür, wie gespannt man nach dem op. 2 auf neue Streichquartette des Komponisten war; die auffallende Betonung der 1. Violine in fast allen schnellen Sätzen und die oft virtuosen Ansprüche an sie zeigen, daß Boccherini vom Pariser Quatuor brillant und Quatuor concertant beeindruckt war, auch wenn er an der kammermusikalischen Durcharbeitung des 4stimmigen Satzes und an seinen typischen Tonfällen festhielt. Wie zeitüblich, stehen die 6 Werke in 6 Tonarten mit nicht mehr als 3 Vorzeichen: D, c, Es, g, F, A.

Op. 8 Nr. 1 D-Dur

Allegro assai – Adagio – Allegro Rondeau (Allegro).

Der *1. Satz* zeigt eine in dieser Zeit verbreitete Variante des Sonatensatzes, in der nach einer weniger motivischen als modulatorischen Durchführung die Reprise mit dem 2. Thema und auf der Subdominante G-Dur einsetzt; im Gegensatz zu anderen Komponisten holt Boccherini aber das 1. Thema im Laufe der Reprise nicht mehr nach, wohl deshalb, weil es nicht mehr als eine virtuose Passage der 1. Violine ist. – Der *langsame Satz* (d-Moll) ist ein empfindsamer, oft chromatisch verschatteter Gesang der 1. Violine über einer fein differenzierten Begleitung. – Das *Finale* ist eine galante Hommage des Italieners an Paris: ein typisch italienisches Tempo di Minuetto (relativ langsame Bewegung, verschnörkelte Melodik, wenig Tanz-Charakteristik) in einer Form, die dem französischen Rondeau angenähert ist, ohne den Kontrast Menuett–Trio aufzugeben.

Op. 8 Nr. 2 c-Moll

Moderato – Largo – Allegro.

Der Kopfsatz ist ein einfacher, ganz auf Melodik gestellter Suitensatz, ähnlich dem Kopfsatz des op. 2/1 auch darin, daß 1. und 2. Violine als führende Stimme ständig abwechseln, so daß eine ganz regelmäßige Wiederholungsstruktur entsteht, und dem »klassischen« c-Moll höchstens in einigen chromatischen Eintrübungen entsprechend (es ist bezeichnend für Boccherinis grundsätzlich vorklassische Haltung, daß seine Moll-Werke selten die Affekthaltung zeigen, die uns aus entsprechenden Werken Haydns und Mozarts vertraut ist). – Das *Largo* (Es-Dur) in einfacher 3teiliger Liedform koppelt abwechselnd 1. und 2. Violine und 1. Violine und Cello in paralleler Cantabile-Stimmführung und gewinnt daraus aparte klangliche Reize. – Das *Finale* ist ein Sonatensatz mit einer thematisch sehr konzentrierten, dabei für Boccherini sehr langen Durchführung (40 Takte zu 46 Takten der Exposition und 36 der Reprise).

Op. 8 Nr. 3 Es-Dur

Largo – Allegro – Tempo di Minuetto.

Das 3. und das 5. Quartett des op. 8 zeigen eine Satzfolge, die in der vorklassischen Kammermusik weit verbreitet war: langsam – schnell – Tempo di Minuetto; daß dies, verglichen mit der klassischen Drei- und Viersätzigkeit, eine altertümliche Anlage war, zeigt sich darin, daß in der Regel (so auch hier) alle 3 Sätze in der Grundtonart stehen. – Der langsame *Kopfsatz* des Es-Dur-Quartetts ist ein kurzer 2teiliger Suitensatz, der nach einem eigentümlich feierlichen Anfang fast ganz von Sechzehntel-Triolen der 1. Violine getragen wird. – Das *Allegro* ist ein ausgebildeter Sonatensatz, allerdings – wie fast immer bei Boccherini – mit einer Durchführung, in der nicht motivisch gearbeitet wird, sondern in der thematische Abschnitte transponiert und modulierend weitergesponnen werden. – Das *Tempo di Minuetto* ist ein sehr ausgedehnter und ganz italienischer Satz, mit einem in sich 3teiligen (a–b–a) Hauptteil und einem knapperen *Trio* (c-Moll), in dem sich die schwärmerische Kantabilität des Hauptteils ins Ernste wendet.

Op. 8 Nr. 4 g-Moll

Allegro – Grave – Allegro.

Das g-Moll-Quartett ist in seinen Ecksätzen formal sehr ungewöhnlich und hat vor allem im Finale einen dramatischen Ton, der freilich mit der heftigen Dramatik des klassischen g-Moll oder gar mit Mozarts g-Moll nur oberflächlich zu tun hat. – Der *Kopfsatz* ist geprägt durch ein Thema, das merkwürdigerweise dem formal entsprechenden Thema in Haydns einige Jahre jüngerem g-Moll-Quartett aus op. 20 nahe verwandt ist; schon das 2. Thema, koloristisch-spielfreudig und in B-Dur, führt dann aber in eine harmlosere Welt zurück. Formal ungewöhnlich ist der Satz durch eine Mischung von Suitensatz- und Sonatensatzprinzipien ähnlich wie im 1. Quartett des op. 8. – Das *Grave* (Es-Dur) ist geprägt von einer ornamentalen Cello-Kantilene – ein effektvolles Vortragsstück für den Komponisten selbst. – Das stürmisch-theatralische *Finale* hat eine sehr einfache 3teilige Form, die oberflächlich der eines Sonatensatzes ähnelt, aber nur ein Thema hat, das auf verschiedene Weise umspielt wird.

Op. 8 Nr. 5 F-Dur

Andantino – Allegro – Tempo di Minuetto.

Das Werk beginnt mit einem *langsamen Satz*, der nicht mehr ein Suitensatz, sondern ein ausgedehnter Sonatensatz ist, allerdings wieder mit einer nicht durch thematische, sondern durch modulatorische Arbeit akzentuierten Durchführung. – In ungewöhnlich heftigem Kontrast dazu steht das *Allegro*, ein stürmisches Stück, formal ähnlich dem Kopfsatz des g-Moll-Quartetts, in seiner raumgreifenden Thematik, den theatralischen Synkopen und dem kompakten Klang ein eher sinfonischer als kammermusikalischer Satz. – Das *Tempo di Minuetto* benutzt einen der Instrumentationseffekte, die Boccherini zeitlebens geliebt hat: Das Hauptthema des Hauptteils ist »sulla punta dell'arco« zu spielen. Das *Trio* (B-Dur) ist besonders fein durchgearbeitet, sein Hauptthema ist ein Ableger des berühmten »Menuetts von Boccherini« (aus dem Streichquintett op. 11/5), und es hat einen eigenen trioähnlichen Mittelteil, eine Art melancholisch-bukolisches Charakterstück in der entlegenen Tonart Des-Dur.

Op. 8 Nr. 6 A-Dur

Allegro brillante – Amoroso (Andante) – Allegro.

Der *Kopfsatz* des Werkes ist ganz von der verschnörkelten, an konventionellen Floskeln reichen und gleichsam affektneutralen, nur auf Eleganz zielenden Melodik beherrscht, die heute als der am deutlichsten zeitgebundene Zug in Boccherinis Kunst erscheinen mag. – Dagegen ist der *langsame Satz* (E-Dur), con sordino zu spielen, ein besonders reizvolles Stück, ein Siciliano im 6/8-Takt, in dem der Komponist den ganzen Zauber seiner sanft-chromatischen Melodik und seiner subtilen Klangkunst entfaltet. – Das *Finale*, ein Sonatensatz mit großer Durchführung und stark verkürzter Reprise, ist ein kraftvolles Allegro, dessen Energico-Charakter vor allem durch dichte scheinkontrapunktische und fugierte Arbeit entwickelt wird.

Streichquartette op. 32

Komponiert 1780, gedruckt (als op. 33) Wien 1782.

Die 6 Quartette sind in Boccherinis glücklichster Zeit und auf der Höhe seines Schaffens entstanden, 1780, kurz vor Haydns epochemachendem op. 33, von dem das eigentlich »klassische« Streichquartett seinen Ausgang nahm; insgesamt gehören sie zu Boccherinis reichsten, in der Qualität ausgeglichensten Werken. Der Erstdruck erschien merkwürdigerweise nicht in Paris, sondern bei Artaria in Wien.
Die Tonartenwahl der Werke wie die Zahl von 6 unter einer Opus-Nummer zusammengefaßten Stücken fügen sich dem Brauch der Zeit: 4 stehen in Dur-Tonarten mit nicht mehr als 3 Vorzeichen (Es, D, C, A), eines (Nr. 2) beginnt in e-Moll, endet aber in Dur, und eines (Nr. 5) steht in g-Moll, das aber hier wie in op. 8 nicht das düstere g-Moll der Wiener Klassik ist. Wesentlich bunter ist die Satzfolge: Ein Werk (Nr. 1) ist 4sätzig mit dem Menuett an zweiter Stelle, 2 (Nr. 5 und 6) sind 4sätzig mit dem Menuett an dritter Stelle, 2 (Nr. 3 und 4) sind 3sätzig in der Tradition der italienischen Opernsinfonia, also schnell – langsam – schnell, wobei die Schlußsätze aber nicht mehr traditionelle italienische Tempo-di-Minuetto-, sondern »moderne« Presto-Sätze sind. Nr. 2 ist, wie in der Tonalität, so auch in der Form herausgehoben, indem es Largo, Menuett, Larghetto und Rondeau durch Satzwiederholungen zu einer originellen Phantasieform ausweitet. Den vollen Phantasiereichtum, den Boccherini im Rahmen seines Quartett-Typus zu entfalten vermochte, zeigt freilich erst das Detail der Werke – und zeigt jedes der Werke neu.

Op. 32 Nr. 1 Es-Dur

Allegretto lentarello e affettuoso – Minuetto – Grave / Allegro vivace assai.

Das Es-Dur-Quartett beginnt mit einem marschähnlichen *Allegretto*, dynamisch zurückgehalten, aber mit kapriziösen Forte-Ausbrüchen, einer harmonisch und koloristisch gewürzten Durchführung und unmerklicher Rückleitung in die Reprise; das Kopfthema wird erst als Coda nachgeholt. – Das *Menuett* ist im Hauptteil ein fast kunstloses, ganz auf schwärmerische italienische Minuetto-Melodik gestelltes Gebilde, aber mit einem ausgedehnten, thematisch und harmonisch reichen *Trio*, das im Mittelteil auf ein Motiv aus dem Menuett-Hauptteil zurückgreift. – Ein tiefernstes, chromatisch ausgestuftes c-Moll-*Grave*, das den langsamen Satz vertritt, leitet über zum *Finale*, einem regulären, von konzertant-virtuosen Einfällen und witzigen Kontrasten auf engstem Raum überquellenden Sonatensatz.

Op. 32 Nr. 2 e-Moll/E-Dur

Largo sostenuto – Minuetto – Larghetto – Rondeau commodo assai.

Das e-Moll/E-Dur-Werk beginnt mit einem breit angelegten, hochpathetischen *Trauermarsch*. Das folgende *Menuett* und das *Larghetto* (E-Dur und e-Moll) bilden eine Einheit, leiten aber durch den Halbschluß des Larghettos zugleich zum Finale über; außerdem werden beide Sätze wiederholt, so daß die Satzfolge Menuett – Larghetto – Menuett – Larghetto – Finale entsteht. Der doppelten Funktion der Sätze entspricht ihre irreguläre Form: Das Menuett beginnt ungewöhnlich robust und in schroffem Kontrast zum vorangehenden Largo, aber der 2. Teil, mit dunkleren Tönen beginnend, weitet sich zu einem großen »Solo« der 1. Violine; das Larghetto beginnt als ein chromatisch und kontrapunktisch »verfremdetes« Siciliano, das aber schon nach 12 Takten in eine Kadenz nach H-Dur mündet; durch die Wiederholung des Menuetts wird es zum Quasi-Trio, durch seine eigene sich anschließende Wiederholung zur Einleitung des *Finales*, das als typisch französisches Rondeau wieder einen scharfen Kontrast zu dieser Einleitung bildet und in sich ungewöhnlich reich gegliedert ist.

Op. 32 Nr. 3 D-Dur

Allegro vivo – Adagio – Allegro vivo ma non presto.

Der *1. Satz* ist hier ein energisches Allegro, dessen Thematik und Tonfälle an die Sinfonien Johann Christian Bachs erinnern, während die Cello-Kantilene des Seitenthemas ein sehr kammermusikalischer Einfall ist. – Der elegisch-empfindsame *langsame Satz*, merkwürdigerweise in D-Dur wie die Ecksätze, erinnert von fern an Siciliano-Traditionen und ist im Klang ebenfalls von fast sinfonischer Fülle. – Das *Finale* ist ein fröhliches und unkompliziertes französisches Rondeau.

Op. 32 Nr. 4 C-Dur

Allegro bizzarro – Larghetto – Allegro con brio.

Das C-Dur-Quartett ist ebenfalls 3sätzig, aber im Detail gänzlich anders angelegt. Der 1. Satz macht seiner Vortragsbezeichnung *»Allegro bizzarro«* alle Ehre: Das marschähnliche

1. Thema mündet in ein Solo der 1. Violine, das Seitenthema ist ein konzerthaftes, in schwindelerregend hohe Lagen emporsteigendes Cello-Solo mit großer Kadenz, die Durchführung gibt sich plötzlich kontrapunktisch, die Reprise ist beträchtlich verändert. Das Cello spielt auch in den beiden anderen Sätzen eine herausgehobene, wenn auch nicht so virtuose Rolle. Das c-Moll-*Larghetto* ist ein ungewöhnlich ernster, fast düsterer Satz. Das *Finale* schließlich ist eine höchst originelle Verwandlung des traditionellen italienischen Tempo-di-Minuetto-Typus in einen schnellen, thematisch und harmonisch reichen, ernsten und sinfonisch gedrungenen Schlußsatz. Vor allem an Stücken wie diesem wird deutlich, wie selbständig und nachdenklich Boccherini den Traditionen gegenüberstand, von denen er zehrte.

Op. 32 Nr. 5 g-Moll

Allegro commodo – Andantino – Minuetto con moto – Allegro giusto.

Das g-Moll-Quartett beginnt mit einem ganz rokokohaften singenden *Allegro* voll italienischer Cantabilità, sanfter Vorhaltsseufzer und elegant pointierter Rhythmen. – Das Es-Dur-*Andantino* ist mehr ein stilisierter, graziös-feierlicher Tanz als ein typischer langsamer Satz; sein serenadenhafter Tonfall ist wohl spanischer Herkunft. – Das *Menuett* (in c-Moll!) ist paradoxerweise der ernsteste Satz des ganzen Werkes, mit einem Hauptteil, dessen strenge Schlichtheit an Glucksche Klassizität erinnert, und mit einem C-Dur-*Trio*, das in einer geradezu dramatischen Schlußwendung nach c-Moll zurückgeführt wird. – Das *Finale* »verfremdet« auf ähnliche, wenn auch harmlosere Weise die traditionellen Tonfälle des französischen Rondeaus in immer neuen harmonischen und satztechnischen Einfällen, die in einer großen Kadenz der 1. Violine gipfeln.

Op. 32 Nr. 6 A-Dur

Allegro – Andantino lentarello – Minuetto con moto – Presto assai.

Das letzte Quartett der Reihe beginnt, einer verbreiteten vorklassischen und klassischen Tradition folgend, mit einem (scheinbar) leichtgewichtigen, tanznahen Satz im $\frac{6}{8}$-Takt und in der freundlichen Tonart A-Dur, verwandelt jedoch das Formmodell des Satzes originell: Auf eine kurze, aber harmonisch geschärfte Durchführung folgt eine stark erweiterte Reprise mit Dur/Moll-Wechseln und großen Klangsteigerungen, die in martialischen Signalmotiven kulminieren. – Das a-Moll-*Andantino* greift diese kriegerischen Assoziationen auf, indem es aus Marschrhythmen und chromatischer Melodik einen intensiven Lamento-Ton entwickelt, löst sich aber auf dem Höhepunkt der chromatischen Verwicklung plötzlich in eine Kadenz der 1. Violine auf, die zum Menuett überleitet. Dieses *Menuett* ist dann ein besonders reizvolles Genrestück: Im A-Dur-Hauptteil eine graziöse »Schäferey« mit bukolischer Melodik, Orgelpunkten und Glockengeläute; im a-Moll-*Trio* ein schwungvoller Fandango. – Das *Finale* ist ein Quasi-Sonatensatz mit thematisch freiem Mittelteil, in dem Boccherinis Klangphantasie noch einmal einen Triumph feiert.

Streichquartette op. 58

Komponiert 1799, gedruckt Paris ca. 1803.

Op. 58 gehört zu den späten Werken, die Lucien Bonaparte gewidmet sind und in denen sich Boccherini, vielleicht dem Widmungsträger zu Gefallen, stärker als je zuvor mit der französischen Instrumentalmusik der 1780er und 1790er Jahre beschäftigte: in der Übernahme von Wendungen des hochpathetischen Violinstils Viottis und seiner Schüler, in der Neigung zu einem quasi-orchestralen Satz mit kräftigen Bässen, Akkordbrechungen und Tremolo-Flächen und in einem gesteigerten Pathos, das an die Tonfälle der Revolutionsoper und der Virtuosenmusik für den Konzertsaal erinnert. Die Grundlagen von Boccherinis Stil werden von diesen Tendenzen allerdings nicht berührt; am deutlichsten zeigt sich das in den Formen, die wie früher einerseits vorklassisch, von den Entdeckungen der Wiener Klassik unbeeinflußt sind und andererseits eine Tendenz zu zyklischer Formbildung erkennen lassen, welche sich, ebenfalls wie früher, auf Formbildung durch Abschnittswiederholung, nicht etwa durch thematische Verknüpfung, beschränkt. Ebenso unklassisch oder anders gesagt: französisch ist die Rückkehr zur Dreisätzigkeit in fast allen Werken des Opus – zu einer Zeit, da die meisten Quartettkomponisten den klassischen 4sätzigen Typus als nahezu zwingende Norm akzeptiert hatten.

Op. 58 Nr. 1 C-Dur

Allegro – Larghetto – Allegro vivo assai.

Das Quartett beginnt mit einem breit angelegten *Allegro*, in dem fast ständig die 1. und 2. Violine virtuose Soli im Stil Viottis zu spielen haben; dementsprechend wird der Satz weniger von Themen als von heftig kontrastierenden Virtuosengesten – Skalen, herausgeschleuderten Spitzentönen, Akkordbrechungen, Synkopen – beherrscht, die in aufgelockerter Dreiteiligkeit (mit sehr stark veränderter Reprise) aneinandergereiht werden. – Das *Larghetto* (F-Dur) verbindet den 6/8-Takt und die wiegende Melodik französischer Romanzen mit heftigen Kontrasten und dynamischen Ausbrüchen zu einem merkwürdig unruhigen, bedroht wirkenden Genrebild: möglich, daß hinter diesem Satz (wie hinter ähnlichen Stücken in den späten Werken) programmatische Absichten verborgen sind. – Das *Finale* ist ebenso virtuos, wenngleich nicht so zerklüftet wie der 1. Satz und erfüllt seine Funktion als etwas leichter wiegender Schlußsatz vor allem durch den fast ausgelassenen Tonfall seines Hauptthemas, als freie Mischung zwischen Sonatensatz und Rondeau.

Op. 58 Nr. 2 Es-Dur

Allegretto lento – Minuetto – Larghetto malinconico – Allegro vivo assai.

Das einzige 4sätzige Werk des op. 58 hat eine fast klassische Satzfolge. Nur der *1. Satz* weicht ab, ein genrehaft einfacher

Satz über 3 Themen, die durchgespielt und leicht variiert wiederholt werden und deren Tonfall zwischen der Opéra comique des späten 18. und der des frühen 19. Jh. vermittelt. – Das *Menuett* ist – immer noch – ein italienisches Tempo di Minuetto; das *Trio* hat eine originelle 4teilige Form, wobei der 4. Abschnitt ein Genrestück »à l'espagnole« ist. – Das *Larghetto* (c-Moll), in freier Dreiteiligkeit geschrieben, ein ganz stiller und melancholischer, aber von ff-Ausbrüchen zerklüfteter Satz, ist mehr auf harmonische als melodische Wirkung abgestimmt und berührt in seinem Mittelteil entlegene Tonarten wie b-Moll und Ges-Dur. – Das *Finale* ist ein wirbelndes Spiel mit – meist ganz konventionellen – Kontrapunkt-Formeln, dessen schneller Witz sehr an ähnlich kontrapunktisch-spielerische Finalsätze Haydns erinnert; ebenso originell ist der Satz in der Form: ein Sonatensatz, dessen Durchführung vom 1. Thema beherrscht wird und dessen Reprise mit einem untergeordneten Motiv aus der Mitte der Exposition beginnt, aber vor deren Schluß abbricht; 1. Thema und Schluß werden dann in einer Coda, breiter ausgesponnen, nachgeholt.

Op. 58 Nr. 3 B-Dur

Larghetto – Allegro vivo assai – Rondeau / Allegro giusto.

Das einleitende *Larghetto* weist, trotz einiger eingeflochtener Signalmotive und heftiger dynamischer Kontraste, mit seiner schmelzenden Cantabile-Melodik und den noch immer erkennbaren Spuren des Triosatzes (2 einander abwechselnde Melodiestimmen und Begleitung) weit in Boccherinis frühe Zeit zurück. – Dagegen ist das *1. Allegro* ein veritabler Konzertsatz für die 1. Violine, ein Stück von federnder Eleganz und gleichsam beschwingtem Pathos. – Das *Allegro giusto* ist, ungewöhnlich für ein Finale, ein fast sanftes und kaum virtuoses Stück im bukolischen 6/8-Takt und mit vielen Orgelpunkten, die den bukolischen Ton noch verstärken; formal ein im Detail frei differenzierter Satz in 3teiliger Da-capo-Anlage.

Op. 58 Nr. 4 h-Moll

Allegro molto – Andantino lento – Rondeau / Allegro.

Der *Kopfsatz* dieses Quartetts ist ein Konzertsatz à la Viotti, konzerthaft in seinem donnernden Pathos und der häufigen Tremolo-Begleitung; formal interessant dadurch, daß die klar ausgeprägte Dreiteiligkeit mit der des Sonatensatzes nur äußerlich Ähnlichkeit hat: Der 2. und der 3. Teil führen, obwohl der 3. wie eine reguläre Reprise beginnt, ständig neues Material ein, als ob der Violinvirtuose von ständig neuen Einfällen bedrängt würde. – Das *Andantino* (G-Dur) ist, in stärkstem Kontrast hierzu, ein zarter chromatisch seufzender Satz, dessen Beziehung zum 1. vor allem in der wiederum orchestralen Klangfülle und Satzbehandlung besteht. Mit einem offenen Schluß in Fis-Dur leitet er über zum *Rondeau*, das Rondeau- und Da-capo-Form, Boccherinis Cantabilità und – ausnahmsweise – Haydns motivischen Witz geistreich verbindet. Der Hauptteil des Satzes ist als echtes Rondeau angelegt (hier, da es ein Moll-Satz ist, mit einer H-Dur-Episode), in dem vor allem die Rückleitungen zum Thema und das Thema selbst etwas vom Haydnschen Witz haben; aber angefügt ist ein kontrastierender Teil, in dem 1. Violine und Cello in Oktaven eine elegante Liedmelodie vortragen. Anschließend wird der ganze Rondeau-Teil wiederholt.

Op. 58 Nr. 5 D-Dur

Andante sostenuto / Allegretto gaio – Andante sostenuto come prima / Presto.

Das Werk ist formal und inhaltlich eines der originellsten und liebenswertesten Quartette Boccherinis. Eigentlich sind es nur 2 große Sätze, die durch die gleiche pathetische und spannende *Einleitung* eröffnet werden. Das *Allegretto* ist ein Rondeau mit Anklängen an einen Sonatensatz; drehende Sechzehntel-Bewegung, liegende Bässe und vor allem herausgeschleuderte Synkopen auf dem 2. und 5. Achtel des 6/8-Takts geben dem Satz einen fast übermütigen Tanz-Tonfall. Das *Presto* ist ebenfalls ein Rondeau, aber im Charakter, vor allem im Perpetuum-mobile-Duktus des Themas sehr ähnlich manchen Quartett-Finali Haydns; die eigentliche Pointe ist aber die zweimal eingeschobene Dudelsack-Episode, in der die Instrumente eine Tanzmelodie in Oktaven und Terzen spielen und zugleich (außer der Bratsche) leere Saiten mitklingen lassen.

Op. 58 Nr. 6 Es-Dur

Allegretto moderato – Larghetto – Allegro giusto e sostenuto.

Das 2. Es-Dur-Werk des op. 58 – viele Komponisten der Zeit hätten eine solche Wiederholung für schlechten Stil gehalten; Boccherini hat es offenbar gereizt, nach dem 4sätzigen Werk ein gänzlich anderes, 3sätziges Stück zu schreiben. – Der *1. Satz* prägt den traditionellen Charakter der Tonart durch äußerste Klangfülle, rauschende Skalen, zahlreiche Doppel- und Tripelgriffe und vor allem durch den stilisierten Marsch-Duktus aus. – Das *Larghetto* (B-Dur) ist ein einfacher und durch den 6/8-Takt leicht bukolisch getönter Satz in freier Dreiteiligkeit. Das *Finale*, ein Rondeau mit übergeordneter Da-capo-Form, ähnlich wie im 4. Quartett, ist wieder ein Marsch, diesmal sogar mit einem veritablen »Paukensolo« eingeleitet: Der Serenadenton triumphiert auch hier, und auf paradoxe Weise erfüllt das 6. Quartett damit die Norm des klassischen Quartett-Opus, daß das letzte Werk einer Sechsergruppe etwas leichter im Ton und in der Faktur sein sollte als die 5 vorangehenden.

Streichquintette mit 2 Celli (Cello/Kontrabaß)

Boccherini unterscheidet zwischen Quartett- und Quintett-Satz ebenso sorgfältig, wie die Klassiker, Mozart vor allem, es taten, aber sein Quintett-Satz ist gänzlich anders als der klassische. Die Besetzung mit 2 Celli (in Wien meistens und bei Mozart immer 2 Bratschen) gibt ihm einen dunkleren und baßbetonten Klang; zugleich legt sie es nahe, die beiden Violinen und die beiden Celli als miteinander konzertierende Stimmenpaare und die Bratsche als Füllstimme zu behandeln. Dementsprechend ist bei chorischer Aufspaltung des Satzes das 1. Cello die führende Stimme des tieferen Chores, und sehr oft wird das 1. Cello (seltener das 2.) darüber hinaus als Solo-Instrument herausgehoben, auf dem Boccherini selbst oder einer seiner cellospielenden Mäzene wie der preußische König glänzen konnten. Noch wichtiger aber ist, daß sich die Tendenz zur chorischen Aufteilung des Satzes mit einer starken Tendenz zu orchestralen Wirkungen verbindet und daß dabei die beiden Celli unisono (oder Cello und Kontrabaß in Oktaven) geführt werden, die Idee des 5stimmigen Satzes also streckenweise und zugunsten der Klangregie außer Kraft gesetzt wird.
Boccherini scheint diesen Typus des Streichquintetts recht eigentlich erfunden zu haben, und zwar erst nach seinem Besuch in Paris und seiner Niederlassung in Madrid und nachdem er bereits 3 Opera von je 6 Streichquartetten geschrieben hatte; das erste Quintett-Opus, **op. 10**, ist 1771 datiert. Für den Komponisten selbst scheint das Quintett sehr bald zur wichtigeren Gattung geworden zu sein – vielleicht, weil er sich hier der kammermusikalischen Idee des Satzes mit ideell gleichrangigen Stimmen nicht so streng wie im Quartett verpflichtet fühlte; jedenfalls sind Form- und Klangexperimente auffallend häufiger, und auch an Genrestücken ist kein Mangel. **Op. 11/6** (1771) ist ein Vogelkonzert (»L'uccelliera«); **op. 29/4** (1779) schließt mit einem »Ballo tedesco« nach Art der Wiener »Deutschen« im schnellen 3/8-Takt und mit derben quasi-volksmusikalischen Effekten. **Op. 30/6** (1780) ist die berühmte »Musica notturna delle strade di Madrid«, eher eine Programmsuite als ein echtes Quintett, jedenfalls ein Werk, das Boccherinis musikalischem Witz, seiner Klangphantasie und seiner Beobachtungsgabe das beste Zeugnis ausstellt; in **op. 36/6** (1784) wird im 1. Satz das Spiel einer Maultrommel imitiert.
Wie in der Wiener Klassik, so sind auch bei Boccherini die

Dimensionen eines Quintetts in der Regel größer als die eines Quartetts; damit hängt wohl auch zusammen, daß es von ihm mehr 4sätzige Quintette als Quartette gibt. Allerdings ist die »normale« klassische Viersätzigkeit fast die Ausnahme, und außer den verschiedensten Satzfolgen findet sich eine große Zahl von Formexperimenten, die vor allem um die zyklische Formbildung durch Wiederholungen von Satzteilen oder ganzen Sätzen kreisen. So wird in **op. 25/5** (1778) das Menuett mit dem langsamen Satz verbunden (Largo – Menuett – Teilwiederholung des Largo). **Op. 39/1** (mit Cello und Kontrabaß, 1787) hat die Satzfolge Andante – Allegro / Menuett / Grave / Allegro-Wiederholung – Rondeau / Menuett / Rondeau. **Op. 40/4** (1788, »opera piccola«) hat als 2. Satz ein besonders kompliziert gebautes Menuett: Menuett – Trio I – Menuett – Trio II – variiertes Menuett – Trio I wiederholt – Menuett – Trio II wiederholt – variiertes Menuett wiederholt (ABACA'BACA'). **Op. 46** (1793) bringt eine übergreifend zyklische Satzfolge in Nr. 1 und eine zyklische Teilform in Nr. 5: **Nr. 1** Adagio – Allegro – Menuett – Adagio und Allegro variiert wiederholt; **Nr. 5** Andante – Menuett – Allegro / Lento / Allegro variiert. Ganz zyklisch ist schließlich die **Nr. 2** des letzten Quintett-Opus (**op. 51**, 1795) geformt: Grave / Allegro / Andantino – Minuetto – Grave / Allegro.

Ein ganz anderes Formexperiment scheint Boccherini in **op. 29** (1779) versucht zu haben: eine Viersätzigkeit, in der sich die Stellung des Menuetts und das Tempo des Finales nach dem Tempo des 1. Satzes regulieren – also das Prinzip des Tempokontrasts, das Haydn erst einige Jahre später in seinen Streichquartetten op. 33 durchführte. Bei Boccherini wie bei Haydn folgen einem schnellen 1. Allegro der langsame Satz, dann das Menuett und schließlich ein »normal« schnelles Finale, einem Allegro moderato aber erst das Menuett, dann der langsame Satz und als Finale ein sehr schnelles Allegro oder Presto. Boccherini wie Haydn haben dieses Prinzip sehr bald wieder aufgegeben, aber auf charakteristisch unterschiedliche Weise: Während Haydn das Allegro moderato als Kopfsatz-Tempo kaum noch verwendete und infolgedessen das Menuett seinen festen Platz als 3. Satz erhielt, kehrte Boccherini in den meist 4sätzigen Quintetten seines **op. 31** (1780) zur bunten Satzfolge ohne regulierte Stellung des Menuetts zurück.

Alle Form- und Klangphantasie und alle Genrestücke in den Quintetten Boccherinis haben aber offenbar nicht verhindern können, daß diese Werke beim Publikum weniger beliebt waren als die Quartette. Sicherlich hatte das mit der Besetzung zu tun – damals wie heute waren Geiger häufiger als Cellisten, und in der Hausmusik konnte ein Geiger notfalls eine Bratsche, nicht aber ein Cello spielen; bezeichnend ist, daß die meisten zeitgenössischen Drucke auf dem Titelblatt versichern, daß das 1. Cello auch durch eine Bratsche ersetzt werden könne, und ebenso bezeichnend ist, daß bei **op. 13** und **op. 20** (gedruckt 1776 und 1777) zusätzlich mitgeteilt wird »les parties de violoncelle sont faciles pour l'éxécution« (was nicht durchweg zutrifft). Viele Quintette wurden aber zu Boccherinis Lebzeiten überhaupt nicht oder verspätet gedruckt. Bezeichnenderweise bevorzugte Pleyel (ab 1798) unter den spät oder verspätet publizierten Werken die »opere grandi« und solche, die als Konzertstücke dienen konnten; die »opere piccole«, auch »quintettini«, blieben ungedruckt oder wurden ausnahmsweise anderswo veröffentlicht, so das **op. 27** von 1779 in Venedig 1782. Es gehört durchaus zu den tragischen Zügen in Boccherinis Leben, daß er diejenige Kammermusikgattung, an der ihm offenbar am meisten lag, in der Öffentlichkeit nicht durchsetzen konnte und daß sein Ruhm als »Erfinder« des Streichquintetts mit 2 Celli sich erst postum verbreitete.

Op. 11 Nr. 5 E-Dur

Komponiert 1771, gedruckt (als op. 13/5) Paris 1775.
Amoroso – Allegro – Minuetto – Rondeau.

Das Quintett beginnt mit einem con sordini zu spielenden *Andante*, das ganz auf Klang gestimmt ist: sanfte Kantilenen der Violinen über pochenden Sechzehntel-Triolen des 1. Cellos, gegen Ende für einige Takte hauchzarte Fiorituren der beiden Celli in hoher Lage – ein Satz, der fast ohne melodisch-thematische Substanz auskommt, ohne daß dies im geringsten als Mangel zu spüren wäre. Kein anderer Komponist der Epoche hätte ein solches Stück schreiben können. – Das *1. Allegro*, in 2teiliger Suitensatzform, schlägt dann den elegant-virtuosen Ton an, den wir vor allem aus dem berühmten Cellokonzert kennen; satztechnisch dominieren die beiden konzertierenden Violinen, und nur auf kurze Augenblicke tritt auch das 1. Cello solistisch hervor. – Das *Menuett* – nicht in der Grundtonart, wie es die Regel fordern würde, sondern in A-Dur mit dem Trio in D-Dur – ist *»das«* Menuett, eine einfache, unendlich einschmeichelnde Melodie der 1. Violine über genrehafter Pizzicato-Begleitung wie bei einem Ständchen mit der Laute, wie der 1. Satz con sordini; das *Trio* konzertant aufgelockert, aber in seinem Mittelteil das Genrebild mit spanischem Kolorit färbend. – Das abschließende *Rondeau* grenzt die einzelnen Episoden durch immer neue Instrumentenkombinationen gegeneinander ab und gibt vor allem der 2. Violine und dem 2. Cello lange und anspruchsvolle Soli; dadurch, daß das Tutti und der kompakte akkordische Satz (mit weitgehend unisono geführten Celli) allein dem Ritornell vorbehalten sind, tritt die Rondeauform besonders deutlich hervor.

Op. 13 Nr. 4 d-Moll

Komponiert 1772, gedruckt (als op. 20/4) Paris 1776.
Allegro – Andante sostenuto – Fuga. Allegro giusto.

Der *1. Satz*, in 2teiliger Suitensatzform, beginnt mit einem kontrapunktischen Duett der Celli mit teils kontrapunktischen, teils begleitenden Gegenstimmen; das Modell der Triosonate scheint deutlich durch, aber der Abschnitt, der weniger ein Thema als ein Stimmenkomplex ist, wird durch eine kräftige Unisono-Kadenz abgeschlossen, die zugleich schon zum Seitensatz gehört, und von nun an entwickelt sich der Satz im konzertant-motivischen Spiel vor allem zwischen den beiden Violinen und den beiden Celli. – Der *langsame Satz* (B-Dur) ist fast ganz als Dialog zwischen 1. Violine und 1. Cello aufgebaut. – Das *Finale* macht aus den kontrapunktischen Ansätzen des Kopfsatzes Ernst: Es ist eine 4stimmige Fuge (die Celli fast durchgehend unisono), die aber in die Form eines Suitensatzes mit gegen Ende der beiden Teile immer freier werdender kontrapunktischer und motivischer Arbeit gefaßt ist und die in einer wuchtigen Coda gipfelt. Der Satz erscheint als eine eindrucksvolle Auseinandersetzung mit dem Problem, wie durch kontrapunktische Arbeit das Finale eines Werkes gewichtiger gemacht werden könnte, ohne die Abstufung gegenüber dem Kopfsatz und den traditionell leichteren Finale-Charakter ganz zu opfern – ein Problem, das Boccherini im Quintett op. 29/2 wieder aufgreift und das Haydn zur selben Zeit zu den extremen Experimenten seiner Quartette op. 20 geführt hatte. Und schließlich zeigt das Quintett, daß Boccherini in dieser Zeit den Wechsel der herrschenden Satztechnik von Satz zu Satz eines Werkes, der schon in op. 11/5 auffiel, zu einem (vorläufigen) Prinzip seiner Quintett-Komposition zu machen begann.

Op. 25 Nr. 6 a-Moll

Komponiert 1778, gedruckt (als op. 47/5) Paris 1813.
Allegro non molto – Minuetto – Largo cantabile – Allegro giusto.

Das Werk gehört zu denjenigen Quintetten Boccherinis, die den Normen der Wiener klassischen Kammermusik am nächsten kommen, vor allem in der Viersätzigkeit (mit dem Menuett nach einem relativ gemächlichen Kopfsatz an zweiter Stelle, wie ein Jahr später im op. 29), im durchbrochenen Satz und der klaren Sonatensatzform des 1. Allegros und in der sorgfältigen Differenzierung der Charaktere und Abstufung der Gewichte der Ecksätze. – Der *Kopfsatz* ist ein breit angelegter Sonatensatz, in dessen Exposition das thematische Material im Dialog zwischen 1. und 2. Violine oder 1. Violine und den übrigen Instrumenten entfaltet wird. Die Durchführung ist, wie fast stets bei Boccherini, auf harmonische und melodische Entfaltung, nicht auf thematische Arbeit angelegt und wird fast ganz von der 1. Violine beherrscht; die Reprise ist stark verändert. – Das *Menuett* (A-Dur) ist ein sehr einfacher Satz aus 2 schlicht harmonisierten Achttaktern der 1. Violine; dagegen ist das a-Moll-*Trio* ein äußerst differenzierter und umfangreicher Satz, der vor allem durch die aus kontrastierenden Motiven gebildete Thematik des Mittelstücks ganz »klassisch« wirkt. – Das *Largo* (D-Dur) ist eine reich verzierte Kantilene der 1. Violine (streckenweise in Terzparallelen von der 2. begleitet), die mit einem Halbschluß und einer kleinen Kadenz des »Soloinstruments« in das Finale übergeht. Dieses *Finale* ist ein ziemlich freies Rondo, das sich vor allem durch seinen kompakten Satz, das gänzliche Fehlen konzertanter Soli, das stürmische Tempo und den fast durchweg ernsten Ton deutlich vom 1. Allegro abhebt.

Op. 39 Nr. 3 D-Dur

Komponiert 1787, gedruckt (als op. 37/2) Paris ca. 1809/13.
Allegro vivo – Pastorale amoroso ma non lento – Presto.

Boccherinis op. 39, »opera grande«, setzt sich, wie manche seiner späteren Arbeiten, aus Werken verschiedener Gattungen zusammen, 3 Quintetten und einem Quartett; die Quintette sind mit Cello und Kontrabaß besetzt. Die Verwendung des Kontrabasses mit seinen begrenzten technischen Möglichkeiten führt einerseits zu einer noch stärkeren Betonung der Baßregion und damit zu einem orchestraleren Klang, legt aber andererseits eine Differenzierung des Satzes in quasi-orchestrales

Tutti und Soli und, im Zusammenhang damit, Themenbildung aus kontrastierenden Motiven wie konzertante Verwendung der beiden (abgesehen vom Fundament-Kontrabaß) »extremen« Instrumente, 1. Violine und Cello, besonders nahe. Von allen diesen Möglichkeiten macht das D-Dur-Quintett erfindungsreich Gebrauch.
Der *Kopfsatz* ist eher ein Konzert- als ein Kammermusikstück, auch formal: ein kurzes, aus Tutti-Solo-Kontrasten gebautes Ritornell, das fast bis zu Konzertsätzen Vivaldis zurückzuschauen scheint, eröffnet und beschließt ihn; dazwischen werden konzertante und quasi-orchestrale Episoden aneinandergereiht und in lockerer Folge wiederholt. – Das *Amoroso-Andante* (G-Dur) ist eine Hirtenmusik mit brummenden Dudelsackbässen und wiegender Tutti-Melodik, aber auch einigen delikaten kleinen Soli der 1. Violine und des Cellos. – Das *Finale* verstärkt den genrehaften Ton vor allem durch seine robuste Contredanse-Typik und die al ponticello zu spielenden Soli des Cellos zu einer ganz dorfmusikalischen Begleitung; mit einem dieser Soli, jetzt mit allen Instrumenten al ponticello und im Pianissimo verklingend, endet der Satz ganz poetisch.

Streichquintette op. 51

Komponiert 1795, gedruckt (zusammen mit anderen Werken als op. 47/2 und op. 37/1) Paris ca. 1811/13.

Das Opus besteht nur aus 2 Quintetten, den beiden letzten, die Boccherini geschrieben hat; die Wahl der Tonarten – Es-Dur und c-Moll/C-Dur – ist offenkundig kein Zufall. Die von den Neuausgaben übernommene Angabe des Erstdrucks, daß statt des 1. Cellos eine 2. Bratsche benutzt werden könne, ist hier wie bei allen Quintetten Boccherinis sicher nicht im Sinne des Komponisten, da die Umbesetzung den Klangcharakter der Werke erheblich verändert.

Op. 51 Nr. 1 Es-Dur

Presto – Tempo di Minuetto affettuoso – Adagio – Allegro vivo.

Der *Kopfsatz* zeigt eine originelle und vom Formbegriff der Klassiker weit entfernte Verwandlung des Sonatensatzes, vor allem der Durchführung (die Angabe Presto ist als Hinweis auf ein Tempo zu verstehen, in dem Sechzehntel-Triolen noch artikuliert gespielt werden können; beim Grundmaß von 3/8 ergibt das eher ein Allegretto). Im Gegensatz zu früher versucht Boccherini jetzt nicht mehr, mit neuen Themen oder einfach mit einem Modulationsgang zur Reprise überzuleiten; statt dessen werden ganze Abschnitte der Exposition, durch Kadenzen und oft auch Generalpausen getrennt, in neuer Reihenfolge und neuen Tonarten wiederholt, satztechnisch und motivisch leicht variiert und z. T. auch durch eingeschobene oder angehängte Takte erweitert, und in der vollständigen Reprise werden diese Variationsverfahren fortgesetzt, während die ursprüngliche Reihenfolge der Satzteile wiederhergestellt wird – ein völlig »natürlich« wirkender Prozeß, in dem an die Stelle des geistigen Anspruchs der klassischen thematischen Arbeit das Vergnügen an fein ziselierten, melodisch und klanglich reizvollen und unverwechselbaren Satzstücken tritt, an deren Detail ständig unauffällig gefeilt wird und die sich insgesamt zu einem wohlgefälligen Ganzen zusammenfinden. – Ähnliche Prinzipien herrschen im *Finale*, einem freien Rondo, nur tritt hier noch die Variationstechnik hinzu, mit der das Ritornell-Thema mehrfach durch neue Begleitstimmen oder kontrapunktische Anreicherung verändert wird; nicht nur durch diese Technik, sondern schon durch die Gestalt des Themas und den Aufbau weiter Strecken des Satzes aus 8taktigen Perioden erinnert dieses Finale ein wenig an dasjenige der »Eroica« (in derselben Tonart). – Gegenüber diesen beiden höchst originellen Sätzen wirken das *Tempo di Minuetto* und das *Adagio* etwas blasser.

Op. 51 Nr. 2 c-Moll/C-Dur

Grave assai / Allegro assai / Andantino con innocenza – Tempo di Minuetto – Grave assai / Allegro assai.

Das Werk ist vor allem dadurch interessant, daß Boccherini hier, über frühere Experimente mit zyklischen Formen hinaus, nicht nur mit der Wiederholung ganzer Sätze, sondern zugleich mit einer funktionalen Differenzierung der Wiederholung selber operiert: Die Wiederkehr der Grave-Introduktion vor dem Finale ist auf fast die Hälfte verkürzt, und das Finale selbst ist die – erheblich erweiterte – Reprise des 1. Allegros; außerdem geht die Durchführung dieses 1. Allegros attacca in den langsamen Satz über. Das ganze Werk ist also fast ein riesiger Sonatensatz, in den die Mittelsätze eingebaut sind; daß dem Verfahren die letzte Konsequenz fehlt, macht das Experiment nicht weniger bemerkenswert.

Die Exposition des Allegros ist, obwohl keineswegs monothematisch, fast ganz beherrscht von dem unscheinbaren Achtel-Motiv, mit dem der Satz beginnt, und zusammen mit Haydns motivischer Arbeit stellt sich, wiederum fast mit Notwendigkeit, auch Haydns durchbrochener Satz ein, in dem das Motiv ständig zwischen Instrumenten und Instrumentengruppen hin- und hergeworfen, verkürzt und erweitert wird. Der Beginn der Durchführung markiert mit der Erweiterung und Verwandlung des Motivs zu einem neuen Thema eine weitere Stufe dieser durchaus »klassischen« motivischen Arbeit; allerdings löst sich der Satz dann sehr schnell in ein thematisch freies konzertantes Spiel auf, das zum attacca anschließenden Andantino führt. Der dritte auffallende Zug des außerordentlichen Werkes ist sein Tonartplan: Nur die beiden Grave-Introduktionen, die auch ganz den Charakter einer pathetischen Moll-Einleitung haben, stehen in c-Moll, das 1. Allegro beginnt, die Spannung lösend, in C-Dur und wendet sich dann wie üblich zur Dominante, und die Reprise des Allegros steht ganz in C-Dur, dessen Effekt durch die gegen Ende immer orchestraler wirkende Klangregie noch verstärkt wird. Da die kurze Durchführung des 1. Allegros auf der Dominante endet, muß das Andantino ebenfalls in C-Dur stehen. Beide Mittelsätze sind zugleich, nach Form, Umfang und Gewicht, sehr deutlich als Intermezzi behandelt; besonders auffallend ist das beim Menuett, das kaum noch etwas von der Elaboriertheit der typischen Tempi di Minuetto hat. So liegt der Akzent des Werkes ganz auf Introduktion und Allegro, die zugleich seinen formalen Rahmen bilden.

Streichquintette mit 2 Bratschen

Boccherini hat sich mit der klassischen Quintettbesetzung erst in seinen letzten Lebensjahren beschäftigt; dabei scheint er sich ihr mit besonderer Sorgfalt genähert zu haben, denn der Komposition von Originalwerken gehen Arrangements der 12 Klavierquintette für Streichquintett voraus (um 1800). 1801 und 1802 folgen dann die 2mal 6 **Quintette op. 60** und **op. 62** (op. 60/4 ist verloren), die wie die Arrangements der Klavierquintette ungedruckt blieben. Sie sind Lucien Bonaparte gewidmet und stehen stilistisch wie in der Neigung zur zyklischen Formbildung den späten Quintetten mit 2 Celli nahe.

Kammermusik in anderen Besetzungen

Unter den zahlreichen Werken verschiedener Besetzungen, die überliefert und mit Sicherheit oder wahrscheinlich echt sind, gibt es nicht allzu viele, die historisch so bedeutend und ästhetisch so gewichtig wie die Streichquartette und Streichquintette sind. Im wesentlichen handelt es sich um die Werkgruppen, die nachfolgend wenigstens kursorisch besprochen werden.

Sonaten für Violine (Cello) und unbezifferten Baß

Die 18 Werke, von denen 6 um 1770/75 in London als Cellosonaten und um 1775 in Paris als Violinsonaten publiziert wurden, sind sehr wahrscheinlich echte (und frühe) Werke, obwohl sie in Boccherinis eigenhändigem Werkverzeichnis nicht auftauchen. Es sind meist 3sätzige, noch ganz vorklassisch-galante Stücke mit einem großen Tempo di Minuetto als Finale, spieltechnisch recht anspruchsvoll und durch häufige Akkordgriffe klanglich sehr ergiebig. Boccherinis affektvolle und verzierungsreiche Cantabilità, seine Neigung zu Themenbildung durch Sequenzierung kleiner gesanglicher Motive und manche typischen Satzmodelle wie Amoroso und Affettuoso sind schon voll ausgebildet; dagegen sind die Satzformen noch ganz die der italienischen Kammermusik des 2. Jahrhundertdrittels, d. h. die der Suite.

Begleitete Klaviersonaten

Die 6 **Sonaten op. 5**, die zu Boccherinis Ruhm erheblich beitrugen und die bis weit ins 19. Jh. nachgedruckt wurden, heißen im eigenhändigen Werkverzeichnis »sonate per pianoforte con accompagnemento di un violino«, im Erstdruck Paris 1769 »sonate per cembalo e violino obbligato«. Tatsächlich ist die Violinstimme dem Cembalo ganz untergeordnet, aber wenigstens streckenweise obligat. Die Stücke sind einer Pariser Cembalistin, Madame Brillon de Jouy gewidmet und dementsprechend ausgesprochen clavecinistisch geschrieben.
Die 6 **Klaviersonaten »en trio avec accompagnement de violon et basse«**, die 1781 in Paris erschienen, sind vermutlich echt, obwohl sie nicht im Werkverzeichnis stehen. Es sind pianistisch sehr dankbare und musikalisch reiche Werke, in deren »rauschendem« Klaviersatz sich der Wandel von der Pariser claveci-

nistischen Tradition zum modernen Fortepiano-Stil vernehmlich ankündigt. Sie sind 2- oder 3sätzig, in Boccherinis Terminologie also eine Mischung zwischen Opere grandi und Opere piccole; Nr. 4 enthält als Kuriosität ein »Menuetto militare«.

Streichtrios

Boccherini unterscheidet in seinem Werkverzeichnis auch bei den Trios »opere grandi« und »opere piccole«; die Opere piccole (**op. 1** 1760, **op. 47** 1793) sind 2sätzig und haben meist ein Tempo di Minuetto als Finale. Unter den Opere grandi (**op. 4** 1766, **op. 6** 1769, **op. 14** 1772, **op. 34** 1781, **op. 54** 1796) sind merkwürdigerweise mehr 4sätzige Stücke als unter den Quartetten und Quintetten, die meisten mit der klassischen Satzfolge mit dem Menuett an dritter Stelle (so schon **op. 4/3** von 1766, also einige Jahre bevor Haydn sich auf diese Satzfolge zu konzentrieren begann). Satztechnisch und stilistisch sind die Trios fast gleichrangig mit den Quartetten, wenngleich sie etwas konservativer vor allem dadurch wirken, daß fast alle an der aus der Triosonate stammenden Besetzung mit 2 Violinen und Cello festhalten; nur op. 47 hat die klassische Besetzung Violine, Bratsche und Cello.

Klavierquintette

Die 12 Quintette, die zu den frühesten Belegen der Gattung gehören, entstanden 1797 (**op. 56**, als op. 46 ca. 1800 in Paris gedruckt) und 1799 (**op. 57**, gedruckt erst 1820). Op. 56 war für Friedrich Wilhelm II. von Preußen bestimmt und wurde im Oktober 1797, einen Monat vor dem Tode des Monarchen, vollendet; op. 57 ist »dédié à la Nation Française«. Die Werke zeigen einige Besonderheiten von Boccherinis Spätstil sehr ausgeprägt, vor allem die hier fast überall sichtbare Neigung zu zyklischen Formen; dazu sind sie besonders reich an reizvollen Genrestücken wie Minuetto amoroso, »Provençale« (Boccherini schreibt »Provensal«), Polonaisen und (in **op. 57/6**) einer Bearbeitung des Variationensatzes aus op. 30/6, der »Musica notturna delle strade di Madrid«. Wie in den letzten Streichquartetten finden sich nicht selten Tonfälle des französischen Solokonzerts und der heroischen Oper, so in den dramatischen Momenten des d-Moll-Werkes **op. 57/4**, im Allegro-maestoso-

Marsch in **op. 56/3**, im Geschwindmarsch des **op. 56/5** und im Allegro imperioso des **op. 57/5**. Das Bemerkenswerteste an den Klavierquintetten ist aber die fast durchgehend gehaltene Balance zwischen dem Klavier und den Streichern, mit der die Klippen der Besetzung – Klavierkonzert mit Begleitung auf der einen und Streichersatz mit Quasi-Generalbaß auf der anderen Seite – umschifft werden. Gerade in dieser kammermusikalischen Integration der beiden Klanggruppen gehen die Werke erheblich über die meisten älteren Werke der Gattung hinaus: wahrscheinlich sind sie die ältesten »echten« Klavierquintette überhaupt – und sicherlich sind sie ein neuer, besonders eindrucksvoller Beleg für Boccherinis Innovations- und Experimentierfreude gerade in seinen letzten Jahren.

Gitarrenquintette

Die Gitarrenquintette, die sich heute in der Praxis einer gewissen Beliebtheit erfreuen, sind ausnahmslos Arrangements, die Boccherini 1798/99 nach einigen der Klavierquintette und nach anderen Werken anfertigte, sicherlich im Blick auf die um 1800 in ganz Europa grassierende, aber von Madrid (Fernando Sor) ausgehende Gitarrenmode.

LF

Wolfgang Amadeus Mozart

* 27. Januar 1756 in Salzburg, † 5. Dezember 1791 in Wien

Unter strenger Aufsicht und Erziehung seines Vaters Leopold Mozart entwickelte sich früh das Wunderkind Wolfgang Amadeus, mit ersten Kompositionen des 5jährigen und mit zahlreichen strapaziösen Konzertreisen durch Europa, u. a. mehrmals nach Italien und nach Paris. Seit 1768 Konzertmeister des Erzbischofs von Salzburg, dem er 1777 im Streit kündigt. Übersiedlung nach Wien, dort 1782 Heirat mit Konstanze Weber und vorübergehend (1787) Kammerkomponist bei Hofe. Zunehmende Geldsorgen, trotz einiger Aufträge und Konzertreisen (1787 Prag, 1788 Berlin, 1790 Frankfurt). Tod Mozarts knapp 2 Monate vor seinem 36. Geburtstag.

Kammermusik: Sonaten für Klavier und Violine; Klaviertrios; 2 Klavierquartette; Klavierquintett mit Bläsern; Streichquartette; Streichquintette; Klarinettenquintett; Hornquintett; Streichtrios; weitere kleinere Werke.

Mozart hat von frühen Jahren an auf allen Gebieten der Kammermusik gewirkt, mit immer wieder wechselnden Schwerpunkten, deren Abhängigkeit von äußeren Anlässen häufig offensichtlich ist. Mozart war als Komponist und ausübender Musiker an Aufträge gebunden, und sein durchaus nicht freiwilliger Versuch, in seinen späteren Wiener Jahren als »freischaffender Künstler« sein Auskommen zu finden, führte ihn bekanntlich an den Rand seiner Existenz.
So entstand ein großer Teil seiner Kammermusik im Hinblick auf die versprochene oder erhoffte öffentliche Aufführung, durch Schüler, Freunde, aber auch durch den Komponisten selber, oder mit dem gleichzeitigen Ziel der Drucklegung und des Notenvertriebs. Rückblickend, nach der uns geläufigen Erfahrung des 19. Jh. mit seinem Kult des unabhängigen genialen Musikers, erscheint es um so wunderbarer, wie viele hochbedeutende und gattungprägende Kompositionen Mozart hinterlassen hat und wie vergleichsweise wenigen man äußere Entstehungszwänge oder gar Auftragsunlust anmerken kann.
Zwar war Mozart nie so deutlich und bewußt Pionier und Neuerer wie neben ihm etwa der verehrte Freund Joseph Haydn oder nach ihm dann Beethoven. Dennoch sind seine Beiträge zu den zentralen Gattungen der Kammermusik in gleicher Weise Meilensteine: Auf dem Gebiet des Streichquartetts entfaltete sich Mozarts Kunst in fruchtbarer Wechselbeziehung zu Haydn; in der Sonate für Klavier und Violine dagegen gibt es diese Wechselbeziehung nicht, auch die Streichquintette und das Klarinettenquintett zählen zu Mozarts ureigenen epochemachenden Meisterwerken ohne direkte Vorbilder.
Die ordnende Gliederung in Werke mit und solche ohne Klavier bietet sich gerade bei Mozart aus historischen und individuellen Gründen an. »Um etwas für das 19. und 20. Jahrhundert Paradoxes, aber für das 18. Selbstverständliches zu sagen: Kammermusik für Streicher allein ist seriöser als Kammermusik mit Klavier. Ein Streichquartett bewegt sich auf einer höheren Ebene, in einer ernsteren Sphäre als etwa ein Klaviertrio. Warum das so ist, läßt sich nur historisch begreifen; aber wer nachdenkt und abwägt, wird zugeben, daß es sich so verhält, nicht bloß bei Haydn und Mozart, sondern in gewissem Sinn sogar noch bei Beethoven. Aber Mozart hat als Klavierspieler begonnen und wäre nicht Mozart gewesen, wenn er nicht sein Instrument zu einer Apotheose geführt hätte« (Alfred Einstein).
Gerade durch diesen individuellen biographischen Bezug zum

Klavier – dem frühen Hammerklavier, nicht unserem heutigen Flügel! – erhalten zahlreiche Werke mit gemischter Streicher-/Bläser-Klavier-Besetzung ihren besonderen Rang, in einer Reihe mit Streichquartetten und -quintetten, etwa die 3 letzten Violinsonaten und die Klavierquartette.

Duos

Die harmlosen kleinen **Duos KV* 46d** und **46e** schrieb Mozart bereits 1768, noch unter der Aufsicht seines Vaters. Sie sind jeweils 3sätzig (Allegro–Menuett I + II) und tragen als Frühwerke original keine Besetzungsangabe; die Schlüsselnotierung deutet auf Violine und Violoncello. – Auch bei der **Sonate B-Dur für Fagott und Violoncello** (KV 292; 1775?) ist die Besetzung nicht gesichert. Das 3sätzige Werk ist recht anspruchsvoll gearbeitet, den zeitlich benachbarten Flötenquartetten vergleichbar, wobei die beiden Stimmen nicht ganz gleichgewichtig sind: Das Violoncello stützt als Baß das solistischere Fagott.

Meisterwerke sind dagegen die beiden **Duos für Violine und Viola G-Dur** (KV 423) und **B-Dur** (KV 424), beide 1783 in Salzburg entstanden. In ihnen sind die miteinander konzertierenden Stimmen völlig gleichberechtigte Partner im kammermusikalischen Satz von hoher kontrapunktischer Dichte. Beide sind 3sätzig angelegt, mit einem beseelten langsamen Satz im Zentrum, einem fioriturenreichen Adagio (¾, E-Dur/KV 423) und einem Siciliano (Andante cantabile, ⁶⁄₈, Es-Dur/KV 424). Am Ende stehen ein langes Rondo und ein Variationensatz. – Kurios ist ihre Entstehungsgeschichte: Michael Haydn konnte wegen längerer Krankheit dem Kompositionsauftrag seines erzbischöflichen Dienstherrn nicht nachkommen; deshalb schuf Mozart für den Freund die Duos, und sie wurden auch unter Haydns Namen weitergereicht.

Die **12 Duos für 2 Hörner** (KV 487; Wien 1786) reihen kurze, schlichte Tanzsätze und langsame Sätze divertimentoartig aneinander. Ihre Zuordnung zu den Hörnern folgt einem musikwissenschaftlichen Indizienbeweis; früher führte man sie,

* KV = Köchel-Verzeichnis. Numerierung nach *Ludwig Ritter von Köchel: Chronologisch-thematisches Verzeichnis sämtlicher Tonwerke Wolfgang Amadé Mozarts.* Leipzig 1862 und Nachträge. (Mehrfach nachgedruckt und ergänzt.)

ebenfalls ungesichert, als Violin- oder auch Bassetthornduette. Aber erst die Fassung für die damals ventillosen Hörner läßt sie als virtuose klangvolle Kabinettstückchen wirken.

Violinsonaten

In seinen zahlreichen, über das gesamte Schaffen verteilten Sonaten für Klavier und Violine knüpft Mozart nicht an den bereits existierenden maßstabsetzenden Gipfel an: an Bachs 6 Sonaten für Violine und konzertierendes Cembalo, in denen – aus polyphon-barockem Geist – die absolute Gleichberechtigung beider Instrumente angestrebt und erreicht wurde. Mozart hält vielmehr zeitlebens an der programmatischen Reihenfolge bei der Nennung der Instrumente fest, die lange Zeit auch eine Rangfolge bedeutete: Sonaten für Klavier mit begleitender, man könnte auch sagen, hinzugefügter Geigenstimme. Erst in seinen späten Wiener Sonaten ist die Balance beider Instrumente im Sinne musikalischer Partnerschaft wieder erreicht.

Zunächst sind einige Jugendwerke zu nennen: **KV 6–9**, die entsprechenden Fassungen von **KV 10–15** und **KV 26–31**; die sogenannten **»Romantischen Sonaten«** (KV 55–60) dürften kaum von Mozart stammen. – Außerdem gibt es eine Reihe von mehr oder weniger ausgearbeiteten Fragmenten, unter denen zumindest die beiden seiner Frau Konstanze gewidmeten **Sonaten C-Dur** (KV 403) und **A-Dur** (KV 402) nicht vergessen werden sollten. Mozarts bewährter Schüler Maximilian Stadler ergänzte das vorhandene Material: Die C-Dur-Sonate besteht aus 3 Sätzen, von denen die beiden ersten (Allegro moderato und ein ziemlich kurzes, unmittelbar zum Finale überleitendes Andante) von Mozart vollendet worden sind; vom Schluß-Allegretto liegen lediglich 20 originale Takte vor. Komplizierter ist die Lage bei der A-Dur-Sonate. Sie besteht aus 2 Sätzen; vom 1., einem ausdrucksvollen Andante ma un poco adagio, haben sich 34 Takte Eigenschrift, jedoch die komplette Erstausgabe erhalten; die folgende a-Moll-Fuge wiederum ist ein unentwirrbares Gemeinschaftswerk von Mozart und Stadler.

Unter den Sonaten gibt es 2 weitere beachtenswerte Sonderfälle, die im Konzertrepertoire weitgehend ignoriert werden: Da ist einmal die **Sonate F-Dur** (KV 547) aus dem Wiener Jahr 1788 – »eine kleine Klaviersonate für Anfänger mit einer Violin« –, die uns lehrt, wie dehnbar und relativ der Begriff »Anfänger« sein kann. Ihr bewegter Mittelsatz ist eine Variante des 1. Allegros der Klaviersonate F-Dur KV Anh. 135; ihm folgen Variationen, die dem Klavier Geläufigkeit abverlangen. – Die **Sonate B-Dur** (KV 570) von 1790 wiederum entstand aus der gleichnamigen Klaviersonate durch Hinzufügen einer Violinstimme; allerdings zweifelt man an Mozarts Urheberschaft dieses aparten Arrangements.

Ebenfalls kaum beachtet werden die beiden **Variationenzyklen G-Dur** und **g-Moll** (KV 359 und 360), entstanden 1781 in Wien, die sich würdig neben Mozarts Klaviervariationen einreihen lassen.

Die übrigen, mehr oder weniger bekannten 15 Sonaten lassen sich nach ihrer Entstehungszeit und nach ihren Widmungsträgern ordnen. Einen ersten Block von 6 Werken (KV 301–306) veröffentlichte Mozart als **»Opus I«** 1778 in Paris; sie sind der Kurfürstin Maria Elisabeth von der Pfalz gewidmet und auch alle im gleichen Jahr in Mannheim und Paris entstanden. Mozart betrachtete sie – nach allen vorausgegangenen jugendlichen Versuchen – offensichtlich sehr entschieden als sein Opus I, als seine ersten gelungenen Dokumente dieser Gattung.

In der Tat ist die Reihe dieser Werke ungemein farbig, phantasievoll und dankbar, voller sprühender Spielfreude und reich an Ansätzen des konzertanten Miteinanders beider Instrumente. So stellt gleich der Beginn der **G-Dur-Sonate** (KV 301) die neugewonnene Selbständigkeit der Violine heraus, die nun energisch auf dem Weg von der Begleiterin des dominierenden Klaviers zur gleichberechtigten Partnerin voranschreitet:

5 der Sonaten sind 2sätzig, wobei in den 1. Satz von **KV 303** eine langsame Einleitung (Adagio) hineinverwoben ist; **KV 305** endet mit einem Variationensatz. **KV 306 (D-Dur)** gruppiert als einzige 2 bewegte Sätze um ein ruhiges Zentrum (Andantino cantabile). – Die Krone jedoch nicht nur dieser Sechserreihe, sondern zugleich einer der Höhepunkte unter allen Klavier-Violine-Duos von Mozart ist die **e-Moll-Sonate** (KV 304), bemerkenswerterweise die einzige Moll-Sonate überhaupt. Ihr

1. Satz (*Allegro*) beginnt mit einem fahlen Unisono beider Instrumente; ihm wird alsbald ein kontrastierender Achtel-

Gedanke entgegengestellt, der dann im Verlauf dieses ungemein konstruktiven, harmonisch kühnen und expressiven Sonatensatzes eine sehr wichtige motivische Rolle spielt. Auch das *Tempo di Menuetto* steht im melancholischen e-Moll; es umrahmt ein unwirklich zartes E-Dur-*Trio* und schließt ungewöhnlicherweise, wie der 1. Satz, endgültig in Moll.
Die folgenden 6 Sonaten sind alle Josepha von Aurnhammer, einer von Mozarts Wiener Schülerinnen, gewidmet (»Die Fräulein ist ein Scheusal! spielt aber zum Entzücken«), veröffentlicht 1781 als **»Opus II«** bei Artaria in Wien. 4 der Werke entstanden auch in Wien, KV 296 bereits 1778 in Mannheim und KV 378 als einziges 1779 in Salzburg. Nun sind die Sonaten überwiegend in klassischer Dreisätzigkeit gehalten. – In der Mannheimer **Sonate KV 296 (C-Dur)** umrahmen 2 spielfreudige Allegro-Sätze ein triolenwiegendes Andante. – Die Salzburger **Sonate KV 378** beginnt mit einem charakteristisch singenden B-Dur-Allegro; ihr Andantino sostenuto et cantabile pendelt weich zwischen Triolen- und Sechzehntel-Bewegung. – In **KV 376 (F-Dur)** folgt ein konzertant kapriziöses Rondo auf ein schwärmerisches Andante. – Voller jagender Unruhe im Alla-breve-Allegro beginnt **KV 377 (F-Dur)**; es schließen sich 6 Variationen über ein überraschend verhangenes d-Moll-Thema an, unter ihnen (Nr. 4) ein düsterer, imitatorisch in Tonleitern und Trillern auffahrender Ausbruch und eine Siciliana als Abschluß. Am Ende steht in schlichter Rondo-Dreiteiligkeit ein Tempo di Menuetto. – Die 2sätzige **Sonate G-Dur** (KV 379) beginnt mit einer weit ausholenden Adagio-Einleitung, die überraschend in ein unruhiges g-Moll-Allegro mündet. In Dur wiederum folgen Variationen über ein schlichtes Trillerthema. – Die beiden Ecksätze von **KV 380 (Es-Dur)** zeichnen sich durch konzertantes Temperament aus: das Allegro im energischen Vierertakt, das Finale als schwungvolles 6/8-Rondo (ohne originale Tempoangabe). Zwischen ihnen ver-

mittelt ein wehmütig-chromatisierendes g-Moll-Andante (con moto).

In den 3 späten Wiener Sonaten führt Mozart die Gattung endgültig wieder auf jenen Höhepunkt, den Bach runde 60 Jahre zuvor aus völlig anderem stilistischem Geist und mit den kontrapunktischen Mitteln des linearen Triosatzes einmal erreicht hatte. Nun sind Klavier und Violine gleichberechtigte Partner und bringen ihre instrumentalen Stärken und Eigenarten ins Spiel.

Die »große« **B-Dur-Sonate** (KV 454) von 1784 greift die Tradition der langsamen Einleitung wieder auf. Nach dem konzertanten *Allegro*-Sonatensatz führt das tiefsinnige und klangschöne *Andante* (Es-Dur, 3/4) die Atmosphäre der Einleitung weiter und zwingt sie im durchführungsartigen Mittelteil gar in entlegene (b-Moll-)Abgründe und durch allerlei enharmonische Wechselbäder. Die zart variierte Reprise verzahnt beide Instrumente in neuartiger Weise im Vortrag geschlossener Melodielinien. Unter der unscheinbaren Bezeichnung *»Allegretto«* (¢) verbirgt sich schließlich ein virtuoses Final-Rondo mit einer unbändigen Fülle von einander ergänzenden und ablösenden Einfällen. Mozart spielte übrigens die Uraufführung gemeinsam mit der Geigerin Strinasacchi aus Mantua am 29. April 1784 auswendig: Er hatte nur noch die Violinstimme aufschreiben können!

Ein Jahr später (1785) entstand die **Sonate Es-Dur** (KV 481). In ihrem 1. Sonatensatz (*Molto allegro*, 3/4) erscheint in der Durchführung dreimal das 4-Noten-Motiv aus dem Finale der »Jupiter-Sinfonie« (KV 551). Das weitgespannte ausdrucksvolle *Adagio* (As-Dur, ¢) führt über enharmonische Verwechslung bis nach cis-Moll und – noch wenige Takte vor Schluß! – e-Moll, wobei Mozart nicht einmal vor einer gleichzeitigen ♭- und ♯-Vorzeichnung in beiden Instrumenten zurückschreckt. Den Finale-Variationen (*Allegretto*) liegt ein sehr schlichtes Thema zugrunde, dem jedoch die vielseitigsten und abwechslungsreichsten Musizieranregungen abgewonnen werden:

Den Gipfel von Mozarts Duos für Klavier und Violine stellt sicher die große **A-Dur-Sonate** (KV 526) aus dem »Don Giovanni«-Jahr 1787 dar; zugleich ist sie auch technisch bei weitem die anspruchsvollste; das Finale entpuppt sich bei näherer Bekanntschaft als eines der schwierigsten Klavierstücke, die Mozart je komponiert hat. Das eröffnende *Molto allegro* ist ein effektvolles, äußerst lebhaftes 6/8-Stück, das die Beethovenschen Kopfsätze von op. 23 und 30/3 gleichberechtigt vorausnimmt, die strukturellen Feinheiten des Sonatensatzmodells hinter seiner virtuos glitzernden Fassade versteckt und zugleich von äußerster Konsequenz der linear selbständigen Stimmführung ist. Das *Andante* (D-Dur, C) führt in die gleichen Ausdruckstiefen wie die Mittelsätze der beiden späten Schwesternsonaten; sein auffallendster Zug ist die synkopische Variante jenes Unisonos, das gemeinsam mit dem Einwurf der Violine unmerklich ein Doppelthema bildet:

Auf das ausgedehnte Final-Rondo (*Presto*, ¢) läßt sich wirklich treffend der vielstrapazierte Ausdruck vom musikalischen Perpetuum mobile anwenden. Die ständig perlende schnelle Achtel-Bewegung wird nur an wenigen, dafür um so wirkungsstärkeren Stellen zu atemholenden Viertel-Passagen zurückgenom-

men. Und wieder verbirgt sich hinter dem stürmischen Ablauf eine äußerst konstruktive Linearität, die nie zum Selbstzweck wird (beispielsweise in den Schlußtakten, Zitat S. 401 unten).

Klaviertrios

Wir kennen von Mozart 7 Klaviertrios: 6 aus den Wiener Jahren ab 1786 sowie einen einzelnen Vorläufer, unter dem irreführenden Titel **»Divertimento«** 1782 in Paris gedruckt. Die Irreführung liegt bei diesem »Opus III«, **B-Dur** (KV 254) darin, daß es tatsächlich eine durchgearbeitete 3sätzige Sonate ist (Allegro assai – Adagio – Rondo: Tempo di Menuetto), in der allerdings das Violoncello mit Ausnahme von ganzen 4 Takten im Finale lediglich den Klavierbaß verstärkt. Verinnerlichtes Zentrum des gleichwohl dankbaren Werkes ist das ausdrucksvoll deklamierende Adagio (Es-Dur, C).
Unter den späteren Wiener Trios weisen 5 die Standardbesetzung mit Violine und Violoncello auf. In ihnen zeigt das Cello behutsame, aber konsequente Ansätze zur Verselbständigung; es kann keine Rede mehr sein von »Duetten für Klavier und Violine« mit hinzugefügtem, aber entbehrlichem Cello! Alle Trios folgen dem 3sätzigen Muster mit dem ausdrucksvollen langsamen Ruhepunkt in der Mitte.
Das **Trio G-Dur** (KV 496) vom Juli 1786 überrascht im Kopfsatz durch seine ausholend dramatische und harmonisch-kühne Durchführung. Sein Andante (C-Dur, 6/8) steckt voller kunstvoll unauffälliger Imitatorik, und das Finale ist eine zierlich-graziöse Variationenreihe. – Die beiden folgenden Werke sind Mozarts Meisterstücke dieser Gattung:

Trio für Klavier, Violine und Violoncello B-Dur (KV 502)

Allegro – Larghetto – Allegretto.

Das Trio nimmt den Gestus des Konzertanten auf überzeugende Weise in den engen Rahmen des kammermusikalischen Satzgefüges auf. Sein *1. Satz* lebt von seinem vorwärtsstrebenden, motivisch ungemein prägnanten, chromatisch gefärbten Haupteinfall:

Ein unnachahmlicher langer Atembogen überspannt die Melodie des *langsamen Satzes* (Es-Dur, 3/4). Das *Finale* führt besonders direkt in die Nähe der Mozartschen Klavierkonzerte, freilich aus der intimeren Sicht der Kammermusik und ohne deren Grenzen je zu verletzen.

Trio für Klavier, Violine und Violoncello E-Dur (KV 542)

Allegro – Andante grazioso – Allegro.

Das Werk entstand zu Beginn des Sommers 1788 in direkter Nachbarschaft zu den 3 großen letzten Sinfonien und verbindet mit fast noch größerer Überzeugungskraft die Elemente des Kammermusikalischen mit denen des Konzertanten, zudem in einer für Mozart sehr ungewohnten und daher besonders reizvollen Tonart. Ungemein charakteristisch ist die kleine chromatische Wendung im ansonsten so diatonischen Hauptthema des *1. Satzes*:

Beschwingt und schwerelos erscheint die Welt des graziösen *Andantes* (A-Dur, 2/4), doch steckt auch dieser Satz voller überraschender harmonischer Abwege. Im *Finale* dominieren virtuose Spiellaune und melodischer Einfallsreichtum.

Das **Trio** in der geläufigen Tonart **C-Dur** (KV 548) mit den Sätzen Allegro – Andante cantabile – Allegro entstand im Juli 1788; es ist insgesamt knapper und unaufwendiger angelegt und hält nicht ganz die Höhe seiner Vorgänger und auch nicht die seiner übermächtigen Zeitgenossen, der beiden großen Sinfonien Es-Dur und C-Dur. Seinen Schwerpunkt bildet zweifellos das abgeklärt in sich ruhende Andante (F-Dur, 3/4).
Und Mozarts letztem **Trio G-Dur** (KV 564; Allegro – Andante – Allegretto) merkt man seine Herkunft an: Es war eigentlich eine Klaviersonate. In der Trio-Version erreicht das Werk ebenfalls nicht die von Mozart selbst gesetzten Maßstäbe der kammermusikalischen Ausbalancierung aller Instrumente, wenngleich der Erfindungsreichtum aller 3 Sätze sehr groß ist. Das Andante besteht aus 6 Variationen, und das Finale basiert auf einem ungemein einprägsamen 6/8-Einfall:

Maßstabsetzend in melodischer Phantasie und klanglichem Reiz ist hingegen das 1788 in Wien komponierte, in jeder Hinsicht einzigartige

Trio für Klarinette (oder Violine), Viola und Klavier Es-Dur (KV 498)

Andante – Menuetto – Allegretto.

Die Fassung für Geige entsprang wohl den kommerziellen Interessen des Wiener Verlegers Artaria, dem an größerer Verbreitung gelegen war. Gleichwohl entfaltet diese Musik ihren ganzen klanglichen Charme nur in der Klarinettenfassung. Ungewöhnlich sind Reihenfolge und Anlage der 3 Sätze: Der ruhige – nicht eigentlich »langsame« – Teil steht zu Beginn; er erhält seine faszinierende Dichte durch einen einzigen sprechenden Gedanken, mit dem ausgeschriebenen Doppelschlag als motivischem Kern:

Das mittlere *Menuett* (B-Dur) entfernt sich unendlich weit von seiner höfischen Herkunft; es verbirgt, ebenso wie sein g-Moll-*Trio*, unter seiner bezaubernd entspannten melodischen Oberfläche Wunder der dezenten Kontrapunktik. Das abschließende *Rondo* mit seinem lebhaft deklamierenden Moll-Mittelteil ist ein Muster an innerer und äußerer Ausgewogenheit; das Klavier hält in bewunderungswürdiger Weise seine konzertanten Fähigkeiten zurück, ohne daß die musikalische Spielfreude im mindesten eingeschränkt wirkte.

Klavierquartette, Klavierquintett

Gegenüber dem Klaviertrio hat das Klavierquartett einen gewichtigen Vorteil: Die 3 Streichinstrumente sind in der Lage, gemeinsam ein klangliches Gegengewicht zum Tasteninstrument bilden zu können. Und diese Polarität zwischen dem Tutti aller vier und dem Gegenüber von Streichtrio und Klavier ist eigentümliches Kennzeichen gerade der Mozartschen Quartette – sie sind also keine erweiterten Trios, sondern eine völlig eigenständige Gattung, zugleich in ihrer singulären Bedeutung die meisterhaften und maßstabsetzenden Ahnen aller kommenden Klavierquartette des 19. Jh. Diese Gegenüberstellung nähert das Quartett über weite Strecken zugleich dem Klavierkonzert an, und auch die ausgeprägte und überaus dankbare Virtuosität des Klavierparts deutet ständig in diese Richtung. Mozart schrieb seine beiden einzigen Quartette mit Klavier 1785 und 1786, im Abstand eines Dreivierteljahres.

Quartett für Violine, Viola, Violoncello und Klavier g-Moll (KV 478)

Allegro – Andante – Rondo: Allegro.

Das Quartett ist aufgrund seines charakteristischen g-Moll-Habitus populärer geworden als sein gleichwertiges, aber eben freundlicheres Schwesterwerk. Mozarts persönlichste Tonart stellt die Verbindung her zur Ausdruckswelt der kleinen und großen g-Moll-Sinfonie (KV 183, KV 550), zum Streichquintett (KV 516) und zur Pamina-Arie aus dem 2. Akt der »Zauberflöte«. Doch Fatalismus und dramatische Traurigkeit brechen hier lediglich im eröffnenden *Sonatensatz* durch, dessen Unisono-Kopfmotiv mottoartig den gesamten Satzverlauf prägt:

Unter allen g-Moll-Sätzen Mozarts ist dies sicher der energischste, trotzigste, ihm fehlt weitgehend der resignative Zug der genannten übrigen Werke. Im Gegenteil: der Satz endet in seiner Coda in finsterer Entschlossenheit, mit gewaltiger klanglicher Entladung und abschließendem Unisono aller Instrumente. In äußerster Zartheit und voll großem sinnlichem Klangreiz entfaltet sich danach das *Andante* (B-Dur, 3/8) als verinnerlichter Gegensatz. Und das *Rondo* (G-Dur, ¢) steuert als dritten abrundenden Aspekt überschäumendes Musikantentum bei, in meisterhafter Arbeitsteilung der Instrumente und Instrumentengruppierungen. Lediglich im durchführungsartigen

Mittelteil erinnern einige Eintrübungen und Unisono-Gesten an das vergangene und überwundene g-Moll des 1. Satzes. Ab T. 60 taucht hier übrigens ein einziges Mal jenes heitere Thema auf, das uns wenig später im D-Dur-Klavierrondo (KV 485) wiederbegegnen wird und das seine Wurzeln bei Johann Christian Bach hat:

Über einen geradezu »klassischen« Trugschluß wird schließlich die G-Dur-Coda erreicht.

Quartett für Violine, Viola, Violoncello und Klavier Es-Dur (KV 493)

Allegro – Larghetto – Allegretto.

Das lichte Schwesterwerk entstand wenige Wochen nach Vollendung der »Nozze di Figaro« und knüpft an deren gespannte Heiterkeit an. Die Dimensionen, die Meisterschaft in der Ausbalancierung der instrumentalen Gewichte und auch die brillanten Ansätze im Klavierpart entsprechen dem des Moll-Gegenstücks, doch liegen hier die Ausdrucksgegensätze nicht so weit auseinander, wenngleich doch beispielsweise in der Durchführung des *1. Sonatensatzes* leichte Moll-Eintrübungen vorbeihuschen. Vor allem das Kopfmotiv des 2. Themas mit seinem einprägsamen Doppelschlag durchzieht das Stimmengewebe der Durchführung und der kurzen Coda. Nach der As-Dur-Verklärung des ganz intim singenden *Larghettos* ($\frac{3}{8}$) wird das folgende *Rondo* (¢) zum spielerischen, im besten Sinn unterhaltenden Ausklang, voller poetischer Überleitungen und Rückführungen zwischen den einzelnen Formteilen.

Quintett für Klavier, Oboe, Klarinette, Flöte und Fagott Es-Dur (KV 452)

Largo/Allegro moderato – Larghetto – Rondo: Allegretto.

Das Werk entstand über ein Jahr vor dem g-Moll-Quartett. Mit den beiden Klavierquartetten verbindet es die subtile klangliche Balance zwischen dem Tasteninstrument auf der einen und dem Bläserquartett auf der anderen Seite, wobei hier nun zusätzlich die delikat voneinander unterschiedenen Farben der Blasinstrumente sehr überlegt eingesetzt werden: Als Tutti verfügen die 4 Bläser über mehr Klangpracht und -kraft als die 3 Streicher, zudem mischt sich ihre Farbe in bestimmten Lagen besser mit der des Klaviers. Auch das konzertante Element beherrscht wieder in ständigem dezentem Wettstreit die 3 Sätze. Mozart äußerte über das Werk (Brief vom 10. 4. 1784 an den Vater): »ich selbst halte es für das beste, was ich noch in meinem leben geschrieben habe.« – Wie ein prächtiges Tor öffnet sich das einleitende *Largo* vor dem *1. Sonatensatz* mit seiner knappen Durchführung. Im zarten Dezimenduett von Oboe und Fagott beginnt die duftige Klangpoesie des *Larghettos* (B-Dur, 3/8):

in dessen Mittelteil sich auf einmal chromatisch-modulatorische Trübungen vor den Wiedereintritt des Hauptthemas schieben. Am stärksten tritt die konzertant virtuose Spielfreude im *Rondo-Finale* in den Vordergrund, ohne jedoch jemals die Gattungsbarrieren der Kammermusik zu sprengen. – Für die Hausmusik mit Streichern wurde dieses Werk später durch behutsame Umarbeitung erschlossen.

Trios für Bläser und Streicher

Das **Adagio F-Dur** (KV 410) für 2 Bassetthörner und Fagott schrieb Mozart wohl 1785 in Wien als freimaurerisches Gelegenheitswerk. – Die 25 **Stücke für 3 Bassetthörner** (KV 439b), vermutlich zwischen 1783 und 1788 entstanden, gliedern sich in je 5 Divertimenti.
Wesentlich wichtiger, wenngleich ebenso spärlich sind Mozarts Beiträge zur Gattung Streichtrio. Ungeklärt ist bisher, warum er die beiden schlichten Sätze in **B-Dur** (**Adagio und Menuett** KV 266; 1777?) als Fragment hinterließ. Fragment blieb ebenfalls der **Satz in G-Dur** (KV 562e/Anh. 66), ein offensichtliches Spätwerk, von dem leider nur eine gewichtige Durchführung und die zugehörige Exposition vorliegt.

Streichtrio (Divertimento) Es-Dur (KV 563)

Vollendet am 27. September 1788.
Allegro – Adagio – Menuetto: Allegretto – Andante – Menuetto: Allegretto – Allegro

Trotz seines Titels »Divertimento« handelt es sich hier um ein singuläres Meisterwerk feinster kammermusikalischer Ausprägung, das alle Errungenschaften von Mozarts Streichquartetten auf die reduzierte Stimmenzahl überträgt, ohne daß deshalb nun ein reduziertes Quartett dabei herausgekommen wäre. Es ist vielmehr gerade bewunderungswürdig, wie eigenständig ausbalanciert und selbstverständlich die Dreistimmigkeit hier wirkt. Ebenso meisterhaft gelang Mozart der ständige Ausgleich zwischen den Ansprüchen des »unterhaltsamen« Divertimentos und der »ernsthaften« Kammermusik.
Das Werk folgt dem vielsätzigen Wiener Typus, mit 2 langsamen und 2 Tanzsätzen. Das Eröffnungs-*Allegro* steckt voller polyphoner motivisch-thematischer Verdichtungen; sein Hauptthema setzt im entschlossen absteigenden Unisono-Dreiklang ein und verzweigt sich sogleich im 3stimmigen Satz mit der verkleinert aufsteigenden Gegenbewegung:

Das *Adagio* (As-Dur, ¾) verzichtet, möglicherweise bewußt, im Original ganz auf dynamische Hinweise, ein Satz von großer Ausdruckstiefe und voller dichter Klangflächen. Das *Andante* variiert ein volkstümlich-schlichtes Thema. Die beiden *Menuette* vertreten am ehesten die Divertimento-Seite, das erste mit seiner Verschleierung des Dreiertakts:

das zweite mit gleich 2 *Trios*, deren erstes ein zarter Wiener Ländler ist. Im schmeichelnd wiegenden Schluß-*Rondo* gelingt vollends die Versöhnung der Gattungen in serenadenhafter Kammermusik von großer Durchsichtigkeit und Feinstruktur.

Streichquartette

Vor seinen 10 berühmten Quartetten ab KV 387 schrieb Mozart noch weitere 13 Werke dieser Gattung. – Sein Erstling in **G-Dur** (KV 80) entstand auf der ersten Italien-Reise 1770 in Lodi. Auf die ungewöhnliche, eher divertimentohafte Reihenfolge Adagio – Allegro – Menuetto folgt noch ein wohl 1772 nachkomponiertes Final-Rondo. – Die 3 zu Recht beliebten sogenannten **Salzburger Sinfonien** (KV 136–138; 1772) tragen den Titel »Divertimento« und sind diesem Typus auch eher zuzurechnen als der Gattung Streichquartett, obwohl sie gut solistisch besetzbar sind. In ihrem eher sinfonischen Satzgefüge und ihrer gefällig-eingängigen singenden Thematik, zumeist von der 1. Violine vorgetragen, folgen sie dem italienischen 3sätzigen Typus.
Mozarts erste komplette Sechsergruppe von **Quartetten (KV 155–160)** entstand im Umkreis der zweiten Italien-Reise (1772/1773) und ist im Quartenzirkel von Kreuz- zu b-Tonarten angeordnet: D G C F B Es. Sie sind alle 3sätzig, und viele von ihnen haben einen langsamen Moll-Satz als Mittelpunkt. Auffällig ist darüber hinaus die planvolle Vielfalt der Satzcharaktere und Satztechniken: So wechseln beispielsweise in den Kopfsätzen sinfonischer Tonfall (KV 155), österreichischer Lied-Tanz-Charakter im kammermusikalischen Satz (KV 156), »singendes Allegro« nach dem Vorbild Johann Christian Bachs (KV 157), kammermusikalische Feinarbeit (KV 158) und salzburgischer Divertimentoton (KV 160). In den ungewöhnlich persönlich gefärbten Mittelsätzen begegnen uns etwa der schlichte Serenadenton (KV 155), Carl Philipp Emanuel Bachs Pathos (KV 156), die ausdrucksvolle begleitete Solokantilene (KV 157) oder die große Affektgebärde (KV 160). Bei den Schlußsätzen handelt es sich entweder um Rondeaus nach französischem Muster mit einer Moll-Episode, um ein Tempo di Menuetto (KV 156 und 158) oder aber um einen marschartig serenadenhaften Sonatensatz (KV 160).
Die zweite Sechsergruppe (**KV 168–173**) folgte der ersten kaum ein halbes Jahr später (August/September 1773 in Wien); sie entstand unter dem Eindruck von Haydns Quartetten op. 9, 17 und 20, die Mozart genau studiert hatte. Dieser Einfluß zeigt sich vor allem im gewachsenen kammermusikalischen Anspruch, beispielsweise in Unregelmäßigkeiten der melodischen Periodenbildung, in Kontrastwirkungen, in kontrapunktischer Durcharbeitung und deklamierender Affektmotivik.

Haydns Vorbild (op. 9 und 17) zeigt sich auch in der Anordnung von 5 Dur- und einem Moll-Quartett (dem ersten bei Mozart!): F A C Es B d. 2 der Werke enden mit ausgedehnten Final-Fugen (wie Haydns op. 20). Viersätzigkeit ist die Regel, wobei zweimal langsamer Satz und Tanzsatz ihre Plätze tauschen (KV 170 und 171). Eher mozartisch als haydnsch sind die beiden serenadenhaften Final-Rondos von KV 169 und 170; dagegen bemühen sich die Schlußsätze von KV 171 und 172 – der erste vergleichsweise schlicht und humorvoll, der andere anspruchsvoll – um die Sonatensatzform. Insgesamt wirken diese Quartette fast ein wenig experimentell, dem großen Vorbild zwar unüberhörbar verpflichtet und ihm nacheifernd, doch in vielen Einzelheiten noch unausgegoren und suchend.

Erst in den Jahren 1782–85 komponierte Mozart in Wien dann die 6 *Joseph Haydn* gewidmeten **Quartette (KV 387, 421, 428, 458, 464, 465)**. Sie waren trotz des ungewohnt langen Entstehungszeitraumes als Werkzyklus geplant und stellen Mozarts ambitionierte Antwort auf die große Herausforderung dar, die Haydn in Gestalt seines op. 33 vorgelegt hatte. An dessen »ganz neuer, besonderer Art« wollte sich Mozart messen und sich dem Vorbild Haydn gewachsen zeigen. Mit diesem maßstabsetzenden und gattungsprägenden Opus setzte er sich ebenso sorgfältig wie mühevoll auseinander, zugleich aber beschäftigte er sich gerade zu dieser Zeit auch mit der Musik Bachs und Händels. Der mühevolle Arbeitsprozeß läßt sich auch heute noch an Indizien ablesen: an den umfangreichen Korrekturen in den Autographen und an den zahlreichen Entwürfen und Fragmenten dieser Jahre. Das schließlich nach »langer und mühevoller Arbeit« vorgelegte Ergebnis beeindruckt nun aber nicht so sehr in der handwerklich perfekten Aneignung Haydnscher und kontrapunktischer Kompositionstechniken und Tonfälle, sondern vor allem deshalb, weil hier zugleich Werke persönlichster Färbung und Eigenart entstanden, im Prozeß einer Verschmelzung zweier verschiedenartiger Vorbilder zu einem neuen ausgebildeten Personalstil.

Streichquartett G-Dur (KV 387)

Komponiert am 31. Dezember 1782, Wien.
Allegro vivace assai – Menuetto: Allegro – Andante cantabile – Molto allegro.

Gleichsam programmatisch reihen sich in der Exposition des *Kopfsatzes* die wesentlichen Stilelemente des neuen Stils aneinander: Das Hauptthema ist kontrapunktisch angelegt und wird sogleich in motivisch-thematischer Arbeit weitergeführt; das 2. Thema, von der 2. Violine vorgestellt, erscheint in homophonem Satz; ihm folgt schließlich eine eher konzertante Schlußgruppe. Die Durchführung setzt mit dem Hauptthema ein, verarbeitet es gleichsam »im Gespräch« der 4 Instrumente, zunächst eher arios, dann zunehmend leidenschaftlich andere Elemente der Exposition aufgreifend. – Das ausgedehnte *Menuett* spielt aufregend mit Akzentverlagerungen:

Sein *Trio* weicht ins fatalistische g-Moll aus und stellt Ausdruckskontraste scharf nebeneinander. – Von tiefem Ernst geprägt ist der 2teilige *langsame Satz* (C-Dur, ¾) mit seinen 3 individuellen Themen: eher objektiv und abgeklärt das einleitende Doppelschlagmotiv, eher ängstlich nach g-Moll ausweichend der zweite Gedanke, fast rezitativisch deklamierend das dritte. – Das *Finale* (¢) stellt einen frühen Vorgriff auf den Schlußsatz der »Jupiter-Sinfonie« dar: Hier wie dort werden Sonatensatz und Fuge miteinander zu neuer Einheit verschmolzen. Das 1. Thema wird fugiert vorgestellt und homophon weitergeführt, das 2. Thema entstammt der Bach-Tradition und wird alsbald mit dem 1. kombiniert, das 3. Thema bildet dann den naiv-volkstümlichen Kontrast in unbekümmerter Homophonie. Im atemberaubenden ständigen Wechsel dieser Stilebenen und überlagert von chromatischen Färbungen wirkt dieser Satz doch einzigartig leicht und spielerisch.

Streichquartett d-Moll (KV 421)

Komponiert im Juni 1783, Wien.
Allegro – Andante – Menuetto: Allegro – Allegretto ma non troppo.

Der Tradition und Haydns Vorbild folgend, schließt die Sechsergruppe ein Moll-Werk ein. In d-Moll kontrastiert es in zyklischer Reihung effektvoll zum G-Dur-Quartett: Dessen satztechnischer Differenzierung setzt es Emotionalität und Expressivität entgegen. Die scheinbare Verhaltenheit des Beginns (sotto voce) kann kaum die innere Erregung verbergen, die sich in ungewohnt weiträumigen Intervallschritten offenbart:

Und der ganze *Kopfsatz* ist geprägt durch ungemein deklamatorische Motivik und bisweilen geradezu schneidende Dissonanzen, vor allem im polyphonen Stimmengewebe der Durchführung. – Das *Andante* (F-Dur, 6/8) wirkt danach in seiner relativen liedhaften Schlichtheit beruhigend; sein Kennzeichen ist motivische Kleingliedrigkeit, von Pausen durchsetzt. – Zur Schroffheit des d-Moll-*Menuetts* mit seinem charakteristischen punktierten Motivkopf kontrastiert wiederum stark das wienerisch serenadenhafte *Trio* mit seiner Sologeige über Pizzicato-Begleitung. – Das *Finale* ist ein 6/8-Variationensatz; es kehrt zurück zur Emotionalität des Kopfsatzes, ohne dem Spiel des figurativen Veränderns allzu viel Freiraum zu gewähren. Sein unerwarteter D-Dur-Schluß mutet fast ein wenig gewaltsam an.

Streichquartett Es-Dur (KV 428)

Komponiert im Sommer 1783, Wien.
Allegro non troppo – Andante con moto – Menuetto: Allegro – Allegro vivace.

Das Es-Dur dieses Werkes scheint überhaupt nicht der gewohnten heiteren Festlichkeit dieser Tonart bei Mozart zu entsprechen; das Quartett hat einen seltsam spröden, nach innen gekehrten Tonfall, so als habe Mozart beabsichtigt, allen Konventionen bewußt aus dem Weg zu gehen. Das Hauptthema des *1. Sonatensatzes* beschreitet mit seinem vorhaltgeprägten Unisono-Gang und in seiner harmonischen Unschärfe ebenfalls ungewohnte Wege:

Ihm folgt dann ein ebenso harmonisch labiles, vielgestaltiges und bereits motivisch zergliedertes Seitenthema. Die Durchführung ist dagegen kurz und prägnant. – Hervorstechendes Merkmal des *langsamen Satzes* (As-Dur, 6/8) mit seinem seltsam unprofilierten, flächenhaft und synkopisch gegliederten Thema ist dann eine auffällige Chromatisierung, die weit ins kommende Jahrhundert vorauszuweisen scheint und gar in einem vorausgeahnten »Tristan«-Zitat kulminiert. – Das *Menuett* nähert sich noch am ehesten der Konvention, doch sein c-Moll-*Trio* »verfremdet« seine volkstümliche Herkunft dann wieder recht konsequent. – Das *Finale* ist überraschenderweise kein Rondo, sondern so etwas wie ein »Sonatensatz ohne Durchführung«, jedoch mit durchführungsartigen Elementen in den Hauptteilen (2/4). Er ähnelt in seinem überraschungsfreudigen, aber doch nicht eigentlich nach Haydnschem Vorbild humorvollen Ablauf noch am ehesten dem Muster des befreundeten Meisters und ist zudem durch eine gute Dosis Virtuosität gewürzt.

Streichquartett B-Dur (KV 458)

Komponiert im November 1784, Wien.
Allegro vivace assai – Menuetto moderato – Adagio – Allegro assai.

Dieses Quartett entstand immerhin erst anderthalb Jahre später und ist insgesamt wesentlich freundlicher und verbindlicher. Seinen nachträglichen Beinamen **»Jagdquartett«** verdankt es dem Hauptthema des *Kopfsatzes*. Sehr schnelles Tempo und dynamisch akzentuierte Gegensätze verhindern jedoch energisch ein Abgleiten dieses Satzes in die Konventionen traditioneller Jagdmusik. Ein kleines Sechzehntel-Trillermotiv im Bereich des Seitensatzes wirkt als belebendes und spielerisches Element in allen Formabschnitten und bestimmt auch bis zuletzt die lange temperamentvolle Coda. – Erstaunlich ernsthaft und fast ein wenig melancholisch klingt dann das *Menuett* mit seinem graziös beschwingten *Trio*-Lichtblick. – Das *Adagio* (Es-Dur, C) entwickelt sich zu einem emphatischen Zwiegesang zwischen 1. Violine und Violoncello, getragen vom weich vibrierenden Klanggrund der übrigen Instrumente. – Im *Finale*, einem Sonatensatz mit 3 profilierten Themen, hören wir verwandte Töne wie im freundlichen Kopfsatz und wie im Finale von KV 428, jedoch weitgehend ohne dessen hintergründige Eintrübungen; die Nähe zu Haydn ist auch hier wieder spürbar.

Streichquartett A-Dur (KV 464)

Komponiert vor dem 10. Januar 1785, Wien.
Allegro – Menuetto – Andante – Allegro.

In diesem Werk ist die Synthese von Bachscher Kontrapunktik und Haydnscher motivisch-thematischer Durcharbeitung sicher am besten gelungen. Das erweist sich sogleich an der Exposition des *Kopfsatzes* (3/4), in dem die beiden Hauptthemen und die aus dem Hauptsatz abgeleitete Schlußgruppe zunächst jeweils homophon vorgestellt, dann jedoch polyphon verarbeitet werden. Diese kontrapunktische Konzentration wird auch in der chromatisch gefärbten Durchführung und in der nicht wörtlichen, sondern weiterentwickelten Reprise durchgehalten, ohne daß der ganze Satz deshalb auch nur andeutungsweise angestrengt oder gar intellektuell klänge. Im Gegenteil: auf geheimnisvolle Weise liegt über allem ein unnachahmlicher Klangzauber, herrscht im besten Sinn Mozartsche Leichtigkeit vor. – Auf der gleichen Linie kontrapunktischer Intensität liegt auch das *Menuett*, wogegen das *Trio* ein wenig als Atempause inmitten künstlerischer Hochspannung angelegt ist. – Im *Andante* (D-Dur, 2/4) zeigt sich Mozarts Kunst des Variierens auf höchster Reifestufe, fern jeder Figurationsäußerlichkeit: Ein klassisch ausgewogenes Thema wird sechsmal verändert. Einmal führt der Weg ins parallele Moll, und aus dem dominantischen Cello-Orgelpunkt auf a in der letzten Variation wächst schließlich ein kleines rhythmisches Ostinato-Motiv hervor, das dann prägend die Coda durchzieht und beendet:

Der abschließende *Sonatensatz* steht in dezenter melodischer Verwandtschaft zum Kopfsatz und steigert dessen harmonische Spannung zu chromatischem Farbenreichtum:

Dort, wo man das Seitenthema erwartet, erscheint dieser Einfall dann zum zweiten Mal. Das eigentliche 2. Thema wandert statt dessen an das Ende der Exposition, über pochenden Orgel-Cello-Achteln das nötige diatonisch-spielerische Gegengewicht herstellend. Auf diese Weise entsteht ein eminent kunstvoller, in seiner strukturellen Vielseitigkeit sehr ausgewogener Finalsatz.

Streichquartett C-Dur (KV 465)

Komponiert vor dem 14. Januar 1785, Wien.
Adagio/Allegro – Andante cantabile – Menuetto: Allegretto – Allegro.

Mozarts eigenhändiges Werkverzeichnis notiert dieses **»Dissonanzenquartett«** nur 4 Tage nach seinem A-Dur-Schwesterwerk. Zum ersten Mal taucht nun eine langsame *Einleitung* auf, die in ihren allen damals gewohnten Regeln widersprechenden aufgetürmten Dissonanzen zum Beinamen des Werkes geführt hat. Und dieser chromatische Grundton beherrscht das ganze Quartett und scheint, im Gegensatz zu seinen Vorgängern, bisweilen die Herrschaft des Kontrapunktes zurückzudrängen. Statt dessen werden nun vorrangig die Künste der motivisch-thematischen Arbeit gepflegt. Auf motivisch-melodische Weiterentwicklung angelegt ist ganz offensichtlich gleich das Hauptthema des sich anschließenden *Sonatensatzes*:

Nach seiner Vorstellung setzt sogleich seine Verarbeitung ein; und über den Umweg eines a-Moll-Gedankens wird das zärtliche triolenwiegende 2. Thema erreicht. Festliche C-Dur-Heiterkeit will sich gar nicht so recht einstellen, viel eher dominieren Dramatik und Leidenschaft. – Das *Andante* (F-Dur, ¾) steuert den Ausdrucksaspekt melancholischer Innerlichkeit bei und entfaltet ihn in großer Ruhe im poetischen Klangzauber der 4 Streichinstrumente. Der Satz ist zunächst in 2teiliger Liedform angelegt; ein kleines 4-Noten-Motiv (2 Sechzehntel, 2 Achtel) gliedert die Struktur durch seine mehrfache imitatorische Wiederkehr nachdrücklich und trägt schließlich in der ausschwingenden Coda kontrapunktisch die Melodielinie der 1. Violine. – Das *Menuett* scheint den traditionellen Tanzsatz in Richtung auf ein dynamisches Allegro beschleunigen zu wollen; seine rhythmische Prägnanz ist gleichsam ständig chromatisch überlagert. Sein erregter Kontrast ist das dynamisch zwischen forte und piano pendelnde c-Moll-*Trio*. – Ein temperamentvolles *Sonatensatz-Rondo* nimmt die Stelle des Finales ein, voller überraschender Pausen und ebenfalls immer wieder chromatisch eingedunkelt – C-Dur voller ungewohnter Färbungen und emotionaler Trübungen!

Streichquartett D-Dur (KV 499)

Komponiert August 1786, Wien.
Allegretto – Menuetto: Allegretto – Adagio – Allegro.

Das D-Dur-Quartett ist ein Einzelgänger, über dessen Entstehungsanlaß uns nichts bekannt ist. Es erschien im gleichen Jahr bei Hoffmeister im Druck und knüpft ganz offensichtlich an Haydns ebenfalls alleinstehendes op. 42 (1785) an. Stilistisch und zeitlich benachbart sind so bedeutsame Werke wie das c-Moll-Klavierkonzert (KV 491), die »Prager Sinfonie« (KV 504) und der »Figaro«.
Das eröffnende Alla-breve-*Allegretto* basiert in meisterhafter Ökonomie der Mittel, ganz im Gegensatz zur gewohnten Melodienfülle Mozarts, auf einem einzigen Thema, aus dem sich unauffällig ständig neue Gedanken hervorzuentwickeln scheinen:

Bereits in der Exposition finden sich zahlreiche kontrapunktisch dichte Durchführungsansätze bis hin zu strenger Imitation zwischen 1. Violine und Cello (T. 40 ff.). Eine unscheinbare pendelnde Achtel-Figur in den beiden Abschlußtakten der Exposition wird dann zum mehr oder weniger auffälligen Motor der Durchführung, wo sie das ständig verarbeitete (auch umgekehrte) Hauptthema begleitet, oder auch zum Träger der längeren Coda. – Das *Menuett* strotzt geradezu von Klangfülle und schmerzliche Ausdrucksintensität. Sein d-Moll-*Trio* setzt dagegen dynamische Akzente und unruhige Triolenmotorik. – Auch der *langsame Satz* (G-Dur, ¾) lebt vom vollen, in sich herrlich ausgewogenen Streicherklang und von seinen lang ausgesponnenen Melodiebögen, deren erster fast nicht zu enden scheint. Hinter dieser ausdrucksvollen Erscheinung verbirgt sich ein veritabler Sonatensatz mit ganz kurzer, intensiver Durchführung, die in der Imitation der je 2 hohen und tiefen Instrumente ansetzt. – Und auch das *Finale* ist wiederum ein Sonatensatz, auf 3 äußerst lebendigen und spielfreudigen Themen basierend und von ständigen Triolenläufen durchzogen.

Mozarts letzte 3 Streichquartette sind Teil einer ursprünglich geplanten Sechserreihe für *»Seine Majestät, den König von*

Preußen«, wie der Komponist in seinem eigenhändigen Werkverzeichnis bei KV 575 hinzufügte. Anregung hierzu erhielt Mozart bei einem Besuch in Potsdam und Berlin 1789 und durch Boccherinis Rolle als preußischer Hofkomponist, der dem König Quartette und Quintette lieferte. Friedrich Wilhelm II. von Preußen spielte selber das Cello, und zumindest im ersten Werk der Reihe hat sich der Gedanke an den königlichen Virtuosen in einer hervorgehobenen Rolle des Cellos erhalten. Der Alltag jedoch sah für Mozart grauer aus: Die Reihe wurde nie fertig, und er fand sich gezwungen, die »Quartetten, diese mühsame Arbeit, um ein Spottgeld herzugeben, nur um in meinen Umständen Geld in die Hände zu bekommen« (Brief an Puchberg, 12. 6. 1790). Skizzen, Fragmente und nachträgliche Korrekturen weisen wieder auf Mozarts »mühsame Arbeit«.

Streichquartett D-Dur (KV 575)

Komponiert Juni 1789, Wien.
Allegretto – Andante – Menuetto: Allegretto – Allegretto.

Die neue und hervorgehobene Bedeutung des Violoncellos führte auch zu einem neuen Stil: Anders als seine Vorgänger ist dieses Quartett nun wesentlich konzertanter, voll strömender Melodik und virtuoser Figuren, wohingegen die motivisch-thematische Arbeit eher in den Hintergrund zu treten scheint, bei gleichzeitiger ausgeprägter kontrapunktischer Durcharbeitung.
Der 1. Sonatensatz, zum *Allegretto* zurückgenommen, strömt in entspannter Kantabilität dahin; sein 1. Thema fügt lange Notenwerte zu einer edlen Gesangslinie:

Das 2. Thema wird zunächst in hoher Lage vom Cello vorgetragen. Erst in der recht kurzen Durchführung tritt dann noch ein 3. Gedanke hinzu, der jedoch nur an dieser Stelle erscheint. – Das *Andante* (A-Dur, 3/4) ist in überschaubarer Liedform ein

Musterbild melodischer Schönheit, von großer ausdrucksvoller Gelassenheit und Entspanntheit. – Im *Menuett* spielt ein Doppelschlagmotiv die führende Rolle; auch im *Trio* taucht es mehrfach in der staccatobegleiteten Melodielinie wieder auf. – Das *Finale* (¢) schließlich erhält sein besonderes Gewicht durch die Kompliziertheit seiner Form, in der Sonatensatz- und Rondoelemente miteinander unentwirrbar verschmolzen scheinen, und durch die hochentwickelte Polyphonie seines dichten 4stimmigen Satzes. Sein 1. Thema knüpft erkennbar beim Hauptthema des Kopfsatzes an. Anstelle des Seitensatzes erklingt der gleiche Gedanke bald in der Dominante, ergänzt durch eine Gegenmelodie, die sogleich kanonisch verarbeitet wird. Ebenfalls kanonisch in wiederholten Engführungen des Hauptthemas beschließt eine Coda den Satz.

Streichquartett B-Dur (KV 589)

Komponiert Mai 1790.
Allegro – Larghetto – Menuetto: Moderato – Allegro assai.

In diesem Quartett kehrt das Cello seine königlich bevorzugte Stellung lediglich in den beiden ersten Sätzen hervor. Im *1. Sonatensatz* mit seinen 3 Themen gestaltet sich die Exposition ausgesprochen konzertant, als Zwiegespräch zwischen 1. Violine und Cello. Und die Durchführung fügt diesem Aspekt noch den der kontrapunktischen Durchdringung hinzu. – Das *Larghetto* (Es-Dur, ¢) gehört fast vollständig dem Baßinstrument, das in »königlicher« Abgeklärtheit das melodische Geschehen anführt:

ohne daß deshalb die 4stimmige Balance des Quartettsatzes vernachlässigt würde. Die Form entspricht einem Sonatensatz ohne Durchführungsmittelteil. – Das *Menuett*, ausnahmsweise kein Allegretto, sondern ein Moderato, ist von ungewöhnlicher Länge: sein Es-Dur-*Trio* hat etwa die doppelte Ausdehnung des

Hauptteils und vereint in sich Serenadenseligkeit und unerwartet düstere Stimmungseinbrüche. – Das 6/8-*Finale* beginnt mit einem harmlos-friedlichen Rondo-Thema und verblüfft dann im weiteren Verlauf durch vielfältige klangliche und harmonische Überraschungen und intensivste motivisch-thematische und kontrapunktische Arbeit.

Streichquartett F-Dur (KV 590)

Komponiert Juni 1790.
Allegro moderato – Allegretto – Menuetto: Allegretto – Allegro.

Mozarts letztes Streichquartett wird von einem sehr entschiedenen und formklaren *Sonatensatz* eröffnet, der eher noch konzertant-virtuoser angelegt ist als seine Vorgänger. Sein in sich gegensätzliches Hauptthema löst bereits nach wenigen Takten durchführungsartige Verdichtungen aus. Im Verlauf des Satzes rücken zunächst unscheinbar und beiläufig wirkende Motive zusehends in den Vordergrund des musikalischen Geschehens, etwa jeweils die variierten Schlußwendungen des 1. und des 2. Themas:

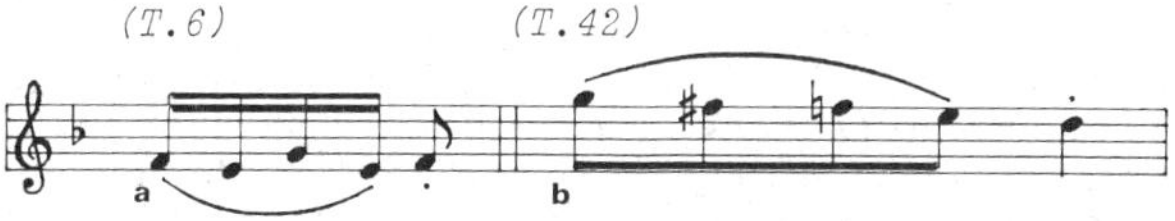

Die Coda endet nach dramatischem dreimaligem Tonleiterabsturz aller Instrumente graziös-durchsichtig mit jenem kleinen chromatischen, weiter abgewandelten Achtel-Motiv (b). – Im Autograph war das *Allegretto* noch ein Andante (C-Dur, 6/8); es ist ein stiller, unauffällig melancholischer und zugleich tänzerischer Satz, der ganz von einem einzigen Thema getragen wird. – Das *Menuett* setzt ihm fast orchestrale Klangfülle und bisweilen schroffe Dissonanzen entgegen; sein *Trio* wird zum eher nach innen gekehrten zarten Gegenpol. – Auf das ausgedehnte *Finale* paßt der strapazierte Ausdruck »perpetuum mobile« sehr gut: Das ausgelassen harmlose Thema wird einer konsequenten kontrapunktischen, rhythmischen und harmonischen Behandlung nach dem Modell eines freien Sonatensatzes unterzogen; ihm reihen sich 3 weitere Gedanken an, die alle miteinander verknüpft und unauffällig melodisch verwandt sind. Friedlich und in sich ruhend klingt der Satz aus und hinterläßt beim Hörer fast Ratlosigkeit wegen der Leichtigkeit und scheinbaren Beiläufigkeit, mit der hier höchste kompositorische Kunstfertigkeit vorgeführt worden ist.

Nicht im engeren Sinn zu den Streichquartetten gehören **Adagio und Fuge c-Moll für Streichorchester** (KV 546); das Satzpaar ist aber doch mit großem Gewinn solistisch aufführbar. Die Fuge lag zunächst als Komposition für 2 Klaviere vor (KV 426).

Quartette mit Holzblasinstrumenten

Die 4 **Quartette für Querflöte und 3 Streichinstrumente** (Violine, Viola und Violoncello) sind allesamt eher Gelegenheitswerke, unter Auftragszwang und Zeitdruck komponiert und – für Mozarts Verhältnisse – eher divertimentoartige Leichtgewichte. 3 von ihnen – **D-Dur** (KV 285), **G-Dur** (KV 285a) und **C-Dur** (KV Anh. 171/285b) – entstanden wohl 1777/78 für einen holländischen Musikliebhaber. 2 davon sind nur 2sätzig angelegt, vielleicht sogar Fragmente; lediglich in KV 285 umrahmen 2 lebhafte Sätze ein melancholisch klagendes Flötenständchen in h-Moll; in allen Sätzen dominiert eindeutig das Soloinstrument. Das ebenfalls 3sätzige Flötenquartett **A-Dur** (KV 298) schrieb Mozart 1786 in Wien; das spaßige Schlußrondo trägt die originale Spielanweisung »Rondieaoux: Allegretto gracioso, ma non troppo presto, però non troppo adagio. Così-così – con molto garbo ed espressione«.

Quartett für Oboe, Violine, Viola und Violoncello F-Dur (KV 370)

Allegro – Adagio – Rondeau: Allegro.

Das zur »Idomeneo«-Zeit (1781) entstandene Stück stellt sich dagegen doch um einiges gewichtiger dar, obwohl auch hier das

solistische Blasinstrument aus dem Ensemble konzertant hervortritt. Dieses bezaubernde Werk lebt von seinen eingängig-charmanten melodischen Einfällen, die – überaus sorgfältig phrasiert – ganz aus dem Charakter des Soloinstruments heraus erfunden sind: Im kurzen Adagio klagen Oboen-Melismen über zartem Streichergrund. Und im Rondo begegnet uns eines der prägnant-eingängigsten Mozart-Themen (Zitat S. 420). In seinem Mittelteil kommt es zu einer ungewohnten Überlagerung eines 4/4-Solos mit einer 6/8-Begleitung.

Streichquintette

Mozart schrieb 5 Streichquintette. Während wir jedoch für 9 seiner 10 großen Streichquartette die Entstehungsanlässe kennen, erscheint seine Hinwendung zum Quintett ohne äußeren Anstoß, ohne direkte Vorbilder und auch Auftraggeber. Auffällig ist es auch, daß zwischen dem ersten Salzburger Quintett von 1773 (KV 174) und dem ersten der reifen Wiener Werke 1787 (KV 515) immerhin 14 Jahre liegen – ein bedenkenswerter Parallelfall zu den ebenfalls scheinbar anlaßlosen 3 letzten Sinfonien. Allen Quintetten ist die Verdoppelung der Viola gemeinsam.

Streichquintett B-Dur (KV 174)

Komponiert Frühjahr 1773, Salzburg.
Allegro moderato – Adagio – Menuetto ma allegretto – Allegro.

Das Werk wurde von Mozart noch im Dezember des Entstehungsjahres eingreifend umgearbeitet: Das Trio des Menuetts wurde gegen ein neues ausgetauscht, das Finale so gründlich überarbeitet, daß »man auch bei diesem Satze beinahe von einem neuen Stück sprechen muß« (Einstein). Das erstaunlich reife Werk vereinigt in früher Meisterschaft kammermusikalische, konzertante und serenadenhafte Züge. In den beiden Mittelsätzen spielt Mozart mit dem so beliebten Echoeffekt; die beiden Ecksätze stehen in Sonatensatzform, wobei das Finale eher noch eine Spur ambitionierter, durchgearbeiteter wirkt und mit einer Scheinreprise überrascht.

Die beiden ersten der späten Quintette sind ein komplementäres Paar, ähnlich wie es unter den letzten Sinfonien die g-Moll- und die C-Dur-Sinfonie darstellen.

Streichquintett C-Dur (KV 515)

Komponiert Frühjahr 1787.
Allegro – Menuetto: Allegretto – Andante – Allegro.

Dieses Quintett gehört zu Mozarts umfangreichsten Instrumentalwerken, wobei vor allem die beiden Ecksätze an Beethovens Monumentalität heranreichen – man betrachte im *1. Satz* den riesigen Ambitus des auf Violoncello und 1. Violine verteilten Hauptthemas über seinen pochenden Begleit-Achteln:

Dreimal dialogisieren so die Außenstimmen, dann tauschen sie ihre Reihenfolge, und über der pochenden Klangfläche wendet sich das Geschehen nach Moll. Nach einer umfangreichen motivverarbeitenden Überleitung folgt das eher episodenhafte Seitenthema, bevor gegeneinandergesetzte Klangflächen verschiedener Instrumentenkombinationen die Schlußgruppe einleiten. In ihr drängt sich ein langsames Trillermotiv in allen Stimmen in den Vordergrund. Die sehr dichte Durchführung kombiniert die aus den Möglichkeiten des Quintettsatzes gewonnene Vorliebe für Klangeffekte mit kontrapunktischen

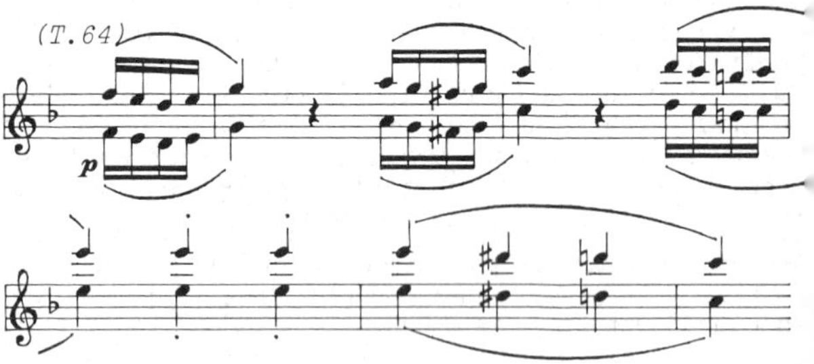

und motivisch-thematischen Arbeitstechniken; nacheinander kommen Hauptthema, Schlußgruppenmotiv und Seitensatz zur Sprache. Die Reprise verläuft fast unverändert; in der Coda werden nochmals Seitenthema und Schlußgruppe aufgegriffen. – Das *Menuett* bringt für Mozart überraschende Subito-p-Effekte, die auch in der sehnsuchtsvollen Intensität des F-Dur-*Trios* wieder erscheinen. Von besonderem Klangreiz sind hier die innigen Oktavgänge der beiden Violinen (Zitat S. 422 unten). – Das *Andante* (F-Dur, ¾) ist in großräumiger Zweiteiligkeit, ähnlich einem Sonatensatz ohne Durchführung, angelegt, führt in erregend sich steigerndem Zwiegespräch zwischen 1. Violine und Viola 2 Themen aus und mündet in einen kurzen, ebenfalls dialogisierenden Epilog. – Das abschließende *Sonatensatz-Rondo* steckt voller kontrapunktischer Arbeit, orientiert sich auf sehr selbständig-unabhängige Weise am Vorbild Haydnscher Kurzmotivik und ist als vollendete Synthese wesentlicher Kompositionsmerkmale beider Meister doch ein unverwechselbar Mozartscher Finalsatz. Nicht zu überhören ist auch eine gehörige Dosis Virtuosität bei der insgesamt im Vordergrund stehenden Primgeige. Im Autograph ist die Reihenfolge der Mittelsätze gegenüber dem Erstdruck vertauscht.

Streichquintett g-Moll (KV 516)

Komponiert Mai 1787.
Allegro – Menuetto: Allegretto – Adagio ma non troppo – Adagio / Allegro.

Dies ist der nächtliche Gegenentwurf zum C-Dur-Quintett: von düster verhangener Emotionalität und stark den Moll-Dur-Kontrast hervorhebend, dabei knapper in den Dimensionen und in der Satztechnik nicht von so offensichtlich bemühter Kunstfertigkeit. Im Gegensatz aber zur großen g-Moll-Sinfonie ist hier ein groß angelegter, wenngleich nie wirklich optimistisch klingender Zug von g-Moll zu G-Dur zu erkennen.
Die Themen des *1. Sonatensatzes* sind periodisch angelegt: Das 1. Thema ist eine zusammenhängende, motivisch sich entwickelnde Melodielinie mit deutlich nachgeordneter Begleitung, aus dem Moll-Dreiklang, chromatischen Trübungen und Seufzern zusammengefügt (Zitat S. 424 oben). Der Seitensatz bleibt erstaunlicherweise zunächst im g-Moll hängen; erst nach einer Überleitung wandelt sich seine flehende Moll-Gebärde in ein emphatisches B-Dur. Zur Schlußgruppe hin kehrt das Haupt-

thema wieder, und durchführungsähnliche Elemente bereiten auf den eigentlichen, relativ kurzen Mittelteil vor: In ihm geht die starke Wirkung von einer gleichsam affektiven Überhöhung des Seitenthemas aus, das in Septakkordketten durch eine Reihe mehr oder weniger entlegener Tonarten geführt wird. Nach der fast unveränderten Reprise wendet sich die Coda nachträglich ins pessimistisch-resignierende Moll, das durch die 2 kadenzierenden Forte-Akkorde am Ende noch einmal unwiderruflich bekräftigt wird. – Das *Menuett* führt die fatalistische Moll-Atmosphäre konsequent weiter, immer wieder durch jäh gegen den Takt gesetzte Akkordakzente verstört. Das Trio greift die melodische Schlußwendung des Hauptteils auf:

und wendet sich kontrastierend zum lichteren G-Dur. – Trotz seiner Es-Dur-Grundtonart führt das 2teilige *Adagio* (C) – ein wirklich in sich ruhendes Adagio, kein verkanntes Andante! – in entlegenste Bezirke des persönlichen Ausdrucks. Sein 2. Thema steht, über erregt vibrierenden Begleit-Sechzehnteln, in b-Moll, und sein klanglicher Zauber wird individuell gefärbt durch die Dämpfung aller 5 Streichinstrumente. – Vor das Finale schiebt sich, wie ein Fazit aller Moll-Aussagen des Werkes, eine in höchster Intensität klagende *Adagio*-Einleitung, am Seitenthema des langsamen Satzes anknüpfend, arios deklamierend und allmählich sich nach G-Dur öffnend. Das folgende *Rondo* (6/8) steht im endgültigen Dur und mutet wie ein Akt der Befreiung durch das Element des Tänzerischen an. Allerdings scheint sein Hauptthema auf geheimnisvolle Weise fast beschwörend zu wirken: Durch die Anordnung seiner 3 gereihten Anfangsmotive innerhalb des Taktschemas ergibt sich eine geradezu suggestive Steigerung:

Streichquintett D-Dur (KV 593)

Komponiert Dezember 1790, Wien.
Larghetto/Allegro – Adagio – Menuetto: Allegretto – Finale: Allegro.

Mozarts 2 letzte Quintette reichen in ihrem Bekanntheitsgrad zwar nicht an ihre beiden Vorgänger heran, wohl aber in ihrer Bedeutung. Das D-Dur-Quintett stellt sich als kontrapunktisch und motivisch-thematisch ungewöhnlich durchgearbeitetes Opus dar. – Die langsame dialogisierende Einleitung (3/4) kehrt überraschend noch einmal kurz vor Ende des *1. Sonatensatzes* leicht verändert und verziert wieder; auffallend sind ihre engräumigen harmonischen Rückungen. Das Hauptthema ist kontrastierend mehrgliedrig angelegt und führt sogleich zu ausgedehnten durchführungsartigen Passagen noch in der Exposition, wogegen der Bereich des Seitenthemas eher angedeutet als plastisch ausgeformt bleibt. Ein rhythmisch versetztes Akkordmotiv aus der Schlußgruppe und der Kopf des Hauptthemas bestreiten den Anfang der Durchführung, die dann unter Verwendung der Triolen aus demselben Thema zunehmend konzertante Züge annimmt. – Das *Adagio* (G-Dur, 3/4) verbindet in einem ausdrucksvoll gespannten Bogen Verhaltenheit und Leidenschaft, verkörpert in seinen 2 recht gegensätzlichen Themen, von denen sich jeweils kleine Motivbestandteile lösen und im Satzverlauf starkes Eigengewicht gewinnen:

Das *Menuett* verblüfft durch die unerhörte Dichte seiner kontrapunktischen Arbeit hinter der scheinbar so verbindlichen

Fassade: Zweimal wird sein Hauptthema mit äußerster Kompromißlosigkeit im engsten Abstand eines Viertels enggeführt. Zu diesem kompakten Klanggebilde kontrastiert ein *Trio* von äußerster Zartheit und Durchsichtigkeit, dessen thematisches Material raffiniert – in quasi durchbrochener Arbeit – auf die Instrumente verteilt wird. – Das *Finale* (6/8) stellt sich dar als unermüdlich dahinströmendes Experimentierstück der Polyphonie und chromatisch gefärbter Melodik, in dem sogar mehrere Fugato-Ansätze vorkommen.

Streichquintett Es-Dur (KV 614)

Komponiert April 1791, Wien.
Allegro di molto – Andante – Menuetto: Allegro – Finale: Allegro

Mozarts letztes Quintett ist in mehrfacher Hinsicht ein Unikum: Es schlägt für diese Gattung ungewohnt volkstümliche, fast rustikale Töne an und verbirgt gleichzeitig unter dieser Oberfläche die verblüffendste Kunstfertigkeit. So sind hier – bei Mozart einzigartig! – 3 der 4 Sätze motivisch miteinander verknüpft. Im 1. (Sonaten-)Satz besteht das Hauptthema aus 2 einander antwortenden Elementen:

Aus seinem Kopfmotiv leitet sich dann der Seitensatz ab, so daß der ganze Satz fast monothematische Züge gewinnt – auch das ein Sonderfall bei Mozart! Der antwortende 2. Teil des Hauptthemas (b) aber wird dann zum Anreger sowohl des Menuetts wie des Finales (Zitate S. 427). Das Finalthema seinerseits ist wiederum die Umkehrung des Finalthemas von Haydns Quartett op. 64/6. Lediglich langsamer Satz und Trio zeigen keine erkennbaren melodischen Verbindungen zum 1. Satz. Das Andante (B-Dur, ¢) ist eine sehr diesseitig-volkstümliche Romanze; und das Trio ist Mozarts vielleicht offensichtlichster kammermusikalischer Tanzsatz – ein echter Ländler, mit nach-

klappenden Begleitakkorden und unbekümmerten melodischen Oktavsprüngen.

Mozarts eigene **Bearbeitung** seiner bedeutenden **Bläserserenade c-Moll** (KV 388) **für Streichquintett** (KV 406) entsprang sicher vordergründig geschäftlichem Interesse. Sie reicht naturgemäß nicht an den eigenen Reiz des Originals heran, kann aber dennoch Aufmerksamkeit beanspruchen, weil sie ein anspruchsvolles und der Kammermusik eigentlich viel näher stehendes Werk der Serenadentradition einem weiteren Kreis erschließt.
Ebenfalls am Rande erwähnen sollte man auch die populäre **Serenade »Eine kleine Nachtmusik« G-Dur** (KV 525, 1787), die ihre Eignung zu solistischer Besetzung häufig genug unter Beweis gestellt hat. Die gleiche Feststellung gilt schließlich auch für eine Reihe anderer Werke der Divertimento- und auch Tanzmusik-Tradition: etwa für die verschiedenen Zyklen von **Menuetten** und **Deutschen Tänzen** oder auch für das **Divertimento für 2 Hörner und Streicher B-Dur** (KV 287).

Bläserquintette

Mozarts Vorliebe für die Klarinette ist bekannt; ihr verdanken wir einige seiner feinsinnigsten Werke, neben dem Solokonzert (KV 622) und dem Klaviertrio (KV 498) vor allem das

Quintett für Klarinette, 2 Violinen, Viola und Violoncello A-Dur (KV 581)

Allegro – Larghetto – Menuetto – Allegretto con variazioni.

Mozart schrieb es im September 1789 für den befreundeten Klarinettisten Anton Stadler; das Autograph ist verschollen. Über allen 4 Sätzen liegt ein unnachahmlicher Klangzauber; es ergeben sich ungemein reizvolle Farbmischungen zwischen dem Blasinstrument mit seinen subtil ausgekosteten Registerunterschieden und dem homogenen Streichquartett. Die Klarinette dominiert gerade so viel, wie es die Grenzen der Kammermusik erlauben; an die Prinzipien des Konzertanten wird eher erinnert, als daß sie solistisch hervorgehoben werden. Und wenn, wie im eröffnenden *Sonatensatz* (₵), die Klarinette im 2. Thema wirklich einmal melodisch uneingeschränkt führt, dann entwikkeln die Streicher auf einmal eine ganz neue, eigene Qualität des Begleitsatzes, in liegenden oder auch synkopierten Harmonien mit duftig gezupftem Cello. Die Stilmittel der Kontrapunktik sind nun so selbstverständlich in Mozarts Spätstil eingeschmolzen, daß sie sich wie von selber zu ergeben scheinen, etwa im 4stimmig dichten Satz des Hauptthemas. – Im *Larghetto* (D-Dur, 3/4) rührt Mozart zarteste seelische Ausdrucksregionen an; weitgespannte Melodiebögen der Klarinette schweben schwerelos über den ausnahmsweise (außer dem Cello) gedämpften Streichern. – Das *Menuett* hat unüblicherweise 2 *Trios*: ein melancholisches in a-Moll für das Streichquartett allein und ein ländlerisch wiegendes für alle 5 Instrumente gemeinsam. – Die *Final*-Variationen zeigen Mozarts einzigartige Meisterschaft, Schlichtheit und Kunstfertigkeit bruchlos miteinander zu verschmelzen:

Die 4. Variation (Adagio) erinnert noch einmal an die Tiefe des 2. Satzes, bevor die Allegro-Beschleunigung das Thema abschließend wieder aufgreift.

Das selten gespielte **Quintett für Horn, Violine, 2 Bratschen und Baß (Violoncello) Es-Dur** (KV 407) schrieb Mozart 1782 wohl für den Freund Ignaz Leitgeb (Leutgeb), dem auch 2 oder 3 der Hornkonzerte zugedacht sind und der zugleich häufiges Opfer von Mozarts Spottlust war. Das unterhaltende Werk hat 3 Sätze: Allegro – Andante – Rondo: Allegro. Das spieltechnisch so eingeschränkte Soloinstrument (noch ohne Ventile!) wird insgesamt doch recht konzertant geführt und alterniert oft mit der Violine. Ein typischer Hornruf leitet nach dem serenadenhaften Mittelsatz (B-Dur, 3/8) das Final-Rondo ein:

Eine Fassung mit 2. Violoncello statt Horn stammt nicht von Mozart selbst.

Ein spätes Unikum stellen **Adagio und Rondo (Allegretto) c-Moll/C-Dur für Glasharmonika, Flöte, Oboe, Viola und Violoncello** (KV 617, 1791) dar. Man sollte diese Musik nur im Notfall mit Klavier aufführen, denn sie lebt ganz vom eigenen Klangreiz des exotischen Harmonieinstruments.

AWJ

Luigi Cherubini

* 14. September 1760 in Florenz, † 13. März 1842 in Paris

Cherubini erhielt den ersten Musikunterricht von seinem Vater, der »maestro al cembalo« am Florentiner Teatro della Pergola war. Mit 13 Jahren schrieb er seine ersten Werke; seine erste Oper – nach 3 Jahren intensiveren Kompositionsunterrichts bei Giuseppe Sarti – wurde 1779 aufgeführt. 1784 ging Cherubini nach London, 1786 nach Paris. Die Zeit seiner großen Bühnenerfolge begann 1791 mit »Lodoiska« (»Eliza« 1794, »Médée« 1797, »Les deux journées« [»Der Wasserträger«], das Vorbild für Beethovens »Fidelio«, 1800). »Faniska« wurde 1805 in und für Wien komponiert, wo Cherubini als der führende Meister der ernsten Opéra comique (Singspiel mit gesprochenen Dialogen) gefeiert wurde. Ab etwa 1808 wandte sich Cherubini, nach einer schweren seelischen Krise, der Kirchenmusik zu; daneben entstand 1815 seine einzige Sinfonie als Auftragswerk für die Londoner Philharmonic Society. Als Sechzigjähriger war er der führende Kopf des Pariser Musiklebens, weniger als Komponist, um so mehr als Lehrer und Organisator. 1822 wurde er zum Direktor des wiedereröffneten Conservatoire, der führenden musikalischen Lehranstalt Europas, ernannt, an dessen Leitung er schon unter dem Directoire beteiligt gewesen war. 1835 erschien sein Lehrbuch des Kontrapunkts, nach dem ganze Generationen von Musikern in Frankreich, England und den deutschsprachigen Ländern ausgebildet wurden.

Kammermusik: 6 Streichquartette; Streichquintett; *Souvenir* für Streichquartett.

»Wir schlossen mit dem ersten der schon seit geraumer Zeit erschienenen Quartette von Cherubini, über die sich selbst unter guten Musikern Meinungszwiespalt erhoben. [. . .] Gesteh ich, daß auch mich, als ich dieses Quartett zum erstenmal hörte, namentlich nach den zwei ersten Sätzen ein großes Unbehagen überfiel; das war nicht das Erwartete; vieles schien mir opernmäßig, überladen, anderes wieder kleinlich, leer, und eigensinnig; [. . .] anderseits spürte ich freilich den gebietenden Meister, und zwar bis in die Fußspitzen hinab. Dann folgten aber das Scherzo mit seinem schwärmerischen spanischen Thema, das außerordentliche Trio und zuletzt das Finale, das wie ein Diamant, wie man es wendet, nach allen Seiten Funken wirft, und nun war kein Zweifel, wer das Quartett geschrieben und ob es seines Meisters würdig. Gewiß wird es vielen wie mir ergehen; man muß sich mit dem besonderen Geist dieses, seines Quartettstils erst befreunden; es ist nicht die trauliche Muttersprache, in der wir angeredet werden, es ist ein vornehmer Ausländer, der zu uns spricht: je mehr wir ihn verstehen lernen, je höher wir ihn achten müssen.«

Schumanns Bericht, 1838 in der »Neuen Zeitschrift für Musik« erschienen, bezeichnet nicht den Beginn, sondern fast schon den Höhepunkt einer spezifisch deutschen Cherubini-Rezeption. In seiner Wahlheimat Paris war der Musikdramatiker Cherubini von der Weiterentwicklung seiner eigenen Konzeption durch seine Schüler und schließlich von der sensationsträchtigen Grand Opéra überholt worden, während der Sakralkomponist, der Kontrapunktiker und der strenge Lenker musikalischen Ausbildungswesens am Conservatoire zwar respektiert wurde, für die stürmische Entwicklung des Komponierens aber kaum noch etwas zu bedeuten hatte. In den deutschsprachigen Ländern bedeutete Cherubini mehr und anderes. Beethoven hatte ihn 1805 den größten dramatischen Komponisten, 1817 gar den größten lebenden Komponisten überhaupt genannt; seine Opern hielten sich auf den Bühnen länger und erfolgreicher als in Paris, und vor allem »Medea« und der »Wasserträger« galten, wenigstens zeitweise, so verschiedenen Meistern wie Brahms und Wagner als musikdramatische Modelle schlechthin; seine Ouvertüren, als Konzertstücke sui generis verstanden, trugen wesentlich zur Entwicklung der Konzertouvertüre und der sinfonischen Tondichtung bei; die beiden großen Messen und die beiden Requiems prägten die Vorstellungen von wahrer Kirchenmusik stärker als die Sakralwerke der Wiener Klassiker. Eine so intensive und vielschichtige Rezeption eines Schaffens, das in Paris mehr und mehr der Vergessenheit anheimfiel, mußte zwangsläufig dazu führen, daß Cherubini immer entschiedener als ein »deutscher« Kom-

ponist verstanden, daß er der klassischen Tradition zugerechnet, aber auch an dieser Tradition gemessen wurde.
Vor einem solchen Rezeptionshintergrund aber mußte gerade Cherubinis Kammermusik, deren Schwerpunkt in den 6 Streichquartetten liegt, auf jene Mischung von Respekt und Befremden stoßen, die Schumanns Urteil so unsicher machte und die seitdem vor allem die deutsche Cherubini-Literatur beherrscht hat. Die Quartette kamen verspätet in die Öffentlichkeit: die 3 ersten, 1814, 1829 und 1834 entstanden, im Jahre 1836; die 3 im Nachlaß gefundenen aus den Jahren 1835–1837 erst nach der Jahrhundertmitte. Zu dieser Zeit war das Streichquartett längst – auch jenseits der Grenzen des deutschen Sprachraums – als eine spezifisch »deutsche« Gattung etabliert, der Kanon der klassischen, das heißt mustergültigen Werke mit den Quartetten Haydns, Mozarts, Beethovens und Mendelssohns, vielleicht noch Onslows abgegrenzt. In der »traulichen Muttersprache« dieser Tradition redeten die Quartette Cherubinis in der Tat nicht. Die Tradition aber, aus der sie stammten und aus der sie leichter und gerechter zu verstehen gewesen wären, war damals bereits vergessen.
Diese Pariser Tradition des Quatuor brillant und des Quatuor concertant (s. a. Kap. »Gattungen und Besetzungen«) war freilich von der Entwicklung des klassischen Streichquartetts und von dessen gesteigerten kompositorischen Ansprüchen auf die Dauer nicht unberührt geblieben. Virtuosität als Selbstzweck tritt bei Rodolphe Kreutzer und Pierre Baillot zurück, obwohl die 1. Violine noch immer dominiert; der 3stimmige Begleitsatz wird sorgfältiger durchgearbeitet, aufgelockert und an der thematischen Entwicklung beteiligt; die klassische Viersätzigkeit wird zur Norm, wobei das stilisierte Tanzmenuett zum (oft »exotisch« getönten) Charakterstück umgebildet wird. Was von der Viotti-Tradition bleibt, sind dennoch Züge, die den Gesamteindruck vom vertrauten Eindruck des klassischen Quartetts deutlich genug abheben: Themenfülle, sorglose Themenreihung und Formfreiheit in den Sonatensätzen; gänzlicher Mangel an thematischer Arbeit; starke Betonung einer farbigen und oft effektvoll verblüffenden Harmonik; nicht zuletzt die pathetische, gestenreiche Melodiesprache des Virtuosenkonzerts, angereichert durch das martialische und feierliche Vokabular der Revolutionsmusik, das – im Bereich der »absoluten« Instrumentalmusik gleichsam neutralisiert – im Kaiserreich wie in der Restaurationszeit weiterwirken konnte.

Cherubinis Quartette knüpfen an diesen Stand der Entwicklung an. Schon die großen Ouvertüren, sämtlich vor den Quartetten entstanden, hatten die traditionelle Formfreiheit auch dieser Gattung zu einer außerordentlichen Vertiefung der Detailarbeit ausgenutzt: durch Präzisierung und Intensivierung tonmalerischer und emotionaler Elemente, durch dramatische Zuspitzung der Kontraste und effektvolle Klangregie, durch Motivableitung und Motivverknüpfung und nicht zuletzt durch jene schnell berühmt gewordene asymmetrische und »sprechende« Themenbildung, von der Beethoven und die deutschen Romantiker gelernt haben, aber auch der Cherubini-Verächter Berlioz. All dies wird in die Quartette übernommen, aber es wird überlagert durch Elemente, die vielleicht aus der klassischen Quartett-Tradition stammen (und dann durch Baillot vermittelt wurden), die aber jedenfalls eine geistige Nähe zum klassischen Streichquartett herstellen, ohne im geringsten dessen »trauliche Muttersprache« nachzuahmen: Polyphonie und freie Stimmigkeit des Satzes, gelegentlich bis zu einer Durchsichtigkeit und »Kahlheit« getrieben, die an den späten Beethoven erinnert; motivische Durcharbeitung aller Stimmen, gelegentlich bis zur Überladenheit; Chromatisierung der Mittelstimmen und Reichtum der Harmonik bis zur Bizarrerie; Formexperimente bis zum zyklischen Zusammenschluß der Sätze durch Themenverwandtschaft und Themenzitate einerseits und bis zum gänzlich freien Schalten mit Bruchstücken der Tradition anderseits. Was vom späten Quatuor brillant bleibt, ist freilich noch genug – und war jedenfalls genug, um Schumann und alle, die seine Urteile mehr oder weniger abschrieben, so nachhaltig zu irritieren: die scheinbar sorglose Themenfülle und Ausdehnung der Sonatensätze, die ungewöhnlichen technischen Ansprüche vor allem an die 1. Violine, der Mangel an thematischer Arbeit im Sinne der Wiener Klassik, die als exzentrisch empfundene Harmonik, die Tonfälle der Revolutionsoper mit ihrer Neigung zum musikalischen Exzeß.

Es ist kaum verwunderlich, daß ein Stil, der so viele und so heterogene Elemente zu verbinden suchte, Züge von Manieriertheit aufweist, und es ist ebensowenig verwunderlich, daß die 6 Werke, die diesen Stil repräsentieren, nicht durchweg ihrem eigenen Anspruch gerecht werden. Aber so unverkennbar einzelne Schwächen sein mögen, so unverkennbar ist doch auch, daß diese Werke insgesamt in einer gänzlich eigenständigen, gänzlich persönlichen Sprache reden, die gewiß nicht diejenige des »rechten Quartettstils« ist, daß sie aber auf einem Niveau des kompositorischen Bewußtseins und des kompositorischen Gelingens stehen, das dem der »deutschen Meister« zumindest vergleichbar ist – und daß sie eben dadurch den besonderen Anspruch der Gattung Streichquartett, wie er sich an den Werken der Wiener Klassik entwickelt hatte, erfüllen.

Streichquartett Nr. 1 Es-Dur

Adagio/Allegro agitato – Larghetto sans lenteur – Scherzo – Allegro assai.

Cherubinis 1. Streichquartett (die Reihenfolge der Werke ist durch datierte Autographe und durch einen autographen Werkkatalog gesichert) wurde am 10. Oktober 1814 vollendet – wohl nicht zufällig in dem Jahr, in dem Baillot sein Quartettensemble gründete. Im 19. Jh. war es das relativ beliebteste der 6 Quartette, vor allem dank des effektvollen Scherzos, und sicherlich ist es leichter verständlich und unmittelbarer wirksam als manches seiner Schwesterwerke, ohne darum simpler zu sein. Die Ecksätze und das Larghetto sind durch thematische Verwandtschaft und durch die Betonung kontrapunktischer Techniken

verbunden, zugleich aber in den Ausdrucks-Charakteren wirkungsvoll gegeneinander abgegrenzt: der Kopfsatz energisch-pathetisch, das Larghetto dramatisch zerklüftet und lyrisch introvertiert, das Finale voller witziger Pointen, fast ein »Kehraus« im Sinne Haydns und mit deutlichen, gelegentlich auch leicht trivialen Anklängen an Tonfälle der französischen Spieloper, die aber durch die Komplexität des Gesamteindrucks immer wieder aufgefangen werden. Das *Scherzo* – absichtsvoll herausgehoben schon dadurch, daß es mit den übrigen Sätzen thematisch nicht verwandt ist – bleibt sicherlich der erstaunlichste Satz des Werkes: ein »spanisches« Genrestück gemäß der Tradition des Quatuor brillant, aber von einem klang- und spieltechnischen Raffinement und einer federnden Eleganz, wie man sie seit Boccherini kaum mehr erlebt hatte, und im Trio eine einzigartige Mischung von stilisiertem Fandango und vorweggenommenen Mendelssohn-Tonfällen.

Streichquartett Nr. 2 C-Dur

Lento/Allegro – Lento – Scherzo – Allegro vivace.

Das 2. Quartett entstand 1829 als Umarbeitung der D-Dur-Sinfonie. Die Ecksätze und das Scherzo wurden für die Quartettfassung teilweise gestrafft und vereinfacht. Der langsame Satz wurde durch ein a-Moll-*Lento* ersetzt, das – wie in fast allen langsamen Sätzen dieser Quartette – das emotionale Zentrum des Werkes ist, geprägt von lyrischen Kantilenen und subtilversponnener Harmonik, aber auch von jähen Kontrasten und dramatischen Ausbrüchen, in denen das heftige Temperament der Revolutionsoper weiterlebt. Gegenüber der kammermusikalischen Differenziertheit und der Vielschichtigkeit dieses Satzes wird die sinfonische Herkunft der übrigen Sätze um so deutlicher: wie in keinem anderen der Quartette sind sie energisch, extravertiert, geprägt von schlagkräftiger Thematik und einfachen satztechnischen Modellen (akkordisch begleitete Melodie und konzertierender Motivwechsel), durch welche die ursprünglichen sinfonischen Instrumentationseffekte noch deutlich hindurchschimmern.

Streichquartett Nr. 3 d-Moll

Allegro commodo – Larghetto sostenuto – Scherzo – Allegro risoluto.

Das 3. Quartett wurde am 31. Juli 1834 vollendet. Es eröffnet die Reihe der späten Kammermusikwerke, die in den 3 postum veröffentlichten Quartetten fortgesetzt wurde und mit dem Streichquintett im Oktober 1837 endet. Cherubini zählte 74 Jahre, als er diese Werkgruppe begann – von Ermüdung der Phantasie und des Handwerks ist den Stücken gleichwohl kaum etwas anzumerken, viel dagegen von jener Mischung aus Introversion und Explosivität, die Altersstile so häufig kennzeichnet. Das d-Moll-Quartett führt diesen Altersstil, der bei allen Gegensätzen der Idiomatik auffallend an den Spätstil Beethovens erinnert, gleichsam programmatisch vor: in der grandiosen Zerklüftung des Kopfsatzes, dessen formelhaft erstarrte Themen wie Bruchstücke eines dramatischen Dialogs, unvermittelt und entwicklungslos, gegeneinandergestellt werden; im gedämpften, nur selten noch opernhaft ausbrechenden Pathos des Larghettos; in den nicht enden wollenden, schließlich rhetorisch-rezitativisch aufgebrochenen kontrapunktischen Verwicklungen des Scherzos; im trotz der Wendung nach D-Dur durchgehaltenen Ernst des Finales, der sich so deutlich vom Finale-Tonfall der beiden ersten Quartette abhebt.

Streichquartett Nr. 4 E-Dur

Allegro maestoso – Larghetto – Scherzo – Allegro assai.

Das 4. Quartett, im September 1834 begonnen und am 12. Februar 1835 vollendet, ist vielleicht das anspruchsvollste, sicherlich das sprödeste der 6 Werke. Die Thematik ist fast gänzlich auf Formeln reduziert, gleichsam entpersönlicht; aber was mit diesem Material formal und vor allem harmonisch geschieht, wirkt geradezu bestürzend modern – und aus ebendieser Spannung zwischen betont konventionellem Stoff und gänzlich unkonventioneller Verarbeitung gewinnt das Werk eine innere Dramatik, die der gelegentlich opernhaften, immer extravertierten Dramatik der frühen Quartette weit überlegen ist. Die heftige Modulatorik des 1. Satzes wird noch gesteigert im Larghetto, das seine Tonart C-Dur überhaupt erst nach 24 Takten erreicht. Das Scherzo, durch versteckte motivische Bezüge und Anspielungen mit den beiden vorangehenden Sätzen verbunden, hat mit der Scherzo-Tradition höchstens noch die motivische Geste des Anfangs gemein, der ein wiederum ganz auf harmonische »Verfremdungen« konzentriertes Variationen-Andante folgt. Und wie um alle Traditionen vollends umzukehren, schließt das Werk mit einem Quasi-Sonatensatz, der nicht nur auf jeden versöhnlichen Finale-Tonfall verzichtet, sondern in geradezu grimmigem Ernst eine thematische Arbeit entfaltet, wie man sie gerade bei Cherubini kaum gewöhnt ist.

Streichquartett Nr. 5 F-Dur

Moderato assai – Adagio – Scherzo – Allegro vivace.

Das 5. Quartett, geschrieben vom 25. Februar bis 28. Juni 1835, ist einfacher in der Form und freundlicher im Tonfall, aber in Einzelheiten kaum weniger experimentell. Die feierliche Einleitung erinnert deutlich an diejenige des C-Dur-Quartetts, aber der folgende Sonatensatz ist wiederum geprägt von plötzlichen harmonischen Verfremdungen konventioneller Motive und von einer Durchführungstechnik, die aus Elementen kontrapunktischer und motivischer Arbeit ein gleichsam perspektivisch wirkendes Ineinander und Übereinander von Themenbruchstücken entwickelt, das erneut auf Beethovens letzte Quartette weist (die Cherubini wahrscheinlich nicht gekannt hat). Das Adagio entwickelt sich aus einem 4taktigen Motiv, das in immer wieder wechselndes harmonisches Zwielicht gerückt wird. Das Scherzo ist, zumal in solcher Umgebung, ein relativ problemloser und freundlich-extravertiert wirkender Satz, und das ähnlich spielfreudige Perpetuum-mobile-Finale läßt zum ersten und einzigen Mal in Cherubinis Quartetten deutlich eine bestimmte Inspirationsquelle aus der Wiener Klassik erkennen: das Finale von Beethovens Streichquartett op. 59/3.

Streichquartett Nr. 6 a-Moll

Allegro moderato – Andantino grazioso – Scherzo – Allegro affettuoso.

Das 6. Quartett hat Cherubini mit Unterbrechungen 2 Jahre (1835–37) hindurch beschäftigt. Der Grund für die mehrfache Unterbrechung lag vermutlich weniger in kompositorischen Schwierigkeiten – die dem Quartett jedenfalls nicht anzumerken sind – als vielmehr in der intensiven Arbeit am d-Moll-Requiem, die in diese Zeit fällt und die Cherubini, da er das Werk für seine eigene Totenmesse schrieb, besonders am Herzen lag. Der kompromißlosen Strenge und dem lakonischen Ernst des Requiems kontrastiert das Quartett sehr eigenartig und rührend: Außer im wuchtigen Scherzo wirken die Tonfälle beruhigt und die Faktur gelockert, so sehr auch immer noch harmonische Experimente eine Rolle spielen. Im langsamen Satz klingt der alte Grazioso-Ton, im Finale klingen noch einmal Opern-Tonfälle auf – und wenn mitten in diesem Finale die Anfänge der 3 vorangegangenen Sätze zitiert werden, dann wirkt das weniger als ein programmatischer und strukturbestimmender Zug als vielmehr wie ein Rückblick, mit dem der Siebenundsiebzigjährige sich des zurückgelegten Weges und der vollbrachten Leistung innewerden möchte: eines Weges, der weit von allen Gattungstraditionen fort in kompositorisches Neuland führte, und einer Leistung, die erinnernswert ist, auch wenn sie in der Geschichte des Streichquartetts ohne Folgen blieb.

Streichquintett (Nr. 1) **e-Moll/E-Dur**

Grave assai/Allegro commodo – Andante – Scherzo – Allegro.

Cherubinis einziges Streichquintett, 1837 nach dem letzten Streichquartett geschrieben und als erstes Werk einer Serie von 6 Quintetten gedacht, ist den späten Streichquartetten durchaus ebenbürtig, wenngleich es deutlicher als jene auf eine spezifisch französische Tradition zurückweist – die des Quintett-Typus Boccherinis, vor allem in der Besetzung mit 2 Celli und in der häufig konzertanten, ja virtuosen Behandlung des 1. Cellos. – Der *Kopfsatz* entwickelt sich, nach der pathetischen Grave-Introduktion, die am Schluß des Satzes noch einmal zitiert wird, als ein eher eleganter und brillanter denn tiefsinniger Sonatensatz, allerdings mit einer sehr konzentrierten, motivisch-kontrapunktisch gearbeiteten Durchführung; die Reprise ist dadurch erweitert, daß in ihr die Durchführung des Seitensatzes wiederholt und sogar ausgedehnt wird. Das *Andante* verbindet Liedform und einen sehr schlichten Liedton mit Variationstechniken, in denen die Tradition des brillanten Stils vernehmlich anklingt. Das *Scherzo* knüpft an den leichteren Duktus des 1. Satzes an, hat aber ein klanglich sehr apartes, relativ langsam und con sordini zu spielendes *Trio* von großem Reiz; von diesem Trio (Es-Dur) führt eine Überleitung zurück zum e-Moll-Hauptteil. Der Schwerpunkt des Werkes liegt aber eindeutig im *Finale*, einem großen Sonatensatz, der chevaleresk-marschartig à la Viotti beginnt, statt der Durchführung aber ein affektvolles Larghetto einschiebt, mit dem sich der Satz von e-Moll nach E-Dur wendet; darauf folgt eine vollständige Reprise, ein Zitat des Larghettos (ähnlich dem Zitat der Introduktion im 1. Satz), und schließlich eine Coda, die in großer Steigerung zum Ende führt.

LF

Ludwig van Beethoven

* 16.(?) Dezember 1770 in Bonn, † 26. März 1827 in Wien

Beethoven wuchs in Bonn als Sohn des kurfürstlichen Tenoristen Johann van Beethoven auf und erhielt auch seinen ersten, wenngleich ziemlich unsystematischen Musikunterricht beim Vater. Seit zwei Generationen wurde die Musik in der aus Flandern stammenden Familie ausgeübt. 1778 erstes Auftreten als klavierspielendes Wunderkind, bald danach Unterricht bei Chr. G. Neefe, den Beethoven bereits 10jährig in seinem Amt als Hoforganist vertrat. Ab 1783 Mitwirkung in der Bonner Hofkapelle. 1792 übersiedelte Beethoven nach Wien und wurde dort Schüler Joseph Haydns, daneben aber auch Schenks, Albrechtsbergers und Salieris. In Wien lebte und wirkte er als freier Komponist, den adlige Mäzene, später auch bürgerliche Gönner finanziell unterstützten. Im Laufe der Wiener Jahre verschlimmerte sich sein Gehörleiden, dessen erste Anzeichen bereits 1795 zu spüren waren, so daß er 1808 das öffentliche Konzertieren aufgeben mußte; 1819 war Beethoven völlig ertaubt. Von dieser tragischen Situation zeugt sein berühmter Brief an seine Brüder, das »Heiligenstädter Testament« von 1802. Unter den Trauergästen bei seiner Beerdigung befand sich auch Franz Schubert; Grillparzer hielt die Trauerrede.

Kammermusik: 10 Sonaten für Klavier und Violine; 5 Sonaten und Variationenreihen für Klavier und Violoncello; Hornsonate; 7 Klaviertrios; 3 Klavierquartette; Klavierquintett mit Bläsern; 5 Streichtrios; 17 Streichquartette; Streichquintett; Sextett für Bläser; Septett für Bläser und Streicher; Oktett für Bläser; weitere Werke in verschiedenen Besetzungen.

Wollte man etwas überspitzt formulieren, dann hat Beethoven, genau wie Haydn und Mozart, sein Leben lang fast ausschließlich Sonaten komponiert. Die überwiegende Mehrzahl seiner Kammermusikwerke ist zyklisch mehrsätzig angelegt und folgt damit dem klassischen Standardmodell: mit bewegtem Kopfsatz, langsamem 2., tänzerisch stilisiertem 3. Satz und wieder bewegtem Finale. Um so frappierender ist es, wie vielgestaltig und abwechslungsreich dieses grandiose Lebenswerk sich ausnimmt. Das Sonatenmuster war also alles andere als eine phantasieeinengende Fessel, sondern vielmehr ein nahezu grenzenloser Anreger der musikalischen Schöpfungskraft. Zugleich wandelt sich dieses zunächst abstrakte Muster unter den Händen Beethovens ständig, weitet sich in den Dimensionen und wird zusehends reicher in den eingesetzten kompositorischen Mitteln, unter denen auch historische Anleihen (Polyphonie) einen neuen Stellenwert erhalten.

Man hat sich daran gewöhnt, der besseren Übersichtlichkeit halber Beethovens Werke in drei Phasen zu gliedern, die freilich nicht säuberlich voneinander getrennt sind, sondern gleitend ineinander übergehen: in eine frühe, eine mittlere und eine späte Periode.

Als »früh« bezeichnet man alle Kompositionen, die bis kurz nach der Jahrhundertwende entstanden sind; es ist die Zeit, in der Beethoven von seinen tastenden Bonner Versuchen zum eigenen, bereits sehr persönlich geprägten Stil findet, der sich gleichwohl an zeitgenössischen (Haydn und Mozart) wie an früheren Vorbildern orientiert. Hierher gehören die beiden ersten Sinfonien und Klavierkonzerte, aber auch die ersten Klavier-, Violin- und Cellosonaten sowie die Klaviertrios op. 1, die Streichquartette op. 18, das Streichquintett, die Streichtrios, Septett und Oktett.

Die mittlere Phase bedeutet danach einen energischen Schritt weg von der Tradition des 18. in die Weite des 19. Jh. Die formalen Dimensionen wachsen beträchtlich, das konzertante Element meldet sich unüberhörbar zu Wort; zugleich zeichnet sich ein Weg ab, der von der eher spielerisch-absoluten Musikauffassung hinführt zu einer weltanschaulich geprägten, subjektiv bekenntnishaft und emotional angelegten Tonkunst, man könnte jetzt auch sagen: Tondichtung. Diese Tendenz wird allerdings weniger in der Kammermusik spürbar, die immer noch vergleichsweise »absolut« bleibt; dagegen entstehen gerade auf sinfonischem Gebiet charakteristische, über das rein Musikalische hinausragende Dokumente wie die 3. (»Eroica«) und 5. (»Schicksals«-)Sinfonie oder auch Beethovens einzige, mehrfach unter Mühen umgearbeitete Oper »Fidelio« (»Leonore«). Diese Phase reicht etwa bis 1815 und umfaßt die 3. bis 8. Sinfonie, das 4. und 5. Klavierkonzert, das Violinkonzert, die Klaviersonaten bis op. 90, die restlichen Violinsonaten und Klaviertrios, die Cellosonate op. 69, die mittleren Quartette op. 59, 74 und 95 sowie eine Reihe von Ouvertüren und Schauspielmusiken.

Beethovens letztes Lebensjahrzehnt bringt dann die sogenannten »späten« Werke mit den Opuszahlen über 100 in Klavier- und Kammermusik, dazu 9. Sinfonie und »Missa Solemnis«. Mit diesen Kompositionen werden zugleich die Grenzen der so bezeichneten »Wiener Klassik« mit ihren ausgewogenen Proportionen und Formmodellen durchbrochen; das Tor zur musikalischen Romantik mit ihrem ausgeprägten künstlerischen Individualismus steht weit offen – Beethoven war der erste selbständige und unabhängige »Tondichter« der neuen Zeit. Es entstehen Werke, die Maßstab und Ansporn für alle folgenden

Komponistengenerationen werden sollten, und zwar gerade auf dem Gebiet der Kammermusik. Seine späten Streichquartette und Klaviersonaten sind bis heute ehrfürchtig und bisweilen verständnislos betrachtete Zeugnisse eines einsamen Genies, das sich in seiner Taubheit nicht im mindesten um Erwartungen und Bedürfnisse des Publikums scherte, sondern seiner eigenen Inspiration vertraute. In diesen Werken sind neben zukunftsweisenden (inhaltlichen und formalen) Elementen auch solche eingebunden, die in die Vergangenheit zurückweisen. So zeigt sich in Beethovens letzten Klaviersonaten und Quartetten eine auffällige Vorliebe für die aus der Bach-Zeit stammende Fuge, die in fast jedem dieser Werke aus neuer Sicht und mit einigen Freiheiten bei der Behandlung der satztechnischen Regeln auftaucht. Bemerkenswert an diesen Werken ist, daß sie auch heute keinerlei musealen Eindruck hervorrufen, sondern nach wie vor im Mittelpunkt einer reflektierenden, engagierten Musikrezeption stehen, sowohl im praktischen Musikleben wie in der Musikwissenschaft.

Kammermusik mit Klavier

Sonaten für Klavier und Violine

Auch Beethovens Duosonaten heißen noch ausdrücklich »für Klavier und Violine« wie ihre Vorgängerinnen und Wegbereiterinnen bei Mozart, auch wenn sie gewöhnlich leichthin als »Violinsonaten« bezeichnet werden. Dominierte bei Mozart anfänglich noch eindeutig das Tasteninstrument, so greift Beethoven bereits mit seinem Erstlingswerk (op. 12/1) jene ausgewogene Gleichberechtigung beider Partner auf, die Mozart in seinen letzten reifen Dokumenten der Gattung erreicht hatte. Insofern ist nun endlich die Reihenfolge der Instrumente im Titel belanglos geworden, vertauschbar.

Wir besitzen von Beethoven 10 Sonaten dieser Besetzung; unter ihnen sind zweimal 3 mit einer gemeinsamen Opuszahl zusammengefaßt (op. 12 und 30). Will man der zwar üblichen, gleichwohl nur unter Vorbehalt akzeptierten Gliederung seines Schaffens in frühe, mittlere und späte Werke folgen, dann fällt auf, daß er keine »späten« Sonaten geschrieben hat, anders als etwa bei den Werken mit Violoncello; das Hauptgewicht liegt auf der virtuos-konzertanten »mittleren« Phase. Allen gemein-

sam ist das von Mozart übernommene Formmodell mit den 2 schnellen Ecksätzen und dem langsamen Mittelsatz; lediglich op. 24, op. 30/2 und op. 96 erweitern es um ein an dritter Stelle eingeschobenes Scherzo.
Das zentrale klassische Anliegen einer Auseinandersetzung mit dem Sonatensatzmuster prägt auch diese 10 zyklischen Werke. Wie in der Form knüpfen sie auch in Aussage und Gehalt an Mozarts Vorbild an, führen es weiter und bereichern es vor allem um die Dimensionen des Dramatisch-Emphatischen (Durchführungen der bewegten Sätze) und des erhabenen, Tiefen auslotenden Ausdrucks (langsame Sätze).

Sonaten op. 12

Antonio Salieri gewidmet. Erschienen 1797/98.

Op. 12 Nr. 1 D-Dur

Allegro con brio – Tema con variazioni: Andante con moto – Rondo: Allegro.

Die 3sätzige Sonate hebt mit einem fanfarenartigen Unisono-Motiv an, das aus den markant rhythmisierten Tönen der Dreiklangsbrechung besteht – Grundbestandteil Beethovenscher Melodieerfindung, ähnlich der Tonleiterbewegung, die diesen energisch bewegten Satz ebenso prägt. Das 2. Thema entwikkelt sich aus einer 1stimmig absteigenden Tonleitersequenz, steigert sich zur Triolenvariante und mündet in ein lebhaftes motivisches Wechselspiel beider Instrumente. Die Durchführung beschäftigt sich, nach unvermuteter harmonischer Rükkung in das terzverwandte F-Dur, vorrangig mit Material aus dem ersten Themenkomplex; der Satz schließt ohne Coda knapp und bündig. – Der folgende *Variationensatz* (A-Dur, 2/4), stellt zunächst das liedhaft periodische schlichte Thema im wiederholenden Wechsel beider Instrumente vor:

bevor in 4 Variationen melodische, spielerische und stimmungsmäßige Aspekte hervortreten. In Var. 1 führt das Klavier, während es in Var. 2 der Violine eine zart arpeggierte Grundierung liefert; in Var. 3 entwickelt sich partnerschaftlich ein bewegteres Geschehen, während Var. 4 synkopisch geprägt ist, bevor eine improvisatorisch anmutende Coda den Satz beschließt. – Im *Rondo-Finale* herrscht heiter-bewegter 6/8-Tonfall vor, wirkungsvoll kontrastiert im Mittelabschnitt durch einen weitgeschwungenen Melodiebogen (dolce). Ein reizvolles synkopisches Zögern hemmt den Ablauf in den Schlußtakten.

Op. 12 Nr. 2 A-Dur

Allegro vivace – Andante, più tosto Allegretto – Allegro piacevole.

Die Nähe des *Kopfsatzes* der A-Dur-Sonate zum Finale der 1. Sonate ist unüberhörbar: auch hier wieder der muntere, tänzerisch-spielerische 6/8-Tonfall mit neckisch pointierter Dreierbegleitung, und auch das den Satz prägende kurze Vorhaltmotiv scheint direkt bei den Schlußtakten der D-Dur-Sonate anzuknüpfen. Überraschungseffekte im Spiel der Motive sind eine unerwartete Generalpause und ein ebenso unvermutetes Moll-Unisono am Ende der Exposition. Der Charakter des Heiter-Verspielten bleibt insgesamt jedoch auch in der Durchführung erhalten und mündet schließlich in eine recht ausgedehnte Coda, die das kleine Vorhaltmotiv ad absurdum zu führen scheint. – Der a-Moll-*Mittelsatz* (2/4) ist ein früher Vorläufer jenes Typus, wie er uns etwa in Beethovens 7. und vor allem 8. Sinfonie begegnen wird: kein »langsamer« Satz, viel eher ein intermezzoartig dahineilendes Gebilde, dessen rhythmische Grazie durch ein zu gemächliches Tempo so leicht gefährdet werden kann – »più tosto Allegretto«: frei übersetzt heißt das »viel eher Allegretto als Andante«. Trotz Moll also allenfalls melancholische Anflüge, jedoch keinesfalls schicksalsschwere Tragik! – Ein »gefälliges« (piacevole) *Allegro* vermittelt zwischen der Ausgelassenheit des 1. und der Verhangenheit des 2. Satzes, mit kleinen charakteristischen Durchführungsansätzen vor allem bei der Rückführung zum A-Teil (T. 188–229).

Op. 12 Nr. 3 Es-Dur

Allegro con spirito – Adagio con molt' espressione – Rondo: Allegro molto.

Mit der Es-Dur-Sonate kündigen sich bereits die großen konzertierenden Werke der Folgezeit an; das ausgeprägt virtuose Element vor allem im Klavierpart und die gewichtige Ernsthaftigkeit aller 3 Sätze verweisen viel eher auf den Konzertsaal als in den Rahmen der Hausmusik, der ihre beiden Opus-Schwestern umgreift.
Mit entschlossener Energie wird gleich zu Beginn die Ausdruckswelt der Tonart umrissen, ehe ein bewegtes motivisch-spielerisches Geschehen anläuft, dessen Schwung nicht abreißt; ein leicht bizarres Element bringt lediglich ein synkopisch einsetzender Gedanke in der Schlußgruppe. Melodische Geschlossenheit besitzt allein das 2. Thema, während sonst Dreiklangsbrechungen, Tonleitern und virtuose Spielfiguren sich raffiniert mischen. – Das folgende *Adagio* stellt »mit großem Ausdruck« den denkbar wirkungsvollsten Kontrast zur Spielfreude des Vorangegangenen dar; in weiträumigen Melodiebögen über klangvollen und phantasiereichen Begleitfiguren entfaltet sich in einem in sich ruhenden C-Dur einer jener für Beethoven so ungemein charakteristischen langsamen Sätze, wie sie uns auch in einigen seiner Klaviersonaten jener Epoche, etwa in op. 10/3, begegnen, bevor der Gesang mit unnachahmlich rührender Gebärde zur Ruhe kommt.

Entschlossene Spielfreude und temperamentvolle Musizierlaune dominieren dann im Schluß-Rondo (2/4) mit seinem energiegeladenen Hauptthema und dem liebenswürdig diesseitigen Gegenthema; auffallend ist hier im gesamten Satzverlauf die Beschränkung auf ein überschaubar knappes Motivmaterial und der weitgehende Verzicht auf neue, kontrastierende Melodieepisoden.

Ist es das angewachsene individuelle Gewicht des Einzelwerkes, das den Komponisten veranlaßte, den beiden folgenden Sonaten getrennte Opuszahlen zu verleihen? Hier liegen zwei Meisterwerke vor, die alle Verheißungen ihrer drei Vorgängerinnen wahr machen und die zugleich in kräftigem Gegensatz zueinander stehen.

Sonate a-Moll op. 23

Komponiert 1800/01; dem Grafen Moritz von Fries gewidmet.
Presto – Andante scherzoso, più Allegretto – Allegro molto.

Zwar beginnt die erste der beiden Einzelsonaten wiederum im 6/8-Takt, doch ist von spielerischer Fröhlichkeit keine Spur zu finden. Ohne Umschweife beginnt sogleich ein dunkles Dahinjagen im *Presto*, das für melodische Entfaltung keinen Raum läßt. Triolische Motivik bestimmt das Geschehen des 1. Themas und der Überleitung, voller dynamischer Gegensätze, Umkehrungseffekte und deklamierender Phrasierung, während das 2. Thema den Triolen als neuen Rhythmus ein wiederholtes »lang–kurz« (♩ ♪♩ ♪) gegenüberstellt, allen Regeln zum Trotz in der Moll-Dominante anhebend. Die stürmische Schlußgruppe verbindet beide rhythmischen Muster und fügt ihnen in den Schlußtakten noch das Element der Synkope zu. Die Durchführung führt die atemlose Bewegung fort; auch die linke Klavierhand greift in das motivische Geschehen ein, während die Violine in einem Moment lichten F-Durs eine Kantilene aufblühen läßt. Ein dominantisch offener Fermaten-Halbschluß scheint die Reprise anzukündigen, doch erscheint an ihrer Stelle ein neues Thema:

bevor im ff endgültig die Reprise erreicht ist. Sie ist gegenüber der Exposition geringfügig verkürzt, was auf die motivisch-rhythmische Dichte des ganzen Satzes zurückzuführen ist. Das 2. Thema beginnt jetzt zwar kurz in C-Dur, um jedoch sogleich ins vertraute a-Moll zurückzulenken. Dieser Teil endet genau wie die Exposition, und man sollte nicht übersehen, daß Beethoven hier ausdrücklich und ausnahmsweise eine Wiederholung vorschreibt: eine äußerst bewußte Maßnahme, die hier keinesfalls einen Rückfall in überwunden geglaubte Praktiken Haydns und Mozarts bedeutet, sondern die ihre werkeigene Logik zwingend aus dem individuellen Charakter dieses Satzes ableitet. Erst nach dieser Wiederholung ist genügend Schwung abgebaut, daß noch einmal jenes neue Thema aus der Durchführung anklingen kann, bevor einige abgerissene Akkorde den Satz pp beenden.

Überraschenderweise folgt nun nicht die wohl erwartete große Gebärde eines Adagios, sondern, ähnlich wie in op. 12/2, ein *Andante scherzoso*, wiederum mit dem einem Verschleppen vorbeugenden Zusatz »più Allegretto« (A-Dur, 2/4). 3 recht gegensätzliche Elemente prägen den Satz, dessen Verlauf ungewöhnlich abwechslungsreich ist: zunächst ein unscheinbares auftaktiges 2-Noten-Motiv, das sich vorzüglich zu harmonischen und imitatorischen Spielereien eignet; dann ein rhythmisch kapriziöses und in einer Staccato-Sechzehntel-Kette auslaufendes Thema, das in 3stimmigem Fugato vorüberzieht:

schließlich ein dritter Gedanke mit trillerähnlichem Anlauf, der direkt aus einem Singspiel stammen könnte und als neues Moment punktierte Linien einbringt. Eine kleine Steigerung führt danach zum lyrischen Abgesang, der Klavier und Violine zusammenkoppelt. Die kurze Durchführung läßt das Anfangsmotiv und den Fugato-Kopf aufeinanderprallen; dann beginnt das durchsichtig-farbige Spiel wieder von vorn, mit kleinen unterhaltenden Abweichungen und Anreicherungen – ein höchst schillerndes, kunstvolles Gebilde von Sonatensatz klingt im Pianissimo aus.

Das *Rondo-Finale* (¢) greift die Atmosphäre des Kopfsatzes auf und steigert sie zur gehetzten Atemlosigkeit in den Rahmenteilen, mit wenigen ausschwingenden Ruhepunkten in Gestalt formgliedernder Fermaten, deren erste rezitativisch ausklingen darf. Die Ritornelle des Rondos kontrastieren ungewöhnlich kräftig: zuerst in abwechselnden Akkordschlägen, später dann, vor allem im ausgedehnten Mittelteil, in langen, in der Begleitung jeweils variierten Melodiebögen (F-Dur), die das schnelle Grundtempo zum Schein verdrängen, bevor es dann mit Macht wieder hereinbricht. Auch dieser zwischen Licht und Dunkelheit pendelnde Satz erlischt wie seine beiden Vorgänger im Piano, nach einem letzten gewaltigen Aufbäumen.

Sonate F-Dur op. 24

Komponiert 1800/1801; Graf Moritz von Fries gewidmet.
Allegro – Adagio molto espressivo – Scherzo: Allegro molto – Rondo: Allegro ma non troppo.

Die berühmte F-Dur-Sonate wird volkstümlich **»Frühlingssonate«** genannt. Zwar enthält die Musik keinerlei konkrete Hinweise auf ein Programm, der Name stammt auch nicht vom Komponisten; doch die unbeschwert heitere und konfliktfreie Atmosphäre aller 4 Sätze könnte durchaus »frühlingshafte« Assoziationen auslösen: ein durch und durch optimistisches Gegenstück zur nachtdunklen a-Moll-Sonate, der sie jedoch an konzertantem Anspruch und formaler Ausgereiftheit nicht nachsteht.

Ihr *1. Satz*, erstmals ein Allegro ohne beschleunigenden Zusatz wie in ihren 4 Vorläufern, hebt tatsächlich wie eine »Violin«-Sonate an, mit einer um 2 Takte gedehnten lyrischen Periode der Geige über wiegender Begleitung, dem sogleich ein Rollentausch folgt. Etwas energischer geht es dann im kontrastierenden 2. Thema zu, das auf einigen harmonisch überraschenden Umwegen erreicht wird und auch Forte-Grade und Akzente mit einbezieht. Eigentlich handelt es sich hier um einen ganzen Themenkomplex verschiedenster Motivbestandteile: Der ausgedehnte dominantische C-Dur-Teil beginnt mit energischem Akkordabstieg und neigt dann für Augenblicke nach Moll:

(T. 38)

(T. 46)

bevor in der Schlußgruppe ein unbekümmertes Spiel mit der Tonleiter beginnt, das sich unauffällig aus dem Satzanfang ableitet. Sie mündet so zwingend sowohl in die Wiederholung wie in die Durchführung ein, daß man unbedingt beide Übergänge spielen sollte! Die Durchführung selber ist erstaunlich

kurz und begnügt sich im wesentlichen mit Teilen des 2. Themas, dessen Dreiklangsbrechung zu triolischem Auf und Ab weitergeführt wird. Schon nach 29 Takten (Exposition: 85 Takte) beginnt die Rückführung zur Reprise mit Hilfe eines Triller-Ostinatos über A-Dur, der Dominante von d-Moll – auf einmal tritt wie aus dem Nichts im Baß ein f hinzu, und wir sind wieder im Dur des Beginns: ein aparter und ungewohnter Repriseneffekt! Eine Coda, die länger ist als die Durchführung (37 Takte), holt nun scheinbar Versäumtes nach, indem sie sich rückblickend und ohne sich allzu weit von der Grundtonart zu entfernen mit dem 1. Thema auseinandersetzt.
Das expressive *Adagio* (B-Dur, ¾) knüpft atmosphärisch am lyrischen Beginn der Sonate an und überträgt ihn in die Klangpoesie eines abgeklärt ausschwingenden Wechselgesangs zwischen Geige und Klavieroberstimme. Verzierungen und Arabesken reichern die melodische Linie an, über zarten Akkordbrechungen des jeweils begleitenden Instrumentes. Ein kurzer stockender Zwischenteil trennt den Liedteil A von seiner behutsam variierten Wiederholung. Im längeren Schlußabschnitt erhöht sich die melodische Emphase, bevor in zarter Imitation das Doppelschlagmotiv vom Satzanfang zum Ausklang wird. – An dritter Stelle steht hier erstmalig ein kleines *Scherzo*, in dessen Hauptteil beide Instrumente einander rhythmisch verfolgen, ohne sich je einzuholen. Das *Trio* bietet nichts als ein 4maliges Dahinwirbeln staccatierter Tonleitern. – Und wieder bildet ein vielfarbiges umfangreiches *Rondo* (¢) den Abschluß. Sein stets variiert wiederholter Hauptgedanke lebt vom Einfall des Vorhalts (hier berührt er sich mit dem Beginn des Kopfsatzes). Kontrastierende Gegenthemen erscheinen in den Zwischenteilen; im Mittelteil wird es sogar durchführungsartig dramatisch im parallelen d-Moll. Auch hier vermag erst eine lange Coda den ganzen aufgestauten musikantischen Schwung abzufangen.

Sonaten op. 30

Die folgenden 3 Sonaten von 1802 sind wieder unter gemeinsamer Opuszahl zusammengefaßt; sie haben auch einen gemeinsamen Widmungsträger, Zar Alexander I. von Rußland. Wie bei op. 12 finden sich auch hier in unmittelbarer Nachbarschaft drei recht unterschiedliche Ausprägungen der gleichen Gattung.

Op. 30 Nr. 1 A-Dur

Allegro – Adagio molto espressivo – Allegretto con variazioni.

Die traditionelle Freundlichkeit der Tonart färbt auch diese A-Dur-Sonate. Ihr *1. Satz* ist von großer formaler Schlüssigkeit und gleichzeitiger Knappheit, wobei das charakteristische 1. Dreh- oder Doppelschlagmotiv nicht nur das Hauptthema kennzeichnet, sondern auch den gesamten weiteren Verlauf des Satzes prägt: So geistert es durch die relativ ausgedehnte Schlußgruppe, eröffnet die Durchführung, in deren 2. Teil es auch noch verarbeitet wird, und es bestreitet auch die Coda. Auf diese Weise wird, bei aller Vielseitigkeit des Ablaufs, große Dichte erreicht. Auffällig ist auch, daß beide Themen wenig kontrastieren: beide sind eher verhalten, und, vor allem das zweite, voll starker innerer Ausdrucksintensität. – Dem gewichtigen *Adagio* (D-Dur, ²⁄₄) liegt 3teilige Liedform zugrunde. Hier ist es ein rhythmischer Einfall, der Einheitlichkeit bewirkt und es im Verlauf des Satzes gar zu motivischem Eigenleben bringt: die ostinatoartige Punktierung der Begleitung, über der sich eine beherrscht-edle Melodie entfaltet; sie umrahmt in mehrfacher Wiederholung einen Mittelteil, der auch Moll-Eintrübungen zuläßt. Die flehende Schlußwendung scheint wörtlich

Beethovens großen Gesang »An die Hoffnung« (op. 32, 1805) vorwegzunehmen, der genauso endet. – Spielfreudige *Variationen* bilden den Ausklang: sanglich im fließenden Thema, dann im kontrastreichen Wechsel triolisch (Var. 1), in laufenden Achteln (Var. 2), imitatorisch über bewegtem Klavierbaß (Var. 3), zerklüftet und dynamisch gegensätzlich (Var. 4), geheimnisvoll polyphon in a-Moll (Var. 5). Und auf einmal macht sich noch schnell ein winziges, zunächst scheinbar belangloses Motiv aus dem vorletzten Takt des Themas selbständig und produziert eine veritable kleine Durchführung:

Die beschleunigte letzte Variation (6/8) mündet in eine ebenfalls durchführungsartig ausholende Coda, die nicht zum Ende finden will.

Op. 30 Nr. 2 c-Moll

Allegro con brio – Adagio cantabile – Scherzo: Allegro – Finale: Allegro.

Die c-Moll-Sonate ist in vieler Hinsicht das düstere Gegenstück zur früheren Es-Dur-Sonate (op. 12). Ihr virtuoser Zugriff ist ähnlich temperamentvoll und anspruchsvoll, nur erscheint ihr Vorwärtsstürmen fatalistisch und ausweglos. Diese Unerbittlichkeit tritt uns wie in einer Keimzelle im ungemein prägnanten Kopfmotiv des *1. Satzes* entgegen, einem notengetreuen Spiegelbild jenes heiteren Dur-Themas, das später die 8. Sinfonie eröffnen wird, nur durch wenige Vorzeichen in sein gespenstisches Negativ verkehrt:

Wiederholung auf höherer Stufe (Subdominante) und Tonleiterabstieg mit chromatischer Verdichtung ergeben dann zusammen das ungewöhnliche Hauptthema. Auch die kommenden vielfältigen dynamischen Überraschungseffekte sind schon im auffälligen »subito piano« vorgeprägt – der ganze Satz ist durch extreme und plötzlich aufeinanderprallende Lautstärkegrade gekennzeichnet. Lediglich das markant punktierte, marschartige 2. Thema bringt ein wenig (gewollten) Optimismus in den Aufruhr. Doch die stürmische Bewegung geht darüber hinweg, führt über Tremolo-Effekte und synkopierte Unruhemomente zu einem über 2 Oktaven hinabstürzenden Trillermotiv und mündet unversehens, ohne die übliche Wiederholung, in die Durchführung. Für eine Wiederkehr der Exposition fehlt die innere Ruhe: Selten wird so überzeugend demonstriert, wie eine Tradition aus werkimmanenter Notwendigkeit geopfert werden muß! – Ebenso zwingend ist die Umkehrung der dynamischen Werte beim auftrumpfenden Eintritt der Reprise; sie erfolgt im Fortissimo, nachdem zuvor Kopfmotiv und punktierter Rhythmus des 2. Themas das Durchführungsgeschehen vorangetrieben haben. Die umfangreiche Coda verarbeitet das

gleiche Material wie die Durchführung, zwar zunächst trügerisch in C-Dur, dann jedoch in einem einzigen Sturmlauf vor allem des entfesselten Klaviers nach Moll zurückführend.
Die abgeklärte Ruhe des großen As-Dur-*Adagios* (¢) wird nur von wenigen Eintrübungen behelligt: in einem harmonisch changierenden Moll-Teil voller apart gegeneinander abgehobener Artikulationseffekte oder in den zweimaligen wild auffahrenden Tonleiterexplosionen nach der passagenumrankten Wiederholung des 1. Teiles. Phantasievolles Spiel mit Tonleitern beendet den Satz, dessen vorletzten Klavierakkord als Kuriosum ein Crescendo ziert.
Das C-Dur-*Scherzo* gestaltet sich als Spiel mit dem punktierten Motiv, das wir schon aus dem Kopfsatz kennen, nun durch einen pikanten Vorschlag humoristisch präzisiert. Das *Trio* bleibt gleich in derselben Tonart, mildert nur die Rhythmik zu triolischem Fließen und bindet Violine und linke Klavierhand in einen Kanon ein. Sein Thema ist nichts anderes als eine Variation des Scherzos.

Scherzo (T. 1)

Trio (T. 49)

Im *Finale* (¢) werden nacheinander gleich 2 kurze Themen vorgestellt, die den Satz prägen: ein pochender Crescendo-Gedanke und ein sehr ernster melodischer Viertakter. Beide gestalten als Bausteine den Satz; mit wenigen Dur-Lichtblicken und zahlreichen durchführungsartigen Passagen – eine direkte stimmungsmäßige Fortführung des Anfangs-Allegros. Das Formmodell folgt dem Rondo, jedoch ohne eigentlich kontrastierenden Mittelteil C; er nimmt statt dessen – im Sinne eines Sonatenrondos – Durchführungscharakter an. Die wirkungsvolle Schluß-Stretta (Presto) greift noch einmal auf das Kopfmotiv zurück.

Op. 30 Nr. 3 G-Dur

Allegro assai – Tempo di Minuetto, ma molto moderato e grazioso – Allegro vivace.

Tänzerisch beschwingt spult der 1. Satz der G-Dur-Sonate ab, voller ausgelassener Fröhlichkeit im flüchtigen $^{6}/_{8}$-Takt – ein Spiel mit Tonleiterausschnitten, Dreiklangsbrechungen und gelegentlichen kleinen Moll-Eintrübungen. Die Durchführung

ist nur kurz, beschäftigt sich zunächst mit dem Triller aus der Schlußgruppe und anschließend mit dem drehenden Kopfmotiv des Satzes, das rasch zur Reprise führt. – Der *Mittelsatz* (Es-Dur, $^{3}/_{4}$) verbindet unmerklich Elemente eines langsamen mit denen eines Tanzsatzes; der vorgezeichnete Menuettcharakter verhindert ein Abgleiten ins »schwere« Adagio, und die vorsorgliche Vorschrift »e grazioso« müßte gar nicht sein, so beschwingt ist der Charakter dieser Musik: eine Melodie, die, wie es scheint, ohne richtigen Anfang mitten im Dominantseptakkord einsetzt und schwerelos wird durch Punktierungen und Verzierungen. Meistens, wenn sie sich nach kurzen Zwischenphasen wiederholt, wird sie von einer anderen Begleitung getragen oder von neuen Gegenstimmen eingefaßt. Wir haben hier eine weitgespannte Liedform vor uns, die zugleich rondoähnlichen Verlauf nimmt, mit milde kontrastierenden Zwischenteilen und einer aparten Coda, in der sich auf einmal beide Instrumente das Hauptthema alternierend zuspielen. – »Leggiermente«, leichtfüßig, sprudelt das Thema des *Finales* ($^{2}/_{4}$), erhält sogleich einen hüpfenden Kontrapunkt und endet im sich spiegelnden Spiel der Tonleiter. Das fast ununterbrochene Perlen der Sechzehntel-Ketten staut sich lediglich gegen Ende einmal in einer Dominant-Fermate; völlig unerwartet leitet eine leise Trugschlußwendung (Es-Dur) den stürmischen Schlußgalopp ein.

Bemerkenswert an dieser Sonate ist ihre unbeschwerte, eher unauffällige Virtuosität – ein dezentes Meisterstück Beethovenscher Instrumentationskunst im sparsamen Rahmen der Duobesetzung.

Sonate A-Dur op. 47

Komponiert 1803; Rodolphe Kreutzer gewidmet.
Adagio sostenuto. Presto – Andante con variazioni – Presto.

Neben der »Frühlingssonate« ist die **»Kreutzer-Sonate«** sicher Beethovens populärstes Werk für diese Besetzung. Waren es im Fall der F-Dur-Sonate wohl eher die scheinbaren heiter-programmatischen Assoziationen, die zur Beliebtheit beitrugen, so ist es hier sicher das Element des oft als dämonisch bewunderten Virtuosen, ihr immenser konzertanter Zugriff, der sie unter ihren Schwesterwerken herauszuheben scheint. – Die Geschichte ihrer Widmung ist eher verworren: Ursprünglicher Widmungsträger war der aus Polen stammende Geiger George Bridgetower, mit dem Beethoven das Werk zweimal (1803) aufführte. Erst 1805 widmete es der Komponist dem französischen Virtuosen Kreutzer, der selber nicht nur geigend, sondern auch komponierend hervorgetreten war.
Die Tonart dieser Sonate ist mit »A-Dur« recht ungenau angegeben; man sollte eher sagen »in a«, denn das Presto setzt in a-Moll ein, nur ihr Finale steht in A-Dur. Sie beginnt als einzige Ausnahme dieser Zehnerreihe mit einer langsamen Einleitung, die kadenzierenden und quasi-improvisierenden Charakter hat: Erbarmungslos ahmt das Klavier sogleich die unangenehmen solistischen Akkordgebilde der Violine nach, bevor sich beide suchend und stockend ein kleines, scheinbar belangloses 2-Noten-Motiv zuspielen. Erst der zupackende Beginn des Hauptsatzes schafft Klarheit über seine Bedeutung: Das eigentliche Thema reifte gleichsam in der Einleitung heran, sein Kopf ist jenes kleine Motiv:

Es springt zunächst die Subdominante an und führt erst im 3. Takt zur a-Moll-Tonika, moduliert jedoch schnell weiter zu einer Fermate im parallelen C-Dur. Auch das in ganzen Noten einen Ruhepunkt bildende Gegenthema (E-Dur) hebt mit dem gleichen Vorhaltsmotiv an; ebenso ein 3., rhythmisch sehr prägnantes Thema in e-Moll, an das auch gleich die Durchführung anknüpft. Bald macht sich das kleine Auftaktmotiv selbständig, bis schließlich nur noch sein charakteristischer Rhythmus übrigbleibt. Die Reprise erreicht erst auf Umwegen wieder a-Moll und präsentiert das gesamte Material der Exposition variantenreich noch einmal. Die Coda hat durchaus Stretta-Charakter, obwohl sie streng das Tempo wahrt: Ein letztes Mal trumpft der Staccato-Rhythmus des Hauptthemas auf und wird fast hymnisch fortgeführt; dann scheint alle Kraft verpufft zu sein: Ein leerer a-Moll-Akkord tritt taktelang auf der Stelle und mündet in 8 Adagio-Takte. Virtuose Tonleitern beenden das Spiel.

Das 3teilige Thema der *Andante-Variationen* (F-Dur, 2/4) ist liedhaft sehnsuchtsvoll, mit einprägsamem Synkopenanfang und mit einer 3taktigen Trillerkette als Rückführung zum a-Teil. Hinter dem Anfang verbirgt sich die Umkehrung des 2-Noten-Motivs aus dem 1. Satz. Die 4 äußerst individuellen Variationen heben jeweils unterschiedliche Stimmungsmomente hervor und setzen dementsprechend auch spieltechnische Akzente: Var. 1 mit verspielten Staccato-Triolen und Pralltrillern; Var. 2 mit schnellen Tonrepetitionen, so daß man sich kaum noch im »langsamen Satz« wähnt, wobei die nachklappende Klavierbegleitung den Scherzando-Charakter betont; Var. 3 mit chromatisch gefärbten geheimnisvollen Moll-Gängen; und Var. 4 mit reichem Fioriturenwerk des Klaviers, in das sich das Pizzicato der Geige dezent einfügt. Eine längere Coda hängt rückblickend der reichen Ausdruckswelt dieses vielfältig schillernden Satzes nach.

Auch im *Finale* bleiben wir in (A-)Dur; es war ursprünglich als Schlußsatz für op. 30/1 vorgesehen und ist ausnahmsweise kein Rondo, sondern ein Sonatensatz, der freilich durch die ständigen Wiederholungen seines Hauptgedankens rondoartige Züge annimmt. Über 539 Takte hin dominiert lebhafte 6/8-Bewegung, entweder im gestoßenen auftaktigen »kurz–lang« (♪|♩) oder im rasenden Lauf der Triolen. Nur wenige Male scheint der Fortgang zu stocken: in der zweimaligen Wiederkehr eines 2/4-Seitenthemas und kurz vor Schluß, in wenigen Adagio-Takten. – Verglichen mit den Sonaten op. 30 sind in der »Kreutzer-Sonate« die Satzproportionen erkennbar angewachsen; sie bedeutet einen gewichtigen Schritt auf dem Weg zur großen Konzertsonate des 19. Jahrhunderts.

Sonate G-Dur op. 96

Komponiert 1812; Erzherzog Rudolph von Österreich gewidmet.
Allegro moderato – Adagio espressivo – Scherzo: Allegro – Poco allegretto.

Zu Unrecht steht Beethovens letzte Sonate in dieser Besetzung im Schatten ihrer unmittelbaren Vorgängerin; ein Grund dafür ist leicht zu erkennen: Musikantischer Effekt und konzertante Virtuosität sind stark zurückgedrängt zugunsten verinnerlichter Poesie, zumindest in den beiden ersten Sätzen. Opuszahl und Widmung deuten direkt auf die klangliche und geistige Nähe zum großen B-Dur-Trio (op. 97; 1811); diese **»Erzherzogssonate«** ist ihr unmittelbares, gleichgewichtiges Pendant und mit ihr gemeinsam Summe und Abschluß von Beethovens mittlerer Periode, zugleich Ausblick und Versprechung auf den sich ankündigenden Spätstil in Klaviersonate und Streichquartett.
Erstmals hemmt ein »moderato«-Zusatz den Vorwärtsdrang eines Eröffnungs-*Allegros* – dies und seine stark melodisch-klangliche Ausprägung verweisen ahnungsvoll auf Schubert, dessen große Klavier- und Kammermusikwerke nur ein reichliches Jahrzehnt später entstehen werden. Zart, mit schmeichelndem Trillerauftakt, spielen beide Instrumente einander den melodischen Grundeinfall zu, aus dem sich sogleich ein zwanglos-zielloses Spiel mit Dreiklangsbrechungen entwickelt.

Ein zweiter Gedanke entsteht aus vorwärtsstrebender Tonwiederholung, die sich sofort wieder zu triolischem Fließen mildert. Das rhythmisch-punktierte eigentliche 2. Thema ist ebenfalls in Triolen eingebettet; aus einem Trugschluß (B-Dur) entspinnt sich eine Trillersteigerung, die wieder zu Dreiklängen und Tonleiterspielereien überleitet. Ein letztes, sehr vorhaltgeladenes Gesangsthema beendet die Exposition, nach wie vor über ununterbrochenen zarten Triolen – auch dies eine Schubert-Vorahnung! – Die gesamte Durchführung verzichtet auf allen Kontrast und beschränkt sich, über pausenlosen Triolen, auf eine Fortführung dieses letzten Gedankens, von dem als Rest lediglich der Vorhalt übrigbleibt, und auf das reizvolle Klangbild der Triolenbewegung. Ganz unauffällig vermittelt eine zweimalige Vorausnahme des Anfangstrillers zur Reprise. Die längere Coda schließt sich ihr nahtlos an und holt scheinbar Versäumtes nach, indem sie nun auch mit dem Kopfmotiv »arbeitet« und – erstmals im ganzen Satz – Sechzehntel-Bewegung zuläßt.

Das *Adagio* (Es-Dur, 2/4) ist ein Stück introvertierter Kammermusik; sein Thema hat ähnlich gelassene innere Größe und Abgeklärtheit wie das des langsamen Satzes im B-Dur-Trio. Seine Form ist schlicht: Nacheinander erscheinen 2 Melodiephrasen in Klavier und Violine, die sodann in umgekehrter Instrumentierung wiederkehren und über einem 14taktigen Tonika-Orgelpunkt in zarten Arabesken ausklingen. Im vorletzten Takt gibt es den bei Beethoven ziemlich einzigartigen Effekt eines akkordischen Klaviertremolos (pp); der ganze Satz bewegt sich in vielfältig abgestuften Piano-Graden, es ist kein einziges f vorgeschrieben – ein Beispiel subtilster Instrumentationskunst!

Scherzo und Finale sind demgegenüber wesentlich diesseitiger. Das g-Moll-*Scherzo* steckt voller sperriger sf-Akzente gegen den Takt, mit einem freundlich sich wiegenden *Trio* (G-Dur) in der Mitte, dessen Melodiebögen bis in höchste Lagen hinaufführen. – Das *Finale* (2/4) ist, obwohl nicht ausdrücklich so bezeichnet, eine Variationenreihe über ein harmlos-heiteres Tanzthema, das freilich sehr frei und gelegentlich bizarr verändert wird. Im Mittelpunkt steht ein ausdrucksvoll figuriertes Adagio, und vor der befreienden Wiederkehr des Themas selber und anschließender kurzer Stretta gibt es gar ein kleines geheimnisvolles g-Moll-Fugato.

In gleicher Besetzung hinterließ Beethoven ferner die **12 Variationen über »Se vuol ballare signor contino«** (aus Mozarts »Figaro«; WoO* 40) sowie ein **Rondo G-Dur** (WoO 41), beide 1793, schließlich noch als Gelegenheitsarbeit **6 Deutsche Tänze** (WoO 42; 1795/96).

* WoO = Werke ohne Opuszahl; Numerierung nach *Georg Kinsky und Hans Halm: Das Werk Beethovens. Thematisch-bibliographisches Verzeichnis seiner sämtlichen vollendeten Kompositionen.* München und Duisburg [1955].

Sonaten für Klavier und Violoncello

Obwohl Beethoven nur genau halb so viele Sonaten mit Violoncello wie mit Violine komponiert hat, ist diese relativ geringe Anzahl doch erstaunlich genug: denn mit dieser Besetzung betrat er energisch Neuland, während die »Violinsonaten« bereits auf eine beachtliche Tradition zurückblicken konnten. Um so frappierender ist es, daß diese 5 Werke den Eindruck des Suchens und Experimentierens kaum aufkommen lassen, sondern allesamt als souveräne Meisterwerke gelten können. In ihnen erweist sich, daß das Violoncello ein der Violine ebenbürtiges Soloinstrument ist, das dieser – bei andersartigem Timbre – in der Höhe kaum nachsteht und ihr zusätzlich die sonore Baßlage voraushat. So setzt Beethoven denn auch den kantablen Farbenreichtum aller Lagen dieses Instruments ebenso geschickt ein wie seine konzertant-virtuosen Möglichkeiten, um es vom Klavier abzuheben und zu einem bereits relativ gleichberechtigten Partner zu machen.

Sonaten op. 5

Komponiert 1796; König Friedrich Wilhelm II. gewidmet.

Op. 5 Nr. 1 F-Dur

Adagio sostenuto – Allegro – Allegro vivace.

Op. 5 Nr. 2 g-Moll

Adagio sostenuto ed espressivo – Allegro molto più tosto presto – Rondo: Allegro.

Die besondere, möglicherweise an Boccherini orientierte formale Anlage ist diesen beiden Sonaten gemeinsam. Zum 1. Allegro führt jeweils eine weitgespannte Adagio-Einleitung, die den üblichen langsamen Mittelsatz entbehrlich macht oder auch vorwegnimmt. Beide Einleitungen haben durchaus fantasieartigen Charakter.

In der **F-Dur-Sonate** kontrastiert sodann die gerade Taktart des Sonatensatzes mit der beschwingten 6/8-Ausgelassenheit des Schluß-Rondos. Beide haben respektable Ausmaße (366 und 300 Takte) und glänzen trotz konstruktiver Raffinesse mit Spielfreudigkeit und einem gehörigen Schuß Virtuosität. Der hüpfende Hauptgedanke des Finales ertönt sogleich in enger Imitation beider Instrumente (Zitat S. 456).
Die **g-Moll-Sonate** stellt dazu das dunklere Gegenstück dar, und ihre beiden Hauptsätze kehren das metrische Kontrastprinzip ihrer freundlicheren Schwester genau um: Auf die Dreierbewegung folgt der gerade (2/4-)Takt, während die Reihenfolge der Formmodelle gleich ist. Der 1. »fast presto«-Sonatensatz entwickelt seine beiden Hauptthemen wieder einmal recht typisch

aus dem Material der Tonleiter. Dagegen führt das Rondo-Finale zurück in eine heitere, melodisch verspielte Tagwelt, so als habe es die Schatten des Vorangegangenen gar nicht gegeben.

Sonate A-Dur op. 69

Komponiert 1808; Baron von Gleichenstein gewidmet.
Allegro ma non tanto – Scherzo: Allegro molto – Adagio cantabile, Allegro vivace.

Die einzeln stehende, sehr konzertante mittlere Sonate unterscheidet sich von ihren beiden Vorgängerinnen formal, doch auch sie verzichtet auf einen eigenständigen langsamen Satz. Das *Adagio* hebt zwar an wie ein groß angelegter ausdrucksvoller Gesang, mündet jedoch schon nach 18 Takten über eine Dominantfermate in das schwungvolle Sonatensatz-*Finale* mit seinem spielerischen Tonleiter- und Figurenwerk. – Auch der *Kopfsatz* folgt wiederum dem Sonatenmodell, mit einem ungewöhnlichen Cellosolo zu Beginn. Gerade dieser Satz ist ein Meisterwerk an makelloser Ausgewogenheit aller Elemente: in der formalen Balance seiner einzelnen Teile bis hin zur ausgedehnten Coda, zugleich mühelos vermittelnd zwischen musikantischer Virtuosität und weit schwingender edler Gesanglichkeit nicht nur des Melodieinstruments, sondern auch des Klaviers, etwa in der kontrastreichen Durchführung. – Das bizarre a-Moll-*Scherzo* wird in typisch Beethovenscher Manier zur Fünfteiligkeit gedehnt: Dreimal erklingt sein A-Teil mit den charakteristischen Synkopen:

dazwischen zweimal das A-Dur-*Trio* mit seinen Terz- und Sextparallelen über paukenwirbelähnlichen Bässen, bevor der Satz in ganz fahlen Unisono-Farben verhaucht.

Sonaten op. 102

Komponiert 1815; Gräfin Marie von Erdödy gewidmet.

Verblüffend ist die stilistische Andersartigkeit dieser beiden letzten Violoncellosonaten. Nur 7 Jahre nach op. 69 erleben wir hier alle wesentlichen Merkmale von Beethovens »Spätstil«: Einbezug von Elementen der Polyphonie, also einer deutlich linearen Melodieführung über weite Strecken hin; daneben eine Lockerung der formalen Prinzipien zugunsten einer abwechslungsreichen, flexiblen Verarbeitung der Gedanken; zugleich eine stärkere Einbindung der virtuosen Anteile in den übergeordneten Zusammenhang. So entsteht in beiden Werken der Eindruck des fantasieartigen Experimentierens, was sich auch im häufigen Verwischen der Satzgrenzen zeigt.

Op. 102 Nr. 1 C-Dur

Andante – Allegro vivace – Adagio, Tempo d'Andante, Allegro vivace.

In der C-Dur-Sonate leitet das zärtliche (»teneramente«) Andante quasi kadenzierend unmittelbar zum Allegro über, dessen Charakter vor allem durch das energisch punktiert auf- und abfahrende Hauptthema bestimmt wird (Zitat S. 459 oben). Die Satzdimensionen sind hier wie auch in den anderen Teilen merklich knapper, konzentrierter als noch in op. 69. Ein leerer Fermatentakt trennt die Schlußoktaven des ersten

Allegro-Satzes vom eher intermezzoartigen Adagio, das in eine Reminiszenz des Einleitungs-Andantes mündet. Wie kontrastreich und zugleich doch konstruktiv-dicht diese Musik angelegt ist, zeigt der Beginn des Final-Allegros: sein rhythmisch markantes Kopfmotiv prägt seinen gesamten Ablauf. Dieses Motiv aber steht zwar im schärfsten Ausdruckskontrast zum Grundeinfall der Andante-Teile, ist jedoch als seine direkte Umkehrung vom gleichen Tonleiterausschnitt abgeleitet:

Op. 102 Nr. 2 D-Dur

Allegro con brio – Adagio con molto sentimento d'affetto – Allegro fugato.

Die D-Dur-Sonate beginnt ohne Umweg mit einem konzentrierten Sonatensatz, der in seinem Umfang von ähnlicher Knappheit ist wie sein C-Dur-Gegenstück. Hier wie dort fällt die sorgfältige Bezeichnung des Notentextes mit sehr gegensätzlichen dynamischen Vortragszeichen auf, ein weiteres Merkmal des späten Beethoven. – 2. und 3. Satz sind durch eine Dominantfermate verbunden. Auf ein recht ausgedehntes, sich in aller inneren Ruhe entfaltendes Ausdrucks-Adagio – man beachte die geradezu pedantisch-besorgte Betonung von Gefühl und Affekt in der Satzüberschrift! – folgt einer jener fugierten Sätze, in denen Beethoven »mit einigen Freiheiten« polyphone Satzkünste entfaltet. Auch hier wirkt das künstlerische Prinzip des Kontrastes so schlicht wie effektvoll: fantasieartig variiertes Melodie- und Motivspiel im Adagio, spröde und manchmal fast abstrakt das Liniengeflecht des Allegros, das sich jedoch gegen Ende unmerklich in eine spielerische Tonleiterimprovisation aufzulösen scheint.

Variationen für Violoncello und Klavier

Neben den gewichtigen Duosonaten mit Cello hinterließ Beethoven noch 3 Variationszyklen in gleicher Besetzung, die alle im Zeitraum um die Jahrhundertwende herum entstanden sind.

12 Variationen über ein Thema aus dem Oratorium »Judas Maccabäus« von Händel G-Dur (WoO 45)

Komponiert 1796; Fürstin Christiane von Lichnowsky gewidmet.

Den Variationen liegt eine uns als Weihnachtslied (»Tochter Zion, freue dich«) geläufige hymnische Melodie zugrunde. Sie wird in einer Kette von 12 sowohl das konzertante Element wie die figurativ-spielerische oder auch die lyrische Seite auskostenden Variationen phantasievoll verändert: zunächst (Var. 1) vom Klavier allein, später auch einmal polyphon in imitatorischer Verflechtung der führenden Stimmen (Var. 6), schließlich nach besinnlich zurückhaltendem Ruhepunkt (Var. 11, Adagio) im tänzerischen 3/8-Kehraus der letzten Variation.

Den beiden anderen Zyklen liegen Themen aus Mozarts »Zauberflöte« zugrunde:

12 Variationen über das Thema »Ein Mädchen oder Weibchen« F-Dur op. 66

Erschienen 1798.

Auch dieser Zyklus wird in Var. 1 vom Klaviersolo eröffnet; es folgen sehr charakteristisch voneinander abgesetzte, ungemein konzentrierte Veränderungen, die oft jeweils von einem einzelnen Motiveinfall oder von einer klanglichen Idee beherrscht werden: etwa von synkopisch nachklappenden Begleit-Sechzehnteln im Klavier (Var. 3), von einer punktiert aufsteigenden Dreiklangsbrechung in der Imitation (Var. 4), von Staccato-Effekten (Var. 8); dann gibt es – ganz gegen die Gewohnheit – 2 langsame Teile nacheinander (Var. 10 und 11) und am Ende einen beschwingten 3/4-Takt-Ausklang.

7 Variationen über das Duett »Bei Männern, welche Liebe fühlen« Es-Dur (WoO 46)

Komponiert 1801; Graf Johann Georg von Browne gewidmet.

Hier bilden die einzelnen Variationen in ihrem hohen kompositorischen Anspruch einen kunstvollen Gegensatz zum volksliedhaft schlichten Thema, so daß fast eine Folge von kleinen Charakterstücken entsteht, die eine Fülle von Möglichkeiten des kammermusikalischen Konzertierens dieser beiden Instrumente ausschöpft.

Die **Bearbeitung des Streichtrios op. 3** für Klavier und Violoncello (als **op. 64**, 1807) stammt nicht von Beethoven selbst.

Klaviertrios

Auch für das Trio mit Klavier hat Beethoven Pionierarbeit geleistet. War bei Haydn und auch noch bei Mozart das Violoncello über weite Strecken an die Baßstimme des Klaviers gebunden, indem es diese verstärkte und färbte, gab Beethoven ihm endlich seine Selbständigkeit und Gleichberechtigung. Erst auf diese Weise wurde zugleich auch die rechte klangliche Balance zwischen den 3 beteiligten Instrumenten erreicht, wobei gerade die beiden Streichinstrumente im Verein auf natürliche Weise zum gemeinsamen Gegenpol des Tasteninstruments wurden. Unter Beethovens 11 bekannten Werken und Einzelsätzen für Klavier, Violine und Violoncello ist, wie bei den Sonaten mit Violine, kein Spätwerk zu finden.

Trios für Klavier, Violine und Violoncello op. 1

Fürst Karl von Lichnowsky gewidmet; erschienen 1795.

Mit dem Erscheinen seines op. 1 begründete Beethoven recht eigentlich, trotz Haydn und Mozart, erst die Gattung Klaviertrio. Die Opuszahl dieser ersten Dreiergruppe ist irreführend, denn sie erschien erst im Jahre 1795 im Druck; ihre Entstehung liegt allerdings früher, nämlich 1793/94. Wiederum, wie bei den Sonaten mit Violoncello oder mit Violine, sind Erfindungsreichtum und formale Meisterschaft bei diesen Erstlingen staunenswert. Die 3 Trios stellen bereits einen ganzen Kosmos an Ausdrucksvielfalt und gerade auch klanglicher Ausgewogenheit dar. Ihr Bauplan ist jeweils gleich; er folgt dem klassischen Standard mit einem langsamen Satz an zweiter und einem stilisierten Tanzsatz an dritter Stelle sowie je einem eröffnenden und einem beschließenden Sonatensatz.

Op. 1 Nr. 1 Es-Dur

Allegro – Adagio cantabile – Scherzo: Allegro assai – Finale: Presto.

Im *1. Satz* des Es-Dur-Trios kontrastieren die beiden Hauptthemen geradezu schulbuchmäßig und liefern so die Basis für eine sehr breite Ausdrucksskala: energisch und staccato im Dreiklang aufstrebend das 1., lyrisch und zwischen legato und portato weich ausschwingend das 2. – Der *langsame Satz* wird zum innigen Stimmungsbild mit seinen weiten edlen Melodielinien und zarten Begleitfiguren; sein Hauptgedanke ist ein 8taktiger Spannungsbogen, dem man seine Herkunft von der Tonleiter gar nicht anmerkt:

Der *3. Satz* ist mit seiner geschwinden Ganztaktigkeit bereits ein echtes Scherzo, auch wenn Beethoven in der originalen Violinstimme noch traditionsverhaftet »Menuetto« notiert hat. Die Grundtonart Es-Dur wird erst auf harmonischen Umwegen von c-Moll aus gefunden; motivisch prägend ist ein kleines Vorschlagsmotiv, das für ständige motorische Vorwärtsbewegung und kompositorische Dichte sorgt. Das As-Dur-Trio hebt sich davon wirkungsvoll ab durch seine konsequente Beschränkung auf zwei Stilmittel: lang ausgehaltene unthematische Harmoniestimmen der Streicher sowie ständiges gleichmäßiges Unisono im Klavier bei völligem Verzicht auf Rhythmisierung. – Das *Finale* läßt mit seiner übermütig verspielten Thematik eher an ein Rondo denken, entfaltet jedoch unter seiner Oberfläche heiterer Virtuosität ein erstaunliches Maß an motivisch-thematischer Verarbeitungstechnik.

Op. 1 Nr. 2 G-Dur

Adagio, Allegro vivace – Largo con espressione – Scherzo: Allegro – Presto.

Das G-Dur-Trio greift die Tradition der langsamen *Einleitung* auf, wie sie uns einige Jahre später unter anderem in den beiden ersten Sinfonien Beethovens wiederbegegnet. Überraschenderweise stellt sich aber schon (T. 3) das Hauptthema des nachfolgenden umfangreichen *Sonatensatzes* vor, so daß sich über den bloßen Einleitungscharakter hinaus auch eine enge substantielle Verbindung beider Teile ergibt:

Das folgende *Largo* in E-Dur entspricht sicher in allen seinen Merkmalen der Idealvorstellung eines langsamen Satzes, zumal bei Beethoven. Seine beiden Themen sind Musterbeispiele melodischer Vollkommenheit, voller Zartheit der Empfindung und gestalterischer Logik in Proportion und motivischer Ausgewogenheit. Und obwohl das Klavier ganz unauffällig, aber konsequent die Führung übernimmt, stört es doch nie die klangliche Balance der 3 Instrumente – auch die Kunst der Instrumentation trägt entscheidend zur atmosphärischen Wirkung dieser Musik bei.

Inmitten des knapp gehaltenen *Scherzos* mit seinem imitatorischen Anfang steht ein durchsichtiges kleines h-Moll-*Trio*, dessen Thema bereits die neckischen Tonwiederholungen des nachfolgenden Finales ankündigt. Dieses *Presto* lebt nun ganz von Spielwitz und Musikantentum – weit vor Gustav Mahler und viel unbekümmerter setzt Beethoven hier in aller Direktheit die Banalität eines simplen melodischen Einfalles ein, als Anstoß zu turbulentem und mitreißendem Mit- und Gegeneinander. Dabei durchzieht das Prinzip der ständigen Tonwiederholung den ganzen Satz und paßt sich jeweils den unterschiedlichen Fähigkeiten der Instrumente an: Bekanntlich ist die schnelle Tonrepetition auf dem Tasteninstrument sowohl aus technischen wie aus physiologischen Gründen eine recht problematische Angelegenheit und muß deshalb durch allerlei Kunstgriffe wie Oktav- und Akkordtremolo ersetzt werden.

Op. 1 Nr. 3 c-Moll

Allegro con brio – Andante cantabile con Variazioni – Menuetto: Quasi allegro – Prestissimo.

Das 3. Werk der Gruppe trägt die bisher weitgehend ausgesparten Ausdrucksregionen des Düsteren, Tragischen und Wilden auf eindrucksvolle Weise nach. Es ist hinreichend bekannt, daß Beethoven gerade der Tonart c-Moll seine dramatischsten und auch programmatische Hintergründe andeutenden Einfälle anvertraute, ohne daß man deshalb gleich das Wort vom »Schicksal« bemühen müßte. – Der eröffnende Unisono-Gedanke des *1. Satzes* charakterisiert wie ein Motto die Stimmung. Erst nach 10 Takten des Suchens, Fragens erklingt das eigentliche prägnante und motivisch konstruierte Hauptthema:

Die Konturen des Sonatensatzes bleiben überall erkennbar und werden doch virtuos überspielt oder variiert: Ein 2. Thema in zartem (»dolce«) Es-Dur bringt den nötigen Kontrast, wobei man allzu leicht überhört, daß ihm seine eigene Umkehrung als Gegenstimme gleich beigegeben ist:

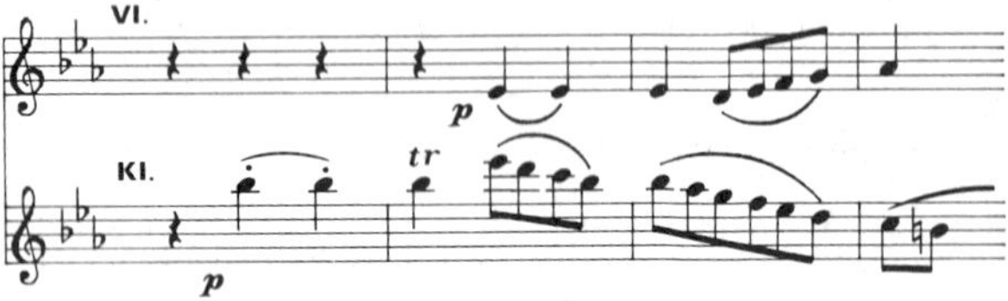

Aber auch Eröffnungsmotto und 1. Thema kehren wieder, sowohl noch in der Exposition als vor allem im Verlauf der Durchführung, die sie über weite Strecken hin prägen.
Die nachfolgenden *Andante-Variationen* bringen dann die notwendige Entspannung. Das liedhaft schlichte Thema wird fünfmal sehr frei und phantasiereich verändert: In Var. 1 und 3 dominiert das Klavier, während es in Var. 2 die einander imitierenden Streicher begleitet; es folgt eine synkopendurchsetzte es-Moll-Variation, vor der abschließenden, leicht beschleunigten letzten Veränderung und einer ruhig ausklingenden Coda.

Im *Scherzo* wirkt das c-Moll nun eine Spur weniger drohend, wobei in dem kleinen Zusatz »quasi« (Allegro) eine ganz leichte Tempobremse enthalten zu sein scheint, hin zum altertümlichen »Menuetto«. Das *Trio* stellt den lichtesten Moment des ganzen Werkes dar, mit leicht hingeworfenen Tonleitern und Dreiklängen im reinsten C-Dur. – Das *Finale* jedoch knüpft unmittelbar an die Aussage des Kopfsatzes an und steigert sie noch um die Dimension des Wilden; man könnte sich hier durchaus den Zusatz »pathétique« denken. Der durchlaufenden motorischen Bewegung stemmt sich lediglich das gesanglich retardierende Seitenthema entgegen, das dann überraschenderweise auch in der recht verinnerlichten Durchführung die führende Rolle übernimmt. Ein Kuriosum stellen schließlich die Schlußtakte dar: Unversehens wird C-Dur erreicht, huschend aufsteigende Tonleitern vor leisem akkordischem Hintergrund, und der verdutzte Hörer fühlt sich mit 2 pp-Schlußakkorden an der Nase herumgeführt – war die ganze Moll-Düsternis zuvor nur ein Spuk? Ein lustiger Dur-»Kehraus« wie noch nach Moll-Werken Haydns ist das jedenfalls nicht!
Beethoven hat dieses Trio op. 1 Nr. 3 im Jahre 1817 eigenhändig zum Streichquintett (op. 104) umgearbeitet.

Trio B-Dur für Klarinette (Violine), Violoncello und Klavier op. 11

Komponiert 1798; Gräfin Maria Wilhelmine von Thunn gewidmet.
Allegro con brio – Adagio – Thema: »Pria ch'io l'impegno« / Allegretto / Allegro.

Das 4. Trio entstand drei Jahre nach dem Erscheinungsjahr von Beethovens op. 1. Die Zweitfassung des Komponisten mit Violine statt der Klarinette ist durchaus nicht nur als Gelegenheitsalternative anzusehen, für den (häufigen) Fall, daß man keinen Bläser hat. Sie verdient es vielmehr, genau so ernst genommen zu werden, wenn ihr auch naturgemäß die reizvolle Farbigkeit der in sich so gegensätzlichen Dreierbesetzung abgeht. Ein Vergleich mit späteren Klarinettenkompositionen (etwa von Weber oder Brahms) lehrt jedoch, daß Beethoven die Oberstimme keineswegs so instrumententypisch gesetzt hat, daß sie etwa nur unter Verlusten auf die Geige übertragbar wäre.
Das ganze 3sätzige Trio hält einen liebenswürdigen, spielerischen, bisweilen virtuosen Tonfall durch, bei insgesamt bemerkenswerter Ausgewogenheit der klanglichen Balance. Das eröffnende Sonatensatz-*Allegro* zeigt dazu manchmal Züge gro-

ßer Ernsthaftigkeit, die wirkungsvoll zum sonst freundlichen Grundton kontrastieren, so etwa gleich im markanten Unisono-Beginn, dem jedoch sofort, noch innerhalb der thematischen Periode, die schmeichelnde Antwort folgt. Eine geheimnisvolle harmonische Rückung über die Moll-Parallele mit ihrer vorgeschalteten Zwischendominante ist der Umweg zum 2. Thema; und dem wiederum folgt überraschend eine polyphon-imitatorische Passage aller 3 Instrumente. – Das *Adagio* gibt Klarinette und Violoncello Gelegenheit zu ausgebreiteter Kantabilität und läßt das Klavier mit allerlei Verzierungs- und Figurenwerk leuchten. – Ein reißerisch-freches *Thema* ist danach Anstoß zu 9 recht eigenwilligen *Variationen* mit abschließender durchführungsartiger Coda:

Die Melodie stammt aus der Oper »L'amor marinaro« (»Der Korsar aus Liebe«) von Joseph Weigl, einem recht erfolgreichen Zeitgenossen Beethovens.

Trios op. 70

Komponiert 1808; Gräfin Marie von Erdödy gewidmet.

Diese beiden Trios präsentieren sich in der ganzen klassischen Ausgewogenheit von Beethovens mittlerer Schaffensperiode, voller Ausdruckstiefe und -vielfalt und mit durchgängigem konzertantem Anspruch.

Op. 70 Nr. 1 D-Dur

Allegro vivace e con brio – Largo assai ed espressivo – Presto.

Der dem D-Dur-Trio irgendwann einmal angeheftete unselige Titel **»Geistertrio«** ist irreführend, denn er lenkt die Hörerwartung in eine völlig falsche Richtung, obwohl programmatische Hintergründe in dieser Musik nicht einmal zu erahnen sind.
Der *1. Satz*, ein knapp-konzentrierter Sonatensatz, lebt von Gegensätzen auf engstem Raum, so als wolle er gleich alle Ausdrucksregionen dieser Gattung vorführen. Sein Beginn vereinigt scheinbar Unvereinbares: Zuerst ein stürmischer Unisono-Aufstieg in 4facher Sequenz eines 4tönigen Tonleiterausschnit-

tes, dann ein momentanes Verharren auf der überraschend eingefügten Moll-Terz; im Baß tritt die tief alterierte Sexte hinzu – und wie befreit setzt auf einmal ein Gesangsthema ein, alternierend in beiden Streichern und vom Klavier aufgegriffen. Diesem Material tritt schließlich noch ein punktierter Gedanke gegenüber:

der sich wirkungsvoll vom Auf und Ab der begleitenden Tonleitern abhebt. Die Durchführung ist ein Musterbeispiel motivisch-thematischer Arbeit, in die auch kontrapunktische (Imitations-) Künste einbezogen werden. Dabei spielen vor allem das 3-Noten-Motiv aus Takt 8 des 1. Themas eine wichtige Rolle sowie der rhythmisierte Motivkopf vom Anfang. Interessanterweise greift Beethoven in diesem Satz eine alte, längst überwunden geglaubte Tradition wieder auf: Er läßt auch Durchführung und Reprise wiederholen, bevor eine zart ansetzende Coda zum Schlußhöhepunkt führt, der an den Satzanfang erinnert, nur jetzt in umgekehrter musikalischer Reihenfolge.
In d-Moll-Abgründe führt das eigenwillige *Largo*, das in fahlem Streicher-Einklang einsetzt und dem Klavier die Vorstellung jenes ungemein sprechenden Motivs überläßt, das dann weite Strecken des Satzes prägt:

Wir haben hier eines der klanglich ausgefeiltesten und originellsten Stücke Beethovens vor uns; an seiner sinnlich packenden Wirkung sind vor allem drei Kunstgriffe entscheidend beteiligt: die Ausnützung extremer Lagen, und zwar auch in unmittelbarem Nebeneinander (besonders im Klavier); die ebenso extrem abgestufte gegensätzliche Dynamik zwischen pp und ff, mit zahlreichen Crescendo- und Diminuendo-Phasen; schließlich die phantasiereichen Tremolo- und Trillereffekte im Klavier. Manches unbedachte Vorurteil gegenüber einer angeblichen Nachlässigkeit Beethovens beim Instrumentieren läßt sich mit diesem Satz ausräumen!

Das Dur-*Finale* kehrt auf der Basis des Sonatensatzes dann in die diesseitige Welt des Anfangs zurück und fügt ihr noch einen Schuß Virtuosentum hinzu, angereichert durch allerlei überraschende harmonische Wendungen – so verrennt sich etwa das Hauptthema gleich im 4. Takt auf einer Fis-Dur-Fermate. Groß ist im übrigen auch hier der klangliche Reiz des immer durchsichtigen und durchhörbaren Tonsatzes.

Op. 70 Nr. 2 Es-Dur

Poco sostenuto, Allegro man non troppo – Allegretto – Allegretto ma non troppo – Finale: Allegro.

Das Es-Dur-Trio gibt sich insgesamt leichtgewichtiger, entspannter als Nr. 1, ohne deshalb anspruchsloser zu sein. Die Einleitung des *Kopfsatzes* ist diesmal nicht (wie traditionsgemäß, z. B. in op. 1/2) ein Adagio, sondern bereits in recht fließendem Tempo gehalten, mit einem in dreifacher Imitation der Instrumente einsetzenden Thema, das später kaum verändert zum Seitensatz des folgenden Sonatensatzes überleiten wird:

Der steht im spielerischen ungewohnten 6/8-Takt und ist ganz dem kapriziös-tänzerischen Charakter dieses Metrums verpflichtet. Kurz vor seinem Ende klingt als Reminiszenz noch einmal das Anfangs-Sostenuto an.

Ähnlich wie in der 7. und vor allem der 8. Sinfonie folgt nun statt eines tiefsinnigen langsamen Satzes ein freundlich bewegtes *Allegretto*, das mehrfach zwischen C-Dur und c-Moll pendelt und dabei die entsprechenden Formteile bei ihrer Wiederkehr jeweils unauffällig variiert. Schließlich behält doch Moll das letzte Wort. – Der *3. Satz* bringt menuettähnliche Charakteristik, ohne dies ausdrücklich so zu benennen; die ursprüngliche Dreiteiligkeit weitet sich durch einen zusätzlichen Durchgang zur Beethoven-typischen Fünfteiligkeit aus. Im trioartigen Mittel-(B-)Teil alternieren sehr reizvoll mehrmals Streicher- und Klaviersatz, während im A-Teil liedhafte Periodik dominiert. – Das *Finale* ist dann – im positiven Sinn – reinste gutgelaunte

Unterhaltungsmusik, voller zahlreicher Einfälle und mit den ausgeprägtesten konzertant-virtuosen Elementen aller 4 Sätze.

Trio B-Dur op. 97

Komponiert 1811; Erzherzog Rudolph von Österreich gewidmet.
Allegro moderato – Scherzo: Allegro – Andante cantabile – Allegro moderato, Presto.

Mit seinem vorletzten Trio zieht Beethoven gewissermaßen die Bilanz aller kammermusikalischen Errungenschaften dieser Gattung. Er liefert in allen 4 Sätzen geradezu modellartige Beispiele der jeweiligen Form, wobei die äußeren Dimensionen noch einmal gewachsen und ausdrucksmäßig alle denkbaren Ebenen völlig nahtlos vereinigt sind. Wie auch in seinem zeitlich unmittelbar benachbarten Schwesterwerk, der Sonate op. 96, liegt aber über allem ein unüberhörbarer poetischer Zug, der sogleich das Hauptthema des *1. Satzes* prägt. Er beginnt, erstmals unter den Trios, im Klavier allein, und sein Charakter ist unmißverständlich durch zwei Zusätze gekennzeichnet: »moderato« und vor allem »dolce«:

Zwei Bausteine dieses edlen Einfalls werden im weiteren Verlauf, und zwar nicht erst in der Durchführung, sondern bereits in der Exposition, motivisch wirksam: die ersten 5 Töne und der Trillerabschluß (Klammern im Notenbeispiel). Den angewachsenen Dimensionen des Satzes gemäß treten 2 weitere Themen hinzu, nämlich ein tänzerisch und gelöst anmutendes im überraschenden G-Dur und schließlich in gleicher Tonart noch ein emphatisches voll innerer und äußerer Dynamik, das aus einer absteigenden Triolentonleiter herauswächst, so daß sein Anfang kaum genau zu bestimmen ist:

Die ausgebreitete Durchführung beschäftigt sich vor allem mit dem Kopfmotiv des Hauptthemas und mündet schließlich in eine klanglich äußerst delikate Spielphase voll duftiger Triller, Terzen- und Sextenparallelen und Pizzicato-Kontrasten der Streicher, bevor ganz zart und heimlich hinter leisen Trillern und ohne ausdrückliche Dominantspannung die Reprise eintritt.

Das *Scherzo* ist diesmal an die zweite Stelle vorgezogen, bleibt zwar in traditioneller Dreiteiligkeit, weitet jedoch jeden der Teile beträchtlich aus. Teil A lebt ganz von einem Thema, das nichts als eine rhythmisierte ansteigende Tonleiter ist, zunächst im tänzerischen Staccato, später auch im kantablen Legato. Das (nicht so bezeichnete) *Trio* führt in ein nebelhaftes b-Moll, aus dessen mühseligem chromatischem Quasi-Fugato-Beginn auf einmal ein strahlender Des-Dur-Dreiklang aufsteigt. Nach der vollständigen Wiederkehr des Scherzos erinnert die Coda kurz an den Moll-Mittelteil, bevor das Anfangsthema im energischen Aufstieg den Schlußpunkt setzt.

Die Wirkung des tiefsinnigen *Variationensatzes* (D-Dur) wird durch den aufschiebenden Effekt des vorgezogenen Scherzos gewiß noch gesteigert. Der »cantabile«-Zusatz unterstreicht in diesem Fall wohl doch eher den besinnlichen Charakter und bewahrt vor zu großer Allegretto-Nähe. In 4 stark figurativen Variationen wird das schlichte Gesangsthema allmählich in immer kleinere Notenwerte aufgelöst; ein 5. Teil führt zurück zur Ausgangsmelodie und vereinigt in sich ansatzweise Elemente von Durchführung und Coda, bevor er leise verklingend und attacca direkt in das *Final-Rondo* (2/4) einmündet. Über den Dominantseptakkord wird schließlich nach 4 Takten die Grundtonart B-Dur wiedergefunden:

Der ganze Satz steckt voller temperamentvoller Einfälle, bis hin zu bizarren rhythmischen Verzahnungen und Sprüngen. Eine trillerdurchsetzte Stretta-Coda (Presto) verwandelt die Hauptgedanken in flüchtig-leichte $\frac{6}{8}$-Bewegung. Noch ein letztes Zögern, eine Dominant- und eine überraschende Pausenfermate, und eine stürmische Schlußkadenz aller Instrumente beendet das virtuose Spiel in einem Werk, dessen konzertanter Charakter jedoch nie vordergründig erscheint.

Aus der Zeit vor 1816 stammt ein Nachzügler, das

Klaviertrio g-Moll/G-Dur op. 121a – Variationen über Wenzel Müllers Lied »Ich bin der Schneider Kakadu«.

Introduzione: Adagio assai – Thema: Allegretto.

Dem simpel-volkstümlichen Thema aus Müllers Oper »Die Schwestern von Prag« geht eine ernsthafte g-Moll-Einleitung voran, in deren Verlauf ein absteigendes Vorhaltsmotiv das Geschehen bestimmt und das kommende Variationenthema motivisch vorbereitet wird. Alsdann folgen die 10 abwechslungsreichen Veränderungen; ihre phantasievolle Vielseitigkeit bestätigt wieder einmal die Richtigkeit der Wahl einer unscheinbar-banalen Vorlage. In farbigem Wechsel spielen das Klavier oder die beiden Streicher allein (Var. 1 und 7), begleitet das Klavier eines der Streichinstrumente (Var. 2 und 3) oder alternieren Klavier und Streicher (Var. 8), wird das Thema figurativ umrankt (Var. 4) oder imitatorisch ernsthaft verarbeitet (Var. 5 und 7), und auch das virtuose Element kommt zu seinem Recht (Var. 6). Var. 9 (Adagio espressivo, g-Moll) bringt getragene Töne ins Spiel; danach (Var. 10) wird auch noch das Metrum verändert ($\frac{6}{8}$), bevor ein spielerisches g-Moll-Fugato ohne jede akademische Strenge zum Schluß-Allegretto überleitet. Hier liegt ein Werk vor, das zwar manche Merkmale von

Beethovens Spätstil vorweisen kann (ausgefeilte persönlich gefärbte Variationstechnik, Ausnutzung auch extremer Lagen, Einsatz polyphoner Satztechnik), diese jedoch gleichsam beiläufig im milderen Licht unterhaltsamer Spielmusik vorführt, ohne jeden Ansatz asketischer Konsequenz und philosophischer Sprödigkeit.

Neben diesen bekannten Klaviertrios sind noch einige weitere Werke in Dreierbesetzung zu erwähnen. So gibt es einen zweiten **Variationenzyklus über ein eigenes Thema (op. 44, Es-Dur**; komponiert 1800, im Druck erschienen 1803), einen einzelnen **Triosatz B-Dur** (WoO 39; 1812) sowie ein frühes **Es-Dur-Trio** (WoO 38; vor 1792), das Beethoven ursprünglich gemeinsam mit den 3 Werken op. 1 veröffentlichen wollte, wovon er jedoch später wieder Abstand nahm.
Eine Sonderrolle nehmen schließlich noch mehrere **Bearbeitungen für Klaviertrio** ein: nach dem Septett (als **op. 38**; 1802–03) sowie – als wahres Unikum – eine Einrichtung von fremder Hand (als **op. 63**; 1806) nach dem Streichquintett op. 4 (1795/1796), das seinerseits wiederum eine Beethovensche Eigenbearbeitung seines Oktetts darstellt. – Die Fassung seiner **2. Sinfonie D-Dur** (op. 36; 1806) **für Klaviertrio** ist eher als Arrangement für die Praxis anzusehen, worauf auch manche Klavierauszug-Eigentümlichkeiten des Klaviersatzes hindeuten. – Zumindest für den Hausmusikgebrauch handelt es sich bei den aufgezählten Werken um reizvolle Varianten der jeweiligen Originale, die eine musizierende Bekanntschaft mit den reicher oder zumindest anders besetzten Originalen erleichtern.
Dem jugendlichen 3sätzigen **Trio G-Dur für Flöte, Fagott und Klavier (oder Cembalo)** (WoO 37; 1786–90), mit abschließendem Variationensatz, kommt dagegen nur untergeordnete Bedeutung zu.

Klavierquartette und Klavierquintett

Die 3 **Klavierquartette in Es-Dur** (WoO 36/1), **D-Dur** (WoO 36/2) und **C-Dur** (WoO 36/3) schrieb Beethoven im Alter von 15 Jahren in Bonn; sie erschienen erst nach seinem Tod bei Artaria im Druck in veränderter Reihenfolge (Original: C-Dur, Es-Dur, D-Dur; Artaria: Es-Dur, D-Dur, C-Dur). Alle 3 Werke sind beachtliche Dokumente eines jugendlichen Genies und verdienen vor allem in der Hausmusik durchaus ihren

Platz als abwechslungsreich unterhaltende Kammermusik. Ihre auffälligste Schwäche ist wohl das weitgehende Fehlen einer »durchbrochenen« Arbeit, einer ökonomischen und klanglich durchsichtigen Aufgabenverteilung für die einzelnen Instrumente: Alle sind eigentlich ständig im Einsatz. Das Adagio des C-Dur-Quartetts nimmt das Andante-Thema aus Beethovens 1. Klaviersonate (f-Moll, op. 2 Nr. 1) vorweg. Dem Es-Dur-Quartett geht eine gewichtige und fioriturenreiche langsame Einleitung voran, die fast zu einem eigenständigen Satz wird und attacca in das folgende leidenschaftlich bewegte Allegro con spirito übergeht (im ungewöhnlichen es-Moll); ungewöhnlich ist auch das Finale in Gestalt einer Variationenreihe über ein Cantabile-Thema. Das dritte der Quartette (D-Dur) folgt wieder weitgehend der 3sätzigen Norm, nur steht sein Mittelsatz in der Dominantparallele fis-Moll.

Quintett für Klavier, Oboe, Klarinette, Horn und Fagott Es-Dur op. 16

Komponiert wahrscheinlich 1796/97.
Grave/Allegro ma non troppo – Andante cantabile – Rondo: Allegro ma non troppo.

Dieses Werk aus Beethovens früher Schaffensperiode liegt auch in einer ebenfalls vom Komponisten herrührenden **Quartett-Fassung für Klavier, Violine, Viola und Violoncello** vor. Da beide Originalhandschriften verschollen sind, läßt sich heute nicht mehr bestimmen, welche der Fassungen die primäre ist. In einem Konzert am 6. April 1797, dessen Programmzettel sich erhalten hat, wurde jedenfalls die Quintett-Version gegeben. Beide Fassungen stehen eigenständig und gleichrangig nebeneinander; man kann hier kaum von Original und Bearbeitung sprechen. Wenn man heute spontan die Bläserversion vorzuziehen geneigt sein könnte, dann liegt das wohl an der spezifischen Farbigkeit und Charakteristik des Bläserkolorits, das von Beethoven ungemein flexibel und abwechslungsreich genutzt wird und sich vorzüglich mit dem Klavierklang mischt. Werke dieser Besetzung sind rar, im Gegensatz zu den häufigeren Klavierquartetten mit Streichern.
Das liebenswürdige Werk in der Bläsertonart Es-Dur lehnt sich erkennbar an Mozarts berühmtes Vorbild (KV 452) an; es mischt auf gelungene Weise einen Schuß Serenadenseligkeit mit kammermusikalischer Ernsthaftigkeit. Diese bestimmt etwa den gewichtigen punktierten *Grave-Beginn*; sie prägt auch die

formale Anlage des nachfolgenden *Sonatensatz-Allegros* (3/4) mit seinen freundlichen Hauptthemen und einem weiteren, »dolce« vorgetragenen Gedanken in der Schlußgruppe. Das 1. Thema besteht überdies aus 2 selbständigen Teilen, deren 1. das Klavier zunächst allein vorträgt:

Ihm folgt sogleich (T. 31), in einer von der Klarinette eröffneten Imitationskette, sein 2. Teil. Die Durchführung bezieht sich nur andeutungsweise auf Material der Exposition und geht klangvoll eigene Wege, unterbrochen durch eine Scheinreprise auf der Subdominante As. Zum Ausgleich nimmt dann die Coda noch einmal nach kurzer Klavierkadenz den imitierenden Teil des Hauptthemas auf. – Der *langsame Satz* (B-Dur, 2/4) ist rondoartig angelegt: Sein von der Tonleiter abgeleiteter Hauptgedanke kehrt auch zweimal ausgeziert wieder und wird von 2 milde kontrastierenden Episoden unterbrochen, einmal von der Oboe (Violine) angeführt in g-Moll, später dann mit einer melancholischen b-Moll-Kantilene der Klarinette (Viola). – Das *Final-Rondo* (6/8) schließlich lebt ganz von seinem sprechenden, ungemein einprägsamen Ritornell-Thema, dessen Kopf im Mittelteil durchführungsartig verarbeitet wird.

Kammermusik für Streicher

Streichtrios

Die von den klanglichen Proportionen her gewiß heiklere Gattung des Streichtrios hat Beethoven ausschließlich vor seiner Beschäftigung mit dem Streichquartett gepflegt. Seine 5 Trios entstanden alle vor 1798, also vor seinen 6 meisterhaften Quartett-Erstlingen op. 18. Gerade wegen ihres andersartigen Stimmengefüges kann man sie wohl nur bedingt als Vorstudien zu den Quartetten betrachten, die Beethoven dann sein ganzes Leben lang beschäftigen sollten.
Neben den eigentlichen Streichtrios hinterließ Beethoven noch eine Reihe von kleineren Werken gleicher Besetzung, die jedoch durchweg nicht im engeren Sinn der Gattung angehören.

So gibt es unter den Kontrapunktstudien des Komponisten ein **Präludium mit Fuge e-Moll für 2 Violinen und Violoncello (Kontrabaß)**; erwähnenswert als unterhaltende Gebrauchsmusik sind auch noch 6 **Menuette** (WoO 9) für die gleiche Besetzung.

Trio für Violine, Viola und Violoncello Es-Dur op. 3

Komponiert 1792.
Allegro con brio – Andante – Menuetto: Allegretto – Adagio – Menuetto: Moderato – Finale: Allegro.

Die erhaltenen Quellen dieses Werkes geben einen interessanten Einblick in die Entstehung dieser serenadenhaften und zugleich in manchen Teilen kammermusikalisch ernsthaften Musik, die ohne epigonale Züge doch erkennbar dem Vorbild des Mozartschen Divertimentos KV 563 verpflichtet ist. Divertimentoartig ist die Folge der 6 Sätze mit ihren beiden das zentrale Adagio umrahmenden Menuetten. – Der 1. Sonatensatz (C) zeigt bereits eine erstaunlich ausgewogene Durchsichtigkeit des 3stimmigen Streichersatzes; seine Thematik ist von unterhaltender Beredsamkeit, wobei 2 kleine Elemente vor allem prägend wirken: ein kleines, punktiert aufstrebendes Motiv aus dem Beginn des Hauptthemas:

und die vor allem gegen Ende der Exposition sich mehrenden Synkopen. Es folgt ein tänzerisch-spielerischer Sonatensatz (B-Dur, 3/8) voller duftiger Staccato-Effekte und mit einem trillerverzierten Seitenthema, ein unbeschwert serenadenhafter Satz, der die Dreierbesetzung wie die natürlichste Sache von der Welt wirken läßt. Von den beiden Menuetten ist das 1. von stockenden Pausen und Synkopen durchsetzt und hat ein zart kontrastierendes As-Dur-Trio; das 2. nähert sich eher volkstümlicher Tanzweise, hat jedoch ein exotisch klingendes c-Moll-Trio »nach Dudelsackart«, in dem die Geige über orgelpunktgestützten Bordunklängen ständig das gleiche pralltrillerbesetzte Motiv präsentiert. Ausdrucksvolle Mitte des Werkes ist das weit ausgesponnene As-Dur-Adagio, das in seiner inneren Ruhe und Ausdruckstiefe manchen späteren Quartettsatz vorwegnimmt. Das ausgedehnte Final-Rondo beginnt mit einem ganz unscheinbaren Einfall und überrascht dann durch häufige kontrapunktische Ansätze, unter denen vor allem die recht stürmische c-Moll-Triolenpassage auffällt.

Serenade für Violine, Viola und Violoncello D-Dur op. 8

Komponiert um 1796/97.
Marcia: Allegro – Adagio – Menuetto: Allegretto – Adagio / Scherzo: Allegro molto – Allegretto alla Polacca – Thema con variazioni: Andante quasi allegretto – Marcia.

Diese vielsätzige Spiel- und Unterhaltungsmusik bietet manche Überraschung. So beginnt und endet sie mit dem gleichen Marsch; an zweiter Stelle steht ganz unerwartet ein richtiges Adagio mit arabeskenhaft ausgezierter führender Geigenstimme. Nach einem überschaubar knapp proportionierten Menuett mit neckischem Pizzicato-Ausklang folgt ein seltsames Zwittergebilde: ein d-Moll-Adagio mit 2 schnellen Einschüben, die Beethoven trotz ihres 2/4-Taktes mit »Scherzo« bezeichnet – ein weiter Vorgriff auf spätere Fortentwicklungen des Scherzo-Prinzips etwa in den letzten Quartetten und Sonaten. Der nächste Satz (F-Dur, 2/4) erhält seinen Polka-Charakter durch die prägnante Tanzrhythmik seines Themas

und zeigt doch zugleich kammermusikalisch feinsinnige motivische Verarbeitung. Der Variationensatz bietet in seinen 5 Veränderungen mit Coda auch den beiden Unterstimmen Gelegenheit zum solistischen Hervortreten (Viola: Var. 2, Violoncello: Var. 4 und Coda).
Die Bearbeitung der Serenade zum **»Notturno«** (**op. 42**; 1804) für Klavier und Viola stammt von fremder Hand.

Streichtrios op. 9

Komponiert um 1796/98; Graf von Browne gewidmet.

Op. 9 Nr. 1 G-Dur

Adagio / Allegro con brio – Adagio, ma non tanto et cantabile – Scherzo: Allegro – Presto.

Dem *1. Sonatensatz* geht eine etwas kapriziöse, von kurzen Dreiklangsvorschlägen und Staccato-Figuren durchsetzte *Einleitung* voraus. Die Exposition breitet dann eine Fülle von melodischen Einfällen aus. Unter ihnen überrascht der lyrische Seitensatz durch seinen homophon-akkordischen Satz und durch sein Ausweichen in die Moll-Dominante; auch in der Reprise bewahrt er seinen Moll-Charakter (Moll-Tonika). Die Durchführung setzt sich in erster Linie mit dem Bereich des Hauptthemas auseinander, wobei alle 3 Stimmen sehr ausgewogen am imitatorischen Linienspiel beteiligt werden – Das innig-zarte, eher zum Andante tendierende *Adagio* ist, entgegen seiner ¾-Vorschrift, ein fließender ⁹⁄₈-Satz von großer Klangpoesie. – Zum 3teiligen *Scherzo* ist 1924 noch ein weiteres *Trio* aufgrund eines vollständigen Entwurfs von Beethoven veröffentlicht worden. – Das *Sonatensatz-Finale* gebärdet sich zunächst fast gelehrt und ernsthaft in 2stimmiger Kontrapunktik, bevor sich nach 8 Takten unvermittelt diesseitig-fröhliche Melodik einstellt. Nur wenig später taucht ein kleines Motiv auf, das dann in punktierter Form und in gleicher Reihung zum Hauptthema von Beethovens 1. Sinfonie werden sollte:

In der Reprise wird es später einfach in seiner Richtung umgekehrt. Schließlich gibt es noch einen ganz auf den B-Dur-Dreiklang abgestellten flächigen Seitensatz und eine ausgedehnte gleichförmige Schlußgruppe in ständigen Staccato-Achteln.

Op. 9 Nr. 2 D-Dur

Allegretto – Andante quasi allegretto – Menuetto: Allegro – Rondo: Allegro.

Dieses Trio ist ein liebenswürdiges Werk von ungetrübter, unproblematischer Gelöstheit. Der *Kopfsatz* in Sonatensatzform hat hier ein gemäßigtes Grundtempo (2/4) und verzichtet auch weitgehend auf thematische Kontraste; seine Grundstimmung ist, wie die der ganzen Komposition, freundlich. Als auffälligstes Element durchzieht ihn in allen Formteilen ein kleines Doppelschlagmotiv:

Der *langsame Satz* wiederum wird fast zum Allegretto beschleunigt und nähert sich auf diese Weise in Tempo und Charakter seinem Vorläufer, gewinnt seinen abweichenden Reiz jedoch aus seinem anderen Metrum und Tongeschlecht (d-Moll, 6/8). Verhangen und melancholisch ist sein Tonfall; 2 ausdrucksvolle Themen, von Violine und Violoncello solistisch vorgestellt, bestimmen seinen Verlauf. – Das *Menuett* wendet sich wieder der freundlichen Grundtonart zu, während sein Pianissimo-Motiv, das von der Paralleltonart h-Moll ausgeht, eine duftige Staccato-Studie ist. – Am diesseitigsten erscheint das *Schluß-Rondo* mit seinem zuerst vom Cello vorgeführten Ritornell-Thema; auffällig sind in diesem sonst musikantisch-unbekümmerten Spielstück die häufig hemmenden sf-Synkopierungen, die ihm eine gewisse Widerborstigkeit verleihen.

Op. 9 Nr. 3 c-Moll

Allegro con spirito – Adagio con espressione – Scherzo: Allegro molto e vivace – Finale: Presto.

Das 3. Trio dieser Opus-Reihe ist zum vorangehenden in allem das Gegenstück. Bereits die Wahl der Tonart c-Moll ist bei Beethoven eminent programmatisch: Sie kündigt ein tief leidenschaftliches und bitterernstes Kammermusikwerk an, das am Anfang einer markanten Reihe verwandter c-Moll-Kompositionen steht. – Die Weite des Ausdrucksbogens zeigt sich sogleich im unisono einsetzenden Hauptthema, das auf engstem Raum bereits alle Spannungsmomente des folgenden Satzes zu enthalten scheint (Zitat S. 479). Sein wirkungsvoller Gegenpol ist der über As-Dur erklingende und sich erst dann zur Dominante wendende zarte Seitensatz. Pausen, Akzente und dynamische Gegensätze auf engstem Raum gestalten danach wieder das Klangbild, aufgelockert von wenigen lichten Momenten. Die innere Dynamik und dramatische Gewalt der folgenden Durch-

führung überspielt und verwischt mit Vehemenz die Grenze zur Reprise, die nun nicht mehr eine harmonisch variierte Wiederholung der Exposition ist, sondern zur freien Weiterführung des Mittelteils gerät, hinter der die Konturen der prägenden Themen aufscheinen. Die Gewalt der Leidenschaft führt schließlich folgerichtig zu einer an Durchführung und Reprise nahtlos anknüpfenden Coda. Ungewöhnlich, obwohl im Rahmen der Tradition, erscheint die von Beethoven geforderte gemeinsame Wiederholung von Durchführung und Reprise. – Zum verinnerlichten Schwerpunkt des Werkes wird das C-Dur-*Adagio*, dessen Hauptthema ungemein komplex und harmonisch weit ausgreifend angelegt ist; sein liebenswürdiges Pendant auf der Dominante wird im Kanon von Violine und Viola vorgeführt. Im Verlauf des Satzes werden die Themen allmählich subtilen Veränderungen unterworfen. Mit bewunderungswürdiger Souveränität ist gerade in diesem Adagio der 3stimmige Satz gehandhabt, der hier so klangvoll und ausgewogen wirkt, als sei niemals die Rede gewesen vom Streichquartett als der Krone der Kammermusik. – Das *Scherzo* mit seiner unruhigen, gelegentlich widerborstig-synkopischen Rhythmik steht ungewöhnlicherweise im 6/8-Takt; auch im *Trio* will trotz C-Dur keine Heiterkeit aufkommen – ein kleines Beweisstück gegen die üblichen Tonartenklischees (Dur = heiter, Moll = traurig)! Nach dem 2. Scherzo-Durchgang wird der musikalische Ablauf in einer Coda sozusagen in seine kleinsten Bestandteile aufgesplittert und verhuscht im Pianissimo. – Das *Finale* fügt der fatalistischen c-Moll-Atmosphäre einige versöhnliche und musikantische Zwischentöne hinzu, obwohl sein 2. Thema in es-Moll steht. Eine gewichtige Rolle im motivisch-thematischen Geschehen spielt der Triolenkopf des 1. Themas, der uns auch in der Schlußgruppe und in der Durchführung beschäftigt. Unerwartet, nicht nur nach diesem Satz, sondern vor allem nach dem ganzen Werk, kommt dann der versöhnliche C-Dur-Schluß, der sich wiederum im Spiel mit dem Kopfmotiv des Hauptthemas ins Pianissimo und in dreigestrichene Höhen verflüchtigt.

Streichquartette

Von Beethoven kennen wir 16 Streichquartette; hinzu kommen noch 2 »Sonderfälle«: die unter eigener Opuszahl (133) herausgegebene »Große Fuge«, die ursprünglich als Finalsatz des Quartetts op. 130 entstanden war, sowie die vom Komponisten selber äußerst reizvoll zum **Streichquartett F-Dur** umgearbeitete Klaviersonate op. 14 Nr. 1 E-Dur. Sehr eindeutig lassen sich hier 3 Gruppen voneinander trennen; frühe Quartette: op. 14 und 18 – mittlere Quartette: op. 59, 74 und 95 – späte Quartette: op. 127, 130–133 und 135. Jede Gruppe ist, trotz aller individuellen Merkmale der Einzelwerke, doch in sich so geschlossen und von den übrigen abgehoben, daß man jeweils von charakteristischen Stilphasen sprechen kann.

Frühe Streichquartette

Um 1800 erreichte das klassische Streichquartett einen ersten Höhepunkt seiner jungen Geschichte; Haydns Schaffen war bis op. 76 vorangeschritten, und auch Mozarts 10 große Quartette lagen vor. Der dritte der »Wiener Klassiker« sah sich also bereits einem schier erdrückenden Erbe gegenüber, dem er sich, wie der Sinfonie, eher vorsichtig und auf Umwegen als geradlinig nähern konnte: über Klavierwerke und Kammermusik anderer Besetzung, darunter vor allem die Streichtrios op. 9.

Die »Idee« dieser Gattung ist eine geistige und musikalische zugleich: Ihr geistiger Anspruch ist immer noch mit jenem bekannten Wort vom »Gespräch unter vernünftigen Leuten« am treffendsten umschrieben und wendet sich vor allem an die musikalischen Kenner in den fürstlichen und bürgerlichen »Kammern« des beginnenden 19. Jh.; sie wird für Komponisten wie für Hörer gleichermaßen zur anspruchsvollsten und viel-

schichtigsten Gattung der Instrumentalmusik überhaupt. Ihre kompositorischen Merkmale haben sich herauskristallisiert: 4stimmiger Satz mit 4 individuellen, gleichgerechtigten Instrumentalpartien, Viersätzigkeit mit klar gegeneinandergestellten Formtypen für jeden der einzelnen Sätze, nämlich Sonatensatz am Beginn, Liedform oder Variationen als langsamer Satz, stilisierter Tanzsatz (Menuett oder Scherzo) zumeist in symmetrischer Dreiteiligkeit an dritter Stelle, Sonatensatz oder Sonatenrondo als Finale. Die Technik der motivisch-thematischen Arbeit prägt seit Haydn nicht nur die Sonatensätze sondern mehr oder weniger nachhaltig das ganze Werk.
Die planmäßige Anlage eines ganzen Werkzyklus' war seit dem Barock in der Kammermusik üblich; sie faßte zumeist 6 im Charakter recht unterschiedliche und sich aus ihren Individualitäten ergänzende Werke zusammen und bezog in der Regel eine einzelne Moll-Komposition mit ein. Mit seinen Quartetten op. 18 folgte Beethoven auch dieser Tradition.

Streichquartette op. 18

Komponiert 1798–1800; Erstdruck 1801; Fürst Lobkowitz gewidmet.

Fast 2 Jahre lang arbeitete und feilte Beethoven an den 6 Quartetten, bis er sie im Dezember 1800 an einen Wiener Verleger verkaufte. Zuvor noch hatte er die ersten 3 Quartette gründlich umgearbeitet. Für die Widmung der Quartette bedankte sich Fürst Lobkowitz, von dem möglicherweise auch der Kompositionsauftrag stammte, durch eine jährliche Leibrente von 600 Gulden.
Aus den wenigen Skizzen, die sich uns erhalten haben, geht hervor, daß die Reihenfolge der Entstehung eine andere ist als die endgültige Numerierung des Druckes, nämlich Nr. 3, 1, 2, 5, 4 und 6. Mit der Neuordnung erreichte Beethoven eine höchstmögliche Ausgewogenheit seines Zyklus' sowohl im Hinblick auf die Ausdrucksvielfalt wie in der unterschiedlich starken Orientierung an der Tradition und vor allem an den beiden ragenden Vorbildern Haydn und Mozart. Beethovens historische Leistung mit seinen Quartetten op. 18 ist es, eine bereits ausgereifte Gattung nicht nur kongenial weitergeführt zu haben, sondern ihr gleichsam experimentierend neue Impulse formaler und emotionaler Art verliehen zu haben, die ihr Weiterbestehen und ihre Vorherrschaft als anspruchsvollste Instrumentalgattung auf lange Zeit sicherten.

Op. 18 Nr. 1 F-Dur

Allegro con brio – Adagio affettuoso ed appassionato – Scherzo: Allegro molto – Allegro.

Bereits das 1. Quartett dieser Sechserreihe führt in Technik und Ausdruck einen gewaltigen Schritt über Haydn hinaus. So wird sogleich im *Allegro con brio* (3/4) das dominierende Prinzip der motivischen Arbeit geradezu auf die Spitze getrieben, indem der ganze Satz sich fast ausschließlich mit einem einzigen 2-Takt-Motiv durchführungsartig auseinandersetzt:

und zwar nicht nur in der eigentlichen Durchführung, sondern bereits in der Exposition und auch in Reprise und Coda. – Das *Adagio* (d-Moll, 9/8) ist auf seine Weise ebenso extrem wie der ungemein konstruktive 1. Satz: Wie schon seine ausführliche Tempocharakterisierung anzeigt, führt es in die Ausdruckswelt von Schmerz und Leidenschaft; von Beethovens Freund Amenda wurde überliefert, der Komponist habe mit diesem Satz die Grabszene aus »Romeo und Julia« von Shakespeare gemeint – ein durchaus glaubhafter Hinweis angesichts der affektgeladenen Hochspannung und schmerzvollen Deklamatorik dieser Musik. – Das behende *Scherzo* lebt vor allem vom ständigen Schwanken zwischen periodischer Symmetrie und »Verstößen« dagegen – ein atemverschlagendes Verwirrspiel mit dem eingeübten Proportionsempfinden des Hörers. Entfernte Anklänge an den ursprünglichen Tanzcharakter steuert lediglich das *Trio* mit seinen ausgeprägten Impulsen bei. – Das *Finale* fügt das Element des Spielerischen, Unterhaltenden hinzu; ein typisches wirbelndes Rondo-Thema wird hier »nach allen Regeln der Kunst«, d. h. motivisch, harmonisch und sogar kontrapunktisch verarbeitet, in der von Haydn vorgeprägten Form des Sonaten-Rondos, in der sich die kompositorische Ernsthaftigkeit des Sonatensatzes mit der Spiellaune des Rondo-Rundgesangs paart.

Op. 18 Nr. 2 G-Dur

Allegro – Adagio cantabile – Scherzo: Allegro – Allegro molto quasi presto.

Seinen bekannten Beinamen **»Komplimentierquartett«** erhielt das G-Dur-Werk sicher wegen seines *1. Satzes* (2/4), der wie unter ständigen gezierten Verbeugungen ungeheuer künstlich und in nicht ganz ernst gemeinter Würde daherschreitet, geradeso, als verteile Beethoven hier lauter Komplimente an alle seine klassischen und vorklassischen Vorgänger. Das mosaikartig vielgestaltige Hauptthema umfaßt bereits das ganze kapriziöse Ausdrucksspektrum des Satzes:

Hier gibt es keine großbogigen, ans Sinfonische rührenden Entwicklungen, sondern fast parodistisch anmutende Kleinteiligkeit von tänzerischer Leichtgewichtigkeit und manchmal auch Gespreiztheit. – Vor Überraschungen ist man auch nicht im folgenden *Adagio* (C-Dur, ¾) sicher; es hebt zwar in abgeklärter Ruhe und Würde an, wird jedoch völlig unvermittelt durch ein spritziges Allegro unterbrochen, das motivisch unmittelbar an die letzten Adagio-Takte anknüpft. – Der Tonfall gelöster und bisweilen etwas mutwilliger Heiterkeit bleibt auch in den beiden folgenden Sätzen gewahrt. Das *Scherzo* spielt neckisch mit einem kleinen rhythmischen Dreiklangsmotiv, während sich sein *Trio* in der Substanz von der Tonleiter ableiten läßt. Das *Finale* (2/4) ist ein Sonatenhauptsatz, dessen Exposition ausnahmsweise nicht wiederholt wird, dem jedoch alle gewohnte Gewichtigkeit abgeht und in dem sich allerlei kompositorische Feinheiten hinter der spielerisch-unterhaltenden Fassade verbergen.

Op. 18 Nr. 3 D-Dur

Allegro – Andante con moto – Allegro – Presto.

Das D-Dur-Quartett entstand als erstes in der Sechserreihe. Freundlich schmeichelnd hebt das Hauptthema des *1. Satzes* an und leitet einen eingängig-schlichten und sehr übersichtlichen Sonatensatz ein, dessen 2. Thema überraschenderweise nicht in der Dominante, sondern – im homophon akkordischen Satz und synkopisch markant – in C-Dur steht. Triolische Bewegung und behutsame Kontrapunktik sorgen in der unauffälligen Durchführung für Abwechslung. – Auch das *Andante* (B-Dur, 2/4) ist ein eher zurückhaltender Satz, der auf die große Gebärde des Affekts und der Leidenschaft fast ganz verzichtet und sehr fließend und verspielt figurativ zu unterhalten weiß – ein lyrisches Intermezzo in Liedform, mit Sonatensatzelementen angereichert. – Vom Tempo her ein Scherzo, bewahrt sich das folgende *Allegro* noch eine Spur Menuett-Charakter, während sein d-Moll-*Trio* über einem absteigenden 4-Töne-Baß chaconneartig angelegt ist und ein wenig Traurigkeit ahnen läßt. – Es ist, als hätten die 3 Sätze energiesparend lediglich auf das *Finale* vorbereiten wollen, denn hier entladen sich nun Temperament, Virtuosität und Witz, gepaart mit hoher satztechnischer Kunstfertigkeit, in einem voll ausgebauten Sonatensatz voller Überraschungen aller Art, ausgelöst von einem rasanten Thema, das man viel eher in einem Rondo vermuten würde:

Op. 18 Nr. 4 c-Moll

Allegro ma non tanto – Scherzo: Andante scherzoso quasi allegretto – Menuetto: Allegretto – Allegro.

Das 4. Quartett gilt gemeinhin als schwächstes Glied dieses Opus, doch tut man ihm wohl trotzdem ein wenig Unrecht, weil man es unwillkürlich aus der Perspektive der pathetischen und populären anderen c-Moll-Werke Beethovens betrachtet und daher gleiche emotionale Gewichtigkeit erwartet.
Das Hauptthema des *Kopfsatzes* deutet in der Tat zunächst in eine solche Richtung: Über einem 6 Takte lang auf dem Grundton der Tonika orgelpunktartig pochenden Achtel-Baß hebt es mit verhaltener Leidenschaft an:

Doch antwortet ihm recht bald ein eher kapriziöser Seitensatz, der in ein ausgesprochenes Gesangsthema mit schwelgenden

Terzen- und Sextenparallelen mündet. Auch die Durchführung bringt nicht die erwarteten dramatischen Entladungen; die stärksten dynamischen Akzente liefert vielmehr die Coda nach. Zu diesem eher besinnlichen – wenn man so will: konventionellen – Anfang paßt es dann, daß ein wirklicher langsamer Satz ganz ausgespart wird. Statt dessen liefert Beethoven unverhofft gleich 2 Tanzsatzvarianten: zuerst einen fugierten Sonatensatz voller spitzer Staccato-Effekte (C-Dur, 3/8), der trotz seiner Bezeichnung *»Scherzo«* von eher gezierter Behäbigkeit ist; danach ein *Menuett* in der Grundtonart, das endlich mit dem bisher vermißten c-Moll-Pathos ernst macht – man beachte nur die widerborstigen sf-Akzente seines sich unerbittlich hinaufarbeitenden Themas:

Das As-Dur-*Trio* steht dazu dann mit seiner triolisch vibrierenden 1. Geige und der sie tragenden auf- und absteigenden Dreiklangsmelodik der Mittelstimmen in eigentümlichem Gegensatz. – Das *Finale* schließlich läßt die Primgeige virtuos glänzen und begibt sich in seiner überraschungslos schlichten Rondo-Form wieder in die relativ konventionellen Bahnen des Kopfsatzes zurück.

Op. 18 Nr. 5 A-Dur

Allegro – Menuetto – Andante cantabile – Allegro.

Hier spürt man die Nähe zu Mozarts großem Quartett in gleicher Tonart (KV 464), das Beethoven nachweislich genau studiert hat. Allerlei mehr oder weniger versteckte thematische Bezüge finden sich hier: zur eigenen Duosonate op. 12/2 für Klavier und Violine in der 6/8-Motivik des Kopfsatzes, zum Menuett aus Haydns Quartett op. 74/2 im Trio und vor allem eben zu Mozart, nämlich im 3. und 4. Satz. So dürfte für das 2/4-Finale mit seiner behenden Polyphonie der Schlußsatz der »Prager Sinfonie« (KV 504) Pate gestanden haben, während sich der langsame Satz am genannten Quartett (KV 464) orientiert. Doch nirgendwo hat man den Eindruck von Anpassung und Nachahmung; vielmehr werden hier mit unerhörter Kunstfertigkeit wertvolle Anregungen der Vorbilder mehr oder weniger deutlich zitierend aufgegriffen und der eigenen Tonsprache anverwandelt. Das ist durchaus auch als Zeichen der historischen Verbundenheit und Verehrung zu verstehen – Beethoven war sich seiner historischen Stellung und Verpflichtung als Erbe und Vollender sehr bewußt.

Das eröffnende *Allegro* ist einer der eher spielerisch-musikantischen 6/8-Sätze des Komponisten, die das zugrundeliegende Sonatensatzmodell fast vergessen machen; seinem Hauptthema kann man sozusagen bei seiner allmählichen Entstehung zuhören:

Vor den langsamen Satz schiebt sich diesmal ausnahmsweise das *Menuett*, das in seiner freundlichen Behäbigkeit zu Haydn zurückverweist; 2. Violine und Bratsche zitieren ihn dann im Trio in ungewohnten Oktavparallelen fast wörtlich – seht her: so klang das beim Vorfahren!

Im D-Dur-*Andante* (2/4) entfalten sich über einem schlichten, völlig aus der Tonleiter abgeleiteten Gesangsthema 5 phantasievolle Variationen voller figurativer Steigerungen, deren 5. derb-stampfend daherschreitet und in eine trugschlußartig in B-Dur angehängte ausladende und sehr tiefsinnige Coda mündet. – Das überaus kunstvolle und geistreiche *Finale* krönt dieses Musterbeispiel absoluter Musik als ausgereifter Sonatensatz, der in seiner kontrapunktischen Durcharbeitung nicht nur an die »Prager Sinfonie« sondern zugleich auch an das Finale der »Jupiter-Sinfonie« anzuknüpfen scheint.

Op. 18 Nr. 6 B-Dur

Allegro con brio – Adagio ma non troppo – Scherzo: Allegro – »La Malinconia«: Adagio/Allegretto quasi allegro.

Wie sein unmittelbarer Vorgänger ist auch dieses Quartett auf das Finale hin ausgerichtet, das wie dort zum Höhepunkt wird, jedoch mit ganz anderen künstlerischen Mitteln. – Zunächst erklingt ein ungemein musikantischer *Sonatensatz*, der bei aller Konsequenz doch gleichsam spielerisch das dialogische Prinzip durchführt. Schon das Hauptthema scheint sich wie Frage und Antwort auf 1. Geige und Violoncello aufzuteilen:

Von diesem hochgelehrten Gespräch der 4 Instrumentalindividualisten hebt sich um so wirkungsvoller das Seitenthema ab, das ausnahmsweise im homophon geschlossenen 4stimmigen Satz auftritt. – Darauf folgt ein feingliedriger, 3teiliger *Liedsatz* (Es-Dur, 2/4) voll aparter und intimer Klangwirkungen, kein abgrundtiefes »Beethoven-Adagio«, sondern ein eher andantenahes, stilles Musizierstück. – Das *Scherzo* spielt auf raffinierte Weise mit der rhythmischen Doppeldeutigkeit von 6 Achteln in einem Takt, die durch Synkopen und Akzente noch zusätzlich durcheinandergewürfelt werden – ein virtuoses Kabinettstück für Spieler und Hörer gleichermaßen. Sein *Trio* beschränkt sich auf ein einziges Motiv aus 2 Auftakt-Sechzehnteln im kleinen Sekundabstand und einem auf- oder abspringenden Achtel-Schwerpunkt.

Im *Rondo-Finale* verbindet sich dann völlig überraschend außermusikalische Programmatik mit dem geistigen Anspruch der Gattung. Je nachdem, ob man die Satzüberschrift »La Malinconia« nur auf die mehrfach wieder aufgegriffene Adagio-Einleitung oder auf den ganzen Satz mit allen Allegretto-Teilen und dem Prestissimo-Schluß bezieht, ergeben sich zwei voneinander abweichende Darstellungen der Melancholie: entweder etwas einseitig und aus heute geläufiger Wortdeutung ableitbar die eher sentimentale Haltung grund- und zielloser Traurigkeit, verkörpert in der seltsam fahlen und entwicklungslosen Adagio-Einleitung; oder – umfassender und zugleich historisch aus der Welt des 18. Jh. begreiflich – Melancholie als in sich gegensätzliches Phänomen, pendelnd zwischen scheinbarer und ein bißchen unmotivierter Lebendigkeit und lustloser Traurigkeit. Ganz ungewöhnlich ist in diesem Zusammenhang die ausführliche Spielanweisung: dieses Stück muß mit der größten Delikatesse ausgeführt werden. Das beschleunigte Allegretto zeigt unüberhörbaren Tanzcharakter, dessen Lustigkeit jedoch etwas künstlich und bemüht klingt, was sich nicht einmal in der gewaltsamen Beschleunigung des Prestissimo-Schlusses ändert. Vielleicht geht man nicht fehl, wenn man hinter diesem geheimnisvollen Musikstück autobiographische Hintergründe vermutet.

Die mittleren Quartette

7 Jahre lang ließ Beethoven die Gattung ruhen; dann entstanden innerhalb von etwa 5 Jahren 5 neue Streichquartette, die nicht nur die tiefgreifende Wandlung des »frühen« zum »mittleren« Beethoven dokumentieren, sondern zugleich auch für die Gattung selber die Tür zu stilistischem Neuland weit aufgestoßen haben.

Streichquartette op. 59

Komponiert bis Ende 1806; im Druck erschienen 1808; Graf Rasumowsky gewidmet.

Wieder löst ein Kompositionsauftrag eine Werkgruppe aus: Graf Andrej Rasumowsky, russischer Botschafter in Wien, bestellte jenes op. 59, das bis zum heutigen Tage seinen Namen trägt und das in 2 Quartetten (Nr. 1 und 2) darüber hinaus den Anlaß seiner Entstehung auch musikalisch sinnfällig macht, indem jeweils eine russische Volksliedmelodie eingearbeitet wurde. Neu an op. 59 sind die unauffällig spürbare zyklische Anlage der 3 Quartette, die deutlich gewachsenen zeitlichen Dimensionen, die Ausweitung des Klangraumes und des Klangbildes auch in extreme Lagen, verbunden mit gesteigerten Anforderungen an die Virtuosität der Spieler, vor allem an den Primgeiger.

Op. 59 Nr. 1 F-Dur

Allegro – Allegretto vivace e sempre scherzando – Adagio molto e mesto – Allegro.

Erstmals dehnt Beethoven mit diesem Werk den in der Wiener Klassik in Sinfonik, Instrumentalkonzert und auch Kammermusik gewohnten zeitlichen Rahmen von 20 bis höchstens 30 Minuten auf nahezu die doppelte Dauer. Da die Zahl der Sätze gleich geblieben ist, wuchsen somit ihre inneren Proportionen, ohne daß die ihnen zugrundeliegenden überlieferten Satzmodelle verändert worden wären. Der Zug ins Monumentale, der etwa der »Eroica« oder dem Es-Dur-Klavierkonzert eigen ist, wird nun auch auf die Kammermusik übertragen.
So ist der *Kopfsatz* (4/4) ein genau 400 Takte langer Sonatenhauptsatz, der die konzentrierte Motivik mancher Sonatensätze aus op. 18 weit hinter sich läßt, die motivisch-thematische Arbeit ist nun auch gar nicht mehr wie dort zentrales Anliegen. Statt dessen dürfen sich hier eine Fülle ausgedehnter und sehr sanglich-melodischer Themen entfalten und sukzessive weiterentwickeln – die knapp und präzise motivisch gegliederte 8taktige Phrase ist aufgegangen in größeren, spannungsvoll sich steigernden Zusammenhängen. – Auch den Dualismus zweier kontrastierender Themen in der Exposition sucht man vergeblich. Statt dessen reihen sich viele melodische Einfälle zu Themenkomplexen, deren erster fast 60 Takte umfaßt und aus 4 unterschiedlichen und einander ergänzenden Gedanken besteht: Zunächst erklingt im Cello das Tonleiterelemente aussingende Kopfthema (a):

a

das von akkordischem Pochen der übrigen Instrumente begleitet wird. Es folgt ein rhythmischer Kontrastgedanke (b):

b

danach gibt es ein schmeichelndes Duett in Terzen, das ein Achtel-Motiv aus T. 2/3 unauffällig fortsetzt und ausbaut; schließlich erscheint – wiederum im Cello – eine unwirsch und akzentuiert in die Höhen fahrende 5taktige Triolenfigur (c):

In T. 60 ist die schulbuchmäßige Dominante erreicht, und es beginnt, wiederum sich aus Tonleiterelementen frei entfaltend, ein Seitenthema, das nach wenigen Takten über emphatischen Trillerfiguren wieder den Triolengedanken der ersten Themengruppe (c) aufgreift und weiterführt. Auch eine Schlußgruppe ist erkennbar: Wie ein Resümee führt sie zum Kopfthema zurück, das auch sogleich ohne kadenzierende Zäsur unmittelbar zur Durchführung hinüberleitet. Sie beginnt zunächst genau wie die Exposition, so daß der Hörer den Verzicht auf deren Wiederholung erst einige Takte später bemerkt. Ihre Anlage ist großräumig, mit weitgespannten harmonischen und dynamischen Steigerungen; sie setzt sich in erster Linie mit dem Kopfthema auseinander und kulminiert in einem regelrechten Fugato. Variantenreich folgt dann die Reprise, der sich noch eine ausführliche Coda anschließt; in ihr wird das Kopfthema zu einem letzten engagierten Höhepunkt geführt. Die Grenzen der einzelnen Satzteile sind jetzt fließend; das Prinzip der durchführenden Verarbeitung ist auf Exposition, Reprise und Coda ausgedehnt und führt als übergeordnete Idee zu einer neuen umfassenden Einheitlichkeit vom ersten bis zum letzten Takt.
Das folgende *Allegretto* (B-Dur, 3/8) nimmt die Stelle des Tanzsatzes ein. Scherzo-Charakter hat es jedoch weniger in seiner formalen Anlage als vielmehr in seiner ungemein phantasiereichen und voller Überraschungen steckenden Tonsprache. Es handelt sich hier in der Tat viel eher um einen Sonatensatz im Tonfall eines Scherzos, der zugleich jedoch die typisch Beethovensche Fünfteiligkeit (ABABA) des schnellen Tanzsatzes

durchscheinen läßt. Wieder ergeben – wie im Kopfsatz – mehrere Gedanken gemeinsam einen ganzen Themenkomplex: zunächst der Sonderfall eines thematischen Rhythmus' im Cello, der den ganzen Satz prägt; dann seine Fortsetzung als kapriziöse melodische Linie in der 1. Violine:

schließlich (T. 23) ein lyrischer Abgesang (dolce):

Als Seitenthema könnte man den ein wenig parodistisch klagenden Moll-Einfall bezeichnen, den die 1. Violine in T. 115 vorstellt und der zugleich die Stelle des Trios einnehmen könnte. Zweimal erhält das Rhythmusmotiv einen ganz zarten melodischen Kontrapunkt. Auffälligstes Merkmal dieses Satzes ist der Hang zur durchbrochenen Arbeit, zur kurzschrittigen Aufteilung des motivischen Geschehens auf die einzelnen, manchmal sogar völlig unbegleiteten Instrumente.
Es ist, als wollte Beethoven mit diesem Werk alle Höhen und Tiefen des Sonatensatzmodells vorführen, denn nun kommt in der gleichen Form einer seiner abgründigsten langsamen Sätze (f-Moll, 2/4). Bemerkenswert ist, daß diese hoffnungslos klagende Trauermusik sich genau jener Tonart bedient, die schon Bach zum Ausdruck des Schmerzes und der Passion bevorzugte. Die klagende Gebärde des Hauptthemas, das die 1. Violine vorstellt und das vom Cello in Diskantlage wiederholt wird, verlebendigt eindrucksvoll jene Grundstimmung, die der Komponist in einer Anmerkung zu den Skizzen dieses Satzes in Worte kleidete: »Einen Trauerweiden- oder Akazienbaum aufs

Grab meines Bruders.« Auch hier begnügt sich Beethoven nicht mit Einzelthemen, sondern reiht Gedanken zu Gruppen. Noch kurz vor Eintritt der Reprise darf sich ein weiterer inniger melodischer Einfall entfalten (T. 72):

Über allem liegt ein unbeschreiblicher Klangzauber, der diese Musik zu einem einzigartigen Dokument von Beethovens Instrumentationskunst werden läßt, trotz der Beschränkung auf die 4 so verwandten Streichinstrumente!
Völlig überraschend löst sich die Tragik in einer Violinkadenz auf, die mit einem Triller direkt zum »Thème russe« des *Finales* führt. Dieses ist wiederum ein ausgewachsener Sonatensatz, trotz des Rondo-Charakters seiner russischen Kopfmelodie. Die Exposition mit ihren 3 kontrastierenden Themen wird diesmal wiederholt. Die Polarität dieser 3 Einfälle ist geradezu exemplarisch: Nachdem das Kopfthema die Sphäre der Volksmusik bruchlos in die Welt der Kunstmusik integriert, steuert der 2. Gedanke das lyrische Moment bei; der synkopisch verzwickte Rhythmus des 3. Themas spielt dann im ganzen Satzverlauf eine wichtige Rolle. Am Ende führt er in 2 dynamischen Ausbrüchen zu 2 Fermaten, auf die ein unerwarteter Fugato-Neubeginn folgt. Vor die Presto-Stretta, die den Satz energisch kadenzierend abschließt, schieben sich einige ätherische Adagio-Takte, in denen das russische Thema noch einmal wie verklärt in großer Höhe anklingt.

Op. 59 Nr. 2 e-Moll

Allegro – Molto adagio – Allegretto – Finale: Presto.

Das 2. Quartett aus op. 59 verhält sich zum 1. insgesamt wie ein Gegenentwurf – die zyklische Idee der 3 Werke beruht auch auf der Reihung These – Antithese – Synthese. Vorschnelles Urteilen könnte dazu führen, das e-Moll-Werk für konventioneller zu halten, doch trügt der Schein des geringeren Umfangs und der traditionsnäheren Einzelsätze, denn die Tonsprache ist hier mindestens so radikal und kompromißlos wie in seinem lichteren C-Dur-Schwesterwerk.

Die 6/8-Vorschrift des Eröffnungs-*Allegros* läßt Verwandtschaft zu manchem früheren beschwingt-tänzerischen Satz in gleichem Metrum erwarten, doch nichts dergleichen: Über allem liegt der Ausdruck einer ziemlich fatalen Finsternis; man möchte im Vorgriff auf op. 95 von einem »quartetto serioso« sprechen, so lichtlos, freudlos pessimistisch verläuft dieser Sonatensatz. Seine Thematik ist versponnen, introvertiert und merkwürdig wenig faßlich im melodiösen Sinn. Zerrissenheit suggeriert bereits das Notenbild des Hauptthemas, das, von Generalpausen unterbrochen, nach 2 harten Akkordschlägen einsetzt. Es zeigt in seinen beiden Hälften spiegelbildliches Auf und Ab in den jeweils gebrochenen Akkorden von Tonika und Dominantsept:

(T. 3)

und seine beiden Motivbestandteile werden im ganzen Satz wirksam. Periodische Geschlossenheit der Thematik sucht man vergebens, auch nach mehreren harmonisch überraschenden Anläufen und einer erneuten Generalpause. Im letzten Teil der Exposition gewinnt der Rhythmus über das Melos motivisch die Vorherrschaft, was in einer ungemein kühnen Taktfolge gar zu einer völligen synkopischen Verunklarung der 6/8-Bewegung führt, der sich auf einmal ein um ein Achtel verschobener 3/4-Takt überlagert (T. 58 ff.):  Neben der Exposition sollen nach Beethovens Vorschrift auch wieder Durchführung und Reprise gemeinsam wiederholt werden. Der heute übliche Verstoß gegen diese Angaben führt zum Verlust mehrerer wichtiger Takte Musik und stört die ausgewogene formale Balance dieses ungemein dichten, einheitlichen Satzes recht empfindlich.

Auf den ersten Blick mutet das folgende *»Molto adagio«* (E-Dur, 4/4) wie ein lichtes Gegenstück zum düsteren Kopfsatz an. Es erweist sich jedoch nach wenigen Takten, daß die Helligkeit der Tonalität trügerisch ist; hinter ihrem Äußeren scheint nicht diesseitige Heiterkeit, sondern viel eher religiös motivierte Innerlichkeit auf. Das Hauptthema klingt wie ein Choral, dem im weiteren Verlauf polyphone Gegenstimmen und rhythmische Kontrapunkte beigefügt werden. So entfaltet sich unmerklich wiederum ein Sonatensatz, der jedoch weniger durch motivische Arbeit geprägt ist als durch melodisch-polyphones Linienspiel.

Das (nicht eigens so genannte) *Scherzo* zeigt Beethovens gewohnte Fünfteiligkeit mit zweimaliger Wiederkehr des *Trios*. Der Hauptteil klingt graziös und durch seine synkopische Ausformung zugleich ein wenig bizarr, wobei sein ausgeprägter Rhythmus pausenlos durchgehalten wird. Im Trio taucht das zweite russische Thema des Zyklus' auf, dem sogleich ein triolenbewegter Kontrapunkt beigegeben und das zu einer ausgewachsenen Fuge ausgebaut wird:

Seinen aparten Reiz bezieht dieses Kabinettstückchen aus dem bewußt herbeigeführten unaufgelösten Widerspruch zwischen dem folkloristisch-schlichten Thema und der mit höchster Artistik gemeisterten Kontrapunktik.

Das *Finale* weist unmerklich voraus auf das 3. der 3 Quartette: Es setzt mit einem harmonischen Umweg in dessen kommender Grundtonart C-Dur ein und erinnert zugleich mit seinem harmonischen Changieren an das russische Finalthema des F-Dur-Quartetts, das unentschlossen zwischen Dur und Moll pendelte. Ein wilder rhythmischer Impuls trägt dieses Rondo; sein stampfender Tanzrhythmus ist unmittelbar dem des Finales der 7. Sinfonie verwandt, die etwa zur gleichen Zeit entstanden ist. Lediglich ein weiches Gegenthema in der Moll-Dominante h dämmt zeitweise das ostinate Rhythmusmodell zurück. Auch in diesem Satz finden sich manche kontrapunktische Verknüpfungen hinter der temperamentvollen Fassade; am Ende triumphiert im mehrmals gesteigerten Presto der entfesselte Rhythmus allein. Gerade dieser Satz läßt die seit op. 59/1 deutlich gestiegenen Ansprüche in der Virtuosität erkennen: sie betreffen sowohl jedes einzelne Instrument als Individuum wie vor allem auch das komplexe Miteinander der 4 Partner.

Op. 59 Nr. 3 C-Dur

Introduzione: Andante con moto / Allegro vivace – Andante con moto quasi allegretto – Menuetto (grazioso) – Allegro molto.

Das 3. der 3 Schwesterwerke ist das kürzeste und konzentrierteste, obwohl es fast wie eine Synthese aller Errungenschaften dieser kammermusikalischen Stilphase anmutet.
Erstmals greift Beethoven hier auf die Tradition einer langsamen *Einleitung* zum Kopfsatz zurück, jedoch in einer derart unerhörten Weise, daß das Ergebnis eher einen Traditionsbruch als eine Fortführung bedeutet: In den wenigen Takten dieses Andante con moto scheint die Zeit zunächst völlig stillzustehen; ungewöhnlich harmonisierte Klangflächen im Miteinander der 4 Instrumente beschwören eine versponnene unwirkliche Traumatmosphäre, eher einen kontur- und ziellos wirkenden musikalischen Zustand als eine Entwicklung. – Um so energischer setzt dann mit 2 Akkordschlägen der folgende *Sonatensatz* ein, dessen 1. Gedanke in der Solovioline jedoch kaum allein als Hauptthema gelten kann, denn er kehrt im Verlauf des Satzes lediglich zu Beginn der Durchführung wieder, nicht aber in der Reprise. Thematisch ist vielmehr wenig später ein rhythmisch äußerst prägnanter Einfall in den 3 parallel geführten Oberstimmen über ostinat hämmernden Grundton-Achteln des Cellos:

Motivisch wirksam aber wird im ganzen Satz auch das Intervall der kleinen Sekunde, das die beiden eröffnenden Akkordschläge verbindet – man könnte wegen der Häufigkeit seines Auftauchens durchaus von einem »konstruktiven Intervall« sprechen, wie es sehr viel später Bartók in seinen Quartetten behandelt hat. Überhaupt ist Kennzeichen dieses ungemein konzentriert durchgearbeiteten Satzes seine Technik der motivischen Arbeit, die bereits in der Exposition einsetzt und ihn feinnervig bis zur überraschenden Schlußbeschleunigung beherrscht. Dabei ergeben sich bisweilen auch klanglich und harmonisch äußerst kühne Passagen, etwa im hart aufeinanderprallenden und sich akkordisch reibenden, rhythmisch verzahnten Schlußteil der Durchführung, bevor eine befreiende Violinkadenz zur Reprise zurückführt. Unter ihr verbirgt sich übrigens, in den anderen Stimmen kaum wahrnehmbar, wieder jenes konstruktive Intervall der kleinen Sekunde.

Das folgende, zum Allegretto hin beschleunigte *Andante* (a-Moll) verfremdet den an sich tänzerischen 6/8-Takt auf unerwartete Weise zu einem Traumgebilde voller Wehmut und Innigkeit. Unentwegt wird die sanft wiegende Dreierbewegung durchgehalten, manchmal, wie im lichteren C-Dur des 2. Themas, freundlich aufgeheitert, bisweilen aber auch voll bohrender Monotonie. Und immer wieder begegnet uns mehr oder weniger verborgen das konstruktive Intervall des 1. Satzes. Als besonderer Effekt verleiht das häufige, hier sanfte, dort aggressive Pizzicato des Violoncellos dem Satz seinen leicht exotischen Reiz.

Eine Überraschung bedeutet danach auch Beethovens unerwarteter Rückgriff auf die Form des *Menuetts* (C-Dur), das sich – gerade in der in die Zukunft weisenden Umgebung der übrigen Sätze – wie ein bewußt historisierendes Stilzitat ausnimmt und sich im Tonfall Mozart annähert. Dagegen blitzen im F-Dur-*Trio* tänzerisches Temperament und Spiellaune auf. Eine versponnene Coda führt wie von ferne in die Sphäre der Einleitung zurück und kündigt in einer Dominantsept-Fermate das sich attacca anschließende Finale an.

Virtuoses und zugleich kompositorisches Glanzstück und darüber hinaus atemberaubender Abschluß für den ganzen Zyklus ist nun dieser *letzte Satz*, der in sich die Merkmale von Fuge und Sonatensatz vereinigt. Die Bratsche präsentiert sein entfesseltes Hauptthema:

Wie im Urbild aller ähnlich angelegten Sätze, im Finale von Mozarts »Jupiter-Sinfonie«, gehen polyphone und homophone Abschnitte nahtlos ineinander über, in höchst expansiver Klangentfaltung des Quartettsatzes, der hier durchaus orchestrale Effekte nicht scheut. Kurz vor dem Ende staut sich die Bewegungsenergie noch einmal in 2 Fermaten; dann baut sich aus unscheinbarer Einstimmigkeit heraus die mitreißende Schlußsteigerung auf, die so klingt, als hätten sich die 4 Instrumente auf einmal verdoppelt.

Streichquartett Es-Dur op. 74

Komponiert 1809; Fürst Lobkowitz gewidmet.
Poco adagio / Allegro – Adagio ma non troppo – Presto – Allegretto con variazioni.

Mit op. 59 überforderte Beethoven sein Publikum offensichtlich; man begriff die zukunftsweisende singuläre Bedeutung dieser Quartette zunächst überhaupt nicht und reagierte ratlos bis ablehnend. Äußerlich gesehen wirkt das 3 Jahre danach entstandene Es-Dur-Quartett wohl wie eine versöhnende Geste an die verwirrten Musikfreunde. Doch ein intensiver Blick hinter die so freundliche, verbindliche Fassade dieses Werkes zeigt, daß hier durchaus keine anpasserischen künstlerischen Kompromisse geschlossen worden sind, sondern nur ein anderer Weg beschritten wird.
Wieder steht eine langsame *Einleitung* vor dem eigentlichen *Sonatensatz*, mit dessen Hauptthema sie motivisch direkt verbunden ist; ihr Kopfmotiv taucht nämlich alsbald in der Umkehrung wieder auf:

Dieses Hauptthema ist nun mehrdimensional; zunächst akkordisch eingeleitet, setzt es sogleich in filigraner Polyphonie ein, um nach wenigen Takten (T. 35) jedoch in sein genaues Gegenteil umzukippen, denn nun werden Klang und Farbe auf einmal zum gleichrangigen kompositorischen Mittel erhoben. Vibrierende Klangflächen sind von Pizzicato-Effekten durchsetzt; davon leitet sich unter anderem der Name »**Harfenquartett**« ab.

Und genau das ist der neue Weg, den Beethoven mit diesem Werk beschritten hat: Integration des Kunstmittels »Klanglichkeit« in diese an sich so ambitioniert-intellektuelle Gattung. So tauchen in der Durchführung völlig überraschend Tremolo-Effekte und gar ausgedehnte völlig motivfreie Klangflächen mit Akkordbrechungen und Pizzicato-Passagen auf, in denen sich die Lust am Farbexperiment, an der Klangsinnlichkeit zu verselbständigen scheint – ein kühner Vorgriff auf eine der wichtigen künstlerischen Tendenzen des gerade angebrochenen Jahrhunderts: die Emanzipierung der Klangfarbe zum gleichberechtigten kompositorischen Mittel. Die Freiheit im Umgang mit dem Sonatensatz-Modell ist so groß, daß die 1. Violine in der Coda sogar großzügig Spielraum für eine ausgedehnte Kadenz erhält, über den zunächst zupfend, dann streichend begleitenden übrigen Instrumenten.

Das folgende schlichte *Adagio* in Liedform setzt diese ausgeprägte Klanglichkeit behutsam fort; es bezieht seine Wirkung vor allem aus der Kraft seiner melodischen Einfälle, die mehrfach variiert und über immer neuen Begleitungen wiederkehren. Dennoch begegnen uns auch hier wieder Pizzicato-Anklänge und ungemein phantasievolle Klangeffekte im sorgsam abgestimmten Klanggewebe der 4 Instrumente. In vielen Teilen glaubt man die Nähe Schuberts zu spüren, der wenig später diesen Weg klanglicher und melodischer Poesie weitergehen wird. »Ausdrucksvoll ersterbend« verklingt dieses sensible Charakterstück, so daß der Kontrast beim Einsatz des ungestüm voranstürmenden *Presto-Scherzos* nur um so stärker wird. Sein Kernmotiv ist vor allem ein rhythmischer Gedanke, der den Ur-Einfall der 5. Sinfonie (im gleichen c-Moll) nun in die Hektik des ¾-Takts transponiert:

Sein *Trio* faßt dann in nochmaliger Prestissimo-Steigerung je 2 Takte zum Quasi-⁶⁄₈-Metrum zusammen; insgesamt aber stellt sich hier der Eindruck einer Tempoverzögerung ein, denn die Thematik ist zweigleisig angelegt: ganztaktige Choralhaftigkeit über einer hurtigen Viertel-Bewegung. Fugatoartig unterbricht das Trio zweimal das Scherzo und stürmt ohne gliedernde Wie-

derholungen vorbei. In einer Coda verflüchtigt sich das Kernmotiv in Tremolo-Effekten, die von fern an den Kopfsatz erinnern.
Variationen als *Finale* sind ungewohnt; Beethoven bedient sich jedoch hier der problemlosen Konvention einer periodischen Melodieform auf seine Weise, indem er die einzelnen Veränderungen quasi experimentierend zur weiteren Erprobung klangfarblicher, instrumentatorischer Reize nutzt. So erhält jede einzelne der 6 Variationen ihr eigenes Kolorit, während die auffällige, fast einseitige motivische Gestaltung des Themas nur andeutungsweise weitergeführt wird: Staccato-Dreiklangsbrechungen auf und ab in Var. 1, ein vorhaltseliges Bratschensolo in Var. 2, synkopendurchsetzte Sechzehntel-Ketten in Var. 3, zartes Linienspiel in Var. 4, energiegeladene Rhythmik in Var. 5, schließlich geheimnisvolle Achtel-Monotonie über vibrierenden Triolenimpulsen auf einem Ton im Baß. Hier knüpft die Coda an, die über ein Accelerando zum recht ruppigen Schluß führt.

Streichquartett f-Moll op. 95

Komponiert 1810; Nikolaus Zmeskall von Domanovec gewidmet.
Allegro con brio – Allegretto ma non troppo – Allegro assai vivace ma serioso – Larghetto espressivo / Allegretto agitato.

Könnte man op. 74 vielleicht als freundliche Geste dem Publikum gegenüber ansehen, so möchte man andererseits annehmen, Beethoven habe beim finsteren Gegenstück op. 95, das ein Jahr später entstand, überhaupt nicht an Hörer und an eine Veröffentlichung gedacht. Er widmete es seinem besten Freund, dem Hofsekretär Domanovec; erst 1814 wurde es zum ersten Mal durch das Schuppanzigh-Quartett aufgeführt, 1816 erschien es im Druck. Die Kompromißlosigkeit dieser Musik spricht bereits aus Beethovens absichtsvollem Untertitel »Quartetto serioso«; man kann das ungewöhnliche Geschehen dieses Werkes denn auch kaum zutreffender umschreiben als mit dieser unüblichen Bezeichnung »Ernst«. Der große Ernst, der alle 4 Sätze bestimmt, hat allerdings viele Nuancen: vom Tiefsinn über Düsterkeit, Fatalismus, Pessimismus bis zu abgrundtiefer Traurigkeit und Verzweiflung. Man darf hier durchaus einen Niederschlag jener krisenhaften Lebenssituation vermuten, in der sich Beethoven zur Zeit der Komposition befand. Gleichzeitig aber handelt es sich hier nun eindeutig um ein Dokument »absoluter« Musik ohne jede programmatische

Anwandlung, eine Komposition von außergewöhnlicher konstruktiver Dichte und satztechnischer Meisterschaft. Kennzeichen aller 4 Sätze ist überdies eine fast aphoristische Knappheit, die auf alle verbindlichen, vermittelnden Überleitungen verzichtet und ohne Umschweife zur Sache kommt. In seiner rigorosen Kompromißlosigkeit und Komprimiertheit ist op. 95 zugleich ein direkter Vorläufer der späten Quartette.
Ohne jeden Umweg, wie ein Keulenschlag, setzt sogleich unisono das wilde Kopfmotiv ein:

das wie ein Motto des ganzen Werkes klingt und dem sogleich zerklüftete Oktavsprünge über 3 Oktaven folgen. Fast vermittlungslos erscheint die lichtere Episode des triolischen Seitenthemas, inmitten eines dichten Stimmengeflechts von der Bratsche angestimmt. Bald jedoch sorgt das Kopfmotiv mit seiner bohrenden Sechzehntel-Drehung wieder für Unruhe, dem sich fast flehend ein neuer melodischer Einfall entgegenstellt:

Ohne kadenzierende Zäsur und Wiederholung geht es sofort in die extrem kurze Durchführung, in deren 22 Takten vor allem die beiden zentralen Motive des Hauptthemas aufeinanderprallen: die Sechzehntel-Gruppe und die punktierte Oktave. Die Coda übertrifft die Durchführung in der Länge um einen Takt; sie führt die harte Auseinandersetzung zu einem letzten dynamischen und rhythmischen Höhepunkt, bevor sie wie resignierend im pp verdämmert.
Das *Allegretto* im fernen D-Dur (2/4) vertritt den üblichen langsamen Satz emotional weit stärker, als es die belebende Tempoangabe erwarten läßt. Sein Hauptthema setzt sich aus 2 Elementen zusammen, die kontrastierend den Satzverlauf prägen: einem pausendurchsetzten Tonleiterabstieg des Solo-Cellos und einer Violinkantilene. Das 2. Thema, das in seiner chromatisch umspielten Grundgestalt dem Gedanken des Solo-Cellos

ähnelt, wird dann in der Art einer Fugenexposition vorgestellt. Dieser kontrapunktische Ansatz steigert sich noch in der Durchführung, die im entlegenen As-Dur, also im Tritonusabstand zur Grundtonart, anhebt. Mehr und mehr zerfallen die Motive, bis am Ende nur noch seufzerartige 2-Ton-Gruppen übrigbleiben, unter denen schließlich unmerklich (T. 112) die Reprise hervortritt. In chromatisch trübem Licht verlöscht der Satz auf einem verminderten Septakkord, aus dem explosionsartig der Rhythmus des *Scherzos* (f-Moll) hervorbricht:

Die Form gliedert sich wie gewohnt 5teilig, allerdings erscheint das choralartig schwebende *Trio* zunächst im fremdartigen Ges-Dur, bei seinem zweiten Auftreten dann in D-Dur. Wie bereits im Allegretto arbeitet Beethoven hier also mit völlig ungewohnten Tonartkontrasten. Statt einer wörtlichen zweiten Scherzo-Wiederholung wird der A-Teil abschließend zu einer strettaartigen Coda verwandelt, in der schließlich das rhythmische Kopfmotiv das letzte Wort behält.

Die langsame Einleitung zum *Finale* holt nun gleichsam in wenigen Takten die Ausdrucksebene des wirklich langsamen Satzes nach, von emphatischen Seufzermotiven durchzogen, die unmittelbar in das Hauptthema des Schlußsatzes münden; seine Form verbindet Rondo- und Sonatensatzelemente. Seine gehetzte Unruhe überträgt sich auch auf das 2. Hauptthema, das voller nervöser Akzente im dominantischen c-Moll verharrt. Bemerkenswert ist nicht zuletzt auch die einzigartige, in sich eigentlich widersprüchliche Tempobezeichnung, die zugleich bremsend und beunruhigend wirken soll – Allegretto agitato! Gegenüber den etwas ausführlicheren Mittelsätzen herrscht hier nun wieder die gedrängte Konzentration eines völlig in sich gekehrten und allen schmückenden Zierates entkleideten Satzgerippes. Gespenstisch wirkt danach die zum Allegro gesteigerte Coda, die sich scheinbar traditionell und verbindlich nach Dur wendet, doch eher wie ein verzweifelter Willensakt wirkt als wie eine versöhnliche Geste, so gewollt beziehungslos reiht sie sich an alles Vorangegangene.

Die späten Quartette

Gern werden heute Beethovens letzte Streichquartette zum Vergleich bemüht, wenn es darum geht, eine echte oder vermeintliche Unverständlichkeit neuester Kompositionen zu rechtfertigen. Dabei wird jedoch übersehen, daß diese Quartette seit ihrer Uraufführung immer einen Kreis von Bewunderern gefunden haben; allerdings war dies zu Beginn kein Durchschnittspublikum, sondern ein recht elitärer und künstlerisch gebildeter Zirkel.

Erst 12 Jahre nach op. 95 wandte sich Beethoven wieder dieser Gattung zu (1822) und vollendete in den folgenden 4 Jahren die 5 »späten« Quartette, wobei die »Große Fuge« nach Beethovens Tod zusätzlich einzeln als op. 133 herausgegeben wurde. Das an ihre ursprüngliche Stelle getretene neue Finale zu op. 130 ist 1826 Beethovens letzte vollendete Komposition; sein letztes zyklisches Werk ist op. 135.

Über Struktur und Wesen dieser hochsensiblen und hochkomplizierten Musik haben seither Generationen von Theoretikern und Praktikern nachgedacht; sie bieten sowohl der Analyse wie der Interpretation schier unerschöpflichen Stoff, und wenige Werke der Musikgeschichte haben so stilbildend und anregend wie beunruhigend, ja verstörend und entmutigend auf alle nachfolgenden Tonkünstler gewirkt. Ihrer Herausforderung als Vorbild und Maßstab konnte sich bis zu Hindemith und Bartók und über sie hinaus niemand entziehen.

Welches sind nun die Geheimnisse dieser kammermusikalischen Gipfelwerke? Sicher ist eines ihrer zentralen Merkmale ihre unüberbietbare Vielseitigkeit: Brennspiegelartig fassen sie mit den Mitteln des eher abstrakten 4stimmigen Streichersatzes wesentliche Kompositionsprinzipien aus Klassik und Barock zusammen und verweisen zugleich weit voraus in die musikalische Zukunft von 19. und 20. Jh. So beziehen sie wie selbstverständlich die Technik des Kontrapunktes bis hin zur Fuge (op. 131, 133) mit ein, jedoch aus neuer, niemals historisierender, statt dessen durchaus subjektiver Sicht. Archaisierende Entlehnungen wie Choralbearbeitung und Kirchentonart (op. 132) werden in diesen Stil ebenso eingebunden wie die

traditionellen klassischen Formtypen des Sonatenhauptsatzes, des Rondos, des Tanzsatzes, der Variationen, wobei letzteren Beethovens besondere Vorliebe gehört (op. 127, 131, 132, 135). Sie alle werden gleichsam auf höherer Ebene miteinander verschmolzen und erweitert. Zugleich wird die gewohnte Viersätzigkeit aufgeweicht (op. 130, 131), und ansatzweise dringen programmatische Aspekte in diese absoluteste der Gattungen ein (op. 132, 135).
So unmöglich sich dieser ungemein komplexe Stil in wenige Worte fassen läßt, so auffällig sind doch einige seiner Kennzeichen; zu nennen ist das jeweils unmittelbare kontrastreiche Nebeneinander von motivisch-konstruktiver Thematik und volkstümlicher Melodik, von bausteinartiger, gelegentlich bruchstückhafter Motivik und weitgespannten Bögen, von häufigen und schärfsten Tempo- und Dynamikgegensätzen, von ausgewogener Periodenbildung und motivischer Zerrissenheit, von in sich ruhender diatonischer und kühn modulierender Harmonik, von tiefstem, bisweilen religiösem Ernst und manchmal derbem Humor. Keimzellenartig verbindet ein wandlungsfähiges 4-Ton-Motiv die 3 Quartette op. 130, 131 und 132 und deren Einzelsätze zu höherer zyklischer Einheit; dagegen stehen die Werke 127 und 135 einzeln.
Die technischen Ansprüche an die Ausführenden sind immens. Sie hatten zur Folge, daß sich die Wege der Hausmusik und der sozusagen professionellen Kammermusik nun endgültig trennten. Vorboten dieser Entwicklung, die bis heute nicht umkehrbar war, waren Beethovens Quartette op. 59; von nun an bleiben die Werke dieser Gattung den sich bildenden Berufsensembles vorbehalten. So reiste seit 1835 das Quartett der Brüder Müller und sorgte für die Verbreitung dieser Musik und verankerte zugleich die Institution des öffentlichen, bürgerlichen Kammerkonzerts.

Streichquartett Es-Dur op. 127

Komponiert zwischen 1822 und Ende 1824. UA: 6. März 1825. Fürst Nikolaus Galitzin gewidmet.
Maestoso / Allegro – Adagio ma non troppo e molto cantabile – Scherzando vivace – Finale.

Der Erfolg ist diesem Werk seit der Uraufführung treu geblieben, und er hat sicher mehrere Wurzeln. Zum einen wird dem Hörer die Orientierung erleichtert durch Anlehnung an die gewohnte Viersätzigkeit mit ihren zumindest in groben Umris-

sen nachvollziehbaren Formcharakteren, die zwar erweitert und variiert, jedoch nicht in Frage gestellt oder gar aufgelöst werden. Zum anderen sind die 4 Sätze durch unauffällige motivisch-thematische Querverbindungen miteinander verwandt und vermitteln so den Eindruck von hoher geistiger Einheitlichkeit und Konzentration.
Will man sich dieser Musik analytisch nähern, dann muß man sich ständig bewußt sein, daß alle gewohnten Begriffe wie Durchführung, Coda usw. gleichsam unter dem Vorbehalt ihrer Ausweitung und Veränderung stehen. Sie sind Orientierungs- und Betrachtungshilfen, mehr nicht. Mit dieser Einschränkung ist der *1. Satz* ein Sonatenhauptsatz; seine einleitenden 6 Maestoso-Takte werden motivisch nicht wichtig und vertreten auch nicht die traditionelle langsame Einleitung; statt dessen fungieren sie durch ihre zweimalige spätere Wiederkehr als markanter Formteiler. Die Exposition selber verbindet 3 unterschiedliche Einfälle miteinander: ein erstes freundlich anschmiegsames (a) und ein unmittelbar sich anschließendes rhythmisch-prägnantes Thema (b), die man beide gemeinsam

als Hauptsatz bezeichnen könnte; es folgt ein eher elegisches, chromatisch verhangenes Thema in g-Moll (c), das die Funktion des Seitensatzes übernimmt. Die nun nach G-Dur versetzte Einleitung leitet dann zur Durchführung über, die sich zunächst am biegsamen ersten Gedanken (a) orientiert, dann aber mit spitzen Vorschlägen und bis zum Diskant aufsteigenden Dreiklangsbrechungen zum C-Dur-Fortissimo steigert: Der dritte und massivste Einsatz des Maestoso-Teils markiert zugleich den Höhepunkt der Durchführung und ihren Umschlag in recht kompromißlos rauhe Klänge; nun prallen 2 unscheinbare Motive aufeinander, deren Herkunft aus dem 1. Thema auf den ersten Blick kaum zu erkennen ist, wobei die Achtel-Figur zusätzlich durch Vorschläge geschärft wird (Klammern im Notenbeispiel). Die Reprise folgt den Konturen der Exposition; die Coda liefert noch einige stillere Nachbetrachtungen zum Hauptthema.

Es folgt einer jener weit ausgreifenden und wundersam abgeklärten Variationensätze (As-Dur, 12/8), die für den Stil der letzten Beethoven-Werke so ungemein charakteristisch sind (andere Beispiele: Klaviersonaten op. 109 und 111, 9. Sinfonie). 1. Violine und Violoncello bringen im Wechsel vor zartem Klanghintergrund das Gesangsthema, das sich aus der anfänglichen Tonleiter mit seinem prägenden Rhythmus kurz-lang bis zur Emphase eines Oktavaufschwungs steigert:

Es folgen 5 mehr oder weniger frei und phantasievoll mit der melodischen, klanglichen und gehaltlichen Substanz des Themas sich auseinandersetzende *Variationen*: Die 1. bringt ein wenig rhythmische und dynamische Bewegung; die 2. (Andante con moto, C) entdeckt ein kapriziös-tänzerisches Element, wobei die beiden Geigen motivisch miteinander spielen, während die Unterstimmen den rhythmischen Ostinato beisteuern; die 3. (Adagio molto espressivo) wendet sich überraschend ins entfernte E-Dur und erscheint eher wie eine ruhepunktartige Vereinfachung; die 4. kehrt zu den Ausgangsbedingungen von Tempo, Tonart und Taktart zurück und gesellt dem variierten Thema jeweils einen eigenständigen, von Trillern durchsetzten

Kontrapunkt bei, im Wechsel zwischen Primgeige und Cello. Nach einigen freien Sotto-voce-Takten und nach einem harmonisch eingetrübten Umweg über cis-Moll/E-Dur gelangen wir zur 5. und letzten Variation mit ihren Sechzehntel-Figurationen; ihr schließt sich noch eine kurze Coda an, die sich ein wenig an den Gang der 4. Variation anlehnt.
Der *3. Satz* entspricht der gewohnten 3teiligen Scherzo-Form. Sein ausgedehnter Hauptteil greift nach 2 einleitenden Pizzicato-Takten den rhythmischen Grundgedanken des Adagios (kurz-lang) auf und präzisiert ihn durch Pausen und Staccato:

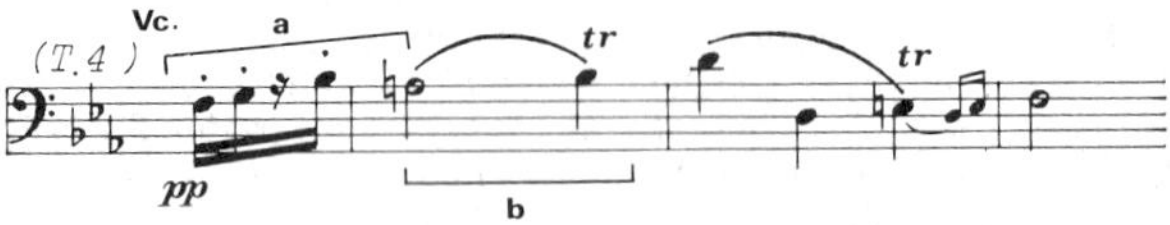

Seine beiden Hauptbestandteile (a und b) bestreiten dann in immer neuen Kombinationen, Umkehrungen und Färbungen den ganzen ausgedehnten Scherzo-Teil mit seinen beiden wiederholten Abschnitten; deren zweiter, durchführungsverwandter wird durch 2 kurze gespenstische Unisono-Einschübe (Allegro, 2/4) von Bratsche und Cello unterbrochen. Auch das die Trio-Stelle einnehmende Presto im flüchtig in ständigen Viertel-Noten dahinhuschenden es-Moll bezieht sich auf die Konturen des Adagio-Themas, so daß das ganze Scherzo mit seinem Mittelteil wie eine weitere bizarre Doppelvariation des langsamen Satzes wirkt. Nach der Wiederholung des Hauptteils nimmt das Trio, wie so oft bei Beethoven, noch einen erneuten, aber sogleich erfolglos abbrechenden Anlauf.
Das rondomäßig angelegte *Finale* (¢) ist der diesseitigste Satz des ganzen Werkes, in volkstümlich unbekümmertem Tonfall und bisweilen derb aufstampfend, manchmal auch mit hart und linear aufeinanderprallender Stimmführung. Eine Überraschung bereitet dann die Schlußwendung zum Allegro comodo (6/8), in dem das Hauptthema auf einmal fast wienerisch und gemütlich verändert erklingt, umgeben von Triolenfigurationen

der übrigen Stimmen. Und auch die entfernte motivische Verwandtschaft mit dem Hauptgedanken des Kopfsatzes wird noch einmal deutlich.

Die 3 folgenden Quartette und die Große Fuge sind in anderer Reihenfolge entstanden, als sie Opuszahlen tragen, nämlich: op. 132–130 (mit 133)–131. Darüber hinaus sind sie durch Motivverwandtschaft zum heimlichen Zyklus zusammengeschlossen. Diese motivische Klammer in Gestalt eines ständig variierten Ur-Einfalls wird dem Hörer angesichts der Ausdehnung und Vielgestaltigkeit dieser Riesenwerke zwar kaum unmittelbar bewußt, sie ist jedoch analytisch nachvollziehbar und sorgt, trotz der beeindruckenden Formen- und Ausdrucksvielfalt, für einen spürbaren geistigen Zusammenhalt des ganzen Kompositionsgebäudes, für seine stilistische Einheitlichkeit. Dieses keimzellenartige Kernmotiv ist von der gleichen abstrakten Absolutheit wie das berühmte, ebenfalls 4 Töne umfassende b–a–c–h; es erscheint zum ersten Mal in der Einleitung zu op. 132 (s. d.) und ist gekennzeichnet durch 2 Halbtonschritte in Gegenbewegung, dis–e und c–h.

Streichquartett B-Dur op. 130

Komponiert 1826; Fürst Nikolaus Galitzin gewidmet.

Adagio ma non troppo / Allegro – Presto – Andante con moto ma non troppo – Alla danza tedesca (Allegro assai) – Cavatina (Adagio molto espressivo) – Finale: Allegro.

Das B-Dur-Quartett weitet erstmals die klassische Viersätzigkeit zur Sechsteiligkeit und hatte ursprünglich noch ungewohntere Dimensionen durch das große Fugenfinale. Beethoven ließ sich jedoch nach der vom Publikum verständnislos aufgenommenen Uraufführung und auf Drängen des Verlegers zur Komposition eines eingängigeren und kürzeren Ersatzfinales bewegen. So entstand im November 1826 seine letzte Komposition, und die Fuge erhielt mit der eigenen Werknummer (133) ihre Selbständigkeit. Dieser Zustand ist eindeutig Beethovens letzter Wille, und es erscheint deshalb müßig, darüber zu spekulieren, welches Finale das angemessenere sein könnte. Immerhin versuchen sich heute gelegentlich Quartettensembles an der Aufführung der Urfassung mit Fuge, so daß man klingende Vergleichsmöglichkeit hat.
Der *1. Satz* ist, wie bei op. 127, ein sehr frei gehandhabter Sonatensatz, in dessen Verlauf hier noch stärker die langsamen Ein-

leitungstakte mit einbezogen werden, die auf diese Weise zum integralen Bestandteil der formalen Entwicklung werden. In den ersten Takten verbergen sich die Sekundschritte des zyklischen Ur-Motivs:

Das eigentliche Allegro-Thema ist ein Doppelthema und birgt die motivischen Bewegungsenergien für den gesamten Sonatensatz, vor allem in der motivischen Kleinteiligkeit seiner bewegten Oberstimme:

Diese Kräfte werden auch sogleich in dynamischer Entwicklung durchführungsartig freigesetzt, mit akzentuierten Tonleitern und Akkordbrechungen bis in extreme Lagen. Das stillere Seitenthema (Ges-Dur) bleibt hier wie in der Reprise eher eine Episode und enthält in seinem Unterbau das drehende Sechzehntel-Motiv des Hauptgedankens. Die Durchführung ist kurz und eher besinnlich, motivisch aus den mehrmals wiederkehrenden Einleitungstakten herauswachsend – es ist gerade ein wesentliches Stilmerkmal dieser Quartette, daß alle Satzteile von Beginn an Durchführungscharakter haben, auf Kosten der eigentlichen Durchführung, die dadurch logischerweise an Länge und Bedeutung einbüßt. In der Coda schließlich konzentriert sich das Wechselspiel auf unmittelbares Nebeneinander einzelner Adagio- und Allegro-Takte.

Das *Presto* (b-Moll, ¢) ist kurz und gespenstisch und ersetzt formal ein Scherzo: 2teiliger A-Teil, in dessen atemlosem motivwiederholendem Thema die zyklische Keimzelle steckt:

und ein wilder B-Dur-Mittelteil, der noch radikaler ein einziges 1taktiges Motiv aus Dreiklang und Vorschlagfigur ununterbrochen aneinanderreiht. Ein verblüffendes dreimaliges glissandoartiges Herabgleiten der Primgeige führt zur trillernd variierten Reprise des A-Teils.

Der *nächste Satz* (Des-Dur, C) wird zu einem Höhepunkt kunstvollster durchbrochener Arbeit aller 4 Stimmen, deren kleinteiliges motivisches Gewebe sich jeweils zu größeren melodischen Bögen fügt und einen ganzen Mikrokosmos an vielfältig gebrochener Aussagekraft trägt. Beethovens Spielanweisung »poco scherzoso« weist dezent in die Richtung gelöster Heiterkeit und musikantischer Spiellaune; auffällig sind die zahlreichen dynamischen und Phrasierungsfeinheiten auf engstem Raum – ein Satz, der die unvereinbar scheinenden Charaktere eines Scherzos und eines langsamen Satzes fast mühelos verbindet. Seine Form ist 3teilig, wobei der 3. Abschnitt sich motivisch auf beide vorangegangenen Teile bezieht und sie andeutungsweise zusammenfaßt.

Es folgt ein beschwingter walzerartiger *Deutscher Tanz* (G-Dur, 3/8), dessen ständig präsentes Thema jene typische, fast nervöse Kleindynamik aufweist, die uns in diesen späten Beethoven-Sätzen immer wieder begegnet:

Die Form ist wie beim Menuett 3teilig (ABA) ohne Trio; der Charakter des volkstümlichen Tanzes wird durch periodische Melodiebildung und durch relativ schlichte Harmonik noch unterstrichen. – Dieser Satz stand übrigens zunächst in a-Moll und war für das Quartett op. 132 vorgesehen, ehe er hier seinen endgültigen Platz fand.

Zum ausdrucksvollen Ruhepunkt wird danach die auch als eingängig popularisiertes Einzelstück bekannte *Cavatine* (Es-Dur,

¾) mit ihrem eindringlichen lyrischen Gesang der führenden Violine. Gegen Ende des kurzen Satzes erfolgt auf einmal (ähnlich wie in der Klaviersonate As-Dur op. 110) ein rezitativartiger Stimmungseinbruch: Die 1. Violine deklamiert eine von Pausen zerrissene, ängstlich-»beklemmte« (so Beethoven in den Noten) Tonfolge über dem sich in unruhigen Akkordtriolen bewegenden Klangteppich der übrigen Instrumente. Dann verklingt der Satz friedlich, wie er begonnen hat, mit dem beruhigten Wiedererscheinen des Anfangs.
Das nachkomponierte *Finale* (2/4) ist ein weit ausholender Sonatensatz, der aufgrund seiner tänzerisch-volkstümlichen Thematik eher ein Rondo erwarten läßt und diese Erwartung auch durch häufig wiederholendes Zitieren des einprägsamen Hauptthemas ein wenig erfüllt. Doch dieses Thema ist zugleich ausgesprochen gut geeignet zu motivischer Abspaltung und Verarbeitung, was sich bereits in der Exposition herausstellt. Wenn man sich einmal von dem lastenden Erbe der überdimensionalen ehemaligen Final-Fuge freimacht, dann bildet dieser Satz in der Tat einen sinnvollen und aus dem Werkganzen abgeleiteten Abschluß: im Sinne des Kontrasts zu 1. und 5. Satz, im Sinne der Weiterführung und musikantischen Steigerung zu den übrigen 3 Sätzen, die alle auf ihre individuelle Weise einen Scherzo-Aspekt ausführen.

Das ursprüngliche Finale, die **Große Fuge B-Dur**, gab Beethoven unter der Opuszahl 133 einzeln heraus und widmete es dem Erzherzog Rudolph von Österreich; dieses einzigartige Werk hätte in seiner kompromißlosen Radikalität wohl doch die Proportionen des B-Dur-Quartetts gesprengt, hätte die Gewichte zu sehr zum Finale hin verschoben. Es gibt keine zweite Komposition Beethovens, auch nicht die »Missa solemnis« und die Hammerklaviersonate op. 106, die derart unbekümmert und ohne Rücksicht auf etwaige Hörgewohnheiten oder -erwartungen des Publikums angelegt und durchgeführt ist. Hier tritt uns die »Idee« der späten Quartette, zumindest der 3 andeutungsweise zyklisch konzipierten, gleichsam völlig ungeschminkt und abstrakt entgegen, entkleidet aller Poesie und klanglichen Schmeichelei. Statt dessen werden die 4 Stimmen nun zu Trägern und Vermittlern des konsequent linear angelegten Tonsatzes, der die vorhandenen Streichinstrumente nur noch als notwendige Vehikel einsetzt und sie damit fast überfordert, um eine geistig-künstlerische Aussage zu vermitteln. So ergeben

sich ungewohnte, erst im 20. Jh. wieder bewußt eingesetzte und erlebte Schärfen und Dissonanzen, ohne daß jedoch jemals der Boden der klassischen Harmonik verlassen würde.
Der Titel »Große Fuge« vereinfacht den kompositorischen Tatbestand; es handelt sich tatsächlich um eine ununterbrochene Reihe von Einzelfugen mit gemeinsamem thematischem Kern. Wenn Beethoven sein Manuskript mit der Anmerkung versieht »tantôt libre, tantôt recherchée« (ebenso frei wie kunstvoll), dann ist das Erläuterung und Warnung zugleich: Ihm lag nichts daran, den barocken Meisterfugen lediglich eine weitere an die Seite zu stellen. Vielmehr ist ihm das Fugenmodell mit seinen kontrapunktischen Möglichkeiten und Kunstgriffen willkommen als Mittel und Zweck, 4 Stimmen in höchster linearer Selbständigkeit in gemeinsamer Aussage aneinanderzuketten.
Die vorangestellte skizzenartige »Overtura« (Allegro, 6/8) hat mit dem barocken Vorbild gleichen Namens nichts gemeinsam. Hier werden, wie in einem Inhaltsverzeichnis, von G-Dur im Quintenzirkel über C- und F- bis B-Dur fortschreitend, unmittelbar nacheinander die 4 Varianten des Fugenthemas vorgestellt, die den Ablauf des Stückes prägen: in markigen ganzen Takten (a), in hetzender 6/8-Bewegung (b), im besinnlicheren

Verweilen gleicher Notenwerte im geraden Takt (c) und aus dem Taktschwerpunkt herausgerückt im synkopisch versetzten Pianissimo (d), wobei hier zusätzlich die sperrig-ungewohnte Notierung in übergebundenen Achteln auffällt. Die ersten 4 Töne dieses monumentalen Themenkomplexes sind zugleich identisch mit dem Ur-Motiv der 3 zyklischen Quartette (s. Klammern), das hier – sozusagen im Zentrum der ganzen Werkreihe – umweglos und ausschließlich den Gang der Musik prägt.
Die sofort und fortissimo einsetzende 1. Fuge verarbeitet die Gestalt d mit einem gezackt-punktierten Kontrapunkt (e) zum Doppelthema:

Die 127 Takte dieses Teils werden in grandioser Monotonie vollständig von den Elementen der Punktierung und der synkopierten Themenvariante beherrscht, lediglich in einigen Passagen durch triolische Bewegung ein wenig gemildert. Im 2. Teil erfolgt nach einer Fermate der Pendelschlag in die andere Richtung: Das Tempo mäßigt sich zum »meno mosso e moderato«, die Dynamik zum Pianissimo, und nun erscheint die Themenvariante c, von Sechzehntel-Figurationen umspielt, oft sogar in sanglichen Terzen- und Sextenparallelen. Wenige ganz homophone und fast gespenstisch gefärbte Takte führen unmittelbar zur 3. Fuge, die wiederum nach dem Prinzip des Kontrasts Tempo und Dynamik umkippen läßt. Zunächst in B-Dur erscheint nun die ruhelose 6/8-Variante, mit Trillerfiguren und weiterführenden melodischen Floskeln angereichert; auch erfolgt im weiteren Verlauf so etwas wie motivisch-thematische Arbeit durch Teilabspaltungen und Umkehrungen, während sich alsbald, nach As-Dur modulierend, als neues Element gewichtig Variante a einstellt. Dieser Teil ist der längste, komplexeste und harmonisch kühnste zugleich; nach 259 Takten wird er gleichsam durch ein Atemholen unterbrochen, indem erinnernd auf den 2., gemäßigten Teil zurückgegriffen wird, allerdings jetzt nicht im Piano, sondern im akzentuierten Forte. Wenige völlig unthematische, klanglich und harmonisch ins

Ungewisse verschwimmende Takte führen zur Fortsetzung des 6/8-Sturmlaufs, doch scheint sich das Fugenkonzept nun allmählich in seine kleinsten motivischen und auch klanglich-harmonischen Bestandteile aufzulösen. Die Dynamik schwankt zwischen den möglichen Extremen. Vor der endgültigen und relativ kurzen Schlußsteigerung erscheinen noch einmal nacheinander, wie mahnende Zitate, ähnlich wie in der Overtura, die 4 Varianten des Themas in der Reihenfolge d (mit Kontrapunkt), c, a und b und nun alle in der Grundtonart. Das letzte Wort behält der sich motivisch verselbständigende Rhythmus der 6/8-Gestalt, nachdem er unmittelbar zuvor noch als Kontrapunkt von Variante a dienen mußte.

Streichquartett cis-Moll op. 131

Komponiert 1826; Fürst von Stutterheim gewidmet.
I Adagio ma non troppo e molto espressivo – II Allegro molto vivace – III Allegro moderato / Adagio / Più vivace – IV Andante ma non troppo e molto cantabile – V Presto – VI Adagio quasi un poco andante – VII Allegro.

Es ist nicht sicher, ob dieses komplexe Werk noch zu Beethovens Lebzeiten gespielt worden ist; im Druck erschien es erst nach seinem Tod, im April 1827. Dieses in der Entstehungschronologie dritte der 3 zusammengehörenden Quartette weist wiederum Besonderheiten auf: Die Zahl der Sätze ist nun auf 7 gestiegen, von denen allerdings 2 (der 3. und 6.) sehr kurz sind und eher wie Einleitungen zum jeweils folgenden Teil wirken. Auch die Tonartenfolge dieser pausenlos zusammenhängenden Satzkette ist lockerer als gewohnt: In der Grundtonart cis-Moll stehen lediglich Anfang und Ende; dazwischen reihen sich D-Dur, h-Moll, A-Dur, E-Dur und gis-Moll.

Nachdem op. 130 ursprünglich mit der Fuge enden sollte, folgt nun hier im *Kopfsatz* überraschend eine weitere Auseinandersetzung mit diesem kontrapunktischen Prinzip. Im Gegensatz aber zur vielgestaltigen Fugenreihe von op. 133 klingt dieser 1. Satz sehr einheitlich und ist stimmungsmäßig sehr geschlossen. Sein Thema enthält wieder, ein wenig versteckt, die motivische Keimzelle in Gestalt zweier Halbtonschritte in Gegenrichtung und ist darüber hinaus sehr auffällig durch den emphatisch-schmerzlichen sf-Nachdruck auf dem Ton a geprägt (Zitat S. 514 oben). Dieses Thema wird im Verlauf der Fuge einigen unauffälligen kontrapunktischen Verarbeitungs- und Verwandlungskünsten unterworfen, bis zu einer letzten nachdrücklichen

Vergrößerung im Violoncello, bevor der Satz in seiner stillen Trauer ohne rechten Schluß auf dem Cis-Dur-Dreiklang stehenbleibt. Ein letzter, kaum wahrnehmbarer Oktavsprung nach oben in der 1. Violine wird dann nach der Schlußfermate zur motivischen Klammer mit dem *2. Satz* (6/8), der mit dem selben, um einen Halbton hinaufgerückten Oktavsprung einsetzt und dessen ständig präsentes Hauptthema sich wiederum als ausdrucksvolle Variante des Ur-Motivs herausstellt. Auffällig an diesem quasi monothematischen Satzgebilde sind seine oft ganz engräumig und fast hektisch schwankende Dynamik und kurz eingeschobene Tempoverzögerungen.
Teil 3 wirkt wie eine kleine Improvisation; zunächst wird ein kleines Motiv im durchbrochen 4stimmigen Satz vorgestellt, dann jedoch führen 2 Adagio-Takte und eine angedeutete Violinkadenz zur Dominante E-Dur des folgenden *Variationensatzes*. Die emotionalen Dimensionen der späten Beethovenschen Variationensätze scheinen nahezu unerschöpflich zu sein; wiederum durchschreitet der Komponist in 6 sehr freien und phantasievollen Veränderungen ganze Welten des Ausdrucks. Das freundliche, taktweise motivisch aneinandergereihte Thema ist reizvoll zwischen den beiden Geigen aufgeteilt; es bezieht sich in seiner vereinfachten Grundmelodie wieder auf die Halbtonschritte der zyklischen Keimzelle:

Var. 1 greift das Kopfmotiv des Themas auf und charakterisiert es durch doppelte Punktierung neu; Var. 2 wandelt die melodische Linie zu einer aufsteigenden Dreiklangsbrechung, außerdem steigert sich das Tempo (più mosso, C), und es wird eine marschartige Begleitfigur hinzugefügt; Var. 3 ist überwiegend zweistimmig kanonisch angelegt und steigert sich erst gegen Ende zu dichter trillerdurchsetzter Vierstimmigkeit; Var. 4 verändert wiederum Takt und Tempo (Adagio, 6/8) und entfernt sich melodisch recht weit vom Ausgangsgedanken, durchzogen von Tonleiterpassagen und kurz aufblitzenden Staccato-Akkorden; Var. 5 kehrt zum 2/4-Takt zurück und ist ein fahles, weitgehend melodieloses Klangstück, dessen Bezug zum Thema sich auf die einzelne fallende Sekunde reduziert hat; ebenso extrem und einseitig ist schließlich die 6. Variation angelegt, mit wie auf der Stelle tretenden »sotto voce«-Akkorden im 9/4-Takt und einem kleinen, zuerst und überwiegend im Cello auftretenden Pralltrillermotiv. Die Grundtonart A-Dur wird in allen Teilen beibehalten, auch der harmonische Verlauf des Themas kehrt im großen und ganzen immer wieder. Eine freiere Coda, die sowohl kadenzartige Passagen wie Rückbezüge zum Thema enthält, endet in den letzten Takten pausendurchsetzt mit regelrechten Auflösungserscheinungen.
Der *5. Satz* weist in Temperament und Anlage Scherzo-Merkmale auf; er ist 5teilig mit zweimaliger Wiederkehr des trioartigen Mittelteils (ABABA), und seine Coda spielt auch farblich (pizzicato, sul ponticello = am Steg) mit Motiven beider Satzteile. – Ein melancholisches gis-Moll-*Adagio* bereitet das stürmische *Finale* vor, einen recht rauhen Sonatensatz, der voller motivischer Anspielungen auf den gesamten zurückliegenden Quartett-Zyklus steckt und sich thematisch vorwiegend auf 3 Einfälle stützt: auf das gezackte Unisono-Hauptthema, das um die beiden charakteristischen Halbtonintervalle des Ur-Motivs herumgebaut ist:

auf den unmittelbar anschließenden hetzenden 6/8-Rhythmus, der spontan auf Schubert (Finale des d-Moll-Quartetts) zu verweisen scheint, und schließlich auf einen eher rhapsodisch freien Gedanken mit ausgedehntem Tonleiterabgesang (Seitensatz). Vor allem in den letzten Passagen des Finales setzen sich die Bezüge zum Thema der Anfangsfuge und darüber hinaus zur motivischen Keimzelle der 3 Quartette immer nachdrücklicher durch.

Streichquartett a-Moll op. 132

Komponiert und UA 1825; Fürst Nikolaus Galitzin gewidmet.
Assai sostenuto / Allegro – Allegro ma non tanto – Molto adagio – Alla marcia, assai vivace / Più allegro – Finale (Allegro appassionato).

Das erste der 3 motivverwandten Quartette weitet die gewohnte Viersätzigkeit behutsam zur Fünfsätzigkeit; allerdings wirkt der vor dem Finale eingeschobene zusätzliche Teil eher wie ein zaghafter, nicht durchgeführter Versuch, der dann erst in den beiden folgenden Quartetten wirkliche Früchte tragen soll.
Auch der *1. Satz* hat seine Eigenheiten: In einer kanonisch einsetzenden kurzen Einleitung wird die motivische Keimzelle aller 3 Quartette mottoartig sozusagen in nackter Gestalt zugleich in Grundform und Umkehrung vorgestellt:

Der folgende bewegte Hauptteil ist ein Sonatensatz, aber mit auffallender Unregelmäßigkeit, denn statt der Exposition wird hier die Reprise variiert wiederholt. Statt dessen ist die Durchführung kurz und reagiert damit auf die starken Durchführungstendenzen in den übrigen Teilen. Nach einer kurzen Violinkadenz beginnt das wehmütig-flehende Hauptthema, das die beiden Halbtonschritte des Ur-Motivs umschließt (a) und dessen

wichtigster motivischer Bestandteil, die punktierte 3-Noten-Gruppe (b), weite Teile des Satzes formt. Der Seitensatz steht unerwartet nicht auf der Dur-Parallele, sondern auf der 6. Stufe (F-Dur); er ist ebenfalls sehr kantabel, doch ein wenig optimistischer getönt und schwingt sich über einer aparten, triolisch ineinander verzahnten Begleitung auf. Auch die Coda spielt reizvoll mit ungewohnten Klangeffekten in dichter Vierstimmigkeit.

Der *2. Satz* ist ein reguläres Scherzo (A-Dur), dessen mehrmals wiederkehrende 4 einleitende Unisono-Takte sich mahnend auf die motivische Keimzelle beziehen; auch sein 2taktig gegliedertes Hauptthema kreist melodisch um die charakteristischen 2 Halbtonschritte und beherrscht, gemeinsam mit der Viertel-Bewegung der Anfangstakte, in kontrapunktischer Verzahnung und motivischer Absplitterung den ganzen, ungemein konzentrierten Hauptteil. Das Trio bewahrt die Grundtonart des Satzes und hebt sich durch 2 verschiedenartige, gleichermaßen wirkungsvolle Einfälle vom Scherzo ab: Seine zarte Melodik beginnt mit klingenden Bordunsaiten wie eine Musette; später dann führt es den Hörer metrisch in die Irre durch permanente harmonische und melodische Akzentverlagerung auf die unbetonte 3 im Takt. Am Ende des Trios klingt in düsterem Unisono das rhythmisch verzerrte 4-Noten-Motiv der Einleitung an.

Das a-Moll-Quartett entstand in einer Zeit belastender Krankheit; der *langsame Satz* (c) ist Beethovens musikalische Antwort auf seine Gesundung, als »heiliger Dankgesang eines Genesenen an die Gottheit«, und wird damit zum innigen, abgeklärten Ruhepunkt des Werkes. Beethovens Zusatz »in der lydischen Tonart« erklärt harmonische Besonderheiten des Tonsatzes, der sich hier kirchentonartlich-altertümlich auf ein »F-Dur ohne b« bezieht. Dieser in seiner erklärten Religiosität einzigartige monumentale Satz ist, trotz seiner »himmlischen« Längen, recht einfach gebaut: Er beginnt mit einer choralartigen Melodie, deren einzelne Phrasen jeweils im 4stimmigen Satz, jedoch immer halbtaktig imitierend einsetzend, erklingen. Dieser Teil wird abgelöst durch ein lebhafteres, diesseitigeres *Andante* (D-Dur, 3/8) mit dem Zusatz »neue Kraft fühlend«, das im weiteren Verlauf fast tänzerisch-heitere Züge annimmt. Beide Teile werden wiederholt: zunächst, gleich einer variierten 2. Strophe, der Dank-Choral, wobei die einzelnen Choralzeilen der 1. Violine vorbehalten bleiben und die übrigen Stimmen in der Bewegung durch Achtel-Einschübe leicht gesteigert sind; es folgt wieder der weitgehend unveränderte Andante-Teil. Eine 3. Choralstrophe beschließt »mit innigster Empfindung« den rondoartigen Satz, einer Choralbearbeitung gleich, die Abschnitte des Cantus firmus auf die Stimmen verteilend, bei nochmals (zu Sechzehntel-Figuren) gesteigerten Gegenstimmen.

Der kurze, formal in sich geschlossene *4. Satz* (A-Dur, C) ist ein kleiner Geschwindmarsch, der unvermittelt (»attacca subito«) von einem ängstlich-aufgeregten Instrumentalrezitativ der Primgeige über den tremolierenden übrigen Stimmen abgelöst wird; man könnte, Schiller und die 9. Sinfonie zitierend, deklamieren: »O Freunde, nicht diese Töne . . .!«

Und nun beginnt das eigentliche *Finale* (a-Moll, 3/4) mit seinem innig-sehnsüchtigen Thema, in dem sich das Halbtonmotto verbirgt:

Das Ganze ist ein ausgedehnter Sonatensatz mit rondoartigen Zügen, dessen wiederkehrende Teile ständiger mehr oder weniger unauffälliger Veränderung unterworfen sind und oft durchführungsartigen Charakter annehmen. Eine letzte zugleich lyrische und emphatische Steigerung (A-Dur, Presto) führt 1. Violine und Violoncello in parallelen Oktaven in höchste Diskantregionen – eines der auffälligsten stilistischen Merkmale aller späten Quartette ist die konsequente Ausweitung des Tonumfanges und die Ausnützung auch extremer Randlagen, ohne Rücksicht auf dabei auftretende spieltechnische Probleme.

Streichquartett F-Dur op. 135

Komponiert 1826. Druck 1827. UA: 1828 in Wien. Nepomuk Wolfmayer gewidmet.
Allegretto – Vivace – Lento assai, cantante e tranquillo – Grave, ma non troppo tratto / Allegro (»Der schwer gefaßte Entschluß«).

Beethovens letztes Streichquartett ist zugleich auch seine letzte vollständige Komposition. Auffälligster Zug ist eine konzentrierte Knappheit, in der sich das Werk von ferne mit dem f-Moll-Quartett op. 95 berührt, ohne jedoch dessen fatalistischen Charakter auch nur ahnen zu lassen. Vielmehr ist diese Musik insgesamt von einer stillen, fast abstrakten Heiterkeit – man hat den Eindruck, daß Beethoven sich sehr bewußt war, hier sein letztes Wort in dieser Gattung zu sagen. Das F-Dur-Quartett zieht auf unauffällige, unaufwendige und doch kunstvolle Weise Bilanz.

Ein einzelnes Motiv leitet in der Bratsche den *1. Sonatensatz* (2/4) ein; unversehens entwickelt sich aus einer kleinen, charakteristisch verzierten Tonfolge in durchbrochenem Satz aller 4 Stimmen das feingliedrige Hauptthema, das durch seine ständige atmende Punktierung und kleine akzentuierte Vorschläge gekennzeichnet ist:

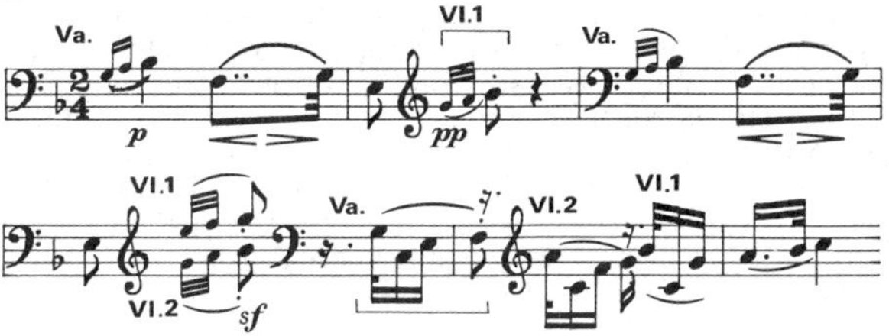

Sein schlichter Gegenpol ist ein triolenumspieltes Dreiklangsthema (T. 38). Die Schlußgruppe greift das punktierte Sechzehntel-Motiv des 1. Themas wieder auf, und schon – ohne Wiederholung – befinden wir uns in der Durchführung, die nun die Motive behutsam weiterentwickelt, verändert und vielfältig kombiniert. Das alles klingt leicht und durchsichtig, wie eine ehrende Reminiszenz an Haydn. Triumphierend im Forte des vollen 4stimmigen Satzes tritt die Reprise ein, die das Spiel der Stimmen variierend wiederholt. Die Coda schließlich ist kaum kürzer als die Durchführung und setzt das kontrapunktisch-geistvolle Spiel logisch fort, wobei sich alle 4 Stimmen zweimal im Unisono zu 2 Motiven aus dem Hauptthema zusammenfinden: dem Vorschlagsgedanken und der für den ganzen Satz so wichtigen punktierten Sechzehntel-Gruppe (Klammern im Notenbeispiel).

Der ausgeprägte Zug zur knappen Mitteilung läßt Beethoven im *Scherzo* diesmal auf die sonst favorisierte Fünfteiligkeit verzichten und zur älteren A B A-Form zurückkehren. 2 Elemente bringen Bewegung in das Scherzo selber: ein unauffällig zur Sexte sich erhebender und wieder zurückfallender Staccato-Gedanke im Violoncello, darüber dann hakelige Synkopenverzahnungen, die dem Satz trotz dominierender Piano-Abstufungen eine leicht widerborstige Sprödigkeit verleihen. Das *Trio* ist dagegen erstaunlich lang und schwungvoll, in ständigem Anlauf sein aus der Tonleiter abgeleitetes Thema vorbringend und mehrmals die Tonart wechselnd (F–G–A). Sein kleines Kopfmotiv entwickelt sich allmählich zu einem bohrend wiederkehrenden Ostinato, in den alle Instrumente einbezogen werden. Die Synkope behält schließlich in der kurzen Coda nach der Wiederkehr des Scherzos allein das letzte Wort.

Ein in seiner abgeklärten Schlichtheit bezwingender und ergreifender *Variationensatz* (Des-Dur, 6/8) schließt sich an und breitet auf allerengstem Raum noch einmal Beethovens unerreichte Kunst des Veränderns aus. 2 Takte »Klangvorhang« bereiten auf das Thema vor, das in unüberbietbar kunstvoller Einfachheit aus Tonleiterteilen hervorwächst. Die 1. Variation fügt sich nahtlos an und steigert die ursprüngliche Verhaltenheit zur emphatischen Gebärde. Es folgt eine enharmonische Umdeutung des gleichnamigen (des-)Moll nach cis-Moll, und das zugrunde liegende Thema zeigt sich auf einmal stockend, geheimnisvoll, völlig verwandelt. Var. 3 bringt, ausgehend von der ursprünglichen Bewegung, wieder in Dur und nun mit dem wörtlichen Thema im Cello, eine leichte stimmliche Verdichtung; sie wird in Var. 4 in der kleinteiligen deklamierenden Motivik der 1. Violinstimme fortgesetzt und zum frühen Satzende gebracht.

Ob das außermusikalische Doppelmotto von Frage und Antwort, das Beethoven dem *Finale* überraschend voranstellte und

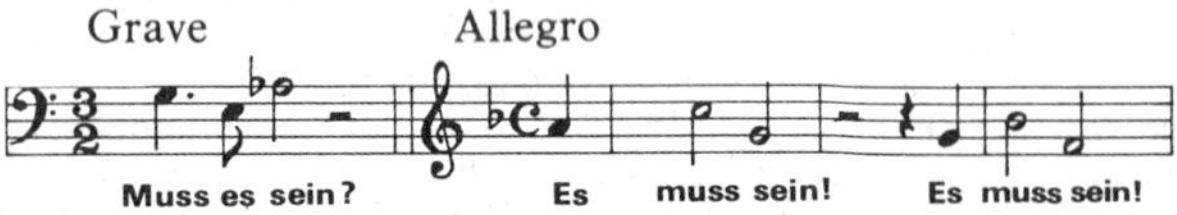

das dann den Satz in mehrfachem Wechsel seiner beiden charakteristischen Tonfolgen so nachhaltig prägt, ernst oder humoristisch gemeint ist, läßt sich nicht mit letzter Sicherheit ermitteln. Immerhin gibt es einen Brief des Komponisten an seinen Verleger Schlesinger, der das Werk lange vor seiner Entstehung gekauft und bezahlt hatte, in dem sich Beethoven im Spaß darüber beklagt, wie schwer ihm diese Verpflichtung geworden sei, und dabei auf das Motto des Finales verweist. Auf jeden Fall ereignet sich hier nichts weniger als Programmusik; vielmehr entwickelt sich aus diesen beiden von Beginn an in kontrapunktischem Gefüge präsentierten Gedanken ein letzter origineller Sonatensatz; sein betont volkstümlich naives 2. Thema, zunächst vom Cello vorgetragen, nährt den Verdacht, daß Beethoven wohl doch eher Parodistisches und nicht Schicksalsbewältigung im Sinn hatte. Auf jeden Fall behält die energische Antwort schließlich nach einer pizzicato eingeleiteten Coda unüberhörbar das letzte Wort.

Streichquintette

Von den 3 Streichquintetten Beethovens sind 2 eigene Bearbeitungen: Das **Quintett Es-Dur op. 4** hat das Oktett op. 103 zur Basis, und als Vorlage für das **Quintett c-Moll op. 104** diente das Klaviertrio op. 1 Nr. 3. In beiden Fällen beanspruchen Beethovens Neufassungen Interesse, weil es sich nicht lediglich um notengetreue Übertragungen eines Originals in eine neue Besetzung handelt. Vielmehr nahm er kleinere und größere Änderungen vor, so daß beispielsweise auch Satzlängen voneinander abweichen. Ein genauer Vergleich der Fassungen lohnt sich also ebenso wie ihre Aufführung.
Das 3. Werk mit dieser Besetzung ist dagegen eine Originalkomposition:

Quintett für 2 Violinen, 2 Violen und Violoncello C-Dur op. 29

Komponiert 1800/01; Graf Moritz von Fries gewidmet.
Allegro moderato – Adagio molto espressivo – Scherzo: Allegro – Presto.

In der Instrumentierung mit der verbreiterten klanglichen Mitte zweier Bratschen folgt Beethoven hier der Tradition, wie wir sie vor allem von Mozart her kennen. Im eröffnenden Sonatensatz (¢) spielt die engräumige intervallische Drehbewegung des Hauptthemas eine wichtige motivische Rolle:

Zunächst taucht sie in der Schlußgruppe der Exposition wieder auf, später ebenfalls in der Coda. Gemeinsam mit der erstmals in der Überleitung zum Seitenthema einsetzenden Triolenbewegung prägt sie dann vor allem die streckenweise polyphon angelegte Durchführung. In den Auftakttönen zum lyrischen 2. Thema (A-Dur) kann man eine motivische Klammer zu den Sekundintervallen des Hauptthemas erkennen:

Das 2teilige *Adagio* (F-Dur, ¾) ist ein weit ausholendes ausdrucksvolles Stimmungsbild; sein Hauptthema wird, wie so oft bei Beethoven, aus der Tonleiter gewonnen. Im weiteren Verlauf führt der harmonische Weg bis ins entlegene h-Moll, wenn die 1. Geige sich über unruhig verdichtetem Begleitteppich zu einem klagenden Gesang von großer intervallischer Spannweite aufschwingt. – Das *Scherzo* lebt sowohl in seinem Hauptteil wie im *Trio* ganz vom Ur-Motiv der Dreiklangsbrechung: engräumig und kurzgliedrig im A-Teil, zum melodischen Bogen gespannt dann im Trio. – Das *Finale* (6/8) ist ein wirbelndes übermütiges Presto voller Spielwitz und Virtuosität. Es steckt voller Überraschungen: So pendelt es immer wieder zwischen 6/8- und 2/4-Bewegung, oft in sich reibender Gleichzeitigkeit. Und zweimal unterbricht ganz unvermutet ein kleines kapriziöses punktiertes Menuett den wirbelnden Ablauf. In diesem Satz macht Beethoven auch regen Gebrauch vom »Schubert-Effekt« des schnellen Tremolos, mit dem er ansonsten in seiner Kammermusik eher sparsam umgeht.

Die **Fuge D-Dur op. 137** ist ein Gelegenheitswerk aus dem Jahre 1817, dem Verleger Haslinger überreicht anläßlich einer Abschriftensammlung sämtlicher Werke des Komponisten.

Das Thema dieses kleinen, wie ein kauziger Tanzsatz anmutenden Satzes wirkt ein wenig bizarr mit seinen abspringenden Oktaven.
Schließlich gibt es noch einen ziemlich kurzen Einzelsatz in gleicher Besetzung, eine **Einleitung zu einer Fuge in d-Moll**, beide möglicherweise zum gleichen Anlaß wie die D-Dur-Fuge komponiert, wobei dieses Opus nur bis zum ersten Einsatz des Fugenthemas überliefert ist.

Kammermusik in anderen Besetzungen

Neben den bekannten und vielgespielten Kammermusikwerken gibt es noch eine Reihe weiterer Titel, die entweder vor allem als Jugendwerke, also als aufschlußreiche Vorstufen zur Reifezeit, Interesse beanspruchen oder aber aufgrund ihrer ausgefallenen Besetzung zum Randdasein im Konzertrepertoire verurteilt sind. Unter ihnen verdienen es einige jedoch, gesondert vorgestellt zu werden. Da ist zunächst die

Sonate für Klavier und Horn F-Dur op. 17

Komponiert 1799.
Allegro moderato – Poco adagio, quasi andante – Rondo: Allegro moderato.

Dieses Gelegenheitswerk entstand für den Hornisten Punto in nur 2 Tagen. Obwohl der Klavierpart bis ins Detail ausgefeilt wirkt, soll Beethoven selber ihn bei der Uraufführung bereits improvisierend ausgeziert haben. Wie ein Motto steht der energische Hornruf am Beginn, beantwortet vom eher verspielten beweglichen Klavier:

Zugleich stellen sich so auf engstem Raum die beiden gegensätzlichen, lediglich in der Farbe sich berührenden Instrumente vor. Doch wenig später zeigt auch das Horn seine Wendigkeit und übernimmt die Melodie vom Klavier. So entspinnt sich ein ausgewogener klassischer Sonatensatz, mit eher besinnlichem Seitenthema und einer auch Moll-Trübungen mit einbeziehenden, relativ knappen Durchführung. Daß keine aufregen-

den harmonischen Ausflüge unternommen werden, hat seine Gründe in den Grenzen des damals noch ventillosen Waldhorns. Eine kurze langsame Einleitung (f-Moll, $\frac{2}{4}$) führt mit einer kleinen Klavierkadenz zum spielfreudig-musikantischen Schluß-Rondo.
Die von diesem Werk existierenden nachträglichen Bearbeitungen (vor allem für Streichinstrumente) reichen naturgemäß alle nicht an die originelle Farbigkeit der Horn-Version heran.

Trio für 2 Oboen und Englisch Horn C-Dur op. 87

Komponiert 1794.
Allegro – Adagio cantabile – Menuetto: Allegro molto Scherzo – Finale: Presto.

Dieses in klassischer Viersätzigkeit gehaltene Bläsertrio besticht sowohl durch seinen serenadenhaft beschwingten und spielfreudigen Charakter wie durch die originelle Farbigkeit seiner homogenen Besetzung. Die beiden bewegten Sätze umschließen ein intimes Adagio und einen Tanzsatz, dessen Titel den klassischen Umbruch vom Menuett zum Scherzo zu symbolisieren scheint.

Serenade für Flöte, Violine und Viola D-Dur op. 25

Komponiert um 1795/96.
Entrata: Allegro – Tempo ordinario d'un Minuetto – Allegro molto – Andante con variazioni – Allegro scherzando e vivace – Adagio, Allegro vivace e disin volta [»ungezwungen, ungefesselt«].

Der Serenadencharakter dieses liebenswürdig-unbekümmerten Kammermusikstückchens kommt bereits in der bunt aufgelokkerten Satzfolge bestens zum Ausdruck. Die altertümelnde Entrata ruft barocke Vorbilder in Erinnerung, mit ihrem fanfarenartig eröffnenden Flötensolo und dem mit ihm zugleich vorgestellten dominierenden Rhythmus:

Ihm folgt ein ebenfalls traditionelles Menuett mit einem eifrig in Sechzehntel-Ketten dahineilenden Trio. Das widerborstig akzentuierte Allegro molto fügt ihm dann den Scherzo-Tonfall an; es bildet den effektvoll kontrastierenden Kontrapunkt zu den 3 Andante-Variationen mit Coda, die das gesangvolle Thema auf durchsichtig-farbige Weise auszieren und verfremden. Auch nach diesem Satz, dem heimlichen Mittelpunkt des Werkes, wird wieder nachdrücklich das Scherzo-Element aufgegriffen, wobei sich nun im Hauptteil und Trio punktiert hüpfende und gleichmäßig gebundene Achtel-Figuren gegeneinander abheben. Dem ausgelassenen Musikantentum hingegeben ist schließlich das Finale, dem eine kurze langsame Einleitung vorangestellt ist. – Als **op. 41** wurde diese Serenade vom Komponisten **für Klavier und Flöte** bearbeitet.

Sextett für 2 Klarinetten, 2 Hörner und 2 Fagotte Es-Dur op. 71

Komponiert 1796.
Adagio / Allegro – Adagio – Menuett: Quasi allegretto – Rondo: Allegro.

Kaum bekannt ist diese Kostbarkeit unter Beethovens Kammermusikwerken, die ungewöhnlich ist in ihrer dunkel timbrierten Bläserkombination. Ihre 4 Sätze mit vorangestellter kurzer langsamer Einleitung entfalten recht wirkungsvoll ihre klangfarblichen Möglichkeiten: Jedes Instrument ist sowohl solistisch einsetzbar als auch – und vor allem in seiner paarweisen Koppelung – gut geeignet zur klanglichen Grundierung und Begleitung. Dabei spielt die Klarinette bereits im 1. Sonatensatz-Allegro ihre natürliche Beweglichkeit aus. Dagegen wird das Adagio vom 1. Fagott melodisch angeführt, und in seinem weiteren Verlauf ergeben sich reizvolle Farbnuancen durch seine Parallelführung mit der 1. Klarinette. Die überwiegend mit Hintergrundfunktionen betrauten Hörner haben ihren Soloauftritt im Menuett. Im marschartig punktiert anhebenden Final-Rondo alternieren ausgedehnte Tutti-Passagen mit durchsichtigen solistischen Abschnitten.

Septett für Klarinette, Fagott, Horn, Violine, Viola, Violoncello und Kontrabaß Es-Dur op. 20

Komponiert 1800.
Adagio / Allegro con brio – Adagio cantabile – Tempo di Menuetto – Tema con variazioni: Andante – Scherzo: Allegro molto e vivace – Andante con moto alla marcia / Presto.

Beethovens populäres Septett verbindet als wichtigster und direkter Vorläufer von Schuberts Oktett auf geniale Weise »galant« und »gelehrt«, den Geist der unterhaltenden Serenade mit dem Formenvorrat der klassischen Sonate. Seine 6 Sätze

geben einen geradezu schulbuchmäßigen Überblick über alle in der Wiener Klassik üblichen und ausgereiften Formmodelle: von der langsamen Einleitung über den Sonatenhauptsatz (I), den tiefsinnigen langsamen Satz (II) und die phantasievoll-abwechslungsreiche Variationenkette (IV), die beiden Tanzsatztypen in Gestalt des altertümelnden Menuetts (III) und des »modernen« Scherzos (V) mit ihren wirkungsvoll kontrastierenden Trios. Lediglich ein charakteristisches Rondo fehlt überraschenderweise – auch das *Finale* beginnt wieder mit einer (mollgetrübten) Introduktion, in bester Serenadentradition »alla marcia« getönt, bevor attacca ein weiterer Sonatensatz einsetzt. Sein geschäftig eilendes Thema mit seinem hüpfenden Kontrapunkt allerdings ist ein durchaus »rondogemäßes«. Ihm zur Seite stehen 2 weitere Einfälle: das sextenselige 2. und ein von Triolen belebtes 3. Thema, beide auf der Dominante. Am Ende der Exposition taucht wieder der Hauptgedanke auf, dessen Kopf mit seiner auffälligen Synkopenwendung den 1. Teil der Durchführung prägt: Elemente des Seitenthemas leiten über zu einem farblich reizvollen 3. Abschnitt, in dem Streicher-Pizzicati den in sich ruhenden Bläsersatz begleiten und in eine freie Violinkadenz münden.
Auch der *1. Sonatensatz* verbindet gewichtige sinfonische Züge mit eingängig unterhaltender Melodik und schmeichelnden Farben. Sein Hauptthema

eröffnet den Reigen der sehr individuellen melodischen Einfälle, deren Zahl auch hier nicht auf die klassischen kontrastierenden 2 beschränkt bleibt. Durchführung und auch Coda beschäftigen sich eingehend mit dem reichen motivisch-thematischen Material. – Im *Adagio* zeigt sich Beethoven als Meister berückender Farbschattierungen und verteilt, beginnend bei der Klarinette, auf raffinierte Weise die Rollen von Solo und Begleitung auf alle 7 Instrumente. Dabei kommen auch Fagott und Horn zu ihren ausdrucksvollen streichergrundierten Soloauftritten (T. 21 ff. und T. 68 ff.). – Der Haupteinfall des *Menuetts* begegnet uns wörtlich auch im 2. Satz der Klaviersonate op. 49/2:

dort jedoch in einfacher Punktierung und ohne Pausen. – Im *Andante* wird ein volkstümlich-eingängiges Thema fünfmal phantasievoll verändert und durch eine eigenständige Coda bekräftigt. Mit einer absteigenden Dreiklangsfanfare leitet das Horn den quicklebendigen *Scherzo*-Satz ein, während im *Trio* das Violoncello ausgiebig solistisch hervortreten darf.

Oktett für Bläser Es-Dur op. 103

Komponiert 1792
Allegro – Andante – Menuetto – Finale: Presto.

Im Gegensatz zum späteren reifen Septett op. 20 mit seiner serenadenhaften Satzreihung ist das frühe Oktett eine Sonate in klassischer Viersätzigkeit. Sein insgesamt klanglich sehr kompakter *Kopfsatz* wird geprägt durch eine kleine charakteristisch-trillerartige Tonfolge, die sogleich zu Beginn mehrfach und nachdrücklich vorgestellt wird. Zartere und klangsinnlichere Töne schlägt dann das 6/8-*Andante* an, das durchaus serenadenhaften Reiz besitzt. Das *Menuett* mit seinem prägnanten Oktavsprung-Motiv hat bereits Scherzo-Tendenz, während das *Finale* mit seinem aus Dreiklängen und Tonleitern abgeleiteten Hauptthema

beträchtliche Anforderungen an Spielwitz und Virtuosität stellt. – Beethoven schuf von diesem Oktett auch eine Fassung für **Streichquintett** (**op. 4**, 1795/96); außerdem existiert eine fremde Bearbeitung für **Klaviertrio** (als **op. 63**, 1806).

Die gleiche Bläserbesetzung wie op. 103 (je 2 Oboen, Klarinetten, Hörner und Fagotte) weist auch das nachgelassene klangschöne **Rondino Es-Dur, op. post.** (WoO 25), auf, das noch aus Beethovens Bonner Zeit stammt, als Gelegenheitswerk zwischen 1785 und 1790 entstanden sein dürfte und vermutlich als Tafelmusik für den Kurfürsten Max Franz gemeint war.

Ein Unikum stellen die beiden an verschiedenen Stellen eines Skizzenbuches aufgefundenen, aber ganz offenbar zusammengehörenden Sätze dar, die unter dem humoristischen Titel **»Duett mit zwei obligaten Augengläsern« für Violine und Violoncello Es-Dur** (WoO 32) bekannt sind – eine kauzige »Widmung«, die offenbar die ersten bebrillten Interpreten dieses Werkes glossiert. Beethoven gewinnt dieser sparsamen Zweierbesetzung großen farblichen und spielerischen Reiz ab; im Gegensatz zum Titel handelt es sich hier zunächst um einen ganz seriösen und auch recht langen und kompositorisch ausgefeilten schnellen Sonatensatz (ohne Tempoangabe). Ihm folgt ein mäßig schnelles »Minuetto«, in dessen Trio die beiden Stimmen ein imitatorisches Spiel miteinander treiben. Im erwähnten Skizzenbuch finden sich noch Bruchstücke eines langsamen Satzes, der dem Allegro folgen sollte. Man darf also annehmen, daß hier ein ganzes zyklisches Duo geplant war. Den beiden fertigen Sätzen fehlen im übrigen alle dynamischen und phrasierenden Bezeichnungen; einige unleserliche Stellen im Menuett ließen sich unschwer aus dem Zusammenhang ergänzen.

Von weiteren Einzelwerken genannt werden müssen die aparten **Duos für Klarinette und Fagott** (WoO 27; um 1800), in denen die beiden Blasinstrumente zu gleichberechtigten Partnern in einer ungewöhnlich gefärbten, unterhaltenden Spielmusik werden. In den beiden ersten Duos (**C-Dur**, **F-Dur**) ist eine C-Klarinette eingesetzt, im 3. Duo (**B-Dur**) eine B-Klarinette. – Ein Gelegenheitswerk ist der **Marsch für 2 Klarinetten, 2 Hörner und 2 Fagotte** (WoO 29) aus dem Jahre 1807; gleiches gilt für die 3 **Equale für 4 Posaunen** (WoO 30), die 1812 in Linz komponiert wurden und sich wie reine Klangstudien ausnehmen. – Von ungewöhnlichem klanglich-romantischem Reiz ist die Instrumentenkombination im **Sextett für Streichquartett**

und 2 Hörner Es-Dur op. 81b (1794/95). – Schließlich gibt es noch ein **Duett für 2 Flöten G-Dur** (WoO 26) aus dem Jahre 1792 sowie **Variationen C-Dur für 2 Oboen und Englisch Horn über »La ci darem la mano«** aus Mozarts »Don Giovanni« (WoO 28; 1796/97). – Vollends aus dem Rahmen fallen wegen ihrer Besetzung 2 frühe Kompositionen (1795) für Mandoline und Cembalo: die 1sätzige **Sonatine c-Moll** (Adagio, 6/8; WoO 44) und die **2 Stücke c-Moll/Es-Dur** (WoO 43).

AWJ

Louis Spohr

* 5. April 1784 in Braunschweig, † 22. Oktober 1859 in Kassel

Bereits mit 15 Jahren wurde Spohr, der Sohn eines Arztes, Mitglied der Braunschweiger Hofkapelle. 1802 war Franz Eck sein Violinlehrer und reiste mit ihm. Spohr wurde zum gefeiertsten Geigenvirtuosen der Romantik. Ausgedehnte Konzertreisen führten ihn durch Deutschland, in die Schweiz und nach Italien (Zusammentreffen mit Paganini), meist mit der Harfenistin Dorette Scheidler, seiner ersten Frau († 1834; seine zweite wurde die Pianistin Marianne Pfeiffer). Auch als Dirigent war er erfolgreich (in Gotha, Frankenhausen, Erfurt, Wien und schließlich ab 1822 in Kassel). Eine Spohr-Gesellschaft setzt sich heute für sein reiches kompositorisches Werk ein, das zu seiner Zeit neben Beethoven, Weber und Mendelssohn Geltung hatte, nach seinem Tod aber rasch in Vergessenheit geraten war.

Kammermusik: u. a. 36 Streichquartette; 4 Doppelquartette; 7 Streichquintette; je 1 Sextett, Oktett und Nonett.

Nicht nur in Spohrs Instrumentalkonzerten mit Orchesterbegleitung, sondern auch in seinen Kammermusikwerken überwiegen die Kompositionen für Saiteninstrumente. Zu den 14 Duetten für 2 Violinen, einem frühen Duo für Violine und Viola sowie den Ensemblewerken für Streicher kommen 6 Sonaten, ein Rondo sowie eine Fantasie über Themen von Händel und Abbé Vogler für Violine und Harfe hinzu, außerdem für Harfe allein eine c-Moll-Fantasie op. 35 (1807), Variationen über ein Thema von Méhul F-Dur op. 36 (1807) und Variationen in Es-Dur (o. op., 1808). Diese Harfenwerke waren seiner ersten Frau zugedacht.
Nach seiner zweiten Heirat (1836) entstanden in reichem Maße Werke für Violine und Klavier: 3 Duos concertants (g-Moll op. 95 und F-Dur op. 96, beide aus dem Jahre 1836, sind der Nachklang einer Reise nach Dresden in die Sächsische Schweiz;

E-Dur op. 112 entstand 1837), Potpourris als Bearbeitungen eigener und fremder Werke (wie etwa Peter Winters »Das unterbrochene Opferfest«), ein »Rondo alla spagnuola« C-Dur op. 111 (1839), eine Fantasie nach Themen aus seiner Oper »Der Alchymist« (von 1829/30), 6 Duettinen op. 127 (nach Art der »Lieder ohne Worte«) sowie 2 Sammlungen mit je 6 Salonstücken op. 135 (1846/47) und op. 145 (1851). Außerdem gibt es aus der Zeit zwischen 1841 und 1849 5 Klaviertrios (op. 119, 123, 124, 133 und 142). Von 2 Klavierquintetten ist allerdings eines (c-Moll) schon zu Lebzeiten seiner ersten Frau entstanden (1820 als op. 52 für Klavier und Bläser und als Zweitfassung mit der Opuszahl 53 in der Bearbeitung für Klavier und Streichquartett), das Quintett D-Dur op. 130 dann 1845. Schließlich ist das Klavier noch im Septett für Streicher und Bläser a-Moll op. 147 (1853) vertreten. Es ist aber kein Zweifel: Spohr dachte als Geiger. Die wachsende Bedeutung des Klaviers hatte für ihn nicht dieselbe Konsequenz wie für seine Zeitgenossen, es hatte bei ihm keinen bevorzugten Platz.

Diese Aufzählung läßt etwas vom Umfang des Spohrschen Kammermusikschaffens ahnen, wobei sich als Orientierungshilfe die Gliederung nach Werken mit Harfe bzw. mit Klavier aus den bekannten Gründen anbietet.

Für andere Instrumente bzw. Instrumentengruppen wurden konzipiert: ein frühes Trio für Harfe, Violine und Violoncello e-Moll (1806), die erwähnten 36 Streichquartette, ein Potpourri nach Gaveaux' »Le petit matelot« für Solovioline und Streichtrio op. 5 (1804), 2 Variationenwerke für dieselbe Besetzung A-Dur op. 8 (1805) und d-Moll op. 6 (1806), 2 Potpourris nach Themen von Mozart jeweils für Solovioline und Streicher, die 7 Streichquintette, eine Fantasie mit Variationen über ein Thema von Danzi für Klarinette und Streichquartett b-Moll op. 81, das Streichsextett C-Dur op. 140 (1848), 4 Doppelquartette, schließlich das Oktett E-Dur op. 32 und das Nonett F-Dur op. 31, jeweils für Streicher und Bläser.

Diesem reichen Bestand gegenüber kann man heute nur einer erschreckend geringen Zahl von Werken in den Konzertsälen begegnen. Hier fehlt es an Wagemut und Einsatzbereitschaft der Interpreten, sich auch bisher nicht gefragter Werke anzunehmen. (Daß solche Versuche sich lohnen, hat sich am Beispiel der Streichquartette Cherubinis erwiesen.) Es sagt genug, daß 1984, im Gedenkjahr seines 200. Geburtstages, von Spohrs 36 Streichquartetten nicht ein einziges auf Schallplatte vorlag.

Die Gattung Streichquartett zieht sich wie ein roter Faden durch Spohrs gesamtes Schaffen; das erste Werk schrieb er mit 20, das letzte 2 Jahre vor seinem Tode. Spohr hatte diese Werke zum eigenen Vergnügen, vor allem aber für den eigenen Gebrauch geschrieben. Freilich zeigen die frühen Werke deutlichen Umgang mit Vorbildern wie Mozart, Haydn und Beethoven; andererseits zeichnen sich schon im Adagio des 1. Quartetts (**op. 4/1**) harmonische Spannungen nach Art des »Tristan-Akkords« ab. Bemängelte man die fehlende Ausgewogenheit im Satzgefüge, das die 1. Violine (deren Part Spohr freilich für sich selbst geschrieben hat) beherrscht, so wurde kaum einmal die Ausdruckskraft dieser Werke in Frage gestellt. Cherubini rühmte den langsamen Satz des **Quartetts e-Moll op. 45/2**, als den schönsten von allen, die er gehört habe. – Bei den 6 sog. **»Quatuors brillants«** (**op. 11**, **43**, **61**, **68**, **83**, **93**) handelt es sich um verkappte Violinkonzerte; die 1. Violine dominiert eindeutig, während den 3 übrigen Stimmen nur Begleitfunktion zukommt. Sie sind durchweg 3sätzig angelegt und entsprechen somit dem traditionellen Typus des Solokonzerts mit Orchesterbegleitung.

Die 7 Streichquintette – das erste (**op. 33/1**) entstand 1814, das letzte (**op. 144**) 1850 – sind in Satzstruktur und Besetzung dem Mozartschen Vorbild verpflichtet. Um größere Klangwirkungen zu erzielen, verdoppelte Spohr die Bratschenstimme. Stellvertretend für die übrigen, allesamt vergessenen Quintette sei auf **op. 69 h-Moll** (wenigstens in einer Schallplattenaufnahme verfügbar) aus Beethovens Todesjahr 1827 verwiesen, das alle Reize der Tonsprache Spohrs auf glückliche Weise in sich vereinigt: sowohl ein gehöriges Maß an dankbarer Virtuosität als auch kammermusikalische Feinsinnigkeit und individuell geprägten Ausdruck im charakteristischen Wechsel der Sätze.

Im **Streichsextett C-Dur op. 140** ist zusätzlich die Cellostimme verdoppelt. Übrigens verdankt dieses spielfreudige Werk mit einer nahezu orchestralen Klangfülle seine Entstehung einem patriotischen Ereignis: dem Jahre »1848 zur Zeit der glorreichen Volksrevolution zur Wiederentdeckung der Freiheit, Einheit und Größe Deutschlands«.

Von den 4 Doppelquartetten schrieb Spohr in seinen »Lebenserinnerungen«, ihm schwebe vor, »zwei Quartetten nebeneinander sitzend ein Musikstück ausführen zu lassen, dabei aber die beiden Quartetten nach Art von Doppelchören häufig abwechseln und konzertieren zu lassen und das achtstimmige nur für die Hauptstellen der Komposition aufzusparen«. Spohr experimentierte hier mit räumlich differenzierenden Klangeffekten, für die 2 gleichrangige Quartettensembles vonnöten sind. Offenbar hatte er selbst einsehen müssen, daß der Verwirklichung dieser neuen Gattung durch ihren immensen technischen und praktischen Aufwand Grenzen gesetzt waren; er beschränkte sich daher auf 4 Werke dieser Spezies.

Oktett für Klarinette, 2 Hörner, Violine, 2 Bratschen, Violoncello und Kontrabaß E-Dur op. 32

Komponiert 1814.
Adagio – Menuetto: Allegro – Andante con variazioni: Tema di Händel – Finale: Allegretto.

Wie in anderen Werken, z. B. den Potpourris, sind im Kopfsatz thematische Reminiszenzen an Mozart (Streichquintett KV 593) eingeflossen, und zwar in der Cellopartie. Im übrigen wird das Werk durch den Variationensatz beherrscht, dem das Thema der bekannten »Grobschmied«-Variationen von Händel zugrunde liegt, wodurch sein Auftraggeber, Herr von Tost – jener Tuchgroßhändler, dem Haydn seine Streichquartett-Serien op. 54, 55 und 64 widmete –, im Zuge einer Englandreise hoffte, »es werde dadurch für jenes Land an Interesse gewinnen«. Der 2. Satz, ein Menuett mit ausgedehntem Trio, erinnert an das Scherzo aus Beethovens »Erzherzogstrio« op. 97, das Spohr damals kennengelernt haben mag, und schließlich dürfte für die Struktur der beiden Klanggruppen der Musizierstil in den doppelchörigen Orchesterkonzerten von Händel das Muster abgegeben haben. Trotz der Farbigkeit der Besetzung, in der Violine, Klarinette und die beiden Hörner dominieren, während den dunklen Streichern mehr Begleitfunktion zukommt, scheint insgesamt im Oktett das Vorbild Mendelssohn (dessen – späteres [1824] – Oktett ist nur mit Streichern besetzt) so stark durch, daß man hier die eigene Note des Komponisten fast vermißt. Daran kann auch das in der Thematik und im Charakter romantisch empfundene Final-Rondo nichts ändern.

Nonett für Flöte, Oboe, Klarinette, Horn, Fagott, Violine, Bratsche, Violoncello und Kontrabaß F-Dur op. 31

Komponiert 1813.
Allegro – Scherzo: Allegro – Adagio – Finale: Vivace.

Noch heute erscheint das meisterliche Nonett als Inbegriff romantischer Kammermusik, in der jedes der Instrumente seinem Charakter und Wesen gemäß in Erscheinung tritt. Das 4sätzige Werk zeichnet sich durch Klangfarbenvielfalt, häufigen Stimmungswechsel, vor allem aber durch eingängige Melodik aus. Auffällig ist die Weite der zeitlichen Dimension, die Großräumigkeit der musikalischen Aussage, namentlich im Kopfsatz; an keiner Stelle aber erfährt sie sinfonische Verdichtung, sie wahrt stets kammermusikalische Transparenz. Das Scherzo ist imitatorisch angelegt und erhält durch konstante Dreier-Rhythmik den Charakter des Wiegenden, Tänzerischen. Auch die beiden kontrastierenden Trios sind weit entfernt von einer genuin »scherzhaften« Charakteristik. Ganz der Romantik verpflichtet ist das nocturneartige Adagio. In der Klangstruktur beruht der Satz auf starker Kontrastbildung zwischen der Streicher- und der Bläsergruppe. Mit einem spielfreudigen Kehraus, in dem thematische Bezüge zum Beginn des Kopfsatzes und des Adagios hergestellt werden, endet das Werk:

Kopfsatz

Adagio

In 3 der 4 Sätze hat Spohr den Regeln seiner Zeit entsprechend die Sonatensatzform angewendet, wenn auch nicht in scharfen thematischen Kontrasten, so aber doch andeutungsweise nach den gültigen Regeln thematischer Dualität.

Nicht zuletzt pädagogischen Zwecken dienen Spohrs Duette für 2 Violinen. Bei vielfach verteilter 4stimmiger Satzstruktur – man nannte Spohr den »Meister der Doppelgriffe« – ging es ihm um Gleichrangigkeit der beiden Musizierpartner mit gleichen Instrumenten. Eine Bratsche hätte sich nach seiner Meinung neben einer Geige nicht vorteilhaft präsentieren können.

GW

Carl Maria von Weber

* 18. oder 19. November 1786 in Eutin, † 5. Juni 1826 in London

Als Sohn eines unsteten Kapellmeisters, der später eine Schauspielergesellschaft gründete, war Weber frühzeitig ein unruhiges Wanderleben gewohnt, das er auch nach seiner Ausbildung in Salzburg (bei Michael Haydn) und Wien (bei Abbé Vogler) fortsetzte. Er versah mehrere Musikdirektorenämter und reiste als Konzertpianist. Ab 1816 bot ihm Dresden einen festen Ort für sein Schaffen. Hier begann er mit dem »Freischütz« – »ihn zu schreiben er geboren worden ist« (Hans Pfitzner).

Während seiner Lehr- und Wanderjahre hatte Weber in München den Klarinettisten Heinrich Joseph Baermann kennengelernt; für ihn schrieb er seine bedeutendsten Kammermusikwerke. Voraus gingen als Verlegerauftrag 6 kleine Sonaten op. 10a sowie 9 »Variationen über ein norwegisches Thema« op. 22 (1812), beides für Violine und Klavier, dann ein **Klavierquartett B-Dur** in 4 Sätzen, das sich in der Anlage und mit seinem pianistischen Akzent an Vorbilder (Beethoven) anlehnt. Letzteres entstand im Jahre 1809, wurde bezeichnenderweise ohne Opuszahl gestochen und sodann in Werkverzeichnissen und praktischen Ausgaben mit verschiedenen Werkzahlen versehen, die nicht unbedingt zur leichten Identifizierung beigetragen haben. Ein Gewährsmann hebt in der Leipziger »Allgemeinen musikalischen Zeitung« (XII, S. 502) bei diesem Frühwerk Webers kompositorische Nähe zu »Beethovens früheren und mittleren Zeiten« hervor und zudem die »auszeichnenswerte« Behandlung des Hauptinstruments. Obwohl die Streichinstrumente in ihren Klangstrukturen lagen – und instrumentengerecht eingesetzt werden, ist die Dominanz des Klavierparts unbestritten. Mit der zunehmenden Bedeutung des Klaviers im frühen 19. Jh. erklärt es sich, daß dem Werk verschiedene Arrangements für Klavier zu 4 Händen zuteil wurden. Aber auch in dieser Klangform führt Webers frühes Klavierquartett nur ein Schattendasein.

Das Werkverzeichnis weist ferner ein Adagio Es-Dur und ein Rondo B-Dur für Bläsersextett und Kontrabaß ad lib. auf; sein Lied »Maienblümlein« hat Weber als Bläser-Triosatz und 4 Lieder des Herzogs von Gotha für Harmoniemusik arrangiert. Introduktion, Thema und Variationen B-Dur für Klarinette und Streichquartett, lange unter Webers Namen geläufig, wurde inzwischen dem Werkkatalog des Würzburger Komponisten **JOSEPH KÜFFNER** (1776–1856) zugeordnet. Umgekehrt

wird Weber nach neueren Entdeckungen des Klarinettisten Dieter Klöcker ein Concertino C-Dur für Oboe, Flöte, 4 Klarinetten, 2 Fagotte, 2 Hörner, Trompete, Posaune und Kontrabaß zugeschrieben, das er angeblich für die (Harmoniemusik)-Kapelle des Erbprinzen Carl von Löwenstein-Wertheim geschrieben haben soll. Auf ungesichertem Boden stehen wir bei der Beurteilung einer Romanze c-Moll für Posaune und Klavier, die unter Webers Namen aufgetaucht und sogleich in einer Schallplattenaufnahme erschienen ist. Solange die berechtigten Zweifel an der Echtheit nicht zerstreut werden können, muß diese Komposition außerhalb unserer Betrachtung bleiben.
Bei 3 der übrigen 4 Kammermusikwerke Webers, die allerdings zu den Perlen ihres Genres zählen, handelt es sich um »Gelegenheitswerke« für den Klarinettisten Baermann:

7 Variationen für Klarinette und Klavier über ein Thema aus Webers Oper »Silvana« B-Dur op. 33

Komponiert 1811; Heinrich Baermann gewidmet.

Das Thema ist der Arie »Warum muß ich dich je erblicken?« entnommen. Der spieltechnische Anspruch des Klavierparts dürfte den des Klarinettenparts noch übertreffen.

Grand Duo concertant für Klavier und Klarinette Es-Dur op. 48

Komponiert 1815–16; Heinrich Baermann gewidmet.
Allegro con fuoco – Andante con moto – Rondo: Allegro.

Es ist gewiß kein Zufall, daß im Titel dieser Komposition das Klavier an erster Stelle steht. Dieses Werk zeigt die zunehmende Bedeutung des Klaviers, das seine dem Brauch früherer Zeiten entsprechende Funktion als Begleitinstrument längst abgestreift hatte. Auf den in Thematik und Spielfreude kraftvollen Kopfsatz folgt ein elegischer Gesang als Mittelsatz, in dem alle Register des Klarinettenklanges gezogen werden. Auch das abschließende Rondo sichert namentlich dem Klarinettisten wirkungsvolle Kantilenen, für die das Klavier das profilierte klangliche Fundament schafft.

Quintett für Klarinette, 2 Violinen, Viola und Violoncello B-Dur op. 34

Komponiert 1811–15; Heinrich Baermann gewidmet.
Allegro – Fantasia: Adagio – Menuetto: Capriccio, Presto – Rondo: Allegro giojoso.

In der Chronologie liegt das Klarinettenquintett, an das man wohl zuerst beim Kammermusikkomponisten Weber denkt, zwischen den beiden Werken für Klarinette und Klavier. Vorliebe für diese Besetzung zeigten – bei allen stilistischen Unterschieden – auch Komponisten wie Mozart, Brahms und Reger. Wie ihnen geht es auch Weber vor allem darum, dem Klarinettisten wirkungsvolle virtuose Aufgaben zu stellen, so gleich im Kopfsatz (Sonatensatzform), aber auch im Menuett, in der expressiven Fantasia und nicht zuletzt im Finale – und hier mit unverkennbarem Hang zur brillanten Selbstdarstellung. Weber kannte die weite Farbskala der Klarinette, ihre Eignung zu zartester Kantilene, aber auch zu scharfer Akzentuierung und Profilierung.

Trio für Klavier, Flöte und Violoncello g-Moll op. 63

Komponiert 1818–19; Philipp Jungh gewidmet.
Allegro moderato – Scherzo: Allegro vivace – Schäfers Klage: Andante espressivo – Finale: Allegro.

In diesem 4sätzigen Klaviertrio kann die Oberstimme wahlweise mit Flöte oder Violine besetzt werden. In der Praxis hat sich jedoch die ursprüngliche Fassung für Flöte durchgesetzt, für die nicht nur Freunde der Flöte plädieren werden, sondern auch die Kenner, die der Flöte im Zusammenwirken von Violoncello und Klavier erhöhten Farbwert zugestehen. Welchem Melodieinstrument auch der Vorzug gegeben wird – die Partie hat ebenso eigenständige Qualität wie die des Violoncellos. – Zumindest im *Kopfsatz* sind beide Melodieinstrumente bicinienartig, darüber hinaus die Motive in Ansätzen imitatorisch geführt. Die eigentliche Basis aber bildet der Klaviersatz, der anfänglich durch regelmäßige repetierende Akkorde in Achtel-Notenwerten Begleitfunktion zugewiesen bekommt und sich zunehmend an der motivischen Entfaltung der beiden anderen Instrumente beteiligt. – Durch ländlerartigen Charakter zeichnet sich das *Scherzo* aus, in dem das Klavier die Führung hat. Das melodische Klanggeschehen scheint indes fast ausschließlich in die Partie der Flöte (oder Violine) verlagert. Der Satz kommt erst durch flüssiges Tempo (vivace) voll zur Entfaltung. Erinnerungen an das Scherzo in Beethovens »Frühlingssonate« klingen an. – Der Titel des *3. Satzes*, »Schäfers Klage«, assoziiert zwangsläufig das gleichnamige Gedicht von Goethe, das nicht direkt das »Programm« zum Satzverlauf liefert, sich vielmehr auf die Vertonung dieses Goethelieds durch Wilhelm Ehlers stützt. Auch hier sind die Gewichte der 3 Instrumente verschieden verteilt. Pizzicati, Kantilenen und komplementäre Partien des Violoncellos, Vollgriffigkeit in Akkorden und Figuren des Klaviers bilden die differenzierte Basis für eine Melodielinie, die der Satzbezeichnung entsprechend espressivo geführt wird:

Der Beginn des *Finales* wird vom Klavier intoniert und läßt eine Fuge erwarten. Weber ist jedoch davon weit entfernt, sich einer »antiquierten« Form zu bedienen; die Thementransparenz weicht sehr bald der Vollgriffigkeit des Klavierparts, dem vor allem die Flöte eine reiche Figuration entgegensetzt, an der sich das Violoncello zunächst nur zögernd, schließlich aber mit vehementer Kraft beteiligt. Der 2teilige, in allen 3 Stimmen figurativ bewegte Satz stellt durch seinen spielfreudigen Duktus nach den vorausgegangenen konträren emotionellen »Exkursen« das Gleichgewicht wieder her.

GW

Franz Schubert

* 31. Januar 1797 in Lichtenthal (heute Wien)
† 19. November 1828 in Wien

Der Sohn eines Lehrers wurde 1808 Chorist an der Hofburg und zugleich Schüler des Stadtkonvikts, wo ihn u. a. Salieri in Komposition unterwies. Von 1810 stammt seine erste überlieferte Komposition, eine 4händige Klavierfantasie; 1812 schrieb er sein erstes Streichquartett. 1813 Besuch des Lehrerseminars; 1. Sinfonie. 1814–17 war Schubert Hilfslehrer, 1818 und nochmals 1824 für kurze Zeit Musiklehrer beim Grafen Eszterházy in Ungarn.

Kammermusik: Oktett; 15 Streichquartette; Streichquintett; 2 Streichtrios; Klavierquintett, -quartett und -trios; Werke für Klavier mit Violine, Flöte und Arpeggione.

Zu Unrecht wird Schubert noch heute immer wieder mit hartnäckiger Ausschließlichkeit als Meister des Liedes gewürdigt, so als seien seine sinfonischen, pianistischen und kammermusikalischen Instrumentalkompositionen weniger bedeutend. Gerade aber an seiner Kammermusik läßt sich zeigen, daß sie von gleichem Rang ist. Angesichts seines frühen Todes, mit 31 Jahren, müssen allerdings naturgemäß die meisten seiner Instrumentalwerke bis etwa 1820 als Jugend- und Frühwerke gelten. So ist die Gruppe der wirklichen Meisterwerke klein, gemessen am Schaffen Haydns und Beethovens, aber auch Mozarts, dessen eklatante Frühreife immer unvergleichlich erscheint.
In Schuberts jugendlich-suchenden Kompositionen, vor allem in den Streichquartetten, gibt es jedoch viele eindeutige Hinweise auf seinen später so ausgeprägten Personalstil. Dieser Stil hebt sich durch einige auffällige Merkmale recht deutlich von dem seiner Vorgänger und Zeitgenossen ab und ist vor allem geprägt durch jene geistige Umbruchsituation zu Beginn des 19. Jh., welche die Sprache der sogenannten Wiener Klassik in die der Romantik überleitet. Obwohl Schubert bis auf sein letztes Lebensjahr Zeitgenosse Beethovens war, gehört seine Musik in vielen Belangen einer neuen Zeit an. Dem steht nicht entgegen, daß sie in ihren kompositorischen Mitteln, vor allem in ihren formalen Ansätzen, fest auf dem Regelkanon der klassischen Komponisten fußt. So sind viele seiner frühen Streichquartette und Sinfonien besonders dem Erbe Haydns verpflichtet. Doch bereits hier tönen, aus scheinbar konventionellem Rahmen, erste Ansätze des Schubertschen Individualstils. In seiner reifen Ausprägung, wie er uns etwa in den 3 letzten Quartetten oder dem Streichquintett entgegentritt, weist er folgende Merkmale auf: Bei bisweilen monumentaler Ausdehnung der übernommenen Formmodelle (Sonatensatz, Rondo, Liedform, Variationen) ist der Tonfall geprägt durch eine an Mozarts Genie gemahnende, aber doch eigenständig-andersartige melodische Eingebungskraft, durch häufige, oft überraschende harmonische Wendungen und Rückungen, ferner durch einen ausgesprochenen Farbsinn beim Einsatz der verschiedenen Instrumente, die den Klang von Kammermusik bisweilen zu sprengen scheinen. In der Kombination dieser Elemente ergibt sich ein ganz neuartiges Erscheinungsbild, zu dessen individueller Ausprägung auch – gerade in der Kammermusik – einige in dieser Konsequenz neuartige Spieleffekte beitragen:

etwa das häufige Tremolo der Streicher, das den Klang eines solistischen Streicherensembles ins Orchestrale zu steigern vermag, oder die häufigen Oktavparallelen in Werken mit Klavier.

Kammermusik für Streicher

Die Entwicklung des Instrumentalkomponisten Schubert von seinen ersten Schülerschritten zur frühen Meisterschaft läßt sich an seinen Streichquartetten besonders gut verfolgen. In diesem Sinne als »Jugendwerke« zu bezeichnen sind alle Quartette bis 1816/17, so daß als meisterhafter »Rest« gerade 3 vollständige Werke (a-Moll, d-Moll, G-Dur) und der einzelne c-Moll-Satz verbleiben. Das kann jedoch keinesfalls heißen, daß man sich um die – mindestens 10 – vorangehenden Opera nicht auch mit Gewinn hörend und vor allem musizierend bemühen sollte. Es ist reizvoll, dem manchmal mühevollen, manchmal beschwingten, teils epigonalen, teils frühreif-genialen Entwicklungsgang des Komponisten zu folgen. Eigentlich in jedem Einzelwerk gibt es überraschende, oft zukunftsweisende Entdekkungen. Gemeinsam ist diesen Quartetten der Hintergrund ihrer Entstehung: Hausmusik war bei den Schuberts beliebt, und der aufwachsende Tonsetzer beteiligte sich daran musizierend wie komponierend. Insofern war immer auch gleich der notwendige Lerneffekt gegeben, der sich umgehend in Neuem niederschlagen konnte.

Schon der erste Versuch, nach einigen fragmentarischen Ansätzen entstanden, läßt aufhorchen: Das erste **Streichquartett »in wechselnden Tonarten«** (D* 18) aus dem Jahre 1810 oder 1811 firmiert zwar unter dem Etikett B-Dur, doch changieren in seinen 4 Sätzen und der vorangestellten langsamen c-Moll-Einleitung auf überraschende Weise die Tonarten; alle Sätze beginnen mit dem gleichen aufsteigenden Tonleiterausschnitt. – Das **Quartett D-Dur** (D 94) von 1811 oder 1812 (?) hat als 2. Satz ein liedhaft-ausdrucksvollen *Andante* (G-Dur, ¢); das *Trio* des *Menuetts* erinnert von ferne an das Menuett in Mozarts »Ju-

* D = Numerierung nach *Otto Erich Deutsch: Schubert. Thematic Catalogue of all his works in chronological order*. Mit D. R. Wakeling. London – New York 1951. *Corrections and Additions* 1953. – Deutsche Ausgabe: *Franz Schubert. Thematisches Verzeichnis seiner Werke in chronologischer Folge*. Kassel u. a. 1978.

piter-Sinfonie«, und das *Presto-Finale* (2/4) verweist mit seinem »Rausschmeißercharakter« unüberhörbar auf das Vorbild mancher Schlußsätze von Haydn. – Ihm folgte 1812 ein **Streichquartett C-Dur** (D 32), dessen eröffnendes 6/8-*Presto* fast monothematisch zu nennen ist, geprägt durch ein einziges Motiv:

Aus dem Spätjahr 1812 / Anfang 1813 stammt ein ausgedehntes **Streichquartett B-Dur** (D 36). – Im 4sätzigen **Streichquartett C-Dur** (D 46) vom März 1813 zeichnet sich der Kopfsatz durch Besonderheiten aus: Seine Adagio-Einleitung setzt fugenartig in allen 4 Stimmen, nacheinander chromatisch absteigend, ein; im Allegro dominiert triolische Bewegung, und in seiner Durchführung kehrt die Einleitung beschleunigt wieder.
Juni–August 1813 folgte das **Streichquartett B-Dur** (D 68), ein Fragment, das lediglich aus 2 Allegro-Sätzen besteht; der umfangreiche 1. ist vom punktierten Rhythmus geprägt, der 2. scherzoartig.
Im August und September 1813 entstand mit dem **Streichquartett D-Dur** (D 74) ein frühes Meisterwerk. An seinem Beginn steht ein ausgedehntes *Allegro ma non troppo* (¢), dessen lyrisches Hauptthema über einem weichen Begleitungsvorhang erklingt; Tremolo-Effekte verweisen klanglich in die Zukunft. Das *Andante* (G-Dur, 6/8) hat duftigen Siciliano-Charakter; es lebt von seinem zärtlich schmeichelnden Hauptthema und den pointiert eingesetzten Pizzicato-Akkorden. Nach dem *Menuett* mit seinem ländlerischen *Trio* verblüfft das *Allegro-Finale* mit einem 2stimmig-polyphonen Thema, dessen Kontrapunkt eine laufende Achtel-Bewegung ist:

Im November 1813 entstanden noch einige **Menuette** und **Deutsche Tänze** mit Trios für Streichquartett (D 86, 89–91), die als Gelegenheitsarbeiten anzusehen sind, vor allem aber das **Streichquartett Es-Dur** (D 87; mit dem E-Dur-Quartett D 353 unter op. post. 125 gezählt). Es beginnt mit einem *Allegro moderato*, dessen periodisch angelegte Themen wenig gegensätzlich sind; charakteristisch ist die häufige melodische Auf- und Abbewegung, die keimzellenartig in einem kleinen Thema zusammengefaßt ist:

Außer der Reihe folgt nun zunächst ein knappes *Prestissimo-Scherzo*, das Beethoven-Nähe spüren läßt; der kleine Vorschlag im Thema wird im Satzverlauf unversehens motivisch bedeutungsvoll:

Das c-Moll-*Trio* weist mit seiner auf- und abpendelnden Bewegung auf den Kopfsatz. Intermezzoartig kurz ist das folgende *Adagio* in der Grundtonart. Auch im *Allegro-Finale* begegnet uns wieder das quasi-thematische Auf und Ab der Melodie.
Das Jahr 1814 bescherte – neben den beiden **Sätzen Grave und Allegro c-Moll** (D 103) – wieder ein Zeugnis der Gattung: Das **Quartett B-Dur** (D 112) bestätigt – nach D 36 und D 68 – noch einmal Schuberts jugendliche Vorliebe für diese Tonart; sein lyrisch-inniger Mittelpunkt ist zweifellos das mit großem Klangsinn instrumentierte g-Moll-*Andante*. Daß Schubert den *Kopfsatz* »in viereinhalb Stunden verfertigt« (Notiz vom 5. September 1814), merkt man der Musik gewiß nicht an. Er war damals gewohnt, schnell zu arbeiten.
Das belegen auch die Entstehungsdaten (25. März bis 1. April 1815) des nächsten Werkes, des **Streichquartetts g-Moll** (D 173). Der 1. Satz (*Allegro*) bietet manche Ungewöhnlichkeit: Das Hauptgewicht liegt auf seiner farbig-abwechslungsreichen Thematik; nach knapper Durchführung, die sich mit dem schmeichelnden Seitenthema beschäftigt und durch Tremolo-

Effekte angereichert ist, beginnt die Reprise zunächst im parallelen B-Dur. Sodann wird die Verarbeitung des Hauptthemas sozusagen nachgeliefert, bevor mit dem Seitensatz wieder g-Moll erreicht wird. Das zarte *Andantino* bezieht seine Wirkung aus einem schlichten Liedthema. Ihm folgt ein zum Allegro vivace beschleunigtes *Menuett* voll polyphon-imitatorischer Ansätze und von großen Intervallsprüngen durchsetzt, wogegen wiederum die aufsteigenden Tonleitern des *Trios* kontrastieren. Das *Finale* ist ein spielerisch-virtuoses Rondo mit einem überaus effektvollen Synkopenschluß.

Das **Streichquartett E-Dur** (D 353; mit dem Es-Dur-Quartett D 87 unter der Opuszahl 125 zusammengefaßt, obwohl ihre Entstehungsjahre – 1816 und 1813 – relativ weit auseinanderliegen) bedeutet nun einen gewichtigen Schritt zur Meisterschaft. Leidenschaftlich-dramatisch ist sein Grundton, was bereits an dem bei Schubert ungewohnten beschleunigenden Tempozusätzen abzulesen ist: »con fuoco« und zweimal »vivace«. Auf engstem Raum drängen sich die Gegensätze im 1. Satz (*Allegro con fuoco*):

Im 2. Thema fällt der kleine charakteristische 3-Noten-Rhythmus aus Mozarts g-Moll-Sinfonie (KV 550) auf: , der dann in der Durchführung des Satzes eine wichtige Rolle spielt. Rondoartig ist das *Andante* (A-Dur, 2/4) mit seinem punktiert absteigenden Thema angelegt. Das *Menuett* ist eher ein Scherzo; wie im Allegro con fuoco umspannt auch hier das Thema gleich 2 Oktaven:

Sein *Trio* hebt sich davon in freundlich singendem Legato ab, doch wird sein Thema ständig von einem Staccato-Kontrapunkt beschattet. Ein typisches sechzehntel-bewegtes Rondo-Thema eröffnet das *Finale*, das sich jedoch sogleich im 2. Takt durch eine widerborstige Synkope hemmen läßt.

Streichquartettsatz c-Moll (D 703)

Komponiert 1820.
Allegro assai.

Den Beginn der Reifezeit markiert jener einzelne Quartettsatz, der in Konzerten häufig als Zugabe fungiert – ein packendes Stimmungsbild, das in seiner Mischung aus eigenwilligen klanglichen, harmonischen und melodischen Eingebungen ungemein charakteristisch für Schubert ist. Auf engem Raum liegen die Gegensätze nebeneinander: dramatische Unruhe über nervösgeheimnisvollem Tremolo-Grund gleich zu Beginn, wenig später dann lyrischer Schmelz und leidenschaftlicher Gesang im As-Dur Seitenthema:

das man von seiner Aussagekraft her viel eher als eigentliches Hauptthema des Satzes bezeichnen möchte. Ihm reiht sich noch ein dritter ausdrucksvoller Gedanke (G-Dur) an. Immer wieder, bis zum trüb-verhangenen Ende, bricht der Anfangsgedanke durch.

Streichquartett a-Moll (D 804/op. 29,1)

Komponiert 1824. UA: Wien 14. März 1824 (Schuppanzigh-Quartett).
Allegro ma non troppo – Andante – Menuetto: Allegretto – Allegro moderato.

Mit dem a-Moll-Quartett hat sich Schuberts spezifischer Gattungsstil weitgehend geklärt und gefestigt: Die klangliche Subtilität des Streichersatzes, der gleichwohl immer wieder die Grenzen des Kammermusikalischen zum Orchestralen hin auszuweiten scheint, die voller Überraschungen steckende harmonische Farbigkeit sowie die bezwingende melodische Eingebungskraft sind die wesentlichen Kennzeichen. Lediglich ein weiteres Merkmal ist hier nicht zu beobachten: Schuberts Hang zu monumentaler Ausweitung der Form; das a-Moll-Werk entspricht in seiner Länge Haydns und Mozarts Vorbildern. – Der *Kopfsatz* folgt den Regeln des klassischen Sonatensatzes und erscheint wie verklärt durch die zarte Melancholie, die sein Hauptthema über feingesponnenen Begleitstrukturen ausstrahlt:

Weit entfaltet und steigert sich sein melodischer Bogen. In der Überleitung sorgen Triolen und synkopische Akzente für kontrastierende Unruhe. In reinstem C-Dur folgt mit zarter Emphase das Seitenthema, gekennzeichnet durch seinen Triller und den synkopischen Aufschwung zur Sexte. Seine motivischen Hauptelemente tragen auch die Schlußgruppe, die zugleich auf die Triolen der Überleitung zurückgreift. Die Durchführung bringt die Gesangslinie des Hauptthemas vor allem harmonisch weiter und mündet in eine zunehmend polyphone Passage. Eine wichtige Rolle spielt dann bis zum Eintritt der Reprise das rhythmisierte Begleitmotiv des 1. Themas, das zugleich Durchführung und Reprise wirkungsvoll verklammert. In der Reprise wird der Überleitungsteil dynamisch ausgeweitet, wobei 2 Stimmen jeweils paarweise vertauscht werden. Auch jetzt bleibt das Seitenthema in (A-)Dur, während sich die Coda wieder nach Moll und zum Hauptthema zurückwendet. Ein zitierender Rückgriff auf die Überleitung beendet den Satz überraschend energisch, und auf einmal wird deutlich, daß ihr Trillermotiv eine Variante des Kopfmotivs ist:

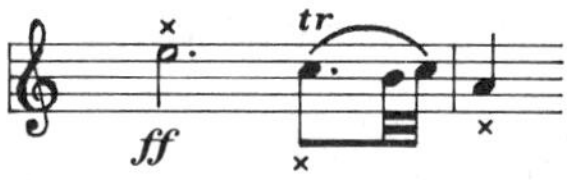

Das Thema des *Andante* (C-Dur, 4/4) verwendete Schubert auch in seiner Musik zu »Rosamunde« (D 797, Entre-Act 2) und, leicht verändert, als Vorlage für seine Klavier-Variationen B-Dur (Impromptu op. 142,3 / D 935):

Hier nun wird es zum lyrischen Ausgangspunkt einer 2teiligen Form. Die beiden Teile werden durch eine leicht eingetrübte Überleitung verbunden, in der das Kernintervall des Themas, die große Terz, sich auf einmal zum Tritonus ausweitet. Der reprisenartig angelegte 2. Abschnitt läuft als farbliche Variante ab, in der sich das begleitende Stimmengewebe verdichtet und merklich unruhiger wirkt. In der Coda erfolgt ein kurzer Rückgriff auf den Tritonus der Überleitung. – Fern aller Tanzreminiszenzen wird das *Menuett* zum melancholischen Stimmungsbild, ganz geprägt durch das die Quinte umkreisende Thema mit seinem punktierten Auftaktmotiv, das sich im weiteren Verlauf durchführungsartig einprägt. Das A-Dur-*Trio* setzt zunächst mit demselben Motiv ein, führt dann aber in eine freundliche, österreichisch gefärbte Ländlerseligkeit. Durch das Motiv des punktierten Auftaktes wird es unauffällig konstruktiv mit dem Menuett verknüpft. – Der *Schlußsatz* (A-Dur, 2/4) ist ein (Sonaten-)Rondo (A B A B A), das auf einen eigenständig kontrastierenden Mittelteil verzichtet und ihn statt dessen durch durchführungsähnliche Takte ersetzt. Sein triller- und vorschlagdurchsetztes Hauptthema bildet einen sehr diesseitig-fröhlichen Gegensatz zum verhangenen Anfang des Quartetts. Auch in diesem Satz ist der punktierte Rhythmus prägendes Element und verbindet ihn zugleich mit dem Menuett.

Streichquartett d-Moll (D 810) **»Der Tod und das Mädchen«**

Komponiert 1824.
Allegro – Andante con moto – Scherzo: Allegro molto – Presto.

Außermusikalische Verständnishilfen pflegen die Popularität einzelner Werke der absoluten Musik zu heben, obwohl oder gerade weil sie meistens klischeehaft oder gar irreführend sind, jedenfalls wenn sie nicht vom Komponisten selber autorisiert sind. Im d-Moll-Quartett liegen die Dinge etwas anders: Sein Titel bezieht sich zunächst direkt auf den 2. Satz, dessen Variationenthema Schubert seinem Lied »Der Tod und das Mädchen« (D 531) entnommen hat. Darüber hinaus aber paßt er auf das ganze Werk, das zwar nicht programmatisch gemeint ist, jedoch insgesamt wie eine freie musikalische Paraphrase des Claudius-Gedichtes wirkt. Seine düster-dramatische und leidenschaftlich erregte Grundstimmung ist die eines langen und bitteren Totentanzes, aufgehellt durch wenige lichte Momente der Tröstung und der Zuversicht in einer Dur-Variation und im Trio. Musikalisch strahlt das Quartett jene beunruhigend abgeklärte Reife und Weisheit aus, die Schuberts letzte Werke der Jahre 1826–28 gemeinsam haben und die das Etikett »Spätstil« nahelegen, obwohl ihr Schöpfer nur knappe 3 Jahrzehnte alt war. In seinen geistigen Umkreis gehören die letzten großen Klaviersonaten und der Liederzyklus »Winterreise«; insbesondere dieser Kreis »schauriger Gesänge« läßt große geistige Nähe zum vorliegenden Quartett spüren.

Sein Aufbau folgt dem klassisch 4sätzigen Modell, gekleidet in die ausgereifte individuelle Schubertsche Tonsprache, deren Hauptreize große harmonische Farbigkeit und melodische Inspirationskraft sind. – Wie ein Motto, einem »Schicksalsmotiv« vergleichbar, eröffnet ein rhythmisches Motiv den *Sonatensatz*. Seine abwärtsziehende Triole wird gleichsam zum unruhevollen Antrieb des ganzen Satzes, sei es in thematische Geschlossenheit eingebunden, sei es als kontrapunktisch im Untergrund wirksame Gegenstimme:

Es ist jedoch schwer, hier von 2 genau abgrenzbaren Themen zu sprechen; eher heben sich Themenkomplexe voneinander ab, die in sich eine Fülle von Einfällen bergen. So setzt nach einer frühen Fermate (T. 14) sogleich eine sich dramatisch steigernde erste Entwicklung ein, die im triolischen Kopfmotiv kulminiert:

Die Wendung nach F-Dur bringt dann das Seitenthema in ängstlich flehenden Terzenparallelen, in dessen Untergrund freilich die Triole weitervibriert. Sein rhythmisch-markantes Kopfmotiv beherrscht den gesamten 2. Teil der Exposition und steigert seinen Ausdruck durch leichte intervallische Verschiebungen ins Schmerzliche. Und aus Begleitfiguren entwickelt sich ein zunächst unscheinbares Bewegungsmotiv, das schließlich als »Kontrapunkt« zu diesem Kopfmotiv selbständiges thematisches Gewicht gewinnt:

Dieses vielfältige thematische Material prallt nun in der expansiven Durchführung aufeinander, führt zu mehrfachen dynamischen Entladungen und verändert sich zugleich unmerklich. Über dem Dominant-Orgelpunkt des punktierten a setzt die Reprise ein, die den Ablauf der Exposition lediglich in groben Umrissen nachvollzieht, ihn harmonisch und instrumentatorisch neu färbt. Das 2. Thema wird charakteristischerweise nicht zur Moll-Tonika umgebogen, sondern behält seinen kontrastierenden Dur-Charakter bei. Am Schluß wendet sich der Weg endgültig nach Moll zurück und kulminiert in einer sich beschleunigenden Coda, in der die leitmotivische Triole sich behauptet. Die letzten Takte kehren dann mit erschütternder Endgültigkeit zum Anfangstempo zurück.

Das Thema des langsamen *Variationensatzes* (g-Moll, ¢) wird im 4stimmigen homophonen Satz vorgetragen; es ist dem 2. Teil des Liedes »Der Tod und das Mädchen« entnommen und hier nun zu 12taktiger Dreiteiligkeit ausgebaut:

Nachdem im ersten Teil des Claudius-Gedichtes das Mädchen vor dem »wilden Knochenmann« zurückgeschreckt war, spricht der Tod nun mit tiefernster Trostgebärde: »Gib deine Hand, du schön und zart Gebild! Bin Freund und komme nicht zu strafen.« Die 5 Variationen fügen dieser Stimmungslage jeweils neue Gefühlsaspekte hinzu. So scheint in Var. 1 doch wieder die Angst des Mädchens zu vibrieren: Die 1. Violine deklamiert eine von Pausen kurzatmig zerrissene, flehende Melodie über einem unruhigen triolischen Untergrund und dem gezupften Baß. In Var. 2 wandert die leicht veränderte Melodie cantus-firmus-artig in die Cello-Stimme, die von einem zarten Gewebe von Begleitstimmen überdeckt wird. Var. 3 führt ein einziges prägnantes Rhythmus-Motiv – ♩♫ – ständig durch und weitet den Ausdruck ins Dramatische. Var. 4 weicht zum gleichnamigen G-Dur aus, doch ohne daß Heiterkeit aufkommen will. Var. 5 (g-Moll) schließlich verlegt zunächst die Melodie wieder kaum verändert in die in Sexten parallel geführten Mittelstimmen; in ihrem 2. Teil bemächtigen sich die Begleitfiguren der 1. Geige, dann der 3 Oberstimmen, und erst nach einer dramatischen Steigerung voll motivischer Verzahnungen und Unruhe mündet der Satz in die Coda, die nach und nach zur homophonen abgeklärten Ruhe der Liedmelodie zurückfindet.

Das *Scherzo* gibt sich trotzig, voller widerborstiger Synkopenrhythmen, harter Akzente und Dissonanzen, so daß die Assoziation des »Totentanzes« recht nahe liegt. In zart wiegendem Dur hebt sich das D-Dur-*Trio* davon wirkungsvoll ab, wobei der ständige punktierte Dreierrhythmus eine unauffällige metrische Klammer zum Scherzo ist.

Fahl und gehetzt gibt sich danach das 6/8-*Finale*, vielleicht noch ausgeprägter den Totentanz-Aspekt herausstreichend, im stürmisch-düsteren Tarantella-Schritt, der den ganzen Satz lang durchgehalten wird und ihm eine ausweglose Monotonie verleiht. Lediglich das energische 2. Thema stemmt sich dem Sturmlauf entgegen:

(T. 88)

Doch unter ihm laufen die Triolen ständig weiter. Über einem langen rhythmisierten Quint-Bordun erscheint ein dritter, wiederum triolengeprägter Gedanke, dann eine Überleitung, und die wilde Jagd beginnt von vorne, wobei die Stimmen jetzt oft vertauscht werden. Formal ist das Ganze also recht einfach angelegt, weder Rondo noch Sonatensatz, doch mit angedeuteten Merkmalen von beiden, vor allem in der oft durchführungsähnlichen motivischen Dichte. Eine Prestissimo-Stretta steigert Wildheit und fatalistischen Ausdruck bis an die Grenzen und beendet Satz und Werk im endgültigen Moll.

Streichquartett G-Dur (D 887 / op. 161)

Komponiert 1826. UA: 8. Dezember 1850 in Wien (Hellmesberger-Quartett).

Allegro molto moderato – Andante un poco moto – Scherzo: Allegro vivace – Allegro assai.

Waren die beiden vorangegangenen Moll-Quartette von melancholischer Freundlichkeit (a-Moll) und fatalistischer Düsterkeit (d-Moll) geprägt, so herrschen in Schuberts letztem und umfangreichstem Werk dieser Gattung konflikthafte Gegensätze vor, deren Gewalt den Rahmen der gewohnten Kammermusik mehrfach zu sprengen scheint. So wachsen die Dimensionen aller 4 Sätze (wie in den zeitlich benachbarten Klaviertrios und Klaviersonaten und der C-Dur-Sinfonie) zu ungewohnten Ausmaßen und weiten damit auch das jeweils zugrunde liegende Formmodell beträchtlich aus. Zugleich nimmt der solistische Streichersatz häufig geradezu orchestrale Züge an, indem in allen Instrumenten die Umfangsgrenzen ausgenützt und ausgeweitet, geballte Doppelgriffe eingefügt werden und immer wieder der Effekt des Tremolos hervorbricht, um Klangfülle und Zuwachs an dynamischer Kraft zu erzielen. Die spieltechnischen Anforderungen an das ausführende Ensemble sind noch einmal spürbar gewachsen, und auch vom Hörer wird konzentrierter geistiger Nachvollzug des musikalischen Geschehens erwartet.

Bereits zu Beginn des *Kopfsatzes* (3/4) wird es deutlich, daß für Schubert nun zu einer fixierten Tonalität ihre beiden komplementären Seiten Dur und Moll gehören: Aus dem Dur-Piano-Beginn wächst unmittelbar ein Moll-Fortissimo hervor:

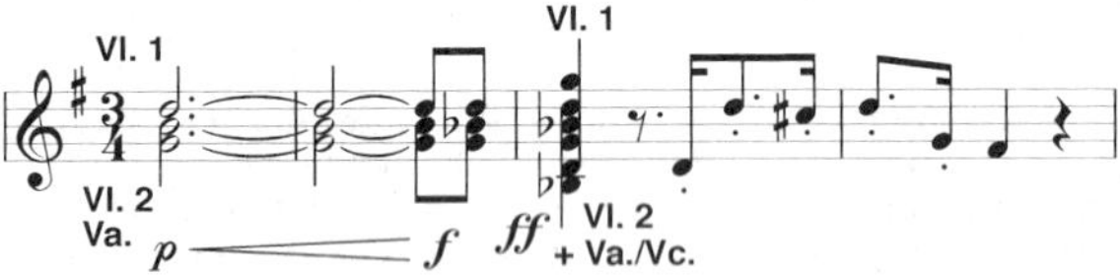

Aus dem sich unmittelbar anschließenden punktiert-gezackten Motiv dieser einleitenden Takte erhebt sich dann (T. 15) über einem dichten Unterstimmen-Tremolo wie suchend das Hauptthema oder besser -motiv:

In der Überleitung brechen die aufgestauten Konflikte, die sich in der Einleitung angedeutet haben, bereits offen aus. Als neues Element wird die Synkope eingeführt, die (T. 64) das leicht wiegende und zunächst harmonisch noch nicht ganz auf g-Moll festgelegte 2. Thema prägt. Es wird zum Auslöser einer sehr langen Entwicklung (bis zum Doppelstrich), in deren Verlauf vor allem das rhythmische Grundmuster dieses Gedankens durchführungsartig verarbeitet wird und in der als neues farbliches Element Pizzicato-Effekte auftauchen, die sich schließlich mit Tremolo-Passagen mischen. Die Durchführung gelangt, ausgehend vom Hauptthema, in immer neuen Anläufen zu zahlreichen dynamischen und Ausdruckshöhepunkten; ihre wesentlichen Elemente sind alle bereits in den Entladungen der Exposition vorbereitet worden. Die Reprise bringt dann eine überraschende Umkehrung der Anfangseinfälle (T. 278): Nun führt der Weg aus dem Moll-Piano in den Dur-Ausbruch, und die

gezackte Fortführung verliert mit ihrer Punktierung auf einmal ihre prägnanten Konturen. Auch der Beginn des Hauptthemas wird spielerisch variiert. Die Coda greift den Dur-Moll-Kontrast ein letztes Mal auf und entscheidet sich nachdrücklich im vollständigen Akkordsatz für Dur.
Die 3 folgenden Sätze bringen nach den Entladungen des Eröffnungs-Allegros keine Entspannung. Das *Andante* (e-Moll, 4/4) gliedert sich großflächig kontrastierend in 5 Teile: Zweimal wird der zunächst wehmütig vom Cello vorgetragene Melodiebogen durch packende dramatische Ausbrüche unterbrochen, in denen rasend aufwärtsfahrende Tonleitern und aufgeregtes Tremolo geradezu theatralisch die große innere Erregung ausdrücken. Im letzten und ausgedehntesten der gesanglichen Abschnitte erreicht Schubert höchst ungewöhnliche Kombinationen der 4 Instrumente; so verteilt er T. 140 ff. die melodische Linie auf 1. Violine und Violoncello über dichtem Tremolo von 2. Violine und Viola und steigert diese aparte Klanglichkeit gleich danach zum Oktav-Kanon der beiden Außenstimmen. – Das *Scherzo* (h-Moll) lebt völlig von seinem bizarren rhythmisch-melodischen Kopfmotiv, das sich selbst sofort spielerisch in der Umkehrung beantwortet:

Diesem Temperamentsausbruch setzt das G-Dur-*Trio* die Ausdruckskraft einer edlen, in durchsichtigstem Streichersatz begleiteten Melodielinie entgegen. – Das *Final-Rondo* (G-Dur, 6/8) wirkt wie ein gesteigerter Gegenentwurf zum Schlußsatz des d-Moll-Quartetts: Hier wie dort finden wir die monoton dahinjagende Motorik eines einzigen rhythmischen Modells. Auch der gleichsam programmatische Dur-Moll-Konflikt aus dem Kopfsatz klingt im Hauptthema wieder an (Zitat unten und S. 552 oben). Insgesamt aber wird doch deutlich, daß bei aller Konfliktgeladenheit des Ablaufs das diesseitigere Dur die

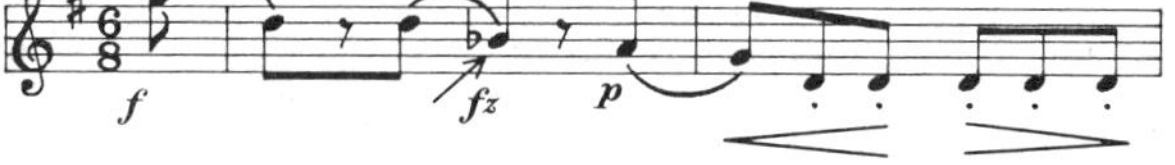

Oberhand behält. Grandios wirkt bei diesem Satz zugleich die unerbittliche Einseitigkeit und Radikalität, mit der Schubert an der einmal eingeschlagenen $\frac{6}{8}$-Rhythmik festhält: Sie wird nur an einer einzigen Stelle für wenige Takte unterbrochen, in einer »marcato« bezeichneten h-Moll-Episode (T. 209 ff.)

Die beiden Streichtrios gehören zum Umkreis der frühen Streichquartette. Ein erstes in **B-Dur** (D 471) von 1816 blieb ein freundliches 1sätziges Fragment. Das zweite Trio, ebenfalls in **B-Dur** (D 581), entstand ein Jahr später (in 2 Fassungen) und ist klassisch 4sätzig: Allegro, 3teiliges Andante, Menuett und Rondo. An keiner Stelle bricht Schubert hier aus dem traditionellen Rahmen aus, und doch ist der Tonfall bereits über weite Strecken unverwechselbar eigen, wobei auch die frühe Meisterschaft auffällt, mit welcher der Komponist hier den sparsameren 3stimmigen Triosatz zu meistern versteht.

Streichquintett C-Dur für 2 Violinen, Viola und 2 Violoncelli (D 956 / op. 163)

Komponiert 1828. UA: 17. November 1850 (Georg Hellmesberger d. Ä.). Allegro ma non troppo – Adagio – Scherzo: Presto – Allegretto.

An Schuberts großem Streichquintett aus seinem Todesjahr kann man erkennen, welch weiten Weg die stilistische Entwicklung seit Mozart genommen hat: Ihm liegt, äußerlich betrachtet, das gewohnte klassische Modell des Sonatenzyklus zugrunde, und dennoch treten wir hier in eine völlig andere, neuartige Klangwelt ein und begegnen zugleich einem der einsamen Gipfel der gesamten Kammermusikliteratur. Auffällig ist es, daß Schubert sich in der Besetzung von der noch jungen Tradition löst, die bei Mozart und Beethoven 2 Bratschen, aber nur ein Violoncello vorsah. Schubert folgt hier Boccherinis Vorbild; das 2., vom 1. ganz unabhängige Cello verleiht dem Werk das dunklere, vollere Timbre und ermöglicht zugleich eine wirkungsvolle Doppelgleisigkeit der tiefen Klangregion: eine Aufteilung in eine sonor-stützende Baßfunktion und eine bis in tenorale Höhen reichende Solorolle. Überhaupt liegt über diesem einzigartigen Werk ein unbeschreibbarer Klangzauber, der

es auch von dieser, der sinnlichen Seite her als Dokument edelster Romantik ausweist.
Die Dimensionen sind, hierin der zeitlich benachbarten »großen« C-Dur-Sinfonie ähnlich, ins Riesenhafte angewachsen; und es läßt sich auch ein überwiegender Grund dafür nennen: Die das Werk prägenden Themen entfalten durchweg eine alle Grenzen sprengende Eigendynamik und weiten sich zu ausholenden Formteilen, zu großen Gesangsszenen aus, die mit dem klassisch-prägnanten Themenbegriff nur noch wenig gemeinsam haben. Darüber hinaus gibt Schubert immer wieder der Neigung nach, seine Einfälle in immer neuem klanglichem und vor allem harmonischem Gewand zu variieren. Demgegenüber tritt die konstruktive Technik der motivischen Arbeit vergleichsweise in den Hintergrund.
So genügt es nicht mehr, im eröffnenden *Sonatensatz* 2 Themen aufzuspüren; vielmehr treten mehrere ausgedehnte Themenbereiche nebeneinander, in denen sich jeweils wiederum mehrere Gedanken aneinanderreihen und auseinander hervorzuwachsen scheinen. Keimzellenartig scheinen alle Gegensätze der 4 Sätze bereits in den Eingangstakten beschlossen zu sein: der leise C-Dur-Akkord wächst im Crescendo zur Eintrübung des verminderten Septakkords, und erst dann löst sich hiervon eine melodische Bewegung, die zum Piano und zum Dur zurückführt:

Aus der rhythmisch stockenden Figur von T. 7 und T. 8 entwickelt sich wenig später (T. 33 ff.) erstmals große Dramatik, die nach triolischer Bewegungssteigerung erst in kadenzierenden Akkorden abbricht: Unversehens blüht aus dem Einklang beider Celli das lyrisch-weiche Seitenthema (Es-Dur), während die übrigen Streicher verhalten begleiten:

Dann werden in aller Ruhe die Rollen getauscht (T. 79). Die nach der Regel erwartete Dominante wird erst in T. 100 erreicht, wo über durchsichtig bewegter Sechzehntel-Begleitung eine neue Melodie anhebt. Auch sie entfaltet sich über viele Takte hin und mündet schließlich in die Schlußgruppe (T. 138): zunächst in geheimnisvollem Pianissimo und synkopisch gestaut, dann noch ein letztes Mal das Seitenthema zitierend, dem ein zunächst unscheinbares rhythmisches 4-Noten-Motiv unterlegt wird (𝅘𝅥𝅯 𝅘𝅥 𝅘𝅥 𝅘𝅥). Hieran knüpft nun die Durchführung an, die auf wechselnden harmonischen und dynamischen Ebenen recht konfliktreich und insgesamt düster verläuft. Sie wird vor allem geprägt durch die Synkope der Schlußgruppe und durch jenes kleine 4-Noten-Motiv mit seinem charakteristisch-störrischen Sechzehntel-Auftakt. Bisweilen wächst die Klangfülle zu orchestralen Ausmaßen an, wenn dichtes Triolentremolo alle 5 Stimmen verbindet. Die Reprise folgt sensibel variierend dem Vorbild der Exposition; so sind gleich zu Beginn die Spannungsakkorde durch eine ständig aufsteigende, der gebrochenen Harmonie folgende Gegenstimme kontrapunktiert, was dann in der Coda noch einmal aufgegriffen und zum ff–fz gesteigert wird, bevor ein letzter zarter Anklang an das Seitenthema den monumentalen Satz beschließt.

Hinter der nüchternen Bezeichnung *Adagio* (E-Dur, 12/8) verbirgt sich sodann einer der stimmungsvollsten und ausdrucksstärksten Sätze des 19. Jh. Seine Form ist schlicht und überschaubar: In großer Dreiteiligkeit umschließen 2 lyrische Abschnitte einen dramatischen Mittelteil, wobei der Schluß den Anfang variiert (ABA'). Von unendlich langem Atem getragen ist die in sich ruhende Melodie des Beginns; sie liegt im Gewebe der 3 Mittelstimmen, während 2 dezente Kontraste sie einrahmen: kurze, ängstliche Seufzermotive, jeweils mit punktiertem Auftakt in der Primgeige, sowie der durchbrochene Pizzicato-Baß des 2. Cellos. Die Reprise läßt es bei dieser Rollenverteilung, nur korrespondieren die beiden Außenstimmen zunächst mit gleichsam geflüsterten, huschenden Zweiunddreißigstel-Figuren, bevor sie zur leicht variierten Motivik des

Beginns zurückfinden. Voll nervöser Erregtheit schiebt sich dazwischen der Mittelteil: Ein überraschender Einklangtriller aller Instrumente rückt das Geschehen abrupt nach f-Moll. Die Elemente der Aufregung sind akzentuiert synkopierte Mittelstimmen, sich auf der Stelle drehende Triolen-Motive und eine angstvoll gepreßt klingende Melodie, die von 1. Geige und 1. Cello in Oktaven zu mehreren Höhepunkten getrieben wird. Am Ende bricht sie gleichsam stammelnd in sich zusammen und verlöscht.

Auch das *Scherzo* (C-Dur) ist 3teilig; es beginnt und endet im stürmischen Presto voller ausgelassener Vitalität. Das *Trio* unterbricht diesen Temperamentsausbruch mit schärfstem Kontrast: Es ändert Tonart, Takt, Tempo, Dynamik und Bewegung und führt auf seine geheimnisvoll-verhangene Weise die Stimmung des Adagios fort. Seine eigentümliche Farbwirkung ist ein Produkt der mehrfach wechselnden Oktavparallelen zwischen Viola und Cello einerseits, Violine und Cello andererseits.

Das *Finale* (¢), als Kombination von Sonatensatz und Rondo, fügt mit seinem 1. Thema den bisher fehlenden Aspekt volkstümlich-unbekümmerter Derbheit hinzu, gemildert durch ein Quentchen Wiener Charme im 2. Thema des expositionsähnlichen Teils A (T. 46 ff.):

Die erste Wiederkehr des Anfangs hat Durchführungscharakter und beschäftigt sich zunächst sehr ausgiebig mit dem Hauptthema und seinen rhythmischen Impulsen. Eine Stretta in zweifacher Tempsteigerung (più allegro / più presto) bildet den auftrumpfend-nachdrücklichen Abschluß nicht nur dieses Satzes, sondern des ganzen Werkes.

Neben diesem monumentalen Gipfel der Quintettliteratur gibt es von Schubert noch eine **Quintett-Ouvertüre c-Moll** (D 8) aus dem Jahre 1811, die er zunächst für Quartett gesetzt hatte. – Kein Quintett im Sinne der Gattung ist schließlich das **Rondo für Solovioline und Streichorchester A-Dur** (D 438; 1816).

Kammermusik mit Klavier

Sonatinen für Klavier und Violine (D 384, 385, 408 / op. 137). Schubert war 19 Jahre alt, als er »Drei Sonaten für's Pianoforte mit Begleitung einer Violine« schrieb. An diesem Titel ist zweierlei bemerkenswert: Er nannte die Werke – ganz zu Recht – Sonaten; die Bezeichnung »Sonatine« heftete ihnen erst ihr Verleger Diabelli an, möglicherweise, um ihnen durch diese Verkleinerungsform größere Verbreitung zu sichern; sie hat sich leider bis heute gehalten. Darüber hinaus fällt in Schuberts Charakterisierung die altertümelnde Reihenfolge und Rangordnung der beiden Instrumente auf, was fast wie ein historisierender Rückgriff auf das Vorbild Mozart aussieht. Das entspricht jedoch nicht ganz den klingenden Tatsachen: Die Geige wird durchaus zum gleichberechtigten Partner des Tasteninstruments und vermag sich neben ihm in ihrer klanglichen Eigenständigkeit zu behaupten. Der Name Sonatine hingegen läßt sich immerhin rechtfertigen, wenn man die nicht allzu hohen spieltechnischen Anforderungen und die relativ knappen Ausmaße dieser Werke betrachtet, verglichen etwa mit der großen C-Dur-Fantasie (D 934). Die Bedeutung dieser 3 liebenswerten, genialen Frühwerke ist kaum zu überschätzen; sie dokumentiert sich heute nicht so sehr im Konzertleben als vielmehr im musizierenden Hausgebrauch, deren fester Bestandteil sie sind.

Sonatine D-Dur (D 384 / op. 137,1)

Komponiert März 1816.
Allegro molto – Andante – Allegro vivace.

Die 1. Sonatine ist als einzige 3sätzig. Ihr Eröffnungs-*Allegro* (¢) setzt im leisen Unisono beider Instrumente ein; dieser einprägsame Gedanke kann seine Verwandtschaft zu Mozarts e-Moll-Sonate (KV 304) nicht verleugnen, wie überhaupt das ganze Werk viel Mozartisches an sich hat. Er prägt den gesamten Satzverlauf nachhaltig und erscheint in allen möglichen dynamischen, klanglichen, harmonischen und imitatorischen Schattierungen:

Sogar im verspielteren, ebenfalls dreiklangbrechenden Seitensatz bleibt er motivisch wirksam. Sonatinenhaft kurz ist die Durchführung; und mottoartig behält das Hauptthema schließlich das letzte Wort. – Marschartig und zugleich ein wenig kapriziös mit seinen Punktierungen und Vorschlägen gibt sich das folgende *Andante* (A-Dur, 2/4), in überschaubar schlichter Dreiteiligkeit mit besinnlich kontrastierendem a-Moll in der Mitte. – Ein Scherzo erschien Schubert wohl entbehrlich, weil das *Finale* ebenfalls in ständiger Dreierbewegung (6/8) abläuft, als spielfreudig unbekümmertes Rondo, in dem sich beide Instrumente wirkungsvoll ablösen und ergänzen und einmal (ab T. 146) sogar einen mehrfachen Stimmentausch vorführen.

Sonatine a-Moll (D 385 / op. 137,2)

Komponiert März 1816.
Allegro moderato – Andante – Menuetto: Allegro – Allegro.

Auch hier beginnt der *1. Sonatensatz* leise, verhangen, in gleichförmigen halben Noten über pochenden Achteln im Klavier allein; erst der Einsatz der Violine bringt das Forte, in gegenüber dem Anfang nun extrem gespreizten Melodieintervallen. Wiegend-wellenförmige Triolenbegleitung trägt sodann die schmeichelnde Melodie des Seitensatzes (im parallelen C-Dur), die wiederum vom Klavier allein vorgestellt wird:

ein für Schubert ungemein charakteristischer Einfall mit seiner so wirkungsvollen harmonischen Eintrübung und ausdrucksvollen Steigerung am Ende der Phrase (T. 28). Die Schlußgruppe dieser phantasievollen Exposition bringt noch einen dritten Gedanken, in dem die Triolenbewegung zugleich begleitend und motivisch wirksam auftritt. Die Durchführung ist, wie in der 1. Sonatine, eher angedeutet und knapp; sie beschränkt sich auf eine harmonische Weiterführung des Hauptthemas und leitet bald zur Reprise auf der Subdominante über. Folgerichtig

erscheint das 2. Thema jetzt im parallelen F-Dur, und es bedarf noch einer modulatorischen Wendung, bevor Schlußgruppe und harmonisch eingetrübte Kurz-Coda in die Grundtonart zurückfinden. In seinen aparten Harmoniewendungen, phantasievollen Begleitfiguren und reichen melodischen Fortspinnungen ist dieser Satz, trotz seiner frühen Entstehungszeit, ein sehr typischer Schubert-Satz.
Das *Andante* (F-Dur, 3/4) ist mehrteilig rondoartig angelegt (ABA′B′A″ Coda). Sein Ausgangspunkt ist eine innigschlichte, weit ausschwingende Melodie, die insgesamt dreimal wiederkehrt und als Mittelteil nach As-Dur gerückt wird. Hierzu kontrastiert deutlich die durchlaufende Sechzehntel-Bewegung des B-Teils, der bei seiner Wiederkehr (B′) stärker modulierend über A-Dur, g-Moll und c-Moll schließlich über einem langen Orgelpunkt auf c zur Grundtonart zurückführt (A″). – Das d-Moll-*Menuett* gibt sich dramatisch-kämpferisch und hebt sich wirkungsvoll von der Freundlichkeit seines vorhaltgeprägten *Trios* (B-Dur) ab. – Das rondoartige *Finale* (ABCAB′C′A′ Coda) ist von ähnlichem melodischem Einfallsreichtum wie der Kopfsatz; auch hier alternieren Duolen- und Triolenbewegung, und seine Ausdrucksspannweite schließt sowohl melancholische Verhaltenheit wie mozartisch anmutende Heiterkeit und auch konfliktreiche (durchführungsartige) Entladungen ein.

Sonatine g-Moll (D 408/op. 137,3)

Komponiert April 1816.
Allegro giusto – Andante – Menuetto – Allegro moderato.

In seiner durchsichtigen Klanglichkeit läßt der *1. Satz* wieder Mozarts Nähe spüren, doch sorgen das tänzerische »tempo giusto« im Dreiertakt und das charakteristische, ständig gegenwärtige punktierte Auftaktmotiv dafür, daß der g-Moll-Fatalismus des großen Vorbildes nicht aufkommt. 3 Themen formen die Exposition: das 1. und 3. (Es-Dur) basieren auf dem Kernmotiv der Punktierung, während der Seitensatz sich als weiche Vorhaltslinie von seiner rhythmisch prägnanteren Umgebung abhebt:

Die Durchführung ist länger als in den Eröffnungssätzen der beiden Schwesterwerke und knüpft vor allem an das 3. Thema aus der Schlußgruppe an. Die Reprise wird im energischen Unisono mit dem mottoartigen Kopfmotiv beendet. – Dem liedhaft-schlichten Beginn des *langsamen Satzes* (Es-Dur, 2/4) hört man nicht an, daß seine Ausdrucksspannweite im Mittelteil auch entlegene Abgründe streifen wird, die voller harmonischer und auch klangfarblicher Überraschungen stecken. Friedvoll, wie er begonnen hat, endet der Satz. – Es folgt ein musikantisch-heiteres B-Dur-*Menuett*, dessen *Trio* (Es-Dur) ganz der Violine gehört, deren Melodiebogen bei aller Verhaltenheit (dolce) doch voller Emphase ist. – Das *Finale* ist diesmal kein rondoartiges Gebilde, sondern ein Sonatensatz mit lediglich angedeuteter Durchführung, so daß sich insgesamt eher der Eindruck einer großen 2teiligen Form ergibt. Sein melodischer Beginn erinnert stimmungsmäßig an den Schlußsatz der a-Moll-Sonate.

Neben die Sonatinen treten 3 weitere Werke gleicher Besetzung. Da ist zunächst, ein Jahr nach ihnen, die

Sonate A-Dur (D 574 / op. 162).

Komponiert August 1817
Allegro moderato – Scherzo: Presto – Andantino – Allegro vivace.

Ihre Dimensionen sind mit denen der 3 Schwesterwerke vergleichbar. Wieder ist die Durchführung des eröffnenden *Sonatensatzes* äußerst kurz, und der Akzent liegt auf lyrischer, undramatischer Melodieentfaltung. Dagegen setzt das folgende *Scherzo* seine stürmische aufwärtsgerichtete Akkordbrechung; im *Trio* wird der melodische Aufstieg dann chromatisch eingefärbt. Das *Andantino* (a-Moll, 3/8) wird von einer einprägsam schlichten Liedmelodie getragen, und das scherzoähnliche *Finale* (3/4) mit abgehobenem a-Moll-Mittelteil ist 3teilig. – Fast 10 Jahre später (1826 komponiert) entstand das

»Rondo brillant« für Klavier und Violine h-Moll (D 895 / op. 70).

Ihm ist eine Einleitung (Andante, 3/4) vorangestellt, in der sich nach akkordisch-improvisatorischem Beginn in der Violine eine H-Dur-Melodie über begleitenden Klaviertriolen entfaltet. Das Rondo selber ist recht ausgedehnt und von konzertanter Grundhaltung, die sich bereits im ungewöhnlich spannungs- und kontrastreichen Hauptthema ausdrückt:

Aus dem Jahr darauf (1827 komponiert) stammt schließlich die mehrteilig ineinander übergehende große

Fantasie für Klavier und Violine C-Dur (D 934 / op. 159).
Eine expansive »Gesangsszene« steht am Beginn dieses ausladenden und ungemein expressiven Werkes, dessen Teile auf vielfältige Weise thematisch miteinander verwoben sind. Über anhaltendem Klavier-Tremolo erhebt sich zunächst die Violine, deren Melos sich alsbald harmonisch eintrübt. Der *1. Hauptabschnitt* (a-Moll, 2/4) spielt ständig in den schon bald einander imitierenden Stimmen mit dem Auftaktmotiv seines Hauptthemas:

Wiederum attacca schließen sich die *Andantino-Variationen* über Schuberts eigenes Lied »O du Entriss'ne mir« (Rückert; D 741) an, die zum geistigen Mittelpunkt des Werkes werden: 8 phantasievoll-gegensätzliche Veränderungen befassen sich auf ebenso musikantisch-figurative wie stimmungsvoll ausdeutende Weise mit der Vorlage; eine ausdrucksvolle Coda knüpft daran noch einmal an und läuft in einer Kadenz aus. Ein Zitat aus der langsamen Einleitung leitet zum relativ knappen *Schlußteil* (C-Dur, ¢) über, der gespickt ist mit virtuosen Schwierigkeiten und sich im wesentlichen ebenfalls auf eine Variante des Andantino-Themas stützt. Vor der Schluß-Stretta taucht die Variationsweise schließlich noch einmal im Klaviersatz (Allegretto) so auf, wie sie im Lied selber gesetzt ist. – Eine anspruchsvolle Aufgabe für beide Partner sind

Introduktion und Variationen über ein Thema aus den Müller-Liedern op. 25 für Klavier und Flöte e-Moll (D 802 / op. 160).

Komponiert 1824.

Die verhangene *Introduktion* bereitet mit ihrem teilweise imitatorischen Liniengeflecht auch den Hauptteil vor, die *Andan-*

tino-Variationen über »Ihr Blümlein alle« (D 795,18). Dieses melancholische Thema wird zunächst recht harmlos vom Klavier vorgestellt, doch dann folgen 7 zum Teil recht halsbrecherisch-virtuose Veränderungen, die oft geradezu Etüdencharakter aufweisen: etwa gleich in den Flötenarabesken der 1. Variation oder in den Zweiunddreißigstel-Baßoktaven des Klaviers im 2. Teil. Lyrische Ruhepunkte sorgen für Entspannung (Var. 3), und auch imitatorische Ansätze kommen auf spielerisch-tänzerische Weise zur Geltung (Var. 6), bevor eine Allegro-Beschleunigung (Var. 7) und eine Coda das konzertante Geschehen beenden.

Sonate für Arpeggione und Klavier a-Moll (D 821)

Komponiert 1824.
Allegro moderato – Adagio – Allegretto.

Diese Sonate stellt ein echtes Unikum dar, denn sie hält die Erinnerung an einen instrumentenbaulichen Sonderling wach, die sonst völlig erloschen wäre. Das Arpeggione wurde 1823 von dem Wiener Instrumentenbauer Georg Staufer erfunden und verbindet die Spielweise des Violoncellos mit Form, Stimmung und Bünden der Gitarre. Schubert setzte ihm mit seiner Sonate ein bleibendes Denkmal, und man sollte sich heute nicht scheuen, das eingängige Werk in einer der möglichen Alternativfassungen für Violoncello oder Viola aufzuführen. – Alle 3 Sätze sind relativ knapp und konzentriert, dabei in freundlich-lyrischem Grundton gehalten. In den zahlreichen konzertanten Episoden dominiert das Arpeggione mit allerlei virtuosen Spielfiguren, während sich das Klavier begleitend unterordnet. Reich an melodischer Erfindungskraft ist der *1. Satz*, dessen inniges Hauptthema ganz aus dem Charakter des Soloinstruments heraus erfunden ist:

Das folgende *Adagio* (E-Dur) ist eher eine ausdrucksvolle langsame Einleitung zum Finale als ein eigenständiger Satz, während das abschließende *Rondo* (2/4) mit seinem unterhaltend-liebenswürdigen Hauptthema noch ein wenig Virtuosität auf dem Arpeggione bietet.

Trio für Klavier, Violine und Violoncello B-Dur (D 898 / op. 99)

Komponiert 1826/27.
Allegro moderato – Andante un poco mosso – Scherzo: Allegro – Rondo: Allegro vivace.

Mit Beethovens letztem großen Klaviertrio op. 97 hat Schuberts B-Dur-Werk, das im Todesjahr Beethovens entstanden ist, nicht nur die Tonart, sondern auch den Umfang gemeinsam. Im übrigen aber zeigt es ausgeprägt individuelle kompositorische Züge, so daß man in mancher Hinsicht von einer Weiterentwicklung dieser klassischen Gattung aus dem Geist der beginnenden Romantik sprechen kann. Dieses Weiterführen über Beethoven hinaus zeigt sich vor allem an der Verstärkung der lyrischen, gesanglichen und klangsinnlichen Momente und, wie immer in Schuberts späten Werken, im Reichtum an harmonischen Überraschungen.
Energiegeladen und sehr bestimmt beginnt das ruhige *1. Allegro*, dessen Hauptthema in deutlicher Aufgabenteilung die beiden Streicher dem Klavier gegenüberstellen: In parallelen Oktaven stützen sich Violine und Violoncello beim Vortrag der triolendurchsetzten Melodie, deren Asymmetrie durch eingeschobene Kadenztakte und melodische Dehnung entsteht; das Klavier liefert dazu die akkordische Begleitung und ein rhythmisches punktiertes Baßmotiv. Wenig später vertauschen beide ihre Rollen, wobei der punktierte Baß ins gezupfte Cello wandert. Triolen und Punktierung prägen den gesamten Satzverlauf in allen seinen Teilen, deren Ausdehnung gegenüber den meisten klassischen Vorbildern beträchtlich gewachsen ist. Auch zum lyrischen Gesang des 2. Themas schließen sich wieder beide Streicher in Paralleloktaven zusammen, nachdem das Violoncello zunächst allein angesetzt hat:

Parallele Oktaven sind im übrigen ein auffälliges Stilmerkmal dieses Werkes, auch und gerade im Klavierpart. Die fallende Sexte dieses Themenkopfes wird im Epilog dann zur Oktave erweitert, bevor das Hauptthema selber zur Durchführung überleitet. Diese beleuchtet das vielfältige thematische Material vorwiegend harmonisch und dynamisch, wobei vor allem das triolische Motiv aus dem 2. Takt des Hauptthemas als ständiges Bewegungselement auftritt. Ihm bleibt auch, gemeinsam mit der punktierten Tonfolge, die Schlußwirkung der Coda überlassen.

Zart wiegender 6/8-Rhythmus färbt die innige Liedlyrik des folgenden *Andantes* (Es-Dur) in seinen beiden Rahmenteilen, während sich im c-Moll-Mittelteil synkopische Begleitformeln und bewegteres melodisches Linienspiel zu einem zwischen Leidenschaftlichkeit und Freundlichkeit schwankenden Stimmungsbild zusammenfügen. – Unbekümmert fröhliche Spiellaune zeichnet auch das *Scherzo* aus, das durchweg von lockerer Staccato-Phrasierung lebt. Sein *Trio* (Es-Dur) mit den nachklappenden Klavierakkorden erhebt sich nur ganz am Schluß zu einem einmaligen Forte-Takt und hat mit seinem freundlichen Streichergesang Walzercharakter. – Eine Fülle motivisch-thematischer Einfälle bereichert das umfangreiche und durchweg freundliche *Final-Rondo*. Sein 1. Thema läßt kaum ahnen, welche Ausdrucksvielfalt noch kommen soll: Wieder spielen Triolen und punktierter Rhythmus, wie im Kopfsatz, eine maßgebliche Rolle; ein markantes Unisono-Motiv aller Instrumente setzt

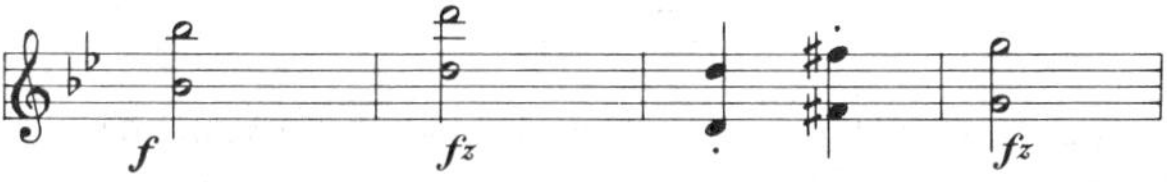

wiederholte nachdrückliche Zäsuren und führt im weiteren Verlauf gar zu konflikthaft-durchführungsartiger Zuspitzung mit imitatorischen Ansätzen und dynamischen Akzenten. In 2 Formabschnitten schließen sich je 3 2/4-Takte zu 3/2-Einheiten zusammen, die eine sehr »kaffeehausverdächtige« wienerische Tanzmelodie tragen, deren 2. Stimme (Violoncello) jedoch kunstvoll aus jenem energischen Unisono-Motiv gewonnen

worden ist. Allerlei farbige Spieleffekte wie vor allem Tremoli in allen Instrumenten, Ausnützung auch extremer Lagen und wieder pianistische Oktavparallelen sorgen dafür, daß der Satz bei aller Ausführlichkeit stets unterhaltend und abwechslungsreich bleibt.

Trio für Klavier, Violine und Violoncello Es-Dur (D 929 / op. 100)

Komponiert 1827.
Allegro – Andante con moto – Scherzo: Allegro moderato – Allegro moderato.

Gegenüber seinem lyrischen Schwesterwerk präsentiert sich das Es-Dur-Trio ernsthafter und vielfältiger im Spektrum seiner Stimmungen, die hier durchaus bis zu leidenschaftlicher Gebärde und aufbrausendem Temperament reichen.
Im entschlossenen Unisono setzt das *1. Allegro* ein, das hier einmal auf den typisch Schubertschen hemmenden Zusatz »moderato« verzichtet; vielfarbig und durchbrochen in der Aufteilung auf die Instrumente beginnt dann im Violoncello ein neuer Gedanke, der in direkter motivischer Verwandtschaft zum viel später erklingenden, lyrisch singenden letzten Thema der Exposition steht:

Zwischen ihnen aber weicht Schubert zunächst völlig überraschend zum weit entfernten h-Moll aus und stellt einen 2., rhythmisch-tänzerischen Gedanken vor, der von zarten Tonrepetionen geprägt wird. Die Durchführung widmet sich vor allem der harmonischen und farblichen Ausspinnung des lyrischen Seitenthemas aus der Exposition, überwiegend vom triolischen Figurenwerk des Klaviers umspielt und entlegenste modulatorische Bereiche berührend. Das letzte Wort in der Coda behält schließlich überraschend der Tanzschritt des 2. Gedankens, akkordisch im Piano verklingend nach längerer, fast monotoner Wiederholung seines typischen Rhythmus'.
Das gedämpfte Pathos eines Trauermarsches liegt über dem Hauptthema des *langsamen Satzes* (c-Moll, 2/4): Den charakteristischen Rhythmus schlägt das Klavier an, während darüber das Violoncello einen leidenschaftlichen Klagegesang anstimmt:

Alsbaldiger Rollentausch der 3 Instrumente variiert diese Passage vor allem farblich auf höchst eindrucksvolle Weise. Die Wendung nach Es-Dur bringt in der Violine ein freundliches Gegenthema, und nun beginnt eine Entwicklung, die leidenschaftliche (»appassionato«) Ausbrüche nicht scheut und auch das Es-Dur-Thema mit nach Moll hinüberzieht. Die Rückkehr zum Trauermarsch leitet einen erweiterten und veränderten zweiten Durchgang ein, in dessen Verlauf es zu dramatischen Steigerungen bis zum fff-Gipfel kommt und der schließlich mit einer letzten verlangsamten Reminiszenz an den Trauermarsch verklingt.

Als 2stimmiger Oktavkanon im Taktabstand zwischen Klavieroktaven und beiden Streichinstrumenten beginnt das *Scherzo*. Es wendet sich jedoch in seinem Mittelteil unvermutet nach E-Dur (über die enharmonische Umdeutung von as nach gis); zugleich kehrt sich das Thema selber in die Gegenrichtung abwärts. Die Wiederholung des Anfangsteils ändert danach die Einsatzreihenfolge der Instrumente im Kanon – ein kunstvoll hinter der harmlosen »Scherzando«-Fassade verborgenes musikalisches Geschehen! Ihm setzt das derbe As-Dur-*Trio* einen schroff akzentuierten Widerpart entgegen.

Eher gemächlich und schmeichelnd beginnt das *Finale* (6/8). In 748 Takten entfaltet sich in aller typisch Schubertschen Ausführlichkeit ein erweitertes Rondo, in dem vor allem zwei Elemente für seinen nie ermüdenden vielfarbigen Ablauf sorgen: zunächst der mehrmalige Metrumwechsel von Dreier- zu Viererbewegung (6/8 → ¢), der zugleich nach Moll führt und durch seine in ständig repetierte Achtel aufgelöste Thematik zusätzlichen Reiz erhält; sodann das zweimalige Zitat der Trauermarsch-Kantilene aus dem Andante (in h-Moll und in es-Moll), das in dieser neuen Umgebung wie ein Gruß aus einer anderen Welt anmutet.

Das **Notturno für Klavier, Violine und Violoncello Es-Dur** (D 897 / op. 148), komponiert 1828 (?), steht wohl zu Unrecht fast unberücksichtigt im Schatten der beiden großen Trios, bietet es doch in überschaubarem formalem Rahmen ein klangvolles lyrisches Stimmungsbild mit dankbaren Aufgaben für alle Instrumente. – Einen frühen tastenden Schritt in dieser Gattung stellt schließlich der einzelne **Triosatz (»Sonata«) B-Dur** (D 28) von 1812 dar.

Adagio und Rondo concertante für Klavierquartett F-Dur (D 487)

Bereits 3 Jahre vor dem »Forellenquintett« versuchte sich Schubert 1816 hier an einem Werk größerer Besetzung mit Klavier, dem Quartett mit Violine, Viola und Violoncello. – Das eröffnende *Adagio* ist hier keine vorangestellte langsame Einleitung, sondern ein durchaus eigenständiger Satz mit lediglich offenem Dominantschluß. Das *Rondo* kehrt sodann eindeutig den konzertanten Charakter hervor, indem es vor allem im Klavier das virtuose Element betont, in einer insgesamt unterhaltenden, unproblematischen Spielmusik voller schlicht-eingängiger Thematik.

Quintett für Klavier, Violine, Viola, Violoncello und Kontrabaß A-Dur, genannt **»Forellenquintett«** (D 667 / op. 114)

Komponiert 1819; Silvester Paumgartner gewidmet.
Allegro vivace – Andante – Scherzo: Presto – Andantino – Finale: Allegro giusto.

Die berechtigte hohe Popularität des »Forellenquintetts« hat ihre Ursache sicher nicht nur im Rückbezug seines Variationensatzes auf Schuberts Lied »Die Forelle« (D 550). Vielmehr haben wir hier das Musterbeispiel schlechthin für unterhaltende und doch zugleich anspruchsvolle Kammermusik vor uns, wobei die Ansprüche sich vor allem an das spieltechnische Vermögen aller 5 Instrumentalisten wenden. Verständnisprobleme hingegen stellt diese liebenswürdige und von allen »schicksalhaften« Schatten freie, jugendlich geniale Musik an den Hörer nicht. Ungewöhnlich ist die Fünfsätzigkeit des Quintetts, und auch die Einbeziehung eines Kontrabasses weicht von allem Üblichen ab; doch gerade dieser instrumentatorische Kunstgriff verleiht der Komposition ihren ganz eigenen, unverwechselbaren Klangreiz: Neben der Betonung des Baßfundaments gewinnt die Musik auf diese Weise gewissermaßen zusätzliche tänzerisch-rhythmische Impulse, insbesondere durch wohldosiert eingefügte Pizzicato-Passagen des Basses.
Das unüberhörbar konzertante Element wird immer wieder vom Klavier eingebracht, das oft den 4 Streichern effektvoll gegenübergestellt wird, etwa gleich zu Beginn des *Kopfsatzes* (4/4), dessen Hauptthema sich alternierend auf Klavier und Streicher aufteilt – Spielfreude kontrastiert auf engstem Raum mit Klanglyrik:

Auch im weiteren Verlauf dieses konzentrierten und übersichtlichen Sonatensatzes bricht die Virtuosität des Tasteninstruments immer wieder durch, doch ist es zugleich auch in der Lage, den Streichern einen zarten Klanghintergrund zu liefern, wie etwa im Seitenthema. Nirgendwo, auch nicht in der farbigen Durchführung, trübt sich die freundliche Stimmung; auch die wenigen Moll-Partien wirken eher wie exotische Farbtupfer denn als Eintrübungen. Die Reprise erfolgt überraschend über die Subdominante, und bündig ohne Coda schließt der Satz.

Ein friedliches Intermezzo ist das folgende *Andante* (F-Dur, ¾); es reiht mehrere phantasievoll voneinander unterschiedene Einfälle in großer 2teiliger Liedform aneinander: zunächst den freundlich-gesanglichen Hauptgedanken, dann im unvermutet erreichten fis-Moll eine melancholisch seufzende Melodie, deren Trauergestus gleichwohl nicht so ganz ernst zu nehmen ist – man beachte die aufgesetzten Akzent-»Drücker« auf dem 2. Viertel!

Im Hintergrund taucht zugleich ein scharf punktiertes Begleitmotiv auf, das anschließend zum Kern des 3. Themas wird (D-Dur). Die Wiederkehr des Anfangs erfolgt harmonisch überraschend in As-Dur; der weitere Weg führt dann über a-Moll (2. Gedanke) zurück zur Grundtonart. Wieder fehlt jeder

Ansatz einer Coda. – Das turbulente *Scherzo* erhält seinen Schwung durch den temperamentvollen 3/8-Auftakt seines Themas, der sogleich im 4. Takt nach unten umgebogen und ins Piano gekehrt wird:

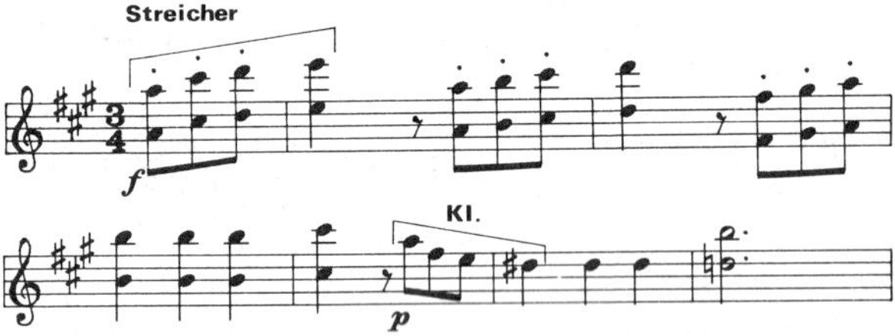

Diesem rhythmischen Impuls wird im D-Dur-*Trio* eine weich wiegende Lang-kurz-Bewegung (𝅗𝅥 ♩) gegenübergestellt. – Im eingeschobenen *4. Satz* (D-Dur, 2/4) stellen die Streicher zunächst allein und nahezu notengetreu die Melodie des bekannten Schubert-Liedes von der Forelle vor. In den folgenden 6 Variationen wird das Thema selber nur wenig verändert, so daß man fast von Cantus-firmus-Variationen sprechen könnte. Ihren eigentlichen unnachahmlichen Reiz gewinnt diese Musik durch die phantasievolle Einkleidung der Melodie in immer neue begleitende Figuren und klangliche Färbungen, die aus der wechselnden Instrumentenkombination erwachsen. In Var. 1 tritt das Klavier mit dem oktavierten Thema hinzu (Streichertriolen, Kontrabaß-Pizzicato); in Var. 2 führt das Violoncello (solistisch bewegte Violinoberstimme); in Var. 3 dominiert pianistische Brillanz in perlenden Oktav-Figurationen (Thema im Baß, rhythmische Begleitung der übrigen Instrumente); Var. 4 bringt die obligatorische (d-Moll-)Eintrübung mit düster und drohend sich gebärdender Akkordik und überraschender Pianissimo-Aufhellung als Antwort (Thema variiert in der Violine). Var. 5 führt nach B-Dur und überläßt dem Violoncello das melodisch veränderte Thema. Das abschließende Allegretto (Var. 6) fügt schließlich als überraschende Schlußpointe dem hüpfend beschleunigten Thema die originale Klavierbegleitung des Liedes hinzu. – Das unbekümmert volkstümliche *Finale* (2/4) wird vollends zum tänzerisch-beschwingten »Kehraus«, wobei vor allem der häufig wiederkehrende Haupteinfall an Wiener Kaffeehaus-Musik denken läßt. Wer außer Schubert hätte auf so unnachahmlich entwaffnende Weise die Sphäre des Unterhaltenden mit der des Kunstvollen zu verschmelzen vermocht?

Kammermusik mit Bläsern und für Bläser

Oktett für 2 Violinen, Viola, Violoncello, Kontrabaß, Klarinette (B), Horn und Fagott F-Dur (D 803 / op. 166)

Komponiert Februar 1824; Auftragswerk des Grafen Ferdinand von Troyer.

Adagio / Allegro – Adagio – Allegro vivace – Andante – Menuetto – Andante molto / Allegro.

Das zu Recht so beliebte und berühmte Oktett vereinigt in sich auf glückliche Weise serenadenhafte, kammermusikalische und sinfonische Elemente. Schubert selbst betrachtete das Werk als eine Art Vorstudie »zur großen Sinfonie«, und manche Elemente deuten in der Tat auf sinfonischen Anspruch und Ernst. Serenadenhaft dagegen sind vor allem das duftige Klanggewand der farbenreichen Instrumentalbesetzung, der vorherrschende unbeschwerte Tonfall melodischer Eingebung, aber auch die Anzahl der Sätze. Ungewöhnlich und reizvoll zugleich ist die stark ausgeweitete kammermusikalische Besetzung, die bisweilen an die Grenzen der Gattung stößt; ihren spezifisch sich gegen das Orchester abgrenzenden Charakter erhält sie naturgemäß durch das solistische Auftreten der Streicher, wodurch die Bläserstimmen von selber an Gewicht zu gewinnen scheinen.

Ein weiteres gewichtig sinfonisches Kennzeichen des Oktetts begegnet uns sogleich in der langsamen Einleitung zum *1. Satz*: Wie eine motivische Keimzelle taucht hier zum ersten Mal jener punktierte Rhythmus auf, der nicht nur das folgende Sonatensatz-Allegro mit seinen Themen prägt, sondern auch in vielen weiteren Passagen des ganzen Werkes mehr oder weniger wirksam wird und für übergeordnete motivische Einheitlichkeit und kompositorische Dichte sorgt. Er beherrscht die beiden aufeinanderfolgenden Einfälle des 1. Themenkomplexes:

aber auch wenig später das 2. Thema:

Im übrigen lebt der Satz vom Farbenspiel der alternierenden Instrumente und von harmonischen Einfällen, vor allem in der Durchführung, vor deren Ende die gewichtig-ernsthafte Einleitung zitiert wird. – Das stimmungsvolle *Adagio* (B-Dur, 6/8) prägt ganz der Liebreiz seiner Melodien, die meist von den Bläserfarben getragen werden. – Im *3. Satz*, einem (nicht so genannten) Scherzo, dominiert zunächst der leitmotivische punktierte Rhythmus, während das C-Dur-*Trio* hinter seiner charmanten Fassade recht kunstvoll angelegt ist: Seine ländlerisch-wiegende Melodie wird von einer pausenlos durchlaufenden Staccato-Kette in Viertelnoten kontrapunktiert. – Es folgen 7 abwechslungsreiche *Variationen* über ein freundlich-naives Thema, das Partien des Duetts »Gelagert unterm hellen Dach« aus Schuberts Singspiel »Die Freunde von Salamanka« gleicht. Var. 1: triolische Umspielung der 1. Violine, Var. 2: beherrscht von Tutti-Klängen und scharfen Punktierungen, Var. 3: Zweiunddreißigstel-Figurationen, Var. 4: spielerisch und voller Synkopen, Var. 5: pathetisch nach c-Moll ausweichend, Var. 6: in zart durchbrochenen As-Dur-Klängen, Var. 7: im fröhlichen C-Dur-Tutti, mit einer verlangsamten Coda voll motivischer Nachklänge an das Thema. – Vor das Finale schiebt sich ein ländlerisch-verträumtes *Menuett*, dessen Thema wieder die charakteristische Punktierung aufgreift:

Das *Trio* führt in die Subdominante B-Dur. – Eine überraschend düstere f-Moll-Einleitung versperrt mit ihrer scharfen Punktierung zunächst den Weg zum *Schluß-Allegro* (¢), das danach mit seinem spielerischen Hauptthema um so unbekümmerter wirken kann. Auch das konzertant-virtuose Element kommt nicht zu kurz; und von der temperamentvollen Schluß-Stretta werden wir noch einmal an die Verhangenheit der Einleitung erinnert.

Menuett und Finale eines Oktetts für 8 Bläser F-Dur (D 72)

Komponiert August 1813.

In diesem frühen Bläserwerk treten Oboen, Klarinetten, Hörner und Fagotte paarweise auf. Das *Menuett* verharrt mit seinen beiden Trios durchgehend in der Grundtonart; im 2. der Trios gibt es ein effektvolles Hornsolo. Das sich anschließende *Allegro* (2/4) ist schlicht in Form und Melodik gehalten, so daß man insgesamt von einem Gelegenheitswerk sprechen kann. Vom 1. Satz verblieb lediglich ein kurzes Fragment.

Auch die kleine **Trauermusik für 9 Bläser es-Moll** (D 79) – »Franz Schuberts Begräbniß Feyer« – ist ein solches Gelegenheitswerk, ebenfalls bereits 1813 komponiert, möglicherweise zum Tod der Mutter. Hier treten statt der Oboen noch Kontrafagott und 2 Posaunen hinzu; eindrucksvoll ist der ausgedehnte solistische Beginn des Hörnerpaares (*Grave con espressione*).

AWJ

Felix Mendelssohn Bartholdy

* 3. Februar 1809 in Hamburg, † 4. November 1847 in Leipzig

Der Sohn eines wohlhabenden, später von Hamburg nach Berlin übergesiedelten Bankiers erhielt eine umfassende Erziehung: im Klavierspiel zunächst von seiner Mutter, später von Ludwig Berger, in der Komposition von Carl Friedrich Zelter und im Violinspiel von Eduard Rietz. Schon als Neunjähriger erregte er durch sein Klavierspiel Aufsehen; als Komponist trat er mit 11 Jahren hervor. Studienreisen führten ihn durch ganz Europa. Die angestrebte Nachfolge seines Lehrers Zelter als Leiter der Berliner Singakademie erreichte er nicht. Statt dessen folgte er 1833 einem Ruf als Dirigent von Konzerten, Kirchenmusik und Opern nach Düsseldorf. 2 Jahre später wurde ihm die Leitung der Gewandhauskonzerte in Leipzig übertragen. Nach endgültigem Verzicht auf ein Wirken in Berlin starb er früh, auf der Höhe seines Erfolges.

Kammermusik: 7 Streichquartette; 2 Streichquintette; Streichoktett; 2 Klaviertrios; 4 Klavierquartette; Klaviersextett; Violin- und Cellosonaten sowie einige Einzelstücke.

Gegen die Person und das Werk des Komponisten haben lange Zeit Vorbehalte bestanden. Bereits zu Lebzeiten war Mendelssohn antisemitischer Diffamierung ausgesetzt, was durch seine bedeutsame musikgeschichtliche Tat der Wiedererweckung von Bachs »Matthäus-Passion« einhundert Jahre nach der Leipziger Uraufführung keineswegs außer Kraft gesetzt wurde. Der Einfluß der Wagnerschen Schriften und das totale Aufführungsverdikt während der Zeit der braunen Machthaber in Deutschland haben seiner gerechten Einschätzung nachhaltig geschadet. Weltanschauliche Vorbehalte gegen ihn wurden in die Diskussion um die Qualität seiner Musik ausgedehnt, der man »klassizistisch« konventionelle Glätte ohne Tiefgang zuschrieb. Andererseits wurde mit dem Schlagwort »romantisch« nur die Skepsis gegenüber einer stilistischen Zeitströmung genährt, die man freilich auch bei anderen Komponisten des 19. Jh. als suspekt anprangerte. Inzwischen hat der Wandel der Geschichte das meiste korrigiert.

Mendelssohn hinterließ ein für sein kurzes Leben ebenso umfangreiches wie vielseitiges kompositorisches Schaffen. Einen breiten Raum nehmen – gemeinsam mit seinen Liedern und der Klaviermusik – seine Kammermusikwerke ein. In der Besetzung bevorzugt er hier Saiteninstrumente: Streicher allein oder in Verbindung mit dem Klavier. 2 frühe 3teilige **Konzertstücke für Klarinette, Bassetthorn und Klavier** aus dem Nachlaß bilden die Ausnahmen im Werkkatalog; beide haben einen ähnlichen formalen Grundriß: lebhafte Einleitung – Andante – Rondo; beide tragen die Opuszahl 113. Hierher gehören auch eine **Sonate für Klarinette und Klavier Es-Dur** und schließlich ein **Notturno für 11 Bläser C-Dur** (Undezett).
Mendelssohns frühe kompositorische Versuche tragen verständlicherweise nur wenige Merkmale einer individuellen musikalischen Handschrift. Die Macht der Vorbilder, insbesondere Mozart und Beethoven, steht dem eigenen Bemühen noch im Wege. Das erklärt auch den Verzicht auf Opusnummern bei seinen frühen Kompositionen. Nach 2 Stücken des Elfjährigen (**Rezitativ** und **Largo**, zunächst für Klavier geschrieben, sodann für Streicher eingerichtet) ist jedoch die Entstehungszeit eines ersten **Klaviertrios c-Moll** exakt überliefert: zwischen 5. April und 9. Mai des Jahres 1820. Dieses erste zyklische Werk weicht von der üblichen Besetzung ab: Statt des gewohnten Violoncellos verwendete Mendelssohn hier eine

Bratsche. Auch die 3sätzige **Sonate für Violine und Klavier F-Dur** (nicht zu verwechseln mit dem gleich besetzten F-Dur-Werk von 1838, das Yehudi Menuhin 1953 aus dem Nachlaß herausgegeben hat) ist noch nicht »aus einem Guß«; die Tonartenfolge F-Dur – f-Moll – F-Dur spricht durchaus für die zyklische Anlage. In die Frühzeit fallen sodann 15 **Fugen**, die – außer der 3stimmigen ersten – 4stimmig angelegt sind (teils Fragmente) und wohl der Übung im Fugenschreiben, aber zugleich auch der Erprobung von Choralbearbeitungen dienten, da Mendelssohn zeitweise Choralmelodien cantus-firmus-artig eingeflochten hat. Nicht ganz klar ist, ob diese Fugen dem Streichquartett oder der Orgel zuzuordnen sind. Wahrscheinlich handelt es sich um praktische Übungsstücke, die nicht unbedingt für Aufführungen gedacht waren.

Wir waren bisher gewohnt, die Klavierquartette der Jahre 1822, 1823 und 1825 – als **op. 1**, **2** und **3** – als Ausgangspunkt von Mendelssohns Schaffenschronologie anzusehen. Zu ihnen gesellt sich nun das (noch unpublizierte) Klavierquartett d-Moll, das vermutlich 1821 entstanden ist. Mit diesen Kompositionen war sicherlich noch nicht das Stadium vollgültiger Meisterschaft erreicht; immerhin hielten der Komponist und sein Verleger Schlesinger die zunächst bekannten 3 Werke der Veröffentlichung für würdig. Es handelt sich um 4sätzige Werke, die mehr oder weniger dem schulmäßigen Typus der Sonatenform verpflichtet sind, die ersten beiden Quartette mehr, das 3. Quartett weniger. Jeweils Allegro-Sätze rahmen die Werke ein; an zweiter Stelle steht konsequent ein langsamer Satz in Kontrasttonarten, in den beiden ersten Quartetten im Dreiertakt, im 3. Quartett im Vierertakt. Die langsamen Sätze sind thematisch periodisiert und zeichnen sich mehr durch einfache Harmonik als durch eigenständige (eher ein wenig an Mozart erinnernde) Melodik aus. Hier dominiert nicht die dichte motivische Verarbeitung, vielmehr eine elegante Ausspinnung des thematischen Materials, besonders im virtuos-figurativ gestalteten Klavierpart. Wohl am stärksten unterscheiden sich die 3 Werke im 3. Satz, der sich am Beethovenschen Scherzo-Typus allerdings nicht messen kann. Spielfreudige Auflockerung zeichnet das Scherzo des **Quartetts c-Moll** im Alla-breve-Takt aus. Der 3. Satz im **f-Moll-Quartett** ist als »Intermezzo« überschrieben, es entpuppt sich als durchgehende Gigue im 6/8-Takt. Und auch der 3. Satz des **Quartetts h-Moll** sprengt das Schema. Wie ein Perpetuum mobile bestimmt der Klavierpart, der ohne-

hin in allen Sätzen der 3 Werke dominiert, das Klanggeschehen.
Das bislang noch unveröffentlichte **Quartett d-Moll**, das als frühestes der Klavierquartette die Nummer 0 erhielt, läßt in seinen 3 Sätzen zwar Mendelssohns intensive Beschäftigung mit der Klangsprache Mozarts erkennen, zeigt aber doch schon individuelle Züge. Im 1. Satz (*Allegro molto*) exponiert das Klavier ein zunächst figurativ angelegtes, sodann marcatohaft weitergeführtes Motiv:

dem eine ebenso figurenreiche Passage der Streicher angeschlossen wird. Eine kurze konzertante Verdichtung und Entfaltung führt zum Ende der kurzen Exposition. In der Durchführung durchmessen die Streicher über einer breit angelegten Klavierfiguration mehrere Tonartenbereiche. In der den Regeln entsprechenden Reprise führt schließlich ein chromatisch wirkungsvoller Überleitungsteil zur aufgelichteten Coda. Kantabilität zeichnet den Mittelsatz (*Andante*) aus:

Gleichwohl umschließen die beiden Eckteile einen auf scharfen Kontrast angelegten Mittelteil, der seine Wirkung aus dem Wechsel von Streicher-Tremoli und herabstürzenden Klavierpassagen bezieht. Fast erwartungsgemäß beschließt Mendelssohn dieses Frühwerk mit einem *Rondo*, dessen Thematik in seiner Prägnanz und im Kolorit an Haydns Rondo all'Ongarese im Klaviertrio G-Dur (Hob. XV:25) erinnert.
Wie im 3. der Klavierquartette bestimmt im **Sextett für Violine, 2 Violen, Violoncello, Kontrabaß und Klavier D-Dur** der Klavierpart das Klanggeschehen. Das Werk entstand 1824; dennoch wurde es unter der (weil noch freien) hohen Opuszahl 110 aus dem Nachlaß herausgegeben. Es ist jedoch zum Jugendschaffen zu zählen, das fremden Vorbildern, vor allem Haydn und Mozart, verpflichtet ist. Der Konvention entsprechend hat es 4 Sätze und zeichnet sich durch Lebhaftigkeit und Frische aus. Der Klavierpart entfaltet sich effektvoll, namentlich im

Polonaisen-Finale, im brillanten Stil eines Johann Nepomuk Hummel oder Carl Maria von Weber.
Abgesehen von seinem frühen Streichquartett Es-Dur ohne Opuszahl sind in der Chronologie 2 Duo-Werke zu nennen, denen man im Konzertsaal kaum begegnet: die schon erwähnte frühe **Sonate für Klarinette und Klavier Es-Dur** (1824) und die **Sonate für Violine und Klavier f-Moll op. 4** (1825). Während Mendelssohn in der 3sätzigen Klarinettensonate die Kantabilität des Blasinstruments herausstellt und dem Klavier eher eine Begleitfunktion zuweist, erhält der Klaviersatz in der Violinsonate stärkeres Profil. Beiden Werken ist eine langsame Einleitung vorangestellt, die in der Violinsonate den Charakter einer improvisatorischen Kadenz annimmt. Das Gleichgewicht beider Instrumente führt hier zu häufiger motivischer Entsprechung; andererseits versucht Mendelssohn der Gefahr der Monotonie durch Abwandlung der jeweils nachfolgenden Passage zu entgehen. Spürbar ist der Verzicht auf allzu konventionelle Begleitfloskeln im Klavierpart. Dem Gedanken der Klangdifferenzierung steht vereinheitlichend die Tendenz einer thematischen Verknüpfung der aufeinanderfolgenden Sätze gegenüber. Dies sind Experimente, die nicht ahnen lassen, daß Mendelssohn noch im Jahr der Violinsonate op. 4 der Wurf seines Streichoktetts op. 20 gelang:

Oktett für 4 Violinen, 2 Violen und 2 Violoncelli Es-Dur op. 20

Komponiert 1825; seinem Freund Eduard Rietz gewidmet.
Allegro moderato ma con fuoco – Andante – Scherzo: Allegro leggierissimo – Presto.

Hier ist eine schaffenstypologische Wegmarke gesetzt, die sich aus der experimentellen Phase der frühen Werke nicht ableiten läßt; dennoch sollte man sich vergegenwärtigen, daß Mendelssohn, als er das Oktett am 15. Oktober 1825 abschloß, noch keine 17 Jahre alt war. – Das Oktett verlangt 2 Streichquartett-Ensembles, die sich allerdings gegenüber den Doppelquartetten von Spohr nicht durch die Variatio per choros, d. h. durch Wechsel und Kombination zweier Quartettformationen, sondern durch eine kompaktere Achtstimmigkeit auszeichnen, die sogar sinfonisches Gewicht erhält. Auch wenn Mendelssohn im Manuskript der Partitur vermerkte: »Dies Oktett muß von allen Instrumenten im Style eines symphonischen Orchesterwerks gespielt werden«, ist das Werk durch seine überquellende melodische Gestik, vor allem im Kopfsatz, und auch durch seine farbliche Transparenz dem Bereich der Kammermusik zuzurechnen. In der Abfolge konträrer Themen und in ihrer al-fresco-artigen Behandlung anstelle strenger motivischer Verarbeitung orientierte sich Mendelssohn eher am Vorbild Mozarts als an der Praxis der Themenverarbeitung von Beethoven. Dies trifft insbesondere auf die beiden Ecksätze zu. Das Hauptthema des *Kopfsatzes* wird in gebrochenen Dreiklängen von der 1. Violine exponiert:

Diesem schließt sich in den beiden 1. Violinen ein 2taktiges Signalmotiv an:

Nach Beendigung des Hauptsatzes vermitteln kontrastierende Passagen zum Beginn des lyrischen, in weichen Sekundengängen wiegenden Seitensatzes. Nach der Präsentation des vielfältigen thematischen Materials erscheint die Durchführung als ein großformatiges Diminuendo, aus dem sich sodann umgekehrt in instrumentaler Verdichtung und Bewegungssteigerung die Überleitung zur Reprise ergibt. Im folgenden *Andante* (c-Moll, 6/8) unternahm Mendelssohn erstmals den Versuch, das Sonatensatzmodell auf einen langsamen Satz anzuwenden, der allerdings durch Raffung des Durchführungsteils und durch Verzicht auf das Hauptthema in der Reprise verkürzt wird. Im *Scherzo* scheinen die Elfenklänge aus der Musik zum »Sommernachtstraum« vorweggenommen zu werden. Mendelssohn soll hier von Goethes »Walpurgisnacht« (»Faust I«) inspiriert worden sein. Diesen Visionen hat er formal ein Gerüst gegeben, das an der Sonatensatzform orientiert ist. Analog zum Kopfsatz ist auch in den *Finalsatz* eine Fülle von Themen eingeflossen. Doch anstelle eines Rondos komponierte Mendelssohn ein Fugato, aus dem sich mehr und mehr ein Perpetuum mobile entwickelt. Darin taucht noch einmal das Scherzo-Thema auf, bevor ein neuer Einfall der Violinen zu einer profilierten Coda führt.

Die beiden Streichquintette erscheinen gegenüber dem Oktett in den Klangmitteln reduziert. Das erste (A-Dur) erfuhr 6 Jahre nach seiner Entstehung eine Revision. Beim zweiten handelt es sich um einen Spätling, der 2 Jahre vor Mendelssohns frühem Tod entstand.

Quintett für 2 Violinen, 2 Bratschen und Violoncello A-Dur op. 18

Komponiert 1826 (das Intermezzo 1832); Eduard Rietz gewidmet.
Allegro con moto – Intermezzo: Andante sostenuto – Scherzo: Allegro di molto – Allegro vivace.

Im 1. Streichquintett scheinen Kompositionsprinzipien des Barock und der Klassik zusammenzutreffen: Durch seine Orientierung am Modell der 4sätzigen Sonate ist das Werk der Klassik verwandt; die fugenartige Durchformung hingegen zeigt einerseits Mendelssohns Verwurzelung im alten Stil, andererseits generell ein Anwachsen des Historismus, für den Mendelssohn besonders empfänglich war. Der *1. Satz* stellt eine eindeutige Zuordnung zum einen oder anderen Stilbereich besonders deutlich in Frage; das beherrschende Thema könnte man der Erfindungswelt der »Lieder ohne Worte« zurechnen:

Die Allgegenwart dieser 8taktigen Melodie kommt durch fugierte Satzweise verstärkt zum Ausdruck. Sie erfährt Abwandlungen, Verlagerungen und Verdichtungen, die sich auch aus der satten Klangstruktur ergeben: Mendelssohn fügt dem traditionellen Quartettsatz eine 2. Bratsche hinzu; mit dem

Vorrang der Melodie ist das Prinzip der thematischen Organisation des Sonatensatzes jedoch noch nicht erfüllt. Durch Verbindung verschiedenartiger Formprinzipien kommt der Satz einem Vexierbild gleich, in dem das Thema fast zu Tode geritten wird. Gegenüber diesem lichten, durchsichtigen Satz drückt das folgende, später entstandene *Intermezzo* (F-Dur, ¾) Schwermütigkeit aus; Anlaß dazu war wohl Mendelssohns Trauer über den Tod des befreundeten Geigers Eduard Rietz. Danach erfolgt wieder ein Rückgriff auf eine alte Form: Im *Scherzo* orientiert sich Mendelssohn am Modell der Fuge, führt es jedoch nicht schulmäßig durch, sondern färbt es capriccioartig, nicht weit entfernt vom Duktus der »Sommernachtstraum«-Ouvertüre. Auch das abschließende *Allegro vivace* hat imitatorische Merkmale. Durch die Exposition eines scharf profilierten Hauptthemas, dem ein schlichteres Seitenthema gegenübersteht, findet hier eine klare Auseinandersetzung im Sinne der Sonatensatzform statt. Die Besonderheiten dieses selten gespielten Werkes liegen ohne Zweifel in seinen beiden Mittelsätzen.

Quintett für 2 Violinen, 2 Bratschen und Violoncello B-Dur op. 87

Komponiert 1845.
Allegro vivace – Andante scherzando – Adagio e lento – Allegro molto vivace.

Auch das 2. Streichquintett zählt nicht gerade zu den bevorzugten Werken von Streicherensembles. Gegenüber dem 1. Quintett sind hier Lyrismen nach Art der »Lieder ohne Worte« nicht mehr zu finden, gleichwohl trägt das Werk durchweg lyrische Züge. Es spiegelt Lebhaftigkeit und Frische, die allerdings formal stets gezügelt bleiben. Der gleichsam unbeschwerte Aufschwung wird zu Beginn des *1. Satzes* allein der 1. Violine übertragen:

Die Einführung des Seitenthemas dämpft zunächst die Spielfreude, die sich danach um so stärker wieder Bahn bricht. Von dualistischem Prinzip nach dem Vorbild Beethovens kann hier jedoch keine Rede sein. Zur beherrschenden Kraft wird eine Triolenbewegung, die auch der Durchführung das Gepräge gibt. Der geradezu stürmische Satz findet einen wohlgeordneten Schluß durch seine kontrapunktisch orientierte Coda, in der nochmals das 2. Thema erscheint. Im *2. Satz* (g-Moll, 6/8) wetteifern 2 Themen miteinander. Das 2teilige 1. Thema

könnte in seiner Figuration und Periodizität an Bruckner gemahnen. Das Klanggeschehen wechselt zwischen Pizzicato und Bogenpassagen, die dem eleganten Satz Würze und Esprit verleihen. In starkem Kontrast hebt sich hiervon die klangsatte *Adagio*-Elegie ab, in der Mendelssohn über die eigentliche Quintettstruktur hinauszugehen scheint, weil die 2. Bratsche in längeren Passagen Doppelgriffe zu spielen hat. Die Durchführung des hochpathetischen Hauptthemas schwankt dabei ständig zwischen Dur und Moll – ein Satz von ungewöhnlicher Ausdruckskraft! Ein rhythmisch prägnantes *Finale*, das wohl weniger durch seine Thematik als vielmehr durch die Verbindung von konzertanten und kontrapunktischen Elementen besticht, zeigt Mendelssohn auf der Höhe seiner Meisterschaft.

S t r e i c h q u a r t e t t e. Rechnet man die 4 einzelnen Sätze Andante, Scherzo (1847), Capriccio (1843) und Fuge (1827), die immerhin mit einer vereinheitlichenden Opuszahl (81) zusammengefaßt sind, als ein Ganzes, so hat Mendelssohn insgesamt 8 Werke dieser Gattung geschrieben. Sein erstes Streichquartett komponierte er mit 14 Jahren, das letzte im Jahr seines Todes. Die schon erwähnten 15 Fugen aus dem Jahre 1821 mögen, da es sich hierbei um frühe Studienkompositionen handelt, außerhalb der Betrachtung bleiben. Mit dieser relativ großen Zahl von Werken, durch die er die Tradition des Quartettschaffens von Haydn und Beethoven fortsetzte, steht Mendelssohn unter seinen Zeitgenossen – von Spohr abgesehen – einzig da.

Streichquartett Es-Dur

Komponiert 1823.
Allegro moderato – Adagio non troppo – Menuetto – Fuga.

Das erste Quartett trägt noch keine Opuszahl. Als Studienobjekt hält es dem Vergleich mit Mendelssohns späteren Quartetten noch nicht stand. Es ist ein Werk, das sich noch allzu eng an große Vorbilder anlehnt, ohne zu auffallenden individuellen Merkmalen zu kommen. Die 4 Sätze zeigen die frühe, erstaunliche Bewältigung kompositorischer Probleme. Auch die formale Anlage entspricht zumindest in den ersten 3 Sätzen der Konvention. Als Schlußsatz wählte Mendelssohn indes die Fuge, womit er ein frühes Beispiel seiner historistischen Neigungen gab.

Die weitere Chronologie stimmt mit den Nummern des Werkverzeichnisses nicht überein. Das erste vollgültige Streichquartett in a-Moll erhielt die Opuszahl 13 und entstand bereits 2 Jahre vor dem Quartett Es-Dur op. 12. Durch die Nähe ihrer Opuszahlen werden beide Werke vielfach in einem Zusammenhang genannt, obwohl dieser nicht besteht. In beiden können Anlehnungen an Beethovens späte Quartette (B-Dur op. 130 und a-Moll op. 132) nachgewiesen werden, doch sind sie deshalb nicht als epigonal zu bezeichnen. Allerdings stehen beide Werke in der Tradition der von den Wiener Klassikern geprägten Gattung. Das bezieht sich auf die zyklische Anlage wie auch auf die Satzstruktur. Die Verwendung von liedhafter Thematik und der zyklische Bezug zwischen Kopfsatz und Finale wie überhaupt der Rückgriff auf früher exponiertes thematisches Material sind Merkmale der Schreibweise Mendelssohns.

Streichquartett a-Moll op. 13

Komponiert 1827.
Adagio / Allegro vivace – Adagio non lento – Intermezzo: Allegretto con moto / Allegro di molto – Presto.

Das Quartett beginnt und endet mit einem fast identischen Adagio-Teil, möglicherweise in Anlehnung an die langsame Einleitung von Beethovens Harfenquartett op. 74; Mendelssohn griff hier auf Fragmente eines Liedes für Singstimme und Klavier »Ist es wahr?« zurück, das er Pfingsten 1827 komponiert hatte. Ein solches »Motto« findet sich auch in Beethovens Klaviersonate »Les Adieux«. Scheinen in dieser Hinsicht Vorbilder durch, so zeigen letztlich die kraftvollen Themen des 1., 2. und letzten Satzes und nicht zuletzt der Hang zur Polyphonie eigenes kompositorisches Profil. Auf die langsame *Einleitung* (A-Dur) folgt ein ausladender *Allegro-vivace*-Teil in der Haupttonart a-Moll. Nach figurenreichem Hinhuschen wird das Hauptthema, das in diesem teils imitatorisch, teils homophon, teils rezitativisch (1. Violine!) angelegten Satz dominiert, in scharfer Punktierung von der 1. Violine exponiert:

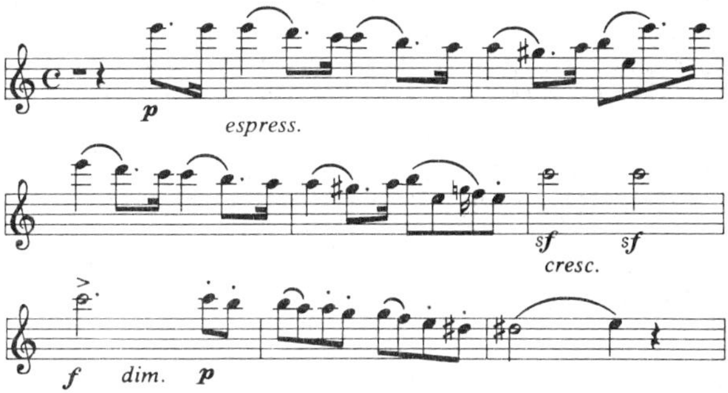

Unauffälliger bleibt das Seitenthema. Das Material zur Durchführung liefern die Sechzehntel-Figuren vor der Exposition sowie das Hauptthema selbst. Die lebhaften Motive beherrschen das Klanggeschehen, bis der Kreis sich durch Rückgriff auf das »Motto« schließt. Das folgende *Adagio non lento* in formal strenger Anlage (nach dem Schema A B A) wird von Kantabilität bestimmt. Prägnant in der Motivik ist dann das *Intermezzo*, dessen Kern in den ersten beiden Takten des periodisch empfundenen 8taktigen Themas liegt:

Von der Bratsche intoniert, bildet ein Fugato den Mittelteil des Satzes, an den sich nochmals der veränderte Hauptteil anschließt, dessen motivische Grundsubstanz sich allmählich auflöst. Das abschließende *Presto* wird dann von einer rezitativischen Melodie der 1. Violine über einer Tremolo-Begleitung eingeleitet. In freier Abfolge von rezitativisch freizügigen Passagen und strengeren Fugati, in denen Tempoänderungen vollzogen und einzelne Stimmen herausgestellt werden, mündet der Satz in die rezitativische Überleitung zum »Motto« des 1. Satzes, mit dem das Werk abgeschlossen wird.

Streichquartett Es-Dur op. 12

Komponiert 1829.
Adagio non troppo / Allegro non tardante – Canzonetta: Allegretto – Andante espressivo – Molto allegro e vivace.

Auch dieses Streichquartett beginnt mit einer langsamen Einleitung. Daran schließt sich der Hauptteil mit Exposition eines liedhaften 8taktigen Themas an:

Die Vorherrschaft dieses lyrischen Themas und seiner motivischen Verarbeitung definiert nicht eindeutig, ob es sich hierbei um eine Sonatensatzform oder gar ein Rondo handelt, denn sowohl das Seitenthema als auch ein weiteres Motiv im Durchführungsteil sind vom Hauptthema abgeleitet. – Als »Lied ohne Worte« läßt sich das Hauptthema der *Canzonetta* beschreiben, das mit seinem Thema die gewohnte 8taktige Periodik sprengt. Es wird 2stimmig von beiden Violinen vorgetragen, während die Bratsche und das Violoncello die harmonische Grundierung durch Pizzicato-Partien liefern. Der kantable Satz erscheint in klarer formaler Gliederung: A B A (variiert). An der paarweisen Zuordnung der oberen und unteren Stimmen wird auch im figurenreichen Mittelteil festgehalten. Im Nachsatz dieses Teils werden den beiden Violinen orgelpunktartige Haltepassagen zugewiesen, nachdem zuvor der Orgelpunkt in tiefer Lage erschien. – Nur 65 Takte lang ist das anschließende *Andante espressivo* (B-Dur, ¾). In diesem 2teiligen Satz kommt der 1. Violine eine exponierte Rolle zu, während ihr die übrigen Stimmen blockartig gegenüberstehen. Mendelssohn ließ sich hier ebenfalls vom Gedanken eines freizügigen Melos, wieder nach

Art eines »Liedes ohne Worte«, leiten. Der Satz endet mit einem B-Dur-Akkord, der die Funktion der Dominante erhält. Eine Fermate markiert den Schluß: Der Hinweis »attacca« läßt keinen Zweifel daran, daß der langsame Satz als Kontrasteinleitung zum *Finale* zu werten ist. Nicht aber die erwartete Haupttonart Es-Dur, sondern paralleles c-Moll herrscht in diesem Satz vor, der in weiterer Abwandlung der Sonatensatzform aus 4 Teilen besteht. Dies erklärt sich aus der Fülle der Eingebungen und der wechselhaften Empfindungen, aber auch aus der Tatsache, daß Mendelssohn hier durch Rückgriffe auf Motive namentlich des 1. Satzes wiederum ein zyklischer Abschluß vorschwebte.

Wie bei den beiden Quartetten op. 12 und 13 stimmen bei den 3 Quartetten op. 44 (die allerdings nicht so populär wurden wie die jugendlich »frischen« Opera 12 und 13), Schaffenschronologie und Numerierung im Werkverzeichnis nicht überein; das zweite entstand vor dem ersten. Wie schon in den vorangegangenen Werken findet hier wiederum eine Auseinandersetzung sowohl mit dem Prinzip »Lied ohne Worte« als auch mit Modellen motivischer Verarbeitungstechnik der Klassiker statt.

Streichquartett e-Moll op. 44 Nr. 2

Komponiert 1827; dem Kronprinzen von Schweden gewidmet.
Allegro assai appassionato – Scherzo: Allegro di molto – Andante – Presto agitato.

Der Beginn des Themas im *1. Satz* stimmt – transponiert – wörtlich mit dem Beginn des Finales von Mozarts später Sinfonie g-Moll (KV 550) überein:

Dann aber macht sich weniger der Einfluß Mozarts als vielmehr der Beethovens geltend, allein schon in der Art der Durchführung, in der ein zweiter thematischer Gedanke die Dimension des Hauptthemas vergrößert. Kunstgriffe wie Pointierung der Rhythmik, Sforzati, Pizzicati und Crescendi beweisen die Beherrschung klangsprachlicher Effekte. Im anschließenden *Scherzo* (E-Dur) dominiert das »elegante« 8taktige Thema so stark, daß andere Gedanken sich nicht durchsetzen können:

Das folgende *Andante* »darf durchaus nicht schleppend gespielt werden«. Eine ruhige Kantilene der 1. Violine (mit dem Grundmaß der Viertel-Noten) entfaltet sich über den metrisch verschiedenartig konzipierten übrigen Stimmen (Sechzehntel-Figuren der 2. Violine, gebrochene Akkorde der Bratsche in Achtel-Bewegung und orgelpunktartige Grundierung des Violoncellos in ganzen Noten). Immer wieder sind es Details, die in das formale Gerüst einfließen, damit aber jeden Formalismus überwinden. Detailkontur zeichnet auch das *Finale* aus. Diesmal schließt sich der Bogen nicht durch Rückgriff auf die Substanz des Kopfsatzes, vielmehr erscheint das Scherzo noch einmal in einer Metamorphose. Artifiziell ist die Motivtechnik: Die Instrumente führen einzeln das Anfangsthema durch. Obwohl mehrmals Dur-Wendungen auftauchen, schließt das Werk mit einer spannungsvollen Coda in der Haupttonart e-Moll. – Möglicherweise von noch größerer Wirkung bei seinen Zeitgenossen war Mendelssohns

Streichquartett D-Dur op. 44 Nr. 1

Komponiert 1838 (?); dem Kronprinzen von Schweden gewidmet.
Molto allegro vivace – Menuetto: Un poco allegretto – Andante espressivo ma con moto – Presto con brio.

Wieder konzentriert sich der erste Elan auf die Partie der 1. Violine:

Wenn auch später ein volksliedartiges 2. Thema exponiert wird, verläuft die Durchführung doch weniger nach dem dualistischen Prinzip. Die 1. Violine dominiert auch weiterhin in raschem Figurenwerk oder kontrapunktierend in großbogigen Kantilenen; die übrigen Instrumente konzentrieren sich stärker auf Wiederholen oder Begleiten. Wiederholte Scheinreprisen deuten darauf hin, daß Wiederholungen an die Stelle von motivischen Veränderungen getreten sind. Wie auch Spohr, leistete Mendelssohn hier einen Beitrag zur Gattung des »Quatuor brillant«, des verkappten Violinkonzerts, wobei an die Stelle des Orchesters das begleitende Streichtrio tritt. Es liegt nahe, daß Mendelssohn dieses Werk dem Geiger Ferdinand David zugedacht hat, obwohl er es – wie auch die beiden anderen Quartette der Werkgruppe 44 – dem Kronprinzen von Schweden zueignete. Das folgende *Menuett* mit seinem pastoralen Thema, das in Terzen und Sexten begleitet wird, fand sicherlich spontan Anklang. Wieder dominiert, allerdings im *Trio*-Teil, die 1. Violine, während im folgenden *Andante espressivo* die 2. Violine stärker an der Ausgestaltung des Melos teilhat. Virtuos und kraftvoll schließt das Werk mit einem spielfreudigen Satz.

Streichquartett Es-Dur op. 44 Nr. 3

Komponiert 1838; dem Kronprinzen von Schweden gewidmet.
Allegro vivace – Scherzo: Assai leggiero vivace – Adagio non troppo – Molto allegro con fuoco.

Nicht immer sind die später entstandenen Werke eines Komponisten unbedingt die besseren. Doch im Falle der Trias op. 44 schätzte Mendelssohn das dritte Werk dieser Reihe als »einige hundertmal besser« als die vorangegangenen ein. Man werde »einen rechten Fortschritt darin bemerken«, fügte er hinzu. Diese Selbsteinschätzung steht im Widerspruch zu den Urteilen der Zeitgenossen, wonach die Reihe op. 44 über die kompositorische Konvention nicht hinausreiche. Im Gegensatz zum D-Dur-Werk als Violinkonzert im Miniformat ist das Es-Dur-Werk das kunstvollste. Das zeigt sich vor allem am Thema des *1. Satzes* mit seinen 4 Motivgruppen, die in separater Bearbeitung das Klangmaterial liefern. Ein vom Thema abgeleitetes Motiv erinnert übrigens wiederum an Beethoven und zwar an das Hauptthema im 1. Satz des Tripelkonzerts op. 56; es erhält bei Mendelssohn als Seitenthema in der Durchführung besonderes Gewicht:

Nach kunstvoller Verdichtung erscheint fast unauffällig die Reprise. Auch in der Coda erfahren motivische Reminiszenzen – in der Wechselwirkung von Pizzicato und gestrichenen Partien – nochmalige Verdichtungen. – In das folgende *Scherzo* werden alle möglichen kontrapunktischen Kunstgriffe investiert: Wir finden hier Fugati, harmonische Verdichtungen, Gegenthemen, sogar einen strengen Kanon. Damit noch nicht genug: Durch die Kombination des Staccato-Motivs, das zunächst im Violoncello erscheint

und das dann von den übrigen Instrumenten in Gegenbewegung aufgegriffen wird, entsteht ein Doppelfugato, das als Gipfel der Kunstfertigkeit anzusehen ist. Dieser Satz stellt sich keineswegs nur als klingendes Lehrstück technischer Meisterschaft dar, sondern erinnert noch mehr an den Hexenzauber in der Walpurgisnacht; sein Impetus wird ausschließlich durch Trugschlüsse in der Coda gebremst. Nach nochmaligen heftigen Sforzati kommt die unaufhaltsame Triolenbewegung durch leise Unisono-Pizzicato-Klänge zum Stillstand. – Ganz auf Kantabilität zugeschnitten ist der *langsame Satz* (As-Dur, 3/4). Das anfängliche chromatische Thema, das bald eine Steigerung erfährt, scheint den Satz zunächst zu bestimmen, doch die Einführung eines 2. Themas in der 2. Violine:

läßt einen echten Dualismus nach den Regeln der Sonatensatzform noch zwingender zur Entfaltung kommen als etwa im Kopfsatz. Diesem Satz entnahm Mendelssohn ein Motiv, um es im *Finale* kontrastierend gegen das figurenreiche Hauptthema zu setzen. Aus dieser Spannung entwickelt sich ein virtuoses Spiel, das zwischen Klangkaskaden, Unisono-Passagen und strengem Satz pendelt und dem spielfreudigen Satz das Gepräge gibt.

Streichquartett f-Moll op. 80

Komponiert 1847.
Allegro vivace assai – Allegro assai – Adagio – Finale: Allegro molto.

Im eigenen Todesjahr sublimierte Mendelssohn seine Empfindungen nach dem Tod seiner Schwester Fanny, indem er mit diesem Streichquartett ein Requiem zu ihrem Gedenken schuf: Aber auch die in Musik gesetzte Klage hatte sich den kompositorischen Regeln unterzuordnen. Aus dem furiosen 1. Thema in Tremolo-Bewegung aller 4 Stimmen entsteht erst eine melodische Kontur, nachdem die 1. Violine ein Klagelied exponiert hat:

Autobiographische Bezüge voller Trauer und Düsternis werden hier auf das quasi programmatische Klanggeschehen projiziert. Dem unruhigen Hauptthema folgt ein Nachsatz, der an der Unabwendbarkeit des Geschehens keinen Zweifel läßt. – Auch im folgenden *Scherzo*, in dem ein synkopiertes Thema den Charakter bestimmt, wird an der Grundtonart f-Moll festgehalten. Der rhythmisch-sperrige Ostinato-Baß im Scherzo unterstreicht noch die Starre der Empfindung. – Im *Adagio* (Des-Dur, 2/4) beherrscht das Anfangsmotiv den Klangegesang, bis vom T. 27 an die 1. Violine eine neue Kantilene intoniert. Konzentrierte, aus den ersten beiden Takten abgeleitete Motivarbeit bestimmt die Ökonomie, aber auch die Grundstimmung des Satzes. – Mit dem *Finale* (wiederum in f-Moll) schließt sich der Kreis. Im Ausdrucksgehalt dem Kopfsatz ähnlich, vollzieht sich erneut ein Furioso, von dem ein vorsichtig intoniertes 2. Thema hinweggespült wird. Deutliche Zäsuren stauen den klanglichen Fluß, um schließlich der Klage freien Lauf zu lassen: ein Musterbeispiel formal gebändigter Emotionalität.

Andante, Scherzo, Capriccio und Fuge für 2 Violinen, Bratsche und Violoncello op. 81

Komponiert 1847, 1843 und 1827.

Als Appendix seines Streichquartettschaffens wurden postum 4 Sätze zusammengestellt und mit vereinheitlichender Opusnummer versehen. Es handelt sich dabei um ungleiche Ingredienzien: 2 Sätze aus dem Todesjahr des Komponisten wurden mit 2 früheren Kompositionen, einem Capriccio (1843) und einer Fuge (1827) kombiniert. Trotz der vereinheitlichenden Opuszahl bleibt der Eindruck der Heterogenität evident.

Von der größer besetzten Ensemblemusik abgesehen, hat Mendelssohn die Cellisten mit 4 Duo-Werken bedacht: Die brillanten **Variations concertantes op. 17** schrieb er im Alter von 20 Jahren, im Abstand von 9 bzw. 13 Jahren folgten die beiden Sonaten op. 45 und op. 58 (s. u.), und wohl 2 Jahre vor seinem Tod entstand noch ein **»Lied ohne Worte«**, das postum veröffentlicht wurde (op. 109).

Sonate für Violoncello und Klavier B-Dur op. 45

Komponiert 1838.
Allegro vivace – Andante – Allegro assai.

Stand in den Variationen klangliche Brillanz des Violoncellos im Vordergrund, so nutzte Mendelssohn in der früheren der beiden Sonaten das Streichinstrument zu ausdrucksstarken Kantilenen und setzte es schließlich in der späteren Sonate (op. 58) verstärkt dualistisch ein. Robert Schumann weist in seinen »Gesammelten Schriften über Musik und Musiker« auf die Vielfalt der früheren Sonate hin: »Es hätte sich [. . .] leicht eine Symphonie aus ihr bilden lassen können. Man findet in ihr Zartes und Kühnes, Einfaches und Kunstreiches, die Kontraste auch mit geübter Hand zu schöner Form verschmolzen.« Damit ist der Ausdrucksgehalt des Werkes angedeutet, in dem der Präsentation vielfältiger, bisweilen kontrastierender Themen der Vorrang gegeben wird vor strenger thematischer Durchbildung, aber auch vor dualistischer Durchdringung der beiden Instrumente. Die musikalische Ausdrucksgestik bleibt auf das Streichinstrument konzentriert. Damit birgt die ausdrucksgesättigte Kantilene des Violoncellos für den Interpreten die Gefahr überzogener Sentimentalität.

Sonate für Violoncello und Klavier D-Dur op. 58

Komponiert 1842/43.

Allegro assai vivace – Allegretto scherzando – Adagio – Molto allegro e vivace.

4 Jahre nach seiner ersten Cellosonate widmete sich Mendelssohn erneut diesem Werktypus mit einer 4sätzigen Komposition, in der zwar wiederum dem ausdrucksstarken Streichinstrument besondere Bedeutung zukommt, jedoch nicht auf Kosten des Klaviers. Die dualistische Wechselwirkung beider Instrumente ist stärker als in der früheren Arbeit. – Kraftvoll, wenn auch formal gebändigt, entfaltet sich das Klanggeschehen im *Kopfsatz*. Ihm folgt ein elegisch-kantables *Allegretto scherzando* in der Paralleltonart h-Moll, das nach Exposition eines trioartigen 2. Themas seine Grundstimmung nicht aufgibt. Als lyrischen Mittelteil fügte Mendelssohn ein choralartiges *Adagio* ein, dessen erhabenes Pathos schon durch die arpeggierte Klaviereinleitung und weitere Begleitung angedeutet ist. Trotz der Profilierung und Ausdehnung des Klavierparts ist dieser Satz letztlich auf die Kantilene des Violoncellos zugeschnitten. Spielfreude, allein schon durch die schlanke Sechzehntel-Bewegung im Klavier, wo Reminiszenzen an die »Sommernachtstraum«-Musik auftauchen, bestimmt den *Finalsatz*, der sich wiederum durch die Ausgewogenheit von Formerfüllung und melodischer Gestik auszeichnet.

Einen ersten Versuch, sich in der Klangform des Klaviertrios zu erproben, die im Schaffen Beethovens einen breiten Raum belegt, unternahm Mendelssohn bereits im Alter von 11 Jahren; das Frühwerk in **c-Moll** (mit Bratsche statt Violoncello) blieb unveröffentlicht und erhielt auch keine Opuszahl. Danach widmete er sich zunächst anderen Typen der Kammermusik – Klavierquartetten, Streichquartetten, Duosonaten und größer besetzten Werken für Streicher –, um schließlich erst 20 Jahre danach sein erstes gültiges Klaviertrio zu komponieren.

Trio für Klavier, Violine und Violoncello d-Moll op. 49

Komponiert 1839.
Molto allegro agitato – Andante con moto tranquillo – Scherzo: Leggiero e vivace – Finale: Allegro assai appassionato.

Allein das Hauptthema des *1. Satzes* umfaßt 39 Takte; es wird von einem lyrischen Thema des Violoncellos ergänzt. Trotz der weitgespannten Linie bleibt die Form klar und überschaubar. Das Violoncello intoniert auch das Seitenthema, das echten Dualismus der Sonatensatzform gewährleisten soll; indes tritt das mildere 2. Thema in der Durchführung hinter dem 1. zurück. In der Reprise wird von der Violine ein zusätzlicher Kontrapunkt zum Hauptthema eingeführt, das seine Vorherrschaft schließlich auch noch in der Coda behauptet. Wiederum als »Lied ohne Worte« erweist sich das folgende *Andante*, in dem das Klavier eine 8taktige Episode eröffnet, die von der Violine aufgegriffen und vom Violoncello kommentiert wird. Das Klavier unterstützt und umspielt den Gesang, der als Wechselspiel mit den anderen Instrumenten weitergeführt wird. Das *Scherzo* ist wieder am Prototyp Mendelssohnscher klanglicher Leichtigkeit und tänzerischen Spiels orientiert. Damit ist eine Brücke zum *Finale* gegeben, das im Pianissimo beginnt und sich rhythmisch steigert. Ein Seitenthema, von beiden Streichern vorgetragen, kann sich nicht recht behaupten: Die beherrschende Rhythmik trägt den Sieg davon.

Trio für Klavier, Violine und Violoncello c-Moll op. 66

Komponiert 1845; Louis Spohr gewidmet.
Allegro energico e fuoco – Andante espressivo – Scherzo: Molto allegro quasi presto – Finale: Allegro appassionato.

Das 2. Klaviertrio bringt gegenüber dem früheren Werk dieser Gattung eine Steigerung des Ausdrucksgehalts. Steigerung bedeutet hier keineswegs leichtere Eingängigkeit, sondern Verstärkung der dramatischen Kraft. Allerdings legte Mendelssohn das Hauptthema so an, daß es für kontrapunktische Behandlung besonders gut geeignet ist. Der spontanen Wirkung steht dieser Kunstgriff nicht im Wege. Das 2. Thema hebt sich deutlich ab, auch wenn das kraftvollere 1. sich letztlich behauptet. Als eine Art Befreiung von dieser Erregung ist das *Andante* zu werten, das vom Klavier intoniert und von den Streichern fortgeführt wird. Auch weiterhin wechseln die Instrumente im deklamatorischen Gesang einander ab. Als musikalisch profilierter erweist sich das *Scherzo*, in dem wiederum »Elfenspuk« klangliche Gestalt annimmt. Der bedeutendste Satz ist zweifellos das *Finale*, nicht weil sich hier Wechselbeziehungen zu verschiedenen Themen anderer Komponisten (nicht Übernahmen!) häufen (Bach: Gigue aus der Englischen Suite Nr. 3 g-Moll; Brahms: Scherzo der Klaviersonate f-Moll op. 5 sowie Klavierquartett c-Moll op. 60; Bruckner: Sinfonie Nr. 3, 1. Satz; sogar Mahler: Sinfonie Nr. 2, 2. Satz), sondern weil Mendelssohn das »in der Luft liegende« Thema in der Durchführung mit der (veränderten) Melodie des Chorals »Vor Deinen Thron tret ich hiermit« kombiniert und schließlich, in der Coda, klangprächtig steigert.

GW

Robert Schumann

* 8. Juni 1810 in Zwickau, † 29. Juli 1856 in Endenich (heute Bonn)

Dichterische und musikalische Feinfühligkeit gehen in den Grundzügen auf den hoch einzuschätzenden Einfluß des Vaters, eines Buchhändlers und Verlegers, zurück. 1828 Jurastudium in Leipzig; Bekanntschaft mit Friedrich Wieck und dessen 9jähriger, pianistisch hochbegabter Tochter Clara. Klavierunterricht bei Wieck. 1829 Wechsel an die Heidelberger Universität, wo ihm der berühmte Jurist und Musikliebhaber Thibaut riet, das Jurastudium aufzugeben und Musik zu studieren, was Schumann 1831 auch tat. Seinen Plan, Pianist zu werden, mußte er allerdings aufgeben, nachdem er den vierten Finger seiner rechten Hand durch eine unselige Übtechnik für immer verzerrt hatte. Seine schon früher ausgeübte dichterische und musikschriftstellerische Tätigkeit führte 1834 zur Gründung der »Neuen Zeitschrift für Musik«. Die lange angestrebte Heirat mit Clara Wieck konnte Schumann endlich 1840 gegen den Wunsch des Schwiegervaters mit einem Gerichtsbeschluß erwirken. 1844 erfolgte die Übersiedlung nach Dresden, 1850 die Berufung zum städtischen Musikdirektor in Düsseldorf. Schwere Gehörstäuschungen und -halluzinationen, schließlich ein Selbstmordversuch brachten ihn im März 1854 in die Irrenanstalt nach Endenich, wo er seine letzten beiden Lebensjahre verbringen mußte.

Kammermusik: 3 Streichquartette; 3 Violinsonaten; 4 Klaviertrios; 2 Klavierquartette; 1 Klavierquintett; Stücke für Klavier zusammen mit verschiedenen Instrumenten wie Horn, Oboe, Klarinette, Violine, Viola, Violoncello; Klavierbegleitungen zu Solostücken von Bach und Paganini.

Schumann hatte die ungewöhnliche Eigenart, zu bestimmten Zeiten fast ausschließlich bestimmte Gattungen zu komponieren. So schrieb er von 1828 bis 1839 fast nur Klaviermusik. Die Variation geriet ihm dabei zu einer kraftvoll verfeinerten Technik, die sich auch in seiner übrigen Kammermusik wiederfindet: Aus einem abstrakten Muster wird eine Reihe variierter melodischer Charaktere, eine schillernde Folge neuartiger Einfälle, entwickelt. Damit leistete er einen seiner wichtigsten Beiträge zur Musik des 19. Jh. Es folgte als zweite Periode die erste Reifephase der Liedkomposition. Bach, Beethoven und Schubert wurden seine musikalischen Vorbilder, Heine (er vor allem), Rückert, Goethe, Eichendorff, Kerner, Chamisso, Lenau und Burns seine Lieblingsdichter. 1841 konzentrierte sich Schumann auf Orchesterwerke. 1842 folgte die erste Periode der Kammermusik mit 3 Streichquartetten, dem Klavierquintett und dem Klavierquartett op. 47. Die stärkste geschichtliche Wirkung geht von den für Schumann neuartig polyphonen, höchst individuell geformten beiden Klaviertrios von 1847 aus, in denen Bachs Einfluß deutlich spürbar ist. Ihnen gegenüber stehen weniger bedeutsame Gelegenheitsarbeiten, z. B. aus dem Jahr 1849; auch die Klavierbegleitungen zu den 6 Violinsolosonaten und den 6 Violoncellosolosonaten von Bach (1853) und zu den Violin-Capricci von Paganini (1853–56) gehören hierher. – Die Höhepunkte seiner musikschriftstellerischen Tätigkeit finden sich über 22 Jahre hinweg in der »Neuen Zeitschrift für Musik« – der Kritiker Schumann war zeitweilig berühmter als der Komponist.

Streichquartette

Schon Anfang 1838 trug sich Schumann mit dem Gedanken, Streichquartette zu komponieren. So schrieb er am 11. Februar 1838 an Clara: »Auf die Quartette freue ich mich selbst, das Klavier wird mir zu enge, ich höre bei meinen jetzigen Kompositionen oft noch eine Menge Sachen, die ich kaum andeuten kann, namentlich ist es sonderbar, wie ich fast alles kanonisch erfinde [. . .]. Der Melodie schenke ich jetzt große Sorgfalt.« Im folgenden Jahr begann er 2 Quartette, führte seine Vorstellungen aber erst 3 Jahre später aus, nachdem er Mozarts und vor allem Beethovens Quartette gründlich studiert hatte. Jetzt wurden innerhalb nur eines reichlichen Monats (Juni/Juli 1842) gleich 3 Quartette ausgearbeitet. Sie seien, wie Schumann noch im Dezember 1847 findet, sein »bestes Werk der früheren Zeit«; auch Mendelssohn sei dieser Meinung.

Quartett für 2 Violinen, Viola und Violoncello a-Moll op. 41 Nr. 1

Komponiert 1842; Felix Mendelssohn Bartholdy gewidmet.
Introduzione: Andante espressivo / Allegro – Scherzo: Presto – Adagio – Presto.

Der *1. Satz* beginnt mit einer langsamen polyphonen *Einleitung* (a-Moll, 2/4), die motivisch unabhängig ist. Nach 4 überleitenden Takten folgt überraschenderweise der in F-Dur notierte *Allegro*-Teil (6/8) mit einem Sequenzthema:

Nach einer fugierten Überleitung erklingt das kontrastierende, rhythmisch akzentuierte 2. Thema, das immer in 2 Stimmen gleichzeitig, wie ein Thema mit Kontrapunkt, geführt ist. In der Durchführung werden diese beiden Themenkomplexe ausgiebig verarbeitet, in der 2. Hälfte vorwiegend kontrapunktisch das 2. Thema. Die Reprise entspricht im wesentlichen der Exposition. Die codaartige Erweiterung nimmt dann das Kopfmotiv des 1. Themas noch einmal auf.
Das eilige *Scherzo* (a-Moll, 6/8) entspricht in seiner Form ABACABA′ einem Rondo. Es beginnt mit 2 einleitenden Takten, die den getrommelten Begleitrhythmus des Hauptteils vorwegnehmen. Dann setzt in der Violine das von Sequenzen getragene Thema ein, dessen erste 4 Takte die thematische Substanz bilden und eng verwandt sind mit dem 2. Thema des 1. Satzes. Ohne daß es ausdrücklich als solches bezeichnet ist, folgt ein poetisches 3teiliges (aba) *Trio* in C-Dur, das im Charakter dem Scherzo verhaftet bleibt. Erst der ruhige, lyrische Mittelteil C, von Schumann mit »Intermezzo« überschrieben, wirkt in Taktart (¢), Tempo und Charakter kontrastierend zu den ihn umgebenden Scherzo-Trio-Scherzo-Teilen.
Akkordfigurationen prägen die 3 einleitenden Takte des 3teili-

gen (A B A') *Adagios* (F-Dur, C), bevor das gesangliche, insgesamt abwärts geführte Thema einsetzt:

Mit dem Vordersatz, der stark an den Beginn des langsamen Satzes von Beethovens 9. Sinfonie erinnert, erweist Schumann dem Meister eine Reverenz. Der Mittelteil hat durchführungsartigen Charakter: Im 1. Teil werden die Begleitfloskel des 1. Themas und ihre Umkehrung verarbeitet und im 2. Teil eine Variante des beginnenden Scherzo-Themas.
Charakteristisch im Thema des *Finales* (a-Moll) ist der Quintsprung zu Beginn mit sequenzartiger Fortspinnung von Achtel-Figuren, die den lebhaften kanonischen Satz bestimmen. Es folgt eine durchführungsartige Hinführung zum markanten 2. Thema, das aus dem 1. Thema hervorgegangen ist. Beruhigend wirkt der 13 Takte lange und damit fast bis zum Ende der Exposition andauernde Orgelpunkt im Baß, bevor die Durchführung folgt. Auffällig sind die zweimal 2 aus 2 Halbtonschritten zusammengefügten Takte an ihrem Ende, deren Verwandtschaft zur motivischen Keimzelle der späten Beethoven-Quartette op. 130–133 unüberhörbar ist:

Ungewöhnlich ist die umgestellte Reprise, die mit der transponierten Überleitung zum 2. Thema beginnt und dann das 1. Thema sozusagen nachliefert. Der stürmischen Coda vorangeschaltet sind dann noch 32 Takte eines entrückten »Moderatos« (A-Dur, ¢) im pp mit langen Notenwerten.

Quartett für 2 Violinen, Viola und Violoncello F-Dur op. 41 Nr. 2

Komponiert 1842; Felix Mendelssohn Bartholdy gewidmet.
Allegro vivace – Andante quasi variazioni – Scherzo – Allegro molto vivace.

Lyrisch leicht wirkt der *1. Satz* (F-Dur, ¾) mit seinem flirrenden, durch eine flüchtig aufspringende Achtel-Figur gekennzeichneten aufstrebenden und wieder absinkenden 1. Thema:

Eine durchführungsartige Überleitung führt zum nicht sehr ausgeprägten, ruhigen, eher beiläufigen 2. Thema. Typisch für die frühen Werke Schumanns ist die Art der Durchführung, in der wir lange transponierte Phasen aus der Exposition wiedererkennen, vor der im wesentlichen unveränderten Reprise. In der kurzen Coda werden zunächst die Schlußtakte der Durchführung aufgenommen und weitergeführt, bevor Schumann, wie schon im vorangegangenen Quartett, Beethoven die Ehre erweist, indem er das Hauptmotiv des 1. Satzes aus op. 132 in der Umkehrung erklingen läßt.

Bei dem liedhaften, zart schwebenden Achtel-Viertel-Thema des *langsamen Variationensatzes* (As-Dur, 12/8) greift Schumann auf das 1832 entstandene Larghetto Nr. 13 aus den »Albumblättern« op. 124 zurück. Charakteristisch ist hier, wie auch für die folgende 1. Variation, der verschleierte Takt. Mit einer Achtel-Note setzen alle Instrumente zusammen auf der unbetonten Zählzeit ein; darauf folgt eine Viertel-Note. So ergibt sich ein eigenartiger Rhythmus, der anders gehört wird, als er notiert ist. Zugleich ist die 1. Variation, eher als das Thema selber, Basis für die folgenden Variationen 2–5, so daß sie hier im Grunde Thema genannt werden kann. Die 2. Variation nimmt in der Violine im gleichbleibenden Rhythmus (punktierte Viertel) das eigentliche Thema auf und wiederholt es einige Male, begleitet von bewegten chromatischen Figuren in der 2. Violine und Imitationen in den Unterstimmen. Expressiv und in der Lautstärke zurückgenommen ist die 3. (Figural-) Variation des Themas mit ihren abwechselnd in Viola und Violoncello gezupften und gestrichenen Klängen. Nur noch geringe Beziehungen zum Thema hat die 3teilige 4. Variation (Molto più lento), die rhythmisch im wesentlichen in allen Stimmen parallel verläuft. Mehr an ihr als am Thema orientiert sich die 5. Variation (Un poco più vivace). Dann wiederholt sich noch einmal der Anfang des Satzes und schließt in einer Coda, die sich mit ihren Sechzehnteln im Charakter an die 3. Variation anschließt.

Das unruhige, 3teilig angelegte *Scherzo* (c-Moll, 6/8) beginnt mit einem sich bogenförmig auf- und wieder abwärts bewegenden Achtel-Thema, das im Mittelteil durchführungsartig behandelt

wird. Auch hier ist, wie im 2. Satz, der harmonische Schwerpunkt zum Auftakt hin verschoben. Das »Nachschlagen« der Instrumente ist rhythmisch schwer ausführbar, weil keines »vorschlägt«. Dem unbeschwert fröhlichen Cello-Thema im eingeschobenen, ebenfalls 3teiligen C-Dur-*Trio* werden Sechzehntel-Figuren kontrastierend gegenübergestellt. An die am Ende abgekürzte Wiederholung des Scherzo-Teils schließt sich die Coda an, die noch einmal das Thema des Trios im Cello und Figurationen des Scherzo-Teils aufgreift.
Unruhig flattern in der Violine die Sechzehntel des 1. *Finale*-Themas auf und ab, rhythmisch begleitet von den übrigen Instrumenten:

Eine kurze, vom Baß bis zum Sopran nacheinander aufsteigende Überleitung führt zum schmeichelnden 2. Thema, das mit 2 halben Noten wie eine Rufterz (c–a) beginnt. Auch entscheidend für die Durchführung ist der Oktavsprung mit abwärts rollenden Sechzehnteln aus der Schlußgruppe der Exposition. An die Reprise schließt sich noch eine strettaartige Coda an. Durchführung und Reprise dieses Satzes werden übrigens als einzige in Schumanns Kammermusik wiederholt.

Quartett für 2 Violinen, Viola und Violoncello A-Dur op. 41 Nr. 3

Komponiert 1842; Felix Mendelssohn Bartholdy gewidmet.
Andante espressivo / Allegro molto moderato – Assai agitato – Adagio molto – Finale: Allegro molto vivace.

Dieses Streichquartett ist das eingängigste unter den dreien. – Dem *Allegro*-Teil (A-Dur, 3/4) ist eine langsame *Einleitung* (A-Dur, C) von 7 Takten vorangestellt, harmonisch suchend, mit ausdrucksvollen langen Pausen. Der charakteristische Quintfall deutet dabei schon auf das Kopfmotiv des bevorstehenden Allegro-Hauptthemas:

Nach einer kurzen polyphonen Entwicklung aus aufsteigenden Dreiklängen und einer die Überleitung vertretenden Erweiterung des Hauptthemas folgt im Cello das kontrastierende gesangliche 2. Thema, sequenzartig angelegt mit integriertem fallendem Quintmotiv. Rhythmisch sehr charakteristisch sind die begleitenden nachschlagenden Akkorde in den übrigen Instrumenten. Eine sehr kurze Durchführung, die nur das 1. Thema aufnimmt, schließt sich an. Sie nimmt das abfallende ehemalige Quintintervall auf, verkleinert es und dehnt es wieder zu größeren Sprüngen aus – ein Gedanke, der auch die Coda maßgeblich beherrscht.

Obwohl nicht ausdrücklich so bezeichnet, folgt ein *Scherzo* (fis-Moll, 3/8), das zur Basis für die 4 nachfolgenden Variationen wird. Die 1. Variation löst das Thema in fließende Achtel-Ketten auf. Die 2. Variation setzt fugenartig vom Baß zum Sopran hin ein, mit jeweils 2 halben Noten im Quintsprung aufwärts zu Beginn, nach denen von oben herab Achtel-Figuren herunterperlen. »Un poco adagio« folgt kontrastierend die 3. Variation. Fast wörtlich wird das punktierte Thema jetzt zunächst im Siciliano-Rhythmus zwischen Violine und Bratsche im Kanon geführt, während die anderen Stimmen begleitend zurücktreten. Große punktierte Sprünge und nur noch Anklänge an das Thema kennzeichnen die schwingende 4. Variation, die in die Coda übergeht.

Lyrisch ausdrucksvoll ist der rondoartige *langsame Satz* (D-Dur, C) mit seinem sich bogenförmig auf- und wieder niederschwingenden Thema; traurig klingt der nach Moll gewendete Ruf der Violine (eine aufspringende Quint mit abfallendem Ganzton) in den B-Teilen. Darunter begleitet im monoton punktierten Rhythmus die 2. Violine.

Rondoartig angelegt ist auch das fröhliche *Finale* (A-Dur, ¢) mit seinem punktierten Anfangsmotiv, das den ersten Teil beherrscht:

Mit sequenziert aufsteigenden Achteln in der 1. Violine, die nach einem Abwärtssprung erneut nach oben laufen, beginnt der erste Einschub. Der gesangliche zweite schwingt in Triolen. »Quasi Trio« (F-Dur, C) ist der dritte Einschub in 3teiliger Liedform überschrieben. Sehr umfangreich ist die Coda geraten: Sie wächst aus dem punktierten Anfangsmotiv heraus und behält diesen Rhythmus bis auf die 5 letzten Takte bei, die noch einmal das Triolenmotiv des zweiten Einschubs aufnehmen.

Kammermusik mit Klavier

Quintett für Klavier, 2 Violinen, Viola und Violoncello Es-Dur op. 44

Komponiert 1842 (24. Oktober – Ende November), gedruckt 1843; Clara Schumann geb. Wieck zugeeignet.

Allegro brillante – In modo d'una marcia – Scherzo: Molto vivace – Finale: Allegro ma non troppo.

Schumanns Klavierquintett gehört zu den beliebtesten und am häufigsten gespielten Werken der Kammermusik und regte von jeher dazu an, seinen programmatischen Ideen nachzuspüren. Tschaikowskij fand, der langsame Satz sei ein Trauermarsch und stelle »eine ganze Tragödie« dar. Der Musikwissenschaftler Hermann Abert gab folgende Deutung: Im Beginn des Werkes, im Hauptthema, stehe »Florestan leibhaftig vor uns«, der in dem »poetisch eingeführten Seitenthema auch seinem Bruder Eusebius etwas von seinem ungestümen Drängen« mitteile. (Florestan und Eusebius sind Allegorien der Doppelnatur, die Schumann, seinem Lieblingsschriftsteller Jean Paul folgend, in sich selbst sah: Florestan, von aufbrausender, stürmischer Art, ist ein Feind allen Philistertums; der zartbesaitete Eusebius, immer nachdenklich und milde urteilend, steht als Vertreter der Gesetzmäßigkeit in der Kunst gerade im Gegensatz zu ihm.) Die Durchführung bringe Florestan mit ihren »zerrissenen, dem Hauptthema entstammenden Klavierfiguren in allerhand beklemmende Situationen, aus denen erst die Reprise den rettenden Ausweg« finde. »Tod und Verklärung« sieht Abert in dem anschließenden Trauermarsch; erst das Scherzo nehme die »lebensfrohe Stimmung des 1. Satzes« wieder auf und bereite auf das Finale vor, aus dem uns ein kecker »Florestan im 1. Thema« begegne. »Lenzstimmung« und Naturrauschen, im Fugato ein Weg durch »allerhand wirres Gestrüpp«, »ungestümen Jubel« am Schluß – so sieht Abert den letzten Satz.

Einen Beweis dafür, daß Schumann sich von dramatischen Vorstellungen hat leiten lassen, kann man u. a. in seinem Entwurf zu einem als »Scena« bezeichneten 3. Satz sehen, der dann aber doch nicht ausgeführt wurde – mit dem Gedanken an eine »Oper ohne Text« hatte sich Schumann bereits seit seiner Jugend beschäftigt. Außermusikalische Gründe mögen ebenso dafür verantwortlich sein, daß die ursprüngliche Widmung an die Großfürstin Maria Pawlowna von Sachsen-Weimar im letzten Moment zugunsten Clara Schumanns geändert wurde; an ihrem Geburtstag, am 13. September 1843, erfolgte auf ausdrücklichen Wunsch Schumanns die Drucklegung bei Härtel.

Der *1. Satz* (Es-Dur, ¢) beginnt mit einem feurig impulsiven Thema in großem Ambitus, dessen Sept- und Sextsprünge im Kopfmotiv auffällig sind:

Eine aus den ersten 3 Tönen des 1. Themas abgeleitete Melodie führt zum lyrischen 2. Thema im Klavier mit charakteristischem Quintfall zu Beginn und nachfolgendem Vorhalt. Nach dreimaliger Wiederholung wird es vom Violoncello aufgenommen und in der Umkehrung von der Bratsche beantwortet, ein zartes Gespräch, in das sich später die übrigen Instrumente einmischen. »Con fuoco« leiten einige polyphone Takte über zum 1. Thema, das die Exposition beschließt. Eigenartig ruhig, satztechnisch sehr mager, fast einstimmig (Oktavverdoppelungen) beginnt die zur Exposition stark kontrastierende Durchführung und mündet im Forte in den nach Moll gewendeten Anfang des 1. Themas. Damit werden 2 Abschnitte eingeleitet, von denen der zweite die modifizierte Transposition des ersten darstellt: Langgehaltene Töne in den Streichern begleiten eine quirlige Achtel-Bewegung im Klavier, die aus dem 2. Teil des 1. Themas hervorgegangen ist, nur jetzt in doppelt so schnellen Notenwerten. Beleuchtet man den unmittelbaren Anfang der Durchführung näher, so erkennt man, daß die Streicher jeweils nacheinander (Vc., Va., 2. V.) in deutlich von den anderen Stimmen abhebenden Abwärtsgängen einsetzen. Dieser überkommene Topos (Katabasis) diente im 17./18. Jh. zur bildhaften Darstellung von Textaussagen und nimmt hier bereits Gedanken des folgenden Trauermarsches vorweg. Dies wird wenig später noch durch die mehrfach eingesetzte und auch im Trauermarsch wieder erklingende leere Quint und die als Leidensmotiv zu deutenden Sekundschritte unterstützt. Reprise und Coda beschließen den 1. Satz.

Unzweifelhaft ist der *langsame Satz* (c-Moll, ¢) das Herzstück des Quintetts. Rondoartig erklingt das düstere, stockende Schreitthema immer wieder, zunächst nacheinander und wiederholt, leicht variiert in den Streichern, während das Klavier

den Rhythmus akkordisch unterstützt. Es folgt ein B-Teil mit langgehaltenen Noten in den Außenstimmen (1. V., Vc.), begleitenden Achteln in den Innenstimmen und Triolenvierteln im Klavier. Das mehr als zwanzigmal wiederholte Kopfmotiv wird wechselnd harmonisiert. Vor die Wiederholung dieses Teils ist ein stark kontrastierender C-Teil agitato eingefügt, in dem das Klavier dominiert. Über gebrochenen Akkorden im Klavier erklingt immer wieder das in ein Hüpfmotiv abgewandelte Marcia-Motiv aus dem Agitato-Teil und leitet über zum B-Teil. Danach wird der A-Teil wiederholt.

Die freundliche Grundstimmung des 1. Satzes wird erst im *Scherzo* (Es-Dur, 6/8) wiedergewonnen. Es beginnt mit aufwärtsstrebenden Tonleiterbildungen in allen Instrumenten. Seltsam kontrastierend sind die beiden angeschlossenen *Trios*, das ruhige 1. mit seinem zweimaligen charakteristischen Quintfall in den ersten 4 Tönen und das 2., lebhaft bewegt und wie das vorangegangene monomotivisch. Beide sind durch Tonleiterbildungen und Akkordfigurationen geprägt, deren Gemeinsamkeit das vermittelnde Quintmotiv ist. – Das doppelte Quintmotiv geht bereits auf die erste Zeit der Freundschaft Schumanns mit Clara Wieck zurück, als er auf der Grundlage der von ihr komponierten »Romance variée pour le piano« op. 3 über

dieses Thema eigene Variationen mit einem neugegliederten Baß, eben jenem Quintmotiv, entworfen hatte.
Dem munteren *Finale* (c-Moll, ¢) liegt fast ausschließlich ein Hauptthema zugrunde, das einerseits versteckt auf den doppelten Quintfall aus dem 1. Trio zurückgeht, andererseits aber auch eine Metamorphose des Trauermarsches darstellt (vgl. Klammern im Notenbeispiel):

Offensichtlich ist sein Tanzcharakter mit stark rhythmischer Akzentuierung, 4taktiger Anlage und einfachen Kadenzfolgen. Das Finale schließt mit einem Fugato, in dem das 1. Thema aus dem 1. Satz wieder aufgenommen wird und als Kontrapunkt das Thema des Finales hinzukommt.

Quartett für Klavier, Violine, Viola und Violoncello Es-Dur op. 47

Komponiert 1842 (24. 10.–26. 11.); Graf Mathieu Wielhorsky zugeeignet. Sostenuto assai / Allegro ma non troppo – Scherzo: molto vivace – Andante cantabile – Finale vivace.

Das Klavierquartett wurde am 5. April 1843 in einer privaten Gesellschaft zum erstenmal aufgeführt. Schumann meinte danach, sein Quartett nehme sich »recht effektvoll aus [...] effektvoller als das Quintett«.
Mit einer langsamen *Einleitung* (Es-Dur, C), die das Hauptthema des nachfolgenden Allegros gleichsam in unbewegtem Zustand vorwegnimmt, beginnt das Werk. 4 kräftige Akkordschläge und 2 Takte gesanglicher Achtel-Bewegung im Klavier eröffnen den *Allegro*-Teil:

Cello und dann Klavier übernehmen die gesangliche Fortspinnung, die zusammen mit den Akkordschlägen als thematische Substanz angesehen werden darf. Das 2. Thema in g-Moll, durch seinen synkopiert gedehnten Anfangston mit nachfolgenden aufsteigenden Achteln und absteigenden Vierteln gekennzeichnet, nimmt in Exposition und Reprise einen so breiten Raum ein, daß es in der bewegten Durchführung ausgespart bleiben kann. Dorthin führt die uns schon bekannte langsame Einleitung in der Grundtonart, bevor die Durchführung die beiden Bausteine des 1. Themas in mannigfaltiger Weise verarbeitet: Sie werden auseinandergenommen, sequenziert, wiederholt und harmonisch (auch nach Moll gewendet) variiert, bevor die für Schumann untypische, weil erheblich modifizierte Reprise einsetzt. Ein Ruhepunkt, der langsamen Einleitung vergleichbar, und eine ausdrucksvolle, zum Agitato gesteigerte Coda beschließen den Satz.

An zweiter Stelle steht, wie häufig bei Schumann, das *Scherzo* (g-Moll, 3/4), das durch seine Form A B A C A rondoartig wirkt. Teil A besteht aus pausenlos auf und ab laufenden Achteln in allen Instrumenten. Kontrastierend dazu sind direkt die 2 *Trios* (Teil B und C), ein gesangliches und ein eher geheimnisvoll harmonisches, beide in 3teiliger Liedform, angeschlossen. Außerdem zitieren beide mehrfach den Hauptteil und betonen auf diese Weise noch zusätzlich die Einheitlichkeit des Satzes.

Mit 3 einleitenden Takten beginnt das *Andante cantabile* (B-Dur, 3/4); ihnen folgt im Cello ein Thema, das aus Sequenzen einer melodischen Phrase besteht. Begleitet vom Klavier, entwickelt sich ein zartes Zwiegespräch, eine 2. Variation kommt in der Violine auf, kanonisch fortgeführt in der Viola. Nicht leicht zu erkennen ist die 3. Variation, in der nur noch entfernt

Elemente des Themas anklingen. Der größere Ges-Dur-Mittelteil setzt sich deutlich von seiner Umgebung ab, kann aber auch als 4. Variation verstanden werden. In der 2. Violine das Thema singend und mit Sechzehntel-Figurationen in der 1. Violine folgt die 5. Variation, während die 6. dann die Figuration ins Klavier übernimmt und das Thema der Violine überläßt. Eine 7. Variation mit ruhigem Nachspiel, das schon auf die Leitmelodie des Finales hinweist, beschließt diesen schwerelosen Satz.

Formal ungewöhnlich ist das *Finale* (Es-Dur, ¾), in dem Sonatenhauptsatzform und Rondo zu einem sehr individuellen »Sonatenrondo« verbunden werden. Die beginnenden Akkordschläge mit der anschließenden Sechzehntel-Figur haben zum Themenkopf des 1. Satzes Bezug:

Die Sechzehntel-Folge wird sofort zu einem mehrstimmigen Fugato verarbeitet. Es folgen ein 2., nur eine Quarte umfassendes, engstufig punktiertes Thema, zunächst im Cello, und ein seelenvoller 3. Gedanke, eingeführt vom Klavier. Damit ist die Exposition, die den Teilen A und B des Rondos entspricht, zu Ende. Es folgt ein modifizierter A-Teil, den man auch als heftig pulsierende Durchführung verstehen könnte. Hier wird überwiegend das 1. Thema verarbeitet. Motivisch völlig unabhängig vom übrigen Satz schließt sich ein ruhiger C-Teil an, stark sequenziert, chromatisch auf- und absteigend. Die verkürzte Reprise (B, A″ des Rondos) setzt mit dem 2. Thema ein und mündet in ein aus dem erweiterten Hauptsatzkopf gebildetes Fugato und in die Coda.

Klaviertrios. Eigentlich waren die **Fantasiestücke für Klavier, Violine und Violoncello op. 88** Schumanns erstes von 4 Klaviertrios. Auf eine ausdrucksvolle *»Romanze«* (a-Moll, ⁶⁄₈) folgen hier eine rhythmisch prägnante *»Humoreske«* (F-Dur, ¢), ein liebliches Zwiegespräch, *»Duett«* (d-Moll, ⁶⁄₈) zwischen den beiden Streichern, in dem das Klavier ausnahmsweise einmal im Hintergrund bleibt, und ein frisches, marschähnliches

»Finale« (a-Moll, C). Vermutlich erschien Schumann diese kurze Folge von Charakterstücken zu wenig gewichtig, als daß er den ursprünglich geplanten Gattungsnamen hätte beibehalten wollen.

Trio Nr. 1 für Klavier, Violine und Violoncello d-Moll op. 63

Komponiert 1847.
Mit Energie und Leidenschaft – Lebhaft, doch nicht zu rasch – Langsam, mit inniger Empfindung – Mit Feuer.

Noch zur Entstehungszeit (Juni bis 7. September 1847) in Dresden bezeichnete Schumann dieses Werk als sein 2. Klaviertrio, nach den 1842 komponierten »Fantasiestücken« op. 88. Später gab es Überlegungen, beide Werke zu einem zu verschmelzen (Clara am 13. Juni 1847 im Tagebuch: »Robert [. . .] schreibt an einem Klaviertrio, das ein Opus mit dem ersten werden soll«). Das Programmatische seines op. 88 mag ihn schließlich dazu bewogen haben, es doch aus der Gattung Klaviertrio auszuklammern. Die Uraufführung fand in einer privaten Soirée statt, bei der wieder einmal Clara mitspielte.
Leidenschaftlich drängt im 1. Satz (d-Moll, C) das 1. Thema empor, begleitet von triolischen Akkordbrechungen im Klavier. Hier die ersten 3 Takte, welche die Themensubstanz enthalten:

Heftige Doppelgriffe in der Violine, dann punktierte Akkordschläge im Klavier leiten über zum gesanglichen 2. Thema mit seinen Vorhalten. Danach führt wieder das 1. Thema zur Durchführung, in der Teile aus beiden Themen verarbeitet werden, bis schließlich eine Überleitung zu einem völlig neuen Gedanken erfolgt. Eigenartig, fast wie aus einer anderen Welt, klingen die am Steg gespielten Töne, zusammen mit den zarten Akkordwiederholungen im Klavier. Synkopierte Tritonusfolgen in der Violine, Quintsprünge, Anklänge an das 1. und 2. Thema leiten schließlich über zur Reprise mit durchführungsartiger Coda.
Obwohl von Schumann nicht so bezeichnet, folgt an zweiter Stelle ein *Scherzo* (F-Dur, 3/4) mit Trio. Unruhe und Spannung herrschen in dem lebhaften punktierten Galopp-Thema, mit

dem Klavier und Streicher einander ständig nachjagen. Einen Kontrast dazu bildet das gesangliche, kanonisch angelegte *Trio*, dessen in kleinen, oft chromatischen Tonschritten geführte Tonleiterbewegungen zwar aus dem Thema des Scherzo-Teils abgeleitet sind, hier aber in anderem, weicherem, quasi »poetisierendem« Licht erscheinen. Nicht leicht umzusetzen ist dabei die durchweg einstimmige oder oktavierte Parallelität der Streicher.

Der *langsame Satz* (a-Moll, C) ist ein versteckter Variationensatz, dem das Formschema A B A′ zugrunde liegt. Teil A enthält das Thema und eine Variation. Der besondere Reiz des Themas besteht dabei in den Synkopen, Vorhalten und Einsätzen der Motive auf unbetonter Taktzeit. Der bewegte Mittelteil kontrastiert zu den ruhigen Ecksätzen und enthält 2 weitere Variationen.

Ohne Unterbrechung (attacca) folgt das frische *Finale* (D-Dur, ₵). Verflogen ist der Ernst des vorangegangenen Satzes, die alte Heiterkeit vom Anfang wiedergewonnen. Zu dem liedhaften 1. Thema gesellt sich ein nur aus Vierteln bestehendes, dahingleitendes 2. Thema in h-Moll, zuerst in Cello und Klavier. In der Durchführung wird in einem 1. und 3. Abschnitt das 2. Thema, in der Mitte das 1. verarbeitet. Mit dem kürzeren 3. Abschnitt glaubt man die Reprise erreicht zu haben, hat jedoch nur eine Scheinreprise auf der Subdominante vor sich. Erst dann folgt die eigentliche Coda, die, wie bei Schumann häufiger, Durchführungscharakter hat.

Trio Nr. 2 für Klavier, Violine und Violoncello F-Dur op. 80

Komponiert 1847.
Sehr lebhaft – Mit innigem Ausdruck – In mäßiger Bewegung – Nicht zu rasch.

»Das Trio ist . . . von ganz anderem Charakter als das in D und wirkt freundlicher und schneller. Auf den Anfang des Adagio – und auf ein Allegretto (statt des Scherzo) freue ich mich immer, wenn es daran kommt«, schrieb Schumann am 1. Mai 1849 an Carl Reinecke; auch Clara liebe es »leidenschaftlich und möchte es immer und immer wieder spielen«.

Im *1. Satz* (F-Dur, $6/8$) werden 3 Themen verarbeitet: ein forsch bewegtes, den $6/8$-Rhythmus betonend, und ein liedhaftes, akkordisches, vom Klavier vorgestellt in der Exposition. Mit einem ganz neuen 3. Thema beginnt dann die Durchführung, die damit deutlich an das Eichendorff-Lied »Dein Bildnis wunderselig« aus dem Jahre 1840 erinnert. Ein fugierter Teil folgt. Aus ihm entsteht noch einmal das weiche 3. Thema, bevor die Reprise einsetzt. Die durchführungsartige Coda erinnert am Ende ebenfalls an das 3. lyrische Thema.

Dem *2. Satz* (Des-Dur, C) liegt ein Schema A B A′ B′ A″ Coda zugrunde, dessen Teile durch längere Überleitungen miteinander verbunden werden. Innig ist der Beginn, eine rhythmisierte absteigende Tonleiter in der Violine, dazu in Gegenbewegung, punktiert, das Violoncello und zarte Akkordtriolen im Klavier; Keimzelle ist die Liedmelodie aus dem 1. Satz.

Anstatt des üblichen Scherzos oder Menuetts, aber in deren 3teiliger Form, folgt ein weiterer *langsamer Satz* (b-Moll, 3/8). Nacheinander setzen Klavier, Violoncello und Violine mit ihrem charakteristischen Quintsprung ein. Dieses Motiv durchzieht nun den langsamen, häufig kanonisch geführten walzerartigen Satz.

In Sonatenhauptsatzform schließt sich das *Finale* (F-Dur, ¢) an, dessen 1. Thema alle für den weiteren Verlauf wesentlichen Motive enthält: eine Figurationswendung in großem Ambitus, eine hüpfend aufwärtsstrebende Achtel-Bewegung, die von ihrem höchsten Punkt aus über eine Septime herunterfällt, um in einer Tonleiterbewegung wieder auf- und dann wieder abzustreben, und ein 3. Motiv, mit dem Kern zweier punktierter abfallender Terzen.

Trio Nr. 3 für Klavier, Violine und Violoncello g-Moll op. 110

Komponiert 1851; Niels W. Gade zugeeignet.
Bewegt, doch nicht zu rasch – Ziemlich langsam – Rasch – Kräftig, mit Humor.

»1. Okt. 1851 Kompositionsgedanken, 2. Okt. Triogedanken, 3. Okt. 1. Satz fertig, 4. Okt. 2. Satz, 5. Okt. 3. Satz, Freude, 27. Okt. Probe zum Trio zum ersten Mal, Freude«, notierte Schumann im Haushaltsbuch. Während Clara dieses Trio als ein Werk »durch und durch voller Leidenschaft« empfunden habe, »besonders das Scherzo, das einen bis in die wildesten Tiefen mit fortreißt«, erfahren wir von Schumanns Biographen Wilhelm Joseph von Wasiliewski über die erste Probe, den 3 ersten Sätzen habe »eine gereizte, düstere Stimmung« zugrunde gelegen, »welche nicht gerade zum Mitgenuß einladet. Schumann mochte dies selbst empfunden haben, und hatte daher gesucht, dem Finale einen humoristisch schwungvollen Ton zu geben.« Aus dem ursprünglichen »Mäßig« über dem Finale machte Schumann denn auch nachträglich ein »Kräftig, mit Humor«.

Eigenartig unruhig wirkt das 1. Thema des *1. Satzes* (Es-Dur, 6/8):

Sein charakteristischer Rhythmus beherrscht weite Strecken des Satzes. Einmalig in Schumanns Kammermusik ist die 2teilige Durchführung: ein 1. Abschnitt mit Zitat des modifizierten und erweiterten 2. Themas, der 2. Abschnitt mit Fugato, durch Pizzicato in seiner Klangfarbe hervorgehoben. Reprise und beschleunigte durchführungsartige Coda beschließen den Satz.

Weicher gezeichnet ist der *2. langsame Satz* (Es-Dur, 12/8) in der Form A B A' Coda, dessen größere melodische Bögen in den A-Teilen versöhnlicher stimmen, während der Mittelteil schneller und ruppiger ausgefallen ist.

Unruhig fließt wieder der *3. Satz* (c-Moll, 2/4) dahin, ein Scherzo, dessen Thema deutlich auf das Hauptthema des 1. Satzes Bezug nimmt. 2 gegensätzliche *Trios* sind eingeschoben, ein etwas zurückhaltendes in C-Dur und ein fröhlich hüpfendes in punktiertem Rhythmus (As-Dur), so daß der Satz rondoartige Züge enthält.

Die Sextsprünge mit anschließender Sechzehntel-Abwärtsbewegung im *Finale* (G-Dur, C) sind wohl im Zusammenhang mit der Überschrift zu sehen. Trotzdem will sich Humor nicht einstellen; alles wirkt eher etwas gequält und erzwungen. Verbindung der Sätze untereinander entsteht durch das 2. Thema, das im wesentlichen dem nach D-Dur transponierten 1. Trio des Scherzos entspricht, wobei der 3. Gedanke mit seinem marschähnlichen Rhythmus an das 2. Trio erinnert.

Formal den Trios zuzurechnen sind außerdem noch die **»Märchenerzählungen«** op. 132, 4 Stücke für Klarinette (ad lib. Violine), Viola und Klavier, mit denen Schumann die Reihe seiner

Charakterstücke fortsetzt. Laut Schumanns »Projektenbuch« sind sie in der kurzen Zeit vom 9. bis 11. Oktober 1853 geschrieben worden. Bemerkenswert ist die sich »höchst romantisch« ausnehmende Zusammenstellung der Instrumente, die »von ganz eigentümlicher Wirkung« (Schumann) ist. Verständnishilfe zur programmatischen Überschrift gibt uns der Komponist nicht. Statt dessen tragen die Miniaturen nur Tempoangaben: Lebhaft, nicht zu schnell – Lebhaft und sehr markiert – Ruhiges Tempo mit zartem Ausdruck – Lebhaft, sehr markiert.

Sonate für Klavier und Violine a-Moll op. 105

Komponiert 1851.
Mit leidenschaftlichem Ausdruck – Allegretto – Lebhaft.

In nur 5 Tagen, zwischen 12. und 16. September 1851, entstand die erste der beiden Sonaten für Klavier und Violine. Clara Schumann zeigte sich »sehr entzückt« von ihr und war bei ihrem ersten Spiel »besonders von dem ersten sehr elegischen sowie dem zweiten lieblichen Satz ergriffen«. Den 3. »störrischen Satz« mochten zunächst beide Interpreten nicht so recht. Erst einige Monate später, als Clara den Violinpart mit Ferdinand David hörte – mit ihm hat sie dann dieses Werk am 21. März 1852 in Leipzig zum erstenmal öffentlich aufgeführt –, ging ihr auch »der eigentümliche Charakter des letzten Satzes« auf. Der Mittelsatz dieser Sonate steht stellvertretend für den sonst üblichen 2. langsamen und schnelleren 3. Satz und weist Merkmale beider auf.
Der *1. Satz* (a-Moll, 6/8) beginnt mit einem 9taktigen leidenschaftlichen Thema:

Ihm folgt eine Überleitung zur harmonisch erforderlichen Dominante, und nun erwartet man gespannt das so gut vorbereitete 2. Thema – aber es folgt merkwürdigerweise keins! Nur rhythmische Floskeln erwecken immer wieder die Hoffnung darauf, ohne sie aber einzulösen. – Nach dem rondoartigen *2. Satz* (F-Dur, 2/4), der einen mehr liedhaften Gedanken mit einem rhythmisch geprägten scherzhaften Motiv verbindet, folgt das *Finale* (a-Moll, 2/4). 24 Takte ist das 1. 3teilige Thema lang. In vorwärtsdrängender Motorik laufen einander eilig sich imitierende Sechzehntel nach, ohne sich freilich je zu erreichen, und bilden so einen auffälligen Kontrast zum homophonen 2. Thema in F-Dur. Die Durchführung ist ebenfalls 3teilig, wobei im 1. und 3. Teil immer wieder polyphon geführte Ausschnitte des 1. Themas anklingen und so den Mittelteil wirkungsvoll umgeben. Mit einer Coda, die noch einmal an das Hauptthema des 1. Satzes gemahnt, schließt der lebhafte Satz.

Sonate für Klavier und Violine d-Moll op. 121

Komponiert 26. 10.–2. 11. 1851; Ferdinand David zugeeignet.
Ziemlich langsam / Lebhaft – Sehr lebhaft – Leise, einfach.

Einen musikalischen Hinweis auf den Widmungsträger, den Geiger und Freund Schumanns, David, geben die jeweils höchsten Töne der ersten 4 in der Violine gestrichenen Akkorde (d–a–f–d) und die gleichlautenden Anfangstöne des 1. Themas. David sollte die Sonate »als Erinnerungszeichen an im jugendlichen Alter verlebte schöne Stunden freundschaftlich annehmen«. Der berühmte Geiger Joseph Joachim hat sie Franz Liszt empfohlen, der später in dieses Lob einstimmte; andere Zeitgenossen dagegen brachten dieses Spätwerk mit Schumanns Geisteskrankheit in Zusammenhang. Selbst Clara fand im 1. Satz »etwas rhythmisch Peinliches«.
Dieser *1. Satz* beginnt mit einer langsamen Einleitung (d-Moll, 3/4), die durch energische Akkordschläge gekennzeichnet ist. Es folgt ein lebhafter Teil (d-Moll, C) mit markanten Akkorden, synkopierten Rhythmen und Seufzerfloskeln, die vielleicht Claras Mißfallen hervorgerufen haben. – Der *2. Satz* (h-Moll, 6/8) entspricht einem verkürzten Rondo (A B A C A') und wirkt merkwürdig unruhig in seinen Dreierrhythmen und Quartolen. – Um so ruhiger, vielleicht auch trauriger, wirkt der *3. Satz* (G-Dur, 3/8), dessen Themenkopf Bezüge zur 1. Zeile des Chorals »Aus tiefer Not schrei ich zu Dir« und zum Hauptthema des Scherzos aufweist. Gerade in dieser Phase musizieren Klavier und Violine besonders innig miteinander. Dieser Eindruck wird wohl dadurch hervorgerufen, daß Schumann die beiden eigentlich kontrastierenden Instrumente (die Saiten anschlagend bzw.

streichend) in den 4 verschiedenen Tempoteilen jeweils einander anzugleichen versucht: Zu Beginn klingen sie wie 2 zarte Zupfinstrumente, dann treten sie beide akkordisch auf und am Ende fast wie 2 Streichinstrumente. Ein bewegtes *Finale* (d-Moll, C) in Sonatenhauptsatzform bildet den Schluß.

Sonate für Klavier und Violine a-Moll o. op. (FAE-Sonate)

Komponiert am 22./23. Oktober 1853; Joseph Joachim gewidmet. Intermezzo – Finale.

Seltenheitswert besitzt diese Sonate deshalb, weil 3 Komponisten sie gemeinsam geschrieben und Joachim gewidmet haben: den 1. Satz **ALBERT DIETRICH**, den 2. und 4. **ROBERT SCHUMANN**, den 3. Satz **JOHANNES BRAHMS**. Joachims Wahlspruch »Frei, aber einsam« bildet als Tonfolge f–a–e das Thema der Sonate; daher ihr Name (der auch »Dreimännersonate« lautet); sie ist erst 1935 im Druck erschienen. – Schumann hat seine beiden Sätze durch 2 weitere zu einer vollständigen Sonate ergänzt, die sogar erst 1956 der Öffentlichkeit bekannt gemacht werden konnte. Das doch recht heterogene Werk erlangte in erster Linie durch seine musikhistorische Sonderstellung als Gemeinschaftsproduktion relative Berühmtheit. Es wird selten aufgeführt; manchmal tauchen auch einzelne seiner Sätze in Konzertprogrammen auf. (Vgl. auch Kapitel »Brahms«.)

1849 erschienen 4 kleinere Kammermusikwerke, in Form und Inhalt ganz auf das Musizieren im häuslichen Kreis abgestimmt. Sie sind für Blasinstrumente gedacht, die aber ad libitum durch Streicher ersetzt werden können; op. 70 und 102 sind zugleich die einzigen erhaltenen Kammermusikwerke Schumanns für Klavier und Violoncello. – Als erstes entstanden am 11./12. Februar die **Fantasiestücke op. 73** für Pianoforte und Klarinette (ad lib. Violine oder Violoncello), deren 3 Sätze pausenlos ineinander übergehen und so zu einer Einheit verschmelzen. – Unmittelbar darauf, am 14. Februar, macht sich Schumann an das **Adagio und Allegro op. 70** für Pianoforte und Horn (ad lib. Violoncello und Violine) und stellte das Autograph in 4 Tagen fertig. Clara fand das Stück »prächtig, frisch und leidenschaftlich«. Auch Schumann hatte beim Anhören »Freude daran« und arrangierte es deshalb noch nachträglich für Violine. – Im April 1849 folgten die **5** (ursprünglich 4) **Stücke im Volkston op. 102** für Violoncello (ad lib. Violine) und Klavier, deren »Frische und Originalität« schon damals Clara »entzückten«. –

Das letzte Werk der Dresdner Zeit sind die **3 Romanzen op. 94** für Oboe (ad lib. Violine) mit Begleitung des Klaviers, die im Dezember 1849 komponiert wurden. Auf die Frage seines Verlegers Simrock, ob man nicht dem Publikumsgeschmack entsprechen und auf dem Titelblatt die Oboenstimme auch ad libitum für Klarinette anzeigen könne, antwortete Schumann verärgert: »Wenn ich originaliter für Klarinette und Klavier komponiert hätte, würde wohl etwas ganz anderes geworden sein. Es tut mir sehr leid, aber ich kann nicht anders.«
Die **»Märchenbilder« op. 113**, 4 Stücke für Klavier und Viola (Violine ad lib.), setzen die Reihe der Charakterstücke fort. Sie sind vom 1. bis 4. März 1851 entstanden und Wasielewski, dem späteren Schumann-Biographen, gewidmet. Dem langsamen 1. Satz folgen ein punktiert marschähnlicher, ein schneller und ein gesanglicher, ruhiger letzter Satz.
Als letztes Kammermusikwerk entstanden vom 2. bis 4. November 1853 die **Romanzen** für Violoncello und Klavier. Sie sind jedoch leider verschollen, obwohl mehrere Abschriften existiert haben müssen. Möglicherweise wurden sie aus falscher Rücksicht auf Schumanns Krankheit absichtlich vernichtet.

KWJ

*

»Die Namen unserer Komponistinnen lassen sich bequem auf ein Rosenblatt schreiben, daher wir jeder nachspüren und uns nichts entschlüpft von Damenwerken. Denn ein Mädchen, das über Notenköpfen Hauben- und andere Köpfe vergessen kann, muß zehnmal mehr Grund besitzen zu komponieren als wir, die wir's nur der Unsterblichkeit wegen tun.« Auf dieses Rosenblatt gehört auch **CLARA SCHUMANN** geb. **WIECK** (* 13. September 1819 in Leipzig, † 20. Mai 1896 in Frankfurt am Main), die Frau Robert Schumanns, der diese Worte 1834 in seiner »Neuen Zeitschrift für Musik« geschrieben hat. Nur bleibt die Anerkennung für Clara als Komponistin weit hinter der für die »berühmteste Pianistin ihrer Zeit« zurück. Instrumentales Wunderkind zu sein war für ein weibliches Wesen gerade noch erlaubt, nicht aber, Komponistin zu werden. Auch blieb einfach keine Zeit mehr nach ihrer Heirat mit Robert Schumann (1840). Sie brachte 7 Kinder zur Welt, für die sie nach dem Tode ihres Mannes (1856) allein sorgen mußte. Dabei hatte schon 1835 Chopin sehr anerkennend über ihre kompositorischen Fähigkeiten gesprochen. Ab 1840 wird Schumanns Einfluß unüber-

hörbar, ebenso wie der der sie umgebenden komponierenden Freunde wie Liszt, Mendelssohn, Moscheles, Chopin und Thalberg.
Unter den 23 numerierten Werken, zu denen noch einige ohne Opuszahl kommen, sind bis auf 4 Ausnahmen alle für »ihr Instrument«, das Klavier, komponiert. Neben reinen Klavierstücken hat sie auch Kadenzen, Lieder und Bearbeitungen geschaffen. Das **Klaviertrio g-Moll op. 17** (um 1847) ragt darunter besonders hervor, wenngleich es an Spannkraft und Aussage mit den Trios ihres Mannes nicht zu vergleichen ist.

KWJ

Giuseppe Verdi

* 10. Oktober 1813 in Le Roncole bei Busseto
† 27. Januar 1901 in Mailand

Sohn eines Weinwirts. Studierte in Busseto bei Ferdinando Provesi und in Mailand, nachdem ihn das Konservatorium abgewiesen hatte, bei Vincenzo Lavigna, einem Schüler von Paisiello. 1836–39 Kapellmeister in Busseto. Als Opernkomponist debütierte er 1839 durch Vermittlung der Sopranistin Giuseppina Strepponi, seiner späteren zweiten Frau, mit »Oberto« an der Mailänder Scala. International setzte er sich mit den Opern »Rigoletto«, »Troubadour« und »La Traviata« durch. 1849 erwarb er das Landgut Sant'Agata, das er nur verließ, um in den europäischen Musikzentren Aufführungen seiner Opern zu leiten, deren Einstudierungen er kritisch überwachte.

Streichquartett e-Moll

Komponiert 1873. UA: 1. April 1873 in Neapel.
Allegro – Andantino – Prestissimo – Scherzo-Fuga.

Verdi war zwar der Meinung, die Instrumentalmusik sei eine »Sache der Deutschen«, nicht der Italiener, hat aber mit seinem e-Moll-Streichquartett ein rein instrumentales und der »deutschen« Kammermusik ebenbürtiges Werk geschaffen. 1873, in der Zeit zwischen der Oper »Aida« und dem »Requiem«, komponierte er es zu seinem Vergnügen und ließ es sich im engsten Freundeskreis vorspielen. An eine Veröffentlichung dachte Verdi ursprünglich nicht; für ihn war es lediglich eine »Studie«. Jedoch ist das Quartett mehr als nur eine Auseinandersetzung mit den Formen der absoluten Musik. Es beweist, daß Verdi nicht nur die Musik von Palestrina und Marcello, sondern auch von Mozart sehr genau gekannt hat. Die 4 Sätze sind klar gegliedert, kontrastreich gestaltet und aus den Instrumenten heraus empfunden. Der *1. Satz* wird von der 2. Violine mit dem lyrischen Thema:

eröffnet, mit dem 9 Takte später die 1. Violine eine Oktave höher einsetzt. Nach kurzer Steigerung führt das Cello das Gegenthema ein:

aus dem nicht nur die Mittelstimmen für das kantable 2. Thema in G-Dur, sondern auch die vorantreibenden Sechzehntel-Bewegungen für die Durchführung und die dramatische Schlußsteigerung gewonnen werden. »Con eleganza« folgt als langsamer Satz ein *Andantino*, dessen tänzerische Grazie durch den lebhaften, an das Gegenthema des 1. Satzes gemahnenden Mittelteil unterbrochen wird. Das *Prestissimo*, ein Scherzo in klassischer Dreiteiligkeit, hat Witz und Esprit, desgleichen die abschließende *Scherzo-Fuga*, deren musikantische Verve auf das Finale des »Falstaff« hinweist, mit dem Verdi Abschied von der Opernbühne nahm.

WL

César Franck

* 10. Dezember 1822 in Lüttich, † 8. November 1890 in Paris

Franck war Wahlfranzose belgisch-deutscher Abstammung. Er studierte in Lüttich, dann in Paris bei Anton Reicha (Komposition) und François Benoist (Orgel). 1843 wurde er Organist in Paris an der Kirche St-Jean-St-François, 1859 an Ste-Clotilde und 1872 Professor für Orgelspiel und Improvisation am Pariser Konservatorium.

Kammermusik: 4 Klaviertrios (1841/42); *Andante quietoso* für Violine und Klavier (1843); *Duo concertant* für Violine und Klavier (1844); Klavierquintett f-Moll (1878/79); Violinsonate A-Dur (1886); Streichquartett D-Dur (1889).

Mit César Franck beginnt die Reihe der Organisten, die durch ihr kompositorisches Wirken einen großen Einfluß auf die französische Musik ausübten. Durch seine Herkunft – seine Mutter kam aus einer deutschen Familie – war er prädestiniert, eine vermittelnde Position zwischen den Musiktraditionen von Frankreich und Deutschland einzunehmen. In seinen Werken vereinigte er die klaren, tektonischen Formen der deutschen Klassik unter Einbeziehung der Modulationstechnik und Chromatik von Franz Liszt und Richard Wagner mit der koloristisch-programmatischen französischen Kunst. Seine besten Werke, zu denen neben den späten Kammermusikwerken die d-Moll-Sinfonie (1886–88) gehört, schuf er erst im hohen Alter. Den 4 **Klaviertrios** (fis-Moll, B-Dur, h-Moll und H-Dur), die er als 20jähriger komponierte, kommt deshalb auch keine besondere Bedeutung im Gesamtschaffen zu. Zwischen diesen Jugendarbeiten und dem ersten vollgültigen Kammermusikwerk, dem Klavierquintett f-Moll, liegen 35 Jahre, in denen Franck in ständiger Auseinandersetzung mit seinen Vorbildern (Johann Sebastian Bach und Beethoven) das »Zyklische Prinzip« weiterentwickelt hat, ein Verfahren der thematischen Verknüpfung (ein Werk wird aus der Kernzelle eines einzigen Themas entwickelt), das er zwar nicht erfunden hat, das ihm aber wichtige Impulse verdankt.

Quintett für Klavier, 2 Violinen, Viola und Violoncello f-Moll

Komponiert 1878–79; Camille Saint-Saëns gewidmet. UA: 17. Januar 1880 in Paris.

Molto moderato quasi lento, Allegro – Lento, con molto sentimento – Allegro non troppo, ma con fuoco.

Das Thema des 1. Satzes, das sich bereits in der Einleitung mit dem Motiv

ankündigt, tritt sowohl im kantablen, 3teiligen Mittelsatz wie im lebhaften Finale hervor und enthält mit kleiner und großer

Sekunde und kleiner Terz Intervalle der anderen Themen. Es durchdringt das ganze Werk. Modulationen und Stimmungswechsel werden mit der Alterationsharmonik erreicht, mit der auch das thematische Material farbig und abwechslungsreich gestaltet wird. »Die Modulationen«, schreibt César Francks Schüler, der Komponist Vincent d'Indy, »sind nicht nur allein der Struktur unterworfen, sondern außerdem einer höheren Anordnung, einem wahrhaft rhythmischen Zyklus, der die Entwicklung regelt.«

Sonate für Violine und Klavier A-Dur

Komponiert 1886; dem Geiger Eugène Ysaye gewidmet. UA: 31. Dezember 1887 in Paris.
Allegretto ben moderato – Allegro – Recitativo, Fantasia – Allegretto poco mosso.

Eines der bekanntesten Werke Francks. Kontrapunktische Verdichtungen, schwebende Rhythmen und häufige Modulationen in entfernte Tonarten verschleiern die strenge Logik, die in dieser Sonate herrscht. Durch die motivische Arbeit und die von Beethoven übernommene Variationstechnik werden die 4 Sätze zum Zyklus verbunden. Als »Idée fixe« klingt das aus dem lyrischen Thema des 1. Satzes

abgeleitete Terz-Motiv immer wieder auf: im leidenschaftlich erregten 2. Satz ebenso wie im Rezitativ, das die »Fantasia« des 3. Satzes einleitet. Das Thema des 2. Satzes

entwickelt Franck aus dem Krebs der 3 Töne, mit denen das Kontrastthema des 1. Satzes beginnt. Im 3. Satz werden die Themen miteinander verbunden:

und aus ihnen das Thema für den Kanon geformt:

mit dem das Finale beginnt und – wirkungsvoll gesteigert – endet.
Von dieser Sonate existiert auch eine **Fassung für Violoncello und Klavier**, in der die Violinstimme teilweise in tiefere Lagen transponiert worden ist. Sie stammt nicht von César Franck, der sie jedoch gekannt haben muß, da sie vor seinem Tod erschienen ist.

Streichquartett D-Dur

Komponiert 1889. UA: 19. April 1890 in Paris.
Poco lento, Allegro – Scherzo – Larghetto – Finale: Allegro molto.

Zu den Meisterwerken der Quartett-Literatur ist Francks D-Dur-Streichquartett zu rechnen, das völlig zu Unrecht im Schatten seiner Violinsonate steht. Er komponierte es in seinem letzten Lebensjahr, nachdem er sämtliche Quartette Beethovens studiert hatte. Wie im Klavierquintett und in der Violinsonate sind die Themen der 4 Sätze wieder miteinander verwandt oder einander zumindest ähnlich. Sie werden entweder aneinandergereiht oder miteinander kombiniert. Das Thema der Introduktion:

wird im Allegro polyphon weitergeführt. Es leitet zur Durchführung über und beendet auch den Satz. Das Scherzo, in klassischer Dreiteiligkeit, gemahnt in seiner Formstrenge ebenso an Beethoven wie das Larghetto, das in Liedform gestaltet ist. Im Finale wird folgender Einfall

Allegro molto

mit den Themen des Larghettos, des Scherzos und der Introduktion des 1. Satzes konfrontiert. Sie stehen unvermittelt, nur durch kurze Pausen getrennt, nebeneinander. Erst danach werden sie in Vergrößerungen und Verkleinerungen im kunstvollen 4stimmigen, linearen Satz verarbeitet und vereinigt.

WL

Bedřich Smetana

* 2. März 1824 in Leitomischl (Böhmen), † 12. Mai 1884 in Prag

Nach der Ausbildung zum Konzertpianisten gründete Bedřich (Friedrich) Smetana 1848 eine eigene Musikschule in Prag, die er bis 1856 leitete. Während der folgenden 5 Jahre war er Dirigent in Göteborg. Seit 1861 wieder in Prag, u. a. als Chorleiter, Musikkritiker und 1866–74 als Dirigent am Nationaltheater tätig. Seit Beginn seiner Ertaubung, 1874, lebte Smetana zurückgezogen, verzichtete auf öffentliche Konzertauftritte und widmete sich allein der Komposition. 2 Jahre vor seinem Tod äußerten sich die ersten Anzeichen geistiger Umnachtung.

Kammermusik: Klaviertrio g-Moll (1855); Streichquartette e-Moll (1876) und d-Moll (1883); 2 Violinstücke *Aus der Heimat* (1878/1880).

Smetana gilt zu Recht als Begründer der tschechischen Nationalmusik. Ohne daß er Volkslieder oder -tänze direkt in seinen Kompositionen zitiert hätte, gelang ihm eine Verbindung von charakteristischen Merkmalen tschechischer Volksmusik mit dem großen Atem der Sinfonischen Dichtung (Liszt) und des Musikdramas (Wagner). Dieser Meister der tschechischen Nationaloper (»Die verkaufte Braut«) und der Sinfonischen Dichtung (»Mein Vaterland«) hat lediglich 3 gewichtige Kammermusikwerke geschrieben, sieht man von einer Jugendkomposition für Violine und Klavier (»Fantasie über ein böhmisches Lied«) sowie einer Polka und einem Streichquartett (beide verloren) und von den 2 Duos für Violine und Klavier »Aus der Heimat« (1878) einmal ab. Ihnen gemeinsam ist der autobiographische Bezug, der auf der Grundlage klassisch-absoluter Formmodelle zu einer Annäherung an programmatische Aussagen führt, wie wir sie sonst eher aus der Sinfonischen Dichtung kennen als aus der Kammermusik. Insofern war Smetana auch Wegbereiter seines jüngeren Landsmannes Janáček.

Trio für Klavier, Violine und Violoncello g-Moll op. 15

Komponiert September – November 1855.
Moderato assai – Allegro, ma non agitato – Finale: Presto.

Anlaß und Leitmotiv dieses Trios war für Smetana die »Erinnerung an mein erstes Kind Bedřiška, welches uns durch sein außerordentliches Musiktalent entzückt hat, jedoch uns durch den unerbittlichen Tod im Alter von viereinhalb Jahren entrissen wurde« – es ist also in seiner Art ein Vorläufer von Mahlers »Kindertotenliedern«, mit denen es den Grundton der wehmütig-leidenschaftlichen Erinnerung und der erschütternden Totenklage gemeinsam hat, ohne jedoch ihre Direktheit zu erreichen oder auch nur anzustreben; dafür fehlt ja auch ein Text. Persönliches Leid hat Smetana sublimiert und verklärt durch den Filter der reinen, »abstrakteren« Instrumentalbesetzung. Auf diese Weise vermag das Trio auch gleichsam »absolut« zu wirken, ohne daß es der Kenntnis des leidvollen Anlasses bedarf. Smetanas unverkennbarer, aber nie aufdringlicher böhmischer Tonfall und sein spezifisches Musikantentemperament, die seinen Personalstil so unverwechselbar machen, tragen dazu bei.

Der *1. Satz* ist rhapsodisch weitläufig angelegt und umfaßt eine ganze Ausdrucksskala der Leidensfähigkeit und der Trauer. Ungemein deklamatorisch, fast pathetisch stellt sich das von der Violine zunächst allein intonierte Hauptthema vor, mit seinem versteckten chromatischen Abwärtszug:

in den Oktavgängen des Klaviers kehrt es alsbald gesteigert wieder. Sein charakteristischer punktierter Rhythmus durchzieht prägend den ganzen Satz, in dem Hoffnung, Melancholie und Pathos sich im Gleichgewicht halten. Eine beredte, rezitativartig angelegte Klavierkadenz leitet zur Reprise über; ein immer atemloser dahinstürmendes Accelerando beendet den Satz in ausweglosem g-Moll. – Auch im *2. Satz* wechseln Licht und Schatten. Seine Form ist 5teilig: Der leicht böhmisch gefärbte Hauptteil mit seiner Annäherung an den Typus des Brahmsschen 2/4-Takt-Scherzos kehrt zweimal, jeweils leicht verändert und zunehmend verkürzt, wieder und wird von 2 »Alternativo« genannten trioartigen Zwischenteilen unterbrochen. Sie führen zwar beide in Dur-Regionen und bremsen das Grundtempo zum Andante und zum marschähnlichen Maestoso, meiden aber jede Heiterkeit, klingen eher wehmütig-besinnlich, mit Ausbrüchen fatalistischer Entschlossenheit im Alternativo II. – Das stürmische Presto-*Finale* (6/8) findet am Ende immerhin zum versöhnlichen Dur. Sein Hauptthema bezieht seine eigentümliche Wirkung aus der Gleichzeitigkeit von Duole und Triole in Melodie und Begleitung und erfährt im Verlauf des Satzes manche Variante und manchen steigernden Kontrast. So steht ihm eine langsamere melodische Episode von großer Intensität gegenüber:

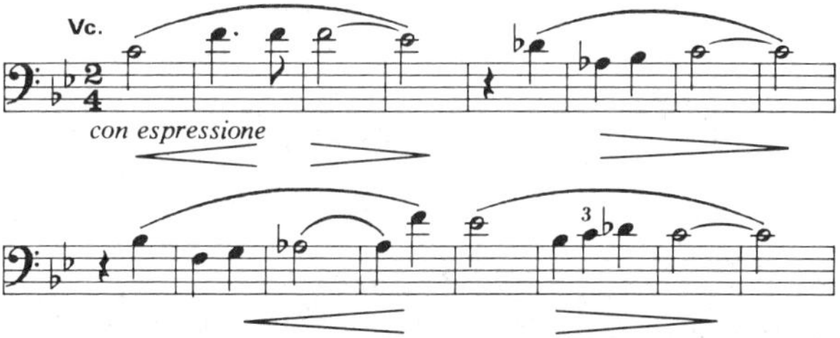

und gegen Ende kehrt es noch einmal trauermarschartig verbreitert wieder, kurz vor dem abschließenden Eintritt der Dur-Tonika.

1. Streichquartett e-Moll, »Aus meinem Leben«

Komponiert 1876.
Allegro vivo appassionato – Allegro moderato alla Polca – Largo sostenuto – Vivace.

Der etwas unverbindliche Untertitel des berühmteren und wohl auch geglückteren der beiden Streichquartette Smetanas ist vom Komponisten in einem Brief vom 12. April 1878 erläutert worden. Als Gedanken zum *1. Satz* nannte er »die Liebe zur

Kunst in der Jugendzeit, das ungestillte Sehnen nach etwas Unaussprechlichem sowie die Vorahnung des nahenden Unheils«, was gewiß wenig konkret ist und insofern die Musik auch auf vorteilhafte Weise nicht allzu außermusikalisch einengt. Diese Stimmungsgegensätze prägen denn auch den Satz atmosphärisch, ohne den Charakter absoluter Musik zu stark zurückzudrängen. So bleibt die Sonatensatzform als Gerüst unangetastet; ihre beiden kontrastierenden Themen entsprechen auch ohne Mühe der Vorlage mit ihren Licht- und Schattenseiten: 1. Thema in der Bratsche, sehr ernsthaft und entschlossen, sich aus einem auftaktigen fallenden Quint- und Sextmotiv zu längerer Steigerung entfaltend:

2. Thema »dolcissimo« und lyrisch in weich wiegendem 4stimmigem Satz. Seine Entfaltungsenergien bezieht der weitere Satzverlauf dann vor allem aus zwei Bausteinen: aus dem markanten Auftakt des Kopfmotivs und aus den aufsteigenden Triolenketten gegen Ende des 1. Themas, so daß es zu einer dynamisch-leidenschaftlichen Durchführung kommt. Mit zwingender Logik mündet sie in der Reprise dann zunächst in das lyrische Seitenthema (E-Dur), das in der Durchführung nicht vorkam. Erst danach tritt wieder eine chromatisch getrübte Rückführung zur Moll-Tonika und zum Hauptthema ein, mit dem der Satz auch verlöscht. Auf diese Weise ergibt sich eine

die Sonatensatzform latent überlagernde rondoartige Fünfteiligkeit (A B A′ B′ A″).
Der *2. Satz* (F-Dur, 2/4) vertritt das klassische Scherzo in Gestalt eines Tanzsatzes »alla polacca« und nimmt auf diese recht handfeste Weise Bezug zur fröhlichen Jugendzeit, in der Smetana ein leidenschaftlicher Tänzer war und gern Tänze komponierte – also ebenfalls ein äußerst weit gefaßtes, nicht einengendes musikantisches Programm! So kann ein recht diesseitig-lebenslustiger Satz entstehen, voller folkloristischer Anklänge, mit einem aparten imitierten Trompetensignal in der Bratsche (»quasi tromba« T. 39) und mit einem graziös beschwingten Des-Dur-Trio in der Mitte, das nach Beethovens Manier gegen Ende noch ein zweites Mal erinnernd anklingt.
Natürlich bot sich der *langsame Satz* (As-Dur, 6/8) als emotionaler Höhepunkt, als Liebesszene an – Smetana verliert sich in Gedanken an die Zeit der aufkeimenden Liebe zu seiner späteren Frau. Nach einem wie improvisiert klingenden Cello-Solo singt die 1. Violine ein inniges Liebesthema:

Überraschenderweise verbirgt sich in ihm jedoch große rhythmische Energie, denn das kleine punktierte Motiv aus dem 2. Takt (Klammer), das Verwandtschaft zu einem motivischen Bestandteil aus dem Hauptthema des 1. Satzes zeigt, wird alsbald zur Keimzelle mehrerer leidenschaftlich akzentuierter Steigerungen, bevor der Satz in sich ruhend und still endet. Bewunderungswürdig ist das Fehlen jeder Sentimentalität, die doch so nahegelegen hätte, jedoch äußerst bewußt gerade durch die motivische Strukturierung vermieden wird.
Das *Finale* endlich muß aus biographischem Anlaß in die Tragödie münden: Die Freude Smetanas über künstlerische Erfolge und über seine Bedeutung als einer der Schöpfer der tschechischen Nationalmusik wird jäh überlagert durch die hereinbrechende Taubheit; sie löst Jugenderinnerungen und Hoffnungsschimmer aus, bevor sie zur Unterwerfung unter das unausweichliche Schicksal führt. Dieses Programm zeichnet der Satzverlauf (E-Dur, 2/4) erkennbar nach: zunächst mit musikantisch ungestümem Temperament und tänzerischer Ausgelassenheit,

die an die Polkaklänge des 2. Satzes anknüpfen, in rondoartiger Reihung formal übersichtlich gebändigt. Auf seinem Höhepunkt schneidet ein plötzlicher harter kurzer Trugschlußakkord den Jubel ab, und nach einer unheilvollen Generalpause erklingt jenes schaurige Klangsymbol der plötzlichen Taubheit: ein peinigend hohes (viergestrichenes) e über flirrendem Tremolo und einem langen Orgelpunkt. Als mahnende Erinnerung ertönt der Ruf des Hauptthemas aus dem Kopfsatz und wenig später auch noch dessen lyrisches Seitenthema, bevor der Satz resignierend leise und mit 3 Pizzicato-Akkorden endet.

2. Streichquartett d-Moll

Komponiert 1883.
Allegro – Allegro moderato / Andante cantabile – Allegro non più moderato, ma agitato et con fuoco – Finale: Presto.

Auch dieses Quartett, das Smetana im Jahr vor seinem Tod im Zustand völliger Taubheit schrieb, hat programmatisch-autobiographische Bezüge und war als eine Art Fortsetzung des e-Moll-Werkes gedacht, gleichsam als Bilanz von Jahren des Nicht-hören-Könnens: »Es stellt den Wirbel im Gemüt eines Musikers dar, welcher das Gehör verloren hat« (Smetana). Diese außermusikalischen Andeutungen führen fast zwangsläufig dazu, daß diese Musik weniger eingängig, pessimistischer und auch formal ungebändigter erscheinen muß als die des 1. Quartetts. Eine künstlerische Wertung muß in einer solchen Feststellung nicht von vornherein enthalten sein; mosaikartige Zerrissenheit der Form läßt sich gerade in diesem Extremfall der Kammermusik durchaus auch als visionärer Altersstil, als ahnender Blick in die Zukunft des 20. Jh. deuten. Auf jeden Fall verdient auch dieses spröde Spätwerk Beachtung, selbst wenn der spontane Zugang erschwert ist.
Den *1. Satz* (3/4 bzw. 9/8) kennzeichnen ständig wechselnde Tempi zwischen Allegro con fuoco und Largamente und damit auch manchmal geradezu hektisch wechselnde Stimmungen, doch läßt sich dieses Kaleidoskop auf wenige motivische Bestandteile reduzieren, die durchführungsartig miteinander verwoben werden: stürmische Triolenbewegung, eine lyrisch wiegende Gegenmelodie (F-Dur) und ein punktierter Staccato-Rhythmus. – Einen wirklich langsamen Satz sucht man in diesem Quartett vergeblich; Elemente eines solchen sind spurenweise im *2. Satz* (e-Moll, 2/4) enthalten, einem zunächst tänzerisch-derben Charakterstück, dessen synkopenbewehrter

Hauptteil immer wieder von kontrastierenden Partien unterbrochen wird: zunächst von einer esoterischen kurzen Passage »con sordino« als Bratschensolo mit der ungewöhnlichen Vortragsbezeichnung »zephyroso«, dann von einem wiegenden trioartigen Mittelteil (E-Dur, 3/8), der im weiteren Verlauf noch zweimal jeweils stärker verkürzt wiederkehrt und zugleich als Ausklang dient:

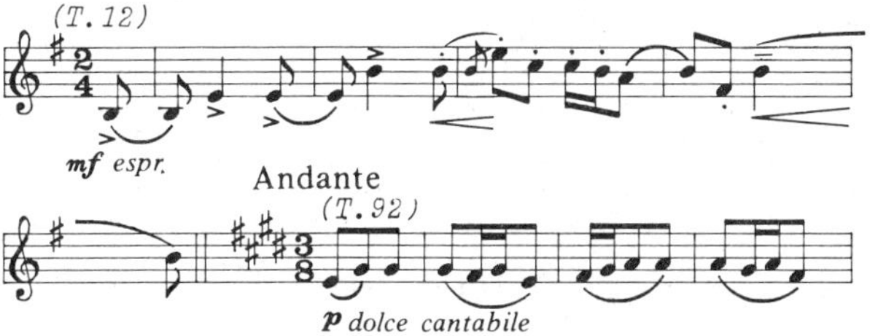

Der konzentrierte *3. Satz* (C-Dur, C) beginnt akzentuiert und wild im ansteigenden Unisono-Tremolo und läßt dann in einem Fugato aller 4 Stimmen das »ausdrucksvoll singende« Hauptthema erscheinen, das sich allmählich in einen Marsch hineinsteigert. Dieser wiederum wird alsbald durch Tempo- und Dynamiknuancierungen gefärbt, führt zu einem energischen Maestoso-Höhepunkt und beruhigt sich endlich mit dem wiederkehrenden Fugato zum zart verklingenden Schluß. – Auch das *Finale* ist knapp und konzentriert; es ist sicher der einheitlichste aller 4 Sätze, denn in ihm dominiert, wenn auch voller Tempo- und Farbschattierungen, die dahineilende 6/8-Bewegung. Sie wandelt sich freilich im ersten Satzdrittel zum gemächlicheren 2/4-Takt, um ein volkstümlich singendes Thema einzuführen. Der Schluß beschleunigt sich mehrmals und wendet sich entschlossen und endgültig nach D-Dur. Einprägsames Merkmal in diesem wie in den übrigen Sätzen ist das überaus kunstvolle Verfahren, kurze folkloristisch-faßliche Melodien und Melodiebruchstücke in ein hochdifferenziertes und motivisch durchstrukturiertes Gefüge einzupassen. Das Ergebnis ist eine frappierend individuelle – wenn man so will: moderne – Tonsprache voller aphoristisch-knapper Wendungen.

AWJ

Anton Bruckner

* 4. September 1824 in Ansfelden (Oberösterreich)
† 11. Oktober 1896 in Wien

Bruckners Vorfahren waren Bauern, Handwerker und Schulmeister. Anton wurde, früh verwaist, Singknabe im Stift St. Florian. Ab 1840 Vorbereitung auf den Lehrerberuf; 1845 Rückkehr als Hilfslehrer nach St. Florian. Hier wurde Bruckner 1850 Stiftsorganist. Endgültig zum Berufsmusikertum entschloß er sich mit der Übernahme des Organistenpostens am Linzer Dom; gleichzeitig begann er ein Kompositionsstudium bei Sechter in Wien, nach jahrelangen autodidaktischen Übungen. 1865 entfachte »Tristan und Isolde« in München seine Wagner-Begeisterung und -Verehrung, die er später bei mehreren Bayreuth-Besuchen vertiefte. Seit 1868 lebte Bruckner in Wien, als Kompositionsprofessor am Konservatorium und als Lektor an der Universität tätig, deren Ehrenpromotion 1891 ihn besonders freute. Konzertreisen führten ihn als Organisten u. a. nach Paris und London. Seine letzte Ruhestätte fand Bruckner im Stift St. Florian.

Kammermusik: Streichquartett c-Moll; Streichquintett F-Dur; Intermezzo hierzu.

Bruckner ist als Kammermusikkomponist nur ganz sporadisch in Erscheinung getreten; sein Ruhm beruht auf seinen 9 Sinfonien und seinen geistlichen Werken. Neben ihnen glänzt als unerwartete Kostbarkeit sein einziges Streichquintett, das in einer sinfonischen Schaffenspause entstand und Bruckners Bedeutung auch in einer ihm sonst fremden Gattung verankerte.

Anderthalb Jahrzehnte vor dem Quintett versuchte Bruckner sich während seiner Linzer Studien bei Otto Kitzler an einem **Streichquartett c-Moll**, das er am 29. Juli 1862 vollendete und in sein Studienbuch eintrug. Erst 1951 wurde dieses 4sätzige Opus des 38jährigen vom Koeckert-Quartett uraufgeführt. Gewiß handelt es sich hier im wesentlichen um die beflissene Erledigung einer Schulaufgabe, der man die Orientierung an den großen klassischen Vorbildern anmerkt, doch schimmert an vielen Stellen der überschaubar und logisch gegliederten Sätze sozusagen der Originaltonfall Bruckners durch, so daß sich auch für dieses Werk eine kleine Nische im Repertoire mancher Quartettvereinigungen finden könnte.

Ein genialer, den Sinfonien ebenbürtiger Wurf ist dagegen das berühmte

Quintett F-Dur für 2 Violinen, 2 Violen und Violoncello

Komponiert zwischen Dezember 1878 und 12. Juli 1879; gewidmet Herzog Max Emanuel von Bayern. UA: 1881 in Wien.

Gemäßigt – Scherzo: Schnell – Adagio – Finale: Lebhaft bewegt.

In der Besetzung folgt dieses singuläre Werk Mozarts Vorbild mit 2 Bratschen, verzichtet also auf das verstärkte Baßfundament zugunsten gleichmäßiger voller Satzdichte.

Ähnlich wie Bruckners Sinfonien durchlief auch das Quintett mehrere kompositorische Zwischenstadien bis zur Drucklegung. So stand etwa der langsame Satz ursprünglich an zweiter Stelle und trug die Bezeichnung »Andante« mit dem Zusatz »quasi Allegretto« sowie Alla-breve-Notierung, so daß sich für die endgültige Version eine nicht unbeträchtliche Verlangsamung ergab. Ferner gibt es eine bemerkenswerte Variante des Scherzos: Joseph Hellmesberger, der mit seinen Quartett-ensembles zwar nicht die Wiener Uraufführung (Franz Schalk) bestritt, sich jedoch ab 1885 für das Werk einsetzte, beanstandete den Satz als zu schwer und erhielt deshalb von dem solchen Vorschlägen gegenüber stets nachgiebigen Komponisten einen Ersatz, der heute als einzelnes **»Intermezzo«** bekannt ist: ein in gleicher Tonart (d-Moll) stehender schöner, nun recht gemächlicher Satz, der das originale, natürlich weniger kontrastierende Trio einrahmt.

Das Quintett zeigt alle wesentlichen Merkmale des reifen Bruckner-Stils: biegsame und bisweilen überraschende Harmonik voller chromatischer Eintrübungen, motivisch gegliederte und weiträumig sich entfaltende Melodik, expansive Dynamik mit groß angelegten Steigerungen und überraschenden Abstürzen, Kontrastbildungen auf engstem Raum und ein polyphon-vielschichtiges Stimmengefüge. Dennoch wäre es falsch, von einer »Kammersinfonie« zu sprechen, also von einer lediglich in der Stimmenzahl notgedrungen reduzierten Sinfonie. Vielmehr ist es staunenswert, mit welcher Sicherheit und Souveränität Bruckner seine Tonsprache auf eine für ihn ungewohnte Gattung überträgt, die in den Instrumentationsmöglichkeiten gegenüber dem großen Orchester der Spätromantik vergleichsweise spartanisch und abstrakt anmuten muß. Den naheliegenden Versuchungen orchestraler Schreibweise (wie Doppelgriffen und Tremolo-Effekten) ist er dabei weitgehend ausgewichen.

Der »gemäßigte« *Kopfsatz* nähert sich in seinem verhaltenen Grundtempo fast einem langsamen Satz. Dem gleichmäßigen Achtel- und Viertel-Strömen des Hauptthemas:

das in seiner Fortführung bereits zu einem ersten ff-Ausbruch führt, steht ein sehr charakteristisch-motivisch gegliederter Einfall gegenüber; sein punktiertes Kopfmotiv wird zu einem der wesentlichen Gestaltungsmerkmale des ganzen Satzes

und führt bereits in der Exposition in mehreren Wellen zu gewaltigen dynamischen durchführungsartigen Entladungen, bevor »sehr zart« noch ein pizzicatobegleiteter lyrischer 3. Gedanke (T. 74) diesen Teil beendet. Eine kleine Geigenkadenz leitet zur relativ kurzen Durchführung über, die sich mit 1. und 2. Thema auseinandersetzt und auch kontrapunktische Satzkünste einbezieht, indem sie das Hauptthema umkehrt und sogleich in mehrfache Engführungen zwingt. Die Reprise bezieht, ähnlich wie schon die Exposition, ansatzweise Durchführungselemente mit ein und endet in einer letzten monumentalen Steigerung des ursprünglich lyrischen 3. Themas, dem als Ostinato der Rhythmus des Kopfmotives aus dem 2. Thema unterlegt ist.
Scherzo (d-Moll, ¾) und *Trio* kontrastieren geradezu schulbuchmäßig: Schnell und ein wenig gespenstisch eilt der Hauptteil dahin, von kleinen Vorschlägen und angedeuteten Synkopen durchzogen, in 3teiliger Gliederung mit einer leichten Tempoverzögerung und inneren Beruhigung in seinem Mittelteil und mit einem äußerst typischen »Brucknerschen«, sich motivisch auf der Stelle drehenden fff-Abschluß. Das knappe Trio wendet sich »langsamer« zum freundlichen Es-Dur, übernimmt

die kleinen Vorschlagsornamente in seinen bewegten Begleitfiguren und färbt seinen durchsichtigen Satz auch durch Pizzicato-Passagen.

Zum geistigen und klanglichen Zentrum wird erwartungsgemäß der *langsame Satz* (Ges-Dur, C) mit seinem breit strömenden expansiven Hauptthema, dem sogleich Gegenstimmen imitatorisch antworten:

Das kleine punktierte Motiv aus seinem Abgesang bestreitet dann die Überleitung zum getragenen, zwischen B-Dur und Moll schwankenden Gegenthema, das die 1. Solobratsche vor auf einmal völlig homophonem Klanghintergrund vorträgt. Spätestens in der Durchführung wird deutlich, daß der Anfangstakt des 2. Themas den Beginn des Hauptthemas fast wörtlich umkehrt. Die weitere Entwicklung führt über kontrapunktische Verknüpfungen und weiträumige Steigerungen zum zart verklärten Ausklang. Er greift noch einmal jenes kleine punktierte Motiv aus der Exposition auf, das nun jedoch nicht mehr wie ursprünglich die beiden Themenbereiche miteinander verknüpft, sondern in die Coda mündet.

Über ostinat pochenden bewegten Vierteln beginnt das *Finale* (C) zunächst noch in f-Moll und wendet sich erst gegen Ende ins befreiende Dur der Tonika. Dazwischen aber liegt eine vielgliedrige, mit äußerster Kunstfertigkeit gewobene Motivstruktur voller dynamischer Höhepunkte, von gliedernden Atempausen durchsetzt und mit höchster kontrapunktischer Kunstfertigkeit gearbeitet. Die einzige wirklich orchestral empfundene Passage des Werkes steht mit dichtem Unterstimmen-Tremolo in dreifachem Forte und mit strahlend-schlichten F-Dur-Dreiklangsbrechungen ganz am Ende des Satzes. Sie ist zwingender Abschluß einer letzten, im Pianissimo ansetzenden allmählichen Entfaltung über einem 37 Takte langen Baßorgelpunkt, der mit seinen hämmernden Vierteln zunächst auf der Dominante und dann auf der Tonika verharrt. Von diesem Schluß existieren übrigens zwei voneinander abweichende Fassungen: Bruckner korrigierte hier den bereits erschienenen Erstdruck noch einmal zugunsten eines noch intensiveren Schlußeffekts.

AWJ

Johannes Brahms

* 7. Mai 1833 in Hamburg, † 3. April 1897 in Wien

Brahms, das zweite von drei Kindern aus der Ehe eines Hamburger Stadt- und Unterhaltungsmusikers mit seiner 17 Jahre älteren Haushälterin, wuchs im halb kleinbürgerlichen, halb proletarischen Milieu eines großstädtischen Armenviertels, aber in der Geborgenheit einer (zunächst) intakten und prinzipienstrengen Familie auf; sein späterer Sozialcharakter zeigt typische Züge eines bürgerlichen Aufsteigers im 19. Jh.: Bildungs- und Besitzstreben, national-konservative Gesinnung, private Religiosität, die sich mit Skepsis gegenüber den Konfessionen und Kirchen verbindet. Mit 10 Jahren gab er sein erstes öffentliches Konzert als Pianist; als Zwanzigjähriger ging er, mit dem 1848 aus Ungarn geflohenen Geiger Eduard Reményi, auf seine erste Konzertreise. Seine Ausbildung in Hamburg, vor allem bei dem renommierten Eduard Marxsen, war konservativ, streng handwerklich und vor allem an den Sonaten Beethovens orientiert gewesen. Nicht zuletzt diese Ausbildung hat wohl die tief in dem angehenden Komponisten verwurzelte Unsicherheit zu einer extremen Selbstkritik gesteigert, der fast alle Jugendwerke Brahms' zum Opfer fielen und die den Kompositionsprozeß gerade der zentralen Werke (»Deutsches Requiem«, Klavierquintett, 1. Sinfonie) ebenso kompliziert wie langwierig machte. Auf der Reise mit Reményi lernte der Zwanzigjährige die musikalische »Welt« kennen, vor allem Liszt und dessen Weimarer Kreis, zu dem er sich zeitweise hingezogen fühlte, und Joseph Joachim, mit dem ihn eine lebenslange Freundschaft verband. Auf Joachims Rat besuchte er Robert und Clara Schumann in Düsseldorf; Schumann ebnete ihm den Weg durch einen ersten Verlagskontakt und durch seinen berühmten Aufsatz »Neue Bahnen« (Neue Zeitschrift für Musik, 1853), in dem er den jungen Komponisten in prophetisch-enthusiastischem Ton als den vorstellte, »der den höchsten Ausdruck der Zeit in idealer Weise auszusprechen berufen« sei. Durch die Begegnung mit Schumann wurde Brahms aber auch in den konservativen Kreis der Komponisten um Schumann gezogen, und als er 1860 dessen Manifest gegen die »neudeutsche« Schule mitunterzeichnete, wurde er vollends zum Parteigänger – und mit wachsendem Ruhm zum unfreiwilligen Parteihaupt – der Anti-Wagnerianer gestempelt. Die Begegnung führte ihn schließlich, durch Schumanns Zusammenbruch und durch seine leidenschaftliche Liebe zu der 13 Jahre älteren Clara Schumann, in eine schwere Krise, aus der eine lebenslange Bindungsangst und eine extreme Scheu vor offener Emotionalität (ablesbar an den Briefen) zurückblieben. Von 1857 bis in die 70er Jahre hinein bemühte sich Brahms immer wieder um feste Anstellungen. Aber bald nach der Übersiedlung nach Wien 1863 hatte sich ein Lebensrhythmus ausgebildet, der eine feste Anstellung als unnötige Belastung erscheinen ließ: Konzertreisen als Dirigent und Pianist mit eigenen Werken im Winter, kompositorische Arbeit zu Hause und vor allem in der Sommerfrische in der warmen Jahreszeit.

Kammermusik: 3 Violinsonaten, 2 Cellosonaten, 2 Klarinettensonaten; 3 Klaviertrios, Waldhorntrio, Klarinettentrio; 3 Klavierquartette; Klavierquintett; 3 Streichquartette; 2 Streichquintette; 2 Streichsextette; Klarinettenquintett.

Brahms' Ruhm war schon in seiner Zeit zu einem nicht geringen Teil ein Mißverständnis, und er ist es bis heute geblieben. Nicht nur die Parteigänger Wagners und Liszts, sondern auch viele unabhängige Musiker lehnten den »Konservativen« ab, der für manche desto weniger von einem Reaktionär zu unterscheiden war, je mehr er sich in Kammermusik und Lied zurückzog; wenige sahen, daß gerade in der Instrumentalmusik des Komponisten die klassisch-romantische Tradition nicht einfach weitergetragen, sondern zu Ende gedacht wurde – in einem kompositorischen Denkprozeß, dessen Konsequenz in seiner Epoche fast einzigartig war (der große Antipode, Wagner, ausgenommen). Das breitere Publikum hielt sich an die leichter zugänglichen Werke – kein Zufall, daß Brahms seine ersten großen Erfolge mit dem »Deutschen Requiem« und den »Ungarischen Tänzen« hatte – und an die emotionalen Züge vor allem der frühen und mittleren Werke; übersehen wurde dabei, daß gerade dieser Komponist keine »Botschaft« verkünden wollte, daß seine musikalische Sprache auch in Nebenwerken viel zu kompliziert war, als daß in ihr Genrestücke hätten entstehen können, und daß Emotionalität und Konstruktion in ihr unmittelbar miteinander verbunden waren, so daß die extrem emotionalen immer auch die extrem konstruierten Werke sind. Die verhaltene, schnörkellos-präzise Sprache des Spätwerks war dann erst recht dem Geschmack der Zeit fern, auch wenn der Ruhm des Komponisten (schon seit etwa Mitte der 1870er Jahre) nun so gefestigt war, daß jedes neue Werk eine Art Erfolg hatte.

Die besondere Konstellation von Emotionalität und Konstruktion, die fast das ganze Brahmssche Œuvre prägt, läßt sich ohne Zwang auf den Konflikt zurückführen, der in der musikalischen Sozialisation der frühen Jahre angelegt wurde und den der Komponist zeitlebens, komponierend, austrug: der Konflikt zwischen der kompositorischen Logik der Musiksprache der Klassik und der musikalischen Poetik der Welt Schumanns und Eichendorffs. Brahms löste ihn in der Verschmelzung von Logik und poetischer Metamorphose, in der Verbindung von Variation und thematischer Arbeit, die von Schönberg als das – seine eigene Arbeit begründende – Verfahren der »entwickelnden Variation« verstanden wurde, die man aber ebensogut als Poetisierung der thematischen Arbeit und Logik der musikalischen Poesie verstehen könnte. Gerade dadurch ist Brahms zum Kammermusik-Komponisten par excellence geworden – der Anspruch von Kammermusik als der anspruchsvollsten und zugleich intimsten Musik, wie ihn die Wiener Klassik ausgebildet hatte, kam ihm ideal entgegen. So wurde er – nach der Zeit zwischen Beethovens Tod und der Jahrhundertmitte, in der die Kammermusik viel von ihrem klassischen Prestige eingebüßt hatte – zum Erneuerer und Begründer kammermusikalischer Gattungen, zum Vorbild für eine Generation von Kammermusik-Komponisten in ganz Europa und zum Ahnherrn der 2. Wiener Schule.

Violin-, Cello- und Klarinettensonaten

Für einen Komponisten des späteren 19. Jh. mußte die Violinsonate eine prekäre Gattung sein. Der thematischen Arbeit und allgemein der Durchbildung des Satzes, wie sie von anspruchsvoller Kammermusik gefordert wurde, stand die Begrenzung auf 2 sehr unterschiedliche Instrumente entgegen, mit der schon Beethoven gerungen hatte; die neuere Geschichte der Gattung aber tendierte entweder zum lyrischen Stück, in dem das Klavier dominierte, oder zur Virtuosensonate für den großen Konzertsaal. So ist es wohl kein Zufall, daß Brahms – ebenso wie bei der Sinfonie und beim Streichquartett – lange zögerte, bis er eine Violinsonate zum Druck freigab. Nach den durchaus glaubwürdigen Erinnerungen Gustav Jenners sind 3 ältere Werke vernichtet worden.

Sonate für Violine und Klavier G-Dur op. 78

Komponiert 1878/79 in Pörtschach.
Vivace ma non troppo – Adagio – Allegro molto moderato.

Ende Juni 1879 schickte Brahms das fertige Werk an Clara Schumann; im begleitenden Brief bekannte er – mit einer für Brahms ganz ungewöhnlichen Direktheit –, was es mit der Sonate auf sich hatte: »es wäre mir eine gar große Freude, wenn ich ihm [Brahms' Patenkind Felix Schumann] ein kleines Andenken schaffen könnte.« Felix Schumann war im Februar 1879 an Tuberkulose gestorben; die unheilbare Krankheit hatte man im Herbst 1872 entdeckt – kurz nachdem der ältere Bruder Ludwig mit der vom Vater geerbten Geisteskrankheit in eine Anstalt eingeliefert worden, die Schwester Julie gestorben war. In dieser schrecklichsten Zeit ihres Lebens brachte Brahms der fast gebrochenen Clara die beiden »Regenlieder«, die später als op. 59/3 und 4 gedruckt wurden, und am Heiligen Abend des Jahres 1872 komponierte er ein Gedicht seines Patensohnes, »Meine Liebe ist grün wie der Fliederbusch«. 7 Jahre später erkannte Clara tiefbewegt, daß »ihre« Melodie (die Strophenmelodie, die beiden »Regenliedern« zugrunde liegt) in die Sonate eingearbeitet war: »Ich musste mich [. . .] ordentlich ausweinen vor Freude [. . .] als ich [. . .] meine so schwärmerisch geliebte Melodie [. . .] wiederfand! Ich sage meine, weil ich nicht glaube, dass ein Mensch diese Melodie so wonnig und wehmutsvoll empfindet wie ich.« Im Finale erscheint sie als vollständiges Zitat (Melodie und Klaviersatz) der ersten Takte des 2. »Regenliedes«, »Nachklang«, aus denen das Hauptthema des Satzes entwickelt wird; im Kopfsatz und im Adagio werden

aus dem Auftaktrhythmus des Anfangs neue Themen gebildet.
Mit den Gattungsproblemen der Violinsonate, ebenso aber mit der Beziehung des Werkes zu Felix Schumann dürfte zusammenhängen, daß die G-Dur-Sonate weder ein in anspruchsvoller thematischer Arbeit sich entwickelndes Werk der Beethoven-Nachfolge noch eine Virtuosensonate ist, sondern eigentlich ein lyrisch-elegischer »Liederzyklus«, in dem die Violine als singende Stimme fast gänzlich dominiert, der Klaviersatz freilich – wie im Brahmsschen Lied – so gewichtig und thematisch so verdichtet ist, daß ein Kammermusikwerk höchsten Anspruchs entsteht.
Daß die Sonate auf die volle Entfaltung des Liedzitats im Finale gleichsam hinkomponiert ist, zeigt sich schon im *1. Satz* (G-Dur, 6/4) in der Funktion des rhythmischen Kopfmotivs: Als thematischer Auftakt prägt es das 1. Thema, in melodischer Verwandlung erscheint es im Seitensatz und in der Schlußgruppe, die Umfang und Gewicht eines 3. Themas hat und durch ein Zitat des Hauptthema-Anfangs eingeleitet wird. Die Durchführung, in der die Themen weniger verarbeitet als melodisch verknüpft werden, beginnt mit einem Zitat des Hauptthema-Anfangs in der Tonika (die fehlende Wiederholung der Exposition für einen Moment suggerierend) und endet mit einer Rückleitung, in der das Kopfmotiv in g-Moll erscheint. Nach der ungewöhnlich regelmäßigen Reprise wird aus dem Satzanfang die Coda entwickelt.
Das *Adagio* (Es-Dur, 2/4) beginnt wie ein Lied, in dem die Singstimme erst nach einer langen und feierlichen, von romantischen Hörnerklängen durchzogenen Einleitung einsetzt. Ein

marschähnlicher Mittelteil, dessen Rhythmik auf das Kopfmotiv des 1. Satzes zurückweist, entwickelt in der Violine eine neue Melodie; dann wird der Hauptteil, jetzt mit der Melodie durchgehend in der Violine, wiederholt, und am Schluß werden Marschrhythmus, 2. und 1. Melodie miteinander verwoben, bis der Satz in den nun ganz deutlichen Hornmotiven der letzten Takte verklingt.
Das *Finale* (g-Moll/G-Dur, C) umkreist bis fast zum Schluß g-Moll statt G-Dur; vor allem das aus dem Lied gewonnene Hauptthema steht (wie dort) ständig in Moll. Formal ist der Satz ein einfaches Rondo, in dem als zweite Episode das Hauptthema des langsamen Satzes in seiner ursprünglichen Tonart Es-Dur wiedererscheint. Erst mitten in der letzten Wiederholung des Hauptthemas wendet sich der Satz – più moderato – nach G-Dur, und das Thema des langsamen Satzes erscheint noch einmal. Die letzten Takte gehören dem Liedzitat, das nun endlich in Dur und in hoher Violinlage erklingt: ein zarter, gar nicht apotheotischer, aber tröstlich entspannter Schluß.

Sonate für Violine und Klavier A-Dur op. 100

Komponiert 1886 in Thun.
Allegro amabile – Andante tranquillo / Vivace – Allegretto grazioso (quasi Andante).

Die A-Dur-Sonate entstand in jenem Kammermusik-Sommer, dem auch die Cellosonate op. 99, das Klaviertrio op. 101 und der 1. Satz der Violinsonate op. 108 zu verdanken sind. Die Sonaten op. 100 und 108 scheinen ursprünglich als Werkpaar konzipiert worden zu sein (ähnlich den Klavierquartetten op. 25 und 26, den Streichquartetten op. 51, den Klarinettensonaten op. 120); warum op. 108 erst 2 Jahre später vollendet wurde, ist unklar. In ihren knappen und klaren Formen wie in ihren Tonarten, aber auch in der Auseinandersetzung mit der großen 4sätzigen Form sind beide Werke deutlich aufeinander bezogen. Die A-Dur-Sonate scheint aber auch einen autobiographischen Hintergrund zu haben: Brahms hat auf die Beziehung des 2. Themas des Kopfsatzes zum Lied »Wie Melodien zieht es mir leise durch den Sinn« (op. 105/1) hingewiesen, das im selben Sommer entstand, und geäußert, die Sonate sei »in Erwartung der Ankunft einer geliebten Freundin« komponiert worden; Max Kalbeck hat außerdem auf (allerdings nicht sehr deutliche) motivische Beziehungen zwischen dem Kopfthema der Sonate und dem Lied »Komm bald« (op. 97/5) aufmerksam gemacht.

Beide Lieder sind für die junge Sängerin Hermine Spies geschrieben.
Der auffallendste Gegensatz des Werkes zur G-Dur-Sonate ist die Behandlung des Klavier-Violin-Satzes, in dem jetzt beide Instrumente nicht nur gleichwertig, sondern in gleicher Weise eingesetzt werden, das Satzmodell Melodie plus Begleitung durch die in der Klassik entwickelten Modelle der thematischen Arbeit und des durchbrochenen Satzes ersetzt wird. Sicherlich hängt damit zusammen, daß sich die Form des Werkes und seiner Sätze teils unmittelbar, teils dialektisch auf die klassische Sonatensatz- und Zyklusform bezieht.
Der *1. Satz* (A-Dur, ¾) ist ein gedrungener, fast klassizistisch klar geformter Sonatensatz: Das 1. Thema (am Anfang deutlich, aber doch wohl nur zufällig an das Preislied in Wagners

»Meistersingern« erinnernd) wird erst vom Klavier mit kurzen Einwürfen der Violine, dann von der Violine mit Einwürfen des Klaviers vorgetragen und schließlich kurz gesteigert; fast umstandslos schließt sich der Seitensatz (E-Dur) an, in dem die Violine führt und der erst in seiner Schlußwendung mit dem charakteristischen Triolenrhythmus einen deutlichen Gegensatz zum 1. Thema ausbildet. Die äußerst dichte und ganz thematisch gearbeitete Durchführung entwickelt sich zu einer überraschenden, breit ausgeführten »Charakter-Variation« des Triolenthemas, das jetzt piano, dolce und fast scherzando auftritt und in großem Diminuendo zur Reprise führt. Um ein Gegengewicht gegen diese thematische Verfestigung der Durchführung zu schaffen, wird die Reprise durchführungsartig aufgebrochen und in eine Coda übergeleitet, in der die Thematik erst klanglich aufgelöst, dann noch einmal zu einer kurzen Apotheose des Hauptthemas verdichtet wird.

Die beiden Mittelsätze der großen, 4sätzigen klassischen Form, die Brahms gern als Intermezzi behandelt, sind hier ineinanderkomponiert: *Andante tranquillo* (F-Dur, $2/4$) und *Vivace* (d-Moll, $3/4$) wechseln einander dreimal ab. Bei der ersten Wiederholung sind beide Teile zugleich als Variationen ausgearbeitet; das Andante beginnt in D-Dur, geht dann aber nach d-Moll, während das Vivace (mit Ausweichungen) in d-Moll verharrt; schließlich sind die Tempi gegenüber den beiden ersten Abschnitten gesteigert: Andante und Vivace di più. Die abschließende Rückkehr zu den ursprünglichen Tempi bringt eine Verkürzung der Abschnitte, zugleich eine Intensivierung ihrer Charaktere und ihres Kontrastes.

Das *Finale* ist ein einfaches Rondo, das mehrfach zum 1. Satz kontrastiert: klang- statt motivbetonte Thematik, Klangentfaltung und melodisch-motivische Entwicklung statt thematischer Arbeit, eine fast lockere, entspannt wirkende Abschnittsreihung statt dichter Beziehungsfülle und Integration der Formteile. Der traditionell leichtere Ton des Schlußsatzes wird so durch einen Wechsel der Satz- und Formtechniken erreicht, der die Satzfolge abrundet: thematische Arbeit und Sonatensatz am Anfang, melodie- und rhythmusbetonter Satz in vitalen Kontrasten, verbunden mit Variationsverfahren, in der Mitte, rondohafte Entspannung am Schluß. Daß die 3 Sätze zugleich als »Variationen« des schon in den ersten Takten evozierten lyrischen, ja idyllischen Grundtons wirken, gehört zu den unauffälligen Feinheiten des Werkes.

Sonate für Violine und Klavier d-Moll op. 108

Komponiert 1886/88; Hans von Bülow gewidmet.
Allegro – Adagio – Un poco presto e con sentimento – Presto agitato.

Die d-Moll-Sonate ist im Sommer 1886 in Thun begonnen worden, aber nach der Vollendung des 1. Satzes offenbar liegengeblieben; erst Ende 1888 schickte Brahms ein vollständiges Manuskript an das Ehepaar von Herzogenberg. Von den 3 Violinsonaten ist sie die einzige, die eine Widmung trägt, und der recht virtuose Klaviersatz legt die Vermutung nahe, daß Brahms von Anfang an eine solche Widmung erwog, zumindest aber die Sonate von vornherein als große Konzertsonate konzipierte. Andererseits ist sie deutlich ein Pendant zur Sonate op. 100, vor allem in der 4sätzigen Anlage, in der langsamer Satz und Scherzo zwar als selbständige Sätze gefaßt, in Charakter und Form aber gleichwohl eher intermezzohaft angelegt sind.

Beziehungen durch vermittelten Kontrast, das heißt kontrastierende Beziehung auf klassische Modelle, zeigen sich auch in den einzelnen Sätzen. So ist das *1. Allegro* (d-Moll/D-Dur, ¢) ein so ungewöhnlicher Sonatensatz, wie der Kopfsatz der A-Dur-Sonate ein regelmäßiger war. Das spannungsreiche Hauptthema mit seiner erregten Begleitung und das ruhigere F-Dur-Seitenthema werden sogleich nach ihrer Aufstellung geradezu dramatisch durchführungsartig aufgebrochen; dafür folgt dann nicht eine konzentriert thematisch gearbeitete Durchführung, sondern eine Art Auflösung des Hauptthemas über – technische Tour de force – einem pochenden Orgelpunkt, der 46 Takte

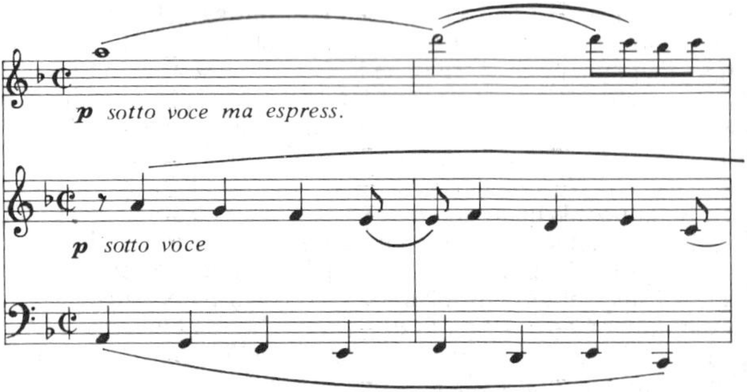

lang ausgehalten wird. Die durchführungsartig erweiterte Reprise steht in A-Dur; die Coda, die aus dem Hauptthema entwickelt ist und zugleich auf den Orgelpunkt der Durchführung zurückgreift, wendet sich von d-Moll nach D-Dur zurück. In seinem eigentümlich verschleierten Ausdruck erinnert dieser Schluß an den des 1. Satzes der 1. Sinfonie: Die Wendung nach Dur wirkt, nach ermattet herabsinkender Chromatik und Seufzer-Figuren, noch nicht als Lösung, sondern wie eine zaghafte Verheißung. Freilich antwortet darauf in der Sinfonie der große triumphale Durchbruch, hier ein Finale, das in grimmigem d-Moll endet.

Das *Adagio* (D-Dur, 3/8) ist ein formal einfacher, dabei emphatischer Gesang der Violine – 36 Takte, die leicht variiert wiederholt und mit einer kleinen Coda abgeschlossen werden. – Das *Quasi-Scherzo* (fis-Moll, 2/4) bildet zu diesem feierlichen Satz einen extremen Kontrast – ein atemlos dahinjagendes Stück, in dem nicht mehr, wie im 1. Satz, Violinmelodik durch unruhige Begleitung getrübt wird, sondern in dem sich Melodik gegen die alles beherrschenden abgerissenen rhythmischen Figuren kaum noch entfalten kann.

Das *Finale* (d-Moll, 6/8) ist – wiederum im Gegensatz zur A-Dur-Sonate – ein äußerst gespanntes und dicht gearbeitetes Stück, das die rhythmische Unruhe des 1. und 3. Satzes ins Harmonische wendet, die harmonische Bewegung des 1. Satzes umkehrt. Der ganze Satz ist, trotz dreier ausgeprägt gegensätzlicher Themen, fast ganz von Klang, Rhythmus und Motivik des Kopfthemas geprägt; er entwickelt sich vom dominantischen Anfang über die ruhig beginnenden, aber harmonisch offenen, vorwärtsdrängenden Seitenthemen, heftige Synkopenstauungen und Durchführungsabschnitte, in kaum je innehaltender Perpetuum-mobile-Bewegung auf die Coda zu, in der das Hauptthema endlich am Ziel ist: in d-Moll.

Scherzo für Violine und Klavier c-Moll (= 3. Satz der FAE-Sonate)

Komponiert 1853.
Allegro – Trio: Più moderato.

Zur Begrüßung Joseph Joachims, der im Oktober 1853 in Düsseldorf konzertierte, schrieben Schumann, Albert Dietrich und Brahms gemeinsam eine Violinsonate, in die Joachims Motto FAE (»Frei, aber einsam«) eingearbeitet wurde. Die Sonate ist 4sätzig wie Schumanns 1851 komponierte »Große Sonate« d-Moll op. 121; Dietrich komponierte den 1. Satz, Schumann den 2. (Intermezzo) und 4., Brahms das Scherzo. In dieser Gestalt wurde die Sonate erst 1935 veröffentlicht. (Vgl. dazu auch Schumann, Sonate a-Moll o. op.) Daß die 4 Sätze stilistisch sehr unterschiedlich sind und sich nicht zur zyklischen Einheit fügen, ist weniger erstaunlich als die Tatsache, daß alle drei Komponisten auch in einem solchen privaten Gelegenheitswerk sich bemühten, ihr Bestes zu geben.
Bei Brahms führt diese Bemühung zu einem großen und wilden Klavierstück, in dem der Violinpart fast untergeordnet (und sehr undankbar) ist und das in Typus und Tonfall dem Scherzo der ebenfalls Joachim gewidmeten Klaviersonate C-Dur op. 1 sehr nahe steht.
Der *Scherzo*-Hauptteil ist ein großer 3teiliger Satz, durchpulst von dem für Brahms so charakteristischen Rhythmus  und dessen Verschränkung , im durchführungsähnlichen Mittelteil (Es-Dur – E-Dur – G-Dur) beruhigt in einer weit ausschwingenden Kantilene von sehr Schumannschem Zuschnitt, deren beide Formulierungen aber aus der ersten Begleitfigur des Hauptteils abgeleitet sind (Bsp. S. 639), und abgeschlossen durch eine verkürzte und variierte Wiederholung des Hauptteils, so daß eine Quasi-Sonatensatzform entsteht. Das sehr kurze *Trio* (G-Dur, 2/4) entwickelt eine wiederum ganz Schumannsche, aus der Welt der poetischen Klavierminiaturen stammende Melodie; da, wo sie vorübergehend in das 2. Thema des Hauptteils mündet, erklingt in den Bässen leise auch dessen

Grundrhythmus. Die Wiederholung des Hauptteils leitet, über die dröhnenden Paukenmotive der Schlußtakte, in eine »naiv-prahlerische« (Karl Geiringer) Coda, deren Ton schon die Vortragsbezeichnung festlegt: sempre ff e grandioso. Aber selbst in diesem einigermaßen unkontrollierten C-Dur-Jubel schlägt noch das thematische Gewissen des jugendlichen Komponisten, denn die Melodie dieser Schlußwendung ist die Augmentation der ersten Takte der Trio-Melodie.

Sonate für Violoncello und Klavier e-Moll op. 38

Komponiert 1862/65.
Allegro non troppo – Allegretto quasi Menuetto – Allegro.

Brahms schrieb seine 1. Cellosonate in zwei Etappen: Allegro, Adagio und Allegretto 1862 in Bad Münster am Stein und in Hamm bei Hamburg, den letzten Satz erst im Juni 1865 in Lichtental bei Baden-Baden. Das Werk war also ursprünglich 4sätzig, eine »Große Sonate« im Sinne der klassisch-romantischen Tradition. Brahms strich dann aber das Adagio, vielleicht aus Sorge, die Komposition könne durch eine Überfülle von Gedanken überfrachtet und auch zu lang werden. Die erste öffentliche Aufführung fand erst 1871 statt; 1865 hatte Brahms sich noch keineswegs »durchgesetzt«, und die ersten großen

Erfolge mit dem »Deutschen Requiem« und den »Ungarischen Tänzen« kamen erst 1868 und 1869. Er widmete das Werk dem Wiener Juristen und Musiker Josef Gänsbacher als Dank dafür, daß dieser dem leidenschaftlichen Autographensammler Brahms den Kauf von Schuberts Lied »Der Wanderer« vermittelt hatte.
Wer im 19. Jh. eine Cellosonate komponieren wollte, konnte kaum an den inspirierenden, aber auch einschüchternden Mustern der Gattung vorübergehen: Beethovens A-Dur-Sonate op. 69 und den beiden spröderen Spätwerken op. 102. Bei Brahms' besonders kompliziertem Verhältnis zur Tradition ist es nicht erstaunlich, daß auch die Beziehung der e-Moll-Sonate zu diesen Gattungsmustern eine besondere ist. Während der Kopfsatz, vor allem im 1. Thema, deutlich an Beethovens op. 69 anknüpft, greift das fugierte Finale scheinbar auf das Allegro fugato der D-Dur-Sonate op. 102/2 zurück, allerdings mit einem Fugato-Thema, das eher wie eine Hommage an Bachs »Kunst der Fuge« wirkt. Möglich ist aber auch eine ganz andere Beziehung: Beethoven notierte in einem seiner Skizzenbücher während der Arbeit an der »Pastorale«: »Sonate in E moll col Vcll° mit ein Fugato ans Ende All° con brio«, und mit dem Erforscher und Herausgeber der Beethoven-Skizzen Gustav Nottebohm schloß Brahms in den Jahren zwischen dem Abschluß des Allegrettos und dem Beginn der Arbeit am Finale Freundschaft.
Die nachträgliche Streichung des Adagios hatte zur Folge, daß die e-Moll-Sonate keinen langsamen Satz hat; das relativ langsame Allegretto – ein Quasi-Menuett, kein Scherzo – zwischen dem sehr langen Kopfsatz und dem schnellen Finale übernimmt die Funktionen von langsamem Satz und Tanzsatz.
Das *Allegro non troppo* (e-Moll, C) ist ein groß angelegter Sonatensatz, der Kantabilität und Klangfülle vor allem der tiefen Register des Violoncellos ausspielt. Das singende Hauptthema

wird ausführlich entwickelt, schon hier unter Abspaltung der fallenden Oktave, die den Themenkopf des Finales bildet. Das Seitenthema (h-Moll) weist mit seinem Quart-Auftakt und seiner um die Moll-Terz pendelnden Melodik auf das Kopfthema des zur selben Zeit entstandenen Klavierquintetts f-Moll. Die Durchführung ist als großes Crescendo und Decrescendo komponiert, das in einem doppelten Fortissimo-Höhepunkt gipfelt: erst einem aus dem Hauptthema entwickelten Motiv, zu dem das Cello über 2 Oktaven arpeggierte Orgelpunktklänge spielt, dann dem Seitenthema im f-Moll des Klavierquintetts. Die Reprise ist sehr regelmäßig bis zum Einsatz der Schlußgruppe, die nun, nach einem sehr poetischen Pianissimo-»Durchbruch« nach E-Dur, breit ausgeführt, mit Reminiszenzen an das Hauptthema verbunden und langsam aufgelöst wird.

Die außerordentliche »Klangregie« des Werkes, die dem Kopfsatz durch die Ausnutzung der tiefsten Register ein eigentümliches Klangkolorit gab, setzt sich fort im *Allegretto* (a-Moll, 3/4), das fast ganz in mittleren und hohen Lagen spielt und die extreme Tiefenregion in Cello und Klavier nirgends berührt. Dem hellen und leichten Klang entspricht der leicht archaisierende Menuett-Tonfall, der allerdings durch delikate Grazioso-Chromatismen »modern« nuanciert wird. Das *Trio* (fis-Moll, 3/4) wirkt wie eine ausschließlich koloristische Miniatur, ist aber thematisch aus dem Menuett-Hauptteil abgeleitet: Das alles beherrschende Anfangsmotiv ist eine chromatische Variante des Menuett-Beginns.

Das *Finale* ist ein Fugato – keine Fuge – über ein Thema, das sicherlich nicht zufällig an die Kontrapunkte XVI und XVII der »Kunst der Fuge« erinnert; sein Bewegungsimpetus verleiht dem Satz eine ungewöhnliche Formdynamik und macht ihn zu einer Art Perpetuum mobile (Modelle dafür fand der junge Brahms in vielen Finalsätzen Mendelssohns). Dem Thema sind 2 obligate Kontrapunkte beigegeben, deren Achtel-Bewegung, gegen die Triolen des Themas gesetzt, rhythmische Spannung schafft (Bsp. S. 642). Thema und Kontrapunkte werden gemeinsam und getrennt in ständig wechselnden Verbindungen verarbeitet; ruhigere Abschnitte, die wie Episoden eines Rondos wirken, sind thematisch aus den Kontrapunkten abgeleitet; schließlich wird sogar die fallende Oktave des Thema-Anfangs, wie schon im 1. Satz, isoliert und als Motiv durchgeführt. In seiner unablässigen kontrapunktischen und thematischen Arbeit ist der Satz ein

auch für Brahms ungewöhnlich konzentriertes und reiches Stück.

Sonate für Violoncello und Klavier F-Dur op. 99

Komponiert 1886 in Thun. 1. öffentliche Aufführung (aus dem Manuskript) November 1886 in Wien. Gedruckt April 1887.
Allegro vivace – Adagio affettuoso – Allegro passionato – Allegro molto.

Arnold Schönberg hat sich – in seinem Aufsatz »Brahms the Progressive« – daran erinnert, daß dessen 2. Cellosonate noch am Ende des 19. Jh. unbeliebt, ja unverstanden war, und bis heute ist sie eines der unbekanntesten Werke des Komponisten geblieben, vor allem wohl wegen ihres spröden und für den Cellisten undankbaren Kopfsatzes, aber auch wegen ihres fast völligen Verzichts auf eingängige Themen, ihrer komplizierten und schon sehr modernen Harmonik und ihrer lakonisch knappen Satzformen. Deutlicher als op. 100 und 101 gehört die Sonate mit diesen Zügen zum Brahmsschen Spätwerk, und vor allem im 1. und 2. Satz scheint es, als handele der Komponist schon nach der Maxime Schönbergs, daß in anspruchsvoller Musik Wiederholungen eine Beleidigung der Intelligenz des Hörers seien.

Der *Kopfsatz* (F-Dur, ¾) ist ein äußerst gedrungener, dabei dramatischer und thematisch reicher Sonatensatz; die Exposition ist mit 65 Takten eine der kürzesten, die Brahms geschrieben hat. Am Anfang steht – Kennzeichen des Spätstils – kein eigentliches Thema, sondern eine Folge prägnanter motivischer Gesten im Cello, grundiert von reich harmonisierten Akkord-Tremoli im Klavier, die später auch vom Cello übernommen

werden und die dem Satz seinen eigentümlichen Klangcharakter geben, ähnlich wie im ebenfalls sehr kurzen Kopfsatz des Streichquintetts op. 111. Das 2. Thema, regelmäßig periodisiert, wird als energischer Kontrast eingeführt, taucht dann aber erst wieder in der Reprise und schließlich, zum Grazioso verwandelt, in der Coda auf. Die Durchführung löst die pathetisch-gestischen Cello-Motive in unruhige, harmonisch weit ausgreifende Klangflächen auf, aus denen sich als Überleitung zur Reprise (pianissimo dolce) in ruhigen Akkorden die ersten 7 Töne des Kopfthemas (c f as g d c b) herausbilden. Die harmonische Bewegung der Durchführung setzt mit einer plötzlichen Wendung nach fis-Moll ein, die Coda beginnt mit dem Hauptthema in f-Moll – der langsame Satz des Werkes steht in Fis-Dur mit einem Mittelteil in f-Moll, das Scherzo steht in f-Moll, und im Finale erscheint das Rondo-Thema bei seinem 3. Auftritt in Ges-(= Fis-)Dur.

Das *Adagio* (Fis-Dur, 2/4) ist, entsprechend seiner Vortragsbezeichnung affettuoso, der emotionale Höhepunkt des Werkes, ein kurzes, aber melodisch wie harmonisch ungeheuer intensives Stück in 3teiliger Liedform, in dessen Mittelteil die harmonische Intensität noch gesteigert wird und in dessen kurzer, pianissimo verklingender Coda die Themenanfänge von Hauptteil und Mittelteil miteinander verbunden werden. – Das *Scherzo* (f-Moll, 6/8) ist ein sotto voce raunendes und in plötzlichen Fortissimi ausbrechendes Nachtstück, das nur noch entfernt an den Scherzo-Typus Mendelssohns erinnert; die ersten 2 Takte seines Themas sind fast notengetreu aus dem Anfang des Finales der 3. Sinfonie (in derselben Tonart) übernommen. Das breit angelegte *Trio* (F-Dur) ist eine weit ausschwingende Cello-Kantilene, zu der das Klavier eine durchsichtige, zum kompakten Klavierklang der früheren Sätze stark kontrastierende Begleitung gibt. – Das *Finale* (F-Dur, ¢) ist ein vergleichsweise locker gefügtes Rondo, dessen Thema vom Daktylus-Rhythmus geprägt wird, den Brahms so liebte. Der Ton des Satzes ist nach den so intensiven früheren Sätzen unvermutet leicht und freundlich. Vielleicht gehört das Stück – trotz subtiler, vor allem harmonischer Rückbezüge wie das erwähnte Ges-Dur – zu den wenigen Finalsätzen Brahms', die etwas zu leicht sind, um ihre Funktion im Zyklus ganz zu erfüllen.

Die beiden Klarinettensonaten sind das letzte Werkpaar und die letzten Kammermusikwerke von Brahms. Wie das Klarinettenquintett und das Klarinettentrio verdanken sie ihre Entstehung der Begegnung mit dem 1. Klarinettisten der Meininger Hofkapelle, Richard Mühlfeld. Der Komponist hatte sein Schaffen für abgeschlossen gehalten, aber der Besuch Mühlfelds und des Cellisten Hausmann in Wien im Mai 1894 weckte die schöpferische Lust noch einmal. Den beiden Sonaten folgten als letzte Werke die »Vier ernsten Gesänge« (1895) und die Choralvorspiele für Orgel (1896).
Während Brahms für sein Klarinettenquintett das große, geliebte Vorbild in Mozarts Werk hatte und während das Klarinettentrio wenigstens nicht ganz isoliert in der Geschichte der Kammermusik stand, war die Sonate für Klarinette und Klavier praktisch eine neue Gattung. Vielleicht hat der Komponist auch deshalb den beiden Werken *Alternativfassungen für Bratsche und Violine* mitgegeben, um ihren Verwendungsbereich zu erweitern. Die Bratschen-Fassung hat sich, da es nicht viele bedeutende Bratschensonaten gibt, in der Praxis durchgesetzt; sie kann aber die Originalfassung, die ganz aus Klang und Spieltechnik der Klarinette entwickelt ist, nicht ersetzen.
Die Klarinettensonaten sind nicht nur Brahms' letzte, sondern in mancher Hinsicht auch (neben dem Klarinettentrio) seine schwierigsten Kammermusikwerke. Die Tonfälle der Werke sind gedämpft, trotz der virtuosen Ausnutzung der klangvollsten Klarinettenregister; die traditionellen Formen sind überlagert von jener Art thematischer Arbeit, die Schönberg in seinem Brahms-Aufsatz »entwickelnde Variation« nannte und die alle traditionellen Themen-Gestalten und Themen-Kontraste zwar nicht aufhebt, aber überformt durch ein motivisch-variatives Beziehungsgeflecht, in dem nahezu alles mit allem verbunden ist. Gleichsam den Ausgleich zu diesem im Spätwerk sich verdichtenden, in den Klarinettensonaten kulminierenden neuen kompositorischen Denken bilden die »impressionistischen« Momente, in denen sich eine motivische Entwicklung in reinen, oft kaum noch tonalen Klang verdichtet oder auflöst (besonders deutlich in der Es-Dur-Sonate, etwa in dem chromatischen Dezimenlauf von Klarinette und Klavier und den Septakkord-Brechungen gegen Ende des Finales). Was Schönberg Brahms verdankte, wird gerade in diesen Werken sehr deutlich.

Sonate für Klarinette und Klavier f-Moll op. 120 Nr. 1

Komponiert Sommer 1894 in Bad Ischl.
Allegro appassionato – Andante un poco adagio – Allegretto grazioso – Vivace.

Die f-Moll-Sonate beginnt mit einem *Sonatensatz* (f-Moll, ¾), der vollständig aus der motivischen und harmonischen Konstellation des Kopfthemas entwickelt wird; selbst der unscheinbare tonartfremde Ton ges im 4. und die vorübergehende Wendung nach C-Dur im 12. Takt zeitigen im Verlauf des Satzes beträchtliche Folgen. Das Seitenthema wirkt durch seine prägnante Rhythmik als Kontrast, ist aber aus der Achtel-Figur des 3. Taktes abgeleitet. Beide Themen werden sogleich nach ihrer Aufstellung intensiv verarbeitet, das 1. akkordisch-klanglich und ruhig, das 2. betont rhythmisch und in heftigen Aus-

brüchen, jedes also in Umspielung und Entwicklung seines charakteristischen Tonfalls. Die Durchführung – 40 Takte gegen 89 Takte Exposition – ist die kürzeste, die Brahms geschrieben hat, aber sie treibt die Verarbeitung beider Themen in gedrängter Fülle voran, bis das auf eine fallende Tonleiter reduzierte 2. Thema zur Reprise zurückleitet, die aber in fis- statt f-Moll einsetzt. Erst mit dem Seitenthema wird f-Moll wieder stabilisiert; aus seinem Abbau entwickelt sich schließlich eine wunderbar gelöste Sostenuto-Coda, die noch einmal nach C-Dur drängt, bis der Satz in F-Dur pianissimo verschwebt.

Der *2. Satz* (As-Dur, 2/4) ist danach ein sehr einfaches Gebilde von angedeutet 3teiliger Liedform, bis auf wenige Takte des Mittelteils beherrscht von einer graziös und empfindungsvoll figurierten Klarinettenmelodie, zu der das Klavier eine harmonisch reich ausgestufte Begleitung spielt. Der Mittelteil ist nicht thematisch, sondern harmonisch (E-Dur/C-Dur) und klanglich abgehoben; der 3. Teil hat eine ganz kleine Coda, die im Tonfall und in den Mitteln, mit denen er hervorgebracht wird, ganz der Coda des 1. Satzes entspricht. – Als *3. Satz* folgt kein Scherzo, sondern ein Ländler (As-Dur, 3/4). Er leitet von der verträumten Stimmung des langsamen Satzes zum lebhaften Finale über, bleibt aber fast genrehaft in einem Grazioso-Tonfall, der sich im *Trio* (f-Moll) erst in reinen Klang verflüchtigt, dann, im 2. Teil der ganz regelmäßigen Form, durch harmonische Komplikationen vorübergehend verdunkelt. – Das *Finale* (F-Dur, ¢) beginnt mit einer fast tanzmusikhaft direkten Einleitung, auf die ein Juchzer der Klarinette antwortet; aus diesem Dialog entwickelt sich ein unbeschwertes, aber nicht kunstloses Rondo, in das kleine Durchführungspartien eingeschoben sind. Der Schluß mit seiner Kadenz aus demonstrativ konventionellem Triller und Signal-Motiven ist so extravertiert-fröhlich wie der Anfang.

In der Sequenz ihrer Sätze bewegt sich die recht kurze Sonate vom leidenschaftlichen Kopfsatz über die Kontemplation des Andante und die nostalgisch getönte Ländler-Idylle zur ungetrübten Fröhlichkeit dieses Finales – fast als ob ein poetisches Ich sich aus Konflikten durch Kontemplation und Rückblick zur Lebensbejahung durcharbeitet.

Sonate für Klarinette und Klavier Es-Dur op. 120 Nr. 2

Komponiert 1894.

Allegro amabile – Allegro appassionato – Andante con moto / Allegro / Più tranquillo.

Die Es-Dur-Sonate unterscheidet sich von ihrem Schwesterwerk nicht nur durch ihre gänzlich andere und gänzlich unorthodoxe Form, sondern auch dadurch, daß in ihr der klangliche Vordergrund eine weit größere Rolle spielt, ohne daß deshalb die Verfahren der entwickelnden Variation in den Hintergrund treten.

Das *Allegro amabile* (Es-Dur, C) – eine für Brahms sehr ungewöhnliche Vortragsbezeichnung – ist ein knapper Sonatensatz, der weniger konfliktreich und gleichmäßiger dimensioniert ist als der entsprechende Satz der f-Moll-Sonate; seine insgesamt ruhigere Haltung wird aber dadurch belebt, daß die beiden Themen schärfer voneinander abgehoben sind, im Verlauf des Satzes zwar einander angenähert werden, ihre Identität aber nicht preisgeben. Dem entspricht es, daß die Durchführung streckenweise dialogisierend entwickelt wird, insgesamt durchsichtiger in Satz und Klang ist und vor allem im 2. Teil fast wie eine Fantasie-Durchführung wirkt, obwohl sie ganz streng motivisch entwickelt ist. Am Ende des Satzes steht, wie in der f-Moll-Sonate, eine Tranquillo-Coda.

Dem eher nachdenklichen, klanglich aufgelockerten, wenn auch keineswegs locker gefügten Kopfsatz folgt ein in jeder Hinsicht kontrastierendes *Scherzo* (es-Moll, 3/4); es ist kompakt in der Form, wuchtig im Klang und schroff in der Harmonik und läßt im Pianissimo-Schluß das Thema in Vergrößerung kantabel ausschwingen. Das *Trio* (Sostenuto, H-Dur) setzt einen extremen tonartlichen Kontrast, ist aber nicht weniger leidenschaftlich als der Hauptteil. – Das *Finale* (Es-Dur, 6/8) verbindet so, wie es vor Brahms nur Haydn verstand, mehrere Satztypen, Formen und Satzfunktionen im Zyklus zu einer ganz selbstverständlich wirkenden Einheit: langsamen Satz, Schluß-Allegro und Ausbau und Überhöhung der in beiden Sonaten so wichtigen Coda. Der Satz beginnt als ein vergleichsweise einfacher Variationensatz über ein einfaches Thema. Die 1. Variation

entfernt sich vom Thema schon sehr weit und verwandelt dessen melodiebetonten schlichten Akkordsatz in ein durchsichtiges, vorhalts- und seufzerreiches kontrapunktisches Gewebe. Die 2. Variation ist näher am Thema, aber rhythmisch energisch zugespitzt und konzertant aufgelockert. Die 3. Variation (grazioso) zerlegt das Thema in »impressionistische« Figurationen. In der 4.

ist das Thema bis auf seine Periodik (4 + 4 + 2 + 4 Takte) verschwunden, und der Schluß bereitet durch harmonische Komplikationen und Synkopenstauungen auf den Umschlag vor: eine Allegro-Variation in es-Moll, in der nicht mehr eine Variationstechnik durchgehalten wird, sondern ganz verschiedene Techniken dramatisch aufeinanderprallen. Der Schlußteil (Più tranquillo, Es-Dur) bringt die Lösung durch die Auflösung des Themas in dichter thematischer Arbeit, bis nur noch der Sextsprung des Thema-Schlusses übrigbleibt, der zur Apotheose gesteigert wird. Der ganze Abschnitt wirkt zugleich als Lösung der Konflikte, die in der es-Moll-Variation entstanden waren, als große Coda, und in der plötzlichen thematischen Arbeit als Rückbezug auf den 1. Satz, ein Rückbezug, durch den der Satz erst eigentlich das Gewicht eines Schlußsatzes bekommt.

Trios

Trio für Klavier, Violine und Violoncello H-Dur op. 8

Komponiert 1854, umgearbeitet 1889. Druck der Neufassung 1891.
Allegro con brio – Scherzo: Allegro molto – Adagio – Finale: Allegro.

Das H-Dur-Trio ist das erste Kammermusikwerk, das Brahms zur Veröffentlichung freigab, nachdem er zahlreiche ältere Versuche, vor allem Streichquartette, vernichtet hatte. Breitkopf & Härtel übernahmen es auf Empfehlung von Clara Schumann und veröffentlichten es im November 1854. Als Brahms' späterer Verleger Simrock 1888 die Rechte an allen bei Breitkopf erschienenen Werken des Komponisten kaufte, stellte Brahms ihm frei, die Restbestände zu verkaufen oder zu vernichten, begann aber bald mit einer Umarbeitung, von der er mit einigem Recht sagen konnte, er habe in ihr das Werk »noch einmal geschrieben«. Die neue Fassung wurde 1890 – mit Brahms am Klavier – in Budapest, Wien, Köln und Frankfurt am Main aus dem Manuskript aufgeführt.

Brahms' ambivalente Haltung gegenüber der Erstfassung und das Ausmaß seiner Eingriffe bei der Umarbeitung erklären sich nicht nur daraus, daß die Fassung von 1854 extrem lang, schwierig und formal vergleichsweise locker gefügt war, sondern wohl auch daraus, daß diese Fassung mit der Beziehung des jungen Komponisten zur Familie Schumann und vor allem zu Clara intim verbunden war. Das ursprüngliche 2. Thema des Finales ist eine deutliche Anspielung auf die Zeile »Nimm sie hin denn, diese Lieder« aus Beethovens Liederzyklus »An die ferne Geliebte« – eine Zeile, die Schumann mehrfach in Instrumentalwerken als Huldigung an Clara zitiert hatte. Von diesem Detail fällt dann auch Licht auf die »exzentrischen« Züge der übrigen Sätze, die weniger formale Unzulänglichkeiten (wie oft gesagt worden ist) als vielmehr Momente der autobiographischen Expressivität sein dürften, die ein zentraler Aspekt des ganzen Werkes war. Die Fassung von 1854 rückt damit unmittelbar neben die 1. Fassung des c-Moll-Klavierquartetts, die ähnliche biographische Bezüge hatte. Bedeutsam in diesem Zusammenhang ist auch, daß Brahms das Autograph 1854 mit »Kreisler jun.« unterschrieb, wie 1853 auch das Scherzo der FAE-Sonate.

Die Änderungen der 2. Fassung beschränken sich aber keineswegs auf die Streichung der Beethoven-Schumann-Anspielung, greifen vielmehr tief in die Werkstruktur ein und haben sicherlich auch immanent musikalische Gründe. Der Kopfsatz wurde fast um die Hälfte, Adagio und Finale wurden um je ein Drittel gekürzt, nur das Scherzo blieb, bis auf eine motivische Verdichtung der Coda, unverändert. Dabei gehen formale und thematische Änderungen Hand in Hand. Im 1.Satz wurde die ganze in die Reprise eingebaute 2. Durchführung mit einem großen Fugato gestrichen; das 2. Thema wurde durch ein neues ersetzt, das dem Kopfthema näher steht und damit die Tendenz zur thematischen Konzentration verstärkt. Daraus ergab sich die Notwendigkeit zur Neukomposition der Durchführung und großer Teile der Reprise. Im langsamen Satz wurde ein ganzer Formteil gestrichen, in dem das Adagio in ein erregtes, harmonisch weit ausholendes Allegro ausbrach. Das Finale ist derjenige Satz, in dem man die Glättungen und Kürzungen der Zweitfassung am meisten bedauern kann: Nicht nur das beziehungsreiche 2. Thema, sondern auch ein 3. Gedanke ist geopfert, die komplizierte, aber durch rigorose thematische Arbeit zusammengehaltene Sonatenrondo-Form ist auf eine merkwürdig unklare »permanente Durchführung« im Wechsel zwischen unverändertem 1. und neuem 2. Thema reduziert. Vor allem aber ist mit dem biographischen Bezug der (wahrscheinliche) tiefere Sinn des wie fieberhaft erregt wirkenden Hauptthemas (die ursprüngliche Tempobezeichnung war Allegro molto agitato) und der außerordentlichen tonalen Disposition (der Satzbeginn tonal schwankend, Haupttonart und Schlußtonart h-Moll statt H-Dur) zerstört worden, und man könnte durchaus

darüber streiten, ob das neue 2. Thema mit seinem grandiosen Schwung über diese Einbußen hinwegtragen kann. Jedenfalls verdient die 1. Fassung des Werkes auch im Konzertsaal mehr Aufmerksamkeit, als sie bisher gefunden hat.
Natürlich soll damit nicht suggeriert werden, daß die 2. Fassung ein nicht ganz vollgültiges Werk sei; vielmehr ist es verblüffend und des Studiums wert, wie Brahms über 35 Jahre hinweg Tonfälle und Thementypen seiner Jugend mit dem Formdenken und der thematischen Arbeit des Spätwerks bruchlos verbindet und wie er nach so langer Zeit den melodischen Überschwang der frühen Jahre (im neuen 2. Thema des Finales) noch einmal heraufbeschwört.
Der *Kopfsatz* (H-Dur, ¢) ist ein weiträumiger Sonatensatz, dessen quasi-lyrische Haltung weitgehend durch ein ungewöhnlich

liedhaftes Hauptthema bestimmt wird, das nicht nur in seiner regelmäßigen Periodik, sondern auch in seiner schwärmerischen Emphase auf Mendelssohns »Lieder ohne Worte« zurückweist. Erst nach 62 Takten wird ein 2., stärker gegliedertes Thema eingeführt; die Durchführung verarbeitet erst dessen Triolenmotiv, dann vor allem das Hauptthema. Dabei tritt die motivische Arbeit fast hinter der klanglich-harmonischen Entwicklung und dem Aufbau von Klangflächen zurück, wodurch der lyrische Grundton des Satzes – ähnlich wie in der Coda mit ihrer wunderbaren melodischen Umspielung des Hauptthemas – noch verstärkt wird. – Vom Klang, dazu vom Rhythmus lebt auch das *Scherzo* (h-Moll, 3/4), aber jetzt ist es der Klang der »Elfen-Scherzi« Mendelssohns. Eine andere Art eigentlich schon vergangener Romantik beschwört das H-Dur-*Trio* dieses Satzes, das in seiner betörend schönen Melodie im Volkston so

unverhohlen schwelgt, wie es sich Brahms später kaum noch gestattet hat; selbst hier aber wirkt zugleich auch das konstruktive Denken des Komponisten im Baß-Rhythmus des Klaviers, der aus dem Scherzo-Hauptteil übernommen ist. – Der *langsame Satz* (ungewöhnlicherweise in der Haupttonart H-Dur, C) beginnt und endet mit einem feierlichen, sehr getragenen Dialog zwischen dem Klavier und den beiden Streichern; die Anklänge an langsame Sätze in Beethoven-Sonaten (»Appassionata«) wie die Inspiration durch die dialogische Haltung des langsamen Satzes aus Beethovens 4. Klavierkonzert (die aber, bezeichnenderweise, ins Lyrisch-Kontemplative gewendet wird) sind unüberhörbar. Den Mittelteil des Satzes bildet eine etwas bewegtere 2zeilige Liedmelodie, die vom Cello intoniert, vom Klavier verarbeitet und dann von der Violine aufgegriffen und gesteigert wird. – Das *Finale* (h-Moll, ¾) wechselt zwischen dem balladesk getönten, wie gehetzt wirkenden Hauptthema und einem pathetisch sich aufraffenden Seitenthema, das meist in Dur-Tonarten und mit großem klanglichem Aufwand vorgeführt wird, die Schatten aber nicht dauernd aufhellen kann; der Satz endet unversöhnt mit einer Apotheose des Hauptthemas in Moll.

Trio für Klavier, Violine und Violoncello C-Dur op. 87

Komponiert 1880/82 in Bad Ischl.
Allegro – Andante con moto – Scherzo: Presto – Finale: Allegro giocoso.

Brahms' 2. Klaviertrio wurde zusammen mit einem Trio in Es-Dur begonnen, das aber nicht über den (verschollenen) 1. Satz hinaus ausgeführt wurde. Erst 2 Jahre später wurde das C-Dur-Trio vollendet, gleichfalls in Bad Ischl und in engster Nachbarschaft zum Streichquintett op. 88. Die erste öffentliche Aufführung – nach Privataufführungen, bei denen der Komponist, wie so oft, nicht unerhebliche Änderungen vornahm – fand mit Brahms am Klavier am 29. Dezember 1882 in Frankfurt am Main statt.

Das Trio bildet in fast jeder Hinsicht einen extremen Gegensatz zum H-Dur-Schwesterwerk: Es ist ein knappes, dabei in der Formbildung und thematischen Arbeit äußerst kunstvolles, im Ausdruck verhaltenes, fast sprödes Stück – charakteristisch, daß beide Mittelsätze in Moll stehen und daß sich Brahms in den Ecksätzen geradezu Mühe zu geben scheint, den traditionellen C-Dur-Glanz zu vermeiden und die Grundtonart ständig zu verschleiern.

Der *Kopfsatz* (C-Dur, ¾) wird aus nicht weniger als 4 Themen entwickelt; dabei ist das 2. Thema, das nach dem energischen 1. als lyrischer Kontrast wirkt, tonal ganz labil, das 3. – durch Triolenrhythmus und Chromatik »ungarisch« getönt – erscheint in a-Moll und wird sofort zu einem energischen rhythmischen Motiv verwandelt, und aus dem 4. entwickelt sich eine Variante des 2., mit der die Exposition schließt. Die Durchführung beschäftigt sich fast nur mit dem Hauptthema, das fast genau in der Mitte des Satzes (auf eine Expositionswiederholung wird verzichtet), verblüffend verwandelt, als große Espressivo-Kantilene in Des-Dur erscheint. Die Reprise ist fast notengetreu (dem entspricht eine völlig notengetreue Reprise im Finale, dort aber als kompositorischer Witz gemeint); den Satzschluß bildet eine umfangreiche Coda (auch das in Analogie zum Finale), in der das Hauptthema noch einmal als große Melodie gesteigert wird.
Der *langsame Satz* (a-Moll, ²⁄₄) beginnt mit einem einfachen Thema à l'hongroise, das durch synkopierte und chromatisierte Klavierakkorde gewürzt wird; es folgen 5 Variationen, von denen aber die 2. und 4. (diese in A-Dur, ⁶⁄₈) nicht eigentlich das Thema, sondern die Klavierbegleitung variieren – ein für den Variationsvirtuosen Brahms ganz charakteristischer Einfall. – Der relativ einfachste Satz des Werkes, auch im Charakter, ist das folgende *Scherzo* (c-Moll, ⁶⁄₈): im Hauptteil ein vorüberhuschender Pianissimo-Spuk, im *Trio* (Poco meno presto, C-Dur) eine weit ausschwingende Melodie, die besonders in den Klangrückungen des Mittelteils Hörner-Romantik anklingen läßt. – Das *Finale* (C-Dur, C), eine Art Sonatensatz, ist ein geistreicher und übermütiger Witz: mit einem Hauptthema, das schon im 1. Takt nach G-Dur gehen möchte, und einer Durchführung, in

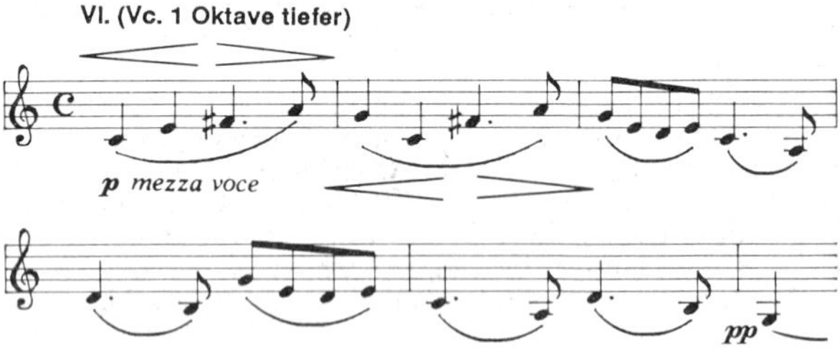

der weniger die Themen als vor allem die Begleitakkorde des Hauptthemas »durchgeführt« werden (eine Anspielung auf die Variationstechniken des langsamen Satzes). Wie der Kopfsatz, so kulminiert auch dieses Finale in einer großen Coda, die fast ein Viertel des ganzen Satzes ausmacht und in der 1. und 2. Thema gleichsam ineinanderkomponiert werden, bis schließlich die tonale Ambivalenz des Hauptthemas, die bis wenige Takte vor dem Schluß erhalten bleibt, sich mit dem Gestus der großen Apotheose verbindet.

Trio für Klavier, Violine und Violoncello c-Moll op. 101

Komponiert 1886 in Thun.
Allegro energico – Presto non assai – Andante grazioso – Allegro molto.

Das 3. Klaviertrio wurde im »Kammermusik-Sommer« 1886 in Thun am See komponiert. Die erste öffentliche Aufführung spielten der Komponist, Jenö Hubay und David Popper am 20. Dezember 1886 in Budapest. – Wie das C-Dur-Trio, so ist auch dieses Moll-Werk ein außerordentlich knappes, konzises, ganz schnörkelloses Stück, aber anders als dort ist hier nichts von Verhaltenheit und Ambivalenz zu spüren, der Ausdruck dramatisch direkt und pointiert und in seiner – seit Beethovens 5. Sinfonie fast traditionellen – Bewegung von c-Moll nach C-Dur vielleicht eine Spur konventioneller als im C-Dur-Werk.
Gewichtigster und formal originellster Satz des Trios ist der *1.* (c-Moll, 3/4), ein ganz frei behandelter und kurzer *Sonatensatz* (die zuerst geplante Expositionswiederholung hat Brahms im Manuskript gestrichen), der fast ganz aus dem mächtigen Hauptthema-Anfang entwickelt und von dessen pathetisch-

Allegro energico

wildem Charakter geprägt wird. Auch das Seitenthema (Forte ma cantando, Es-Dur) ist über mehrere Stufen »entwickelnder Variation« aus ihm abgeleitet, fungiert aber als »positive« Gegenkraft: Auf dem Höhepunkt des Satzes erscheint es in C-Dur, aber ohne sich gegen die c-Moll-Gewalten durchsetzen zu können. – Der *2. Satz* (c-Moll, ₵) ist, wie so oft bei Brahms, ein Scherzo-Stellvertreter in geradem Takt und nach dem Gewicht ein Intermezzo, allerdings ein düsteres, das sich auch im Agitato-Mittelteil, der ständig zwischen Moll und Dur changiert, kaum aufhellt und in einer gleichsam flüsternden Coda verklingt. – Zum ersten wirklichen Ruhepunkt des Werkes wird damit der *langsame Satz* (C-Dur, 3/4 und 2/4). Auch er ist 3teilig und wird von einer kleinen Coda abgeschlossen; der Gefahr, die in der Aufeinanderfolge zweier formal ganz gleicher Intermezzi liegen könnte, begegnet Brahms dadurch, daß der Satz – als vollkommenes und verzauberndes lyrisches Gegenbild – melodisch und klanglich gänzlich von den übrigen Sätzen abgehoben ist: melodisch durch die ständig taktwechselnde (Brahms hat den Satz zuerst im 7/4-Takt notieren wollen), gleichwohl fast volksliedhaft einfache und graziöse Melodie des Hauptteils, aus deren 2. Teil, einer freien Umkehrung, die im 9/8- und 6/8-Takt stehende Melodie des Mittelteils abgeleitet ist; klanglich durch den regelmäßigen Wechsel zwischen den unbegleiteten Streichern und dem Klavier, dem bei der freien Wiederholung des Hauptteils ein zusätzlicher Reiz dadurch abgewonnen wird, daß die Klanggruppen nun in kurzen und ungleichen Abständen wechseln. In der Coda wird die Motivik und Klanggruppen-Rhythmik des Mittelteils noch einmal aufgegriffen und in eine sanft herabsinkende melodische Bewegung gefaßt, mit der das Stück poetisch ausklingt. – In schroffem Kontrast zu dieser Idylle setzt das *Finale* ein, das den Konflikt des 1. Satzes wieder aufgreift, nun aber zur Lösung führt: Das grimmige Hauptthema, das den Satz

auch durch seine rhythmische Energie prägt, wird in der Coda in eine rhythmisch entspannte C-Dur-Gestalt verwandelt, die den endgültigen Durchbruch von Moll zu Dur signalisiert. Aus ihr entwickelt sich die Schlußapotheose, die nun auch die ursprüngliche rhythmische Gestalt des Themas und die aus ihr entwickelten rhythmischen Stauungen ins Triumphale wendet.

Klaviertrio A-Dur o. op.

Brahms zugeschrieben.
Moderato – Vivace – Lento – Presto.

Das 1938 veröffentlichte Werk war in einer Kopisten-Handschrift des 19. Jh. ohne Titelblatt und ohne Komponistennamen überliefert, die heute verschollen ist. Die Zuschreibung durch die Herausgeber Ernst Bücken und Karl Hasse stützte sich ausschließlich auf stilkritische Argumente, d. h. eine gewisse Nähe zu Brahms' Frühwerk, vor allem zum Klaviertrio op. 8. Aber diese Argumente reichen nicht aus, zumal das Werk in der Anlage ehrgeizig, in der Erfindung aber sehr viel schwächer als op. 8 ist. Eher als von Brahms könnte es von einem etwas jüngeren und weniger begabten Komponisten stammen, der unter dem direkten Einfluß des op. 8 arbeitete.

Trio für Klavier, Violine und Waldhorn Es-Dur op. 40

Komponiert 1865.
Andante – Scherzo: Allegro – Adagio mesto – Finale: Allegro con brio.

Das Waldhorntrio ist im Mai 1865 in Lichtental bei Baden-Baden entstanden, kurz nach der Vollendung des 2. Streichsextetts und vor der Cellosonate e-Moll. Im September fand eine Probe in Baden-Baden statt, wie Brahms sie bis in seine späten Jahre als Kontrolle seiner Arbeit liebte; die erste öffentliche Aufführung, mit dem Komponisten am Klavier, folgte am 28. November in Zürich. Aber erst im Sommer 1866 schickte

Brahms das Werk an den Verleger Simrock, nachdem er die Partitur, wie das Autograph zeigt, stark überarbeitet und vor allem die Hornstimme vereinfacht hatte (die ursprünglich vielleicht doch für das Ventilhorn, nicht das Waldhorn gedacht war). Um die Verbreitung des Trios durch das aus der Mode gekommene und nicht leicht zu spielende Waldhorn nicht zu behindern, wurde der Erstausgabe eine Cellostimme beigegeben; als Brahms 1884 – mit Recht – fand, daß eigentlich eher eine Bratsche als ein Cello das Waldhorn ersetzen könne, wurde auch eine Bratschenstimme veröffentlicht. Es kann aber gar kein Zweifel daran sein, daß nur das Waldhorn den Intentionen des Komponisten entspricht – ein Spielraum ist hier noch weniger gegeben als bei den Klarinettenwerken, da es nicht nur um Klangfarbe und Spieltechnik, sondern auch, wenn nicht vor allem, um die poetischen und sogar die privaten Assoziationen des Instruments geht.
Das Waldhorntrio ist – sehr viel stärker und deutlicher als der im Frühling 1866 entstandene 3. Satz des »Deutschen Requiems« – Trauerarbeit, mit der Brahms den Tod seiner Mutter zu bewältigen suchte. Das Waldhorn, das er im Elternhaus gespielt hatte, wurde so zum Symbol-Instrument für die eigene Vergangenheit und die Vergänglichkeit des Glücks, weit über die ebenso mitschwingenden Assoziationen des romantischen Instruments par excellence hinaus. Der langsame Satz in der ungewöhnlichen Tonart es-Moll und mit der für Brahms ganz ungewöhnlichen Vortragsbezeichnung Adagio mesto wurde zum Zentrum des Werkes, und daß sich aus seinem todtraurigen Thema das fröhliche Hauptthema des Finales entwickelt, hat seine eigene, rührende Symbolik. Daß das Waldhorntrio ein Ausnahmewerk ist, zeigt sich auch in der Form des Ganzen wie im Detail.
Der *Kopfsatz* (Es-Dur, 2/4) ist, als einziger in Brahms' zyklischen Werken, kein Sonatensatz, sondern ein Dialog zwischen einer aus lauter Hornrufen zusammengesetzten ruhigeren Melodie und einem fast nur aus Seufzermotiven entwickelten Abschnitt (Poco più animato, 9/8). In den Andante-Teil klingen unheimliche chromatische Baßgänge hinein, so wie der Animato-Teil von Hornrufen interpunktiert wird; die Grundtonart wird im ganzen Satz kaum berührt und erst ganz am Schluß befestigt. Der Satz ist fast einzigartig in Brahms' Schaffen – die Stimmung, die er beschwört, am ehesten wohl zu vergleichen mit der halb idyllischen, halb dämonischen Waldeinsamkeit Eichendorffs.

Ganz dämonisch ist das lange, harmonisch und rhythmisch unruhige *Scherzo* (Es-Dur, 3/4), dessen Hauptteil in sich 3teilig (mit einem H-Dur-Mittelteil) ist; noch unruhiger ist das traurige *Trio* (Molto meno allegro) mit seiner Quasi-Volksliedweise in as-Moll (»Es zogen drei Burschen wohl über den Rhein«), die in der Posthorn-Episode von Mahlers 3. Sinfonie »verdurt« wiederkehrt. – Das *Adagio mesto* (es-Moll, 6/8), der Moment der tiefsten Trauer und emotionaler Mittelpunkt des Werkes, entwickelt sich aus 3 Gedanken: einem Klaviervorspiel, das die Seufzerketten des 1. Satzes fortzuspinnen scheint, einer weiter ausgreifenden, ebenfalls seufzerreichen 5taktigen Melodie und deren ruhiger und freundlicher klingender freier Umkehrung, die zuerst vom Waldhorn intoniert wird. Aus ihr entwickelt sich, in einem kurzen Es-Dur- und F-Dur-Lichtblick, zum ersten Mal das zukünftige Finale-Thema, ohne sich durchsetzen

zu können. Erst nach einem wilden Fortissimo-Ausbruch des Schmerzes und dem schließlichen Zurücksinken des Satzes ins Pianissimo mit dem Motiv des Klaviervorspiels setzt das *Finale* (Es-Dur, 6/8) mit dem nun gänzlich in die Sphäre romantischer Jagdmusik transponierten Thema ein, und zum ersten Mal im ganzen Werk erscheint nun auch das Horn als ungetrübt »romantisches« Instrument in seiner typischen Klanglichkeit und Motivik. Dem befreienden Charakter des Satzes entspricht es, daß er, wiederum als einziger im ganzen Werk, als großer Sonatensatz angelegt ist, dessen Durchführung vor allem klanglich-melodisch akzentuiert wird und dessen Coda alle harmonischen Komplikationen im Impetus der Signalmotive auflöst.

Trio für Klavier, Klarinette und Violoncello a-Moll op. 114

Komponiert 1891.
Allegro – Adagio – Andantino grazioso – Allegro.

Brahms hatte mit dem Streichquintett op. 111 – die Opuszahl, die Beethovens letztes vollendetes Klavierwerk trug – sein Lebenswerk für abgeschlossen gehalten (op. 112 und 113, die 1891 folgten, waren größtenteils Zusammenstellungen älterer und kleinerer Vokalwerke). Aber der Vorsatz, nichts mehr zu schreiben und sein Haus zu bestellen, wurde zunichte, als der Komponist im März 1891 in Meiningen den Klarinettisten Richard Mühlfeld (mit Mozarts Klarinettenquintett) kennenlernte. Der Eindruck von Mühlfelds Spiel, den Brahms »den besten Meister seines Instruments« und wegen seines besonders schönen und weichen Tons »das Fräulein Klarinette« nannte, muß außerordentlich gewesen sein. Im Sommer 1891 entstanden in Bad Ischl unmittelbar nacheinander das Klarinettentrio und das Klarinettenquintett op. 115, 3 Jahre später die beiden Klarinettensonaten op. 120.
Das Trio war am 14. Juli 1891, das Quintett offenbar nur wenig später vollendet, und im November wurden beide Werke in Meiningen, mit Brahms am Klavier, Mühlfeld und Joachim privat aufgeführt. Die erste öffentliche Aufführung veranstaltete Joachim am 12. Dezember 1891 in Berlin in einem seiner Quartettabende in der Singakademie, die sonst ganz streng nur Streichquartetten vorbehalten waren. Der Abend wurde für Brahms zu einem seiner größten Triumphe; das Publikum verlangte das Quintett da capo, und dessen Adagio wurde »so oft und so lange gespielt wie es der Klarinettist nur aushalten konnte«. Adolph von Menzel war von der jugendlichen Erscheinung Mühlfelds und von seinem Spiel so hingerissen, daß er den Künstler in einer mythologisierenden Tuscheskizze verherrlichte.
Es ist sicherlich bezeichnend und leicht zu verstehen, daß das Quintett bei dieser Aufführung dem Trio den Rang ablief und daß es bis heute dabei geblieben ist: Das Trio ist ein fast asketisches Werk, das mit einer auch beim späten Brahms ungewöhnlichen Konsequenz aus 2 Grundmotiven – einer Terzenkette, die steigend und fallend auftritt, und einer chromatisierten Sekundbewegung – entwickelt ist und das mit ebensolcher Konsequenz den Charakter eines ruhigen, tief nachdenklichen, fast entrückten »Gesprächs« der Instrumente (und damit eine

ursprünglich aus dem Streichquartett abgeleitete Grundidee klassisch-romantischer Kammermusik) festhält. Zugleich ist die Technik der entwickelnden Variation so weit getrieben, daß die traditionellen Satzformen sich im Prozeß der Entwicklung fast auflösen, die traditionellen Charaktere von Menuett und Ländler im Andantino und von Zigeunermusik im Finale gleichsam nur wie Schatten beschworen werden.

Der *1. Satz* (a-Moll, ¢), ein sehr freier Sonatensatz, beginnt mit den direkt nebeneinandergestellten Grundmotiven des Wer-

kes: der aus Terzen entwickelten Melodie des Cellos, die von der Klarinette sofort variiert und erweitert wird, und dem chro-

matisch sich drehenden Sekundmotiv im Klavier; wie so oft beim späten Brahms sind auch die Begleitstimmen thematisch,

am Beginn vor allem aus den fallenden Terzen gebildet, die dann, in freier Umkehrung des 1. Gedankens, das eigentliche Seitenthema prägen werden. Das Seitenthema, zunächst in C-Dur, setzt wieder im Cello ein, jetzt begleitet von seiner Diminution und deren Umkehrung im Klavier und dann sekundiert von der nicht diminuierten Umkehrung. Ein 2. chromatisches Motiv schließt sich an; dann kommt die Exposition mit der Verarbeitung von Motiven aus dem Hauptthema zur Ruhe. Die Durchführung beginnt mit dem Hauptthema-Anfang, löst dann aber die Themen in ein ganz zartes, Emotionen gerade noch andeutendes Spiel mit einfachsten Motiven, Sechzehntel-Läufen, einzelnen Intervallen und Klängen auf – man begreift gerade an diesem Satz die Faszination, die das Brahmssche Spätwerk für Schönberg und seine Schüler hatte. Durchführung und Reprise gehen zäsurenlos ineinander über; schon auf dem Höhepunkt der motivischen Arbeit wird wieder a-Moll erreicht, aber die thematische Entwicklung der Exposition wird erst mit dem Seitenthema wieder aufgegriffen. In der Coda wird die thematische »Auflösung« der Durchführung zu ihrer äußersten Konsequenz gebracht: Am Schluß bleiben nur noch Pianissimo-Läufe und Akkordbrechungen der beiden Melodie-Instrumente und getupfte A-Dur-Akkorde des Klaviers übrig.
Das *Adagio* (D-Dur, C) und das *Andantino* (A-Dur, ¾) stehen zwischen den beiden nachdenklichen und versponnenen Ecksätzen als zugänglichere Intermezzi, wenngleich auch sie alles andere als extravertiert sind. Das Adagio ist ein großer Cantabile-Satz von fast gänzlich im thematischen Prozeß sich auflösender Form, entwickelt aus 2 neuen, klangsinnlich-expressiven Formulierungen der thematischen Grundidee (Terzenkette und chromatisierter Gang), die immer weiter variiert und kombiniert werden. Das Andantino ist in seinem Hauptteil ein leicht archaisierendes Menuett, das sich erst allmählich zu einem deutlicheren Bezug auf die Terzenkette hin entwickelt, dafür von Anfang an diatonische und chromatische Bewegung zusammenfaßt und in breiter, wie im 1. Satz motiv-isolierender und motiv-reduzierender Entwicklung wieder ausbreitet. Das Trio (D-Dur) ist gegenüber diesem ebenso subtilen wie graziösen Spiel ein geradezu handfestes Stück, auch wenn sein Ländlerton wie von fernher klingt, zugleich aber eine freie Variation über die Motive des Hauptteils. Die Wiederholung des Hauptteils ist verkürzt und konzentriert auf das eigentliche Thema und eine pianissimo und sostenuto verklingende Coda.

Das *Finale* (a-Moll, 2/4 und 6/8) beginnt wie der 1. Satz mit dem Neben- und Gegeneinander der beiden thematischen Grundideen auf engstem Raum, nur setzt das 1. Thema jetzt nicht mit Terzen ein, sondern mit emphatischen Sextsprüngen. Der Satz ist rondoähnlich aufgebaut und bezieht aus dieser Form wie aus der scheinbar sorglos ausgestreuten Fülle gegensätzlicher, leicht ungarisch-zigeunerisch getönter Einfälle seinen Finalcharakter. Im Detail ist er fast noch konsequenter durchgearbeitet als der Kopfsatz; deutlichstes, wenngleich kaum hörbares Symptom dafür sind die Umkehrungskanons, die mit größter Leichtigkeit eingebaut sind. Den Schluß bildet – in genauem Gegen-

satz zum Schluß des Kopfsatzes und den Finale-Ton akzentuierend – eine klanglich kräftig gesteigerte Coda, in der die Sextsprünge vom Satzanfang das letzte Wort behalten.

Quartette, Quintette, Sextette

Brahms hat mit der Komposition seiner 3 Klavierquartette op. 25, 26 und 60 offenbar gleichzeitig und, nach den Erinnerungen Joseph Joachims und Albert Dietrichs, schon 1855 begonnen, also kurz nach dem Klaviertrio op. 8, aber lange vor dem 1. Streichsextett op. 18. Mit dem Klaviertrio – als dem ersten großen Schritt auf dem Weg zur Kammermusik über Brahms' ursprüngliches Instrument, das Klavier – stehen sie denn auch in sehr viel engerem Zusammenhang als mit den »sinfonischen« Problemen des Sextetts; ihr oft beschriebener, auch kritisierter quasi-sinfonischer Ton erklärt sich daraus, daß sie weitgehend vom Klavier aus erfunden sind und durch ihr musikalisches Gewicht wie ihre – vor allem in op. 26 – riesigen Dimensionen, ganz ähnlich wie die 1. Fassung von op. 8 oder auch die Klaviersonate op. 5, die Grenzen der Kammermusik fast sprengen, ganz zu schweigen von den Grenzen der Gattung Klavierquartett, die vor diesen 3 Werken – sieht man ab von den beiden Klavierquartetten Mozarts und Schumanns op. 47 – kaum eine Gattung war. Daß die Klavierquartette für Brahms besonders wichtig waren, zeigt schon der ungewöhnliche Umstand, daß er 3 Werke mehr oder minder gleichzeitig in Angriff nahm, zeigen aber auch die komplizierte und lange Entstehungsgeschichte und bei op. 25 und 26 die Autographe mit zahlreichen, z. T. tiefgreifenden Änderungen (das Autograph von op. 60 ist außer dem letzten Satz verloren). Über die ersten Entwicklungsstadien der Werke wissen wir nichts. Nach den ersten Ansätzen gab es offenbar eine längere Unterbrechung der Arbeit. Im Sommer 1859 wurde eines der Quartette (op. 25?) in Hamburg zur Probe gespielt; im November spielte Brahms mit Joachim und anderen in Detmold das g-Moll-Quartett. Aber erst im Sommer und Herbst 1861 entstand schließlich die endgültige Fassung von op. 25 und 26, während op. 60 liegenblieb.

Alle 3 Quartette sind 4sätzig, also demonstrativ »große« Werke; sie folgen darin, wie in manchen Details, Schumanns Es-Dur-Klavierquartett op. 47, nicht Mozarts Werken.

Klavierquartett g-Moll op. 25

Komponiert 1861.
Allegro – Intermezzo: Allegro ma non troppo – Andante con moto – Rondo alla zingarese.

Das g-Moll-Quartett wurde zum ersten Mal öffentlich am 16. November 1861 in Hamburg (mit Clara Schumann am Klavier) gespielt; genau ein Jahr später, am 16. November 1862, gab Brahms mit dem Werk sein Debüt als Komponist und Pianist in Wien.

Das Quartett beginnt mit einem *Sonatensatz* (g-Moll, C), der das Prinzip der thematischen Vereinheitlichung durch Motivvariation auf die Spitze treibt und die Sonatensatzform radikal verändert – kein Zufall, daß Arnold Schönberg gerade dieses Werk für Orchester bearbeitete, um, wie er sagte, endlich einmal alles zu hören, was in der Partitur steht (und was in der Originalfassung tatsächlich oft durch den massiven und auf weite Strecken dominierenden Klavierklang zugedeckt wird). Buchstäblich der ganze Satz wird in ständig fortschreitender »entwickelnder Variation« (Schönberg) aus dem 1. Thema entfaltet, das in sich schon als motivische Entwicklung aus dem

1. Takt gestaltet ist; dabei geht die Motiv-Arbeit mit der Zuspitzung des Ausdrucks Hand in Hand: Aus dem Sextsprung des Anfangs werden pathetische Sexten und Oktaven, aus den kleinen Sekunden Seufzer und chromatische Gänge, und selbst die später als Begleitung eingeführten Sechzehntel-Figuren sind motivisch abgeleitet und haben ihre eigene Ausdrucksqualität. Die extreme Energie der Detailarbeit schlägt insgesamt selbst in Ausdruck um, der sich dem ganzen Satz als eine Art fieberhafter, finsterer Erregung mitteilt. Zugleich wird die Sonatensatzform so stark verändert, daß man den ganzen Satz auch als einen dramatischen Kampf zwischen dem finsteren Kopfthema und seinen Trabanten einerseits und einer ganzen Reihe kantabler Gegenthemen auffassen kann – einen Kampf, der in völliger Erschöpfung, aber mit dem Kopfthema endet. Die Exposition bietet nicht weniger als 5 Themen (in g, B, d, D und D) auf, führt aber schon das Kopfthema in einem wilden Fortissimo-Abschnitt durch und benutzt die dort eingeführte Sechzehntel-Figur als unruhigen Ausdruckskontrapunkt zum 1. D-Dur-Thema. Die Schlußgruppe wird wieder ganz vom Kopfthema und aus ihm abgeleiteten Seufzer-Motiven beherrscht; die Durchführung setzt mit dem Kopfthema in der Tonika ein, so als sollte die Exposition wiederholt werden, und verarbeitet

dann in einem großen, düsteren Crescendo fast ausschließlich dieses Thema. Die Reprise ist ganz ungewöhnlich aufgebaut: Thematisch setzt sie mit dem kurzen 2. Thema ein, jetzt in G- statt B-Dur; harmonisch erst danach mit dem Fortissimo-Eintritt des Kopfthemas. Die Schlußgruppe ist zu einer großen Coda erweitert, die vom Kernmotiv des Satzes – jetzt mit ganz unheimlicher Wirkung als quasi ostinater Baß – beherrscht wird.

Das *Intermezzo* (c-Moll, 9/8), ursprünglich Scherzo überschrieben, ist ein con sordino und fast durchweg piano vorüberhuschendes Nachtstück, das mit 3 Themen arbeitet, die beiden ersten als Kontrast von Moll und Dur gefaßt, aber durch die ostinaten Achtel-Repetitionen in Cello und Bratsche zusammengehalten, das 3. eine weit ausgreifende Melodie und in stärker aufgelockertem Satz, aber tonartlich offen. Das *Trio* (Animato, As-Dur) steigert die Unruhe durch ein aus dem 1. Intermezzo-Gedanken abgeleitetes, aber in abgerissene Motiv-Gesten aufgespaltenes Thema und durch seine ungewöhnliche, auf den Schluß hindrängende Entwicklung: Trio-Hauptteil breit ausgeführt – Trio des Trios (Thema abgeleitet aus dem Hauptteil-Thema) in labilem E-Dur – verkürzte Wiederholung des Hauptteils, die sich ihrerseits kurz nach E-Dur wendet, dann Rückleitung zum Intermezzo-Hauptteil. Dieser Hauptteil wird unverändert wiederholt, aber durch eine Coda erweitert, die beide Satzteile wie in einer Chiffre zusammenfaßt, indem sie die knappe C-Dur-Wendung des Hauptteil-Schlusses zu einer großen, rhythmisch und melodisch beruhigten C-Dur-Periode ausbaut, thematisch aber auf das Trio zurückgreift.

Das *Andante* (Es-Dur, 3/4) leitet den Wandel der Perspektive ein, der es möglich macht, das Werk mit einem Rondo alla zingarese enden zu lassen: durch die strömende, noch immer leidenschaftliche und chromatisch getönte, aber ganz in Dur bleibende Melodik des Hauptteils wie durch den strahlend hellen C-Dur-Mittelteil, dessen Marsch-Tonfall schon leicht ungarisch klingt. Der ganze Satz ist, nach den so komplizierten ersten Sätzen, von erstaunlicher formaler und harmonischer Schlichtheit; auch dadurch vermittelt er zum *Finale* (g-Moll, 2/4), das ein einfaches, direktes und zündend zigeunerisches Rondo ist, komplett mit einer großen »Cymbal«-Kadenz und einem spannenden langsameren Abschnitt vor der Stretta. Aus dem mozartisch inspirierten g-Moll als extremer Ausdruckstonart ist das »exotische« g-Moll der Zigeunermusik geworden.

Klavierquartett A-Dur op. 26

Komponiert 1861.
Allegro non troppo – Poco adagio – Scherzo: Poco allegro – Finale: Allegro.

Brahms' 2. Klavierquartett wurde in der endgültigen Fassung im Herbst 1861 abgeschlossen (zur Entstehungsgeschichte vgl. vor op. 25). Die erste öffentliche Aufführung fand am 29. November 1862 in Wien statt, wobei der Komponist den Klavierpart spielte. Gegenüber dem Schwesterwerk gilt das A-Dur-Quartett als das leichtere und weniger anspruchsvolle, aber in Wirklichkeit ist es nur das freundlichere, und die vordergründige Einfachheit und Regelmäßigkeit seiner Formen verbirgt eine höchst subtile motivische Arbeit. Die Satzfolge und die Funktionen der Sätze im Zyklus sind »klassischer« als in op. 25, weil hier kein Konflikt ausgetragen wird: Der Kopfsatz trägt das Hauptgewicht der thematischen Arbeit und der entwickelnden Variation, der langsame Satz bildet den emotionalen Schwerpunkt, das Scherzo hat Intermezzo-Charakter, und das Finale hat zwar, wie im g-Moll-Werk, einen ausgesprochen ungarisch-zigeunerischen Ton, ist aber als ein anspruchsvoller Sonatensatz eher gleichgewichtige Entsprechung als Gegensatz zum 1. Allegro. Und diese »klassische« Proportion ist um so bemerkenswerter, als sie sich mit keineswegs klassischen Dimensionen verbindet, denn das Quartett ist eines der längsten Werke der Literatur.

Der *Kopfsatz* (A-Dur, 3/4) beginnt mit einem fast beschaulichen, aber durch den Wechsel von triolierter und normaler Achtel-Bewegung rhythmisch reizvoll pointierten Thema, dem man die Steigerung zum großen Pathos, in die es sehr schnell geführt wird, zunächst kaum zutraut. Eine lange Überleitung, be-

ginnend mit einem kontrapunktischen Fortissimo-Motiv, das schon ausgeprägten Durchführungscharakter hat, entwickelt in subtiler motivischer Arbeit das Seitenthema auf der Dominante, das den Rest der Exposition einnimmt und eigentlich aus 2 Themen, einem melodiebetonten und einem rhythmisch akzentuierten, besteht. Die Durchführung beginnt ganz entspannt, steigert sich dann aber zu einer hochpathetischen Entfaltung des Hauptthemas, auf deren Höhepunkt – ein Geniestreich der Brahmsschen thematischen Arbeit – das Triolenmotiv des Themas und der kontrapunktische Überleitungsgedanke verschmelzen. In langsamem Decrescendo wird dann wieder das Seitenthema und schließlich nur noch dessen Schlußwendung verarbeitet, mit der die Durchführung begonnen hatte, und auf dem Punkt der endlichen Entspannung setzt die Reprise ein. Gesteigert wiederholt sich dieser Vorgang im Übergang von der Reprise zur Coda, in der das Thema erst kanonisch verdichtet, dann in sanft fallende Achtel-Ketten aufgelöst wird, bevor die Schlußkadenz das Kopfmotiv noch einmal energisch zusammenfaßt.

Das *Adagio* (E-Dur, C) ist trotz seiner Tonart ein lastend trauriger Satz, geprägt von den Seufzer-Figuren, die von Anfang an das Hauptthema umspielen und die im Satzverlauf selbständige thematische Bedeutung bekommen. Wie das ganze c-Moll-Quartett op. 60, so hat auch dieser Satz wahrscheinlich einen autobiographischen Hintergrund in der Beziehung zu Clara Schumann: Der rezitativähnliche Abschnitt, der die Entwicklung der Themen zweimal unterbricht und mit dem der Satz schließt, ist eine fast zitathafte Anspielung auf Schuberts Heine-Lied »Die Stadt«, dessen letzte Strophe lautet:

> Die Sonne hebt sich noch einmal
> Leuchtend vom Boden empor
> Und zeigt mir jene Stelle,
> Wo ich das Liebste verlor.

Das *Scherzo* lenkt zurück in die Ausdrucksbereiche des 1. Satzes (A-Dur, 3/4). Dem Charakter nach ist es eher ein Intermezzo als ein Scherzo, der Form nach ein konzentriert gearbeiteter Sonatensatz mit einem stark an Schumann erinnernden, überschwenglichen Seitenthema, großer und harmonisch weit ausholender Durchführung und einer ausgedehnten Coda, in der das Hauptthema, ähnlich wie im 1. Satz, zunächst aufgelöst, dann aber in einer schwungvollen Stretta zum Ende gebracht wird. – Das *Trio* (d-Moll/D-Dur) ist fast genauso aufgebaut, nur kürzer und zugleich kontrastreicher: Das Hauptthema ist ein energischer Kanon zwischen dem Klavier und den Streichern, das 2. Thema eine durch Hornquinten »romantisierte« Variante des Scherzo-Hauptthemas, und während im Hauptteil die Durchführung ganz vom 1. Thema bestritten wurde, ist sie hier auf das 2. (also dessen Ableger) konzentriert – thematische Konstruktion, Ökonomie und formale Balance also auch im vordergründig »leichtesten« Satz des Zyklus. Den Schluß des Trios bildet, wieder wie im Hauptteil, eine ausgedehnte Coda (konsequenterweise über das 2. Trio-Thema), die sich als Rückleitung zur Hauptteil-Wiederholung zur Dominante von A-Dur öffnet.

Das *Finale* (A-Dur, ₵) ist ein sehr breiter und sehr witziger Sonatensatz »all'ongarese« mit Rondo-Elementen, im Hauptthema und erst recht in der Bildung immer neuer und überraschender Pointen deutlich an entsprechende Sätze Haydns anklingend (Finale des G-Dur-Klaviertrios, Streichquartett op. 64/5). Das wie ein ruhiges Intermezzo wirkende Seitenthema (e-Moll/G-Dur) weist voraus auf das wenig später entstandene Klavierquintett. Brahms hat selten einen Satz geschrieben, in dem thematische und formale Komplexität, thematische Arbeit und entwickelnde Variation so vollkommen auf die Ebene des vital-heiteren Spiels transponiert sind wie hier.

Klavierquartett c-Moll op. 60

Komponiert (letzte Fassung) 1873–75.

Allegro non troppo – Scherzo: Allegro – Andante – Finale: Allegro comodo

Brahms hat die Arbeit an seinem 3. Klavierquartett offenbar schon 1855, also fast 20 Jahre vor der Vollendung des Werkes, begonnen (vgl. dazu auch vor op. 25). Die 1. Fassung stand in cis-Moll; Ende 1856 scheinen mindestens 3 Sätze fertig gewesen zu sein. Aber während op. 25 und op. 26 revidiert und veröffentlicht wurden, ließ Brahms das 3. Werk der Gruppe liegen, und auch 1869 in Wien scheint es zu keinem Ende gekommen zu sein. Erst im Winter 1873/74 begann das letzte Arbeitsstadium; im Oktober 1874 erhielt Theodor Billroth ein (erstes?) vollständiges Manuskript, und im Sommerurlaub 1875 in Ziegelhausen bei Heidelberg wurde die letzte Revision abgeschlossen. Die erste öffentliche Aufführung der (verschollenen) Fassung von 1874 fand im Oktober dieses Jahres in Leipzig statt; die erste Aufführung der definitiven Fassung veranstaltete Brahms mit dem Hellmesberger-Quartett im November 1875 in Wien.

Brahms' langes Zögern, das Werk der Öffentlichkeit zu übergeben, hängt wahrscheinlich mit dem autobiographischen Bezug der Komposition zusammen – der Liebe zu Clara Schumann. Auch für die endgültige Fassung, die er »zur Hälfte alt, zur Hälfte neu« nannte, hat er an diesem Bezug festgehalten, wenn auch mit jener Art von Maskierung und Ironisierung, die er in seinen verbalen Äußerungen liebte: Alle Aussagen – mündlich zu Hermann Deiters 1868, schriftlich an Billroth 1874 und Simrock 1875 – kreisen um Goethes Werther, den »Mann im blauen Frack und gelber Weste«. Brahms muß, als er 1855/56 die 1. Fassung des Werkes niederschrieb, dem Selbstmord sehr nahe gewesen sein. Der furchtbare, nur im Andante etwas aufgehellte Ernst des Quartetts, seine lapidare Thematik und Form sprechen auch in der endgültigen Fassung eine deutliche Sprache, und es ist kaum ein Zufall, daß gerade dieses Werk zu den unbekanntesten des Komponisten gehört.

Der *1. Satz* (c-Moll, 3/4) beginnt mit dem seltsamsten Thema, das Brahms je geschrieben hat: ein dröhnendes, dreifach oktaviertes c, dann abgerissene Seufzer und eine aus Seufzern sich bildende, zur Dominante sinkende Linie (s. unten); das Ganze einen Ton tiefer wiederholt und erweitert, schließlich zur Tonika zurückmodulierend, auf der dann schon eine von Forte-Schlägen und Tutti-Klang geprägte Variante des Themas aufgestellt und verarbeitet wird. Eine neue Reduktion bis auf ein einziges Seufzer-Motiv führt zum Seitenthema (Es-Dur), das als stabilisierendes Moment wirkt (liedhafte Periodik und geschlossene melodische Kontur) und nicht verarbeitet, sondern mehr-

Allegro non troppo

mals variiert wird, bis die Seufzer-Motive sich wieder melden und zur Durchführung leiten. Diese Durchführung lenkt in zwei großen Steigerungen zur Reprise, erst mit einer geradezu exzessiven Verarbeitung und Ausdruckssteigerung der Seufzer-Motive in ihrem Doppelcharakter als leise Seufzer und dröhnende Akkordschläge, dann mit einer Verarbeitung des 2. Themas, das nun seiner Stabilität beraubt und durch ein vorwärtsdrängendes Triolenmotiv im Baß – ein »Zerfallsprodukt« des Hauptthemas – unterminiert wird; folgerichtig mündet diese Entwicklung in einen Fortissimo-Einsatz der Reprise mit dem Hauptthema. Das Seitenthema wird in der Reprise stark erweitert, nach G-Dur geführt, dann aber doch von einer letzten Ausbreitung und Steigerung des Hauptthemas vertrieben, nach der der Satz zusammensinkend endet.

Als 2. Satz folgt, wie im g-Moll-Quartett, das Scherzo, hier aber in der Grundtonart (c-Moll, 6/8) und ohne jeden Intermezzo-Charakter, vielmehr ein so düsteres Stück wie der Kopfsatz und wie jener aus abgerissenen Seufzern und Leidensgesten entwikkelt. Die traditionelle Scherzo-Form ist nahezu aufgegeben; die Stelle des Trios vertritt ein melodisch und rhythmisch leicht beruhigter Abschnitt, der aber schnell in eine als riesiges Crescendo angelegte thematische Rückleitung zur Wiederholung des Hauptteils übergeht. Die Coda wendet sich – zum ersten Mal im ganzen Werk – nachdrücklich und auf Dauer nach C-Dur.

Dieses C-Dur ist das Signal für den langsamen Satz (E-Dur, C), ein Intermezzo, in das die Seufzersprache des 1. Satzes nur noch leise hineinklingt. Daß er nur ein Intermezzo ist, macht das *Finale* (c-Moll, ¢) deutlich, das mit einem fast elegischen kontrapunktischen Doppelthema beginnt (die als Begleitung eingeführte Klaviermelodie bekommt im Laufe des Satzes vielfältige thematische Funktionen), sich aber schnell zu einem Höhepunkt steigert, der sicherlich nicht ohne Bedeutung vom »Schicksalsmotiv« aus Beethovens 5. Sinfonie beherrscht wird. Ein liedhaftes Seitenthema wie im 1. Satz fehlt; dafür entwickelt sich aus den weitgeschwungenen, aber immer wieder wie Rufe abbrechenden Melodiebögen der langen Überleitung nach Es-Dur eine choralartige Schlußgruppe, die unüberhörbar an den Choral im Finale der 1. Sinfonie (1876, ein Jahr nach dem Quartett, vollendet) erinnert. Die Durchführung greift den Ton dieses Themas auf und ist fast ganz als eine Piano-Klangfläche aus Motiven des Hauptthemas und der Schlußgruppe gebildet, unterbrochen von unheimlich herabrieselnden chromatischen Läufen des Klaviers. Erst mit dem Eintritt des Hauptthemas im weit von der Tonika entfernten h-Moll (wobei das Thema von seiner eigenen Diminution begleitet wird) verschwindet die trügerische Idylle, und eine kurze Steigerung führt zum Forte-Einsatz der Reprise, die nur wenig verändert ist. Der »Choral« erscheint jetzt in C-Dur, und die Coda beginnt als ein Versuch, diesen C-Dur-Choral – nun in hymnischem Forte im Klavier – durchzusetzen, aber statt dessen bricht das Hauptthema herein, nach wenigen Takten wieder in c-Moll, wobei das Auftaktmotiv zum Seufzer intensiviert wird. Das C-Dur, zu dem der Satz sich schließlich doch wieder wendet, erscheint in einem seltsam fahlen Licht – der Choral bleibt verschwunden, und den Rest des Satzes bilden, über einem langen c-Orgelpunkt, abgerissene, in sich kreisende Melodiebruchstücke aus dem Hauptthema und seinem Klavier-Kontrapunkt, bis sich alles in den chromatischen Läufen des Klaviers pianissimo und diminuendo auflöst. Die Schlußkadenz, forte und in C-Dur, kommt, wie Donald Tovey gesagt hat, zu spät, oder sie hat, um es anders zu sagen, den gleichen tragischen Ton wie die Forte-Kadenz am Ende von Schuberts »Erlkönig«.

Klavierquintett f-Moll op. 34

Komponiert 1862/64.
Allegro non troppo – Andante, un poco adagio – Scherzo: Allegro – Finale: Poco sostenuto / Allegro non troppo / Presto non troppo.

Brahms hat sein op. 34 ursprünglich als Streichquintett mit 2 Celli komponiert, vielleicht schon ab 1861; von dieser Streichquintett-Fassung waren im Sommer 1862 die 3 ersten Sätze fertig. 1863 gab er das nun abgeschlossene Werk dem Freund Joseph Joachim zur Kritik und für Probeaufführungen, aber Joachim – bei aller Kritik sonst einer der Verständnisvollsten im kleinen Kreis der Brahms-Freunde – schreckte zurück: »So wie das Quintett ist, möchte ich es nicht öffentlich produzieren – aber nur, weil ich hoffe, du änderst hie und da einige selbst mir zu große Schroffheiten und lichtest hie und da das Kolorit.« Die Umarbeitung, die Brahms daraufhin begann, war zumindest im Klanglichen radikal, denn aus dem Streichquintett wurde nun erst die Sonate für 2 Klaviere op. 34b und schließlich, angeblich auf eine Anregung von Hermann Levi hin, die Fassung als Klavierquintett. Wieweit Brahms in diesem Prozeß in den Tonsatz der 1. Fassung eingriff, ist leider nicht mehr festzustellen, da das Streichquintett verschollen (d. h. wahrscheinlich von Brahms vernichtet) ist. Da die alles andere als harmlosen späteren Fassungen vom Brahms-Kreis ohne Einwände akzeptiert wurden, liegt die Vermutung nahe, daß das Streichquintett ein einzigartig schroffes und kühnes Werk gewesen sein muß. Die erste öffentliche Aufführung des Klavierquintetts fand am 22. Juni 1866 in Leipzig statt.

Nach seinem kompositorischen Anspruch ist das Quintett ohne Zweifel der krönende Abschluß der ersten Epoche des Brahmsschen Kammermusikschaffens, auch wenn die Komposition des Waldhorntrios und die Vollendung der Cellosonate op. 38 chronologisch später liegen. Der Klang des Werkes ist mächtiger, aber auch differenzierter als der der Klavierquartette, denen es in den Dimensionen wie in der Fülle der thematischen Gestalten entspricht; die thematische Konzentration und die thematische Arbeit sind, wenn das überhaupt möglich ist, noch anspruchsvoller als im g-Moll-Quartett.

Der *1. Satz* (f-Moll, C) beginnt mit einem »Motto« von 4 Takten, das nicht nur den 1. Satz im Keim enthält, sondern für das ganze Werk Konsequenzen hat: Die melodische Andeutung

von Des-Dur im 1. und 2. Takt und die harmonische Wendung nach C-Dur bezeichnen den Kern, aus dem die Harmonik des Werkes entwickelt wird; der melodische Terzgang f–g–as im 1. und die kleine Sekunde g–as im 2. Takt bilden den entsprechenden melodischen Kern der Thematik. Aus diesen Elementen und ihren Varianten (harmonisch vor allem Cis-Dur und cis-Moll einerseits sowie F-Dur andererseits, melodisch die Dur-Terz) entfaltet sich das Werk in einer fast verwirrenden Fülle thematischer Gestalten und Entwicklungen und mit einem Reichtum an Ausdrucksnuancen, der sogar über die Ausdrucksintensität und -vielfalt der Klavierquartette hinausgeht und der sich eben deshalb so verschwenderisch ausbreiten kann, weil eine so rigorose Konstruktivität hinter ihm steht. Thematische und harmonische Verknüpfung und Entwicklung herrschen von Anfang an: Die Klavierfiguration, die sofort nach dem Motto einsetzt und später noch größere Bedeutung gewinnt, ist schon aus dem Motto selbst abgeleitet. Die lyrisch und scherzandohaft zum 1. Gedanken kontrastierende 2. Themengruppe erscheint in Des-Dur, cis-Moll und Cis-Dur und ist melodisch von der kleinen Sekunde und der Terz geprägt, und die 3. Gruppe, wieder in Des, läßt, über ein Pendeln zwischen kleiner und großer Terz, die melodischen Intervalle am Schluß immer weiter ausgreifen und knüpft damit an das Motto an. Die Durchführung, kürzer als die Exposition, beginnt fast idyllisch, steigert sich über ein scheinbar neues, in Wirklichkeit aus dem Hauptthema abgeleitetes b-Moll-Thema zu einem großen Fortissimo-Ausbruch und sinkt dann ins Pianissimo zurück, so daß die Reprise mit dramatischer Wucht einsetzt. Nach sehr regelmäßiger Reprise leitet ein f-Orgelpunkt zur Coda, die noch einmal die Stimmung vom Anfang der Durchführung beschwört, in einem zarten kontrapunktischen Satz des Streichquartetts, der zugleich auf die Einleitung des Finales vorausweist; das letzte Wort aber behält das Hauptthema, das sich am Ende, in gleichsam rückläufiger Bewegung, in eine Apotheose des Mottos verwandelt – wie am Beginn 4 Takte, nun aber nicht nach Dur gehend, sondern in finsterem f-Moll schließend.
Der *langsame Satz* (As-Dur, 3/4) ist, wie so oft nach besonders komplizierten und reichen Sonatensätzen dieses Komponisten, ein fast schlichtes, entspannt-liedhaftes Intermezzo, mit einem emotional bewegteren E-Dur-Mittelteil, dessen Thema mit derselben Technik immer weiter ausgreifender Melodieschritte entwickelt wird, die im 1. Satz, beginnend mit dem Motto, eine

so große Rolle gespielt hatte. Die Wiederholung des Hauptteils – nach einer subtilen, erst die Begleitung, dann die Melodie wieder einführenden Überleitung – ist klanglich und emotional gesteigert, so als ob der Mittelteil noch nachwirkte; in der erregt beginnenden, dann pianissimo ausklingenden Coda werden Elemente aus Haupt- und Mittelteil verbunden. – Das *Scherzo* (c-Moll, 6/8) ist wieder ein äußerst komplexes Stück, das zugleich deutlich auf den 1. Satz zurückweist: in der Melodiebildung des 1. Themas wie in der Variationstechnik des 2. und 3., die – bei extrem gegensätzlicher Gestalt und ebenso gegensätzlichem Ausdruck – im Kern nichts anderes als Moll- und Dur-Fassungen derselben Idee sind.

In der ausführlichen, kontrastreichen und komplizierten Verarbeitung dieser Themen bekommt das 2. immer größeres Gewicht; am Schluß wird es (in einer Wendung, die deutlich vom Schluß des C-Dur-Streichquintetts von Schubert inspiriert ist) zur kleinen Sekunde des–c zusammengefaßt, die wiederum auf den Kopfsatz zurückweist. Das *Trio* entwickelt sich aus einer Variante des C-Dur-Scherzo-Themas, dämpft aber dessen großen hymnischen Ton zu intimerer Kantabilität.
Das *Finale* (f-Moll, ¢, dann 2/4, schließlich 6/8) ist der komplexeste und formal ungewöhnlichste Satz des Werkes. Die langsame Einleitung beginnt suchend, in fast improvisatorischem Gestus, mit pathetischen Oktavsprüngen und schmerzvoller Chromatik auf engstem Raum (merkwürdigerweise sehr ähnlich dem Anfang von Wagners »Faust-Ouvertüre«). Daraus entwickelt sich das Hauptthema des Allegro non troppo, das an das Finale-Thema von Schuberts Grand Duo C-Dur, aber auch an den Schlußsatz von Schumanns Klavierquintett erinnert, zugleich einen romantischen Balladentonfall evoziert (etwa den der Ballade in Marschners »Hans Heiling«), vor allem aber durch sein Kopfmotiv f–g–as auf den Beginn des 1. Satzes, das Motto also, bezogen ist. Das Thema wird sogleich mit einer Fülle dramatischer und lyrischer Umgestaltungen verarbeitet, dann durch ein Seitenthema abgelöst, das in Klang und Gestus an die Einleitung erinnert und in großer Steigerung fortgeführt wird. Bis zum Abschluß dieser Entwicklung (in c-Moll) wirkt der Satz wie ein Sonatensatz; aber der ganze Allegro-Teil wird variiert wiederholt und mit einer Tranquillo-Überleitung, in der nur noch die kleine Terz herrscht, zum Presto geführt, das eine 2., nun stärker veränderte Variation des Allegro-Teils, zugleich natürlich eine riesige und wilde Stretta ist, die in unversöhntem f-Moll zum Schluß gebracht wird. Die Reduktion der Überleitung auf die kleine Terz ist nur eines der vielen Strukturdetails, die den Satz mit den im Motto des Kopfsatzes chiffrierten Merkmalen verbinden. Kurz vor dem Ende der Stretta wird außerdem die im 6/8-Takt latente Beziehung zum Scherzo durch eine deutliche Anspielung auf dessen synkopiertes 1. Thema manifest. Die Überleitung zur Stretta wendet sich von f-Moll nach des-Moll, das mit dem Einsatz des 6/8-Taktes zu cis-Moll wird, dem sehr schnell C-Dur und dann wieder f-Moll folgt. Und in der wunderbaren, fast bukolischen Episode, die sich aus dem balladesken Hauptthema kurz nach dessen erster Wiederho-

lung entwickelt, werden Des-Dur und C-Dur direkt nebeneinandergesetzt.

Brahms hat seine ersten »gültigen« Streichquartette im Alter von 40 Jahren geschrieben, Jahre nachdem er durch das »Deutsche Requiem« und die »Ungarischen Tänze« zu einem berühmten und fast allgemein respektierten Komponisten geworden war. Der Druck des besonderen Anspruchs der Gattung Streichquartett scheint auf dem seit seiner Jugend übersteigert selbstkritischen Brahms besonders schwer gelastet zu haben: Der Zwanzigjährige hatte 1853 die Reihe seiner gedruckten Werke mit einem Quartett h-Moll beginnen wollen – getreu der Tradition, daß sich ein junger Komponist nicht anspruchsvoller als mit einem Streichquartett ausweisen konnte –, aber im letzten Moment hatte er das Werk, obwohl es von Schumann gebilligt worden war, zurückgezogen und vernichtet. Dem Hamburger Jugendfreund Alwin Cranz soll er berichtet haben, daß er »über zwanzig Streichquartette« komponiert habe, bevor in op. 51 die ersten der Veröffentlichung würdigen entstanden. »Es ist nicht schwer, zu komponieren, aber es ist fabelhaft schwer, die überflüssigen Noten unter den Tisch fallen zu lassen«, hieß es bei derselben Gelegenheit, und weil er für die »Zangengeburt« des op. 51 einen Mediziner brauchte, wurde das Werk dem Chirurgen Theodor Billroth gewidmet.
Die Anekdoten, wie ungewiß ihr Wahrheitsgehalt im Detail auch sein mag, machen zumindest deutlich, daß das op. 51 für seinen Komponisten ein besonderes Werk war: das erste definitive Werk in der anspruchsvollsten Gattung der Kammermusik, das erste ohne das vertraute Klavier und ohne die quasiorchestralen Klangmöglichkeiten der beiden Sextette, in 4stimmigem Satz gemäß den von der Gattungstradition vorgegebenen Idealen von klanglicher Homogenität, Gleichberechtigung der Stimmen, thematischer Durcharbeitung, höchster und gleichwohl traditionsbezogener Originalität. Das Ergebnis der außerordentlichen Situation und der außerordentlichen Anstrengung waren Werke, die nun ihrerseits durch ihren besonderen Anspruch neue Maßstäbe für die Gattung Streichquartett wie für die große instrumentale Form überhaupt setzten – kein Zufall, daß Schönberg in seinem berühmten und folgenreichen Aufsatz »Brahms the Progressive« die für ihn wesentlichen Aspekte, Stufenreichtum der Harmonik und ent-

wickelnde Variation, gerade an Beispielen aus op. 51 exemplifizierte (wenngleich teils überspitzt).
Dem besonderen Anspruch der Gattung Streichquartett entspricht es, daß die beiden Quartette des op. 51 eng miteinander verbunden sind und daß auch das 2 Jahre später entstandene B-Dur-Quartett auf sie bezogen ist. C-Moll- und a-Moll-Werk sind komplementär in ihrem Ausdruck wie in formalen Details und in der thematischen Vereinheitlichung des 4sätzigen Zyklus; das B-Dur-Werk bildet zu diesem strengen Kontrastpaar von Moll-Werken den freundlicheren »Abgesang«, treibt aber zugleich die Technik der entwickelnden Variation so weit voran, daß erst die letzten Werke, vor allem das Klarinettenquintett, daran anknüpfen werden.

Streichquartett c-Moll op. 51 Nr. 1

Komponiert 1873.
Allegro – Romanze: Poco adagio – Allegretto molto moderato e comodo – Allegro.

Die beiden Werke des op. 51 wurden im Sommer 1873 in Tutzing vollendet, wo Brahms mit dem Münchner Walter-Quartett proben konnte, aber sie scheinen den Komponisten mindestens seit 1865 beschäftigt zu haben. Die erste öffentliche Aufführung des c-Moll-Quartetts fand am 11. Dezember 1873 durch das Hellmesberger-Quartett in Wien statt.
Das c-Moll-Quartett ist das strengere, darum auch das sprödere der beiden Moll-Werke, ganz auf Vereinheitlichung der zyklischen Viersätzigkeit angelegt und von der – vor allem durch Mozart und Beethoven geschaffenen – Ausdruckstradition seiner Tonart geprägt. Die Ecksätze und die Romanze, auf verstecktere Weise auch das Allegretto, sind aus einem einzigen motivischen Kern, der aufsteigenden Terz in Moll und Dur, entwickelt und so dicht gearbeitet, daß sie in der Substanz, trotz aller thematischen Kontraste, monothematisch wirken; unverkennbares Vorbild ist, bis in die Formulierung dieses Motivs hinein, das konstruktiv strengste der früheren Kammermusikwerke, das Klavierquintett f-Moll. Ebenso wichtig sind für den Ausdruck des Werkes Beziehungen zur ebenfalls in c-Moll stehenden 1. Sinfonie (vor allem die Dur-Aufhellung am Schluß des Kopfsatzes), für die entwicklungsgeschichtliche Stellung des Quartetts – in der Gattungsgeschichte wie in Brahms' personalstilistischer Entwicklung – Anklänge an Mendelssohns Kammermusik, vor allem die zum festen Kanon der Gattung gehö-

renden Streichquartette op. 44 (so in der Romanze und in den emphatisch ausgreifenden Melodiebögen der scheinbar neuen Coda-Themen in den Ecksätzen).

Der *1. Satz* (c-Moll, 3/2), ein dramatisch zerklüfteter, aber formal ziemlich regelmäßiger Sonatensatz, verarbeitet in seiner äußerst knappen und dichten Durchführung Haupt- und Seitenthema zugleich mit barocken und klassisch-romantischen Mitteln – verkürzt, augmentiert und umgekehrt ebenso wie

motivisch zerlegt und entwickelnd variiert. Nichts ist bezeichnender für den Weg, den Brahms seit op. 34 zurückgelegt hat, als die Knappheit dieser Durchführung; nichts ist zugleich bezeichnender für den besonderen Rang der Gattung Streichquartett auch bei diesem Komponisten als die Tatsache, daß die vor allem im »Deutschen Requiem« erprobten kontrapunktischen Techniken gerade hier stärker hervortreten als in aller anderen Kammermusik.

Die melancholische *Romanze* (As-Dur, 3/4) ist in freier 3teiliger Liedform mit Durchführungselementen und einer ausgedehnten Coda angelegt. Das Hauptthema wie das tieftraurige, in stockender Triolenbewegung kreisende Thema des as-Moll-Mittelteils gehen auf Haupt- und Seitenthema des 1. Satzes zurück. In der Coda erscheinen beide Themen in umgekehrter Reihenfolge; ähnlich wie im Kopfsatz wird die Grundstimmung am Schluß, vor allem durch die serenadenhaften Pizzicati des Cellos, leicht aufgehellt.

Das klassische Scherzo vertritt ein nachdenklich-versponnenes *Allegretto* (f-Moll, 4/8). Der Hauptteil ist thematisch wiederum, wenngleich versteckt, mit dem 1. Satz verknüpft und wie dieser durch kontrapunktische Arbeit verdichtet; der triohafte Mittelteil (F-Dur, 3/4) spielt die am Schluß der Romanze angedeutete Serenadenstimmung breit und sogar mit leicht folkloristischem

Einschlag aus. – Das *Finale* (c-Moll, ¢) greift mit einer für Brahms sehr ungewöhnlichen Direktheit, die bereits auf emotionale Hochspannung deutet, auf die Themen des 1. Satzes zurück (vgl. Bsp. S. 679), schließt aber im Gegensatz zu jenem in düsterem c-Moll. Formal ist es eine komplizierte Mischung aus Sonatensatz und zweimaliger Variation des gesamten expositionsartigen 1. Teils (entfernt ähnlich wie im Finale des Klavierquintetts), so daß noch einmal die Prinzipien des Werkes – die Formidee der Sonate und die thematische Vereinheitlichung des Ganzen wie der einzelnen Sätze durch entwickelnde Variation – zusammengefaßt erscheinen.

Streichquartett a-Moll op. 51 Nr. 2

Komponiert 1873.
Allegro non troppo – Andante moderato – Quasi Minuetto, moderato – Allegretto vivace.

Das a-Moll-Quartett wurde wie sein Schwesterwerk im Sommer 1873 in Tutzing vollendet und noch vor jenem am 18. Oktober in Berlin durch das Joachim-Quartett zum ersten Mal öffentlich aufgeführt. Es erscheint trotz der Moll-Tonart freundlicher als das c-Moll-Quartett und eher auf sonatengerechte thematische Fülle und Kontrastierung als auf variative Verknüpfung aller Teile gestimmt, zugleich aber noch polyphoner in der Satztechnik und reicher an Formideen.

Der *1. Satz* (a-Moll, ¢) huldigt mit dem im Kopfmotiv a–f–a–e versteckten Doppelmotto a–f–a (Umbildung von f–a–f, »frei, aber froh«) und f–a–e (»frei, aber einsam«) der Jugend-

freundschaft zwischen Brahms und Joachim, die gerade damals zu scheitern drohte. Die Durchführung des Sonatensatzes ist noch knapper als im c-Moll-Werk; dafür geht schon die Exposition in der fast unmerklichen Entwicklung von Themen, die dann als fertige Gestalten völlig individuell und völlig gegensätzlich wirken, wie in der motivischen Arbeit und der freikontrapunktischen Stimmführung erheblich über das Schwesterwerk hinaus. Auch die wechselseitige Durchdringung der satztechnischen Extreme – Melodie und Begleitung einerseits, hochkomplizierter Kontrapunkt andererseits – ist um einen Grad stärker als dort, die Verschmelzung von spätromantischer Harmonik und kontrapunktischer Stringenz, an die später Max Reger anknüpfen sollte, vollkommen, die Idealvorstellung von der Gleichberechtigung der Stimmen im Quartettsatz so konsequent verwirklicht wie nie zuvor. Das alles verbindet sich schließlich mit einer scheinbar spielerischen Gelöstheit der Formentwicklung und mit einer eigentümlich schwebenden Ausdruckshaltung, die den äußersten Gegensatz zum düsteren c-Moll-Drama des Kopfsatzes im 1. Quartett darstellt.

Das *Andante* (A-Dur, C) ist ein im Detail sehr komplizierter, in der Großform einfacher Satz in 3teiliger Liedform, im Hauptteil geprägt von einem metrisch unregelmäßigen, in kleinen elegischen Motiven »sprechenden« Thema, im Mittelteil (fis-Moll) zigeunerisch getönt durch ein Zitat aus dem 2. »Ungarischen Tanz« von 1868, das im Kanon der Außenstimmen zu farbigen Tremoli der Mittelstimmen vorgetragen wird. Nach einer kunstvoll kontrapunktischen Rückleitung beginnt die freie Wiederholung des Hauptteils, obwohl zunächst A-Dur angesteuert wird, in F-Dur, das sich erst nach 16 Takten zur Tonika wendet.

Das *Quasi Minuetto* (a-Moll, 3/4) kehrt die Verhältnisse des entsprechenden Satzes im c-Moll-Quartett um: Ein metrisch kompliziertes, motivisch dicht gearbeitetes, graziös-melancholisches Menuett und dessen Wiederholung umrahmen ein geradtaktiges, intermezzohaftes *Trio* (Allegretto vivace, A-Dur, 2/4) voll huschender Piano-Bewegung. Mitten in dieses Intermezzo ist, wieder im Tempo di Minuetto, ein 6taktiger Doppelkanon

eingebaut, der über einem Orgelpunkt das Thema des Hauptteils mit einer Variante des Intermezzo-Themas verbindet; derselbe Kanon, leicht erweitert und transponiert, leitet zur Wiederholung des Hauptteils zurück, die ebenfalls leicht erweitert ist.

Das *Finale* (a-Moll, ¾) ist, wie der Kopfsatz, ein Sonatensatz mit 2 scharf kontrastierenden Themen, kurzer Durchführung, regelmäßiger Reprise und großer Coda; nur sind jetzt beide Themen Tanz-Charaktere – das 1., dessen Synkopen-Energie den ganzen Satz prägt, »ungarisch«, das 2. ländlerhaft –, und ihre Verarbeitung ist dementsprechend stärker motivisch und rhythmisch, kaum noch kontrapunktisch. Dafür greift der Satz auf das »Motto«, mit dem das Werk begann, und die in ihm chiffrierte Freundschaft zurück: Die »ungarische« und »wienerische« Stilisierung der beiden Themen wirkt in diesem Zusammenhang so symbolisch wie der Fermatenakkord f–e–a (f–a–e) vor der kurzen Stretta, die noch einmal das »ungarische« Thema bringt.

Streichquartett B-Dur op. 67

Komponiert 1875.
Vivace – Andante – Agitato – Poco allegretto con variazioni.

Brahms komponierte sein 3. Streichquartett 1875 in Ziegelhausen bei Heidelberg; das Joachim-Quartett spielte das Werk zuerst privat im Hause Clara Schumanns im Mai 1876, öffentlich am 30. Oktober desselben Jahres in Berlin. Der Komponist widmete auch dieses Quartett einem Mediziner, Theodor Wilhelm Engelmann in Utrecht, weil er wieder »vielleicht einen Mediziner dazu« brauche, aber er fügte hinzu: »Es handelt sich um keine Zangengeburt mehr; sondern nur um das Dabeistehen.« Mit beidem – der Beziehung zu op. 51 und der weniger großen Dringlichkeit – hatte er nicht unrecht. Das Quartett wirkt einerseits wie ein freundliches, ja heiteres Nachspiel zu den beiden Moll-Werken – gar nicht mehr bekennerisch und dramatisch, scheinbar leichter gefügt, weniger polyphon und deutlicher klassizistisch in der Klarheit und Schlichtheit seiner Formen und in seinen Anspielungen auf große Vorgänger, vor allem Mozarts sogenanntes »Jagdquartett« KV 458, das ebenfalls in B-Dur steht. Aber es stellt andererseits die noch weiter als in op. 51 getriebene Technik der entwickelnden Variation in den Dienst einer Formidee, die um dieselbe Zeit in sinfonischen Dimensionen und mit sinfonischem inhaltlichem Anspruch in

der c-Moll-Sinfonie verwirklicht wurde: die Steigerung der 4sätzigen Form auf das Finale hin. Hinzu kommt ein eigentümlich lakonischer, »aussparender« Stil, der an Beethovens letztes Streichquartett op. 135 erinnert, wie überhaupt die späten Beethoven-Quartette, unter einer täuschend bunten Oberfläche, ständig gegenwärtig zu sein scheinen.
Das gilt schon für den *Kopfsatz* (B-Dur, 6/8 und 2/4), der stilisierte (und miteinander verwandte) Jagdsignale und Polkamotive

gegeneinanderstellt, sie mit den raffiniertesten metrischen und rhythmischen Spielereien überformt, in der Durchführung ein neues Thema aufstellt und mit dem Polkathema verbindet, in der Coda 1. und 2. Thema, 6/8- und 2/4-Rhythmik gleichzeitig durchführt, die außerordentlichsten Kühnheiten und Härten der Harmonik und Stimmführung geradezu genüßlich ausspielt und der dabei den Ton des Spielerischen und den Gestus der lockeren, scheinbar improvisatorischen Fügung mühelos durchhält – Musik, die (um ein Nietzsche-Zitat gegen Nietzsche zu wenden) »nicht schwitzt«.
Das *Andante* (F-Dur, C) – nach Clara Schumanns Urteil »für Brahms nicht bedeutend genug« – treibt ein ähnliches Spiel, jetzt mit der 3teiligen Liedform, auch wenn der Ton des Satzes natürlich viel ernster ist. Das Thema des Hauptteils, das ein wenig an Mendelssohnsche »Lieder ohne Worte« erinnert (vielleicht war es dies, was Clara Schumann störte), wird von je 2 präludierenden und postludierenden Takten eingefaßt, die den F-Dur-Klang aufbauen und zugleich die melodischen Kernintervalle des Themas, Terz und Quart, exponieren. Der Mittelteil, der eigentlich nur aus motivischen Gesten entwickelt wird und kein Thema hat, beginnt in pathetisch-dunklem d-Moll, geht aber am Schluß über A-Dur nach D-Dur. Mit diesem D-Dur beginnt eine in kleine Motive und durchbrochenen Satz gänzlich »zerfaserte« Variation des Hauptteils, die sich im weiteren Verlauf als Anfang der Hauptteil-Wiederholung ent-

puppt, die nach den ersten 8 Takten thematisch regulär verläuft, aber harmonisch noch weiter unklar bleibt, denn auf den D-Dur-Teil folgt noch immer nicht die Grundtonart, sondern der modulierende Mittelteil des Themas. Zum Schluß werden die Nachspieltakte zu einer weit ausholenden Kadenzumschreibung über Des-Dur, As-Dur und A-Dur nach F-Dur ausgebaut.

Das *Agitato* (Allegretto non troppo, d-Moll, 3/4) ist ein dämonisches Nachstück für die Bratsche, thematisch aus dem Hauptthema des 1. Satzes abgeleitet. Das *Trio* (a-Moll), in dem wieder die Bratsche dominiert, ist eine freie und formal vereinfachte Variation des Hauptteils, die den geheimnisvoll-düsteren Grundton kaum aufhellt; erst die Coda nach der Hauptteil-Wiederholung wendet sich nach D-Dur, mit einer Schlußkadenz, in der das schon erreichte Ziel noch einmal auf verblüffende Weise umschrieben wird: Kadenzierender Spannungsklang (der verkürzte Dominantnonakkord) und Zielton (d) erklingen für 2 volle Takte gleichzeitig.

Das *Finale* (B-Dur, 2/4) faßt zusammen und leitet zugleich zum Anfang zurück. Es beginnt mit einem betont harmlosen, wie im Kopfsatz tanznahen (hier gavotteähnlichen) und wie dort leicht archaisierenden Thema, das aber schon nach 4 Takten harmonisch aus den Fugen gerät. In den folgenden *Variationen* wird die Wiederholung der ersten 4 Thema-Takte ausgeschrieben und zum Teil in sich variiert – also Variationen in Variationen. In den beiden ersten Variationen dominiert die Bratsche (Rückbeziehung auf den 3. Satz), in der 3. die 1. Violine; danach herrscht durchbrochener und quasi-orchestraler Satz. Auch harmonisch beginnt mit der 4. Variation etwas Neues: Während die vorangehenden Variationen die kurze Wendung des Themas nach D-Dur breiter ausspielen, wendet sich die 4. Variation nach b-Moll, und die 5. und 6. (molto dolce) gehen nach Des-Dur und Ges-Dur. An diesem Punkt der äußersten harmonischen und melodischen Entfernung schlägt der Satz um (Doppio movimento, 6/8), und das Kopfthema des 1. Satzes wird als Quasi-Variation (nämlich über dem harmonischen Gerüst des Variationsthemas und – wegen des Doppio movimento – mit verdoppelter Taktzahl der beiden Teile) eingeführt. Die letzte Variation (b-Moll) verbindet beide Themen miteinander, und die breite, wieder nach B-Dur zurückführende Coda spinnt sie noch einmal gemeinsam und in immer neuen Varianten und Kombinationen aus. Gerade in dieser Coda, die über den Satz und über das ganze Werk gleichsam noch einmal nachdenkt, ist – gewiß nicht zufällig am Ende des Brahmsschen Streichquartettschaffens – der späte Beethoven ganz gegenwärtig.

Streichquintett F-Dur op. 88

Komponiert 1882.
Allegro non troppo ma con brio – Grave ed appassionato – Allegro energico.

Nach dem Scheitern des f-Moll-Streichquintetts, aus dem schließlich das Klavierquintett op. 34 wurde, dauerte es 20 Jahre, bis Brahms sich der Gattung, für die in Mozarts Quintetten Muster höchsten Ranges vorlagen, wieder zuwandte. Dazwischen lag, als entscheidender Entwicklungsschritt, die Eroberung der beiden Gattungen, die dem 19. Jh. als die wichtigsten der Instrumentalmusik galten: des Streichquartetts und der Sinfonie. Erst mit den Streichquartetten op. 51 war für Brahms die Dominanz der Klavier-Kammermusik endgültig überwunden; mit op. 88 wurde nun der dort entwickelte Quartettsatz zu einem Quintettsatz erweitert, der weder die Gattungsmuster kopierte noch bei dem quasi-sinfonischen Stil des 1. Streichsextetts Anleihen machte und der erst recht nicht Klang und Satztechnik der Klavier-Kammermusik im Streichersatz imitierte. So wirkt es geradezu symbolisch, daß Brahms das Werk fast gleichzeitig mit dem Klaviertrio op. 87 schrieb – Klavier- und Streicher-Kammermusik waren gleichrangig geworden, das Klavier nicht mehr (auch) ein Hilfsmittel, um im schwierigen Feld der Kammermusik heimisch zu werden.
Das Quintett wurde im Mai 1882 in Bad Ischl geschrieben, offenbar in einem Zug und vor der Fertigstellung des schon früher begonnenen Klaviertrios; die erste öffentliche Aufführung fand im Dezember desselben Jahres in Frankfurt am Main statt. Brahms nannte es »ein Frühlingsprodukt« und soll zum 1. Satz bemerkt haben, er könne genausogut von Ignaz Brüll (mit dem er in dieser Zeit viel verkehrte) wie von ihm stammen, was natürlich eine ironische Verharmlosung sein soll. Ganz so harmlos ist der Satz nicht, geschweige denn das ganze Werk; F-Dur ist hier wie in der ein Jahr später vollendeten 3. Sinfonie zwar eine grundsätzlich »positive«, aber doch auch eine vieler Abschattierungen fähige Tonart. Für Abschattierungen sorgt aber auch die Satz- und Klangtechnik, die – bei fast durchweg vollstimmigem Satz – im Neben- und Ineinander von quasi-orchestraler Klangballung und kammermusikalischer Durch-

sichtigkeit, Ausnutzung hoher und tiefer Klanglagen, kontrapunktischer und motivischer Gleichbehandlung der Stimmen eine außerordentliche Flexibilität zeigt, wobei die klassische Besetzung mit 2 Bratschen (entgegen der ausdrucksbedingten Besetzung mit 2 Celli in der Streicherfassung von op. 34) gewahrt bleibt, die klassische Satz-Aufspaltung in 2 von 1. Violine und 1. Bratsche geführte »Chöre« aber fast gänzlich verschwunden ist.

Das *Allegro non troppo* (F-Dur, C) ist ein relativ knapper, in der Anlage einfacher Sonatensatz. Das freundlich-gesangliche Hauptthema wendet sich sehr schnell von F-Dur nach D-Dur

und in einer langen Überleitung (mit einem Nebengedanken, der wie eine entspannte Variante des Seitenthemas aus dem Finale der 1. Sinfonie wirkt) zum A-Dur des Seitenthemas, einer leidenschaftlicher bewegten Bratschenmelodie (die Tonartenverhältnisse entsprechen denen im Kopfsatz der F-Dur-Sinfonie). Die Durchführung ist in einem bei Brahms ganz seltenen Maß entspannt und locker gefügt, geradezu idyllisch; erst im 2. Teil, wenn das Kopfmotiv dreimal (immer in der Tonika!) wie suchend ansetzt, entsteht eine Spannung, die dann in kurzem Crescendo zur Reprise führt. Die Reprise selbst ist am Anfang klanglich energisch verdichtet, danach ziemlich regelmäßig; die kleine Più-moderato-Coda spielt noch einmal den Ton der Idylle aus.

Als fast zu schroffer Kontrast erscheint danach der *2. Satz* (cis-Moll/A-Dur, ¾), dessen poetische Idee sich erst nach und nach

enthüllt. Langsamer Satz und Scherzo sind ineinander komponiert, aber ganz anders als in der Violinsonate op. 100: Dem leidenschaftlich traurigen, in Cis-Dur beginnenden, aber schnell nach cis-Moll gehenden Grave antwortet ein idyllisch-heiteres Allegretto (A-Dur, 6/8; Zitat S. 687 unten); als das Grave nur noch intensiver zurückkehrt, wird ihm eine gestei-

gerte Variation des Allegrettos (Presto, A-Dur, ¢) – eines der großartigsten Beispiele der Brahmsschen Kunst völliger Charakter-Verwandlung eines Themas durch Variation – entgegengestellt, und erst darauf erscheint der Hauptteil »erlöst«, in A-Dur und am Schluß in dreifachem Piano verschwebend.
Wieder in schroffem Kontrast beginnt das *Finale* (F-Dur, 3/2), zunächst wie eine vitale Perpetuum-mobile-Fuge auf den Spuren Mendelssohns (Oktett) und der Cellosonate op. 38, dann – die Fugen-Exposition ist nur Einleitung, die aber das Hauptthema motivisch vorbereitet, und das Hauptthema selbst beginnt nach 20 Takten mit dem dröhnenden Unisono-Lauf – als Sonatensatz, der eine Spiegelung des Kopfsatzes und zugleich dessen Transposition in einen vital-wilden Finaleton (verbunden mit fast durchweg kontrapunktischem Satz) ist: das Seitenthema in A-Dur und in gesanglicher Triolenbewegung, die Durchführung von ruhig-aufgelockertem Satz zu wilder Turbulenz gesteigert, dann aber anstelle der sanften Coda des 1. Satzes eine riesige Stretta (Presto, 9/8), in der am Ende das Hauptthema als veritable Tarantella erscheint. Fast nur durch seine kontrapunktische Dichte und seine genaue Beziehung auf den Kopfsatz ist dieses Finale mehr als ein bloßer Witz – Brahms hat selten ein so ausgelassenes Stück geschrieben.

Streichquintett G-Dur op. 111

Komponiert 1890.
Allegro non troppo, ma con brio – Adagio – Un poco allegretto – Vivace ma non troppo presto.

Das G-Dur-Quintett ist im Sommer 1890 und wie sein Schwesterwerk in Bad Ischl entstanden; die erste öffentliche Aufführung fand in einem Konzert des Rosé-Quartetts am 11. November 1890 in Wien statt. Brahms hielt es eine Zeitlang für sein letztes Werk, nach dessen Vollendung er auf charakteristische Weise daran ging, sein Haus zu bestellen: »Viel zerrissenes Notenpapier habe ich zum Abschied von Ischl in die Traun geworfen«, schrieb er an seinen Verleger Simrock im Oktober. Im Werk ist freilich von Abschied kaum etwas zu spüren; Kalbeck konnte soweit gehen, von »Brahms im Prater« zu sprechen, aber es ist erst recht kein Genrestück, vielmehr ein äußerst konzentriertes und knappes, fast schmuckloses, durchaus vitales Alterswerk.

Der *Kopfsatz* (G-Dur, 9/8), gedrungen wie kaum ein anderer Brahmsscher Sonatensatz, stellt im Hauptthema Akkordik als voluminösen Klanggrund (nicht Begleitung) und gebrochene

Akkordik als thematisches Element gegen- und übereinander, lockert aber Klang und Satz (nicht die motivische Konzentration) im Seitenthema, fast einer Walzermelodie, schnell auf; aus diesem »Walzer« wird dann in der subtilen Variationstechnik des Brahmsschen Spätwerks die synkopierte Schlußgruppe entwickelt. Die Durchführung, eine der großartigsten dieses »Durchführungs-Komponisten« par excellence, ist in zwei großen Steigerungen angelegt, spiegelt aber zugleich im mehrfachen Wechsel von orchestral-kompaktem und aufgelockertem Satz die Kontrasttechnik der Exposition. Zuerst werden Anfang und Schluß der Exposition, tremolierender Klang und das Terzmotiv der Schlußgruppe, in geheimnisvollem Pianissimo und in plötzlicher Wendung von D-Dur nach B-Dur zusammengebracht; dann treten immer mehr Elemente des Hauptthemas in den Vordergrund und werden in konzertant-durchbrochenem Satz verarbeitet, während die Klangflächen zurücktreten. Die Reprise ist stark verkürzt; die Coda, fast so lang wie die Reprise, setzt noch einmal mit dem Kontrast von aufgelockertem zu vollem Klang ein und steigert sich in simultaner Durchführung von Kopfmotiv und Schlußgruppe zu einem letzten quasi-orchestralen Höhepunkt des Hauptthemas. Der eigenartige, im Brahmsschen Schaffen fast einzigartige Eindruck des Satzes rührt vor allem von seiner Verbindung von kammermusikalischem Satz und quasi-orchestralem Klang her; seine kompositionsgeschichtliche Bedeutung liegt vor allem darin, daß der Klang hier thematisch behandelt wird. Auch der alte Brahms war noch immer auf dem Weg.

Das *Adagio* (d-Moll, 2/4) ist ein Variationensatz über ein Thema, das aus 3 ganz verschiedenen Teilen besteht: einer trauermarschähnlichen, von der 1. Bratsche intonierten Melodie, die mit einem leisen »Paukenwirbel« schließt, einer Seufzerkette in den Violinen und einer melodiösen Triolenfigur wieder in der 1. Bratsche. Die 1. Variation verharrt, bis auf den Schluß, in einem fast gespenstischen Piano; in der 2. (g-Moll) tritt eine Fortspinnung des 1. Thementeils an die Stelle des 2. und 3.; die 3., nach 3 Takten in D-Dur wieder nach d-Moll zurücksinkend, steigert sich zu einem heftigen dynamischen Höhepunkt. Den Schluß bildet eine kurze Coda, in der der Thema-Anfang von d-Moll wieder nach D-Dur geführt wird.

Anstelle des Scherzos steht ein trauriger, motivisch ganz subtil durchgearbeiteter *Ländler* in g-Moll mit einem zarten G-Dur-*Trio*. Wieviel mühelose Kunst in dem vordergründig wie ein Genrestück wirkenden Satz steckt, zeigt die kurze Coda, in der

die beiden Melodieglieder des Trios übereinandergelegt und umgekehrt werden. Die nachschlagende Achtel-Begleitung im Hauptteil (über die Joachim schon früher geklagt hatte, weil sie im Streichersatz schwer ausführbar sei) wirkt wie ein letzter Brahmsscher Gruß an den Schumannschen Klaviersatz.
Nach den 2 traurigen und sanften Mittelsätzen stellt schließlich das *Finale* (G-Dur, 2/4) den Rückbezug zum Kopfsatz und damit die Balance der zyklischen Sonatenform her – als ein veritabler Csárdás, der aber, anders als die Themen des 1. Satzes und in reiz- und kunstvollem Gegensatz zu seinem Charakter, weniger klanglich und rhythmisch als vor allem kontrapunktisch verarbeitet wird. Für Ausgleich sorgt die übermütige Coda, in der der Tanz endlich »zu sich selbst« kommt.

Streichsextett B-Dur op. 18

Komponiert 1859/60.
Allegro ma non troppo – Andante ma moderato – Scherzo: Allegro molto – Rondo: Poco allegretto e grazioso.

Brahms' 1. Sextett hat den Komponisten spätestens vom November 1859 bis in den Sommer 1860 beschäftigt. Das vollendete Werk schickte er im September 1860 an Joseph Joachim, der es mit seinem verstärkten Streichquartett-Ensemble am 20. Oktober 1860 in Hannover öffentlich aus der Taufe hob. Sein eigenhändiges Arrangement des langsamen Satzes für Klavier schenkte Brahms Clara Schumann zu ihrem Geburtstag am 13. September desselben Jahres; später wurde diese Bearbeitung zu einem seiner liebsten Vortragsstücke in öffentlichen und privaten Konzerten.
Das Streichsextett war vor Brahms keine eigentliche kammermusikalische Gattung (vgl. Kap. »Gattungen und Besetzungen«); von älteren Kompositionen für diese Besetzung hat er die Werke von Boccherini schwerlich, das bedeutende Sextett von Spohr vielleicht gekannt. Spohrs Werk steht nach Anspruch, Form und Satztechnik zwischen Sinfonie und Kammermusik, und vermutlich ist auch Brahms' erster Versuch in dieser Besetzung eher mit seinen Bemühungen um die Sinfonie in Verbindung zu bringen als mit dem Ehrgeiz, »Neue Bahnen« in der Kammermusik zu eröffnen; dafür spricht auch die zeitliche Nähe des Werkes zu den beiden Detmolder Orchester-Serenaden und dem aus Sinfonie-Plänen entstandenen d-Moll-Klavierkonzert, dessen spektakulärer Mißerfolg in Leipzig (27. Januar 1859, fünf Tage nach der Hamburger Urauffüh-

rung) den Komponisten schwer getroffen hatte. Sinfonisch sind zumindest der formale Anspruch des Werkes und sein orchestraler Klang, der durch das Übergewicht der Bratschen und Celli über die Violinen (die 2. Orchester-Serenade verzichtet auf die Violinen ganz) außerordentlich dunkel wirkt. Weniger sinfonisch, allerdings auch ganz und gar nicht kammermusikalisch ist die Satztechnik, die wie in kaum einem anderen Werk des Komponisten vom Satzmodell Melodie und Begleitung beherrscht wird. Gerade in der Verbindung einer so eigenwilligen Klang- und Satztechnik mit einer geradezu bestürzend reichen, ungehemmt gefühlsbeladenen Melodik liegt der besondere Reiz des Werkes, das Brahms selbstironisch, aber nicht ganz falsch ein »langes sentimentales Stück« nannte.
Der *1. Satz* (B-Dur, ¾), breit angelegt und fast ganz auf strömende Melodik und große Klangsteigerungen gestellt, erweitert die traditionelle Sonatensatzform – und bezeichnenderweise geht es nicht, wie beim reifen Brahms, um Verwandlung, sondern (in deutlicher Orientierung an Schubert) um Erweiterung der Form – durch einen graziösen, leicht archaisierenden Ländler, der in überraschendem A-Dur zwischen Hauptthema

und Seitenthema eingeschoben und durch volle »Orchestrierung« mit Pizzicato-Bässen auch klanglich hervorgehoben wird. Hauptthema und Seitenthema (dieses, entsprechend der Tradition, auf der Dominante F-Dur) sind dadurch aufeinander bezogen und als zentrale thematische Ereignisse betont, daß sie in genau gleicher Weise eingeführt werden: zuerst vom durchsichtig begleiteten 1. Cello, dann von 1. Violine und Bratsche mit reicherer Begleitung (das Finale greift diese Technik modifiziert wieder auf und steigert sie durch ausgeprägten Wechsel zwischen tiefen und hohen Klanggruppen). Aus dem Seitenthema wird die in dichtem Tutti-Satz instrumentierte Schlußgruppe über einem langen Orgelpunkt auf c entwickelt; die ganze Exposition wird trotz ihres Umfangs von 140 Takten wiederholt. Die Durchführung verläuft in 2 großen Steigerungen, deren erste durch das Hauptthema und deren zweite durch den Ländler (jetzt in e-Moll) eingeleitet wird; auf dem Höhepunkt

der zweiten setzt die Reprise mit dem Hauptthema in vollem Tutti-Klang und doppelter Oktavierung der Melodie ein. In einer breiten Coda wird der Satz zu Ende gebracht.
Das *Andante* (d-Moll, 2/4) ist ein sehr ernster, ja düsterer Variationensatz, zugleich, durch den stets gleichbleibenden Baß, eine archaisierende Quasi-Chaconne, deren Thema – im zweimaligen Wechsel zwischen 1. Bratsche mit 3 tiefen Begleitstimmen und 1. Violine mit voller Begleitung vorgetragen – durch seinen feierlich-liedhaften Ton und die Tonart d-Moll Assoziationen an Schuberts Lied »Der Tod und das Mädchen« und an den Variationensatz über dieses Lied in Schuberts d-Moll-Streichquartett weckt. Die beiden ersten Variationen verharren in d-Moll und in ständigem Forte; nach dem wilden Höhepunkt der 2. folgt, immer noch Forte, eine D-Dur-Variation, in der das Thema vereinfacht und im Ausdruck völlig verändert, dann eine weitere Dur-Variation, in der es in klanglich stark kontrastierende Figurationen aufgelöst wird. Im letzten Abschnitt erscheint das Thema noch einmal in d-Moll, jetzt im 1. Cello, und löst sich dann in eine Fortspinnung des Sechzehntel-Auftaktes auf, die sich in den letzten Takten – in fast zitathafter Annäherung an Schubert – nach D-Dur aufhellt.
Das *Scherzo* (F-Dur, 3/4) ist so einfach und extravertiert-fröhlich wie der langsame Satz kompliziert und introvertiert war; die Hornquinten des Kopfmotivs der Violinen deuten auf die romantische Tradition, die der junge Brahms immer wieder beschworen hat, und der kompakt-vollstimmige Satz gibt dem Stück einen ausgesprochen orchestralen Charakter. – Das *Finale* (B-Dur, 2/4) ist einer der merkwürdigsten Schlußsätze, die Brahms geschrieben hat: formal höchst kompliziert als Verbindung von Rondo, Sonaten- und Variationensatz mit versteckten Rückbezügen zum Kopfsatz; im Tonfall, trotz großer durchführungsartiger Steigerungen, eigentümlich lyrisch-verhalten, weit entfernt von allen klassischen Finale-Traditionen, sehr viel näher den »himmlischen Längen« mancher Schubert-Finali. Abschluß ist eine kleine und sehr einfache, ganz auf Bewegung, klangliche und dynamische Steigerung gestellte Animato-Coda.

Streichsextett G-Dur op. 36

Komponiert 1864/65.
Allegro non troppo – Scherzo: Allegro non troppo – Adagio – Poco allegro.

Brahms schrieb sein 2. und letztes Streichsextett in zwei Etappen, die 3 ersten Sätze im September 1864 und das Finale im

Mai 1865, in Lichtental bei Baden-Baden; die ersten öffentlichen Aufführungen fanden im Oktober und November 1866 in Boston und Zürich statt, und erst im Februar 1867 folgten Aufführungen in Wien (Hellmesberger) und London (Joachim). Daß Brahms sich in diesen Jahren noch kaum durchgesetzt hatte, geschweige denn berühmt war, zeigt die Verlagsgeschichte des Werkes: Simrock lehnte es unbesehen ab, obwohl er das 1. Sextett gedruckt hatte – die vielstimmige Besetzung, die nicht durch eine Gattungstradition gestützt war, versprach keinen guten Verkauf; Breitkopf & Härtel nahmen ebenso unbesehen an, baten dann aber, nachdem sie von dritter Seite (wohl Carl Reinecke und Selmar Bagge) beraten worden waren, um Lösung des Vertrages – mit der Folge, daß Brahms ihnen nie wieder ein Werk anbot. Schließlich fand Simrock sich doch noch bereit, das Sextett zusammen mit der Cellosonate op. 38 zu übernehmen.
Ganz unverständlich erscheint uns heute die Reaktion Breitkopfs und seiner Berater nicht; auch Clara Schumann hatte mit dem Werk und vor allem mit seinem langsamen Satz Schwierigkeiten und machte einen vorsichtigen Scherz über das »Thema«, die pendelnden Achtel g–fis, mit dem es beginnt: »Das Thema [. . .] könnte Dir wohl gestohlen werden, aber was finge einer wohl damit an, der es nicht versteht wie Du, es so aufs reizendste und geistvollste mit Motiven zu umkleiden, die immer darum herumspielen und sich ineinander schlingen wie eine Kette lieblicher Gedanken.« Das Zitat macht deutlich, worin die Schwierigkeiten lagen: Das unscheinbare Bratschenmotiv, das als Begleitfigur eingeführt wird, erhält im Laufe des 1. Satzes in der Tat thematisches Gewicht, und dies ist nur ein Aspekt der thematischen Arbeit und der Verfeinerung des Satzes, die das ganze Werk prägen. Die orchestrale Grundhaltung des 1. Sextetts hat einer kammermusikalischen Haltung Platz gemacht, in der orchestrale Wirkungen nur noch sehr vorsichtig eingesetzt sind; am deutlichsten wird das in der Zurückhaltung, mit der jetzt thematische Stimmen verdoppelt werden. Zugleich ist die Gewichtung der Sätze im Zyklus ausgewogener als im Schwesterwerk: Das Scherzo, jetzt an zweiter Stelle, ist ein breit ausgeführter und fein differenzierter Satz, der die klassische Scherzo-Tradition durch einen intermezzohaften Hauptteil und ein scherzohaftes Trio geistvoll verwandelt; das Finale ist ein Sonatensatzrondo, das durch seine Tonfälle und durch intensive thematische Arbeit zugleich Kontrast und Steigerung gegen-

über dem Kopfsatz bewirkt. Bei alldem sind Fülle und Spontaneität der Erfindung nicht geringer als im op. 18, und die Tonfälle sind persönlicher, meist auch ernster – und dies ganz unabhängig von der vieldiskutierten Frage, ob das im 1. Satz aus motivischer Arbeit entwickelte Motiv

tatsächlich ein musikalisches Kryptogramm (agadhe) für »Agathe«, also die unerfüllte Liebe zu der Göttinger Professorentochter Agathe von Siebold ist.

Der *1. Satz*, ein sehr breiter Sonatensatz (G-Dur, 3/4), beginnt mit dem erwähnten Begleitmotiv in der 1. Bratsche und einem 4taktigen Motiv, dessen Gegenüberstellung von G-Dur und dem entfernten Es-Dur für den ganzen Satz Konsequenzen haben wird; erst aus dieser motivischen Geste entwickelt sich eine Melodie, die an die großen »Schubertschen« Kantilenen des B-Dur-Sextetts erinnert, aber schon nach wenigen Takten von motivischer Arbeit und schneller harmonischer Entwicklung überlagert wird. Eine breite Überleitung führt zum Seitenthema – eine Schubertsche »Enklave« wie der A-Dur-Ländler in op. 18 fehlt –, aus dessen sofort einsetzender Verarbeitung sich das ominöse Agathe-Motiv entwickelt. Die Durchführung konzentriert sich gänzlich auf die Motivik der ersten 6 Takte des Satzes, also das Bratschenmotiv und die Gegenüberstellung zweier voneinander relativ weit entfernter Tonarten; zwangsläufig ergibt sich daraus eine in großen Steigerungen zusammengefaßte Entwicklung von Harmonie- und Klangflächen, die wieder sehr deutlich an Schubert erinnert. Einer ziemlich regelmäßigen Reprise folgt eine lange Coda – sostenuto wie in op. 18 –, die den Tonartenkontrast noch einmal ausspielt und schließlich in einer energischen Kadenz G–Es–G zusammenfaßt.

Während in diesem Satz die lyrischen Tonfälle und die Tonartenregie Schuberts bei aller thematischen Konzentration deut-

lich bleiben, ist das *Scherzo* (g-Moll, 2/4) ein gänzlich eigentümliches Stück, nach dem entsprechenden Satz im g-Moll-Klavierquartett das erste jener großen Intermezzi, die Brahms so gern als Ersatz für das traditionelle Scherzo benutzt und die kaum tanzähnlich, meist lyrisch-versponnen und nachdenklich sind. Der Hauptteil des leicht »ungarisch« getönten und zugleich archaisierenden Satzes (die ersten Takte knüpfen thematisch an die Gavotte a-Moll für Klavier von 1854 an) ist ein regelrechter kleiner Sonatensatz mit harmonisch weit ausgreifender, dann fugierter Durchführung, leicht veränderter Reprise und relativ langer Coda. Das *Trio* (Presto giocoso, D-Dur, 3/4) in 3teiliger Scherzoform, wiederum mit Coda, liefert dann den Scherzo-Ton nach und macht in seinen letzten Takten, in der breit ausgespielten Wendung d–es–d in der 1. Violine, die bis dahin eher verborgenen motivischen Rückbezüge zum 1. Satz, die das ganze Scherzo durchziehen, explizit.
In schroffem Kontrast zu diesem Satz setzt das *Variationen-Adagio* ein (e-Moll/E-Dur, C), trotz der Dur-Wendung der letzten Variation ein tieftrauriges Stück, dessen Thema durch das klanglich ungemein kühne Ineinander von chromatischer Achtel- und Achteltriolen-Begleitung einen geradezu gequälten Unterton bekommt. Die Dur-Aufhellung des Schlusses (über einem langen Orgelpunkt auf e) ist danach auch als Vermittlung zum *Finale* (G-Dur, 6/8) notwendig – einem Finale, das die Tonfälle eines Elfen-Scherzo à la Mendelssohn mit einer einzigartigen, den Hörer immer wieder in die Irre führenden Mischung von Sonatensatz und Rondo verbindet und das darüber hinaus melodisch und harmonisch, gegen Ende immer deutlicher, auf den 1. Satz zurückgreift, bis es in einer virtuos-quirligen Stretta endet.

Klarinettenquintett h-Moll op. 115

Komponiert 1891.
Allegro – Adagio – Andantino. Presto non assai, ma con sentimento – Con moto. Un poco meno mosso.

Von den beiden Klarinettenwerken des Sommers 1891 in Bad Ischl (zur Entstehungsgeschichte vgl. das beim Klarinettentrio op. 114 Gesagte) ist das Quintett das freundlichere, schon durch seine Besetzung auch klangsinnlichere und expansivere Stück. Kaum weniger anspruchsvoll als das Trio ist es aber im kompositorischen Detail. Die Formidee, die ihm zugrunde liegt, ist der des B-Dur-Streichquartetts ähnlich: variative Verknüpfung aller Sätze bei größter Individualisierung jedes einzelnen und Rückkehr des letzten Satzes zum 1. durch Variationen, die sich auf das Hauptthema des Kopfsatzes hin entwickeln. Was das Quintett vom Trio formal unterscheidet, ist vor allem die (relative) Regelmäßigkeit der Satzformen, die im Kopfsatz sogar zu einer Wiederholung der Exposition, im Finale zur Wiederholung des jeweils 2. Teils des Themas und jeder Variation führt.

Der *1. Satz* (h-Moll, 6/8) beginnt mit einem 4taktigen »Motto«, das einerseits den Anfang des Hauptthemas bildet, andererseits die beiden Motive aufstellt, aus denen die Thematik des ganzen Werkes entwickelt wird – ein ganz ähnliches Verfahren also wie im Klarinettentrio, nur motivisch sehr viel knapper formuliert.

Schon nach 24 Takten wird der kantablen melodischen Entfaltung beider Motive ein rhythmisch pointiertes 2. Thema entgegengestellt, das sogleich zum eigentlichen Seitenthema führt; beide Themen sind variativ mit dem Hauptthema verknüpft. Die Durchführung verarbeitet vordergründig zunächst das 1., dann das 2. und zuletzt noch einmal das 1. Thema, ist aber darüber hinaus ein Prozeß entwickelnder Variation, in dem die Verwandlung und schließliche Verschmelzung der Themen, die das Finale krönt, gleichsam im kleinen Rahmen erprobt wird: Das 1. Thema wird zunächst, seinem Charakter gemäß, melodisch-kontrapunktisch entfaltet, das 2. als unvorbereiteter Kontrast (jetzt im feierlich wirkenden, weit entfernten Des-Dur) pointiert, aber die Staccato-Artikulation, die zum Charakter des Themas gehörte, wird in Legato verwandelt, und über dieses Legato dringen langsam melodische Partikel des 3. Themas vor, die dann ihrerseits überleiten zur sehr kurzen 2. Durchführung von Elementen des Hauptthemas. Die Reprise verkürzt 1. und 2. Thema drastisch und breitet statt dessen das 3. Thema aus; die Coda klingt mit dem nun ganz seufzerhaft hervorgehobenen und isolierten 2. Motto-Gedanken aus (fast dieselbe Wendung, erweitert und intensiviert, bildet den Schluß des Finales).

Das *Adagio* (H-Dur, 3/4) ist ein formal ganz einfacher 3teiliger Liedsatz, dessen Teile aber untereinander und mit dem Werk-

Motto variativ verknüpft sind. Im ganzen Satz hat die Klarinette die Führung, und zwar so, daß sie ihre extremen Möglichkeiten ausspielen kann: zarte Kantabilität und virtuose Beweglichkeit mit charakteristischen Registerfarben. Der Hauptteil entwikkelt sich aus einer elegischen Kantilene, die aus den Kerntönen des Werkmottos abgeleitet ist; der Mittelteil beginnt in der Klarinette mit einer Reminiszenz des 1. Taktes des Werkes und entfaltet sich dann als eine große »zigeunerische« Klarinettenszene, die aber nichts anderes als eine freie Moll-Variation des Hauptteils ist. Die Coda nach der Hauptteil-Wiederholung ist ihrerseits eine kleine, nun ganz vom elegischen Grundton des Satzes geprägte Variation der Moll-Variation.
Das *Andantino* (D-Dur, C) vertritt das Scherzo auf eine bei Brahms neue Weise: Dem schlichten und freundlichen, an das Motto nur noch sehr entfernt erinnernden Thema folgt ein ausgedehntes Scherzando (Presto non assai, $^2/_4$), in dem das Thema eher paraphrasiert als variiert wird. Der Schluß entwickelt sich allmählich zum Schluß des Themas zurück. – Das *Finale* (h-Moll, $^2/_4$) wirkt zuerst, vor allem durch den gleichen Takt und die sehr ähnliche Rhythmik seines Themas, wie eine neue Variation des Andantinos, entfaltet sich dann aber als eigenständige Variationenfolge. Die 4. Variation steht in H-Dur und beginnt, zum Motto zurückzuleiten. In der 5. Variation (im $^3/_8$-Takt und wieder in h-Moll) hat das Thema seine größte Nähe zum 2. Motiv des Mottos erreicht, und zugleich erscheint die charakteristische Sechzehntel-Bewegung des 1. Motto-Motivs (noch nicht das Motiv selbst) in Klarinette und 1. Violine. Der Schluß dieser Variation leitet zur Coda (Un poco meno mosso, $^6/_8$), einem ergreifenden Abgesang, in dem beide Motto-Motive und die letzte Variationsstufe des Satzthemas nachdenklich hin und her gewendet werden, bis am Ende nur noch das 2. Motto-Motiv, durch einen chromatischen Baßgang schmerzlich intensiviert, übrigbleibt.

LF

Komponisten um Schumann und Brahms

Neben Schumann und Brahms wurde die Kammermusik von zahlreichen weiteren, zu ihrer Zeit mehr oder weniger erfolgreichen Komponisten gepflegt, die heute entweder vergessen sind oder von denen uns im Zuge einer wissenschaftlichen und musi-

zierenden Erforschung des 19. Jh. wenigstens das eine oder andere Einzelwerk, etwa im Rundfunk, begegnet. Dazu gehören die drei Brüder **Lachner** (**Franz** [1803–1890], **Ignaz** [1807–1895] und **Vinzenz** [1811–1893]), die sich alle der Kammermusik widmeten und hier auch jeweils dem Streichquartett, desgleichen **Carl G. P. Graedener** (1812–1883), von dem es ein originelles Streichquartett gibt. Sehr selten ist noch Musik von **Robert Volkmann** (1815–1883) zu hören, obwohl sich die Auseinandersetzung mit manchem seiner Klaviertrios oder Streichquartette auch heute lohnen würde. Von **Joachim Raff** (1822–1882) gibt es einige formal recht ungewöhnlich gebaute Streichquartette (u. a. op. 192). **Carl Reinecke** (1824–1910) hinterließ u. a. eine Reihe von Werken in reizvoller Bläserbesetzung. **Max Bruch** (1838–1920) ist uns heute noch geläufig als Schöpfer des berühmten g-Moll-Violinkonzerts; daß er auch einige wenige Kammermusik komponiert hat, ist nahezu unbekannt; neben seinem frühen Klaviertrio (op. 5) und 2 Streichquartetten ist unbedingt auf seine 8 Stücke für Klarinette, Viola und Klavier op. 83 hinzuweisen, die auch in einer farblich nicht so aparten Fassung mit Violine existieren. Schließlich sei noch **Hermann Goetz** (1840–76) genannt, etwa mit seinem dankbaren Klaviertrio op. 1, sowie **Joseph Rheinberger** (1839–1901) mit Streichquartetten und, in der entfernten Beethoven-Nachfolge, mit einer allein schon wegen ihres die farblichen Reize der Besetzung auslotenden Charakters beachtenswerten Sonate für Horn und Klavier. In die nächste Generation nach Schumann gehört bereits **Wilhelm Berger** (1861–1911) mit seiner ausgeprägt lyrischen Tonsprache (u. a. 3 Violinsonaten und einige größer besetzte Werke).
Auch die sich anschließende sogenannte Spätromantik beschäftigt sich ausgiebig mit Kammermusik, obwohl die Generation der Liszt- und Wagner-Nachfolge, mit **Richard Strauss** (s. d.) an der Spitze, sich vor allem dem Musiktheater und der programmatisch angelegten Sinfonischen Dichtung zuwendet. Aus der Sicht des heutigen Konzertlebens und seiner – freilich kommerziell recht stark eingeengten – Repertoirepflege genügt fast nur noch eine historisch reihende Aufzählung von Namen, die mehr oder weniger zu Unrecht vergessen sind, wobei oft die Entscheidung einer Zuordnung zum 19. oder zum 20. Jh. schwerfällt: Komponisten wie **Alexander Ritter** (1833 bis 1896) oder der uns als Schöpfer der Oper »Hänsel und Gretel« geläufige **Engelbert Humperdinck** (1854–1921) mit seinem

Streichquartett, der Pianist **Eugen d'Albert** (1864–1932), der sich überraschenderweise zweimal mit dem Streichquartett auseinandersetzte; ferner **Max von Schillings** (1868–1933) und **Paul Graener** (1872–1944) mit seiner gelegentlich ein wenig impressionistisch beeinflußten, auch außermusikalisch-stimmungsmäßig angeregten Kammermusik (u. a. Klaviertrio nach Wilhelm Raabes »Hungerpastor«). **Ludwig Thuille** (1861 bis 1907) ist uns heute eher noch als Mitautor einer grundlegenden Harmonielehre denn als Komponist harmonisch hochsensibler und zugleich musikantischer Kammermusik geläufig (u. a. ein Sextett für Klavier und Bläser).

*

In der Zeit der zweiten und dritten Generation nach Schubert und Weber weitet sich die musikalische Romantik zunehmend auf den ganzen europäischen Raum aus. Neben **Franz Liszt** (1811–1886), der jedoch in seinem Schaffen die Kammermusik radikal ausklammerte, ist hier vor allem **Frédéric Chopin** (1810–1849) zu nennen, der sich noch konsequenter als Liszt dem Klavier widmete und daneben lediglich vereinzelte Kammermusikwerke schuf (»Introduction und Polonaise« für Violoncello und Klavier op. 3 [1829/30] und das Klaviertrio g-Moll op. 8 [1. Fassung 1827/28, revidiert 1833], außerdem die nicht nur für den Pianisten recht dankbare Sonate für Violoncello und Klavier g-Moll op. 65 [1845/46]; ferner ein kaum bekannter Variationenzyklus E-Dur für Flöte und Klavier [1824] und ein Grand Duo für Violoncello und Klavier [1832]).
In Europa entwickeln sich um die Mitte des 19. Jh. eine Reihe nationaler Komponistenschulen. In einigen Fällen kann man von der Konstitution einer jeweils eigenen nationalen Musiktradition sprechen, die zumeist mit einem oder zwei Komponistennamen verknüpft ist: so beispielsweise in Norwegen (neben **Edvard Grieg** [s. d.] auch **Christian Sinding** [1856–1941] mit seinem bedeutenden Streichquartett a-Moll op. 70), Dänemark (**Niels W. Gade** [1817–1890] und **Carl Nielsen** [s. S. 843] und in der Tschechoslowakei (mit **Bedřich Smetana**, **Antonín Dvořák** und **Leoš Janáček** [s. d.]), während Ungarn (mit **Béla Bartók** [s. d.] und **Zoltán Kodály** [s. S. 846]) und Finnland (mit **Jean Sibelius** [s. S. 843]) erst im 20. Jh. ins Rampenlicht treten.
In Rußland schließlich gibt es zwei mehr oder weniger deutlich voneinander abgehobene Richtungen: die eher am westeuro-

päischen Vorbild orientierte mit **Pjotr Tschaikowskij** (s. d.) an der Spitze und die überwiegend national russisch ausgerichtete. **Michail Glinkas** (1804–1857) Kammermusik enträt freilich ausgeprägt russischer Züge; von **Nikolaj Afanassjew** (1821–1898) gibt es eine Reihe origineller Kammermusikwerke (darunter ein Streichquartett »Die Wolga« und ein »Hebräisches Quartett«). **Anton Rubinstein** (1829–1894) hinterließ ein umfangreiches Kammermusikœuvre, darunter 10 Streichquartette, 5 Klaviertrios, 2 Klavierquintette, ein Klavierquartett sowie eine Bratschen- und 3 Violinsonaten. Neben **Alexander Borodin** (s. u.) trat auch **Nikolaj Rimskij-Korsakow** (1844–1908) mit einigen wenigen Kammermusiktiteln hervor (Streichsextett, Klaviertrio, Streichquartett). Zu Unrecht erscheint in unseren Kammermusikprogrammen fast nie der Name des Tschaikowskij-Schülers **Sergej Tanejew** (1856–1915) mit seinen 9 Streichquartetten und 2 Streichquintetten sowie einigen Werken mit Klavier.

AWJ

Alexander Borodin

* 31. Oktober (12. November) 1833 in St. Petersburg
† 15. (27.) Februar 1887 in St. Petersburg

Borodin studierte an der Medico-chirurgischen Akademie in Petersburg, promovierte 1858 zum Dr. med. und wurde nach seiner Tätigkeit als Militärarzt am Institut seiner Studien 1864 Professor für Chemie. Eine Auslandsreise 1862 führte ihn nach Italien, Deutschland und in die Schweiz.

Kammermusik: Klavierstücke; 2 Streichquartette; *Fantasie über ein russisches Thema* für 2 Violinen und Violoncello (1855, verschollen); Streichsextett d-Moll (1860); Klavierquintett c-Moll (1862); *Scherzo* für Streichquartett; ein nachgelassenes Klaviertrio D-Dur.

Borodins schmales Lebenswerk ist sozusagen im Nebenberuf neben seiner Tätigkeit als Chemieprofessor entstanden. Dennoch war er kein Autodidakt, sondern studierte bei Balakirew Harmonielehre und Komposition und schloß sich der Gruppe der »Fünf« an, jener jungen Komponistenschule in Rußland um Mussorgskij. Dieser in manchen Fragen recht radikalen Gruppierung folgte er jedoch nicht in allen Belangen; so verneinte er in seinen Werken alle Programmatik. Auf der anderen Seite entsprach es geradezu vorbildlich ihren selbstgestellten Regeln, daß er sich mit dem größten Teil seiner Schaffenskraft dem sozialen Dienst an der Menschheit widmete.

Das wiederum hatte zur Folge, daß seine Kompositionen jeweils eine mehr oder weniger lange Reifezeit benötigten und daß es überhaupt so wenige bleiben mußten. Um so verblüffender ist, daran gemessen, ihre große handwerkliche Meisterschaft und die Weite und Intensität ihrer künstlerischen Aussagekraft. Auf dem Gebiet der Kammermusik haben vor allem seine beiden Streichquartette Weltgeltung erlangt, während man hierzulande von seinem Streichsextett (1860) und seinem Klavierquintett (1862) keine Notiz nimmt. Sein frühes Streichtrio von 1855 gilt als verschollen.

1. Streichquartett A-Dur

Komponiert 1875–79. UA: 30. Dezember 1880 in St. Petersburg.
Moderato/Allegro – Andante con moto – Scherzo: Prestissimo – Andante/Allegro risoluto.

Mit diesem Meisterwerk stellte sich der 46jährige sofort in die Reihe berühmter klassischer Quartett-Komponisten, ohne daß »Anfängerprobleme« irgendwelcher Art zu erkennen wären. Mit übertriebener Bescheidenheit vermerkte Borodin auf dem Titelblatt der Erstausgabe: »Durch ein Thema von Beethoven angeregt« – gemeint sind ganze 2 Takte aus dem Finale von op. 130 (T. 118/119), die den beiden Anfangstakten seines 1. Allegro-Themas entsprechen:

Dem Sonatensatz vorangestellt ist eine längere langsame *Einleitung*, die sogleich jenen besinnlichen und zugleich klangsinnlichen Tonfall anschlägt, der das ganze Werk prägt; hier wird ständig eine einfache 3-Ton-Gruppe (♩♩ | 𝅗𝅥) in allen 4 Stimmen verwoben. Der folgende *Allegro-Hauptteil* ist ein umfangreicher und ungemein dicht strukturierter Sonatenhauptsatz, der sich mit 3 Hauptgedanken auseinandersetzt: zunächst mit jenem von Beethoven inspirierten Thema, das nacheinander durch die Stimmen wandert; dann folgt ein chromatisch abwärts gerichteter Einfall und schließlich ein sonor-ausdrucksvolles Thema mit nun aufwärts zielendem Chromatikbeginn und charakteristisch emphatischem Sextsprung. Die Exposition verklingt mit dem 2. Thema im ppp. Die lange Durchführung

beschäftigt sich mit allen 3 Themen auf höchst farbige und einfallsreiche Weise. So gibt es Tremolo-Effekte und ein Fugato über das 3. Thema, und auch das 3-Noten-Motiv der Einleitung begegnet uns wieder, nun durch halbe und ganze Noten dem schnellen Tempo angepaßt und vom 2. Gedanken kontrapunktiert (T. 470 ff.). Die Reprise variiert den Ablauf der Exposition vor allem klanglich, erfindet immer neue reizvolle Begleitfiguren und verklingt in einer zarten Coda.
Der *langsame Satz* (fis-Moll, 3/4) besticht durch seine melancholisch-poetische Stimmung und seinen klangvollen polyphonen Satz. Er beginnt zunächst in zarter Zweistimmigkeit von Geige und Bratsche; danach folgt nach kurzem leidenschaftlichem Fortissimo-Ausbruch eine längere Passage von großer Stimmendichte. Zentrum des Satzes aber ist ein Fugato über ein »misterioso« bezeichnetes chromatisch verhangenes Themengebilde, das sich allmählich aus dem vorangegangenen Abschnitt herauskristallisiert hat. Hierauf kehren die Anfangsteile variiert wieder und führen zu einer über weich pochendem Orgelpunkt verlöschenden Coda. – Wirkungsvoller Kontrast zu diesem durchsichtigen Stimmungsbild ist dann das schnelle, flüchtig hingehuschte und technisch anspruchsvolle *Scherzo* (F-Dur, 3/8) mit seiner sich zu periodischen Einheiten unmerklich zusammenschließenden Taktfolge. Von ihm hebt sich wie ein ätherisch-unwirkliches Gebilde das von Flageolett und partiellem Sordino-Einsatz geprägte *Trio* ab. – Auch das *Finale* ist ein Sonatensatz und besitzt eine langsame Einleitung, die atmosphärisch der des Kopfsatzes verwandt ist. Sein Hauptteil beginnt zunächst in a-Moll mit einem unruhig jagenden Thema:

Nach dem Seitensatz (C-Dur) mit seiner charakteristischen melodisch hervorgehobenen Synkope kehrt es noch einmal zurück, um dann entweder in die vorgeschriebene Wiederholung der Exposition oder in die Durchführung zu münden. In ihrem Verlauf kommt es wieder zu Fugato-Ansätzen, die Synkope des Seitensatzes verselbständigt sich motivisch, und schließlich werden beide Themen miteinander kombiniert, ohne daß die Musik auch nur ansatzweise akademisch klänge. In der Reprise wird mit der Wiederkehr des Seitenthemas endlich A-Dur erreicht und bis zum sich allmählich beschleunigenden Schluß beibehalten.

2. Streichquartett D-Dur

Komponiert 1881.
Allegro moderato – Scherzo: Allegro – Notturno: Andante – Finale: Andante/Vivace

Borodins 2. Quartett ist zwar, vor allem wegen seines eingängigen Notturnos, populärer als sein Erstling, doch halten sich beide Werke in ihrer hohen künstlerischen Bedeutung gewiß die Waage. – Hier beginnt der *1. Sonatensatz* umweglos mit einem ungemein sprechenden und sich weit ausgesponnen entwickelnden und steigernden Hauptthema, das zunächst vom Cello vorgestellt wird. Von den 2 weiteren Themen prägt sich besonders das 3. durch sein punktiertes Kopfmotiv ein, das im weiteren Verlauf des Satzes als belebendes Element auffällt. Den ganzen Satz zeichnet melodisches Strömen aus, seine Stimmung ist insgesamt freundlich und schmeichelnd und von lyrischer Ausgewogenheit. Die Durchführung rückt zunächst geheimnisvoll nach F-Dur; sie ist relativ kurz und undramatisch; in der Reprise ändern sich auf reizvolle Weise die Klangfarben der Exposition, z. B. durch Pizzicato-Effekte und neue dezente Begleitfiguren, die das Cello dagegensetzt. Nach einer kurzen Beschleunigung verklingt der Satz tranquillo und pp.
An zweiter Stelle folgt das *Scherzo* (F-Dur, ¾) als Musterbeispiel kompositorischer Materialökonomie. In seinem 1. Takt stecken keimzellenartig alle motivischen Bestandteile: als vorantreibendes Bewegungselement eine Achtel-Folge (a) sowie gleichzeitig ein zu Quinte und (später) Sexte absteigendes charakteristisches »kurz – lang« (b):

Zunächst ergibt sich hieraus ein mehrmals wiederkehrender dahinhuschender Hauptteil. Doch bald kehrt sich das Intervall b nach oben um und wird zum wienerischen Schleifermotiv, unterstützt durch Terzenparallelen, klangsinnliche Begleitung und verlangsamtes Tempo. So deutet sich die von Beethoven herrührende vielteilige Scherzo-Form an, ohne daß sie auf den ersten Blick heraushörbar wäre und ohne abweichend hervorgehobene Trio-Einfälle. – Das *Notturno* (A-Dur, ¾) ist mit Recht berühmt wegen seiner unermüdlich immer wieder vorgetragenen Melodie:

zunächst vom Cello vor leicht vibrierendem Klanggrund, dann von der Sologeige. Den weiteren Ablauf dieses romantischen Stimmungsbildes gliedert häufig eine über 2 Oktaven »risoluto« aufsteigende Tonleiter mit anschließenden verspielten Trillern. Gelegentlich steigert sich die Musik bis zur Leidenschaft; gegen Schluß erscheint die Leitmelodie in echoartigen Imitationseffekten, und am Ende bleibt schließlich nur noch ein einzelnes Motiv daraus übrig. – Das *Finale* schwankt zwischen freundlicher Gelöstheit und grüblerischen Eintrübungen; in seinem abwechslungsreichen und motivisch durchdachten Ablauf erinnert es durchaus – ohne direkte thematische Anklänge – an Beethovens späte Quartette. Das Material wird im jeweils 2stimmigen Unisono in einer langsamen Einleitung vorgestellt, und auch im weiteren Verlauf (Vivace) finden immer wieder hemmende und zugleich formgliedernde Einbrüche dieses Andantes statt. Dieser Satz stellt an das Gestaltungsvermögen der Ausführenden wie an die wache Aufmerksamkeit der Hörer hohe Ansprüche und bildet zugleich das notwendige und künstlerisch überzeugende Gegengewicht zur sinnlichen Romantik des vorangehenden Notturnos.

AWJ

Camille Saint-Saëns

* 9. Oktober 1835 in Paris, † 16. Dezember 1921 in Algier

Saint-Saëns trat bereits mit 9 Jahren als Pianist öffentlich auf. Mit 13 Jahren nahm er Orgelunterricht bei François Benoist am Pariser Konservatorium. Komposition studierte er bei Fromental Halévy und bei Charles

Gounod. 1853–57 war er Organist in Paris an der Kirche St-Merry, 1857–77 an der Madeleine und daneben 1861–65 Klavierlehrer an der Kirchenmusikschule von Louis Niedermeyer. 1871 gründete er die »Société Nationale de Musique«, eine Gesellschaft, der u. a. César Franck, Édouard Lalo, Georges Bizet und Gabriel Fauré angehörten und die sich das Ziel gesetzt hatte, die neue französische Kammermusik zu fördern. Nach dem Erfolg seiner Oper »Samson und Dalila« konzentrierte sich Saint-Saëns auf sein kompositorisches Schaffen und unternahm als Pianist und Dirigent Konzertreisen in die meisten europäischen Länder und nach Übersee, auf denen er vor allem eigene Werke spielte. Als Musikschriftsteller trat er in Frankreich für Richard Wagner und Franz Liszt ein; den Impressionismus lehnte er ab.

Kammermusik: Klavierquintett a-Moll op. 14 (1855); 1. Klaviertrio F-Dur op. 18 (1863); 1. Sonate für Violoncello und Klavier c-Moll op. 32 (1872); Klavierquartett B-Dur op. 41 (1875); Septett Es-Dur für Trompete, 2 Violinen, Viola, Violoncello, Kontrabaß und Klavier op. 65 (1881); 1. Sonate für Violine mit Klavier d-Moll op. 75 (1885); *Le Carnaval des animaux* für 2 Klaviere, Flöte, Klarinette, Streichquintett, Harmonium und Celesta (1886); 2. Klaviertrio e-Moll op. 92 (1892); 2. Sonate für Violine und Klavier Es-Dur op. 102 (1896); 1. Streichquartett e-Moll op. 112 (1899); 2. Sonate für Violoncello und Klavier F-Dur op. 123 (1905); 2. Streichquartett G-Dur op. 153 (1918/19); Sonate für Oboe und Klavier D-Dur op. 166 (1921); Sonate für Klarinette und Klavier Es-Dur op. 167 (1921); Sonate für Fagott und Klavier G-Dur op. 168 (1921); mehrere kleinere Stücke für die verschiedensten Besetzungen.

Umfassend gebildet und vielseitig interessiert, setzte sich Saint-Saëns mit der Musik der Vergangenheit ebenso auseinander wie mit der Musik seiner Zeit. Er verehrte Johann Sebastian Bach, Beethoven und Mozart, gab 16 Bände der Rameau-Gesamtausgabe heraus, arbeitete an der Gluck-Gesamtausgabe mit und rekonstruierte Werke von Jean-Baptiste Lully und Marc-Antoine Charpentier. Sein großes Vorbild war Hector Berlioz. Von ihm unterscheidet er sich durch eine klassizistische Grundhaltung, an der er auch festhielt, nachdem er Werke von Richard Strauss, Debussy und Strawinsky kennengelernt hatte. Mit Gabriel Fauré und César Franck gehört Saint-Saëns zu den Musikern, die der französischen Kammermusik wieder zur Weltgeltung verholfen haben. Romain Rollands Urteil über ihn hat nichts von seiner Gültigkeit verloren: »Saint-Saëns' delikate Schreibweise, seine außerordentliche Mäßigung, seine sinnreiche Grazie, die in die Seele dringt und sich dort auf kleinen Pfaden fortbewegt, sie machen das Vergnügen einer schönen, klaren und ehrlichen Sprache und eines lauteren Denkens aus. Ihm ist der seltene Ruhm zuteil geworden, bereits zu Lebzeiten als Klassiker zu gelten.« Allerdings spielt seine Kammermusik in Deutschland, anders als in seiner französischen Heimat, eine vergleichsweise untergeordnete Rolle.

1. Sonate für Violine und Klavier d-Moll op. 75

Komponiert 1885.
Allegro agitato, Adagio – Allegro moderato, Allegro molto.

In diesem fesselnden Werk paaren sich Temperament, Grazie und Gefühl mit Esprit. Die beiden Sätze sind jeweils in 2 Teile gegliedert. Auf das Allegro agitato in d-Moll folgt ein Adagio in Es-Dur mit einem marschartigen Mittelteil, auf ein Scherzo in g-Moll ein effektvolles Rondo-Finale, das im strahlenden D-Dur endet. Aufschlußreich für die an Beethovens Spätwerken geschulte thematische Arbeit ist vor allem das Allegro agitato. Saint Saëns veränderte den klassischen Sonatensatz. Er verzichtete auf die Wiederholung der Exposition zugunsten eines Teils, in dem vor der eigentlichen Durchführung das thematische Material bereits in variierter und weiterentwickelter Form erscheint. Der Satz hat somit 2 Durchführungen. In der Exposition wird das 1. Thema

sequenzierend zweimal einen Ton höher wiederholt und erst bei der 2. Wiederholung weitergeführt. Nach einem kurzen Zwischenspiel erklingt das synkopiert herabsteigende 2. Thema, das in die Wiederholung des 1. Themas überleitet, mit dem dann der erste Höhepunkt erreicht wird. In der 1. Durchführung werden die beiden Themen verbunden und in der 2. Durchführung, die in die verkürzte Reprise mündet, mit einer Variation des 1. Themas kombiniert.

2. Sonate für Violine und Klavier Es-Dur op. 102

Komponiert 1896.
Poco allegro più tosto moderato – Scherzo (Vivace) – Andante – Allegro grazioso, non presto.

Die 2. Violinsonate ist in ihrer 4sätzigen Anlage und der Prägnanz der Aussage besonders typisch für den klassizistischen Stil von Saint-Saëns. Wie in der 1. Violinsonate werden in der Durchführung des 1. Satzes die beiden Themen miteinander verbunden; die Kontrastwirkung wird durch den Wechsel der Tonarten erreicht. Das schnell dahinhuschende kapriziöse Scherzo ist 3teilig wie auch das Andante, dessen elegische Stimmung von einem Allegro scherzando unterbrochen wird. Die Sonate endet mit einem Rondo-Finale, in dessen Coda das Hauptthema des 1. Satzes noch einmal in variierter Form erklingt.

1. Sonate für Violoncello und Klavier c-Moll op. 32

Komponiert 1872.
Allegro – Andante tranquillo sostenuto – Allegro moderato.

Die 1. Cellosonate gehört mit dem Klavierquartett op. 41 zu den Meisterwerken der französischen Kammermusik des 19. Jh. Sie fesselt durch eine für Saint-Saëns ungewöhnliche Expressivität. Um ein Andante über das Thema:

das an den Choral »O Haupt voll Blut und Wunden« gemahnt, sind 2 Sätze in Sonatensatzform gruppiert: ein vorandrängendes Allegro, das aus 3 Themen entwickelt ist, und ein Finale, in dem Saint-Saëns auf Motive des 1. Satzes zurückgreift. Die Motive werden zu Themen erweitert, die jedoch erst allmählich Gestalt annehmen, so daß die Sonatensatzform nicht leicht zu erkennen ist. Sie gliedert sich in eine Einleitung, eine Exposition mit 1. Durchführung, eine 2. Durchführung und eine Reprise mit Coda.

2. Sonate für Violoncello und Klavier F-Dur op. 123

Komponiert 1905.
Maestoso, largamento – Scherzo con variazioni – Romanze (Poco adagio) – Allegro non troppo, grazioso.

Obwohl Saint-Saëns bereits 1879 erkannte, daß die »Tonalität im Sterben« liege, stellte er in seinen Spätwerken das Dur-Moll-System nicht in Frage. Mit dem Streichquartett e-Moll op. 112 und den nach 1900 entstandenen Kammermusikwerken, zu denen neben der 2. Cellosonate das Streichquartett G-dur op. 153 sowie die Sonaten für Oboe, Klarinette und Fagott (jeweils mit Klavier) aus dem Jahre 1921 gehören, nimmt er eine Gegenposition zum Impressionismus ein, den Saint-Saëns ablehnte. Besonders charakteristisch für seinen Spätstil ist die 2. Cellosonate mit ihren 4 stimmungsgegensätzlichen Sätzen. Weit ausgreifende Themen bestimmen den 1. Satz, einen klar und präzis formulierten Sonatenhauptsatz. Das Scherzo steht in d-Moll. Es beginnt mit dem Thema:

dem 8 Charaktervariationen folgen. In der 6. und 7. Variation werden die Themen im strengen 3stimmigen Satz kanonisch durchgeführt. Nach der Romanze, einem lyrisch-verhaltenen langsamen Satz in Form einer frei gestalteten Fantasie, klingt die Sonate mit einem brillanten, »leggieramente« zu spielenden Finale in Sonatensatzform aus.

Quartett für Klavier, Violine, Viola und Violoncello B-Dur op. 41

Komponiert 1875.
Allegro – Andante maestoso ma con moto – Poco allegro – Allegro.

Der 1. Satz, in Sonatensatzform, zeichnet sich durch Eleganz und Transparenz aus. Das Klavier eröffnet den 2. Satz mit einem energischen Thema, das von den Streichern übernommen und kontrapunktisch verarbeitet wird. Auf dieses komprimierte und dichte Andante maestoso folgt ein scherzoartiges Allegro, das mit einer locker gefügten, an Mendelssohn gemahnenden Coda endet. Im Finale greift Saint-Saëns nach der Durchführung der beiden Themen auf den Hauptgedanken des 1. Satzes zurück und entwickelt aus ihm den effektvoll gesteigerten Schlußteil.

Die Klangphantasie von Saint-Saëns und seine Freude an ungewöhnlichen Instrumenten-Kombinationen beweisen einige Klavierduos: die **6 Duos für Klavier und Harmonium op. 8** (1858), aber auch die **Sonaten** mit einzelnen Blasinstrumenten (**Oboe op. 166, Klarinette op. 167** und **Fagott op. 168**), alle aus dem Jahre 1921, ferner eine **Romanze D-Dur op. 67 mit Horn** (1885) sowie eine **Cavatine Des-Dur op. 144 mit Tenorposaune** (1916), immer mit Klavierbegleitung. Gerade diese Bläsersonaten und -stücke verdienten als echte Repertoire-Raritäten stärkere Beachtung und könnten zugleich den überstrapazierten Hinweis auf die Bläsersonaten von Hindemith (als die angeblich einzig existierenden!) ein wenig entlasten. Hierher gehört auch als seltene Kombination die farblich ungemein reizvolle **Fantasie für Violine und Harfe op. 124** von 1907.
In der Kammermusik mit Klavier verdient Beachtung noch die **Caprice op. 79 über dänische und russische Melodien für Oboe, Flöte und Klarinette** (1887), mit lohnenden Aufgaben für die 3 individuell geführten Holzbläser und den Pianisten. Neben den großen Violinsonaten gibt es noch eine stimmungsvolle **Berceuse B-Dur op. 38** (1874) und eine ausdrucksvoll-eingängige **Romanze D-Dur op. 37** (1876) in gleicher Besetzung.
Als witzig-parodistischer Grenzfall der Gattungen gilt der bekannte **»Karneval der Tiere«**, der unseres Ermessens den Rahmen der Kammermusik aber sprengt.

WL

Pjotr Iljitsch Tschaikowskij

* 25. April (7. Mai) 1840 in Wotkinsk
† 25. Oktober (6. November) 1893 in St. Petersburg

Tschaikowskijs musikalische Begabung entfaltete sich zunächst sehr zögernd. Erst 1863 gab er den Staatsdienst im Justizministerium auf zugunsten des Musikerberufes, auf den er sich nun durch intensive Studien vorbereitete. 1866–77 war er Theorielehrer am Moskauer Konservatorium, bis 1876 zugleich auch Musikkritiker; in dieser Funktion berichtete er auch über eine »Ring«-Aufführung in Bayreuth. 1877 kurze unglückliche Ehe; Begegnung mit Nadjeschda von Meck, die Tschaikowskij eine jährliche Pension aussetzte, so daß er aller materieller Sorgen enthoben war. Er führte fortan ein Leben als freier Komponist und Dirigent in Rußland und im europäischen Ausland. 9 Tage nach der Uraufführung seiner 6. Sinfonie (»Pathétique«) starb Tschaikowskij an der Cholera.

Kammermusik: 3 Streichquartette; einzelner Quartettsatz B-Dur (1865); Streichsextett *Souvenir de Florence*; Klaviertrio; *Humoreske* op. 77; *Souvenir d'un lieu cher* op. 42, 3 Stücke für Violine und Klavier.

Tschaikowskijs Popularität beruht auch heute noch weitgehend auf seinen Handlungsballetten, späten Sinfonien und Instrumentalkonzerten. Ihnen gegenüber führen seine wenigen Kammermusikwerke eher ein Dasein am Rande, was indessen nicht zu Fehlurteilen über ihre Bedeutung verleiten darf. Der Weg zu einer gerechteren Einschätzung der handwerklich-künstlerischen Fähigkeiten des Komponisten könnte nämlich gerade über sie führen und das vornehmlich unter Fachleuten verbreitete (Vor-)Urteil revidieren helfen, Tschaikowskij sei ein vordergründig und klischeehaft Emotionen auslösender Tonsetzer ohne die nötige künstlerische Ernsthaftigkeit. Seine wenigen Kammermusikwerke sind markante und zugleich sehr individuelle Zeugnisse kompositorischer Meisterschaft; sie verdienen durchaus mehr Aufmerksamkeit bei Hörern und Spielern als bisher.

1. Streichquartett D-Dur op. 11

Komponiert 1871.
Moderato e semplice – Andante cantabile – Scherzo: Allegro non tanto – Finale: Allegro giusto.

Alle 4 Sätze dieses Werkes haben zwei Eigenschaften bzw. Merkmale gemeinsam: sie sind musikantisch-spielfreudig, und sie haben immer wieder einen mehr oder weniger offensichtlichen russischen Tonfall, der auf überzeugende Weise in eine westeuropäisch geschulte Kompositionsweise eingeschmolzen wurde. – Charakteristikum des *Kopfsatzes* ist ein »dolce« und »semplice« vorgetragener Synkopenrhythmus auf 9/8-Takt-Basis:

Er beherrscht das Hauptthema und kehrt im Satzverlauf immer wieder, so etwa im Baß des 2. Themas und sehr auffällig in der Durchführung und am Satzende. Zweites prägendes Element ist die zumeist aus Tonleitersegmenten gewonnene begleitende Sechzehntel-Figur, die überwiegend in aufsteigender Richtung das musikalische Geschehen kontrapunktiert. Insgesamt liegt hier ein ungemein dichter und einheitlicher Sonatensatz vor. – Die russisch-folkloristische Herkunft der *Andante*-Melodik ist offensichtlich und dokumentiert sich auch im gelegentlichen Taktwechsel (2/4 / 3/4, B-Dur):

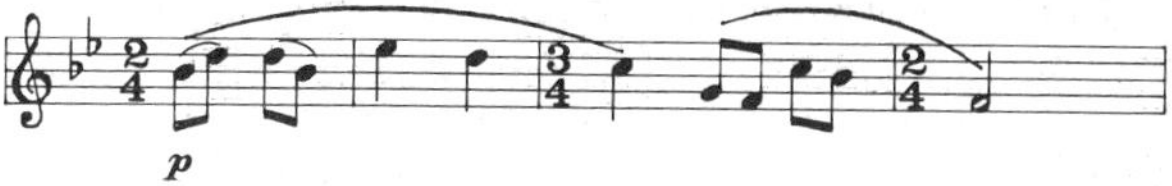

Der schlichte und zugleich ausdrucksvolle Satz in 2teiliger Liedform wird mit gedämpften Instrumenten gespielt; von dieser zarten Grundfarbe hebt sich wirkungsvoll das Gegenthema über seiner Pizzicato-Begleitung ab: Beim ersten Erscheinen zupft lediglich das Cello zu synkopisch hinzutretenden Akkorden der Mittelstimme; in der Reprise wird die Begleitung zum homogenen rhythmischen Pizzicato-Ostinato der 3 Begleitstimmen. – Das *Scherzo* (d-Moll, 3/8) liefert den recht energischen Moll-Kontrast mit dynamischen Gegensätzen auf engstem Raum und Intervallsprüngen über die Oktave hinaus zu Beginn seines Mittelteils. Das *Trio* wendet sich nach B-dur, mit akzentuierten Synkopen in der Melodik über ostinaten Baßtrillern. – Das *Finale* (2/4) schließlich, wiederum ein Sonatensatz, kehrt zur D-Dur-Spiellaune zurück; es zeichnet sich durch eingängige und rhythmisch markante Thematik aus und ist in seinem Verlauf von Synkopen und – im Bereich des Seitensatzes – von einprägsam gliedernden Pausen gekennzeichnet. Bemerkenswert ist vor allem die Meisterschaft der durchbrochenen Arbeit beim Einsatz der 4 eigenständig geführten Stimmen. Nach einem kurzen Andante-Zögern beendet eine Stretta-Coda (Allegro vivace) Satz und Werk in nachdrücklicher D-Dur-Apotheose.

2. Streichquartett F-Dur op. 22

Komponiert 1874.
Adagio/Moderato assai – Scherzo: Allegro giusto – Andante ma non tanto – Finale: Allegro con moto.

Tschaikowskijs 2. Quartett behält zwar die Musizierfreude, die zugleich hohe Ansprüche an die Virtuosität der 4 Spieler stellt, bei, gibt sich insgesamt jedoch merklich tiefsinniger und in der Ausdrucksskala vielfältiger. Dem 1. Allegro geht eine kurze langsame *Einleitung* voraus, die zunächst ein chromatisch-abwärtszielendes Motiv in allen 4 Stimmen mehrfach imitiert und danach in eine figurative Kadenz der 1. Violine mündet. Ihm folgt ein recht umfangreicher und spannungsvoller *Sonatensatz* von bisweilen fast orchestraler Klangfülle. Sein Hauptthema (und dessen Weiterführung) strahlt in seinem motivischen Kern (Klammer) auf alle Satzteile aus:

Dicht, manchmal fast zu kunstvoll, ist das Stimmengewebe angelegt; aus ihm hebt sich mit seiner prägnanten Anfangssynkope deutlich das diatonisch klare Seitenthema hervor, dessen sich steigernde Fortführung in einer kleinen Violinkadenz aufgefangen wird. Die Schlußgruppe bringt noch einmal das variierte Hauptthema. Ohne Wiederholung mündet dann die Exposition direkt in die Durchführung ein, die wiederum nahtlos in die Reprise übergeht. Im Pianissimo verklingt die Coda, nach einer aus dem Kernmotiv des Hauptthemas hervorgewachsenen, 7 Takte langen Synkopenkette der Primgeige.
Das *Scherzo* (Des-Dur) schiebt sich an die zweite Stelle und fällt sogleich durch die metrische Unregelmäßigkeit seiner Thematik auf: Jeweils 3 Takte bilden eine Phrase, wobei immer auf 2 6/8-Takte ein 9/8-Takt folgt, was den Effekt einer stockenden Dehnung mit sich bringt. Dieses Taktwechselprinzip wird im ganzen Hauptteil beibehalten, der darüber hinaus nachhaltig durch die ständig wiederkehrende triolische Achtel-Gruppe der

betonten 1. Taktzeit geprägt wird. Das (nicht so bezeichnete) Trio ändert, bei gleichem Pulsschlag und Tempo, nahezu alle Parameter der Musik: es rückt überraschend (auf dem Weg enharmonischer Umdeutung) nach A-Dur, ist durchgehend in Pianograden gehalten, Pizzicato-Passagen hellen das ohnehin durchsichtige Stimmengefüge weiter auf, und aus den triolisch geprägten Taktwechseln wird nun ein regelmäßiger Dreiertakt mit duolischer Achtelteilung.
Zu einer ausdrucksstarken f-Moll-Klage wird dann der *langsame Satz* (3/4); seinen emotionalen Höhepunkt erreicht er in seinem nach E-Dur ausweichenden rhapsodisch-expansiven Mittelteil, der sich in höchste Lagen versteigt, bis zum 3fachen Forte führt und in Melos und Begleitung das intensitätssteigernde Mittel der Synkope einsetzt. Gegen Ende kehren die Elemente dieses Ausbruchs noch einmal nachklangartig im fernen Pianissimo wieder, bevor das den Satz prägende absteigend punktierte Quart- bzw. Quintmotiv aus dem Hauptthema das letzte Wort behält:

Zur Diesseitigkeit kehrt das rondoartige *Finale* (F-Dur, 3/4) zurück. Im stürmischen Unisono-Galopp der ersten 4 Takte steckt bereits das Kernmotiv des spielerischen Hauptthemas, das sogleich in imitatorischem Nacheinander von 1. Violine und Bratsche vorgestellt wird und das später sogar zum Ausgangspunkt eines Fugatos wird. Diesem Einfall folgt unmittelbar eine breit strömende liedartige Melodie, die espressivo und markiert von der 1. Violine vorgetragen wird. Auch dieser Satz steigert sich zu großer Intensität und dramatischem Temperament; durchsichtige Passagen stehen kontrastierend neben Partien von geballter Stimmendichte. Eine stimmenweise in Gegenrichtung auseinanderstrebende Stretta beschließt das turbulente musikalische Geschehen wie ein Ausrufezeichen.

3. Streichquartett es-Moll op. 30

Komponiert 1876.
Andante sostenuto/Allegro moderato – Allegretto vivo e scherzando – Andante funebre e doloroso ma con moto – Finale: Allegro non troppo e risoluto.

In seelische Abgründe führt das 3. Quartett in der abseitigen Tonart es-Moll, die für ein dunkel-fahles Streichertimbre sorgt. Wie im späteren Klaviertrio löste auch hier der Tod eines Künstlerfreundes, des Geigers Ferdinand Laub, die requiemartige Grundstimmung des Werkes aus. So steckt die langsame *Einleitung* (6/8) des 1. Satzes voller verhangener Chromatik und hat einen seltsam suchend-improvisatorischen Charakter durch ihre Tempo-, Dynamik- und Metrumwechsel. Das Hauptthema des *Allegros* ist erkennbar aus dem Beginn der Einleitung hervorgegangen:

Licht bringt wenig später ein zart flehendes B-Dur-Thema. Die Sonatensatzkonturen werden insgesamt recht freizügig überspielt, es dominiert viel eher ein erkennbarer programmatischer (autobiographischer) Zug in dieser Musik. Am Ende wird noch einmal ein Teil des einleitenden Andantes zitiert. – Es folgt kein echtes Scherzo, sondern – ähnlich wie gelegentlich bei Brahms – ein *scherzoähnlicher Satz* im 2/4-Takt (B-Dur), in lebhaft verspielter Sechzehntel-Bewegung und mit widerborstigen Sforzati. Sein Mittelteil, ohne Trio-Titel nahtlos eingefügt und in der Bewegung etwas ruhiger, steckt voller bohrender Motivwiederholungen und kreist um eine kapriziöse Melodie. – Wieder steht, wie im 2. Quartett, der *langsame Satz* an dritter Stelle und wird zum emotionalen Höhepunkt des Werkes. Seine abgründigen Trauertöne führen in Ausdrucksregionen, wie wir sie aus Tschaikowskijs letzter Sinfonie (»Pathétique«) kennen, eine dunkel timbrierte (con sordino!), leidenschaftliche Totenklage. In freier großräumiger Liedform entfaltet sich das musikalische Geschehen, getragen vor allem von einem immer wiederkehrenden fatalistischen Rhythmus:

und einem Melodiebogen, der bei jeder Wiederkehr eine neue eindringliche Vortragsbezeichnung trägt: piangendo (weinend), con dolore (mit Schmerz), largamente. Zwischen beide schiebt sich eine Passage monoton pochender Tonwiederholungen, einem ersterbenden Pulsschlag ähnlich, die dann auch den Satz beendet – nach einem letzten leichten Aufbäumen scheint die Musik stehenzubleiben. – Das knappe *Finale* (2/4) führt überraschenderweise entschlossen ins diesseitig-optimistische Es-Dur und hält seine Musizier- und Lebensfreude relativ ungetrübt bis zur Vivace-Stretta mit ihren energisch im fff kadenzierenden Schlußtakten durch.

Trio für Klavier, Violine und Violoncello a-Moll op. 50

Komponiert 1881/82, »à la memoire d'un grand artiste«.
I Pezzo elegiaco – II A. Tema con variazioni; B. Variazione, Finale e Coda.

Tschaikowskijs einziges Klaviertrio ist eigentlich ein kammermusikalisches Requiem, dem Andenken seines Freundes und künstlerischen Mitstreiters Nikolaj Rubinstein gewidmet. Von daher erklärt sich auch die aus dem traditionellen Rahmen fallende Form des ausdrucksstarken Werkes, das in 2 große Hauptteile gegliedert ist. – Mit einer »molto espressivo« vom Cello vorgetragenen, um Quinte und Grundton kreisenden, russisch gefärbten Klagemelodie beginnt das *Pezzo elegiaco*:

Und mit der gleichen Elegie, nun zum Andante con moto gebremst und zunächst ins 3fache Forte gesteigert, endet schließlich auch das ganze Trio, über trauermarschartigen Klavierrhythmen endgültig im ppp verdämmernd. Im 1. Teil vertritt diese Klage das Hauptthema des Sonatensatzes; nach län-

gerer Entfaltung, in deren Verlauf es auch im Klavier in akkordisch vollgriffigem Satz und von Streicherfigurationen begleitet aufscheint, leitet ein Accelerando zur andersartigen Ausdruckswelt eines Gegenthemas über, energischer und hoffnungsvoller in der Farbe der Dur-Dominante im kräftigen Fortissimo des Klavierklanges; weitere Gedanken folgen; eine Variante des Klagethemas führt zur relativ kurzen Durchführung. Und bei seiner Reprise stockt es nun zum Adagio con duolo et ben sostenuto. Die verklingende Coda führt einen in der Durchführung eingebrachten Gedanken zu Ende.
Ein russisches Lied wird zum Thema der (zunächst) 11 Variationen in *Teil II A* (E-Dur, C). Es ist charakterisiert durch den auffälligen Synkopenhalt am jeweiligen Phrasenende und durch seine ungewöhnliche Form: Es ist 2teilig, wobei die ersten beiden Abschnitte aus je 3 Zweitaktern bestehen und die letzten beiden Formabschnitte mit 2 Viertaktern zur gewohnten periodischen Fügung kommen:

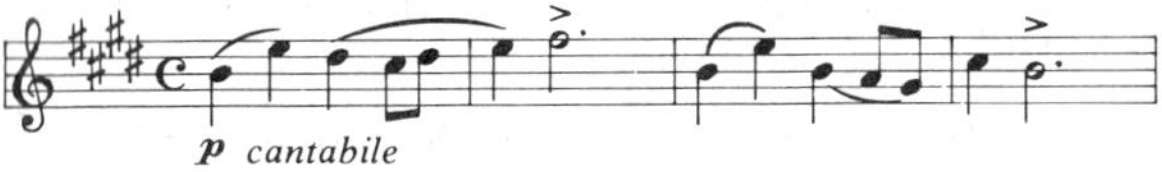

Die folgenden Variationen bilden eine ausdrucksvoll-farbige Reihe: 1. Melodie als Cantus firmus in der Geige; 2. desgleichen im Violoncello; 3. Thema 2fach verkürzt im Klavier (Sechzehntel); 4. leicht variiert und imitierend in allen 3 Instrumenten; 5. Variante im Klavierdiskant über gehaltener Streicherquinte (cis-Moll); 6. Tempo di Valse, formal stark gedehnt (A-Dur); 7. energisch, vollgriffig; 8. eine ausgedehnte Fuge mit großen Steigerungen; 9. cis-Moll-Klage (»lamentoso«) mit gedämpften Streichern und zarten Klavierarpeggien; 10. Tempo di Mazurka

(As-Dur), zunächst als solistisches Klavierstück; 11. Ausklang in der Tonika über langem akkordischem Tonika-Orgelpunkt. – Das Rondo-*Finale* (A-Dur, C) erscheint danach (II B) als selbständige 12. Variation mit dem rhythmisch veränderten Thema. In seinem alle Ausdruckshöhen und -tiefen durchmessenden Verlauf spielt ein Gedanke aus dem 1. Teil eine wichtige Rolle, der dort unmittelbar nach der eröffnenden Klage eingeführt worden war (ben sostenuto; Zitat S. 718 unten). Der rhapsodische Schluß mit der Anfangselegie führt resigniert zur Grundtonart a-Moll zurück.

Sextett für 2 Violinen, 2 Violen und 2 Violoncelli d-Moll op. 70, »Souvenir de Florence«

Komponiert 1890, überarbeitet 1892; Nadjeschda von Meck gewidmet. Allegro con spirito – Adagio cantabile e con moto – Allegretto moderato – Allegro vivace.

Tschaikowskijs »Erinnerung an Florenz« teilt mit den Sextetten von Brahms das Schicksal, bedeutend zu sein, aber selten aufgeführt zu werden. Das Problem liegt in der Besetzungserweiterung: Es gibt zu wenige Werke für 6 Solostreicher, als daß es zu ständigen Ensembles dieser Art kommen könnte, und ebenso selten finden sich 2 gleichwertige Partner, die ein eingespieltes Streichquartett homogen zu ergänzen vermögen. Dabei bietet gerade dieses Werk alle Voraussetzungen zur Popularität: hohe Ausdrucksintensität, eingängige Melodik und kunstvoll ausgewogene kammermusikalische Durcharbeitung. Sein Untertitel verweist auf den Entstehungshintergrund: Tschaikowskij arbeitete 1889/90 in einem Florentiner Hotel an seiner Oper »Pique Dame«, und nach seiner Heimkehr entstanden dann in Rußland diese musikalischen Nachklänge an die Stadt, die ihm ans Herz gewachsen war. Allerdings könnte der Titel mehrfach falsche Erwartungen wecken: Weder gibt es irgendwelche konkreten programmatischen Ansätze, noch finden sich folkloristische Italien-Zitate. Es handelt sich vielmehr eindeutig um absolute Musik, um einen 4sätzigen Instrumentalzyklus nach klassisch überliefertem westeuropäischem Muster, der freilich als äußerst persönlich gefärbtes Stimmungsbild unverwechselbare Züge aufweist.

Der weiträumig angelegte und thematisch ebenso unmittelbar eingängige wie dicht verarbeitete *Kopfsatz* lebt von 2 prägnanten Einfällen, dem tänzerisch melancholischen Hauptthema:

und einem sehnsüchtig singenden Seitensatz:

Ständig, auch während des Gesangsthemas, ist dabei ein kleines Bewegungsmotiv aus dem 1. Thema präsent, das dem ganzen Satz gleichsam als rhythmisch-motivische Klammer dient (s. Notenbeispiel). – Der *langsame Satz* ist ein hochromantisches Ständchen: Ein tiefmelancholischer Gesang über leise gezupfter Begleitung, zunächst in der Geige, dann im Duett mit der Bratsche:

umrahmt einen kurzen Abschnitt, der mit seinen Tremolo-Passagen den nächtlichen Serenadencharakter ängstlich und fast gespenstisch verfremdet. – Der *3. Satz* vertritt das übliche Scherzo; seine wehmütige Melodik ist russisch getönt. Im trioartigen Mittelteil beschleunigt sich bei gleichem Grundmetrum die Bewegung zu unruhiger Verspieltheit in kleinen Notenwerten, woraufhin dann in der Reprise des A-Teils eine Verknüpfung beider rhythmischer Prinzipien erfolgt. – Auch das *Finale* klingt russisch-folkloristisch inspiriert und steigert sich in seiner springlebendigen Lebhaftigkeit über ein eingeschobenes Fugato bis zum Stretta-Schluß. Dabei halten sich, wie auch im Kopfsatz, kammermusikalisch durchsichtige und orchestrale Klangfülle berührende Passagen die Waage und nützen wirkungsvoll die Sechserbesetzung aus.

AWJ

Antonín Dvořák

* 8. September 1841 in Nelahozeves bei Kralupy, † 1. Mai 1904 in Prag

Dvořák, Sohn eines Gastwirts und Schlachters in einem kleinen tschechischen Dorf, kam 1857 an die Orgelschule in Prag. Seit 1862 war er 1. Bratscher im Orchester des sogenannten Interimstheaters. 1871 gab er diese Stellung auf, um sich stärker der Komposition widmen zu können, und verdiente sich einen bescheidenen Lebensunterhalt als privater Musiklehrer. 1874 erhielt er zum ersten Mal den österreichischen Staatspreis (von einer Jury, in der Brahms und Eduard Hanslick saßen); weitere Preise folgten 1876 und 1877. Der Erfolg der »Mährischen Duette« und der »Slawischen Tänze« op. 46 war international und zog die anspruchsvollere Kammer- und Orchestermusik des Komponisten mit; später kamen die großen Vokalwerke mit Orchester hinzu, die vor allem bei den Musikfesten und besonders in England willkommen waren (»Stabat mater«, »Die Geisterbraut«, »Requiem«; weniger erfolgreich das Oratorium »Die heilige Ludmilla«). Seit 1891 war Dvořák Kompositionslehrer am Prager Konservatorium, 1892–95 Direktor des privaten National Conservatory of Music in New York. Seit 1896 wirkte er wieder am Prager Konservatorium, dessen Direktor er 1901 wurde.

Kammermusik: 14 Streichquartette, 3 Streichquintette, Streichsextett, Streichtrio (Terzett); mit Klavier: Violinsonate, Violinsonatine, 4 Klaviertrios, 2 Klavierquartette, 2 Klavierquintette; einige kleinere Werke, weitere verschollen oder unvollständig überliefert.

Dvořák, mit Smetana der Begründer einer nationalen tschechischen Musikkultur, begann seine Laufbahn als ein halb autodidaktischer Klassizist; die Nachteile einer relativ späten und wohl nie ganz systematischen Ausbildung sind noch in manchen Werken der 1870er Jahre in handwerklichen Schwächen und in einer Neigung zu naiv-schematischem Formverständnis zu erkennen. Seit 1863, nach Wagners sensationellem Dirigier-Gastspiel in Prag, geriet er unter starken »neudeutschen« Einfluß, der sich vor allem in den ersten Opern »Alfred« und »König und Köhler«, aber auch in Kammermusik dieser Zeit manifestiert. 1874 begann die Abwendung von Wagner mit der vollständigen Neukomposition der zweiten Oper; besiegelt wurde sie durch die Verleihung des Staatspreises und die energische und selbstlose Förderung des nicht mehr ganz jungen und weltfremden Provinzlers durch Brahms. Die stilistische Annäherung an Brahms – schon auf einem handwerklich erheblich höheren Niveau als die Beschäftigung mit Wagner – lag Dvořák auch insofern nahe, als er von Natur aus kein Theatermusiker, sondern ein Instrumentalkomponist war. Der Welterfolg der »Mährischen Duette« und »Slawischen Rhapsodien« stärkte sein Nationalgefühl und die nationalen Tonfälle in seiner Musik, stempelte ihn aber auch zum »böhmischen Musikanten« und folkloristischen Genrekomponisten für das internationale Großstadtpublikum, in Wien und Berlin wie in London und New York; eine Rolle, die er infolge seiner übergroßen Bescheidenheit zeitweise wohl auch mit Überzeugung lebte, oft zum Nachteil seiner Musik. Erst die letzten Jahre nach der Rückkehr aus Amerika zeigen eine neuerliche Beschäftigung mit Wagner und der Wagner-Nachfolge, nun auf unvergleichlich höherem Handwerks- und Reflexionsniveau als zuvor; die Früchte dieser Arbeit gehören zu Dvořáks bedeutendsten Werken: die beiden letzten Streichquartette, der Zyklus von Tondichtungen nach Gedichten von Karel Jaromír Erben und die Opern »Rusalka« und »Armida«.

Streichquartette

Dvořák hat sich mit Kammermusik von seinen ersten Kompositionsversuchen bis in seine letzten Jahre beschäftigt, und nach Zahl und Gewicht seiner Werke gehört er zu den großen Kammermusik-Komponisten des 19. Jh. Bei dieser Arbeit stand, entsprechend der Gattungs-Hierarchie, die er von den Klassikern geerbt hatte, das Streichquartett immer im Mittelpunkt: Zu den ersten Versuchen, die mit Opuszahlen versehen wurden, gehört das A-Dur-Quartett (ursprünglich op. 1, später op. 2); die konsequenteste Annäherung an Wagner zeigt sich in den 3 Quartetten von 1869/70 (jetzt als Nr. 2–4 gezählt, ohne Opuszahlen); die Rückkehr zur klassischen Tradition und die Wendung zum pointiert böhmischen Tonfall vollzieht sich zuerst und am deutlichsten in Streichquartetten – und schließlich sind die letzten Kammermusikwerke, die Dvořák schrieb, die beiden Quartette op. 105 und 106. Ohne Übertreibung läßt sich sagen, daß für keinen anderen Komponisten nach Beethoven (dessen Quartette kaum Spuren in Dvořáks Werk hinterlassen haben) das Streichquartett so wichtig gewesen ist (wenn man von der paradoxen Situation bei Brahms absieht, der eben deshalb so wenige Quartette veröffentlichte, weil ihm der Anspruch der Gattung überdeutlich bewußt war) – für keinen anderen Komponisten außer Brahms aber auch die Kammermusik insgesamt.

Streichquartett A-Dur op. 2 (ursprünglich op. 1)

Komponiert 1862.
Andante/Allegro – Andante affettuoso ed appassionato – Allegro scherzando – Allegro animato.

Das Quartett wurde erst 1888 uraufgeführt; für diese Aufführung nahm Dvořák einige Kürzungen vor, die vom Böhmischen Streichquartett, das das Werk einige Zeit im Repertoire hatte, noch erweitert wurden (ungekürzt dauert das Stück etwa 48 Minuten). Im wesentlichen betreffen diese Striche Wiederholungen; sie weisen auf eine Schwäche hin, die viele Frühwerke Dvořáks zeigen: die Neigung, nicht nur einzelne Gedanken und Wendungen, sondern ganze Kompositionsabschnitte zu wiederholen.
Der 1. Satz entwickelt sich, nach einer kantablen Andante-*Einleitung* (9/8), als ein problemloser und frischer (nur viel zu langer) *Sonatensatz* (6/8), der im wesentlichen vom ersten, deutlich nach tschechischer Volksmusik klingenden Einfall geprägt wird.

Die Satzstruktur ist (wohl nicht untypisch für ein Anfängerwerk) überladen-dicht, dabei in der Exposition ganz homophon mit fast durchweg führender 1. Violine. Die Durchführung beginnt mit einem energischen Ansatz zu thematischer Arbeit in allen 4 Stimmen, lenkt aber schnell in homophon-orchestralen Satz zurück und arbeitet viel mit den breiten Klangflächen und in sich kreisenden Motiven, die für Dvořák später charakteristisch werden (und die, zusammen mit dem häufigen Dur-Moll-Wechsel, ein wenig an Schubert erinnern, den Dvořák sehr verehrte). – Das *Andante* (fis-Moll, 3/4) ist ein wiederum sehr orchestraler und formal zerfließender, von Violinkantilenen beherrschter Satz, der trotz einer streckenweise koloristisch aufgelockerten Begleitung etwas blaß wirkt. – Viel origineller ist das *Scherzo* (¾), das auf die komplizierte Synkopenrhythmik des Anfangs eine einfache Tanzmelodie und ein derb-volkstanzhaftes *Trio* (fis-Moll) folgen läßt; der spätere »böhmische« Ton klingt hier ganz unverfälscht und naiv-direkt an. – Das *Finale* (C) ist ein dramatisches Allegro mit sehr viel intensiverer thematischer Arbeit als im 1. Satz und einem wirkungsvoll kontrastierenden, fast choralhaften Seitensatz in H-Dur. Ganz am Schluß wird, gleichsam als rettender Ausweg aus den aufgetürmten Konflikten, die traurige langsame Einleitung des 1. Satzes zitiert – vielleicht hat hier Mendelssohns Quartett op. 13 Pate gestanden.

Streichquartett B-Dur o. op. (Nr. 2)

Komponiert wahrscheinlich 1869.
Allegro ma non troppo – Largo – Allegro con brio – Andante/Allegro giusto/Allegro con fuoco.

Mit dem B-Dur-Quartett, das lange als verschollen galt und nur in einer Abschrift überliefert ist, beginnen Dvořáks Experimente mit der Übertragung Wagnerscher Kompositionsprinzipien auf das Streichquartett – Experimente, die bis heute, aus der Perspektive der späten Quartette und der Gattungs-Tradition, als unreif und mißglückt beurteilt werden. Daß dieses Urteil kaum gerechtfertigt ist, zeigt schon das B-Dur-Quartett. Von dem zugleich klassizistischen und »böhmischen« Ton wie vom kompakt-orchestralen Satz des 1. Quartetts kehrt es sich radikal ab; die klassischen Formen und Satztypen sind nur noch andeutungsweise zu erkennen. Beherrschend wird statt dessen ein überaus dichter, kontrapunktisch-chromatischer, in Bewegung und Dynamik ungemein nervöser Satz, in dem kaum noch Themen, sondern kleine und kleinste Motive in großen und immer neuen Steigerungswellen durchgeführt, motivisch weiterentwickelt, chromatisch fortgesponnen und kontrapunktisch verknüpft werden, oft in rücksichtslos dissonanter, manchmal auch noch ungeschickter Stimmführung und mit einer im Detail hochchromatischen, in der großformalen Disposition allerdings sehr einfachen Harmonik. Den Gefahren der Monotonie und Redseligkeit, die in einem solchen Stil naheliegen, nicht zuletzt durch die Reduktion der Thematik und thematischen Kontraste und durch die Auflösung der Formen, entgeht Dvořák nicht

ganz; dennoch sind das B-Dur-Quartett und seine beiden Schwesterwerke faszinierende Stücke, welche die große Höranstrengung, die sie erfordern, reichlich lohnen.
Das groß angelegte Werk – es dauert ohne Kürzungen über 45 Minuten – beginnt mit einem *Quasi-Sonatensatz* (2/4), der fast

ganz aus dem prägnanten Kopfthema, das bei seiner ersten Wiederholung sogleich charakteristisch chromatisiert wird, entwikkelt ist. Scheinbar neue Motive, die aus seiner Fortspinnung entstehen, werden in Teilmotive aus dem Kopfthema zurückgeführt oder mit Begleitstimmen versehen, die aus ihm, vor allem aus den ersten 4 Tönen, abgeleitet sind; das alles vollzieht sich in einem fast zäsurenlosen und kontrastlosen Fluß und in fast ständig polyphon verzweigtem Satz. Nach 90 Takten beginnt eine stark variierte, erweiterte und gesteigerte Wiederholung des 1. Teils, die in einer quasi-orchestralen Auflösung aller Motivik in die über 4 Oktaven gespreizte Sekunde as–b kulminiert; danach (T. 241) folgt eine Reprise, die wiederum erweitert und durchführungsartig aufgebrochen wird, und eine kurze Coda mit einer wundervoll lyrischen und beruhigten Meno-allegro-Formulierung des Themas schließt den Satz ab. Die Formteile, außer der Coda, werden also immer länger, was auf eine Dynamisierung der Form in einen Prozeß hinausläuft; ihre Anfänge sind dadurch deutlich hervorgehoben, daß hier und nur hier das Thema unverändert und vollständig auftaucht.
Das *Largo* (Es-Dur, 2/4) ist eine 4stimmig-polyphon auskomponierte »unendliche Melodie«, die lieblich und fast entspannt beginnt, sich aber schnell zu schmerzlicher Intensität steigert; formal ein kaum zu bestimmender Satz, in dem alles auf die ständig fließende Veränderung des Kopfmotivs ankommt und der nur durch die fast unveränderte Wiederholung der ersten

Takte am Schluß sinnfällig abgerundet wird. – Das *Allegro con brio* (6/8) hat (außer der Tatsache, daß es in der Grundtonart steht) keinerlei Scherzo-Charakteristik mehr, ist vielmehr ein schnell fließender, ganz entfernt auch an volksmusikalische

Töne anklingender Satz im 6/8-Takt über ein Thema, das aus den 4 ersten Tönen des Themas des 1. Satzes entwickelt wird. – Das *Finale* steigert die damit begonnene zyklische Form-Rundung – ein Hauptanliegen der »neudeutschen« Instrumentalmusik, vor allem bei Liszt – zu einem komplizierten Wechselspiel zwischen der Wiederaufnahme des 1. Satzes und neuen Abschnitten: Es beginnt mit einer pathetischen, quasi-rezitativischen Melodie (Andante, C), die durch die Instrumente wandert und sich schließlich in das Kopfmotiv des Themas des 1. Satzes auflöst; attacca folgt (Allegro giusto, 2/4) der Anfang dieses Satzes, leicht verändert, und – mit ihm durch die weiterlaufenden punktierten Rhythmen verbunden – ein neues Thema (Allegro con fuoco, ¢), das in schärfstem Kontrast zum Thema des 1. Satzes noch mehrfach unterbrochen, schließlich mit der Quasi-Rezitativ-Melodie kombiniert wird; am Schluß wird noch einmal das Thema des 1. Satzes – oder: Hauptthema des ganzen Quartetts – breiter ausgespielt, nun aber in einer Fortissimo-Apotheose dem Charakter des Allegro con fuoco angeglichen und damit zur Schluß-Stretta verwandelt.

Streichquartett D-Dur o. op. (Nr. 3)

Komponiert wahrscheinlich 1869.
Allegro con brio – Andantino – Allegro energico – Allegretto.

Das Quartett ist wohl das längste Streichquartett des 19. Jh.; ungekürzt – und Kürzungen sind hier wie in den beiden wagnerisierenden Schwesterwerken sinnvoll kaum möglich – dauert es knapp 70 Minuten, der 1. Satz allein rund 25. Formidee und poetischer Gehalt sind aber ganz anders als im B-Dur- und im e-Moll-Quartett; die Thematik ist stärker verfestigt und kontrastreicher, und der 3. Satz ist ein echtes Scherzo über das Lied »Hej, Slované«, das in den 1860er Jahren als Kampflied der tschechischen Nationalbewegung galt. Da der Anfang dieser Liedmelodie im Hauptthema des 1. Satzes anklingt und da seine punktierten Rhythmen in allen Sätzen eine große Rolle spielen – selbst im langsamen, der eben bezeichnenderweise ein Andantino, kein Adagio ist –, bleibt zu vermuten, daß dem ganzen Werk eine nationale poetische Idee, wenn nicht sogar ein Programm zugrunde liegt.

Der *1. Satz* (C) hat eine sehr eigenartige Form: Das energische, den ganzen Satz prägende Hauptthema wird (ähnlich wie im

vorigen Werk) sogleich als »unendliche Melodie« fortgesponnen, wobei einzelne Motive variiert, isoliert und in polyphonem Satz verarbeitet werden. Nach 61 Takten folgt, immer noch im Tonika-Bereich, ein marschähnliches, aber dynamisch ganz zurückgehaltenes 2. Thema, dann sogleich eine lange und dramatisch zerklüftete Durchführung des Hauptthemas und schließlich ein neues, liedhaft einfaches Thema auf der Dominante, das den eigentlichen Gegensatz zum Hauptthema bildet. Der lange Abschnitt, der nun folgt, ist die eigentliche Durchführung, eine immer dramatischer zugespitzte Auseinandersetzung, in der das Liedthema schließlich gänzlich verwandelt, im Charakter dem Hauptthema angeglichen und mit Varianten dieses Themas kontrapunktiert wird. Am Ende dieses Prozesses (T. 382) setzt die Reprise ein, zuerst harmonisch verschleiert, dann für 80 Takte (Hauptthema und marschähnlicher Seitensatz) notengetreu; ihr schließt sich eine neue, nun ganz auf das Hauptthema konzentrierte, höchst kunstvolle und höchst dramatische Durchführung von mehr als 140 Takten an. Der letzte

Formteil beginnt (T. 603) mit einer wunderbar poetischen Ritardando-Stelle, wieder in der Tonika: das Liedthema pianissimo in Oktaven in den Violinen, grundiert vom Hauptthema im Cello; dann wird noch einmal das Hauptthema breit ausgeführt, am Schluß harmonisch beruhigt und in überraschendem Morendo verklingend.
Das *Andantino* (h-Moll, 3/8) ist wieder eine »unendliche Melodie«, hier fast ganz der 1. Violine anvertraut und durchpulst von den punktierten Rhythmen der ersten Takte; die fast ständig extrem hohe Lage der Melodiestimme und die harmonisch oszillierende, rhythmisch unruhige Begleitung wecken »Lohengrin«-Assoziationen, und zur entrückten Stimmung trägt bei, daß der Schluß des Satzes, in 3fachem Piano, sich nach H-Dur wendet. – Das *Scherzo* (G-Dur, 3/4), über das schon erwähnte tschechische Kampflied »Hej, Slované«, wendet sich von den Tanzrhythmen des Beginns zu martialischem Polacca-Rhythmus im durchführungsartigen Mittelteil, an dessen Ende das Trio-Thema, kontrapunktiert vom Hauptthema, vorbereitet wird. Im *Trio* selbst (B-Dur) werden beide Themen in sehr breiter Entwicklung mit- und gegeneinander durchgeführt. – Das *Finale* (2/4), formal sehr viel freier als der 1. Satz, ist eine ständig vorwärtsdrängende Entwicklung des Kopfmotivs, dessen chromatische Anfangswendung wieder tschechische Tänze (Furiant) assoziieren läßt. Der Tanz-Charakter steigert sich im Verlauf des Satzes, und gleichzeitig wird der Satz immer kompakter und orchestraler; auf diese Weise wird ein sehr deutlicher Kontrast zum 1. Satz hergestellt und das Scherzo gleichsam weiterkomponiert. Die wilde Fortissimo-Coda, eine ganz orchestrale Apotheose des Kopfmotivs, macht es leicht, den Satz und das ganze Werk als eine Huldigung an die tschechische Nation und ihren Freiheitskampf zu verstehen.

Streichquartett e-Moll o. op. (Nr. 4)

Komponiert wahrscheinlich 1870.
Velmi pohyblive a rázne (Assai con moto ed energico) / Andante religioso / Allegro con brio.

Das Werk ist das formal originellste und reifste der 3 experimentellen Quartette dieser Zeit. Die 3 Großabschnitte sind deutlich voneinander abgehoben, gehen aber attacca ineinander über und sind thematisch eng verknüpft; zugleich sind die Themen schärfer profiliert und deutlicher kontrastiert als in den beiden Schwesterwerken, und die Satztechnik nähert sich – bei allen wagnerisierenden Zügen – wieder stärker dem traditionellen Quartettsatz, vor allem in der dialoghaften Durchführung kontrastierender Motive. Exemplarisch zeigt sich die neue Verbindung von wagnerisierenden und »klassischen« Zügen im Hauptthema mit seinen prägnanten, der thematischen Arbeit entgegenkommenden Motiven und seiner unruhigen Harmonik.

Das *1. Allegro* (C) wirkt außerordentlich dramatisch, vor allem durch die immer neue Weiterentwicklung des Hauptthemas und die beiden Gegenthemen, die ihm entgegengestellt werden und die ihrerseits eng aufeinander bezogen sind; bezeichnend für die Dynamik des Satzes ist dabei, daß keines der Themen in sich geschlossen und tonal eindeutig ist. Sofort nach dem 3. Thema beginnt, durch die Wiederkehr des Satzanfangs deutlich markiert, eine lange und konfliktreiche Durchführung, die sich fast ganz auf das Hauptthema konzentriert und dieses Thema in mehreren Anläufen bis auf kleinste Motive reduziert. Ebenso deutlich markiert ist der Beginn der Reprise, aber nach dem 2. Thema folgt eine neue, noch dramatischer zugespitzte Durchführung des Kopfthemas; sie mündet in eine letzte Wiederholung des Satzanfangs, an die sich sofort, etwas langsamer und pianissimo, das 3. Thema anschließt. Eine kleine Stretta – wieder ein dramatischer Umschlag der Entwicklung – leitet zum *Andante religioso* (H-Dur, 12/8), einer wunderbaren, ganz introvertierten Kantilene über einem Orgelpunkt auf fis im Cello, der fast bis zum Ende des Satzes liegenbleibt; der Moment, in der er sich in eine schweifend-ornamentale Bewegung des Cellos auflöst, hat eine fast magische Wirkung. An dieser Stelle beginnt auch die Rückleitung zum *Allegro*, das nichts anderes ist als eine neue, riesige Durchführung des Hauptthemas, in die das 2. und 3. Thema (einmal in gleich wieder verlassenem E-Dur) nur kurz eingeblendet werden. Die Tonika wird bis zum Ende vermieden; nach einer letzten, harmonisch sogleich wieder zurückgenommenen Steigerung bleibt der Satz auf der Dominante hängen. Das noch einmal angespielte Andante religioso und eine freie Coda bringen die Lösung: in H-Dur, nicht in e-Moll.

Streichquartett f-Moll op. 9

Komponiert 1873.
Moderato – Andante con moto quasi allegretto – Tempo di Valse – Allegro molto.

Das Quartett bildet mit dem unmittelbar folgenden a-Moll-Quartett eine innere Einheit: In beiden Werken versucht Dvořák, sich vom Einfluß Wagners zu lösen, seine Formen konziser zu gestalten und eine persönliche Musiksprache zu entwickeln, die zugleich den Ansprüchen der klassisch-romantischen Tradition gerecht wird und die Intonationen der tschechischen Volksmusik in sich aufnimmt. Beide Werke sind nur in problematischer Gestalt überliefert; den langsamen Satz des f-Moll-Quartetts hat der Komponist 4 Jahre später zur Romanze für Violine und kleines Orchester (oder Klavier) op. 11 umgearbeitet.
Das f-Moll-Quartett ist bisher nur in einer Bearbeitung von Günter Raphael (1929, Uraufführung 1930) veröffentlicht. Eine Grundidee des Werkes scheint die Entwicklung von den dunklen Tönen des 1. Satzes über 2 leichtere, intermezzohafte Episoden zum optimistischen Finale und parallel dazu die Entwicklung zu immer stärkerer Durchdringung des Satzes und der Themen mit volksmusikalischen Tonfällen gewesen zu sein, also ein inneres Programm ähnlich dem des e-Moll-Quartetts, verbunden mit dem nationalen Ton des D-Dur-Werkes und in die klassische Viersätzigkeit gefaßt, die durch thematische Vereinheitlichung konzentriert wird.
Der *1. Satz* (3/4) wird mit einer Technik der motivischen Ableitung und Charakter-Verwandlung, die in solcher Konsequenz bei Dvořák neu ist, aus dem Kopfmotiv des melancholischen 1. Themas entwickelt, wobei die melodische Bewegung

(f–g–as) sogar noch im charakterlich ganz scharf kontrastierenden lyrischen Seitensatz mit seinen hübschen Taktwechseln (die schon auf die tschechischen Töne der späteren Sätze vorbereiten) nachwirkt. In der Reprise des sehr langen und ziemlich regelmäßig – regelmäßiger als bisher – angelegten Sonatensatzes wird gerade dieses freundliche und entspannte Thema ausgelassen, aber der Satz schließt in F-Dur. – Der *langsame Satz* (6/8), merkwürdigerweise in der Grundtonart, ist kein großes Adagio mehr, sondern ein einfaches und idyllisches, nur im Mittelteil ernsteres Andantino in bukolisch wiegendem 6/8-Takt. – Vom *Tempo di Valse* (ebenfalls in f-Moll, 3/4), das an Stelle eines Scherzos steht, ist nur der Anfang erhalten; lediglich das Trio scheint vollständig zu sein. Der Hauptteil ist ein melancholischer Walzer, dessen Sextsprung mit anschließend fallender Bewegung das Hauptthema des Finales ankündigt; das *Trio* (F-Dur, 2/4) ist ein einfaches und volkstümliches Stück, das sehr reizvoll zum traurigen Hauptteil kontrastiert. – Das *Finale* (2/4) beginnt mit einer dramatischen Einleitung über Septakkord-Tremoli (die Idee stammt aus dem Klavierquintett op. 5, 1872), die sich erst zur Grundtonart und zum Hauptthema hin entwikkelt; sehr schnell wird diesem Thema aber ein 2. entgegengestellt, das schon ganz den Tonfall der »Slawischen Tänze« vorwegnimmt, und dieses 2. Thema beherrscht dann die Durchführung. Erst in der Reprise kehrt das Hauptthema zurück, wird breiter ausgeführt, in der Coda aber schließlich in einen tänzerisch-fröhlichen Schluß aufgelöst.

Streichquartett a-Moll op. 12

Komponiert 1873.
Allegro ma non troppo – Poco allegro – Poco adagio – Allegro molto.

Das Quartett ist unmittelbar nach dem f-Moll-Werk geschrieben worden, und zwar als 1sätziges Stück, in dem aber die 4 Sätze der klassischen Form zu erkennen sind, und mit einem »Programm« ähnlich dem des Schwesterwerkes. Später (es ist unklar, wann) hat Dvořák mit einer ganz tiefgreifenden Umarbeitung des Werkes begonnen, diese Umarbeitung aber nicht zu Ende geführt. Dabei wurden die 4 Abschnitte zu selbständigen

Sätzen erweitert, der langsame Abschnitt, der in a-Moll stand, durch einen langsamen Satz in E-Dur ersetzt und die Attacca-Übergänge der Teile getilgt. Die Reihenfolge der Tonarten in der fragmentarischen Umarbeitung zeigt deutlich, daß Dvořák auf ein inneres Programm ähnlich dem des f-Moll-Quartetts zielte: a-Moll – F-Dur – E-Dur – A-Dur. Da das Fragment nur mit erheblichen Eingriffen spielbar gemacht werden kann und bisher nicht veröffentlicht ist, sehen wir von einer eingehenderen Besprechung ab.

Streichquartett a-Moll op. 16

Komponiert 1874.
Allegro ma non troppo – Andante cantabile – Allegro scherzando – Allegro ma non troppo.

Dvořáks 7. Quartett, in 10 Tagen niedergeschrieben, war das erste Kammermusikwerk des Komponisten, das im Druck erschien, wenngleich nur in einem risikofreudigen kleinen Prager Musikverlag (1875); öffentlich aufgeführt wurde es erst 3 Jahre später. Das Werk ist unmittelbar nach der 2. (ent-wagnerten) Fassung der Oper »König und Köhler« und nach der 1. »Slawischen Rhapsodie« für Orchester (op. 14) entstanden und das erste Kammermusikwerk, in dem der Komponist seine ganz eigene und zugleich ganz nationale Sprache spricht; das erste auch, das konsequent, wenn auch keineswegs sklavisch, den klassischen Form- und Satztraditionen wieder folgt und das von allen Einflüssen Wagners frei ist. Obwohl es sicherlich nicht zu den bedeutendsten, wenn auch zu den liebenswürdigsten Werken Dvořáks gehört, steht es so an einem Wendepunkt seiner Entwicklung.

Das naheliegende Modell für eine anspruchsvolle Kammermusik, die nicht Wagner, sondern der klassisch-romantischen Tradition folgen wollte, war für Dvořák (wie für jeden Komponisten der Zeit) natürlich Brahms, und brahmsisch ist das Werk denn auch in einem nach den Experimenten der früheren Werke doch erstaunlichen Maß – nicht im Tonfall, wohl aber in der thematischen und formalen Ökonomie und in der Konzentration der thematischen Arbeit, damit auch im Verhältnis zur Form, die jetzt nicht mehr aus dem polyphonen Fluß der Stimmen und dem Auf und Ab großer Spannungsbögen, sondern aus thematischer Arbeit mit scharf konturierten Motiven entsteht, nicht mehr »organisch« fließend (und auch wuchernd), sondern gebaut wirkt.

So beginnt der *1. Satz* (3/4) mit einem 6taktigen Thema, das durch die kleine Kadenz vom 4. zum 5. Takt geradezu emphatisch tonal geschlossen, zugleich aber durch seinen Reichtum an motivischen Teilgestalten spannungsgeladen ist und zur thematischen Arbeit herausfordert oder, anders gesagt, auf thematische Arbeit hin erfunden ist. Fast der ganze Satz ist auf der

Entwicklung dieses Themas und der Verarbeitung seiner Motive aufgebaut; das 2. Thema, durch ein kurzes konzertantes Zerflattern des bis dahin kompakten vollstimmigen Satzes vorbereitet, ist kaum mehr als eine Episode, tonal labil, und wird in der Durchführung ganz ausgespart. Die Durchführung, fast genauso lang wie die Exposition, ist ein Musterbeispiel konzentrierter, spannungsgeladener und logischer thematischer Arbeit, verbunden mit einer ungemein farbenreichen harmonischen Schattierung und Charakter-Variation der einzelnen Motive. Die Reprise – mit einem Auftakt-Viertel e vor dem Themenkopf einsetzend! – erweitert das Hauptthema um eine herrliche Steigerung der Kadenzbewegung aus Takt 4–5, die dann plötzlich nach As-Dur und A-Dur führt. In A-Dur erscheint dann auch das 2. Thema, das ebenfalls erweitert und von einer einfachen Melodie der 1. Violine in höchster Lage überformt wird; schließlich entwickelt sich noch einmal das Hauptthema, in spannenden, zwischen A-Dur und a-Moll schwankenden Ansätzen, zu einer Poco-animato-Coda, die mit der 2stimmig-oktavierten Fassung des Themas aus der Durchführung, jetzt wieder in sicherem a-Moll, den Satz beschließt.

Das *Andante* (F-Dur, C) steht in freier 3teiliger Liedform, mit einem Mittelteil, der thematisch deutlich abgesetzt ist, im Laufe des Satzes aber durch ein immer wichtiger werdendes Sechzehn-

tel-Motiv auf den 1. Teil zurückbezogen wird; nach der sehr poetisch in dieses Motiv sich auflösenden Rückleitung wird dasselbe Motiv dann auch in der freien Wiederholung des 1. Teils intensiv verarbeitet. Der lyrischen, im weiträumigen Beginn des Hauptteils leicht feierlich getönten Ruhe dieses Satzes antwortet das *Allegro scherzando* (3/8) als ein fast menuetthafter, aber rhythmisch witzig pointierter Tanzsatz von ganz einfacher Faktur und Form.
Der *Schlußsatz* (¢) individualisiert einen Finale-Typus, der seit Beethoven in der großen Instrumentalmusik immer mehr an Bedeutung gewonnen hatte: das Finale, das dem Kopfsatz nicht als heiteres und geistreiches Gegenbild, sondern als Steigerung ins Großartige und als finaler Höhepunkt der 4sätzigen Form korrespondiert (eine Anlage, die es dann besonders nahelegt, die beiden Mittelsätze als Intermezzi zu behandeln). Hier ist der Satz nicht nur durch seinen heroisch-pathetischen Ton dem eher sanften Kopfsatz entgegengesetzt, sondern auch formal herausgehoben, als einziger des Werkes, der sich nicht an eine der traditionellen Formen (Rondo, Sonatensatz, Sonatenrondo) hält, und als einziger, der nicht tonal geschlossen ist, sondern auf das krönende A-Dur des Schlusses hin entwickelt wird.

Streichquartett E-Dur op. 80 (ursprünglich op. 27)

Komponiert 1876.
Allegro – Andante con moto – Allegretto scherzando – Allegro con brio.

Das Werk wurde erst 12 Jahre nach seiner Entstehung von Simrock verlegt, der ihm, zum Ärger Dvořáks, die hohe Opuszahl gab; uraufgeführt wurde es erst 1890, dann allerdings durch das Joachim-Quartett in Berlin. Trotz seiner traditionell »positiven« Tonart ist es ein eher introvertiertes und vor allem im 1. und 2. Satz melancholisches, im Finale dramatisch aufgewühltes Stück, was damit zu tun haben mag, daß kurz zuvor ein Kind der Dvořáks gestorben war (die Komposition, in der der Komponist diesen Verlust am intensivsten verarbeitete, wurde das »Stabat mater«). Im Charakter und Gewicht der Sätze, vor allem im Verhältnis der beiden Ecksätze zueinander, ist es fast eine Replik des op. 16, satztechnisch – mit einer ausgeprägten Neigung zu chromatischer Polyphonie – und harmonisch aber ungleich differenzierter.
Das zeigt sich gleich im *1. Satz* (C) in der komplizierten und motivreichen Exposition des Hauptthemas oder besser Hauptthema-Komplexes, einem Abschnitt von 50 Takten, der aus

einer melancholischen 2taktigen Melodie und teils kontrastierenden, teils erweiternden Motiven entwickelt wird, die im Verlauf des Satzes auch als Begleitmotive verwendet werden (eine Technik, die unmittelbar auf das Vorbild Brahms weist) und von denen eines zum Kernmotiv des Seitensatzes wird, der unmittelbar anschließt – eine breit entwickelte, traurige schubertische Melodie in cis-Moll. Die Durchführung, ganz auf das Kopfmotiv des 1. Themas und den Begleitrhythmus des Seitensatzes konzentriert, führt zweimal zu einer großen, quasi-orchestralen Kulmination, in der beide, Melodie und Begleitung, in gänzlich verwandeltem Ton und Charakter erscheinen. Die Reprise ist dadurch sehr stark verändert und konzentriert, daß nach den ersten 26 Takten des Hauptsatzes eine neue Steigerung und Durchführung des rhythmischen Kernmotivs und des Begleitrhythmus' des Seitensatzes entwickelt wird, der daran anschließende Seitensatz selbst aber verkürzt ist. Eine lange und träumerische Coda führt noch einmal zum Kopfmotiv zurück, grundiert vom Begleitrhythmus des Seitensatzes; erst die letzten Takte, auch sie aus dem Kopfmotiv abgeleitet, kadenzieren energisch ab.

Das *Andante* (a-Moll, 3/8) ist ein tieftrauriger Satz in einfacher 3teiliger Liedform: der Hauptteil geprägt von einem jener Dumka-Motive, wie sie Dvořák später so gern verarbeitete, der Mittelteil nach verhaltenem C-Dur-Beginn leidenschaftlich sich steigernd und heftig modulierend, über ein neues, aber ebenfalls tanzähnliches Thema. Im 3. Teil werden beide Themen kontrapunktisch verbunden und noch einmal groß gesteigert; am Schluß erscheinen sie in umgekehrter Reihenfolge. – Der *3. Satz* (3/4) ist nicht, wie in op. 16, ein Menuett, sondern fast ein Walzer (Chopinscher Provenienz), der durch das ständige Kreisen um das Kopfmotiv und vielfache Taktwechsel etwas Atemloses hat; das *Trio* ist ein finsteres, von Triolen beherrschtes cis-Moll-Stück.

Das *Finale* (C) beginnt, wie im a-Moll-Quartett, weit entfernt von der Grundtonart, mit einer langen Einleitung in gis-Moll, die in großer Steigerung zum energischen Hauptthema und zur Tonika E-Dur führt. Der Seitensatz entwickelt sich aus einem Motiv, das entfernt an das Kopfmotiv des 1. Satzes erinnert, bleibt melodisch und harmonisch unruhig und wird schnell durch Motive aus der Einleitung aufgebrochen. Den Schluß der Exposition markiert das Hauptthema, noch einmal in der Tonika E-Dur; mit einer schroffen Rückung nach Dis beginnt dann aber die Durchführung wieder mit der Einleitung in gis-Moll, aus der sich eine breite Verarbeitung der Motive der Einleitung und des Seitensatzes entwickelt, während das Hauptthema ausgespart bleibt. Dafür setzt die Reprise mit dem Hauptthema ein; am Schluß werden in großer Steigerung die Kernmotive von Einleitung, Hauptthema und Seitensatz übereinander geschichtet (eine Technik der Schluß-Apotheose, von der Dvořák nur selten Gebrauch gemacht hat; das bekannteste Beispiel findet sich im Finale der 9. Sinfonie).

Streichquartett d-Moll op. 34

Komponiert 1877.

Allegro – Alla Polka. Allegretto scherzando – Adagio – Poco allegro.

Das Quartett wurde in nur 12 Tagen niedergeschrieben, zwischen dem »Stabat mater« und der ersten Serie der »Slawischen Tänze«. Dvořák widmete es Brahms, der den Komponisten zu einer Reihe von Verbesserungen anregte, das Werk aber sogleich (zusammen mit dem E-Dur-Quartett) seinem Verleger Simrock empfahl; da Simrock mit der Veröffentlichung zögerte, erschien das d-Moll-Quartett schließlich 1880 bei Schlesinger. – Das Werk ist in vieler Hinsicht ein Gegenbild zum E-Dur-Quartett: in der melancholischen, nur im Finale zu dramatischer Erregung gesteigerten Grundhaltung dem älteren Werk sehr ähnlich, in der thematischen und formalen Konzentration und im Vorherrschen einfacher Satztypen (Melodie mit Begleitung) diametral entgegengesetzt.

Der *Kopfsatz* (3/4) beginnt mit einer ganz einfachen, verhaltenen Melodie, die aber nach den ersten 8 Takten sogleich breit ausgesponnen wird; das unscheinbare Motiv des 3. bis 4. Taktes wird zur motivischen Keimzelle des ganzen Satzes. Das Thema wird,

noch breiter ausgesponnen und variiert und mit einer Schubertschen Begleitfigur in Triolen, wiederholt; unmittelbar daran schließt sich der Seitensatz in F-Dur an, der mit dem Kernmotiv beginnt, zunächst ebenfalls eine ganz einfache 8taktige Periode bildet, sich dann breit und mit immer neuen rhythmisch geprägten Begleitfiguren entwickelt, schließlich konzertant aufgelöst und variiert wird. Die kurze Durchführung beginnt – molto tranquillo, was trotz mehrerer ff-Höhepunkte fast als Motto für den ganzen Satz gelten könnte – mit einer abrupten Rückung von F-Dur nach H-Dur und ist auf eine einzige Kompositionsidee konzentriert: die in unmerklichen Übergängen und ständigem melodischem Fluß bewirkte Verschmelzung von Hauptthema und Seitensatz über begleitenden Achtel-Triolen – eine Idee, die kaum noch etwas mit der klassischen thematischen Arbeit, aber viel mit Brahms' Technik der »entwickelnden Variation« zu tun hat, diese Technik aber der unverwechselbaren melancholisch-volkstümlichen Melodik Dvořáks anverwandelt. Die Reprise ist leicht gekürzt; der Seitensatz erscheint, mit wunderbarer Wirkung, jetzt in D-Dur, aber die Coda lenkt nach d-Moll zurück und schließt mit einer wilden und finsteren Stretta über das Hauptthema und dessen Triolenbegleitung. – Der *2. Satz* (B-Dur, 3/4) ist formal ein regelrechtes Scherzo, aber ein tschechisches: der Hauptteil eine stark stilisierte und wiederum zu Melancholie neigende Polka, das *Trio* ein etwas freundlicheres Es-Dur-Stück im 3/8-Takt, das auf sehr brahmsische Weise mit der Vertauschung von Melodiestimme und Baß spielt.

Das *Adagio* (D-Dur, 3/4) ist der erste der großen, feierlich-hymnischen langsamen Sätze Dvořáks, aus 2 Themen aufgebaut, deren 2. (genau wie im 1. Satz) aus einem Motiv des 1. entwickelt wird; auch die Begleitung in Triolen aus dem 1. Satz, jetzt pizzicato, kehrt wieder. Der Satz ist 2teilig; der 2. Teil beginnt mit einer zauberhaften Variation des 1. Themas in der Bratsche, Dvořáks »eigenem« Instrument, umspielt von koloristischen Begleitfiguren, überglänzt von einer großen Kantilene der 1. Violine in hoher Lage, die in eine Wiederholung des Themas übergeht.

Das *Finale* (6/8), ein sehr konziser Sonatensatz, beginnt mit einem schroff-ernsten thematischen Komplex aus einem anapästischen Auftaktmotiv, das für den ganzen Satz thematisch und begleitend wichtig wird, rollenden Sechzehntel- und gegen den Takt akzentuierten signalhaften Achtel-Figuren – eine deutliche, aber charakteristisch nach Moll gewendete Hommage à Brahms (Quartett B-Dur op. 67, 1. Satz). Als Seitensatz wird ihm ein kantableres, aber melodisch und harmonisch unruhiges, in dichten Imitationen und Umkehrungen entwickeltes Thema gegenübergestellt, das vom Anapäst-Rhythmus grundiert wird. Durchführung und Reprise sind ganz unorthodox behandelt: Die sehr knappe Durchführung verbindet in gesteigerter Kontrapunktik und gesteigertem Kontraststreben 1. und 2. Thema mit dem Begleitrhythmus; die Reprise verkürzt das Hauptthema drastisch und erweitert ebenso drastisch den Seitensatz. Die Coda beginnt in D-Dur, lenkt aber schnell zum Hauptthema in d-Moll zurück und endet, analog zum 1. Satz, in einer düsteren Stretta, die noch einmal 2. und 1. Thema, beide motivisch aufs Äußerste zugespitzt und reduziert, schroff gegeneinanderstellt.

Streichquartett Es-Dur op. 51

Komponiert 1878/79.
Allegro ma non troppo – Dumka (Elegia): Andante con moto / Vivace – Romanza: Andante con moto – Allegro assai.

Das Werk wurde schon wenige Monate nach der Vollendung uraufgeführt (vom Joachim-Quartett) und veröffentlicht – Dvořák war ein berühmter Komponist geworden. Es geht auf eine Anregung zurück, die für die einseitig auf den »böhmischen Musikanten« fixierte Dvořák-Rezeption nach dem internationalen Durchbruch des Komponisten mit den »Mährischen Duetten« und »Slawischen Rhapsodien« bezeichnend ist: Der Primarius des Florentiner Streichquartetts, Jean Becker, wünschte ein Quartett für sein Ensemble, aber ausdrücklich ein »slawisches«. Dvořák entsprach dem Wunsch, indem er den 2. Satz als Dumka gestaltete, das Finale aus einem tschechischen Springtanz entwickelte und die beiden übrigen Sätze zwar nicht zu Charakterstücken zuspitzte, aber auf betont einfache und eingängige Melodik und Verarbeitung ausrichtete. Das Ergebnis war ein Werk, das gerade wegen seiner Einfachheit und unmittelbaren Eingängigkeit sofort populär wurde. Einfach und eingängig ist schon das Verhältnis der Ecksätze zueinander, womit Dvořák bezeichnenderweise auf die klassischen Normen vor Beethoven zurückgreift: Im Gegensatz zu den Verhältnissen in den vorausgegangenen Quartetten hat jetzt der 1. Satz das stärkste Gewicht, und das Finale ist ein unbeschwerter »Kehraus«. Einfach und eingängig, freilich meisterhaft in jedem Detail, sind aber auch die einzelnen Sätze.

Das *1. Allegro* (C) ist ein breit angelegter, ganz entspannt wirkender (und eben deshalb außerordentlich schwierig zu spielender) Sonatensatz über 2 sinnfällig gegensätzliche Themen und einen anapästischen Rhythmus, der als Überleitungs-, Begleitungs- und Durchführungselement fungiert. Beide Themen sind

für eine aus thematischer Arbeit entwickelte Durchführung denkbar ungeeignet; Dvořák löst das Problem, indem er die ganze Durchführung auf Harmonik und Kontrapunkt stellt – harmonische Nuancierung und »Ausleuchtung« des 1. Themas, Vergrößerung und Verkleinerung des 1. und Kombination des 1. und 2. Themas. Da diese Durchführung fast ganz aus dem 1. Thema entwickelt wird, setzt die Reprise – ungewöhnlich – gleich mit dem 2. Thema ein, das sogleich einer eigenen Durchführung, zusammen mit dem fast allgegenwärtigen Anapäst-Rhythmus, unterzogen wird. Das 1. Thema taucht erst wieder in der Coda auf, die sich, aus dem Charakter des Themas gleichsam die Konsequenz ziehend, in einem ganz leisen, meditativen Schluß verliert.

Die *Dumka* (g-Moll, 2/4) entwickelt sich aus dem mehrfachen Wechsel zweier scharf gegensätzlicher Formteile, wie es dem

Volkstanz Dumka entspricht. Der Hauptteil ist ein 3teiliges Andante mit einem melancholischen 1. Thema über harfenartiger Begleitung (bei der verkürzten Wiederkehr über Bordun-Quinten) und einem volksliedhaft anmutigen Liedthema (B-Dur) als Mittelstück; der 2. Teil ist ein Vivace im 3/8-Takt (G-Dur), ein ebenfalls 2themiger, rhythmisch und metrisch witzig und vital pointierter, furiant-ähnlicher Tanz. Nach ihm wird der Andante-Teil stark verkürzt und verändert wiederholt; den Schluß bildet der ebenfalls verkürzte und veränderte Vivace-Teil, jetzt in g-Moll.

Die *Romanza* (B-Dur, 6/8) ist ein sehr einfaches, aber zauberhaft klangschönes Andante mit einem Hauptthema, das mit romantischen Hornsignalen beginnt, einem Mittelstück über eine ganz volkstümliche, wehmütig zwischen G-Dur und g-Moll pendelnde Romanzenmelodie und einer sehr erweiterten und koloristisch ausgeschmückten Wiederholung des Hauptteils; sehr poetisch und geheimnisvoll wirkt die Schlußwendung mit dem chromatischen Lauf der Bratsche, der das Stilleben für einen Augenblick eindunkelt. – Ganz vergnüglich, nur auf vitalen Tanz gestimmt ist das *Finale* (2/4), ein Sonatensatz, in dem auch die kleinen Chromatismen, Moll-Wendungen und kontrapunktischen Finessen der Durchführung (deren Pendelmotive, liegende und durch Rückungen sich fortbewegende Klangflächen wohl nicht zufällig an die Durchführung im 1. Satz von Beethovens »Pastorale« erinnern) nur übermütiger Spaß sind.

Streichquartett C-Dur op. 61

Komponiert 1881.

Allegro – Poco adagio e molto cantabile – Scherzo: Allegro vivo – Vivace.

Das Quartett verdankt seine Existenz einem Kompositionsauftrag, der ein Handstreich war: Dvořák erfuhr aus der Zeitung, daß das Wiener Hellmesberger-Quartett am 15. Dezember 1881 ein neues Quartett von ihm spielen werde. – »Was konnte ich also tun, ich mußte die Oper [›Dimitrij‹] beiseitelegen und das Quartett schreiben« (Brief an Josef Göbel, 5. 11. 1881). Der Bedrängnis durch diesen Auftrag, mitten in der Arbeit an dem Opernprojekt, ist es wohl zuzuschreiben, daß Dvořák zunächst unsicher arbeitete – ein Sonatensatz, Allegro vivace in F-Dur, wurde vollständig ausgearbeitet, dann aber verworfen – und bei der endgültigen Gestaltung ausnahmsweise auf ältere Werke zurückgriff: Das Thema des langsamen Satzes stammt aus einem verworfenen Adagio für die Violinsonate op. 57 (1880);

die Kopfthemen der beiden letzten Sätze gehen auf die Polonaise für Cello und Klavier von 1879 zurück. Die von Hellmesberger geplante Uraufführung scheint nicht zustande gekommen zu sein: Das Konzert am 15. Dezember mußte wegen der öffentlichen Trauer um die Opfer des Ringtheater-Brandes abgesagt werden, und die erste Aufführung des Werkes scheint Ende 1882 in Bonn stattgefunden zu haben, nachdem es schon im Februar 1882 bei Simrock erschienen war.

Das *1. Allegro* (C), ein großformal einfacher, im Detail äußerst reicher Sonatensatz, beginnt mit einem komplexen Thema, dessen harmonische Unruhe sich dem ganzen Satz mitteilt und dessen Hauptmotive – Anfangswendung und Triolenfigur – die

Entwicklung des Satzes fast völlig beherrschen, das Kopfmotiv in lyrischen und pathetischen Variationen, die Triolenfigur vor allem als Überleitungsmittel und in konflikthaft zugespitzten Durchführungsabschnitten. Der Seitensatz ist sehr einfach und melodisch geschlossen, fungiert aber harmonisch – von Es-Dur über F-Dur nach G-Dur aufsteigend – nur als Überleitung zur Schlußgruppe, mit der die Dominante für kurze Zeit stabilisiert wird und in deren sanft schaukelnder Melodie zum ersten Mal genuin tschechische Töne aufklingen. Die auffallend kurze Durchführung verarbeitet, thematisch und in der polyphonen Stimmführung sehr dicht, ausschließlich das Hauptthema und leitet in fast ununterbrochener Steigerung zu dessen zweiter C-Dur-Apotheose, mit der die Reprise einsetzt. Die Coda, mit 51 Takten fast so lang wie die Durchführung und halb so lang wie die Exposition, bringt eine letzte Steigerung des Hauptthemas, jetzt in einer melodisch und harmonisch vereinfachten Gestalt, die gleichsam als Resultat der Durchführung erscheint, zweimal ppp und pp ansetzend und nach einem kurzen Zitat des Seitensatzes in reinem C-Dur, verklärt-hoher Lage der Violinen und morendo-ritardando verklingend.

Das *Adagio* (F-Dur, C) ist ein feierlicher, fast ganz auf melodische Entfaltung der Violinen über begleitenden Unterstimmen gestellter Satz in sehr einfacher 3teiliger Liedform; der Mittelteil steht in Des-Dur, von dessen Dominante As eine kurze Überleitung mit einem neuen Motiv zur klanglich gesteigerten und erweiterten Wiederholung des Hauptteils zurückführt. Eine kurze, pianissimo verklingende Coda mit dem Thema des Mittelteils beendet den Satz.

Das *Scherzo* (a-Moll, ¾) ist tatsächlich ein – formal wieder ganz einfaches – Scherzo, dessen Hauptgedanke zwar aus der Cello-Polonaise von 1879 abgeleitet, zugleich aber dem Triolenmotiv des 1. Satzes angenähert ist. Das *Trio* (A-Dur und in sehr schnellem ²⁄₄-Takt) sprengt die Grenzen eines normalen, nur als Zwischenspiel innerhalb eines Scherzos dienenden Trios – ein rondoartiger Satz, der sich aus dem Wechsel zwischen einem vital-tänzerischen A-Dur-Thema und dessen Verarbeitung und einem lyrischen Gegenthema in C-Dur entfaltet; danach wird das Scherzo unverändert wiederholt.

Das *Finale* (²⁄₄) bildet aus der Formidee des Scherzo-Trios ein weiträumiges und locker gefügtes, höchst temperamentvolles Rondo im Wechsel zwischen einem kraftvoll-tänzerischen, rhythmisch betonten und einem melodisch ausschwingenden Thema und deren Verarbeitung; zugleich wird die entwicklungsträchtige harmonische Offenheit der Themen des 1. Satzes wieder aufgegriffen, wenn in das C-Dur des 1. Themas e-Moll, in das G-Dur des 2. Themas Es-Dur hineinspielt. Die Schlußapotheose des 1. Themas ist dann, genau wie die Schlußwendung im 1. Satz, eine von allen harmonischen »Zweifeln« gereinigte C-Dur-Fassung.

Streichquartett F-Dur op. 96

Komponiert 1893.
Allegro ma non troppo – Lento – Molto vivace – Vivace ma non troppo.

Das Quartett ist in Dvořáks amerikanischem Ferienort Spillville, einer tschechischen Siedlung in Iowa, entstanden; uraufgeführt wurde es am 1. Januar 1894 in Boston. Von allen Streichquartetten, ja von allen Kammermusikwerken Dvořáks ist es das kürzeste und das einfachste; beides hat, zusammen mit der außerordentlichen Frische und Einprägsamkeit der Themen und der gleichbleibenden Inspiriertheit des Ganzen, zu seiner Popularität beigetragen. Ob die Melodik des Werkes (wie die der unmittelbar zuvor komponierten e-Moll-Sinfonie) wirklich

»amerikanisch«, d. h. von der Volksmusik und volkstümlichen Musik der Schwarzen oder gar der Indianer beeinflußt ist, wie immer wieder behauptet wurde, steht dahin: Die melodischen und rhythmischen Eigenarten wie Pentatonik, natürliches Moll (ohne Leitton) und Synkopen können ebensogut der tschechischen Volksmusik entstammen, die Dvořák bei seinen Landsleuten in Spilville besonders nahe sein mußte.

Der *1. Satz* (C) hat durch seine Thematik, seinen fast durchgehend vollstimmigen und klangvollen Satz und seine häufigen liegenden Klangflächen einen sehr unbeschwerten, gleichsam ländlichen Charakter (schon im Hauptthema könnte man Vogelstimmen hören), an dem auch der etwas unruhige Seitensatz in a-Moll nichts ändert. Die Schlußgruppe ist, wie im C-Dur-Quartett, zu einem ganz selbständigen Thema (A-Dur) ausgebaut, das zu den liebenswürdigsten Einfällen Dvořáks gehört. Die Durchführung ist ganz knapp, auf das 1. Thema konzentriert und in Klangflächen gegliedert, wobei harmonisch weit ausgeholt wird und aus der Verbindung von Kürze und harmonischer Buntheit ein besonderer Reiz dieses Formteils entsteht (cis-Moll, D-Dur, C-Dur); am Schluß erscheint in f-Moll eine scheinbar neue, pentatonisch einfache Melodie, die aus dem Seitensatz abgeleitet ist. Die Reprise ist leicht verändert und schließt mit einer ruhigeren, wundervoll entspannten Fassung der Schlußgruppe, an die sich eine energisch mit Motiven des 1. Themas abkadenzierende Coda anschließt; die eigentliche und für den reifen Dvořák ganz typische Pointe liegt aber da, wo – 12 Takte nach Beginn der Reprise – die motivische Verarbeitung des 1. Themas mit einer großen Cello-Kantilene unterlegt wird, die nichts anderes als eine Variante der Schlußgruppe ist.

Das *Lento* (d-Moll, 6/8) ist eine große melancholische Kantilene, zuerst zwischen 1. Violine und Cello wechselnd, dann von beiden gemeinsam vorgetragen. Der 2. Teil beginnt mit einem gemeinsamen Gesang der beiden Violinen, vorübergehend in D-Dur; das Schlußwort hat das Cello, zu stockender, wie flüsternder, abwechselnd arco und pizzicato gespielter, am Ende pizzicato und ein Bratschen-Tremolo in tiefer Lage verbindender Begleitung.

Das *Scherzo* (3/4), zur verhaltenen Melancholie des langsamen Satzes geradezu drastisch kontrastierend, ist der originellste Satz des Werkes – eines der wenigen Stücke, in denen Dvořák nicht Volksmusik-Anregungen in traditionelle Formen gegos-

sen, sondern aus volksmusikalischen Tönen eine ebenso einfache wie sinnfällige neue Form entwickelt hat. Hier ist es ein miniaturhafter, gleichwohl 2 gegensätzliche Themen umfassender F-Dur-Hauptteil, dem ein noch gestaltenreicherer f-Moll-Teil – über dem als ostinato behandelten augmentierten Kopfmotiv des 1. Teils – antwortet. Beide Teile werden erweitert und klanglich gesteigert wiederholt; den Schluß bildet die unveränderte Wiederholung des Hauptteils. Mit der 5teiligen Scherzoform Beethovens und der Romantiker hat diese Anlage nur noch entfernte Ähnlichkeit; im Höreindruck wirkt sie eher wie eine wirbelnde und verwirrend bunte Tanzszene.
Das *Finale* (2/4) ist ein Rondo, das die im Scherzo entwickelten Techniken noch zuspitzt. Die ersten 33 Takte, fast nur rhythmisch geprägt, dienen als Vorbereitung des Hauptthemas, das in 35 Takten vorgestellt wird. Mit einem plötzlichen Ruck nach As-Dur folgt das 2. Thema, zu dem der punktiert-synkopierte Rhythmus der Einleitungstakte wiederaufgenommen wird. Nach wiederum 31 Takten – symmetrische Periodenbildung wird sorgfältig vermieden – schließt sich eine Rückleitung und variierte Wiederholung des Hauptthemas an, von As-Dur nach F-Dur zurückleitend, dann aber sehr schnell nach Des-Dur führend; schließlich wird über ein choralartiges Zwischenspiel das ruhige 3. Thema (a-Moll) erreicht, das aber nur für 20 Takte ungestört bleibt, dann von einer Variante des wirbelnden Hauptthemas buchstäblich überspielt wird. Eine kurze Rückleitung, entwickelt aus dem Kopfmotiv, führt über E-Dur nach F-Dur und damit zum Hauptthema selbst zurück; von F-Dur wird kurz wieder nach Des-Dur gerückt: Ausgleich dafür, daß das 2. Thema, reprisenartig und am Beginn rhythmisch und im Tempo beruhigt, nun in der Tonika F-Dur wiederkehrt. Der Rest des Satzes ist dann nur noch eine große Steigerung des Kopfmotivs bis zum orchestral-wuchtigen Schluß.

Streichquartett As-Dur op. 105

Komponiert 1895.
Adagio ma non troppo / Allegro appassionato – Molto vivace – Lento e molto cantabile – Allegro non tanto.

Dvořák begann die Arbeit an seinem vorletzten Streichquartett noch in Amerika, brach sie aber am Ende der Exposition des 1. Satzes ab und nahm sie erst nach der Komposition des G-Dur-Quartetts wieder auf; so erklärt sich, daß das Werk mit der niedrigeren Opuszahl eigentlich das jüngere der beiden ist.

Beide Werke sind wesentlich anspruchsvoller als das F-Dur-Quartett, greifen aber andererseits Tendenzen aus ihm wieder auf, am deutlichsten in der ganz originellen Gestaltung der Scherzi, aber auch in der Neigung zur Themenbildung aus sehr einfachen und knappen Motiven und in einer gewissen Zurückhaltung des persönlichen Ausdrucks, die den Grundton der Werke freundlicher, auch konziliánter als in den expressiven frühen Quartetten erscheinen läßt, die aber auch zu einer noch konzentrierteren Versenkung in das Detail des Quartett-Satzes führt – so, als ob der Komponist jetzt mehr für sich als aus sich heraus schreibt, sich mit sich selbst über das Streichquartett unterhält.

Das Quartett beginnt mit einer langsamen *Einleitung* (as-Moll, 6/8) – der ersten seit dem Jugend-Quartett in A-Dur –, in der das Hauptthema in mehreren Anläufen vorbereitet wird: zuerst das Kopfmotiv, mehrfach vor der endgültigen Formulierung abreißend; dann das anschließende Signalmotiv, das hier noch isoliert erscheint und erst nach mehreren Versuchen mit einem verminderten Quintsprung sein richtiges Intervall findet. Beide Motive zusammen und zum Thema erweitert erscheinen dann erst mit dem Einsatz des *Allegros* (C) – selten sind das mühsame Suchen nach einem Thema und die erlösende »Entdeckung« der richtigen Gestalt so spannend dargestellt worden wie in diesen

wenigen Takten. Die so gefundenen 4 Allegro-Takte sind aber ihrerseits erst der Keim, aus dem sich die sehr komplexe erste thematische Periode entwickelt: Das Thema wird wiederholt und dabei nach Fes- und Ces-Dur nuanciert, das eben gefundene As-Dur also gleich wieder in Frage gestellt; dann folgt ein ganz neuer Gedanke, wieder in As-Dur, dessen Schlußkadenz aber auf den Schluß des ersten Viertakters zurückgreift, und aus dessen letztem Takt wird dann in thematischer Arbeit zu einer freien, erweiterten und schließlich in eine freie Überleitung sich auflösenden Wiederholung des Themenkerns geführt. Der nun folgende Seitensatz ist dem 1. Thema durch rhythmisch-melodische Einheitlichkeit und Einfachheit gänzlich entgegengesetzt; vor allem sein rhythmischer Impetus wird im weiteren Satzverlauf immer wieder ausgenutzt. Eine ganz kurze, thematisch nicht verfestigte Schlußwendung (der ganze Satz ist, trotz seiner Differenziertheit, erstaunlich knapp, manchmal fast lakonisch) führt zur Durchführung, die gleich mit einer Überraschung beginnt, nämlich der Wiederholung der ersten 4 Allegro-Takte in der Tonika – also einer Andeutung der Expositionswiederholung, die man traditionell erwarten würde. Auch die Wendung nach Ces-Dur wird wieder aufgegriffen; dann aber beginnt sofort die thematische Arbeit, in die nach wenigen Takten erst der Triolenrhythmus, dann das Kopfmotiv des Seitensatzes eingreifen. Ein großer Dialog zwischen diesem Kopfmotiv und dem immer wieder veränderten Sechzehntel-Motiv aus dem Hauptthema führt zu einer Kombination des Kadenzmotivs aus dem 4. Takt mit der 2. As-Dur-Melodie, die in eine erweiterte Wiederholung der an diese Melodie in der Exposition anschließenden Takte ausläuft. Konsequenterweise ist die Reprise um ebendiesen Abschnitt und alles Vorangehende, d. h. die ersten 38 Takte, verkürzt, beginnt also mit dem letzten Teil des As-Dur-Teils der Exposition, und auch dieser ist stark verändert. Die Coda holt dann auf eine überraschende Weise das Versäumte nach: in einem ganz stillen Dialog zwischen dem Kopfmotiv des Allegros und dem Anfang der 2. As-Dur-Melodie, aus dem heraus sich dann das Kopfmotiv zur energischen Schlußkadenz emporschwingt.

Das *Scherzo* (f-Moll, ¾) – hier der 2. Satz, obwohl der 1. kein langsames Allegro war – knüpft sehr deutlich an das Scherzo des F-Dur-Quartetts an. Der 1. Abschnitt exponiert ein kapriziöses Thema, das in eine auffallende, hemiolisch gestaute Kadenz ausläuft; im 2. Abschnitt werden dann beide Elemente übereinandergelegt; im 3. bleibt vom eigentlichen Thema nur noch eine Achtel-Figur übrig, während das Kadenzmotiv breit durchgeführt wird. Am Schluß wird der Anfang, vereinfacht und durch eine spannende chromatische Kadenz unterbrochen, wiederholt. Das *Trio* (Des-Dur) beginnt formal ähnlich, entwickelt sich aber ganz aus einer einfachen, fast schwärmerischen Melodie; Motivkombinationen wie im Scherzo-Hauptteil fehlen,

dafür bleibt ein synkopischer Rhythmus in den beiden ersten Abschnitten allgegenwärtig, und im 2. Abschnitt klingt das Kadenzmotiv aus dem Scherzo vernehmlich, aber all seiner stampfenden Wucht entrückt an. Der 3. Abschnitt beginnt mit einer vereinfachten Wiederholung des Trio-Anfangs mit seinen charakteristischen, rhythmisch schwebenden Quartolen und Quintolen und darüber einer weitgeschwungenen, aus diesem Anfang sich weiterentwickelnden Kantilene der 1. Violine. Eine lange Auflösung dieser überaus poetischen Stelle, zum Schluß über einem liegenden Des-Dur-Dreiklang, leitet über zu einer freien, harmonisch koloristischen Wiederholung des Scherzo-Anfangs, aus der sich dann die vollständige Wiederholung des Scherzos entwickelt.
Der *langsame Satz* (F-Dur, C) beginnt als ein ganz einfaches und inniges Lied, wie es am Ende des 19. Jh. wohl nur noch ein Komponist erfinden konnte, der so fest wie Dvořák, und auch so naiv, in der Volksmusik seiner Heimat verwurzelt war. Chromatische Wendungen, die schon vorher behutsam eingeführt worden waren, bringen das Lied zum Verstummen, und es folgt ein sehr ernster, von Chromatik durchzogener und von leisen Triolen durchpochter Mittelteil. Die stark veränderte Wiederholung des 1. Teils begleitet die Liedmelodie mit Vogelgezwitscher und sanften Pizzicato-Bässen. Der Schluß kehrt, nach einer kurzen Erinnerung an den Mittelteil, zur naiv-frommen Herzlichkeit des Anfangs zurück.
Das *Finale* (2/4) beginnt wie der 1. Satz mit einer Einleitung, die aber hier nur die Funktion hat, das Thema motivisch und tonal zielstrebig in einer großen Steigerung zu entwickeln; dementsprechend steht sie im Allegro-Tempo des Hauptteils und wird am Beginn der Reprise (oder Schluß der Durchführung) wiederholt. Formal ist der Hauptteil ein freies Sonatensatz-Rondo, im Charakter eine Polka mit einem bis zur Wildheit sich steigernden Hauptthema, einem kurzen lyrischen Seitensatz (Es-Dur) und einem mehrmals breiter ausgeführten, schwelgerisch melodiösen Ges-Dur-Thema, das der eigentliche Gegensatz zum Polka-Thema ist, zugleich aber typische Elemente der Polka-Rhythmik, zu denen auch die wiegenden Triolen gehören, konserviert. In einer großen, aus dem Polka-Thema heraus entwickelten Coda löst sich der Satz in einen fast rauschhaften Tanzwirbel auf.

Streichquartett G-Dur op. 106

Komponiert 1895.
Allegro moderato – Adagio ma non troppo – Molto vivace – Andante sostenuto / Allegro con fuoco.

Das Werk ist in wenigen Wochen im November und Dezember 1895 in Prag entstanden; die Uraufführung spielte das Böhmische Streichquartett, eines der berühmtesten Kammermusik-Ensembles der Epoche, am 9. Oktober 1896.
Es beginnt mit einem der subtilsten Sätze (2/4), die Dvořák geschrieben hat, Lehrstück für jene, die den Komponisten auf den »böhmischen Musikanten« reduzieren möchten. Das 1. Thema

setzt sich aus den unscheinbarsten Motiven zusammen, Naturlauten, zu denen nach 26 Takten ein nicht mehr naturhaftes, aber

kaum weniger unscheinbares Motiv hinzutritt. Aus diesen Elementen entwickelt sich ein Sonatensatz von außerordentlicher Feinheit, in dem den zunächst fast neutral wirkenden Motiven des Anfangs eine Fülle von Verwandlungen und Nuancierungen abgewonnen wird. Fast ständig werden dabei die Regeln der Tradition uminterpretiert (und es nimmt dem Satz nichts von seiner Originalität, daß auch in diesem Prozeß noch das Vorbild Brahms deutlich erkennbar ist). So führt schon die Überleitung von Naturmotiven zum melodisch konturierten Motiv von der Tonika fort nach H-Dur; die schließliche und kräftige Bestätigung von G-Dur aber ist bereits mit einer gemeinsamen Verarbeitung mehrerer Motive verbunden. Ein Modulationsabschnitt, in dem schon die Triolen des Seitensatzes erscheinen, führt, wenn auch auf Umwegen, zur Dominante, aber der Seitensatz selbst, eine melancholische und ganz volksliedhafte Melodie, steht in B-Dur, wird in H-Dur wiederholt und geht

dann sofort in eine lebhafte Durchführung über, aus der sich in fließenden Übergängen und mit ständigen motivischen Verknüpfungen eine große Durchführung des Hauptthemas entwickelt. Murmelnde Akkordbrechungen und liegende Bässe, gegen Ende sogar ausgesprochen bukolisch wirkende Baßquinten, schaffen große, gleichsam statische Klangflächen, über denen aber die thematische Arbeit der Oberstimmen um so differenzierter und »luftiger« wird, je mehr sie sich auf die winzigen Naturmotive und deren Kombination mit dem (selbst immer weiter reduzierten) melodischen Motiv konzentriert. Gegen Ende der Durchführung tritt noch einmal der Seitensatz hinzu; eine große, aus den Motiven des Hauptthemas entwickelte Steigerung führt dann zur Reprise, die so stark verändert ist wie selten bei Dvořák zuvor: Die Naturmotive werden jetzt durch einen kompakten Akkordsatz der Unterstimmen grundiert, dazu von einer kleinen neuen Melodie kontrapunktiert; dann beherrscht der Seitensatz, mehrfach gesteigert, die Entwicklung, und erst die Coda bringt noch einmal alle Motive des 1. Themas in einem immer kompakter werdenden Satz und steigert das melodische Motiv schließlich zu einer großen Maestoso-Apotheose.

Das *Adagio* (Es-Dur, 3/8) ist ein ungewöhnlich feierliches und zugleich ungewöhnlich pathetisches Stück, mehrfach in orchestralen Klangballungen und Grandioso-Höhepunkten kulminierend und mit religiösen, in dem ständigen Wechsel zwischen friedlich-feierlichem Es-Dur und schmerzlichem es-Moll aber auch dramatisch-konflikthaften Untertönen. Der Satz wird aus einem einzigen Thema entwickelt, das anfangs (nach einer düsteren Moll-Einleitung) in Dur, dann sofort in einer auch melodisch veränderten Moll-Variante erscheint und mit außerordentlicher, bis ins Orchestrale zielender Klangphantasie immer neu umspielt wird. In den letzten Takten wird die Moll-

Variante – und damit der Konflikt – nach Dur aufgelöst, der Quartauftakt des Themas zur emphatischen, aber pianissimo zurückgenommenen Sexte geweitet.
Das *Scherzo* (h-Moll, 3/4) ist wieder, wie im Schwesterwerk, ein ganz außerordentlicher Satz schon durch seine Ausdehnung. Formal verbindet er Scherzoform und Sonatensatz auf eine sehr komplizierte Weise: Einem prononciert tschechischen Tanzthema in h-Moll/gis-Moll folgt ein 2. Thema, streckenweise im Kanon der beiden Violinen und über einem rhythmisch komplizierten Fundament, das aber aus dem Dreiklangssignal des 1. Themas abgeleitet ist. Eine Überleitung nach Fis-Dur, dann eine verkürzte Wiederholung des 1. Themas, die in gis-Moll abbricht, beenden den Teil, der als Exposition eines Sonatensatzes gelten könnte. Anstelle einer Durchführung – wie sie in einem großen Scherzo des späten 19. Jh. ja nicht ungewöhnlich wäre – folgt aber eine Art Trio, mit dem die Hör-Erwartung witzig getäuscht wird, ein As-Dur-Satz, der sehr reizvolle Wirkungen aus dem Gegeneinander von 3/4-, 6/8- und 4/4-Bewegung über dem Grundmaß eines 3/4-Takts entwickelt. Eine kurze, aber ganz dramatische Auflösung führt zu einer verkürzten Wiederholung des 1. Teils, in der vom 1. Thema nur die beiden ersten Achttakter (der 2. in gis-Moll) übrigbleiben und infolgedessen das 2. Thema in gis-Moll steht. Erst auf diese »Reprise« folgt das eigentliche *Trio* (D-Dur), ein sehr viel einfacherer, bukolisch heiterer Satz; er geht mit einer kurzen Überleitung attacca in die Wiederholung des Hauptteils über, die aber nur den ersten Abschnitt (1. Thema, 2. Thema, verkürzte Wiederholung des 1. Themas) bringt, statt gis-Moll H-Dur berührt, aber doch in h-Moll schließt.
Das *Finale* beginnt mit einer kurzen Einleitung (C), die direkt in das furiant-ähnliche Hauptthema (2/4) führt, das den Grundcharakter des Satzes als vitaler Tanzsatz, der eben durch seine Tanzähnlichkeit Finale-Funktion haben kann, festlegt (ganz ähnlich wie im As-Dur-Werk). Genau wie im Scherzo wird der charakteristische Synkopen-Rhythmus vom Anfang dieses Themas zur Begleitung des 2. Themas, das in g-Moll erscheint. Nach kurzer Entwicklung, die vorübergehend Motive des 1. Themas aufgreift, folgt ein 3. Thema in Es-Dur, das wiederholt, dann breit verarbeitet wird und schließlich in eine Wiederholung des Kopfthemas in der Tonika mündet. Die so geweckte Erwartung in ein Sonatensatz-Rondo wird aber nicht erfüllt: Eine Erweiterung der langsamen Einleitung führt zu einer e-Moll-Episode,

die zunächst ähnlich isoliert (und eben dadurch episodenhaft) erscheint wie das Es-Dur-Thema und die sich aus Motiven des 1. Satzes entwickelt – dem melancholischen Seitensatz und den Naturmotiven über Dudelsack-Quinten im Baß; eine Episode, die nicht nur als Reminiszenz und als ein (am Ende des 19. Jh. schon fast wohlfeiles) Mittel zur thematischen Vereinheitlichung der großen 4sätzigen Form erscheint, sondern vor allem als Idylle, ein Atemholen, bevor das Allegro con fuoco wieder einsetzt. Das geschieht in einer piano beginnenden, aber sofort heftig gesteigerten Durchführung des Es-Dur-Themas, zunächst noch in e-Moll, dann modulierend. In Es-Dur, also der ursprünglichen Tonart dieses Themas, setzt dann erneut der Seitensatz aus dem 1. Satz ein, jetzt aber fortissimo und risoluto, in höchstem Pathos, wieder grundiert durch volksmusikhafte Baßquinten. Ein kleines Auflösungsfeld führt zu einer Wiederholung des g-Moll-Themas; aus einer neuen Überleitung entwickelt sich, jetzt aus dem Baß aufsteigend, das Thema aus dem 1. Satz, mit dessen Erscheinen endlich wieder die Tonika G-Dur erreicht wird, und jetzt entsteht ein kurzer Dialog zwischen diesem – nun ganz entspannt wirkenden – Thema und den schmerzlichen Gesten des Es-Dur-Themas, aufsteigend von G- über As- nach A-Dur. Endlich, nachdem das Schmerz-Motiv in a-Moll das letzte Wort zu behalten scheint, bricht das Furiant-Thema hervor und bringt den Satz zum »positiven« Schluß. Überblickt man ihn als Ganzes, so fügt er sich keiner Form, die aus der Tradition der klassisch-romantischen Instrumentalmusik abzuleiten wäre, aber er wird verständlich als Konflikte darstellender und Konflikte lösender Abschluß eines Werkes, das ganz offensichtlich von Ideen inspiriert ist, die Dvořák zu Lebensbereichen, die für ihn zentral waren, entwickelt hatte: Natur, Volk, Religion. Trifft diese Deutung zu, so ist Dvořáks letztes Streichquartett auch sein persönlichstes; dasjenige, das sich, auf äußerst subtile Weise, am weitesten von den Normen der Gattung entfernt und das sich in dieser Haltung, obgleich alles Ideelle in ihm vollkommen in Musik-Sprache aufgehoben erscheint, zuinnerst mit den Streichquartetten Smetanas berührt.

Kleinere Werke für Streichquartett

2 Walzer für Streichquartett oder Streichorchester mit Kontrabaß ad lib. (nach op. 54)

Komponiert 1879 oder 1880.

Die 2 Stücke sind Bearbeitungen der Klavierwalzer op. 54 Nr. 1 (A-Dur) und 4 (Des-Dur, Bearbeitung in D-Dur). Sie können auch mit Streichorchester gespielt werden und wurden so – überaus erfolgreich – am Ostermontag 1880 uraufgeführt; in beiden Fassungen ist der Kontrabaß ad lib. und verstärkt nur die harmonisch wichtigsten Töne und Kadenzen der Cellostimme. Formal sind die Stücke große Konzertwalzer mit mehreren Trios, dem Charakter nach sehr reizvolle, von Gebrauchsmusik weit entfernte Kammermusik – das erste ein langsamer Wiener Walzer mit schnelleren Trios, am Schluß mit einer poetischen kleinen Reminiszenz an das erste Trio; das zweite ein brillanter und mehr tschechisch als wienerisch klingender schneller Tanz.

Zypressen. 12 Stücke für Streichquartett

Komponiert 1865 (1887).

Die Stücke bilden ein Unikum der Streichquartett-Literatur. Dvořák hatte 1865 18 Gedichte aus der Sammlung »Zypressen« von Gustav Pfleger-Moravský als Klavierlieder komponiert, aber nicht veröffentlicht. Wahrscheinlich 1881/82 arbeitete er 10 von ihnen, 1888 die restlichen 8 zum Teil erheblich um; 4 davon wurden 1882 unter der Opuszahl 2, die letzten 8 1889 als op. 83 gedruckt. Diese 8 und 4 weitere der ursprünglichen Liedfassungen wurden aber außerdem, im April und Mai 1887, zu Streichquartett-Sätzen umgestaltet, und während die Klavierlieder sich Eingriffe in Deklamation und Klaviersatz gefallen lassen mußten, ließ Dvořák in den Quartett-Arrangements die Fassungen von 1865 unverändert, verteilte lediglich Melodiestimme und Klaviersatz auf die 4 Instrumente und fügte in einigen sonst allzu kurzen Liedern kleine Abschnittswiederholungen hinzu. Das Ergebnis sind »Lieder ohne Worte«, die gerade durch ihre Schlichtheit und die wortlose Kantabilität ihrer Melodiestimme einen ganz eigentümlichen Reiz haben. Dvořák schätzte sie nicht gering ein; als er sie (erfolglos) Simrock zur Veröffentlichung anbot, nannte er sie »etwas in seiner Art Neues, das verdient, bald das Licht der Welt zu erblicken«.

Streichquintette, Streichsextett

Dvořák hat 3 Streichquintette hinterlassen, 2 in der klassischen Besetzung mit 2 Bratschen, eines mit Bratsche, Cello und Kontrabaß. Ihre Chronologie zeigt, daß die Gattung Streichquintett im Schaffen des Komponisten nicht annähernd die Bedeutung der Gattung Streichquartett hatte, daß er sich aber andererseits erst im Streichquartett Klarheit verschaffen wollte, bevor er an ein anspruchsvolles Quintett ging: Nach dem jugendlichen Versuch des a-Moll-Quintetts dauerte es 14 Jahre, bis das G-Dur-Quintett mit Kontrabaß und noch einmal 18 Jahre, bis das Es-Dur-Quintett entstand.

Das **Quintett a-Moll op. 1** (1861) entstand knapp ein Jahr vor dem 1. Streichquartett und trägt weit stärker als dieses die Züge einer ganz unselbständigen Schülerarbeit, die stilistisch noch eher an Mozart als an Beethoven orientiert ist. – Der *Kopfsatz* ist ein ziemlich ausgedehnter Sonatensatz mit langsamer Einleitung, deren Hauptmotiv in der Durchführung wieder aufgegriffen wird. Der *langsame Satz* (F-Dur) ist ein elegisches Stück in 3teiliger Liedform, das mit einer Kantilene der 1. Bratsche (Dvořáks Instrument) eröffnet wird. Das *Finale*, wieder ein Sonatensatz und, wie es der Tradition entspricht, energischer und belebter, wenn auch kaum fröhlicher als der erste, beginnt mit einem Thema, das noch deutlicher an einem Thementypus Mozarts (Klavierquartett g-Moll) orientiert ist als das Haupt-

thema des 1. Satzes. – Zu den traditionellen Zügen des Werkes gehört schließlich auch, daß der 5stimmige Satz weitgehend in 2 Klanggruppen unter Führung der 1. Violine und der 1. Bratsche organisiert ist.

Streichquintett G-Dur op. 77

Komponiert 1875.
Allegro con fuoco – Scherzo: Allegro vivace – Poco andante – Allegro assai.

Das Quintett trug ursprünglich die Opuszahl 18; erst Simrock gab ihm bei der Veröffentlichung die irreführend hohe Opuszahl 77. Dvořák reichte das Werk zu einem Kammermusik-Wettbewerb der Prager Künstler-Ressource ein und erhielt den

1. Preis, 5 Golddukaten, zugesprochen; uraufgeführt wurde es im März 1876, ebenfalls in Prag. In dieser ersten Fassung war das Werk 5sätzig, mit einem »Intermezzo« genannten Andante religioso in H-Dur als 2. Satz, das der Komponist aus dem e-Moll-Streichquartett von 1870 übernommen, umgearbeitet und von 67 auf 37 Takte gekürzt hatte. Schon bevor an eine Veröffentlichung des Quintetts zu denken war, hatte Dvořák diesen Satz aber wieder ausgeschieden, erneut bearbeitet und erweitert und als **Nocturne (Notturno)** für Streicher (auch für Klavier und Violine) **op. 40** (1883) erscheinen lassen. Für die Veröffentlichung bei Simrock (1888) wurde das nun 4sätzige Quintett noch einmal revidiert, allerdings nur in Details; die Reihenfolge der Sätze blieb atypisch, mit dem Scherzo an zweiter Stelle.
Die ungewöhnliche Besetzung mit Kontrabaß gibt dem Werk seinen unverwechselbaren Klangcharakter, hat allerdings seiner Verbreitung eher geschadet. Dvořák benutzt sie vor allem, um orchestrale Klangwirkungen zu erzielen, formale und harmonische Akzente zu setzen und Themen in Unisono- bzw. Oktavführung von Kontrabaß und Cello zu verstärken; andererseits erlaubt sie ihm, das Cello als Melodie-Instrument einzusetzen. Insgesamt entstehen so ein Klang und ein 5stimmiger Satz, die von denen eines normalen Streichquintetts sehr verschieden sind.
Der *1. Satz* (C) beginnt mit einer mehrmals stockenden, gleichsam suchenden Einleitung (aber schon Allegro), die ein ganz knappes Motiv vorstellt, dem noch nicht anzumerken ist, daß es das Hauptthema des Satzes sein wird (Zitat S. 755). Eine kurze Steigerung führt zur Kadenz, mit der erst die Tonart G-Dur befestigt wird; aus dem Triolenmotiv und einem daktylischen Rhythmus entwickelt sich eine neue, lebhafte Steigerung, und erst danach wird das Thema eigentlich aufgestellt. Das 2. Thema, ganz auf Triolen aufgebaut und auffallend an Schubert erinnernd, schließt sich sofort (in F-Dur statt, wie zu erwarten, D-Dur) an; den Schluß der Exposition, der dann doch nach D-Dur geht, bestreitet eine Entwicklung des Kopfthemas, in der der emphatische Sextsprung des Beginns zur Oktave erweitert wird. Die knappe, aber äußerst intensive Durchführung arbeitet mit allen Elementen der Exposition, sogar mit dem einleitenden Sekundgang g–fis–e des 1. Taktes, spielt die lyrischen wie die überschwenglichen Züge des Hauptthemas breit aus und kulminiert zweimal in einer Fortissimo-Kombination der beiden Themen – ein geradezu Brucknerscher Effekt. Die Reprise

ist stark erweitert und unterwirft das Hauptthema einer neuen Durchführung, in der auf ganz klassische Weise der Sextsprung des Anfangs herausgelöst und für sich verarbeitet wird; nach dem 2. Thema führt eine große Steigerung mit dem Daktylus-Rhythmus zu einer Coda, die an die ersten Takte der Exposition (nach der Quasi-Einleitung) anknüpft und dann eine Variante des Hauptthemas zu hymnischem Überschwang und orchestraler Kraft steigert. Die abschließende Stretta zieht – mit der unmittelbaren Aufeinanderfolge von 1. Takt, Hauptthema in mehreren Gestalten und 2. Thema – das Fazit des Satzes.
Das *Scherzo* (e-Moll, 6/8) ist in der großen romantischen Scherzoform gehalten, wobei der Hauptteil, wie so oft bei Dvořák, ein eigenes Trio hat, in dem eine lyrische Kontrastmelodie von einem Motiv begleitet wird, das aus dem Scherzo-Hauptthema gewonnen ist; hier ist das der synkopierte Rhythmus, der dem Hauptteil zusammen mit dem sehr schnellen Tempo seinen widerborstigen Charakter gibt. Das *Trio* (C-Dur, 2/4) ist ein freundliches und unkompliziertes Intermezzo, das am Schluß

nach e-Moll zurück und attacca in die Wiederholung des Scherzo-Hauptteils leitet.
Einfach und intermezzohaft ist auch der *langsame Satz* (C-Dur, C), ein Andante mit sanft und lieblich fließendem Hauptthema. Der Mittelteil in E-Dur legt eine große Gesangsmelodie der 1. Violine (am Schluß vom Cello aufgenommen) über einen koloristisch-stimmungsvollen Begleitsatz; das kleine Motiv, mit dem die Rückleitung zur ganz kurzen Hauptteilwiederholung bewirkt wird, klingt in den ersten Takten der Wiederholung noch nach. Daß die Tonartenrelationen dieses Satzes diejenigen des Scherzos umkehren, ist gewiß kein Zufall (e–C / C–E).
Ebensowenig ist es ein Zufall, daß das *Finale* (2/4) mit einer Variante des Hauptthemas des 1. Satzes beginnt, aus der dann (motivische Anknüpfung und Charaktergegensatz in einem)

das tänzerisch-lebhafte Hauptthema entwickelt wird. Noch deutlicher wird diese paradoxe Beziehung im 2. Thema, das

nach einer großen Steigerung pianissimo und in überraschendem Es-Dur (analog dem überraschenden F-Dur des 2. Themas im 1. Satz) einsetzt: Hier beginnt die Melodie deutlich auch an den lyrischen Ton des Themas aus dem 1. Satz anklingend, endet aber mit einem kleinen Furiant-Rhythmus, der seinerseits mit dem Daktylus-Rhythmus des 1. Satzes zusammenhängt. Aus diesen beiden Themen und ihren Motiven wird, im Wechsel der Themen und in thematischer Arbeit, der ganze Satz, der ein Sonatensatz-Rondo ist, entwickelt, und entsprechend dem Charakter seiner Themen fast durchweg in fröhlichen und vitalen Tanz-Tonfällen. Eine letzte Beziehung zum 1. Satz stellt schließlich die Coda her, die hier wie dort als Apotheose einer Variante des Hauptthemas angelegt ist.

Streichquintett Es-Dur op. 97

Komponiert 1893.
Allegro non tanto – Allegro vivo – Larghetto – Allegro giusto, alla breve.

Das Quintett gehört zu Dvořáks »amerikanischen« Werken; es ist unmittelbar nach dem F-Dur-Streichquartett entstanden. Für den angeblichen amerikanischen Charakter seiner Themen gilt das dort Gesagte. In der Satzfolge steht, wie im Quintett op. 77, der schnelle der beiden Mittelsätze an zweiter statt an dritter Stelle, was hier aber durch das Prinzip des Kontrastes – der Kopfsatz ist ein relativ langsames Allegro – begründet ist.
Der *1. Satz* (3/4) beginnt mit einer Einleitung (im Tempo), die das Hauptthema in Es-Dur und es-Moll verhalten und leicht melancholisch vorbereitet; mit der Rückkehr nach Es-Dur beginnt die eigentliche Exposition mit einer freundlicheren Fassung des Themas, die sich schnell zu einer neuen Variante im Fortissimo-Tutti steigert. Eine Überleitung, in der wieder es-

Moll anklingt, führt zum Seitensatz, der den Rest der Exposition beherrscht und genauso aufgebaut ist wie das Hauptthema: erst eine trotz des allgegenwärtigen hüpfenden Rhythmus noch gedämpfte Version in g-Moll, dann eine geradezu übermütige, schlagerhaft eingängige Fortissimo-Variante in B-Dur. Die Durchführung beginnt mit einem enharmonischen »Ruck« nach H-Dur und bleibt dann fast ständig in Kreuztonarten. Alles ist sehr knapp gehalten – zunächst werden gesangliche Elemente des Hauptthemas und der hüpfende Rhythmus des Seitensatzes in einem im Tonfall ganz zurückhaltenden, trotzdem sehr lebendigen und heiteren Abschnitt kombiniert; dann gewinnt der Seitensatz die Oberhand und lenkt in einer großen Steigerung zur Reprise, die gleich mit der Fortissimo-Version des Hauptthemas einsetzt und auch weiter erheblich verändert wird: der Seitensatz beginnt in Ces-Dur (Erinnerung an das H-Dur des Durchführungsbeginns), vor seiner 2. Version wird der Anfang des Hauptthemas angespielt, und auf dem Höhepunkt der Entwicklung des Seitensatzes kehrt dieser Themenkopf noch einmal, fortissimo und in Oktaven, wieder. Ganz plötzlich wird dann diese Apotheose in eine stille und nachdenkliche Coda zurückgenommen, die in einer immer langsamer werdenden Wiederholung der ersten 14 Takte des Satzes endet.

Der *2. Satz* (H-Dur, ¢) ist, genau wie im F-Dur-Quartett, der originellste des Werkes, kein eigentliches Scherzo, aber ein Scherzando, das im Hauptteil ein bis zur Tanzboden-Derbheit sich steigerndes Genrestück, im Trio ein verhaltener Gesang von großer und einfacher Schönheit ist. Der Satz beginnt mit einem Trommel-Rhythmus in der fast das ganze Werk hindurch auffallend bevorzugten 2. Bratsche; nach 4 Takten gesellt sich das 1. Tanz-Thema, nach 8 weiteren Takten ganz überraschend eine weit ausschwingende Melodie hinzu, die gar nicht zum Tanz-Charakter passen will und die dem Satz sofort eine ganz einzigartige innere Spannung gibt; eine zweite, genauso aufgebaute Periode (4 + 8 + 8 Takte) schließt den 1. Formteil ab. Der 2. beginnt mit einem scharf kontrastierenden, fast wilden Tanz-Thema, lenkt dann aber schnell in eine freie Wiederholung des 1. Teils ein. Das *Trio* (h-Moll) ist eine fast ganz piano gehaltene, zarte Kantilene, nichts anderes als eine Variante der Gesangsmelodie aus dem Hauptteil; sie wird erst von der 1. Bratsche mit einer Pizzicato-Begleitung vorgetragen, die ein Gitarren-Ständchen assoziieren läßt, dann von der 1. Violine zu einer neuen Begleitung wiederholt, die deutlich auf Tanz-Rhythmus und 1. Tanz-Thema des Hauptteils zurückweist und damit zur Wiederholung dieses Hauptteils überleitet, einer Wiederholung, die erweitert und in ihrer Wildheit noch gesteigert ist, am Schluß aber eine wunderbar verträumt wirkende Pianissimo-Erinnerung an die Gesangsmelodie, begleitet vom 1. Takt der 1. Tanzmelodie, einblendet.

Die beiden übrigen Sätze halten sich leider nicht ganz auf der Höhe dieses Anfangs; das Quintett ist, bei allen Schönheiten, eines der ungleichmäßigsten unter den späteren Werken Dvořáks und dadurch dem weniger anspruchsvollen, aber in sich vollkommenen F-Dur-Quartett deutlich unterlegen. – Der *langsame Satz* (as-Moll/As-Dur, 3/8) ist ein Thema mit 5 Variationen (eine Form, die Dvořák in seiner Kammermusik selten verwendet hat). Die Variationen entfalten einen großen koloristischen Reichtum und kosten den Moll-Dur-Gegensatz aus. Wunderbar und rührend in ihrer Einfachheit ist die Coda, in der das Thema erweitert und in seinem zweiten, dem As-Dur-Teil geradezu verklärt erscheint. – Das *Finale* (¢) ist ein freies Rondo, das in seinem 1. und den Satz fast beherrschenden Thema an die hüpfenden Rhythmen des 1. Satzes anknüpft, aber in seiner sehr schlichten Abschnittsreihung und seiner Neigung zu orchestraler Al-fresco-Technik das Niveau dieses Satzes nicht erreicht.

Streichsextett A-Dur op. 48

Komponiert 1878.
Allegro moderato – Dumka: Poco allegretto – Furiant: Presto – Thema con variazioni. Allegretto grazioso, quasi andantino.

Das Sextett ist in den Jahren entstanden, in denen Dvořák mit seinen »Slawischen Tänzen« und »Rhapsodien« zum ersten Mal internationalen Erfolg hatte, und es ist, wie die meisten Werke dieser Zeit, ein dezidiert »tschechisches« Stück.
Der *1. Satz* (C) beginnt mit einem etwas melancholischen liedhaften Thema, das sich mit einer Zeilenmelodik schlecht zur

thematischen Arbeit eignet und Dvořáks Neigung zum Arbeiten mit farbig kontrastierenden Klangflächen entgegenkommt. In die breit strömende Entwicklung des Themas, das sich bald nach Fis- und Cis-Dur wendet, wird kurz ein lebhafteres punktiertes Motiv eingeblendet, das später zum Seitensatz werden wird; dann kehrt das Hauptthema in pastos-orchestralem Satz, aber – wie den ganzen Satz hindurch – piano, zurück. Der Seitensatz beginnt in cis-Moll, verscheucht aber sofort die melancholischen Töne des Hauptthemas und leitet zu einer großen Steigerung, auf deren Höhepunkt in Cis-Dur ein neuer, schwärmerischer Gedanke erscheint, der sich aber sofort wieder in einen Dialog zwischen 1. und 2. Thema auflöst. Beide Themen beherrschen auch die Durchführung, die kaum halb so lang wie die Exposition ist, ihre Kürze aber durch kontrapunktische Intensität wettmacht; in der 2. Hälfte erscheint der Anfang des Hauptthemas auf halbe Notenwerte verkürzt, dadurch rhythmisch dem Seitensatz angenähert und im Charakter völlig verändert; in einer Steigerung dieses »neuen« Motivs, die das Crescendo mit einem Emporsteigen des Motivs durch die Stimmen sehr effektvoll verbindet, wird dann die Reprise erreicht, die weitgehend regelmäßig verläuft. Eine große Coda, die kaum kürzer ist als die Durchführung, faßt noch einmal – in einer ganz originellen Wendung des klassischen Coda-Gedankens – die Entwicklungsstadien des Hauptthemas zusammen: seine Grundgestalt (jetzt in der Klangfarbe der hohen Lagen von Bratschen und 1. Cello, umflimmert von Synkopen und zarten Achtel-Figuren der Violinen), seine kontrapunktische Verarbeitung und seine Diminution. In abruptem Kontrast zu deren tänzerischem Elan bildet eine feierliche, d-Moll berührende und die melancholischen Züge des Satzes in Erinnerung rufende Kadenz des Kopfmotivs den Schluß.

Die beiden Mittelsätze sind die ersten Kammermusikstücke, die Dvořák programmatisch mit Tanznamen überschrieb: Dumka und Furiant. Die *Dumka* (d-Moll, 2/4) vertritt den langsamen Satz und besteht, dem Charakter des ursprünglich ukrainischen Tanzes entsprechend, aus dem mehrfachen Wechsel gegensätzlicher Teile; nur ist hier der normale Wechsel zwischen langsam-melancholischen und schnell-fröhlichen Teilen zurückgenommen in den Wechsel zwischen einem sanft-traurigen Hauptteil über ein 5taktiges Thema und einem ganz schwermütigen langsameren 2. Teil (Adagio, quasi tempo di marcia, fis-Moll, 4/8), der übergeht in ein etwas leichteres Intermezzo (Andante, Fis-Dur, 3/8). Danach werden der d-Moll-Hauptteil und der verkürzte Trauermarsch, jetzt ebenfalls in d-Moll, wiederholt.

In äußerstem Gegensatz zu diesem schwermütigen Stück ist der *Furiant* (A-Dur, 3/4) ein veritables Scherzo, aber nicht, wie der Volkstanz-Typus nahelegen würde, ein stampfendes, sondern ein elegantes, in seiner Feinheit fast an Mendelssohn erinnerndes und formal ganz einfaches Stück, das sich nur am Schluß zu wilder Vitalität steigert. Das *Trio* (D-Dur, 3/4) ist lyrischer, aber ohne den Tanz-Charakter aufzugeben; der große melodische Bogen des Hauptmotivs, das im Mittelteil intensiv verarbeitet wird, erinnert an die überschwengliche Geste des 3. Gedankens aus dem Kopfsatz. Am Schluß leitet eine große Steigerung des bis dahin fast ganz im Piano bleibenden Satzes zur Wiederholung des Furiant über.

Das *Finale* (2/4) ist ein Variationensatz, der die Idee der Themenverwandlung aus dem 1. Satz mit einer weiträumigen Accelerando-Anlage verbindet. Es beginnt mit einem langsamen, fast trauermarschartigen Thema, das harmonisch labil ist (h-Moll/D-Dur) und erst in den letzten Takten zur Tonika A-Dur findet. In den folgenden 5 Variationen bleibt diese harmonische Labilität erhalten, aber das Thema wird zuerst in schneller werdenden Tempi bis in ein tanznahes Scherzando (Var. 2) verwandelt, dann in einem zweiten Anlauf bei gleichbleibendem Tempo durch sich steigernde Bewegung von Variation zu Variation (Daktylus-Motiv im 1. Cello mit quasi bewegungsloser Akkordbegleitung – Achtel und Achtel-Triolen – Achtel und Sechzehntel) noch einmal immer lebhafter und freundlicher. Die Stretta setzt dann erneut in h-Moll an, jetzt aber im Allegro und mit einer energischen Formulierung des Themas, die breit entfaltet und verarbeitet wird. Erst die Presto-Coda lenkt schließlich zur Tonika A-Dur.

Streichtrios

Dvořák hat nur 2 Trios, beide für die ungewöhnliche Besetzung mit 2 Violinen und Bratsche, hinterlassen. Beide sind Gelegenheitskompositionen für einen Hausmusikkreis, zu dem der Komponist selbst gehörte, und die »Miniaturen« op. 75a nehmen betont Rücksicht auf bescheidenere spieltechnische Fertigkeiten.

Terzett C-Dur op. 74

Komponiert 1887.
Introduzione: Allegro ma non troppo – Larghetto – Scherzo: Vivace – Thema con variazioni.

Die Bezeichnung Terzett statt Trio legt die Stil-Ebene des Werkes fest: Es ist dezidiert nicht für den Konzertsaal, sondern für die Hausmusik gedacht, keineswegs anspruchslos, aber doch konzilianter als die großen Kammermusikwerke und ohne deren seelische und geistige Tiefe.

Der *1. Satz* (C) steht in 3teiliger Liedform mit sanft kantablem Hauptteil und etwas bewegterem Mittelstück, leitet aber nach der verkürzten Wiederholung des Hauptteils attacca in den 2. Satz über und wird so wirklich zu dessen »Introduzione«. Gleichzeitig ist dieser Satz aber der *2. Satz* der großen 4sätzigen Form, an der Dvořák sich auch in diesem Werk orientiert: ein Larghetto (E-Dur, 6/8), das wie der 1. Satz in 3teiliger Liedform aufgebaut ist, einen sehr ruhigen und kantablen Hauptteil und einen bewegteren, hier durch die punktierten Rhythmen des 2. Themas fast dramatischen Mittelteil hat. Der *3. Satz* (a-Moll, 3/4) ist ein Scherzo über ein reizvoll hemiolisch synkopiertes Thema (d. h., 2 3/4-Takte bilden untergründig einen 3/2-Takt); das *Trio* (A-Dur) ist ein Walzer, der an den ersten der 2 Walzer für Streichquartett (ebenfalls in A-Dur) erinnert, aber noch einfacher ist. Das *Finale* (2/4) ist ein Variationensatz, dessen Thema in einem ernsten, fast pathetischen Adagio, von fern an eine französische Ouverture erinnernd, vorgestellt wird; ihm folgen 10 sehr kurze, aber fein differenzierte Variationen in abwechselnd schnellen und langsamen Tempi.

Miniaturen B-Dur/g-Moll op. 75a

Komponiert 1887.

Die »Miniaturen« (der Titel ist nicht original, hat sich aber eingebürgert) sind wahrscheinlich unmittelbar nach dem Terzett geschrieben und bilden nach Satzfolge, Satzcharakteren und Tonarten kein geschlossenes Werk, sondern eine Reihe von 4 kleinen und technisch bescheidenen Stücken. Daß Dvořák sie als Miniaturen gleichwohl ganz ernst nahm, zeigt ein Brief an seinen Verleger Simrock, in dem er sagt, die Arbeit freue ihn ebenso, wie wenn er eine Sinfonie schreibe: »Sie sind freilich mehr für Dilettanten gedacht, aber hat Beethoven und Schumann nicht auch einmal mit ganz kleinen Mitteln geschrieben, und wie?« Dennoch brachte er sie nicht in dieser Fassung, sondern in einer Bearbeitung für Klavier und Violine (op. 75) zum Druck, vielleicht, weil die originale Besetzung – 2 Violinen, Viola – zu ungewöhnlich war, vielleicht aber auch, um sie den Charakterstücken Schumanns (op. 73, 94, 102, 113) anzunähern; für diese Vermutung spricht auch, daß die Bearbeitung den Titel »Romantische Stücke« erhielt und daß jedes der Stücke eine charakterisierende Überschrift bekam (die aber im Druck fortgelassen wurde): Cavatine, Capriccio, Romanze und Elegie.

Das *1. Stück* (Moderato, B-Dur, C), die »Cavatine«, ist ein 3teiliger Liedsatz; die liebliche Melodie des Hauptteils wird von einer Begleitung getragen, die ein wenig an ein Ständchen erinnert. – Die *2. Miniatur* (Poco allegro, d-Moll, 2/4), das »Capriccio«, ist ein Variationensatz en miniature, dessen kapriziöse Haltung zum guten Teil aus dem Kontrast zwischen bombastischem Einsatz und bescheidener Fortsetzung des Themas, aber auch daraus entsteht, daß die Variationen sich kaum vom Thema selbst entfernen. – Das *3. Stück* (Allegro, B-dur, C), die »Romanze«, ist dem 1. sehr ähnlich, aber liedhafter in der wunderbar aufblühenden, dabei ganz einfachen Melodik und ruhiger in der Begleitung, die sich hier auf einen wiegenden Triolenrhythmus stützt. – Das *4.* und letzte *Stück* (Larghetto, g-Moll, 9/8) ist das originellste und gewichtigste (Dvořák hat hier bei der Umarbeitung in der Titelgebung zwischen »Elegie« und »Ballade« geschwankt; Elegie scheint aber den Ton besser zu treffen): ein beklommenes Rezitativ, aus dem sich eine große, sehr ernste Melodie der 1. Violine über liegenden Akkorden entwickelt.

Kammermusik mit Klavier

Sonate für Violine und Klavier F-Dur op. 57

Komponiert 1880.
Allegro ma non troppo – Poco sostenuto – Allegro molto.

Die Sonate ist in unmittelbarer Nachbarschaft des Violinkonzerts (vor dessen endgültiger Fassung) entstanden, aber weder eine Vorstudie noch ein Nebenprodukt, vielmehr ein bedeutendes, leider viel zu selten gespieltes Kammermusikwerk. Sie steht Brahms so nahe wie wenige Werke des Komponisten, am deutlichsten in der Thematik des 1. Satzes, aber auch in der motivischen Entwicklung der Themen generell und in der Intensität der thematischen Arbeit, vor allem der imitatorischen Engführung einzelner, aus den Themen abgeleiteter Motive.
Der *1. Satz* (3/4), ein großer Sonatensatz, beginnt mit einem Thema, dessen Brahms-Nähe sich sogleich zeigt, in seinen bei aller Süße der Chromatik energischen melodischen und rhythmischen Stauungen wie im Wechsel von der Tonika zu Septakkorden schon vom 2. Takt an; das Thema erscheint in 3 Fassungen, die mittels »entwickelnder Variation« seinen Charakter gänzlich verändern (Zitate S. 764). Unmittelbar an die energische 3. Version schließt sich – in D-Dur statt auf der Dominante C-Dur – ein kapriziöser, betont rhythmischer Seitensatz an; den

Schluß der Exposition bildet, ebenso ungewöhnlich, eine kurze Verarbeitung beider Themen nacheinander, die um A-Dur kreist; nur in den Takten, die zur Wiederholung der Exposition zurückleiten, wird überhaupt die Dominante berührt, die davon abweichenden Überleitungstakte zur Durchführung gehen weiter nach H-Dur. Die Durchführung verarbeitet zuerst sehr energisch das 2. Thema, dann, von großer Ruhe und lyrischer Verhaltenheit zu einem Fortissimo-Höhepunkt führend, das 1.; eine lange Rückleitung mit dem 2. Thema führt zur Reprise. In der ganzen Durchführung dominieren Kreuztonarten, E-Dur und A-Dur, die reizvoll zur Haupttonart F-Dur kontrastieren. Die Reprise ist erheblich verändert und erweitert; beide Themen werden nochmals intensiv durchgeführt, aber das Hauptthema setzt sich immer mehr durch und beherrscht auch die Coda, die, bis zum letzten Takt thematisch arbeitend, zum Tonfall des Satzanfangs zurückkehrt und ganz zart ausklingt.
Der *langsame Satz* (A-Dur, ⁶⁄₄) beginnt mit einem getragenen Thema, das sich von der Dominante erst zur Tonika hin entwickelt; ein aus den Bässen aufsteigendes, rhythmisch pointiertes Begleitmotiv bringt nur vorübergehend Unruhe in diesen fast meditativen Satzteil. Der Mittelteil der 3teiligen Liedform

beginnt mit einem etwas bewegteren, gleichsam diesseitigeren Thema in E-Dur (die Beziehung zum Tonartenplan der Durchführung im 1. Satz ist natürlich kein Zufall) und steigert sich im spannungsvollen Übereinander von ganz ruhiger, weit ausschwingender Kantilene und erregten punktierten Rhythmen zu einem Fortissimo-Höhepunkt, nach dem übergangslos die Wiederholung des 1. Teils im Pianissimo einsetzt, stark verkürzt und durch die Ausbreitung der rhythmischen Begleitfigur, die im 1. Teil nur episodisch gewesen war, bewegter und drängender, dadurch dem Charakter des Mittelteils angenähert. Am Schluß wird diese Begleitfigur, nun in der Violine, mit dem Thema des Mittelteils dialogisch kombiniert.
Das *Finale* (2/4) ist ein freies Sonatensatz-Rondo, das die zurückhaltende Heiterkeit des 1. Satzes zu tänzerischer Freude steigert. Das volkstanznahe 1. Thema wird nach einer kleinen Episode, ganz rondohaft, in der Tonika wiederholt; ohne Überleitung folgen ihm ein ebenfalls sehr einfacher lyrischer Seitensatz in f-Moll und nach kurzer Überleitung ein 3., ebenfalls kantables, aber melodisch und harmonisch unruhigeres Thema in Es-Dur: Der schnelle und meist übergangslose Wechsel der Themen und ihrer Charaktere (auch im weiteren Satzverlauf) gibt dem Stück einen überaus lebendigen und überraschungsreichen Ton. Ebenfalls in Es-Dur folgt wieder das 1. Thema, das sich aber bald in die abrupt einsetzende, kontrapunktisch dichte und dramatische Verarbeitung eines neuen Gedankens auflöst, die den ganzen Mittel- oder Quasi-Durchführungsteil des Satzes beherrscht; zugleich wendet sich der Satz (über a-Moll) nach A-Dur, also zu der Tonart, die in den beiden anderen Sätzen so wichtig war. Das neue Thema wird allmählich aus seiner kontrapunktischen Dramatik in eine spielerisch-homophone Fassung umgearbeitet, in der es sich dem Tonfall des Hauptthemas anpaßt; in einer langen Rückleitung, in der vom Thema schließlich nur noch ein Trillermotiv übrigbleibt, wird die – nicht wesentlich veränderte – Reprise erreicht. Aus dem 1. Überleitungsmotiv des Satzes (nach den 32 Takten der ersten Themaaufstellung) wird schließlich eine schwungvolle Coda aufgebaut.

Sonatine für Violine und Klavier G-Dur op. 100

Komponiert 1893.
Allegro risoluto – Larghetto – Scherzo: Molto vivace – Allegro.

Dvořák schrieb das Werk in New York und widmete es seinen beiden musizierenden, damals 10 und 15 Jahre alten Kindern, um so das Fest der runden Opuszahl als Familienfest zu feiern. Es ist 4sätzig wie eine »richtige« Sonate, aber geistig und technisch durchaus sonatinenhaft und eher Haus- als Konzertmusik.

Der *1. Satz* (¾) ist ein ganz knapper und freundlicher, aber keineswegs flacher Sonatensatz, mit einem energischen und frischen Hauptthema, einem verhaltenen Seitensatz in e-Moll und einer Durchführung, die sich auf das 1. Thema konzentriert und dieses Thema, wie Dvořák es (in der Nachfolge Schuberts) liebt, durch entlegene Tonarten neu »beleuchtet« (B-Dur, Des-Dur, As-Dur). Die Reprise bringt gleich nach der 1. Thema-Wiederholung eine plötzliche Ausweichung nach g-Moll, von der es nur langsam nach G-Dur zurückgeht. Die Coda (bezeichnend, daß Dvořák auch in einem so knappen Satz nicht auf sie verzichtet) wendet das eben noch fortissimo auftrumpfende Kopfmotiv des Themas ins Piano und entwickelt sich dann zu einem wunderbar ruhigen und beschaulichen Schluß, in dem sich das Thema auflöst.

Das *Larghetto* (g-Moll, ²⁄₄), in dem Dvořák angeblich Elemente der Musik der nordamerikanischen Indianer oder auch Lektüre-Eindrücke aus Longfellows Indianer-Epos »Hiawatha« verarbeitet hat, war früher als Salonstück und in allerlei Bearbeitungen berühmt; heute erscheint es wohl als der am deutlichsten zeitgebundene Satz des Werkes: eine getragene Violinromanze, in der das Klavier fast nur die Begleitung zu spielen hat, formal eine einfache Reihung kurzer Melodien (g-Moll, F-Dur, G-Dur) mit einer freien Wiederholung der g-Moll-Melodie am Schluß. – Ganz auf der Höhe der anderen »amerikanischen« Werke, etwa des F-Dur-Streichquartetts, steht dagegen das witzige *Scherzo* (G-Dur, ¾) trotz (oder wegen) seiner geradezu lakonischen Kürze. Das *Trio* (C-Dur) kehrt den üblichen Charaktergegensatz zwischen energischem Scherzo und sanfterem Trio um, indem es auf eine tatsächlich sanftere, vor allem rhythmisch ruhige Melodie einen synkopisch aufgeregten Mittelteil folgen läßt. – Das *Finale* (²⁄₄) ist wieder ein Sonatensatz mit einem furiantähnlichen 1. und einem »hüpfenden« 2. Thema (wie im 1. Satz in e-Moll); ganz überraschend folgt dann als 3. Thema eine große lyrische Melodie in E-Dur und langsamerem Tempo. Die Durchführung ist eine bis zur Wildheit gesteigerte Verarbeitung allein des 1. Themas. Die Reprise bringt das Thema dann, um es nicht zu sehr dominieren zu lassen, erheblich verkürzt und vereinfacht; die Coda, auf die auch hier nicht verzichtet wird, baut es in großer Steigerung (also der Entwicklung der Coda des 1. Satzes diametral entgegengesetzt) noch einmal auf.

Klaviertrios

Obwohl Dvořák nur 4 Klaviertrios hinterlassen hat (2 Jugendwerke, als op. 13 gezählt, wurden von ihm selbst vernichtet), bilden sie nach den Streichquartetten die wichtigste Werkgruppe seiner Kammermusik – ein merkwürdiges Phänomen, wenn man bedenkt, daß Dvořák kein besonders versierter Pianist war, aber erklärbar durch den hohen Rang, den das Klaviertrio in der Hierarchie der kammermusikalischen Gattungen seit Beethoven und verstärkt durch die Werke Brahms' gewonnen hatte. Mit dem Rang der Gattung hängt wohl auch zusammen, daß der Komponist eines seiner bedeutendsten Werke, das f-Moll-Trio, und sein wohl experimentellstes Stück, das Dumky-Trio, als Klaviertrios schrieb. Und schließlich hängt es wohl mit der besonderen Bedeutung Brahms' für die Gattung zusammen, daß Dvořák sich erst nach seiner Abwendung von Wagner und Hinwendung zu Brahms intensiv mit dem Klaviertrio zu beschäftigen begann.

Klaviertrio B-Dur op. 21

Komponiert 1875.
Allegro molto – Adagio molto e mesto – Allegretto scherzando – Allegro vivace.

Das Werk ist kurz nach dem Streichquintett op. 77 entstanden, zeigt aber ein ganz anderes Gesicht, vor allem in der auffallenden Ökonomie der Thematik und Intensität der thematischen Arbeit, die sich mit einer persönlicheren, fast zum Programm sich verdichtenden Ausdruckshaltung eigentümlich verbinden.

Der *1. Satz* (C) ist aus 2 Themen entwickelt, die aber je ein eigenes, aus ihnen abgeleitetes Nebenthema mit sich führen. Das Kopfthema beginnt, über rein klanglicher Begleitung, als große Kantilene, die – wie bei Dvořák so oft – sogleich in 3 Tonarten (B, g, Es) »ausgeleuchtet« wird, dann aber sofort in eine diminuierte Fassung umschlägt, die erst eigentlich den Ton und die typische Energie eines Sonatensatz-Kopfthemas hat. Das Kopfmotiv, die Sekunde f–g, wird zur Begleitung des 1. Nebenthemas, das, wie die 1. Fassung des Hauptthemas, als

große, aber pianissimo gehaltene Kantilene einsetzt. Der Seitensatz ist ein graziös-elegantes, in seiner federnden Rhythmik an Chopin erinnerndes Gebilde, aus dem das 2. Nebenthema als »vermittelter Gegensatz« entsteht: der Seitensatz tonal geschlossen und in Dreiklangsintervallen absteigend, das Nebenthema tonal offen, in Sekunden aufsteigend und dadurch einen ganz anderen Charakter ausprägend; gleichwohl ist die motivische Verwandtschaft ganz eng. Die sehr konzentrierte Durchführung arbeitet vor allem mit der 1. Fassung des Hauptthemas, stellt also die für thematische Arbeit viel geeignetere 2., energische und dynamische Fassung zurück und akzentuiert dementsprechend wieder die harmonische »Ausleuchtung« des Themas. Auf dem Höhepunkt der Rückleitung setzt dann die Reprise mit einer Fortissimo-Apotheose dieser 1. Themenfassung ein, also ganz im Gegensatz zum Beginn des Satzes; anschließend wird das 1. Thema noch erweitert und der Beginn des 1. Nebenthemas einer kurzen Durchführung unterzogen. Der Satzschluß wird dann von den Motiven und vom Charakter des Seitensatzes beherrscht.

Das *Adagio* (g-Moll, 4/8) bildet, nach dem eher eleganten und optimistischen Kopfsatz, den denkbar schärfsten Kontrast; gleichwohl ist es thematisch mit jenem eng verwandt: Der Anfang des Hauptthemas ist eine Moll-Variante des Allegro-Beginns, und hier wie dort bekommt die aufsteigende Sekunde im Lauf des Satzes ein besonderes Gewicht. Diesem traurigen, aber sehr verhaltenen Thema wird ein 2., dynamischeres in A-Dur entgegengestellt; dann werden beide Themen erweitert und verändert wiederholt. Den Schluß des Satzes beherrscht das Hauptthema, erst in einer teilweise kanonischen Verarbeitung, dann – in einer zarten und zugleich nachdrücklichen Verwandlung, die kaum anders denn als Ausdruck eines inneren Programms verstanden werden kann – augmentiert und in G-Dur.

Das *Scherzo* (Es-Dur, 2/4) wird im Hauptteil von einer polkaähnlichen Melodie beherrscht, die freilich nichts Auftrumpfendes hat, vielmehr an die eleganten und optimistischen Töne des Seitensatzes im 1. Satz anknüpft; im Verlauf der formal sehr unkomplizierten Entwicklung wird dieser Melodie ein kantableres 2. Thema unterlegt, das aber bald wieder verschwindet. Das *Trio* (H-Dur) geht den umgekehrten Weg, indem einem ganz lyrisch-einfachen, ein wenig an Schumann erinnernden Thema eine Gegenstimme in hoher Lage übergeworfen wird. Das Trio geht attacca in die unveränderte Wiederholung des Hauptteils über.

Das *Finale* (6/8) greift die Bewegung (oder das innere Programm) der beiden ersten Sätze, denen gegenüber das Scherzo ohnehin nur als Intermezzo erscheint, noch einmal auf, am deutlichsten in der Durchführung, in der für kurze Zeit das Hauptthema des langsamen Satzes angespielt wird, aber auch darin, daß nun alle Themen (anknüpfend an die Tendenz des Kopfsatzes und sie steigernd) eng miteinander verwandt und dennoch im Charakter ganz unterschiedlich sind. Zum »Programm« gehört schließlich auch, daß der Satz unruhig und suchend in g-Moll (1. Thema) beginnt und sogar in der Reprise noch einmal, jetzt mit dem 3. Thema, nach g-Moll zurückkehrt, am Schluß aber das 2. und 1. Thema (in dieser Reihenfolge) in einer gleichsam befreit wirkenden B-Dur-Apotheose zum positiven Ausgang bringt.

Klaviertrio g-Moll op. 26

Komponiert 1876.
Allegro moderato – Largo – Scherzo: Presto – Allegro non tanto.

Das Werk ist ein halbes Jahr nach dem B-Dur-Trio und kurz vor dem Klavierkonzert entstanden, das ebenfalls in g-Moll steht; hier wie dort ist es nicht so sehr das dramatische und düstere g-Moll der Klassiker (vor allem Mozarts), sondern eher ein sanft-melancholischer Tonart-Charakter, wie er Dvořáks Temperament näher lag.
Der *1. Satz* (¾) beginnt mit einer ungewöhnlich langen, dabei thematisch sehr sparsamen Exposition. Das Hauptthema wird sogleich in 3 Fassungen aufgestellt, die im Charakter deutlich verschieden sind: die 1. durch den Kontrast kräftiger Akkordschläge und eines sanften, zugleich rhythmisch gespannten Motivs, die 2. durch polonaisenhafte Synkopierung, die 3. durch den überschwenglichen Oktavsprung geprägt. Sie werden

sofort breit verarbeitet und gesteigert. Der Seitensatz beginnt erst nach 60 Takten (B-Dur) und wird sogleich von einer thematischen Verarbeitung beider Themen – z. T. auch kontrapunktisch übereinander – abgelöst. Erst nach mehr als 130 Takten beginnt die eigentliche Durchführung, akzentuiert durch eine schroffe Wendung nach E-Dur, die sich von der Verarbeitung des Seitensatzes und des kantablen Motivs des Hauptthemas, anknüpfend an den letzten Teil der Exposition also, zu einem dramatischen Höhepunkt entwickelt, der von den Akkordschlägen des Satzanfangs geprägt wird. Eine abebbende Rückleitung mit dem Seitensatzmotiv führt zur dramatisch veränderten Reprise, in der das Hauptthema nochmals durchgeführt, sogar um eine emphatische neue Variante in B-Dur bereichert wird; von einem aus dieser Durchführung sich entwickelnden, stockenden Begleitrhythmus wird dann auch der Seitensatz grundiert, der zunächst in G-Dur erscheint. Akkordschläge, Sechzehntel-Figur und Triolen des Hauptthemas führen, noch einmal konflikthaft gesteigert, zum Schluß.

Das *Largo* (Es-Dur, 2/4) ist, für Dvořák sehr ungewöhnlich, auf einem einzigen Thema aufgebaut, das einer intensiven harmonischen und melodischen Verarbeitung unterzogen, nach es-Moll geführt und im Ausdruck intensiviert wird. Als Ziel dieses Prozesses erscheint am Schluß ein Es-Dur-Abschnitt, in dem das es-Moll nur noch als ferne Erinnerung wirkt und das Thema alle Konflikte in einer wunderbar gelösten, melodisch und rhythmisch vereinfachten und geglätteten Formulierung aufhebt.

Das *Scherzo* (g-Moll, 3/4) ist ein ausgeprägt tschechischer, bis zur Wildheit sich steigernder Tanz über ein Thema, das seine charakteristische Spannung vor allem aus der Periodisierung in Gruppen von je 5 Takten bezieht; volksmusik-nah, wie eine Reminiszenz an die Dumka, wirkt auch die vor dem Schlußabschnitt eingeschobene Moderato-Episode, in der das Cello eine traurige langsame Fassung des Themas vorträgt. Das *Trio* (G-Dur) knüpft im Themenkopf an das Scherzo-Thema an, entwikkelt sich aber als ganz freundliches und einfaches Genrestück, das dem wilden »Volkstanz« des Scherzos eine friedlich-pastorale Stimmung entgegensetzt.

Das *Finale* (2/4) ist, obwohl es energisch und tanzähnlich einsetzt, ein merkwürdiger, gedrückt wirkender Satz, vor allem durch das immer wieder stockende, aus dem Hauptthema abgeleitete anapästische Polka-Motiv, dessen Verarbeitung fast den ganzen Satz hindurch dominiert und den Tanzcharakter immer wieder zurückdrängt; erst die Coda bringt, in G-Dur, die Lösung.

Klaviertrio f-Moll op. 65

Komponiert 1883.
Allegro ma non troppo – Allegro grazioso – Poco adagio – Allegro con brio.

Das f-Moll-Trio ist in jeder Hinsicht ein Ausnahmewerk, in seinem gespannten und bis fast zum Ende düsteren Ton, seiner Kompliziertheit und nicht zuletzt seiner ungewöhnlichen Ausdehnung auf fast 40 Minuten Spieldauer.
Der *1. Satz* beginnt weniger mit einem Thema als vielmehr mit einem schon sehr vielschichtigen, aus schroff gegensätzlichen Elementen zusammengesetzten thematischen Komplex, dessen

wichtigste Teile das geisterhafte Pianissimo-Unisono der Streicher am Anfang und das drohende Sekundmotiv (c–des–c) sind; letzteres wird im Verlauf des Satzes auch harmonisch ausgenutzt. Danach beginnt sofort eine komplizierte und

mehrfach zu Fortissimo-Höhepunkten gesteigerte Entwicklung mit Motiven aus beiden Thementeilen, aber auch einem neuen Gedanken in C-Dur, der vorübergehend die Stimmung aufhellt (vorübergehend und ohne Konsequenzen werden solche freundlicheren Töne den ganzen Satz hindurch bleiben). Der Seitensatz (As-Dur) beginnt wieder mit der kleinen Sekunde (as–heses–as) und entwickelt aus ihr eine Gesangsmelodie, die nicht die erwartete Entspannung bringt, sondern melancholisch bleibt; auch hier schließt sich, wie im Hauptthema, eine kontrastierende Periode an, in der ein dynamischer wirkendes, synkopiert-punktiert rhythmisiertes Motiv entwickelt wird. Wie nach dem 1. Thema folgt sofort eine durchführungsartige Entwicklung, in der erst das Sekundmotiv, dann der 2. Thementeil dominiert; dabei geht es von As-Dur sehr schnell zurück in den Moll-Bereich und schließlich, etwas aufgehellt,

nach Des-Dur, in dem der lebhafte und deutlich »positive« Schlußgedanke erscheint. Die Durchführung besteht aus 2 Teilen, die auf chromatisch-unruhigen Klangflächen des Klaviers (das nur auf den Höhepunkten thematisch eingreift) aufgebaut sind. Zunächst wird der 1. Teil des Hauptthemas in dramatischer Steigerung verarbeitet; auf dem Höhepunkt dieser Entwicklung (es-Moll) tritt der 2. Thementeil ein. Der 2. Teil der Durchführung beginnt, nach kurzem Decrescendo, als neue, weiträumige Steigerung, zuerst ruhig, aber noch immer schmerzlich mit einer Augmentation des 2. Thementeils als großer Cello-Kantilene, dann mit Augmentation und Grundgestalt übereinander, worauf sich eine die Motive immer enger verzahnende Intensivierung und Beschleunigung aufbaut, die zur Reprise führt. Noch weit intensiver als im g-Moll-Trio ist diese Reprise verändert und durchführungsartig erweitert; nach ihrem Ende, das den Schlußgedanken in F-Dur bringt, setzt eine Coda ein, die als 2. Durchführung beginnt, in der 1. und 2. Hälfte des Hauptthemas zusammen verarbeitet werden. Dabei schwankt der Satz ständig zwischen Moll und Dur; erst in der Schluß-Stretta, in der das 2. Motiv des Seitensatzes hinzutritt (bezeichnend, wie untergeordnet dagegen der »positive« Schlußgedanke der Exposition behandelt wird), scheint sich Dur durchzusetzen, aber der Schluß verharrt, mit einer letzten Formulierung des Hauptthema-Beginns, in Moll.
Der *2. Satz* (cis-Moll, 2/4) stand, als Vertreter des Scherzos, ursprünglich an dritter Stelle in der Satzfolge; Dvořák hat ihn nachträglich umgestellt, vermutlich um auf den pessimistischen Schluß des Kopfsatzes wenigstens eine leichte Entspannung folgen zu lassen. Der Satz hat Tanz-Charakter, erscheint aber ganz gedämpft im Ton und in der Dynamik, und auch der zuerst ausladend-extravertierte Mittelteil (H-Dur) lenkt am Schluß mit schroffen Moll-Wendungen in die Grundstimmung zurück; geradezu unheimlich wirkt der chromatisch zerfallende Schluß der Wiederholung. Das *Trio* (Des-Dur) ist ruhiger, aber keineswegs entspannt; in seinem Kreisen um Kleinsekund-Motive weist es auf das 2. Thema des Kopfsatzes und dessen Ausdruckssphäre zurück. Die Wiederholung des Scherzos, unverändert, wird durch einen Attacca-Übergang erreicht.
Das *Adagio* (As-Dur, C) verharrt, entgegen dem traditionell eher feierlich-transzendentalen Charakter der Tonart, in der Leidenswelt des 1. Satzes; schon das 1. Thema steht länger in Moll als in Dur, und der liebliche 2. Gedanke lichtet die Stim-

mung nur momentweise auf. Der Mittelteil (gis-Moll) beginnt pathetisch, fast theatralisch mit einem marschähnlichen Thema, beruhigt sich dann aber zu einer in der höchsten Lage der Violine erklingenden Espressivo-Kantilene, deren intensive Entwicklung zum 2. Thema und über Es- und Ces-Dur nach As-Dur zurückführt. Nachdem auch das 1. Thema, stark verändert, wiederholt worden ist, führen verträumte, aber harmonisch noch immer schmerzlich gespannte Reminiszenzen an Violinkantilene und 2. Thema – erst in den allerletzten Takten in ungetrübtem As-Dur – zum Schluß.

Während der Durchbruch von Moll nach Dur – seit Beethovens 5. Sinfonie ein fast schon abgenutztes, aber selten so dramatisch und kompliziert wie in diesem Trio eingesetztes Ausdrucksmittel – im 1. Satz noch mißglückte, im langsamen Satz sich fast wie aus Gnade, nicht als errungener Sieg einstellte, wird er im *Finale* zum wesentlichen Inhalt des Satzes und nach langem Konflikt erreichten Ziel des Werkes. Der Satz (3/4) entwickelt sich aus 2 Themen, einem finsteren, furiant-ähnlichen und betont rhythmischen, das sofort intensiv und dramatisch durchgeführt wird, und einem schmerzlich bewegten Gesangsthema in cis-Moll. Nach kurzer Entwicklung dieses Seitensatzes kehrt das Hauptthema wieder, in f-Moll, also rondohaft, wird aber sofort wieder und noch dramatischer durchgeführt, wobei jetzt der 1. Takt mit seinem charakteristischen Akzent auf dem schwachen 2. Viertel in immer neuen Verwandlungen hervortritt. Eine neue Episode (Ges-Dur), dann eine neue Durchführung des Hauptthemas, schließlich eine »umgekehrte« Reprise – erst der Seitensatz, dann das Hauptthema in f-Moll – schließen sich an. Der Sinn dieser auffallenden Unregelmäßigkeit wird in dem Moment klar, in dem sich die kurze Fortspinnung des Hauptthemas nach C-Dur (als der Dominante von F-Dur) wendet: Erst zögernd, dann immer kraftvoller hervortretend erscheint eine neue und nun endlich positive, ja heroische Fassung des Hauptthemas in F-Dur. Ihre Entwicklung bricht zweimal ab; der ursprüngliche Hauptthema-Anfang kehrt in f-Moll zurück und führt sogar zu einer Grandioso-Geste, die eine gleichsam skelettierte Fassung des Hauptthema-Anfangs aus dem Kopfsatz ist; aber sofort antwortet (Meno mosso, F-Dur) eine neue, ganz einfache, dann »verklärt« emporschwebende Fassung des Seitensatzes und schließlich in einer knappen Schlußsteigerung der ursprüngliche Hauptthema-Anfang, nun endgültig erlöst, in F-Dur.

Dumky für Klaviertrio e-Moll op. 90

Komponiert 1890/91.
Lento maestoso/Allegro quasi doppio movimento – Poco adagio/Vivace non troppo – Andante/Vivace non troppo – Andante moderato/Allegretto scherzando/Meno mosso – Allegro – Lento maestoso/Vivace.

Dvořák hat das Werk ausdrücklich nicht Klaviertrio, sondern »Dumky« genannt und damit angedeutet, daß es sich um eine Folge von (6) Tänzen handelt, die nach Art einer ukrainischen Dumka zwischen langsam-schwermütigen und schnell-ausgelassenen Charakteren wechseln. Gleichwohl sind die Tänze aber so angeordnet, daß sich eine Analogie zu einem 4sätzigen Sonatenzyklus ergibt, wenn auch mit der Einschränkung, daß der Zyklus tonal nicht geschlossen ist (die 1. Dumka steht in e/E, die 6. in c/C): Die 3 ersten Dumky gehen attacca ineinander über und bilden so einen 3teiligen 1. »Satz«, die 4. Dumka steht annähernd für einen langsamen Satz, die 5. deutlicher für ein Scherzo, und die 6. ist ein einfaches Finale. Natürlich fehlen die klassischen Satzformen, da alles auf den Wechsel schneller und langsamer Abschnitte gestellt ist, und die thematische Arbeit. Trotzdem sind die Dumky, allein durch ihren Reichtum musikalischer Ausdrucks-Charaktere und die Feinheit ihrer Satz- und Klangtechnik, ein vollgültiges Kammermusikwerk.

Die *1. Dumka* (e-Moll/E-Dur, 4/8) beginnt mit einem Effekt der Tonartverschleierung, den Dvořák der Volksmusik abgelauscht hat: In der linken Hand des Klavierparts erklingen 2 leere Quinten, a–e und f–c, arpeggiert übereinander. Darüber entsteht ein fast rezitativisches Gespräch von Klavier und Cello, aus dem sich eine kleine Kantilene entwickelt. Im 2. Teil (Allegro) wird diese Kantilene in E-Dur vorgetragen, erweitert und von munteren tanzhaften Figurationen umspielt. Dann werden der e-Moll-Teil, erweitert und zu schmerzlich pathetischem Ausdruck gesteigert, und der schnelle E-Dur-Teil – ebenfalls gesteigert dadurch, daß die Melodie jetzt in der Violine und in Oktaven erscheint, sonst aber unverändert – wiederholt. – Attacca folgt die *2. Dumka* (cis-Moll, 4/8). Sie beginnt mit einer rezitativischen Klage des Cellos, einer sanft-schwärmerischen Antwort des Klaviers (Cis-Dur) und einer erweiterten Wiederholung der Klage, die in chromatisch absteigender Modulation zur Dominante Gis-Dur führt; ihr folgt der Vivace-Teil (cis-Moll), zuerst mit gezügeltem Temperament über einem Orgelpunkt-Cis von 24 Takten im Cello, dann in einem heftigen Furioso-Ausbruch. Eine große Cellokadenz führt zur Wiederholung, in der beide

Teile nur unwesentlich verändert werden, in der aber der Orgelpunkt im Vivace fehlt. – Wiederum attacca folgt die *3. Dumka* (A-Dur, 3/4), ein besonders poetisches und klangschönes Stück, das von der normalen 2teiligen Dumka-Form abweicht. Dem 1. Teil, in dem eine schöne Kantilene entwickelt und koloristisch reich umspielt wird, folgt ein Vivace (a-Moll, 2/4) über eine chromatisch unruhige Variante dieser Melodie, das trotz einiger tanzhafter Motive kaum noch Tanz-Charakter hat. Eine verkürzte Wiederholung des 1. Teils, in die der Anfang des 2. noch einmal wie von ferne hineinklingt, schließt den »Satz« ab, womit der erste große Formabschnitt des Werkes beendet ist. Die übrigen Teile folgen nicht mehr attacca aufeinander, sondern sind ausdrücklich als selbständige Sätze voneinander getrennt.

Die *4. Dumka* (d-Moll, 2/4) hat wie die 3. eine ungewöhnliche, d. h. nicht dumka-typische Form, nämlich die eines Rondos. Der Hauptteil – quasi tempo di marcia – entwickelt eine traurige, ruhig gehende Melodie, in die nach 2 Zeilen ein kleines Allegretto scherzando einfällt, das aber schon nach 9 Takten in eine Wiederholung der beiden Marschzeilen mündet. Nach einer Wendung nach D-Dur erscheint das Allegretto scherzando wieder, diesmal breiter ausgeführt, dann die Marschmelodie wieder in d-Moll, ein neuer D-Dur-Teil, der zunächst zur Begleitung des Marsches eine chromatische Melodie entwikkelt, in der Mitte urplötzlich in ein munteres Tänzchen umschlägt und dann wieder in die Chromatik zurücksinkt, und schließlich noch einmal die Marschmelodie, die sich in einem hauchzarten D-Dur-Schluß auflöst – so, als verschwänden die da Marschierenden langsam aus dem Blick.

Während diese 4. Dumka ein primär ernster und getragener Satz ist, erscheint die *5. Dumka* (Es-Dur, 6/8) als fast ununterbrochen schneller Satz, der auch dadurch Scherzo-Funktion hat, daß er kein ausgesprochener Volkstanz, sondern ein tanzartiges Stück ist, das im Vergleich zu den übrigen Teilen des Werkes ausgesprochen stilisiert wirkt. Nach einer spannend zwischen 6/8 und 3/4 schwankenden Einleitung setzt sich ein Thema im 6/8-Takt durch, das in mehreren Abwandlungen in Es-Dur, es-Moll und fis-Moll durchgespielt wird. Eine fantasieartig freie Ausarbeitung der taktwechselnden Einleitung (G-Dur) vertritt das Trio; eine variierte Wiederholung des Hauptteils mit einer vitalen Stretta bildet den Schluß.

Die *6.* und letzte *Dumka* (c-Moll/C-Dur, 4/8 und 2/4) kehrt zur

2teiligen Dumka-Form zurück, verwandelt aber den 1., langsamen Tanz in eine langsame Einleitung, in der das Vivace-Thema entwickelt wird. Das Thema selbst erscheint dann in c-Moll, wird kurz durchgeführt, in C-Dur angespielt, dann, wieder in c-Moll, aufgelöst. Nur der pochende Achtel-Rhythmus bleibt übrig und grundiert fast die ganze erheblich erweiterte und variierte Wiederholung der langsamen Einleitung, die sich anschließt. Auch die Wiederholung des Vivace ist verändert, zunächst durch eine plötzliche as-Moll-Einblendung, dann durch einen langsameren Abschnitt, in dem die allerersten Takte des Satzes variiert werden und das Vivace-Thema in C-Dur vorbereitet wird – also nochmals eine kleine langsame Einleitung; endlich erscheint das Thema selbst, verkürzt und sinfonisch gesteigert, und eine kurze Stretta führt zum Schluß.

Klavierquartette

Klavierquartett D-Dur op. 23

Komponiert 1875.
Allegro moderato – Andantino con variazioni – Allegretto scherzando/ Allegro agitato.

Das Werk gehört zu den ersten Kammermusikstücken, die Dvořák nach seiner Abkehr von Wagner schrieb und mit denen er sich der Kammermusik Brahms' näherte; unmittelbar vorangegangen waren das Streichquintett op. 77 und das Klaviertrio op. 21. Das Klavierquartett wurde in nur 18 Tagen Ende Mai bis Anfang Juni 1875 niedergeschrieben. In seinem Einfallsreichtum wie in der Konzentration seiner Form und Thematik gehört es zu Dvořáks besten Kammermusikwerken, und ähnlich wie die beiden benachbarten op. 77 und 21 steht es der Brahms-Tradition auch dadurch besonders nahe, daß es kaum Tonfälle tschechischer Volksmusik zeigt. Daß es, im Gegensatz zu den Normen dieser Tradition, nur 3sätzig ist, verweist auf ein Form-Experiment: Scherzo und Finale sind im 3. Satz miteinander verbunden.

Das *Allegro moderato* (3/4) beginnt mit einem sehr entwicklungsfähigen, sofort nach h-Moll drängenden Thema, aus dem der Triolenrhythmus und das punktierte Motiv für die Entwicklung des Satzes besonders wichtig werden (Zitat S. 778 oben); in einer 1. Ausarbeitung wird es mehrfach variiert, zu pathetischen Höhepunkten geführt, aber auch durch ein chromatisches

Septakkordmotiv plötzlich verschattet. Erst nach 96 Takten erscheint ein Seitensatz, der aus diesem Septakkordmotiv abgeleitet ist, aber nichts mehr von dessen unheimlicher Spannung hat. Den Schluß der langen Exposition bestreitet eine diminuierte, wiederum im Charakter gänzlich veränderte Fassung des Hauptthemas. Die Durchführung – um ein Drittel kürzer als die Exposition (wenn man die geforderte Expositions-Wiederholung nicht mitzählt) – verharrt zunächst in sanften Tönen und freundlichen Farben, ist dabei aber thematisch sehr konzentriert. Im 2. und 3. Abschnitt, die beide durch die Wiederkehr der Synkopen des Satzanfangs deutlicher markiert sind, kommt durch das chromatische Motiv Unruhe auf, die sich am Ende im einzigen dynamischen Höhepunkt der Durchführung mit einer Verkürzung dieses Motivs, das anschließend auch zur Reprise zurückleitet, entlädt. Die Reprise beginnt, als wären damit alle Konflikte gelöst, mit fröhlichen Klavierfiorituren zum Hauptthema, wodurch dessen Charakter abermals verändert wird, läßt dann, konsequent, das »Konfliktmotiv« aus und erweitert 1. und 2. Thema noch einmal durchführungsartig. In der Coda werden beide Themen, in ihrer einfachsten, gleichsam bereinigten Gestalt zweimal zu Grandioso-Höhepunkten geführt, neben- und übereinandergestellt.
Der *langsame Satz* (h-Moll, 2/4) ist einer der nicht zahlreichen ganz bedeutenden Variationensätze Dvořáks, bedeutend vor allem dadurch, daß das Thema in jeder der 5 Variationen einen jeweils eigenen, ganz ausgeprägten Charakter erhält (wodurch schon in der 1. Variation die melodische Entfernung vom Thema beträchtlich wird). Die 4. Variation ist die einzige, die formal und tonal offen ist: ein im Ausdruck bewegteres Stück, in dem ein Es-Dur und ein Fis-Dur-Abschnitt, eingerahmt durch ein Vor- und Nachspiel, zweimal abwechseln; danach

führt eine kleine Überleitung zur letzten Variation, die Scherzando-Charakter hat. Die breit angelegte Coda lenkt zum verhalten-lyrischen Tonfall des Themas zurück.
Das *Finale* (3/8 und C) beginnt als ein intermezzohaftes, leicht melancholisch getöntes Scherzando in wiegendem 3/8-Takt, in das nach der Thema-Aufstellung eine leichte Unruhe, vor allem durch die synkopierte Begleitung, hineinkommt. Das 2. Thema, stellvertretend für den Finale-Charakter, erscheint im geraden Takt und auf der Dominante und wird sofort breit durchgeführt, mehrfach gesteigert und mit kontrapunktischen Gegenstimmen versehen. Ein thematisches Auflösungsfeld führt zurück zur Tonika und zum Scherzando-Thema, das nun ebenfalls erweitert und durchgeführt wird. Den Abschluß bildet das Finale-Thema, nochmals mit einer kleinen und energisch gesteigerten Durchführung, die in eine letzte Formulierung des Themas im 6/8-Takt (und damit in eine angedeutete Vereinigung mit dem Scherzando-Teil des Satzes) mündet.

Klavierquartett Es-Dur op. 87

Komponiert 1889.
Allegro con fuoco – Lento – Allegro moderato, grazioso – Allegro ma non troppo.

Dvořáks 2. Klavierquartett ist auf Drängen seines Verlegers Simrock entstanden, der wohl nicht zuletzt deshalb drängte, weil die Gattung durch die 3 Klavierquartette seines »Hauskomponisten« Brahms erfolgreich etabliert worden war. Den Werken des großen Vorbilds steht es dennoch relativ fern, vor allem dadurch, daß Dvořák hier stärker als gewöhnlich die Möglichkeiten der Instrumente einerseits zu kompakt-orchestralem Klang, andererseits zur blockhaften Kontrastierung Streicher/Klavier ausnutzt und – damit zusammenhängend, aber noch wichtiger für den Charakter des Werkes – in der thematischen Arbeit auffallend zur gleichsam dramatischen Konfrontation statt zur Variation und Entwicklung von Motiven neigt. Das Ergebnis ist ein Werk von ausgeprägter Eigenart und fast monumentalem Anspruch, eines der bedeutendsten, die Dvořák geschrieben hat.
Der *1. Satz* (C) beginnt mit einem lapidaren Unisono der Streicher und einem scharf kontrastierenden rhythmischen Motiv des Klaviers; beide Gedanken bestimmen wesentlich den Charakter und die Entwicklung des Satzes, seine Tendenz zu monumentalen Steigerungen und jähen Kontrasten, die ihn zu einem

Allegro con fuoco

sehr stürmischen, dem traditionellen festlich-feierlichen Es-Dur-Tonartcharakter recht fernen Stück machen. Das 2. Thema, eine große lyrische Melodie erst der Bratsche, dann der Violine, erscheint in G-Dur. Die Durchführung beginnt überraschend mit dem Kopfmotiv in der Tonika (Andeutung der Expositions-Wiederholung, die hier nicht mehr gefordert wird) und wird dann fast ganz beherrscht von den kontrastierenden Motiven des Anfangs in immer neuen, außerordentlich phantasievollen und dramatischen Verwandlungen – ein Höhepunkt in der für Dvořák so charakteristischen Technik, Durchführungen als Charaktermetamorphosen der Themen aufzubauen. Zu dieser Technik gehört auch, daß am Ende der Durchführung plötzlich der Seitensatz in H-Dur und in seiner ursprünglichen lyrischen Haltung erscheint, aber begleitet von dem zuletzt übriggebliebenen Motiv der Hauptthema-Durchführung, einem durchdringenden Seufzer im Cello, und daß diese Episode zur Tonika führt, auf der wiederum der Seitensatz die Reprise beginnt. Unmerklich biegt dessen Entwicklung um in das Kopfmotiv, das zu einer großen Apotheose gesteigert wird und auch die Coda beherrscht, erst in dramatisch-spannendem Tremolo, dann in einer heftig chromatischen Schlußwendung.

Der *langsame Satz* (Ges-Dur, C) ist ähnlich dramatisch konzipiert wie der 1. – auch das in Dvořáks Kammermusik sehr ungewöhnlich. Einem ruhigen, von einer feierlich-ernsten Cellokantilene getragenen Hauptteil wird zweimal ein stürmisch bewegter Abschnitt (erst in cis-Moll, dann in fis-Moll) und ein ruhigeres 3. Thema (Des-Dur, Ges-Dur) entgegengestellt; so entsteht keine im traditionellen Sinn geschlossene Form, abgesehen natürlich von der Tonalität, sondern eine Reihung gegensätzlicher Abschnitte, die einen seelischen Prozeß zu beschreiben scheint (und entfernt an die Formbildung der Dumka erinnert).

Das *Scherzo* (3/4) pointiert in seinem Hauptteil den Grazioso-Charakter so sehr, daß es in gefährliche Nähe eines Salonstücks gerät, dieser Gefahr dann aber im letzten Moment durch immer neue, subtile harmonische und melodische Nuancen gegensteuert; ein mehrfach auftauchender Nebengedanke in »exotisch« getöntem g-Moll (mit übermäßiger Sekunde es–fis) gibt dem Stück zusätzlichen Reiz. In Umkehrung der traditionellen Scherzo-Typik ist das *Trio* (H-Dur) lebhafter als der Hauptteil und tanzähnlich in seinen punktierten Rhythmen und seinen Fortissimo-Ausbrüchen.

Das *Finale* (¢) beginnt, in deutlicher Parallele zum Kopfsatz, mit einem energischen Unisono-Thema, jetzt aber in es-Moll, das erst gegen Ende des Satzes zum Dur aufgehellt wird. Durchführungsabschnitte und ein Überleitungsgedanke in Ges-Dur/

Fis-Dur führen zum Seitensatz in H-Dur, der nur als ausgeprägt kontrastierendes Intermezzo wirken kann, weil nach 16 Takten sofort wieder Überleitungsgedanke und Hauptthema forte und fortissimo hereinbrechen und zur Durchführung lenken, die – nochmals steigernd und in dramatischen Kontrasten – fast nur das Kopfmotiv des Hauptthemas verarbeitet. Nach einer kurzen Beruhigung beginnt die Reprise mit dem Hauptthema wieder in es-Moll; erst der Überleitungsgedanke wendet sich nach Es-Dur, das dann bis zum Ende des Satzes dominiert. Erst hier – und ohne daß das Hauptthema noch einmal auftaucht – setzt sich der festlich-feierliche Es-Dur-Tonfall durch, den das ganze Werk so nachdrücklich vermieden hatte.

Bagatellen für 2 Violinen, Violoncello und Harmonium op. 47

Komponiert 1878.

Die »Bagatellen« sind eine Gelegenheitskomposition für einen privaten Kammermusikkreis, in dem Dvořák nicht nur Bratsche, sondern gelegentlich auch (daher die ausgefallene Besetzung) Harmonium spielte. Sie bestehen aus 5 relativ einfachen Stücken, die aber, anders als die »Miniaturen« für Streichtrio op. 75a, eine zyklische Form bilden.
Das *1. Stück* (Allegretto scherzando, g-Moll, $\frac{2}{4}$) ist auf einem tschechischen Volkslied aufgebaut, das den Grundgedanken des ganzen Zyklus abgibt; da es im Text des Liedes um den Dudelsack geht, wird das Harmonium mit viel Witz als Dudelsack-Ersatz benutzt. Im Mittelteil des Stückes, das wie die meisten des Zyklus in 3teiliger Tanzform steht, wird die Dudelsackmelodie mit einer graziösen Gegenstimme verbunden. – Das *2. Stück* (Tempo di Minuetto, Grazioso, G-Dur, $\frac{3}{4}$) ist kein Menuett, sondern ein tschechischer Ländler, im Hauptteil mit ostinaten punktierten Rhythmen, über denen sich im Mittelteil, wie im 1. Stück, eine selbständige kleine Melodie aufbaut. – Das *3. Stück* (Allegretto scherzando, g-Moll, $\frac{2}{4}$) beginnt wie das 1., fügt dann aber der Dudelsackmelodie 2 Varianten an, deren 2. Polka-Charakter hat; dann werden alle 3 Abschnitte wiederholt, und der 3. wird aus der derben Polka-Sphäre in eine zarte Piano-Coda geführt. – Das *4. Stück* (Andante con moto, E-Dur, $\frac{3}{8}$) ist durch Tempo, Tonart und Charakter so herausgehoben wie ein langsamer Satz im Sonatenzyklus; inhaltlich ist es ein graziöser kleiner Kanon zu 2 Stimmen, der nur in der Mitte des Satzes sich zur Dreistimmigkeit erweitert. – Das *5.* und letzte

Stück (Poco allegro, G-Dur, 2/4), eine Polka, ist wieder ein 3teiliger Tanzsatz, in dessen Mittelteil eine Variante der Dudelsackmelodie des 1. Stückes auftaucht.

Klavierquintette

Dvořák hat 2 Klavierquintette geschrieben, von denen aber nur das zweite – zu Recht – populär geworden ist; beide stehen in der gleichen Tonart, und da Dvořák das frühe Quintett nie zur Veröffentlichung freigegeben hat, liegt die Vermutung nahe, daß das spätere Werk das ältere ersetzen sollte.

Klavierquintett A-Dur op. 5

Komponiert 1872.
Allegro ma non troppo – Andante sostenuto – Allegro con brio.

Entsprechend seiner Entstehungszeit steht op. 5 noch ziemlich deutlich im Banne Wagners, in seiner Thematik, die scharf konturierte, wie leitmotivische Gesten wirkende Motive mit emphatischer Vorhaltsmelodik verbindet, in der Neigung, die wichtigsten Themen aus verminderten Septakkorden zu entwikkeln, und in der damit zusammenhängenden Tendenz zu einer im Detail sehr reichen und unruhigen, im Großen aber ganz einfachen Harmonik.

Das *1. Allegro* (C) ist ein Sonatensatz über 4 Themen, von denen aber nur der Seitensatz in e-Moll einen deutlichen Kontrast zur heroisch-leidenschaftlichen Haltung des Hauptthemas bildet. Die Durchführung verarbeitet – anders als die späteren, thematisch so konzentrierten Durchführungen Dvořáks – alle Themen außer dem 4.; in der Reprise dominiert dann das Hauptthema, der Seitensatz fällt ganz weg, und der Satz schließt mit einer hochpathetischen Apotheose des Hauptthemas. – Das *Andante* (F-Dur, C) ist ein 3teiliger Liedsatz mit einem leidenschaftlich wagnerisierenden Mittelteil in G-Dur. – Das *Finale* (6/8) beginnt im Tonfall eines Scherzos und harmonisch ebenso »scherzhaft« mit dem Dominantseptakkord von B-Dur (Dvořák hat diesen Einfall 1873 im Streichquartett op. 9 wieder aufgegriffen), entwickelt sich dann aber zu einem freien Sonatensatz-Rondo, in dem auch das Hauptthema des 1. Satzes kurz wieder aufgenommen wird, was den fröhlichen Grundton des Satzes aber nicht trübt.

Klavierquintett A-Dur op. 81

Komponiert 1887.
Allegro ma non tanto – Dumka: Andante con moto – Scherzo: Furiant. Molto vivace – Allegro.

Das 2. A-Dur-Quintett ist von ganz anderem Gewicht als das 1., eines der schönsten Kammermusikwerke Dvořáks und zugleich ein ungewöhnlich konzises, meisterhaft durchgeformtes Stück. Wie in so vielen der mittleren und späten Kammermusikwerke kehrt der *1. Satz* (¢) die traditionelle Ausdrucksfolge der Themen um, beginnt mit einem strömenden, durch harmonische Eintrübungen auch schmerzlich anmutenden Gesangsthema, dessen Liedhaftigkeit durch eine prononciert einfache Liedbegleitung noch gesteigert wird, und führt als Seitensatz ein lebhafteres, vor allem rhythmisch ergiebiges Thema (cis-Moll) ein;

eine enge Verbindung zwischen beiden Themen, über ihre Gegensätzlichkeit hinweg, wird dadurch hergestellt, daß der Rhythmus des Seitensatzes als ostinater Rhythmus der Überleitung vorweggenommen wird. Eine Schlußgruppe fehlt; statt ihrer erscheint der Seitensatz in einer kadenzierenden Fortissimo-Steigerung. Die Durchführung ist eines der schönsten und poetischsten Beispiele für Dvořáks bevorzugten Durchführungs-Typ, die Arbeit mit breiten harmonischen Flächen und ausdrucksvollen Verwandlungen der Themen-Charaktere; dagegen tritt die klassisch-romantische thematische Arbeit fast ganz zurück. Die Reprise beginnt, nach einer großen Verarbeitung des

Kopfthemas, mit einem einzigartigen Einfall: nicht dem Thema selbst, sondern einer neuen, leuchtenden Charakter-Variation (aber schon in A-Dur), von der aus die Wiederholung des Satzanfangs erst erreicht wird und nun nicht als bloße Rückkehr, sondern in einem ganz neuen Licht erscheint. Die Reprise des Themas ist danach, mit schöner Ökonomie, auf die eigentliche thematische Periode verkürzt, diejenige der Überleitung und des Seitensatzes geringfügig erweitert. Die Pointe aber bringt die Coda: Aus dem Kopfmotiv des Seitensatzes wird eine emphatische Augmentation gebildet, die – nur durch eine winzige melodische Vereinfachung – in den Anfang des Hauptthemas übergeht, die beiden so pointiert gegensätzlichen Themen, auf denen der ganze Satz aufgebaut war, miteinander verschmilzt.
Die *Dumka* (fis-Moll, 2/4), die an Stelle des langsamen Satzes steht, verbindet einen kurzen, sehr melancholischen Hauptteil mit einem bewegteren und freundlicher beginnenden, dann aber in die Grundstimmung zurückfließenden Abschnitt; beide Themen sind zwar deutlich gegensätzlich, durch die Triolenbewegung des jeweils 2. Taktes aber auch miteinander verbunden. Der 1. Teil wird wiederholt und erweitert; erst dann folgt der eigentliche Mittelteil des Satzes, der so eine dem Dumka-Prinzip (Wechsel langsam – schnell) übergeordnete Dreiteiligkeit andeutet: ein Vivace (Fis-Dur, 3/8), dessen Thema aber aus dem Hauptteil (den ersten 4 Takten) abgeleitet ist – auch hier also vermittelter Kontrast. Das Kopfmotiv dieses »Trios« wird zur Begleitfigur, über der eine freie Wiederholung des Hauptteils entwickelt wird, darauf folgt noch einmal der 2. Teil und als Coda eine langsamer werdende und schließlich sich auflösende Variation des Hauptteils.
Formal ganz einfach, inhaltlich ein wirbelnder Tanz voller rhythmischer und metrischer Überraschungen ist der *Furiant* (3/4), der das Scherzo vertritt und in großer 3teiliger Scherzoform gehalten ist. Das *Trio* (F-Dur) beginnt in ruhigen Akkorden über einem Quint-Bordun, entwickelt sich aber schnell zu einer witzigen Variation des Hauptteil-Themas, in der das Klavier die thematische Entwicklung übernimmt, während die Streicher in Akkorden und mehrfach Taktwechsel vortäuschend begleiten. Die Wiederholung des Hauptteils ist drastisch verkürzt, durch blitzschnell aufeinander folgende, kontrastierende Gegenstimmen zum Thema aber auch intensiviert: Was sich im 1. Teil in der Horizontale ausbreitete, wird gleichsam in die Vertikale »gekippt«.

Tänzerisch wie der Furiant, aber weniger von vitalem als von spielerischem Impetus getragen ist das *Finale* (2/4), ein Sonatensatz, dessen Kopfmotiv als Einleitungsfigur, später als Überleitungsmittel benutzt wird und dessen 1. Thema seinen Witz und seine Spannung aus seiner Fünftaktigkeit bezieht. Der Seitensatz steht, wie im 1. Allegro, in e-Moll, und im Gegensatz zu jenem erscheint hier auch, Entspanntheit durch größere Themenfülle andeutend, eine Schlußgruppe. Die Durchführung wird ausschließlich vom Kopfthema bestritten und von dessen spielerischer Haltung geprägt; dafür wird das Thema am Beginn der Reprise, die nach einem kleinen Calando erreicht wird, nur bruchstückhaft angespielt, und erst mit dem sofort folgenden Seitensatz gerät die Reprise ins richtige Fahrwasser. Die Coda, abermals durch ein kurzes Calando eingeführt, bringt wie die des 1. Satzes eine letzte Überraschung, hier aber keine Synthese der Themen, sondern eine wunderbar entspannte, fast lyrische Tranquillo-Variante des Hauptthemas, aus der sich die Schluß-Stretta entwickelt.

LF

Edvard Grieg

* 15. Juni 1843 in Bergen (Norwegen), † 4. September 1907 in Bergen

Grieg, dessen Vorfahren aus Schottland stammten, erhielt seinen ersten Musikunterricht bei seiner Mutter, einer hervorragenden Pianistin. 1858–62 studierte er am Leipziger Konservatorium u. a. bei Moscheles und Reinecke; er vervollständigte seine Ausbildung bei N. W. Gade in Kopenhagen. Der früh verstorbene norwegische Komponist Rikard Nordraak machte Grieg auf die nordische Folklore aufmerksam. 1865 und 1870 Reise nach Italien; dort Begegnung mit Liszt. 1871 gründete Grieg in Oslo den Musikverein und leitete ihn bis 1880. Konzertreisen als Pianist und Dirigent mit eigenen Werken in vielen europäischen Ländern.

Kammermusik: 3 Violinsonaten; Cellosonate; Andante c-Moll für Klaviertrio (1878); Streichquartette g-Moll op. 27, d-Moll (1861, nicht erhalten), F-Dur (1891, unvollendet); Klavierquintett B-Dur (1886, unvollendet).

Grieg ist populär als Schöpfer programmatischer Orchesterwerke und des Schumanns Spuren folgenden Klavierkonzerts, aber auch als Komponist lyrischer Kleinformen für Klavier und zahlreiche Lieder. Seine Musik bedeutete zugleich für Norwegen und Skandinavien den Aufstieg zur künstlerischen Weltgeltung, im Zuge der Entstehung verschiedener nationaler

Schulen im Laufe des 19. Jh. Das Geheimnis seiner Wirkung beruht auf einer insgesamt gelungenen Synthese von nordisch-folkloristischen Elementen mit der klassisch-romantischen westeuropäischen Musiktradition. Insgesamt dürfte die folkloristisch-programmatische Seite dieser Musik den Ruf ihres Komponisten klischeehaft verzerrt haben, so daß seine Bedeutung für die Musikgeschichte seines Jahrhunderts – besonders auf dem Gebiet der Harmonik! – allgemein unterschätzt zu werden pflegt.
Neben den hier vorgestellten Sonaten und Quartetten weist das Werkverzeichnis lediglich noch einen verschollenen frühen Streichquartett-Versuch (d-Moll; 1861) des 18jährigen aus sowie eine Skizze zum 1. Satz eines Klaviertrios B-Dur (1878).

Streichquartett g-Moll op. 27

Komponiert 1877/78.
Un poco andante/Allegro molto ed agitato – Romanze: Andantino – Intermezzo: Allegro molto marcato – Finale: Lento/Presto al saltarello.

Ganz aus dem Geist des europäischen romantischen Erbes entstanden ist das g-Moll-Quartett und doch in manchen Einzelheiten recht individuell und mit viel Klangsinn geformt. Seine Viersätzigkeit entspricht dem klassischen Vorbild: Die kleine langsame *Einleitung* läßt Akkorde und Unisono-Phrasen alternieren und stellt im Vorgriff wie ein Motto bereits das spätere Seitenthema des *Sonatensatzes* vor, das zugleich motivisch auf alle 4 Sätze ausstrahlt:

Über pochenden Baß-Vierteln erklingt dann das Hauptthema in unruhiger Engführung von 1. Violine und Viola. Den weiteren, sehr bewegt-abwechslungsreichen Verlauf des Satzes beherrschen im Wechsel der einprägsame Achtel-Rhythmus des 1. und die gewichtigen Notenwerte des 2. Themas

(»Motto«), das seinen ursprünglichen lyrischen Charakter bis zur ff-Dramatik wandelt. Am Ende steigert sich das Tempo schrittweise bis zum Prestissimo; das letzte Wort behält jenes zu Beginn vorgestellte »Motto«. – Die poetische *Romanze* (B-Dur, 6/8) mit ihrem sehnsüchtigen Cellogesang wird durch einen Kunstgriff vor dem Abgleiten in die Sentimentalität bewahrt: Mehrfach wird die scheinbare Idylle durch unruhige, von b-Moll ausgehende Allegro-Einschübe unterbrochen. – Das scherzoartige *Intermezzo* lebt von seinem synkopisch das Taktgefühl sprengenden Haupteinfall:

während sein beschleunigtes *Trio* (2/4) um eine folkloristisch-tänzerische Melodie kreist. – Auch das *Finale* wird vom »Motto« eingeleitet und betont hier und bei der endgültigen Wiederkehr jenes Themas in den Schlußtakten nachdrücklich die zyklische Geschlossenheit des Werkes. Auch der Synkopengedanke des Scherzos taucht leicht verändert wieder auf. Im übrigen dominiert die lebhafte Motorik des Saltarello-Zeitmaßes, mit gelegentlichen Einbrüchen von 2/4-Metren in die herrschenden 6/8-Takte.

Streichquartett F-Dur (nachgelassenes Werk)

Komponiert 1891, unvollendet.
Sostenuto/Allegro vivace e grazioso – Allegro scherzando.

Als Zyklus ist dieses Werk zwar unvollendet, doch hat Grieg die beiden vorliegenden Allegro-Sätze abgeschlossen: einen vom tänzerischen 6/8-Metrum nachdrücklich geprägten Sonatensatz mit einer 6 Takte kurzen Sostenuto-Einleitung, die motivisch unauffällig auf das Kommende vorbereitet:

und einen folkloristisch farbigen Tanzsatz (d-Moll, ¾) mit temperamentvoll beschleunigtem D-Dur-Trio.

Sonate für Klavier und Violoncello a-Moll op. 36

Komponiert 1882/83; seinem Bruder John Grieg gewidmet.
Allegro agitato – Andante molto tranquillo – Allegro/Allegro molto e marcato.

Mit dieser Sonate hat Grieg das – gemessen an den Geigern – relativ schmale Duo-Repertoire der Cellisten um ein effektvolles und für beide Partner auch dankbares Werk bereichert, und es ist immerhin beachtlich, mit welcher Konsequenz der Komponist, gerade angesichts der Verwendung eines so romantisch-kantabel veranlagten Soloinstruments, sich doch um die Strukturen der Sonatenform bemüht hat. Natürlich läßt er dem sonoren Gesang des Cellos immer wieder genießerisch freien Lauf, etwa gleich zu Beginn des *Kopfsatzes* mit einer ständig zur Quinte zurückfallenden Kantilene des Hauptthemas:

Trotz gelegentlichen Sichaufbäumens zum Fortissimo und ins Animato bleibt der Grundcharakter des Satzes lyrisch. Kurz vor der Reprise gibt es eine kleine Cello-Kadenz, und die Reprise selber beginnt mit einem Rollen- und Charaktertausch: Nun führt energisch das Klavier.

Das liedförmig schlichte und in leicht chromatisch gefärbter Diatonik beginnende *Andante* steigert sich im weiteren Verlauf zur großen rhapsodischen Geste, bevor es endgültig zu den zarten Klängen seines Anfangs zurückkehrt. – Das ausgedehnte und abwechslungsreiche *Finale* wird zunächst von einer sehnsüchtig sich erhebenden Sololinie des Cellos eröffnet, bevor dann der beschleunigte Hauptteil im Klavier mit seinem tänzerisch-kapriziösen Thema einsetzt:

Bei späterer Wiederkehr ändert es auffallend seine Erscheinungsform: so wird es etwa zu Vierteln und Achteln gedehnt und legato vorgetragen. In der Coda schließlich erscheint es synkopisch, fast zur Unkenntlichkeit verzerrt, bevor die einleitende Solomelodie, nun vom Klavier begleitet und ins Grandiose gesteigert, diesen gewichtigen Satz abschließt.

Die 3 Violinsonaten von Grieg haben sich zu Recht eine gesicherte Nische im Repertoire erobern können, denn sie stellen individuelle und dankbare Varianten des 3sätzigen klassisch-romantischen Sonatentypus' dar. Beide Instrumente sind gleichwertig und zugleich charakteristisch bedacht; die dieser Musik eigene Mischung von folkloristisch getönter Melodik, farbiger und bisweilen auch recht kühner, an impressionistische Grenzen heranreichende Harmonik verleiht ihnen ihren unverwechselbaren Reiz.

1. Sonate für Klavier und Violine F-Dur op. 8

Komponiert 1865.
Allegro con brio – Allegretto quasi andantino – Allegro molto vivace.

In wohlig pastoraler Diatonik schreitet das Hauptthema des *1. Satzes* sogleich den gesamten Oktavraum der Tonika ab, um

sich unmittelbar danach jedoch harmonisch einzutrüben. Charakteristisch bleibt für den ganzen Satz der wiegende 6/8-Rhythmus. Auch im kanonisch angelegten a-Moll-Seitenthema ist die punktierte Dreiergruppe wieder enthalten. Die Durchführung beginnt mit einer Andante-Verzögerung des Hauptgedankens in Moll, um sich dann ausgiebig und phantasievoll mit beiden Themen auseinanderzusetzen. Die Reprise hält sich recht eng an das Vorbild der Exposition und greift als Coda auf das kurze

Andante vom Beginn der Durchführung zurück. Trotz einiger Forte-Aufschwünge bleibt der lyrisch-romantische Grundton des Satzes durchgehend gewahrt. – Der a-Moll-*Mittelsatz* (3/4) schlägt leicht melancholische, volksliedhafte Töne an und verbindet andeutungsweise die Charaktere von langsamem Satz und Menuett: hier die poetische Stimmung, dort langsames Tanzmetrum und 3teilige Form. Der beschleunigte trioartige Mittelteil wendet sich zum parallelen Dur und klingt wie ein Volkstanz aus Griegs skandinavischer Heimat. – Das *Finale* (2/4) knüpft an die ländlich-heitere Atmosphäre des Kopfsatzes an und steigert sie zur fröhlichen Ausgelassenheit, die immer wieder geschickt durch stillere Episoden kontrastiert wird. Die ziemlich ausgedehnte Durchführung dieses Sonatensatzes beginnt ganz ernsthaft mit einem Fugato des chromatisierenden 2. Themas und beschäftigt sich dann vor allem mit den Kopfmotiv-Sechzehnteln des Hauptthemas. Die Reprise beschleunigt sich gegen Ende in mehreren Etappen bis zur Schluß-Stretta – auch ein Schuß virtuosen Musikantentums ist in diesem eingängigen und problemlosen Werk enthalten, dem man seine Entstehungsumstände im ländlichen dänischen Sommer anzuhören glaubt.

2. Sonate für Klavier und Violine G-Dur op. 13

Komponiert 1867.
Lento doloroso/Allegro vivace – Allegretto tranquillo – Allegro animato.

Auch diese Sonate kann ihre Begleitumstände nicht verleugnen: das Hochgefühl des frisch vermählten Komponisten scheint sich auf die Musik übertragen zu haben. Insofern ist die Spielanweisung »Lento doloroso« über der ein wenig improvisatorisch anmutenden, kadenzierenden *Einleitung* irreführend – ihr g-Moll bleibt letztlich Episode. Der folgende umfangreiche und sorglich durchgearbeitete *Sonatensatz* (3/4) schlägt vielmehr optimistische und leicht folkloristische Töne an, vor allem in seinem tänzerisch akzentuierten Hauptthema:

Sein triolisches Kopfmotiv entstammt der Einleitung. Ihm steht als wirkungsvoller Gegensatz das lyrisch-wiegende a-Moll-Seitenthema gegenüber. Im Verlauf der Durchführung kommen Elemente beider Themen zu ihrem Recht, wobei der farbliche Reiz der Instrumentenkombination sehr bewußt ausgekostet wird. – Auch im *Mittelsatz* dieser Sonate (e-Moll, ¾) sind Elemente des fehlenden Tanzsatzes verborgen. Sein Tempo und sein Metrum nähern sich wiederum, wie in op. 8, dem Menuettcharakter, und die Form ist 3teilig mit einem freundlich-sehnsüchtigen Dur-Mittelteil. – Das *Finale* (¾) bringt schließlich ganz umweglos den für Grieg so typischen Volkstanzcharakter mit ins Spiel, mit Bordunquinten, nachklappendem Dreierrhythmus und musikantisch ausgelassener Thematik. Doch diese Äußerlichkeiten sollten nicht darüber hinwegtäuschen, daß der Satz sorgfältig durchstrukturiert und in seinem Stimmungsgefüge fein ausbalanciert ist; so hebt sich etwa die zarte Es-Dur-Episode des Mittelteils sehr wirkungsvoll von seiner etwas derberen Umgebung ab.

3. Sonate für Klavier und Violine c-Moll op. 45

Komponiert 1885–87.

Allegro molto ed appassionato – Allegretto espressivo alla Romanza – Allegro animato.

Griegs 3. Violinsonate entstand als dankbare Gegengabe für ein Doppelporträt des Komponisten und seiner Frau, das Franz von Lenbach gemalt hatte. – Der Zug zu leidenschaftlicher Dramatik ist dieser Sonate bereits durch die charakteristische Tonart mit auf den Weg gegeben. Allerdings entwickelt sich im *Kopfsatz* dennoch nicht ein Beethoven vergleichbares pathetisches Brio; vielmehr entfalten sich in aller Ruhe wechselnde Stimmungen, ohne daß es zu motivisch-thematischen Verarbeitungen käme und sich die motivische Substanz dabei veränderte. Griegs Themen sind zwar durchaus motivisch gebaut, eignen sich aber nicht zu Aufsplitterung und allmählicher Variation. So beherrscht das prägnante Kernmotiv des Hauptthemas weite

Partien des ausgedehnten Sonatensatzes (6/8) und verhilft ihm zu großer Dichte. Eine lyrische Es-Dur-Melodie bildet als Seitensatz den Gegenpol. Aus seinem Geist entwickelt sich dann auch

das in großen Bögen sich über Klavierarpeggien entfaltende Geigenmelos der Durchführung. Erst an ihrem Ende taucht das Hauptthema wieder auf, das zwar verschieden gefärbt, jedoch kaum verändert wird. Die Coda setzt noch einmal beim Violinsolo der Durchführung an und führt schließlich zu einer Stretta des Kopfmotivs. Griegs Neigung zum kontrastdurchsetzten lyrisch-romantischen Stimmungsbild wird auch in diesem *Mittelsatz* erkennbar (E-Dur, 2/4): Der zarten klangsinnlichen Romanze steht in ihrem Mittelteil ein akzentuiertes synkopenbegleitetes Allegro molto (e-Moll) gegenüber. – Das rondoartige *Finale* (¢) verbindet auf glückliche Weise Temperament, Klangsinn und Virtuosität und führt schließlich im abschließenden Prestissimo unwiderruflich nach D-Dur.

AWJ

Gabriel Fauré

* 12. Mai 1845 in Pamiers (Ariège), † 4. November 1924 in Paris

Der Sohn eines Schulinspektors studierte 1854–65 in Paris an der Kirchenmusikschule von Louis Niedermeyer und bei Camille Saint-Saëns. Als Organist wirkte er zuerst in Rennes, dann in Paris, wo er 1877 Kirchenmusikdirektor an Ste-Madeleine wurde. 1895 übernahm Fauré als Nachfolger von Jules Massenet eine Kompositionsklasse am Pariser Conservatoire, das er 1905–20 als Direktor leitete. Trotz eines schweren Gehörleidens blieb seine Schaffenskraft in den beiden letzten Jahrzehnten seines Lebens ungebrochen. Seine bedeutendsten Schüler waren Maurice Ravel, Florent Schmitt und Charles Koechlin.

Kammermusik: 2 Sonaten für Violine und Klavier (1876, 1917); 2 Sonaten für Violoncello und Klavier (1918, 1921); 2 Klavierquartette (1879, 1886); 2 Klavierquintette (1906, 1921); Klaviertrio (1923); Streichquartett (1924); mehrere kleine Stücke für Violine und Klavier, Violoncello und Klavier, Flöte und Klavier.

Poesie, Noblesse und Esprit zeichnen die Musik von Gabriel Fauré aus, dessen Bedeutung in Deutschland noch immer unterschätzt wird. In Frankreich dagegen wird er mit Debussy und Ravel in einem Atemzug genannt. Als erster löste er sich vom Einfluß und Vorbild der deutschen Romantik und überwand sie durch klare Strukturen, dezente Farbigkeit und eine damals neue Kunst der poesievollen Andeutung. In der »École Niedermeyer« studierte Fauré den polyphonen Chorsatz, die Kirchentonarten und die gregorianische Melodie und drang tief in die alte Musik ein. Durch Camille Saint-Saëns lernte er die

Werke von Beethoven, Schumann, Wagner und Liszt kennen. So viele Eindrücke er auch aufnahm, er verarbeitete sie und ließ sich niemals von ihnen beherrschen. Aus der romantischen Empfindungswelt heraus entstanden seine Lieder und Kammermusikwerke. Sie stehen ohne Zweifel an erster Stelle in seinem Gesamtschaffen und sind persönlicher in Ausdruck und Stil als seine beiden Opern (»Promethée«, »Pénélope«) und seine Orchesterwerke, von denen sich nur die Suite »Masques et Bergamasques« im Konzertsaal durchgesetzt hat.

1. Sonate für Violine und Klavier A-Dur op. 13

Komponiert 1876.
Allegro molto – Andante – Allegro vivo – Allegro quasi presto.

In der 1. Violinsonate, die noch den Einfluß von Robert Schumann erkennen läßt, strebt Fauré bereits nach der thematischen Vereinfachung, die für seine Spätwerke charakteristisch ist. Im *1. Satz* verändert er die Sonatensatzform dadurch, daß er auf den Kontrast zwischen 1. und 2. Thema verzichtet; das Gegenthema wirkt vielmehr als Steigerung des Hauptthemas. Der Höhepunkt des Satzes wird nicht in der Durchführung, sondern im Schlußteil erreicht, in dem Fauré die vorangegangene Entwicklung zusammenfaßt. Eine ähnliche thematische Vereinheitlichung findet sich im *4. Satz*, dessen Sonatensatzform durch die ungewöhnliche Reprise von der Norm abweicht. Nach kurzer Durchführung erscheint das Hauptthema wieder in der Grundtonart A-Dur. Die Reprise beginnt aber erst nach einer 2. Durchführung mit nun nach C-Dur transponiertem Hauptthema. Erst das 2. Thema führt in die Grundtonart zurück. »Die Vorreprise in der Durchführung und die Veränderung in der Tonart in der regulären Wiederkehr des Hauptthemas«, schreibt Max Favre in seinem Buch über Faurés Kammermusik, »sind erste Anzeichen der Formverschleierung und der Auflösung starrer Abgrenzungen, die innerhalb der einzelnen Hauptteile bereits weitgehend überbrückt werden.« In den *Mittelsätzen* – einem Andante in Rondoform und einem Scherzo mit Trio – hält sich Fauré dagegen noch genau an die klassischen Formen.

2. Sonate für Violine und Klavier e-Moll op. 108

Komponiert 1917.
Allegro non troppo – Andante – Allegro non troppo.

Aus 2 Themen und einem Überleitungsthema baut Fauré den *1. Satz* auf. Nach der Exposition werden sie weiter- und erst in der

Reprise durchgeführt. Die Form ist somit nicht wie in der Klassik symmetrisch um einen Mittelpunkt gegliedert, sondern in 3 formal ähnlich gestalteten Teilen von Stufe zu Stufe gesteigert. Der *2. Satz*, in dem Fauré Teile des Andantes einer unveröffentlichten Sinfonie übernahm, gliedert sich in die Exposition von 2 Themen und eine Durchführung, die im Piano verklingt. Im *Finale*, das vorwärtsdrängend beginnt:

verschleiert die kontrapunktische Verarbeitung der beiden Themen die Sonatensatzform, die dadurch wie eine frei gestaltete Fantasie wirkt.

1. Sonate für Violoncello und Klavier d-Moll op. 109

Komponiert 1918.
Allegro – Andante – Allegro comodo.

Die 1. Cellosonate ist durch die in ihr vorherrschende Kontrapunktik nüchterner in Stil und Empfindung als die Violinsonaten. Den eröffnenden Sonatensatz entwickelt Fauré aus einem Hauptthema, einer lyrischen Motivgruppe und einem Überleitungsthema. Der 2. Satz ist 3teilig, der 3. ein vollständiges Rondo in der Form ABA–C–ABA.

2. Sonate für Violoncello und Klavier g-Moll op. 117

Komponiert 1921.
Allegro – Andante – Allegro vivo.

Diese Sonate ist ein Dokument für Faurés Spätstil. Im *1. Satz* sind die Durchführungsteile nicht nur ihrem Wesen nach, sondern auch motivisch den Expositions- und Reprisenteilen angeglichen. Die Sonatensatzform ist kaum noch zu erkennen, da Fauré auf Zäsuren verzichtet. Er gliedert vielmehr die Form durch eine Art Wellendynamik, durch Spannung und Entspannung innerhalb der ineinander übergleitenden Teile. Als *2. Satz* hat Fauré den »Chant funéraire« (Grabgesang), den er zum 100. Todestag Napoleons I. komponierte, fast notengetreu übernommen. Der *letzte Satz* ist ein Rondo-Finale mit einer faszinierenden Stretta.

1. Quartett für Klavier, Violine, Viola und Violoncello c-Moll op. 15

Komponiert 1879.
Allegro molto moderato – Scherzo: Allegro vivo – Adagio – Allegro molto.

Das 1. Klavierquartett steht stilistisch zwischen Romantik und Impressionismus. Die 4sätzige Anlage – Sonatensatzform in den Ecksätzen, bewährte Dreiteiligkeit in den Mittelsätzen – beweist Faurés Traditionsbewußtsein, die Gestaltung der Formen dagegen seine Originalität. Fauré verfügt frei und souverän über sie, sowohl im Kopfsatz mit seinen 2 kontrastierenden Themen (das eine in Moll, das andere in Dur) als auch im Scherzo und im meditativen Adagio. Das Finale endet nach einer kontrapunktischen Durchführung der beiden Themen mit einer Coda in strahlendem Dur.

2. Quartett für Klavier, Violine, Viola und Violoncello g-Moll op. 45

Komponiert 1886.
Allegro molto moderato – Allegro molto – Adagio non troppo – Allegro molto.

Das 2. Klavierquartett ist das einzige Kammermusikwerk Faurés, in dem die Sätze durch ein Thema miteinander verbunden sind. Dieses Thema erscheint erstmals in der Exposition des

Kopfsatzes und danach in variierter Form als Leitmotiv oder »Idée fixe« in den anderen Sätzen, von denen der 3. auf einem Totenglockenmotiv aufgebaut ist. Im Scherzo, dem 2. Satz, werden die Themen des 1. Satzes (das 2. Thema im 1. Teil, das Hauptthema im Trio) wieder aufgenommen und weitergeführt. Im Finale verzichtet Fauré auf die von ihm angestrebte thematische Vereinheitlichung. Es weist 2 Gegenthemen auf; das eine ist kraftvoll, akkordisch und rhythmisch betont, das andere linear und lyrisch. Die Schlußwirkung erzielt Fauré dadurch, daß er anstelle der Reprise eine 2. Durchführung bringt, die in eine Stretta mündet.

1. Quintett für Klavier, 2 Violinen, Viola und Violoncello d-Moll op. 89

Komponiert 1906.
Molto moderato – Adagio – Allegretto.

Sein 1. Klavierquintett begann Fauré bereits 1891, vollendete es aber erst 1906 (ursprünglich sollte es sein 3. Klavierquartett werden). Nach der Uraufführung erklärte der Geiger und Komponist Eugène Ysaye, das Quintett sei »großartiger und erhabener« als die Klavierquartette »und in noch höherem Maße jeder Effekthascherei abhold, kurz absolute Musik im reinsten Sinne des Wortes«. Wenn es auch heute noch schwer zugänglich ist, was Fauré selbst befürchtet hat, so liegt dies an der polyphonen Gestaltung der 3 Sätze, von denen der letzte besonders typisch für den Spätstil Faurés ist. Zu seinem Thema, das ein wenig

an das Finale von Beethovens 9. Sinfonie erinnert, kommen Gegenstimmen und begleitende Figuren. Sie kommentieren das Thema, das in den 5 Abschnitten des Satzes nur geringfügig verändert wird und in den kontrapunktischen Strukturen stets gegenwärtig ist.

2. Quintett für Klavier, 2 Violinen, Viola und Violoncello c-Moll op. 115

Komponiert 1921.
Allegro moderato – Allegro vivo – Andante moderato – Allegro molto.

Für die frühen Kammermusikwerke Faurés ist die Viersätzigkeit Prinzip, für die späteren die Dreisätzigkeit. Eine Ausnahme bildet das 2. Klavierquintett. Es beginnt mit einem frei gestalteten *Sonatenhauptsatz*, der in eine Exposition, in 2 Durchführungen des thematischen Materials und eine Coda gegliedert ist. Den *2. Satz*, der die Position des Scherzos einnimmt, entwickelt Fauré aus 2 Themen, die aneinandergereiht und kontrapunktisch verarbeitet werden. Die Schlußsteigerung wird durch einen immer schneller werdenden Wechsel der beiden Themen erreicht. Der kontemplative *3. Satz* bereitet auf das *Finale* vor, in dem die Symmetrie des klassischen Rondos durch ein zunächst unscheinbares Thema aufgehoben ist, das immer stärker hervortritt, dann die Schlußentwicklung beherrscht, die in großer Steigerung zum Höhepunkt des Satzes führt.

Trio für Klavier, Violine und Violoncello d-Moll op. 120

Komponiert 1923.
Allegro ma non troppo – Andantino – Allegro vivo.

In den Spätwerken Faurés werden die Themen nicht mehr durch Überleitungen miteinander verbunden. Sie fließen ineinander und ergänzen sich. Fauré verzichtet auf Kontrastwirkungen, auf den Dualismus von 2 gegensätzlichen Themen. Im Klaviertrio op. 120 sind die Teile der Sätze stets aus ein und demselben motivischen Material entwickelt. Im 1. und 3. Satz wird die Rondoform, im 2. Satz die 2teilige Liedform erkennbar, jedoch variiert Fauré sie. Formbildend wirkt allein das Steigerungsprinzip, das dem Ausdruckswillen Faurés größere Freiheit gewährt als die architektonisch-plastischen Formen der Klassik, die in dieser Zeit bereits ihre Gültigkeit durch die Impressionisten verloren hatten.

Streichquartett e-Moll op. 121

Komponiert 1924.
Allegro moderato – Andante – Allegro.

Das Streichquartett in e-Moll ist das letzte Werk Faurés, das er noch vollenden konnte. Es wurde erst nach seinem Tod veröffentlicht. Mit dem 2. Klavierquintett und dem Klaviertrio gehört es zu den vergeistigten und konzentrierten Spätwerken, in denen sich Faurés Stil in seiner ganzen Eigenart dokumentiert. Es steht am Ende einer kompositorischen Entwicklung, die, wie Max Favre schreibt, »von einer klassizistischen (typisch französischen) Romantik aus zu einer Ausdrucksweise führte, die gleich weit von den vorherrschenden zeitgenössischen des Impressionismus und dem Expressionismus liegt, aber doch Elemente aus beiden in einer organischen Synthese vereinigt«. – Der *1. Satz* ist ein frei gestaltetes Sonaten-Allegro. Von den beiden Themen, die Fauré seinem frühen, 1878 entstandenen Violinkonzert entnommen hat, bestimmt das 1. die kontrapunktischen Durchführungsteile. Das ausgedehnte und harmonisch ungewöhnlich farbige und abwechslungsreiche *Andante* erwächst aus einer Melodie der Viola, die von der Violine übernommen wird. Sie dominiert sowohl im Mittel- als auch im expressiv gesteigerten Schlußteil. Der *3. Satz* ist heiter im Charakter, ein aus einem tänzerischen und einem elegischen Thema entwickeltes Rondo, das in eine vitale, unmittelbar fesselnde E-Dur-Coda mündet.

Als Meister der kleinen Form weisen Fauré einige Stücke aus, mit denen er zuerst Erfolg hatte. Für Violine und Klavier: **Berceuse op. 16** (1880) und **Andante op. 75** (1898); für Violoncello und Klavier: **Élégie op. 24** (1883), **»Petite Pièce« op. 49** (1889), **Romance op. 69** (1895), **»Papillon« op. 77** (1898), **Sicilienne op. 78** (1898) und **Sérénade op. 98** (1908) sowie eine **Fantasie op. 79** für Flöte und Klavier (1898) und 2 Stücke, **Impromptu op. 86** (1906) und **»Une chatelaine en sa tour« op. 110** (1918), für Harfe.

WL

Leoš Janáček

* 3. Juli 1854 in Hukvaldy (Hochwald, Mähren)
† 12. August 1928 in Ostrava (Mährisch-Ostrau)

Janáček studierte in Prag, Leipzig und Wien. Er wirkte als Chorleiter, bevor er 1881 in Brünn eine Orgelschule gründete. 1919 wurde er Direktor des Prager Konservatoriums in Brünn und 1920, nach der Verstaatlichung des Instituts, Professor einer Meisterklasse für Komposition.

Kammermusik: *Dumka* für Violine und Klavier (1880); Sonate für Violine und Klavier (1913/1921); *Märchen* für Violoncello und Klavier (1910/1923); 2 Streichquartette (1923, 1928); *Mládi* (»Jugend«) für Bläsersextett (1924). – Aus dem Nachlaß veröffentlicht: *Sonett* für 4 Violinen (1875); *Romanze* cis-Moll für Violine und Klavier (1879); *Presto* für Violoncello und Klavier (1910).

Neben Igor Strawinsky, Béla Bartók und Manuel de Falla gehört Janáček zu den Komponisten, welche die abendländische Musik aus der Volksmusik heraus erneuert haben. Bereits vor Bartók und Kodály beschäftigte sich Janáček mit dem Sammeln von Volksliedern. Er bearbeitete sie und gewann aus ihnen und dem tschechischen Sprachrhythmus, den er dem Volk ablauschte und aufschrieb, das melodische Material für seine Werke. Modest Mussorgskij war sein großes Vorbild. Daß Janáček aber auch die Musik Debussys kannte, beweist die impressionistische Harmonik, mit der er in seinen Opern seismographisch auf die seelischen Erregungen der Personen reagierte. Erst nach relativ langem Reifeprozeß fand er seinen eigenen Stil. Er war 49 Jahre alt, als er seine Oper »Jenufa« vollendete, durch die er weltbekannt wurde; mit 69 Jahren schuf er sein 1., mit 73 Jahren sein 2. Streichquartett – Werke, denen in der Kammermusik des 20. Jh. besondere Bedeutung zukommt.

Sonate für Violine und Klavier

Komponiert 1913/14 und 1921.
Con moto – Ballade – Allegretto – Adagio.

An dieser Sonate arbeitete Janáček in den Jahren 1913 und 1914, gab ihr aber erst 1921, nachdem er die Oper »Katja Kabanowa« komponiert hatte, die endgültige Form. Im 1. Satz, des-

sen Thema an die Melodik im 5. Bild der Oper »Katja Kabanowa« erinnert, hält sich Janáček noch weitgehend an die klassische Sonatensatzform. Der 2. Satz ist eine kantable, in der Form rhapsodisch frei gestaltete Ballade, der 3. ein Scherzo über folkloristische Themen. An der Stelle des klassischen schnellen Finalsatzes steht ein hymnisch gesteigertes Adagio.

»Märchen« für Violoncello und Klavier

Komponiert 1910/1923. UA: 1923.
Con moto – Con moto, Adagio – Allegro.

Zu dieser 3sätzigen Cello-Sonate wurde Janáček von einem Märchen des Russen Wassilij Schukowskij (1783–1852) angeregt, in dem von den Abenteuern des Prinzen Iwan berichtet wird, der um die Prinzessin Marja freit. Den Prinzen charakterisiert Janáček durch ein rhythmisch akzentuiertes Thema des Cellos, die Prinzessin durch ein kantables Thema des Klaviers. Die Themen werden im 1. Satz zu einem kanonisch geführten Dialog verbunden. In ihrer Formfreiheit, in der Reprisen nur kurz angedeutet werden, wirken die 3 Sätze wie kleine Tondichtungen, die Janáček jedoch derart musikantisch gestaltet hat, daß sie auch ohne das »tonpoetische Programm« verständlich sind.

1. Streichquartett

Komponiert 1923. UA: 17. Oktober 1924 in Prag (Böhmisches Streichquartett).

Adagio – Con moto – Con moto (Vivace, Andante) – Con moto (Adagio).

»Ich hatte die arme, gequälte, geschlagene, erschlagene Frau im Sinne, über die der russische Schriftsteller Tolstoj in dem Werk ›Die Kreutzersonate‹ schrieb«, berichtete Janáček in einem Brief an die 38 Jahre jüngere Kamila Stösslová, die »Muse seines gesamten Spätschaffens«. Bereits 1909 hat ihn Tolstojs Novelle zu einem Klaviertrio inspiriert, das verschollen ist. »Aus einigen Gedanken von dort entstand das Quartett« in nur einer Woche. »Note für Note« seien ihm »glühend in die Feder gefallen«.

In den 4 Sätzen verzichtet Janáček auf die überlieferten Formen. Ein expressives Motiv, das auch leitmotivische Funktion

hat, ist als Keimzelle des ganzen Werkes anzusehen. Aus Quarten, Quinten, Terz, großen und kleinen Sekunden bildet Janáček die Themen, die mosaikartig aneinandergereiht werden. Nur im 1. Satz kommt es zu einer Durchführung im Sinne der Sonatensatzform. Akzeptiert man die hermeneutische Deutung, daß in dem Werk das Schicksal des »armen gequälten weiblichen Wesens« geschildert wird, dann ist der 1. Satz die Exposition des Dramas, der 2. die Peripetie, der 3. die Krise und der 4. Satz der letzte Akt der Tragödie; er gipfelt jedoch nicht in der Ermordung, sondern in der von Janáček in der Novelle unterstrichenen Erkenntnis des Mörders: »Ich sah ihr blutunterlaufenes Gesicht, und zum erstenmal vergaß ich, an mich selbst, an meine Rechte, an meinen Stolz zu denken, und sah zum erstenmal in ihr den Menschen.« Poetische Idee und neuartige formale Gestaltung verbinden sich somit in diesem Quartett zu einer Tondichtung, die sich durch ihre subjektive Aussage grundsätzlich von den absoluten musikalischen Kompositionen der Zeitgenossen Janáčeks unterscheidet.

2. Streichquartett »Intime Briefe«

Komponiert: 1928. UA: 11. September 1928 in Brünn (Mährisches Streichquartett).
Andante, Con moto, Allegro – Adagio, Vivace – Moderato, Adagio, Allegro – Allegro, Andante, Adagio.

»Die Last und der Atem des Lebens weihen die Töne«, schrieb Janáček 1928 in einem Feuilleton. »Das Komponieren ist nicht so einfach, wie der simple Verstand annimmt. Auch das musikalische Schaffen ist zum großen Teil bildende Kunst. Bildende Kunst in jenem Augenblick, in dem sich die Vision wie durch ein Wunder in einem bestimmten Wesen erblickt.« Dieses »bestimmte Wesen« ist in Janáčeks letzten Lebensjahren die von ihm verehrte und geliebte Kamila Stösslová. Ihr hat er auch sein letztes, kurz vor seinem Tod komponiertes Streichquartett gewidmet. »Da wird unser Leben darin sein. Es wird heißen ›Liebesbriefe‹. [. . .] Hinter jedem Ton stehst Du, lebendig, heftig, liebevoll.« Besser kann wohl dieses Quartett nicht beschrieben, besser können die Kontraste und die erregende Vielfalt dieser spontan und emotional gestalteten Tondichtung nicht erklärt werden. In ihr entfernt sich Janáček noch weiter als im 1. Quartett von der überlieferten Form des Streichquartetts. 2 langsame Sätze werden von 2 rondoartigen schnellen Sätzen umrahmt. Auf ein Leitmotiv und auf jede Verarbeitung des motivischen Materials ist verzichtet. Statt dessen führt Janáček immer neue Themen und Melodien ein, um im jähen Stimmungs- und Tempowechsel seine Erregung, seine Liebe und Leidenschaft zum Ausdruck zu bringen.

»Mládi« (Jugend), Suite für Bläsersextett

Entstanden: 1924. UA: 21. Oktober 1924 in Brünn.
Allegro – Andante sostenuto – Vivace – Allegro animato.

Im Vergleich zu den beiden Streichquartetten ist die Suite »Mládi« für Flöte (Piccolo), Oboe, Klarinette, Horn, Fagott und Baßklarinette, in der sich Janáček kurz nach seinem 70. Geburtstag an seine Jugendzeit im Brünner Kloster erinnerte, ein heiteres, unkompliziertes Werk. Das charakteristische Motiv des 1. Satzes (Zitat S. 803), das Janáček aus der Sprachmelodie der Worte »Mládi, zlatè mládi« (Jugend, goldene Jugend) formte, fungiert als Keimzelle für die 4 Sätze: für das übermütige Allegro mit polyrhythmischem 2. Thema, für das nachdenkliche Andante sostenuto, in dessen Mittelteil Vogelstimmen-Imitationen aufhorchen lassen, für das tänzeri-

sche 3teilige Scherzo und das vor Einfällen übersprudelnde Finale, in dem schließlich noch einmal das Thema des 1. Satzes erklingt.

WL

Hugo Wolf

* 13. März 1860 in Windischgraz (Slovenj Gradec, Südsteiermark/Slowenien)
† 22. Februar 1903 in Wien

Hugo Wolf studierte nur kurze Zeit, 1875–77, am Wiener Konservatorium und bildete sich dann autodidaktisch weiter. Nach Jahren bitterster Not, in denen er sich als Klavierspieler in Wiener Vorstadtkneipen den Lebensunterhalt verdienen mußte, war er 1881 und 1882 Kapellmeister in Salzburg, 1884–87 Musikkritiker am »Wiener Salon-Blatt«. In den Jahren 1888–97 schuf Wolf den größten Teil seiner insgesamt 245 Klavier-Lieder sowie die heitere Oper »Der Corregidor«. 1898 erlitt er mehrere Nervenzusammenbrüche und fiel in geistige Umnachtung. Nach einem Selbstmordversuch starb er in der Wiener Landesirrenanstalt.

Hugo Wolf war noch ausschließlicher Liederschöpfer als Franz Schubert. Als leidenschaftlicher Wagnerianer übertrug er den Deklamationsstil des Bayreuther Meisters auf die Liedform, die er in kleine Szenen oder Dramen verwandelte und psychologisch vertiefte. Sein Schaffensprozeß war eruptiv. In 3 Jahren komponierte er die Mörike-Lieder, den Eichendorff-Zyklus, die Goethe-Gesänge, das »Spanische« und das »Italienische Liederbuch« sowie die Gottfried-Keller-Lieder. Daß er aber auch die große Form beherrschte, beweisen 3 Instrumentalwerke: die Sinfonische Dichtung »Penthesilea«, die »Italienische Serenade« für Streichquartett (1887), die er selbst 1892 für kleines Orchester instrumentierte, und das Streichquartett.

Streichquartett d-Moll

Komponiert 1879–84.
Grave. Leidenschaftlich bewegt – Langsam – Resolut – Sehr lebhaft.

Den 1. Satz muß Hugo Wolf mit 19 Jahren in einem ungewöhnlichen seelischen Erregungszustand geschrieben haben. Darauf weist nicht nur das Motto »Entbehren sollst du, sollst entbehren«, das er dem Werk voranstellte, darauf deuten auch die extremen Ausdrucksspannungen im *1. Satz* hin, der aus dunklen Moll-Akkorden der Grave-Introduktion entwickelt wird. Das Hauptthema des Allegros (Leidenschaftlich bewegt)

kündigt sich dort ebenso an wie das kantable Seitenthema. Nach der Durchführung kehrt der Grave-Teil in variierter Form wieder und leitet die Reprise ein. Die leidenschaftliche Erregung klingt noch im *2. Satz* nach, in den unruhigen Ton- und Akkordrepetitionen, welche die dolce und ausdrucksvoll zu spielenden Gesangsmelodien unterbrechen. Aus dem punktierten Rhythmus des Grave werden im Scherzo (Resolut) und im Finale neue Energien gewonnen – im *Scherzo* für das Thema:

das im herben Kontrast zum kantablen Trio steht, und im *Finale* für das 2. Thema, das bereits in der Exposition als Fugato durchgeführt wird und im weiteren Verlauf den Satz stärker bestimmt als das tänzerische Hauptthema. Dieser Satz ist heiter und gelöst. Er moduliert von d-Moll nach A-Dur und B-Dur und kehrt – an den leidenschaftlich erregten und aggressiven Anfang des Werkes erinnernd – zur Ausgangstonart d-Moll zurück.

Italienische Serenade G-Dur. Im Jahre 1887 begann Hugo Wolf die Komposition eines auf 3 Sätze konzipierten Werkes. Er hat jedoch nur den 1. Satz vollendet. Nach Wolfs Tod wurde er in 2 Fassungen veröffentlicht: in der Originalfassung für Streichquartett sowie in einer Bearbeitung der Wolfschen Instrumentierung für kleines Orchester durch Max Reger. Der Titel »Italienische Serenade« sagt nichts über die Form aus. Der Satz ist ein klassisches Rondo in der Form A–B–A–C–A, der seine Wirkung aus der italienischen Kantabilität der Themen bezieht.

WL

Claude Debussy

* 22. August 1862 in Saint-Germain-en-Laye, † 25. März 1918 in Paris

Debussy studierte Komposition am Pariser Konservatorium, dann bei Ernest Guiraud und kurze Zeit auch bei César Franck. 1880 und 1881 war er Hauspianist bei Nadjeschda Filaretowna von Meck, der Mäzenin Tschaikowskijs, und lernte die russische Musik kennen. 1884 gewann er den Rompreis für die Kantate »L'Enfant prodigue« (Der verlorene Sohn). Nach seiner Rückkehr aus Rom wurde er als einziger Musiker in den Kreis der Symbolisten um Stephane Mallarmé aufgenommen. Seine Wagner-Begeisterung – Debussy besuchte in den 1880er Jahren mehrmals Bayreuth – dämpfte der Einfluß Erik Saties in respektvolle Verehrung. Einen ebenso großen Einfluß wie Wagner übte die Musik des Fernen Ostens, die 1889 auf der Pariser Weltausstellung erstmals in Europa dargeboten wurde, auf seine kompositorische Entwicklung aus. Über Debussys Ästhetik geben seine Musikkritiken Auskunft, die in einem Sammelband unter dem Titel »Monsieur Croche« (›croche‹ ist im Französischen eine Achtel-Note) veröffentlicht wurden.

Kammermusik: Streichquartett; Klaviertrio; Sonaten für Violine und Klavier, Violoncello und Klavier und für Flöte, Viola und Harfe.

Claude Debussy gilt im allgemeinen als Erfinder und Vollender des musikalischen Impressionismus. Sein Name wird mit den Malern wie Claude Monet, Auguste Renoir und Camille Pissarro in Verbindung gebracht und dies nicht ganz zu Unrecht, denn Debussy sah sich selbst als einen Maler in Tönen und Klängen. Darauf weisen die Titel einiger Werke wie z. B. »Estampes« (Kupferstiche) für ein Heft seiner Klavierstücke und »Images« (Bilder) für einen 3teiligen Orchesterzyklus. Das Bildhafte ist jedoch nur eine Seite seiner Kunst. Es grenzt sie auf eine »mehr oder weniger getreue Nachahmung der Natur« ein, die Debussy als zu oberflächlich ablehnte. Ihm ging es vielmehr um die Fixierung der »geheimnisvollen Übereinstimmung zwischen Natur und Imagination«, um eine Kunst, in der das nicht genau Faßbare zum Ausdruck kommt. Dies ist ohne Zweifel auf den Einfluß zurückzuführen, den die Symbolisten auf Debussy ausübten. Der Kunst der Andeutung, die nach Mallarmé keiner Logik bedürfe, liegt jedoch bei Debussy eine strenge Gesetzmäßigkeit zugrunde. Seine Werke sind minuziös durchorganisiert, das motivische Material wird einem ständigen Verwandlungsprozeß unterworfen. Der Titel »Estampes« deutet auf die von Debussy angestrebte Klarheit, die mit Strukturen erreicht wird, die bis ins kleinste Detail ziseliert sind. Die Klänge sind aus ihrer tonalen Funktion gelöst und stehen frei im

Raum. Sie werden nicht wie in Wagners Musikdramen und in den Werken von Richard Strauss und Arnold Schönberg nach den Gesetzen der Chromatik miteinander verbunden, sondern entsprechend einer eigenen Ausdrucksästhetik, die auf Diskretion und Andeutung gestellt ist. Die Klänge verlieren ihre Zielstrebigkeit. Die Klangfarbe gewinnt neben kurzen, schnell aufleuchtenden und dann wieder verschwindenden melodischen Linien an Bedeutung. Hinzu kommen exotische Einfärbungen, die von der Gamelan-Musik angeregt wurden, sowie Ganzton- und Kirchentonleitern. Debussy verschmilzt sie zu einem Stil, der sich grundsätzlich von der deutschen Spätromantik unterscheidet. »Der Gebrauch, den Debussy von Wagnerschen Errungenschaften macht, ist tief bezeichnend; er zeigt, daß Debussy die Einflüsse zu etwas ganz und gar Eigenem umformt. Nicht anders verhält es sich mit Chopin und Liszt, ohne deren Vorbild seine Klaviermusik, insbesondere die Images, die Préludes und die Etüden nicht denkbar wären; es verhält sich so mit Mussorgsky und auch mit den beiden französischen Meistern, die Debussy je länger, desto mehr verehrte: Couperin und Rameau« (Josef Häusler).
Claude Debussy schuf eine typisch französische Musik. Aber ihre Wirkung beschränkte sich nicht, wie der Musikwissenschaftler Paul Bekker in einem Nachruf auf den Komponisten annahm, auf Frankreich; Debussy wurde zu einem Ahnherrn der Neuen Musik. Sein Einfluß läßt sich in den Werken Ravels, Strawinskys, Honeggers, Bartóks, Schrekers und Szymanowskis nachweisen. Und nach 1945 vollzog sich die Neuorientierung durchaus im Blick auf sein Werk.

Trio für Klavier, Violine und Violoncello G-Dur

Komponiert 1880; seinem Lehrer Émile Durand gewidmet.
Andantino con moto allegro – Intermezzo – Andante espressivo – Finale.

Das Klaviertrio galt lange Zeit als verschollen. Es wurde erst 1986 nach zwei Manuskripten veröffentlicht: nach einer autographen Partitur des 1. Satzes und einer autographen Cellostimme des gesamten Werkes, die seit etwa 1980 in der Pierpont Morgan Library in New York aufbewahrt wurde, sowie nach der autographen Partitur der 3 letzten Sätze, die der Herausgeber Ellwood Derr im Nachlaß des französischen Pianisten und Musikschriftstellers Maurice Dumesnil, eines Debussy-Schülers, entdeckte. Debussy hat das Trio mit 18 Jahren im Sommer 1880 in Fiesole in Italien komponiert; er war in dieser Zeit als

Klavierlehrer bei Madame von Meck angestellt, die das Werk in einem Brief an Tschaikowskij erwähnt.
Das Trio ist nicht nur für Debussys kompositorische Entwicklung aufschlußreich; es beweist zugleich seine frühe Meisterschaft. Als Debussy es komponierte, waren seine Vorbilder César Franck und Robert Schumann. In ihm strebte er bereits die »zyklische Form« an, die dann in seinem 13 Jahre später entstandenen Streichquartett endgültig ausgeprägt ist. – Die 4 Sätze sind durch das motivische Material aufeinander bezogen, das Debussy aus dem Thema des *1. Satzes* gewinnt. Die Form des 1. Satzes ist unkonventionell: Auf die Exposition folgen 2 Durchführungen, die durch ein Zwischenspiel verbunden sind. Auf die in der klassischen Sonatensatzform übliche Reprise verzichtet Debussy. Die beiden 3teiligen *Mittelsätze* – ein Intermezzo, das der Herausgeber Ellwood Derr als Scherzo bezeichnet, und ein elegisches Andante – zeichnen sich durch eine farbige und abwechslungsreiche Harmonik aus. Das *Finale* in konventioneller Sonatensatzform beginnt in B-Dur. Das 2. Thema steht in A-Dur und die Durchführung in E-Dur. Die Reprise endet im strahlenden G-Dur.

Streichquartett g-Moll op. 10

Komponiert 1893. UA: 29. Dezember 1893 in Paris (Ysaye-Quartett). Animé et très décidé – Assez vif et bien rythmé – Andantino, doucement expressif – Très modéré, très mouvementé et avec passion.

Das Streichquartett gehört zu den Werken, in denen Debussy seinen Stil fand. Die 4 Sätze sind aus einer Keimzelle, dem Hauptthema des Kopfsatzes, entwickelt:

Aus den 3 Tönen g f d werden im weiteren Verlauf die Themen und Strukturen gebildet. Auf den 1. Satz in Sonatensatzform (Bewegt und sehr entschieden) folgen ein Scherzo (Ziemlich lebhaft und sehr rhythmisch), ein Andantino in 3teiliger Liedform und als Finale ein Allegro in Sonatensatzform (Sehr mäßig, dann bewegter und mit Leidenschaft). Die 4 Sätze entsprechen somit zwar noch dem überlieferten Formschema, aber innerhalb dieses Rahmens verzichtet Debussy auf die klassische

Durchführungstechnik und die periodische Gliederung. Die ungewöhnliche Rhythmik, das immer neue Umspielen eines gleichen Gedankens mit exotischen Klängen und die gleitenden Instrumentalfarben befremdeten bei der Uraufführung derart, daß das Werk vom Publikum abgelehnt wurde. Erst bei der 2. Aufführung durch das Guarnieri-Quartett erkannte man die Bedeutung des Werkes. »Alles darin ist klar und deutlich gezeichnet, trotz großer formaler Freiheit«, urteilte Paul Dukas; »Debussy zeigt eine besondere Vorliebe für Verknüpfungen klangvoller Akkorde und für Dissonanzen, die jedoch nirgends grell, vielmehr in ihren komplexen Verschlingungen fast noch harmonischer als selbst die Konsonanzen wirken; die Melodie bewegt sich, als schreite sie über einen luxuriösen, kunstvoll gemusterten Teppich von wundersamer Farbigkeit, aus dem alle schreienden und unstimmigen Töne verbannt sind.«

Sonate für Violoncello und Klavier

Komponiert 1915. UA: 1916 in Paris (Joseph Salmon, Claude Debussy). Prologue – Sérénade – Léger et nerveux.

Die Sonate gehört mit der Sonate für Flöte, Viola und Harfe und der Sonate für Violine und Klavier zu den letzten Werken, die Debussy vollenden konnte.
Obwohl die Formen der Sätze frei und unkonventionell wirken, herrscht in ihnen strenge Gesetzmäßigkeit. Durch phantasievolle und zugleich konsequente motivische Arbeit sind sie miteinander verbunden und bilden eine große, in sich geschlossene Form. Die Anregungen, die Debussy von den französischen Komponisten des 18. Jh., vor allem von Couperin und Rameau, erhielt, werden im 1. Satz indirekt wirksam: im barocken Rhythmus des Themas:

in den Verzierungen der Solostimme und in der 3teiligen Form. Die Sérénade, von Ironie und wehmütiger Melancholie erfüllt, leitet zum unmittelbar anschließenden Finale über, das »léger et nerveux« beginnt und im 1. Teil bis zu leidenschaftlichem Ausdruck gesteigert wird. Ein kurzer Mittelteil (Lento – Molto rubato con morbidezza) unterbricht resignierend die Bewegung, die dann mit Sechzehntel-Triolen des Cellos wieder aufgenommen und in die Reprise geführt wird.

Sonate für Flöte, Viola und Harfe

Komponiert 1915/16. UA: 21. April 1917 in Paris (Manouvrier, Jarecki, Pierre Janet)
Pastorale: Lento, dolce rubato – Interlude: Tempo di minuetto – Finale: Allegro moderato ma risoluto

Die Sonate für Flöte, Viola und Harfe ist Klang gewordene Poesie, reine absolute Musik. Die 3 Sätze wirken locker gefügt, jedoch gibt es in ihnen nichts Zufälliges oder Improvisiertes. Zwischen einem zarten Pastorale und einem resolut beginnenden Finale, in dem gegen Schluß das Thema des Pastorales wiederkehrt, steht ein Interlude mit Erinnerungen an die früher entstandenen »Fêtes galantes«. Über diese artifizielle, durchgeistigte Kammermusik sagte Debussy: »Sie ist schrecklich melancholisch. Ich weiß nicht, ob man dabei lachen oder weinen soll. Vielleicht beides zugleich?«

Sonate für Violine und Klavier

Komponiert: 1916/17. UA: 5. Mai 1917 in Paris (Gaston Poulet, Claude Debussy).
Allegro vivo – Intermède: Fantasque et léger – Finale: Très animé.

Auch die Violinsonate, das letzte größere Werk, das Debussy ein Jahr vor seinem Tod komponierte, gliedert sich in 3 Sätze, die Debussy als eine Einheit aufgefaßt wissen wollte. Darauf weist ein Brief, den er nach der Uraufführung an seinen Verleger schrieb: »Man verlangte eine Wiederholung des ›Intermezzos‹, was ich aber nachdrücklich verweigerte, um die Einheit der Komposition zu respektieren: wir mußten also die Sonate wiederholen.« Diese Einheit entsteht durch Motive, kurze Melodien und Strukturen, die aufklingen und sporadisch verschwinden, um dann in variierter Form wiederzuerscheinen. Kontrapunktisch werden gegen Schluß des 1. Satzes 2 Themen zu einem verbunden. Das 1. Thema des 1. Satzes eröffnet auch

das Finale. Es enthält zudem Tonwendungen, die im Intermezzo melodiebildend werden.
»An dieser letzten ausschließlich kammermusikalischen Werkgruppe läßt sich ablesen, wie der Komponist sich um eine Kunst von schärferer Spannung, asketischer Haltung bemüht, die auf unmittelbare Verzauberung verzichtet, aber von einem Reichtum der Inspiration ohnegleichen ist« (Pierre Boulez über die Sonaten).

Außerdem schrieb Debussy das Stück **»Syrinx« für Flöte allein** (1912), in dem er die Möglichkeiten des Instruments raffiniert für ein Stimmungsbild ausnützte, in dem entsprechend dem Titel die Natur beschworen wird; Syrinx ist der griechische Name für die Panflöte oder die antike Hirtenpfeife. – 3 Werke Debussys sind in den Orchesterfassungen bekannter als in den Originalfassungen mit Klavier: die **Rhapsodie für Saxophon und Klavier** (1903–05), die **1. Rhapsodie für Klarinette und Klavier** (1909–10) und die **»Petite Pièce«** für Klarinette und Klavier (1910); die Rhapsodien wurden von Roger-Ducasse instrumentiert, die »Petite Pièce« von Debussy.

WL

Richard Strauss

* 11. Juni 1864 in München, † 8. Sept. 1949 in Garmisch-Partenkirchen

Strauss – sein Vater war 1. Hornist der bayerischen Hofkapelle – erhielt seit seinem 11. Lebensjahr geregelten Kompositionsunterricht. Mit 21 wurde er 2. Dirigent der Meininger Hofkapelle unter Hans von Bülow, ein Jahr später 3. Kapellmeister der Münchner Hofoper; seine weitere Laufbahn als Dirigent führte ihn über Weimar und noch einmal München nach Berlin (Hofkapellmeister und Chefdirigent der Hofoper) und schließlich nach Wien (Staatsoper, gemeinsam mit Franz Schalk, 1919–24). Seit den 20er Jahren lebte er, in seiner Villa in Garmisch und seinem Stadthaus in Wien, vor allem der Komposition. Nach 1933 ließ er sich auf Kompromisse mit dem NS-Regime ein (nicht zuletzt aus Angst um seine jüdische Schwiegertochter und deren Kinder), die ihn in den Augen der Weltöffentlichkeit schwer kompromittierten; erst das von Sir Thomas Beecham veranstaltete Londoner Strauss-Fest 1947 brachte die Rehabilitierung.

Kammermusik: 2 Klaviertrios; Streichquartett; Cellosonate; Klavierquartett; Violinsonate; *Introduktion, Thema und Variationen* für Horn und Klavier; ebenso für Flöte und Klavier; einige kleinere Stücke.

Strauss galt mit 25 Jahren, nach den als sensationell empfundenen ersten Sinfonischen Tondichtungen, als der bedeutendste

deutsche Komponist seit Wagner und als dezidierter Neutöner; mit »Salome« (1905) und »Elektra« (1909) wurde er zum bedeutendsten Opernkomponisten seiner Zeit. Mit seinem ehrgeizigsten Werk, »Die Frau ohne Schatten« (Uraufführung 1919) endete die Zeit, in der er in einem Brennpunkt der Musikgeschichte stand, auch wenn in den noch folgenden 30 Lebensjahren bedeutende Werke, bis hin zu den »Metamorphosen« für 23 Streicher und den »4 letzten Liedern«, entstanden.
Strauss' Kammermusikwerke sind ausnahmslos Jugendkompositionen, die mit den großen Werken (beginnend mit der Tondichtung »Don Juan« 1888/89) in keiner Weise zu vergleichen sind, aber von den 4 Stücken, die der Komponist wenigstens einer Opuszahl für würdig hielt, sind die 3 jüngeren durchaus eigenständige Werke, die zudem wichtige Entwicklungsstationen des jungen Komponisten bezeichnen: die Cellosonate, das Klavierquartett und die Violinsonate. Weniger bedeutend ist das älteste der 4 Werke, das

Streichquartett A-Dur op. 2

Komponiert 1880.
Allegro – Scherzo – Andante cantabile – Allegro vivace.

Das Streichquartett demonstriert kaum mehr als die kompositionstechnische Kompetenz des Sechzehnjährigen; abgesehen von einigen »sinfonischen« Überschreitungen der Gattungsgrenzen ist es eine fast perfekte Stilkopie, die noch über Mendelssohn hinaus bis zu Haydn und Mozart zurückgreift. 3 der 4 Sätze haben Sonatensatzform. Der relativ selbständigste Satz ist das Scherzo, dessen thematischer Gestus im Scherzo des Klavierquartetts wiederkehrt. Im Andante (h-Moll) wird die Neigung des jungen Strauss zur Salonmusik deutlich.

Cellosonate F-Dur op. 6

Komponiert 1880/83; Hans Wihan, Solocellist der Münchner Hofkapelle, gewidmet.
Allegro con brio – Andante ma non troppo – Allegro vivo.

Die Sonate, an der Strauss seit 1880 mit Unterbrechungen arbeitete, wurde erst 1883 vollendet; neben der Bläserserenade op. 7 war sie das erste Erfolgsstück des Komponisten. Seinen Erfolg bei den Zeitgenossen hatte das Stück wohl vor allem seiner beruhigend konservativen Haltung zu verdanken, die Strauss von seinem Vater, einem leidenschaftlichen Gegner

Wagners und Liszts, von Anfang an eingeimpft worden war. Waren im Streichquartett die (nur oberflächlich verstandenen) Vorbilder Haydn und Mozart gewesen, so waren es jetzt Mendelssohn und Schumann – und in deren Tonfällen sprachen nicht wenige in den 1880er Jahren noch vielbeschäftigte konservative Komponisten. Strauss beherrscht diese Tonfälle perfekt; den eigentlichen Reiz des Stückes – abgesehen davon, daß es ein höchst wirkungsvolles Vortragsstück ist – macht heute aber die Tatsache aus, daß es auch schon Ansätze zu einer eigenen Tonsprache erkennen läßt: die große melodische Geste, mit der der 1. Satz beginnt; die Formulierung äußerst prägnanter und scharf kontrastierender thematischer Charaktere, die im Finale mit seinem Gegeneinander von Schumannschem Scherzo-Ton und Mendelssohnscher Hymnik bis zur Penetranz geht. Vielleicht der zukunftsträchtigste Zug des Werkes ist der Schluß der Durchführung im 1. Satz: ein Fugato, das mit einer den Charakter des Themas völlig verändernden Themen-Formulierung beginnt und sich dann allmählich zum ursprünglichen Thema zurück (und damit zum Beginn der Reprise) entwickelt; hier ist schon etwas von der Virtuosität zu ahnen, mit der der reife Strauss in seinen Tondichtungen und Opern die Charakter-Verwandlung von Themen und Leitmotiven einsetzen wird.

Klavierquartett c-Moll op. 13

Komponiert 1883/84.
Allegro – Scherzo – Andante – Vivace.

Das Klavierquartett ist zwischen der Sinfonie f-Moll und der Burleske für Klavier und Orchester entstanden; zusammen bilden die 3 Werke die Phase in Strauss' Entwicklung, in der das Vorbild Mendelssohn durch den Einfluß Brahms' verdrängt wurde und in der Strauss sich am intensivsten mit den Formen der klassisch-romantischen Instrumentalmusik auseinandersetzte. Das Werk erhielt 1885 den 1. Preis im Wettbewerb des Berliner Tonkünstlervereins. Ende 1885 wurde es in Meiningen uraufgeführt.
Das Klavierquartett war durch die 3 Werke von Brahms zu einer wichtigen Kammermusik-Gattung des späten 19. Jh. geworden, vor allem in den deutschsprachigen Ländern; so ist es leicht verständlich, daß gerade Brahms' Klavierquartette in Strauss' Werk deutliche Spuren hinterlassen haben – durchaus zum Vorteil des Werkes – und daß Strauss auch die anspruchsvolle Vier-

sätzigkeit »großer« Kammermusik übernommen hat. Nicht zuletzt zeigt sich der Anspruch der Komposition auch in ihrer Spieldauer: 40 Minuten.

Das *1. Allegro* (C) ist ein breit angelegter Sonatensatz, der mit einem Unisono-»Motto« der Streicher beginnt; aus diesem entwickelt sich ein vielgestaltiger Themen-Komplex in c-Moll, aus dem, neben dem Motto und Triolen-Motiven, vor allem ein überaus (man könnte auch sagen: reichlich) »brahmsisches« Motiv wichtig wird:

Der Seitensatz in Es-Dur – wieder im Unisono bzw. in Oktaven der Streicher vorgetragen, diesmal mit Arpeggienbegleitung im Klavier, die den hymnischen Schwung noch steigert – ist eine der ersten »großen« Strauss-Kantilenen, eine riesige, aperiodisch strömende, dennoch 16 Takte lange Melodie aus pathos-

gesättigten Gesten, die durch leidenschaftliche Vorhalte (rhythmisch noch etwas monoton) gegliedert wird. Die Durchführung ist außerordentlich dicht und in allen Stimmen thematisch gearbeitet, in ihren kontrapunktischen Kombinationen einzelner Motive aus Haupt- und Seitensatz geradezu unersättlich; dazu wird gleich am Beginn eine »neue«, schwärmerische Melodie (Cis-Dur) eingeführt, die vom Kopfmotiv des Seitensatzes begleitet wird und sich bald als Ableger des Seitensatzes erweist (Techniken der thematischen Begleitung und thematischen Ableitung, bei denen offensichtlich Brahms Pate gestanden hat). Auch am Schluß der Durchführung taucht diese Melodie noch einmal auf (jetzt in G-Dur, schon vorbereitend auf die Reprise), so daß eine annähernd symmetrische Durchführungsform entsteht. Die Reprise wird durchführungsartig stark verändert; als 4. großer Satzteil folgt eine Coda – fast so lang wie die Exposition, in der erst in einer neuen Steigerung der Anfang des Mottos verkürzt, in Umkehrung und mit dem brahmsischen Nebenmotiv sehr konzentriert verarbeitet wird, dann noch einmal die »neue« Melodie, jetzt in C-Dur, erscheint. Den Schluß bildet, nun endgültig in C-Dur, das Motto.

Das *Scherzo* (Es-Dur, 3/4) ist als Sonatensatz mit sehr knapper Exposition und umfangreicher Durchführung angelegt; seinen Scherzo-Ton bekommt es nicht nur durch die Sprungmotive und die rhythmische Energie der ersten Takte, sondern ebenso durch das virtuose Spiel, das Strauss mit diesen Motiven in thematischer Arbeit (Isolierung der Motive und Neukombination), rhythmisch-metrischer Verschiebung und im Wechsel von 3-

und 4taktigen Abschnitten treibt (wobei er sich als genauer Kenner des Scherzos aus Beethovens 9. Sinfonie erweist). Die Reprise ist fast notengetreu; an sie schließt sich – ganz wie im 1. Satz – eine längere Coda an, die hier aber nicht Abschluß, sondern harmonische Überleitung zum H-Dur-*Trio* ist, dessen Streicher-Kantilenen (das Klavier hat hier strikt Begleitfunktion) an den Seitensatz aus dem 1. Allegro erinnern, aber eher lyrisch als hymnisch getönt sind. Die Wiederholung des Scherzos stellt noch einmal die formale Beziehung zum 1. Satz her: An die eigentliche Wiederholung schließt sich eine große Coda an, in der Trio-Thema und Scherzo-Motive erst gemeinsam verarbeitet, dann gegeneinander gestellt werden; den Schluß bilden eine große lyrische Episode, die aus einem im Scherzo-Hauptteil nur flüchtig angeschlagenen Motiv entwickelt wird und noch einmal harmonisch weit ausgreift, und eine kurze Prestissimo-Coda.

Das *Andante* (f-Moll, C) ist, von der thematischen Substanz her, der konventionellste der 4 Sätze, formal ein großes 2teiliges Stück mit 3 charakteristisch verschiedenen Themen, deren 1. zu phantasievoller thematischer Arbeit benutzt wird, während das 2. nur als Kontrast auftritt und das 3. die auch später noch so oft durchbrechende Neigung des Komponisten zum Sentimentalen sehr deutlich zeigt. Offenbar hat Strauss den Wunsch gehabt, ein »leichteres« Intermezzo in der Art so vieler langsamer Sätze bei Mendelssohn und Brahms zu schreiben, aber diese Absicht ist durch den sehr dichten Satz, den melodischen und harmonischen Reichtum des Stückes gänzlich überlagert worden (ganz deutlich nur noch in der auffallenden Tatsache, daß die linke Hand des Klaviers fast durchgehend als Begleitstimme behandelt ist.)

Das *Finale* (2/4), ein ganz freier Sonatensatz, ist in seiner schroffen, fast nur noch aus motivischen Gesten bestehenden und kaum periodisch verfestigten Thematik schon ein gutes Stück weit auf dem Weg zum Stil der Violinsonate; dem entspricht es, daß im Verlauf des Satzes die thematischen Charaktere eher gegeneinandergestellt und immer weiter individualisiert als thematisch verarbeitet, geschweige denn kombiniert werden, und dem entspricht ebenso, daß die instrumentale Virtuosität in diesem Satz noch einmal gesteigert wird. Sein mitreißender Schwung überspielt die Problematik, die sich in der Violinsonate deutlich zeigen wird: Je dezidierter der Komponist seine ganz persönliche Sprache spricht, desto klarer wird, daß diese

Sprache nicht mehr vereinbar mit den Formen und der Idee klassisch-romantischer Kammermusik ist.

Violinsonate Es-Dur op. 18

Komponiert 1887.
Allegro ma non troppo – Andante cantabile – Andante/Allegro.

Die Violinsonate ist 3 (entscheidende) Jahre nach dem Klavierquartett geschrieben worden, nach der Programmsinfonie »Aus Italien« und nach dem Beginn der Arbeit an der Tondichtung »Macbeth«. Die Entstehungszeit erklärt, warum sie Strauss' sicherlich bedeutendstes, aber auch sein problematischstes Kammermusikwerk ist. Der ganz eigene »Ton« ist gefunden – gleichsam chiffriert in den Hauptthemen der Ecksätze, die schon der Welt des »Macbeth« (Thema des 1. Satzes)

und des »Don Juan« (Thema des Finales)

angehören, aber aus solchen Themen, verbunden mit einer jetzt voll entwickelten nervösen Klangphantasie und einer weit stärker von Wagner als von Brahms abgeleiteten Harmonik lassen sich kammermusikalische Dialoge nur noch mit Gewalt entwickeln. Das Klavier dominiert; während in der Cellosonate der

Cellopart noch ausgesprochen dankbar war, ist hier die Violinstimme eigentlich nur noch (sehr) schwierig. Und daß nicht nur Thematik und Satztechnik von der Sprache der Tondichtungen affiziert werden, daß vielmehr die Idee der kammermusikalischen Tradition jetzt in Frage gestellt wird, zeigt nichts deutlicher als die Tatsache, daß der langsame Satz nicht erst in der Ausgabe, sondern schon im Autograph die Überschrift trägt »Improvisation aus opus 18« (und tatsächlich ist er eine Zeitlang als gehobenes Salonstück beliebt gewesen).

Daß die Sonate dennoch, trotz aller Problematik, ein auf seine Weise großartiges Werk ist, verdankt sie vor allem der Einfallsfülle der Ecksätze. Das *1. Allegro* (C) entfaltet sich aus 3 Themen, die in einem ähnlichen Verhältnis zueinander stehen wie diejenigen des Kopfsatzes im Klavierquartett: konzentrierte, gleichsam sinfonische Geste zu Beginn – lyrisches Kontrastmotiv (in beiden Werken noch im Tonikabereich), dem hier noch ein 2. lyrisches, aber expansiveres Motiv folgt – große, hymnisch-pathetische Melodie als eigentlicher Seitensatz, die hier aber motivisch entwickelnd zurückgeleitet wird in das lyrische Kontrastmotiv.

Die Durchführung wird fast ganz vom Kopfmotiv und dem 1. lyrischen Motiv beherrscht, die in immer neuen melodisch-harmonischen Variationen nach- und gegeneinander durchgespielt werden; dafür werden in der Reprise nach dem Kopfmotiv das 2. lyrische Motiv und der Seitensatz breit und in großen Steige-

rungen durchgeführt. Sein eigentliches Ziel erreicht der Satz aber erst in der Coda, in der Kopfmotiv und 1. und 2. lyrisches Motiv zu einer großen, »neuen« Kantilene zusammengefügt werden. Es ist bezeichnend für Strauss' neue Haltung, daß als Resultat des Satzes so eine melodische Formulierung erscheint, die nicht das Ergebnis thematischer Prozesse ist, sondern als spontanes Ereignis wirkt.
Die *Andante*-»Improvisation« (As-Dur, $2/4$) ist ein in sehr freier Dreiteiligkeit aufgebautes Intermezzo über eine etwas konventionelle Liedmelodie, im Mittelteil virtuos und phantastisch koloristisch aufgelockert, ja geradezu zerstäubend, aber an Substanz den beiden anderen Sätzen doch merklich unterlegen. – Das *Finale* beginnt mit einer langsamen Einleitung ($6/8$), in der das Hauptthema vorbereitet wird; das Allegro ($3/8$) ist nur noch in den großen Umrissen ein Sonatensatz, im Detail ein rauschend virtuoses Spiel mit dem auffahrenden Kopfmotiv, 2 lyrischen Geigenmelodien (noch im Tonikabereich), einem Scherzando-Motiv und einer großen Kantilene in C-Dur (also eine ganz ähnliche, aber noch gestalten- und kontrastreichere Anlage als im 1. Satz). Seinen mitreißenden Schwung und Glanz bekommt der Satz vor allem durch das Kopfmotiv, in dessen Apotheose er kulminiert.

LF

Ferruccio Busoni

* 1. April 1866 in Empoli bei Florenz, † 27. Juli 1924 in Berlin

Busoni, Sohn eines italienischen Klarinettisten und einer deutschen Pianistin, trat schon sehr früh als Musiker auf: Mit 9 Jahren gab er in Wien Klavierabende, mit 12 Jahren dirigierte er, mit 15 Jahren wurde er Mitglied der Akademie in Bologna. Nach Wanderjahren, in denen er in Leipzig, Helsinki, Moskau und Boston als Klavierlehrer wirkte, ließ er sich 1894 in Berlin nieder und leitete dort Konzertzyklen des Berliner Philharmonischen Orchesters. 1907 wurde Busoni als Nachfolger des Pianisten Emil von Sauer an das Wiener Konservatorium berufen, kehrte aber bald wieder nach Berlin zurück. 1913 war er für ein Jahr Direktor des Liceo musicale in Bologna. Während des 1. Weltkriegs lebte Busoni in Zürich, von 1919 an wieder in Berlin. Dort übernahm er 1920 eine Meisterklasse für Komposition an der Akademie der Künste.

Busoni war ein Europäer aus Instinkt, Überzeugung und Kulturgesinnung. In Deutschland wurde er als Italiener, in Italien als Deutscher mißverstanden. Er haßte seinen Ruhm als Pianist und litt unter der Welt, die ihn als Nachschaffenden vergötterte und als Komponisten kaum beachtete. Obwohl Aufführungen seiner Werke noch immer Seltenheitswert haben, blieb sein Name bis heute im Gespräch. Mit prophetischem Weitblick hat er in seinem kühnen und revolutionären »Entwurf einer neuen Ästhetik der Tonkunst« die Entwicklung der modernen Musik entscheidend beeinflußt.

Als Komponist ging Busoni nicht den Weg, den er in seinen Schriften gewiesen hat, sondern strebte eine neue Klassizität an. Unter Klassizität verstand er »die Meisterung, die Sichtung und Ausbeutung aller Errungenschaften vorausgegangener Experimente: ihre Hineintragung in schöne und feste Formen, den Abschied vom Thematischen und das Wiederergreifen der Melodie als Beherrscherin aller Stimmen, aller Regungen, als Trägerin der Idee und Erzeugerin der Harmonie; kurz der hochentwickelten, nicht komplizierten Polyphonie«. Diese neue Klassizität verwirklichte Busoni vor allem in zwei Werken: in der Oper »Doktor Faust«, die von Philipp Jarnach vollendet wurde, und in der »Fantasia contrappuntistica« für Klavier, in der Busoni die unvollendete Quadrupelfuge aus Bachs »Kunst der Fuge« zu Ende führte.

Von den Kammermusikwerken sind strenggenommen nur die **2. Violinsonate** und die **»Elegie« für Klarinette und Klavier Es-Dur** (1921) für seinen Stil charakteristisch. Die **Streichquartette C-Dur op. 19** (1881) und **d-Moll op. 26** (1889), die **»Serenade« für Violoncello und Klavier op. 34** (1882), die **»Kleine Suite« für Violoncello und Klavier op. 23** (1885), die **»Bagatellen« für Violine und Klavier op. 28** (1888) und die mit dem Rubinstein-Preis ausgezeichnete **1. Sonate für Violine und Klavier C-Dur op. 29** (1890) entstanden in der ersten Schaffensperiode unter dem Einfluß von Johannes Brahms, dessen Klassizismus Busoni später abgelehnt hat.

2. Sonate für Violine und Klavier e-Moll op. 36a

Komponiert 1898. UA: 30. September 1898 in Helsinki.
Lento, Poco moto – Presto – Andante più tosto grave.

Die 2. Violinsonate bezeichnete Busoni als sein Opus 1, da er mit ihr »im ideellen Sinne« seinen Weg als Komponist gefunden habe. Hugo Leichtentritt, einer der Biographen Busonis, spricht von der »Gefühlswelt der Bachschen Orgelkompositionen und der letzten Beethovenschen Sonaten« in diesem Werk, in dem Busoni 3 Sätze zu einer zyklischen Form zusammenfaßte. Diese zyklische Form wird dadurch besonders betont, daß die Sonate mit dem gleichen chromatischen Thema

beginnt und endet. Der 1. Satz ist eine Fantasie in langsamem Zeitmaß. Ihr folgen ein scherzoartiges Presto in Sonatensatzform und Variationen über den Bach-Choral »Wie wohl ist mir, o Freund der Seelen, wenn ich in deiner Liebe ruh«.

WL

Hans Pfitzner

* 5. Mai 1869 in Moskau, † 22. Mai 1949 in Salzburg

Pfitzner studierte am Hochschen Konservatorium in Frankfurt a. M. bei James Kwast (Klavier) und Iwan Knorr (Theorie und Komposition) sowie bei Hugo Riemann in Wiesbaden. Nach kurzer Lehrtätigkeit in Koblenz wurde er 1894 Korrepetitor und Kapellmeister in Mainz, 1897 Kompositionslehrer am Sternschen Konservatorium in Berlin und dort 1903 auch Kapellmeister am Theater des Westens. 1908–18 war er Musikdirektor und Direktor des Konservatoriums und 1909–16 Operndirektor in Straßburg. 1920–29 leitete er eine Meisterklasse für Komposition an der Preußischen Akademie der Künste in Berlin, 1929–33 unterrichtete er Komposition an der Münchener Akademie der Tonkunst.

Kammermusik: Klaviertrio B-Dur o. op. (1886); Sonate für Violoncello fis-Moll op. 1 (1890); Klaviertrio F-Dur op. 8 (1896); 4 Streichquartette d-Moll o. op. (1886), D-Dur op. 13 (1902/03), cis-Moll op. 36 (1925) und c-Moll op. 50 (1941); Klavierquintett C-Dur op. 23 (1908); Sonate für Violine und Klavier e-Moll op. 27 (1918); Duo für Violine und Violoncello op. 43 (mit Begleitung eines kleinen Orchesters oder des Klaviers; 1937); Sextett für Klavier, Klarinette, Violine, Viola, Violoncello und Kontrabaß g-Moll op. 55 (1945).

Innerlich mit den Kunstidealen E. T. A. Hoffmanns und Robert Schumanns verbunden, stand Hans Pfitzner in grundsätzlicher Spannung zu seiner Zeit. Durch seine Schriften »Futuristengefahr« und »Die neue Ästhetik der musikalischen Impotenz«

nahm er eine Gegenposition zu Ferruccio Busoni und dem für die Komponisten der neuen Musik engagierten Musikkritiker Paul Bekker ein, der mit seinem Beethoven-Buch Pfitzners Zorn erregte (aber trotzdem Pfitzners Opernerstling, den »Armen Heinrich«, als Intendant in Kassel aufführen ließ). In der Schrift »Über musikalische Inspiration« verteidigte Pfitzner seine Anschauung, daß das künstlerische Schaffen ausschließlich ein Werk der Eingebung sei. Im »Palestrina«, seiner bedeutendsten Oper, hat er diese »Inspirationstheorie« auch dramatisch gestaltet. Man wird Pfitzner jedoch nicht gerecht, wenn man ihn als »letzten Romantiker«, als einen »Zu-spät-Geborenen« bezeichnet. Wie Richard Strauss hat auch Pfitzner in seinen Opern »Der arme Heinrich« (1895), »Die Rose vom Liebesgarten« (1901), »Das Christelflein« (1906), »Palestrina« (1917) und »Das Herz« (1931) die »Tristan«-Harmonik erweitert, ohne jedoch letztlich die Tonalität in Frage zu stellen.

Mit seiner spätromantischen Harmonik und linearen Grundhaltung erneuerte Pfitzner in den Kammermusik- und Orchesterwerken die überlieferten Formen und stand damit in seiner mittleren Schaffensperiode (1900–33) Busoni und der musikalischen Moderne näher, als er selber wahrhaben wollte. Er unterschied sich allerdings von den meisten seiner komponierenden Zeitgenossen dadurch, daß er nicht an eine Zukunft der Musik im Sinne der damaligen Moderne glaubte. Nach den expressiven und »progressiven« Werken der mittleren Schaffensperiode (Eichendorff-Kantate »Von deutscher Seele«, Streichquartett cis-Moll op. 36) resignierte er und schuf ein fast klassizistisch zu nennendes Alterswerk, das in jüngerer Zeit immer mehr in den Mittelpunkt des Interesses gerückt ist.

Quintett für Klavier, 2 Violinen, Viola und Violoncello C-Dur op. 23

Komponiert 1908. UA: 17. November 1908 in Berlin (Hans Pfitzner und das Rosé-Quartett).

Allegro ma non troppo – Intermezzo (mit ruhiger Grazie) – Adagio – Finale: Gemächlich bewegt.

Nach der Cellosonate op. 1, dem Klaviertrio op. 8 und den ersten beiden Streichquartetten erreicht das kammermusikalische Schaffen Pfitzners mit dem Klavierquintett seinen ersten Höhepunkt. Die 4 Sätze sind durch gemeinsames motivisches Material miteinander verbunden. In der Expressivität des sinfonisch gestalteten 1. Satzes kündigt sich bereits der »Palestrina« an. Ein Intermezzo in 3teiliger Liedform führt zum Adagio, einem Trauermarsch von großer Ausdrucksspannung. Beendet wird das Werk mit einem komprimierten »Epilog«, einem vitalen und effektvollen Finale.

Streichquartett cis-Moll op. 36

Komponiert 1925. UA: 6. November 1925 in Berlin (Amar-Quartett mit Paul Hindemith als Bratschist).
Ziemlich ruhig – Sehr schnell – Langsam ausdrucksvoll – Ziemlich schnell.

Das cis-Moll-Quartett ist dem musikalischen Expressionismus zuzurechnen und gehört dadurch nicht nur zu den wichtigsten Werken Pfitzners, sondern auch der Musik des 20. Jh. überhaupt. Im langsamen Satz werden die Satzstrukturen in atonale Klangbereiche vorgetrieben, die Arnold Schönberg in seiner mittleren Schaffensperiode und Richard Strauss in seinem Musikdrama »Elektra« berührten (Zitat S. 824). Entscheidender für die Wirkung des Werkes sind jedoch die lineare Führung der Stimmen, die melodische Intensität und die Verarbeitung des thematischen Materials, die sich grundsätzlich von der klassischen Durchführungstechnik unterscheidet. Ungewöhnlich ist das Ende des 1. Satzes. Sein Schlußakkord

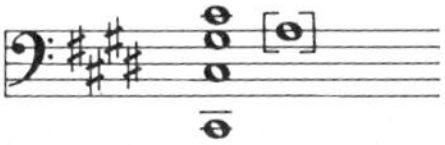

bietet zwei Möglichkeiten: Nach einer Anweisung Pfitzners »soll das a gespielt werden, wenn sofort (›attacca‹) der 2. Satz anschließt; das gis, wenn der 1. Satz abschließt und eine Pause folgt, die aber nur ganz kurz sein darf, um den motivischen Zusammenhang sinnfällig zu machen«. Mit dem Schlußakkord des 2. Satzes, einem Scherzo im Presto-Tempo, setzt Pfitzner eine deutliche Zäsur vor dem 3. und 4. Satz, die ihrerseits unmittelbar aufeinander folgen. Im Pianissimo klingt das Finale aus, das Pfitzner aus dem motivischen Material der vorangegangenen Sätze entwickelt.
1932 hat der Komponist selbst das Quartett instrumentiert und als Sinfonie veröffentlicht, die eine noch größere Verbreitung als die kammermusikalische Fassung gefunden hat.

WL

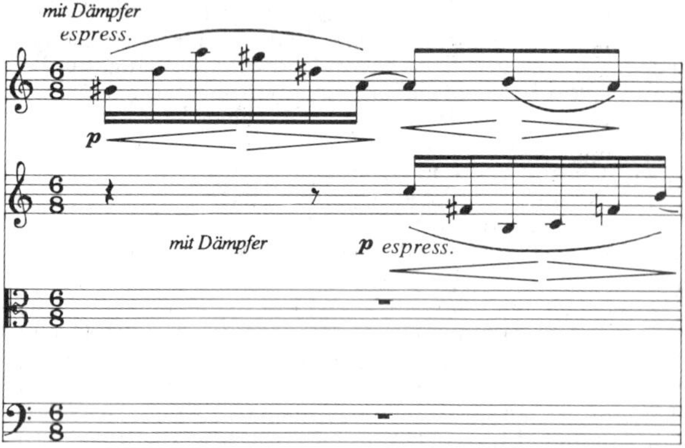
mit Dämpfer
espress.
p
mit Dämpfer
p espress.

(etwas zögern)
(etwas zögern)
espr.
p
mit Dämpfer
mit Dämpfer
p espress.

Alexander Zemlinsky

* 14. Oktober 1871 in Wien, † 15. März 1942 in Larchmont, N. Y. (USA)

Zemlinsky studierte am Konservatorium in Wien Klavier bei Anton Door, Kontrapunkt bei Franz Krenn und Robert Fuchs, Komposition bei Johann Nepomuk Fuchs, einem Schüler von Simon Sechter. 1883 wurde er Mitglied des Wiener Tonkünstlervereins, dessen Ehrenpräsident Johannes Brahms war, der Zemlinsky förderte und einen entscheidenden Einfluß auf seine kompositorische Entwicklung ausübte. 1900–11 wirkte Zemlinsky als Kapellmeister in Wien: zuerst am Karltheater, dann an der Volksoper und ein Jahr (1907) unter Gustav Mahler an der Hofoper. Als Mahlers Nachfolger Felix Weingartner die Uraufführung von Zemlinskys Oper »Der Traumgörge« verhinderte, kehrte dieser wieder an die Volksoper zurück. 1904 gründete er mit Arnold Schönberg, der zeitweise Kompositionsunterricht bei ihm hatte und der später sein Schwager wurde, den »Verein schaffender Tonkünstler«. 1911–27 leitete Zemlinsky die Oper am Deutschen Landestheater in Prag und wurde dort 1920 auch Rektor der Deutschen Musikakademie. 1927 berief ihn Otto Klemperer als Kapellmeister an die Berliner Krolloper. 1933 mußte er Berlin verlassen. Er ging nach Wien zurück und emigrierte 1938 in die USA, wo er sich weder als Dirigent noch als Komponist durchzusetzen vermochte.

Zemlinsky schrieb 8 Opern. Von den Orchester- und Vokalwerken muß die »Lyrische Sinfonie« nach Gedichten von Rabindranath Tagore für Sopran, Bariton und Orchester besonders erwähnt werden; sie gehört zum Bedeutendsten, was Zemlinsky hinterlassen hat. Die Kammermusik – eine Suite für Violine und Klavier A-Dur (1895) und ein Streichquintett d-Moll (1895), ein Trio für Klarinette, Violoncello und Klavier sowie 4 Streichquartette – weist Zemlinsky als einen eigenwilligen, seismographisch auf seine Zeit reagierenden Künstler aus, der sich trotz der stilistischen Affinität zu Mahler, die ihn auch mit Alban Berg verbindet, keiner Richtung der Neuen Musik zuordnen läßt.

Trio für Klarinette (oder Violine), Violoncello und Klavier d-Moll op. 3

Komponiert 1896. UA: 11. Dezember 1896 in Wien.
Allegro ma non troppo – Andante – Allegro.

Als Zemlinsky das Trio schrieb, hatte er bereits eine Sinfonie (1892) und die Oper »Sarema« (1894) komponiert. Er beherrschte die überlieferten Formen und verfügte über ein satztechnisches Können, das er zur fesselnden Gestaltung des thematischen Materials einsetzte. Wie die frühen Werke von

Richard Strauss und Arnold Schönberg steht auch dieses Trio in der Nachfolge von Johannes Brahms. Lediglich das Thema des 2. Satzes, eines 3teiligen Andantes, ist für den späteren Stil Zemlinskys typisch:

Die beiden Ecksätze, ein Allegro in Sonatensatzform und ein rondoartiges, vital-musikantisches Finale, sind durch das motivische Material aufeinander bezogen. Das Thema des Finales wird aus dem Thema des 1. Satzes entwickelt, das dann gegen Schluß des Werkes noch einmal in seiner ursprünglichen Form erklingt.

Streichquartett Nr. 1 A-Dur op. 4

Komponiert 1896. UA: 1897 im »Wiener Tonkünstlerverein«.
Allegro con fuoco – Allegretto – Breit und kräftig – Vivace con fuoco.

In Zemlinskys 1. Streichquartett ist der Einfluß von Johannes Brahms nur noch indirekt spürbar. Charakteristisch für seinen Stil sind die vorantreibende Kraft der Themen und die expressiven Steigerungen, die eine Erweiterung der Tonalität zur Folge haben. Die Formen der 4 Sätze sind noch weitgehend traditionell. Die Ecksätze, beide in Sonatensatzform, umschließen ein Scherzo mit einem böhmischen Furiant als Trio und ein Adagio (breit und kräftig), dessen Mittelteil durch seine Harmonik und Expressivität zum Kühnsten gehört, was vor der Jahrhundertwende komponiert wurde.

Streichquartett Nr. 2 op. 15 (in einem Satz)

Komponiert 1913/14. UA: 1924 in Wien (Rosé-Quartett).
1. Teil: Sehr mäßig – Heftig und leidenschaftlich; 2. Teil: Moderato – Andante mosso – Allegretto – Adagio; 3. Teil: Schnell; 4. Teil: Andante – Mit energischer Entschlossenheit – Allegro molto – Langsam – Andante.

Das 2. Quartett wird mit Recht als Zemlinskys kammermusikalisches Chef d'œuvre bezeichnet. Die Formkonzeption gemahnt an zwei 1sätzige Werke Schönbergs: an das 1. Streichquartett op. 7 von 1905 und an die Kammersinfonie op. 9. Während jedoch Schönberg die 4 Sätze des Sonatenzyklus zu einem großen Sonatensatz verbindet, wählt Zemlinsky die Rondoform.

Ein Motto, das zu Beginn erklingt, kehrt immer wieder und verbindet die 4 Teile – einen leidenschaftlichen Kopfsatz, ein Adagio, ein Scherzo mit Trio und das Finale – zu einer großen 1sätzigen Form. Das Motto

ist zugleich aber auch als Keimzelle des Werkes anzusehen. Aus ihm werden durch ständige Variation des Tonmaterials die Themen der Satzteile entwickelt.

Streichquartett Nr. 3 op. 19

Komponiert 1924. UA: 1924 in Leipzig (Buxbaum-Quartett).
Allegro – Thema mit Variationen – Romanze – attacca: Burleske.

Im 3. Quartett kehrt Zemlinsky zur klassischen Form zurück. Es besteht aus 4 relativ knappen Sätzen. Die Satzstrukturen sind aufgelockerter, transparenter als im 2. Quartett und von emotionaler Distanz bestimmt. Auf ein Allegro in Sonatensatzform (mit verkürzter Reprise) folgen ein Variationensatz, eine Romanze in 3teiliger Liedform und ein burleskes Rondo, dessen Thema aus dem Motto des 2. Quartetts abgeleitet ist. Der 2. Satz stellt einen neuen Typus der Variationenform dar. Bei strenger Anlehnung an die melodische Linie in den ersten Variationen und durchgehender Beibehaltung der Gliederung und der Charakteristik der einzelnen Teile des Themas stimmt die Taktzahl keiner Variation mit der des Themas überein: Dies ergibt sich durch selbständige verändernde Einschübe zwischen den einzelnen Teilen des Themas, durch Einschübe und Dehnungen im Thema selbst und durch die Komprimierung einzelner Teile. Zemlinsky erreicht damit, daß das Thema ständig neu beleuchtet wird. Das gleiche ist hier niemals dasselbe.

Streichquartett Nr. 4 op. 25

Komponiert 1936. UA: 21. April 1967 in Wien (Neues Wiener Streichquartett).
Präludium – Burleske – Adagietto – Intermezzo – Thema mit Variationen (Barcarole) – Finale (Doppelfuge).

Erst 35 Jahre nach seiner Entstehung wurde das 4. Quartett von der Universal Edition Wien veröffentlicht. Seine Form erinnert an die »Lyrische Suite« für Streichquartett von Alban Berg, die Zemlinsky gewidmet ist und ein Thema aus dessen »Lyrischer Sinfonie« als Zitat enthält. Das Quartett hat 6 Sätze. Es beginnt mit einem Präludium, in dem Zemlinsky wiederum auf das Motto des 2. Quartetts zurückgreift und ein Thema aus Schönbergs Streichsextett »Verklärte Nacht« zitiert. Der 2. Satz, eine Burleske, ist ein Rondo nach dem Schema A–B–A′–C–A″–D–A‴. Der 3. Satz, ein Adagietto in 3teiliger Liedform, stellt trotz seiner Kürze die geistige Mitte des Werkes dar. Den 4. Satz bezeichnet Zemlinsky als Intermezzo. Jedoch kommt ihm größere Bedeutung zu als einem Zwischenspiel, da er mit seiner dramatischen Verve und einem Fugato kontrastierend zwischen dem Adagietto und dem 5. Satz steht, einer Barcarole, deren Thema dreimal variiert wird. Den Abschluß des Werkes bildet eine Doppelfuge über die Themen:

I Allegro molto, energico

II Grazioso

Das 2. Thema wird dann mit einer Triolenvariation des 1. Themas kombiniert. Diese Version eröffnet den Schlußteil, in dem die beiden Themen frei rekapituliert und zu einem letzten Höhepunkt gesteigert werden.

WL

Max Reger

* 19. März 1873 in Brand (Oberpfalz), † 11. Mai 1916 in Leipzig

Seine gründliche musikalische Schulung verdankte Reger dem Organisten Adalbert Lindner und dem Musikwissenschaftler Hugo Riemann, dessen Schüler er in Sondershausen und Wiesbaden war. 1901 ging Reger nach München und unterrichtete dort 1905/06 an der Akademie der Tonkunst. 1907 wurde er als Universitätsmusikdirektor und Kompositionslehrer am Konservatorium nach Leipzig berufen. 1911 übernahm er als Hofkapellmeister das von Hans von Bülow geschulte Orchester in Meiningen, gab aber bereits 3 Jahre später die Position wegen eines Herzleidens wieder auf. Er zog nach Jena, um allein seinem Schaffen zu leben. Zu seinen Schülern gehören u. a. Othmar Schoeck, Hermann Grabner und Joseph Haas.

Das vielgestaltige und an Kontrasten reiche Gesamtwerk Regers – Orchesterwerke und Solokonzerte, Orgel-, Klavier- und Chorwerke, Sologesänge mit Orchester, Lieder und Kammermusik – ragt wie ein erratischer Block in das 20. Jh. hinein. »Er hat der Musik die alten Kräfte der Stimmigkeit und die kontrapunktischen Formen wiedergegeben, aber auf der Grundlage der unendlich verfeinerten romantischen Harmonik, die er damit aufs neue bereichert und geklärt hat« (Joseph Müller-Blattau). In seinen Orgelwerken, die zum Bedeutendsten gehören, das Reger geschaffen hat, bekannte er sich zu Johann Sebastian Bach als dem »Urquell musikalischen Schaffens«. Seine Kammermusik und die Werke über Themen von Mozart, Beethoven, Hiller und Telemann sind vom Streben nach musikalischer Vertiefung bestimmt und ohne die Variationstechnik von Brahms nicht denkbar. Regers Musik ist zugleich rückwärts und vorwärts gerichtet. Sie steht zwischen den Stilen um die Jahrhundertwende und bezieht ihre Wirkung aus der Spannung zwischen Tradition und radikalem Modernismus. »Sein Traditionalismus«, urteilte Karl H. Wörner, »wird zur modernen Archaik, wo er Kontrapunktiker ist. Er ist das ganz im barocken Sinne, d. h. im Geist der Bachschen Polyphonie.« Die »moderne Archaik« ist vor allem für die Kammermusik charakteristisch, die neben den Orgelwerken einen breiten

Raum in Regers kompositorischem Schaffen einnimmt. Insgesamt schuf er 11 Sonaten für Violine solo, 22 Suiten sowie Präludien, Fugen und Duos für Violine, Viola und Violoncello allein, 9 Sonaten für Violine und Klavier, 4 Sonaten für Violoncello und Klavier, 6 Trios (davon 2 Klaviertrios), 7 Quartette (5 Streich-, 2 Klavierquartette, ein »Jugend-Streichquartett« nicht mitgerechnet), 3 Quintette (2 mit Klavier und eines mit Klarinette) und ein Sextett für Streicher. In ihnen erweist er sich als ein Meister der Mehrstimmigkeit, der sich von Werk zu Werk von seinen Vorbildern löste und mit kühnen Modulationen und fantasieartigen, aus dem ursprünglichen thematischen Material gewonnenen Teilen die Sonatensatzform und das erstarrte Schema der Mittelsätze freier gestaltete und entsprechend seinem Ausdruckswillen veränderte.

Werke für Solo-Streicher und Streicher-Duos

4 Sonaten für Violine solo op. 42 (komponiert 1900). Indem er alle technischen Möglichkeiten des Instruments ausnützte, erfüllte Reger in den 4 Sonaten eine seit Johann Sebastian Bach vernachlässigte Form mit neuem Leben. Die **Sonate Nr. 1 d-Moll** (Allegro energico – Adagio con gran espressione – Prestissimo assai – Allegro energico) gipfelt in einer Fuge in einem strengen, an Johann Sebastian Bach orientierten Stil:

Die **Sonate Nr. 2 A-Dur** (Allegro con grazia – Andantino – Prestissimo) ist lyrischer und schlichter als die **Sonate Nr. 3 h-Moll** (Pesante – Andante semplice – Prestissimo – Vivacissimo) mit ihren aus der barocken Suite übernommenen Satzformen; auf den frei gestalteten 1. Satz folgen ein Kanon, eine Gigue und ein virtuoses Capriccio. Die **Sonate Nr. 4 g-Moll** (Sostenuto – Allegretto con grazia – Andante con moto) steigert sich vom verhaltenen 1. Satz und dem tänzerischen Allegretto in eine Chaconne, in der das an Bachs bekannte Chaconne (in BWV 1004) erinnernde Thema 14mal variiert wird:

7 Sonaten für Violine allein op. 91. Reger komponierte die Sonaten Nr. 1–4 vom 20. bis 30. August des Jahres 1905 in Kolberg, Nr. 5–7 im Spätherbst in München. Die barocken Satztypen werden von ihm in persönlich empfundene Stimmungs- und Charakterbilder verwandelt. Die Fugen der 1., 4. und 5. Sonate und die Chaconne der 7. Sonate sind als schöpferische Auseinandersetzungen mit der barocken Fugen- und Variationentechnik zu werten.

Gleiches gilt auch für die **7 Präludien und Fugen und Chaconne für Violine allein op. 117**, die **6 Präludien und Fugen für Violine allein op. 131a**, die **3 Duos** (Kanons und Fugen im alten Stil) **für 2 Violinen op. 131b**, die **3 Suiten für Violoncello allein op. 131c** und die **3 Suiten für Bratsche allein op. 131d**, in denen Regers polyphoner Stil endgültig ausgeprägt ist.

Sonaten für Violine und Klavier

Von seinen 9 Violin-Klavier-Sonaten hat Reger die **1. (d-Moll op. 1)** mit 17 Jahren und die **2. (D-Dur op. 3)** mit 18 Jahren während seines Studiums komponiert. Robert Schumann und Beethoven waren in dieser Zeit seine Vorbilder. – Eigenständiger ist die **3. Sonate A-Dur op. 41** (komponiert 1899; UA: 11. Dezember 1900 in München; Allegro con moto – Intermezzo – Largo con gran espressione – Allegro ma non tanto). Sie wird von der Violine mit einem chromatischen Thema

eröffnet. Aus ihm heraus wachsen im konzentrierten Dialog der beiden Instrumente der 1. und der 4. Satz. Diese beiden Sätze umschließen ein kapriziöses Intermezzo und ein aus der tonalen Version des chromatischen Motivs entwickeltes Largo, das, wie Fritz Stein in seiner Reger-Biographie schreibt, »die Reihe jener ergreifenden langsamen Sätze eröffnet, die aus tiefer gebethafter Versunkenheit aufsteigen zu frommer Erhebung«. – Die **4. Sonate C-Dur op. 72** (komponiert 1903; UA: 5. November 1903 in München; Allegro con spirito – Prestissimo – Largo con gran expressione – Allegro con brio) hatte Reger ursprünglich »den deutschen Kritikern« widmen wollen, die ihn nicht verstanden. Seiner Empörung machte er mit den Motiven S–C–H–A–F–E und A–F–F–E Luft, die er im 1. Satz dem thematischen Material integrierte:

Auf ein Scherzo mit ruhigerem Mittelteil folgen dann ein Largo mit dem B–A–C–H-Motiv als Höhepunkt und ein Finalsatz, der seine Wirkung aus dem Kontrast zwischen einem aufsteigenden und einem choralähnlichen Thema bezieht. – Zu den inspiriertesten Werken Regers gehört die **5. Sonate fis-Moll op. 84** (komponiert 1905; UA: 7. März 1905 in Berlin; Allegro moderato, ma agitato – Allegretto poco vivace – Andante sostenuto con variazioni – Vivace). In der Mitte stehen ein Scherzo und ein Andante, das aus 7 Variationen über folgendes Thema besteht:

Im Finale verbindet Reger erstmals das Fugenthema

mit dem Thema des Variationensatzes zur sogenannten Variations- oder Steigerungsfuge, die von nun an typisch für Reger werden sollte.
Wesentlich einfacher und spieltechnisch leichter sind dagegen die **Kleinen Sonaten d-Moll** und **A-Dur op. 103b** aus dem Jahre 1909, die gemeinsam mit den **6 Vortragsstücken** der **Suite a-Moll op. 103** und den **12 kleinen Stücken nach eigenen Liedern op. 103c** unter dem Titel »Hausmusik für Violine und Pianoforte« veröffentlicht wurden. Von den Vortragsstücken der a-Moll-Suite existiert die vielgespielte *Aria* in verschiedenen Instrumentalfassungen (von Reger selbst eine Fassung für Violine und Orchester und eine Fassung für Violoncello und Klavier oder Orgel).
Die **8. Sonate e-Moll op. 122** (komponiert 1911; UA: 17. Oktober 1911 in Bayreuth; Moderato – Vivace – Adagio – Allegretto espressivo) und die **9. Sonate c-Moll op. 139** (komponiert 1915; UA: 29. Juli 1915 in Jena; Con passione – Largo – Vivace – Andantino con variazioni) zeichnen sich durch Transparenz und klare formale Gestaltung aus. Das Scherzo und das Finale der e-Moll-Sonate gehören zu den differenziertesten Sätzen Regers. In der c-Moll-Sonate fesselt vor allem das Variationenfinale durch die phantasievolle Verwandlung des Themas. Für dieses Finale gilt, was Reger über die Orgelvariationen op. 73 gesagt hat: »Nach meinem Begriff besteht die Variation nicht nur in der Veränderung des musikalischen Gewandes, sondern ist auch möglich als Veränderung der Stimmung selbst, d. h. es ist selbstredend, daß dann das musikalische Material eben auch ein neues wird.«
Für Violine und Klavier komponierte Reger außerdem **3 kleine Stücke op. 79d** (»Wiegenlied«, »Capriccio« und »Burla«), **2 Stücke op. 87** (»Albumblatt« und »Romanze«) sowie die **Suite F-Dur im alten Stil op. 93**, die von Reger kurz vor seinem Tod für Orchester (ohne Solovioline) bearbeitet wurde. Das *Largo* erschien auch einzeln und in einer Fassung Regers für Violine und Orgel.

Violoncello- und Klarinettensonaten mit Klavier

Von den 4 Sonaten für Violoncello und Klavier ist die **Sonate f-Moll op. 5** (komponiert 1892; UA: 17. Oktober 1893 in Wiesbaden; Allegro maestoso ma appassionato – Adagio con gran affetto – Allegro un poco scherzando) mit ihrem akkordüberladenen, allzu massiven Klaviersatz ein Werk des »Sturm und Drang«. – Ausgeglichener in der Form und im Zusammenspiel der beiden Instrumente wirken die **Sonate g-Moll op. 28** (komponiert 1898; UA-Daten unbekannt; Agitato – Prestissimo assai – Intermezzo – Allegretto con grazia) und die **Sonate F-Dur op. 78** (komponiert 1904; UA: 14. Dezember 1904 in München; Allegro con brio – Vivacissimo – Andante con variazioni – Allegro vivace). In ihnen erscheint als 2. Satz das für Reger charakteristische Scherzo. Schnell dahinhuschende Pianissimo-Figuren werden von Fortissimo-Akkorden unterbrochen. – Ein stets fesselndes Musizierstück gelang Reger mit der **Sonate a-Moll op. 116** (komponiert 1911; UA: Januar 1911 in Hamburg; Allegro moderato – Presto – Largo – Allegretto con grazia), in der das Cello über den aufgelichteten Klaviersatz dominiert. Drängende Chromatik bestimmt den Aufbau der Themen sowohl im 1. Sonatensatz:

wie im 3teiligen Scherzo. Auf das weit ausschwingende Largo folgt ein Finale in Rondoform. – Aparte Salonmusik sind die **2 Stücke op. 79e** (»Caprice« und »Kleine Romanze«) von 1904.

Für die Klarinettisten schrieb Reger mit den **Sonaten As-Dur** und **fis-Moll op. 49** (1900) zwei dankbare Spielstücke und mit der **Sonate B-Dur op. 107** (komponiert 1908, UA: 9. Juni 1909 beim Kammermusikfest in Darmstadt; Moderato – Vivace – Adagio – Allegretto con grazia) ein – wie Reger in einem Brief bemerkte – »gar lichtes, freundliches Werk, gar nicht lang, damit der Klangcharakter des Blasinstruments nicht ermüdet«. Mit seinen 4 formal gut ausgewogenen Sätzen stellt es eine wesentliche Bereicherung der Klarinetten-Literatur dar, wobei nicht unerwähnt bleiben darf, daß der Part der Klarinette nach einer Anweisung Regers auch von der Bratsche oder der Violine gespielt werden kann. – Als Gelegenheitsstücke für Klarinette und Klavier sind ein **»Albumblatt«** und eine **»Tarantelle«** zu bewerten, die ohne Opuszahlen veröffentlicht wurden.

Trios, Quartette und Quintette mit Klavier

Von den Trios ist das **Trio für Klavier, Violine und Viola h-Moll op. 2** (komponiert 1891; UA: 1894 in Berlin; Allegro appassionato ma non troppo – Allegretto, non troppo mosso – Adagio con variazioni) noch von Johannes Brahms beeinflußt. Lediglich der abschließende Variationensatz weist durch die Aufgliederung des Themas in seine Motive, die dann variiert werden, auf den Stil Regers. – Das **Trio für Violine, Violoncello und Klavier e-Moll op. 102** (komponiert: 1907/08; UA: März 1909 in Leipzig; Allegro moderato, ma con passione – Allegretto – Largo – Allegro con moto) ist ein leidenschaftlich erregtes Werk, in dem der kammermusikalische Rahmen durch die sinfonische Gestaltung der Sätze fast gesprengt wird. In die Exposition von 3 Themen, eine Durchführung und eine Reprise gliedert sich der 1. Satz; er entspricht somit der Sonatensatzform, die jedoch durch die polyphone Verarbeitung der Themen nicht leicht zu erkennen ist. Im Andante-Mittelteil des 2. Satzes werden die beiden Melodie-Instrumente kanonisch geführt. Chromatische Themen bestimmen den dichten, oft dissonanten Instrumentalsatz des Largos in As-Dur, dem sich ein Schlußrondo in e-Moll anschließt, dessen tänzerisches Thema charakteristisch für den derben Humor Regers ist.

Die Quartette für Violine, Viola, Violoncello und Klavier op. 113 und op. 133 gehören zu den fortschrittlichsten Werken Regers. Von ihnen führt die musikalische Entwicklung zur erweiterten Tonalität und zum kontrapunktischen Stil von Paul Hindemith. Das **Klavierquartett d-Moll op. 113** (komponiert: 1910; UA: 30. Mai 1910 beim Tonkünstlerfest in Zürich; Allegro moderato ma con passione – Vivace – Larghetto – Allegro energico) beginnt mit einem Sonatensatz, den Reger in einer Nacht komponiert hat. Im Scherzo erscheint anstelle des Trios ein Adagio in H-Dur. Polyphon ist das Larghetto gestaltet, das in E-Dur steht. Ein elementar motorisches Allegro, in dem Reger zur Tonart d-Moll zurückkehrt, bildet den wirkungsvollen Abschluß des Werkes. – Im 1. Satz des **Klavierquartetts a-Moll op. 133** (komponiert: 1914; UA: März 1915 in Leipzig; Allegro con passione – Vivace – Larghetto – Allegro con spirito) werden die extremen Ausdruckssteigerungen durch die Sonatenform gebändigt, die klarer als im Klavierquartett op. 113 gestaltet ist. Kammermusikalische Transparenz hat der 2. Satz, ein Scherzo in leicht erkennbarer 3teiliger Form (Vivace

– Allegro – Vivace). Im expressiven Larghetto schöpft Reger alle harmonischen Möglichkeiten des Dur-Moll-Systems aus, ebenso im motorischen Finale, dessen Thema immer wieder aufleuchtet und formbildend wirkt:

Den beiden Quintetten für Klavier und Streichquartett kommt im Gesamtwerk Regers nur geringe Bedeutung zu. Das **Quintett c-Moll** (1887/88) wurde aus dem Nachlaß veröffentlicht und erst 1922 beim Tonkünstlerfest in Düsseldorf uraufgeführt. – Das **Quintett c-Moll op. 64** (komponiert 1901; UA: 1. Mai 1903 in München; Con moto ed agitato – Vivace – Lento – Allegro risoluto) stammt aus Regers »wilder Zeit«. Durch die Überfülle der Einfälle und der konzessionslosen polyphonen Gestaltung erregte es bei der Uraufführung nach den Worten des Komponisten »allgemeines Entsetzen«. Und dies nicht zu Unrecht, denn in ihm hat jedes Thema sogleich eine Gegenstimme, die Themen und Motive verschränken sich, werden ineinander zu einem dichten kontrapunktischen Satz verflochten, in dem sich der Zuhörer nur noch mit der Partitur zurechtfinden kann. Der Eindruck herrscht vor, daß Reger mit einer Überfülle an Einfällen und satztechnischen Künsten seine Vorbilder übertrumpfen wollte.

Trios ohne Klavier, Klarinettenquintett

Daß Reger auch leicht verständliche Musik schreiben konnte, beweisen die 4 Trios ohne Klavier: die **Serenaden für Flöte, Violine und Viola D-Dur op. 77a** (1904) und **G-Dur op. 141a** (1905) sowie die **Trios für Violine, Viola und Violoncello a-Moll op. 77b** (1904) und **d-Moll op. 141b** (1915). Sie sind jeweils 3sätzig, unkompliziert und in ihrer »einfachen« Struktur klassizistisch. – Das *Andante* aus der Serenade op. 77a liegt auch in einer Klavierfassung des Komponisten vor, der diese Stücke nicht nur für den Konzertsaal, sondern auch für das häusliche Musizieren gedacht hat.

Klassizistisch wie die Streichtrios, zeichnet sich Regers Schwanengesang, das **Quintett für Klarinette, 2 Violinen, Viola und Violoncello A-Dur op. 146** (komponiert 1915/16; UA: 6. November 1916 in Stuttgart; Moderato ed amabile – Vivace – Largo – Poco allegretto), durch Transparenz und klare formale Gestaltung aus. Auf den musikantischen 1. Satz folgt ein Scherzo, in dem die allein ungedämpfte Viola mit der Klarinette korrespondiert. Der 3. Satz – ein sensitives Largo – ist wie das Scherzo 3teilig. Im Finale wird ein graziöses, liedartiges Thema mit viel Phantasie variiert.

Streichquartette, Streichsextett

Die 5 Streichquartette stellen an Interpreten und Hörer die höchsten Anforderungen. Der Gattung wandte sich Reger erst zu, nachdem er seinen Stil gefunden hatte. Die **Quartette op. 54 Nr. 1 g-Moll** und **Nr. 2 A-Dur** entstanden in den Jahren 1900/01 zwischen zwei großen Orgelwerken, der »Fantasie und Fuge über B–A–C–H« op. 46 und der »Symphonischen Fantasie« op. 57. Sie stehen im Schatten des 3. und 4. Quartetts.
Das **3. Streichquartett d-Moll op. 74** (komponiert 1903/04; UA: 30. Dezember 1904 in Frankfurt a. M.; Allegro agitato e vivace – Vivace – Andante sostenuto, semplice con variazioni – Allegro con spirito e vivace) nannte Reger selbst »ein tolles Stück Musik«. Der sinfonische 1. Satz in Sonatensatzform entwickelt sich aus 3 Themengruppen. Zwischen dem Scherzo und dem Finale steht als Kontrast zum polyphon und harmonisch kühnen 1. Satz ein schlichtes Andante über ein volksliedartiges Thema:

Das **4. Streichquartett Es-Dur op. 109** (komponiert 1909; UA: 4. Oktober 1909 in Frankfurt a. M.; Allegro moderato – Quasi presto – Larghetto – Allegro con grazia e con spirito) ist das wohl bekannteste Kammermusikwerk Regers. Mit 2 lyrischen Themen und einem energischen Bewegungsthema wird die

Sonatensatzform des 1. Satzes gestaltet. Im Scherzo wechseln sich die Instrumente ständig ab. An der Stelle des Trios kommt eine Durchführung, in der das thematische Material komprimiert wird. Das Larghetto in Form einer Fantasie ist hochexpressiv. Es bereitet auf die Doppelfuge vor, die mit dem Thema con grazia e con spirito beginnt:

Im Adagio-Zwischensatz erklingt erstmals das chromatisch gefärbte 2. Thema, das dann mit dem 1. Thema zur Schlußsteigerung verbunden wird.
Zu noch größerer Ökonomie fand Reger im **5. Streichquartett fis-Moll op. 121** (komponiert 1911; UA: Oktober 1911 in Dresden; Allegro espressivo – Vivace – Adagio – Allegro con spirito). Seine Struktur ist aufgelichtet. Die 4 Sätze – Sonatenkopfsatz, Scherzo mit Durchführung wie im 4. Quartett, Adagio in Form einer Fantasie und Finale in Sonatensatzform – sind durch das motivische Material aufeinander bezogen. Themenbildend wirken die kleine Terz und ein Motiv aus dem 1. Satz, das sowohl im Adagio wie im Finale zitiert bzw. weitergeführt wird.
Aus dem Nachlaß wurde 1951 das **»Jugend-Streichquartett« d-Moll** veröffentlicht, das Reger mit 19 Jahren komponiert hat. Die Uraufführung war am 12. Oktober 1940 in München.

Dem 5. Streichquartett ebenbürtig ist das 6 Monate früher entstandene **Streichsextett F-Dur op. 118 für 2 Violinen, 2 Bratschen und 2 Violoncelli** (komponiert 1910; UA: 12. März 1911 in Leipzig; Allegro energico – Vivace – Largo con gran espressione – Allegro comodo). Orchestrale Wirkungen erreicht

Reger im vitalen 1. und im scherzoartigen 2. Satz. An Bruckner gemahnt das Largo, in dem Regers tiefe Frömmigkeit zum Ausdruck kommt; als sein »Gebet mit dem lieben Gott« hat er diesen Satz bezeichnet. Mit einem streng polyphon durchgeführten Finale in Sonatensatzform klingt das Werk aus.

WL

Europäische Komponisten am Beginn und in der 1. Hälfte des 20. Jahrhunderts

Die Repräsentanten der deutschen Spätromantik waren Richard Strauss, Hans Pfitzner und Max Reger. Doch sollte man daneben die Komponisten nicht vergessen, die das Musikleben dieser Übergangszeit mitgestalteten.

Arnold Mendelssohn (1855–1933), ein entfernter Nachfahre Felix Mendelssohn Bartholdys, setzte sich in einigen anspruchsvollen, relativ späten Kammermusikwerken vorwiegend mit dem klassischen Erbe auseinander (u. a. 2 Streichquartette, eine Violin- und eine Cellosonate zwischen 1916 und 1926).

Julius Weismann (1879–1950) hat unter Einbeziehung impressionistischer Klangwirkungen einen eigenen sensitiven Stil entwickelt, der in seiner Kammermusik (u. a. 11 Streichquartette, 5 Klaviertrios und 5 Violinsonaten) am stärksten ausgeprägt ist.

Als Kompositionslehrer in Stuttgart und München übte **Joseph Haas** (1879–1960) einen großen Einfluß auf seine Schüler aus. Anfang der 1920er Jahre leitete er zusammen mit Eduard Erdmann und Heinrich Burkard die Donaueschinger Musiktage. Als Komponist suchte er den Kontakt mit dem Publikum, das er unmittelbar ansprechen wollte. Diese Wirkung erreichte er nicht nur mit seinen Volksoratorien und Opern, nicht nur mit seinen Liedern und Klavierstücken, die ihn als einen Meister der kleinen Form ausweisen, sondern auch mit seiner Kammermusik, in der er den Spätstil Regers vereinfachte. Vereinfachung bedeutete jedoch für Haas nicht Simplizität, sondern liedhafte Melodik, kontrapunktische Transparenz und formale Prägnanz. Mit dem Divertimento D-Dur op. 22 für Streichtrio, dem Divertimento C-Dur op. 32 für Streichquartett, dem Kammertrio für 2 Violinen und Klavier a-Moll op. 38 und dem

Streichquartett A-Dur op. 50 gelangen ihm intime Musizierstücke von hohem künstlerischem Niveau, die ohne Analyse leicht verständlich sind. Nur in der expressiven und kompakten Sonate für Violine und Klavier h-Moll op. 21 wird erkennbar, daß Max Reger der Lehrer von Haas gewesen ist.

Walter Braunfels (1882–1954), der wie Julius Weismann aus Ludwig Thuilles Münchner Schule kam und von 1933 bis 1945 in Deutschland nicht aufgeführt werden durfte, wandte sich relativ spät der Kammermusik zu. Die Streichquartette op. 60 a-Moll (1944), op. 61 F-Dur (1944), op. 67 e-Moll (1947) und das Streichquintett op. 63 fis-Moll (1945) weisen ihn als einen feinsinnigen, verinnerlichten Musiker aus.

Heinrich Kaminski (1886–1946) verband die Ausdrucksformen und Klangmittel der Romantik mit den strengen kontrapunktischen Formen Johann Sebastian Bachs. Musik war für ihn »reinste Offenbarung lebendigen Seins«. Frei von äußeren Effekten beeindruckt sie im fis-Moll-Streichquintett (1917, Neufassung 1927) und im Quintett für Klarinette, Horn, Violine, Viola und Violoncello (1926), den wohl bedeutendsten Kammermusikwerken Kaminskis, durch den Ernst der Aussage und die unkonventionellen Formen der einzelnen Sätze, die aus motivischen Keimzellen und polyphonen Strukturen gebildet sind.

Der Instrumentalmusik gab **Rudi Stephan** (1887–1915) neue Impulse. Von Reger und dem späten Mahler ausgehend, entwickelte er einen durchaus eigenen, expressiven Stil. In seinem einzigen Kammermusikwerk, der »Musik für 7 Saiteninstrumente« (Klavier, Harfe und Streichquintett) aus dem Jahre 1912 sowie in der »Musik für Orchester« (1913) und der nachgelassenen »Musik für Geige und Orchester« nimmt er vieles vorweg, was in der konzertanten Musik späterer Jahrzehnte wieder auftaucht.

Stärker der spätromantischen Tradition verpflichtet waren **Waldemar von Bausznern** (1866–1931), **Richard Trunk** (1879–1968), **Max Trapp** (1887–1971), **Heinz TIESSEN** (1887–1971), **Wilhelm Petersen** (1890–1957), **Paul Höffer** (1895–1949) und **Ottmar Gerster** (1897–1969), die mit handwerklich meisterhaft gearbeiteten Kammermusikwerken zu Lebzeiten Erfolg hatten, aber keinen Einfluß auf die Musik des 20. Jh. gewinnen konnten.

Der Schweizer **Othmar Schoeck** (1886–1957), ein Lyriker und Schöpfer von 9 Opern und rund 200 Liedern, erweiterte die

Ausdrucksformen der Romantik unter dem Einfluß der Neuen Musik. Liedhafte Melodik bestimmt die D-Dur-Violinsonate op. 16 aus dem Jahre 1908 und das D-dur-Streichquartett op. 23 aus den Jahren 1912/13. Herber im Klang und kompromißloser in der linearen Stimmführung sind dagegen die Violinsonate E-Dur op. 46 (1931), das 5sätzige 2. Streichquartett C-Dur op. 37 (1923) und die eigenwillige Sonate für Baßklarinette und Klavier op. 41 (1927/28), die unmittelbar nach der expressionistischen Oper »Penthesilea« entstanden ist. In diesen Werken zeigt sich, daß Schoeck nicht ein Musiker der großen, äußeren Gebärde war. »Verhaltenheit, Innenschau gehören zu seinen stärksten Momenten. [. . .] Auf dem Feld des schweizerischen Quartettschaffens dürfte Schoecks zweites Streichquartett – neben Arthur Honeggers drei Streichquartetten, zu denen sich einige Querbezüge aufzeigen ließen – zweifellos zu den gewichtigsten Zeugnissen gezählt werden« (Rolf Urs Ringger).
In der Tradition der Bruckner-Nachfolge stehen die Werke des Österreichers **Franz Schmidt** (1874–1939), der durch sein Oratorium »Das Buch mit sieben Siegeln« und die Oper »Notre Dame« international bekannt wurde. Außer 4 Sinfonien schuf er 2 musikantische Streichquartette, A-Dur und G-Dur, sowie für den einarmigen Pianisten Paul Wittgenstein ein Quintett für Klavier und Streichquartett G-Dur und zwei Quintette für Klarinette, Klavier, Violine, Viola und Violoncello (1932 und 1938).
Als »romantischen Realisten« hat sich **Joseph Marx** (1882 bis 1964) bezeichnet, der aus Graz stammt und in Wien als Kompositionslehrer wirkte. Lyriker wie Schoeck, kam auch er vom Lied zur großen Form. Seine frühe Kammermusik, die 3 Klavierquartette mit den Titeln »Rhapsodie«, »Scherzo« und »Ballade« aus dem Jahre 1911 und die in 5 Stimmungsbilder gegliederte »Trio-Phantasie« für Klaviertrio (1913), sind von Debussy beeinflußt. In den nach 1930 entstandenen Werken verbindet er die impressionistisch gefärbte Harmonik mit kontrapunktischen Formen. Die Tonalität wird von ihm im 1. Streichquartett A-Dur (1934/36) durch die Chromatik erweitert, die Kirchentonarten bezieht er im 2. Streichquartett »in modo antico« (1937/38) in seinen Stil mit ein, und im 3. Streichquartett »in modo classico« D-Dur (1941) nähert er sich dem in dieser Zeit aktuellen Neoklassizismus.
Ernst Toch (1887–1964) war in den 1920er Jahren auf allen Festivals mit Neuer Musik vertreten. 1934 emigrierte er in die USA und gewann durch seine Lehrtätigkeit Einfluß auf die Ent-

wicklung der amerikanischen Musik. Im Zentrum von Tochs kammermusikalischem Schaffen stehen 13 Streichquartette und 2 Violinsonaten, die sich durch Ausdruckstiefe und formale Geschliffenheit auszeichnen.
Weitgehend unbeeinflußt von den Bewegungen des 20. Jh. ist die Musik von **Jean Sibelius** (1865–1957). In seinen Sinfonischen Dichtungen und Sinfonien werden die Landschaft und die Sagen seiner finnischen Heimat lebendig. Musik war für ihn Emotion, persönliches Erlebnis. Darauf weist der Titel *»Voces intimae«* (Innere Stimmen), den er seinem gewichtigsten Kammermusikwerk, dem Streichquartett d-Moll op. 56 (1909), gegeben hat; in den 5 Sätzen werden der Dur- und Moll-Harmonik noch einmal neue, in dunklen Farben glühende Klänge abgewonnen. Ein 1. Streichquartett B-Dur entstand bereits 1889 als op. 4. Ferner gibt es von Sibelius eine Reihe von Werken für Violine und Klavier, unter ihnen eine sehr persönlich gefärbte Sonatine (op. 80; 1915).
Der Däne **Carl Nielsen** (1865–1931), der die Sinfonik und Kammermusik von Beethoven, César Franck und Brahms bewunderte, fand dagegen bereits Ende des 19. Jh. zu einem Stil, dessen hervorstechendste Merkmale Polytonalität und kontrapunktische Durchdringung der Satzstrukturen sind. Erst nachdem die Bedeutung seiner Sinfonien erkannt worden war, kam seine Kammermusik außerhalb Dänemarks zur Aufführung: von den 4 Streichquartetten das 1. in g-Moll op. 13 (1887/1888) und das 4. in Es-Dur op. 14 (1897/98) sowie die 2. Sonate für Violine und Klavier g-Moll op. 35 (1912), die »Serenata in vano« (Vergebliches Ständchen) für Klarinette, Fagott, Horn, Violoncello und Kontrabaß (1914) und der »Canto serioso« für Horn und Klavier (1913). Für Bläser schrieb er ein spieltechnisch dankbares *Quintett für Flöte, Oboe, Klarinette, Horn und Fagott op. 43* (1922) in 3 Sätzen; es beginnt mit einem Allegro in Sonatensatzform, in der Mitte steht ein geistreich stilisiertes Menuett und den Abschluß bildet ein Variationensatz, dem ein Adagio als Präludium vorangestellt ist.
In England orientierten sich die Komponisten um die Jahrhundertwende an Richard Strauss und Claude Debussy. Nach **Edward Elgar** (1857–1934), dessen musikalische Heimat das 19. Jh. war und der eine Violinsonate (e-Moll op. 82), ein Streichquartett (e-Moll op. 83) und ein Klavierquintett (a-Moll op. 84) hinterließ, die alle in seinem »Kammermusikjahr« 1918 entstanden, verhalfen **Frederick Delius** (1862–1934) und

Cyril Scott (1879–1970) der Musik ihres Landes wieder zur Weltgeltung.
Die faszinierendste Persönlichkeit in dieser Zeit war **Ralph Vaughan Williams** (1872–1958), der bei Max Bruch in Berlin und bei Maurice Ravel in Paris studierte und sich von der englischen Volksmusik (er sammelte und sichtete die Lieder seiner walisischen Heimat) und der Musik der elisabethanischen Komponisten zu seinem vielgestaltigen Gesamtwerk anregen ließ, in dem auch die Kammermusik mit 4 Werken (2 Streichquartetten [1908/09 und 1942/44], einem Streichquintett und einem Klavierquintett) vertreten ist. – Schüler von Vaughan Williams war **Arthur Bliss** (1891–1975), der mit 2 Streichquartetten, einer »Rhapsody« für Streichquartett, einer Sonate für Viola und Klavier, einem Quintett für Oboe und Streichquartett nach irischen Volksliedern (1927) und einem Klarinettenquintett (1931) reizvolle, von Strawinsky und Ravel beeinflußte Kammermusik geschaffen hat.
In der französischen Musik nimmt **Albert Roussel** (1869 bis 1937) eine Position zwischen Claude Debussy und Maurice Ravel ein. Der starke Einfluß, den anfangs d'Indy auf ihn ausübte, ist in der ersten Schaffensperiode zu erkennen, in der das Klaviertrio Es-Dur op. 2 (1902) und das »Divertissement« für Flöte, Oboe, Klarinette, Horn, Fagott und Klavier op. 6 (1906) entstanden sind. Für seine impressionistische Stilphase sind die 1. Sonate für Violine und Klavier d-Moll op. 11 (1906) und die »Sérénade« für Flöte, Violine, Viola, Violoncello und Harfe op. 30 (1925) besonders charakteristisch. Die Suite für Orchester F-Dur op. 33 (1926) mit den Sätzen Prélude, Sarabande, Gigue eröffnet die neoklassizistische Schaffensperiode, in der Roussel weitgehend auf die impressionistische Koloristik zugunsten einer Kontrapunktik verzichtete, die in seinen späten Kammermusikwerken, dem Streichquartett D-Dur op. 45 mit abschließender Fuge (1931/32) und dem Streichtrio op. 58 (1937), niemals akademisch, sondern stets neu und originell wirkt.
Virtuose Kammermusik schrieb der belgische Geigenvirtuose **Eugène Ysaye** (1858–1931), ein hochgebildeter Musiker, dem César Franck seine Violinsonate und Claude Debussy sein Streichquartett gewidmet haben. Als Komponist Autodidakt, gewann Ysaye in seinen Werken für Violine solo dem Instrument neue Wirkungen ab: in den 6 Sonaten op. 27, in den »Variationen über Paganinis Caprice Nr. 24« und den aus dem

Nachlaß veröffentlichten 10 Préludes. Außerdem hinterließ er einige brillante Salonstücke für sein Instrument wie das »Poème élégiaque«, das von Ernest Chaussons »Poème« inspiriert ist, und die »Caprice d'après l'étude en forme de valse de Saint-Saëns«. Das »Trio de concert« für 2 Violinen und Viola und das Quintett für 2 Violinen, 2 Violen und Violoncello weisen ihn als Spätromantiker aus.

Von den russischen Komponisten bevorzugte **Alexander Glasunow** (1865–1936) in seinen 7 Streichquartetten die klassisch 4sätzige Form. Spätromantische Charakterstücke schuf er mit den »5 Novelletten« für Streichquartett op. 15 (1886). Daß er auch neuen Klangwirkungen gegenüber aufgeschlossen war, beweist das Quartett für 4 Saxophone op. 109 aus dem Jahre 1932.

Westlich orientiert war **Sergej Rachmaninow** (1873–1943), der 1918 in die USA emigrierte, ein glänzender Pianist und Komponist virtuoser Klavier- und pathetischer sinfonischer Musik. Wie sein gesamtes kompositorisches Schaffen, so steht auch sein bestes Kammermusikwerk, das »Elegische Trio« für Violine, Violoncello und Klavier op. 9 (1893), in der Nachfolge Tschaikowskijs.

In einem der klassisch-romantischen Tradition entsprechenden Stil komponierte **Reinhold Glière** (1874–1956) 4 Streichquartette und 3 Streichsextette, in denen er Volksmelodien als Themen verarbeitete. »Sie sind Volksmusik, nicht nur ihrer Sprache, sondern auch ihrer Tendenz nach. Sie wenden sich an die Masse des Volkes und versuchen, dessen Gedanken und Gefühle zum Ausdruck zu bringen« (Karl Laux). – Unkonventioneller verhielt sich **Nikolaj Mjaskowskij** (1881–1950), der sich in seinen 27 Sinfonien und 13 Streichquartetten mit der Musik Mahlers, Schönbergs, Hindemiths und Strawinskys auseinandersetzte.

Schüler von Glière und Mjaskowskij war **Aram Chatschaturjan** (1903–1978), neben Dmitrij Schostakowitsch und Sergej Prokofjew der erfolgreichste Komponist der Sowjetunion, dessen Werke bereits zu seinen Lebzeiten in der ganzen Welt gespielt wurden. In seinen Solokonzerten und Sinfonien hat er die klassischen Formen und die impressionistische Koloristik mit der Volksmusik seiner armenischen Heimat zu einem elementaren, rhythmisch vitalen Stil verbunden. Die Kammermusik, Stücke für Violine und Klavier, eine Doppelfuge für Streichquartett und ein Klarinettentrio, stammt aus der ersten

Schaffensperiode, in der sein Stil noch nicht endgültig ausgeprägt ist.
Chatschaturjan gehört zu den Komponisten, die als Folkloristen bezeichnet werden. Diese Bezeichnung ist jedoch nur cum grano salis zutreffend, da in ihren Werken neben folkloristischen Einflüssen Stilelemente der Romantik, des Impressionismus und des Neoklassizismus zu erkennen sind. Dies gilt sowohl für die Spanier Manuel de Falla, Enrique Granados und Joaquín Turina als auch für den Brasilianer Heitor Villa-Lobos (s. S. 868) und die meisten der osteuropäischen Komponisten, von denen nur Leoš Janáček, Béla Bartók, Zoltán Kodály und Karol Szymanowski genannt seien.
Der Ungar **Zoltán Kodály** (1882–1967) hat aus der Folklore heraus, die er zusammen mit Bartók sammelte und erforschte, seinen individuellen Stil gebildet. Die ungarisch eingefärbte Koloristik seiner Vokal- und Orchesterwerke ist wesentlich vom Impressionismus bestimmt. Mit einer unkonventionellen Harmonik und Linearität erzielte er einfache, volkstümliche Wirkungen. In seiner Kammermusik (2 Streichquartette op. 2 und op. 10, Sonate für Violoncello und Klavier op. 4, Duo für Violine und Violoncello op. 7, Sonate für Violoncello allein op. 8 und Serenade für Streichtrio op. 12 – alles aus den Jahren 1909–20) lockerte er die klassischen Formen rhapsodisch auf. Sie ist weicher, verbindlicher und damit leichter zugänglich als die Musik Bartóks, deren Format Kódaly nur mit der Violoncello-solo-Sonate erreichte, die sich durch melodische und rhythmische Kraft auszeichnet und dem Instrument neue, aus der ungarischen Folklore entwickelte Klangwirkungen abgewinnt.
Im Gegensatz zu Bartók und Kodály sind die Ungarn Ernst von Dohnányi und Leó Weiner der Spätromantik zuzurechnen. Die Kammermusik **Ernst von Dohnányis** (1877–1960) – u. a. 3 Streichquartette und die Serenade für Streichtrio – steht in der Nachfolge von Brahms. Folkloristische Einflüsse mit spätromantischer Harmonik und klassischen Satzformen verbindet dagegen **Leó Weiner** (1885–1960) in 3 Streichquartetten, 2 Violinsonaten und einer Ballade für Klarinette und Klavier.
Elemente der mährischen und slowakischen Volksmusik verarbeitete der Tscheche **Vítězslav Novák** (1870–1949), ein Schüler Dvořáks, in seinen beiden ersten Streichquartetten op. 22 und op. 35. Insbesondere im *2. Streichquartett* (op. 35;

1905) wird Novák seinem Ruf gerecht, Begründer der modernen tschechischen Musik zu sein; die beiden Sätze des Werkes sind von Naturverbundenheit inspiriert und verkörpern zugleich andeutungsweise, eher atmosphärisch als programmatisch, den Gegensatz zwischen Natur (Fuge) und Stadt (Fantasie). Der Diesseitigkeit dieses Quartetts steht das düster-dissonante »Balladische Trio« op. 27 gegenüber. Novák war Lehrer der meisten zeitgenössischen tschechoslowakischen Komponisten. – Konservativer sind die spätromantischen Werke von **Josef Suk** (1874–1935), der außer 2 Streichquartetten ein Klaviertrio, ein Klavierquartett und ein Klavierquintett hinterlassen hat.

Schüler von Arnold Schönberg war **Nikos Skalkottas** (1904–1949), dessen Bedeutung für die griechische Musik erst nach seinem Tod erkannt wurde. Die »10 Skizzen für Streicher« und die »Variationen über eine griechische Volksweise« für Klavier, Violine und Violoncello beweisen seine schöpferische Kraft, mit der er aus der Folklore seines Landes neue Musik von subjektiver Eigenart geschaffen hat.

Von den Jugoslawen fanden **Fran Lhotka** (1883–1962) und **Jakov Gotovac** (1895–1973) außerhalb ihres Landes starke Beachtung, von den Rumänen **George Enescu** (1881–1955) und **Marcel Mihalovici** (1898–1985), der, obwohl Paris seine zweite Heimat wurde, in seiner neoklassizistischen Kammermusik (u. a. 3 formklare Streichquartette) niemals die Bindungen an die rumänische Folklore aufgab.

WL

Arnold Schönberg

* 13. September 1874 in Wien, † 13. Juli 1951 in Los Angeles

Als Komponist war Schönberg im wesentlichen Autodidakt. Nur kurze Zeit studierte er bei seinem späteren Schwager, dem Komponisten und Dirigenten Alexander Zemlinsky. Schönberg unterrichtete in Wien, Berlin und nach seiner Emigration in den USA, wo er von 1936 bis 1944 Professor für Musik an der Universität of California war.

Kammermusik: Streichquartett 1897; Streichsextett *Verklärte Nacht* op. 4; Streichquartett Nr. 1 op. 7; Streichquartett Nr. 2 mit Gesangsstimme op. 10; Bläserquintett op. 26; Suite für 7 Instrumente op. 29; Streichquartett Nr. 3 op. 30; Streichquartett Nr. 4 op. 37; Streichtrio op. 45; *Fantasie* für Violine mit Klavierbegleitung op. 47.

Theoretische Werke: *Harmonielehre* (1911); *Models for Beginners in Composition* (1942); *Structural Functions of Harmony* (1954); *Style and Idea* (1950).

Arnold Schönberg hat immer wieder betont, daß »in der Musik das Herz den Kopf« anzuleiten habe. Seine Musik ist das Ergebnis eines schöpferischen Zwanges, der einer historischen Notwendigkeit entspricht. Bereits in seinen frühen, um 1900 entstandenen Werken schöpfte er die Möglichkeiten der spätromantischen Harmonik aus und stieß an die Grenzen der Tonalität. In der Sinfonischen Dichtung »Pelleas und Melisande« aus dem Jahre 1903, die von dem Drama Maurice Maeterlincks inspiriert wurde, das Claude Debussy etwa zur gleichen Zeit als Oper vertont hat, finden sich zum ersten Mal Quartenakkorde. »Ganz vereinzelt kommen sie dort vor«, schrieb Schönberg später, »als Ausdruck einer Stimmung, deren Besonderheit mich wider Willen ein mir neues Ausdrucksmittel finden ließ. Wider Willen, ich weiß noch, daß ich gezögert habe, diesen Klang zu notieren. Die Deutlichkeit, mit der er sich mir aber aufdrängte, machte es unmöglich, ihn abzuweisen.«

Erst danach zog Schönberg in der 1. Kammersinfonie op. 9 (1906), den Klavierstücken op. 11 und 19, im »Buch der hängenden Gärten« op. 15 (1908/09), den »5 Orchesterstücken« op. 16 (1909), dem Monodram »Erwartung« op. 17 (1909), die letzte Konsequenz aus der Chromatik Richard Wagners. Durch ständige Steigerung des Ausdrucks sprengte er die Tonalität und erschloß der Musik neue Klangräume. Die traditionellen Harmoniegesetze verloren ihre Gültigkeit. Die Aussage, auf engstem Raum komprimiert, bestimmt diesen als musikalischen Expressionismus bezeichneten Stil, dessen Freiheit Schönberg zuerst im »Pierrot lunaire« (1912) durch traditionelle Formen und dann mit der Zwölftontechnik, mit der von ihm entwickelten »Methode zur Komposition mit zwölf aufeinander bezogenen Tönen«, einschränkte. Zwar hat Josef Matthias Hauer seit 1912 – also vor Schönberg – bereits zwölftönig komponiert, aber Schönbergs Reihentechnik und nicht das Prinzip, das Hauer von den »Tropen« der Musik des Mittelalters abgeleitet hat, wurde zum »allgemeinverbindlichen, wenn auch oft modifizierten Ausgangspunkt neuer musikalischer Entwicklungen« (Josef Häusler).

Nach Schönbergs Methode wird aus den 12 Tönen der chromatischen Skala eine Reihe gebildet, die sogenannte »Grundreihe«. Aus ihr lassen sich die Umkehrung der Grundreihe, der Krebs

und die Umkehrung des Krebses ableiten. Die dadurch entstandenen 4 Reihen können auf die 12 Töne der chromatischen Skala transponiert werden, so daß dem Komponisten 48 Möglichkeiten zur Verfügung stehen.
In den Werken nach 1922 verfügte Schönberg souverän über diese Technik. In den Orchestervariationen op. 31 (1926/28), im 3. und 4. Streichquartett (1927, 1936), im Violin- und im Klavierkonzert (1936, 1942) und den leidenschaftlich engagierten Zeitstücken, der »Ode an Napoleon« (1942) und »Ein Überlebender aus Warschau« (1947), erreichte er den Ausgleich zwischen den erneuernden und bewahrenden Kräften. Er wandte die Technik aber auch immer wieder auf die traditionellen Formen an und bildete mit Hilfe der Reihen Themen, Überleitungen und Durchführungsteile, die dem Satzbau bei Beethoven und Brahms entsprechen. Während Hindemith und Strawinsky in ihren zur gleichen Zeit entstandenen Werken die Tonalität weitgehend beibehielten und damit den klassischen Formen ihre ursprüngliche Funktion beließen, die ja auf der Kadenz basiert, hat Schönberg die klassischen Formen dazu benutzt, seine expressive Musik zu gliedern. Den Widerspruch von neuer Technik, neuer Harmonik und alter Form hat Schönberg noch nicht erkannt. Er konnte ihn auch nicht erkennen, da er sich der klassisch-romantischen Tradition zugehörig fühlte, einer Tradition, die er nicht nur erhalten, sondern weiterentwickeln und nicht, wie oft behauptet wurde, zerstören wollte. Wie fast alle großen Musiker stand er am Ende einer Epoche und leitete zugleich eine neue ein.

Streichquartett D-Dur

Komponiert 1897. UA der 2. Fassung: 20. Dezember 1898 in Wien (Fitzner-Quartett).
Allegro molto – Intermezzo – Andante con moto – Allegro.

Das Streichquartett D-Dur wurde erst 1966 aus dem Nachlaß veröffentlicht. Schönberg hat es nach einer nichtöffentlichen Aufführung im Wiener Tonkünstlerverein auf Anraten von Alexander Zemlinsky umgearbeitet. In seiner 4sätzigen Form und in der Harmonik ist es der Spätromantik verpflichtet und aufschlußreich für die künstlerische Herkunft Schönbergs. »Es entstand«, schrieb er in seiner »Introduction to my Four Quartets«, »unter dem Einfluß von Brahms und Dvořák.«

Streichsextett »Verklärte Nacht« op. 4
nach einem Gedicht von Richard Dehmel (in einem Satz)

Komponiert 1899. UA: 18. März 1902 in Wien (in einem Konzert des Rosé-Quartetts). – 1917 Fassung für Streichorchester. UA: 3. Juni 1919 in Wien (Dirigent: Arnold Schönberg).

Im Streichsextett »Verklärte Nacht« hat Schönberg die von Franz Liszt und Richard Strauss entwickelte Form der Sinfonischen Dichtung auf die Kammermusik übertragen. Die Harmonik weist auf Richard Wagner, mit dem sich Schönberg nach dem Streichquartett in D-Dur auf Anregung Zemlinskys auseinandergesetzt hat, die Variationstechnik dagegen auf Johannes Brahms. Wie Schönberg in seiner Einführung betonte, gibt es auch »einiges Schönbergische«, besonders »in der Ausdehnung der Melodien oder in den kontrapunktischen und motivischen Entwicklungen und in der quasi-kontrapunktischen Bewegung der Harmonie und ihrer Bässe gegen die Melodie. Schließlich finden sich sogar Stellen (z. B. Takt 137–139) einer unbestimmbaren Tonalität, die zweifellos als Hinweis auf die Zukunft gelten können. Das Streichsextett unterscheidet sich aber noch dadurch von den anderen Werken dieser Art, daß darin keine Handlung und kein Drama, sondern die dichterische Natur und menschliche Empfindungen dargestellt werden.« Der 5teilige Aufbau entspricht dem Gedicht »Zwei Menschen« aus dem Zyklus »Weib und Welt« von Richard Dehmel, das die »sündige Liebe einer Frau« behandelt und dessen Verse der Komposition programmatisch unterlegt wurden.

Streichquartett Nr. 1 d-Moll op. 7 (in einem Satz)

Komponiert 1904/05. UA: 5. Februar 1907 in Wien (Rosé-Quartett).

Bei der Uraufführung löste Schönbergs 1. Streichquartett einen Skandal aus. Das Neue an diesem Werk war jedoch nicht die Harmonik, auch nicht die Chromatisierung des Tonsatzes, sondern die formale Konzeption. »Die vier Teile«, schrieb Schönberg, »sind nicht etwa vier Sätze, die durch Pausen getrennt sind, sondern ineinander übergehende Abschnitte. Die Thementypen der vier Sätze sind zwar angewendet, ihre mannigfache verschlungene Anordnung versucht aber einen einheitlich ununterbrochenen Satz herzustellen.« Die 4 Teile, die durch Zwischenspiele miteinander verbunden sind, bezeichnete Schönberg als Kopfsatz, Scherzo mit Trio, Adagio und Rondo-Finale. Das Hauptthema:

das im Verlauf des Werkes immer wieder neue Entwicklungen auslöst und schließlich im Final-Rondo in D-Dur erscheint, entsteht durch die Veränderung eines Motivs, durch das klassische Variationsprinzip, das dann später in den Zwölftonwerken formbildend wird.

An diesem Quartett hat Alban Berg in einem Artikel in der Schönberg-Festschrift 1924 die satztechnischen Mittel Schönbergs aufgezeigt: Mannigfaltigkeit im Harmonischen, Vielstufigkeit, solcher Harmonik angepaßte Melodik, unsymmetrische Konstruktion der Themen, nie erlahmende motivische Arbeit, Kunst der Variation in Thematik, Harmonisierung, Kontrapunktik und Rhythmik. Das 1. Streichquartett kann somit als Schlüsselwerk im Schaffen Schönbergs gelten, denn in ihm ist der expressive, eigentliche Stil der 20er und 30er Jahre bereits vorgebildet.

Streichquartett Nr. 2 fis-Moll op. 10
mit Sopranstimme im 3. und 4. Satz

Komponiert 1907/08. UA: 21. Dezember 1908 in Wien (Rosé-Quartett, Marie Gutheil-Schoder [Sopran]).
Mäßig – Sehr rasch – Litanei – Entrückung.

Nach Anton Webern und Hanns Eisler hat Schönberg das Quartett in der Zeit einer schweren seelischen Krise geschrieben. Webern verwies auf die Wahl der Texte von Stefan George für die beiden letzten Sätze, von denen »Litanei« mit den Worten endet: »Töte das Sehnen, schließe die Wunde! Nimm mir die Liebe, gib mir Dein Glück!« Im 2. Satz, einem skurrilen Scherzo, wird zudem das Lied »O du lieber Augustin, alles ist hin« mit bissigem Galgenhumor zitiert. Ausgelöst hat die Krise Schönbergs Frau Mathilde, die ihn im Sommer 1907 mit dem Maler Richard Gerstl betrogen hatte; obwohl sie nach ihrer Flucht mit Gerstl, durch Vermittlung von Anton Webern, wieder zu Schönberg zurückkehrte, war die Ehe zerbrochen.

Schönberg selbst sah in diesem Quartett den »Übergang« zu seiner zweiten Periode, »jener Periode, die auf ein tonales Zentrum verzichtet und fälschlicherweise zur Annahme der ›Atonalität‹ geführt hat«. Den Rahmen der Tonalität hat Schönberg hier noch nicht endgültig gesprengt, aber innerhalb dieses Rahmens zieht er Konsequenzen aus der spätromantischen Harmonik. Die Funktionsbeziehungen verlieren an Bedeutung, die Instrumentalstimmen werden selbständiger, die Klänge sind nach neuen, noch nicht genau fixierten Gesetzen geordnet. Wie sehr sich Schönberg auf sein Formgefühl verließ, beweisen die letzten Sätze, in denen eine Sopranstimme in den Streicherklang miteinbezogen ist und das musikalische Geschehen von der zeremoniellen und ekstatischen Kraft der Verse Stefan Georges bestimmt wird.

Bläserquintett op. 26
für Flöte, Oboe, Klarinette, Horn und Fagott

Komponiert 1923/24. UA: September 1924 in Wien (Bläservereinigung der Wiener Philharmoniker).
Schwungvoll, sehr ruhig aber fließend – Anmutig und heiter. Scherzando – Etwas langsam – Rondo.

Das Bläserquintett ist Schönbergs erste größere mit der Zwölftonmethode geschaffene Komposition. Die Tonreihe, die dem Werk zugrunde liegt, besteht aus 2 Teilen, die einander entsprechen:

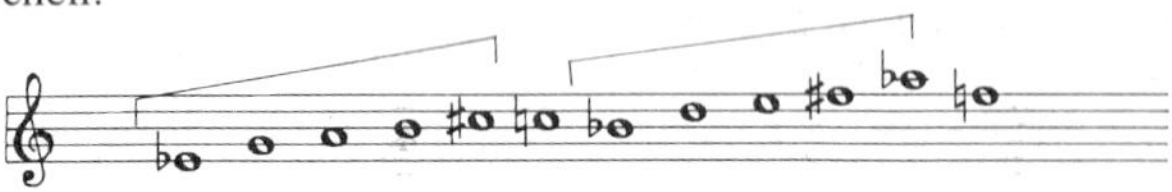

Die ersten 5 Töne werden nach dem 6. Ton eine Quinte höher wiederholt, so daß eine Tonika-Dominant-Wirkung erzielt wird. In diesem Sinne verarbeitete Schönberg auch die beiden Teile der Reihe, um die 4 Sätze nach der klassischen Formenlehre zu gestalten: den 1. Satz in Sonatensatzform, den 2. Satz als Scherzo mit Trio, den 3. Satz als 3teilige Liedform und den letzten Satz als Rondo, dessen Form jedoch nicht leicht zu erkennen ist, da das Thema bei den 3 Reprisen in ständig veränderter Form wiederkehrt. – Das Bläserquintett erschien später auch in einer Bearbeitung des Schönberg-Schülers Felix Greissle für Violine (oder Flöte) und Klavier.

Suite op. 29

für Es-Klarinette (oder Flöte), B-Klarinette, Baßklarinette (oder Fagott), Violine, Viola, Violoncello und Klavier

Komponiert 1924–26. UA: 15. Dezember 1927 in Paris (Dirigent: Arnold Schönberg).

Ouvertüre – Tanzschritte – Thema mit Variationen – Gigue.

Die Suite bezieht ihre Wirkung aus dem tänzerischen Charakter der 4 Sätze, die mit der Zwölftontechnik derart locker und musikantisch gestaltet sind, daß das Volkslied »Ännchen von Tharau«, das Schönberg als Thema des 3. Satzes verwendet, nicht als Fremdkörper empfunden wird. Die Satzbezeichnungen weisen auf die barocke Suitenform, die Schönberg für dieses Werk als Vorbild gedient hat.

Streichquartett Nr. 3 op. 30

Komponiert 1927 im Auftrag von Elizabeth Sprague Coolidge. UA: 19. September 1927 in Wien (Kolisch-Quartett).

Moderato – Adagio – Intermezzo – Rondo. Molto moderato.

Vergleicht man dieses Quartett mit den früheren Streichquartetten, dann wird eine für Schönberg höchst charakteristische Entwicklung erkennbar: von der spätromantischen Harmonik über die Tonalitätsbefreiung zur Zwölftontechnik. Wie im Bläserquintett op. 26 und der Suite op. 29 verwendet Schönberg in diesem Werk nicht nur die Reihentechnik, sondern auch klassi-

p

sche Formen, nur mit dem Unterschied, daß in den Reprisen die Themen nicht in ihrer ursprünglichen Gestalt erscheinen, sondern variiert werden. – Die Sonatensatzform des *1. Satzes* entwickelt Schönberg aus einem 5tönigen Motiv in Achtel-Bewegung und einem Thema, das aus den 7 restlichen Tönen der Reihe besteht (Zitat S. 853/854). Die Reihe:

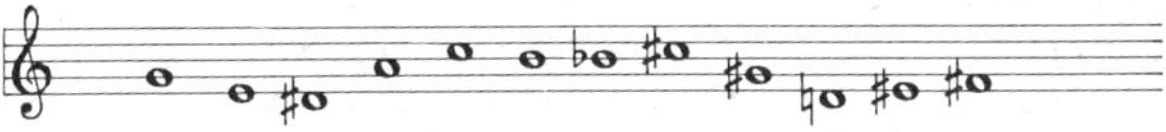

die dem Werk zugrunde liegt, wird auf die 4 Instrumente verteilt. Die Reihentechnik wendet Schönberg also nicht mehr so streng an wie im Bläserquintett. Der *2. Satz* wird vom Prinzip der Variation beherrscht. Auf das Thema, das in einen Vorder- und einen Nachsatz gegliedert ist, folgen 4 Variationen und eine Coda. Das *Intermezzo* erinnert in seiner Form – Hauptsatz, Trio, Reprise des Hauptsatzes und Coda – an ein Menuett. Das *Finale* bezeichnete Schönberg als Sonaten-Rondo. Der 1. Teil ist 3teilig, der 2. 2teilig, der 3., dem eine Coda folgt, wieder 3teilig. Der Mittelteil besteht aus einem Kontrastthema und einer kurzen, aber sehr komprimierten Durchführung.

Streichquartett Nr. 4 op. 37

Komponiert 1936 im Auftrag von Elizabeth Sprague Coolidge. UA: 8. Januar 1937 in Los Angeles (Kolisch-Quartett).
Allegro molto – Comodo – Largo – Allegro.

Auch Schönbergs 4. Streichquartett steht durch seine Form in der klassisch-romantischen Tradition. Die satztechnische Struktur wird wieder von einer Zwölftonreihe bestimmt. Aus ihr bildet Schönberg markante Themen wie z. B. im 1. Satz:

Sie werden im Sinne der klassisch-romantischen Durchführungs- und Variationstechnik verarbeitet. Die 4 Sätze – das energische, plastisch konturierte Allegro molto, das Scherzo mit zarten Ländlerandeutungen, das expressive Largo und das Final-Allegro – zeichnen sich durch klare formale Gestaltung und Sinnfälligkeit in den thematischen Durchführungen aus, so daß dieses Quartett als das bedeutendste Kammermusikwerk aus der letzten Schaffensperiode Schönbergs bezeichnet werden kann. Eine Analyse läßt darauf schließen, daß Schönberg die Streichquartette Beethovens studiert, ja daß er sie bis ins Detail hinein gekannt hat. Sie waren für ihn Vorbilder in der formalen Gestaltung und der satztechnischen Struktur.

Streichtrio op. 45
für Violine, Viola und Violoncello (in einem Satz)

Komponiert 1946 im Auftrag der Harvard Universität. UA: März 1947 in Cambridge, Mass.

Das Trio ist eine komplizierte 1sätzige Zwölftonkomposition, sehr dicht strukturiert und im Ausdruck komprimiert. Wieder besteht eine unmittelbare Verbindung zwischen Werk und Leben: Im August 1946 hatte Schönberg einen Herzinfarkt erlitten, von dem er sich nur langsam erholte. Kaum genesen, schrieb er das Streichtrio und schilderte – nach seiner eigenen Aussage – in ihm den Verlauf der Krankheit. Die Darstellung ist so genau, daß sie sogar Erinnerungen an den Einstich der Injektionsnadel enthält. Flageolettklänge, Lagenwechsel, jähe Ausdruckskontraste und dynamische Ausbrüche reißen Hintergründe des Unterbewußten auf. Inspiration und Konstruktion ergänzen einander und verbinden sich zu einer Aussage, die das Subjektive ins Allgemeingültige wandelt. – Das Werk besteht aus 3 Teilen, von denen die beiden ersten jeweils in einen Hauptsatz und eine Episode gegliedert sind. Die 1. Episode bringt nach dem erregten 1. Hauptsatz mit einem kurzen gesanglichen Thema Beruhigung:

Ein Rezitativ leitet zum 2. Hauptteil über, der als langsamer Walzer und mit fallenden Geigensexten beginnt. Charakteristisch für die 2. Episode ist ein enggeführter Kanon. Danach wird der Anfang des Werkes notengetreu wiederholt. Er eröffnet den abschließenden 3. Teil, der von Schönberg aus dem Material des 1. Hauptsatzes in Form einer verkürzten Reprise gestaltet wurde.

Fantasie für Violine mit Klavierbegleitung op. 47

Komponiert 1949. UA: 13. September 1949 in Los Angeles (Adolf Koldofsky und Leonard Stein).

Die Fantasie, Schönbergs letztes Instrumentalwerk, wurde als Solostück für Violine konzipiert. Die Klavierstimme fügte Schönberg erst später hinzu, gab ihr jedoch nicht nur begleitende Funktion: Sie akzentuiert und kommentiert die Violinstimme, so daß man von einem Dialog der beiden Instrumente sprechen kann. Das 1sätzige Stück besteht aus 5 kurzen, mosaikartig aneinandergereihten Teilen, die im Ausdruck verschieden, aber durch das zwölftönige Material aufeinander bezogen sind.

WL

Charles Ives

* 20. Oktober 1874 in Danbury, Conn. (USA)
† 19. Mai 1954 in West Redding, Conn.

Der Sohn eines Musikers studierte zunächst an der Universität Yale Musik, zog sich aber nach kurzer Organistentätigkeit vom öffentlichen Musikleben zurück und wurde Versicherungsagent.

Seine Kompositionen schrieb Ives für sich selbst. In eine musikalische »Richtung« läßt er sich nicht einordnen. Ohne jeden Kontakt mit der europäischen Musik hat er um die Jahrhundertwende, vor Schönberg und Strawinsky, atonal und polytonal komponiert. Er experimentierte mit Vierteltönen und Zufallselementen, mit Raumklangwirkungen und collageartigen Zitaten aus der Trivial- und Volksmusik. »Charles Ives hat den Anspruch darauf, als Amerikas bisher bedeutendster Komponist zu gelten, nicht bloß wegen der Originalität und Vitalität seiner Musik, sondern weil er auf dem Gebiet der Musik die wertvollsten Züge des Amerikanismus repräsentiert« (Ernst Krenek, 1954).
In seinem vielgestaltigen Gesamtschaffen kommt der Kammermusik nicht die gleiche Bedeutung zu wie den Orchester- und Vokalwerken. Besonders erwähnt seien 2 Streichquartette (1896, 1907–13), 2 Klaviertrios (1903, 1905), 4 Sonaten für Violine und Klavier (1908, 1910, 1914, 1915), 4 Stücke für Streichquintett und Klavier (1906–13) und ein Stück für Blechbläserquintett und Klavier (1919).

Die 4 Violinsonaten enthalten alle Elemente seines unorthodoxen Stils. Violine und Klavier sind in ihnen stets gleichwertig behandelt.
Im 2. Satz der **1. Sonate** (1908) wird das Klavier immer lauter, bis es die Melodie der Violine übertönt, die dann plötzlich wieder hervortritt und aufzublühen beginnt. Im 3. und letzten Satz hat Ives der Violinstimme den Text einer Hymne unterlegt: »Watchman, tell us of the night, what its signs of promise are: Traveller, o'er you mountain's height, see that glory beaming star! Watchman, aught of joy or hope? Traveller, yes! Traveller, yes; it brings the day, promised day of Israel. Doest thou see its beauteous ray? Traveller, see!«
Die **2. Violinsonate** (1910) hat 3 Sätze, die Ives mit Überschriften versehen hat: 1. Autumn (Herbst), 2. In the Barn (Auf der Tenne), 3. The Revival (Aufschwung). Die Formen sind wie in der 1. Sonate an kein Schema gebunden. Im 1. Satz alternieren 3 Themen, im 2. wird mit Anklängen an Volkslieder und Volkstänze ein Dorffest geschildert. Im letzten Satz führt Ives nach einer Einleitung 2 Themen ein, die dann ständig variiert werden.
Die **3. Sonate** ist die bedeutendste; sie wurde 1902 begonnen, aber erst 1914 beendet. In 4 Strophen gliedert Ives den auf einer volkstümlichen Hymne basierenden 1. Satz. Ihm folgen ein von Ragtime-Rhythmen durchpulster Tanzsatz und ein Finale mit einer Vielzahl von musikalischen Zitaten.
Die **4. Violinsonate** (1915) trägt denTitel »Children's Day at the Camp Meeting«. »Einige ihrer Teile und Themen sind bereits an der Orgel und in anderen Stücken verwendet worden. Das Hauptthema ist eine Art von Reflexion, Erinnerung, Ausdruck usw. der Beiträge der Kinder in den Sommerlagern im Freien, die in der Gegend um Danbury und in vielen der Bauerndörfer in den 70er, 80er und 90er Jahren abgehalten wurden«, so schilderte Ives die 3 Sätze dieser Sonate mit ihren Märschen, Volkslied-Zitaten und Hymnen.

*

Ives gewann zunächst keinen Einfluß auf die amerikanischen Komponisten. **Wallingford Riegger** (1885–1961) schuf die ersten dodekaphonischen Werke Amerikas (u. a. Streichquartette, ein Klaviertrio, ein Klavierquintett und ein Bläserquintett). – **Walter Piston** (1894–1976), **Virgil Thomson** (1896–1989), **Roy Harris** (1898–1979) und **William Schu-**

MAN (1910–1992), die aus der Schule von Nadia Boulanger kamen, sind repräsentativ für den neoklassizistischen, der aus Genf stammende und für eine zionistische Musik eintretende **Ernest Bloch** (1880–1959), **Roger Sessions** (1896–1985) und **Samuel Barber** (1910–1981) dagegen für den neuromantischen Stil. – Auf die Komposition von Streichquartetten spezialisierte sich **Quincy Porter** (1897–1966), der bei Ernest Bloch und Vincent d'Indy studierte. – Eine eigenartige, typisch amerikanische Mischung aus Jazz und sinfonischer Musik erzielten **Aaron Copland** (1900–1990) und **Leonard Bernstein** (1918–1990), der als Komponist jedoch vorwiegend mit Musicals, Sinfonien und Vokalwerken hervortrat. – Europäisch orientiert ist **Elliott Carter** (* 1908), ein umfassend gebildeter Musiker, der eine eigene Technik, die »metrische Modulation«, entwickelt hat. Symptomatisch für diese Technik ist sein 1. Streichquartett aus dem Jahre 1951, in dessen 4 Sätzen Tempo und Charakter der Musik ständig wechseln und gegensätzliche Bewegungen in gleichzeitigen Entwicklungsvorgängen ablaufen.

WL

Maurice Ravel

* 7. März 1875 in Ciboure bei St-Jean-de-Luz (Pyr.-Atl.)
† 28. Dezember 1937 in Paris

Der Sohn eines Schweizers und einer Baskin (die ihrem Sohn die Lieder ihrer Heimat vorsang) studierte am Pariser Konservatorium bei André Gédalge Kontrapunkt, bei Gabriel Fauré Komposition. Ab 1932 litt er unter den fortschreitenden Symptomen einer schweren Krankheit, die ihm jegliche Komposition unmöglich machte und an der er nach einer Gehirnoperation starb.

Kammermusik: Sonate für Violine und Klavier (in 1 Satz); Streichquartett; *Introduction et Allegro* für Harfe mit Begleitung von Streichquartett, Flöte und Klarinette; Trio für Klavier, Violine und Violoncello; Sonate für Violine und Violoncello; *Tzigane*, Konzertrhapsodie für Violine und Klavier; Sonate für Violine und Klavier.

Ravels Kunst ist artifiziell. Sie zeichnet sich durch technische Perfektion aus, durch Präzision im Detail. Eine subjektive, gefühlsgeprägte Aussage strebte Ravel nicht an. Er wollte sich nicht mitteilen, keine Botschaft verkünden. Seine Musik sollte bezaubern und stets nur Musik bleiben. In ihr spiegelt sich aber auch das Lebensgefühl der Gesellschaftsschicht wider, der sich

Ravel zugehörig fühlte: der Aristokratie und des Bildungsbürgertums, die immer mehr an Einfluß verloren und deren Schönheitsideal allmählich zerfiel. Trotz der »Entsubjektivierung« ist Ravels Musik nicht unpersönlich. Er verarbeitete folkloristische Anregungen baskischer, russischer, fernöstlicher, afrikanischer und amerikanischer Herkunft. Die Einbeziehung von Kirchentonarten ergab die für Ravels Musik charakteristische Mischung aus Tonalität und Modalität, eine komplizierte und raffinierte Harmonik, die gelegentlich in bitonale oder gar atonale Klangbereiche ausbricht. Die klassischen Formen übernahm Ravel, um sie dann eigenartig zu verschleiern. »Was nicht leicht von der Form abweicht«, heißt es in seinen »Journaux intimes«, »entbehrt des Anreizes für das Gefühl – daraus folgt, daß die Unregelmäßigkeit, d. h. das Unerwartete, Überraschende, Frappierende einen wesentlichen und charakteristischen Teil der Schönheit ausmacht.«
Ravel war kein Revolutionär. Er erneuerte vielmehr die Musik aus einer ihm geistig verwandten Tradition. Sein großes Vorbild war Mozart. Er schätzte aber auch Schubert, Mendelssohn, Bizet, Massenet, Gounod, Chabrier, Saint-Saëns, Debussy, Satie und Fauré. In Gounod sah er den »Vorläufer der modernen französischen Schule«, seine Vokalwerke hätten »das Geheimnis harmonischer Sinnlichkeit« wiedergewonnen, »das seit den französischen Clavecinisten des 17. und 18. Jahrhunderts« verlorengegangen sei. Die Russen Borodin, Mussorgskij und Rimskij-Korsakow wurden von ihm ebenso bewundert wie Strawinsky und das solide Handwerk von Schönberg, Berg und Webern. Ravel verwendete die verschiedenen Stilmittel, die ihm seine Zeit bot, und schuf sich wie jeder bedeutende Künstler seine eigenen Gesetze und seine eigene Welt. »Ravels Kunst strebte weder nach Leidenschaft noch nach Wahrheit, sondern wohl eher nach der ›Betrachtung des Schönen‹, und zwar durch die Befriedigung des Geistes mittels der Freude des Hörens« (Arbie Orenstein). Daß Ravel das Schöne immer wieder mit Ironie und Esprit in Frage stellte, macht den besonderen Reiz und die Tiefe seiner Musik aus.

Sonate für Violine und Klavier (in einem Satz)

Komponiert 1897. – UA: 23. Februar 1975 in New York (Gerald Tarack, Leon Pommers).

Die Sonate gehört zu den Werken, die Ravel vor seinem Studium bei Fauré komponiert hat. Sie wurde erst nach seinem Tod aus dem Nachlaß veröffentlicht. Das 1sätzige Stück in traditioneller Sonatensatzform steht in der Nachfolge von César Franck und Vincent d'Indy. Lediglich in der für die Entstehungszeit kühnen Harmonik kündigt sich der spätere Stil Ravels an.

Streichquartett F-Dur

Komponiert 1902/03; Gabriel Fauré gewidmet. UA: 5. März 1904 in Paris (Heymann-Quartett).
Allegro moderato, très doux – Assez vif, très rythmé – Très lent, modéré – Vif e agité.

Bei der Uraufführung rief das Quartett derartig heftigen Widerspruch hervor, daß Ravel 1905 vom Wettbewerb um den Rompreis ausgeschlossen wurde. Heute bewundern wir an diesem Werk nicht nur die Klarheit und Einfachheit der Strukturen, sondern vor allem die Konsequenz, mit der die Themen durchgeführt und die 4 Sätze aufeinander bezogen sind. – Die beiden Themen des 1. Satzes (in Sonatensatzform)

I

II

kehren variiert im 3. und 4. Satz wieder und werden dort mit neuen Themen verbunden. Der 3teilige, scherzoartige 2. Satz ist weitgehend auf zwei Gedanken aufgebaut: Das 1. Thema wird pizzicato gespielt und steht in äolischer Tonart; aus dem 2. entwickelt sich der lyrische Mittelteil. Improvisatorischen Charakter hat der 3. Satz mit seinen zahlreichen Tempo- und Tonartwechseln. Die Wirkung des vehementen Finales basiert auf einem ständig kreisenden chromatischen 5-Ton-Motiv:

das immer wieder durch ein diatonisches, lyrisches Thema unterbrochen wird. »Was an diesem Werk besticht, ist nicht die Originalität der Form, sondern die vollendete Ausführung: da stört keine Banalität, da gibt es keinen Leerlauf; vielmehr herrscht überall Phantasie und Ideenreichtum, vollendete Ausgewogenheit der Proportionen und dazu eine solche reine und transparente Klanglichkeit, die Ravel nur mehr in seinem Klavierwerk ›Jeux d'eau‹ erreicht hat« (Armand Machabey).

Introduction et Allegro für Harfe mit Begleitung von Streichquartett, Flöte und Klarinette

Komponiert 1905. UA: 22. Februar 1907 in Paris (Harfe: Micheline Kahn, Dirigent: Charles Domergue).

Wie im Streichquartett sind auch in diesem kleinen Harfenkonzert die (2) Sätze durch gemeinsames thematisches Material miteinander verbunden. Das »faire plaisir« dominiert im Allegro, das mit seinen raffinierten Klangfarben-Kombinationen und seinen schwebenden Rhythmen auf die später entstandenen und souveräner gestalteten »Valses nobles et sentimentales« hinweist.

Trio für Klavier, Violine und Violoncello

Komponiert 1914. UA: 28. Januar 1915 in Paris (Alfredo Casella, Gabriel Willaume, Louis Feuillard).

Modéré – Pantoum, assez vif – Passacaille, très large – Final, animé.

In diesem äußerst dichten und im Ausdruck komprimierten Trio kündigt sich Ravels Spätstil an, in dem die Linie über die Farbe, die Melodie über den Klang dominiert. – Im *1. Satz* bewegt sich die melodietragende Oberstimme zunächst in einem asymmetrischen Rhythmus von 3 + 3 + 2 Achteln über einer Baßstimme in normalem Viertel-Metrum.

Dann wechselt die Betonung der 8 Achtel bei Eintritt des lyrischen 2. Themas in 3 + 2 + 3 Achtel. Rhythmen ähnlicher Art sind in der südosteuropäischen Musik, aber auch in einigen baskischen Tänzen zu finden, die Ravel gekannt hat. Rhythmisch raffiniert sind ebenso die anderen Sätze. Im Mittelteil des *2. Satzes* setzt Ravel das choralartige 3. Thema im 4/2-Takt (im Klavier) gegen die beiden ersten Themen im 3/4-Takt, was ein reizvolles metrisches Wechselspiel ergibt. Der Titel »Pantoum«, den Ravel diesem Satz gab, weist auf dieses Wechselspiel; der Name stammt aus der malaiischen Dichtung und bezeichnet dort ein Gedicht von Vierzeilern, in dem die 2. und 4. Zeile der 1. Strophe als 1.und 3. Zeile der 2. Strophe wiederholt werden. Der *3. Satz* ist eine streng durchgeführte Passacaglia über folgendes Thema:

Das *Finale* beginnt im 5/4-Takt, der in der Durchführung zum 7/4-Takt erweitert wird, um dann wieder zum 5/4-Takt zurückzukehren. Die beiden Themen dieses Satzes erscheinen zuerst im Klavier und werden nach mannigfaltigen Veränderungen im Schlußteil nochmals markant und dramatisch präsentiert.

Sonate für Violine und Violoncello

Komponiert 1920–22. UA: 6. April 1922 in Paris (Hélène Jourdan-Morhange, Maurice Maréchal).
Allegro – Scherzo. Très vif – Andante – Finale. Vif, avec entrain.

Diese Sonate eröffnet Ravels letzte Schaffensperiode. Sie ist linearer und harmonisch kühner angelegt als alle früheren Werke. Die beiden Stimmen bewegen sich frei im Raum, oft in 2 Tonarten, die hart und kompromißlos miteinander konfrontiert werden. Die bitonalen und gelegentlich auch atonalen Klangwirkungen beweisen, daß Ravel sich mit der Musik Strawinskys, Bartóks und Schönbergs auseinandergesetzt hat. – Die Härte der Zusammenklänge wird einerseits durch die sensitive Melodik und andererseits durch das spieltechnische Raffinement abgemildert, mit denen der 2stimmige Satz aufgelockert wird. Die Formen der 4 Sätze sind dagegen konventionell. Auf ein Allegro in normaler Sonatensatzform folgen ein brillantes Scherzo im 3/8- bzw. 2/8-Takt, ein langsamer Satz mit einem dissonanten Fortissimo-Mittelteil und ein vitales Finale, in dem die beiden Themen mit dem thematischen Material des 1. Satzes geistvoll und in stets neuer und überraschender Weise verarbeitet werden.

Sonate für Violine und Klavier

Komponiert 1923–27. UA: 30. Mai 1927 in Paris (George Enescu, Maurice Ravel).
Allegretto – Blues, moderato – Perpetuum mobile, allegro.

Wie in der Sonate für Violine und Violoncello sind auch in diesem Werk die beiden Instrumente selbständig geführt. Die Struktur ist transparent, der Klaviersatz durchweg in linearer Zwei- oder Dreistimmigkeit gehalten. – Im *1. Satz* werden 4 Themen miteinander kombiniert. Der Satz erreicht kurz vor der Reprise seinen Höhepunkt und klingt mit einem 3stimmigen Fugato aus, das vom Klavier allein vorgetragen wird. Der *2. Satz*, ein Blues, ist bitonal. As-Dur und G-Dur erklingen gleichzeitig (Zitat S. 865). In diesem Blues spürt man, wie intensiv sich Ravel mit den Jazzformen und Modetänzen der damaligen Zeit

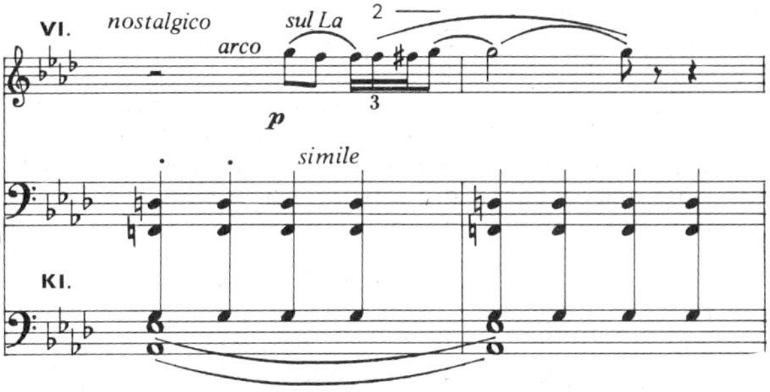

beschäftigt hat, ohne sie jedoch zu kopieren. »Ich habe zwar diese populäre Form Ihrer Musik übernommen«, sagt Ravel bei einem Besuch in den USA 1928, »aber ich wage zu behaupten, daß die Musik, die ich geschrieben habe, trotzdem französisch ist, Ravels Musik. Diese volkstümlichen Formen sind in Wirklichkeit nur Baumaterialien, und das Kunstwerk erweist sich nur über die reife Konzeption, in der keine Einzelheit dem Zufall überlassen ist. Darüber hinaus ist penible Stilisierung in der Verarbeitung dieses Materials von wesentlicher Bedeutung.« Themen aus dem Blues und dem 1. Satz werden im *Finale*, einem brillanten »Perpetuum mobile«, wieder aufgenommen, so daß dieses Werk einen großen, in sich geschlossenen Zyklus bildet.

Außer der Sonate schrieb Ravel noch 2 Stücke für Violine und Klavier: die **»Berceuse sur le nom de Gabriel Fauré«** (1922) und die Konzertrhapsodie **»Tzigane«** (1924), ein virtuoses Stück mit Flageoletts, Pizzicati, vielgriffigen Akkorden und dankbaren Passagen für die Violine, von dem auch eine Orchesterfassung existiert.

WL

Die »Groupe des Six«, die Neoklassizisten und ihre Zeitgenossen

Im Jahre 1920 schlossen sich die Komponisten Arthur Honegger, Darius Milhaud, Francis Poulenc, Germaine Tailleferre (1892–1983), Louis Durey (1888–1979) und Georges Auric

(1899–1983) zu der französischen »**Groupe des Six**« zusammen. Sie wollten allen romantischen Geist aus ihren Werken verbannen und das rechte Gleichgewicht von Gefühl und Vernunft wiederherstellen, das den französischen Klassizismus kennzeichnet. Auf die Chromatik, das charakteristische Ausdrucksmittel der Spätromantik, sollte verzichtet werden, auch sollte man nicht Schönberg, »dem gewaltigen Musiker«, folgen, der »die Chromatik zu ihrer äußersten Konsequenz der Atonalität« geführt habe. Es gelte dagegen, die diatonische Harmonik in ihre herrschende Stellung wieder einzusetzen. Sie bekräftige »die reine, feste Tonalität, das Grundprinzip der wahren Architektur«.
An dieses Programm hielt sich von den Komponisten der »Gruppe der Sechs« strenggenommen nur **Francis Poulenc** (1899–1963), der mit seinen formklaren Kammermusiken – der Sonate für Klarinette und Fagott (1922), der Sonate für 2 Klarinetten (1918/45), der Sonate für Horn, Trompete und Posaune (1922/45) und dem Trio für Klavier, Oboe und Fagott (1920), dem Sextett für Bläserquintett und Klavier (1932/39) und den Sonaten mit Klavier für Flöte (1950), Klarinette (1962) und Oboe (1962) – die Bläserliteratur um unsentimentale, ironisch-geistreiche Stücke bereichert hat.
Wie Poulenc gelang es auch **Darius Milhaud** (1892–1974), durch melodische, harmonische und rhythmische Einfachheit »den romantischen Geist zu verbannen«. Stilbildend wurde für ihn die Polytonalität, deren Möglichkeiten er in ein System brachte. Seine Musik basiert harmonisch auf den Dreiklängen der Dur-Moll-Skala, im Melodischen auf den diatonischen Tonleitern. Ein Dreiklang wird stets mit 2 chromatisch benachbarten Dreiklängen kombiniert. Aus den 9 Tönen, die in allen denkbaren Umkehrungen gebracht werden können, ergeben sich zusätzlich noch 7 Akkorde. Milhauds System erfaßt somit alle Akkorde der temperierten Tonskala. Es ergibt sich eine Panchromatik, die dem Komponisten größere Freiheit läßt als das Zwölftonsystem. Auf eine bestimmte Richtung läßt sich jedoch Milhaud nicht festlegen. In den Liederzyklen »Machines agricoles« und »Catalogue de fleurs« führte er den Begriff der Lyrik ad absurdum. In dem Ballett »Le Bœuf sur le toit« verarbeitete er Karnevalslieder aus Rio de Janeiro, in dem Ballet nègre »La Création du monde« den Jazz, den er in Harlem kennenlernte, und im Ballett »Salade« Melodien aus seiner Heimat, der Provençe. Bis ins hohe Alter experimentierte Milhaud

mit neuen Formen und Ausdrucksmitteln, wie die 1954 entstandene Montage »Poetische Studie« beweist, in der bereits die Aleatorik vorweggenommen wird. Von seinen 18 Streichquartetten können das 14. und das 15. einzeln oder zusammen als Oktett gespielt werden. Sie zeichnen sich durch eine polytonale und polyrhythmische Kontrapunktik aus, wie auch die 6 kurzen, nur wenige Minuten dauernden Kammersinfonien und die Sonaten, Duos, Trios und Divertissements, die Milhaud für alle nur erdenklichen Kammermusikbesetzungen komponiert hat.

Der in Le Havre geborene Schweizer **Arthur Honegger** (1892–1955), der mit Milhaud in Paris bei Charles-Marie Widor und Vincent d'Indy studierte, war ein universal gebildeter, allem Neuen gegenüber aufgeschlossener Musiker. »Ihm war es gegeben, die Brücke von Wagner und Schönberg zu Strawinsky und Milhaud, von Strauss und Reger zu Debussy und Fauré zu schlagen – allein durch die Kraft seiner Phantasie und durch sein Genie der Synthese« (Heinrich Strobel). Honegger komponierte tonal, polytonal und atonal; stets ging es ihm um eine klare, verständliche und überzeugende Aussage. Daraus resultiert der Erfolg seiner szenischen Oratorien »König David«, »Judith« und »Johanna auf dem Scheiterhaufen«. Aufschlußreich für Honeggers Stil sind seine 3 *Streichquartette*. Im 3sätzigen 1. Quartett (1916/17) vereinen sich alemannische Empfindungstiefe mit französischem Forminstinkt. Das 2. Quartett (1934/36) fesselt durch die rhythmische und expressive Gestaltung der 3 Sätze; Ostinati bestimmen das Allegro in Sonatensatzform, subtile melodische Linien das Adagio in 3teiliger Liedform und ein markantes Thema das rondoartige Finale. Ein Meisterwerk der neueren Kammermusik ist das 3. Quartett (1936/37) mit seinem virtuosen, urmusikantischen Rondo-Finale.

Das Programm der »Gruppe der Sechs« verwirklichte **Jacques Ibert** (1890–1962), obwohl er ihr nicht angehörte, in geistvoll-witzigen Stücken für Bläser und dem brillant formulierten Stück »Jeux« für Flöte (oder Violine) und Klavier (1923). Aber Ibert ist nicht immer der gefällige und glänzende Causeur, der hinter einem ironischen Lächeln sein Denken und Fühlen verbirgt. Das Gefällige und Unterhaltsame ist nur ein Teil seiner Kunst. Sein Ziel, ernste Musik ohne Schwere zu komponieren, erreichte er in dem Streichquartett (1937/42) und dem Trio für Violine, Violoncello und Harfe (1943/44).

Als Iberts legitimer Nachfolger kann **Jean Françaix** (* 1912) bezeichnet werden. Er studierte in Paris bei Nadia Boulanger, aus deren Schule – wie ein Kritiker überspitzt behauptete – »viele kleine Strawinskys« kamen. Seinen ersten großen Erfolg errang Françaix mit dem Concertino für Klavier und Orchester (1932). Der Richtung, die er in diesem spielerisch leichten, rhythmisch prickelnden Werk eingeschlagen hat, blieb Françaix in den nachfolgenden Kompositionen treu: im Streichtrio (1933), im Streichquartett (1934) und in den an klassischen Divertimenti orientierten Stücken für Bläser, von denen das Quintett für Flöte, Oboe, Klarinette, Horn und Fagott (1948) zu seinen meistaufgeführten Werken gehört. Besonders erwähnt seien außerdem die »Cinque piccoli duetti« für Harfe und Flöte und die »Passacaille« für Gitarre, ferner die »Aubade« für 12 Violoncelli, die Françaix 1975 für die 12 Cellisten des Berliner Philharmonischen Orchesters komponierte.

Zu den Komponisten, die im Paris der 1920er Jahre wichtige Anregungen erhielten, gehören der Brasilianer Heitor Villa-Lobos und der Tscheche Bohuslav Martinů.

Heitor Villa-Lobos (1887–1959) war es, der der brasilianischen Musik zur Weltgeltung verholfen hat. Er hinterließ rund 1000 Werke, u. a. 17 Streichquartette, 12 Etüden und 5 Préludes für Gitarre sowie Duos, Trios, Quintette, Sextette und ein Nonett. Außerdem »erfand« er zwei neue Gattungen: die »Chôros« für verschiedene Besetzungen, in denen die brasilianische Folklore in ihrer ganzen Vielfalt zur Wirkung kommt, und die von der Bachschen Kontrapunktik angeregten »Bachianas brasileiras«, 9 Werke, von denen Nr. 1 für 8 Violoncelli und Nr. 6 für Flöte und Fagott der Kammermusik zuzurechnen sind.

Bohuslav Martinů (1890–1959) studierte bei Albert Roussel und setzte sich mit dem Impressionismus und dem Neoklassizismus auseinander. In seinen Werken bevorzugt er barocke und klassische Formen. Trotz der vielfältigen Einflüsse und der oft kontrapunktischen Faktur verleugnet Martinů in keinem seiner Werke die Herkunft aus der musizierfreudigen tschechischen Tradition. Seine Kammermusik (darunter 7 Streichquartette, ein Streichsextett [1929], ein Streichquintett [1927], ein Bläserquintett, 3 Klaviertrios [1930, 1950, 1951], 3 Violinsonaten, 3 Cellosonaten, eine Sonate für 2 Violinen und Klavier) zeichnet sich durch Vitalität und Ausdruckskraft aus. Mit ihr wollte er »ein wenig von der Bejahung des ruhigen und glücklichen Lebens wiedergeben«.

Impressionistisch sind die frühen Werke des Schweizers **Frank Martin** (1890–1974). Erst nach langem Reifeprozeß fand er zu einem Stil, in dem konstruktive, von Schönbergs Zwölftonreihe abgeleitete Gestaltungsmittel formbildend werden. Am persönlichsten ist sein Stil in dem Kammeroratorium »Der Zaubertrank«, in der Oper »Der Sturm«, der »Petite symphonie concertante«, den »Jedermann«-Monologen für Bariton und Klavier und der späteren Kammermusik: in dem Streichtrio (1936) und dem Streichquartett (1967), in den Balladen für Flöte und Klavier, für Trompete und Klavier, für Violoncello und Klavier und in der Sonata da chiesa für Viola und Orgel (1938). Aufschlußreich für den Stil Martins vor 1930 ist das rhythmisch variable »Trio über irische Volkslieder« aus dem Jahre 1925.

Neben Martin wurden von den Schweizer Komponisten vor allem Willy Burkhard, Conrad Beck und Heinrich Sutermeister international bekannt. – **Willy Burkhard** (1900–1955), der am Leipziger Konservatorium studierte, löste sich durch die Besinnung auf die polyphonen Formen der Barockmusik von der Spätromantik. Seine herbe, mitunter spröde, aber stets vergeistigte Kammermusik (u. a. 2 Streichtrios, 2 Streichquartette op. 23 [1929] und op. 68 [1943], ein Klaviertrio op. 43 [1936], eine Suite für 2 Violinen, Stücke für Flöte, für Violine und Klavier, für Viola allein und für Violoncello und Klavier, eine Serenade für 8 Instrumente und die »Lyrische Musik in memoriam Georg Trakl« op. 88 für Flöte, Viola, Violoncello und Klavier [1951]) wird von einer Kontrapunktik geprägt, die sich auf die konsequente Führung der Stimmen beschränkt und klangliche Härten nicht vermeidet.

Conrad Beck (1901–1989) verband den strengen linearen Satz mit einer differenzierten modernen Harmonik. Seine Kammermusik (darunter Sonatinen für Violine, Violoncello, Gambe und Klavier, Duos, Trios und Quartette für Streicher) ist stärker an der Musik von Jacques Ibert und Albert Roussel orientiert als an den Werken von Hindemith, Bartók, Strawinsky und Schönberg, die den Stil Burkhards beeinflußten.

Im Schaffen von **Heinrich Sutermeister** (* 1910), der mit seinen Opern vielbeachtete Erfolge in den 50er und 60er Jahren errang, nimmt die Kammermusik nur einen kleinen Raum ein. In der *Serenade Nr. 1* für 2 Klarinetten, Trompete und Fagott faßte er 3 Stücke (Marsch, Lied und Ländler) aus seiner Oper »Der rote Stiefel« zu einem reizvollen, unterhaltsamen Bläserstück zusammen. Die *Serenade Nr. 2* für Flöte, Oboe, Klarinette, Fagott, Horn und Trompete ist ein leicht zu spielendes und dankbares Werk für die Musizierpraxis; Sutermeister komponierte es 1961 für das Werkorchester von Philips, Eindhoven.

Der Holländer **Henk Badings** (1907–1987), der nach 1945 die Entwicklung der elektronischen Musik durch seine radiophone Oper »Orestes« vorantrieb, bereicherte die neuere Kammermusikliteratur mit 2 Bläserquintetten, einer Sonate für Oboe und Klavier, einem Trio für Oboe, Klarinette und Fagott, einem Trio für 2 Oboen und Englisch Horn, einem Blechbläserquartett und u. a. mit je 4 Violin- und Cellosonaten sowie 4 Streichquartetten um musikantisch inspirierte Werke in einem objektiv wirkenden linearen Stil.

Zum Wegbereiter der modernen holländischen Musik wurde jedoch nicht Badings, sondern **Willem Pijper** (1894–1947). Unter dem Eindruck der Musik von Strawinsky, Schönberg und der »Gruppe der Sechs« brach er nach dem 1. Weltkrieg radikal mit der spätromantischen Tradition. Atonale Klangstrukturen, ungebräuchliche Taktarten und polymetrische Kombinationen sind nicht nur für seine Orchester-, sondern auch für seine kammermusikalischen Werke charakteristisch, vor allem für die Streichquartette Nr. 1–5 (1914, 1920, 1923, 1928, 1946), für die beiden Klaviertrios, das Bläserquintett und das Septett für Flöte, Oboe, Klarinette, Horn und Fagott. Sie werden aus einer Keimzelle – meistens 5 oder 6 Töne – entwickelt. Die melodische, rhythmische und harmonische Ausbildung dieser Keimzellen ist der Leitgedanke, dem Pijper stets beim Aufbau der Sätze folgte. An die Stelle des »punctus contra punctum« der Niederländer des 15. und 16. Jh. setzte Pijper Tongruppe gegen Tongruppe und Klangfläche gegen Klangfläche und bewirkt dadurch den Zusammenklang verschiedener Tonalitäten.

In Italien besannen sich die vier Musiker Ottorino Respighi, Ildebrando Pizzetti, Gian Francesco Malipiero und Alfredo Casella auf die große kulturgeschichtliche italienische Vergangenheit. Diese Rückschau führte im Land der klassizistischen Verehrung unweigerlich zur Wiederentdeckung der Musik des 17. Jh.

Ottorino Respighi (1879–1936), der mit farbenprächtigen Orchesterwerken der italienischen instrumentalen Musik neue Impulse gegeben hat, löste sich von der Spätromantik mit seinem kirchentonalen »Quartetto dorico« (1926) und der

3., ursprünglich für Streichquartett geschriebenen Suite der »Antiche danze ed arie« nach altitalienischen Lautensätzen (1932).

Ildebrando Pizzetti (1880–1968) plädierte für eine maßvolle Modernität. 1932 war er Mitverfasser eines Manifests, das sich gegen die Verwirrung im Kunstschaffen und vor allem gegen eine konstruktive Musik richtete. Bereits bei seinen ersten Studien entdeckte er für sich das Tonsystem der Griechen und die Kirchentonarten, die er dann mit vielen anderen archaisierenden Zügen in seine musikalische Sprache einbaute.

Alfredo Casella (1883–1947) war, wie Pizzetti, eine mehr anregende als verwirklichende künstlerische Begabung. Er selbst unterscheidet drei Stilperioden. In der ersten komponierte er virtuos-glänzende, aber konventionelle Orchesterwerke. In der zweiten begann er, nachdem er in Paris die Ballette Strawinskys gehört hatte, zu experimentieren. Mit einer gewissen ironischen Überlegenheit und der Freude an ungewöhnlichen Klängen versuchte er neue Wege zu gehen. 1924 begann er dann, die Musik des 17. und 18. Jh. zu studieren, und fand in der 2. Violinsonate, der »Serenata« für Klarinette, Fagott, Trompete, Violine und Violoncello (1927), der 2. Cellosonate (1927) und der »Sonata a tre« für Violine, Violoncello und Klavier (1938) zu einem neoklassizistischen Stil, der sich durch asketische Melodik, sehr vereinfachte und zugleich polytonale Harmonik und tänzerische Rhythmik auszeichnet.

In der Persönlichkeit von **Gian Francesco Malipiero** (1882–1973) verbanden sich eine lyrische Begabung mit einem hochentwickelten Sinn für das Archaisierende. Er lehnte den subjektiv-expressiven Stil ab und entwickelte aus der klassizistischen Rückschau in die Frühvergangenheit eine individuell differenzierte Musik, die harmonische Ruhe im Geiste der Renaissance ausstrahlt. Die künstlerischen Formen sind stets die einer nach innen gerichteten vergeistigten Kunst. Die prägnant volkstümliche Linie der italienischen Musik und ihre Möglichkeit, universal zu sein, weichen nun einer aristokratisch reservierten Kunst. Von seinen 7 Streichquartetten sind die beiden ersten, »Rispetti e strambotti« (1920) und »Stornelli e ballate« (1923), von italienischen Volksdichtungen inspiriert. Das bedeutendste Kammermusikwerk Malipieros ist das 3. Quartett mit dem Titel »Cantari alla madrigalesca« (1931), in dem der Vokalstil des 17. Jh. wieder lebendig wird. Von den anderen Kammermusikwerken des Komponisten verdient die 3sätzige »Sonata a cinque« für Flöte, Harfe, Violine, Viola und Violoncello (1934) besondere Erwähnung; mit ihr gelang Malipiero ein apartes, ungewöhnlich farbig instrumentiertes Werk, das auch in einer Fassung für 2 Violinen, Viola, Violoncello und Klavier vorliegt.

Schüler von Pizzetti war **Mario Castelnuovo-Tedesco** (1895–1968). Seine Kammermusik ist in Form und Aussage neoklassizistisch. Außer Sonaten für Violine, Violoncello, Klarinette, Fagott (jeweils mit Klavierbegleitung), 2 Streichquartetten u. a. schrieb er ein ungewöhnlich reizvolles und virtuoses Quintett für Gitarre und Streichquartett op. 143 sowie weitere Werke für und mit Gitarre.

Philipp Jarnach (1892–1982) wuchs in Nizza auf und studierte in Paris. In Zürich lernte er während des 1. Weltkriegs Ferruccio Busoni kennen. Jarnach vollendete nicht nur dessen Oper »Doktor Faust«, sondern verwirklichte auch in seinen Kompositionen (Kammermusik-, Klavier- und Orchesterwerke) die Idee der Klassizität, die Busoni als »Meisterung, Sichtung und Ausbeutung aller Errungenschaften vorausgegangener Experimente, ihre Hineintragung in feste und schöne Formen« definiert hatte. Jarnachs Harmonik ist kühn, bisweilen sogar atonal. Die Formen sind dagegen traditionell; sie werden jedoch modifiziert wie im Streichquintett op. 10 (1920), im Streichquartett op. 16 (1924) und in Jarnachs gewichtigstem Werk, der »Musik zum Gedächtnis des Einsamen« für Streichquartett (1952). Im Streichquintett op. 10 entsteht im Präambulum aus 2 Motiven das Thema, aus dem dann 7 Charaktervariationen (Sinfonia, Melodram, Giga, Aria, Rezitativ und Marsch, Choralvorspiel und Doppelfuge) gebildet werden.

Der Engländer **William Walton** (1902–1983) wurde vor allem durch sein Konzert für Viola und Orchester international bekannt. Dieses Konzert ist wie die Orchesterwerke und 2 Kammermusikwerke (Streichquartett [1947] und Violinsonate [1950]) beispielhaft für seinen neoromantischen Stil.

Im Zentrum des kompositorischen Schaffens von Waltons Landsmann **Michael Tippett** (* 1905) stehen Oratorien, Opern und 4 Sinfonien. Polyphon, tonal gebunden, harmonisch farbig und polyrhythmisch differenziert ist die Diktion seiner 4 Streichquartette, die mehr dem Neoklassizismus zuzurechnen sind als der Neoromantik.

Benjamin Britten (1913–1976) faßte in seinen Werken die wesentlichen Strömungen der abendländischen Musikentwicklung zusammen. »Ich schreibe gerne Stücke für besondere Gelegenheiten«, bekannte er 1951, »Musik für Kinder oder Laien, Musik für Filme oder für das Theater und den Rundfunk, und ich versuche, in diese engen Schläuche meinen besten Wein zu füllen.« Der Kammermusik kommt in seinem Gesamtwerk nicht die gleiche Bedeutung zu wie seinen Orchester- und Vokalwerken, seinen Solokonzerten und Opern. Der Einfluß, den die Musik Schönbergs auf den jungen Britten ausübte, wird in dem Streichquartett erkennbar, das Britten 1931 mit 18 Jahren komponiert und erst 1975 zur Veröffentlichung freigegeben hat. Das Streichquartett Nr. 1 D-Dur op. 25 (1941) ist gefälliger als das Streichquartett Nr. 2 C-Dur op. 36 (1945), das mit seinen strengen Formen dem neobarocken Stil zuzurechnen ist. Mit dem Streichquartett Nr. 3 op. 94 (1975) schuf Britten ein introvertiertes Werk über Themen aus seiner Oper »Death in Venice«; der letzte Satz, eine Passacaglia, wirkt wie eine Threnodie auf Aschenbach, die Hauptperson in Thomas Manns Erzählung, die der Handlung der Oper zugrunde liegt. Für den Cellisten Mstislaw Rostropowitsch schrieb Britten die Sinfonie für Violoncello und Orchester op. 68 und 4 Kammermusikwerke: die gewichtige expressive Sonate in C für Violoncello und Klavier op. 65 (1961) und 3 Solo-Suiten (G-Dur op. 72 [1964], D-Dur op. 80 [1967] und op. 87 [1972]). Atmosphärische Stimmungsbilder von ungewöhnlichem melodischem Reiz gelangen ihm mit den »Six Metamorphoses after Ovid« für Oboe solo op. 49 (1952). Brittens Affinität zur englischen Musik der Renaissance beweisen das »Nocturnal after John Dowland« für Gitarre op. 70 (1963) und »Lachrymae – Reflections on a Song by J. Dowland« für Viola und Klavier op. 48 (1950), die in der Orchesterfassung zu den meistaufgeführten Konzertwerken Brittens gehören.

WL

Manuel de Falla

* 23. November 1876 in Cádiz
† 14. November 1946 in Alta Gracia (Argentinien)

De Falla war Kompositionsschüler von Felipe Pedrell, der ihn mit der spanischen Folklore und den alten spanischen Meistern bekannt machte. 1907–14 lebte er in Paris und war befreundet mit Debussy, Fauré, Dukas und Ravel. 1914 kehrte er nach Spanien zurück. Bis zum Ausbruch des Bürgerkrieges lebte er in Granada, danach in Argentinien, wo er sich in dem Bergdorf Alta Gracia völlig von der Welt absonderte und an dem Oratorium »La Atlántida« arbeitete, das er als Torso hinterließ (es wurde von seinem Schüler Ernesto Halffter vollendet).

Manuel de Falla verhalf der spanischen Musik wieder zur Weltgeltung. In seinem Orchesterwerk mit Klavier »Noches en los jardines de España« (»Nächte in spanischen Gärten«), in den Balletten »El sombrero de tres picos« (»Der Dreispitz«) und »El amor brujo« (»Liebeszauber«), der Oper »La vida breve« (»Ein kurzes Leben«) und dem Puppenspiel »El retablo de Maese Pablo« verband er die koloristischen Elemente des französischen Impressionismus mit der spanischen Folklore zu einem unverwechselbar eigenen Stil. Die Gitarre, das spanische Nationalinstrument, berücksichtigte er nicht nur in diesen Werken, sondern schuf auch mit »Homenaje pour le tombeau Claude Debussy« ein Stück, das heute zum Repertoire der Gitarrenvirtuosen gehört.

Konzert für Cembalo, Flöte, Oboe, Klarinette, Violine und Violoncello

Komponiert 1923–26. UA: 1927 in London.
Allegro – Lento – Vivace.

In diesem Konzert, dem einzigen Kammermusikwerk de Fallas, löste er sich vom Einfluß des Impressionismus. In ihm werden die Anregungen des Neoklassizismus spürbar, der nach 1925 immer stärker die Musik der 20er Jahre bestimmte. Trotz dieser unverkennbaren klassizistischen Tendenz ist die Musik erfüllt von rhythmischen, melodischen und harmonischen Wendungen der spanischen Folklore. – Das Thema des 1. Satzes geht auf ein kastilisches Lied aus dem 15. Jh. zurück:

Zum 2. Satz, der die Karfreitagsprozession in Granada schildert, regte die liturgische Musik Spaniens de Falla an:

Der 3. Satz basiert auf einem Thema von Domenico Scarlatti, der im 18. Jh. in Madrid am Hofe des spanischen Königs lebte und wirkte. – Das Konzert hat de Falla der Cembalistin Wanda Landowska gewidmet, die sich jedoch weigerte, es zu spielen – es war ihr zu modern. Bei der Uraufführung 1927 in London übernahm deshalb de Falla den Cembalopart und wiederholte das Werk im selben Konzert mit Klavier.

WL

Béla Bartók

* 25. März 1881 in Nagyszentmiklós (Südungarn; heute Sînnicolau Mare / Rumänien), † 26. September 1945 in New York

Nach seinem Studium in Preßburg und Budapest (Klavier und Komposition bei Hans Koessler) gab er an der Budapester Musikhochschule Klavierunterricht. Den größten Teil seiner Kraft opferte er dem Sammeln und Sichten von Volkstänzen und Volksliedern. Die meisten seiner Konzertwerke sind während seiner Ferienzeiten, oft in der Schweiz, entstanden. 1940 emigrierte Bartók in die Vereinigten Staaten.

Kammermusik: 6 Streichquartette; 2 Rhapsodien für Violine und Klavier; 2 Sonaten für Violine und Klavier; 44 Duos für 2 Violinen; Sonate für 2 Klaviere und Schlagzeug; *Kontraste* für Violine, Klarinette und Klavier; Sonate für Violine allein; Klavierquintett.

Zu Lebzeiten galt Bartók als Revolutionär, er war umstritten wie Arnold Schönberg und verkannt wie Anton Webern. Erst nach seinem Tod wurde er anerkannt. Jedoch setzten sich zuerst die klassizistischen Werke seiner letzten Schaffensperiode durch; die elementaren, mitunter radikalen Kompositionen aus seiner mittleren Schaffensperiode (1920–31) blieben dagegen nur einem kleinen interessierten Kreis vorbehalten.
Mit 24 Jahren begann Bartók, zusammen mit Zoltán Kodály, die Volksweisen seiner Heimat zu sammeln und wissenschaft-

lich auszuwerten, beschränkte sich später jedoch nicht auf Ungarn, sondern dehnte diese Forschungstätigkeit auf den ganzen Balkan, auf Nordafrika und Kleinasien aus. Die Einschmelzung dieses Melodiengutes in die Formenwelt der westeuropäischen traditionellen Musik, die Umdeutung dieser Melodien zum thematischen Material ist Bartóks entscheidende Tat.
»Das Studium all dieser Bauernmusik«, schrieb er, »war deshalb von entscheidender Bedeutung für mich, weil sie mich auf die Möglichkeit einer vollständigen Emanzipation von der Alleinherrschaft des bisherigen Dur- und Moll-Systems brachte. Denn der weitaus überwiegende und gerade wertvollere Teil des gewonnenen Melodieschatzes ist in den alten Kirchentonarten, respektive in altgriechischen und gewiß primitiveren Tonarten gehalten und zeigt außerdem mannigfaltigste und freiste rhythmische Gebilde und Taktwechsel sowohl im Rubato- als auch im Tempo-giusto-Vortrag. Es erwies sich, daß die alten, in unserer Kunstmusik nicht mehr gebrauchten Tonleitern ihre Lebensfähigkeit durchaus nicht verloren haben. Die Anwendung derselben ermöglichte auch neuartige harmonische Kombinationen. Die Behandlung der diatonischen Tonreihe führte zur Befreiung von der erstarrten Dur-Moll-Skala und, als letzte Konsequenz, zur vollkommen freien Verfügung über jeden einzelnen Ton unseres chromatischen Zwölftonsystems.«
Im Gegensatz zu den Komponisten einer volkstümlichen Kunstmusik, die lediglich gewisse Eigenheiten aus der Folklore mit Schablonen der klassischen Musik verschmelzen, ist bei Bartók die Folklore nur indirekt wirksam. Ähnlich wie ein Dichter die feinsten Möglichkeiten der Sprache seinen Absichten gefügig zu machen versteht, wurde von Bartók der musikalische Ausdruck, der in der Folklore verborgen ist, absorbiert. Durch eine vielgestaltige, komplizierte Rhythmik erhält seine Musik ihre dynamische Spannung. Starke geistige Kräfte organisieren den Ablauf. Folkloristische Wendungen sind in musikalisch-instrumentale Formkeime verwandelt. Bartók fand also nicht, wie Schönberg, durch die Weiterentwicklung der Wagnerschen »Tristan«-Harmonik, sondern durch die Verwendung alter Tonskalen zu einer neuen Klangsprache, die Konsonanzen der diatonischen Skala keineswegs ausschließt.
Die Entwicklung Bartóks spiegelt sich in den 6 Streichquartetten wider. In ihnen faßte er jeweils das vor allem in den Klavierwerken experimentell Erprobte zusammen und erwei-

terte den Klang des Streichquartetts durch neue oder ungewöhnliche Spieltechniken: das Streichen und Schlagen mit dem Bogenholz auf die Saiten, das Spiel am Steg und am Griffbrett, die gitarrenähnliche Behandlung der Instrumente und das Bartók-Pizzicato, bei dem die gezupfte Saite auf das Griffbrett schlägt. Hinzu kommen collageartig eingefügte Zitate aus der Volks- und Unterhaltungsmusik sowie Geräusch- und Clusterkomplexe.

Streichquartett Nr. 1 op. 7

Komponiert 1908/09. UA: 19. März 1910 in Budapest (Waldbauer-Quartett).
Lento – attacca: Poco a poco accelerando al Allegro, Introduzione, Allegro – attacca: Allegro vivace.

Nach Zoltán Kodály, Bartóks Freund, »führt das erste Quartett ein intimes Drama auf, eine Art Rückkehr ins Leben vom Rande des Nichts«. Die 3 Sätze werden aus dem Lento entwikkelt, das als Keimzelle des ganzen Werkes anzusehen ist. Die Tonalität (Grundton A) wird zunächst nur angedeutet; sie festigt sich in den ohne Pause aufeinander folgenden Sätzen, bis sie im letzten eindeutig erkennbar wird. Das Tempo steigert sich vom Lento zum Allegretto und Allegro des 2. Satzes und schließlich zum Allegro vivace des letzten Satzes, der wie das Lento fugierte Teile enthält. 2 Volksliedzitate weisen darauf hin, daß Bartók bereits in diesem weitgehend spätromantischen Quartett eine Synthese der Volks- mit der Kunstmusik anstrebte.

Streichquartett Nr. 2 op. 17

Komponiert 1915–17. UA: 3. März 1918 in Budapest (Waldbauer-Quartett).
Moderato – Allegro molto capriccioso – Lento.

Bartók komponierte das 2. Quartett während des 1. Weltkriegs in einer Zeit der tiefsten Resignation. Da seine Musik in Budapest nicht verstanden und ignoriert wurde, hatte er sich 1911 vom öffentlichen Konzertleben zurückgezogen und sich dem Studium der Folklore zugewandt, das er aber bei Ausbruch des Krieges einschränken mußte. – Das Quartett beginnt mit einem expressiven Satz in Sonatensatzform. Die kontrapunktische Struktur, die auf den 1. Satz der »Musik für Saiteninstrumente, Schlagzeug und Celesta« hinweist, erwächst aus dem folgenden Thema:

Im Mittelsatz, einem rhythmisch akzentuierten »launischen« Allegro, ringen kleine und große Terzen miteinander und formen sich zu Motiven, die mit ihren Vorschlagsnoten von der arabischen Musik inspiriert sind:

Typische Melodiewendungen aus den Klagegesängen der ungarischen Bauernmusik bestimmen das abschließende Lento, eine formal frei gestaltete, resignierend verstummende Elegie.

Streichquartett Nr. 3

Komponiert 1927. UA: 19. Februar 1929 in London (Waldbauer-Quartett).
Prima parte: Moderato – attacca: Seconda parte: Allegro – attacca: Ricapitulazione della prima parte: Moderato – Coda: Allegro molto.

Die 1920er Jahre waren Bartóks wilde, radikale Zeit. Kompromißlos brach er mit der Tradition und suchte nach neuen

Ausdrucksformen. Die modale Harmonik und die elementare Rhythmik der Volksmusik wurden mit der Chromatik des Expressionismus zu einer herben, aggressiven Sprache verbunden. Vollkommen neu und bis zu einem gewissen Grad auch rätselhaft ist die Formanlage seines 3. Streichquartetts. Es besteht aus einem Satz, der in Prima parte, Seconda parte und Ricapitulazione della prima parte unterteilt ist. In der Ricapitulazione sind die Formelemente des 1. Teils so sehr verändert und umgruppiert, daß sie kaum wiederzuerkennen sind. Die Harmonik wird von 2 Intervallen, der Quarte und der None, bestimmt. Die dissonierenden Wirkungen entstehen dadurch, daß Bartók die an sich tonalen Melodieteile im 4stimmigen Satz kontrapunktierend und in Umkehrungen gegenüberstellt.

Streichquartett Nr. 4

Komponiert 1928. UA: 20. März 1929 in Budapest (Waldbauer-Quartett). Allegro – Prestissimo, con sordino – Non troppo lento – Allegretto pizzicato – Allegro molto.

Die Klangmittel, mit denen Bartók im 3. Quartett experimentiert, setzt er im 4. Quartett sehr bewußt und souverän ein. Angeregt durch Alfred Lorenz' Buch »Das Geheimnis der Form bei Richard Wagner« (1924 ff.) entwickelte er die sogenannte Brücken- oder Bogenform, die aus 5 Sätzen besteht. »Der langsame Satz bildet den Kern des Werkes, die übrigen Sätze schichten sich um diesen, und zwar ist der vierte Satz eine freie Variation des zweiten Satzes. Die Sätze eins und fünf wiederum haben gleiches thematisches Material, das heißt: um den Kern (Satz drei) bilden die Sätze eins und fünf die äußere, die Sätze zwei und vier die innere Schicht« (Bartók).
Die bewußte Konzeption dieser Anordnung wird noch durch die vielfältigen Beziehungen innerhalb und zwischen den Sätzen betont. Im 1. Satz (in Sonatensatzform) wird aus einem Motiv des Hauptthemas

der Schlußteil der Exposition gebildet. Das Hauptthema des 5. Satzes

entspricht dem Seitenthema des 1. Satzes. Die beiden Scherzi (die innere Schicht um den langsamen Kernsatz) bestehen aus verschiedenartigen Bearbeitungen des gleichen motivischen Materials. »Das Thema des vierten Satzes«, erläutert Bartók, »ist mit dem Hauptthema des zweiten Satzes identisch: dort bewegt es sich innerhalb enger Intervalle der chromatischen Tonleiter, hier erweitert es sich in der diatonischen Tonreihe.« Der Mittelsatz steht für sich allein. In ihm wird die Melodie

dreimal variiert. Sie erscheint im 1. Teil im Cello, im 2. Teil zuerst in der 1. Violine, dann in der 2. Violine und schließlich in der 2. Violine und der Bratsche, im 3. Teil in Umkehrung zwischen dem Cello und der 1. Violine (Zitat S. 881 oben).
Variation bedeutet bei Bartók also nicht nur Veränderung, sondern auch die Auflösung der Themen in ihre rhythmisch-melodischen Grundelemente, in Keimzellen für immer neue Entwicklungen. Aus dieser Technik resultiert die elementare Wirkung der Musik Bartóks.

Tranquillo

Streichquartett Nr. 5

Komponiert 1934. UA: 8. April 1935 in Washington (Kolisch-Quartett). Allegro – Adagio – Scherzo: Alla bulgarese – Andante – Finale: Allegro vivace.

In den Werken der 1930er Jahre gelingt Bartók endgültig die Synthese der verschiedenartigen Elemente aus der Volks- und der Kunstmusik. Seine Musiksprache wird einfacher, sie zeichnet sich durch Verständlichkeit und Deutlichkeit aus. Im 5. Quartett ist die Brücken- oder Bogenform noch stärker ausgeprägt als im 4. Quartett: Nicht nur die Sätze sind symmetrisch um ein Zentrum gegliedert, sondern auch die einzelnen Sätze selbst sind bogenförmig angelegt.
In der Reprise des 1. Satzes erscheinen die Formteile der Exposition krebsartig, also in rückläufiger Folge, und die Intervalle des Themas in der Umkehrung. Von den beiden langsamen Sätzen ist das Andante aus dem motivischen Material des Adagios entwickelt. Sie umschließen als »innere Schicht« einen schnellen Satz, ein Scherzo mit Trio alla bulgarese:

(Trio)

Die bulgarischen Rhythmen kombiniert Bartók mit eigenen Melodien ungarischen und rumänischen Charakters. Das Trio wird von dem zweimal erklingenden Scherzo umrahmt, wobei das 2. Scherzo eine Variation des 1. ist. Das Finale hat, wie meistens bei Bartók, tänzerischen Elan. In ihm greift Bartók auf das thematische Material des Kopfsatzes zurück, das sowohl rhythmisch als auch kontrapunktisch (im Mittelteil in Form einer Fuge) verarbeitet wird.

Streichquartett Nr. 6

Komponiert 1939. UA: 20. Januar 1941 in New York (Kolisch-Quartett). Mesto. Più mosso, pesante. Vivace – Mesto. Marcia – Mesto. Burletta – Mesto.

Im 6. Quartett, dem letzten Werk, das Bartók in Europa vor seiner Emigration nach den USA komponierte, kehrte er zur 4sätzigen Form und zur Tonalität zurück. Quartenharmonik und Quartenmelodik werden seltener, konsonante Intervalle und Dreiklangbildungen wieder häufiger. Der 1. Satz (Vivace – in Sonatensatzform) beginnt mit einer als Mesto bezeichneten Introduktion, die von der Bratsche allein vorgetragen wird.

Diese Melodie leitet auch den 2. und den 3. Satz (Marcia und Burletta) ein: Vor dem Marsch wird sie vom Cello im 4stimmigen und vor der Burletta von der 1. Violine im 3stimmigen Streichersatz gespielt. Aus ihr entwickelt Bartók schließlich den letzten Satz, der in seiner Expressivität an das Finale des 2. Quartetts gemahnt.

Sonaten für Violine und Klavier

1. Sonate: Komponiert 1921. UA: 8. Februar 1922 in Wien (Mary Dickenson-Auer, Eduard Steuermann).
Allegro appassionato – Adagio – Allegro.
2. Sonate: Komponiert 1922. UA: 7. Februar 1923 in Budapest (Imre Waldbauer, Béla Bartók).
Molto moderato – Allegretto.

In den Werken, die zwischen 1918 und 1922 entstanden sind, fand der Stil Bartóks seine extremste Ausprägung. Die Ausdrucksintensität der Folklore wird zu einer Sprache gesteigert, die an die expressionistischen Werke Schönbergs gemahnt. Ständig wechselnde Tempi, Synkopen, komplizierte Rhythmen, eine weitgespannte Melodik und eine Harmonik in Sekund- und Septimenintervallen sind besonders für die beiden Violinsonaten charakteristisch, die zu den radikalsten Kompositionen Bartóks gehören.
Die **1. Sonate** hat 3 Sätze: Zwischen einem leidenschaftlich und rhapsodisch gestalteten Allegro appassionato und einem wilden Rondo-Finale, in dem Bartóks ungarisches Temperament ungehemmt zum Ausdruck kommt, steht ein kontemplatives 3teiliges Adagio, das aus einer elegischen Melodie der Violine entwickelt wird:

Wie die 1., so stellt auch Bartóks **2. Violinsonate** die höchsten Anforderungen an die Hörer und die Interpreten. Sie ist 2teilig und gehört zum Langsam-schnell-Typus der Bartókschen Satzpaarungen. Der 2. wächst aus dem 1. Satz und kehrt zu ihm zurück. An die Stelle der thematischen Durchführung tritt ein Formprinzip, das Bartók aus der Volksmusik übernommen hat: Die Motive werden variiert und mosaikartig aneinandergereiht.

Rhapsodien für Violine und Klavier

Entstanden 1928; Orchesterfassungen und die Fassung der 1. Rhapsodie für Violoncello und Klavier 1929.
UA: **1. Rhapsodie**, Fassung für Violoncello und Klavier: 20. März 1929 in Budapest (Jenő Kerpely, Béla Bartók); Fassung für Violine und Klavier: 22. Oktober 1929 in Berlin (Joseph Szigeti, Adolphe Hallis). – **2. Rhapsodie:** 19. November 1928 in Amsterdam (Zoltán Székely, Géza Frid).

Bartók hat wiederholt originale Volksmelodien in seinen Werken verwendet, sie also nicht individualisiert wie in den Sonaten und Streichquartetten. Die Melodien seiner Rhapsodien stammen aus Siebenbürgen, Ungarn und Rumänien. In Bartóks »Bearbeitung« verlieren sie nichts von ihrem rustikalen Charakter, vor allem nicht in der **1. Rhapsodie**, die sich durch ihre kantablen Themen und klaren Formen von der wesentlich komplizierteren **2. Rhapsodie** unterscheidet. Beide Werke sind 2teilig. Sie bestehen jeweils aus einem langsamen meditativen und einem schnellen tänzerischen Satz.

Sonate für 2 Klaviere und Schlagzeug

Komponiert 1937; Auftragswerk zum 10jährigen Bestehen der Basler Gruppe der Internationalen Gesellschaft für Neue Musik. UA: 16. Januar 1938 in Basel (Béla Bartók und Ditta Pásztory [Klavier], Fritz Schiesser und Philipp Rühlig [Schlagzeug]).
Assai lento. Allegro molto – Lento, ma non troppo – Allegro non troppo.

Die Sonate, von der Bartók auch eine erweiterte Fassung als Konzert für 2 Klaviere und Orchester schuf, gehört nicht nur zu den Meisterwerken Bartóks, sondern auch zu den populärsten Werken der Neuen Musik. Die 3 Sätze sind durch das thematische Material miteinander verbunden, das vor allem im 1. Satz vielfältig variiert und kombiniert wird. Das Schlagzeug (Pauken, Große Trommel, Kleine Trommel mit Schnarrsaite, Kleine Trommel ohne Schnarrsaite, Xylophon) setzt Bartók zur Steigerung und Akzentuierung des Klavierklangs ein, überträgt ihm aber auch Themen und kontrapunktische Motive, so daß es immer wieder zu einer Melodisierung der Schlaginstrumente kommt.
Der 1. Satz beginnt mit einer langsamen Einleitung, die ein Thema des Allegro-Satzes vorwegnimmt. Der Allegro-Satz

II

III

steht in C und hat Sonatensatzform. In der Exposition wird die 2 Themen enthaltende Hauptthemengruppe aufgestellt, der ein Seiten-Kontrastthema folgt, aus dem der Schlußteil der Exposition entwickelt wird. Die relativ kurze Durchführung fußt auf den Achtel-Figuren aus dem Thema der Introduktion, über denen sich das 1. Thema ausbreitet. Im Mittelabschnitt der Durchführung erscheinen die Motive des 2. Themas im bulgarischen Rhythmus (♪♩ ♩♪♩♪); sie werden vom Xylophon begleitet. In der Reprise treten alle Themen in neuer variierter Gestalt auf. Den Höhepunkt bildet eine Fuge über das 3. Thema. – Der 2. Satz in F hat die schlichte Liedform A B A. – Der 3. Satz in C stellt eine Verbindung der Rondo- mit der Sonatensatzform dar. Zwischen Exposition und Reprise erscheint eine neue Themengruppe, die aus 2 imitatorisch verarbeiteten Motiven des 1. Themas gebildet wurde. Mit der im Pianissimo verklingenden Coda schließen Satz und Werk.

Kontraste für Violine, Klarinette und Klavier

Komponiert 1938. UA (nur Satz I und III): 9. Januar 1939 in New York (Joseph Szigeti, Benny Goodman, Endre Petri).
Verbunkos – Pihenő – Sebes.

Die »Kontraste« entstanden auf Anregung des Geigers Joseph Szigeti, dem Bartók 10 Jahre zuvor die 1. Rhapsodie gewidmet hatte. Entsprechend dem Wunsch Szigetis sollte das Werk aus »zwei selbständigen (eventuell auch separat spielbaren) Teilen« im Stil der Rhapsodien bestehen. Bartók komponierte zuerst 2 Stücke mit folkloristischem Kolorit, einen 3teiligen Werbetanz (Verbunkos) und einen rondoartigen Tanz (Sebes), fügte aber nach der Uraufführung ein Stück mit dem Titel »Ruhe« ein. Von den Rhapsodien unterscheiden sich die »Kontraste« jedoch nicht nur durch die 3sätzige Form, sondern auch durch das thematische Material. Die Themen der 3 Sätze sind vom

Geist der Volksmusik inspiriert, sie sind also nicht – wie in den Rhapsodien – originale, sondern vielmehr stilisierte Folklore. Die »Kontraste« stehen somit zwischen den rein folkloristischen Stücken Bartóks und den in Amerika entstandenen Spätwerken.

Sonate für Violine allein

Komponiert 1943/44 im Auftrag des Geigers Yehudi Menuhin. UA: 26. November 1944 in New York (Yehudi Menuhin).
Tempo di ciaccona – Fuga – Melodia – Presto.

Die Violin-Solosonate, die Bartók ein Jahr vor seinem Tod komponierte, ist besonders charakteristisch für seinen Spätstil, der im Zeichen der Rückschau steht und ohne die Auseinandersetzung mit der kontrapunktischen Kunst Johann Sebastian Bachs und der Variations- und Durchführungstechnik Beethovens nicht denkbar ist. In ihrem abgeklärten, vergeistigten Stil wirkt sie zeitlos gültig durch die phantasievolle und konsequente Gestaltung der alten Formtypen Chaconne, Fuge, Melodia und Rondo. – Das Thema der Chaconne

ist in Faktur und Rhythmik vom Stil Bachs inspiriert, aber in der weiteren Entwicklung erscheinen dann die typisch Bartókschen Figuren: 2 in Gegenbewegung miteinander korrespondierende Stimmen:

Das 2. Thema ist chromatisch:

es wird mit dem 1. Thema entsprechend der Sonatensatzform durchgeführt. – Die Keimzelle für die Fuge des 2. Satzes ist eine kleine Terz. Aus ihr erwächst das Thema für die 4stimmige Exposition:

Die 2. Stimme setzt eine Quinte, die 3. Stimme eine Oktave und die 4. Stimme eine Dezime höher ein, bis ein Intermezzo den Satz auflockert, der sich dann wieder zu einem Kanon verdichtet. Am Kulminationspunkt erscheint das Thema fortissimo in Augmentation. Nach Glissandi paralleler Quinten endet der Satz mit dem Hauptmotiv, der kleinen Terz. – Die Melodie des 3. Satzes ist liedhaft und durch kleine Zwischenspiele in 4 Teile gegliedert. Sie wird mit Tremoli und Trillern ausgeziert und im Con-sordino-Mittelteil in die Nähe eines Nocturnos gerückt. – Im virtuosen Rondo-Finale lösen 2 melodische Episoden die rhythmische Bewegung des Themas ab. Die eine hat tänzerischen, die zweite lyrischen Charakter. Mit diesen beiden Themen gestaltet Bartók die Reprise, in der er auf die Rückkehr des Rondo-Themas verzichtet. Das Rondo-Thema ist in der Urfassung vierteltönig:

»Die Vierteltöne im letzten Satz«, schrieb Bartók 1943 in einem Brief an Yehudi Menuhin, »sind nur als Farbeffekte gedacht, daher ohne organische Bedeutung und können weggelassen werden, wie das in der Alternativlösung auf der letzten Seite geschehen ist. Es steht Ihnen frei, davon Gebrauch zu machen, falls Sie keine Lust haben, die Vierteltöne zu spielen.« Menuhin verzichtete bei der Uraufführung auf die Vierteltöne und spielte die von Bartók erwähnte Alternativlösung:

In dieser Fassung wurde die Violinsonate 2 Jahre nach Bartóks Tod veröffentlicht. Die Urfassung wurde erst 1981 im 22. Band der »Musik-Konzepte« abgedruckt, der auch einen Artikel enthält, in dem Peter Petersen nachweist, daß die »Mikrotöne« zur Substanz der Komposition gehören. Die Bedenken Menuhins gegen die Ausführbarkeit der Mikrotonfolgen, schreibt er weiter, »mögen 1944 noch schwer gewogen haben. Heute sind die Interpreten durch die nach dem zweiten Weltkrieg entstandenen Kompositionen mit Mikrotönen an die neue Griff- und Hörweise gewöhnt. Immerhin haben Rudolf Kolisch und Robert Mann das ›Presto‹ bereits in der mikrotönigen Urfassung gespielt.«

Klavierquintett

Komponiert 1904. UA: 21. November 1904 in Wien (Béla Bartók, Prill-Quartett).

Das Klavierquintett gehört zu den spätromantischen Werken, die Bartók in den Jahren 1899–1904 komponierte. Es ist insofern erwähnenswert, als im 2. und 3. Satz bereits einige individuelle Züge Bartóks erkennbar werden, wie z. B. in der Melodie des Scherzos (Zitat S. 889), die mit ihren unkonventionellen, von der ungarischen Volksmusik abgeleiteten Tonschritten und

Rhythmen charakteristische Merkmale seines späteren Stils aufweist.

Schließlich seien noch die **44 Duos für 2 Violinen** (1931) erwähnt, die »von Anfängern gespielt werden können und sich eignen, die jungen Menschen in die moderne Musik einzuführen«. Wie die 153 Klavierstücke des »Mikrokosmos« (1926/37) trugen sie wesentlich dazu bei, das Interesse und das Verständnis für die Musik Bartóks zu wecken.

WL

Igor Strawinsky

* 5. (17. bzw. 18.) Juni 1882 in Oranienbaum (heute Lomonossow) bei St. Petersburg, † 6. April 1971 in New York

Der Vater war Bassist an der Petersburger Oper. Klavierunterricht hatte Strawinsky bis zur Konzertreife bei »Mademoiselle Kaschperowa«, einer Schülerin Anton Rubinsteins, Harmonielehre und Kontrapunkt bei Fjodor St. Akimenko und Wassilij P. Kalafaty. Während seines Jurastudiums, das er 1905 mit dem Staatsexamen abschloß, wurde Strawinsky Privatschüler von Nikolaj Rimskij-Korsakow, der ihn in Instrumentation unterrichtete. Von 1907 bis 1923 arbeitete er mit Serge Diaghilew zusammen, dem Leiter der »Ballets Russes«. Vor dem 1. Weltkrieg lebte Strawinsky abwechselnd in Rußland und Paris, 1914–20 in der Schweiz, dann wieder in Paris. 1939 emigrierte er nach den USA, wo er 1945 amerikanischer Staatsbürger wurde.

Kammermusik: *Drei Stücke* für Streichquartett; *Drei Stücke* für Klarinette solo; *Concertino* für Streichquartett; Oktett für Bläser; *Duo concertant* für Violine und Klavier; *Elegie* für Viola solo; Septett; *Epitaphium* für Flöte, Klarinette und Harfe; *Doppelkanon* für Streichquartett; *Fanfare for a New Theatre*; Bearbeitungen.

»Das Phänomen der Musik« schrieb Strawinsky in seinen »Lebenserinnerungen«, »ist uns zu dem einzigen Zweck gegeben, eine Ordnung zwischen den Dingen herzustellen und hier-

bei vor allem eine Ordnung zu setzen zwischen dem Menschen und der Zeit. Um realisiert zu werden, erfordert diese Ordnung einzig und allein und mit gebieterischer Notwendigkeit eine Konstruktion. Wenn die Konstruktion vorhanden und die Ordnung erreicht ist, ist alles gesagt.« Diese Sätze weisen auf ein Gestaltungsprinzip hin, das in den Balletten »Feuervogel«, »Petruschka« und dem rhythmisch-elementaren, Rausch und Ekstase entfesselnden »Sacre du Printemps« ebenso formbildend wurde wie in den geistlichen und weltlichen Werken der neoklassizistischen und der seriellen Schaffensperiode. Strawinsky wählte aus dem Tonmaterial 2 oder 3 Intervalle, eine »intervallische Keimzelle«, aus der dann durch rhythmische Veränderung und Umstellung der Töne die Form entsteht. Seine bewußte und konsequente Arbeit mit Intervallgruppierungen führte schließlich zur Anwendung der Reihentechnik von Arnold Schönberg, als dessen Antipode er lange Zeit galt. Jedoch hat Strawinsky nicht einfach Schönbergs Kompositionsmethode übernommen, sondern sie entsprechend seinem Stilideal ebenso um- bzw. neugeformt wie die verschiedenartigen Formelemente in seinen früher entstandenen Werken: die russische Folklore im »Sacre« und in den choreographischen Szenen »Les Noces«, den Jazz in der »Geschichte vom Soldaten« und im »Ebony Concerto«, die Musik Pergolesis im »Pulcinella«-Ballett, die Kontrapunktik Bachs im Violin- und auch im »Dumbarton Oaks«-Konzert, die Stilmodelle des 14., 15. und 16. Jh. in der »Messe«, der »Cantata« und in den »Requiem Canticles« und die Elemente der barocken und klassischen Oper im Oratorium »Oedipus Rex« und in der Oper »The Rake's Progress«. Stets werden die fremden Stilelemente nach einem für Strawinsky typischen Parodieverfahren derart verändert, daß das Resultat unverwechselbarer Strawinsky ist.
Strawinskys intervallische Konstruktion kann man erklären, sein Parodieverfahren an den verwendeten Stilmodellen nachweisen, die Wirkung, die von der Musik ausstrahlt, dagegen nicht; sie bleibt das Geheimnis einer schöpferischen Kraft und einer geistigen Universalität, durch die Strawinsky nicht nur zum Wegbereiter des modernen Balletts und zum Erneuerer des Musiktheaters wurde, sondern mit der er auch in seinem in vielen Farben schillernden Gesamtwerk die abendländische Musik zusammenfaßte. Wenn Theodor W. Adorno von einem »Restaurationsversuch« sprach, »dem etwas Gauklerisches« anhafte, dann übersah er, daß für Strawinsky die Tradition

»eine lebendige Kraft« gewesen ist, »welche die Gegenwart anregt und belehrt«, an der man anknüpft, »um etwas Neues« zu schaffen.

Drei Stücke für Streichquartett

Komponiert 1914. UA: 8. November 1915 in Chicago (Flonzaley-Quartett). Gewidmet dem Dirigenten Ernest Ansermet, der 1930 in Berlin die Uraufführung der Orchesterfassung dirigierte.

Die Stücke, die zu den eigenartigsten Werken Strawinskys gehören, stehen durch ihre Kürze und Prägnanz in der Nähe der Bagatellen op. 9 von Anton Webern aus dem Jahre 1913, die aber Strawinsky damals noch nicht kennen konnte, da sie erst 1924 erschienen sind. Strawinsky kam also fast gleichzeitig und unbeeinflußt von der Schönberg-Schule zur aphoristischen Form, die jedoch im Gegensatz zu den Stücken von Webern statisch ist und ihre Wirkung nicht aus der Expression, sondern aus der Rhythmik bezieht. Die Titel *»Dance«*, *»Excentrique«* und *»Cantique«* weisen auf den Charakter der Stücke. Strawinsky hat sie später instrumentiert und mit dem ursprünglich für Pianola komponierten Stück »Madrid« als »Vier Etüden für Orchester« herausgegeben.

Drei Stücke für Klarinette solo

Komponiert 1919. UA: 8. November 1919 in Lausanne (Edmond Allegra). Dem Mäzen Werner Reinhart gewidmet, der die Uraufführung der »Geschichte vom Soldaten« finanziert hatte.

In den 3 Stücken nützte Strawinsky alle Möglichkeiten des Instruments aus und gewann ihm neuartige Wirkungen ab (1. und 2. Stück für A-, 3. Stück für B-Klarinette). Die Ausdrucksskala reicht vom Elegischen bis zum Burlesken.

Concertino für Streichquartett

Komponiert 1920. UA: 1920 (Flonzaley-Quartett, auf einer Amerika-Tournee).

Strawinsky bezeichnete sein Concertino als »ein Stück in einem Satz in der Form eines freien Sonaten-Allegro mit ausgesprochen konzertantem Part für die erste Violine«. Es ist ein Werk des Übergangs, der Neuorientierung. In den rhythmischen Partien klingt die russische Schaffensperiode nach, in den linearen Strukturen kündigt sich der neoklassizistische Stil an. – 1952 hat Strawinsky das Stück als **Concertino für 12 Instrumente** (Flöte,

Oboe, Englisch Horn, Klarinette, 2 Fagotte, 2 Trompeten, Tenor- und Baßposaune, Violine und Violoncello) instrumentiert und dem Quartettsatz jene gestische Plastizität gegeben, die für seine Musik in den 20er Jahren charakteristisch ist.

Oktett für Bläser

Komponiert 1923. UA: 18. Oktober 1923 in Paris (Dirigent: Igor Strawinsky).
Sinfonia – Air mit 5 Variationen – Finale.

Im Oktett für Flöte, Klarinette, 2 Fagotte, 2 Trompeten und 2 Posaunen verwendet Strawinsky klassische Formen und erweckt die rhythmisch-klanglichen Praktiken der Komponisten der 1. Hälfte des 18. Jh. zu neuem Leben. – Das Werk ist 3sätzig. Es wird durch eine *Sinfonia* eröffnet, die an die Intrada

der Barockmusik erinnert. Der *2. Satz*, ein Air mit 5 Variationen, ist besonders kunstvoll gestaltet. Auf die 1. Variation folgt ein Marsch. Die Wiederholung der 1. Variation als Zwischenspiel leitet in die 3. Variation über, einen Walzer, dem sich unmittelbar als 4. Variation ein Galopp anschließt. Die 1. Variation wird danach noch einmal wiederholt. Sie führt direkt an die 5. und letzte Variation, ein Fugato, das 2stimmig beginnt und bis zur Sechsstimmigkeit gesteigert wird. Nach einer 8taktigen Moderato-Überleitung folgt attacca der Allegro-*Finalsatz* im Tempo giusto.

Duo concertant für Violine und Klavier

Komponiert 1931/32. UA: 28. Oktober 1932 im Berliner Rundfunk (Samuel Dushkin, Igor Strawinsky).
Cantilena – Ekloge I – Ekloge II – Gigue – Dithyrambus.

»Meine Vorliebe für die bukolischen Dichter des Altertums und für die weise Kunst ihrer Technik hat den Geist und die Form meines ›konzertanten Duos‹ bestimmt. Das Thema, das ich mir so gestellt hatte, zieht sich durch die fünf Sätze meines Stückes hindurch, die ein zusammenhängendes Ganzes bilden, gewissermaßen eine musikalische Parallele zu der antiken Pastoraldichtung«, schrieb Strawinsky über das Werk, in dem er seine Abneigung gegen die Verbindung von Violine und Klavier, also von einem nichttemperierten und einem temperierten Instrument, überwand. Die Formentypen der 5 Sätze leitete er von der Poetik-Lehre Charles-Albert Cingrias ab, in dessen Buch über Petrarca (1930) Strawinsky seine Ansichten über das Handwerk des Komponierens bestätigt fand. Zentrum des Duos ist die »Ekloge II«; um sie sind – wie in Bartóks 4. und 5. Streichquartett – die anderen Sätze symmetrisch gruppiert.

Elegie für Viola (oder Violine)

Komponiert 1944. In memoriam Alphonse Onnou, Gründer des Pro-Arte-Quartetts.

Die Elegie steht am Ende von Strawinskys neoklassizistischer Schaffensperiode. Sie gliedert sich in 3 Teile, die nach dem Vorbild einer Bachschen Invention 2stimmig gestaltet sind. Im Mittelteil wird das motivische Material des 1. Teils kontrapunktisch verarbeitet. Die Entwicklung erreicht ihren Höhepunkt in einem Fugato, dem sich nach einer kurzen Überleitung die Wiederholung des 1. Teils anschließt. Die Totenklage kehrt somit in sich selbst zurück, sozusagen als Sinnbild des Unendlichen.

Septett für Klarinette, Horn, Fagott, Violine, Viola, Violoncello und Klavier

Komponiert 1952/53. UA: 23. Januar 1954 in Dumbarton Oaks / Washington D.C. (Dirigent: Igor Strawinsky).
Allegro – Passacaglia – Gigue.

Im Septett kündigt sich der Zwölftonstil Strawinskys an, denn er arbeitete hier erstmals mit Tonreihen. Sie bestehen aus 4, 5 und 8 Tönen und erscheinen sowohl in der Grundform als auch in der Spiegelung, im Krebs und der Krebsspiegelung. Die Anwendung der Reihentechnik zwang Strawinsky zu größerer Disziplin, zu einer strengen kontrapunktischen Gestaltung der 3 Sätze. Ein Fugato bestimmt den Charakter des einleitenden Allegros. Das 8taktige Passacaglia-Thema des 2. Satzes

kehrt in 8 kanonischen Veränderungen wieder, und der letzte Satz – eine Gigue – besteht aus 4 Fugen, die durch 4 Kadenzen verbunden sind. Die 1. und 3. Fuge werden vom Streichtrio, die 2. und 4. Fuge vom Bläsertrio und dem Klavier gespielt. Insgesamt handelt es sich um ein geistreiches Stück, das mit soviel Esprit und Phantasie gestaltet ist, daß nichts von den reihentechnischen Konstruktionen zu spüren ist.

Wie die Elegie, so sind auch zwei Miniaturen in memoriam bedeutender Personen geschrieben: der **Double Canon für Streichquartett** (1959) als Huldigungsgeste an den Maler Raoul Dufy und das »**Epitaphium**« zum Gedächtnis des Prinzen Max Egon zu Fürstenberg für Flöte, Klarinette und Harfe (1959), ein kurzes, antiphonal angelegtes Zwölftonstück. – Streng zwölftonig gearbeitet ist auch die »**Fanfare for a New Theatre**«, die Strawinsky 1964 zur Eröffnung des New York State Theatre komponierte. Mit 30 Sekunden Spieldauer ist sie die kürzeste, zugleich aber auch die komprimierteste Komposition Strawinskys.

Bearbeitungen von Bühnenwerken

Die Geschichte vom Soldaten

Große Suite für Klarinette, Fagott, Cornet à pistons, Posaune, Violine, Kontrabaß und Schlagzeug

UA: 1920 in London (Ernest Ansermet).

Kleine Suite für Violine, Klarinette und Klavier

UA: 1919 in Lausanne.

Mit der »Geschichte vom Soldaten« schuf Strawinsky 1918 einen neuen Typus des epischen Theaters, der entscheidend die Musikdramatik des 20. Jh. beeinflußt hat. Die beiden konzertanten Versionen, die Große und die Kleine Suite, gehören zu Strawinskys meistaufgeführten Kammermusikwerken. Die **Große Suite** besteht aus 9 Sätzen: Marsch des Soldaten, Die Geige des Soldaten, Pastorale, Königsmarsch, Kleines Konzert, Drei Tänze (Tango – Walzer – Ragtime), Tanz des Teufels, Großer Choral und Triumphmarsch des Teufels. Die **Kleine Suite** hat 5 Sätze.

Pulcinella

Suite Italienne für Violine und Klavier sowie für Violoncello und Klavier

Für seine Konzerte mit dem Geiger Samuel Dushkin hat Strawinsky Stücke aus drei Balletten für Violine und Klavier bearbeitet: aus dem »Feuervogel« den »Reigen der Prinzessinnen«, die »Berceuse« und das »Scherzo«, aus »Petruschka« den »Russischen Tanz« und aus »Pulcinella« 5 bzw. 6 Sätze, die er zur »Suite Italienne« zusammenfaßte. Das »Pulcinella«-Ballett komponierte er 1919/20 nach Musik Pergolesis und einiger vergessener Komponisten, deren Stücke Pergolesi zugeschrieben wurden. Für die Fassung für Violine und Klavier (1925) bearbeitete Strawinsky 5 Sätze (Introduzione, Serenata, Tarantella, Gavotta con variazioni, Menuetto e Finale), die er 1933 neuformte und um ein Scherzino erweiterte. – Die Fassung für Violoncello und Klavier (1932) unterscheidet sich dadurch von der Violinfassung, daß anstelle der Gavotta eine Aria steht und das Scherzino fehlt.

WL

Karol Szymanowski

* 6. Oktober 1882 in Timoschowka (Tymoszówka, Ukraine)
† 29. März 1937 in Lausanne

Szymanowski trat zunächst als Pianist mit eigenen Klavierwerken hervor. 1905 gründete er mit dem Dirigenten und Komponisten Grzegorz Fitelberg (1879–1953) die Gesellschaft jungpolnischer Komponisten. Nach Auslandsaufenthalten ließ er sich 1919 in Warschau nieder; er wurde Professor für Komposition am dortigen Konservatorium, später Direktor des Instituts.

Kammermusik: Sonate für Violine und Klavier d-Moll op. 9 (1904); *Romanze* für Violine und Klavier D-Dur op. 23 (1910); *Nocturne und Tarantella* für Violine und Klavier op. 28 (1915); 2 Streichquartette (1917, 1927); *Drei Paganini-Capricen* für Violine und Klavier op. 40 (1918); *La berceuse d'Aitacho Enia* für Violine und Klavier op. 52 (1925).

Ohne Szymanowski ist die Entwicklung der polnischen Musik im 20. Jh. nicht denkbar. Er begann als Spätromantiker. Unter dem Eindruck der Werke von Claude Debussy und Alexander Skrjabin, die er vor dem 1. Weltkrieg kennenlernte, wandelte er sich zum Impressionisten, der nach 1922 Elemente der polnischen Folklore und der orientalischen Musik in seine Kompositionen einbezog. (Skrjabin selber klammerte in seinem Schaffen die Kammermusik völlig aus.) Jedoch übernahm Szymanowski nicht die originalen Volksmelodien, sondern schuf wie Bartók und Strawinsky eine eigene, gleichsam imaginäre Folklore: Motive und Melodien in einfachen, volkstümlichen Quint- und Dreiklangparallelen, die er in der Oper »König Roger« (1924), dem Ballett »Harnasie« (1926), dem »Stabat mater« (1928), dem 2. Violinkonzert (1930) und der »Konzertanten Sinfonie« für Klavier und Orchester (1932) mit Klangstrukturen kombinierte, die keine direkte Beziehung mit der Folklore haben und komplizierter gearbeitet sind.

Von den Kammermusikwerken entstand die virtuose **Sonate für Violine und Klavier d-Moll op. 9** (1904) in Szymanowskis spätromantischer Stilperiode. – Eine Synthese von impressionistischen Klangfarben und klassischen Formen erreichte er im **1. Streichquartett C-Dur op. 37** (1917). Der 1. Satz (Allegro moderato in Sonatensatzform) wird von einem Lento eingeleitet, das dann im Mittelteil des 2. Satzes (Andantino semplice: In modo d'una canzone) rhythmisch und harmonisch variiert wieder erscheint. Ein Scherzo alla burlesca bildet den vitalen Abschluß. – Auch das **2. Streichquartett op. 56** (1927) knüpft mit seinen Sätzen (Moderato – Vivace scherzando – Lento) an klassische Formmodelle an. Auf den 1. Satz in Sonatensatzform folgt ein Rondo, zu dem Szymanowski von der Volksmusik der Goralen (ein polnischer Volksstamm) inspiriert wurde. Der 3. Satz ist eine 4stimmige Fuge über folkloristische Themen.

WL

Anton Webern

* 3. Dezember 1883 in Wien, † 15. September 1945 in Mittersill (Salzburg).

Webern studierte Musikwissenschaft bei Guido Adler in Wien und promovierte mit einer Dissertation über den »Choralis Constantinus« (II) von Heinrich Isaac. 1904–08 war er Kompositionsschüler von Arnold Schönberg, zu dessen engstem Schüler- und Freundeskreis er mit Alban Berg gehörte. 1908–14 wirkte er als Theaterkapellmeister in Wien, Danzig und Stettin; 1920–34 leitete er die Wiener Arbeiter-Sinfoniekonzerte und war Chormeister des Wiener Arbeiter-Singvereins. 1927 wurde Webern Dirigent des Österreichischen Rundfunks, den er auch als Lektor in Fragen der Neuen Musik beraten hat. Seit 1929 private Lehrtätigkeit. In seinen letzten 10 Jahren lebte er völlig zurückgezogen seinem kompositorischen Schaffen.

Kammermusik: *Fünf Sätze* für Streichquartett op. 5; *Vier Stücke* für Geige und Klavier op. 7; *Sechs Bagatellen* für Streichquartett op. 9; *Drei kleine Stücke* für Violoncello und Klavier op. 11; Streichtrio op. 20; Quartett op. 22; Konzert für 9 Instrumente op. 24; Streichquartett op. 28. – Veröffentlichungen aus dem Nachlaß: *Langsamer Satz* für Streichquartett (1905); *Rondo* für Streichquartett (1906); Quintett für 2 Violinen, Viola, Violoncello und Klavier (1907); Sonate für Violoncello und Klavier (1914); Satz für Streichtrio (1925).

Aufführungen seiner Werke waren zu Weberns Lebzeiten ohne nachhaltige Wirkung geblieben. Die wenigen, die ihn kannten oder zu kennen glaubten, sprachen vom Meister des Pianissimo, vom melancholisch virtuosen Schweiger, von Musik am Rande des Verstummens. Erst nach Weberns Tod wurde seine Bedeutung erkannt. Man entdeckte in seinen Werken eine Gesetzmäßigkeit, die dann die serielle Technik, die konsequente Durchorganisation einer Komposition, zur Folge hatte.

Bei Webern hat die Zwölftonreihe eine andere Funktion als bei Arnold Schönberg. »Ein Thema ist die Zwölftonreihe im allgemeinen nicht«, sagte Webern in einem seiner Vorträge »Wege zur Neuen Musik«. »Aber ich kann vermöge der jetzt auf andere Weise gewährleisteten Einheit auch ohne Thematik – also viel freier – arbeiten: die Reihe sichert mir den Zusammenhang. Als wir die Tonalität allmählich aufgaben, da kam die

Idee auf: wir wollen nicht wiederholen, es soll immer etwas Neues komponiert werden! Es ist selbstverständlich, daß das nicht geht, da es die Faßlichkeit zerstört.«
Zwei Worte sind in diesen Sätzen wichtig: Zusammenhang und Faßlichkeit. Der Zusammenhang wird durch die Reihe von 12 aufeinander bezogenen Tönen erreicht. Faßlich wird sie bei Webern dadurch, daß er sie in Motive gliedert, die im Verlauf der Komposition ständig verändert werden. Goethes »Metamorphose«-Satz »Alle Gestalten sind ähnlich und keine gleichet der andern« ist Weberns oberstes Formprinzip. »Jetzt sehen Sie schon, wohin ich hinaus will«, sagte er 1932, »Goethes Urpflanze: die Wurzel ist eigentlich nichts anderes als der Stengel, der Stengel nichts anderes als das Blatt, das Blatt wiederum nichts anderes als die Blüte: Variation desselben Gedankens.« Musik ist also für Webern eine Metamorphose der Natur. Diese Metamorphose ist von faszinierender Einmaligkeit. Dem Intellekt allein erschließt sich nur die Konstruktion. Aber Weberns Musik ist eben nicht nur Konstruktion. Sie ist mehr: klang- und formgewordener Ausdruck.

Quintett für 2 Violinen, Viola, Violoncello und Klavier (in einem Satz)

Komponiert 1907. UA: 7. November 1907 in Wien (Oskar Adler [1. Vl.], Georg Heim [2. Vl.], Heinrich Jalowetz, Heinrich Geiger, Etta Jonasz).

Das Quintett wurde erst nach dem Tod Weberns von Jacques-Louis Monod herausgegeben. In Form, Harmonik und Aussage ist es der Spätromantik verpflichtet und läßt noch keinen Einfluß von Arnold Schönberg erkennen, bei dem Webern seit 1904 Unterricht hatte. Webern verzichtet hier weitgehend auf die Alterationsharmonik Richard Wagners und verarbeitet das thematische Material im Sinne von Johannes Brahms. Die Komprimierung der Aussage auf einen Satz weist auf den Stil, zu dem Webern kurz nach der Entstehung dieses Werkes in der »Passacaglia für Orchester« und den »Fünf Sätzen für Streichquartett« fand.

Fünf Sätze für Streichquartett op. 5

Komponiert 1909. UA: 8. Februar 1910 in Wien (Brunner-Quartett).
Heftig bewegt – Sehr langsam – Sehr bewegt – Sehr langsam – In zarter Bewegung.

In den 5 Sätzen konzentriert Webern die musikalische Aussage auf das unbedingt Wesentliche. Er verzichtet weitgehend auf die klassischen Formen. Nur im 1. Satz wird noch die Sonatensatzform erkennbar. Das 1. Thema, im Fortissimo beginnend:

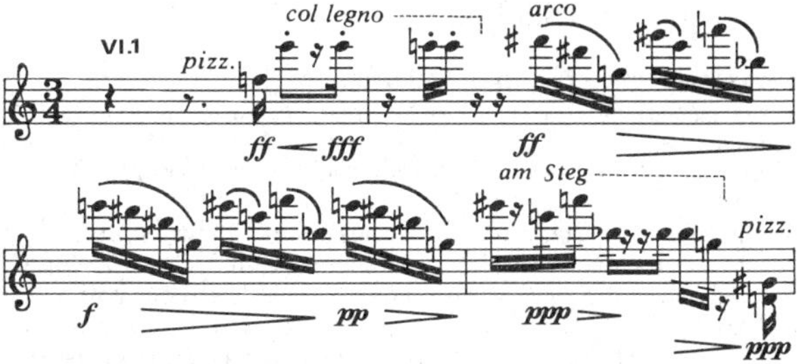

verklingt im Pianissimo. Etwas ruhiger im Tempo führt das Cello das 2. Thema ein:

das nach der Durchführung die Reprise einleitet. In den folgenden Sätzen gibt es dagegen weder Überleitung noch Reprise. Kleine Motive, Einzeltöne und Klänge, die durch den häufigen Wechsel verschiedener Spieltechniken (arco, pizzicato, col legno, sul ponticello, Flageolett, Tremolo) ungewöhnlich farbig gestaltet sind, werden zu Bauelementen der Strukturen. In ihnen sind die Ausdrucksgehalte, die im 19. Jh. ganze Werke füllten, auf wenige Takte komprimiert. – 1928/29 bearbeitete Webern die »Fünf Sätze« für Streichorchester. Diese Fassung wurde 1930 in Philadelphia von der Philadelphia Chamber String Sinfonietta unter der Leitung von Fabien Sevitzky uraufgeführt.

Vier Stücke für Geige und Klavier op. 7

Komponiert 1910. UA: 24. April 1911 in Wien (Fritz Brunner, Anton Webern).
Sehr langsam – Rasch – Sehr langsam – Bewegt.

Noch stärker als in den »Fünf Sätzen für Streichquartett«, in denen noch thematische Rudimente der klassisch-romantischen

Musik zu finden sind, wird in den »Vier Stücken« eine neue Wertung des Tonmaterials erkennbar. An die Stelle eines Themas treten Intervallbeziehungen, die in vielfacher Verwandlung die aphoristischen Stücke durchziehen.

Sechs Bagatellen für Streichquartett op. 9

Komponiert 1911/13. UA: 19. Juli 1924, Donaueschinger Musiktage (Amar-Quartett).

Mäßig – Leicht bewegt – Ziemlich fließend – Sehr langsam – Äußerst langsam – Fließend.

»Ungefähr 1911 habe ich die ›Bagatellen für Streichquartett‹ geschrieben«, sagte Webern 1932 in einem Vortrag, »lauter kurze Stücke, die zwei Minuten dauern; vielleicht das Kürzeste, was es in der Musik bisher gegeben hat. Ich habe dabei das Gefühl gehabt: Wenn die zwölf Töne abgelaufen sind, ist das Stück zu Ende. Viel später bin ich daraufgekommen, daß das alles im Zuge der notwendigen Entwicklung war. Ich habe in meinem Skizzenbuch die chromatische Skala aufgeschrieben und in ihr einzelne Töne abgestrichen. Warum? Weil ich mich überzeugt hatte: der Ton war schon da. Es klingt grotesk, unbegreiflich, und es war unerhört schwer. Das Gehör hat absolut richtig entschieden, daß der Mensch, der die chromatische Skala aufgeschrieben und ihr einzelne Töne abgestrichen hat, kein Narr war. Mit einem Wort: es bildete sich eine Gesetzmäßigkeit heraus: Bevor nicht alle Töne drangekommen sind, darf keiner von ihnen wiederkommen. Das Wichtigste ist, daß das Stück – der Gedanke – das Thema – durch die einmalige Abwicklung der zwölf Töne einen Einschnitt bekommen hat.«

In den »Sechs Bagatellen« kündigt sich somit die Zwölftontechnik an, die Schönberg erst später ausarbeitete. Vorgebildet ist sie jedoch noch nicht, da nur in den ersten 3 Takten der 1. Bagatelle die 12 Töne erscheinen (Zitat S. 901).

Der Verzicht auf Entwicklungen und Wiederholungen bedingt die Kürze der Stücke. Die 1. Bagatelle besteht aus 10, die 2. aus 8, die 3. aus 9, die 4. aus 8, die 5. aus 13 und die 6. aus 9 Takten. Wie in den »Fünf Sätzen für Streichquartett« setzt Webern auch in den »Bagatellen« die verschiedenen Spieltechniken (arco, pizzicato, spiccato, am Steg oder am Griffbrett) nicht nur strukturbildend ein, sondern auch für die Schilderung seelischer Grenzsituationen, weshalb die »Bagatellen« auch als Psychogramme bezeichnet wurden. Sie sind symptomatisch für den

expressionistischen, freiatonalen Stil der Schönberg-Schule. In ihnen wird, wie Arnold Schönberg schrieb, »ein Roman durch eine Geste, ein Glück durch ein einziges Aufatmen« ausgedrückt.

Drei kleine Stücke für Violoncello und Klavier op. 11

Komponiert 1914. UA: 2. Dezember 1924 in Mainz (Maurits Frank, Eduard Zuckmayer).
Mäßige Achtel – Sehr bewegt – Äußerst ruhig.

In diesen Stücken findet Weberns Stil seine extreme Ausprägung. Der Einzelton gewinnt derart an Bedeutung, daß er »eine ganze Welt des Ausdrucks« einschließt. In ihrer Kürze sind die Stücke ein Wunder an Subtilität: Epigramme von einer Sensibilität, wie sie in dieser Intensität bis heute nicht mehr erreicht wurde.

Trio für Violine, Viola und Violoncello op. 20

Komponiert 1926/27. UA: 16. Januar 1928 in Wien (Rudolf Kolisch, Eugen Lehner, Benar Heifetz).
Sehr langsam – Sehr getragen und ausdrucksvoll, zart bewegt.

Das Streichtrio leitet die letzte Schaffensperiode Weberns ein, die durch eine immer strenger werdende Organisation des Tonmaterials charakterisiert ist. Nachdem er 1924 in den »Drei

Volkstexten« op. 17 erstmals die Zwölftontechnik verwendet hatte, und zwar noch durchaus im Sinne Schönbergs, modifiziert er sie dann in folgenden Werken: Streichtrio, Saxophonquartett, Konzert für 9 Instrumente, Streichquartett, späte Lieder, Sinfonie, Kantaten. Er gliedert eine Zwölftonreihe in kleine Tongruppen aus 2, 3 oder 4 Tönen, die sowohl horizontal als auch vertikal zur Bildung von polyphonen Strukturen eingesetzt werden. Auf Themen, wie sie noch bei Schönberg und Alban Berg zu finden sind, verzichtet Webern bewußt. Daß dagegen die klassischen Formen für ihn nichts von ihrer Gültigkeit verloren haben, beweisen die beiden Sätze des Streichtrios. Im *1. Satz* folgen auf eine Einleitung (3 Takte) eine 3teilige Exposition, ein Seitensatz, der wiederholt wird, und die Reprise der Einleitung und des als Exposition bezeichneten Hauptteils. Der *2. Satz* ist entsprechend der Sonatensatzform in Exposition (mit Hauptthema, Überleitung, Seiten- und Schlußsatz), Durchführung, Reprise und Coda gegliedert. Unter der Reprise ist jedoch – wie auch bei Schönberg und Berg – nicht eine genaue, sondern eine weitgehend variierte Wiederholung der Exposition zu verstehen.

Quartett für Violine, Klarinette, Tenorsaxophon und Klavier op. 22

Komponiert 1928/30. UA: 13. August 1931 in Wien (Rudolf Kolisch, Johann Löw, Leopold Walch und Eduard Steuermann).
Sehr mäßig – Sehr schwungvoll.

Wie in der Sinfonie op. 21 und dem Konzert für 9 Instrumente op. 24 verwirklicht Webern auch im Saxophonquartett Schönbergs Idee von der Klangfarbenmelodie. Während im Streichtrio die Gliederung der Reihe beim Hören nicht unbedingt zu erkennen ist, betont Webern im Saxophonquartett die einzelnen Tongruppen dadurch, daß er sie auf die verschiedenartigen Instrumente verteilt. Die Strukturen sind einer Gesetzmäßigkeit unterworfen, die nicht nur das Melodische und Harmonische, sondern auch die Metrik und die Dynamik miteinbezieht. – Aufschlußreich dafür, wie Webern die Klangfarbentechnik verstanden und interpretiert wissen will, ist seine Instrumentation der Fuge aus Bachs »Musikalischem Opfer«, in der das Thema zwar auf verschiedene Instrumente verteilt ist, aber als ein Ganzes gespielt und nicht punktuell zergliedert werden soll.

Konzert für 9 Instrumente op. 24 (Flöte, Oboe, Klarinette, Horn, Trompete, Posaune, Geige, Bratsche und Klavier)

Komponiert 1931/34. UA: 4. September 1935 in Prag (Dirigent: Heinrich Jalowetz).
Etwas lebhaft – Sehr langsam – Sehr rasch.

Das »Konzert für 9 Instrumente« gehört neben der Sinfonie, dem Streichquartett und den späten Kantaten zu den bedeutendsten Werken Weberns. Die Zwölftonreihe ist in 4 Dreitongruppen aus jeweils einer großen Terz und einer kleinen Sekunde gegliedert, wobei die 1. Gruppe als Grundform anzusehen ist. Die 2., 3. und 4. Gruppe sind die Umkehrung, der Krebs und die Krebsumkehrung der 1. Dreitongruppe:

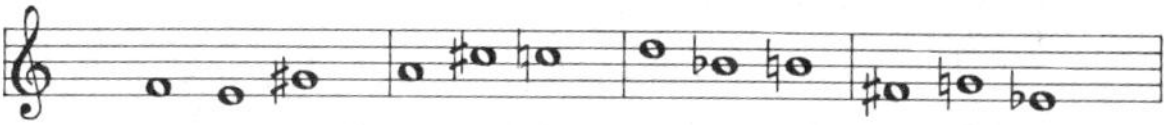

Die Gliederung der Reihe wirkt sich auf die Instrumentation und die Gestaltung der 3 Sätze aus. Die Strukturen sind nicht nur durch Weberns Variationsprinzip aufeinander bezogen, sondern sie werden auch durch die ständig wechselnde Instrumentation stets neu beleuchtet. Das nachstehende Notenbeispiel, die 3 Anfangstakte des Konzerts, zeigt die Aufteilung der Dreitongruppen auf die Instrumente:

In diesem Werk Weberns »hat das reihenmäßige Variationsdenken in den Kleinaufbau der Reihe selbst eingegriffen, wo sich in ihren Grundlagen der Aufbau der ganzen Zwölftonkomposition wiederbildet. Der systematische und ausschließliche Gebrauch, der im Laufe des Konzerts von dieser Reihe gemacht wird, die ihrerseits aus vier Mikroreihen zusammengesetzt ist,

führt zwangsläufig zu einer ständigen Erfindung über das einzige Dreitonmotiv. Es ist, als ob sich das ganze Klanggeschehen wie keimhaft aus dieser einzigen Zelle entwickelt hätte, die sich unter immer verschiedenen Gesichtspunkten und in immer verschiedenen Zusammenhängen wiedergestaltet« (Roman Vlad).
Der 1. und der 3. Satz sind entsprechend der Sonatensatzform gestaltet. Im 2. Satz (in 3teiliger Liedform) ist Weberns Stilideal von einer expressiven, streng konstruierten und zugleich faßlichen Musik am reinsten verwirklicht.

Streichquartett für 2 Violinen, Viola und Violoncello op. 28

Komponiert 1936/38. UA: 22. September 1938 in Pittsfield, Mass. (Kolisch-Quartett).
Mäßig – Gemächlich – Sehr fließend.

Weberns differenzierte kombinatorische Arbeit, seine Intervalltechnik, erfährt in diesem Quartett ihre höchste Verfeinerung. Das Intervall wird zur lebendigen Keimzelle der Musik – und »das ist«, schrieb Herbert Eimert bereits 1955, »der einzig echte und wirkliche Zugang zu Webern«. Das 3sätzige Werk basiert auf einer Zwölftonreihe, die in 3 4tönige Gruppen gegliedert ist, von denen die erste und die letzte die B-A-C-H-Intervalle enthalten und die mittlere deren Umkehrung darstellt:

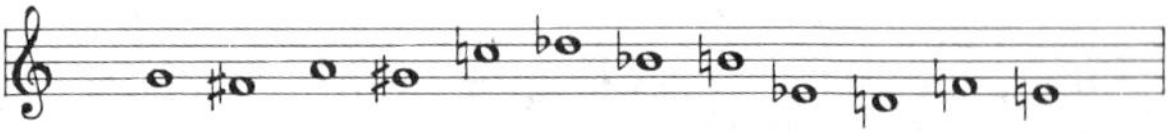

Die Intervalle des B-A-C-H-Motivs sind zwar in jeder Struktur gegenwärtig, ohne daß jedoch das Motiv direkt erkennbar wird. Nur in den Takten 66–68 des 1. Satzes erscheint es in der 1. Violine. Im formalen Aufbau entsprechen die 3 Sätze klassischen Formen: der 1. ist ein Adagio (Thema mit 6 Variationen), der 2. eine Art Scherzo mit einem kleinen Trio und der 3. Satz ein Scherzo ohne Trio. »Auf dem Prinzip der horizontalen Darstellung«, schrieb Webern in seiner Einführung, »erwuchsen die zyklischen Formen wie Sonate, Symphonie etc., auf dem Prinzip der vertikalen Darstellung erwuchs die Polyphonie und mit ihr die polyphonen Formen wie Kanon, Fuge etc. Ich habe es nun in diesem Streichquartett unternommen, nicht nur die allgemeinen Gesetze der horizontalen Darstellung zu erfüllen, sondern sie auch mit der vertikalen zu verschmelzen. Ich tat dies in den ersten beiden Sätzen durch Verwendung von Kanons, im letzten Satz durch Vereinigung der Scherzoform mit der Fuge. Der letzte Satz ist zunächst in Sonatensatzform: Thema, Durchführung, Reprise. In dieser Hinsicht wurden die Gesetze der horizontalen Darstellung befolgt. Mit der Durchführung beginnt die Exposition einer Fuge, deren Engführungsteil die Reprise des Scherzos bildet.«

WL

Alban Berg

* 9. Februar 1885 in Wien, † 24. Dezember 1935 in Wien

Nach autodidaktischen Kompositionsversuchen studierte Berg 1904–10 bei Arnold Schönberg, mit dem er später befreundet war und für dessen Werke er sich auch mit einführenden Artikeln einsetzte. Er lebte im Sommer in der Steiermark und in Kärnten, im Winter in Wien. Mit Schönberg und Anton Webern bildete er das Triumvirat der Wiener Zwölftonschule und übte als Kompositionslehrer einen großen Einfluß auf die nachfolgende Generation aus. Zu seinen Schülern gehören u. a. Hans Erich Apostel, Theodor W. Adorno und Josef Rufer.

Kammermusik: Streichquartett op. 3 (1910); *Vier Stücke* für Klarinette und Klavier op. 5 (1913); *Lyrische Suite* für Streichquartett (1925/26).

Wie nur wenigen Komponisten des 20. Jh. gelang es Alban Berg, in seinen Werken Inspiration und Konstruktion in schöpferischem Gleichgewicht zu halten. Analysen offenbaren eine strenge motivische Arbeit, eine bewußte Planung und Organisation des Tonmaterials, die jedoch für Berg nur eine untergeordnete Bedeutung hatte. Sie garantierte ihm die formale Geschlossenheit eines Werkes. »Mag einem noch so viel davon bekannt sein«, schrieb er über sein soziales Musikdrama »Wozzeck«, »was sich im Rahmen dieser Oper an musikalischen Formen findet, wie das alles streng und logisch gearbeitet ist, welche Kunstfertigkeit selbst in allen Einzelheiten steckt: von dem Augenblick an, wo sich der Vorhang öffnet, bis zu dem, wo er sich zum letzten Mal schließt, darf es im Publikum keinen geben, der etwas von diesen diversen Fugen und Inventionen, Suiten- und Sonatensätzen, Variationen und Passacaglien merkt.« Da die Kompositionen erst nach langem Reifeprozeß entstanden sind, gibt es bei Berg keine Nebenwerke. In seinem zahlenmäßig kleinen, aber an geistiger und künstlerischer

Bedeutung gewichtigen Œuvre stehen die Orchester- und Kammermusikwerke ebenbürtig neben den Musikdramen »Wozzeck« und »Lulu«, durch die der Komponist international bekannt wurde.

Streichquartett op. 3

Komponiert 1910. UA: 24. April 1911 in Wien (Brunner-Quartett). Langsam – Mäßige Viertel.

Berg war 24 Jahre alt, als er mit dem Streichquartett sein Studium bei Schönberg abschloß. Obwohl noch Einflüsse von Strauss, Mahler und Schönberg zu erkennen sind, enthält es bereits alle charakteristischen Merkmale von Bergs Stil. In ihm setzte er sich mit der klassischen Variationstechnik und der Sonatenform auseinander, die jedoch nicht einfach übernommen, sondern frei gestaltet wird. Die 2 Sätze des Werkes verhalten sich zueinander wie die Exposition und die Durchführung in der Sonatensatzform, da die Themen und Motive des 1. Satzes im 2. variiert und kontrapunktisch verarbeitet werden.

Vier Stücke für Klarinette und Klavier op. 5

Entstanden 1913. UA: 17. Oktober 1919 in Wien (Verein für musikalische Privataufführungen).

Die 4 kurzen Stücke wurden von den Miniaturen angeregt, mit denen Schönberg und Webern zwischen 1908 und 1912 auf die sinfonische Musik der Spätromantik reagierten. In ihnen löst sich Berg von der Tonalität. Der »Emanzipation der Dissonanz« entsprechen die von allen traditionellen Bindungen befreite Rhythmik und Metrik. Wie die aphoristischen Stücke von Schönberg und Webern sind auch sie Musterbeispiele kompositorischer Ökonomie. Sie unterscheiden sich aber von ihnen durch die poetische Aussage. In diesen Stücken wird erstmals Bergs lyrisch-dramatische Begabung erkennbar. Sie haben, wie Pierre Boulez schreibt, den »Reiz novellistischer Skizzen, die nicht realisierte Fortsetzungen und Entwicklungen erahnen lassen, jenseits des realen, abgeschlossenen Geschriebenen. Das sind irgendwie offene Formen, obwohl sie eigentlich in sich abgeschlossen sind.«

Lyrische Suite für Streichquartett

Komponiert 1925/26. UA: 8. Januar 1927 in Wien (Kolisch-Quartett. – Bearbeitung der Mittelsätze II, III und IV für Streichorchester 1928. UA: 31. Januar 1929 in Berlin (Dirigent: Jascha Horenstein). – Alexander Zemlinsky gewidmet.
Allegretto gioviale – Andante amoroso – Allegro misterioso mit Trio estatico – Adagio appassionato – Presto delirando – Largo desolato.

Eine mit handschriftlichen Eintragungen Alban Bergs versehene Taschenpartitur, die der Musikwissenschaftler George Perle auf der Suche nach dem verschollenen Manuskript aufspürte, offenbarte, daß Berg das Werk eigentlich für Hanna Fuchs-Robettin, eine Schwester Franz Werfels, geschrieben hat. Die Zwölftontechnik »hat mir, meine Hanna«, so lautet eine Eintragung Alban Bergs, »auch noch andere Freiheiten gelassen! Zum Beispiel die, in die Musik immer wieder unsere Buchstaben H, F, und A, B hineinzugeheimnissen; jeden Satz und Satzteil in Beziehung zu unseren Zahlen 10 und 23 zu bringen. Ich habe dies und vieles andere Beziehungsvolle für Dich in diese Partitur hineingeschrieben. Möge sie so ein kleines Denkmal sein einer großen Liebe.«
Der Komponist hatte bereits im Adagio des Kammerkonzerts und in einem Lied nach einem Gedicht von Theodor Storm die Zwölftontechnik angewendet, als er mit der Komposition der »Lyrischen Suite« begann. Da Berg, wie er Anton Webern gestand, nur »langsam auch in diese Schreibweise« hineinkam, habe er sich »zwischendurch Rückfälle« in seine »altgewohnte freie Schreibweise« erlaubt. Beim Hören sind jedoch die zwölftönigen Teile nicht von den frei komponierten zu unterscheiden, da die 6 Sätze aus den Themen und Motiven entwickelt wurden, die Berg aus der Zwölftonreihe gewonnen hat. »Die Verknüpfung der einzelnen Sätze geschieht dadurch«, führt Berg in einer Analyse aus, »daß jeweils ein Bestandteil (ein Thema oder eine Reihe, ein Stück oder eine Idee) in den folgenden Satz hinübergenommen wird und der letzte wiederum auf den ersten zurückgreift. Natürlich nicht mechanisch, sondern ebenfalls im Verhältnis der großen Entwicklung (Stimmung steigernd) innerhalb des ganzen Stücks (Schicksal erleidend).«
»Schicksal erleidend« wird denn auch das motivische Material durchgeführt, in dem die Töne H, F, A und B, die Initialen von *H*anna *F*uchs und *A*lban *B*erg, dominieren: zwölftönig im 1. und 6., in der Exposition und Reprise des 3. und im Mittelteil

des 5. Satzes. Auf das einleitende heitere *Allegretto gioviale*, das »immerwährend die Tonarten H- und F-Dur streift«, folgt ein Rondo (*Andante amoroso*) mit einem Ländler als Mittelteil. Gespenstisch, geheimnisvoll wirkt das *Allegro misterioso*, dessen schnell dahinjagende, kunstvoll kanonisch verarbeitete Tonfiguren

durch das eruptive *Trio estatico* unterbrochen werden. Den Höhepunkt des Werkes bildet das *Adagio appassionato* mit seinen Reminiszenzen an frühere Sätze und den Zitaten aus Richard Wagners »Tristan« und der »Lyrischen Sinfonie« von Alexander Zemlinsky. Die Zitate stehen in direkter Beziehung zueinander. Das Gedicht von Rabindranath Tagore, das Zemlinskys Sinfonie zugrunde liegt, drückt »Tristan«-Stimmung aus, die »Unerfüllbarkeit der Liebessehnsucht«, die »ins ganz Vergeistigte, Seelenvolle, Überirdische verebbt«. Der Refrain des Gedichts lautet: »Du bist wie eine Abendwolke, die am Himmel meiner Träume hinzieht. Ich schmücke dich und kleide dich immer mit den Wünschen meiner Seele. Du bist mein Eigen, mein Eigen, Du, die in meinen endlosen Träumen wohnt.« Aus der Vertonung Zemlinskys zitierte Berg die Gesangsphrase des Baritons:

Die Krise des inneren Dramas, der Liebestragödie, die Berg erlitten hat, vollzieht sich im »Tenebroso«, dem Mittelteil des 5. Satzes (*Presto delirando*), der mit seinen Flautando-Klängen

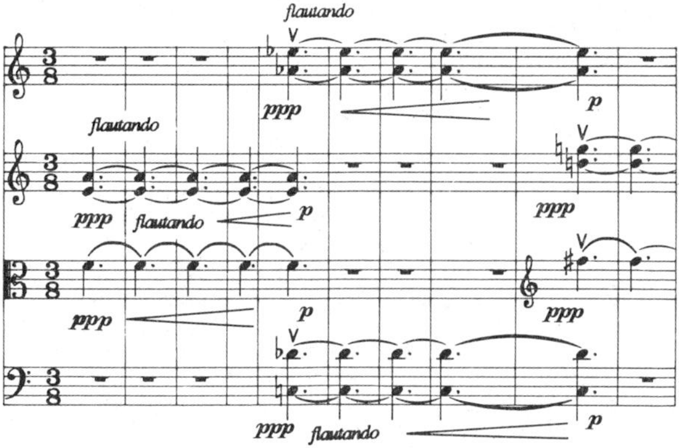

und Tremoli am Steg als das »kühnste Klangexperiment des modernen Quartettstils« bezeichnet wurde. »Dieses Presto delirando kann nur verstehen«, schrieb Berg in die oben erwähnte Taschenpartitur, »wer eine Ahnung hat von den Schrecken und Qualen, die nun folgten. – Von den Schrecken der Tage mit ihren jagenden Pulsen . . . von dem qualvollen Tenebroso der Nächte, mit ihrem kaum Schlaf zu findenden Dahin Dämmern . . .« Verzweiflung und Resignation kommen im abschließenden *Largo desolato* zum Ausdruck, zu dem Berg von Baudelaires Gedicht »De profundis clamavi« angeregt wurde. »Zu Dir, Du einzig teure, dringt mein Schrei aus tiefster Schlucht, darin mein Herz gefallen«, lauten die ersten Zeilen des Gedichts, das Berg in der Skizze der Melodiestimme unterlegt, aber in die endgültige Fassung nicht übernommen hat. Er hatte nicht die Absicht, das Programm, auf dem die »Lyrische Suite« basiert, preiszugeben. Nach seiner Analyse wollte er sie als absolute Musik verstanden wissen.

WL

Neutöner und Traditionalisten – die Schönberg-Ära

Seismographisch reagierten die Künstler des frühen 20. Jh. auf die politischen und wirtschaftlichen Ereignisse der Zeit: auf die Industrialisierung, auf das damit verbundene materialistische technisch-mechanische Denken und auf die Zeitenwende des Ersten Weltkriegs. »Weder Materie, noch Raum, noch Zeit sind das, was sie stets vorher gewesen waren«, schrieb 1919 der Dichter Paul Valéry. »Es ist zu erwarten, daß solche großen Veränderungen die gesamte Technik der Künste verwandeln, ja, daß sogar die schöpferische Kraft durch sie affiziert wird, vielleicht in solchem Maße, daß der Begriff der Kunst selbst in wunderbarer Weise modifiziert erscheint.«

Der französische Komponist **EDGARD VARÈSE** (1883–1965) war durch seine technisch-musikalische Doppelbegabung – er hatte zuerst Mathematik und Naturwissenschaften studiert, bevor er sich der Musik zuwandte – geradezu prädestiniert, diese Gedankengänge ins Musikalische zu übertragen. Ganze Sinfonien von neuen Tönen, so Varèses Meinung, seien in der neuen industriellen Welt aufgekommen und würden einen Teil unseres täglichen Bewußtseins bilden. Es erschien ihm unmöglich, »daß ein Mensch, der sich ausschließlich mit Tönen beschäftigt, durch diese neuen Töne unverändert bleiben kann«. Für Varèse bedeutete dies die Emanzipation des Geräusches, jedoch nicht im Sinne der italienischen Futuristen, sondern vielmehr als eine Erweiterung des Klangraums. Mit der mathematischen Genauigkeit eines Ingenieurs verwirklichte er seine Klangvorstellungen u. a. in den »Intégrales« für Kammerorchester und Schlagzeug (1924) und in »Ionisation« für 13 Schlagzeuger (1930–31), in »Octandre« für Flöte, Klarinette, Oboe, Fagott, Horn, Trompete, Posaune, Kontrabaß (1923) und in »Density 21,5« für Soloflöte (1936). Varèse hat dieses kurze, komprimierte Stück für die Platin-Flöte von Georges Barrère geschrieben. Daraus erklärt sich auch der Titel: »Density« bedeutet Dichte; 21,5 ist das spezifische Gewicht für Platin.

Der Deutschrusse **Wladimir Vogel** (1896–1984) schrieb seine ersten Werke unter dem Eindruck der Musik Alexander Skrjabins. Skrjabin bedeutete für Vogel, der in Moskau geboren wurde, die erste Anregung zur Erforschung einer Klangwelt, die der unmittelbare, freie und innere Ausdruck des Menschen sein sollte. In Berlin, wo Vogel 1918–33 lebte, verkehrte er in den expressionistischen Kreisen der »Sezession«, der »Novembergruppe« und des »Sturm«. Er studierte bei Heinz Tiessen und begegnete Arnold Schönberg in der von dem Dirigenten Hermann Scherchen gegründeten »Melos-Gesellschaft«. Den wohl entscheidendsten Moment in der Entwicklung Vogels bedeutete die Begegnung mit Busoni, dessen Schüler er 1922 wurde. Die »Sinfonia fugata in memoriam Ferruccio Busoni« aus den Jahren 1924/25 läßt erkennen, daß sich Vogel um eine konstruktive Neuordnung der expressionistischen Musik bemühte. Er bediente sich dazu der Zwölftontechnik, jedoch nicht im Sinne Schönbergs. Während dessen Reihen meist horizontal geführt und polyphon gesetzt sind, entfaltet sich das musikalische Geschehen bei Vogel gewissermaßen in der Diagonalen und oft aus einem zwölftönigen Material, das nicht transponiert wird. An die Stelle der Thematik setzte er in den korrespondierenden Teilen einander ähnliche Strukturen, die – wie bei Skrjabin – auf einen Punkt des Klangmaterials bezogen sind. Bezeichnend für diese Art der Kompositionen sind die Werke, die Vogel in Zürich komponierte, wo er seit 1964 zurückgezogen lebte. Die Titel seiner Kammermusikwerke – »Inspiré par Jean Arp« für Flöte, Klarinette, Violine und Violoncello (1965), die »Hörformen« (oder »Audioformen«) für Streichquartett (1973) und für Flöte, Oboe, Klarinette und Fagott (1974), »Monophonie« für Violine solo (1974) und u. a. auch das Terzett für Flöte, Klarinette und Fagott (1975) und das Quintett für Violoncello und Holzbläser (1976) – geben Aufschluß über die Absicht des Komponisten, sich so einfach, knapp und klar wie nur möglich auszudrücken. Die Klangfarbe spielt dabei eine wesentliche Rolle. Mit ihr erzielt

Vogel sozusagen eine »optische« Wirkung, die dem »inneren Klang« in Kandinskys Malerei entspricht.
Wie Vogel sind auch die Österreicher Egon Wellesz und Hanns Jelinek von der Wiener Zwölftonschule beeinflußt. – **Egon Wellesz** (1885–1974), der in Wien zum engsten Schülerkreis Schönbergs gehörte, schrieb außer Opern und Sinfonien 9 Streichquartette, Solosonaten für Violine und Violoncello sowie Duos und Trios in einem expressiven, athematischen Zwölftonstil. Als Musikwissenschaftler erforschte er die byzantinische Musik, als deren bester Kenner er galt. – Konstruktiver ist dagegen die Kammermusik von **Hanns Jelinek** (1901 bis 1969), der mit dem »Zwölftonwerk« op. 15 (1947 ff.) für Klavier und mehrere Instrumente reizvolle didaktische Stücke für die Musizierpraxis geschaffen hat.
Der in Eferding (Oberösterreich) geborene **Johann Nepomuk David** (1895–1977) wirkte als Kompositionslehrer in Leipzig, Salzburg und Stuttgart. Er kam zwar in den 1920er Jahren mit dem Schönberg-Kreis in Berührung, fand dann aber durch das Studium der alten Meister zu seinem polyphonen Stil. Seine Orgel- und Chorwerke, die bis heute nichts von ihrer Gültigkeit verloren haben, entstanden aus der Musizierpraxis. Sie sind wesentlich leichter zugänglich als seine 8 Sinfonien und seine Kammermusik, in denen sich konstruktive Strukturen mit strengem Formdenken zu einem artifiziellen Musizieren der kontrapunktischen Linien verbinden. – Wie hoch David seine Kammermusik einschätzte, beweisen die Einführungen, die er zu einigen Werken geschrieben hat: »Das Trio für Flöte, Geige und Bratsche op. 30 (1941) ist ein dreisätziges Werk, das sich mit keinerlei satztechnischen Problemen beschwert, sondern zusieht, wie es aus den kleinen Instrumenten möglichst viel an Klang herausholt. Die gleiche Absicht verfolgen die Duo-Sonaten op. 32: für Flöte und Viola, für Klarinette und Viola, für zwei Violinen und für Blockflöte und Laute. Immer geht es darum, mit strenger Stimmführung einen sehr für die Zusammensetzung der Instrumente typischen Klang zu erzielen. Alle Duo-Sonaten sind dreisätzig – nur die Blockflöten-Lauten-Sonate ist ein mehrsätziges Variationswerk.« »Die Solo-Sonaten op. 31 für Geige, Bratsche, Violoncello, Flöte und Laute, ferner noch die Partita für Geige über ›Es steht ein Lind in jenem Tal‹, op. 37 Nr. 1, sind wiederum Studien, die bei Heranziehung virtuoser Mittel das vorgenommene Instrument aufs höchste ausnützen. Daß es sich dabei aber nicht um ›Virtuosen-

Musik‹ handelt, verbürgt die Form der Werke und die stimmige Faktur, in die sie gekleidet sind.« »Op. 33 ist eine Reihe von vier Streichtrios, die nebst der klanglichen Ausbeutung der Instrumente sich zum Ziel setzten, durchweg strenge monothematische Arbeit zu leisten. Sie sind dem Andenken der großen Geigenbauer Nicolo Amati, Antonio Stradivari, Guarneri del Gesù und Jakob Stainer gewidmet. Damit ist für den Kammermusiker, der selbst wirkliche Beziehungen hat zu Geigenklang, Geigentechnik und Geigenbau, alles gesagt. Die ganze Summe der Gefühle für diese so hohen Dinge hat die Arbeit an diesen Trios gespeist, und die großen Meister waren der Gegenstand der Andachten aller Sätze.« – Bereits charakteristisch für Davids polyphonen Stil sind das Streichtrio G-Dur aus dem Jahre 1931 und das »Duo concertante« für Violine und Violoncello op. 19 (1937). Zwei aufgelockerte und für die Interpreten dankbare Werke schuf er mit den beiden Trios für Flöte, Viola und Gitarre op. 26 (1940) und op. post. (1932) und vergeistigte, esoterische Kammermusik mit der Sonate für 3 Violoncelli op. 57 (1962), der 2. Sonate für Violine und Klavier op. 58 (1963), der Sonate für Violoncello und Klavier (1970) und dem Trio für Flöte, Violine und Violoncello (1974).

Schüler von Arnold Schönberg und Alban Berg war der aus Karlsruhe stammende Wahlösterreicher **Hans Erich Apostel** (1901–1972), der sich als »konservativen Radikalisten« bezeichnet hat. Konservativ ist seine Musik durch die klassischen Formen der einzelnen Sätze, radikal durch die atonale Harmonik. Wie stark er sich seinem Lehrer Berg verbunden fühlte, beweist das *1. Streichquartett* (1935). Apostel hat es Alban Berg gewidmet und die Technik des musikalischen Anagramms in ähnlicher Weise angewendet wie dieser in seinem Kammerkonzert. Das Thema des Variationensatzes entnahm Apostel dem »Wozzeck«. Das Scherzo basiert auf Motiven, die aus den Tonbuchstaben der Namen *A*lban *B*erg (a–b) und *H*ans *E*rich *A*postel (h–e–a) gebildet sind. Das Quartett, das von einem expressiven Sonatensatz eröffnet wird, schließt mit einem Largo, das thematisch auf die vorangegangenen Sätze Bezug nimmt und mit einem Tritonus ausklingt. Im Gegensatz zu diesem emotionalen, in freier Atonalität geschriebenen Quartett wendet Apostel in den späteren Werken – u. a. dem 2. Streichquartett op. 26 (1956), den 6 »Epigrammen« für Streichquartett op. 33 (1962) und dem »Kleinen Kammerkonzert« für Flöte, Viola und Gitarre op. 38 (1964) – die Zwölftontechnik an. Ihre klare Diktion weist darauf hin, daß für Apostel Komposition klingende Architektur war.

In Deutschland führte der größte Teil der Komponisten, die um 1900 geboren wurden, konsequent weiter, was sich in den Werken Max Regers angebahnt hatte: Die lineare, auf Johann Sebastian Bach basierende Polyphonie wurde von ihnen im erweiterten tonalen Raum form- und stilbildend eingesetzt. – **Hugo Herrmann** (1896–1967), der vor allem durch seine geistliche und weltliche Chormusik bekannt wurde, hinterließ u. a. ein ausdrucksbetontes Streichtrio op. 86, 5 Streichquartette und musikantische Stücke für Blockflöte op. 57. – Für die Musizierpraxis komponierte **Ernst-Lothar von Knorr** (1896–1973) seine Kammermusikwerke. Seine Musik verbindet die Extreme einer an der musikpädagogischen Praxis und dem Volkslied orientierten spröden Schlichtheit und einer anspruchsvollen, am Instrument ausgerichteten Virtuosität. Besonders gelungene und auch dankbare Werke sind die Partita für Violine solo (1946) mit der Ciacona über das Volkslied »Es geht eine dunkle Wolk' herein«, die Sonate für Altsaxophon und Klavier (1932), die Kammermusik für 5 Bläser (1958) und das 3. Streichquartett (1969).

Karl Marx (1897–1985), der bei Carl Orff studierte, trat zuerst mit Spielmusiken und geistlichen und weltlichen Chorwerken hervor. Relativ spät wandte er sich mit der »Kammermusik für 7 Instrumente« op. 56 (1955), dem Trio für Flöte, Violoncello und Klavier op. 61 (1962) und der Sonate für Violoncello und Klavier op. 62 (1965) der anspruchsvollen Kammermusik zu. Diese Werke sind – wie auch seine »Fantasia sinfonica« für Orchester op. 67 (1967/69) und die »Fantasia concertante« für Violine, Violoncello und Orchester op. 68 (1972) – zunehmend von Zwölftonreihen und Zwölftonfeldern beherrscht, bleiben aber stets auf einen Zentralton bezogen. Bezeichnend für den Spätstil von Marx sind auch das Trio für Violine, Violoncello und Klavier op. 73/1 und die »Variationen über einen Klang« für Klavier, Violine und Violoncello op. 73, die 1978 entstanden sind.

Die aus Österreich stammende **Grete von Zieritz** (* 1899) studierte in Berlin, ihrer künstlerischen Wahlheimat, bei Franz Schreker. Ihre Werke weisen sie als eine eigenwillige und originelle Komponistin aus. »Ich verwende für meine Stücke die Stilmittel, die mir für ein bestimmtes Werk geboten scheinen«, sagte sie in einem Gespräch (1971). »Wenn ich eine persönliche

Aussage machen möchte, kann ich mich nicht auf eine Universaltechnik festlegen. Ich setze alle uns heute zur Verfügung stehenden musikalischen Techniken jeweils dort ein, wo es die Diktion des Stückes erfordert. So benutze ich Vierteltöne, zwölftönige Passagen, chromatische Reihen u. ä. Mein ›Quintett für Trompete, Tenorposaune, zwei Klaviere und Schlagzeug‹ konnte ich in keiner anderen Technik als der Zwölftonmusik konzipieren. Es ist ein musikpolitisches Zeitstück in grellstem Kolorit.« Ihr Gesamtschaffen umfaßt über 100 Lieder, 24 Gesänge mit Orchester, 13 Orchesterwerke, ein Flötenkonzert, 30 Chöre und 46 Kammermusikwerke, von denen das zitierte Quintett für Trompete, Tenorposaune, 2 Klaviere und Schlagzeug, die Szene »Ligäa, die Sirene« für Violine und Klavier, das Sextett für Fagott und Streichquintett und die »Autobiographie« für Solovioline durch die ungewöhnlichen Besetzungen und Aussagen besonders typisch für ihren Stil sind.

Kurt Weill (1900–1950) suchte in Berlin den Erfolg. Er erzielte ihn mit dem Songstil der »Dreigroschenoper«, die 1928 im Theater am Schiffbauerdamm uraufgeführt wurde. Auf diesen Songstil weisen bereits einige melodische Passagen in dem 1922/23 entstandenen *Streichquartett op. 8.* Von den unveröffentlichten Kammermusikwerken, dem Streichquartett h-Moll (1919/20) und der Sonate für Violoncello und Klavier (1920), unterscheidet es sich durch die erweiterte Tonalität und die 1sätzige Form. Mit diesem Werk, das mit einer expressiven Choralfantasie endet, löste sich Weill von seinen klassischen Vorbildern und schloß sein Studium bei Busoni ab.

Hermann Reutter (1900–1985), der über 200 Lieder und mehrere Opern geschaffen hat, wurde oft als reiner Vokalkomponist bezeichnet. Dabei übersah man, daß ihm die zeitgenössische Kammermusik einige sensitive und instrumentengerechte Werke verdankt. Bereits 1923 kam im Donaueschinger Kreis um Paul Hindemith ein Klaviertrio von ihm (das er in seinem Werkverzeichnis nicht mehr anführt) zur Aufführung. Es folgten die Violinsonate op. 20, die vielgespielte »Rhapsodie« für Violine und Klavier op. 51 und die »Musik für Bratsche und Klavier« in einem maßvoll modernen Stil, dem Reutter seitdem stets neue Ausdrucksmöglichkeiten abgewonnen hat: in den »Cinco caprichos sobre Cervantes« für Viola solo (1968), die durch den »Don Quijote«-Roman angeregt wurden, in der »Sonata monotematica« für Violoncello (oder Fagott) und Klavier (1972), der »Pièce concertante pour Saxophone alto et

Piano« (1968) und dem »Epitaph für Ophelia« (nach dem Monolog aus der »Hamlet«-Oper) für Violine und Klavier (1980).
Unterhaltend im besten Sinne des Wortes ist die Kammermusik von **Werner Egk** (1901–1983). Mit den »Fünf Stücken für Bläserquintett« (1975) und dem »Divertissement für 10 Bläser« hinterließ er zwei geistreiche Werke, die charakteristisch für seinen auf Sinnfälligkeit und Wirkung bedachten Stil sind.
Karl Höller (1907–1987), Schüler von Joseph Haas, vereint in seinen Orchester- und Kammermusikwerken (u. a. 8 Violinsonaten, 6 Streichquartette, ein Klaviertrio op. 34, ein Klavierquartett op. 7 und ein Klarinettenquintett op. 46) Elemente der Musik des 17. und 18. Jh. mit der spätromantischen Harmonik.
Ähnlich wie bei Höller steht auch das kompositorische Schaffen von **Günter Raphael** (1903–1960), **Reinhard Schwarz-Schilling** (1904–1985) und **Gerhard Frommel** (1906–1984) im Spannungsfeld von Spätromantik und Neoklassizismus. – **Ernst Pepping** (1901–1981) und **Hans Friedrich Micheelsen** (1902–1973) gaben der evangelischen Kirchenmusik neue Impulse. Ihre im strengen linearen Satz gearbeiteten Kammermusikwerke sind für die Musizierpraxis bestimmt.
Persönlich profiliert ist der Stil des genialen, allzufrüh (Selbstmord) aus dem Leben geschiedenen **Hugo Distler** (1908–42), dessen Vokalmusik zum Repertoire der Chöre gehört. Seine »Musik für vier Streichinstrumente« op. 20 (1939) und die musikantische Sonate für 2 Violinen und Klavier op. 15a (1938) über deutsche Volkslieder heben sich wohltuend von den Werken der epigonalen Hindemith-Nachfolge ab.
Durch expressive Melodik und differenzierte Rhythmik zeichnet sich die Kammermusik von **Kurt Hessenberg** (* 1908) aus. In seinen 5 Streichquartetten, 2 Streichtrios, einem Streichquintett und einem Klaviertrio gewinnt er der erweiterten Tonalität eine durchaus eigene Sprache ab, die durch die Ehrlichkeit der Aussage überzeugt.
Ungewöhnlich vielseitig ist das kammermusikalische Schaffen von **Harald Genzmer** (* 1909). Es steht in der Nachfolge Hindemiths, dessen Meisterschüler er in Berlin war. Genzmer verfügt über ein handwerkliches Können, das ihn in die Lage versetzt, schnell und leicht zu produzieren: Spiel- und Jugendmusiken, Violin-, Viola- und Cellosonaten, Trios, Quartette, Quintette und Sextette für die verschiedensten Besetzungen;

Musik, die nicht unbedingt neu sein will und auch nicht dem »L'art pour l'art«-Standpunkt folgt, sondern vielmehr aus sich selbst heraus wirken und die Spielfreude der Musizierenden unmittelbar ansprechen soll. – Dieses Ziel haben ebenso die Werke von **Wilhelm Maler** (1902–1976), **Siegfried Borris** (1906–1987), **Philipp Mohler** (1908–1982), **Helmut Degen** (* 1911) und **Werner Fussan** (* 1912), die – wie Genzmer – der Hindemith-Nachfolge zuzurechnen sind.

Seinen eigenen Weg ging der Jarnach-Schüler **Rudolf Petzold** (1908–1988). Außer Orchester- und Chorwerken schrieb er charaktervolle, mit viel Phantasie gestaltete Kammermusik in der erweiterten Tonalität (u. a. 4 Streichquartette, ein Streich- und ein Klaviertrio, ein Streichsextett), die sich neben der avantgardistischen Musik im Rundfunk und im Konzertsaal behauptet hat.

Aufgeschlossen gegenüber den neuen Tendenzen verhielten sich Fritz Büchtger und Günter Bialas. – **Fritz Büchtger** (1903–1978), der in München als von seinen Schülern sehr geschätzter Lehrer wirkte, stellte nach dem 2. Weltkrieg dort im »Studio für Neue Musik« die Kammermusik der Avantgarde zur Diskussion. Als Komponist wurde er mit Chormusik und dem Oratorium »Die Auferstehung nach Matthäus« bekannt. Von seinen 4 nach 1945 entstandenen Streichquartetten, in denen er die Reihentechnik anwandte, ist das 2. Quartett das bedeutendste; es basiert auf 2 Reihen, aus denen 5 Teile gebildet werden, die bogenförmig angelegt sind. – **Günter Bialas** (* 1907) begann mit neoklassizistischen, von Hindemith und Strawinsky beeinflußten Werken. Nach 1945 löste er sich von seinen Vorbildern. In seinen Bühnen-, Orchester- und Kammermusikwerken (u. a. 2., 3. und 4. Streichquartett [1949, 1969, 1980], Partita für 9 Bläser und Kontrabaß [1963], »Musik« für 11 Streicher [1970], »Assonanzen« für 12 Violoncelli [1978], 9 Bagatellen für Bläsertrio [1984], Quintett für Harfe und Streichquartett [1984], Quartett »Herbstzeit« für Violine, Viola, Violoncello und Klavier [1985]) bezog er die neuen Techniken in den Kompositionsprozeß mit ein. Jedoch wurden sie von ihm unorthodox eingesetzt, so daß das Musikantische stets über die Konstruktion dominiert. Daraus resultiert die elementare Vitalität seiner Musik.

Zu Unrecht geriet **Winfried Zillig** (1905–1963) in Vergessenheit, dessen Opern zu seinen Lebzeiten vielbeachtete Aufführungen erlebten. Seine »Serenade für 8 Blechbläser«, die er

während der Studienzeit bei Schönberg komponierte, ist ein Beispiel dafür, wie die Zwölftontechnik für eine melodisch wie rhythmisch gleichermaßen fesselnde Musik eingesetzt werden kann.
Eine der interessantesten Erscheinungen unter den deutschen Komponisten war der Darmstädter **Hermann Heiss** (1897 bis 1966). Bis ins Alter probierte er neue Möglichkeiten der Komposition aus. Er studierte zuerst bei Bernhard Sekles in Frankfurt, ging dann nach Wien zu Josef Matthias Hauer (1883 bis 1959), dessen Schrift zur »Zwölftontechnik« unter seiner Mitarbeit entstanden ist. Auch nahm er Kontakt mit Schönberg auf. Nach 1945 gehörte er zu den wenigen deutschen Musikern, die mit der Zwölftontechnik vertraut waren und sie an die junge Generation weitergeben konnten. Als in Köln das »Elektronische Studio« gegründet wurde, beschäftigte auch er sich (in Darmstadt) mit dieser neuen Materie und erfand eine Apparatur, mit der die elektronische Klangerzeugung dergestalt vereinfacht wurde, daß er die Töne und Klänge gleichzeitig auf Band aufnehmen und löschen konnte, eine Apparatur, mit der Heiß – wie auf einem Klavier – improvisieren konnte. Zu einer Zeit, in der von »Aleatorik« noch nicht die Rede war und die Komposition in der seriellen Konstruktion erstarrte, bildete er mit seinen Schülern eine Improvisationsgruppe. Improvisiert wurde über einen vorgegebenen Rhythmus oder einen Klang, entweder völlig frei oder nach seinen Handbewegungen. Sehr früh trat er für die »athematische Komposition« ein und veröffentlichte 1949 eine »Tonbewegungslehre«, nach der Ton- und rhythmische Bewegung in Beziehung zueinander stehen müßten. Von diesen Gestaltungsprinzipien ist seine Kammermusik (u. a. »Inventionen« für 2 Violinen, »Modi« für Flöte solo [1948], ein Streichtrio und ein Streichquartett) geprägt.

WL

Sergej Prokofjew

* 11. (23.) April 1891 in Sonzowka, Gouv. Jekaterinoslaw (heute Dnjepropetrowsk), † 4. März 1953 in Moskau

Der Sohn eines Gutsverwalters war Schüler von Anatol Ljadow, Nikolaj Rimskij-Korsakow und Sergej Tanejew. Er gewann 1914 den Rubinstein-Preis. 1918 verließ er die Sowjetunion, lebte in Japan, Amerika, Oberbayern und Paris, überall als Komponist, Pianist und als Dirigent seiner Werke gefeiert. 1935 kehrte er in die Sowjetunion zurück.

K a m m e r m u s i k: Außer kleineren Stücken 2 Sonaten für Violine und Klavier, eine Sonate für Violine allein, eine Cellosonate und 2 Streichquartette.

Sergej Prokofjew wurde durch zwei Werke international populär: durch die »Klassische Sinfonie« und das Sinfonische Märchen »Peter und der Wolf«. Beide Werke sind klar, leicht verständlich und melodiös. Sie haben Esprit und Ironie, wie die Musik von zwei anderen russischen Komponisten, Igor Strawinsky und Dmitrij Schostakowitsch. Und damit ist bereits der stilistische Standort Prokofjews ziemlich genau bestimmt. Er steht zwischen diesen beiden, zwischen der künstlerischen Freiheit eines Weltbürgers und dem sozialistischen Realismus eines Sowjetbürgers.

In Prokofjews ersten Werken wird eine elementare Kraft frei. Er sprengte die Fesseln der spätromantischen Tradition: in den Klavierkonzerten von 1911 und 1913, in der »Toccata« und den »Sarkasmen« für Klavier von 1912 und in der »Skythischen Suite«, die bei der Uraufführung einen Skandal auslöste. Nach dieser »Sturm und Drang«-Periode kehrte Prokofjew zur klassisch-romantischen Tradition zurück: im 1. Violinkonzert (1916/17), in der »Klassischen Sinfonie« (1917), die ein Welterfolg wurde, in der 3. und 4. Klaviersonate, im 3. Klavierkonzert, in dem Prokofjew russische Volksmelodien verarbeitete, und in der Oper »Der Spieler« (nach Dostojewskijs Roman). Während der Wanderjahre entstanden die grotesk-ironische Oper »Die Liebe zu den drei Orangen« und 2 Ballette für Diaghilews »Ballets Russes«, »Der stählerne Schritt«, in dem der sozialistische Aufbau in der Sowjetunion verherrlicht wurde, und »Der verlorene Sohn«. Nach seiner Rückkehr in die Sowjetunion im Jahre 1935 schrieb Prokofjew zu den Filmen »Alexander Newskij« und »Iwan der Gestrenge« des Regisseurs Eisenstein die Musik und schuf außer einer Kantate zum 60. Geburtstag Stalins eine Reihe von Konzertwerken, die 5., 6. und 7. Sinfonie, die Ballette »Romeo und Julia« und »Aschenbrödel« sowie die Oper »Krieg und Frieden« nach Tolstojs Roman. Die Musik dieser Oper wie auch die »Ode auf die Beendigung des Krieges« führten dazu, daß Prokofjew wegen modernistischer Tendenzen kritisiert wurde. Er rechtfertigte sich mit einem Brief, versprach aber, daß er »nach einer klaren musikalischen Sprache suchen« werde, die »seinem Volk verständlich und lieb« ist. Wie Schostakowitsch hatte auch er zwischen künstlerischer Freiheit und Parteidoktrin zu wählen. Prokofjew beugte sich den Anforderungen des »sozialistischen Realismus«, und es spricht für seine schöpferische Phantasie, daß er in den Werken nach 1945 seine Eigenart bewahrte, daß es ihm gelang, eine Musik zu schaffen, die allgemein verständlich und zugleich anspruchsvoll ist, in der sich Kühnheit und Originalität der Sprache mit einer eingängigen Melodik verbinden.

Streichquartett Nr. 1 h-Moll op. 50

Komponiert 1930. UA: 23. April 1930 in Washington D. C. (Brose-Quartett).
Allegro – Andante molto – Andante.

Prokofjews 1. Streichquartett entstand im Auftrag der Washington Library of Congress. »Ehe ich an die Arbeit ging«, bekannte Prokofjew in seiner Autobiographie, »studierte ich Beethovens Quartette. Auf diese Art kam ich dazu, seine Quartett-Technik zu verstehen und zu bewundern. Dies erklärt vielleicht auch irgendwie die ›klassische‹ Haltung des ersten Satzes meines Quartetts.« Die Form des Werkes ist dagegen etwas ungewöhnlich; sie weicht in ihrer Dreisätzigkeit vom überlieferten Schema dadurch ab, daß am Ende kein schneller, sondern ein elegischer langsamer Satz steht.

Streichquartett Nr. 2 F-Dur op. 92

Komponiert 1941. UA: 7. April 1942 in Moskau (Beethoven-Quartett).
Allegro sostenuto – Adagio – Allegro.

In seinem 2. Streichquartett verarbeitet Prokofjew Volksmelodien, die er während des Krieges in Naltschik, der Hauptstadt der im Kaukasus gelegenen Kabardinisch-Balkarischen Republik, kennengelernt hatte. Wie das 1. Quartett hat es 3 Sätze, jedoch mit dem Unterschied, daß 2 lebhafte Sätze ein Adagio umschließen. Der 1. ist ein konventionelles Sonaten-Allegro. Das Adagio basiert auf einem Liebeslied, einer Melodie, die von der Violine und vom Cello gespielt wird und nach einem tänzerisch bewegten Mittelteil in variierter Form wiederkehrt. Ein Rondo mit dem Thema

beendet das Quartett, das durch seinen folkloristischen Charakter zu den wirkungsvollsten Kammermusikwerken Prokofjews gehört.

Sonate für Violine und Klavier Nr. 1 f-Moll op. 80

Komponiert 1938–46. UA: 23. Oktober 1946 (David Oistrach, Lew Oborin).
Andante assai – Allegro brusco – Andante – Allegrissimo.

»In ihrer Stimmung ist sie ernster als die zweite Sonate. Der erste Satz, der einen strengen Charakter hat, könnte eine breit entwickelte Einleitung zum zweiten Satz, dem Sonaten-Allegro sein, der drängend und ungestüm ist, aber ein getragenes Seitenthema hat. Der dritte ist langsam, weich und zart. Das Finale ist schnell und von komplizierter Faktur«, schrieb Prokofjew über seine 1. Violinsonate, die in der Zeit entstanden ist, in der er sich intensiv mit der russischen Folklore beschäftigte. Die 4 Sätze wurden als »scharf kontrastierende Bilder« bezeichnet, als eine »durchgeistigte Verkörperung alter russischer Sagen«. Die sinfonische, oft die intime kammermusikalische Form sprengende Verarbeitung der folkloristischen Themen weist jedoch darauf hin, daß Prokofjew die Sonate nicht als Programm-Musik, sondern als absolute Musik verstanden wissen wollte, als ein Werk, das im Sinne der klassisch-romantischen Tradition eine zyklische Einheit bildet.

Sonate für Violine (oder Flöte) und Klavier Nr. 2 D-Dur op. 94

Komponiert 1943/44. UA (als Violinsonate): 17. Juni 1944 in Moskau (David Oistrach, Lew Oborin).
Moderato – Scherzo, Presto – Andante – Allegro con brio.

Die Sonate op. 94 existiert in 2 Fassungen. Die *1. Fassung für Flöte und Klavier* komponierte Prokofjew 1943. Nach der Uraufführung (am 7. Dezember 1943 in Moskau) entstand in Zusammenarbeit mit dem Geiger David Oistrach die *Fassung für Violine*. Der Klavierpart blieb unverändert, so daß die Sonate in einer Ausgabe mit 2 verschiedenen Solostimmen veröffentlicht werden konnte.
Ein Vergleich der beiden Violinsonaten läßt die große stilistische Spannweite Prokofjews erkennen. Die 1. Sonate gehört zu den expressiven, emotional aufgeladenen Werken, die 2. mit ihren klaren Formen und ihren transparenten Strukturen zu den neoklassizistischen Kompositionen. Beiden gemeinsam ist die

Viersätzigkeit und die phantasievolle, instrumentengerechte Verarbeitung des thematischen Materials.

Sonate für Violine allein D-Dur op. 115

Komponiert 1947. UA: 10. März 1960 in Moskau (Kammermusik-Ensemble des Moskauer Konservatoriums).
Moderato – Thema mit Variationen – Con brio.

Die Sonate für Violine allein wurde durch Konzerte angeregt, in denen 20 bis 30 junge Geiger im Moskauer Bolschoj-Theater Solostücke von Bach, Händel und anderen Komponisten unisono aufführten. Prokofjew wählte für seine Sonate eine miniaturartige Form in 3 Sätzen (Sonatenhauptsatz, langsamer Variationensatz und schnelles Finale), die spieltechnisch keine allzu hohen Anforderungen stellen, so daß sie von jungen Musikern ohne große Schwierigkeiten bewältigt werden können. Stilistisch folgt die Sonate der neoklassizistischen Linie, die in der 2. Violinsonate zum Ausdruck kam.

Sonate für Violoncello und Klavier C-Dur op. 119

Komponiert 1949. UA: 1. März 1950 in Moskau (Mstislaw Rostropowitsch, Swjatoslaw Richter).
Andante grave. Allegro moderato – Moderato – Allegro ma non troppo.

Besonders charakteristisch für den Stil der Cellosonate ist das Hauptthema des 2. Satzes, das in seiner Schlichtheit an ein Kinderlied erinnert:

Dieses Thema leitet ein geistreiches Scherzo ein, das von 2 überwiegend lyrischen Sätzen umrahmt wird. Obwohl die beiden Instrumente selbständig geführt sind, dominiert das Cello mit ausdrucksvollen Kantilenen und virtuosen Passagen. In der Coda des Finales kehrt das Hauptthema des 1. Satzes wieder und wird, vergrößert und rhythmisch verändert, mit dem 2. Thema des Schlußsatzes kombiniert.

Erwähnt seien schließlich noch das **Quintett für Oboe, Klarinette, Violine, Viola und Kontrabaß d-Moll op. 39** (1924), das aus 6 knappen Sätzen besteht, im Auftrag einer Ballett-Truppe komponiert und zuerst auch szenisch aufgeführt wurde, die **Sonate für 2 Violinen C-Dur op. 56**, ein 4sätziges, linear gearbeitetes, musikantisches Werk, das Prokofjew 1932 für die Pariser Kammermusik-Vereinigung »Triton« komponierte, sowie 3 frühe Stücke: eine **»Ballade« für Violoncello und Klavier** (1912), ein **»Humoristisches Scherzo« für 4 Fagotte op. 12** (1916) und eine 1919 entstandene **»Ouvertüre über hebräische Themen« für Klarinette, Streichquartett und Klavier op. 34**, die Prokofjew auch für Orchester instrumentiert hat.

WL

Paul Hindemith

* 16. November 1895 in Hanau, † 28. Dezember 1963 in Frankfurt a. M.

Hindemith studierte am Frankfurter Konservatorium Komposition bei Bernhard Sekles und Arnold Mendelssohn, Violine bei Adolf Rebner. 1915 wurde er Konzertmeister am Frankfurter Opernhaus, 1922 Bratschist im Amar-Quartett und 1927 Professor für Komposition an der Berliner Hochschule für Musik. 1934 löste die Aufführung der Sinfonie »Mathis der Maler« in Berlin unter der Leitung von Wilhelm Furtwängler heftige Angriffe von Joseph Goebbels gegen die »entartete Musik« aus. Furtwängler setzte sich in einem Zeitungsartikel »Der Fall Hindemith« für den Komponisten ein, der auf Druck der Nationalsozialisten dennoch seine Professur verlor. Im Auftrag der türkischen Regierung organisierte Hindemith dann zusammen mit Eduard Zuckmayer, dem Bruder des Dramatikers, in den Jahren 1935–37 das Musikleben in Ankara. 1938 gab er seinen Wohnsitz in Berlin auf. Er übersiedelte in die Schweiz, emigrierte schließlich 1940 in die USA. Hier konzentrierte sich seine Lehrtätigkeit auf die Yale- und die Harvard-Universität. 1953 ließ er sich in Vevey am Genfer See nieder.

Kammermusik für Bläser: Sonate für 10 Instrumente (1917); Oktett (1957–58); Septett (1948); *Kleine Kammermusik* für 5 Blä-

ser op. 24b (1922); Klarinettenquintett op. 30 (1923, Neufassung 1954); *Drei Anekdoten für Radio* (3 Stücke für 5 Instrumente / 1925); Quartett für Klarinette, Violine, Violoncello und Klavier (1938); Sonate für 4 Hörner (1952); Andante und Scherzo für Klarinette, Horn und Klavier op. 1 (1914); Trio für Bratsche, Heckelphon und Klavier op. 47 (1929); *Kanonische Sonatine* für 2 Flöten op. 31 Nr. 3 (1924); *Acht Stücke* für Flöte solo (1927); Sonaten mit Klavierbegleitung für Flöte (1936), Oboe (1938), Fagott (1938), Klarinette (1939), Horn (1939), Trompete (1939), Englisch Horn (1941), Posaune (1941), Althorn (1943), Baßtuba (1955); *Echo* für Flöte und Klavier (1942).
Kammermusik für Streicher: 7 Streichquartette; 2 Streichtrios; Duett für Bratsche und Violoncello (1934); Solosonaten für Violine (op. 11 Nr. 6 [1917], op. 31 Nr. 1 [1924], op. 31 Nr. 2 [1924]), Bratsche (op. 11 Nr. 5 [1919], op. 25 Nr. 1 [1922], op. 31 Nr. 4 [1923], [1937]), Violoncello (op. 25 Nr. 3 [1923]); Sonaten mit Klavierbegleitung für Violine (op. 11 Nr. 1 [1918], op. 11 Nr. 2 [1918], in E [1935], in C [1939]), Bratsche (op. 11 Nr. 4 [1919], op. 25 Nr. 4 [1922], [1939]), Viola d'amore (op. 25 Nr. 2 [1922]), Violoncello (op. 11 Nr. 3 [1919/20]), Kontrabaß (1949); *Drei Stücke* für Violoncello und Klavier op. 8 (1917); *Variationen über »A frog he went a-courting«* für Violoncello und Klavier (1941).
Theoretische Schriften: *Unterweisung im Tonsatz* (I 1937, II 1939, III 1970); *Übungsbuch für elementare Musiktheorie* (1946, dt. 1975); *Aufgaben für Harmonieschüler* (1949); *Harmonieübungen für Fortgeschrittene* (1949).
Literarische Werke: *Komponist in seiner Welt. Weiten und Grenzen* (1952; dt. 1959); *Johann Sebastian Bach. Ein verpflichtendes Erbe* (1950).

Paul Hindemith hinterließ ein kompositorisches Werk, das auch heute noch im Widerstreit der Meinungen steht. Kompromißlos hat er sich gegen alle Ansprüche und Anforderungen der wechselnden Kulturmodeströmungen behauptet und mit der ganzen vehementen Kraft seiner genialen Begabung das pseudoromantische Epigonentum und die bequem gewordene Musikauffassung bildungsbürgerlicher Couleur bekämpft. Sein Leben deckt sich weitgehend mit der Entwicklungskurve der Neuen Musik in den ersten 5 Jahrzehnten des 20. Jh. Der Revolutionär der 20er Jahre, der mit aggressivem Elan eine neue »heilige Nüchternheit« anstrebte, wandelte sich zum Bewahrer der Tradition, der mit seiner »Unterweisung im Tonsatz« ein neues Ordnungssystem schuf.
In dieser Tonsatzlehre fand Hindemith, von der Natur- und Obertonreihe ausgehend, eine neue Gesetzmäßigkeit für die Musik im erweiterten tonalen Raum. Die Reihenfolge der Töne ist nicht willkürlich, »sie unterliegt einem strengen Gesetz und

ist ebenso unantastbar wie die Reihe der Regenbogenfarben«. Von den ersten 6 Obertönen

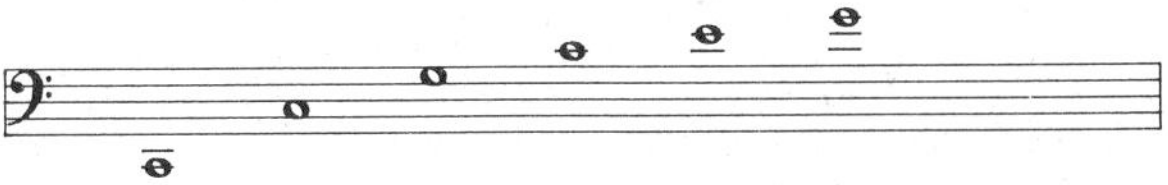

ausgehend, entsteht durch akustische Berechnungen eine chromatische Leiter, die sich von der alten chromatischen Leiter durch die Reihenfolge der Töne unterscheidet. Mit dieser Ton-

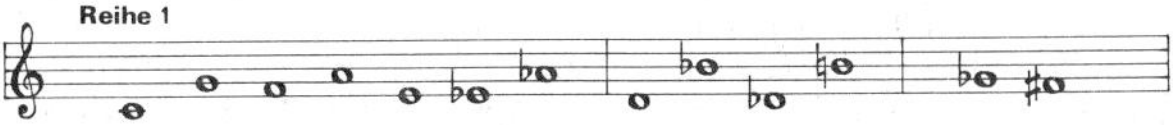

folge, die Hindemith als Reihe 1 bezeichnet, wird der Verwandtschaftsgrad zum Grundton festgelegt. »Mit zunehmender Entfernung vom Grundton lockert sich die Verwandtschaftsbeziehung«, stellt Hindemith fest, »bis sie beim äußesten Tone, der übermäßigen Quarte oder verminderten Quinte – dem Tritonus – kaum noch spürbar ist.« Im Gegensatz zu Schönbergs Zwölftonmethode, in der die chromatischen Töne gleichberechtigt sind, gibt es bei Hindemith Töne, »die andere beherrschen und solche, die sich unterordnen«. Durch die Berücksichtigung der Kombinationstöne, die beim Zusammenklang von 2 Tönen entstehen, werden die Intervalle nach ihren Spannungsgraden in der Reihe 2 gegliedert, wobei Hindemith entdeckt,

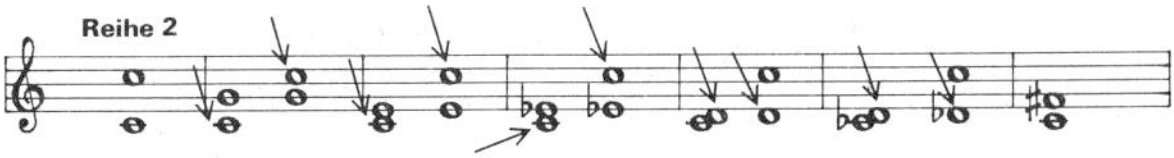

daß Intervalle Grundtöne haben. Am Ende der Reihe 2 steht der Tritonus, der keinen Grundton hat. Während der Verwandtschaftsgrad und damit die harmonische Kraft von links nach rechts abnimmt, nimmt der Spannungsgrad und damit die melodische Kraft der Intervalle zu. Aus den in Reihe 1 und Reihe 2 festgelegten Verwandtschaftswerten werden dann die Akkorde in Gruppen unterteilt. Gruppe A enthält die tritonusfreien, Gruppe B die tritonushaltigen Klänge, wobei in den Untergruppen I–IV noch zwischen den Klängen mit oder ohne Sekunden und Septimen unterschieden wird.

Im Gegensatz zur traditionellen Harmonielehre sind die Akkorde nicht umkehrbar. Dies beweist Hindemith mit der Festlegung des Grundtons entsprechend der Reihe 2. Der Grundton kann mit dem Baßton identisch sein, er kann aber höher als der Baßton liegen. Unbestimmbar sind dagegen die Akkorde, die aus mehreren übereinandergelegten gleich großen Intervallen bestehen, so daß ein Grundton nicht eindeutig erkennbar wird: in den übermäßigen Dreiklängen und in den Quartenakkorden, in den verminderten Dreiklängen und in den verminderten Septakkorden. Nach Hindemiths »Unterweisung im Tonsatz« ist »die Tonart mit ihrem Akkordvorrat nicht die naturgegebene Voraussetzung klanglichen Geschehens. Naturgegeben sind die Invervalle. Durch Gegeneinanderstellen von Intervallen (oder ihrer Erweiterungen, den Akkorden) kommt die Tonart zustande.« Die Akkordbewegung ist bei Hindemith mit der Melodie und dem Rhythmus untrennbar verbunden. Sowohl im polyphonen wie im homophonen Satz wird ein Tonstück durch die Baßstimme und die nächstwichtige höhere Melodie bestimmt. Diese beiden Stimmen müssen »einen einwandfreien, ohne Zufügung verständlichen zweistimmigen Satz bilden«. In dieser »übergeordneten Zweistimmigkeit« sieht Hindemith ein zuverlässiges Kriterium für die handwerkliche Qualität eines Tonsatzes.

In den letzten Jahren seines Lebens reagierte Hindemith – obwohl er alles erreicht hatte, was ein Künstler erreichen kann – verbittert auf die Entwicklung der Neuen Musik, die nicht, wie er erwartet hatte, auf seiner Tonsatzlehre, sondern auf Schönbergs Zwölftontechnik und den Werken Anton Weberns basierte. Aufschlußreich ist in dieser Hinsicht seine Ansprache, die er 1963 bei der Überreichung des Balzan-Preises hielt: »Wohin kann sich die Musik denn noch entwickeln? Nicht in die immer größere Ausdehnung und Anspannung des Klanglichen. Nachdem dieses Klangliche restlos erforscht worden ist, befindet sich der Musiker nun in ähnlicher Lage wie die Dichter und Schriftsteller, die ja an ihrem Arbeitsmaterial, der Sprache, auch nichts Wesentliches ändern oder hinzufügen können, wenn sie verständlich bleiben wollen. Für die Mitteilung von bisher Ungesagtem bleibt darum dem Musiker nur der Weg in die andere Dimension offen: der in die Höhe und in die Tiefe; in die Höhe des Geistigen (deren Ausmaß wir im Vergleich mit der Religion, der Philosophie und der reinen Wissenschaft begreifen können) und in die Tiefe der menschlichen Psyche.«

Diese Sätze wurden nach seinem Tod wieder aktuell. Sie beschreiben genau die Situation, in der sich die jungen Komponisten in den 70er Jahren befanden. »Das Material ist bereitgestellt«, sagte in dieser Zeit einer von ihnen. Aber sie nahmen sich nicht Hindemith, sondern Gustav Mahler zum Vorbild.
Trotz der Kritik an Hindemiths kontrapunktischem Stil, an seiner mitunter trockenen Handwerklichkeit haben zumindest einige seiner Werke zeitlose Gültigkeit: die frühen Kammermusiken, die Opern »Cardillac« und »Mathis der Maler«, der Liederzyklus »Das Marienleben«, die »Konzertmusik für Streichorchester und Blechbläser« und von seinen Spätwerken die Messe für gemischten Chor a cappella. In dieser wird spürbar, daß Hindemith erkannt hatte, wie gefährdet die menschliche Existenz in einer ungesicherten geistigen und sozialen Welt geworden ist.
Hindemiths Kammermusikwerke sind aus der Musizierpraxis heraus entstanden und somit für die Musizierpraxis bestimmt. Spieltechnisch stellen sie keine so hohen Anforderungen wie die Werke von Bartók, Schönberg oder Berg. Obwohl er ein exzellenter Bratschist war und auch einige andere Instrumente mit erstaunlicher Sicherheit beherrschte, benützte er niemals seine spieltechnische Praxis dazu, für ein Instrument virtuos zu schreiben oder innerhalb eines Instrumentalsatzes ein Instrument entsprechend seiner speziellen Technik zu bevorzugen. Die Anmerkung zu seiner Trompetensonate, das Werk könne auch mit Klarinette, Oboe, Geige oder Bratsche gespielt werden, weist darauf hin, daß Hindemith seine Musik unabhängig vom instrumentalen Klangbild als abstraktes Gebilde aus Form, Harmonik, Melodie und Kontrapunkt konzipiert hat.

Streichquartette

Streichquartett C-Dur op. 2

Komponiert: 1915. UA: 1915 in Frankfurt a. M. in einem Konzert des Hochschen Konservatoriums.
Sehr lebhaft – Adagio – Scherzo – Ziemlich lebhaft.

Polyphone Gestaltung der Themen und impressionistische Klänge bestimmen die Formen und den Charakter des vor Einfällen überquellenden Werkes, das zu Lebzeiten Hindemiths nicht veröffentlicht wurde. Erst 1985 wurde es in Stuttgart vom Arditti-Quartett wieder aufgeführt. »Den ersten Satz«, schrieb Hindemith, »habe ich bald verachtet, weil er so altmodisch war – aber stolz war ich besonders auf die beiden letzten.«

1. Streichquartett f-Moll op. 10

Komponiert 1919. UA: 2. Juni 1919 in Frankfurt a. M. (Rebner-Quartett).
Sehr lebhaft, straff im Rhythmus – Thema mit Variationen – Finale.

Wie das frühe C-Dur-Quartett ist auch das 1. Streichquartett weitgehend von der Spätromantik beeinflußt. Lediglich die klare Anlage der 3 Sätze und die plastischen Themen nehmen charakteristische Merkmale von Hindemiths Stil vorweg. In den chromatischen Stimmführungen, in der Kontrapunktik und in der Harmonik ist noch der Einfluß Regers zu erkennen. Jedoch unterscheidet sich das Quartett von dessen Werken durch die Energie, die in den melodischen Linien frei wird, und durch seinen musikantischen Schwung, der 1919 bei der Uraufführung neu und erfrischend wirkte.

2. Streichquartett C-Dur op. 16

Komponiert 1921. UA: 1. August 1921, Donaueschinger Musiktage (Amar-Quartett).
Lebhaft und sehr energisch – Sehr langsam – Finale.

Im 2. Quartett werden die Fesseln der Dur-Moll-Tonalität endgültig abgestreift. In den 3 Sätzen umspannen die melodischen Linien 2, mitunter sogar 3 Oktaven. Durch die parallelen Reihungen der Linien entsteht Polytonalität, die jedoch stets auf eine tonale Basis bezogen bleibt. Schon bei diesem Quartett kann man von erweiterter Tonalität sprechen, die Hindemith dann später in seiner Tonsatzlehre theoretisch begründet hat. Unkonventionell ist die Form des 1. Satzes. Er wird aus 4 Themen gebildet, die ständig variiert und aneinandergereiht werden; hier der Beginn des 1. Themas:

3. Streichquartett op. 22

Komponiert 1922. UA: 4. November 1922, Donaueschinger Musiktage (Amar-Quartett).
Fugato – Schnelle Achtel, sehr energisch – Ruhige Viertel, stets fließend – Mäßig schnelle Viertel – Rondo.

Im 3. Quartett sucht man vergebens die klassisch-romantische Durchführungstechnik. In ihm kündigt sich die Polyphonie an, die von nun an die Entwicklung Hindemiths bestimmen sollte. Während im 2. Quartett die chromatischen Begleitstimmen noch die Bewegungsvorgänge unterstreichen, umspielen sie im 3. Quartett die Hauptstimme und verselbständigen sich. Bereits im 1. der 5 Sätze wird die Polyphonie als formbildende Kraft eingesetzt. Tänzerischen Charakter hat der 2. Satz, in dem sich 2 kontrastierende Themen nach dem Schema A B A B A abwechseln. Einer der intimsten und ausdrucksvollsten Sätze, die Hindemith geschrieben hat, ist der langsame Teil, ein lyrisches Stück mit einer über Quinten weit ausschwingenden Melodie. Ein rhapsodisch frei gestaltetes Intermezzo leitet zum Final-Rondo über, das 2stimmig beginnt. Jedoch wird die Polyphonie noch nicht streng durchgeführt. Bewegungslinien durchbrechen sie, bilden scharfe Kontraste. Insgesamt ist dieses Quartett eines der ursprünglichsten Werke Hindemiths.

4. Streichquartett op. 32

Komponiert 1923. UA: 5. November 1923 in Wien (Amar-Quartett).
Lebhafte Halbe – Sehr langsam, aber immer fließend – Kleiner Marsch – Passacaglia.

Die Konzentration auf das Wesentliche, die durch Hindemiths Auseinandersetzung mit Johann Sebastian Bach die formale Konzeption seiner Werke bestimmt, erreichte in der konstruktiven Polyphonie des 4. Quartetts ihren höchsten Steigerungsgrad. Der 1. Satz ist eine Fuge, der letzte eine Passacaglia. In der Fuge verzichtet Hindemith auf unthematische Zwischenspiele: Engführungen (immer wieder in kleinen Sekunden), Umkehrungen, Verkürzungen zeigen den Reichtum der gestaltenden Phantasie und der satztechnischen Meisterschaft. Im langsamen Satz wird die Oberstimme gegen kanonisch imitierende Mittelstimmen gesetzt. Der »Kleine Marsch« beginnt im Pianissimo und steigert sich zum Fortissimo, um dann wieder im Pianissimo zu verklingen. Originell wirkt seine Coda: 1. Violine und Violoncello zupfen das schlichte Marschthema, dazwischen verrinnen huschende Sechzehntel der Bratsche. Die Passacaglia über das Thema

gipfelt in einem Fugato, dessen Thema

vom Passacaglia-Thema abgeleitet ist.

5. Streichquartett in Es

Komponiert 1943. UA: 7. November 1943 in Washington D. C. (Budapester Streichquartett).
Sehr ruhig und ausdrucksvoll – Lebhaft und sehr energisch – Ruhig, Variationen – Breit und energisch.

Wie das 4. beginnt auch das 5. Quartett mit einer Fuge, der ein Sonatensatz mit 2 Themen und ein Variationensatz folgen. Der 4. Satz ist in 3 Abschnitte gegliedert. Diese werden frei wiederholt und mit den Themen der Fuge, des Sonatensatzes und der Variationen verknüpft. »In seiner Verbindung von thematischem und motivischem Beziehungsreichtum innerhalb der vier Sätze und zwischen dem Finale und den früheren Sätzen stellt dieses Werk durch die Selbstverständlichkeit des Linienflusses und der Bewegungsverhältnisse den eigentlichen Höhepunkt von Hindemiths Quartett-Kompositionen dar« (A. Briner).

6. Streichquartett

Komponiert 1945. UA: 21. März 1946 in Washington D. C. (Budapester Streichquartett).
Schnell – Ruhig, scherzando – Langsam – Kanon, mäßig schnell, heiter.

Das 6. Quartett hat Hindemith für sich, seine Frau und zwei junge Musikerinnen geschrieben, mit denen er 1945 Hauskonzerte veranstaltete. Er spielte Bratsche, seine Frau Violoncello und die beiden Musikerinnen, auf deren spieltechnisches Können Hindemith das Quartett abstimmte, die 1. und 2. Violine. Es wäre jedoch verfehlt, dieses Quartett als unproblematische Spielmusik zu bezeichnen. In seiner Thematik und seiner aufgelockerten Struktur ist es ein musikantisches Werk im Spätstil des Komponisten: lyrisch und harmonisch dekorativ im 1. und 3. Satz, geistreich und witzig im 2. und 4. Satz, mit einem knappen Scherzando in Rondoform und einem in der Konstruktion ausgefeilten Kanon.

Trios

1. Trio für Violine, Viola und Violoncello op. 34

Komponiert 1924. UA: 6. August 1924 in Salzburg (Licco Amar, Paul Hindemith, Maurits Frank).
Toccata, schnelle Halbe – Langsam und mit großer Ruhe – Mäßig schnelle Viertel – Fuge, sehr lebhafte Halbe.

Ein halbes Jahr nach dem 4. Streichquartett komponierte Hindemith sein 1. Streichtrio, das er Alois Hába widmete. Das Thema des 1. Satzes ist motivisch prägnant formuliert und dabei rhythmisch gezügelt. Aus ihm wächst die strömende Bewegung der Toccata heraus, eine Bewegung, die selbst im kantablen Mittelteil nicht unterbrochen wird. Der Toccata folgen ein zartes Adagio und ein bizarres Scherzo. Die abschließende Fuge ist 3teilig wie die Mittelsätze. Im 1. Teil wird das rhythmische Hauptthema aufgestellt und weitergeführt. Im 2. Teil erklingen das Seitenthema und sein Kontrapunkt, und im 3. Teil vereinen sich die Themen zur Doppelfuge.

Trio für Viola, Heckelphon (oder Tenor-Saxophon) und Klavier op. 47

Komponiert 1928. UA: 15. März 1928 in Wiesbaden (Paul Hindemith, Dieckmann, Emma Lübbecke-Job).
Solo, Arioso, Duett – Potpourri.

Streng kontrapunktisch ist dieses Trio gearbeitet. Der 1. der beiden Sätze wird mit einer Invention für Klavier eröffnet (Zitat S. 932). Aus dieser Invention entwickeln sich das Arioso für Heckelphon und Klavier und das kanonisch gestaltete Duett für die beiden Melodie-Instrumente, die vom Klavier begleitet werden.

Den 2. Satz bezeichnet Hindemith als »Potpourri«. Er ist in 4 Teile gegliedert. Die beiden ersten sind fortlaufende Kanons, also kontrapunktisch konsequent durchgeführt; die beiden anderen toccatenartigen Teile wirken mit ihren Akzentverschiebungen freier in Form und Aussage.

2. Trio für Violine, Viola und Violoncello

Komponiert 1933. UA: 17. März 1933 in Antwerpen (Szymon Goldberg, Paul Hindemith, Emanuel Feuermann).
Mäßig schnell – Lebhaft – Langsam.

Die Beschäftigung mit der Jugendmusik im Jahre 1932 auf dem »Plöner Musikfest« führte bei Hindemith zu einer Vereinfachung seines Stils. Im 2. Streichtrio, das er in der Zeit komponierte, in der die Oper »Mathis der Maler« entstand, sind die polyphonen Strukturen aufgelockert. Der tonale Klangraum wird nur selten verlassen. Der 1. Satz hat Sonatensatzform. Der 2. ist ein lyrisches Adagio, der 3. ein Scherzo mit einem fast schon wieder »romantischen« Trio. Im Finale verbindet Hindemith einen langsamen mit einem schnellen Satz zu formaler Einheit.

Werke in anderen Besetzungen

Hier müssen zuerst die frühen Werke genannt werden. Das Opus 1 – **Andante und Scherzo für Klarinette, Horn und Klavier** (1914) – ist bereits eine Komposition in einer für Hindemith typischen Besetzung. Die Opuszahl ist jedoch irreführend, da sie die Stücke nicht berücksichtigt, die zuvor in den Jahren 1913 und 1914 entstanden sind: ein Singspiel nach einem Text von Wilhelm Busch, Thema mit Variationen für Klavier 4händig Es-Dur, ein Rondo für Klarinette und Klavier B-Dur sowie eine Sonate für Klavier und Violine d-Moll. Als Opus 2 bezeichnet dann Hindemith das Streichquartett C-Dur (s. d.) und als Opus 3 das Cellokonzert aus dem Jahre 1916. In dieser »Sturm-und-Drang-Zeit« entstanden außerdem die **»Lustige Sinfonietta« op. 4** nach Christian Morgensterns »Galgenliedern«, **»Lieder in Aargauer Mundart« op. 5**, ein **Walzer für Klavier 4händig op. 6**, das verschollene **Quintett e-Moll für Klavier, 2 Violinen, Viola und Violoncello op. 7** und die **Drei Stücke für Violoncello und Klavier op. 8** (1917).
In den am Anfang der 1920er Jahre komponierten Kammermusiken wird erkennbar, daß sich Hindemith an Johann Sebastian Bach orientierte. Er übernahm die barocken Formen und Satztechniken, um eine Gesetzmäßigkeit für das von allen tonalen Bindungen freigewordene Tonmaterial zu finden.
Mit der **»Kleinen Kammermusik« op. 24 Nr. 2** (komponiert 1922; UA: 12. Juli 1922 in Köln [Frankfurter Kammermusikvereinigung]; Lustig, mäßig schnelle Viertel – Walzer – Ruhig und einfach – Schnelle Viertel – Sehr lebhaft) schuf Hindemith ein heiteres, unproblematisches Werk für Flöte, Oboe, Klarinette, Horn und Fagott in einem musikantischen Stil, der für ihn charakteristisch werden sollte. Dieser Stil wurde später oft nachgeahmt, aber nur selten erreicht.
Polyphoner strukturiert als die »Kleine Kammermusik« ist das **Quintett für Klarinette und Streichquartett op. 30** (komponiert 1923, Neufassung 1954; UA: 7. August 1923 in Salzburg [Phil-

ipp Dreisbach, Amar-Quartett]; Sehr lebhaft – Ruhig – Schneller Ländler – Arioso – Sehr lebhaft). Wichtig erscheint in diesem Werk vor allem, daß Hindemith als Finale den Krebsgang des 1. Satzes benutzt. Diese Technik hat er später in seinem ironischen Sketch »Hin und zurück«, in seinem Klavierzyklus »Ludus tonalis« und im Bläserseptett nochmals verwendet. Die beiden Ecksätze umschließen einen kanonischen langsamen Satz in 3teiliger Liedform, ein ebenfalls 3teiliges Scherzo und einen expressiven, als Arioso bezeichneten Satz.

In dieser Entwicklung, in der sich Hindemiths Stil festigte, kommt der **Kanonischen Sonatine für 2 Flöten op. 31 Nr. 3** (1924) besondere Bedeutung zu. In den 3 kleinen Sätzen (Munter – Capriccio – Presto) nehmen die polyrhythmischen Linien in reiner Zweistimmigkeit vorweg, was dann in der Fuge und der Passacaglia des 4. Streichquartetts 4stimmig gestaltet wird.

In den **Drei Stücken für 5 Instrumente** aus dem Jahre 1925 gewinnt durch die ungewöhnliche Besetzung (Klarinette, Trompete, Violine, Violoncello und Klavier) Hindemiths Stil an Plastizität, er wird farbiger durch den Zusammenklang der verschiedenartigen Instrumente. Ohne diese Stücke sind das Quartett für Klarinette, Violine, Violoncello und Klavier, das Bläserseptett und das Oktett nicht denkbar, die zu den konzentriertesten und formal vielseitigsten Werken der letzten Schaffensperiode Hindemiths gehören.

Das **Quartett für Klarinette, Violine, Violoncello und Klavier** (komponiert 1938, Neufassung 1956; UA: 23. April 1939 in New York [Jesús María Sanromá, Mitglieder des Boston Symphony Orchestra]; Mäßig bewegt – Langsam – Lebhaft) ist eines der letzten Werke, das Hindemith noch in Europa beenden konnte, bevor er in die USA emigrierte. Der 1. Satz mit 3 Themen und einer erweiterten Reprise hat Sonatensatzform. Im 3teiligen langsamen Satz begleitet das Klavier antiphonal das Trio der Melodie-Instrumente. 2 Hauptthemen bestimmen das episodenhaft gefügte Finale in Rondoform.

Markant und einprägsam sind die Themen im **Septett für Flöte, Oboe, Klarinette, Trompete, Horn, Baßklarinette und Fagott** (komponiert 1948; UA: 30. Dezember 1948 in Mailand [Mitglieder des Teatro-Nuovo-Orchesters]; Lebhaft – Intermezzo – Variationen – Intermezzo – Fuge): Hindemith komponierte die ersten 4 Sätze in Taormina auf Sizilien: »in einem der schönsten Gärten, die man sich denken kann«, erinnerte er sich später,

»das Meer zu Füßen und den schneebedeckten Ätna im Hintergrund. Wenn man überhaupt glaubt, daß die unmittelbare Umgebung die Qualität einer Komposition beeinflußt, so konnte man hier nur die allerbesten Ideen erwarten.« Musikantische Spielfreude und aufgelockerte artifizielle Kontrapunktik zeichnen dieses Septett aus: Komprimiert und ungewöhnlich ist die Sonatensatzform des 1. Satzes, in dem die Reprise aus Motiven der 3 Themen entwickelt wird. Das Intermezzo führt attacca zum Variationensatz über ein schlichtes Thema. In Krebsform kehrt noch einmal das Intermezzo wieder, dem sich als Finale die Fuge mit dem Titel »Alter Berner Marsch« anschließt.

Im **Oktett für Klarinette, Fagott, Horn, Violine, 2 Bratschen, Violoncello und Kontrabaß** (komponiert 1957–58; UA: 23. September 1958 in Berlin [Kammermusikvereinigung der Berliner Philharmoniker]; Breit, Mäßig schnell – Varianten, Mäßig bewegt – Langsam – Sehr lebhaft – Fuge mit 3 altmodischen Tänzen) faßte Hindemith alle Elemente seines Stils zusammen und setzte sich mit den Formen des Spätbarock und der Durchführungstechnik der Klassik auseinander. Dem Hauptteil des 1. Satzes stellt Hindemith eine langsame Einleitung voran, die mit ihren punktierten Vierteln an das Grave der französischen Ouverture gemahnt, wie sie von Lully geprägt wurde. Der Hauptteil gliedert sich in eine Exposition von 3 Themen, in eine Fuge über ein 4. Thema, die anstelle der Durchführung steht, und eine Reprise, in der Formteile der Exposition formal als Krebs wiederkehren: zuerst das 3., dann nach einem kurzen Durchführungsteil das 2. und schließlich das 1. Thema. Der 2. Satz entspricht der Position des Variationensatzes im Divertimento des 18. Jh. Das Thema, das zuerst die Violine vorträgt (*Mäßig bewegt*):

erscheint sechsmal notengetreu auf der gleichen Tonhöhe, reizvoll umspielt von den anderen Instrumenten. Der 3. Satz in 3teiliger Anlage gehört durch die transparente Kontrapunktik und seine ausgesprochen romantische Aussage zu den inspiriertesten Sätzen des späten Hindemith. Der 4. Satz ist ein skurriles Scherzo. Der Finalsatz beginnt mit einer Fuge, der sich 3 Tänze

(Walzer, Polka und Galopp) anschließen. In ihm verbindet Hindemith zwei Formen der Barockmusik: die Fuge mit der Suite.

Das Sonatenwerk

Hindemith hat insgesamt 42 Sonaten hinterlassen. 14 Sonaten entstanden vor 1935; die übrigen gehören zum sogenannten Sonatenwerk, das aus Werken für Tasteninstrumente, für Harfe, für jeweils ein Streich- oder Blasinstrument mit Klavier und einer Sonate für 4 Hörner besteht. Dieses Sonatenwerk schuf Hindemith in den Jahren 1935–55, nachdem er seine Tonsatzlehre veröffentlicht hatte. In den frühen Sonaten (op. 11, 25, 31) aus den Jahren 1917–1924 spiegelt sich der Musiker Hindemith wider, der Geiger und Bratschist, der als Komponist noch seinen Weg suchte.

Sonatenzyklus op. 11

Der Zyklus op. 11 umfaßt 6 Sonaten: 2 für Violine und Klavier, eine für Violoncello und Klavier, eine für Viola und Klavier sowie je eine für Viola und für Violine allein.
In der **Sonate für Violine und Klavier Es-Dur op. 11 Nr. 1** (komponiert 1918; UA: 2. Juni 1919 in Frankfurt a. M. [Paul Hindemith, Emma Lübbecke-Job]; Frisch – Im Zeitmaß eines langsamen, feierlichen Tanzes) dominiert das tänzerische Element, obwohl der Rhythmus im 1. Satz von zarten impressionistischen Klängen überlagert wird. Von eigenartigem Reiz ist auch der 2. Satz mit seinen parallelen Terzenführungen, die nicht mehr harmonisch funktional, sondern nur aus der Melodie gedeutet werden können.
Für die **Sonate für Violine und Klavier op. 11 Nr. 2** (komponiert 1918; UA: 10. April 1920 in Frankfurt a. M. [Max Strub, Eduard Zuckmayer]; Lebhaft – Ruhig und gemessen – Im Zeitmaß und Charakter eines geschwinden Tanzes) gibt Hindemith als Tonart D-Dur an, jedoch sind der ungebändigte, vorandrängende 1. und der wesentlich ruhigere 2. Satz auf d-Moll bezogen. Nur der 3. Satz steht in D-Dur. Er ist 3teilig. Im 1. Teil kehrt das Thema

rondoartig immer wieder. Aus einem chromatischen Thema ist der 2. Teil entwickelt, dem sich die aus den beiden Themen gebildete Reprise anschließt.
In der **Sonate für Violoncello und Klavier op. 11 Nr. 3** (komponiert 1919; UA: 27. Oktober 1919 in Frankfurt a. M. [Maurits Frank, Emma Lübbecke-Job]; Mäßig schnelle Viertel, Mit Kraft – Langsam, Sehr lebhaft) fehlt eine Tonartbezeichnung. Elementare Motorik treibt im 1. Satz die Entwicklung voran. Zu polytonalen Klangwirkungen kommt es im 2. Satz, der in 2 Teile gegliedert ist. Anstelle von Dreiklängen verwendet Hindemith nun Vier- und Vielklänge. Quarten und Quinten, Sekunden und Septimen werden als konstruktive Intervalle eingesetzt, Konsonanzen dagegen weitgehend vermieden.
Das wichtigste Werk in diesem Sonatenzyklus ist die **Sonate für Viola und Klavier in F op. 11 Nr. 4** (komponiert 1918; UA: 2. Juni 1919 in Frankfurt a. M. [Paul Hindemith, Emma Lübbecke-Job]). In ihr werden verschiedenartige Ausdrucksbereiche in einer gemeinsamen Form integriert. Sie besteht eigentlich nur aus einem Satz, der in eine Fantasie, in 4 Variationen über ein Volksliedthema und ein Finale aus 7 Variationen über ein weiteres Thema gegliedert ist.
Die **Sonate für Bratsche allein op. 11 Nr. 5** (komponiert 1919; UA: 14. November 1920 in Friedberg [Paul Hindemith]); Lebhaft, aber nicht geeilt – Mäßig schnell, mit viel Wärme vorgetragen – Scherzo – In Form und Zeitmaß einer Passacaglia) ist in der formalen Anlage konventioneller und entspricht somit wieder der alten Sonatenform. Die gewaltige, das Werk krönende Passacaglia über das aus dem 1. Satz entwickelte Thema (Zitat unten und S. 938 oben) weist auf die neobarocke Tendenz, die von nun an in Hindemiths Schaffen immer stärker wird.

Die **Sonate für Violine allein op. 11 Nr. 6** wurde zu Lebzeiten Hindemiths nicht publiziert. Bereits 1917 entstanden, gehört sie zu den Werken aus der »Sturm-und-Drang-Zeit«, die Hindemith später in sein Werkverzeichnis aufgenommen hat.

Sonatenzyklus op. 25 von vier Sonaten

Die (2.) **Sonate für Bratsche allein op. 25 Nr. 1** (komponiert 1922; UA: 18. März 1922 in Köln [Paul Hindemith]; Breite Viertel – Sehr frisch und straff – Sehr langsam – Rasendes Zeitmaß, wild, Tonschönheit ist Nebensache – Langsam, mit viel Ausdruck) beginnt energisch mit einem 3teiligen Satz. Auch der 2. Satz mit seinen kraftvollen Eckteilen ist 3teilig gegliedert. Der langsame 3. Satz wird von einer weit ausschwingenden Melodie bestimmt. Einen schroffen Gegensatz hierzu bildet der 4. Satz. Er bewegt sich außerhalb einer funktionalen Harmonik, bleibt aber auf ein tonales Zentrum, den Ton c, bezogen. Ein langsamer, expressiver Satz beendet die Sonate.

In der **Kleinen Sonate für Viola d'amore und Klavier op. 25 Nr. 2** (komponiert 1922; UA: Juni 1922 in Heidelberg [Paul Hindemith, Emma Lübbecke-Job]; Mäßig schnell, lustig – Sehr langsam – Sehr lebhaft) sind die Themen aus Tonwendungen gebildet, die der barocken Musik entstammen könnten. Auf ein musikantisches Allegretto folgen ein 3teiliger Mittelsatz und das Finale, das Rondoform hat. Aufschlußreich für den Stil des jungen Hindemith ist in diesem Werk die Harmonik. Dur und Moll oder verschiedene Tonarten treten gleichzeitig auf. Die Tonalität wird zur Polytonalität erweitert.

Im Vergleich zu diesen beiden Werken wirkt die **Sonate für Violoncello allein op. 25 Nr. 3** (komponiert 1923; UA: 1923 in Freiburg [Maurits Frank]; Lebhaft, sehr markiert – Mäßig schnell, gemächlich – Langsam – Lebhafte Viertel – Mäßig schnell) reifer und in Form der Aussage gezähmter. Wie die 2. Solo-Bratschensonate op. 25/1 hat auch diese Sonate 5 Sätze – nur mit dem Unterschied, daß sich nicht schnelle und langsame Tempi abwechseln, sondern daß verschiedene ziemlich und sehr schnelle Sätze ein zentrales Adagio umrahmen.

Die Sonaten op. 31

Im Jahre 1924 komponierte Hindemith 2 Sonaten für Violine allein, die eine für Licco Amar, die andere für Walter Caspar, und die (bereits vorgestellte) »Kanonische Sonatine« für 2 Flöten. Diese 3 Werke faßte er zu seinem Opus 31 zusammen, in das er (als Nr. 4) die ein Jahr zuvor komponierte **Sonate für Bratsche allein** aufnahm, die – wie die Sonate für Violine allein op. 11 Nr. 6 – in der Hindemith-Gesamtausgabe im Druck erscheint. – Die **Solo-Violinsonate op. 31 Nr. 1** gliedert sich in 5 Sätze, die deutlich an barocken Vorbildern orientiert sind. – Der **Solo-Violinsonate op. 31 Nr. 2** gab Hindemith den Untertitel »Es ist so schön Wetter draußen«. Dieser Titel bezieht sich ohne Zweifel auf den letzten der 4 Sätze, der aus 5 Variationen über das Lied »Komm, lieber Mai« von Wolfgang Amadeus Mozart besteht. Melodische Bewegungslinien, vorantreibende Rhythmik und die Variation einer gegebenen Melodie bestimmen den Charakter dieser Sonate.

Die Sonaten der Jahre 1935–55

Im Gegensatz zu den Zyklen op. 11, 25 und 31 sind die Sonaten für Blas- und Streichinstrumente, die Hindemith nach 1935 komponierte, für Musizierpraxis bestimmt. Sie sind Gebrauchsmusik im besten Sinne des Begriffes, den Hindemith übrigens selbst auf leichtere, den Amateuren zugedachte Werke angewandt hat.

Die **Sonate für Violine und Klavier in E** (1935) ist bereits typisch für den neuen, einfachen Stil dieser Sonaten, der sich durch schlichte, oft liedhafte Melodik und klare Formen auszeichnet. Das beste Beispiel dafür mag das Thema des 1. der beiden Sätze der Sonate sein:

Im 1. Satz (Ruhig bewegt) werden die Themen – wie im Oktett – in der Reprise in umgekehrter Reihenfolge rekapituliert. Der 2. Satz besteht aus 2 Teilen (Langsam – Schnell), die wesentlich verkürzt und komprimiert wiederholt werden, so daß sich die Form A B A′ B′ ergibt.
Die **Sonate für Flöte und Klavier in B** (1936) hat 3 Sätze (Heiter bewegt – Sehr langsam – Sehr lebhaft), von denen der 3. Satz in einen wirkungsvoll gesteigerten Marsch mündet. – Die **Sonate für Oboe und Klavier in G** (1938) sowie die **Sonate für Englisch Horn und Klavier in F** (1941) und die **Sonate für Althorn und Klavier in Es** (auch für Alt-Saxophon oder Waldhorn; 1943) sind 2sätzig und in ihrer Form der Violinsonate in E ähnlich. Nur in der **Sonate für Fagott und Klavier in B** (1938) ist der Aufbau des 2. Satzes etwas komplizierter; aus einem einleitenden Teil erwächst ein Marsch mit Trio, dem sich eine Coda anschließt, die an die pastorale Stimmung des 1. Satzes erinnert.
Die **Sonate für Violine und Klavier in C** (1939) hat wieder 3 Sätze (Lebhaft – Langsam – Fuge). Energisch beginnt der knapp gefaßte 1. Satz. Ein schnelles, rhythmisch raffiniertes Scherzo im 5/8-Takt steht in der Mitte des langsamen Satzes. Das Werk endet mit einer Tripelfuge in Rondoform.
Die **Sonate für Viola und Klavier in C** (1939) gehört (mit der Sonate für Klarinette und Klavier und der Sonate für Violoncello und Klavier) zu den anspruchsvollsten und inspiriertesten Stücken im Sonatenwerk Hindemiths. Im 1. Satz werden in der Reprise der Sonatensatzform die Themen, die in umgekehrter Reihenfolge erscheinen, vergrößert und erweitert. Dieses Umkehrungsprinzip findet sich auch im Scherzo, das an zweiter Stelle steht. Eine »Fantasie« leitet zum Finale über, einem Variationensatz in Rondoform. – In der **Sonate für Klarinette und Klavier in B** (1939) folgen auf ein Allegro moderato in Sonatensatzform ein schnell dahinhuschendes Scherzo, in dem anstelle des Trios eine Durchführung steht, ein polyphon gestaltetes, expressives Larghetto und ein Rondo, in dem das 2. Thema des 1. Satzes wiedererscheint als Kontrast zum schlichten, prägnant formulierten Rondo-Thema. – Mit der **Sonate für Violoncello und Klavier** (1948) schuf Hindemith ein harmonisch farbiges und für den Cellisten dankbares Werk mit 3 unmittelbar fesselnden Sätzen: einem aus 3 Themen entwikkelten Pastorale, einem marschartigen Scherzo mit langsamem Mittelteil und einer Passacaglia.

Die **Sonate für Harfe** (1939) und die **Sonate für Kontrabaß und Klavier in H** (1949) sind unproblematische, aber für die Interpreten dankbare Musizierstücke. Ungewöhnlich ist nur die Form des 3. Satzes der Kontrabaßsonate. Zuerst wird ein schlichtes Thema variiert. Ein Rezitativ führt dann zur abschließenden, als Lied bezeichneten Variation, die deutlich in Strophen gegliedert ist.
In den 3 Sätzen der **Sonate für Horn und Klavier in F** (1939) umspielt der reich ausgestaltete Klavierpart die melodischen Linien des Soloinstruments, das sich gleichberechtigt an der thematischen Entwicklung des Werkes beteiligt. – Quart- und Quintenmotive dominieren in der Trompeten- und in der Posaunensonate. In der **Sonate für B-Trompete und Klavier** (1939) entfaltet das Soloinstrument über dem Klavier seinen vollen Glanz: sowohl im motorischen Kopf- als auch im scherzoartigen Mittelsatz. Der 3. Satz, ein Trauermarsch, klingt mit dem Choral »Alle Menschen müssen sterben« aus. – Die **Sonate für Posaune und Klavier in F** (1941) wartet mit derbem Humor auf. 2 fanfarenartige Stücke umschließen ein Allegro grazioso und ein Scherzo über das englische »Lied des Raufbolds«. – Äußerst abwechslungsreich sind die 3 Sätze der **Sonate für 4 Hörner** (1952) gestaltet: ein komprimiertes Fugato, ein lebhafter, ebenfalls linearer Satz in Sonatensatzform und Variationen über das Lied »Ich schell mein Horn«. Die Sätze können, wie Hindemith vermerkt, auch einzeln gespielt werden. – Den Abschluß des Sonatenwerks bildet die **Sonate für Baßtuba und Klavier in B** (1955). Wie in der Posaunensonate verzichtet Hindemith in ihr auf spieltechnische Effekte. Er nützt vielmehr die klanglichen Möglichkeiten der Baßtuba für ironische Wirkungen und setzt sie für melodische Linien ein, die in ihrer Zielstrebigkeit an die frühen Stücke Hindemiths erinnern. Die Sonate hat 3 Sätze: Allegro pesante, Allegro assai und Variationen über ein Thema, das zuerst von der Baßtuba gespielt wird.
Für Musikliebhaber und Studierende schrieb Hindemith außerdem das **Schulwerk für Instrumental-Zusammenspiel op. 44** (1927) und den **»Plöner Musiktag«** (1932), der u. a. 2 Duette für Violine und Klarinette in B sowie ein Trio für Blockflöten enthält.

WL

Ernst Krenek

* 23. August 1900 in Wien, † 22. Dezember 1991 in Palm Springs (Calif.)

Mit 16 Jahren wurde Ernst Krenek Schüler von Franz Schreker, dem er 1920 nach Berlin folgte. Dort begegnete er Busoni, dem Dirigenten Hermann Scherchen, den Pianisten Eduard Erdmann und Artur Schnabel, die sich für seine Werke einsetzten. 1925–27 wirkte er als Assistent von Paul Bekker an den Opernhäusern von Kassel und Wiesbaden. 1928 kehrte Krenek nach Wien zurück und fand Zugang zum Schönberg-Kreis. 1938 emigrierte er in die USA und unterrichtete 1939–47 an verschiedenen amerikanischen Universitätsinstituten. 1945 wurde er amerikanischer Staatsbürger und ließ sich 1947 in Los Angeles nieder.

Kammermusik. Krenek schrieb Kammermusikwerke in großer Zahl und für die verschiedensten Besetzungen. – Auswahl:

Für 1 Instrument: 2 Sonaten für Violine (1925, 1948): Suite für Violoncello (1939); Sonate für Viola (1942); Sonate für Harfe (1955); *Monologue* für Klarinette (1956); Sonatina für Oboe (1956); Suite für Gitarre (1957); Toccata für Akkordeon (1962); *Nachdenklich*, Studie für Violoncello (1963); *Vorkehrungen zur Rückkehr sind getroffen*, Studie für 1–4 Violoncelli (1963).

Für 2 Instrumente: *Kleine Suite* für Klarinette und Klavier (1924); *Themen von Händel*, bearbeitet für Oboe und Klavier (1938/39); Sonatine für Baßklarinette und Klavier (1938/39); Sonatine für Flöte und Klarinette (1942); Sonate für Violine und Klavier (1944/45); Sonate für Viola und Klavier (1948); *Invention* für Flöte und Klarinette (1951); *Phantasiestück* für Violoncello und Klavier (1953); Suite für Flöte und Klavier (1954); Suite für Klarinette und Klavier (1955); *Flötenstück neunphasig* für Flöte und Klavier (1959); *Vier Stücke* für Oboe und Klavier (1966); *Fünf Stücke* für Posaune und Klavier (1967).

Für 3 Instrumente: *Triophantasie* für Violine, Violoncello und Klavier (1929); Trio für Violine, Klarinette, Klavier (1946); Streichtrio (1949); *Parvula corona musicalis ad honorem J. S. Bach* für Streichtrio (1950); *Aulokithara* für Oboe (Englisch Horn), Harfe und Tonband (1971/72); Streichtrio in 12 Stationen (1985).

Für 4 Instrumente: *Serenade* für Klarinette, Violine, Viola und Violoncello (1919); 8 Streichquartette; *Country Dance* für 4 Klarinetten (1938/1939); *Fluteplayer's Serenade* für 4 Flöten (1938/39); *Fünf kurze Stücke* für Streicher (1948).

Für 5 Instrumente: *Pentagramm* für Flöte, Klarinette, Oboe, Fagott, Horn (1952/57); *Alpbach Quintett* für Flöte, Klarinette, Oboe, Fagott, Horn (1962); *Fibonacci Mobile* für Streichquartett, Klavier 4händig und Koordinator (1964).

Verschiedene Instrumente: *Hausmusik*, 7 Stücke für die 7 Tage der Woche (1959).

Unter den Komponisten des 20. Jh. nimmt Ernst Krenek eine Außenseiterposition ein. Er läßt sich keiner Richtung, keinem Stil zuordnen. Sein kompositorisches Schaffen war einem ständigen Wandlungsprozeß unterworfen. Es gibt keine musikalische Gattung, mit der sich Krenek nicht beschäftigt hat. Der Jazz hat ebenso in seinen Werken Spuren hinterlassen wie der Expressionismus, die Neue Sachlichkeit, die Neuromantik und der Neoklassizismus. Über 250 Kompositionen liegen von ihm vor, allein 19 Opern, 5 Ballette, 5 Sinfonien, mehrere Solokonzerte, Lieder sowie Chor-, Kammer- und elektronische Musik. Hinzu kommen theoretische Schriften, Selbstdarstellungen, die Libretti zu einigen seiner Opern und die literarischen Arbeiten, die er für Tageszeitungen und Zeitschriften geschrieben hat. Sie lassen Krenek als einen intellektuellen Künstler erkennen, der seismographisch auf die Tagesereignisse reagierte. Kreneks Problem scheint es gewesen zu sein, daß – wie er selbst einmal sagte – zwei Seelen in seiner Brust kämpften: die eine reizte der große Publikumserfolg, die andere das Experiment, das Werk für sich allein als »L'art pour l'art«. Publikumserfolg errang er mit der Oper »Jonny spielt auf«; »L'art pour l'art« gelang ihm mit der »Lamentatio Jeremiae Prophetae« für Chor a cappella, in der er die Vokalpolyphonie des 15. Jh. mit der Zwölftontechnik atonal nachvollzogen und ein Werk von der Reinheit und Schönheit der alten Meister geschaffen hat.

In den 8 Streichquartetten vor allem spiegelt sich Kreneks kompositorische Entwicklung wider. – Im **1. Streichquartett op. 6** (komponiert 1921, UA: 1921 in Nürnberg, Allgemeines Deutsches Musikfest) und im **2. Streichquartett op. 8** (komponiert 1921, UA: 1922 in Berlin [Havemann-Quartett]) löste sich Krenek vom Einfluß seines Lehrers Franz Schreker. Die vitale Rhythmik weist auf Bartók als Vorbild. Die Tonalität ist in beiden Quartetten, die Kreneks frühe kompositionstechnische Meisterschaft beweisen, bis an ihre Grenzen erweitert.
Das Paul Hindemith gewidmete **3. Streichquartett op. 20** (komponiert 1923; UA: 1923 in Salzburg [Amar-Quartett] wirkte bei der Uraufführung durch die dissonante expressionistische Sprache revolutionär. Es besteht aus einem Satz, der in 6 polyphon gestaltete Abschnitte gegliedert ist: Der 1. gipfelt in einem Fugato, der 2. und der 3. (Scherzo und 4stimmiger Kanon) verbinden sich mit dem 4. und dem 5. (Intermezzo und Kleiner Walzer) zum abwechslungsreichen Mittelteil des Werkes, das mit der Reprise des 1. Abschnitts endet.
Das **4. Streichquartett op. 24** (komponiert 1923/24, UA: 1924 in Salzburg [Amar-Quartett]) eröffnete die relativ kurze neo-

klassizistische Schaffensperiode. In dieser Zeit lebte Krenek in Österreich und in der Schweiz und unternahm Reisen nach Italien und Frankreich. »Ich lernte«, schrieb er in seiner »Selbstdarstellung« (1948), »vor allem auf meinen französischen Reisen, eine unendlich viel natürlichere, freiere und von künstlichen, selbstquälerisch ersonnenen Problemen unbelastete Art, Kunst und Leben zu sehen und zu bilden.« Seine Musik wurde klarer, verständlicher. Krenek suchte den Kontakt mit dem Publikum, den er mit der Oper »Jonny spielt auf« und in den neuromantischen, an Schubert orientierten Werken erzielte. Zu diesen Werken gehören »Das Reisebuch aus den österreichischen Alpen« und das **5. Streichquartett op. 65** (komponiert 1930; UA: 1930 in Kopenhagen [Kolisch-Quartett]), in dem er der von ihm erkannten Gefahr einer Verflachung, eines Absinkens in einen unverbindlichen, unterhaltsamen Konversationsstil durch eine konsequente motivische Arbeit entgegenwirkte. Er begann sich intensiv mit der Zwölftontechnik zu beschäftigen und fand dann in der Oper »Karl V.« zu einem durchaus eigenen expressiven Stil, der im 6. und 7. Streichquartett am profiliertesten ausgeprägt ist.
Das **6. Streichquartett op. 78** (komponiert 1936, 1937 von der Universal Edition gedruckt; UA: erst 1953 in Darmstadt [Assmann-Quartett]) ist ein konsequent durchgeführtes Zwölftonwerk in einem in 5 Teile gegliederten Satz. In ihm kam Krenek dem »Ideal einer Integration von thematischer Erfindung und vorgegebener Materialordnung« so nahe, wie es ihm in dieser Phase der Anwendung der Zwölftontechnik möglich war. Während der Komposition erkannte er, daß in dieser Technik die »kontrapunktisch-polyphonen Charaktere« überwiegen und dadurch eine enge Beziehung zwischen ihr und der mittelalterlichen Musik besteht.

7. Streichquartett op. 96

Komponiert 1943/44. UA: 1944 in St. Paul, Minnesota.
Allegro ma non troppo, grazioso e dolce – Adagio – Allegro ma non troppo, ben misurato, con passione – Andante sostenuto – Allegro con grazia, scherzando e teneramente.

Durch das Studium der mittelalterlichen Musik fand Krenek in der »Lamentatio Jeremiae Prophetae« (1941) zu einer Verfahrensweise, die für ihn später in seiner Auseinandersetzung mit der seriellen Technik von großer Bedeutung wurde. »Es handelt sich dabei«, schrieb er, »vor allem um eine Manipulation, bei der die Töne der ursprünglichen Zwölftonreihe gesetzmäßig ihre Plätze vertauschen, wodurch dann abgeleitete Reihen entstehen. Dieses Verfahren, das ich als Rotation bezeichnet habe, erwies sich deshalb als sehr nützlich, weil es einen hohen Grad von Flüssigkeit und Elastizität erlaubte.« Im 7. Streichquartett erreichte Krenek »jenes Gleichgewicht von logischer Konstruktion und Elastizität, von Genauigkeit der Arbeit und Wärme des Ausdrucks«, das er während seiner ganzen Laufbahn angestrebt hatte. »Die Handhabung derTonreihe ließ nicht viel von den ursprünglichen Grundsätzen der Zwölftontechnik erkennen, und doch war die Struktur des Ganzen unzweifelhaft auf der Tonreihe aufgebaut, und der Geist der Zwölftontechnik beherrschte jedes Detail des Stücks. Wiederum war ich angeregt und unterstützt von meiner neuerworbenen genauen Kenntnis von Okeghem und Josquin des Près.« – Das Werk hat 5 Sätze, die ohne Unterbrechung gespielt werden. Im Zentrum (3. Satz) steht eine Fuge über 3 Themen. Das 1. Thema – es wird vom Cello gespielt –

entspricht dem 1. Thema des Allegros. Das 2. Fugenthema

ist aus dem 2. Thema des Allegros abgeleitet, und das 3. Fugenthema im Cello

aus einem Kontrapunkt der 2. Violine im Adagio. Aus diesen 3 Themen und ihren Umkehrungen gestaltet Krenek den Schlußteil der Fuge, aus dem der 4. Satz (Intermezzo) herauswächst. Er leitet zum Finale, einem Rondo, über, dessen Themen aus Motiven der vorangehenden Sätze gebildet sind. Durch diese konsequente motivische Arbeit sind die Sätze aufeinander bezogen und als große formale Einheit gestaltet.

In den auf das 7. Streichquartett folgenden Werken, dem **Trio für Violine, Klarinette und Klavier op. 108** (1946), der **Sonate für Violine und Klavier op. 99** (1944/45), der **Sonate für Viola und Klavier op. 117** (1948) und u. a. auch dem **Streichtrio op. 118** (1949) wird Kreneks Kompositionstechnik wieder einfacher. Diese Werke stehen im Zeichen der Auflockerung vormals strengerer Verfahrensweisen.
Nachdem Krenek bei den »Darmstädter Ferienkursen für Neue Musik« die serielle Technik kennengelernt hatte, wandte er auch sie an. Seine ersten Kompositionen in der seriellen Technik waren ein **Zwischenspiel des Oratoriums »Spiritus intelligentiae, sanctus«** für Singstimme und elektronische Klänge (1956), das **»Pentagramm« op. 163** für Flöte, Klarinette, Oboe, Fagott, Horn (1952/57) und die **»Sestina« op. 161** für Sopran, Violine, Gitarre, Flöte, Klarinette, Trompete und Schlagwerk (1957), in der er nach seinen eigenen Worten »die serielle Methode zum Extrem trieb«.
Die Aleatorik, die in den 1960er Jahren en vogue wurde, lehnte Krenek ab. Er zog es weiterhin vor, »verwickelte Reihenmechanismen zusammenzustellen«. Allem Neuen auch im hohen Alter aufgeschlossen, experimentierte er mit neuen Formen (**»Fibonacci Mobile« op. 187** für Streichquartett, Klavier 4händig und Koordinator [1964] und **»Aulokithara« op. 213a** für Oboe/Englisch Horn, Harfe und Tonband [1971/72]). In dem elektronischen Studio, das Krenek in seinem Haus in Palm Springs, Calif., einrichtete, faszinierte ihn die Möglichkeit, »ohne Umweg über das Papier direkt am klingenden Material arbeiten zu können, wie es die Maler und Bildhauer mit ihren Materialien tun«.
Besonders typisch für Kreneks Spätstil ist das 37 Jahre nach dem 7. entstandene **8. Streichquartett op. 233** (komponiert 1980, UA: 1981 in New York [Thouvenal-Quartett]), in dem er das Fazit aus seinem Schaffen zog. Das Werk besteht aus 10 Abschnitten, die – teils in freier Tonalität, teils mit dodekaphonischer Färbung – ohne Unterbrechung ablaufen.

WL

Giacinto Scelsi

* 8. Januar 1905 in La Spezia, † 9. August 1988 in Rom

Bei Giacinto Sallustio in Rom studierte Scelsi Harmonielehre; Egon Koehler in Genf erschloß ihm dann das System Skrjabins und 1935/36 Walter Klein in Wien die Schönbergsche Zwölftontechnik. Zwar schrieb Scelsi bereits damals eine stattliche Anzahl von – auch durchaus nonkonformistischen – Werken, doch erkannte er die meisten vor 1950 entstandenen Kompositionen später nicht mehr an. Entscheidend für seine Selbstfindung und damit für sein musikalisches Schaffen wurde die Begegnung mit der Philosophie und Musikanschauung des Ostens.

Kammermusik. Vor 1950: *Chemin du cœur* für Violine und Klavier (1929); *Dialogo* für Violoncello und Klavier (1932); *Tre canti di primavera* (Aleramo), *L'amour et le crâne* (Baudelaire), *Tre canti* (D'Annunzio) für Stimme und Klavier (1933); *Sonate* für Violine und Klavier (1934); *Trio* für Violine, Violoncello und Klavier (1936); *Perdus* für Frauenstimme und Klavier (1937); *Trio* für Violine, Violoncello und Klavier (1939); *Ballata* für Violoncello und Klavier (1943); *Streichquartett Nr. 1* (1944).

Nach 1950: *Piccola suite* für Flöte und Klarinette (1953); *Divertimento Nr. 2* für Violine (1954); *Pwyll* für Flöte (1954); *Tre studi* für Es-Klarinette (1954); *Preghiera per un' ombra* für B-Klarinette (1954); *Hyxos* für Altflöte in G und kleine Kuhglocke (1955); *Divertimento Nr. 3* und *Nr. 4* für Violine (1955); *Coelocanth* für Viola (1955); *Divertimento Nr. 5* für Violine (1956); *Tre studi* für Viola (1956); *Quattro pezzi* für Trompete (1956); *Tre pezzi* für Saxophon oder Baßtrompete (1956); *Quattro pezzi* für Horn in F (1956); *Ixor I–IV* für B-Klarinette resp. Baßklarinette (1956); *Manto* für Viola (1957); *Rucke di guck* für Piccolo und Oboe (1957); *Tre pezzi* für Posaune (1957); *Elegia per Ty* für Viola und Violoncello (1958); *Trio* für Violine, Viola und Violoncello (1958); *I presagi* für 2 Hörner, 2 Trompeten, Tenorsaxophon, 2 Posaunen, 2 Tuben, Schlagzeug und Rauschen (wie Wind) (1958); *Yamaon* für Baß und 5 Instrumente (1954–58); *Kya* für B-Klarinette solo und 7 Instrumente (1959); *Streichquartett Nr. 2* (1961); *Riti (Ritueller Marsch: Das Begräbnis des Achilles)* für 4 Schlagzeuger (1962); *Riti (Ritueller Marsch: Das Begräbnis Alexanders d. Gr.)* für Tuba, Kontrabaß, Kontrafagott, elektronische Orgel und Schlagzeug (1962); *Khoom* für Sopran und 7 Instrumente (1962); *Streichquartett Nr. 3* (1963); *Olehö* für Stimme und 2 Gongs (1963); *Streichquartett Nr. 4* (1964); *Xnoybis* für Violine (1964); *Duo* für Violine und Violoncello (1965); *Trilogia (Die drei Lebensalter des Menschen: Triphon – Dithome – Ygghur)* für Violoncello (1957/65); *Ko-Lho* für Flöte und B-Klarinette (1966); *Riti (Ritueller Marsch: Das Begräbnis Karls d. Gr.)* für Violoncello und Perkussion (1967); *CKCKC* für Sopran mit Mandoline (1967); *Ko-Tha (Drei Tänze des Shiva)* für Gitarre (1967); *Okanagon* für Harfe, Tamtam und Kontrabaß (1968); *Ogloudoglou* für Stimme mit Schlagzeug (1969); *Canti del capricorno* für Sopran, davon einer mit Gong, einer mit Blockflöte, 2 mit 2 Schlagzeugern, 2 mit Saxophon (1962–72); *Pranam I* für Sopran, 12 Instrumente und Tonband (1972); *C'est bien la nuit / Le réveil profond* für Kontrabaß (1972); *Pranam II* für 9 Instrumente (1973); *L'Âme ailée / L'Âme ouverte* für Violine (1973); *Arc-en-ciel* für 2 Violinen (1973); *Et maintenant c'est à vous de jouer* für Violoncello und Kontrabaß (1974); *To the master* (2 Improvisationen in Zusammenarbeit mit Victoria Parr) für Violoncello und Klavier (1974); *Voyages (Il allait seul / Le fleuve magique)* für Violoncello (1974); *Manto per quattro* für Stimme, Flöte, Posaune und Violoncello (1974); *Dharana* für Kontrabaß und Violoncello (1975); *Kshara* für 2 Kontrabässe (1975); *Maknongan* für präpariertes Baßinstrument (Tuba, Kontrafagott) oder Baßstimme (1976); *Streichquartett Nr. 5* (1984/85); *Krishna e Rada* (Improvisation mit Carin Levine) für Flöte und Klavier (1986).

Ein längerer Aufenthalt in Indien und Nepal und der Schulungsweg des Laya Yoga (Yoga des Tones) führten Scelsi zu der Loslösung von traditioneller europäischer Musikauffassung und dem Übergang zur gedanklichen und schöpferischen Auseinandersetzung mit dem Phänomen des Tones (Klanges) selbst, einem Übergang, der mit dem Verlassen des temperierten Systems und der Emanzipation der Vierteltöne einherging. Ausgehend von der indischen Anschauung, daß der Klang kosmische Energie sei und im Erfassen des jeweils »rechten«, wesensentsprechenden Klanges oder Tones die eigentliche Musik sich verkörpere, fand Scelsi zu einer Musik, die Manifestation des Klangwerdens und Klangwillens ist und im Aushören der *Tiefe* des Tons ihr zentrales Anliegen sieht. Viele seiner Werke entstanden auf der Basis von Improvisationen, die auf Band aufgezeichnet und dann transkribiert wurden. Scelsi verstand sich dementsprechend nicht als »Komponist«, sondern als Mittler.

Streichquartett Nr. 2

Komponiert 1961. UA: 1962 in Rom (Società Cameristica Italiana). – Dauer: ca. 21½ Minuten.

Schon das 1. Streichquartett (1944) hatte sich außerhalb des zeitüblichen Komponierens bewegt und auf einige Errungenschaften späterer Musikentwicklung vorausgewiesen, aber erst das 2. verkörpert den Stand des Hörens und Niederschreibens von Musik, der Scelsi nach der Erfahrung und Erprobung an den »Quattro pezzi« (für Orchester) von 1959 möglich geworden war.

Die 5 Sätze exponieren auf je verschiedener Tonstufe relativ eng gehaltene Klangbänder. Die ersten 4 Sätze werden wesentlich geprägt durch willentlich festgehaltene Bewegung und fast manisches Beharren auf *dem* Ton bzw. seinen »Auswürfen«. Daß die Töne sich durch Metalldämpfer gleichsam erst hindurchverkörpern müssen (bezeichnend gleich der Beginn), macht die Anstrengung hörbar, mit der um das Erklingen und seine Dauer gerungen wird. Man kann die Abfolge der Sätze als wechselnde Wahrnehmungszustände einer Wesenseinheit bezeichnen. Rhythmische Erregtheit und aufgerauhter bis kratziger Klang, am stärksten im 4. Satz, verschwinden erst im 5.; die nun warm und voll klingende Musik erscheint gelöster schon dadurch, daß sich die Töne – bei ansteigendem Verlauf – nunmehr zu anderen hin verwandeln können. An das in den vorausgegangenen Sätzen Durchlebte »erinnert« nochmals der klanglich-»melodische« Kulminationspunkt kurz vor dem Ende, bevor die Musik, losgelöst von der Tiefe, verlöscht.

Streichquartett Nr. 4

Komponiert 1964. UA: 1966 in Athen. – Dauer: 10 Minuten.

Im 4. Quartett hat Scelsi neben dem Ausloten der Tiefe des Tones auch seine Verwandlung zu neuen Tonstufen als kontinuierlichen Prozeß dargestellt. Vereinfacht ließe sich der 1sätzige Verlauf beschreiben als Klangstrom, der eher tastend im mittleren Bereich (c^1) anhebt, kräftiger wird, bei ständiger Zunahme von Intensität und Volumen sich immer mehr nach oben und zugleich in die Breite bewegt, sich dann nach oben verengt und nach dem Durchmessen des Raumes $c^1 – h^1$ und dessen Projizierung in die Oktavräume (bis in die 4gestrichene Oktave, mit Ausstrahlungen aber auch in kleine und große Oktave) in höchster Lage flirrend schließlich jenseits des Hörbaren verschwindet. Ermöglicht wird dieser nach und nach stärker werdende Sog nach oben und in die Tiefe des Klanges durch feinste Artikulations-, Spiel- und Rhythmusnuancen. Komponiert ist nicht mehr das Fortschreiten von Tonort zu Tonort, vielmehr werden auch die Bereiche *zwischen den Tönen* durchmessen – die Grenzen zwischen den Tönen sind also aufgehoben. Dem dient die Skordatur der Instrumente: Sie erlaubt das gleichzeitige Spielen eines Tones auf bis zu 3 Saiten, sogar Mehrfachklänge *innerhalb eines Tones* sind möglich! Führt man sich die Kombinationsmöglichkeiten von Saitenfarben, Vierteltonabweichungen, Spielweisen und rhythmischer Ausformung vor Augen, so mag einsichtig werden, daß bei derart disponiertem Klangmaterial bereits kleinste Nuancen impulsgebend in das Klanggeschehen hineinwirken. Der Hörer taucht ein in einen Sog nach oben und nach innen, in ein Ausfluten immer stärker strahlenden Lichts.

Khoom (Sieben Episoden einer ungeschriebenen Erzählung von Liebe und Tod in einem fernen Land) für Sopran, 2 Violinen, Viola, Violoncello, Horn und 2 Schlagzeuger

Komponiert 1962. UA: 1966 in Rom (Michiko Hirayama). – Dauer: 21 Minuten.

Wie in den »Canti del capricorno« oder »Yamaon« tritt die Stimme als unmittelbarster Ton- und Klangträger in Erscheinung: Die Bedeutungsvermittlung bleibt nicht einer semantischen Sprache überlassen, sondern mit den Phonemen selbst kommt das Gemeinte unverstellt zum Ausdruck. Möglicherweise noch subtiler als Instrumente behandelt Scelsi die menschliche Stimme; differenzierteste Tonhöhen- und Artikulationsmannigfaltigkeit geben den 7 Episoden ihre jeweils unverwechselbare Ausformung. Weder Satzüberschriften noch irgendwelcher Text geben einen »Inhaltsverlauf« vor – die Imagination des Hörers bleibt frei.
Die Stimme steht agierend im Vordergrund, ohne freilich von den Instrumenten bloß »begleitet« zu werden. Die Instrumente sind sparsam eingesetzt; so gliedern sich in der *1. Episode* lediglich die hohen Streicher den Gebärden der Stimme ein und aus – unterstreichend, färbend und wieder loslassend. Das hier noch im Hintergrund stehende rhythmische Element kommt in der in ähnlichem Ambitus verlaufenden *2. Episode* zur Entfaltung; auch das Horn tritt sporadisch hinzu. *Episode 3*, dunkleren Vokalen vorbehalten, ist ein Zwiegesang von Stimme und Horn, der eine Terzkonstellation zum Kernelement und Ziel hat. Horn und tief gelegte Streicher stützen in der *4. Episode* einen Gesang von besorgter Zartheit. Dem steht als *5. Episode* das aggressivste Stück gegenüber – ein archaisch-ekstatischer Tanz oder Kampf, der gleißend-enge Cluster, Glissandi, Rauheit des Klangs und sperrige Rhythmik mit der Stimme zu brutaler Ausweglosigkeit kombiniert. Nur zu liegenden Streicherstimmen und über weite Strecken klingend gehaltenem Becken vollzieht der Sopran in der *6. Episode* ein Äußerstes an Trauer. In gewisser »Ferne« zu ihrem trostlos-eisigen Schluß steht die *letzte Episode*, die – nur lebloser – auf den Anfang des Zyklus zurückblickt.

Pranam II für 2 Flöten, Horn, Baßklarinette, elektronische Orgel, Violine, Viola, Violoncello und Kontrabaß

Komponiert 1973. UA: 1975 in Rom (Ensemble unter de Bernard). – Dauer: 6½ Minuten.

»Pranam« bezeichnet im Indischen eine Geste der Verehrung mit über der Brust zusammengelegten Händen. – Das Stück ist von austarierter Farbigkeit. Mit Bedacht wurden Instrumente gewählt, die langgehaltene Töne hervorbringen können. Abgesehen von der Orgel spielen sie über weite Strecken nur Einzeltöne (wobei hinsichtlich der Tonwiederholung alle Möglichkeiten vom langsam repetierten Ton bis zu Tremolo und Flatterzunge genutzt sind); dennoch vermittelt das Stück den Eindruck eines meist zart klingenden, ununterbrochenen Klangstroms. Zentralton ist Cis (bzw. dessen Verklanglichung durch den Terz/Dezimklang cis–e); dieses Cis erklingt mit Ausnahme eines Taktes das gesamte Stück hindurch. Näher verwandte, später auch weiter entfernt liegende Töne und ihre jeweiligen »Umgrenzungen« bilden zusammen mit dem mehr oder weniger deutlich vorhandenen Cis diesen Klangstrom aus, aus dem nur vereinzelt melodische Elemente emportauchen. Im Pianissimo in Erscheinung tretend, wird er organisch dreimal intensiviert in Klangdichte, Lautstärke, Artikulation und Tempo. Der Schluß kehrt zur Versunkenheit des Anfangs zurück: wiederum sehr zart, verlöscht reiner als dort als letztes die Dezime cis–e.

WT

Karl Amadeus Hartmann

* 2. August 1905 in München, † 5. Dezember 1963 in München

Hartmann studierte Komposition zuerst bei Joseph Haas an der Münchner Musikakademie, dann bei Hermann Scherchen und Anton Webern. 1933 ging er in die innere Emigration; seine Werke wurden im Ausland aufgeführt. Erst nach 1945 wurde er wieder in Deutschland aktiv. Er gründete in München die Konzertreihe »Musica viva«, in der er sich nicht nur für die Klassiker der Neuen Musik, sondern auch für die junge Generation einsetzte.

Kammermusik: *Burleske Musik* für Bläser, Schlagzeug und Klavier (1931); *Kleines Konzert* für Streichquartett und Schlagzeug (1932); 2 Streichquartette.

Karl Amadeus Hartmann war eine Persönlichkeit von eigenem, in keine Richtung einzuordnendem Profil. Er hat die Tradition der klassisch-romantischen Musik im Geist des 20. Jh. erneuert und zugleich auch Stellung zu unserer Zeit bezogen. Seine Musik ist subjektiv, emotional und ein Bekenntnis zu Freiheit und Humanität. Mit der soliden Satztechnik, die er sich bei seinen Lehrern erworben hatte, bändigte er sein starkes Temperament, kontrollierte seine Imaginationen und ordnete sie einem bewußt konstruktiven, analysierbaren Formplan unter, ohne ihnen ihre individuelle innere Dynamik zu nehmen. Inspiration und Konstruktion stehen dadurch bei Hartmann in einer intensiven Wechselbeziehung; sie erzeugt die Spannung, die unmittelbare Wirkung seiner Musik. Melodisch-harmonisch basiert sie auf der erweiterten Tonalität, die zu polytonalen und atonalen Klangballungen vorstößt. »Für meine Musik, die immer viel Anlaufzeit braucht, um sich auszudrücken«, sagte Hartmann in einem Interview kurz vor seinem Tod, »ist ein Adagio immer die Form, in der ich mich langsam entwickeln kann. Die Ecksätze oder der schnelle Satz sind für mich immer diejenigen, die mir am leichtesten die Möglichkeit geben, Polyphonie oder irgendwie konstruktive konzertante Elemente unterzubringen.«

1. Streichquartett »Carillon«

Komponiert 1933. UA: 1936 in Genf (Vegh-Quartett).
Langsam, sehr lebhaft – Achtel = 66 – Viertel = 120.

Hartmann nannte sein 1. Quartett »Carillon«, nachdem es 1935 beim internationalen Wettbewerb der Kammermusikvereinigung »Carillon« (Genf) mit dem 1. Preis ausgezeichnet worden war: der Name bedeutet somit nichts für Form und Aussage der 3 Sätze. Ein Fugato leitet den 1. Satz ein, dessen Wirkung durch eine für Hartmann charakteristische rhythmische und musikalische Vitalität bestimmt wird. Das Zentrum bildet der con sordino zu spielende 2. Satz, eine ganz nach innen gerichtete Musik der Trauer:

Ein kurzes Motiv aus dem 1. Satz greift Hartmann dann im 3. Satz auf, in dem er Variationen- und Sonatensatzform zu einem motorisch-expressiven Finale verbindet.

2. Streichquartett

Komponiert 1945/46. UA: 1949 in Mailand (Vegh-Quartett).
Langsam, äußerst lebhaft und sehr energisch – Andantino – Presto.

Expressiv-Erregtes und scharfe dynamische Gegensätze werden hier in eine fast orchestrale Dichtheit des Satzes gefaßt. Hartmann setzt die Klangmittel der Wiener Zwölftonschule im freien atonalen Raum für eine emotionale Aussage ein, die durch die traditionellen Formen, welche er weitgehend übernimmt, gebändigt ist. Formbildend wirkt das Prinzip der entwickelnden Variation. Die Themen werden aus Motiven gebildet, die rhythmisch und melodisch einem ständigen Verwandlungsprozeß unterworfen sind. Wie im »Carillon«-Quartett ist dem 1. Satz eine Introduktion vorangestellt; er steigert sich nach kanonischem Beginn »äußerst lebhaft und sehr energisch« in eine Prestissimo-Stretta. Ruhig, meditativ erklingt dann der 2. Satz, in dem expressive Ausbrüche jedoch ebensowenig fehlen wie im 3. Satz, einem an Kontrasten reichen Presto-Finale in Rondoform.

Burleske Musik für Bläser, Schlagzeug und Klavier

Komponiert 1931. UA: 1967 in Rotterdam (Rijmond Kwintet).
Vorspiel – Schneller Tanz – Intermezzo – Langsamer Tanz – Marsch.

Die »Burleske Musik« gehört – mit dem »Kleinen Konzert« für Streichquartett und Schlagzeug (1932) – zu den Werken, die aus dem Nachlaß veröffentlicht wurden. Sie besteht aus 6 knapp formulierten Sätzen, in denen die Blasinstrumente (Flöte, Klarinette, Fagott, Horn, Trompete, Posaune) stets neu und geistreich pointiert mit den Schlaginstrumenten und dem Klavier kombiniert sind. Das konzertante Element dominiert in diesem frühen Werk, das seine Wirkung aus einer mitunter bajuwarisch auftrumpfenden Musizierfreude bezieht.

WL

Dmitrij Schostakowitsch

* 12. (25.) September 1906 in St. Petersburg (Leningrad)
† 9. August 1975 in Moskau

Schostakowitsch studierte am Konservatorium seiner Vaterstadt Klavier, Theorie und Komposition bei Maximilian Steinberg und Alexander Glasunow. Als Kompositionslehrer wirkte er an den Konservatorien in Leningrad und Moskau. Von 1939 bis 1948 war Schostakowitsch Mitglied des Präsidiums des Sowjetischen Komponistenverbandes und mehrfach Abgeordneter des Obersten Sowjets.

Kammermusik: 2 Trios für Klavier, Violine und Violoncello (1923, 1944); 3 Stücke für Violoncello und Klavier (1923/24); 2 Stücke für Streichoktett (1924/25); Sonate für Violoncello und Klavier (1934); Klavierquintett (1940); Sonate für Violine und Klavier (1968); Sonate für Viola und Klavier (1975); 15 Streichquartette.

Schostakowitschs kompositorisches Schaffen gliedert sich in 3 Perioden. In der *1. Schaffensperiode* (1924–36), in der die Sinfonien 1–4, die Opern »Die Nase« und »Lady Macbeth von Mzensk« und das Ballett »Das goldene Zeitalter« entstanden, setzte er sich mit der Musik von Mahler, Schönberg, Hindemith, Bartók und Strawinsky auseinander. – Die Werke der *2. Schaffensperiode* (1937–66) entsprechen dann, nachdem er wegen der progressiven Tendenzen in den beiden frühen Opern kritisiert worden war, weitgehend den Forderungen des »Sozialistischen Realismus«. Stilistisch stehen sie in der Nachfolge von Gustav Mahler und Richard Strauss. Trotz dieser Einflüsse sind sie persönlich geprägt durch ihre ausdrucksvolle, in weiten Intervallen geführte Melodik, durch die herbe und scharfe Harmonik, durch abrupte Modulationen und eine Instrumentation, die vor allem in den Sinfonien 5–13 und in den politischen Kantaten mitunter bombastisch und fassadenhaft wirkt. – In der *3. Schaffensperiode* (1967–75) griff Schostakowitsch (nach dem Tod Stalins) auf die progressiven Tendenzen seiner 1. Schaffensperiode zurück und integrierte sie in den Sinfonien 13 und 14 und in der späten Kammermusik seinem Stil.

Sonate für Violoncello und Klavier d-Moll op. 40

Komponiert 1934. UA: 1934 in Moskau.
Moderato / Largo – Moderato con moto – Largo – Allegretto.

Sieht man von dem frühen Klaviertrio und den Stücken für Violoncello und Klavier und für Streichoktett ab, die Schostakowitsch während seiner Studienzeit am Leningrader Konservatorium geschrieben hat, so setzt sein kammermusikalisches Schaffen erst nach der 3. Sinfonie mit der Cellosonate ein. Wie auch die später entstandene Kammermusik ist sie absolute Musik, die sich von den Sinfonien dadurch unterscheidet, daß ihr kein (politisches) Programm zugrunde liegt. In der Cellosonate kündigt sich der retrospektive Stil der 2. Schaffensperiode an. Die beiden Themen des 1. Satzes (Moderato, Largo) sind von der russischen Folklore inspiriert. Der 2. Satz (Moderato con moto) hat orientalisches Kolorit. Mit großem Atem ist die Melodie des Largo gestaltet. Nur im Finale, einem musikantisch aufgelockerten Allegretto, dominiert noch das Groteske, das Ironisch-Karikierende, mit dem der junge, westlich orientierte Schostakowitsch in der Oper »Die Nase« (1928) und dem Konzert für Klavier, Trompete und Streichorchester (1933) seine Landsleute schockierte.

Quintett für Klavier und Streichquartett g-Moll op. 57

Komponiert 1940. UA: 23. November 1940 in Moskau (Dmitrij Schostakowitsch [Klavier] und das Beethoven-Quartett).
Prelude (Lento) – attacca: Fuge (Adagio) – Scherzo (Allegretto) – Intermezzo (Lento) – attacca: Finale (Allegretto).

Das Quintett wurde nach der Uraufführung mit dem Stalin-Preis ausgezeichnet. In den 5 Sätzen ist, wie Sergej Prokofjew schrieb, »jeder Ton kalkuliert. In keinem Takt geht Schostakowitsch ein Risiko ein.« Der 1. Satz (Präludium) ist 3teilig; nach dem Mittelteil wird der 1. Teil wiederholt. Das hohe kompositionstechnische Können Schostakowitschs beweist das Adagio, eine Fuge über das Thema:

Diese Fuge ist jedoch derart phantasievoll und souverän gestaltet, daß sie nicht unbedingt als solche empfunden wird. Nach dem 3. Satz, einem graziösen, witzigen Scherzo, greift das Lento-Intermezzo (4. Satz) die meditative Stimmung des Präludiums wieder auf und leitet dann in den letzten Satz über, ein heiteres Finale in Sonatensatzform.

Trio für Klavier, Violine und Violoncello Nr. 2 e-Moll op. 67

Komponiert 1944. UA: 1944 in Moskau.
Andante / Moderato – Allegro non troppo – Largo – attacca: Allegretto.

Sein 2. Klaviertrio hat Schostakowitsch dem Andenken des Musik-, Theater- und Literaturwissenschaftlers Iwan Iwanowitsch Sollertinskij (1902–1944) gewidmet. In den 4 Sätzen kommen die Trauer um den Freund und der Schmerz über das Elend und die Not der Kriegszeit zum Ausdruck. Der 1. Satz beginnt mit einem Fugato, dessen Thema

als Keimzelle für den anschließenden Sonatenhauptsatz anzusehen ist: sowohl für die weitgespannte Melodie des Hauptthemas als auch für das chromatische 2. Thema. Der 2. Satz – ein Scherzo – steht in Fis-Dur. Es bereitet auf die beiden folgenden Sätze vor: eine Passacaglia über das Thema

und – attacca – einen Trauermarsch, dessen Thema von Schostakowitsch in schmerzerfüllte Schreckensschreie gesteigert wird. – »Das Trio«, schrieb der sowjetische Musikwissenschaftler Iwan Iwanowitsch Martynow, »ist wahrscheinlich das Allertragischste im Schaffen Schostakowitschs. War ihm früher das Pathos der eigenen persönlichen Tragödie bekannt, so bringt er hier die Tragödie einer durch Tod und Qual hindurchgegangenen Generation zum Ausdruck. Darin liegt die wahre Gegenwartsnähe der Musik Schostakowitschs.«

Die Streichquartette

Die 15 Streichquartette lassen die scheinbar unerschöpfliche Phantasie Schostakowitschs in der Erfindung neuer zyklischer Formen erkennen.
Das **1. Streichquartett C-Dur op. 49** (komponiert 1935, UA: 10. Oktober 1938 in Leningrad [Beethoven-Quartett]) ist der klassisch-romantischen Tradition verpflichtet und stellt in den unkomplizierten 4 Sätzen (Moderato, Thema mit Variationen, Scherzo, Allegro) beim Hören keine Probleme.
Herber im Klang wirkt dagegen das **2. Streichquartett A-Dur op. 68** (komponiert 1944, UA: 14. November 1944 in Leningrad [Beethoven-Quartett]) durch die folkloristische, kirchentonale Melodik, die chromatischen Themen und die dissonante Harmonik. Die Satzfolge ist ungewöhnlich: Den 1. Satz (Moderato con moto in Sonatensatzform) bezeichnet Schostakowitsch als Ouvertüre. Im 2. Satz wird ein arioses Rezitativ mit einer elegischen Romanze verbunden. Formelemente von Rondo und Sonate durchdringen einander im 3. Satz, einem virtuos parodierten Walzer. Den Abschluß bildet ein Variationensatz im Adagio-Tempo.
Das **3. Streichquartett F-Dur op. 73** (komponiert 1946, UA: 16. Dezember 1946 in Moskau [Beethoven-Quartett]) umfaßt 5 Sätze: ein folkloristisch-tänzerisches Allegretto mit einer Doppelfuge als Durchführung, ein 3teiliges, witzig pointiertes Rondino (Moderato con moto), ein Rondo, in dem ein preußischer Parademarsch parodiert wird, ein expressives Adagio, das als »Threnodie« bezeichnet ist, und ein Finale, in dem Schostakowitsch auf das thematische Material der früheren Sätze zurückgreift, es komprimiert und ins Visionäre steigert.
Im **4. Streichquartett D-Dur op. 83** (komponiert 1949, UA: 3. Dezember 1953 in Moskau [Beethoven-Quartett]) kehrt Schostakowitsch zur klassischen 4sätzigen Form zurück. Mit Ausnahme der im Finale anklingenden ostjüdischen Volksmusik bietet dieses Quartett stilistisch keine neuen Aspekte. Es wirkt wesentlich lyrischer und schlichter als das 3. und das 5. Quartett, die nicht nur zu den bedeutendsten Werken Schostakowitschs, sondern überhaupt der Quartettliteratur des 20. Jh. gehören.
In den 3 sinfonisch gestalteten und durch Überleitungen miteinander zu einer großen Form verbundenen Sätzen des **5. Streichquartetts B-Dur op. 92** (komponiert 1951, UA: 13. November

1953 in Moskau [Beethoven-Quartett]) weisen Strukturen auf die Wiener Schönberg-Schule. Ein rhythmisch akzentuiertes Haupt- und ein kantables Nebenthema bestimmen den 1. Satz. Mit seinen marschartigen Passagen steht er im Kontrast zum Mittelsatz, einer 3teiligen Elegie, in der das Thema chromatisch erweitert und die Ausdrucksintensität dadurch verstärkt wird, daß die Instrumente in extreme Lagen geführt werden: die Violinen in »überirdische« Höhen, die Viola und das Violoncello in düster-dunkle Tiefen. Rondo- und Sonatenform verbindet Schostakowitsch im Allegretto-Finale, in dem eine an vergangene Zeiten erinnernde Walzermelodie

immer wieder erklingt und die Apotheose vorbereitet, die den Abschluß des Werkes bildet.
Das **6. Streichquartett G-Dur op. 101** (komponiert 1956, UA: 1956 in Leningrad [Beethoven-Quartett]) hat wieder 4 Sätze. Tänzerische Rhythmen und die Melodik russischer Kinderlieder, mit denen sich Schostakowitsch in den Kriegs- und Nachkriegsjahren beschäftigt hat, dominieren in den beiden ersten Sätzen (Allegretto und Moderato con moto). Der 3. Satz, ein Lento in b-Moll, ist eine kunstvolle Passacaglia, auf die unmittelbar das Finale folgt, in dem die markantesten Themen der vorangehenden Sätze polyphon gestaltet werden.
In memoriam Nina Veruschka, seiner ersten Frau, schuf Schostakowitsch das **7. Streichquartett fis-Moll op. 108** (komponiert 1960, UA: 15. Mai 1960 in Leningrad [Beethoven-Quartett]): eine erschütternde Totenklage, ein subjektives Bekenntniswerk in knapper, auf 3 ineinander übergehende Sätze komprimierter Form. Zweimal wird das Hauptthema des 1. Satzes

von der 1. Violine solo gespielt, mit dem das Quartett schließlich im Pianissimo ausklingt. Im Mittelsatz, einem 3teiligen Lento, werden von Viola und Violoncello unisono Klagefigura-

tionen intoniert, die an die Kloster-Szene in Mussorgskijs Volksoper »Boris Godunow« erinnern.
Auch das **8. Streichquartett c-Moll op. 110** (komponiert 1960, UA: 2. Oktober 1960 in Leningrad [Beethoven-Quartett]) ist ein subjektives Bekenntniswerk. In Erinnerung an die Opfer des Krieges und des Faschismus geschrieben, hat ihm Schostakowitsch die Anfangsbuchstaben seines Vor- und Nachnamens

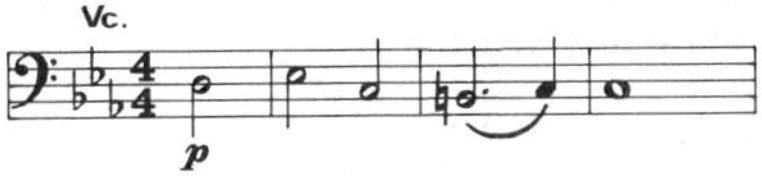

D–S(Es)–C–H als Motto vorangestellt (wie übrigens auch seiner 10. Sinfonie, der »Weltfriedens-Sinfonie«). Dazu kommen im 1. Satz Themen aus seiner 1. und 5. Sinfonie, im 2. Satz (Allegro molto), der wie die nachfolgenden Sätze attacca anschließt, ein jüdisches Thema aus dem Finale des 2. Klaviertrios und im Walzer-Rondo des 3. Satzes ein Thema aus dem Violoncellokonzert Es-Dur op. 107. Im Trauermarsch des 4. Satzes werden Themen aus dem Finalakt der Oper »Lady Macbeth von Mzensk« verarbeitet. Mit einer modal-ostkirchentonalen Kadenz endet der letzte Satz, ein weit ausschwingendes, aus dem D–S(Es)–C–H Motiv heraus entwickeltes Largo.
Das **9. Streichquartett Es-Dur op. 117** und das **10. Streichquartett As-Dur op. 118** entstanden 1964 in unmittelbarer Aufeinanderfolge. Das 9. – ernst und streng in den 5 attacca zu spielenden Sätzen – hat Schostakowitsch seiner zweiten Frau Irina, das 10. Quartett – optimistisch in der Aussage der 4 Sätze – seinem Freund, dem Komponisten und Pianisten Moissej Wajnberg, gewidmet. Beide Quartette wurden am 20. November 1964 in Moskau vom Beethoven-Quartett uraufgeführt. Einen Höhepunkt im Quartettschaffen Schostakowitschs stellt das Allegro-Finale des 9. Quartetts dar. »Die crescendierende Verdichtung der Hauptthemen aller Sätze, die Verzahnung von Formmodellen wie Marsch, Choral, Fuge, Rezitativ und die quasi sinfonischen Texturen wie Registerfächerungen, Trillerostinati, Akkordpizzicati, Spannungspausen usw. lassen diese Quartett-Apotheose als eine Synthese aller bisher von Schostakowitsch entwickelten Streich-Satzkünste erscheinen« (Karl Schumann). Während im 9. Quartett die 5 attacca verbundenen Sätze eine große formale Einheit bilden, ist das 10. Quartett in 4 Sätze

gegliedert. Auf ein Andante in Sonatinenform folgen ein furioses Scherzo-Rondo, eine Passacaglia und ein Finale in Rondo-Sonatensatzform.

Das **11. Streichquartett in f-Moll op. 122** (komponiert 1966, UA: 28. Mai 1966 in Leningrad [Beethoven-Quartett]) ist wieder ein Gedenk- und Bekenntniswerk, ein Epitaph auf den langjährigen 2. Geiger des Beethoven-Quartetts Wassilij Schirinskij, mit dem Schostakowitsch befreundet war. Eine Introduktion und eine Konklusion umschließen suitenartig 5 kurze Innensätze, deren Formen Schostakowitsch immer wieder variiert hat: Scherzo, Rezitativ, Etüde, Humoreske und Elegie. In ihnen kündigt sich eine Wandlung im Stil Schostakowitschs an, denn sie sind nicht mehr eindeutig tonal. Strukturbildend werden kleine Sekunde, große und kleine Terz sowie pentatonische Intervallschritte. Die 7 Sätze verklingen jeweils morendo im Pianissimo. Diese transparente, ganz nach innen gerichtete Kammermusik leitet die letzte Schaffensperiode ein, in der sich Schostakowitsch mit der Zwölftontechnik schöpferisch auseinanderzusetzen beginnt. »Gewiß, wenn man nur diese Technik verwendet«, sagte er einmal, »dann habe ich eine sehr negative Einstellung zu dieser Art der Methode. Aber wenn ein Komponist fühlt, daß er diese oder jene Technik braucht, so soll er sich nicht scheuen, sie entsprechend seinen Vorstellungen zu benutzen.«

Im **12. Streichquartett Des-Dur op. 133** (komponiert 1968, UA: 14. September 1968 in Moskau [Beethoven-Quartett]) verband der Komponist erstmals die spätromantische Chromatik mit der Reihentechnik. Diesem 2sätzigen Werk liegt offensichtlich ein Programm zugrunde. Nach seinen eigenen Worten porträtierte Schostakowitsch im 1. Satz »die Welt hoher Ideale. Der 2. Satz stellt ein beunruhigendes Scherzo dar, eine Agonie, die unfähig ist, die Widersprüchlichkeit des Lebens zu lösen.«

Das 1sätzige **13. Streichquartett b-Moll op. 138** (komponiert 1970, UA: 13. Dezember 1970 in Leningrad [Beethoven-Quartett]) gliedert sich in 3 Teile: Ein Adagio umfaßt einen doppelt so schnell zu spielenden Mittelteil, in dem der Tonraum bis in die Bezirke des Klanggeräuschs erweitert wird. Das Hauptthema, eine dreimal anhebende Klage der Solo-Bratsche (das Werk hat Schostakowitsch dem Bratscher des Beethoven-Quartetts Wadim Borisowskij gewidmet) ist zwölftönig, bleibt aber wie das ganze Quartett auf die Tonart b-Moll bezogen.

Das **14. Streichquartett Fis-Dur op. 142** (komponiert 1973, UA: Ende 1973 in Moskau [Beethoven-Quartett]) ist nach der 15., der letzten Sinfonie Schostakowitschs, entstanden und dem Cellisten des Beethoven-Quartetts Sergej Schirinskij gewidmet. Das Violoncello dominiert somit auch in den 3 Sätzen: einem Allegretto in Sonatensatzform, einem Adagio in d-Moll, dem sich attacca das Allegretto-Finale anschließt, das langsam verebbt und mit einem Epilog im Adagio-Tempo endet.
Im letzten, dem **15. Streichquartett es-Moll op. 144** (komponiert 1974, UA: November 1974 in Leningrad [Tanejew-Quartett]) herrschen Abschiedsstimmung, Trauer, Resignation. Es besteht aus 6 unmittelbar aufeinander folgenden Adagios mit den Titeln Elegie, Serenade, Intermezzo, Nocturne, Trauermarsch und Epilog. Die Satzstrukturen sind oft auf nur 2 Stimmen reduziert und aus dem Themenmaterial zweier Tongruppen entwickelt. »Das Werk stellt somit eine Steigerung des Variationenprinzips und eine Überhöhung der Möglichkeit des getragenen Zeitmaßes dar. Das artistische Raffinement dieses Formgedankens erhebt sich über eine betont schlichte Stimmführung und Harmonik« (Karl Schumann).

Sonate für Violine und Klavier op. 134

Komponiert 1968. UA: 1968 in Moskau (David Oistrach, Swjatoslaw Richter).
Andante – Allegretto – Largo.

Dem Geiger und Freund David Oistrach, der 1955 Schostakowitschs Violinkonzert zur Uraufführung gebracht hatte, ist die Violinsonate gewidmet. Wie die späten Streichquartette und Sinfonien zeigt auch sie in den 3 Sätzen alle Merkmale eines auf Konzentration und Klarheit bedachten Spätstils. Der 1. Satz beginnt mit einem aus den 12 chromatischen Tönen gebildeten Thema, das aber frei weitergeführt wird, ein Beispiel dafür, wie

Schostakowitsch Anregungen aufnahm, ohne ihnen jedoch orthodox zu folgen. Die Geige steht im Vordergrund, das Klavier hat begleitende Funktion. Toccatenartig im Aufbau ist dann der 2. Satz, ein verzerrter Marsch, sarkastisch und ironisch, der einzige schnelle Teil des sonst auf Meditation und

Trauer gestimmten Werkes. Ein Largo, in dem Schostakowitsch auf das Thema des 1. Satzes zurückgreift, leitet den Finalsatz ein, an dessen Ende der Anfang von Alban Bergs Violinkonzert erklingt: ein Zitat aus einer Musik der Trauer.

Sonate für Viola und Klavier op. 147

Komponiert 1975. UA: 1. Oktober 1975 in Leningrad (Fjodor Drushinin, Swjatoslaw Richter).
Moderato – Allegretto – Adagio.

»Ich befinde mich jetzt im Krankenhaus. Ich habe Ärger mit meinem Herzen und mit den Lungen. Meine rechte Hand schreibt nur mit großer Mühe. Obgleich es sehr schwierig war, habe ich die Sonate für Viola und Klavier doch zu Ende bringen können.« Vier Wochen, nachdem er diese Zeilen geschrieben hatte, starb Schostakowitsch. Die Uraufführung der Sonate konnte er nicht mehr hören. Am 25. September 1975 wurde sie im Freundeskreis zum Gedenken an den Verstorbenen zum ersten Mal gespielt. – Wie die Violinsonate hat auch die Violasonate 3 Sätze. Unruhig, dramatisch gespannt ist das Moderato, tänzerisch das scherzoartige Allegretto. In diesen Sätzen sind Viola und Klavier gleichberechtigt. Erst im abschließenden Adagio kommt die Viola in einer weitgespannten melodischen Linie

zur breiten Entfaltung, die schließlich morendo verklingt: ein ergreifender Abschied, resignierend, jedoch abgeklärt und ohne Trauer.

WL

Wolfgang Fortner

* 12. Oktober 1907 in Leipzig, † 5. September 1987 in Heidelberg

Fortner studierte am Konservatorium und an der Universität in Leipzig bei Hermann Grabner (Komposition) und Theodor Kroyer (Musikwissenschaft), außerdem Germanistik, Philosophie und Psychologie. 1928 lenkte er mit seinen »Marianischen Antiphonen« die Aufmerksamkeit auf sich. Ein Jahr später wurde sein 1. Streichquartett beim Tonkünstlerfest in Königsberg uraufgeführt. Der Erfolg beider Werke trug dazu bei, daß Fortner 1931 an das Evangelische Kirchenmusikalische Institut Heidelberg berufen wurde, an dem er 23 Jahre als Kompositionslehrer wirkte. 1954 übernahm er eine Professur für Komposition an der Musikakademie in Detmold und 1957 an der Musikhochschule in Freiburg i. Br. 1947 rief er in Heidelberg »Musica viva«-Konzerte ins Leben; auch gehörte er zu den Mitbegründern der »Ferienkurse für Neue Musik« in Darmstadt.

Kammermusik: 4 Streichquartette (1929, 1938, 1948, 1975); Suite für Violoncello solo (1932); *Serenade* für Flöte, Oboe und Fagott (1945); Sonate für Violine und Klavier (1945); Sonate für Flöte und Klavier (1947); Sonate für Violoncello und Klavier (1948); Streichtrio (1952); *New Delhi Music* für Flöte, Violine, Violoncello und Cembalo (1959); *Fünf Bagatellen* für Bläserquintett (1960); *Zyklus* für Violoncello und Klavier (1964); *Thema und Variationen* für Violoncello solo (1975); *Neun Inventionen und ein Anhang* für 2 Flöten (1976); *Hymnus* für 3 Trompeten und 3 Posaunen (1976); Trio für Violine, Violoncello und Klavier (1978); *Capricen* für Flöte, Oboe und Fagott (1979).

Als Komponist wie als Lehrer hat Wolfgang Fortner die Entwicklung der Neuen Musik nach 1945 wesentlich mitgeprägt. In seinen Werken setzte er sich schöpferisch zuerst mit Hindemiths erweiterter Tonalität und Strawinskys Neoklassizismus auseinander, dann mit der Zwölfton- und der seriellen Technik und schließlich mit der Aleatorik und der elektronischen Musik. Er analysierte die Werke der alten Meister, bearbeitete Musik von Sweelinck, Piccini, Vivaldi und gab die Generalbaßschule des Bach-Zeitgenossen Johann Mattheson neu heraus. – In Fortners Werken durchdringen sich mittelalterliche und moderne Kompositionstechniken zu einer Aussage, die ebenso neu wie zwingend ist. »Man muß das Alte kennen«, sagte er einmal, »um es nicht nachzuahmen.«

Serenade für Flöte, Oboe und Fagott

Komponiert 1945. UA: 1945 in Heidelberg.
Intrada – Aria – Caprice – Partita – Interludium – Finale.

Die Serenade gehört zu den kurz nach dem 2. Weltkrieg entstandenen Werken Fortners, die noch dem Neoklassizismus zuzurechnen sind. Von den 6 polyphon gestalteten Sätzen ist der 4., eine Partita in Rondoform, besonders aufschlußreich für die formbildende Phantasie Fortners: In ihm erklingt dreimal die Melodie eines Abschiedsliedes aus dem 16. Jh.; eine Invention und ein Kanon stehen zwischen diesen Liedwiederholungen; aus den Themen der Zwischenspiele und der Liedmelodie wird eine Sinfonia gebildet, mit welcher der Satz endet. Nach der Partita leitet das Interludium unmittelbar in das Finale über: in eine heitere, virtuose »Fuga a 3«.

Sonate für Flöte und Klavier

Komponiert 1947. UA: 1948 in Heidelberg (Gustav Scheck, Carl Seemann).
Prélude – Sonatine – Variations – Fugue.

In den Jahren 1946–48 wandelte sich Fortner vom Neoklassizisten zum Expressionisten. Er fand den Anschluß an die Musik, die während der zwölfjährigen geistigen Isolierung außerhalb Deutschlands entstanden war. Das Studium der Werke Schönbergs, Bergs und Weberns hatte eine Erweiterung seiner kompositorischen Mittel zur Folge. Der Flötensonate kommt in dieser Entwicklung besondere Bedeutung zu. Die Harmonik ist nun herber, dissonanter, die Melodik chromatischer und expressiver als in früheren Werken. Die 4 Sätze entsprechen dagegen noch weitgehend den überlieferten Formen und sind stets auf eine tonale Basis bezogen. In den differenzierten Intervallstrukturen kündigt sich aber bereits die Atonalität an, die dann im 3. Streichquartett zur Anwendung der Reihentechnik führen mußte.

Sonate für Violoncello und Klavier

Komponiert 1948. UA: 1948 in Wiesbaden (Ludwig Hoelscher, Walter Gieseking).
Allegro moderato – Scherzo – Ballata.

In der Cellosonate löst sich Fortner endgültig vom neoklassizistischen Musizier-Ideal. Er verzichtet im 1. Satz auf die Sonatensatzform und ersetzt sie durch eine mosaikartige Reihung kontrastierender Teile. Ein rhythmisch und harmonisch fesselndes Scherzo steht an der Stelle des langsamen Mittelsatzes. Der abschließende 3. Satz ist eine »Ballata«; der Titel bezieht sich auf ein Thema von Guillaume de Machaut, das von Fortner variiert und seiner Sprache integriert wurde:

3. Streichquartett

Komponiert 1948. UA: 1949 in Köln (Freund-Quartett).
Allegro moderato – Allegro poco scherzando – Largo – Presto.

Das 3. Streichquartett markiert einen entscheidenden Wendepunkt in Fortners kompositorischer Entwicklung. Erstmals arbeitete er mit zwölftönigen Reihen, jedoch nicht im Sinne Schönbergs, da Fortner die Reihentechnik entsprechend seinem Ausdruckswillen modifizierte. Aus den 12 chromatischen Tönen bildete er lediglich die Themen für die 4 Sätze, in denen tonale Schwerpunkte nicht vermieden werden. Mit ihnen gliederte Fortner die Sonatenform des Kopfsatzes, die 3teiligen Mittelsätze und die Rondoform des Finalsatzes. In diesem Quartett, das nur noch in seinen Formen, aber nicht mehr in seiner Struktur und expressiven Aussage der klassisch-romantischen Tradition verpflichtet ist, begann Fortner neue, seinem

Naturell gemäße Gestaltungsprinzipien für das von allen tonalen Beziehungen freigewordene Tonmaterial zu entwickeln – Gestaltungsprinzipien, mit denen er Schönbergs Zwölftontechnik erweiterte und durch die sich seine nach 1950 entstandene Musik von der epigonalen seriellen Musik unterscheidet.

Zyklus für Violoncello und Klavier

Komponiert 1964. UA: 10. November 1964 in Düsseldorf (Arthur Troester, Alexander Kaul).

Mouvements – Variations – Étude – Prélude. Contrepoint. Épilogue.

Der Zyklus ist den Werken zuzurechnen, in denen Fortner die Reihentechnik anwandte. Die Reihe benutzt er jedoch nur als Klang- bzw. als motivisches Material; sie ist als Keimzelle für das ganze Werk anzusehen. Im 1. Satz werden mosaikartig 5 verschiedenartige Teile aneinandergereiht. Nur die letzten Takte erinnern an den Anfang, so daß sich eine in sich geschlossene Form ergibt. Zu Beginn des 2. Satzes erscheint die Reihe auch als Thema:

das sich im weiteren Verlauf zu immer neuer Gestalt wandelt. Die Veränderung wird einerseits durch Transposition, andererseits durch Vergrößerung und Verkleinerung der Notenwerte erreicht. Den 3. Satz bezeichnete Fortner als Étude. Formbildend wirken hier ein durch Tonrepetitionen charakterisiertes Motiv und eine in großen Intervallen geführte melodische Linie. Der letzte Satz gliedert sich in 3 Teile. Nach dem Prélude (Lento maestoso) leitet der Cellist mit einer Kadenz zum Allegro energico (Contrepoint) über, in dem sich die kantablen, an den 2. Satz erinnernden Linien des Cellos mit dem Klavierpart zu kontrapunktischen Strukturen verbinden. Im Epilog klingt noch einmal ein Motiv aus der Étude an, aus dem dann der

Schlußteil (Conclusio) entwickelt wird. Durch das motivische Material stehen die Sätze in enger Beziehung zueinander und bilden, entsprechend dem Titel, eine große zyklische Form. 1969 bearbeitete Fortner den Klavierpart für ein Instrumentalensemble aus 7 Holz- und 4 Blechbläsern, 2 Harfen und Schlagzeug. Diese Fassung wurde 1970 beim Grazer Musikprotokoll mit Siegfried Palm als Solist uraufgeführt.

Trio für Violine, Violoncello und Klavier

Komponiert 1978. UA: 1978 in Freiburg i. Br. (Beaux-Arts-Trio).
Lyrische Bewegung – Caprice. Elegia. Caprice. Elegia.

Das Klaviertrio ist ein konsequent zwölftöniges Werk. Fortner entwickelte es aus einer 2stimmigen Struktur:

Das Klavier hat im 1. Satz zunächst begleitende Funktion, verbindet sich dann aber mit der Violine und dem Violoncello zu linearen Bewegungsstrukturen, die in eine Art Reprise münden. Der 2. Satz beginnt mit einer Caprice in 5/4-Takt, die »so schnell wie möglich« zu spielen ist. Die anschließende Elegia greift die linearen Gegenbewegungen des 1. Satzes wieder auf. Beide Teile werden dann wiederholt: die Caprice in variierter und verkürzter, die Elegia in erweiterter Form.

WL

Olivier Messiaen

* 10. Dezember 1908 in Avignon, † 28. April 1992 in Paris

Seine Eltern, die Dichterin Cécile Sauvage und der Anglist Pierre Messiaen, machten Olivier Messiaen früh mit Kunst und Literatur vertraut. Erste Kompositionsversuche, die er bereits mit 8 Jahren machte, und das nachhaltige Erlebnis von Debussys »Pelléas et Mélisande« bestimmten seinen künstlerischen Weg. Seit dem 11. Lebensjahr besuchte er das Pariser Conservatoire, wo er unter anderem von Paul Dukas (Komposition) und Marcel Dupré (Orgel) unterrichtet wurde. Schon während seiner Studienzeit trat Messiaen mit Kompositionen hervor, die aufhorchen ließen, darunter »Le Banquet céleste« für Orgel (1928) und »La Tristesse d'un grand ciel blanc« für Klavier (1925). 1931 wurde er Organist an der großen Orgel der Kirche Ste-Trinité in Paris. An diesem Instrument konzipierte er alle seine bedeutenden Orgelwerke. 1936 gründete er zusammen mit André Jolivet, Yves Baudrier und Jean-Yves Daniel-Lesur die Gruppe »La Jeune France« und dokumentierte damit seine Distanz zur weitverbreiteten Lehrmeinung des Neoklassizismus. Seit 1942 lehrte er am Pariser Conservatoire und wurde durch seine Analyse- und Kompositionskurse rasch zum Kristallisationskern neuartiger Ideen. Die Kammermusik bildet einen relativ kleinen Teil seines Œuvres.

Kammermusik: *Thème et variations* für Violine und Klavier (1932); *Fantaisie* für Violine und Klavier (1933); *Fête des belles Eaux* für Ondes-Martenot-Sextett (1937); *Deux Monodies en quarts de ton* für Ondes Martenot (1938); *Quatuor pour la fin du Temps* für Violine, Klarinette, Violoncello und Klavier (1940/41); *Le Merle noir* für Flöte und Klavier (1951); *Le Tombeau de Jean-Pierre Guézec* für Horn solo (1971).

Die Innovation der musikalischen Sprache setzte Messiaen auf dem Gebiet der Tonalität durch Verwendung selbstgeschaffener Modi (»modes«), d. h. 8 Tonfolgen von 6–10 Stufen mit mathematischen Konstruktionsgesetzen, und auf dem Gebiet der Rhythmik durch die Aufhebung der »geraden Zählzeiten« durch. Das traditionelle metrische System, dessen Wurzeln in der spätmittelalterlich-abendländischen Musik liegen, hob er auf durch die Hinzufügung kurzer Notenwerte, der sogenannten »valeurs ajoutées«, die den Rhythmus so »köstlich hinkend« (Messiaen) gestalten, sowie durch »nicht umkehrbare« Rhythmen, d. h. durch Modelle, deren Umkehrung mit der Grundform identisch ist; Messiaen betonte das »Naturhafte« dieser Symmetriebildung, wie er immer hervorhob, daß für ihn »das höchste Vorbild die Natur« ist, religiös als Schöpfung Gottes verstanden. Die Einbeziehung von Vogelstimmen, Geräuschen der Natur, die ostinaten Schichtungen nicht umkehrbarer Rhythmen, die Melodiebildung nach Modellen des Gregorianischen Chorals, die Verdichtung musikalischer Struktur bis hin zur Undurchhörbarkeit, die Spekulation mit Zahlen und Farbassoziationen – all dies wird durch theologische Vorstellungen inspiriert. »Die erste Idee, die ich ausdrücken möchte, auch die wichtigste, da sie über allen anderen steht, ist die Existenz der Wahrheiten des katholischen Glaubens. Das ist der Hauptaspekt meines Werkes.«

Quatuor pour la fin du Temps
für Violine, B-Klarinette, Violoncello und Klavier

1940/41. UA: 15. Januar 1941 bei Görlitz, Stalag VIII A (Jean Le Boulaire, Henri Akoka, Étienne Pasquier, Olivier Messiaen).
I. Liturgie de cristal (Kristallene Liturgie) – II. Vocalise, pour l'Ange qui annonce la fin du Temps (Vokalise, für den Engel, der das Ende der Zeit kündet) – III. Abîme des oiseaux (Abgrund der Vögel) (Klarinette solo) – IV. Intermède (Intermezzo) – V. Louange à l'Éternité de Jésus (Lobpreisung der Ewigkeit Jesu) – VI. Danse de la fureur, pour les sept trompettes (Tanz der Raserei, für die sieben Posaunen) – VII. Fouillis d'arcs-en-ciel, pour l'Ange qui annonce la fin du Temps (Gewirr von Regenbögen, für den Engel, der das Ende der Zeit kündet) – VIII. Louange à l'Immortalité de Jésus (Lobpreisung der Unsterblicheit Jesu).

Im Œuvre Messiaens nimmt das »Quartett auf das Ende der Zeit« eine Schlüsselposition ein, da in ihm für die nachfolgenden Werke richtungweisende Kompositionstechniken zum ersten Mal erscheinen. Er schrieb es im Kriegswinter 1940/41 als Kriegsgefangener im schlesischen Görlitz. Über 5000 Gefangene hörten die Uraufführung durch Lagerinsassen, darunter Messiaen am Klavier: »Niemals wieder wurde mir mit solcher Aufmerksamkeit und solchem Verständnis zugehört.« Ein Zitat aus der Apokalypse des Johannes (10,1–7), mit dem Wort des Engels »Hinfort soll keine Zeit mehr sein«, stellte Messiaen seiner Komposition voran und begründet diese Wahl mit der Hoffnung, daß sich »in diesen Stunden der größten Not die letzten Lebenskräfte vielleicht wieder regten«. Zugleich umschließe dieser Text »alles, was ich erhoffe, alles, was ich geliebt habe und noch liebe. Zuerst den Regenbogen, Symbol der Klangfarbe, der farbigen Visionen, die mir beim Hören und Lesen von Musik vor das innere Auge treten«. Mit dem Wort des Engels sind Messiaens rhythmische Techniken verbunden: Das »Ende der Zeit« ist so auch als Aufhebung der klassischen Organisation der musikalischen Zeit zu verstehen.
Die Anzahl der Sätze begründet der Komponist so: »Sieben ist die vollkommene Zahl, die Schöpfung von sechs Tagen, geheiligt durch den göttlichen Sabbat; die Sieben dieses Ruhetages verlängert sich in der Unendlichkeit und wird die Acht des unzerstörbaren Lichts, des unwandelbaren Friedens.« – Innerhalb der Abfolge der 8 Sätze gibt es ein differenziert durchdachtes Geflecht von Beziehungen. So verbindet die Vision des apokalyptischen Engels den 2. und den 7. Satz, indem zunächst eine Vokalise, sodann ein »Gewirr von Regenbögen« für den Engel, der das Ende der Zeit verkündet, erklingt. Der 5. und der

I. Liturgie de cristal

8. Satz sind als Lobpreis (louange) der Ewigkeit und der Unsterblichkeit Jesu miteinander verbunden. Auch in ihrer duomäßig angelegten Satzstruktur, dem langsamen Tempo sowie der Tonart E-Dur sind sie aufeinander bezogen. Diese beiden Sätze, die von der Gesamtdauer des Quartetts fast ein Drittel beanspruchen, haben keinerlei melodische oder rhythmische Verbindung zu den übrigen Sätzen. Ein drittes Satzpaar bilden der 3. und der 6. Satz aufgrund ihrer monodischen Struktur; während in der spektakulären Einstimmigkeit des »Tanzes der Raserei die vier Instrumente unisono nach der Haltung von Gongs und Trompeten« streben, verkörpert der »Abgrund der Vögel« die »Zeit mit ihrer Traurigkeit, ihrer Müdigkeit. Die Vögel, das ist das Gegenteil der Zeit: es sind unsere Sehnsüchte nach Licht, Sternen, Regenbögen und jubelnden Vokalisen.«

Von dieser im »style oiseaux« (Vogelstimmenstil) komponierten Kantilene spannt sich ein Bogen zum 1. Satz, wo es expressis verbis an einer Stelle heißt: »comme un oiseau«. Auf ähnliche Weise pflanzen sich musikalische Ideen, deren außermusikalisch-theologische Funktion für den Komponisten stets von primärer Bedeutung ist, durch das gesamte Werk fort, dessen Ideenreichtum hier nur angedeutet werden kann. Sein gleichsam entrückter Abschluß in höchster Tonlage ist »das Ansteigen des Menschen zu seinem Gott [. . .], der vergöttlichten Kreatur zum Paradies«.
Mit seinem außerordentlichen Bedeutungsspektrum steht das auch in seiner instrumentalen Besetzung einzigartige Quartett einsam wie ein urtümlicher Felsblock inmitten der nivellierten Landschaft der an musikalischen Dingen nicht eben reichen Kriegsjahre. Wenn die Ursprünge der seriellen Musik bisher übereinstimmend in den rhythmischen Experimenten der »Quatre Études de rythme« (1949) gesucht wurden: Hier, im »Quartett auf das Ende der Zeit«, haben sie ihren denkerischen Ansatz gehabt.

KHS

John Cage

* 5. September 1912 in Los Angeles, † 12. August 1992 in Los Angeles

Nach Versuchen in Literatur, Architektur und Malerei nutzte Cage einen Paris-Aufenthalt 1930/31 zu Klavierstudien und Reisen in Europa. Unabhängig von der Schönberg-Schule gelangte er 1931 zu einer eigenen seriellen Kompositionsmethode. 1933 Unterricht in Harmonielehre und Kontrapunkt, u. a. bei Henry Cowell an der New School for Social Research in New York, wo er die Musik des Orients, moderne westliche Musik und auch Popularmusik kennenlernte. 1934/35 Studium bei Arnold Schönberg. 1941 Professur für experimentelle Musik an der Chicago School of Design. Cage lebte seit 1942 meist in New York, wo er Anregungen aus Kunst und Tanztheater (Mondrian, Duchamp, Cunningham u. a.) fand.

Kammermusik: *Six Short Inventions* für Alt-Flöte, Klarinette, Trompete, Violine, 2 Violen, Violoncello (1933); *Solo with Obbligato Accompaniment of 2 Voices in Canon, and Six Short Inventions on the Subjects of the Solo* für 3 oder mehr Instrumente (1933); *Sonata* für Klarinette solo (1933); *Sonata for 2 Voices* für 2 oder mehr Instrumente (1933); *Composition for 3 Voices* für 3 oder mehr Instrumente (1934); *Quartet* für Schlagzeugquartett (1935); *Three Pieces* für 2 Flöten (1935); *Trio* für Schlagzeug (1936); *Music for Wind Instruments* für Flöte, Oboe, Klarinette, Horn, Fagott (1938); *First Construction* für Schlagzeugsextett

(1939); *Living Room Music* für Schlagzeugquartett und Sprechquartett (1940); *Second Construction* für Schlagzeugquartett (1940); *Double Music* (zusammen mit Lou Harrison) für Schlagzeugquartett (1941); *Third Construction* für Schlagzeugquartett (1941); *Credo in Us* für Schlagzeugquartett einschließlich Klavier (1942); *Forever and Sunsmell* (e. e. cummings) für Stimme und Schlagzeugduo (1942); *Imaginary Landscape No. 2* für Schlagzeugquintett (1942); *Imaginary Landscape No. 3* für Schlagzeugsextett (1942); *Amores* für präpariertes Klavier und Schlagzeugtrio (1943); *She Is Asleep* für 12 Tomtoms, Stimme und präpariertes Klavier (1943); *Nocturne* für Violine und Klavier (1947); *Six Melodies* für Violine und Tasteninstrument (1950); *Streichquartett* (1950); *Sixteen Dances* für Klarinette, Trompete, 4 Schlagzeuger, Violine, Violoncello (1951); *4'33"* für beliebige Instrumente (1952); *59½"* für ein Saiteninstrument (1953); *26'1.1499"* für ein Saiteninstrument (1955); *27'10.554"* für Schlagzeug solo (1956); *Solo* für Violine, Viola, Violoncello, Kontrabaß, Flöte, Klarinette, Fagott, Saxophon, Trompete, Posaune, Tuba einzeln oder in jeder beliebigen Kombination hieraus, aus: *Concert for Piano and Orchestra* (1957/58); *Variations I* für beliebige Zahl von Ausführenden / Graphik (1958); *Atlas Eclipticalis* für 86 Instrumentalstimmen, die von den Spielern ganz oder teilweise, in jeder beliebigen Dauer und in jeder beliebigen Kombination aufgeführt werden können (1961); *Variations II* für beliebige Zahl von Ausführenden / Graphik (1961); *4'33" (No. 2) (0'00")*, Solo, das auf jede Weise von jedermann aufgeführt werden kann (1962); *Variations III* für eine Person oder beliebige Anzahl von Personen, die jede beliebige Aktion ausführen können (1963); *Variations IV* für beliebige Anzahl von Spielern (1963); *Score and 23 Parts* für beliebige Anzahl von Instrumenten und/oder Stimmen (1974); *Lecture on the Weather* für 12 Sprecher und/oder Instrumentalisten (1975); *Child of Tree* für Schlagzeug aus Pflanzenmaterial (1975); *Branches* für Schlagzeug aus Pflanzenmaterial (1976); *Telephones and Birds* für 3 Ausführende (1977); *Cheap Imitation* für Violine solo (1977); *Freeman Etudes I–XVI* für Violine solo (1977–78); *Chorals* für Violine solo (1978); *Etudes Boreales* für Klavier und/oder Violoncello (1979); *Postcard from Heaven* für 1–20 Harfen (1982); *Thirty Pieces* für Streichquartett (1984); *Ryoanji* in verschiedenen Fassungen für Schlagzeug, Oboe, Stimme, Flöte, Baß oder Instrumentalensemble (1983–); *Music for– – –*, Stimmen für Flöte, Klarinette, 3 Schlagzeuger, Klavier, Violine oder Violoncello (1984); *But What About the Noise of Crumbling Paper . . .* für Schlagzeug (1986); *Five* für 5 Stimmen oder Instrumente (1988).

Entscheidende Impulse für seine künstlerische Arbeit entnahm Cage den indischen und zen-buddhistischen Philosophien und der Zusammenarbeit mit der Merce Cunningham Dance Company. Sein umfangreiches Œuvre ist seit den 50er Jahren in aller Welt der Inbegriff für das Auf- und Zerbrechen verkrusteter Hörgewohnheiten, zunächst nur bei Insidern, heutzutage je-

doch ganz allgemein. Techniken wie die des präparierten Klaviers, der Zufallsmanipulation, der Musikalischen Graphik oder der Aktionskunst gehen auf seine Impulse zurück.
Der Gattungsbegriff »Kammermusik« erweist sich in der Anwendung auf das Schaffen von Cage, wie allgemein in der Neuen Musik, als nicht recht tauglich. Eine Orchesterkomposition wie »Atlas Eclipticalis« (1961/62), die aus 86 Stimmen besteht, oder das »Concert for Piano and Orchestra« (1957/58) mit 13 Stimmen und einer ad lib. verfügbaren »Stimme« für einen Dirigenten sind kaum mehr als eine Agglomeration von Einzelparts, die als Soli aufführbar sind oder zu Ensembles beliebiger Größe und Zusammensetzung kombiniert werden können. Aufführungsgepflogenheiten des kammermusikalischen Genres sind Cage mehr oder minder suspekt und werden – gipfelnd etwa in dem berühmten »4′33″«, einem »Tacet« für jede Art von Instrument oder Ensemble – völlig suspendiert.

Music for Wind Instruments für Flöte, Klarinette, Oboe, Horn und Fagott

Entstanden innerhalb weniger Tage im Oktober 1938.

Das 3sätzige Werk hat ca. 8 Minuten Dauer. Unterschiedlich in der Besetzung – so ist der 1. Satz ein Trio für Flöte, Klarinette und Fagott, der 2. ein Duo für Oboe und Horn, der 3. tuttimäßig besetzt –, spiegeln die 3 Sätze die eigenartige Position von Cage im Kreuzfeuer der heterogenen Einflüsse jener Jahre. Errungenschaften der Zwölftontechnik werden mit schlagzeugartiger Rhythmik zu einer unverwechselbaren Tonsprache amalgamiert, deren herbes Kolorit und rhythmischer Duktus gewisse Ähnlichkeiten mit der neoklassizistischen Tonsprache mancher Europäer der 30er Jahre aufweist, deren Grundlage jedoch ein eigenwilliges strukturelles Denken ist. Sekund- und Terzfortschreitungen sind die (fast) einzig geduldeten linearen Elemente. Ihre ostinatohafte, nahezu unveränderte Wiederkehr im größten Teil aller Takte bewirkt einen als »statisch« zu bezeichnenden Formeindruck, wie er etwa einem Mobile eignet, dessen Einzelteile auf unveränderbaren Bahnen stets wiederkehren, bei je verändertem Zeitpunkt aller Bewegungsbahnen. Zweifellos hat die enge Bindung des Komponisten an unveränderliche Tonfolgen eine gewisse Affinität zur Zwölftonmusik, doch hebt sich die gesamte Ausdruckshaltung ebensosehr von der Welt

Schönbergs ab, wie die Tonrepetitionen als »Satzfehler« im orthodox dodekaphonalen Satz die Unabhängigkeit Cages von der Schönbergschen Doktrin dokumentieren. Der 1. Satz lebt aus der Gegensätzlichkeit bewegter und ruhiger Modelle, deren Antinomie ohne Bindung an Sonatenform und Durchführungsdenken formkonstitutiv wirkt; ein Perpetuum mobile ist der Mittelsatz, und das Finale scheint nahezu im Gestus Haydnscher Cassationen im Tuttiklang alle vorangehenden Bewegungstypen zu verbinden.

First Construction (in metal) für 6 Schlagzeuger

1939. UA: 9. Dezember 1939 in Seattle, Wash. (Leitung: John Cage). – Dauer: ca. 9 Minuten.

Die »First Construction« wurde komponiert, um, wie Cage anmerkt, »gesendet oder als Schallplatte gehört zu werden«. Tatsächlich ist es ein Stück Ur-»musique concrète«. Trotzdem wurde das Stück auch von Cage konzertant aufgeführt, u. a. in dem epochemachenden Konzert im New Yorker Museum of Modern Art am 7. Februar 1943, das Cages Ruhm als Avantgardist begründete.
Die Besonderheit der Komposition und ihre musikgeschichtliche Bedeutung besteht darin, daß der Komponist aus dem Arsenal aller möglichen Klangerzeuger hauptsächlich diejenigen eliminierte, die an fixe Tonhöhen gebunden sind. Damit distanziert sich Cage von der abendländischen Tradition des Tonsatzes als einer auf melodischen Linien und Akkorden fußenden Konstruktion. Klangfarben und Rhythmen sind die Grundlagen der »First Construction«. Cages Ansatz hinsichtlich der Zeitgestaltung in der Musik zielt darauf ab, auch die Pausen – die Stille – zu berücksichtigen. Trotz aller Neuerungen ist Cages Abkehr von den Traditionen keine völlige Negation ihrer Gestaltmomente, sondern im Gegenteil: eine auf Schönbergs strenger Schulung beruhende Neufassung der klassischen Termini technici. Sein Vorgehen erläuterte der Komponist so: »Ich entwarf eine auf der Dauer basierende rhythmische Struktur, nicht eine aus Tönen, sondern eine aus Zeitstrecken. Das Ganze hat so viele Teile, wie jede Einheit kleinere Teile besitzt, und diese, große wie kleine, stehen im selben Verhältnis zueinander.« 16 x 16 ist das Formprinzip, d. h., eine 16taktige Gruppe taucht 16mal auf, und die Einheiten unterliegen jeweils der symmetrischen Teilung in 4 : 3 : 2 : 3 : 4.

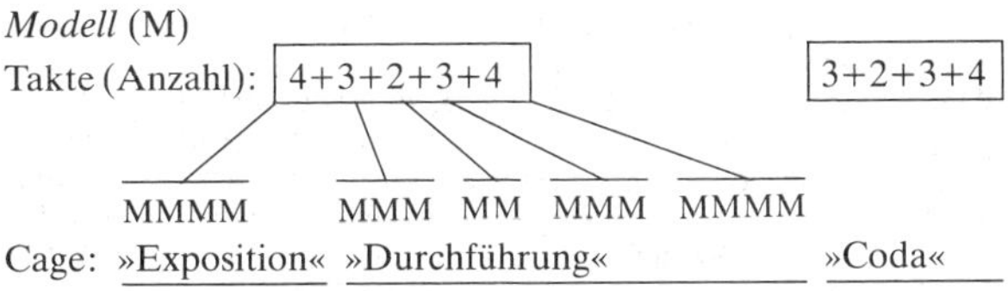

»Die ersten vier Sechzehner exponieren einzelne Materialkorpuskel, die durch Unterschiede der rhythmischen Gestalt und der Instrumentation charakterisiert sind. Der Rest ist Entwicklung (ohne Reprise), der eine zwölftaktige Coda hinzugefügt wurde. An Instrumenten werden Röhrenglocken, 5 Donnerbleche, ein Klavier (dessen Saiten ein Assistent des Pianisten dämpft, indem er sie mit Metallzylindern traktiert; der Pianist schlägt darüber hinaus die Baßsaiten mit einem Paukenschlägel an), ein Gamelan aus 12 Gongs, 8 Kuhglocken, 3 japanische Tempelgongs, 4 Automobilbremstrommeln, 8 Ambosse, 4 türkische und 4 chinesische Becken, 4 gedämpfte Gongs, Wassergong, aufgehängter Gong und Tamtam eingesetzt« (Cage).

String Quartet in Four Parts

1949/50; Lou Harrison gewidmet. UA: 12. August 1950 in Black Mountain, N. C. – Dauer: ca. 20 Minuten.

Quietly flowing along – Slowly rocking – Nearly stationary – Quodlibet.

Das für die »First Construction« (1939) geltende Prinzip der Einheitlichkeit groß- und kleinformaler Zahlenproportionen findet sich auch im Streichquartett. Cage operierte zur selben Zeit mit quantitativen und proportionierenden Methoden (in Paris!), als Messiaen mit der 4. Klavieretüde die serielle Musik entwickelte, doch ist Cages Streichquartett bisher niemals ernstlich als Schlüsselwerk für die Entwicklung der seriellen Musik in Betracht gezogen worden. Cage beschränkt sich auf einen eng begrenzten Tonvorrat und schreibt für jedes Instrument höchstens 16 verschiedene Töne (mit einigen gelegentlichen Zusatznoten) vor, die – jeder in streng geregelten Bahnen wiederkehrend – nach Art eines Mobile-Partikels in den Vordergrund geraten und wieder verschwinden. Die dem Werk zugrunde liegende rhythmische Struktur ist 2½, 1½, 2, 3, 6, 5, ½, 1½. Sie tritt in der Kleingliederung, ablesbar an den Taktzahlen

und den Doppelstrichen, und in der Größenordnung der insgesamt 22 Abschnitte in Erscheinung.
»Das Thema des Streichquartetts in vier Teilen ist das der Jahreszeiten, doch beziehen sich die beiden ersten Sätze auch auf Orte. So ist das Thema des ersten Satzes Sommer in Frankreich, des zweiten hingegen Herbst in Amerika. Der dritte und der vierte Satz beziehen sich auch auf musikalische Themen, wobei der Winter als Kanon, der Frühling als Quodlibet dargestellt wird« (Cage). Die Jahreszeiten-Thematik schließt nicht an die europäische Tradition der Programm-Musik an, vielmehr hat Cage versucht, die in orientalischer Philosophie geläufige Deutung als Erhaltung (Sommer), Zerstörung (Herbst), Ruhe (Winter) und Schöpfung (Frühling) in musikalische Chiffren umzusetzen.

Variations I für beliebige Art und Anzahl von Instrumenten

1958; David Tudor gewidmet. UA: 15. März 1958 in Greensboro, N. C.

Zufallsmanipulationen bei strikter Einengung der Anzahl möglicher Ergebnisse dürfte die Formel für die 1958 entstandene Musikalische Graphik »Variations I« sein.
Anders als bei Bussotti, Logothetis und anderen, die sich in den 50er Jahren mit der Codierung des Klingenden in graphische Chiffren beschäftigten, dient das visuelle Material, das der Komponist hier dem Interpreten an die Hand gibt, zur quasi-logischen Determination von punktuell auftretenden Einzeltönen. Die von der seriellen Musik herrührende Vorstellung vom Ton als einem nach mehreren »Parametern« definierten Ereignis schlägt sich in den Graphiken Cages nieder und verleiht diesen damit den musikgeschichtlichen Rang einer konsequenten Weiterentwicklung und Überwindung serieller Praktiken.
Zur Findung einer der möglichen Interpretationen gehören 2 von insgesamt 6 durchsichtigen Folien; z. B. ist eine mit 5 Geraden bedruckt, während die andere 27 Punkte in 4fach gestaffelten Größen trägt. Die Folien werden nach Zufälligkeit übereinandergelegt. Von jedem Punkt wird das Lot auf jede der Geraden gefällt. Die Länge der Lote gilt als Wertgröße für die Parameter »tiefste Frequenz, einfachste Obertonstruktur, größte Lautstärke, kürzeste Dauer und frühester Zeitpunkt des Auftretens innerhalb einer zuvor festgelegten Zeitstrecke« (Cage).

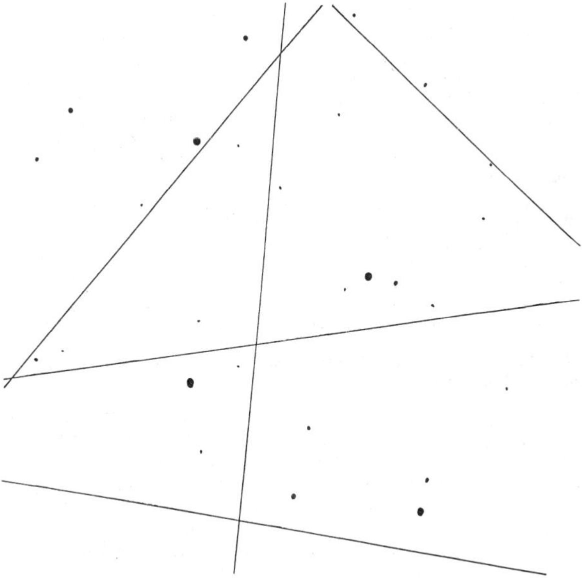

Aus EP 6767 John Cage, Variations I
Abdruck mit Genehmigung von C. F. Peters Frankfurt. New York. London

Eine der möglichen Zufallslösungen

Der Komponist hat keine Angaben zur Zahl der Ausführenden und zur Art der Klangquellen gemacht, so daß jede Aufführung auch ein neues Klangbild bieten kann.

KHS

Witold Lutosławski

* 25. Januar 1913 in Warschau, † 7. Februar 1994 in Warschau

Der Rimskij-Korsakow-Schüler Witold Maliszewski war Lutosławskis Kompositionslehrer. Vorausgegangen war ein Studium in den Fächern Klavier und Violine, auch Mathematik. Seine frühen Kompositionen (die erste stammt von 1922) gingen fast alle verloren, darunter 66 Hörspielmu-

siken, 5 Film- und 3 Theatermusiken. Nach 1945 formte Lutosławski einen neuen, vom Folklorismus Bartókscher Prägung beeinflußten Stil, dessen sichtbares Zeichen das 1954 fertiggestellte »Concerto« für Orchester ist. Eine andere Wende zur stilistischen Neuorientierung zeigten seine »Drei Lieder« (1957) und »Drei Postludien« (1958–63) an, doch erst mit den »Jeux vénitiens« (1961) erwies sich Lutosławski als ein profilierter Vertreter der modernen Musik in Polen, der weltweit Interesse fand. Mit Werken wie »Trois Poèmes de Michaux«, »Livre pour orchestre« und dem Cellokonzert festigte er seinen Ruf.

Kammermusik: *30 kleine Stücke* für Blasinstrumente (1944); *Trio* für Oboe, Klarinette, Fagott (1945); *Kleine Suite* für Kammerensemble (1950); *Recitativo ed arioso* für Violine und Klavier (1951); *Tanzpräludien* für Klarinette und Klavier (1953; auch für andere Instrumente bearbeitet); *Vier schlesische Melodien* für 4 Violinen (1955); *Bukoliki* für Viola und Violoncello (Bearbeitung der Klavierfassung; 1962); *Streichquartett* (1964); *Sacher-Variation* für Violoncello solo (1975); *Epitaph* für Oboe und Klavier (1979); *Grave* für Violoncello und Klavier (1981); *Mini-Ouvertüre* für Horn, 2 Trompeten, Posaune und Tuba (1982); *Partita* für Violine und Klavier (1984).

Lutosławski wurde erst relativ spät Innovator einer neuen Tonsprache. Er war knapp 45, als er 1961 mit Experimenten begann, die für die Weiterentwicklung der Aleatorik allgemein wichtig wurden. Er vor allem hat die in den 50er Jahren von Cage initiierten Techniken der formalen und strukturellen Aleatorik zu höherer Stringenz geführt, wobei er Möglichkeiten zur Verschmelzung seiner von Bartók herkommenden musikalischen Diktion und Formenwelt mit dem Denkansatz der mobile-artigen, formal offenen Verknüpfung von Partikeln suchte. Das musikgeschichtlich bedeutendste Beispiel dieses Entwicklungsstadiums ist das

Streichquartett

1964. UA: 12. März 1965 in Stockholm (LaSalle Quartet). – Dauer: ca. 24 Minuten.

Das Quartett ist ein Paradebeispiel der von Lutosławski selbst so genannten »begrenzten Aleatorik«, bedeutend auch dadurch, daß hier die alte Gattungstradition des Quartetts auf den Prüfstand gehoben und an den Maximen zeitgemäßen kompositorischen Bewußtseins gemessen wurde.

Ein 2sätziger Zyklus, bestehend aus einem als »Einleitung« bezeichneten 1. Satz und einem »Hauptsatz«, bildet insofern eine geschlossene Einheit, als er dem Auf- und Abbau von zu- und abnehmend dicht gehaltenen Motivblöcken in 51

»Abschnitten« (»sections«) als formaler Grundstruktur folgt. Kulminierend in einer »Appassionato«-Klimax (Sektion 42), werden Floskeln von fast athematischer Kürze immer dichter miteinander verquickt, bis der gordische Knoten nur noch mit einem Hieb durchschlagen werden kann: eine als »indifferent« bezeichnete Sektion leitet über zu einem »funèbre« kurz vor Schluß – Signal des Abschieds, Anzeichen der beginnenden Auflösung.

Von begrenzter Aleatorik spricht der Komponist hier deswegen, weil der Zusammenhang der 4 Stimmen nicht unverrückbar fest hergestellt ist. Während es für die traditionelle Quartettfaktur nur eine einzig richtige Manier des Zusammenspiels gibt, die Homogenität, wird hier eine von Aufführung zu Aufführung variierende Verknüpfbarkeit der 4 Parts komponiert, die vom Spieler in dem Moment »richtig« wiedergegeben wird, in dem er spielt, »als sei er allein« (Lutosławski). Deswegen ist die Partitur auch nur ein Notbehelf. Unverzichtbar, wie sie nun einmal ist, täuscht sie auf jeder Seite synchrones Spiel vor, wo in Wirklichkeit die Unwägbarkeiten des multiplen, mobilen Gleichzeitig-Agierens von 4 Separatisten zu stets andersartigen Zusammenklängen führt. Diese Art von Polyphonie räumt der

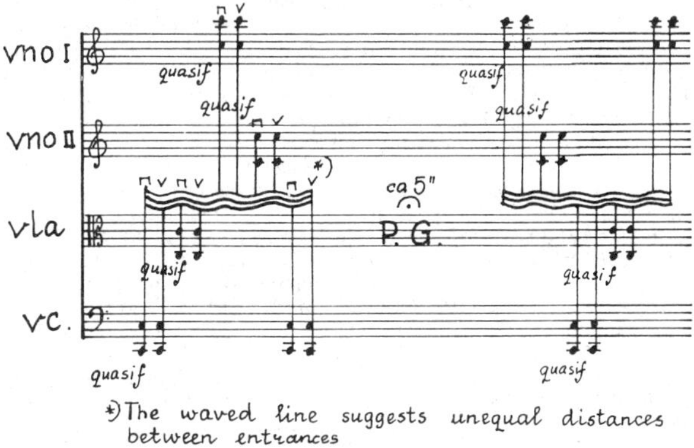

Aus: I – Introductory Movement (Ende des Abschnitts 4)

Einzelstimme Freiheiten ein, die vom Komponisten wiederum kompensiert werden, und zwar durch rigorose Begrenzung der Vielfalt von Motiven. Varianten weniger Modelle und musikalischer »Signale« (vgl. Zitat S. 979), die zur zeitlichen Koordination der Spieler unerläßlich sind, kehren in Permutation wieder und garantieren eine Kohärenz, die an anderer Stelle bewußt einmal suspendiert werden sollte.

KHS

Isang Yun

* 17. September 1917 in Tongyong (heute Chungmu; Südkorea)
† 3. November 1995 in Berlin

Bis 1943 studierte Yun in Korea und Japan Violoncello und Komposition. Als Widerstandskämpfer gegen japanische Fremdherrschaft lebte er dann teils im Untergrund, teils in politischer Haft. 1946–56 lehrte er an koreanischen Oberschulen und Universitäten. 1956–59 vollendete Yun seine Studien in Paris, in Berlin (u. a. bei Blacher) und bei den Darmstädter Ferienkursen. Seit 1964 in Berlin lebend (seit 1971 deutscher Staatsbürger), lehrte Yun 1969–71 in Hannover sowie 1971–87 in Berlin Komposition.

Kammermusik: *Musik für 7 Instrumente* (Flöte, Oboe, Klarinette, Fagott, Horn, Violine, Violoncello / 1959); *Streichquartett III* (1959); *Loyang* für Flöte, Oboe, Klarinette, Fagott, Harfe, 4 Schlagzeuger, Violine, Violoncello (1962); *Gasa* für Violine und Klavier (1963); *Garak* für Flöte und Klavier (1963); *Nore* für Violoncello und Klavier (1964); *Riul* für Klarinette und Klavier (1968); *Images* für Flöte, Oboe, Violine und Violoncello (1968); *Glissées* für Violoncello solo (1970); *Piri* für Oboe solo (1971); *Gagok* für Gitarre, Schlagzeug und Stimme (1972); *Trio* für Flöte, Oboe und Violine (1972/73); *Etüden* für Flöte(n) solo (1974); *Trio* für Violine, Violoncello und Klavier (1972/75); *Rondell* für Oboe, Klarinette und Fagott (1975); *Duo* für Viola und Klavier (1976); *Königliches Thema* für Violine solo (1976); *Pièce concertante* für Flöte, Klarinette, Klavier, Schlagzeug, Violine, Viola, Violoncello und Kontrabaß (1976); *Salomo* für Flöte solo (1977/78); *Oktett* für Klarinette, Fagott, Horn und Streichquintett (1978); *Sonata* für Oboe, Harfe und Viola oder Violoncello (1979); *Novellette* für Flöte und Harfe, ad lib. mit Violine und Violoncello oder Viola (1980); *Monolog* für Baßklarinette (1983); *Concertino* für Akkordeon und Streichquartett (1983); *Sonatina* für 2 Violinen (1983); *Inventionen* für 2 Oboen (1983); *Monolog* für Fagott solo (1983/84); *Duo* für Violoncello und Harfe (1984); *Quintett* für Klarinette und Streichquartett (1984); *Li-Na im Garten.* 5 Stücke für Violine solo (1984/85); *Rencontre* für Klarinette, Harfe (oder Klavier) und Violoncello (1986); *Quartett* für Flöten (1986); *Quintett* für Flöte und Streichquartett (1986); *In Balance* für Harfe solo (1987); *Kontraste.* 2 Stücke für

Violine solo (1987); *Tapis pour Cordes* für Streichquintett (1987); *Pezzo fantasioso* für 2 Instrumente und Baß-Instrument ad lib. (1988); *Distanzen* für Bläser- und Streichquintett (1988); *Quartett* für Flöte, Violine, Violoncello und Klavier (1988); *Intermezzo* für Violoncello und Akkordeon (1988); Streichquartett IV *(1988)*.

Das kompositorische Schaffen Yuns ist geprägt von fernöstlichem Gedankengut im Gewand moderner Instrumentation und von der Verbindung altkoreanischer Musikelemente mit einer modernen westlichen Tonsprache. Die Symbiose der Kulturen reicht bis in die Stoffe und Themen der Kompositionen, insbesondere der Opern »Der Traum des Liu-Tung« (1965), »Die Witwe des Schmetterlings« (1968), »Geisterliebe« (1969/70) und »Sim Tjong« (1971/72). Doch auch die orchestralen und kammermusikalischen Werke lassen bis in viele Details Yuns Bemühen um kulturelle Integration und vor allem ein Schöpfen aus dem Fundus der ostasiatischen Musiktradition erkennen.

Loyang für Kammerensemble (Flöte, Oboe, Klarinette, Fagott, Harfe, 4 Schlagzeuger, Violine, Violoncello)

1962. UA: 23. Januar 1964 in Hannover (Tage der Neuen Musik). – Dauer: ca. 15 Minuten.

Der Titel der 3sätzigen Komposition ist der Name der in der heutigen Provinz Honan gelegenen Hauptstadt der altchinesischen Sung-Dynastie, in der vor etwa 1000 Jahren ein Zentrum der chinesischen Hofmusik lag. In »Loyang« huldigt Yun dem alten Hofstil. Stehende Klänge werden durch fioriturenartige Ranken miteinander verbunden. Von Satz zu Satz fortschreitend verlebendigt sich das Geschehen. Die Stimmen stehen untereinander in einem besonderen Verhältnis, auf das abendländische Begriffe wie Polyphonie, Monodie oder Homophonie nicht recht zutreffen. Am ehesten könnte man es als Varianten-Heterophonie bezeichnen, d. h., ähnliche Konturen werden bei rhythmischer Unschärfe und Freiheit asynchron von mehreren Spielern ausgeführt, ohne daß die dabei entstehenden Zusammenklänge harmonikal konzipiert wären. Dies verursacht eine befremdende Schärfe im Klang und vermittelt dem Hörer den Eindruck eines überindividuellen Gestus von statischer Wirkung. Hierfür gibt der Komponist einen Schlüssel zum besseren Verständnis: »Während in der europäischen Musik der Begriff der Form eine entscheidende Rolle spielt und erst eine ganze Gruppe von Tönen in horizontal melodischer oder vertikal harmonischer Ordnung aufeinander bezogen Bedeutung erlangen, steht in der Musik Ostasiens der einzelne Ton, das Bau-Element, im Vordergrund.« Das Umspielen des Einzeltons, das Verlebendigen und Einfärben durch Glissandi und Tongebungsnuancen ist der eigentlich musikalische Vorgang und nicht so sehr das quasi-logische Verknüpfen von Tönen nach mehreren »Parametern«, das Messen oder Abzählen.

Garak für Flöte und Klavier

1963. UA: 11. September 1964 in Berlin. – Dauer: ca. 10 Minuten.

Der koreanische Titel bezeichnet eine Folge von 3 Melodietypen im Wechsel: Langsam – Schneller – Langsam, die zur Einsätzigkeit verschmolzen sind. Im 1. Teil werden langgezogene Flötenlinien mit ornamentalen Vor-, Zwischen- und Nachschlägen gegen Klavierakzente gesetzt, deren Verwandtschaft mit den Einwürfen der Zupf- und Schlaginstrumente in der traditionellen Hofmusik Ostasiens evident ist. Für die Gestaltung der Melodieverläufe gilt das gleiche wie für »Loyang«: Die Verlebendigung des Einzeltons *ist* die Musik, und nicht so sehr dessen strukturelle Einbindung nach Gesetzen der Stimmführung und Akkordik. Yun notiert diesen Vorgang der Verlebendigung so, wie er in der alten Hofmusik traditionell gelehrt und praktiziert wurde. Im Mittelteil der Komposition löst sich das Umspielen von Einzeltönen bis zur virtuosen Ornamentik auf. Dem bewegten Flötenpart stehen ruhige Klavierakkorde gegenüber, deren strukturelle Umsetzung ebenfalls Vorbilder in der ostasiatischen Tradition hat. Der Schluß wiederum ist lyrisch.

Trio für Violine, Violoncello und Klavier

1972/1975. UA: 23. Februar 1973 in Berlin (1. Teil), 13. Mai 1976 in Mannheim (Gesamtwerk). – Dauer: ca. 11 Minuten.

Zum 70. Geburtstag Boris Blachers (19.1.1973) schrieb Yun einen Triosatz für Violine, Violoncello und Klavier. Die allmählich aufsteigende Gestik, die sich öffnenden Akkorde dieser »Hommage« interpretierte Yun selbst als einen »Geburtstagsstrauß erblühender Knospen«. Dieser Teil endet nach ca. 8 Minuten mit einem zarten Fermatenakkord aller 3 Spieler im Takt 72. – Unter dem Eindruck von Blachers Tod rundete Yun 2 Jahre später den Einzelsatz durch einen nahtlos sich anschließenden Finalteil zum Werkganzen ab. Heftig aufwallende Gesten erhalten einen lyrischen Ausklang.

KHS

Bernd Alois Zimmermann

* 20. März 1918 in Bliesheim (= heute: Erftstadt)
† 10. August 1970 in Großkönigsdorf (= heute: Pulheim) bei Köln

Zimmermann studierte nach 1937 mit Unterbrechung durch den Krieg an den Musikhochschulen Köln und Berlin Schulmusik und Komposition (Ph. Jarnach, H. Lemacher) und an den Universitäten Köln, Bonn und Berlin Germanistik, Musikwissenschaft, Philosophie und Psychologie; ferner besuchte er bei den Darmstädter Ferienkursen für Neue Musik die Kompositionskurse von W. Fortner und R. Leibowitz. 1950–52 war er Lektor am Musikwissenschaftlichen Institut der Universität Köln, von 1949 bis etwa 1960 freier Mitarbeiter an verschiedenen Rundfunkanstalten. Als Nachfolger von Frank Martin lehrte Zimmermann seit 1957 an der Kölner Musikhochschule Komposition und leitete ein Seminar für Hörspiel-, Bühnen- und Filmmusik. Unter einer schweren Krankheit leidend, schied er 1970 freiwillig aus dem Leben.

Kammermusik: *Trio* für Violine, Viola und Violoncello (1942/43); *Sonate* für Violine und Klavier (1950); *Sonate* für Violine solo (1951); *Sonate* für Viola solo (1955); *Sonate* für Violoncello solo (1960); *Présence, Concerto scénique* für Violine, Violoncello und Klavier (1961); *Tempus loquendi* für Flöten solo (1963); *Intercomunicazione* für Violoncello und Klavier (1967); *Die Befristeten, Ode an Eleutheria in Form eines Totentanzes* für Jazz-Quintett (1967); *Vier kurze Studien* für Violoncello solo (1970).

Neben seiner persönlichen Aversion gegen Modeerscheinungen und Kollektivzwänge aller Art waren es vornehmlich die Probleme der zeitlichen bzw. formalen Gestaltung, für die Zimmermann in der Reihentechnik keine überzeugenden Lösungen fand; als individueller Ansatz muß hier seine sogenannte »pluralistische« Kompositionstechnik gelten, deren eindrucksvollste Verwirklichungen sich in der Oper »Die Soldaten« (1965) und im »Requiem für einen jungen Dichter« (1969) finden. Das wichtigste Charakteristikum dieses Pluralismus ist die Vielschichtigkeit der Zeitgestaltung; das betrifft nicht nur die Konstruktion der Zeitstruktur, sondern auch die Einbeziehung musikalischer Zitate (historische Zeitdimension) und die Integration anderer Zeitkünste wie Film, Ballett, Theater, Pantomime, etc. (visuelle und verbale Medien als weitere Zeitebenen). Die übergeordnete musikalische Struktur formt die pluralistischen Phänomene zu einem geschlossenen Ganzen und bewirkt so das Erlebnis der Einheit aller Zeitschichten, was Zimmermann bildhaft als »Kugelgestalt der Zeit« beschrieb. In den Werken ab »Tratto« (1966) wird ferner das »Prinzip der Zeitdehnung« zur bestimmenden Kompositionstechnik; hierbei handelt es sich um die Überlagerung zweier verschieden langer, daher asynchron verlaufender Zeitstrecken (Klänge von meist relativ langer Dauer), deren zahlenmäßiges Verhältnis zueinander als Grundproportion für das jeweilige Werk strukturbildend wird. Die langgedehnten Abläufe vermitteln hier den Eindruck von weiträumiger Zeitlosigkeit einerseits und dichtester Gegenwärtigkeit andererseits. So blieb die von Zimmermann stets angestrebte Einheit aller Zeit kein philosophisches Postulat, sondern manifestierte sich als erlebbare Realität. *IB*

Présence. Concerto scénique für Violine, Violoncello und Klavier

1961. UA: 8. September 1961 in Darmstadt (Internationale Ferienkurse). – Dauer: ca. 30 Minuten.

Wortembleme: Paul Pörtner. – Personen: Speaker, eine korrekt angezogene Person; Don Quichotte (violon), danseur noble; Molly Bloom (violoncelle), Primaballerina; Ubu-Roi (piano), danseur noble.

I. Introduction et pas d'action (Don Quichotte) – II. Pas de deux (Don Quichotte et Ubu) – III. Solo (pas d'Ubu) – IV. Pas de deux (Molly Bloom et Don Quichotte) – V. Pas d'action et finale (Molly Bloom).

Zimmermann formulierte seine Vorstellungen von der Vielschichtigkeit der Zeitverläufe erstmals 1957, in der Kantate »Omnia tempus habent«, und wenig später in der Oper »Die Soldaten«. Auch in der Sonate für Violoncello solo (1960), den »Dialogen« und »Monologen« (1960), dem »Tempus loquendi« (1963) und schließlich der »Musique pour les soupers du Roi Ubu« (1966) läßt sich der denkerische Ansatz verfolgen, bis er im Spätwerk seine klarste Ausformulierung erhielt (»Photoptosis« u. a.). Mit besonderer Schärfe und nicht ohne Polemik artikulierte Zimmermann seine Idee einer »Gegenwart, die Vergangenheit und Zukunft miteinander verbindet« in dem kammermusikalischen Ballett »Présence«. Literarische Vorbilder waren zum einen »Ulysses« (1921) von James Joyce, gegenwärtig in Zitaten der Molly Bloom, zum andern Don Quichotte, der Archetypus eines Utopisten, und König Ubu, der komische Vertreter eines totalitären Konservatismus aus Alfred Jarrys absurdem Theaterstück von 1896. Beide tanzen mit Molly Bloom zu den Klängen eines von Zimmermann »atavistisch« genannten Klaviertrios. Musikalische Zitate aus Werken von Richard Strauss, Prokofjew und Stockhausen sollen eine »vielschichtige Widersprüchlicheit von Présence in unserer Gegenwart« als »absurde Op-position« symbolisieren. So an die litera-

rische und musikhistorische Bildung des Hörers appellierend und sich im übrigen auf die Kunst der Choreographie zur Verdeutlichung seiner kompositorischen Ideen verlassend, erschließt der Komponist der Kammermusik völlig neue Dimensionen. Er enthebt das Klaviertrio der historisch überfrachteten Ästhetik des Absolut-Musikalischen und verleiht ihm eine neuartige Daseinsberechtigung in der Gegenwart.
Gliedernde Funktion in dem Werk haben 5 »Heraldische Tafeln«, auf denen Sinnsprüche Paul Pörtners zu lesen sind. Sie werden von einem »Speaker«, einer »nach der Herrenmode um die Jahrhundertwende gekleideten, korrekt angezogenen Person«, nacheinander, jeweils bei Szenenwechseln, präsentiert und dienen als »Wegweiser« (Zimmermann), denen der Komponist aber mit der Frage: »Wer vermag zu entscheiden, ob sie nicht ›verstellt‹ sind?« die Eindeutigkeit nimmt. »Présence« ist eine Schlüsselkomposition in der geistigen und künstlerischen Entwicklung Zimmermanns; sie steht an der Wende zu seinem Spätwerk. Den, der die Hintergründe kennt und zwischen den Zeilen zu lesen versteht, läßt sie allerlei Attacken auf die Avantgardisten der frühen 60er Jahre und ihren »Tummelplatz«, die Kranichsteiner Ferienkurse, erkennen. *KHS*

Intercomunicazione per violoncello e pianoforte

1967; John Cranko gewidmet. UA: 26. April 1967 in Köln. – Dauer: von der Wahl des Tempos abhängig; 12–14 Minuten.

»Intercomunicazione« entstand 1967, in zeitlicher Nähe und innerer Verwandtschaft zu der Tonbandkomposition »Tratto« (1966), Zimmermanns einzigem Werk mit ausschließlich elektronischem Instrumentarium. Vermutlich in Anlehnung an »Tratto«, dessen Manuskript auf Millimeterpapier fixiert ist, wählte Zimmermann für »Intercomunicazione« eine rein graphische Darstellung der Tondauern. Die erhöhten Anforderungen, die hier an die Interpreten gestellt werden, liegen auf der Hand: Neben der Schwierigkeit, das gewählte Tempo bei den z. T. sehr langgedehnten Abläufen beizubehalten, besteht vor allem für das Zusammenspiel beider Instrumente das Problem, die mitten in einem »Takt« beginnenden oder endenden Aktionen rhythmisch exakt zu plazieren.
Zimmermann nannte die Komposition »gewissermaßen eine Verbindung zweier Solostücke miteinander«, da Cello und Klavier »sehr schwer vereinbare Partner« seien. Daraus ergibt sich u. a. eine übergeordnete Dreiteiligkeit der Form. Der Anfangs-

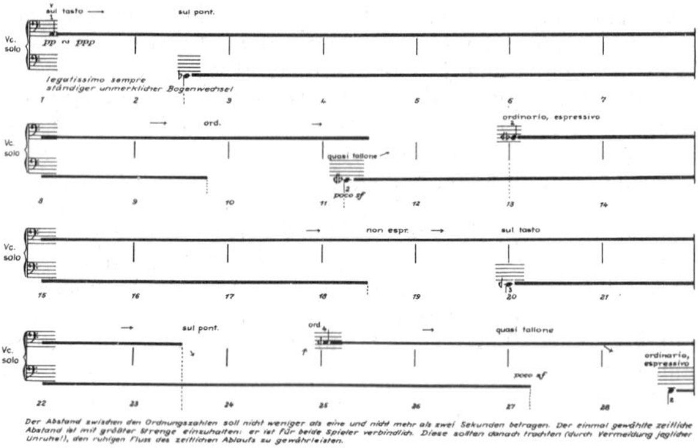

teil (vgl. Notenzitat) ist »mit den in der tiefen Lage des Cellos ausgeführten Doppelgriffen und der Verschiebung seiner Zeitschichten besonders charakteristisch«; im Mittelteil wird »der gleiche Vorgang in noch stärkerer Dehnung dem Klavier übertragen, das statt der Doppelgriffe verschiedene Klänge in verschiedenen Zeitschichten einander gegenüberstellt, während das Cello seinerseits in quasi improvisatorischen, immer wieder von neuem unternommenen Anläufen, so könnte man sagen, sich dem Klavier nähert und umgekehrt«. Der Schlußteil realisiert die im Titel angedeutete Werkidee, indem er »nach einer heftigen Glissandosteigerung des Cellos ein völliges klangliches Verschmelzen der beiden Instrumente als endlich erreichte dritte Ebene« enthält. Schließlich wird die »›Coda‹ [. . .] durch eine Art Kadenz des Pianisten gebildet, der dann die Coda des Cellos folgt«.

Insgesamt ist »Intercomunicazione« ein nüchternes, primär an der zugrunde liegenden kompositionstechnischen Idee orientiertes Werk. Insofern stellt es in der Gruppe der gemäß dem Zeitdehnungsprinzip konzipierten Werke einen auf das Wesentliche konzentrierten Versuch dar, dem in »Stille und Umkehr« (1970) und vor allem in »Photoptosis« (1968) farbigere und gefälligere Ausformungen derselben Grundidee folgten. Daß die innere Zusammengehörigkeit dieser Werkgruppe (der auch »Tratto« zuzuordnen ist) nicht nur ideeller Natur ist, beweist die bis ins Detail getreue Übernahme des formalen Konzepts von »Intercomunicazione« in »Photoptosis«: Deren Takte 1–696 sind eine »im Maßstab« 2:1 übertragene Version der ersten 348 »Takte« von »Intercomunicazione«. *IB*

Roman Haubenstock-Ramati

* 27. Februar 1919 in Krakau, † 3. März 1994 in Wien

Nach Studium in seiner Heimatstadt bzw. in Lemberg bei A. Malawski und dem Schönberg-Schüler J. Koffler musikalischer Leiter von Radio Krakau (1947–50), dann Direktor der Staatlichen Musikbibliothek in Tel Aviv und Lehrer an der dortigen Musikakademie. 1957 arbeitete Haubenstock-Ramati, angeregt durch Messiaen, am »Studio de Musique Concrète« in Paris und übernahm im gleichen Jahr das Lektorat für Neue Musik bei der Universal Edition Wien. Zuletzt Associate Professor an der Yale University (USA) und an der Musikhochschule Wien.

Kammermusik: *Ricercari*, 1. Streichtrio (1948, Neufassung 1978); *Blessings / Bénédictions* für Sopran und 9 Instrumente (1951, neue Version 1960), *Interpolation* für Flöte(n) (1957); *Liaisons* für Vibraphon, Marimbaphon und Tonband (1958); *Mobile for Shakespeare* für Stimme und 6 Spieler (1960); *Decisions* (10 Grafiken) für verschiedene Instrumente (1960); *Jeux 6* für 6 Schlagzeuger (1960); *Credentials, or »Think, Think Lucky«* für Stimme und 8 Spieler (1960); *Jeux 2* für 2 Schlagzeuger (1965); *Jeux 4* für 4 Schlagzeuger (1966); *Alone* für Posaune und 1 Mimen (1969); *Rounds* für Kammerensemble (1969); *Multiple I–VI* für 2 Streichinstrumente / 7 Spieler / 6 Spieler / 1 Holzblas- und 1 Blechblasinstrument / 1 Streich- und 1 Holzblasinstrument / 1 Streich- und 1 Blechblasinstrument – jeweils ad lib. (I 1969, alle übrigen 1970); *1. Streichquartett* (1973); *Concerto a tre* für Klavier, Posaune und Schlagzeug (1973); *Hexachord I* und *II* für 1 oder 2 Gitarren (1973); *Musik* für 12 Instrumente (1973); *Endless* für Flöte, Violoncello, Harfe, Klavier, Celesta, Cembalo und Schlagzeug (1975); *Sonata* für Violoncello solo (1975); *2. Streichquartett* (1977); *Song* für Schlagzeug (1978); *Self I* für Baßklarinette oder Klarinette (1978); *Self II* für Saxophon (1978); *Cantando* für 6 Spieler (1984); *2. Streichtrio* (1985); *Enchainé* für Saxophonquartett (1985).

Im Gesamtwerk des ursprünglich an Szymanowski und Webern orientierten Komponisten nimmt Kammermusik einen breiten Raum ein. Viele seiner Experimente wurden vor der Übertragung auf größere Ensembles in kleinen Besetzungen erprobt. In der Entwicklung der Neuen Musik erwiesen sich hauptsächlich auf den Gebieten der graphischen Notation und der offenen Form seine Neuerungen als bahnbrechend. Besonders begabt für die visuelle Komponente im Schriftbild der Musik, schuf Haubenstock-Ramati die grundlegenden Theorien der »Musikalischen Graphik«. Seit 1958 präsentierte er verschiedene Möglichkeiten einer »dynamisch-geschlossenen« Form, die er als »Mobile« bezeichnete.

Interpolation. Mobile für Flöte(n)

1957; Severino Gazzelloni und der Stadt Darmstadt gewidmet. UA: 4. September 1959; Darmstädter Ferienkurse. – Dauer: variabel (5–12 Minuten).

Analog zu den in der bildenden Kunst von Alexander Calder entwickelten Skulpturen aus mobilen Formen schuf Roman Haubenstock-Ramati 1958 – fast gleichzeitig mit den Experimenten von Stockhausen und Boulez – dieses erste seiner musikalischen Mobiles: 25 Phrasen unterschiedlicher Länge und Dichte, fast ausschließlich aus punktuellen Klangereignissen bestehend, sind nahezu ohne Einschränkung untereinander kombinierbar. Vorwärts oder rückwärts gespielt, können sie als Ganzes oder in Partikel zerlegt mit den darüber- oder darunterstehenden Phrasen zu größeren Einheiten verbunden werden. Die Komposition ist in »offener Form« angelegt, variabel: Es können ein, zwei oder drei Spieler den »Text« realisieren; sie können nach Belieben aufeinander Bezug nehmen und durch Pausen das Stimmgefüge strukturieren, wenn nicht ein einzelner dem Dialog mit einem zuvor von ihm selbst bespielten Tonband den Vorzug gibt.

Credentials, or »Think, Think Lucky« für Stimme (Sprechgesang) und 8 Spieler (Klavier, Celesta, Vibraphon/Glocken, Violine, Klarinette, Posaune, 2 Schlagzeuger)

Texte: Samuel Beckett, aus »Warten auf Godot«. – 1960; Alfred Schlee gewidmet. UA: 21. Oktober 1961 in Donaueschingen (Cathy Berberian). – Dauer: 13 Minuten.

Im Anschluß an die ersten Versuche mit »Mobiles« suchte Haubenstock-Ramati nach Möglichkeiten der Verbindung solcher »mobiler« mit »stabilen« Formen, d. h. Formen, die nur einen einzigen, linear zu denkenden Zeitverlauf haben. Dazu wählte er textbezogene musikalische Gattungen; Passagen aus Becketts »Warten auf Godot« (1952) schienen ihm die Kongruenz zwischen Textaussage und musikalischer Form am ehesten zu garantieren. Eine Verlaufspartitur regelt die Ordnung der Ereignisse im Großen und erlaubt dem Dirigenten die Sicherung der Korrespondenzen zwischen Ensemble und Vokalisten. Über die einzelnen Schallereignisse, die sich aus der individuell gestalteten Realisation von 8 Mobiles ergeben, besagt die Partitur indessen nichts, da jede Aufführung gänzlich neue Kombinationsmöglichkeiten sowohl innerhalb der Einzelstimme als auch im Gesamtgefüge ergibt.

Concerto a tre für Klavier, Posaune und Schlagzeug

1973. UA: 13. Oktober 1973 in Graz (Steirischer Herbst). – Dauer: variabel (9–12 Minuten).

Die Reduktion der Notation von Musik auf 3 Grundelemente der abstrakten Malerei: Punkt, Linie und Fläche, führte Haubenstock-Ramati kontinuierlich zu Werken, deren graphische Figuration nicht weniger vom Visuellen bestimmt ist als von akustischen Klangvorstellungen. Das »Concerto a tre«, ein Auftragswerk des Österreichischen Rundfunks Graz, stellt die Quintessenz aus den langjährigen Vorversuchen mit mobilearti-

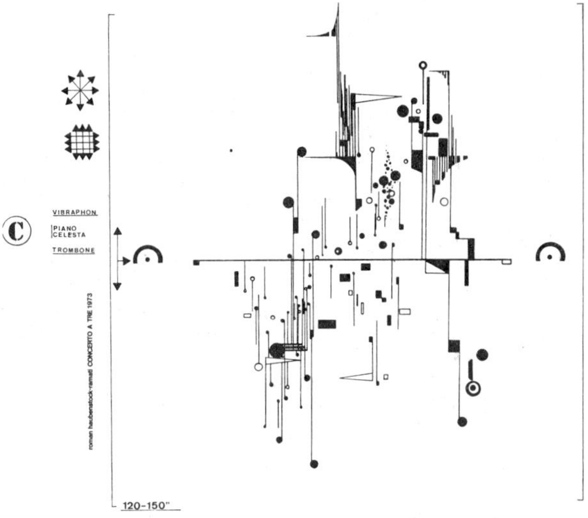

gen Formen und graphischen Symbolen dar. Phantasievoll in der an Details reichen Graphik und zwingend in der Methode der Verknüpfung der auf 5 Blättern präsentierten Einzelereignisse, gestattet das nach linearen Verlaufsvorstellungen konzipierte Werk den 3 Instrumentalisten eine Vielfalt an solistischer Entfaltung und ensemblehafter Interaktion (vgl. Notenbeispiel). Jedes der Symbole ist in seiner Bedeutung genau definiert, nicht jedoch seine klangliche Repräsentanz. Insgesamt von links nach rechts zu lesen, im Detail jedoch nach Maßgabe der 2 formkonstitutiven Symbole am linken Blattrand frei verknüpfbar, ergibt sich ein Klangbild aus gesteuerter Improvisation.

KHS

Bruno Maderna

* 21. April 1920 in Venedig, † 13. November 1973 in Darmstadt

Nach Musikstudium an den Konservatorien Venedig, Mailand und Rom war Maderna Schüler von Gian Francesco Malipiero (Komposition) und Hermann Scherchen (Dirigieren). Früh gelangte er in den Darmstädter Kreis, wo er seit 1954 dozierte und das Internationale Kammerensemble leitete. 1956 gründete er mit Luciano Berio das »Studio di Fonologia« des Italienischen Rundfunks in Mailand. Ausgedehnte Dirigiertätigkeit.

Kammermusik: *Musica su due dimensioni* für Flöte, Schlagzeug und Tonband (1952; Bearbeitung für Flöte und Tonband 1958); *Serenata I* für 11 Instrumente (1954); *Streichquartett* (1955); *Serenata II* für 11 Spieler (1957); *Honey rêves* für Flöte und Klavier (1961); *Aulodia per Lothar* für Oboe d'amore und Gitarre ad lib. (1965); *Amanda* für Kammerorchester (1966); *Widmung* für Violine solo (1967); *Serenata per un satellite* für variable Besetzung (1969); *Piece for Ivry* für Violine solo (1971); *Solo* für Oboe solo (1971); *Viola* für Viola solo (1971); *Dialodia* für 2 Flöten (1972); *Y después* für Gitarre solo (1972); *Giardino religioso* für Kammerensemble (1972).

Madernas Kompositionen aus der frühen Darmstädter Zeit sind weitgehend frei von der damals vorherrschenden Orthodoxie des seriellen Denkens. Ende 1955 trat Maderna der elektronischen Musik näher, fand aber – im Gegensatz zu Stockhausen – in ihr hauptsächlich ein quasi-instrumentales Medium; er war weniger an den mathematisch-technischen Implikationen als an den neuen Ausdrucksmöglichkeiten interessiert. Eine zweite Schaffensphase Madernas zeichnete sich ab 1958 ab. Elektronik und postserielle Instrumentalkomposition unter Einbeziehung aller formalen und strukturellen Innovationen der Zeit verschmelzen zu einem dichten, neuartigen Ganzen, ablesbar etwa in »Musica su due dimensioni« für Flöte und Tonband oder dem Bühnenwerk »Hyperion« (1964). Bedingt durch den verstärkten Einsatz Madernas als Dirigent moderner Musik, kam es Ende der 60er Jahre nochmals zu einem Stilwandel, der hauptsächlich in der stärkeren Berücksichtigung der instrumenten-spezifischen Spiel- und Klangtechniken erkennbar wird. Höhepunkt seines Schaffens ist die 1972 im Auftrag des Chicago Symphony Orchestra geschriebene Komposition »Aura«.

Serenata II für 11 Spieler (Flöte, Klarinette, Baßklarinette, Horn, Trompete, Klavier/Glockenspiel, Vibraphon/Xylophon, Harfe, Violine, Viola und Kontrabaß)

1953 komponiert, 1957 überarbeitet; Hermann Scherchen gewidmet. Deutsche UA: April 1956 in Darmstadt. – Dauer: 15 Minuten.

Heiterkeit und mittelmeerischer Glanz strahlen aus der inmitten aller Diskussionen um die junge Serialität geschaffenen »Serenade II«. Bereits der Anfang, ein Piccolo-Solo, weckt Assoziationen an Bukolisches. Nach und nach treten weitere Instrumente hinzu, und der zarte Satz, dessen Transparenz und Leichtigkeit eindeutig aus der Kenntnis der Webernschen Partituren herrühren, verdichtet sich. Es folgen ein »Scherzando« und nach einer Generalpause ein »Allegro alla danza«. Ein »Maestoso« läßt die tänzerische Bewegung erstarren. Lang ausgehaltene Unisono-Töne, die in eine flimmernde Klangfläche einmünden, signalisieren den Stimmungswechsel. Die Klangfläche wird durch filigranartige Spielfiguren zerfasert und aufgebröckelt, bis am Ende, wie oft bei Maderna, ein Einzelton übrigbleibt: 4 verhauchende gleiche Töne in der Violine.

Serenata per un satellite für variable Besetzung

1969; Umberto Montalenti gewidmet. UA: 1. Oktober 1969 in Darmstadt, European Space Observation Center (anläßlich eines Satellitenstarts). – Dauer: variabel (min. 4, max. 12 Minuten).

Solistisch oder mehrfach besetzt spielbar – der Komponist gibt dafür ein Ensemble von Violine, Flöte (mit Piccolo), Oboe (auch Englisch Horn und/oder Musette), Klarinette, Marimba, Harfe, Gitarre und Mandoline an – ist die »Serenade für einen Satelliten« paradigmatisch für die Verschmelzungsmöglichkeiten von »offener Form« und musikalischer Grafik. Kürzere und längere Passagen von zuweilen recht differenziert ausgearbeiteter Faktur, zuweilen nur angedeuteter Gestik sind untereinander frei verknüpfbar; sie zeigen das Prinzip der Omnipräsenz aller Elemente an. Entscheidend für den kompositorischen Ansatz ist, daß die Geradlinigkeit des musikalischen Zeitverlaufs suspendiert wurde: Anstelle eines Einheitstempos gibt es ausschließlich Ritardandi (von M. M. 92 bis M. M. 42) und Accelerandi (von M. M. 92 bis M. M. 132). Analog zu den Werken in offener Form wie beispielsweise »Viola« (1971) lassen sich die Passagen an jeder Stelle unterbrechen und mit anderen verknüpfen.

KHS

Hans Ulrich Engelmann

* 8. September 1921 in Darmstadt

Engelmann begann zunächst ein Studium der Architektur (1945–47), ehe er sich von Wolfgang Fortner, Ernst Krenek und René Leibowitz in Komposition unterweisen ließ. Entscheidende Einflüsse erhielt er auf den Kranichsteiner Sommerkursen seit 1948, zur Zeit der Entdeckung der Musik Weberns und Schönbergs. Er arbeitete als Theaterkritiker und musikalischer Berater am Theater in Darmstadt (1954–61), 1969–88 als Kompositionslehrer an der Frankfurter Musikhochschule. Bühnenwerke stehen gleichberechtigt neben Fernseh- und Filmmusiken, Kammermusik neben Orchesterkompositionen, Vokalmusik neben elektronischer Musik. Für sein reiches kompositorisches Schaffen, dessen stilistische Einordnung angesichts seiner Vielfalt kaum gelingt, wurde Engelmann mehrfach ausgezeichnet, u. a. durch den BDI-Kulturkreis, mit dem Rompreis Villa Massimo (1960, 1967) sowie dem Internationalen Rundfunkpreis von Radio Prag 1960.

Kammermusik: *Klangstück* op. 1a für Violine und Klavier (1947); *Sonate* op. 2a für Violoncello und Klavier (1948); *Streichquartett* op. 10 (1952); *Komposition in 4 Teilen* op. 11 für Sopran, Flöte, Klavier, Pauken und Schlagzeug (1953); *Integrale* op. 14a für Saxophon und Klavier (1954); *Incanto* op. 19 für Sopran, Saxophon und Schlagzeug (1959); *Permutazioni* op. 20a, Bläserquartett in 2 Teilen für Flöte, Oboe, Klarinette und Fagott (1959); *Variante* op. 20b für Flöte solo (1959); *Timbres* op. 27 für Harfe, Celesta, Vibraphon, Klavier, Schlagzeug und fakultativ Tonband (1963); *Mobile II* op. 35 für Klarinette und Klavier (1968); *Modelle I oder »I love you Bäbi«* op. 37 für live-elektronische Gruppe (1970); *mini-music to siegfried palm* op. 38 für Violoncello solo (1970); *Modelle II* op. 39 für Schlagzeugensemble und Posaune (1970); *Variety* op. 41 für Oboe solo (1971); *Epitaph für einen imaginären Freund* op. 48 für Trompete und Klavier (1983); *Assonanzen* op. 49 für 2 Violoncelli (1983); *Duettono* für Klavier und Schlagzeug op. 50a (1985); *Inter-Lineas* op. 50b für 2 Spieler: Saxophon / Klarinette und Schlagzeug (1985).

Timbres op. 27 für Harfe, Celesta (alternierend Glockenspiel), Vibraphon (alternierend Marimbaphon), Klavier und 4 Schlagzeuger sowie 1 oder 2 Tonbänder (oder ohne Tonband)

1963. UA: November 1978 in Frankfurt a. M. – Dauer: 9 Minuten.

»Timbres« setzt sich aus drei Klangschichten zusammen, deren oberste aus kurzen Tönen mit präziser Tonhöhe (Celesta, Glokkenspiel, Vibraphon, Marimbaphon, Pianoforte und Harfe) besteht. Die Mittelschicht aus elektronisch-konkreten Klängen und Vokalklängen auf Tonband fügt in metrischer Unabhängigkeit koloristische Bänder in das Strukturgefüge. Die Grundschicht besteht aus färbenden Impulsen ohne distinkte Tonhöhe, erzeugt auf Triangel, Gongs, Tamtam etc. Im Sinne höchstmöglicher Klangverschmelzung und dichtester Integration der Farben werden die Tasten- und Melodieinstrumente durchweg fast nur einstimmig eingesetzt; sie spielen punktuell vom Ohr wahrnehmbare Einzeltöne, deren Kohärenz durch die schlierenartige, abwechslungsreiche Mittelschicht gewährleistet ist. Vom Materialdenken her gesehen erweist sich »Timbres« als typisches Beispiel einer »Klangkomposition«, die wie eine aus komplexen Orchesterstrukturen herausgelöste, farbenreich angelegte Minimalfläche wirkt.

KHS

Iannis Xenakis

* 1. Mai 1922 in Brăila (Rumänien)

Erste musikalische Studien brachten Xenakis (Sohn griechischer Eltern) die traditionelle griechische Musik, die byzantinische Kirchen- und die Volksmusik näher. Bereits an dieser modalen Musik begann er Untersuchungen über Klangfarbe und Klangfülle. Nach Abschluß eines Architekturstudiums in Athen wurde er 1947 in Paris Mitarbeiter Le Corbusiers und 1949 Kompositionsschüler von Honegger und Milhaud. Entscheidende Einflüsse verdankt er den Vorlesungen von Olivier Messiaen (1950–53) sowie dem Unterricht bei Hermann Scherchen in Gravesano.

Kammermusik: *Analogique A* und *B* für 9 Streichinstrumente und Tonband (1959); *St/4 – 1,080262* für Streichquartett (1956–62); *ST/10 – 1,080262* für 10 Instrumente (2 Klarinetten, 2 Hörner, Harfe, Schlagzeug und Streichquartett; 1956–62); *Morsima – Amorsima* für Klavier, Violine, Violoncello und Kontrabaß (1956–62); *Atrées* für 10 Instrumente (Flöte, 2 Klarinetten, Horn, Trompete, Posaune, Schlagzeug, Violine und Violoncello; 1956–62); *Eonta* für Klavier und 5 Blechbläser (1963–64); *Nomos alpha* für Violoncello solo (1966); *Anaktoria* für Klarinette, Fagott, Horn, 2 Violinen, Viola, Violoncello, Kontrabaß (1969);

Persephassa für 6 Schlagzeuger (1969); *Charisma* für Klarinette und Violoncello (1971); *Aroura* für 12 Streichinstrumente (1971); *Mikka* für Violine solo (1971); *Linaia-Agon*, Musikalisches Spiel für Posaune, Trompete und Tuba (1972–82); *Phlegra* für 11 Instrumentalisten (1975); *Psappha* für Schlagzeug solo (1975); *N'shima* für 2 Mezzosoprane, 2 Hörner, 2 Posaunen und Violoncello (1975); *Theraps* für Kontrabaß solo (1975–76); *Retours / Windungen* für 12 Violoncelli (1976); *Epei* für Englisch Horn, Klarinette, Trompete, 2 Posaunen, Kontrabaß (1976); *Mikka S* für Violine solo (1976); *Dmaathen* für Oboe und Schlagzeug (1976); *Kottos* für Violoncello solo (1977); *Akanthos* für Flöte, Klarinette, Sopran, 2 Violinen, Viola, Violoncello, Kontrabaß und Klavier (1977); *Ikhoor* für Streichtrio (1978); *Pleiades* für 6 Schlagzeuger (1978); *Dikhtas* für Violine und Klavier (1979); *Palimpsest* für Oboe (und Englisch Horn), Klarinette, Fagott, Horn, Klavier, Schlagzeug und Streichquintett (1979); *Embellie* für Viola solo (1981); *Komboi* für Cembalo und Schlagzeug (1981); *Tetras* für Streichquartett (1983); *Khal Perr* für Blechbläserquintett und einen Schlagzeuger (1983); *Nyūyō (Untergehende Sonne)* für traditionelle japanische Instrumente (1985); *Idmen B* für 6 Schlagzeuger und mögliche Chor-Interventionen (1985); *Akea* für Klavier und Streichquartett (1986); *Keren* für Posaune solo (1986); *Xas* für Saxophonquartett (1987); *Kassandra (Oresteia II)* für Bariton (mit Psalterium) und Schlagzeug (1987); *Rebonds* für Schlagzeug (1988).

In seiner Tonsprache unverwechselbar und individuell, hat Xenakis unabhängig von Modetrends und Zeiterscheinungen in der nachseriellen Phase komplexe Rechenarten, teilweise unter Verwendung von Computern, in die Musik eingeführt. Unter Reduktion der Bedeutung von Einzeltönen läßt er Gruppen-, Massen- und Scharenbewegungen des Tonmaterials hörbar werden. Xenakis sieht in der Musik das gleiche wie in der Architektur, die für ihn sichtbar gewordene Mathematik ist. In jüngerer Zeit hat die Produktion von Kammermusik gegenüber den größer besetzten Werken an Bedeutung gewonnen.

St/4 – 1,080262 für Streichquartett

1956–62. UA: 1962 in Paris (Bernède-Quartett). – Dauer: 11 Minuten.

Die Komposition gehört zu einer wichtigen Gruppe im Gesamtwerk des Komponisten, die mit Hilfe einer IBM-Rechenmaschine geschaffen wurde – ebenso wie u. a. »Atrées« und »Morsima – Amorsima«, denen auch die gleiche Programmierung zugrunde liegt. Der Computer wurde mit einem komplexen Programm gespeist, das im Sinne der sogenannten Markowschen Ketten auf Gesetzen der Wahrscheinlichkeitsrechnung beruht. Der Computer definierte daraufhin die Töne einer vorgegebenen Folge hinsichtlich Zeitstelle, Klangfarbe, Tonhöhe,

Dauer, Intensität und fallweise auch Neigungswinkel von Glissandi. Dabei ergab sich ein aus 15 Abschnitten bestehendes 1sätziges Werk, dessen Teile von unterschiedlicher Konsistenz sind. Traditionelle Formvorstellungen sind aufgehoben zugunsten von vorkalkulierten Klangprozessen. »ST« bedeutet »stochastisch«: ein Begriff aus den Anfängen der Wahrscheinlichkeitsrechnung. ST/4 – 1,080262 heißt demnach »1. stochastisches Werk für 4 Spieler, basierend auf einem am 8. 2. 1962 programmierten Rechenvorgang«.

Atrées für 10 Instrumente

Besetzung: Flöte, Klarinette, Baßklarinette, Horn, Trompete, Posaune, Schlagzeug, Violine, Violoncello.
1956–62. UA: 1962 in Paris (Ensemble de Musique Contemporaine). – Dauer: 15 Minuten.

Der Komposition liegt dasselbe Rechenprogramm zugrunde wie den 3 stochastischen Werken »ST/4«, »ST/10« und »ST/48«. Sie entstand zu Ehren Blaise Pascals (1623–62), des Mitbegründers der Wahrscheinlichkeitsrechnung, im Gedenkjahr 1962. Der Computer errechnete nach einem vom Komponisten entwickelten Programm alle Parameter der Töne, die – formal zu einem einzigen Satz zusammengefaßt – in ihrer Gesamtheit als komplexe Erscheinung zu werten sind. Es wurden die Zeitpunkte des Auftretens aller Einzeltöne, ihre Klangfarbe, Tonhöhe und Dauer definiert sowie die Verlaufskurven der Lautstärke und die Neigungswinkel der Glissandi. Der Titel des Werkes (»Atriden«) leitet sich aus der Vorstellung des Komponisten her, daß den Rechenoperationen mit Zufallsberechnungen eine ähnliche Schicksalhaftigkeit innewohne wie der Lenkung der menschlichen Geschicke durch die Götter, beispielhaft im Mythos von Agamemnon und Menelaos, den Söhnen des mykenischen Königs Atreus. Nicht ohne Grund heißt ein weiteres Werk dieser Werkgruppe »Morsima – Amorsima« (Schicksalhaft – Schicksallos).

Anaktoria für 8 Instrumente

Besetzung: Klarinette, Fagott, Horn, 2 Violinen, Viola, Violoncello und Kontrabaß.
1969. UA: 1969 in Avignon (Octuor de Paris). – Dauer: 11 Minuten

Das 1sätzige Werk entstand ohne Vorauskalkulationen in spontaner Niederschrift und hat keinen erkennbaren anderen Inhalt außer der Klangalchimie, die aus der Heterogenität des Ensembles neuartige, unbekannte Mixturen entwickelt. Für diesen Vorgang, der – zum Werkinhalt erhoben – generell stilbildend für die 1960er Jahre wurde, prägte man den Begriff »Klangkomposition«. Der Titel läßt sich übersetzen als »Schön wie ein Palast«; er ist der Name einer in der Antike in hohem Ansehen stehenden Frau von der Insel Lesbos, einer als »zehnte Muse« titulierten Geliebten der Sappho.

KHS

Erhard Karkoschka

* 6. März 1923 in Mährisch-Ostrau (Tschechoslowakei, heute Ostrava)

Zunächst Orchestermusiker, begann Karkoschka 1946, an der Stuttgarter Musikhochschule Komposition bei Karl Marx und Dirigieren sowie Musikwissenschaft an der Universität Tübingen (Promotion 1959) zu studieren. 1958–1987 lehrte er an der Musikhochschule Stuttgart (Komposition seit 1958, seit 1973 Leiter des Studios für Elektronische Musik).

Kammermusik: *Duett* für Violine und Violoncello (1951); *Streichquartett* in G (1951); *Variationen über das isländische Volkslied »Sumri hallar«* für Flöte und Klavier (1952); *Marionetten-Trio* für Violine, Klarinette und Klavier (1952); *Streichquartett* in B (1952); *Präludium und Fuge* für Bläserquintett (1952); *Divertimento* für Bläserquintett (1952); *Esslinger Festmusik*, Musik für 6 Bläser (1954); *freie situationen, Ein phantastisches Melodrämchen* über eigene Texte für Sprecher, Viola, Violoncello und Klavier (1957); *koordinaten* für Sopran und Streichquartett (1959); *sechs konstellationen* nach Eugen Gomringer für Sopran, Klarinette, Violoncello, Harfe und Celesta (1962); *quattrologe* für Streichquartett (1966); *psylex* nach Texten aus dem Psychologie-Lexikon von P. R. Hofstätter für Sopran, Flöte und Tonband (1968); *szene für zwei celli* (1969); *antinomie* für Bläserquintett (1969); *mit/gegen sich selbst I* für Blockflöte und Tonband (1969); *aus dreien für sechse*, Szene einer Flöte, Klarinette, Violine, Violoncello, Klavier und Dirigent (1969); *Szene im Schlagzeug* für einen Schlagzeuger (1970); *mit/gegen sich selbst II* für einen Pianisten und Tonband (1970); *mit/gegen sich selbst III* für Fagott und Tonband (1971); *Tempora mutantur* für Streichquartett (1971); *Vier Aufgaben für fünf Spieler*, variable Besetzung (1971); *Kollektives Improvisieren* für variable Besetzung (1973); *Kammerkitsch* für Sopran, Tenor, Baß, Flöte, Klarinette, Violoncello und Tonband (1974); *Zymbelsplitter* für Zymbal solo (1974); *Chronos II* für Klarinette, Viola, Elektrische Orgel, Klavier (1975); *Im Dreieck* für 3 Flöten oder Flöte und Tonband (1975); *links und rechts*, Märchen für einen Flötisten und Elektronik (1976); *horkov* für Baßklarinette und Klavier (1976); *Spiralend I und II* für 15 Flötisten oder 3 Flöten und Tonband (1980); *Improvisation über »Improvisation«* für Schlagzeug, »veritable Instrumente« (3 Spieler) und Tonband (1980); *... doch fülle zwei und werde vier ...* für 3 Bläser, 3 Streicher, 2 Schlagzeuger und Klavier (1981/82); *Dialog* für Fagott und Elektronik (1982); *Aus einer Figur* für 3 Flötenbläser, oder für einen und Zweispurtonband (1982); *Glasteroisin* (I gläsern, II Asteroiden, III sinnieren) für 2 Flötisten und Tonband (1985); *Aramizdaki Köprü (Die Brücke zwischen uns)* für Gitarre (1985); *Bläsergedichte* für Blasquintett (1987); *Nach Paul Celan*, 11 Gedichte für Gitarre, Sprecher, Flöte, Klarinette, Marimba, Viola und Violoncello (1988); *Klangzeitspektakel* für Streichquartett, Elektronik und Projektion nach einem Skriptogramm von Kurt Leonhard (1988).

In seiner kompositorischen Entwicklung löste sich Karkoschka von der Handwerklichkeit seines Lehrers Marx und griff vielfältige Möglichkeiten des multimedialen Arbeitens und Experimentierens auf. Szenisches, Grafisches und Elektronisches nehmen in seinem Schaffen breiten Raum ein; Werke wie z. B. »Allklang 1978«, ein »Musik/Himmels-Theater für ein Planetarium«, charakterisieren die kreative Vielseitigkeit Karkoschkas.

quattrologe für Streichquartett

1966. UA: Tonkünstlerfest München 1966. – Dauer: 13 Minuten.

Stilgeschichtlich markiert »Quattrologe« den Umbruch von strikt auskomponierter Tonhöhen- und Tondauerstruktur zu flexibel gehandhabten Formen und Zeitgestaltungen. Die Herkunft des Tonhöhenmaterials aus der Webern-Nachfolge ist eindeutig; es erfährt an dieser Stelle eine freizügige Verarbeitung, die mit Postserialismus adäquat umschrieben ist. Die rhythmischen Gestalten sind in »space notation« fixiert, d. h. sie werden aus der Lokalisierung der Noten in einem optischen Raster abgeleitet und »geschätzt« (Karkoschka). Korrelierend zu der »Unschärfe« der rhythmischen Prozesse ergeben sich instrumentatorische Unschärfen aus den sogenannten »Fawcetts«, den nach ihrem Entdecker Rodney Fawcett benannten Flageolettklängen ohne distinkte Tonhöhe. Geräuschbeimengungen lassen das klangliche Geschehen aus der Dominanz von Tonhöhenberechnungen abwandern in ein Kontinuum von akustischen Determinanten, die einer formalen Logik unterworfen werden. So entwickelt sich aus einer exponierenden »Evolution« die erste Metamorphose, ein Stadium des Umkippens von Webernscher Diktion in die Unschärfe. »streitgespräch« (vgl. Zitat S. 998) und »pathetische Serenade« heißen 2 Charakterstücke – notiert in »Equiton«-Schrift –, die zwischen weitere Metamorphosenstufen eingeblendet werden, ehe das gesamte

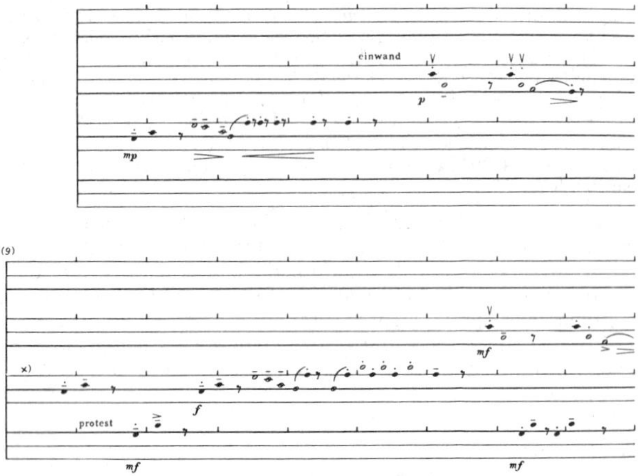

x) hier und vor jedem weiteren neuanfang der violafigur: zeit lassen, das vorhergegangene ausklingen lassen

Geschehen rückläufig in einer reprisenartigen »Destruktion« zurückgespult wird, bis der Ausgangspunkt, der Einzelton, wieder erreicht ist.

KHS

György Ligeti

* 28. Mai 1923 in Dicsöszentmárton (heute Tîrnăveni, Siebenbürgen)

1941–43 erhielt Ligeti am Konservatorium in Klausenburg und privat in Budapest Kompositionsunterricht, 1945–49 an der Budapester Musikhochschule bei Sándor Veress, Pál Járdányi und Ferenc Farkas. Er lehrte dann dort selbst 1950–56 Harmonielehre, Kontrapunkt und Analyse. Nach dem ungarischen Aufstand 1956 Flucht in den Westen. 1957/58 freier Mitarbeiter im Studio für elektronische Musik des WDR Köln. 1959–69 in Wien, 1969/70 hauptsächlich in Berlin, seit 1973 in Hamburg (Professor für Komposition an der Hochschule für Musik) und Wien lebend. Daneben Kompositionskurse in Europa und den USA.

Kammermusik: *Sechs Bagatellen* für Bläserquintett (1953); *Sechs Miniaturen* für Bläserensemble (1953; Einrichtung von F. K. Wanek

1975); *Streichquartett Nr. 1, Métamorphoses nocturnes* (1953/54); *Fragment* für Kontrafagott, Baßposaune, Kontrabaß-Tuba, Schlagzeug (tiefes Tamtam, Große Trommel), Harfe, Cembalo, Klavier und 3 Kontrabässe (1961, rev. 1964); *Aventures* für 3 Sänger und 7 Instrumentalisten (1962); *Nouvelles Aventures* für 3 Sänger und 7 Instrumentalisten (1962–65); *Streichquartett Nr. 2* (1968); *Zehn Stücke* für Bläserquintett (1968); *Kammerkonzert* für 13 Instrumentalisten (1969/70); *Trio* für Violine, Horn und Klavier (1982).

Ligetis kompositorische Entwicklung war zunächst geprägt durch Werke Bartóks, Strawinskys (weniger auch Bergs) und die ungarische und rumänische Volksmusik. Erst nach der Flucht 1956 lernte er die neuere westeuropäische Musik kennen; intensive theoretische und dann auch praktische Auseinandersetzung mit den avantgardistischen Strömungen war die Folge. Das serielle Verfahren als Sackgasse erkennend, etablierte Ligeti das Komponieren von Klangfarben, Räumen, Flächen und Massen. Das Komponieren mit spezifischen Intervallen wurde aufgegeben zugunsten von statischen oder intern bewegten, kaleidoskopartig sich wandelnden Klangflächen (»Netzgeweben«), die aus dichtester chromatischer Schichtung oder komplex verschlungenen Einzellinien (»Mikropolyphonie«) resultieren. Den »Gegentyp« repräsentieren Stücke heftiger Gestikulation, welche die Klangbänder bis ins Absurde zersplittern. Die Werke der 80er Jahre sind wesentlich von der verstärkten Beschäftigung mit illusionsmetrischen und -rhythmischen Phänomenen geprägt. Ligetis assoziationenreiche Musik liebt Farben, extreme Kontraste, Beteiligung des Räumlichen und Gestischen, Doppelbödigkeit, Allusionen.

Streichquartett Nr. 2

1968. UA: 14. Dezember 1969 in Baden-Baden (LaSalle Quartet). – Dauer: ca. 21½ Minuten.
Allegro nervoso – Sostenuto, molto calmo – Come un meccanismo di precisione – Presto furioso, brutale, tumultoso – Allegro con delicatezza.

Das Werk, ein Kulminationspunkt in Ligetis Schaffen der 60er Jahre, wird bestimmt von der Zusammenführung ehemals getrennter Schreibweisen. »Netzgewebe« und »zersplitterte Texturen« samt vielfältigen Übergangsstufen bedingen und durchsetzen sich nun wechselseitig und werden für Einzelsatz und Gesamtbewegungsverlauf konstitutiv. Darüber hinaus gewinnt Ligeti den eher begrenzten klanglichen Möglichkeiten des Streichquartetts das Äußerste an Farbigkeit ab. Mitkomponiert ist immer auch das Gestische; daß dabei die Verwendung aller Spielweisen bis zum Aberwitzigen und ins gefährlich-virtuose Extrem getrieben wird, hat neben der klangfarblichen und artikulatorischen Differenzierung auch den Sinn, die vier Individualitäten eines Streichquartetts als solche zu zeigen, mit allen Konsequenzen freilich: Von der Gemeinsamkeit über allmähliches Divergieren bis zu absoluter Getrenntheit und brutalem Gegeneinander kann sich alles ereignen.

Am Anfang des *1. Satzes* steht ein Takt absoluter Stille. Erst dann setzt ein Pizzicato auf dem Steg »ex abrupto« einen Beginn, ein zunächst im äußerst Leisen und Hohen angesiedeltes, flirrendes Umfließen weniger Achstöne. Für den Satzverlauf bestimmend wird der Kontrast von immer überdrehter ausbrechenden und ausholenden Gesten und gleichsam als deren Echo aufscheinenden, sehr zarten, stehenden Klängen (»harmonische Auflichtungen«); immer weiter klaffen die Extreme auseinander. Abnehmende Lautstärke und sich wieder verengende Klangbreite leiten den Satz zu seinem Anfang und ins Nichts zurück.

Das zuletzt erklungene gis wird zum Ausgangspunkt des mit Dämpfern zu spielenden *Sostenuto.* Aus dem zunächst allen gemeinsamen Ton erwächst nach und nach ein engmaschiges Gewebe, dessen Nuancen genauestens bestimmt sind durch Festlegung der jeweiligen Saite (Farbwert!), von Strich- und Artikulationsart sowie durch die Einführung von Mikrointervallen. Immer wieder erstarrt die Bewegung in langen stehenden Klängen; kurze Einwürfe und ein längerer, äußerst heftiger Ausbruch stören den sonst fast hauchigen Klangfluß.

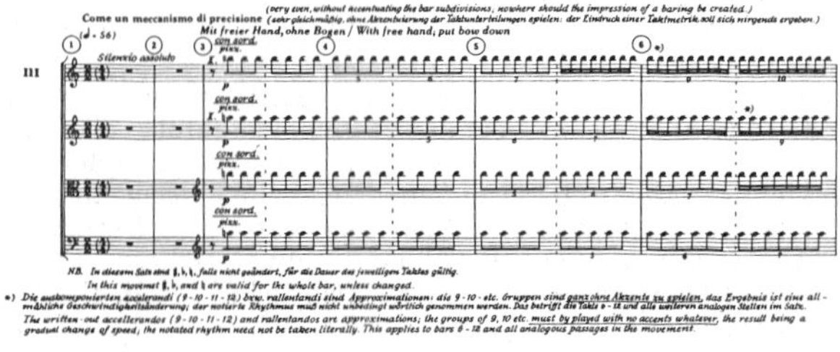

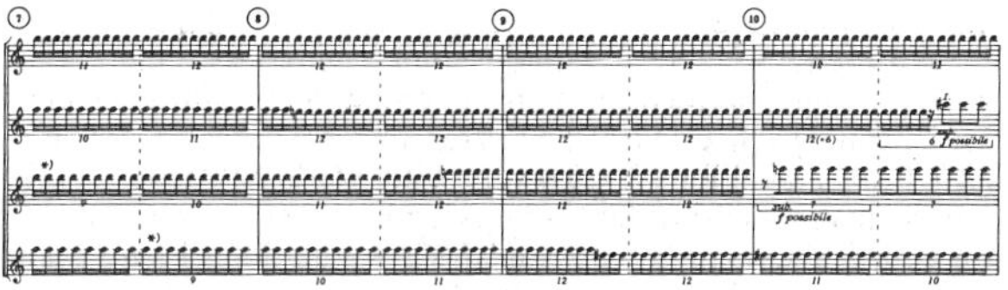

*) Siehe Fußnote *) oben.
See footnote *) above.

Der *3. Satz,* mit freier Hand und ebenfalls mit Dämpfern zu spielen, beginnt mit Achteln absoluten Gleichmaßes. Die anfängliche Präzision verfliegt rasch: Wie ungleich gehende Uhren oder defekte Maschinen beschleunigen die Spieler mit unterschiedlicher Schnelligkeit, so daß ein Klangband von disparat tickenden Impulsen entsteht (vgl. Notenbeispiel). Die Ereignisse kulminieren in einem Feld des völlig Defekten. Eine verkürzte rückläufige Entwicklung bringt Rhythmusberuhigung, völliges Ebenmaß und Auslaufen in die Stille.

Den Typus wild-ungebärdigen Ausbrechens und absoluten Gegeneinanders verkörpert der *4. Satz.* In diesem mit aller Kraft, kratzig und »in übertriebener Hast, wie verrückt« zu spielenden Umfeld wirken die auch hier aufscheinenden liegenden milden Klänge noch mehr als Gegenwelt. Nach einem Ausbruch »wie ein schriller Schrei« bricht der Satz rasch und »wie abgerissen« ab.

Ohne Unterbrechung schließt sich der *5. Satz* an, »eine milde Variante des teuflischen ersten Satzes«. Ein sehr zartes Netzgewebe verdichtet sich allmählich rhythmisch und klanglich, wandelt sich zu expressiven Gesten und mündet erstmals in einen stehenden Klang. Ähnlich wie im 1. Satz stocken die verschiedenen Bewegungen – vibrierende Klangbänder, kadenzartige Figurationen, Versuche gemeinsamer Melodiebildung, Ausbrüche – immer wieder zu solch stehenden oder fluktuierenden Auflichtungen. So erstarrt die letzte – immer sehr leise – Trillerverdichtung in einem 3 Oktaven auseinanderliegenden Terzklang von Viola und Cello (identisch mit den Tönen des Satzanfangs), in dessen leere Mitte die Violinen mit denselben Tönen hineingleiten. Die entstehende Bewegung treibt die Instrumente an ihre äußeren Ränder – sie verschwinden, zurück in die absolute Stille des Beginns.

Zehn Stücke für Bläserquintett

1968. UA: 20. Januar 1969 in Malmö (Stockholmer Bläserquintett). – Dauer: ca. 14–15 Minuten.

Die Stücke gehen ganz von den spezifischen Möglichkeiten und Bedingungen von Blasinstrumenten und Bläsersatz aus. Ensemblesätze wechseln ab mit »Mikrokonzerten«, in denen jedes Instrument auf charakterisierende Weise auch solistisch vorgestellt wird.

Molto sostenuto e calmo setzt aus absoluter Stille der erste Komplex ein – ein Klanggewebe, dessen Anfangskonstellation (Sekundabstände) in interne Bewegung gerät und sich zunächst fast ausschließlich im Raum der kleinen Oktave bewegt, bevor unvermittelt und mit kontrastierendem dreifachen Forte das zweigestrichene cis errungen wird. Quasi als Echo und mit einem Relikt der Anfangskonstellation verklingen Altflöte und Klarinette im Sekundabstand.

Das erste Mikrokonzert (*Prestissimo minaccioso e burlesco*) verharrt im tiefen Bereich, staucht die Sekundkonstellation noch enger, lebt nunmehr jedoch vom Kontrast kurzer, starker Akzentsetzungen und dazwischenliegender Stille, aus der bereits Figuren der Klarinette auftauchen, die dann auch mit quirlendem Laufwerk und der Ausnutzung ihrer typischen Register den Satz beherrscht. Die große Sekund behält das letzte Wort; dann Stille.

Das 3. Stück (*Lento*) ist eine höher liegende Variante des 1. (auch die Farbe des Englisch Horns hat sich zu jener der Oboe d'amore gewandelt). Das Klanggewebe löst sich bereits in bewegtere Linien auf; kurz finden Altflöte, Oboe d'amore und Fagott zu gemeinsamer Gestalt. Die Instrumente verschwinden nach und nach ins Nichts – übrig bleibt (wie im folgenden Satz auch) das Kernintervall.

Nur von Klarinette und Fagott begleitet, agiert im *Prestissimo leggiero e virtuoso* die Flöte mit spezifischer Brillanz und Variabilität der Tongebung.

Der 5. Satz (*Presto staccatissimo e leggiero*) vereint das Tempo des vorangegangenen Stücks mit einer nervösen Variante des Ensemblesatzes: Von einem gemeinsamen Ton aus beginnend, lassen schnellste Tonrepetitionen das Netzgewebe allmählich zerstieben.

Ebensolche Repetitionen bestimmen das Mikrokonzert der (zuvor ausgesparten) Oboe; »con eleganza« vollbringt sie im *Presto staccatissimo e leggiero* Musterbeispiele gewagter Anblas- und Geläufigkeitstechnik, unterbrochen von verhaltenen Einwürfen und Unisonomelodie, bevor schattenhaft-flüsternd nur noch Anblasgeräusche übrigbleiben.

Das 7. Stück (*Vivo, energico*) variiert das 2. Kurze und harte Akkordballungen (nun zu kleinen Sekunden zusammengepreßt) unberechenbaren Abstands kontrastieren mit Stille oder lang gehaltenen Tönen oder Klängen. Der expressive Schlußabschnitt treibt die Instrumente immer mehr auseinander und bricht ab »wie abgerissen«.

Im anschließenden Concerto minimo (*Allegro con delicatezza*) tritt das Horn aus sehr weichem Netzgewebe »wie aus der Ferne erklingend« ein – Aura, Kantabilität und Farbkonstraste charakteristisch ausspielend und in eine Schichtung dreier Sekunden mündend.

Die Entwicklung des Ensemblesatzes zur Höhe, von milder Dichte zu aggressiver Schärfe hin findet im 9. Stück (*Sostenuto, stridente*) ihre extreme Ausprägung. Klarinette, Oboe und Piccoloflöte sind nunmehr grell in der dreigestrichenen Oktave angesiedelt.

Ein *Presto bizzarro e rubato* schließt ab. Zu kurzen, harten Einwürfen der übrigen Instrumente vollführt das Fagott in seinem Mikrokonzert zögernd oder mit Kraft das gerade noch Mögliche an Läufen und grotesken Sprüngen. Nur ein Halteton der Piccoloflöte bleibt stehen; diesen beendet trocken das Fagott (quasi kleine Sekund!). »Ohne Tempo« verläuft der letzte, stumme Takt. (Fußnote: »'. . . but –' There was a long pause. 'Is that all?' Alice timidly asked. 'That's all,' said Humpty Dumpty. 'Good-bye.'«)

Trio für Violine, Horn und Klavier

1982. UA: 7. August 1982 in Hamburg-Bergedorf (Bergedorfer Schloßkonzerte; Saschko Gawriloff, Hermann Baumann, Eckart Besch) – Dauer: ca. 21½ Minuten.

Andantino con tenerezza – Vivacissimo, molto ritmico – Alla marcia – Lamento. Adagio.

Vor allem die Möglichkeit, für das Horn als Instrument unverwechselbaren Charakters komponieren zu können, war für die Entstehung des Trios von ausschlaggebender Bedeutung. Das Instrument verkörpert für Ligeti eine ganz bestimmte Aura – es tönt gleichsam aus räumlicher und zeitlicher Ferne in die Jetztzeit. Darüber hinaus brachte das Stück eine stilistische Neudefinition mit sich. Ohne Identitätsverlust sollte das Wiederkäuen des schon Gemachten vermieden werden. Ziel war eine sehr viel melodischere Musik »in einer Art nicht-diatonischer Diatonik«, ferner die Auseinandersetzung und Nutzbarmachung des vorgefundenen »riesigen Reservoirs von Modellen (sowohl historischen wie folkloristischen, sowohl formalen wie melodischen wie harmonischen)«.
Unbekümmert um das Verdikt Neuer Musik gegenüber Wiederholtem steht das *Andantino* in der Form A B A′. Auch melodisch und klanglich spielt der Komponist mit Tradiertem. Verfremdet erklingen in der Violine »verbogene«, »schiefe« Hornquinten. Dieser Keim ist in allen Sätzen wirksam – wörtlich, gedehnt, gestaucht oder sich fortspinnend. Eine Art Choral der Violine und betont abweichend rhythmisierte Hornfiguren bestimmen zunächst den Satz. Die Bewegung mündet immer neu in ausschwingende Haltepunkte, zu denen schließlich auch das Klavier mit dem rhythmisch variierten Hornquintenkeim hinzutritt. Belebter werdend, wiederholt sich dieses Spiel mehrfach. In neuem Tempo hebt unvermittelt der B-Teil an, eine Kombination aus einer weiteren Variante des Anfangskeimes und Einwürfen aus dem A-Teil. Hinter einer zugleich sich steigernden und dabei immer weiter in die Tiefe absinkenden Fortspinnung des Hornquintenelements durch das Klavier setzen Violine und Horn im alten Tempo mit der Rekapitulation des A-Teils ein, die dann – bis auf den Schluß – in tongetreuer Wiederholung verläuft.
Der *2. Satz* ist ein polymetrischer Tanz von schnellstem Tempo, »inspiriert durch verschiedene Volksmusiken von nichtexistierenden Völkern«. Aus dem rhythmischen Raster des Beginns entwickelt sich eine Polyphonie völliger Eigengesetzlichkeit der

Instrumente, bei der sich über einem Ostinato unterschiedlichste Gebilde komplex überlagern.
Im *3. Satz* setzt sich die verbissene Selbständigkeit der Instrumente ins Extrem fort. Als formale Variante des 1. Satzes kontrastiert er vertrackte, zerhackte Rhythmik der Außenteile mit einem akzentlos dahinhuschenden Mittelteil. Am Punkt äußersten Divergierens bricht der Satz abrupt ab.
Im abschließenden *Lamento* wird ein aus dem Hornquintenkeim entwickeltes melodisch-klangliches Gerüst zum Ausgangspunkt einer zäsurlos sich steigernden Passacaglia von trostloser Trauer. Das Gerüst wird dabei stärker und stärker von Chromatik durchdrungen, verdichtet sich »in Cluster und damit in Schlagzeug«. Zunehmende Eindringlichkeit geht einher mit ständig wachsender Entfernung der Instrumente zueinander. Nach dem Abbrechen des Klaviers in tiefster Lage tut sich plötzlich ein weiter leerer Raum auf, umgrenzt vom viergestrichenen h der Violine und dem Kontra-B des Horns. Über dem noch tiefer absackenden Horn verbleiben Klavier und Violine nur noch Reminiszenzen des Anfangskeims, »doch seltsam verfremdet, ein Foto einer Landschaft, die inzwischen im Nichts aufging«.

WT

Luigi Nono

* 29. Januar 1924 in Venedig, † 8. Mai 1990 in Venedig

Neben und nach einem Jurastudium erhielt Nono Kompositionsunterricht von Gian Francesco Malipiero, danach von Bruno Maderna und Hermann Scherchen die entscheidenden Impulse für seine kompositorische Weiterentwicklung. Bis 1960 nahm er regelmäßig an den Kranichsteiner Kursen teil und war maßgeblich an der Kritik der materialimmanenten Denkweise der Serialisten beteiligt. Politisches Engagement spricht schon aus dem Frühwerk »Variazioni canoniche« (1950), in dem Nono der Komposition die von Schönberg in seiner »Ode an Napoleon« verwendete Zwölftonreihe zugrunde legte. Der gesellschaftskritische Akzent seiner Musik verstärkte sich zunehmend und führte zu einer Entfremdung mit der deutschen Musiklandschaft in den 60er Jahren und bis zum Ende der 70er Jahre. Eine stil- oder gar schulebildende Doktrin ließ sich aus der Handwerklichkeit seiner Partituren schlecht ableiten, und die Übernahme der politischen Botschaft gehörte wesensmäßig zur Apperzeption seiner Musik. Beides ist die Ursache dafür, daß dieser in seinem Heimatland allseits akzeptierte, in Venedig lebende Komponist in Deutschland lange Zeit hindurch kaum Anhänger hatte. Ab Mitte der 80er Jahre läßt sich bei ihm eine Verinnerlichung der Aussage und eine fast hypertrophe Sensibili-

tät in den klanglichen Mitteln ablesen, was zur weitestgehenden Rehabilitierung Nonos in der BRD führte.

Kammermusik: *Polifonica – Monodia – Ritmica* für Flöte, 2 Klarinetten, Altsaxophon, Horn, Klavier und Schlagzeug (1951); *Canti per 13* für Kammerensemble (1955); *Fragmente – Stille, An Diotima* für Streichquartett (1979/80).

Luigi Nono ist im Grunde der Nicht-Kammermusiker par excellence. Sein Werk zielt auf die öffentliche Wirkung, seine Botschaft auf die Veränderung der gesellschaftlichen Strukturen. Und doch hat Nono wenigstens ein kammermusikalisches Werk geschaffen – »Fragmente – Stille. An Diotima« –, das in dieser Gattung eine herausragende Stellung einnimmt.

Fragmente – Stille. An Diotima für Streichquartett

1979/80. UA: 2. Juni 1980 in Bonn-Bad Godesberg (LaSalle Quartet). – Dauer: 18 Minuten.

Das 1sätzige Werk ist durch und durch quartettmäßig komponiert, und doch ist die plötzliche Hinwendung Nonos zum Kammermusikalischen keineswegs ein Zeichen etwa des Abrückens von früheren Maximen. Auch dieses Werk verweigert sich den gattungsmäßig etablierten Hörerwartungen, indem es alles andere hören läßt als gattungsspezifische Formen und Strukturen. Seit den frühen 50er Jahren an musikimmanenten Problemstellungen desinteressiert und statt dessen mit kommunistisch engagierten Textkompositionen unterschiedlichster Faktur hervorgetreten, hat Nono auch für das Streichquartett einen Weg gefunden, dem Ganzen einen »Sinn« zu geben, und zwar einen Sinn, der konsequent aus der bisherigen Linie hervorgeht: Textfragmente aus Gedichten von Hölderlin stehen in der Partitur über dem Notentext. Sie sollen zwar »in keinem Falle während der Aufführung vorgetragen werden bzw. als naturalistischer, programmatischer Hinweis für die Aufführung verstanden werden« (Nono), bilden aber dennoch die semantische Grundlage einer andernfalls unverständlichen Komposition. Nono bezeichnet die Hereinnahme der Texte als »schweigende ›Gesänge‹ aus anderen Räumen, aus anderen Himmeln. Die Ausführenden mögen sie ›singen‹ ganz nach ihrem Selbstverständnis.«

Die Resignation, die aus der von Nono selbst geschaffenen Collage Hölderlinscher Textstellen spricht – »wenn ich trauernd versank ...« und »das zweifelnde Haupt ...« –, ist jedoch nur eine scheinbare. Hier sagt Nono keineswegs »der Hoffnung das

Lebewohl« (Hölderlin). Doch bedarf die Neuartigkeit der Diktion, mit der Nono seiner Überzeugung auch im Kammermusikalischen Ausdruck verleiht, der Reflexion. »Malor me bat« (Vom Unglück bin ich geschlagen), frei nach Ockeghem von Nono bei Ziffer 48 seiner Partitur zitiert, ist bei näherem Hinsehen alles andere als ein Signal der Hoffnungslosigkeit. Gewiß: Nono benutzt auch Formulierungen Hölderlins wie beispielsweise »dem Täglichen gehör ich nicht«, doch hat dies nicht weniger politische Bedeutung als alles, was er früher kompositorisch ausgesagt hat. Er legt den Sachverhalt so dar: »Ich habe mich keineswegs verändert; auch das Zarte, Private hat seine kollektive, politische Seite. Deshalb ist mein Streichquartett nicht Ausdruck einer neuen retrospektiven Linie bei mir, sondern meines gegenwärtigen Experimentierstandes: ich will die große, aufrührerische Aussage mit kleinsten Mitteln.«

Mit dem Formkonzept des Fragmentarischen setzt Nono eine von Beethoven begründete Linie fort. Denn das Paradoxon des Unvollendeten in einer a priori auf Vollendung angelegten musikalischen Gattung hat Tradition. Auch Nono versteht es, den Ausgleich in dieser Ambivalenz herzustellen. Ähnlich in seiner Anlage wie Lachenmanns »Gran Torso«, wenn auch völlig anders in seiner Diktion, schafft Nono das in sich Abgerundete durch stringente musikalische Gesten. Und der »mit-zudenkende« Hölderlin-Text ist trotz aller Einschränkungen, die der Komponist hinsichtlich dessen programmatischer Bedeutung für das Musikalische macht, Basis einer Dreiteiligkeit, die sich auch dem Hörer mitteilt.

KHS

Klaus Huber

* 30. November 1924 in Bern

1947–55 Studium am Konservatorium Zürich bei Willy Burkhard (Komposition) und Stefi Geyer (Violine), 1955–56 bei Boris Blacher in Berlin. 1964–73 Kompositionslehrer an der Musikakademie Basel, danach als Nachfolger von Wolfgang Fortner an der Musikhochschule Freiburg.

Kammermusik: *Partita* für Violoncello und Cembalo (1954); *Sechs Miniaturen* für Klarinette, Violine und Violoncello (1955, 1963); *Concerto per la Camerata* für 6 Instrumente (1954/55); *Zwei Sätze* für 7 Blechbläser (1957/58); *Drei Sätze in zwei Teilen* für Bläserquinett (1958/59); *Noctes intelligibilis lucis* für Oboe und Cembalo (1961); *Moteti – Cantiones* für Streichquartett (1962/63); *Alveare vernat* für Flöte und 12 Solostreicher (1965); *To ask the flutist* für Flöte solo (1966); *Sabeth* für Altflöte, Englisch Horn und Harfe (1966/67); *Ascensus* für Flöte, Violoncello und Klavier (1969); *Drei kleine Meditationen* für Streichtrio und Harfe (1969); *Ein Hauch von Unzeit I* für Flöte solo (1972); *Ein Hauch von Unzeit II* für Klavier (1972); *Ein Hauch von Unzeit III* für 2–7 Spieler (1972); *Schattenblätter* für Baßklarinette, Violoncello und Klavier (1975); *Senfkorn* für Knabensopran, Oboe, Violine, Violoncello und Cembalo (1975); *Oiseaux d'Argent* für Flöte solo oder 2 Flöten oder 3 Flöten (1977); *Lazarus I/II*, Brosamen für Violoncello und Klavier (1978); *Beati pauperes I* für Flöte, Viola, Klavier und Schlagzeug (1979); *Von Zeit zu Zeit*, 2. Streichquartett (1985); *Petite Pièce* für 3 Bassetthörner (1986); *Fragmente aus Frühling* für Mezzosopran, Viola und Klavier (1987); *Streichtrio* (1988).

Die entscheidenden Einflüsse seiner künstlerischen Entwicklung verdankt Huber seinem Lehrer Burkhard, der – in einer schweizerischen Tradition der neobarocken Handwerklichkeit und formal geglätteten Prägnanz der Tonsprache stehend – ihm das Ethos der traditionsbewußten Kompositionspraxis nahebrachte. Das musikgeschichtliche Erbe, das ihm bis in alle Verästelungen hinein bekannt ist, dient Huber als ständige Quelle der Auseinandersetzung und Erneuerung sowie als Qualitätsmaßstab für jedes neue Werk. Zwischen 1952 und 1957 schrieb Huber in erster Linie Musik für den Kirchen-, Schul- und Hausgebrauch, deren Komplexität sich jedoch der allzu einfachen Integration in die Praxis sperrte. Unter dem Einfluß von Blacher, Bartók und Strawinsky und insbesondere von Webern änderte sich sein Stil grundlegend – ablesbar etwa in der Komposition »Auf die ruhige Nachtzeit« (1958), deren Diktion die Ästhetik des Basler IGNM-Kreises um Holliger und Wyttenbach beeinflußte. Huber legt Wert darauf, daß Werkaussage und -gestalt bis in alle Dimensionen des tönenden Materials hinein zur Deckung gebracht werden, auch wenn es sich beispielsweise um politisch engagierte Musik handelt, wie etwa »Erniedrigt – geknechtet – verlassen – verachtet« (1979/83). Weit entfernt von der üblichen Diktion der Agitprop-Musik, gibt er in seinen komplex gestalteten Werken an keiner Stelle den Anspruch höchster Kunsthaftigkeit auf.

Moteti – Cantiones für Streichquartett

1962/63. UA: 25. Mai 1964 in Basel. – Dauer: 25 Minuten.

Die Faktur dieses aus 2 Teilen (*Pars primo – Pars secondo*) bestehenden Zyklus scheint von der sensibel transparent gestalteten Farbigkeit und Atonalität Weberns hergeleitet zu sein, doch entstammt sie einer originär von Huber herkommenden

Modifikation seiner eigenen Tonsprache zu Beginn der 60er Jahre, für die der Komponist rückwirkend eine Bestätigung im Werk Weberns fand.

Der 1. Teil (*Pars primo*) reiht die Abschnitte symmetrisch:

Motetus I – Motetus II – Cantio I

Interventio nigra (Deploratio)

Motetus III – Motetus IV – Cantio II

Die »Beweinung«, Einbruch des Dunkels, ist ein feines Gespinst flüchtiger Figuren, Abbild des Zerbrechens aller festgefügten Gestalten. Demgegenüber symbolisieren die mit »Cantio« bezeichneten Abschnitte die Gegenwelt. Klar ziseliert in der Motivik und gesanglich im Duktus, leben sie aus der Abwandlung eines Tonhöhenmodells. Dazwischen vermitteln die mit dem mittelalterlichen Begriff des »Motetus« belegten, im Gestus des erregten Sprechens gehaltenen Abschnitte.

Der später entstandene 2. Teil (*Pars secondo*) kann als Weiterentwicklung der im 1. Teil angelegten Prozesse gelten und gliedert sich nach folgendem Schema:

Interventio sinistra – Motetus V – Motetus VI

Interventio ignis – Recordatio cantionis – Silentium cantionis

Ausgelöscht wird hier alles Gestaltgewordene, und selbst der Gesang, in Form einer »Recordatio« nochmals heraufbeschworen, mündet ein in das Verstummen.

Ascensus für Flöte, Violoncello und Klavier

1969. UA: 18. Juli 1969 in Lenzerheide. – Dauer: 16 Minuten.

Die 2sätzige Komposition zieht Folgerungen aus früheren Kompositionen von Huber, indem die anderweitig sich ankündigenden Tendenzen der Strukturauflösung hier zum Durchbruch kommen. Prinzipien der offenen Form, d. h. der Austauschbarkeit von Formpartikeln, wie sie in »Moteti – Cantiones« (1962/1963) auftraten, sind in dem 1969 komponierten Trio in verstärktem Maß zu finden. Sie haben ihr Korrelat in der auf weite Strecken durchgehaltenen Asynchronie der 3 Stimmen. Erst im bogenförmig angelegten langsamen 2. Satz ist die Synchronie beabsichtigt; indessen wirkt der verhaltene Lyrismus nach den klanglichen Eskapaden des 1. Satzes fragil und verfremdet. Bemerkenswert ist eine Seite in der Partitur des 1. Satzes, wo der Komponist darauf verzichtet, exakte Tonfolgen vorzuschreiben, und lediglich die lapidare Ausführungsanweisung gibt: »Du bist in einem unbekannten Klang-Gestirn! Versuche,

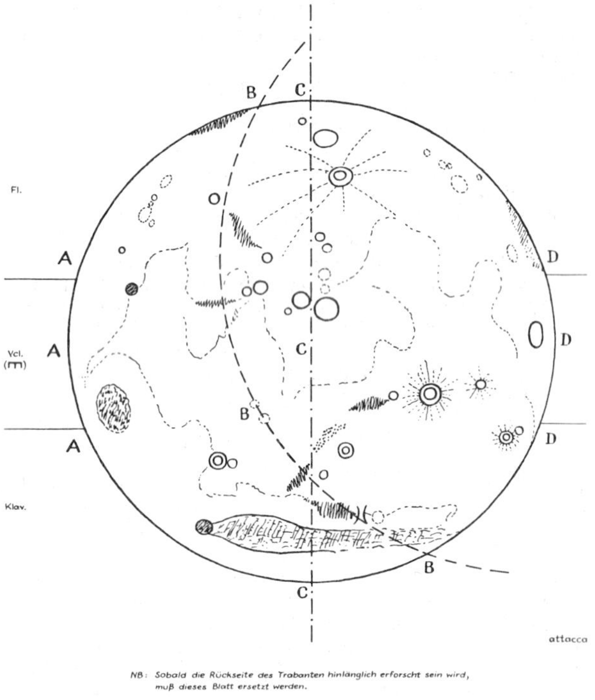

dein Instrument so zart und fremdartig wie möglich erklingen zu lassen!« Die Symbole dieser Seite (vgl. Abbildung) werden zwar noch einzeln exakt gedeutet als Aktionen am und im Instrument, doch liegt der tiefere Sinn solcher Passagen eher in der einfühlsamen Ausdeutung der Zeichen durch die Interpreten. »Kadenz an der Hörbarkeitsgrenze« nennt der Komponist diesen graphisch notierten Einschub, der alles andere als prototypisch für die ansonsten äußerst ausgefeilte Satztechnik Hubers ist. Zwischen diesem schattenhaft und zart angedeuteten Blatt und dem Rest des 1. Satzes bestehen klangliche Verbindungen durch die aufgelöste, von der Gestik des Redens bestimmte Schreibweise, deren Tonfall im übrigen stark geprägt ist von geräuschhaften Zutaten.

Ein Hauch von Unzeit I für Flöte solo

1972. UA: November 1972 in Wiesbaden (Aurèle Nicolet). – Dauer: 12 Minuten 30 Sekunden.

Eine »Klage über den Verlust der musikalischen Reflexion« nennt der Komponist dieses wichtige Werk der Sololiteratur für Flöte und beginnt mit einem Zitat aus der Musikgeschichte: dem Chaconne-Thema aus »Dido und Äneas« von Purcell. Von diesem lyrischen Urbild ausgehend, gelangt er bei zunehmender Auflösung der Gestaltmomente Zeit, Klang und Tonhöhe zu gleichsam schwerelos im Raum schwebenden Tonfolgen, deren Ableitung aus dem Original kaum noch nachvollziehbar ist. In dieser Gratwanderung zwischen streng durchorganisierten Zeit- und Klangraummustern, die Huber hier der Geschichte zuweist, und frei von erkennbaren Maßeinheiten sich entfaltenden Klangprozessen ist »Ein Hauch von Unzeit« sowohl den »Moteti – Cantiones« als auch »Ascensus« verpflichtet.

Ein Hauch von Unzeit III für variable Besetzung bis maximal 7 Spieler

1972. UA: 5. März 1976 in Köln. – Dauer: variabel (14,5 Minuten min. – 20 Minuten max.)

Die Grundlage dieser 3. Version von »Ein Hauch von Unzeit« ist das für Soloflöte geschriebene Original »Ein Hauch von Unzeit I«, welches von allen Spielern – gleichgültig, ob sie Flöte oder irgendein anderes Instrument spielen – kanonisch ausgeführt und zunehmend im Zeitraster zerdehnt wird. Absprachen der Spieler über den Zeitpunkt ihres Einsetzens und die Art ihrer Zeitdehnung sollten vermieden werden. Ebenso sind die an traditionelle Musik erinnernden rhythmischen Konvergenzen einzelner Stimmen zu vermeiden. Das klangliche Resultat der räumlich weit voneinander getrennten Spieler beschreibt der Komponist als »verwirrend sanft«, als ob der Hörer »sich in einem dichten Wald befände, der die Instrumentalklänge nur noch von ferne durchließe . . .«.

KHS

Pierre Boulez

* 26. März 1925 in Montbrison (Dép. Loire)

Boulez studierte zunächst Mathematik und technische Wissenschaften, ehe er sich dem Musikstudium (Komposition, Klavier, Dirigieren) am Pariser Conservatoire widmete. 1946–56 musikalischer Leiter bei der Theatergruppe Jean-Louis Barraults, was ihm ermöglichte, die Konzerte und das Ensemble der »Domaine musicale« zu gründen und zu leiten. 1952 besuchte er zum ersten Mal die Darmstädter Ferienkurse für Neue Musik; 1955–67 hielt er am gleichen Ort mehrfach Kompositionskurse ab. An der Baseler Musikakademie leitete er 1960–63 eine Meisterklasse für Komposition und war danach Gastprofessor für Komposition an der Harvard University (USA). Seit der Pariser Erstaufführung von Alban Bergs »Wozzeck« unter der Leitung von Boulez im Jahre 1963 verlegte der Komponist seine Tätigkeit in zunehmendem Maße auf das Dirigieren. Außerdem übernahm er 1975 die Leitung des »Institut de Recherche et de Coordination Acoustique/Musique« (IRCAM) in Paris und gründete 1976 das »Ensemble Intercontemporain« als Spezialgruppe für die Aufführung neuer Musik.

Kammermusik (Auswahl): *Sonatine* für Flöte und Klavier (1946); *Livre pour quatuor* für Streichquartett (1949); *Le marteau sans maître* für Alt, Altflöte, Xylorimba, Vibraphon, Schlagzeug, Gitarre und Viola (1954); *Domaines* für Klarinette solo (1968/69); *Piece for Dr. K. (Pour le Dr. Kalmus)* für Flöte, Klarinette, Viola, Violoncello und Klavier (1969); *... explosante – fixe ...* für variable Besetzung (1972); *Messagesquisse* für Violoncello solo und 6 Violoncelli (1976); *Dialogue de l'ombre double* für Klarinette und Tonband (1984); *Memoriale (... explosante – fixe ... Originel)* für Flöte solo und 8 Instrumente: 2 Hörner, 3 Violinen, 2 Violen, Violoncello (1985); *Initiale* für Bläser (1987).

Nachhaltig in seiner Studienzeit durch Olivier Messiaen und René Leibowitz geprägt, zeigte sich Boulez in seinen ersten Kompositionen noch ganz als Vertreter der Schönberg- und Webern-Nachfolge. Rationale Materialorganisation und eigenständiges Formdenken wurden die Markenzeichen seines gesamten Schaffens, Ausdruck eines durchgeistigten und nach Materiallogik zielenden Stils. 1952 vollzog sich im Werk Boulez' mit den »Structures I« für 2 Klaviere der entscheidende Schritt zur Serialität, einer Technik, die in der Folgezeit weltweit aufgegriffen und fortgeführt wurde. In konsequenter Weiterentwicklung der hierbei gewonnenen Verfahrensweisen gelangte Boulez zu einer Komplexität der numerisch definierten Materialstrukturen, die sich in Gruppen-, Raum- und Zufallsberechnungen niederschlug. Hierfür wählte er in erster Linie den orchestralen Klangkörper, so daß man ihn als typischen Orchesterkomponisten bezeichnen muß; doch kann nahezu jedes der wenigen kammermusikalischen Werke, die Boulez geschaffen hat, den Rang eines Schlüsselwerks in der Entwicklung der Neuen Musik für sich beanspruchen.

Sonatine für Flöte und Klavier

1946. UA: 15. Juli 1956 in Darmstadt (Ferienkurse). – Dauer: 12 Minuten.

Die Sonatine ist das einzige Werk, in dem Boulez ein tradiertes Formmodell übernahm, das ihm als Rahmen für die im Detail neuartigen Techniken diente. Er hatte 1945 die Aufführung des Bläserquintetts op. 26 von Schönberg gehört und war daraufhin zum Anhänger der von Leibowitz in Paris vertretenen Zwölftonlehre geworden. So begeisterte sich Boulez für das intrikate Formschema der 1. Kammersinfonie op. 9 von Schönberg, das im wesentlichen darin besteht, die Viersätzigkeit der klassischen Sonate mit der Einsätzigkeit von deren Kopfsatz zur Symbiose zu zwingen. Boulez übertrug dieses Modell, das bei Schönberg noch an eine vor-dodekaphonale, thematische Struktur geknüpft war, auf die Dodekaphonie, die er im übrigen – beeinflußt von Messiaen – von den »Sonoritäten« der Simultanklänge her definierte und demzufolge nicht ohne Liberalität handhabte.

Ein Einleitungsteil, der mottoartig und formgliedernd im weiteren Verlauf der Sonatine gelegentlich wiederkehrt, bereitet einen lebhaften Kopfsatz vor – großformal als Exposition zu deuten –; es folgen ein langsamer Satz, ein Scherzo und ein ausgedehntes Finale mit eingeschalteten Reminiszenzen, deren thematische Substanz als Ableitung aus der Exposition gelten kann, wenngleich derartige Bezüge kaum sinnfällig werden. Solche Formen, bei denen die prozeßhafte Entwicklung des Tonmaterials durch Rückblenden und Wiederholungen unterbrochen wird, hat Boulez nach dieser Sonatine nicht mehr verwendet und als Ersatz hierfür jeweils eigenständige Formen erfunden, die mit der irreversiblen Entwicklung des Materials korrespondieren.

Abgesehen von der »Unorthodoxie«, mit der Boulez die Zwölftontechnik anwandte und über Schönberg und Webern hinaus weiterentwickelte, gibt es ein weiteres Kennzeichen für die Beeinflussung durch die Lehre Messiaens, zu der er seit 1944 Zugang gefunden hatte. Die konstruktive Eigenständigkeit der Rhythmik, bei der Tondauernproportionen unabhängig von den Tonhöhenstrukturen geschaffen werden, ist nicht auf dem Boden der »Wiener Schule« gewachsen. Sie weist in die gleiche

Richtung wie die nuancenreiche Koloristik der Sonatine und die Sorgfalt, mit der Boulez Anschlags- und Artikulationszeichen setzt. An dieser Stelle kündigt sich eine Entwicklung an, die über Messiaens stilbildende Klavier-Etüde aus dem Jahre 1949 (»Mode de valeurs et d'intensités«) zur Serialität bei Boulez führt.

Livre pour quatuor für Streichquartett

1949. UA: 1. Satz (»Chapitre Ia/b«) 1955, 2. Satz (»Chapitre II«) 1955, 4. Satz (»Chapitre V«) und 5. Satz (»Chapitre VI«) 1961, 3. Satz (»Chapitre IIIa–c«) 1962. – Dauer: variabel.

Boulez' Beitrag zur Gattungsgeschichte des Streichquartetts führt in die festgefügte Tradition der Quartettkomposition ein völlig neuartiges Formprinzip ein: das Prinzip der »offenen Form«. Zwar präsentiert sich das neue Formdenken hier noch nicht in seiner höchsten Entwicklungsstufe, die Boulez in seiner 3. Klaviersonate (1957 und später) erreicht, doch führt die Untergliederung der als »Buch« titulierten Gesamtkomposition in 9 untereinander beliebig verknüpfbare »Kapitel« (allerdings ist ein Chapitre IV nicht veröffentlicht!), die nicht alle geschlossen im Konzert aufgeführt werden müssen, direkt in diese andersartige Formenwelt. Hierin äußert sich ein neuartiges Verhältnis des Komponisten zur kompositorischen Zeit und deren akustischer Darstellung mittels musikalischer Form. Gewandelt ist auch das Verhältnis des Komponisten zur Tempogestaltung der Musik. Dies äußert sich in einer Vielzahl von differenziertesten Tempoangaben und permanentem Wechsel der Tempi, deren rationale Ausgestaltung von mathematischen Vorgängen bestimmt ist. Die von Webern beeinflußte Tonsprache und Klangwelt des »Livre« enthält neben der Zwölftönigkeit im Ansatz auch Serialismen von Klangfarben, Tondauern (Chapitre IIIa), Artikulation und Dynamik (Chapitre IIIc), die in unmittelbarer Beziehung zur Einführung der seriellen Praktiken bei Messiaen im Jahre 1949 stehen.

Le marteau sans maître für Alt, Altflöte, Xylorimba, Vibraphon, Schlagzeug, Gitarre und Viola

1954; Hans Rosbaud gewidmet. UA: 18. Juni 1955 in Baden-Baden (Weltmusikfest der IGNM). – Dauer: 34 Minuten.

Das Prinzip des »work in progress«, d. h. des stets von neuem zu durchdenkenden und technisch zu hinterfragenden Kunstwerks, läßt sich wohl nirgends so explizit finden wie bei Boulez.

1952 hatte er in Fortführung der Konstruktionspläne seines Lehrers Messiaen mit den »Structures pour deux pianos I« den epochemachenden Prototyp einer seriellen Komposition geschaffen und wenig später bereits dessen postserielles Gegenstück, ein von den rigorosen Zwängen des materialen Programms befreites Werk, gesucht. So entstand in der Auseinandersetzung mit der Poesie des Surrealisten René Char, von dem er übrigens schon 1946 (»Le visage nuptial«) und 1948 (»Le soleil des eaux«) Texte vertont hatte, der Zyklus »Le marteau sans maître«. Boulez betonte, daß es ihm nicht um ein Vertonen im herkömmlichen Sinn gegangen sei, sondern daß er im Ausnutzen der strukturellen Komponenten des Textes und dessen Semantik alle Innovationen seiner musikalischen Syntax, der Großform und der Tonsprache gewonnen habe.
Das Werk besteht aus 9 Teilen, wovon 5 reine Instrumentalsätze sind. Doch sind auch die Instrumentalsätze textbezogen in dem Sinn, daß sie wie »Kommentare« – ein bei Boulez häufiger anzutreffender Terminus technicus, der das Verändern von Vorfabriziertem meint – oder Prä- und Postludien die vokalen Abschnitte ergänzen. Für die Abfolge hat Boulez eine Architektur besonderer Prägung geschaffen, die aus 3 Zyklen und deren Intrapolation besteht. So enthält der Zyklus, der von dem Gedicht »L'artisanat« ausgeht, folgende Stücke: *Avant ›L'artisanat furieux‹* (instrumental), den eigentlichen Satz *L'artisanat furieux* (vokal) und *Après ›L'artisanat furieux‹* (instrumental). Der Zyklus, der auf »Bourreaux de solitude‹ fußt, besteht aus *Bourreaux de solitude* (vokal), dazu aus den *Kommentaren I, II* und *III* (instrumental). Der von »Bel édifice« her aufgebaute Zyklus setzt sich aus der *1. Bel-édifice-Fassung* und ihrer *Doppelgängerversion* zusammen. Diese Zyklen folgen jedoch nicht einfach aufeinander, sondern durchdringen sich gegenseitig in der Weise, daß die Gesamtform ihrerseits eine Kombination der 3 einfacheren Strukturen bildet. Die Länge der einzelnen Stücke schwankt beträchtlich; die Zyklen sind an Dauer und Gewicht ungleich und haben jeweils ihre eigene Anlage.
Das Werk verwendet die verschiedenen Mittel der vokalen Klangerzeugung vom Gesang bis zum Sprechen. Ausgehend von Schönbergs »Pierrot lunaire« (1912) hat Boulez 4 Typen der Behandlung der Singstimme geprägt: den melismatischen Gesang, den syllabischen Gesang, das Parlando sowie den von Schönberg geschaffenen Typ des Sprechgesangs. Als fünfte

Variante der stimmlichen Artikulation tritt die textlos gesungene Vokalise hinzu, der Boulez die Bedeutung eines Übergangspunktes zwischen instrumentaler und vokaler Lautproduktion beimißt. Solches Herausbilden von Übergangsmomenten diente dem Komponisten im übrigen auch als leitendes Prinzip in der Auswahl seiner instrumentalen Besetzung.

KHS

Luciano Berio

* 24. Oktober 1925 in Oneglia (Imperia, Ligurien)

Trat nach dem Studium am Mailänder Konservatorium und in Tanglewood/USA (bei Dallapiccola) 1950 erstmals als Komponist mit einem »Magnificat« hervor. 1953–60 arbeitete er bei der RAI Mailand, wo er das »Studio di Fonologia Musicale« mitbegründete und leitete. Ab 1960 Kompositionskurse in den USA (Tanglewood und Mills College / Oakland); 1965–71 lehrte er außerdem Komposition an der Juilliard School of Music in New York.

Kammermusik: *Opus Number Zoo* für Bläserquintett (1950/51, rev. 1970); *Zwei Stücke* für Violine und Klavier (1951); *Study* für Streichquartett (1952); *El mar la mar* für Sopran, Mezzosopran und 7 Spieler (1952); *Chamber Music* für Frauenstimme, Klarinette, Violoncello und Harfe (1953); *Quartetto* für Streichquartett (1956); *Différences* für Flöte, Klarinette, Harfe, Viola, Violoncello und Tonband (1958); *Sequenza I* für Flöte solo (1958); *Tempi concertati* für Flöte, Violine, 2 Klaviere und andere Instrumente (1958/59); *Quaderni I* für Bläser, Schlagzeug, 2 Harfen und Celesta (1959/61); *Circles* für Frauenstimme, Harfe und 2 Schlagzeuger (1960); *Sequenza II* für Harfe solo (1963); *Sincronie* für Streichquartett (1963/64); *Quartetto II* für Streichquartett (1964); *Folk Songs* für Mezzosopran und 7 Spieler (1964); *Gesti* für Blockflöte solo (1966); *Sequenza V* für Posaune solo (1966); *Sequenza VI* für Viola solo (1967); *Chemins II su Sequenza VI* für Viola und 9 Instrumente (1967); *O King* für Stimme und 5 Spieler (1968); *Sequenza VII* für Oboe solo (1969); *Memory* für elektrisches Klavier und elektrisches Cembalo (1970); *Melodrama* für Tenor und mehrere Instrumente (1970); *Air* für Sopran und 4 Spieler (1970); *Autre fois. Berceuse canonique pour Igor Stravinsky* für Flöte, Klarinette und Harfe (1971); *Agnus* für 2 Soprane und 3 Klarinetten (1971); *Linea* für 2 Klaviere, Vibraphon und Marimbaphon (1973); *Musica leggera* für Flöte, Viola und Violoncello (1974); *Chemins IV su Sequenza VII* für Oboe und 11 Streicher (1975); *Sequenza VIII* für Violine solo (1976); *Les mots sont allés* für Violoncello solo (1978); *34 Duetti* für 2 Violinen (1979/82); *Sequenza IXa* für Klarinette solo (1980); *Sequenza IXb* für Alt-Saxophon solo (1981); *Lied* für Klarinette solo (1983); *Sequenza X* für C-Trompete und Klavier (Resonanz) (1985); *Call*, St.-Louis-Fanfare für 5 Blechbläser (1985); *Naturale* für Viola,

Tamtam und Stimme (1985/86), Fassung für Bratsche solo (1985/86); *Ricorrenze* für Bläserquintett (1985/87); *Sequenza XI* für Gitarre (1987/1988).

In Berios umfangreichem kompositorischem Schaffen dominieren die textbezogenen Gattungen. Sprachstrukturen und Semantik moderner Lyrik und Prosa werden mit der nuancenreichen Farbigkeit traditioneller und experimenteller Instrumentalpraktiken zu originellen Klängen und eigenwilligen Formen amalgamiert, deren wichtigste ästhetische Prämisse die Verständigung des Komponisten mit einer breiten Hörerschicht ist. Damit beeinflußte Berio die Entwicklung der Neuen Musik in den 60er Jahren nachhaltig. Seine Solokompositionen »Sequenza« (I–XI) für Flöte, Harfe, Posaune, Viola, Oboe u. a. haben weltweit die Spielgewohnheiten und Möglichkeiten der Instrumentalisten neu geprägt und in einer Epoche der zunehmenden elektronischen Technisierung der Tonsprache zur Rückbesinnung auf die Qualitäten und Tugenden des reinen Instrumentalspiels geführt.

Opus Number Zoo für Flöte, Oboe, Klarinette, Fagott und Horn

1950/51, rev. 1970. UA der revidierten Fassung: 1971 in New York. – Dauer: 7 Minuten.

Die frühen Werke Berios legen zwar die Beschäftigung des Komponisten mit jenen Methoden zwingender Organisation des Tonmaterials an den Tag, die mit Webern in die Musik nach 1945 Eingang gefunden hatten, doch zweigte Berios Weg schon früh von dem »main stream« der orthodox gehandhabten Serialität ab und führte zum Erfindungsreichtum auf formalem Gebiet und zu einer wandlungsfähigen, originellen Tonsprache. Aus einer Reihe hintersinniger Tiergedichte von Rhoda Levine hat Berio 5 ausgewählt und läßt sie von den Spielern unter Einbeziehung mimischer Aktionen in einer Weise rezitieren, daß die rhythmischen und phonetischen Qualitäten der Texte für musikalische Strukturen verfügbar werden.

Chamber Music für Frauenstimme, Klarinette, Violoncello und Harfe

Texte: James Joyce. – 1953. UA: 1953 in Mailand (Cathy Berberian). – Dauer: 8 Minuten.

»Chamber Music« ist ein Zyklus von 3 Liedern nach Gedichten von James Joyce. Die unmittelbare Umsetzung dichterischer

Bilder in musikalische Gestaltung gehört zu den Hauptprinzipien in Berios Vertonungstechnik. So ist die Verwendung der Harfe, des von ihm bevorzugten Instruments, durch den ersten Text von Joyce inauguriert: »Strings in the earth and air.« Daneben gibt es zahllose weitere Indizien eines intensiven, an barocke Figurenlehre erinnernden Wort-Ton-Verhältnisses. Besonders eindrucksvoll gestaltet sich – durch den Text legitimiert – die Ausschließlichkeit des Farbabtausches auf einem Ton als einziges musikalisches Geschehen im zweiten Gedicht. Diese Technik der »Klangfarbenmelodie« war kurz nach 1900 von Schönberg theoretisch konzipiert worden. Sie erfährt an dieser Stelle ihre erste konsequente Anwendung. Das hohe Maß an Annäherung zwischen Singstimme und Instrumenten – eine der personalstilistischen Konstanten im Werk Berios – äußert sich in der quasi-instrumentalen Behandlung des Gesangsparts und in parlandoähnlichen Figuren auf den Instrumenten. Wie in vielen anderen textbezogenen Werken nutzt Berio darüber hinaus auch die musikalischen Qualitäten der Sprache in einer Weise aus, daß die Trennung in vokale und instrumentale Elemente der Komposition unmöglich erscheint.

Quartetto per archi

1956; Bruno Maderna gewidmet. UA: 12. Mai 1959 in Wien (Quartett »die reihe«). – Dauer: 6 Minuten 30 Sekunden.

Nur wenige Kompositionen von Berio zeigen sich so eindeutig einem stilistischen Vorbild verhaftet wie dieses 1sätzige Streichquartett. Es entstand, als Berio gemeinsam mit Maderna am »Studio di Fonologia Musicale« des Mailänder Rundfunks arbeitete, und wohl auf Madernas Einflüsse ist das an Weberns Strukturen orientierte Klangbild bei Berio zurückzuführen. 1955 hatten Eimert und Stockhausen eine analytische Studie Henri Pousseurs über Weberns »Organische Chromatik« publiziert, deren Kenntnis man bei Berio angesichts der frappanten Übereinstimmungen anzunehmen hat. Komplementärrhythmisch und weitgehend punktuell angelegt, lebt das Werk aus der kontinuierlichen Metamorphose einer eingangs exponierten Intervallkonstruktion in 10 Abschnitten, unter Verzicht auf Wiederholungen. In koloristischen Raffinessen kündigt sich indessen bereits jenes Unbehagen des Komponisten an der Hermetik materialendogener Prozesse an, die ihn wenig später zum Ausscheren aus dem Lager der »Postwebernschen Konstruktivisten« führen sollte.

Sequenza I für Flöte

1958; Severino Gazzelloni gewidmet. UA: 5. September 1958 in Darmstadt (Ferienkurse). – Dauer: 7 Minuten.

Nachdem Berio in »Différences« die Möglichkeiten der Klangfarbe zur Kompensation von weniger stringent gearbeiteter Tonhöhen- und Tondauernorganisation für sich entdeckt hatte, gelang ihm mit dem ersten seiner berühmten Instrumentalsoli, der »Sequenza I«, auf Anhieb die Eroberung neuen musikalischen Terrains. Die musikalische Gestik begann über das Strukturelle in der Musik zu dominieren. Das Materialdenken wurde abgelöst von einem auf Wirkung und unmittelbaren Ausdruck abzielenden musikalischen Sprachstil. Zwar mutet das Tonhöhengefüge seines ersten Solos noch an wie eine zur Einstimmigkeit reduzierte Ensemblefaktur mit den typischen Chromatizismen und Intervallkonstruktionen des Serialismus, doch prägt sich in der virtuosen und von Kolorismen durchsetzten Handhabung des Instruments, in irrationalen »Gruppetti« (Vorschlagsgruppen) und vor allem im Verzicht auf die traditionelle Metrik ein neuer Stil aus, der sich rasch weiterentwickeln und in »Tempi concertati« auch im Ensemblegefüge neuartige Möglichkeiten eröffnen sollte.

Circles für Frauenstimme, Harfe und 2 Schlagzeuger

1960. UA: 1. August 1960 in Tanglewood (USA). – Dauer: 20 Minuten.

Zu den Schlüsselwerken in der Entwicklung Berios zählt »Circles«. Die entscheidenden Impulse erhielt der Komponist aus der nach sprachmusikalischen Gesetzmäßigkeiten geschaffenen Lyrik des Amerikaners Edward Estlin Cummings, der in seinen Versen die semantische Hintergründigkeit zugunsten einer Verabsolutierung der Phoneme aufgegeben und visuelle Kompositionsprinzipien an die Stelle traditionellen Vers- und Strophenbaus gesetzt hatte. 3 Landschafts- und Stimmungsgedichte von hoher symbolischer Aussagekraft wurden in der Weise zu einem 5sätzigen Zyklus verbunden, daß kreisförmig (vgl. den Werktitel »Circles«) Varianten um einen Mittelsatz angeordnet erscheinen:

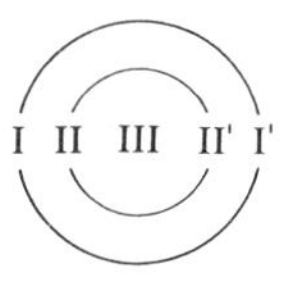

Die Integration der Sprach- und Gesangsstrukturen in das instrumentale Ambiente erfolgt durch mehrere Faktoren: a) durch Zertrümmerung der Worte in Laute (von Cummings bereits vorgegeben); b) durch Erweiterung der stimmlichen und lautlichen Aktionen der Sängerin um geräuschhafte und ungewöhnliche Kehlkopfaktionen; c) durch Korrespondenzen zwischen Schlagzeug, Harfe und Stimme in sprachähnlicher Motivbildung; d) durch die Bedienung einfacher Schlaginstrumente durch die Sängerin (vgl. nachfolgendes Notenbeispiel; die mittlere Zeite mit Text ist die Gesangstimme in der von Cummings geschaffenen atomisierten Schreibweise; darunter steht auf 2 Systemen der Harfenpart; der Rest ist Schlagzeug):

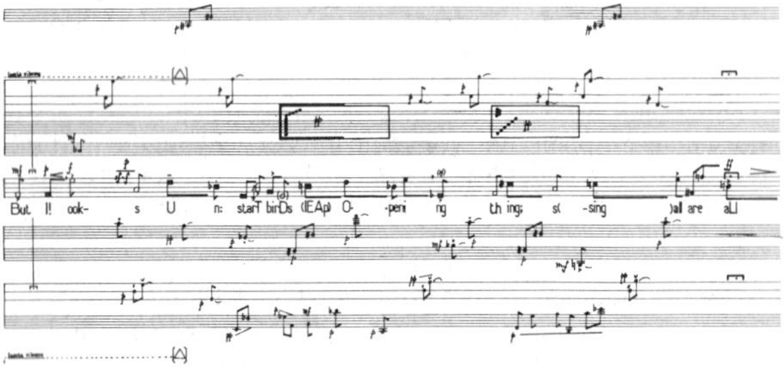

Aus: Luciano Berio, Circles. © 1961, Universal Edition (London) Ltd., London

Die Großform korrespondiert in besonderer Weise mit den mikrostrukturellen Vorgängen, indem die Sängerin auf der Bühne mehrfach ihren Standort wechselt und sich von dem Moment größter Amalgamierung – im Zentrum der Komposition (vgl. Notenbeispiel) – immer mehr in das von Berio genau lokalisierte Instrumentalensemble hineinbegibt.

Sincronie für Streichquartett

1963/64; Stefano Eco gewidmet. UA: November 1964 in Grinell (USA). – Dauer: 15 Minuten.

Der Verzicht auf motivisch-thematische Prozesse, deren Logizität zugunsten einer vom Gestischen bestimmten, quasi-spontanen Diktion aufgegeben wurde, fand bei Berio auch in jener Gattung statt, die seit ihrem Entstehen im besonderen Maße aus der Dignität des geistigen Anspruchs intelligent gehandhabter Tonkombinatorik lebte: im Steichquartett. Aus der Einsicht heraus, daß neue streicherische Klangfarben nicht allein durch ungewöhnliche Spielpraktiken vervielfacht werden können, sondern daß auch Obertonstrukturen als koloristischer Faktor wirken, schrieb Berio eine 1sätzige Quartettkomposition, die im Grunde eine auf 4 Spieler verteilte Einstimmigkeit bei stets changierender Klangfarbe ist. Dieses Prinzip bleibt selbst in den spärlichen scheinpolyphonen Passagen erhalten, wo asynchrone Aktionen in der Unschärfe des kaum Wahrnehmbaren untergehen.

Sequenza VI für Viola solo

1967; Serge Collot gewidmet. – Dauer: 8 Minuten.

Chemins II su Sequenza VI für Viola und 9 Instrumente (Flöte, Klarinette, Posaune, 2 Schlagzeuger, elektrische Orgel, Viola, Violoncello)

1967; Walter Trampler gewidmet. UA: 13. Juli 1968 in Mailand. – Dauer: 12 Minuten.

In der Nachfolge der 1. »Sequenza« (1958) komponierte Berio in regelmäßigen Abständen Solowerke für Melodieinstrumente, die sich in der Weise vom postseriellen Stil lösten, daß die spieltechnischen und manuellen Aktionen am Instrument immer mehr in den Vordergrund rückten. Sprachähnlich und gestenreich, gelegentlich auch mit mimischen Elementen durchsetzt, leben die mit »Sequenza« oder auch »Gesti« titulierten Soli aus der einfachen Abfolge und Entwicklung elementarer musikalischer Vorgänge, ohne daß es zu höher entwickelten Formen traditioneller Prägung käme. Die Intensität indessen, mit der in diesen Soli einzelne Ideen ausgeführt und entfaltet werden, erreicht durchaus den Dichtegrad konzentriert gearbeiteter Durchführungen in den motivisch-thematisch konzipierten Werken früherer Epochen.
So stellt *Sequenza VI* eine prozeßhafte Auflösung dichter Klangfelder dar. Höchste Dichte wird auf der Viola durch 3 Komponenten erreicht: 4stimmiges Akkordspiel, äußerst schnelles Bogentremolo und äußerste Lautstärke. Nach einer langen Passage der maximalen Dichte geraten einzelne der 3 genannten Komponenten in Auflösung, melodische Fetzen werden erkennbar, Pausen durchsetzen die Struktur, die Stimmenzahl wird reduziert. Nach der Zerfaserung, die sich in Epi-

soden von lyrischer Farbigkeit und minimalen Lautstärkegraden niederschlägt, wird nochmals die Anfangsdichte aufgegriffen und zur Kumulation geführt, ehe das Solo mit einer Folge von Tritoni wie in einer Skordatur verlöschend ausklingt.
Die im Zusammenhang mit Berios »Sincronie« für Streichquartett erwähnte Projektion monodischer Komposition auf einen größeren Klangkörper findet sich in vergrößertem Maßstab in den »*Chemins*« betitelten Werken, wo – unter Beibehaltung der Solo-»*Sequenzen*« (Nr. II für Harfe, Nr. VI für Viola und Nr. VII für Oboe) – größere Klangkörper die ursprünglich solistisch ablaufenden Klangprozesse in einer so homogenen Art und Weise mitspielen, daß der Eindruck entsteht, der komplette Klangapparat sei nichts anderes als ein einziges Soloinstrument.

Linea für 2 Klaviere, Vibraphon und Marimbaphon

1973; Vittoria Ottolenghi gewidmet. UA: Februar 1974 in Grenoble. – Dauer ca. 15 Minuten.

3 verschiedene Strukturtypen alternieren bei zunehmender Integration in dem farblich reizvollen Ensemblewerk »Linea«: einstimmige Unisonolinien (»Manège« I–III), komplexe Felder aus dichten Akkorden oder Rhythmen (»Entrée« I und II) sowie quasi-polyphone Liniengeflechte von brillanter Wirkung (»Ensemble« I–IV). Die zunehmende Verzahnung der Strukturen führt über eine »Coda« sowie ein Klaviersolo zum lyrischen, von einstimmiger Linearität geprägten »Notturno«. Die klangliche Homogenität wird erzielt durch lange Strecken einstimmiger Melodik. In »Linea« erscheint die traditionelle Metrik, die für eine Dekade außer Kurs gekommen war, wieder in ihre alten Rechte eingesetzt.

KHS

Hans Werner Henze

* 1. Juli 1926 in Gütersloh

In den Kriegsjahren 1943–44 studierte Henze Klavier und Schlagzeug an der Staatsmusikschule Braunschweig. 1946 konnte er sein Musikstudium bei Wolfgang Fortner in Heidelberg und bei René Leibowitz in Paris fortsetzen. Wichtige Anregungen erhielt er in den Darmstädter Ferienkursen (1947–52). Seine Vertrautheit mit dem Theater entwickelte sich im Laufe mehrfacher Engagements an deutschen Bühnen in den Jahren 1948–53. Mit der Übersiedelung nach Italien 1953 setzte insofern ein neues Stadium seiner künstlerischen Entwicklung ein, als er sich von seinen Lehrern löste und einen eigenen Kompositionsstil entwickelte.

Kammermusik: *Sonate* für Violine und Klavier (1946); *1. Streichquartett* (1947); *Sonatine* für Flöte und Klavier (1947); *Kammer-Sonate* für Klavier, Violine und Violoncello (1948, rev. 1963); *Whispers from Heavenly Death*, Kantate für hohe Singstimme, Trompete, Celesta, Harfe, Violoncello und Schlagzeug (1948); *Apollo et Hyazinthus*, Improvisationen für Cembalo, Altstimme, Flöte, Klarinette, Fagott, Horn und Streichquartett (1949); *Serenade* für Violoncello solo (1949); *2. Streichquartett* (1952); *Bläserquintett* (1952); *Concerto per il Marigny* für Klavier, 2 Klarinetten, Horn, Trompete, Posaune, Viola und Violoncello (1956); *Kammermusik 1958* für Tenor, Gitarre (oder Harfe), Klarinette, Horn, Fagott und Streichquintett (1958); *Being Beauteous*, Kantate für Koloratursopran, Harfe und 4 Violoncelli (1963); *Adagio* für Klarinette, Horn, Fagott und Streichquintett (1963); *In memoriam: Die weiße Rose* für Flöte, Englisch Horn, Baßklarinette, Fagott, Horn, Trompete, Posaune und Streichquintett (1965); *Der junge Törless*, Fantasia für Streichsextett (1966); *El Cimarrón*, Rezital für Bariton, Flöte, Gitarre und Schlagzeug (1969/70); *Prison Song* für 1 Schlagzeuger und Tonband (1971); *3. Streichquartett* (1975/76); *Royal Winter Music* für Gitarre solo: 1. Sonata (1975/76), 2. Sonata (1979); *Amicizia*, Quintett für Klarinette, Posaune, Violoncello, Schlagzeuger und Klavier (1976); *4. Streichquartett* (1976); *5. Streichquartett* (1976), *Sonata* für Violine solo (1976/77); *S. Biagio 9 Agosto ore 1207* für Kontrabaß solo (1977); *L'Autunno* für Bläserquintett (1977); *Sonata* für Viola und Klavier (1979); *Etude philharmonique* für Violine solo (1979); *Sonatina* für Violine und Klavier (1979); *Canzona* für Oboe, 3 Violen, Violoncello, Klavier und Harfe (1982); *Five Scenes from the Snow Country* für Marimbaphon solo (1982); *Sonata per otto ottoni* für 4 Trompeten, Horn und 3 Posaunen (1983); *Capriccio* für Violoncello solo (1983); *Sonate für 6 Spieler* für Flöte, Klarinette, Violine, Violoncello, Schlagzeug, Klavier, jeweils mit Zusatzinstrumenten (1984); *Selbst- und Zwiegespräche*, Trio für Viola, Gitarre und kleine Orgel oder anderes Tasteninstrument (1984/85); *Serenade* für Violine solo (1986).

Von »König Hirsch«, einer Oper (1953–55), führte Henzes Weg konsequent zu neuen Gestalten in Melos, harmonischer Struktur und in der Architektur von großen, auf den deutschen Traditionen fußenden sinfonischen Formen. Souverän im Umgang mit diversen mühelos angeeigneten Idiomen, schuf er Sinfonien, Solokonzerte, sinfonische Stücke, Kammermusik und vor allen Dingen mehrere erfolgreiche Opern. Zunehmend macht sich in seinen Werken das sozialkritische Element bemerkbar. Unmittelbare Auswirkungen seiner staatsbürgerlichen Parteinahme sind seine mehrfachen Aufenthalte auf Kuba, die Schaffung des »Cantiere Internazionale d'Arte« in Montepulciano

(Mittelitalien) und seine bourgeoisiefeindlichen Opernsujets. Künstlerisch bemerkenswert daran ist das eigenartig disparate Verhältnis zwischen der für Henze typischen Artifizialität von Satztechnik und Formgebung auf der einen Seite und der Direktheit der politischen Aussage auf der anderen Seite. Jüngere Werke lassen wieder verstärkt die Auseinandersetzung mit historischen Vorbildern erkennen.

2. Streichquartett

1952. UA: 16. Dezember 1952 in Baden-Baden (Parrenin-Quartett). – Dauer: 12 Minuten.

Fünf Jahre trennen das 1947 inmitten einer Aufbruchsphase komponierte 1. Streichquartett und das gewissermaßen das Ende des damals beginnenden Gärungsprozesses anzeigende 2. Streichquartett. Vergleicht man beide Werke, erkennt man unschwer, um wieviel das jüngere Werk geschmeidiger, sensibler und vor allen Dingen unverwechselbarer in seiner gesamten Diktion ist. Die Strenge der Zwölftontechnik hemmt an keiner Stelle die Transparenz und Luzidität des Satzes, dessen instrumentengerechte Schreibweise die intime Vertrautheit des Komponisten mit allen Erfordernissen der Quartettfaktur verrät. Die 3 Sätze sind in der Form frei, und doch ist diese Freiheit eine zutiefst historisch legitimierte und rückversicherte. Henze lehnt jegliche sinnentleerte Konservierung der tradierten Formen ab und spricht beispielsweise auch der Sonatenform in unserer Zeit jegliche »konstruktive Bedeutung« ab, räumt andererseits jedoch ein, daß »einige typische Gestaltungsfaktoren stehengeblieben sind«, die es dem Komponisten erlauben, neue »Polaritäten« zu erfinden, mit denen er »der Schönheit dieser alten Formen wieder näherkommt«. Diese Ambivalenz von Überwindung alter Modelle und Rückversicherung an die größten Zeugnisse der Quartett-Tradition verleiht gerade dem 2. Streichquartett eine Gespanntheit in Aussage und Gestaltung, wie sie der Komponist nur an den Höhepunkten seines Schaffens erreicht hat. Die 3sätzige Anlage läßt sich am ehesten beschreiben als phantasievoll angelegter Prozeß von Metamorphosen, dessen Vielgestaltigkeit durch die Einheitlichkeit der zugrunde liegenden Reihe Kohärenz erhält.

Kammer-Sonate für Klavier, Violine und Violoncello

1948 (rev. 1963). UA: 16. März 1950 in Köln. – Dauer: 15 Minuten.

Die »Kammer-Sonate« ist ein frühes Dokument der individuellen Aneignung neuartiger Kompositionstechniken durch den jungen Henze. Unorthodox im Sinne einer strengen Zwölftonlehre, ist das Werk dennoch geprägt von der Reihentechnik, deren Vermittlung in den Nachkriegsjahren nur sehr zögernd und vereinzelt vor sich ging. Alle 4 Sätze sind auf die Reihe

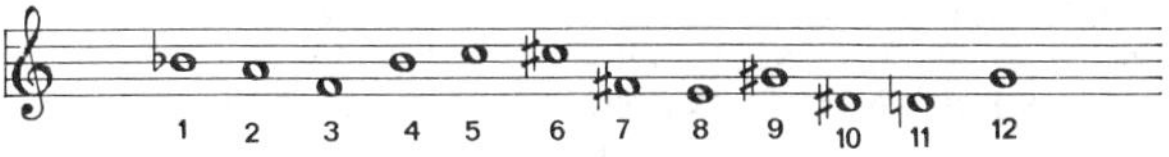

in unterschiedlichem Grad bezogen. Reihengebundene und freie Passagen stehen nebeneinander. So sind beispielsweise im ersten Teil des Schlußsatzes nur noch Fragmente nachweisbar. Ebensowenig wird die Reihe selbst als unantastbar verstanden, wie zahlreiche Auslassungen oder Einschübe beweisen.
Henze ist stets um Rückbindung des Komponierten an Historisches bemüht. Dies gilt in besonderem Maße für die »Kammer-Sonate«, deren Titel bereits das Vorbild bei Namen nennt. Zwar kann die Komposition nicht als neobarock oder als Transformation eines geschichtlichen Vorbilds eingestuft werden, doch gibt es Retrospektiven, die unüberhörbar sind, wie z. B. das B–A–C–H–Zitat in der Violine am Schluß des letzten Satzes. Der Komponist selbst gibt zu seiner ästhetischen Position den Hinweis, er habe »Wechselspiele zwischen Kontrapunktik und akkordlich gestützter Cantabilità« angestrebt. Die Motorik barocker Modelle und die additive Formungsweise des Barock werden suspendiert in der Zyklik der 4 Sätze, indem der Epilog die Kombinatorik der vorangehenden Sätze und Satzteile auf die Spitze treibt.

Kammermusik 1958 für Tenor, Gitarre und 8 Soloinstrumente (Baßklarinette, Horn, Fagott und Streichquintett)

1958. UA: 26. November 1958 in Hamburg (NDR). – Dauer: 40 Minuten.

Die 12 Sätze der Partitur wurden 1963 um ein finales »Adagio« für Oktett ohne Gitarre und Tenor erweitert. Vorausgegangen waren die »Sonate per archi« und »Drei Dithyramben«, Werke, die mit der »Kammermusik« durch gemeinsame kompositionstechnische Grundlagen verbunden sind und die vom Komponisten beschrieben werden als »Studium der Spannungsgrade innerhalb eines horizontalen Vorgangs und der damit verbundenen Kontrapunktik, also auch der Linien untereinander«. Solche Studien sind indessen auf einen dichterischen Vorwurf ausgerichtet. Sie dienen dem Zweck, »mit der Musik das Wort zu durchleuchten und den geistigen und dramatischen Inhalt eines Textes in seinen Vielschichtigkeiten zu interpretieren« (Henze). Die Sätze folgen dem Hölderlin-Fragment »In lieblicher Bläue«, dessen Wortlaut ohne nennenswerte Eingriffe vom Komponisten übernommen und auf 6 Sätze verteilt wurde. Die gesungenen Passagen sind durchsetzt mit rein instrumentalen Abschnitten, deren Aufbau sich wie folgt gliedert:

I	Prefazione	Oktett		
II			Tenor/Gitarre	
III	Tento I			Gitarre
IV			Tenor/Gitarre/Oktett	
V	Tento II			Gitarre
VI			Tenor/Gitarre/Oktett	
VII	Sonata	Oktett		
VIII			Tenor/Gitarre	
IX	Cadenza	Oktett		
X			Tenor/Gitarre	
XI	Tento III			Gitarre
XII			Tenor/Gitarre/Oktett	
XIII	Adagio	Oktett		

Der Formablauf erscheint mehrfach gebrochen, darin »Le marteau sans maître« von Boulez ähnlich. Der Fluß des Textes wird durch die eingeschobenen Instrumentalsätze unterbrochen. »Die Stille spricht in den ruhigen Passagen der Gitarre, den spanischen Tentos, in denen die Hauptgedanken der Komposition entstehen oder nachklingen. Wenn die Stimme sich erhebt, kommen die dunklen Klänge der Bläser und helle in den bewegteren Streichern hinzu« (Henze). Der Komponist hat die Aufführung der instrumentalen Sätze auch außerhalb des zyklischen Ganzen vorgesehen (als »Drei Tentos« und »Oktett«), was ein bezeichnendes Licht auf die Gewichtigkeit des instrumentalen Teils gegenüber dem vokalen wirft. Die Oktett- und Ensembleteile heben sich mit ihrem Reichtum an Farben und Stimmungen von den Tentos und Duetten mit Gitarre ab, die in ihrer spröden Klanglichkeit etwas vom barock-mediterranen

Geist vermitteln. Trotz solcher auseinanderstrebender Tendenzen schließen sich die 13 Sätze zum zyklischen Ganzen zusammen: die Homogenität wird durch thematische Querbezüge zwischen den Abschnitten und vergleichsweise einheitliches Tonmaterial hergestellt. So antizipieren beispielsweise die ersten beiden Tentos den 6. Satz, und Tento III verweist auf das folgende Ensemble.
Auch über das Werk hinaus gibt es mehrfache Bezüge zu anderen Schaffensstationen Henzes, Anklänge und Zitate an »Fünf neapolitanische Lieder« (1956) und das Ballett »Maratona« (1956). So sind in jedem Punkt der Komposition Gegenwärtiges und Vergangenes präsent und miteinander zum unauflöslichen Ganzen verwoben; das Werk weist weit über sich selbst hinaus, ganz der Idee des Textes von Hölderlin verpflichtet, der die Summe des Lebens an der unermeßlichen Weite der gesamten Schöpfung mißt. Henze hat dafür musikalische Bilder gefunden, deren Rang weit über allem liegt, was lediglich kompositionstechnisches Interesse hervorzurufen imstande wäre.

Being Beauteous. Kantate auf das gleichnamige Gedicht aus »Les Illuminations« von Arthur Rimbaud für Koloratur-Sopran, Harfe und 4 Violoncelli

1963. UA: 12. April 1964 in Berlin. – Dauer: 14 Minuten.

Die Komposition entstand unmittelbar nach Henzes erster Amerika-Reise als Reflex auf das starke Erleben der extremen sozialen Spannungen und des Elends in der Welt der Superlative. Fluchtartig hatte sich Henze diesen Eindrücken entzogen, und die Komposition scheint artifiziell alles zu kompensieren, was in dem Komponisten vorging. Weite Teile der Komposition »Being Beauteous« waren indessen schon 1961 angelegt, doch fehlte dort noch der Bezug zum Wort, zur dichterischen Vorlage, die wie ein Schlüssel zum Verständnis von Komposition und biographischem Hintergrund wirkt. In »Being Beauteous« – sinngemäß etwa als »Wesen der Schönheit« zu übersetzen – entlädt sich die Spannung zwischen den Reizen des Schönen und des Häßlichen.
Formal weist die Komposition Ähnlichkeiten mit der »Kammermusik« aus dem Jahre 1958 auf, doch sind die Passagen hier noch konziser gearbeitet und die Querbezüge von Abschnitt zu Abschnitt noch dichter, ein Muster an Formstrenge und Ordnung. Daß Henze die Subtilität des Gestalterischen aller erleb-

ten Chaotik bewußt entgegensetzen wollte, versteht sich fast von selbst. »Ein Wesen von hoher, schöner Gestalt«, wie es in Rimbauds Text heißt, sollte alles in sich aufsaugen, was an Ungeordnetem ihm entgegengetreten war.
Zur Form erläutert der Komponist: »Meine Komposition behandelt die Dichtung so, als sei jeder einzelne Gedanke darin eine kleine Arie in sich. Diese Arien sind in kurze Quartette der Violoncelli eingerahmt, zu denen sich die Harfe gesellt. Im Gegensatz zu der unabhängigen Form jeder Arie hängen die Instrumentalquintette untereinander zusammen – sie sind Variationen voneinander.« 8 Abschnitte sind in der Partitur vermerkt, doch reicht die Gliederung noch weiter und erlaubt den Nachweis sorgfältig ausgearbeiteter Symmetrien:

1. Abschnitt (Adagio)
Einleitungstakte instrumental (T. 1–23)
Arioso (T. 24–47)
2. Abschnitt (Valse)
Rezitativ – »Valse« (T. 48–70)
3. Abschnitt (Molto lento)
Zwischenspiel instrumental (T. 71–88)
Improvisation Arie (T. 89–112)
4. Abschnitt (Valse lente)
Valse lente Arie (T. 113–130)
Zwischenspiel instrumental (T. 132–139)
5. Abschnitt (Allegro-Hauptsatz) (T. 140–184)
6. Abschnitt (Adagio)
Zwischenspiel instrumental (T. 185–205)
7. Abschnitt (Lo stesso tempo)
Rezitativ (T. 206–215)
Arioso (T. 216–232)
8. Abschnitt (Molto lento)
Finale instrumental (T. 233–247)

KHS

Wilhelm Killmayer

* 21. August 1927 in München

Nach dem Studium der Komposition und Musikwissenschaft (u. a. bei Carl Orff), 1945–55 in München, arbeitete Killmayer als Theorielehrer am Trapp'schen (heute Richard-Strauss-)Konservatorium, dann als Ballett-

dirigent an der Bayerischen Staatsoper. 1974 nahm er eine Professur für Komposition an der Musikhochschule München an.

Kammermusik: *Kammermusik für Jazzinstrumente* (1957); *Tre danze* für Oboe und Schlagzeug (1959); *Per nove strumenti* für Oboe, Klavier, Fagott, Horn, 2 Violinen, Viola, Violoncello und Kontrabaß (1968); *Quartett* für 2 Violinen, Viola und Violoncello (1969); *The woods so wilde (Kammermusik Nr. 1)* für 3 Schlagzeuger, Flöte, Viola und Gitarre (1970); *Schumann in Endenich (Kammermusik Nr. 2)* für Klavier, elektronische Orgel (bzw. Harmonium) und Schlagzeug (1972); *Kindertage (Kammermusik Nr. 3)* für Flöte, Viola, elektronische Orgel, Klavier, Akkordeon, Zither, Gitarre und Schlagzeug (1973); *Führe mich, Alter, nur immer in deinen geschnörkelten Frühlingsgarten ...* für Flöte, Klavier, Fagott, Alt-Posaune, Violine, Violoncello, Klavier und Schlagzeug (1975); *Quartett* für 2 Violinen, Violoncello und Klavier (1975); *Brahms-Bildnis* für Violine, Violoncello und Klavier (1976); *Trio* für 2 Violinen und Violoncello (1984); *Vanitas Vanitatum*, 5 Romanzen für Violine und Klavier (1986/87).

In seiner kompositorischen Frühphase durch die Motorik Orffs mitgeprägt, hat sich Killmayer rasch aus der Einflußsphäre jeglicher Zeiterscheinungen und Modetrends gelöst und seinen individuellen Weg gefunden. In seinem Schaffen nimmt das vokale Genre einen zentralen Platz ein. Die starke Bindung an Text und literarische Vorlagen strahlt auch auf die rein instrumental besetzten Werke aus. Literarische Ideen sind indessen auch an seiner Kammermusik ablesbar, beispielsweise an »Schumann in Endenich« für Schlagzeugensemble oder dem Klaviertrio »Brahms-Bildnis«, auch den Klavier-Nocturnes »An John Field« (1978).

Streichquartett

1969. UA: 7. Oktober 1969 in München (Studio für Neue Musik). – Dauer: 10 Minuten.

In seiner Sparsamkeit der klanglichen Ereignisse steht Killmayers Streichquartett der Ästhetik von Cage und Feldman nahe, ohne indessen eindeutig von diesen beeinflußt zu sein. Reduziert auf wenige Klanggesten, besteht das 1sätzige Werk aus fragilen Klangbändern von auffälliger Farbigkeit, deren Grund in der Ausnutzung der Randlagen aller Instrumente liegt. Killmayer verknüpft die Einzeltöne überwiegend nach den Prinzipien der chromatischen Fächer, wie sie in der Webern-Nachfolge Anfang der 1950er Jahre entstanden und von Pousseur als Gesetzmäßigkeit dargestellt worden sind, jedoch ist Killmayer weniger diesen Vorbildern verpflichtet als all jenen Werken, die sich der Chromatizismen der Tonbuchstaben B-A-C-H bedienen. Die Art, wie aus der vielfach repetierten Kleinen Sekunde allmählich die großen Intervalle herauswachsen, wirkt auf den ersten Blick wie scharf kalkuliert, erweist sich aber als höchst sensibel durchgehörte Klangwelt, in der so lapidare musikalische Vorgänge wie Querständigkeit oder Tonrepetition zum Ereignis werden.

Quartett für 2 Violinen, Violoncello und Klavier

1975. UA: 8. Mai 1975 in München. – Dauer: 10 Minuten.

Das in seiner unüblichen Besetzung von hell klingender Transparenz geprägte Quartett läßt in 1sätziger Anlage 9 kürzere Abschnitte von unterschiedlicher Faktur aufeinanderfolgen, ohne daß es bei dieser Abschnittsreihung zu dramatischen Brüchen oder kontrastreichen Konfliktsituationen käme. »Wie abgebrochen« endet der in seiner Rhythmik einheitlich gehaltene und auf Grund seiner Repetitionsmodelle der »minimal music« nahestehende Satz abrupt und ohne Vorbereitung. Frei von herkömmlichen Ausdrucksqualitäten und rationalen Gestaltungsprinzipien ist das Quartett in seiner Abkehr vom Materialfetischismus der älteren deutschen Avantgarde dem Geist der in den 70er Jahren aufkommenden neuen Einfachheit verpflichtet, für die Killmayer einer der bedeutendsten deutschen Vertreter ist.

KHS

Karlheinz Stockhausen

* 22. August 1928 in Mödrath (= heute: Kerpen Erftkreis) bei Köln

Stockhausen studierte 1947–51 an der Kölner Musikhochschule; intensiven Kompositionsunterricht erhielt er dort erst seit 1950 bei Frank Martin. 1951 traf er erstmals mit Herbert Eimert zusammen, dem späteren Begründer und Leiter des elektronischen Studios am WDR. Im gleichen Jahr besuchte er auch erstmals die Darmstädter Ferienkurse für Neue Musik, wo er nachhaltig durch Olivier Messiaen und Karel Goeyvaerts beeinflußt wurde.

Die entscheidende Phase der künstlerischen Entwicklung Stockhausens fällt mit der Entstehung der seriellen Musik zusammen, an deren Zustandekommen er mitbeteiligt war. Die Präsentation der berühmten 4. Klavieretüde von Messiaen als Initialzündung für solche bahnbrechenden Werke wie die Boulezschen »Structures« für 2 Klaviere zeitigte bei Stockhausen ihre Ergebnisse in Form des »Kreuzspiels« (1951) und der Orchesterkomposition »Formel« (1951).

Stockhausen folgte Messiaen nach Paris, wo er im übrigen auch intensiveren Kontakt mit dem Protagonisten der jungen Tonbandmusik »musique concrète« hatte, mit Pierre Schaeffer. 1953 nach Deutschland zurückgekehrt, übernahm er bei Herbert Eimert die Stelle eines ständigen Mitarbeiters im Kölner Studio für Neue Musik. Zunehmend verlagerte sich das Schwergewicht der Tätigkeit Stockhausens vom Kompositorischen auch auf das Didaktische. Seine nächtlichen Sendungen am WDR, die langjährige Kursarbeit an den Darmstädter Ferienkursen (seit 1957) und den »Kölner Kursen für Neue Musik« (bis 1968) sowie seine Unterrichtstätigkeit in Basel (1962–63), Philadelphia (1965), Davis/Kalifornien (1966–67) und Köln (1970–77) trugen nachhaltig zur Entwicklung und Verbreitung der neuartigen kompositorischen Ansätze Stockhausens bei. Ihren Niederschlag fanden sie in der gedruckten Ausgabe der Werkstatt-Texte (mittlerweile 4 Bände), deren Studium bis dato eine wichtige Voraussetzung zum Verständnis der Techniken der 50er und 60er Jahre ist.

Längere Aufenthalte in Indien, Thailand, Japan und anderen fernöstlichen Ländern dienten der künstlerischen Weiterentwicklung und ließen in ihm die ästhetischen Ideen einer sogenannten Weltmusik wachsen, deren prominentester Vertreter er bis heute ist.
Ein weiterer wichtiger Ansatz ist die Verwendung elektroakustischer Mittel in der Präsentation und Produktion seiner Kompositionen. Nahezu sämtliche Neuerungen der Studioelektronik und der Live-Elektronik wurden kompositorisch eingesetzt und – weit wichtiger noch – im künstlerischen Prozeß hinterfragt. Reflexion des kompositorischen Handwerks ist ohnehin eine der stärksten Triebfedern seiner Entwicklung gewesen. Von Werk zu Werk fortschreitend hat er – Technologisches fast zum Fetisch erhebend – unermüdlich nach neuen Wegen der Formulierung seiner Aussagen gesucht. Der Zugriff aufs Material bis in seine äußersten Verästelungen leitete ihn zu einer Ästhetik des totalitären Anspruchs, deren quasireligiöser Gestus unübersehbar ist. Seit den 50er Jahren eine Führerpersönlichkeit für aufgeschlossene Jüngere, hat er die Entwicklung der Nachkriegsmusik beeinflußt wie nur wenige Komponisten.

Kammermusik: Nr. 1/8 *Sonatine* für Violine und Klavier (1951); Nr. 1/7 *Kreuzspiel* für Oboe, Baßklarinette, Klavier und 3 Schlagzeuger (1951); Nr. 1/3 *Schlagtrio* für Klavier und 2×3 Pauken (1952, 1974); Nr. 1 *Kontra-Punkte* für 10 Instrumente (Flöte, Klarinette, Baßklarinette, Fagott, Trompete, Posaune, Klavier, Harfe, Violine, Violoncello;

1952–53, rev. Fassung 1953); Nr. 5 *Zeitmaße* für 5 Holzbläser (Oboe, Flöte, Englisch Horn, Klarinette, Fagott; 1955–56); Nr. 9 *Zyklus* für 1 Schlagzeuger (1959); Nr. 11 *Refrain* für 3 Spieler (Klavier, Vibraphon, Celesta; 1959); Nr. 12 1/2 *Kontakte* für elektronische Klänge, Klavier und Schlagzeug (1959–60); Nr. 19 *Solo* für ein Melodieinstrument mit Rückkopplung (1965–66); Nr. 21 *Adieu* für Bläserquintett (Flöte, Oboe, Klarinette, Horn, Fagott; 1966); Nr. 23 *Prozession* für 6 Spieler (Tamtam, Viola, Elektronium, Klavier, Mikrophone, Filter und Regler; 1967); Nr. 25 *Kurzwellen* (Besetzung wie »Prozession«; 1968); Nr. 27 *Spiral* für 1 Solisten mit Kurzwellenempfänger (1968); Nr. 28 *Dr. K. Sextett* für Flöte, Baßklarinette, Viola, Violoncello, Klavier und Schlagzeug (Vibraphon, Röhrenglocken) (1969); Nr. 30 *Pole* für 2 Spieler/Sänger (1969–70); Nr. 31 *Expo* für 3 Spieler/Sänger (1969–70); Nr. 40 *Herbstmusik* für 4 Spieler (1974), daraus: Nr. 40 1/2 *Laub und Regen* für Klarinette und Viola; Nr. 41 *Musik im Bauch* für 6 Schlagzeuger und Spieluhren (1975); Nr. 41 1/2 *Tierkreis*, 12 Melodien der Sternzeichen für ein Melodie- und/oder Akkordinstrument (1975); Nr. 42 *Harlekin* für Klarinette (1975); Nr. 42 1/2 *Der kleine Harlekin* für Klarinette (1975); Nr. 43 *Sirius*, elektronische Musik und Sopran, Baß, Baßklarinette, Trompete (1975–77), daraus: Nr. 43 1/2 *Aries* für Trompete und elektronische Musik; Nr. 44 *Amour*, 5 Stücke für Klarinette (1976); Nr. 44 1/2 Version für Flöte; Nr. 46 *In Freundschaft* für Klarinette bzw. andere Blasinstrumente oder Violine bzw. Violoncello (1977); Nr. 48–50 *Donnerstag* aus *Licht*, Oper für 14 musikalische Darsteller, Chor, Orchester und Tonbänder (1978–80), daraus: *Eingang und Formel* für Trompete, *Halt* für Trompete und Kontrabaß, *Kreuzigung* für Trompete, 2 Bassetthörner, 2 Hörner, 2 Posaunen, Tuba und elektronische Orgel, *Mission* und *Himmelfahrt* für Trompete und Bassetthorn, *Donnerstags-Gruß* für 8 Blechbläser, Klavier und 3 Schlagzeuger, *Tanze Luceva!* für Bassetthorn oder Baßklarinette, *Bijou* für Altflöte und Baßklarinette, *Drachenkampf* für Trompete, Posaune und elektronische Orgel (oder Synthesizer), *Knabenduett* für 2 Sopransaxophone oder andere Instrumente, *Donnerstags-Abschied* für 5 Trompeten; Nr. 51–54 *Samstag* aus *Licht*, Oper für 13 musikalische Darsteller, Harmonieorchester, Tonband, Ballett, Männerchor, Orgel (1981–83), daraus: *Traum-Formel* für Bassetthorn, *Kathinkas Gesang als Luzifers Requiem* für Flöte solo oder mit 6 Schlagzeugern sowie Version für Flöte und elektronische Musik und Version für Flöte und Klavier, *Linker Augenbrauentanz* für 1 Schlagzeuger, Flöten und Bassetthorn(-hörner), *Rechter Augenbrauentanz* für 1 Schlagzeuger, Klarinetten, Baßklarinette(n), *Linker Augentanz* für 1 Schlagzeuger und Saxophone, *Rechter Augentanz* für 1 Schlagzeuger, Oboen, Englisch Hörner, Fagotte, *Linker Backentanz* für 1 Schlagzeuger, Trompeten und Posaunen, *Rechter Backentanz* für 1 Schlagzeuger, Trompeten und Posaunen, *Nasenflügeltanz* für 1 Schlagzeuger (ad lib. elektronisches Tasteninstrument), *Oberlippentanz (Protest)* für Piccolo-Trompete solo oder mit Posaune bzw. Euphonium, 2 Schlagzeugern und Hörnern, *Zungenspitzentanz* für Piccolo-Flöte solo oder mit Tänzern (ad lib.), 1 Schlagzeuger und Euphoniums (oder elektronischem Tasteninstrument), *Kinn-*

tanz für Posaune bzw. Euphonium, 2 Schlagzeuger, Euphoniums, Altposaune(n), »Bariton(s)«, Tenorhorn(-hörner), Baßtuba(-tuben), *Samstags-Gruß (Luzifer-Gruß)* für Blechbläser und 2 Schlagzeuger; Nr. 55–59 *Montag* aus *Licht*, Oper für 21 musikalische Darsteller, 2 Chöre und modernes Orchester (1985–88), daraus: *Xi* für Bassetthorn und Version für Altflöte oder Flöte, *Wochenkreis* für Bassetthorn und elektronische Tasteninstrumente, *Ave* für Bassetthorn und Altflöte, *Evas Spiegel* für Bassetthorn, *Susani* für Bassetthorn, *Susanis Echo* für Altflöte, *Entführung* für Piccolo.

Der Begriff des Kammermusikalischen erfährt bei Stockhausen einen Bedeutungswandel insofern, als die Reduktion der Besetzung auf wenige (oftmals nur einen einzigen) Spieler werkimmanent bedingt ist und strukturelle Konsequenzen zeitigt. Galt für die Epoche der Klassik und Romantik ein gemeinsamer Konsens für Sinfonik, Kammer- und Klaviermusik, indem die Sonatenform in allen Bereichen auf die formale Anlage durchschlug, so entstand bei Stockhausen ein neuartiger Zusammenhang zwischen Besetzung, Struktur und Form. Manche Werkidee (z. B. die des »Zyklus« für einen Schlagzeuger aus dem Jahre 1959) ist so eng an das Instrumentarium geknüpft, daß keine anderweitige Ausformung denkbar erscheint. Die Abrechnung mit der traditionsbefrachteten Ton- und Formensprache früherer Zeiten hatte bei Stockhausen bereits sehr früh stattgefunden, und zwar noch während seines Musikstudiums an der Kölner Hochschule. Hiervon legt eine Examensarbeit über Bartók Zeugnis ab. Früh schon wird die Ideologie der Innovation zum ästhetischen Leitbild, dessen Legitimation die Apologetik der Schönbergschen und Webernschen Doktrinen durch Adorno gewesen zu sein scheint. Auf diese Weise gelangt er auch in seinem kompositorischen Schaffen zu stets neuartigen Fragestellungen, denen er von Fall zu Fall auch gering besetzte Klangkörper zur klanglichen Verwirklichung zuordnet. Hierbei weiß er sich völlig losgelöst von irgendwelchen gattungsimmanenten Gepflogenheiten, wie sie sich beispielsweise in der Streichquartett-Tradition ausgeprägt haben, doch geht er an keiner Stelle so weit, diese etwa hinterfragen zu wollen, wie Wyttenbach, Globokar, Kagel oder Schnebel dies tun.

Nr. 1/7 **Kreuzspiel** für Oboe, Baßklarinette, Klavier (und Woodblock), 3 Schlagzeuger (6 Tomtoms, 2 Tumbas, 4 hängende Becken)

1951. UA: 21. Juli 1952 Darmstädter Ferienkurse. – Dauer: ca. 11 Minuten.

Die Entstehung des »Kreuzspiels« hängt, wie der Komponist selbst angibt, von zwei anderen Werken ab, die mit der Geschichte der seriellen Musik in engem Zusammenhang stehen, der 4. Klavieretüde von Messiaen und der Sonate für 2 Klaviere von Goeyvaerts. Stockhausen bezeichnete sein »Kreuzspiel« als eine der ersten Kompositionen »punktueller Musik«, d. h. einer Musik, in welcher der Einzelton als kompositorische Einheit sui generis behandelt wird. Definiert nach den Kriterien der Tondauer, Tonhöhe, Lautstärke und Klangfarbe (den sogenannten »Parametern« der Töne) geraten einzelne Töne in einen Sinnzusammenhang ohne melische, harmonische oder sonstige traditionsbedingte Strukturierung.
Die Kreuzung als strukturelle Grundidee, die dem »Kreuzspiel« den Namen gab, findet sich in Goeyvaerts' Sonate und wird bei Stockhausen um den Parameter der Klangfarbe erweitert. »Die Idee einer Kreuzung von zeitlichen und räumlichen Vorgängen ist in 3 Stadien dargestellt« (Stockhausen), wobei Höhen- und Tiefenlagen der Töne, ihre Menge und Anzahl und ihre Dauern vertauscht werden. Im 1. Stadium wird aus den anfänglich ganz unperiodischen Reihenfolgen der Klangdauern und Lautstärkegrade eine in den Dauern regelmäßig verkürzte und in den Intensitäten regelmäßig lauter werdende Reihe. Der Vorgang ist ebenfalls noch im 1. Stadium spiegelförmig rückläufig. Während im 1. Stadium die Prozesse von den Extremlagen über die Mittellage zurück zu den Extremlagen verlaufen, vollzieht sich im 2. Stadium der Formablauf von innen nach außen. Beide Abläufe verschmelzen miteinander im 3. Stadium.

Nr. 5 **Zeitmaße** für 5 Holzbläser (Oboe, Flöte, Englisch Horn, Klarinette, Fagott)

1955–56. UA: 15. Dezember 1956 in Paris (Leitung: Pierre Boulez). – Dauer: ca. 14 Minuten.

Hatte sich die Zwölftonmusik in erster Linie der Strukturierung von Tonhöhen zugewandt und höchstens im Werk Weberns die Übertragung der modalen Praktiken auch auf andere Kriterien wie z. B. Lautstärke und Klangfarbe stattgefunden, muß man als ausschlaggebendes Moment der seriellen Musik die Gleichberechtigung der als »Parameter« bezeichneten Tonqualitäten Tondauer, Artikulation, Klangfarbe und Lautstärke neben der Tonhöhe ansehen. Messiaen und Boulez hatten zunächst damit begonnen, analoge Serien für alle Parameter zu konstruieren, und deren Verknüpfbarkeit zum zentralen Strukturmoment erhoben. Stockhausens Beitrag zur Entwicklung der Tonsprache nach Webern liegt hauptsächlich darin, die Grenzüberschreitungen zwischen den Parametern auszukomponieren und im Grenzbereich zu neuartigen, physikalisch legitimierbaren Gestaltungsweisen zu gelangen. Eine wichtige Station auf diesem Wege ist die 1955–56 komponierte Studie über »Zeitmaße«. Methoden der Statistik haben hier das punktuelle Denken abgelöst, und fortab tauchen Begriffe wie Tonscharen, Tondichte u. ä. auf. Der Werktitel besagt, daß sich »die Zeitordnung verschiedener Maße bedient« (Stockhausen). Insgesamt verwendet Stockhausen 5 Arten der Zeitmessung: 1. 12 nach der Uhrzeit gemessene Tempi zwischen einfachem und doppeltem Tempo (M. M. 60–120), deren Gradation als »chromatisch« innerhalb einer »Zeitoktave« (1 : 2) gedacht ist; 2. das Zeitmaß »so schnell wie möglich«; 3. das Zeitmaß »so langsam wie möglich«, welches für Tongruppen gilt, die ein Spieler auf einen Atemzug zu spielen hat; 4. das Zeitmaß »schnell – verlangsamen«; 5. das Zeitmaß »langsam – beschleunigen«. Aus diesen 5 Kategorien des Messens schafft der Komponist vielfältige Kombinationen durch Überlagerung und vermittelt dem Hörer ein bis dato ungewohntes Zeitgefühl. Dieses resultiert daraus, daß hier auf zwei verschiedene Arten mit der musikalischen Zeit umgegangen wird. Man könnte das Stück als Erforschung einer zweidimensionalen Ebene ansehen, wobei die eine Koordinate die Skala zwischen Tempo-Einheit und Tempo-Vielfalt abdeckt, die andere Koordinate den Bereich zwischen metrischem Gleichmaß und metrischer Veränderung. Stockhausen weist darauf hin, daß dabei merkwürdige Hörphänomene entstehen, indem beispielsweise eine rasch gespielte Tonfolge kurzer Noten den Eindruck von Ruhe und Stillstand vermitteln kann, während umgekehrt lange, ruhige Töne das Gefühl von Schnelligkeit und Unruhe hervorrufen. »Zeitfelder größerer Ausdehnung kommen in die Komposition: Strukturen bewegen sich zwischen streng gerichteten Zeitlinien und richtungslosen Zeitfeldern, in denen verschieden große Massen von Tönen zu vibrierenden Klangpulks pulverisiert werden« (Stockhausen). Zur Begründung seines Vorgehens weist der Komponist auf das moderne Zeitgefühl des Menschen hin, der mit allerlei Maschinen umgeht, sich entgegen dem Tagesrhythmus rund um den Erdball fortbewegt und dabei vielschichtig ganz verschiedene Geschwindigkeiten zur gleichen Zeit erlebt.

Nr. 11 **Refrain** für 3 Spieler (Klavier / Woodblocks, Vibraphon / Almglocken, Celesta / Cymbales antiques)

1959. UA: 2. Oktober 1959 in Berlin (Berliner Festwochen). – Dauer: ca. 12 Minuten.

»Refrain« entstand zur selben Zeit wie »Zyklus« für einen Schlagzeuger und hat mit dem Solowerk gemeinsam, daß Prinzipien des gelenkten Zufalls formimmanent sind. Der Titel nimmt Bezug auf die Wiederkehr von Unterbrechungen, die hineingeschaltet sind in den ruhigen Fluß der Komposition. Sechsmal wird »ein stilles und weiträumig komponiertes Klanggefüge durch einen kurzen Refrain gestört« (Stockhausen). Glissandi und Cluster, Triller und kurze Melodiestückchen tauchen auf, wo zuvor ein ruhiges Geschehen vorherrschte. Die Zeitpunkte, zu denen Refrains gespielt werden, können von

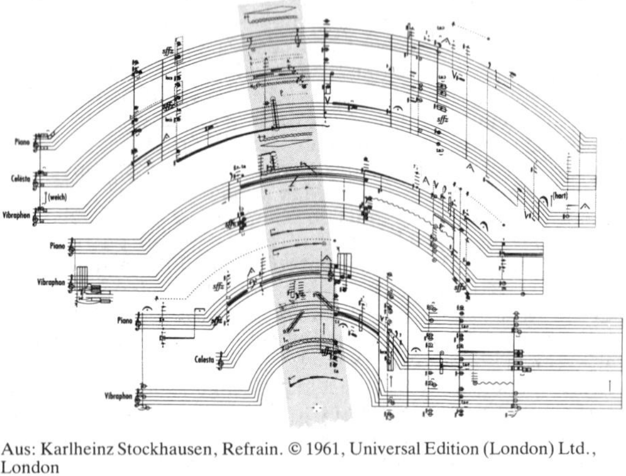

Aus: Karlheinz Stockhausen, Refrain. © 1961, Universal Edition (London) Ltd., London

Oberer Teil des Notentextes
mit beliebig gewählter Stellung der Transparentleiste

den Spielern selbst bestimmt werden. »Sind sie jedoch einmal fixiert, so wird die endgültige Gestalt eines Refrains von seiner unmittelbaren Umgebung beeinflußt«, indem die Töne der im Text voraufgehenden oder folgenden Akkorde auf die Triller, Glissandi und Melodien zu übertragen sind. Andersherum strahlen die Refrains auch auf ihre Umgebung aus, indem beispielsweise die Klänge von Klavier, Celesta und Vibraphon durch hinzukommende Schlaginstrumente »verfärbt« werden, und zwar in zunehmendem oder abnehmendem Maß, je nach den gewählten Zeitpunkten des Refrains. »So wird in einem statischen Zustand durch unvorhergesehene ›Störungen‹ ein dynamischer Formprozeß geweckt; und einer beeinflußt und prägt den anderen, ohne daß ein Konflikt entstünde« (Stockhausen). Von der absolut offenen Formanlage des »Zyklus« unterscheidet sich »Refrain« durch die vorherbestimmte Statik der unveränderlichen Teile.

Nr. 21 **Adieu** für Bläserquintett (Flöte, Oboe, Klarinette, Horn, Fagott)

1966; für Wolfgang Sebastian Meyer. UA: 30. Januar in Kalkutta; offizielle UA: 10. Februar 1967 in Tokio. – Dauer: ca. 16 Minuten.

Stockhausen, sonst ein eher bedächtiger und langfristig planender Komponist, schrieb »Adieu« in nur 2 Tagen, irritiert durch die Vorstellung, wieviel mehr Zeit seine Arbeitsweise erforderte als die eines Malers wie Piet Mondrian, von dem er eine Ausstellung gesehen hatte. Der eigentliche Anlaß war der Unfalltod des jungen Organisten Wolfgang Sebastian Meyer am 10. Januar 1966. »Todesnähe schwingt in dieser Musik« (Stockhausen), und es bedarf einer einfühlsamen Interpretation, um diese Inhalte erlebbar werden zu lassen. »Adieu« imitiert auf der Bühne die Studio-Manipulation von Bändern, die plötzlich abreißen, wieder beginnen und in falschem Tempo abgespielt werden. Da scheinen die Maschinen ganz plötzlich stillzustehen, und der Hörer erlebt, wie sein Zeitempfinden einfriert. Die kurzen »takes« sind nichts anderes als tonale Kadenzen, deren Dauern aus Divisionen der Zahl 144 bestehen. Den Spielern sind im Rahmen gewisser Ausführungsmöglichkeiten Freiheiten gewährt, die dahin führen, daß bei kurzen Abschnitten die Synchronie der gemeinsam vorzunehmenden Musterwechsel Homogenität erbringt, während die längeren Abschnitte – in einem Fall 144 nichtunterbrochene Einheiten – in ihrer Inhomogenität eher unruhig wirken und damit an jene Paradoxie erinnern, der Stockhausen bereits 1955 in »Zeitmaße« nachgegangen war.

KHS

Henri Pousseur

* 23. Juni 1929 in Malmédy (Belgien)

Trotz seines Studiums an den Konservatorien in Lüttich und Brüssel 1947–53 nennt sich Pousseur als Komponist Autodidakt, denn seine Studien waren auf Schulmusik und Chorleitung ausgerichtet, die er auch berufsmäßig bis 1959 ausübte. 1954–60 arbeitete er an den elektronischen Studios der Rundfunkanstalten von Köln und Mailand, später auch im Münchener Siemens-Studio; außerdem seit 1958 in dem von ihm mitbegründeten Brüsseler Studio APELAC, nun ein Teil des 1970 ebenfalls von ihm ins Leben gerufenen »Centre de Recherches Musicales« in Lüttich. 1963–64 unterrichtete er an der Musikakademie Basel und 1966–68 an der University of Buffalo (N.Y.) sowie bei den Kölner Kursen für Neue Musik. In Lüttich lehrt er an der Universität und am Konservatorium, dessen Direktor er 1975 wurde.

Kammermusik: *Quintette à la mémoire d'Anton Webern* für Violine, Violoncello, Klarinette, Baßklarinette und Klavier (1955); *Madrigal I* für Klarinette solo (1958); *Ode* für Streichquartett (1960/61); *Madrigal II* für 4 alte Instrumente: Flöte, Violine, Viola da gamba und Cembalo (1961); *Madrigal III* (nach *Madrigal I*) für Klarinette, Violine, Violoncello, Klavier und 2 Schlagzeuger (1962); *Répons avec son paysage* für 8 Ausführende: Sprecherin, Flöte, Violine, Violoncello, Harfe, 2 Pianisten und Schlagzeug (1960–65); *Echos I de Votre Faust* für Violoncello solo (1967); *Echos (II) de Votre Faust* für Frauenstimme, Flöte, Violoncello und Klavier (1969); *Icare apprenti* für eine variable Zahl von Instrumenten (1970); *Vue sur les jardins interdits* für 4 Saxophone (1973); *L'Ibéricare* für Gitarre solo (1975); *Modèle réduit* für Baßklarinette (oder andere Melodieinstrumente großen Umfangs) und Klavier (oder andere Tasteninstrumente) (1975); *Racine 19* für Violoncello solo (1976); *Chroniques berlinoises: Petite chronique* für Streichquartett und Klavier, *Grande chronique* für Streichquartett, Klavier und Bariton (1976); *3. Vue sur les jardins interdits* für Bläserquintett (1976, mit Peter Antony Monk); *Flexions I* für Flöte (1979); *Flexions II* für Trompete (1979); *Flexions III* für Violine (1979); *Flexions IV* für Viola (1980); *Flexions V* für Violoncello (1980); *La patience d'Icarène* für Harfe (1980); *Fantaisie et fugue*, »Dicté par ...« Nr. 1b (A. Schönberg 1930) für Violoncello (oder Fagott) und Klavier (1980), Nr. 1 für Streichquartett (1981); *Variations*, »Dicté par ...« Nr. 2 (A. Webern 1940) für Klarinette und Klavier (1981); *Naturel* für Horn (1981); *Hermes I*, »Dicté par ...« Nr. 3 (B. Bartók) für Klarinette (1982), *Hermes II* für Violine (1982); *La Paganiana* für Violine solo (1982); *La Paganiana seconda* für Violoncello solo (1982);

Cortèges des belles ténébreuses au jardin boréal für Englisch Horn, Viola, Horn, Tuba und Schlagzeug (1984); *Vers l'Ile du Mont pourpre* für Flöte solo (1984); *Sur le qui-vive* für Frauenstimme, Klarinetten, Violoncello, Tuba, Keyboards und Schlagzeug (1985); *Mnemosyne (doublement) obstinée*, 2. Ode für Streichquartett mit Mezzosopran ad lib. (1988).

Frühzeitig mit den Darmstädter Ferienkursen und den Donaueschinger Musiktagen in Berührung gekommen, entwickelte sich Pousseur kompositorisch zunächst in der Webern-Nachfolge. Indessen führten ihn die Arbeiten im elektronischen Studio mit Berio und Eimert zusammen, und er fand rasch den Neuansatz in seiner eher unsystematischen, expressionistischen Verwendung elektronischer Klänge. »Electre« (1960) ist ein Paradebeispiel für die freizügige Nutzung des Klangmaterials aus dem Studio, die weniger auf rational ergründbare Systematiken als vielmehr auf text- und stoffgebundene Verschmelzung mit der bühnenwirksamen Live-Aufführung abzielt. »Theorie, wie wir sie heute verstehen, ist dynamisch und dialektisch. Sie ist keine Sammlung von Rezepten, sondern ein Instrument der Ermittlung, das selbst wieder in Frage gestellt wird, sobald konkrete Erfahrungen nicht integriert werden« (Pousseur). Aus diesem Ansatz heraus überarbeitete er auch »Répons« für 7 Instrumentalisten (1960) später für einen zusätzlich mitwirkenden Sprecher-Schauspieler und war bereit, Teile aus »Votre Faust« (1960–67), einer »fantaisie variable genre opéra«, herauszulösen und als Kammermusik aufführen zu lassen. Besonderes Interesse beanspruchen seine verschiedenen Kompositionen, in denen herkömmliche Klangquellen mit Tonbandklängen verbunden werden (z. B. »Rimes« 1959) und die der »musique concrète« nahestehenden Tonbandkompositionen.

Quintette à la mémoire d'Anton Webern für Violine, Violoncello, Klarinette, Baßklarinette und Klavier

1955. UA: Oktober 1955 in Donaueschingen. – Dauer: ca. 14 Minuten.

Das 1sätzige Werk, dessen Faktur unverkennbar auf das Studium der Kompositionen Anton Weberns zurückgeht, gliedert sich in 5 Abschnitte, deren Tempi in etwa dem Habitus der 4sätzigen Sinfonie verpflichtet sind: Hauptsatz – Langsamer Satz – Scherzo – Finale – Coda. Die einheitlich verwendete Zwölftonreihe stiftet den Zusammenhang durch alle Stationen des zyklisch angelegten Werkganzen und gestattet auch größere Unterschiede in der Struktur, ohne daß der Zusammenschluß gefährdet wäre. Die starre, unflexible Verwendung der Grundtempi verleiht dem Werk eine Strenge, die in krassem Gegensatz zu jenen Lösungen steht, die Pousseur wenige Jahre später für die Zeitgestaltung erfand.

Ode pour quatuor à cordes

1960/61; dem LaSalle Quartet gewidmet. UA: Herbst 1961 in Cincinnati. – Dauer: ca. 17 Minuten.

Im Gegensatz zur Geschlossenheit der Form und zur Rigorosität der Tempogestaltung, die sich in dem 1955 komponierten Quintett finden, läßt der Stil der »Ode« die Öffnung nach allen Seiten erkennen. Die Komposition besteht aus einer Folge vieler einzelner, rhetorisch zu interpretierender Gesten, deren Herkunft ähnlich den madrigalesken Redewendungen in den »Madrigals I–III« (1958–62) aus der Vokalmusik so gut wie gesichert erscheint. Unter Verzicht auf ein Metrum wird die Kohärenz der 4 Spieler durch verschieden lange »Takte« gesichert (vgl. Notenbeispiel des Anfangs der Komposition), die

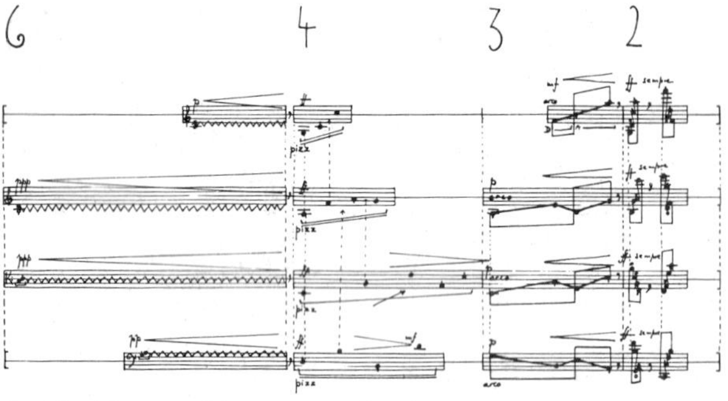

Aus: Henri Pousseur, Ode pour quatuor à cordes.

Pousseur als »Einheit« definiert. Die darüber angegebenen Ziffern (z. B. 2 oder 2½ oder 5) drücken aus, »welche *ungefähre* Proportion zwischen ihnen herrscht« (Pousseur). Für diese Proportionierung gibt es eine Skala, die vom Spieler als »logarithmisch« empfunden werden soll: 2 – 2½ – 3 – 3½ – 4 (5) – 6 (7) – 9 (8) – (10) – 12 – 15 (16), wobei die eingeklammerten Werte als

Stellvertreter zu verstehen sind, ein weiteres Indiz für die freizügige Art im Umgang mit Systemen bei Pousseur. Der sprachähnliche Fluß der Musik kommt weiterhin durch ständiges Verlangsamen und Beschleunigen innerhalb der Takte und Taktgruppen zustande. Diese Faktur, als Mischung aus zwölftönigem Handwerk und freizügiger Diktion verstanden, kann als Musterfall postserieller Schreibweise gelten.

Icare apprenti für eine unbestimmte Anzahl von Ausführenden

1970. UA: Winter 1970/71. – Dauer: variabel (mindestens 6 Minuten).

»Vorbereitungen und Flugübungen« nennt Pousseur seine originell angelegte Komposition aus dem Jahre 1970, die nach »Votre Faust« ein weiteres Stadium der Indeterminiertheit bei gleichzeitiger Determination einzelner Elemente signalisiert. Das Tonmaterial ist mehr oder weniger eng umschrieben und nach Intervallgrößen geordnet. Da gibt es Quarten, Ganztöne, kleine und große Terzen, Tritoni und Halbtöne, angeordnet auf 6 Tafeln. Jede Tafel enthält nur eines der genannten Intervalle in netzartigen Strukturen vervielfacht. Dieses vorgeordnete Material wird durch mehrere Fenster gelesen, die von den Spielern aus den Deckblättern auszuschneiden sind. Austauschbar in der Anordnung, Reihenfolge und Besetzung tauchen somit die Intervallnetze in jeweils andersartigem Kontext auf, dessen Gestik durch einen dritten Typus von determinierenden Hinweisen bestimmt wird, 2 Blätter mit Angaben zum »rhythmomorphologischen Verhalten« (Pousseur). Für das Verbinden der »Fenster« und das Deuten der darin sichtbaren Materialien gibt es sehr detaillierte Hinweise, deren akustisches Resultat indessen eine von Mal zu Mal variierende Lesart des relativ eng umschriebenen Tonvorrats ist. Das Ganze ist in seiner klaren Festlegung der Möglichkeiten ein interessantes Experiment, wie die Beliebigkeit der musikalischen Ereignisse gewährleistet und zugleich verhindert werden kann. Pousseur leistet damit einen späten Beitrag zur Problematik der offenen Form, das sich insofern von den früheren wichtigen Ausprägungen dieses Typus unterscheidet (z. B. Boulez, Stockhausen), als die Lesarten des Materials hochgradig differenziert werden. Offene Strukturen bei offener Form könnte man konsequenterweise diese Lösung des nicht mehr ganz neuartigen Problems benennen, die auf Grund ihrer hochdifferenzierten Anlage dennoch historische Bedeutung hat.

KHS

Werner Heider

* 1. Januar 1930 in Fürth

An der Musikhochschule München in Klavier, Dirigieren und Komposition ausgebildet, ist Heider seit 1949 freischaffender Musiker.

Kammermusik: *Typen* für Altsaxophon und Klavier (1949); *Sonata in Jazz* für Altsaxophon und Klavier (1954); *Nürnberger Bläsermusik* für 2 Trompeten und 3 Posaunen oder für 2 Trompeten, Horn, Posaune und Tuba (1954); *Dialog I* für Klarinette und Klavier (1960); *Inventio I* für Violine solo (1961); *Inventio II* für Klarinette solo (1962); *Katalog* für einen Blockflötenspieler (1965); *Katalog* für einen Vibraphonspieler (1965); *Picasso-Musik* für Mezzosopran, Klarinette, Violine und Klavier (1965–66); *Passatempo* für 7 Solisten (1967); *Edition*, Multiple Musik für variable Besetzungen (1969); *Musik im Diskant* für Sopraninoblockflöte, Cembalo und Schlagzeug oder für Piccoloflöte, Klavier und Schlagzeug (1970); *Pyramide für Igor Strawinsky* für Kammerensemble (1971); *Kunst-Stoff* für Elektro-Klarinette, präpariertes Klavier und Tonband (1971); *Commission* für Stimme (Bariton) und Kammerensemble (1972); *D. E. Memorial* (Duke Ellington zum Gedenken) für Posaune solo (1975); *WIR*, Kommunikationen für Streichquartett (1978); *Laudate Lignum & Pendant*, 2 Stücke für Marimbaphon solo (1980); *Wie das Andante, so ist sie*, Beschreibung für Violine (oder Viola) und Klavier (1981); *Drei Flöten-Ornamente* für Flöte solo (1963, 1981); *La Leggenda di Sant'Orsola* für 3 Tenorblockflöten (1981); *Galerie* für Schlagzeugquartett (1983); *Martinus Luther Siebenkopff*, Musik gegen ein Spottbild für Ensemble (1983); *Gassenhauer* für Sopranblockflöte (oder Piccoloflöte) und Kleine Trommel (1984); *Ritorno* für 3 Bassetthörner (1984); *Intarsien* für Bläserquintett (1984–85); *12 Signale* für Trompete (oder Horn) solo (1985); *Le Saint Esprit (Das Hugenottenkreuz)*, Fantasie für 1 Pianisten und 2 Schlagzeuger (1986); *Klopfzeichen* für 2 Schlagzeuger (1986); *Sax*, 3 Stücke für Altsaxophon solo (1987); *Tanzmusik* für 2 Spieler, mit Flöten und Klarinetten (1988); *End-Spiel (oder Spiel-End)* für Violoncello solo (1988); *Verheißung* für Englisch Horn (oder Horn oder Altsaxophon) solo (1988).

Heiders vielfach mit Preisen ausgezeichnetes kompositorisches Schaffen, dessen Wurzeln in einer Handwerklichkeit, gepaart mit starkem Aussagebedürfnis, liegen, läßt eine enge Beziehung zur Aufführungspraxis erkennen und trägt oftmals den Stempel persönlicher Bindungen zwischen Komponist und Interpret. Alle verfügbaren Stilmittel der Zeit benutzend und dennoch originell, gehört Heider zu den Individualisten, die sich jeglicher Zuordnung zu Stilrichtungen und Schulen entziehen.

Edition. Multiple Musik für Instrumental- oder Vokalgruppen

1969. UA: Version A 6. Juni 1969 in Nürnberg (ars nova ensemble). – Dauer: ca. 5–6 Minuten (variabel).

»Edition« ist ein Tribut Heiders an die in den späten 60er Jahren weiter verbreitete Ideologie einer »ars multiplicata«, d. h., einer auf der Austauschbarkeit von Einzelpartikeln bei gleichbleibender Grundidee beruhenden Werkidee. »Das Grundmodell kann auf Wunsch bzw. Bestellung vom Komponisten für vielerlei Instrumental- oder (und) Vokalbesetzungen von 5 Ausführenden an, ausgearbeitet und geliefert werden« (Heider). Der gedruckten Grundausgabe kommt damit die Funktion eines jener »Hauspläne« (Heider) zu, die der Komponist den meisten seiner sorgfältig ausgearbeiteten Partituren vorangehen läßt. Sie darf also nicht etwa als Improvisationsplan mißverstanden werden und wird erst realisierbar durch eine vom Komponisten vorgeschlagene und in der Folge auch schon ausgeführte Ausarbeitung, z. B. die »Edition A« für Kammerorchester oder »Edition D« für Sinfonieorchester. Zum Verständnis des musikalischen Denkens von Werner Heider ist die Modell-Partitur indessen aufschlußreich, weil sie »ausschließlich die dem Komponisten wichtig erscheinenden Elemente« enthält, deren »Verhältnisse, Reize und Spannungen« (Heider) die Grundlage jeder seiner Kompositionen bilden.

Kunst-Stoff für Elektro-Klarinette, präpariertes Klavier und Tonband

1971. UA: 2. März 1972 in München (Hans Deinzer, Werner Heider). – Dauer: ca. 14 Minuten.

Persönliches, Autobiographisches, Anekdotisches und Allgemeinmusikalisches durchdringen einander in »Kunst-Stoff«, wie oft bei Heider. Dem Andenken »Colts« gewidmet, eines mit dem Komponisten befreundeten Jazzmusikers, stellt die für live-elektronisch manipulierte Klarinette, präpariertes Klavier und ein präfabriziertes Zuspielband geschaffene musikalische Szenenfolge 10 Situationen Heiders vor, deren adäquateste Realisation nach wie vor die vom Komponisten im Zusammenwirken mit seinem Freund Hans Deinzer gebotene ist – adäquat deswegen, weil sie das Persönliche authentisch vermittelt. Einer etüdenhaften Einstimmungsphase folgen nach zunehmender Verdichtung Bilder, die betitelt sind mit »Kollektion«, »Rezitativ« und »Verdichtung«, schließlich »Geräusche, Gespräche« aus Aufnahmen mit Freunden, die in die Texte münden: »Wo bist du ... warum ... Komm wieder ...« etc. In der Art, wie manches erschütternde Erlebnis sich im Lachen zu lösen versucht, läßt Heider diesem von Originalaufnahmen mit Colts Schlagzeugspiel begleiteten »Lamento« eine »Groteske« folgen sowie einige Schlußpassagen mit Finalwirkung. Daß die menschlichen Situationen, denen sich die Entstehung der Komposition verdankt, in Wirklichkeit längst vergangen sind und nur noch in der Revozierung durch das Kunstwerk von Mal zu Mal neu geschaffen werden können und müssen, führte zum Werktitel, den Heider indessen doppeldeutig versteht als Symbol für Synthetisches – denaturierter Klang von elektronisch verfremdeter Klarinette und präpariertem Klavier sind das akustische Korrelat hierfür – und als artifiziellen »Denk-Stoff«.

WIR. Kommunikationen für Streichquartett

1978. UA: 12. Dezember 1978 in Mainz (Kreuzberger Streichquartett). – Dauer: ca. 16 Minuten.

Respekt, Skrupel und sogar Ressentiments gegenüber dem hohen Anspruch der Quartettgattung ließen Heider zu einem außermusikalischen Sujet als Triebfeder für ein 3teiliges Werk greifen. In musikalischer Gestik wird eine »Geschichte erzählt«, die – übertragen auf 4 Instrumente und deren Spieler – vom Zusammenagieren mehrerer zum »Wir« verbundener Individuen handelt, von ihren »menschlichen Eigenschaften, menschlichen Verhaltensweisen« (Heider). Ohne in letzter Konsequenz bis an die von Lutosławski im Streichquartett von 1964 abgesteckten Grenzen der Dissoziation von Einzelparts zu gehen, bringt Heider doch auf ähnliche Manier Synchronie und Asynchronie in Balance und versucht in den drei Stadien der »Wanderungen – Irrwege – Richtungen« die Gemeinsamkeit eines homogen zur Schau getragenen Melos dem tumultartigen Durcheinander von »heterogen« (Heider) zu spielenden Einzelpassagen bei diversen Übergangs- und Zwischenstadien gegenüberzustellen.

KHS

Dieter Schnebel

* 14. März 1930 in Lahr (Baden)

1952 schloß Schnebel sein Musikstudium in Freiburg i. Br. mit dem Klavierlehrer-Examen ab und wechselte nach Tübingen, um evangelische Theologie, Philosophie und Musikwissenschaft zu studieren (1955 Promotion mit einer Dissertation über Arnold Schönberg). Danach Pfarrer und Religionslehrer in Kaiserslautern, Frankfurt und München, seit 1976 Professor für Musikwissenschaft und Musikerziehung an der Berliner Hochschule der Künste.

Kammermusik (Auswahl): *Stücke* für Streichquartett (1954/55; aus »Versuche«); *raum – zeit y* für eine unbestimmte Zahl von Instrumentalisten (1958 ff.; aus »Projekte«); *réactions* für (1) Instrumentalisten und Publikum (1960/61; aus »Abfälle I«); *Glossolalie 61* für 3–4 Sprecher und 3–4 Instrumentalisten (1960/61; aus »Projekte«); *visible music I* für einen Dirigenten und einen Instrumentalisten (1960–62; aus »Abfälle I«); *stoj* für 3 Instrumentalisten (1964 ff.; aus »Abfälle II«); *anschläge – ausschläge*, Szenische Variationen für 3 Instrumentalisten: für Flöte, Violoncello, Cembalo und ergänzende Instrumente (1965/66; aus »Modelle«); *In motu proprio*, Kanon à 7 für gleichartige Instrumente (1975; aus »Tradition«); *B-Dur-Quintett* für (Streich)Quartett und Klavier (1976/77; aus »Tradition«); *Beethoven-Sonate* für Schlagzeug (1976 ff.; »Bearbeitungen« Nr. 3); *Handwerke – Blaswerke* für »Spielorgane« (1977 ff.; aus »Produktionsprozesse«); *Pan* für Flötisten und Begleitung (1978); *Kontrapunkt* für variable Besetzung (z. B. 2 Bläser, 2 Streicher, Klavier) (1973–79; aus »Schulmusik«); *Rhythmen*, Septett für Schlagzeug (auch als Sextett zu spielen) (1973–79; aus »Schulmusik«); *Lieder ohne Worte* für Stimme und 2 Instrumente oder Klaviertrio (1980–82); *Marsyas* für Baßklarinette (oder Fagott oder Saxophon) und Schlagzeug (1984–87); *Inventionen* für Violoncello (1987); *Circe* für Harfe (1988).

Die Aufführbarkeit und Aufführung von Schnebels Musik ist ihm nicht wichtiger als die Tatsache, daß gewisse Werke einfach »existieren«, d. h., als geschaffene Tatbestände das weitere musikalische Denken beeinflussen können. Seine Kompositionen passen also kaum in das Raster der vom Werkcharakter her konzipierten »Opus-Musik«; Unterscheidungen in kammermusikalische und nichtkammermusikalische Werke bleiben da im Marginalen hängen. Schnebel hat sein Werk selbst in Gruppen eingeordnet, deren Kriterien aus dem Prozeß des Musikmachens und dem Denken über Musik abgeleitet sind, z. B. »Modelle«, »Abfälle« oder »Produktionsprozesse«. Gruppendynamische Vorgänge und soziale Bedingtheiten im Vorgang des Musizierens werden kompositorisch mit letzter Konsequenz umgesetzt und szenisch präsentiert. Doch sei als wichtiges Kriterium der Ästhetik Schnebels erwähnt, daß seine Werke zwar oftmals eine szenische Komponente haben, daß sie aber genuin etwas anderes als Musiktheater sind.

Stücke für Streichquartett (aus »Versuche«)

1954/55. UA: Juni 1968 in Rom (Società Cameristica Italiana). – Dauer: ca. 5 Minuten.

Mit dem 4teiligen Zyklus »Versuche« (1953–56) strebte Dieter Schnebel an, die seinerzeit aktuellen seriellen Kompositionstechniken und die Komplexität der Zeitgestaltung für sich auszuloten. Zeitlich und auch der Sache nach zusammengehörig, bilden die 4 Teile ein erstes kompositorisches Dokument seiner früh einsetzenden Auseinandersetzung mit den damals neuesten Entwicklungen der Tonsprache. »Stücke« (»Versuch II«), ausführbar von einem Streichquartett oder fakultativ auch von einem mit tiefen Streichern besetzten Oktett, besteht aus 5 Miniaturen, deren Umfang durch die Verwendung von jeweils nur 12 Tönen diktiert ist. Daß bei dem Komponisten die Kenntnis der Webernschen Quartettminiaturen vorausgeht, erscheint uns heute selbstverständlich, ebenso die Kenntnis der Analysen Pousseurs. Doch sollte man versuchen, sich bei solchen Überlegungen in die Rolle des jungen Komponisten zu versetzen, der begierig alles aufgreift und auf seine Verwendbarkeit hin prüft, was sich an Neuem bietet. Schnebel hat unter dem Titel »Stücke« 5 Epigramme zusammengefügt, die man als Eröffnungssatz – Walzer – Lento – Marsch – Finale aufzufassen hat. In ihnen üben koloristisch überhöhte Mikro-Klangprozesse im Detail die gleiche Funktion aus wie die Themen und alle daraus abgeleiteten Prozesse in den Werken der Klassik. Räumlich weit voneinander entfernt sitzend, repräsentieren die Spieler die zur Isolation des Einzelereignisses drängende Zersplitterung des Satzes.

réactions für (1) Instrumentalisten und Publikum (aus »Abfälle I«)

1960/61. UA: 29. April 1961 in Padua (Sylvano Bussotti). – Dauer: 7–20 Minuten (variabel).

Im Prozeß des Sich-Lösens vom Werkcharakter früherer Kompositionen spielen die im Sinne Adornos als »Abfälle« bezeichneten Stücke der 60er Jahre eine wichtige Rolle. Sie spiegeln die soziale Wirklichkeit des Musikmachens in auskomponierter

Form, wobei mit Auskomponiertem zumeist »nur« graphisch Notiertes oder verbal Fixiertes gemeint ist, seltener der herkömmliche, zur einzig »richtigen« Interpretation bestimmte Notentext. »Den Zusammenhang von Werkaufführung und deren Rezeption durch die Hörer kompositorisch in den Griff bekommen« (Schnebel) will der Komponist in »réactions«, einem frühen Beispiel von Metamusik, welche die Wirklichkeit der gesellschaftlichen Veranstaltung »Konzert« zum Artefakt transzendiert. Variabel in der Reihenfolge verfügbar, sind Phasen unterschiedlicher, frei zu gestaltender Dauer auf einem großen Bogen Papier angeordnet, die verschiedene Formen der Kommunikation zwischen einem bzw. mehreren Instrumentalisten und dem Publikum zum Inhalt haben. An Tönen ist nichts vorgegeben, statt dessen aber die ganze Bandbreite möglicher Interkommunikationsformen, wie beispielsweise: »I (Instrumentalist) spielt vor, und P (Publikum) hört schweigend zu«, »I läßt sich von P beeinflussen – sucht so zu spielen, wie P es wünscht« oder »eine instrumentale Partie wird uninteressant, und gleichzeitig tritt die akustische Produktion von P hervor«. Schnebel fordert, daß im Verlauf des Stückes »möglichst alle Reaktionsformen« zur Geltung kommen, überläßt es jedoch dem Instrumentalisten, die Inszenierung seines Spiels mit dem Publikum selbst zu gestalten, und stellt hierfür lediglich das denkerische Material zur Verfügung. Dialektisch in der Klemme ist der Komponist hierbei insofern, als das Publikum stets Publikum bleibt, d. h. ein auf den Spieler reagierendes Sozialgebilde, und der Instrumentalist trotz aller Reagibilität nicht aus seiner Rolle als Solist heraus kann, selbst da nicht, wo »P und I ihre Musik unabhängig und ohne Rücksicht aufeinander« produzieren. Insofern wird dem Publikum möglicherweise im Erleben einer »Aufführung« seines eigenen Rollenverhaltens dieses als solches transparent, doch wird es zum schöpferischen Gestalter nur scheinbar, d. h. nach dem Willen des Komponisten. Dies jedoch ist von Schnebel einkalkuliert und wird damit erklärt, daß das Kunstwerk niemals die Gestalt eines Kunstwerks verlieren und soziale Wirklichkeit werden kann. Die musikgeschichtliche Bedeutung von »réactions« wird nicht so sehr in mehr oder weniger gelungenen Präsentationen durch mehr oder weniger schauspielerisch begabte Interpreten – etwa in Form einer Aufführung, »die man nicht vergißt« – meßbar, sondern eher in der Existenz des Gedachten als solchem.

anschläge – ausschläge. Szenische Variationen für Flöte, Violoncello und Cembalo (aus »Modelle – Ausarbeitungen«)

1965/66. UA: 5. Januar 1970 in Zürich (Gruppe Bärtschi). – Dauer: ca. 15 Minuten.

In der Rücküberführung von »visible-music-Ideen« (Schnebel) auf das Formschema und Instrumentarium der barocken Triosonate Flöte, Violoncello und Cembalo, 1965/66 erarbeitet aus Skizzen der Serie »Abfälle II« (1964), heißt es expressis verbis, daß bei der Aufführung dieser Komposition »nicht Theater gespielt« werden soll. »Die Musiker mögen sich nicht anders verhalten als sonst auch. Nur ist, was sie sonst auch tun, bewußt zu tun« (Schnebel). Um Sichtbarmachen von Dingen, die im Musikbetrieb von alters her selbstverständlich sind, geht es also. Das Stück »komponiert Spielvorgänge« – nicht mehr, aber auch nicht weniger. Musikalisches Material sind also »nicht die Töne oder andere akustische Stoffe, sondern vielmehr die Prozesse ihrer Hervorbringung« (Schnebel). Die 25 szenischen Variationen des Stückes leben in erster Linie aus der Visualisierung von altvertrauten Spielvorgängen, deren ästhetischer Ansatz indessen tiefer sitzt, als der Titel zunächst vielleicht vermuten läßt: »Die Anschläge sind Attentate auf den schönen, abgerundeten, unversehrten Klang. Und die Ausschläge zeugen von den Allergien einer Musik, deren ›Haut‹ nicht mehr rein und makellos sein kann, solange aus ihr noch kein Fell oder Panzer geworden ist« (Schnebel).

KHS

Cristóbal Halffter

* 24. März 1930 in Madrid

Als Neffe des mexikanischen Komponisten Rodolfo Halffter und des spanischen Komponisten Ernesto Halffter war ihm der musikalische Weg vorgezeichnet durch eine Nachfolge der folkloristischen Ideen Manuel de Fallas und eine bedingungslose Übernahme moderner Techniken. Er studierte 1947–51 bei Conrado del Campo y Zabaleta am Nationalkonservatorium in Madrid, an dem er selbst dann 1961–66 eine Professur für Komposition innehatte und dessen Direktor er 1964–66 war. Seit 1952 Mitarbeiter beim Radio Nacional de España.

Kammermusik: *1. Streichquartett* (1955); *Sonata* für Violine solo (1959); *Drei Stücke* für Flöte solo (1959); *Codex* für Gitarre solo (1963); *Espejos* für 4 Schlagzeuger und Tonband (1963); *Antiphonismoi* für 7 Spieler (Flöte, Oboe, Klarinette, Klavier, Violine, Viola, Violoncello)

(1967); *Oda* für 6 Spieler (Flöte, Baßklarinette, Schlagzeug, Klavier/ Celesta, Viola und Violoncello; 1969); *Oda para felicitar un amigo* für Flöte, Baßklarinette, Viola, Violoncello und Schlagzeug (1969); *Studie II*, Flötenkadenz aus »Fibonacciana« für Flöte solo (1969); *2. Streichquartett (Mémoires)* (1970); *Llanto por las víctimas de la violencia* für Kammerensemble und elektronische Klangumwandlung (1970/71); *Noche pasiva del sentido* für Sopran, 2 Schlagzeuger, 4 Tonbandgeräte, 2 Tonbandschleifen (1970); *Noche activa del espiritu* für 2 Klaviere und Ringmodulatoren (1973); *Tiempo para espacios* für Cembalo und 12 Streicher (1974); *Pourquoi* für 12 Streicher (1974/75); *Variationen über das Thema eSACHERe* für Violoncello solo (1975); *Variaciones sobre la resonancia de un grito* für 11 Instrumente, Tonband und live-elektronische Klangumwandlung (1976/77); *Mizar* für 2 Flöten, 9 Streicher und 3 Schlagzeuger (1977); *3. Streichquartett* (1978); *Mizar II* für 2 Flöten und elektronische Klangumwandlung (1979); *Debla* für Flöte solo (1980); *Concierto* für Flöte und Streichsextett (1982); *Leyendo a Jorge Guillén* für Sprecher, Viola und Violoncello (1982); *Canciones de al Andalus* für Mezzosopran und Streichquartett (1987–88); *Canción callada* (in memoriam Federico Mompou), Trio für Violine, Violoncello und Klavier (1988).

Cristóbal Halffter gilt heute als einer der wichtigsten Vertreter der neuen Musik Spaniens seit Manuel de Falla. Furore machte er 1968 in seiner Heimatstadt, als er die zur 20jährigen Wiederkehr der »Erklärung der Menschenrechte« im Auftrag der Vereinten Nationen komponierte Chorkantate »Yes speak out yes« zur Aufführung brachte. Seither kehren politisch engagierte Texte und Stoffe in seinem Schaffen regelmäßig wieder. Sie lassen Halffter als eine tief humanitär veranlagte Persönlichkeit erkennen. »Ich bin zur neuen Musik gekommen, weil es mir unerläßlich schien, der Zeit zu begegnen, in der wir leben«, sagt Halffter, der mit den 1960 komponierten »Microformas« für Orchester erstmals in seinem Land ein Fanal für eine künstlerische Neuorientierung gesetzt und sogleich internationale Beachtung gefunden hatte. Doch ist es weniger politisches Engagement, sondern eher eine allgemein menschliche Haltung, die aus seiner Musik spricht. Aleatorik, Elektronik und ausgefeilte Orchestrationskunst kennzeichnen den Stil dieses Protagonisten der spanischen Avantgarde, dessen Weg in der Adaption Bartókscher und Strawinskyscher Folklorismen begonnen und der als prominenter Schöpfer einer neuen spanischen Musik in erster Linie durch die Wahl seiner Stoffe und die adäquate Form der Darbietung reüssiert hatte.

2. Streichquartett (Mémoires)

1970; Auftragswerk der Elizabeth Sprague Coolidge Foundation. UA: 26. November 1972 in Metz (Parrenin-Quartett). – Dauer: 24 Minuten.

Das 1sätzige Werk besteht aus einer Abfolge unterschiedlicher Klangfelder, deren verbindendes und auslösendes Element eine Schicht mehrerer Zitate aus Beethovens späten Streichquartetten darstellt. Am Rande der Hörbarkeit beginnend, lösen sich Klangbänder aus der Stille, für die der Komponist angibt, daß die Spieler an den Stellen »ohne Tonerzeugung« eine Grimasse schneiden sollen. So auf szenisches Musikerleben eingestimmt, erfährt der Konzertbesucher verschiedene Stadien der Reflexion über traditionsbefrachtetes Quartettspiel. Es entwickeln sich mikrotonale Klangfächer aus den Klangbändern des Anfangs, die bei zunehmender Verdichtung in das erste Beethoven-Zitat überführt werden. Hieraus erwachsen nervös strukturierte Klangflächen bei diffuser Farbgebung, die sich zunehmend verdichten und in synchrone Passagen einmünden. Das zweite Beethoven-Zitat bewirkt Ruhe, aus der heraus erneute Klangzerfaserung erwächst, bis schließlich ein Zustand der Agonie erreicht wird. Die Suspension dieser heftigen Erregung erfolgt durch mehrfaches Wiederholen einzelner Passagen bei zunehmender Verlangsamung, wobei einzelne Teile »aufgehoben« werden: »Unter Noten aufheben ist gemeint, daß der Instrumentalist die Noten im Geist ›spielen‹ und bei den verschiedenen Repetitionen in Klammern Ruhe erzeugen soll« (Halffter). Eine letzte, abschließende Verlebendigung und Verlangsamung erwächst aus dem Zitat des mit »Muß es sein? – Es muß sein!« überschriebenen Finalsatzes »Der schwer gefaßte Entschluß« aus Beethovens op. 135. Das Ende, sozusagen ein Resumée aus allen vorangehenden reflektorischen Wellenbewegungen, ist eine geräuschhafte, äußerst verhaltene Klangfläche ohne erkennbare Tonhöhen. Eingetaucht in das Rauschen, in die Stille sind alle Bilder der Vergangenheit, ins Nichts zerronnen die Relikte großer abendländischer Traditionen.

3. Streichquartett

1978. UA: 3. Mai 1979 in Evian (Eder-Quartett). – Dauer: 20 Minuten.

Die Gestaltprinzipien des 2. Streichquartetts kehren im 3. Streichquartett in differenzierter Form wieder. Phasen der Ruhe werden zu bewegten Figurationen aufgebrochen und aktiviert, aus denen wiederum statische Flächen herauswachsen, doch sind die Übergänge rascher, und zwischen die einzelnen Aggregatzustände werden Phasen der absoluten Stille eingeschoben. 1sätzig wie das 2. Quartett, läßt das 3. eine formale Logik im Ebenmaß der sich abwechselnden Teile erkennen. Relikte aus aleatorischer Zeit sind die asynchron zu spielenden Passagen, die von Mal zu Mal unterschiedliche Resultate ergeben. Auch dieses Werk erscheint somit nicht frei von Geschichtsreflexion, doch sind die Reminiszenzen weniger direkt bzw. weniger wörtlich als im 2. Quartett und somit kaum noch exakt zu lokalisieren. Immer wieder erwachsen aus diffus strukturierten Klangflächen Passagen, die an traditionelles Quartettspiel erinnern und die Brüchigkeit herkömmlicher Hör- und Spielgewohnheiten transparent machen sollen.

KHS

Mauricio Kagel

* 24. Dezember 1931 in Buenos Aires (Argentinien)

Als Kagel, der privat Klavier, Violoncello, Klarinette, Musiktheorie und Dirigieren gelernt hatte, mit 18 Jahren zu schreiben begann, war er bereits durch Analyse und Aufführungen mit wichtigen kammermusikalischen Werken von Schönberg, Varèse und Ives vertraut. Schon in den 1950er Jahren entstanden erste Kompositionen konkreter Musik, Werke der akustisch-optischen Koordination und Sprachmontagen. 1957 kam er als Stipendiat des DAAD nach Köln, wo er seither lebt und wirkt. 1960 gründete Kagel das »Kölner Ensemble für Neue Musik« und führte damit das epochemachende »Sur scène« (1959/60) auf. Ausgehend von diesem ersten Werk einer neuen Spezies »Instrumentales Theater« schrieb Kagel seither fast ohne Ausnahme nur noch Werke von medienübergreifendem Zuschnitt und polyästhetischer Qualität.

Kammermusik (Auswahl): *Variaciones* für Flöte, Klarinette, Violine und Violoncello (1952); *Streichsextett* (1953; rev. Fassung 1957); *Transición II* für Klavier, Schlagzeug und 2 Tonbänder (1958/59); *Sur scène*, kammermusikalisches Theaterstück (1959/60); *Sonant (1960/. . . .)* für Gitarre, Kontrabaß, Harfe und Fellinstrumente (1960); *Pandorasbox, Bandoneonpiece* für Bandoneon (1960/ . . . .); *Prima vista* für Diapositivbilder und unbestimmte Anzahl von Schallquellen (1962/1964); *Match* für 3 Spieler (2 Violoncelli und Schlagzeug) (1964); *Mirum* für Tuba (1965); *Pas de cinq*, Wandelszene für 5 Schlagzeuger (1965); *Kammermusik für Renaissance-Instrumente* für 2–22 Spieler (1965/1966); *Streichquartett* (1965/1967); *Acustica*, Musik für experimentelle Klangerzeuger (2–5 Ausführende) (1968/1970); *Atem* für einen Bläser (1970); *Tactil* für drei: Klavier und Zupfinstrumente sowie experimentelle Klangerzeuger (1970); *Morceau de concours* für einen Trompeter (1968/1971); *Programm*, Gespräche mit Kammermusik (1971/1972), daraus: *Aus Zun-*

gen Stimmen für Akkordeonquintett, *Charakterstück* für Zitherquartett, *General Bass* für kontinuierliche Instrumentalklänge; *Siegfriedp'* für Violoncello solo, *Unguis incarnatus est* für Klavier und beliebiges Melodieinstrument; *Dressur* für 3 Schlagzeuger (1976/77; aus »Quatre Degrés«); *Tango Alemán* für Stimme, Violine, Bandonion (oder Akkordeon) und Klavier (1978); *Zehn Märsche um den Sieg zu verfehlen* für 6 Bläser und 2 Schlagzeuger, weitere Musiker möglich (1978/79); *Klangwölfe* für Violine und Klavier (1979); *Blue's Blue*, musikethnologische Rekonstruktion für 4 Spieler (1979); *Rrrrrr . . .*, Radiofantasie mit 41 Stücken a) für Bläser, Kontrabässe und Schlagzeug, b) für gemischten Chor, c) für Orgel, d) für 2 Schlagzeuger, e) für Solo-Stimme, f) für Jazz-Ensemble (1981/82); *»Aus dem Nachlaß«*, Stücke für Viola, Violoncello und Kontrabaß (1981/86; aus »Der mündliche Verrat«); *Klaviertrio* (1984/1985); *3. Streichquartett* (1988).

Soweit Kagels Schaffen überhaupt der Kammermusik zugeordnet werden kann, liegt seine Bedeutung in der kritischen Reflexion der sozialen Bedingtheiten von Kammermusik und der Hinzugewinnung außermusikalischer Ingredienzien. Dadurch steht seine Kammermusik distanziert der jahrhundertealten innermusikalisch orientierten Tradition gegenüber und trägt eher zur Auflösung der Gattung als zu ihrem Fortbestand bei. Bemerkenswerterweise geschieht dies jedoch in Form von musikalischen Kompositionen, die – bei aller Transparenz und Offenlegung von verkrusteten Verhaltensmustern – in ihrem musikalischen Einfallsreichtum ständig neue Möglichkeiten erschließen. Dieses dialektische Paradoxon von werkimmanent geäußerter Skepsis bei gleichzeitiger Neukonstituierung ist, mit szenischem Raffinement und nicht ohne eine gehörige Portion Ironie präsentiert, die stets neu wirksame Triebkraft für die Entstehung immer neuer Werke von großer Bandbreite.

Sonant (1960/. . . .) für Gitarre, Harfe, Kontrabaß und Fellinstrumente

1960. UA: 1. Februar 1961 in Paris (Domaine Musical). – Dauer: variabel (min. 15 Minuten).

Im Quintett »Sonant (1960/. . . .)« wird der Akt des Interpretierens von notierter Musik auf artifizielle Art und Weise transparent gemacht und hinterfragt. Noch ohne die szenischen Elemente, deren sich Kagel zunehmend bediente, wird hier das in den 60er Jahren virulente und vieldiskutierte Problem der offenen Form in der Parodie suspendiert. Der Komponist merkte an, aus den 10 Sätzen (Abschnitten) von »Sonant« dürfe eine Auswahl getroffen werden, doch sollten mindestens 5 Abschnitte bei begrenzter Freiheit der Anordnung der Partikel ausgewählt oder die Mindestdauer von 15 Minuten erreicht werden. Die Satzbezeichnungen deuten auf ihre Funktion und ihren Inhalt hin. *»Faites votre jeu I«* und *»II«* gehören zu den klangkonstitutiven Partien der Komposition und enthalten ein umfangreiches Reservoir von real auszuführenden Floskeln, deren struktureller Zusammenhang insofern locker ist, als die Stimmen auch als Soli, Duos, Trios oder Quartette miteinander kombiniert werden dürfen. In *»Marquez le jeu«* findet sich die zentral den Sinn des Werkes erhellende Anleitung: »Außer einer realen (gewöhnlichen) Interpretation ist auch eine virtuelle Interpretation dieses Abschnitts möglich: die Musiker mimen die instrumentale Realisation ihrer Partie, indem alle zum Spiel des Musiktextes notwendigen Bewegungen exakt nachgeahmt werden.« Noch einen Schritt weiter in der Transzendierung der zum Hervorbringen von Musik erforderlichen Manipulationen geht *»Fin II / Invitation au jeu, voix«*, indem lediglich Texte laut gelesen werden, die der Sinngebung des »üblichen« Spielhabitus dienen. *»(Rien) ne va plus«* schließlich ist – als Fortsetzung der in *»Pièce de résistance«* begonnenen Tendenzen zur Dissoziation der Einzelparts – eine komplette Verweigerung. »Dieser Abschnitt existiert weder in Partiturform noch als einzelne Stimmen-Partitur« (Kagel). Mit anderen Worten: hier ist nichts mehr fixiert außer der Bemerkung: »Es ist die Möglichkeit, sich während der Aufführung des Stücks vom Notentext von ›Sonant‹ zu befreien. Nicht spielen wäre eine der möglichen Formen der Ablehnung.« Die Nähe zu Cages »4′33″« ist evident, doch ist hier der Akt der Vermittlung zwischen dem Nichtspielen und dem Spielen auf weitaus differenziertere Art und Weise auskomponiert als bei Cage.

1. Streichquartett

1965/67. UA: 25. Februar 1974 in Hamburg (LaSalle Quartet). – Dauer: 18 Minuten.

Einerseits sind die 1965/67 komponierten beiden Streichquartettsätze negatives Abbild der Gesamtsituation des Streichquartettspiels und andererseits ein phantasievoll gestaltetes Klangbild unter Verwendung aller Valeurs von 4 diffizil verfremdeten Streichinstrumenten. Der ästhetische Reiz liegt in der Ambivalenz von affirmativem Habitus und Kritik desselben. Karikiert, persifliert und verfremdet werden sämtliche Attitüden von Quartettspielern. Der Sinn solchen musiktheatralischen Tuns liegt im Decouvrieren des Rollenspiels. Wenn das Publikum lacht, lacht es auch über sich selbst, weil es mittels einer künstlerischen Darbietung teilhat an der Reflexion seines Parts im Musikbetrieb. Allerdings reicht dieser Erkenntnisgehalt zur Legitimation des Kunstwerks bei weitem nicht aus. Kagels Rang erweist sich u. a. dadurch, daß er über das Bloßlegen von Wirkmechanismen hinaus spielerisch und amüsant die Klänge zu organisieren versteht und eine Stringenz in der Abfolge der Klangeindrücke erreicht, die sogleich hinterfragt wird. Schier unerschöpflich in seiner Phantasie, erfindet er Aktionen am und mit dem Instrumentarium, die von Verfremdungen bis zu virtuos ausgeführtem Klangzauber reichen. Der Schlüssel zum Gelingen der musikalisch-szenischen Aktion liegt in der Ausführungsbestimmung: »Alle Aktionen sind möglichst einfach, ohne jegliche Übertreibung auszuführen.« Von diesem Werk führt eine geistige Linie unmittelbar hin zu »Staatstheater« (1971), dessen kammermusikalische Variante die in ihrer Reihenfolge übrigens auswechselbaren Sätze dieses Quartetts sind.

Dressur. Schlagzeugtrio für Holzinstrumente

1976/77. UA: 18. November 1977 in Metz. – Dauer: ca. 26 Minuten.

Unter den Instrumentalisten des abendländischen Kulturbetriebs nimmt der Schlagzeuger eine besondere Stellung ein. Ausgezeichnet mit den heraldischen Insignien des Herrschers an der Spitze von Triumphzügen von der Antike bis zur Gegenwart, kaum geduldet vom Klerus als Spielmann im Mittelalter, abgewertet zum Fundament- und Rhythmusgeber an lauten Stellen der klassischen Sinfonik oder gar zum Erzeuger unheimlicher Gewitter- und Kriegsstimmungen in Operette, Zirkus und Kabarett, wieder aufgewertet in der Musik des 20. Jh. zum unentbehrlichen Produzenten ungewöhnlicher Farbeffekte und differenzierter Rhythmen, ist er nach wie vor ein Sonderfall unter den Musikern. Mauricio Kagel greift diesen Zustand des Außenseitertums auf und widmet ihm in »Dressur« ein musiktheatralisches Kunstwerk von allerhöchster Subtilität. Die Komposition gehört mit »Présentation«, »Déménagement« (Umzug) und »Varieté« zum Zyklus »Quatre Degrés« (Vier Stufen) und decouvriert wie das Streichquartett (1965/67) und »Staatstheater« (1971) die Mechanismen im Konzertbetrieb. Mit herkömmlichen Kategorien des Analysierens von Musik ist dem Stück nicht beizukommen, denn alles, was gespielt wird, d. h., was an Klängen im herkömmlichen Sinn hörbar ist, ist Teil musiktheatralisch konzipierter Aktionen. Diese wären höchstens zu beschreiben und semantisch zu entschlüsseln, etwa wenn zu Beginn der eine Triopartner die weltberühmte Xylophonmelodie aus »Zirkus Renz« hämmert und für seine obstinate Inkonzilianz nahezu (!) mit einem Stuhl erschlagen wird – auch dieser Akt wird zum Seh- und Hörerlebnis. Kagels eigener Hinweis auf die Rondo-Struktur der »Dressur« – gemeint ist die 6malige Wiederkehr der »Zirkus Renz«-Melodie quasi als Refrain – ist auch wenig ergiebig, da er vordergründig auf absolut-musikalische Gestaltungsmerkmale abhebt, denen das Werk indessen so gut wie überhaupt nicht unterliegt. Durch und durch Musiktheater ist das Stück insofern, als das szenisch-visuelle Element nicht akzidentiell, sondern integriert ins Ganze ist.

KHS

Krzysztof Penderecki

* 23. November 1933 in Dębica bei Krakau (Polen)

Penderecki erhielt seine musikalische Ausbildung in Krakau, u. a. bei Artur Malawski. Seit 1958 wirkt er als Kompositionslehrer an der dortigen Musikhochschule, ab 1972 auch als deren Rektor. Verschiedentlich im Ausland tätig (u. a. Dozentur in Essen 1966–68, Professur an der Yale-Universität New Haven 1973–78).

Kammermusik: *Drei Miniaturen* für Klarinette und Klavier (1956); *Strophen* für Sopran, Sprechstimme und 10 Instrumente (1959); *Miniaturen* für Violine und Klavier (1959); *1. Streichquartett* (1960); *Capriccio* für Oboe und 11 Streicher (1964); *Capriccio per Siegfried Palm* für Violoncello solo (1968); *2. Streichquartett* (1968); *Capriccio* für Tuba solo (1980); *Cadenza* für Viola solo (1984); *Per Slava* für Violoncello solo (1985/86); *Prelude* für Klarinette solo (1987); *Der unterbrochene Gedanke* für Streichquartett (1988).

Kompositionen aus den Studienjahren hat Penderecki zwar nicht in sein Werkverzeichnis übernommen, doch erlauben diese frühen Stücke interessante Einblicke in die Entwicklung des Komponisten. Die früheren Liedkompositionen, das »nullte« Streichquartett, aber auch so elegante Stücke wie die 3 »Miniaturen« für Klarinette und Klavier (1956) spiegeln die Herkunft Pendereckis aus der klassisch-romantischen Tradition und seine jugendliche Begeisterung für Bartók. Den internationalen Durchbruch erzielte er mit einer Gruppe von Werken, die – anonym eingesandt und juriert – sämtliche erreichbaren Preise in einem Wettbewerb des Polnischen Komponistenverbandes erzielten: »Psalmen Davids« (1958), »Emanationen« (1958/59) und »Strophen« (1959). Alle Einflüsse der Musik von Webern und Boulez, die eine Zeitlang deutliche Spuren im Stil Pendereckis hinterlassen hatten, wurden amalgamiert zu einer eigenwilligen Art von »Sonorismus«, wie Zofia Lissa diese spezifische Klangkompositionstechnik benannte, bei der jegliche Art von motivischen Prozessen oder harmonisch-akkordischem Denken suspendiert erscheint zugunsten einer differenzierten Klangfarbenkunst auf rationaler Basis. Wenige Jahre später schuf er ein Werk, bei dem alle klanglichen und formalen Experimente zur Synthese verschmolzen und auf der Grundlage eines klug gewählten Textes zum Vehikel schlagkräftiger dramatischer Effekte und Wirkungen gemacht wurden, die »Lukas-Passion« (1965/66).

Miniatury (Miniaturen) für Violine und Klavier

1959. UA: Juni 1960 in Krakau. – Dauer: 4 Minuten.

Die 3 Miniaturen für Violine und Klavier zeichnen sich bei aller Kürze durch formale Geschlossenheit auf der Basis athematisch

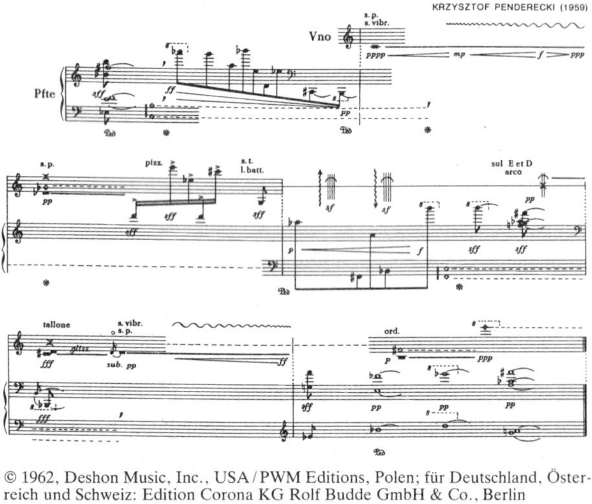

strukturierter Klangereignisse von neuartiger Farbigkeit aus. Angelehnt an die extrem kurzen Duo-Kompositionen für Violine und Klavier bzw. Violoncello und Klavier von Webern, werden kürzere »Gesten« miteinander verbunden, deren ametrische Fixierung indessen der in den 50er Jahren entwickelten Technik der »space notation« verpflichtet ist: Hier richtet sich die Länge der einzelnen Töne nach der räumlichen Verteilung (vgl. Notenbeispiel). In länger klingende Tonblöcke werden kurze, splittrige Tonfolgen von weit aufgefächerten Intervallen hineingesetzt, deren Dichte im finalartigen 3. Stück kulminiert.

1. Streichquartett

1960. UA: 11. Mai 1962 in Cincinnati/USA (LaSalle Quartet). – Dauer: 7 Minuten 40 Sekunden.

Das 1. Streichquartett markiert eine Wende in der Gattungsgeschichte. Klangfarben und deren physikalische Grundlagen werden zu Komponenten der dualistischen Sonatenform erhoben und treten an die Stelle von Tonhöhen- und Tondauernstrukturen. Die Antinomie von Geräusch und traditionell-orthodoxem »Schönklang« löst ein nach traditionellem Sonatendenken angelegtes Klanggeschehen aus, dessen Stringenz die Vielfalt der Klangeffekte zur Einheit bindet. Anfangs- und Endpunkte des Einzelsatzes sind Mischformen, deren Klanglichkeit angesiedelt ist zwischen Geräusch und Ton: »senza arco« trillert der Cellist zu Beginn auf der tiefsten Saite einen Dauerton, dessen Tonqualität so perkussiv ist, daß die Frequenz kaum wahrgenommen werden kann; in höchster Höhe verlöschen die letzten Dauertöne am Schluß, ohne daß das Ohr eine distinkte Tonhöhe auszumachen in der Lage wäre. Dazwischen finden sich antithetisch eingesetzt »reine« Geräuschkomplexe (z. B. mit Fingern geklopft, hinter dem Steg gezupft usw.) und »reine« Tonkomplexe mit klar unterscheidbaren Tonhöhenstrukturen. Kumulierend in einem durchführungsartigen Mittelteil, bei dem die Wechsel rascher und häufiger als in den Eckteilen erfolgen, durchdringen die Aggregatzustände der »reinen« Komplexe einander und führen in der Art von Filterungsmethoden zur Auslöschung der einen oder der anderen Qualität und zu Übergangsformen. Ähnlich konzis und gespannt sind später weder von Penderecki noch von anderen Komponisten Geräuschfaktoren in die Quartettliteratur übertragen worden.

2. Streichquartett

1968; Heinrich Strobel gewidmet. UA: 30. September 1970 in Berlin (Parrenin-Quartett). – Dauer: 11 Minuten.

Gegenüber dem 1. Streichquartett weist das 8 Jahre später komponierte Quartett Nr. 2 homogenere Gruppenstrukturen auf. An die Stelle der Antinomie zwischen Geräusch und Ton ist im Einzelsatz die Differenzierung von mehr oder weniger stark verfremdeten Streicherklängen getreten, deren Dichtegrad so hoch ist, daß es an keiner Stelle zur restlosen Durchhörbarkeit der Klangkomplexe kommt. Statische Anfangsklänge (vgl. Notenbeispiel) beginnen zu wabern und zu vibrieren, bis – bei zunehmender Durchdringung mit »irrealen« Klängen – kraftvolle Glissando-Schlieren das Tempo retardieren. Nach einem durchführungsartigen Mittelabschnitt wird der Anfangsteil,

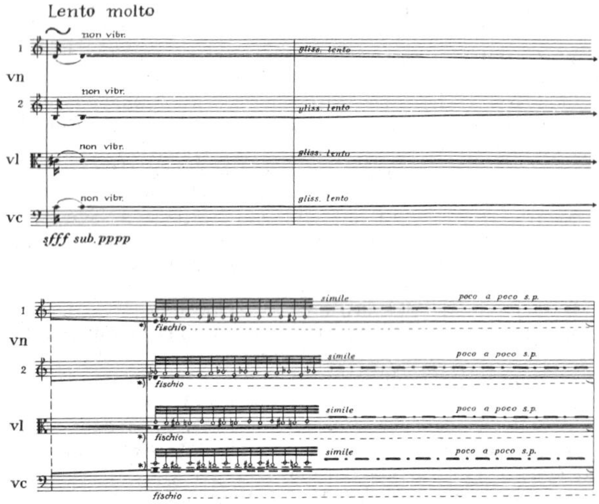

*) Den unteren, gehaltenen Ton mitpfeifen, *pp* non vibrato
Whistle the lower, sustained note simultaneously; pp non vibrato

mehr oder weniger abgewandelt, rückläufig gestaltet wiederholt und führt aus der irisierenden Bewegtheit in die Statik des Anfangs zurück.

KHS

Vinko Globokar

* 7. Juli 1934 in Anderny (Frankreich)

Seine kompositorische Ausbildung erhielt der Posaunist Globokar in den Jahren 1959–65 bei René Leibowitz und Luciano Berio. Er war 1966 Mitglied am »Center for Creative and Performing Arts« in Buffalo, N.Y., übersiedelte 1967 nach Berlin und wurde 1968 an die Musikhochschule Köln als Professor für Posaune berufen. 1973–79 war er am Forschungszentrum IRCAM in Paris tätig, seit 1980 vorwiegend in den USA bzw. Italien.

Kammermusik: *Accord* für Sopran, Flöte, Posaune, Violoncello, elektrische Orgel und Schlagzeug (1966); *Fluide* für 9 Blechbläser und 3 Schlagzeuger (1967); *Discours II* für 5 Posaunen (1967/68; auch Version für Posaune und Tonband); *Discours III* für 5 Oboen (1969; auch Version für Oboe und Tonband); *Correspondences* für 4 Solisten (Streicher, Holzbläser, Blechbläser [diese 3 Parts auch durch andere Instrumente oder Stimmen ausführbar] und Schlagzeug) (1969); *La Ronde*, Versuch eines Kollektiv-Spiels für eine beliebige Anzahl von Interpreten (1970); *Drama* für Klavier, Schlagzeug und Elektronik (1971); *Atemstudie* für Oboe solo (1972); *Vendre le Vent* für 9 Bläser, Klavier und Schlagzeug (1972); *Discours IV* für 3 Klarinettisten (1973/74); *Dédoublement* für einen Klarinettisten (1975); *Vorstellung* für einen Solisten (1976); *Monolith* für einen Flötisten (1976); *Koexistenz* für 2 Violoncelli oder Violoncello solo (1976); *Discours V* für 4 Saxophone (1981); *Discours VI* für Streichquartett (1982); *Laboratorium* für 11 Musiker (1973–85), daraus: 1. *Toucher* für einen sprechenden Schlagzeuger (1973), 2. *Limites* für Violine oder Viola solo (1973), 3. *Corporel* für einen Schlagzeuger auf seinem Körper (1985), 4. *Voix Instrumentalisée* für einen Baßklarinettisten (1973), 5. *Échanges* für einen Blechbläser (1973), 6. *Res/As/Ex/Inspirer* für einen Blechbläser (1973); *Un jour comme un autre* für Sopran, Violoncello, Kontrabaßklarinette, Schlagzeug, Tuba und elektrische Gitarre (1975–85).

Globokar erweiterte die Tonsprache um neue Techniken. Insbesondere emanzipierte er die Posaune – bis dahin Orchester- und Ensembleinstrument – aus den traditionellen Bindungen und bewirkte, daß weltweit technisch avancierte Kompositionen für das Instrument geschaffen wurden. Stand sein Studium bei Leibowitz mehr unter dem Zeichen der Erarbeitung handwerklicher Fähigkeiten, so erwarb er bei Berio die richtungweisenden ästhetischen und thematischen Grundlagen seines eigenwilligen kompositorischen Schaffens; doch sind es auch Namen aus dem Kreis um Cage wie Frederic Rzewski und Lukas Foss, mit denen sein musikalisches Denken in Verbindung gebracht werden muß. Skeptisch allen eingeschliffenen Mechanismen des Kunst- und Kulturbetriebs gegenüber, bereicherte er die musikalische Landschaft um Werke mit gesellschaftskritischem Akzent und um Kompositionen, die zwischen Improvisation und ausformulierter Faktur vermitteln.

Accord für Sopran und 5 Instrumentalisten (Flöte, Posaune, Violoncello, elektrische Orgel 2manualig und Schlagzeug)

1966; Henri Pousseur gewidmet. UA: 1. Oktober 1966 in Berlin. – Dauer: 15 Minuten.

»Accord«, quasi Globokars »op. 1«, ist eine brillante Studie moderner Techniken der Stimm- und Instrumentalbehandlung, zugleich ein Dokument der engen Zusammenarbeit zwischen Globokar und seinem Mentor Berio. Modelle der sprachlichen Diktion werden auf das Instrumentalensemble übertragen und ergeben im Zusammenwirken mit der Singstimme ein Konglomerat akustischer Phänomene von hoher Dichte. Die Singstimme trägt Textfragmente und sprachähnliche Lautäußerungen vor (vgl. Notenbeispiel). Unter Ausklammerung der semantischen Rezeptionsebene kann der Zuhörer seinen Assoziationen, die vom phonetischen Material ausgelöst werden, freien Lauf lassen. Der hohe Verschmelzungsgrad zwischen den

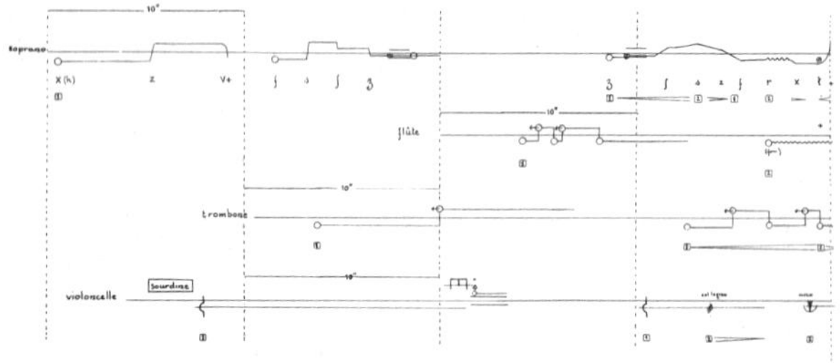

Aus EP 5976 Vinko Globokar, Accord.
Abdruck mit Genehmigung von C. F. Peters Frankfurt

5 Instrumentalparts und dem Vokalpart läßt die Aufführung zu einem Stück rhetorischer Musik werden, deren Grundlage weniger im traditionellen Formenkanon der Kammermusik zu suchen ist als im experimentell angelegten Miteinander von Singstimme und diversen Klangerzeugern.

Discours IV für 3 Klarinettisten

1973/74. UA: 4. Mai 1974 Radio Bremen. – Dauer: 25 Minuten.

»Isoliert, mit dem Rücken zum Publikum« beginnen die Klarinettisten auf Klarinette, Baß- und Kontrabaßklarinette einzelne Strukturen ohne erkennbaren Zusammenhang zu spielen. Hin und wieder unterbrechen sie ihr Spiel, um in Sätze wie »Sich mitteilen – sich nicht mitteilen« usw. auszubrechen. Kommunikatives Verhalten von Spielern auf dem Prüfstand also, ausformuliert in einem längeren Werk mit szenischem Einschlag. »Anstatt mit dem Rücken zum Publikum kann auch außerhalb des Podiums gespielt werden; anstatt frontal zum Publikum ist es auch möglich, mitten darin zu spielen« (Globokar). Tuba- und Kontrafagottmundstücke, Dudelsack- oder Englisch-Horn-Rohre, Spielzeugpfeifen und ein Gefäß mit Wasser erweitern das akustische Arsenal, dessen Verwendung darauf abzielt, Hörer und Spieler auf artistische Art und Weise in die Reflexion über das Konzertieren eintreten zu lassen. Insofern fügt sich diese kammermusikalische Komposition lückenlos in die Reihe gesellschaftskritischer Werke wie »Das Orchester« (1974) ein, doch hat sich ihr Sinn nicht in der Auslösung von Diskussionen erschöpft, wie die erfolgreichen späteren Aufführungen bewiesen haben.

Vorstellung für einen Solisten (beliebige Streich-, Holz- oder Blechblasinstrumente)

1976. UA: 2. Juli 1978 in Rom. – Dauer: 12 Minuten.

In Fortsetzung der mit »Discours IV« begonnenen Verweigerung gesellschaftskonformer Präsentationsformen von Musik läßt Globokar in »Vorstellung« einen Musiker mit 2 Instrumenten auftreten: einem, das er beherrscht, und einem, das er kaum zu spielen in der Lage ist, einem »fremden« Instrument. Er beginnt die Aufführung nicht frontal zum Publikum gewandt, sondern zeigt sich im Profil. Wenn er die 4 in ihrer Reihenfolge austauschbaren Abschnitte auf seinem Hauptinstrument vorgetragen hat, dreht er sich um 180°, greift zu dem fremden Instrument, das er nicht beherrscht, und spielt die 4 Abschnitte in derselben Reihenfolge wieder durch. »Trotz der wahrscheinlichen Unmöglichkeit, den vorgeschriebenen Notentext genau wiederzugeben, darf er in keinem Falle versuchen, das Tempo zu verlangsamen oder etwas auszulassen, sondern er soll sich mit dem größten Engagement streng an das Vorgeschriebene halten« (Globokar) und damit zur artifiziell vorgeführten Decouvrierung von Rollenverhalten und Konzertgewohnheiten beitragen.

KHS

Helmut Lachenmann

* 27. November 1935 in Stuttgart

Eine solide traditionelle Ausbildung bei Jürgen Uhde (Klavier) und Johann Nepomuk David (Komposition) an der Stuttgarter Musikhochschule war Ausgangspunkt für eine Entwicklung, deren entscheidende Impulse aus Kompositionsstudien bei Luigi Nono (1958–60) in Venedig herrühren. Von nachhaltiger Wirkung waren auch die Darmstädter Ferienkurse 1957, wo Lachenmann u. a. mit Scherchen, Stockhausen, Pousseur, Maderna, Nono und Adorno zusammenkam. Die Teilnahme an den ersten Kölner Kursen für Neue Musik und die Arbeit im elektronischen Studio Gent wirkten als Korrektiv. Seit 1966 im Lehrfach tätig, mehrfach die Hochschulen wechselnd.

Kammermusik: *Fünf Strophen* für 9 Instrumente (1961); *Introversion I* für 6 Instrumente (1963); *Introversion II* für 6 Instrumente (1964); *Streichtrio* (1965); *Interieur I* für Schlagzeug solo (1966); *Trio fluido* für Klarinette, Viola und Marimba (1966); *temA* für Flöte, Singstimme und Violoncello (1968); *Pression* für Violoncello solo (1969); *Dal niente (Interieur III)* für Klarinette solo (1970); *Gran Torso* für Streichquartett (1971/72, rev. 1988); *Salut für Caudwell* für 2 Gitarren (1977); *Mouvement (... vor der Erstarrung ...)* für Ensemble (1984); *Toccatina*, Studie für Violine solo (1987); *Allegro sostenuto*, Musik für Klarinette (Baßklarinette), Violoncello und Klavier (1986–88).

Lachenmann hat stets zu verhindern gewußt, daß seine Musik es dem Hörer zu leicht machte. Sein ästhetischer Ansatz ist ein Sich-Verweigern. Lachenmanns Musik sperrt sich gegen die reibungslose Apperzipierbarkeit, und dies zum Preis einer gewissen Exklusivität. Der Komponist mißtraut jeglicher Diktion, die altvertraut wirkt und damit ein Vertrauensverhältnis zwischen Musiker und Hörer stiften könnte. Seine Mitteilung an das Publikum liegt im Decouvrieren der Selbstsicherheit des Zuhörers, indem er auf die Schwierigkeiten hinweist, die er selbst, der Komponist, im Umgang mit seinem Gegenüber hat. So erhält seine Musik die Qualität einer über das Kunstwerk hinausreichenden Notwendigkeit, für die als geschichtliches Vorbild am ehesten Beethoven genannt werden kann. Wie für Beethoven ist für ihn speziell die Kammermusik das Medium, in dem die unbequemen Wahrheiten formuliert werden. Gerade in dem Werk der Wende »temA« (1968) und dem »Gran Torso« für Streichquartett geht es Lachenmann »um streng auskomponierte Verweigerung, Aussperrung dessen, worin sich Hör-Erwartungen als gesellschaftlich vorgeformt darstellen« (Lachenmann). Die Techniken des musikalischen Strukturierens, von Lachenmann als »Polyphonie von Anordnungen« bezeichnet, erscheinen ihm nur insofern sinnvoll, als sie auf »Wirklichkeiten und Möglichkeiten um uns und in uns selbst« hinweisen und als Modell für die Befreiung des Menschen aus seinen sozialen Fesseln und Bindungen dienen können – »Kunst als vorweggenommene Freiheit in einer Zeit der Unfreiheit« (Lachenmann).

temA für Flöte, Stimme (Mezzosopran) und Violoncello

1968. UA: 19. Februar 1969 in Stuttgart. – Dauer: 14 Minuten.

Mit »temA« rückte Lachenmann von seinen früheren Werken ab. In seiner Rigorosität ist das Werk eine Antwort auf die Bemühungen aller Zeitgenossen um Neue Musik. Es zieht, wie Ulrich Siegele vielleicht etwas überspitzt formulierte, »Konsequenzen aus der Einsicht, daß 60 Jahre lang, seit der Lösung von der Tonalität, neue Musik, soweit sie sich dem tonalen System zu entziehen suchte, insgeheim auf dieses tonale System als ästhetische Mitte bezogen blieb«. Gegenstand der Komposition ist die Darstellung des Hervorbringens von Tönen, nicht mehr, nicht weniger. Versteht sich, daß hinter dem Titel der Begriff »Atem« verborgen ist, der als »Tema« die Grundlage aller musikalischen Äußerungen bildet. Die Texte, die hin und wieder aus der vor-sprachlichen Diktion auftauchen und die wieder eintauchen in das phonetische Grundmaterial, lassen sich semantisch praktisch nicht entschlüsseln. Und dies ist ihr Sinn! Die Stimme ist klanglich eingebettet in eine Umgebung aus Flöten- und Violoncellotönen, die eine starke Affinität zu ihr haben. Gelegentlich beteiligen sich die Instrumentalpartner auch am Vokalgeschehen, doch bedeutet das, wenn man einen verbalen Sinn darin zu entdecken versucht, höchstens eine Quasi-Kommunikation. Akustisch ist das Klangkontinuum und die Konvergenz der Schallereignisse von einer Dichte, die seinerzeit, 1969, die Maßstäbe neu setzte.

Gran Torso für Streichquartett

1971/72; Italo Gomez und der Società Cameristica Italiana gewidmet. UA: 6. Mai 1972 in Bremen (pro musica nova). – Dauer: 20 Minuten.

Innerhalb der Gattung, die aus der Tradition die allermeisten strukturellen und formalen Implikationen mitbringt, im Streichquartett, gelingt Lachenmann der Akt der Emanzipation von allen floskelhaften Kommunikationsweisen am überzeugendsten. Negiert wird hier nicht die Gattungstradition als solche, aber das einstige Wechselspiel zwischen Komponist, Interpret und Hörer. Als musikalisches Material dient nicht mehr der Klang; vielmehr sind es die »mechanischen und energetischen Bedingungen bei der Klang-Erzeugung« (Lachenmann), die der Komponist hier formuliert. Musik wird nicht als Meta-Musik im Sinne Schnebels verstanden, sondern als »schönes« Negativbild, bei dem alle Farbwerte fehlen, die üblicherweise den Quartettklang und die Quartettkultur auszeichnen. »Klar ist«, sagt Lachenmann, »daß ein solcher Ausbruchsversuch nicht einfach ›gelingt‹: der Apparat, die vorgegebenen Mittel, der Klangkörper selbst als Verkörperung von Konventionen sträuben sich (die verfremdeten Spieltechniken markieren nur die Spitze eines Eisbergs von tiefgehenden Widersprüchen, wo der bürgerliche Künstler sich am eigenen Schopf aus dem Graben ziehen möchte).« Der Verweigerung des »orthodoxen« Schönklangs entspricht die Beschränkung der Form auf eine »durchsichtige Fassade« (Lachenmann). Alles, was sich musikalisch ereignet, ist so »lapidar«, daß der formale Zusammenhang nur noch hinweisenden Charakter hat und nicht mehr die »Form« selbst zu sein vorgibt. Lachenmann definiert Form so als »Ausschnitt eines Systems von virtuellen Zusammenhängen, als Torso a priori«. Im Gegensatz zum strukturellen Geschehen früherer Epochen, in denen die »Logik« motivisch-thematischer und anderer struktureller Prozesse das Werk konstituierte, wird bei Lachenmann das formale Ereignis zurückgeführt auf den »unmittelbar faßlichen, eindeutigen Gestus«, dessen Prägnanz einsteht für das, was in früheren Zeiten formanalytisch herausdestilliert zu werden pflegte. »Torso« heißt das Stück aber auch deshalb, »weil alle die strukturellen Bereiche, die berührt werden, deutlich die Möglichkeit in sich tragen, selbständig in sich weiter fortentwickelt zu werden. Auf diese Möglichkeit, die jeglichen realistischen Rahmen einer Aufführung im Konzert sprengen würde (wo es doch seine Wirkung tun soll), wird gleichsam ›widerstrebend‹ verzichtet« (Lachenmann).

Salut für Caudwell für 2 Gitarristen

1977. UA: 3. Dezember 1977 in Baden-Baden (ars nova, Südwestfunk). – Dauer: 30 Minuten.

»Salut für Caudwell« ist das bisher rigoroseste Werk, das »gegen« den obligaten Schönklang der Gitarre komponiert und mit dem sie aus ihrer Romanzenseligkeit aufgeschreckt wurde. Indem Lachenmann jener typischen »Aura, wie sie an die Gitarre als Volks- und Kunstinstrument gebunden ist«, auszuweichen versucht, findet er neuartige Griff- und Spielformen, derer er sich auf eine bisher nicht gekannte kommunikative Art und Weise bedient; er erklärt, er habe stets das Gefühl gehabt, »daß diese Musik irgend etwas ›begleite‹, wenn nicht einen Text, so doch einzelne Wörter oder Gedanken; Dinge jedenfalls, die es zu bedenken gelte«, und läßt die Spieler in einigen kürzeren Passagen des insgesamt knapp halbstündigen Werks Textauszüge aus den Schriften Christopher Caudwells sprechen. Caudwell, der im Spanischen Bürgerkrieg auf seiten der Franco-Gegner gefallen ist – auch von hier aus eine sublime Verbindung zur geographischen Herkunft der Gitarristentradition! –, postulierte die Freiheit der Kunst. Und zwar einer Kunst, die sich »nicht darauf beschränkt, den Kopf in den Sand zu stecken oder in private Idyllen zu flüchten, sondern sich mit der Wirklichkeit und ihren vielschichtigen Widersprüchen realistisch auseinandersetzt« (Lachenmann). Dieser Hintergrund verleiht der »unbequem« zu hörenden Komposition eine Ernsthaftigkeit und einen Wahrheitsgehalt, der völlig neue Gattungstraditionen von Gitarrenmusik zu begründen in der Lage wäre.

KHS

Jürg Wyttenbach

* 2. Dezember 1935 in Bern

Wyttenbach studierte Klavier und Komposition, zunächst in seiner Heimatstadt (Kurt v. Fischer, Sándor Veress), dann in Paris und Hannover. Seit 1962 Lehrtätigkeit (Konservatorium Bern, später auch Musik-Akademie Basel); außerdem als Pianist und Dirigent konzertierend.

Kammermusik (Auswahl): *Serenade* für Flöte und Klarinette (1959/1979); *Drei Liebeslieder* für Alt, Flöte und Klavier (1961); *Sonate* für Oboe solo (1962/72); *Vier Kanzonen* für Sopran und Violoncello (1963); *Drei Sätze* für Oboe, Harfe und Klavier (1963); *Two Nonsense Verses* für Sopran und Violoncello (1964); *Divisions* für Klavier und 9 Streicher (1964); *Paraphrase* für Flöte und Klavier (1968); *Ad libitum* für Flöte oder 2 Flöten (1969); *Exécution ajournée II* für Streichquartett (1970); *Der Fließbandmusiker* für Klarinette solo (1973); *Trois chansons violées* für Violine mit Gesang (1973/81); *Claustrophonie* für Violine solo (1979); *Tarantella, Stichproben über ein römisches Kinderlied* für eine Geigerin (1983).

Durch seinen Kompositionslehrer Veress vermittelte Anregungen aus der Musik Bartóks und Strawinskys haben anfangs ihre Spuren im Werk Wyttenbachs hinterlassen. Die »Drei Sätze« für Oboe, Harfe und Klavier von 1963 spiegeln indessen eine Neuorientierung, die Auseinandersetzung mit den Techniken der Wiener Schule und mit der Musik von Boulez. Formal äußerst ausgeklügelt und von spezifischer Ausnutzung der farblichen Valeurs der Instrumente geprägt, kann dieses Opus als Schlüsselwerk des Komponisten auf der Suche nach persönlicher Diktion gelten. Internationale Anerkennung als Komponist erlangte Wyttenbach mit »Divisions« für Soloklavier und 9 Solostreicher (1964), welche die Eigenständigkeit seines musikalischen Denkens und die Vollendung seiner kompositorischen Technik dokumentieren. Neuere Kompositionen lassen bei zunehmender Artifizialisierung der Kompositionstechnik einen Zug zur Ästhetik der Verweigerung gegenüber allen Mechanismen des konsumorientierten Musikmarktes erkennen.

Paraphrase für einen Flötisten und einen Pianisten

1968; Aurèle Nicolet gewidmet. UA: 1969 in Hamburg. – Dauer 13 Minuten.

Komponiert für einen Flötisten, der mehrere Instrumente zu spielen hat und letzten Endes eine Flöte zerlegt, um auf dem Kopfstück allein zu spielen, und für einen Pianisten, der gleichzeitig und zusätzlich zu den hochdifferenzierten Aktionen am Klavier einen exakt auskomponierten Part auf der Elektronenorgel auszuführen hat – hier ist in erster Linie an Nicolet und an den Komponisten am Klavier zu denken – erweist sich das 3sätzige Opus als eine Prozeßniederschrift möglicher Verhaltens- und Kommunikationsformen zweier Duopartner. Ausgehend vom Dialog in 6 Abschnitten, der in zunehmende Solistik beider

Spieler einmündet, führt die Entwicklung über ein kurzes brüchiges Lamentoso in das quasi Ungeordnete chaotischer Zweierbeziehungen. Hektische, asynchrone Einzelaktionen von stupender Virtuosität, die an die Grenzen des auf den Instrumenten Produzierbaren gehen, mischen sich zu einem dichten, schillernden Klangbild, dessen Ende durch ein allgemeines Verlöschen und Ausklingen angezeigt wird. Vom Komponisten als Kontroverse, Antithese und Virtuosentum definiert, erweist sich der Begriff der Paraphrase als sinnstiftend für Inhalt und Form der Komposition. Wyttenbach weist ihm aber in seinem Werk in einem Akt witziger, geistvoller Artistik noch eine weitere Funktion zu, indem er die Phoneme, d. h. die sprachlichen Laute des Wortes »Paraphrase«, separiert und sprachähnlich von den Spielern instrumental ausführen läßt.

Exécution ajournée II für Streichquartett

1970; Paul Sacher gewidmet. UA: 1970 in Basel. – Dauer: 20 Minuten.

Mit »Exécution ajournée« führte Wyttenbach die Gattung des Streichquartetts an den Punkt des Zerbrechens. Den Akt der Verweigerung erhebt er zum auslösenden Moment für das Zustandekommen eines Werkes und gibt ihm Gestalt in Form einer musikalischen Szene. Geboren aus dem Überdruß des Komponisten an den eingeschliffenen Verhaltensnormen eines zum Konsum verkommenden Musikbetriebs hat in diesem auf originelle Weise zur Kritik auffordernden, witzig-amüsanten Stück die gesamte Skepsis eines Vertreters der jüngeren Komponistengeneration gegenüber dem Fortschrittsoptimismus der »Avantgarde« Gestalt gewonnen, und so werden die Aufführungs- und Rezeptionsgewohnheiten aus der Gattungstradition des Streichquartetts mit Gags und szenischen Einfällen parodiert. Unter Zuhilfenahme von allerhand Requisiten, die an die intellektuellen Fähigkeiten und Qualitäten des »normalen Quartettabendbesuchers« appellieren, wird nichts anderes hör- und sichtbar gemacht als die Unmöglichkeit, Quartett zu spielen. Von Happenings oder gar einem als Klamauk gedachten In-Szene-Setzen der Musiker vor dem Publikum unterscheidet sich das Stück durch seinen hochdifferenziert auskomponierten Notentext und eine stringente Form, deren Spannungsverlauf genau kalkuliert und bei gekonnter Wiedergabe nachvollziehbar ist.

KHS

Aribert Reimann

* 4. März 1936 in Berlin

Reimanns Laufbahn als Komponist und Pianist war vorgezeichnet durch die starken musikalischen Impulse in seinem Elternhaus. Er atmete schon in jungen Jahren Theaterluft als Mitwirkender bei Opernaufführungen und wurde mit Liedgesang vertraut durch seine Mutter. Im Musikstudium an der Berliner Musikhochschule 1955–59 erwarb er seine überragende Sicherheit im kompositorischen Handwerk bei Ernst Pepping und Boris Blacher. Seine langjährige Zusammenarbeit mit bedeutenden Sängerinnen und Sängern (u. a. Dietrich Fischer-Dieskau und Elisabeth Grümmer) trug reiche Früchte in außerordentlichen Opernkompositionen und anderen Vokalwerken. Reimann lebt als freischaffender Komponist sowie als pianistischer Liedbegleiter in seiner Heimatstadt und wirkt als Professor für zeitgenössisches Lied, 1974–83 an der Musikhochschule Hamburg, seit 1983 an der Hochschule der Künste Berlin.

Kammermusik: *Canzoni e Ricercari* für Flöte, Viola und Violoncello (1961); *Sonate* für Violoncello und Klavier (1963); *Nocturnos* für Violoncello und Harfe (1965); *Epitaph* für Tenor und 7 Instrumente (1965); *Reflexionen* für 7 Instrumente (1966); *Trovers* für Sprecher, Klarinette, Fagott, Trompete, Posaune, Violine, Kontrabaß und Zimbel (1967); *Invenzioni* für 12 Spieler (1979); *Unrevealed* für Bariton und Streichquartett (1979/80); *Solo* für Violoncello (1981); *Trio* für Violine, Viola und Violoncello (1987).

Für die kompositorische Entwicklung Reimanns waren drei Inspirationsquellen wichtig: die Musik Anton Weberns in ihrer komprimierten Gestik, das Espressivo in der Musik Alban Bergs und hinsichtlich ihrer Rhythmen die indische Musik. Die Kammermusik nimmt bei Reimann eine Randposition ein. An den klanglichen Experimenten der Elektronik und den Erweiterungen der spieltechnischen Möglichkeiten hat er nicht teilgenommen. Einer Schule oder Gruppe hat er nie angehört.

Canzoni e Ricercari für Flöte, Viola und Violoncello

1961. UA: 30. September 1961 in Berlin (Berliner Festwochen). – Dauer: 17 Minuten.

Strukturell dem seriellen Denken nahestehend, sind die 13 kurzen Sätze individuell gefundene Lösungen auf die Frage nach der logischen Verknüpfbarkeit von Tonhöhen- und Tondauerstrukturen, deren Stringenz indessen hinter dem Gestus einer instrumental ausgeführten Gesanglichkeit verborgen erscheint. Eine formale Anleihe bei den im Titel genannten barocken Modellen ist weniger gemeint als die Idee einer Verschmelzung von Rationalität und Gesanglichkeit. In beiden Satztypen treten die nach Messiaenschem Muster aus vorfabrizierten Tonfolgen und Tondauersequenzen abgeleiteten polyphonen Strukturen auf, deren hohe Dichte an kompositorischem Kalkül eindeutig dem Denken der 1950er Jahre verpflichtet erscheint. Die 6 3stimmigen Ricercari werden von Canzonen eingerahmt, wobei (vgl. Schema) alle aus der Triobesetzung ableitbaren Solo- und Duobesetzungen je einmal vorkommen.

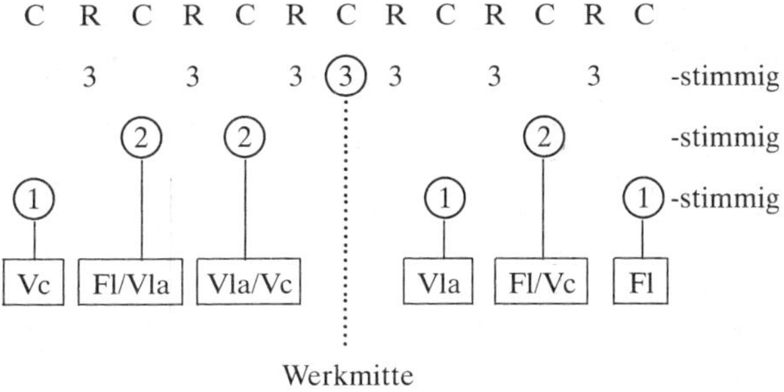

Unrevealed – Lord Byron to Augusta Leigh für Bariton und Streichquartett

1979/80. UA: 3. September 1981 in Berlin (Berliner Festwochen). – Dauer: ca. 30 Minuten.

Wie Schönberg im 2. Streichquartett mit Sopransolo versuchte Reimann in »Unrevealed« die Symbiose von Quartett und Stimme. Er wählte 4 Texte von Lord Byron (1788–1824), die von dessen abgrundtiefer, unerfüllbarer Liebe zu Augusta Leigh künden, einer Liebe, die in glutvollen Zeilen zum Kunstwerk sublimiert ist. Reimann schuf dazu einen vom intensiven Pathos Byrons bestimmten musikalischen Hintergrund, der dem teilweise gesungenen, teilweise gesprochenen Wort jene Atmosphäre gibt, die es braucht, um aus seinem von der Sprache des 19. Jh. geformten Hochstil zu unmittelbar ansprechender Wirkung zu gelangen. Der musikalische Anteil ist dabei insofern weit mehr als eine lediglich das Textverständnis und -erleben fördernde Zutat, als er stellenweise verabsolutiert wird und Klangvisionen weckt, deren Ursache dem Hörer oft erst rückwirkend die spät einsetzende Singstimme plausibel macht.

Unter Verzicht auf klassische Formvorstellungen überließ sich der Komponist in der 4sätzigen Anlage seines Zyklus ganz dem Diktat der von ihm selbst geschaffenen Textcollage.

KHS

Hans Zender

* 22. November 1936 in Wiesbaden

Zender erhielt seine musikalische Ausbildung (Klavier, Dirigieren, Komposition) an den Musikhochschulen Frankfurt a. M. und Freiburg i. Br. Künstlerische Impulse gaben der Unterricht bei Wolfgang Fortner und Studienaufenthalte in der Villa Massimo (Rom). Weitreichende Dirigiertätigkeit. 1987 wurde er Professor für Komposition in Frankfurt a. M.

Kammermusik: *3 Rondels nach Mallarmé* für Alt, Flöte und Viola (1961); *Tre Pezzi* für Oboe solo (1963); *Quartett* für Flöte, Violoncello, Klavier und Schlagzeug (1964); *Trifolium* für Flöte, Violoncello und Klavier (1966); *Les sirènes chantent quand la raison s'endort* für Sopran, Flöte, Klarinette, Violoncello, Vibraphon und Klavier mit Cembalo (1966); *Bremen wodu*, elektronische Studie nach Heißenbüttel für 4 Lautsprechergruppen (1967); *Canto III / Der Mann von La Mancha* für Sopran, Tenor, Bariton, Oboe, Klarinette, Trompete, Posaune, Violoncello, elektrische Gitarre, Synthesizer (oder Hammondorgel) und Klavier (1968); *Modelle* für variable Besetzung (solistisch 5–10 Spieler oder beliebig besetztes Orchester oder 3–4 Orchestergruppen; 1971/73); *Muji no kyo* für Stimme, Flöte, Violine (oder Violoncello) und Klavier mit elektrischer Orgel (Tutti-Instrumente ad lib.; 1975); *Litanei* für 3 Violoncelli (1976); *Lo-Shu I* für 3–9 Spieler (1977); *Lo-Shu II / Mondschrift* für Flöte solo (1978); *Hölderlin lesen I* für Streichquartett und Sprechstimme (1979); *Kantate* nach Worten von Meister Eckehart für Altstimme, Altflöte, Violoncello und Cembalo (1980); *Angezogen vom Ton der Flöte*, 3 Stücke für Flöte solo nach japanischen Zen-Sprüchen (1985); *Hölderlin lesen II* für Viola, Sprechstimme und Live-Elektronik (1987).

Aus der Vielfalt der nach 1950 erkennbaren Stilvorbilder (u. a. Bartók, B. A. Zimmermann, Boulez, Webern) kristallisierte sich in einem vergleichsweise schmalen Œuvre, welches sich Zender neben seinen vielfältigen Verpflichtungen als Dirigent abzuringen wußte, eine persönliche Diktion heraus, die er in den Dienst literarisch ambitionierter Ideen von erheblicher musikgeschichtlicher Bedeutung stellte. Werke wie »Schachspiel« (1969) für 2 Orchestergruppen und »Muji no kyo« (1975) begründeten eine allgemeine Anerkennung, die Zender auch auf kompositorischem Gebiet gefunden hat. Durch eine strukturell neuartig verankerte Übernahme gesungener und gesprochener Partien verließ Zender auch klanglich das Gebiet herkömmlicher Ästhetik in der Kammermusik.

Quartett für Flöte, Violoncello, Klavier und Schlagzeug

1964/65. UA: 22. April 1965 in Rom (Teatro delle arti). – Dauer: variabel (16–18 Minuten).

Die Faktur des 3sätzigen Quartetts spiegelt deutlich die Vielfalt der Erfahrungen, welche Zender Anfang der 1960er Jahre sammelte, u. a. bei einem Studienaufenthalt in der Villa Massimo. Dennoch verrät auch bereits dieses frühe Kammermusikwerk den unverwechselbaren Zugriff des klug disponierenden und sensibel instrumentierenden Komponisten. Flexibilität der Zeitabläufe ist das Hauptmerkmal der beiden Ecksätze des 3sätzigen Zyklus. An die Stelle regelmäßiger Tondauern, sogenannter »rationaler Werte« (Zender), sind stets sich verändernde Werte getreten, deren jeweilige Dauer durch die Position einzelner Punkte »auf sich überschneidenden Ritardando- oder Accelerandokurven« (Zender) ermittelt werden kann. Ist somit die metrische Starrheit suspendiert zugunsten einer biegsamen, geschmeidigen »Prosa«, wird im Mittelsatz auch die Eindeutigkeit der Form aus den Angeln gehoben. Jedes der Instrumente kann prinzipiell beginnen, und es ergeben sich je nach Auswahl des Durchlaufmodus unterschiedliche Darbietungsformen. Dieses Prinzip erinnert an die »offene Form« der 50er und 60er Jahre, erscheint aber hier in einer eher die Struktur als die Form beeinflussenden Spielart. Der zyklische Zusammenhalt der Sätze erfolgt durch ein ganz probates Mittel: »Die Tonhöhen des letzten sind der Krebs der Tonhöhen des ersten Satzes« (Zender).

Trifolium für Flöte, Violoncello und Klavier

1966; für G. F. Ris. UA: 20. Mai 1966 in Köln (WDR / »Musik unserer Zeit«: Gazzelloni, Palm, Kontarsky). – Dauer: variabel (8–9 Minuten).

Das Prinzip der strukturellen Offenheit, welches sich in dem 1964/65 komponierten »Quartett« abzeichnete, wurde in »Trifolium« ausgeweitet. Der Aufbau der 3 Sätze »beruht auf austauschbaren Strukturen und mehrdeutigen Bezügen« (Zender). In Hypostasierung der Dreizahl (vgl. »Trifolium«, übersetzbar als »Dreiblatt«) stehen jedem der 3 Spieler 9 Strukturen zur

Verfügung. »Jede Struktur eines Instruments ist auf je drei verschiedene Strukturen der beiden anderen Instrumente hinkomponiert, und zwar im Hinblick auf die rhythmische Faktur, im Hinblick auf die Dynamik und im Hinblick auf die Tonhöhenlage. Es lassen sich demnach beim Zusammenspiel nicht nur 9, sondern 27 verschiedene dreistimmige Gruppen bilden« (Zender). Außerdem steht es jedem Interpreten frei, zusätzlich einzelne oder gar mehrere der Strukturen solistisch, d. h. also einstimmig, als Einleitung oder Einschub in die Triostruktur einzublenden oder gar »gegen Ende des Stückes mit Hilfe von Tonbandaufzeichnungen zwei, drei oder mehr dreistimmige Strukturen gleichzeitig erklingen zu lassen« (Zender). Dieses Wechselspiel, das sich zwischen der Offenheit der Form und der Determination einzelner Formungskategorien ergibt, spiegelt ein waches Bewußtsein des Komponisten für die in den 60er Jahren einsetzende Kritik an der absoluten Indetermination und Aleatorik und darf als symptomatisch für Zenders allgemeine Kompositionsästhetik gelten.

Muji no kyo für variable Besetzung: Frauen- oder Männerstimme ad lib.; Flöte, Violine (oder Violoncello), Klavier (mit elektrischer Orgel); Tutti-Instrumente ad lib.

1975. UA: 18. Oktober 1975 in Donaueschingen (»Donaueschinger Musiktage«). – Dauer: 17 Minuten.

»Der leeren Schrift wahres Wort« heißt die Schlüsselphrase in dem der Komposition zugrunde liegenden japanischen Gedicht aus dem Mittelalter; sie stellt die Beziehung her zu Zenders Gedankengängen von ausgesprochener Kargheit. Offen ist in der vorliegenden Komposition nicht die Form; offen ist auch nicht die Struktur (von einigen Besetzungsfragen abgesehen); offen ist aber die klangliche Gewandung und vor allen Dingen die Frage, ob ein Vokalist mitwirkt oder nicht. Zender hat die japanische Diktion auf die Instrumentalpartien übertragen, die auf weite Strecken 1stimmig verlaufen. Vieles, was sich in der neuen Tonsprache Ende der 60er und Anfang der 70er Jahre entwickelt hatte – namentlich die Klangfarbentechnik und die Mikrointervalle, vor allen Dingen die Komplexität der Satzstrukturen – schienen Zender »verjährt«. Abgenutzt kamen ihm die modischen »Lärmorgien«, die Unverbindlichkeit der Aleatorik, die »Massierung der Mittel« und die »Anbetung der elektronischen Technologie« vor, und so strebte er nach einer Neuorientierung: »Muji no kyo ist aus dem Überdruß an diesen

nstrumentalen Tätigkeit, erhob Holliger in den 70er Jahren zum Topos instrumentalen Komponierens (z. B. in »Pneuma« für Orchester [1970] u. a.). Damit das Hervorbringen von Musik zum Gegenstand von Musik erhebend, ist auch Holliger ein Vertreter der in den späten 60er Jahren aufkommenden »Metamusik«, indessen erschöpft sich sein geistig weitgespanntes Œuvre nicht in solchen Kategorien.

Mobile für Oboe und Harfe

1962. UA: 13. Februar 1963 in Paris (»Domaine musical«). – Dauer: variabel (4–12 Minuten).

12 mobil angelegte, d. h. in ihrer Reihenfolge verschieden verknüpfbare Formsegmente sind auf einem großen Blatt angeordnet. Unterschiedlich in ihrem Ausdrucksgehalt, reicht die Skala der gestischen Valeurs von zart-versponnener Verhaltenheit bis hin zu bukolischem Ausbruch. Jede der 3 möglichen Durchlaufversionen, die im übrigen sämtliche Segmente jeweils zu berücksichtigen hat, besitzt auf Grund der vielfältigen Wechsel im Ausdruck ihre eigene Physiognomie. Der Freizügigkeit in der Verknüpfbarkeit der Segmente entspricht die gelegentlich mit »libre« bezeichnete Freizügigkeit der rhythmischen Gestaltung, die – auf weite Strecken vom Metrum befreit – der spontanen Gestik verpflichtet ist und improvisatorischen Habitus vortäuscht, wo im Grunde strenge Dodekaphonie herrscht.

»h« für Bläserquintett

1968. UA: 28. August 1969 in Darmstadt (Internationale Ferienkurse). – Dauer: 10 Minuten 30 Sekunden.

Die Komposition besteht aus 2 Teilen, deren erster auf einem einzigen Ton basiert, dem Ton h′. Dieser verändert seine Klangfarbe permanent, und dabei wachsen nach und nach »erkennbare motivische Elemente« (Holliger) aus ihm hervor, wie Lebewesen aus einer Urzelle. »Auf dem Höhepunkt verselbständigen sich die fünf Instrumente und spielen, jedes mit individuellem Tempo, eine kadenzartige Strophe, die alle Elemente des ersten Teils zusammenfaßt. In einer kurzen Coda, zugleich Überleitung zum zweiten Teil, verengt sich der Tonraum wieder zurück zum Ausgangston. Der zweite Teil basiert uf einem gleichbleibenden fünfstimmigen Akkord, dessen öne ständig die Klangfarbe wechseln. Aus diesen Tönen wern durch ›Überblasen‹ mehrstimmige Mixtur-Klänge gewon-

Dingen entstanden, eine Übung in Einfachheit« (Z
auch als »Nicht-Gesang« deklariert, bezeichnet die
tion die Neuorientierung Zenders und einer ganzen Ge
von aufbruchsbereiten Komponisten in Richtung auf e
Materialdenken der 50er und 60er Jahre befreite Musik

Heinz Holliger

* 21. Mai 1939 in Langenthal (Kanton Bern, Schweiz)

Holliger studierte in Bern (Komposition bei Sándor Veress, Oboe bei Emile Cassagnaud und Klavier bei Sava Savoff), Paris und Basel (Komposition bei Pierre Boulez). 1959 brachten ihm der Internationale Musikwettbewerb in Genf und 1961 der Internationale Musikwettbewerb der Deutschen Rundfunkanstalten jeweils den 1. Preis für sein Oboenspiel ein. Seit 1964 leitet er die Oboenklasse an der Musikhochschule Freiburg i. Br.

Kammermusik: *Mobile* für Oboe und Harfe (1962); *Sequenzen über Johannes I, 32* für Harfe solo (1962); Trio für Oboe (auch Englisch Horn), Viola und Harfe (1966); *»h«* für Bläserquintett (1968); *Cardiophonie* für einen Bläser und 3 Magnetophone (1971), Fassung für Flöte, Klarinette, Trompete oder Posaune (1971); *Lied* für Flöte solo (1971); *Studie über Mehrklänge* für Oboe solo (1971); *Kreis für sieben Spieler* (1971/72); *Streichquartett* (1973); *Studie II* für Oboe solo (1981); *Trema* für Viola solo (1981), Version für Violoncello solo (1981), für Violine solo (1983); *Duo* für Violine und Violoncello (1982); *(t)air(e)* für Flöte solo (1980–83); *Lieder ohne Worte*, 4 Stücke für Violine und Klavier (1982/83); Aus *»Übungen zu Scardanelli«*, Folge I (1978–85): *Choral à 8* für Kammerensemble = Klarinette, Baßklarinette, 2 Hörner, 2 Violinen, 2 Violen und 2 Violoncelli (1983), *Choral à 4* für 6 Spieler = 2 Violinen, 2 Violen und 2 Violoncelli, oder Altflöte, Klarinette, 2 Hörner, Viola und Violoncello, oder Englisch Horn, Klarinette, Horn, Posaune und 2 Violoncelli (1983), *Eisblumen* für 2 Violinen, 2 Violen, 2 Violoncelli und Kontrabaß (1985); *Quodlibet pour Aurèle* (sur fond familial) für Solo-Flöte, begleitet von Flöte, 2 Violinen und Horn (1986); *Praeludium, Arioso und Passacaglia* für Harfe solo (1987).

In seinen früheren Kompositionen (z. B. Kantate »Erde
Himmel« [1961] und »Schwarzgewobene Trauer« [196
entwickelte Holliger eine Kunst der feinen Nuancen, de
horchten Vibrationen, Verästelungen und expressive
bungen. Knapp in der Formung und diskret in der To
lassen sie schon früh eine eigengeprägte Diktion
Atem und Artikulation, die Grundvoraussetz

nen«, die sich wie »gehörsmäßig kaum mehr analysierbare ›Klangbänder‹« ineinander winden. Diese Klangbänder »werden bald mit genau fixierten motivischen Elementen tropiert«, d. h. ergänzend durchsetzt. Und die zyklische Geschlossenheit wird hergestellt durch motivische Anleihen beim ersten Teil. Eine »Stretta-Coda« fängt dieses sich zunehmend verdichtende Geschehen auf und läßt den Klang der Instrumente »völlig verfremdet und verzerrt« (Holliger) erscheinen.

Streichquartett

1973; Paul Sacher gewidmet. UA: 23. März 1975 in Royan (Berner Streichquartett). – Dauer: ca. 30–35 Minuten.

Ausgehend von einer hochgespannten Streßsituation (vgl. Notenbeispiel des Anfangs) läuft das Spiel bei zunehmender

Entspannung in den Zustand absoluter Abschlaffung geradlinig hinein. Hierbei wird ein Weg des kontinuierlichen Abbaus psychischer und physischer Anspannung nachgezeichnet, der »dem Fühlbar-, ja Sichtbarmachen der extremen physischen und psychischen Bedingungen« (Holliger) dient, unter denen Töne von den Musikern erzeugt werden. Treffend charakterisierte die »Schweizerische Musikzeitung« (Januar 1979) die Werkidee als den »Monolog des Interpretenkomponisten, dem die musikalische Niederschrift seiner eigenen Situation zur Metapher einer Gegenwart wird, in welcher der vom Interpreten Holliger geforderte Wohlklang Kapital jenes Betriebes ist, der mit dem Leben eben jenes Interpretenkomponisten geheizt wird«. Die Atmung wird auf das Minimum von Lebewesen im Winterschlaf heruntergeschraubt, die Körper sinken in sich zusammen, die Saiten werden heruntergestimmt, man hört letzte Laute vor dem Verstummen. Für die Form – im Grunde 1teilig – gibt es kein rechtes Vorbild. Höchstens in Smetanas Quartett »Aus meinem Leben« könnte man ein Pendant entdecken für die Darstellung jener Schmerzen, die von Fall zu Fall unter der Oberfläche schönen Scheins vom Komponisten durchlitten und ertragen werden. Doch ist Holligers Streichquartett im Grunde frei von autobiographischen Zügen, frei auch von romantischer Larmoyance.

KHS

Róbert Wittinger

* 10. April 1945 in Knittelfeld (Österreich)

Der Sohn ungarischer Eltern begann 1961 mit dem Kompositionsstudium am Béla-Bartók-Konservatorium in Budapest. Entscheidend wurde er in seinen kompositorischen Anfängen seit 1963 durch Zsolt Durkó gefördert; Einflüsse der neuen ungarischen Musik gelangten zu ihm durch György Kurtág und Rudolf Maros. 1964 bekam er Kontakt zu Witold Lutosławski. Seit 1965 lebt Wittinger in der Bundesrepublik Deutschland.

Kammermusik: *1. Streichquartett* op. 3 (1964); *Concentrazioni* für Bläserquartett op. 7 (1965); *Costruzioni* op. 8 (2. Streichquartett; 1966); *Compensazioni* für Flöte, Oboe, Klarinette, Horn, Trompete, Posaune und Viola op. 9 (1967); *Introspezioni* für Fagott solo op. 11 (1967); *Tendenze per tre suonatori* für Violoncello, Schlagzeug und Klavier op. 14 (1969); *Tensioni* für Bläserquintett op. 15 (1970); *Tolleranza* für Oboe, Celesta und Schlagzeug op. 16 (1969); *Strutture simmetriche* für Flöte (o. a.) solo op. 17/I–IV (1969); *3. Streichquartett* op. 20 (1970); *Montaggio* für Flöte, Oboe, Schlagzeug, Klavier, Viola und Violoncello op. 21 (1971); *Omaggio* für Streichsextett op. 26 (1974); *Undici assiomi* für Flöte und Ungarisches Zimbal op. 27 (1974); *Sillogismo* für Violine und Schlagzeug op. 28 (1974); *Polemica* op. 29 für Violoncello und Klavier (1974); *4. Streichquartett* op. 34 (1977/88); *Trio* für Streicher op. 39 (1987); *Aria* für Violine solo und Streichorchester (mindestens 2 Streichquartette und Kontrabaß) op. 45 (1988); *Sonata* für Violine und Klavier op. 46 (1988).

An Wittingers Kompositionen läßt sich insofern eine Konstante ablesen, als Expressivität und Konstruktivität immer zur Einheit verschmolzen sind. Unverwechselbar in der Diktion, läßt Wittingers rein instrumentales Œuvre in der Bevorzugung solcher Gattungen wie Sinfonie und Streichquartett den Willen des Komponisten zur Fortsetzung absolut-musikalischer Traditionen erkennen. Im Gegensatz dazu stehen Werktitel, die komplexe »psychische« Programme zu erkennen geben. Bestimmte Überschriften und nuancenreiche Tempoangaben verraten Vorgänge in der Gefühlswelt als eigentliche Triebfedern der Komposition, sofern sich nicht Konstruktionspläne hinter den Werktiteln verbergen. Wie bei Bartók und Kódaly finden sich in Wittingers Werken Anklänge an die ungarische Musik, jedoch nicht ohne weiteres greifbar in Form von Lied- oder Tanzmusikzitaten, sondern äußerst sublim.

Concentrazioni für Bläserquartett (Flöte, Oboe, Klarinette, Fagott) op. 7

1965; Attila Kovács gewidmet. UA: 3. Februar 1967 in Stuttgart – Dauer: 7 Minuten.

In den Bezeichnungen der 5 Sätze spiegelt sich die Struktur der Komposition: Vom polyphonen Mit- und Gegeneinander (»Polyphonica«) über das mobileartige zeitliche Verschieben stets gleichbleibender Floskeln (»Con ostinati«) und das solistische Hervortreten einzelner Stimmen aus dem dicht gewobenen Klangteppich (»Con soli«) entwickelt sich die Satztechnik hin zu den strukturellen Extremen von Synchronie (4. Satz »Consonante«) und Asynchronie (5. Satz »Deconcentrazione«). Die in Wittingers Werken relativ seltene Verwendung geräuschhafter Bläsereffekte findet sich im Bläserquartett häufiger; sie spiegelt die Konfrontation des jungen Komponisten mit modernen Klangtechniken bei seiner Übersiedlung in den Westen 1965.

Compensazioni für Kammerensemble (Flöte, Oboe / Englisch Horn, Klarinette, Horn, Trompete, Posaune, Violine, Viola) op. 9

1967; Erhard Karkoschka gewidmet. UA: 8. November 1967 in Stuttgart. – Dauer: 8 Minuten.

5 Abschnitte folgen ohne Unterbrechung aufeinander: Netzartig chromatisierende Phasen von verhaltener Lyrik wechseln mit geräuschhaften Passagen ab, die von einem an Hysterie

grenzenden, intensiven Ausdruck geprägt sind. Den strikt metrisierten Passagen stehen ametrische und asynchrone Improvisationsteile gegenüber, deren Realisation im Ermessen der Interpreten liegt.

Tendenze per tre suonatori (Schlagzeug, Klavier, Violoncello) op. 14

1969; Christoph Caskel, Aloys Kontarsky und Siegfried Palm gewidmet. UA: 17. August 1970 in Darmstadt. – Dauer: 10 Minuten 40 Sekunden.

In 4 Abschnitten, die ohne Unterbrechung aufeinander folgen, werden verschiedene Aggregatzustände eines einheitlichen Tonhöhenmaterials vorgeführt. Das fein ziselierte Klangfiligran des 1. Abschnitts bezieht den Reiz seiner Polychromie aus den komplementärrhythmischen Strukturen, die sich zu kürzeren Soli auflösen. Im 2. Abschnitt werden solche »Minimalsoli« mit einer Vibraphon-Kantilene konfrontiert. Daraufhin läßt der 3. Abschnitt die Soli so weit schrumpfen, daß lediglich Einzeltöne übrigbleiben. Konfrontiert wird dieser Prozeß mit einer Cello-Kantilene. Codaartig demonstriert der letzte Teil drei verschiedene Konsequenzen, die sich aus den vorausgegangenen Prozessen ergeben: Einzeltonsoli, synchrone Achtel-Figuren, deren Gestalt sowohl aus den Figuren des Anfangs als auch aus den beiden Kantilenen abgeleitet werden kann, sowie Haltetonstrukturen. Im übrigen lebt das Werk aus der Tendenz zu klanglicher Amalgamierung der 3 heterogenen Klangquellen, in die zur farblichen Anreicherung Cembalo und Celesta einbezogen werden.

Strutture simmetriche für Flöte solo op. 17/I. (Weitere Fassungen: für Violine op. 17/II, für Zymbal op. 17/III, für Schlagzeug op. 17/IV.)

1969; Willy Freivogel gewidmet. UA: 19. April 1970. – Dauer: 10 Minuten.

Die Konvergenz großformaler und kleingliedriger Abläufe ist das Hauptmerkmal der Komposition, die im Titel das allumfassende Gestaltungsprinzip benennt: Symmetrie. 2 Eckteile, jeder in sich mehrfach symmetrisch konstruiert, rahmen einen Mittelteil, dessen verschiedene Verknüpfungsmöglichkeiten von 12 kleineren Partikeln ebenfalls mehrdimensional symmetrisch definiert sind. Auch in diesem Stück zeichnen sich zwei typische Verfahrensweisen Wittingers ab: der ständige Wechsel zwischen extrem langen Haltetönen und raschen Floskeln sowie die Einbeziehung geräuschhafter Klänge in die nach Reihenprinzipien geordneten Tonhöhenstrukturen.

3. Streichquartett op. 20

1970; dem Ungarischen Komponisten-Verband gewidmet. UA: 4. Oktober 1970. – Dauer: 10 Minuten 40 Sekunden.

Von allen Werken Wittingers läßt das 3. Streichquartett am klarsten die geistige Verwandtschaft des Komponisten mit seinem Landsmann Béla Bartók erkennen. Die 6 Streichquartette Bartóks haben der klassischen Gattung die entscheidenden Impulse für den Fortbestand im 20. Jh. gegeben; an sie knüpft Wittinger an. In seiner Einsätzigkeit umfaßt dieses 3. Streichquartett alle traditionellen Satztypen, wenngleich die klassische Reihenfolge und Satzgliederung kaum noch ablesbar sind. Eine »Danza ungherese« steht für das traditionelle Scherzo. An die Stelle eines langsamen Satzes hat Wittinger eine »Canzona« mit einem Zitat aus Bartóks »Cantata profana« gesetzt. Diese beiden gegensätzlichen Mittelsätze werden symmetrisch eingefaßt von kopfsatz- und finalartigen Sonatenprozessen, die durch Bezeichnungen wie »Esposizione« und »Ricapitulazione« kenntlich gemacht sind. Eine weitergehende Strukturierung des 1sätzigen Organismus erfolgt durch die Wiederkehr von charakteristischen »Episoden« und »Ritornellen«. An das große Vorbild Bartók gemahnen kanonische und kontrapunktische Techniken, die Kunst der thematischen Metamorphose und letztlich auch die Zahlenproportionen.

KHS

Wolfgang Rihm

* 13. März 1952 in Karlsruhe

Noch während der Schulzeit studierte Rihm an der Musikhochschule Karlsruhe; gleichzeitig mit dem Abitur absolvierte er das Kompositionsdiplom (Eugen Werner Velte) und die Privatmusiklehrerprüfung im Fach Klavier. Seine kompositorische Entwicklung wurde geprägt durch den Unterricht bei Velte, die private Unterweisung durch Wolfgang Fortner sowie den Besuch der Darmstädter Ferienkurse (erstmals 1970). Für kürzere Zeit ging Rihm sodann als Schüler zu Stockhausen und Klaus Huber. Seit 1973 unterrichtet er an der Musikhochschule Karlsruhe. 1979/80 war Rihm Stipendiat der Villa Massimo Rom.

Kammermusik (Auswahl): *2. Streichquartett* op. 10 (1970); *Streichtrio* op. 9 (1971); *Trio* für Violine, Violoncello und Klavier (1972);

Paraphrase für Violoncello, Schlagzeug und Klavier (1972); *Deploration* für Flöte, Violoncello und Schlagzeug (1973); *Hervorgedunkelt* für Mezzosopran und Kammerensemble (1974); *Im Innersten / 3. Streichquartett* (1976); *Musik für drei Streicher* für Violine, Viola und Violoncello (1977); *Erscheinung / Skizze über Schubert* für 9 Streicher (1978); *Music-Hall-Suite* für Klarinette, Alt- und Tenor-Saxophon, Trompete, Schlagzeug, Violine, Klavier und Kontrabaß (1979); *4. Streichquartett* (1979/1981); *Canzona* für 4 Bratschen (1982); *Ohne Titel / 5. Streichquartett* (1981/83); *Fremde Szenen I-III*, Versuche für Klaviertrio, 1. Folge (1982/1983); *Blaubuch / 6. Streichquartett* (1984); *Sine nomine*, Studie für 5 Blechbläser (1985); *Veränderungen / 7. Streichquartett* (1985); *Verzeichnung*, Studie für Viola, Violoncello und Kontrabaß (1986); *8. Streichquartett* (1988); *Duomonolog* für Violine und Violoncello (1988); *Quintett* für Klarinette und Streichquartett (1988/89).

Stilistisch ist Rihm schwer einzuordnen. Seine von ausladender Expressivität diktierte Schreibweise hat ihre kompositionstechnischen Wurzeln in der Handwerklichkeit postserieller Konstruktion, jedoch bedient er sich seiner überragenden technischen Fertigkeiten höchstens im Sinne der stets autobiographisch zu verstehenden Werkaussage. »Musik hat es mit atavistischen Triebkräften zu tun«, glaubt Rihm. Seine Triebkraft ist das Ausdrucksbedürfnis – »Ich schreibe viel; in keiner Berufssparte wird jemand, der viel arbeitet, denunziert, nur in der Kunst. Ich halte das für eine Unverschämtheit!« –; triebhaft wirkt auch das Wuchern seiner Ton- und Klangkonstellationen. Primär ein Orchesterkomponist, hat Rihm jedoch innerhalb seines recht umfangreichen Werkkatalogs einen repräsentativen Beitrag zur Kammermusik geschaffen.

Deploration für Flöte, Violoncello und Schlagzeug (Vibraphon, Tamtam, 4 hängende Becken)

1973. UA: 1973 in Freiburg i. Br. (Studenten der Musikhochschule, Leitung Bernhard Wulff). – Dauer: ca. 10 Minuten.

Innerhalb weniger Tage im November 1973 niedergeschrieben, ist »Deploration« ein Dokument der musikantischen Schaffensweise Rihms. Frei im Gestus und ohne Rücksichten auf formale Implikationen, reihen sich 9 Abschnitte meditativen Charakters aneinander und geben den Interpreten im besten Sinne Gelegenheit zum expressiven Nachvollzug der musikalischen Phrasen. Aus verhalten schwebenden Mustern (1. Abschnitt) löst sich ein begleitetes Flötensolo (2. Abschnitt). Stammelnde Tonrepetitionen und »piangendo«-Passagen bestimmen den 3. Abschnitt, den ein heftig und nervös dazwischentretendes Dialogisieren (4. Abschnitt) ablöst. Ein Cellosolo (5. Abschnitt) wird gefolgt von stockenden Vibraphoninterjektionen und schattenhaftem Ensemblespiel (6. Abschnitt), einem Metallkomplex (7. Abschnitt) und einem Dialog von Flöte und Violoncello (8. Abschnitt). »Semplice«, d. h. schlicht, fast wie ein Choral vorzutragen, rundet eine Coda in Triobesetzung das delikat gewobene Stimmungsbild ab.

Im Innersten. 3. Streichquartett

1976; Alfred Schlee gewidmet. – UA: 1976 in Royan (Berner Streichquartett). – Dauer: ca. 30 Minuten.

Extreme Stimmungswechsel zwischen äußerster Verhaltenheit des kaum noch Hörbaren und brutal zupackenden Klangblöcken charakterisieren die 6 Sätze, die in knapp achtwöchiger Arbeit als spontane Niederschrift eines musikalischen Psychogramms entstanden. Ähnlich freizügig im Umgang mit der strengen Form des Streichquartetts wie etwa Beethoven in den freiesten Momenten seines Spätwerks, läßt Rihm seinen expressiven Eingebungen freien Lauf und gelangt zu Passagen von einer Unmittelbarkeit der Aussage, für die es Parallelen lediglich in den autobiographisch zu deutenden Abschnitten der Quartette von Beethoven, Smetana oder Janáček gibt. Herkömmliche Satztypen sind angesichts dieser »Momentaufnahmen« irrelevant, und eine formale Stringenz für das Werkganze ergibt sich höchstens aus der Überzeugungskraft der Gestik, die sich aus anfänglich halsstarrig-stockenden, schroffen Klangimpulsen über heftig dreinfahrende Episoden zu Passagen von intensiver Gesanglichkeit aufbäumt, ehe sie nach choralmäßiger Idyllik und lyrischer Intensität wieder in schattenhafte Grenzklänge absinkt.

KHS

Neue Musik nach 1945

Der Neubeginn einer intensiven Auseinandersetzung mit neuartigen Kompositionstechniken ist in Deutschland an den Namen Darmstadt geknüpft. Hier wurden 1946 von dem Musikkritiker und Kulturreferenten Wolfgang Steinecke die »Kranichsteiner Ferienkurse für Neue Musik« (später als »Internationale Ferienkurse für Neue Musik« bezeichnet) ins Leben gerufen. Aus Steineckes ursprünglicher Idee, der jungen Generation die zwischen 1933 und 1945 verbotenen Werke zugänglich zu machen, entwickelte sich rasch ein international viel beachtetes Forum für aktuelle Musik. Standen zunächst die Werke der Hindemith-, Bartók- und Strawinsky-Nachfolge im Mittelpunkt, verlagerte sich seit dem Todesjahr Arnold Schönbergs (1951) das Interesse auf die Werke der sog. Wiener Schule, ablesbar an den Programmen der 1949 gegründeten und seither als ständige Einrichtung durchgeführten »Konzerte der jungen Generation«. Für die Kurse konnte Steinecke in den ersten Jahren Wolfgang Fortner, Ernst Krenek, Edgard Varèse, Olivier Messiaen, den Pianisten Eduard Steuermann und den Geiger Rudolf Kolisch gewinnen. Später kamen Bruno Maderna, Hermann Scherchen, Luigi Nono und Pierre Boulez hinzu, und bald zentrierte sich das Interesse der Teilnehmer auf die Analysen von Werken der Schönberg-Schule. Die Entwicklung des Serialismus Anfang der 50er Jahre ist das erste markante Ergebnis einer mit beispielloser Rigorosität geführten künstlerischen Diskussion, wobei der Philosoph, Komponist und Soziologe Theodor W. Adorno, dessen »Philosophie der Neuen Musik« 1949 erschienen war, wesentlich zur Schulebildung beitrug.

1949 wurde die in Darmstadt komponierte Klavier-Etüde »Mode de valeurs et d'intensités« von **Olivier Messiaen** (1908–1992; s. d.) aufgeführt. Messiaen hatte in diesem Werk das Reihen-Prinzip nicht nur – wie Schönberg – auf die Tonhöhen, sondern auch auf die Tondauern, Tonstärken und Klangfarben übertragen. An dieses Stück sowie an die Spätwerke von Anton Webern knüpften **Pierre Boulez** (* 1925; s. d.), **Henri Pousseur** (* 1929; (s. d.), **Luigi Nono** (1924–1990; s. d.) und **Karlheinz Stockhausen** (* 1928; s. d.) unabhängig voneinander an und entwickelten die Techniken der seriellen Musik: die punktuelle und die statistische. In der punktuellen seriellen Musik werden alle Eigenschaften der Töne durch

Zahlen- bzw. Proportionreihen im vorhinein festgelegt. In der statistischen seriellen Musik regulieren reihenmäßige Bezüge die Beziehungen ganzer Ton- und Klangkomplexe (Gruppen). Festgelegt wird nicht mehr das Intervall, sondern der Tonumfang einer Gruppe, die durch alle chromatischen Zwischenstufen aufgefüllt werden kann. In dieser für die Ausbildung einer neuen Musik wichtigen Zeit zählten u. a. auch **György Ligeti** (* 1923; s. d.) und **Mauricio Kagel** (* 1931; s. d.) zu den impulsgebenden Teilnehmern. – Mit dem frühen Tod Steineckes (1961) endete die erste wichtige Phase der Internationalen Ferienkurse, bis sie in den 80er Jahren einen ihrer ursprünglichen Bedeutung ähnlichen Rang wiedererlangten.

Zu den Pionieren der seriellen Musik gehören außer den genannten Komponisten der Belgier Karel Goeyvaerts und der Amerikaner Milton Babbitt. – **Karel Goeyvaerts** (1923 bis 1993), Schüler von Milhaud und Messiaen, legte 1951 mit seiner Sonate für 2 Klaviere die Basis für die punktuelle serielle Technik, die er dann in »no 2« für 13 Instrumente (1951) und »no 3, aux sons frappés et frottés« für 7 Instrumente (1952) konsequent angewandt hat. Danach arbeitete er im Elektronischen Studio des Westdeutschen Rundfunks Köln und am Institut für Psychoakustik und elektronische Musik in Gent. In die Kompositionen aus dieser Zeit für Instrumente und Tonband und im »Catch a quatre« für 4 Spieler (1969) bezog er die Aleatorik mit ein. In den nach 1980 komponierten Werken kehrte Goeyvaerts zur Tonalität zurück. Sie sind der Minimal music zuzurechnen. – **Milton Babbitt** (* 1916) studierte zuerst Mathematik, bevor er sich entschloß, Komponist zu werden. Entscheidende Anregungen für sein kompositorisches Schaffen erhielt er von Roger Sessions. Bereits 1948 hat er in der »Composition for 4 Instruments« und der »Composition for 12 Instruments« nicht nur die Harmonik, sondern auch die Rhythmik reihenmäßig strukturiert. Streng seriell konzipierte er dann das Bläserquartett (1953) und das 2. Streichquartett (1954). Zukunftsweisend für die Computermusik wurden seine Arbeiten mit dem Synthesizer aus den Jahren 1950–60. Die »Sextets« für Violine und Klavier (1966) und das 3. und 4. Streichquartett (1969, 1970) belegen, daß die Beschäftigung mit dem Synthesizer sein Vokabular wesentlich verfeinert und erweitert hat.

In Italien war es **Luigi Dallapiccola** (1904–1975), der mit seinen Vokalwerken, seinen Opern (»Nachtflug« und »Der

Gefangene«) und seiner Kammermusik (»Ciaccona, intermezzo e adagio« für Violoncello solo [1945], »Due Studi« für Violine und Klavier [1947] und »Tartiniana seconda« für Violine und Klavier [1956]) einen entscheidenden Einfluß auf die Neue Musik gewann. Er entwickelte seine Werke aus kleinen Motiven, die er erst allmählich im Verlauf der Komposition zur Zwölftonreihe erweiterte. Sein Sinn für natürlichen Wohlklang und sein leidenschaftlicher Ausdruckswille bewahrten ihn vor der Überschätzung der konstruktiven Möglichkeiten der Technik. Die zwölftönigen Strukturen fungieren bei ihm als rein melodische Gebilde, denen keine ausschließliche Verantwortung für die formale Gestaltung zukommt. Indem er von der Vokalkunst ausging und die melodische Kraft der Zwölftonreihen aufspürte, schuf er eine selbständige, typisch italienische Abwandlung dieser Kompositionstechnik, die ihm ein zeitgemäßes und zugleich auch traditionsbewußtes Komponieren ermöglichte.

Für den Ungarn **Mátyás Seiber** (1905–1960) war die Dodekaphonie nur eine Technik unter vielen. Am konsequentesten hat er sie in Teilen seiner Kantate »Ulysses« nach James Joyce (1949) und in seinem 3. Streichquartett (Quartetto lirico; 1948–51) angewandt.

Wesentlich strenger strukturiert sind die Werke von **Humphrey Searle** (1915–1982), dem in dieser Zeit führenden englischen Zwölftonkomponisten. In seinem Quartett für Klarinette, Fagott, Violine und Viola (1948) und der »Passacaglietta in nomine Arnold Schönberg« (1949) verbinden sich satztechnische Konstruktion mit traditionellen Formen zu einer sensitiven Zwölftonmusik, die tonale Wirkungen nicht ausschließt.

Für den Schweden **Karl-Birger Blomdahl** (1916–1968) verlor Hindemiths »Tonsatzlehre« an Gültigkeit, nachdem er sich mit der Zwölftontechnik auseinandergesetzt hatte. Seine 3. Sinfonie »Facetten« (1950), die »Tanzsuite Nr. 2« für Klarinette, Violoncello und Schlagwerk (1950) und das Trio für Klarinette, Violoncello und Klavier (1955) gehören zu den ersten Zwölftonwerken, die in Schweden komponiert wurden.

Daß das Reihenprinzip nicht unbedingt abstrakt und unpersönlich sein muß, beweist die »Serenata« für Flöte, Viola, Cembalo, Kontrabaß und Schlagzeug (1958) des Italieners **Goffredo Petrassi** (* 1904). Er bedient sich lediglich der Klangmittel der Wiener Zwölftonschule, um seine eigene, ursprünglich von Hindemith und Strawinsky beeinflußte Sprache differenzierter zu gestalten. Kontrapunktik und rhythmische Variabilität werden von Petrassi als künstlerische Mittel eingesetzt, um Spannung und Lösung, Strenge und Leichtigkeit deutlich zu machen. – Sein Landsmann **Giacinto Scelsi** (1905–1988; s. d.) löste sich in den 50er Jahren von traditioneller europäischer Musikauffassung und vollzog den Übergang zur gedanklichen und schöpferischen Auseinandersetzung mit dem Phänomen des Tones (Klanges) selbst, einen Übergang, der mit dem Verlassen des temperierten Systems und der Emanzipation der Vierteltöne einherging.

Von den vier Komponisten – **Olivier Messiaen** (1908 bis 1992; s. d.), **André Jolivet** (1905–1974), **Daniel-Lesur** (* 1908) und **Yves Baudrier** (* 1906) –, die sich 1936 zu der Gruppe »La Jeune France« mit dem Ziel zusammenschlossen, eine neue, lebendige, aus französischer Tradition gewachsene Musik zu schaffen und zu fördern, die sich grundsätzlich vom Neoklassizismus Strawinskys unterscheiden sollte, konnte sich neben Messiaen nur **Jolivet** international durchsetzen. Für ihn war Musik »magischer und beschwörender Ausdruck menschlicher Beziehungen« nach dem Vorbild der indischen und arabischen Musik. Seine bedeutendsten Kammermusikwerke sind die »Cinq incantations« für Flöte solo (1936), das »Cérémonial, Hommage à Varèse« für 6 Schlagzeuger (1968) und »Heptade« für Trompete und 6 Schlagzeuger (1971).

Der Amerikaner **Gunther Schuller** (* 1925) nahm durch seinen unorthodoxen Stil, für den er den Slogan »Third Stream« fand, eine alternative Position zur dogmatischen Zwölftonmusik ein. Schuller kam vom Jazz her, dessen Rhythmik er mit der Zwölftontechnik zu einer durch ihre Vitalität stets fesselnden Musik verschmolz. Beispielhaft für seinen Stil sind die Oper »The Visitation«, die 1966 mit großem Erfolg in Hamburg uraufgeführt wurde, und von den Kammermusikwerken das »Double Quintet« für Holz- und Blechbläser (1961), das Bläserquintett (1958), die »Night Music« für Jazzquintett (1962), die »Little Brass Music« für Trompete, Horn, Posaune und Tuba (1963) und die beiden Streichquartette (1957, 1966).

Als »Vertreter einer sehr deutschen Ausdrucksmusik« wurde **Giselher Klebe** (* 1925) bezeichnet. Er sucht nach seinen Worten »eine Synthese von Einfall, Ausdruck und satztechni-

scher Konstruktion«. Affekt und Effekt werden von ihm in die strenge Konstruktion der Komposition einbezogen, neuartige musikalische Wendungen in überlieferte Formen eingeschmolzen. Seine Ästhetik ist die des Espressivo, des gespannten, maximalen Ausdrucks. Alban Berg und Arnold Schönberg sind seine großen Vorbilder. Die Kammermusik (u. a. 3 Streichquartette op. 9, 42 und 87 [1951, 1964, 1981], »Elegia appassionata« für Klaviertrio op. 22 [1955], »Concerto à cinque« für Klavier, Cembalo, Harfe, Schlagzeug und Kontrabaß op. 50 [1965] und das Klavierquintett »Quasi una fantasia« op. 53 [1966]) vereint alle Vorzüge seiner musikalischen Sprache: hohes satztechnisches Können mit phantasievoller formaler Gestaltung, durchsichtig-farbige Instrumentation mit sensitiver Behandlung des zwölftönigen Materials, aus dem die Motive, Themen und melodischen Linien gewonnen werden, die Keimzellen für große Entwicklungen, dichte Klangspannungen und feingliedrige Strukturen.
Im Zuge einer raschen Verbreitung der seriellen Kompositionstechnik entstanden vielerorts mathematisch vorberechnete Werke, die sich nur durch die mehr oder weniger phantasievolle Anwendung dieser Technik unterscheiden. Die Partituren wurden immer komplizierter. Sie stellten an die Interpreten derart hohe Anforderungen, daß eine genaue Ausführung nicht mehr möglich war. »Hier, wo der Ausführende so aufpassen muß«, schrieb György Ligeti, »daß er nicht mehr aufpassen kann, schleicht in die totale Bestimmtheit der mittels Reihentechnik erworbenen Strukturen der Indeterminismus der Realisation sich ein.« Dieser »Indeterminismus der Realisation« führte zur Aleatorik (von lat. alea, Würfel), zum »gelenkten Zufall«, mit dem die serielle organisierte Konstruktion aufgelockert wurde.
Die Amerikaner **John Cage** (1912–1992; s. d.) und **Earle Brown** (* 1926) sowie der Italiener **Sylvano Bussotti** (* 1931) gingen noch einen Schritt weiter. Sie setzten der totalen Vorausbestimmung die totale Freiheit entgegen. Eine eigenwillige Nuance einer solcherart neu proklamierten Freiheit stellt die sogenannte Musikalische Graphik dar, bei der anstelle herkömmlicher Noten und traditioneller Spielanweisungen Graphismen (bildhafte Zeichen ohne eindeutige Sinngebung) und Bildelemente fungieren. 1952 erstmals von Earle Brown praktiziert (vgl. Notationsbeispiel), setzte sich die Aufzeichnung von Musik mittels graphischer Notation bei

Earle Brown: December 1952 (aus »Folio«)

Komponisten wie **Anestis Logothetis** (1921–1994; s. S. 1090), **Dieter Schnebel** (* 1930; s. d.), **Mauricio Kagel** (* 1931; s. d.) und zahlreichen Experimentatoren rasch durch, jedoch ist die Bewegung, von wenigen Relikten abgesehen, nahezu völlig zum Stillstand gekommen. Die Interpreten wurden bei diesem Verfahren zu Mitschöpfern erhoben. Ihrer Phantasie war es überlassen, graphische Zeichen in Musik umzusetzen, wie z. B. in **Bussottis** »Five Pieces for David Tudor«, die 1959 bei ihrer Uraufführung in Darmstadt heftige Diskussionen auslösten. (Jedoch brach Bussotti nicht mit der Tradition. Seine Beziehung zur Musik der Renaissance kommt nicht nur in seinen Vokalwerken, sondern auch in seinem besten

Kammermusikwerk, der sensiblen, klangfarblich fein nuancierten »Phrase à trois« für Streichtrio [1960], zum Ausdruck.)
Ohne die Anregungen von John Cage, der bei den Donaueschinger Musiktagen 1954 mit dem Pianisten David Tudor seine Werke für 2 präparierte Klaviere vorführte und bei den Darmstädter Ferienkursen 1958 mit Würfel- und Münzenwurf die Aleatorik praktizierte, ist das Vokabular von **Mauricio Kagel** (* 1931; s. d.) nicht denkbar. Doch verfügt Kagel über die Fähigkeit, das Übernommene sogleich umzudenken und bis zu jenem Punkt zu erweitern, an dem die Folgerungen grundsätzlich neue Aspekte eröffnen. So gelang es ihm, Werke zu schaffen, in denen Musik und Aktion einander bedingen, in denen Handlung musikalisch dargestellt wird und Musik als Aktion komponiert ist. Er selbst prägte dafür den Begriff »Instrumentales Theater«.
Eine eigenwillige Gruppierung entstand unter dem Einfluß von John Cage in den USA, ohne daß man von einer Cage-Schule im engeren Sinn sprechen könnte. **Christian Wolff** (* 1934) und **Morton Feldman** (1926–1987) reduzierten die musikalische Syntax auf einfachste Konstruktionen und leisteten ganz bewußt Verzicht auf jegliche Komplexität in Struktur und Form. Der Einzelton oder das kurze Modell erhielten ein bis dato kaum bekanntes Gewicht und führten zu einer Verabsolutierung des Klanglichen gegenüber der Konstruktion.
Daß die serielle Technik nicht unbedingt zu einem unverbindlichen Stil führen muß und durchaus individuelle Ausformungen möglich macht, wird deutlich, wenn man sich der Mühe unterzieht, die ostasiatische Musik mit der amerikanischen und europäischen zu vergleichen. Die japanischen Komponisten überraschten, nachdem sie die Musik Anton Weberns studiert und die serielle Technik in Europa und den USA kennengelernt hatten, mit fein ziselierten, ungewöhnlich farbig instrumentierten Werken.
Yoritsunē Matsudaïra (* 1907) fand vom Impressionismus über den Neoklassizismus zur seriellen Technik und zur Aleatorik. Er entdeckte die japanische Hofmusik, die Ende des 19. Jh. durch westliche Einflüsse in Vergessenheit geraten war, und bezog sie in seinen Stil mit ein, u. a. in den »Metamorphosen über eine alte japanische Melodie« für Sopran und Kammerorchester (1953) und dem Stück »Somakuha« für Flöte, Oboe, Harfe, Klavier, Streicher und Schlagzeug (1970), das auch in einer Fassung für Flöte solo existiert. – In den Wer-

ken für alte japanische Instrumente von **Tōru Takemitsu** (* 1930) und **Makoto Moroi** (* 1930) kommt den Pausen die gleiche Bedeutung wie den Tönen und Klängen zu, da in ihnen ein völlig anderes Zeitgefühl als in der europäischen Musik die Form bestimmt. Beide – Takemitsu wie Moroi – integrierten die japanische Folklore in die seriellen Strukturen und schufen eine Reihe von artifiziellen Stücken, die sich durch ihren ostasiatischen Klang von der Musik der westlichen Avantgarde unterscheiden. – Einflüsse von Cage und Xenakis sind in der Musik von **Toshirō Mayuzumi** (* 1929), von **Maki Ishii** (* 1936) und **Yūji Takahashi** (* 1938) zu erkennen.

Aus Südkorea kamen **Isang Yun** (1917–1995; s. d.) und **Younghi Pagh-Paan** (* 1945), die bei Klaus Huber in Freiburg studierte und auf Grund ihrer eigenständigen Tonsprache rasch Anerkennung in den europäischen Zentren fand.

Brückenschläge zwischen europäischen und außereuropäischen Hörgewohnheiten zeichnen sich auch ab in den Kompositionen von **Tona Scherchen-Hsiao** (* 1938) und **Klarenz Barlow** (* 1945). Beide leben bereits seit vielen Jahren in Europa, nahmen ihren musikalischen Ausgangspunkt jedoch in der traditionellen Musik Chinas (Scherchen) bzw. Indiens (Barlow).

In Israel erinnerten sich die Komponisten, die 1933 einwanderten und nach 1945 in erstaunlich kurzer Zeit eine Musikkultur aufbauten, an das orientalisch-jüdische Melodiengut. Es wurde in den Werken von **Paul Ben-Haim** (1897 bis 1984), **Max Brod** (1884–1968), **Ödön Partos** (1907–1977) und **Mordecai Seter** (1916–1994) wieder lebendig. Westlichen Einflüssen gegenüber aufgeschlossener verhielten sich **Josef Tal** (* 1910), **Herbert Brün** (* 1918) und der in Wien lebende **Roman Haubenstock-Ramati** (1919–1994; s. d.), deren serielle und elektronische Kompositionen in Europa und den USA stärker beachtet wurden als in Israel.

Einer der führenden Komponisten Südamerikas war der Brasilianer **Cláudio Santoro** (1919–1988), der 1970–78 an der Mannheimer Musikhochschule unterrichtete. Von seinen zahlreichen Kammermusikwerken wurde das *7. Streichquartett* 1967 bei den Berliner Festwochen uraufgeführt. In ihm gelang Santoro eine Symbiose der Zwölftontechnik mit der Klangfarbenkomposition. Kunstvolle polyphone Verflechtungen wechseln mit aleatorischen, von den Interpreten frei zu gestaltenden Partien. Das Werk ist in seinem streng konzipierten Satz die letzte Konsequenz der kompositorischen Entwicklung von Santoros postserieller Stilrichtung.

In Europa gab es in den 50er und 60er Jahren keinen fortschrittlichen Musiker, der sich nicht mit den neuen Techniken auseinandersetzte und neue Formen der Kammermusik durch Einbeziehung von Tonbandmontagen suchte.

Unter den Italienern (vgl. a. **Luigi Nono** [1924–1990], **Bruno Maderna** [1920–1973], **Luciano Berio** [* 1925] und **Giacinto Scelsi** [1905–1988]) lassen sich **Aldo Clementi** (* 1925) und **Franco Donatoni** (* 1927) auf keine Richtung festlegen. – Bis 1959 komponierte **Clementi** seriell. In dieser Zeit entstanden die »Tre piccoli pezzi« für Flöte, Oboe und Klarinette (1955), die Sonate für Trompete, Gitarre und Klavier (1955) und die »Due studi« für Trompete, Violine und Klavier (1956). In den Jahren um 1960 beschäftigte er sich – u. a. im »Triplum« für Flöte, Oboe und Klarinette (1960) – mit der Aleatorik und der Collagetechnik. Nach 1961 experimentierte er, angeregt durch die informelle Malerei, mit neuen Formen sowohl in »Informel I« für Klaviaturen und Schlagzeug (1961) als auch im Streichquartett (1968) und im Streichquintett (1978). – Streng strukturiert sind die Werke **Donatonis**, der entscheidende Anregungen für seine kompositorische Entwicklung bei den Darmstädter Ferienkursen für Neue Musik erhielt. Typisch für ihn sind vor allem »Secondo estrato« für Harfe, Cembalo und Klavier (1970), das kurze Stück »Lumen« für Piccoloflöte, Klarinette, Celesta, Vibraphon, Viola und Violoncello (1975) und »Toy« für 2 Violinen, Viola und Cembalo (1977). – **Niccolò Castiglioni** (* 1932) ging 1967 in die USA. Unter dem Einfluß von John Cage änderte er seinen Stil, der in den »Tropi« für Flöte, Klarinette, Violine, Violoncello, Klavier und Schlagzeug (1959), in »Gymel« für Flöte und Klavier (1960) und »Alef« für Oboe solo (1965) Affinitäten zu Strawinsky, Webern und Messiaen aufwies, zugunsten eines Pluralismus, einer mit Zitaten angereicherten Collagetechnik, die in der »Sinfonia guerriere e amoroso« für Orgel (1967) am überzeugendsten ausgeprägt ist.

Unter den Griechen ist – neben **Iannis Xenakis** (* 1922; s. d.) – **Anestis Logothetis** (* 1921) zu nennen. Die von ihm entworfene Notation (Musikalische Graphik) mit Aktions-Signalen, Assoziations-Zeichen und Tonhöhen-Symbolen »bietet zwar keinen Überblick über das akustische Gesamtbild der Komposition, doch ermöglicht sie eine punktuelle minuziöse Fixierung der musikalischen Vorstellung. Die graphische Aufzeichnung hingegen soll Klangassoziationen wecken, die sich durch mehrmalige Interpretation erschließen« (Logothetis). Sein »Cycloide« für 12 Interpreten gilt als eines der wichtigsten Werke der Musikalischen Graphik. In traditioneller Notation erschienen von Logothetis »Integrationen 51« für Violine solo (1951), »Integration« für Violine, Violoncello und Klavier (1953), »Kompression« für beliebige Instrumente (1959) und »Desmotropie« für Klarinette und Klavier (1965). – **Theodore Antoniou** (* 1935) und **Dimitris Terzakis** (* 1938) schlossen sich zuerst der Darmstädter seriellen Richtung an; danach entwickelten sie sich unter Einbeziehung der alten griechischen Volksmusik selbständig weiter. – **Arghyris Kounadis** (* 1924) profilierte sich mit amüsanten, sketchartigen Kurzopern und mit Kammermusik (u. a. einem Streichquartett [1961] und einem Bläserquintett [1970]), die durch Formgefühl und eine vom Lyrischen bis zum Dramatischen reichende Ausdrucksweise gekennzeichnet ist. – Internationale Anerkennung fand **George Koumendakis** (* 1959) durch Aufführungen seiner größeren Ensemble-Kompositionen im Rahmen der IGNM-Weltmusiktage.

Zu den Komponisten, welche die neuen Techniken individuell anwandten und der modernen Kammermusik neue Impulse gaben, gehören die Holländer **Ton de Leeuw** (1926–1996), **Peter Schat** (* 1935) und **Louis Andriessen** (* 1939), die Schweden **Bengt Hambræus** (* 1928) und **Michael Edlund** (* 1950), der Franzose **Gilbert Amy** (* 1936), die Belgier **Jacqueline Fontyn** (* 1930) und **André Laporte** (* 1931), die Spanier **Cristóbal Halffter** (* 1930; s. d.), **Luis de Pablo** (* 1930) und **José Luis Delás** (* 1928). In England adaptierten **Alexander Goehr** (* 1932), **Harrison Birtwistle** (* 1934), **Bernard Rands** (* 1935), **Richard Rodney Bennett** (* 1936), **David Bedford** (* 1937) und **Peter Maxwell Davies** (* 1934) die serielle Technik, ohne die nationale Tradition, die auf der Polyphonie der Elisabethanischen Epoche basiert, ganz aufzugeben.

Davies' musikalische Entwicklung wurde nachhaltig beeinflußt von Messiaen, Boulez und Nono, aber auch durch den seriellen Strawinsky. Insgesamt läßt sich in seiner Ästhetik ein zunehmender Drang beobachten, die »revolutionären« Werke der Musikgeschichte von Josquin über Beethoven bis Schönberg zu Vorbildern zu erheben. Fern allen modischen Trends folgt Davies den Maximen handwerklicher Sauberkeit und verschmilzt die Errungenschaften der Avantgarde mit den Eigengesetzlichkeiten der von ihm bevorzugten Gattungen Oper und Musiktheater. – In seinem *Streichquartett* von 1961 ist an die Stelle eines ausschließlich nach konstruktivistischen Kriterien gewählten Tonreihenmodells ein Cantus firmus getreten, ein Derivat aus seinem Marienlied »Ave Maria, gratia Dei plena«; dessen Töne dienen als thematische Grundlage und Modell für vielfältige Metamorphosen. Das Quartett ist weniger dem panchromatisch-atonalen Satzbild der sonstigen orthodox seriell gearbeiteten Musik jener Jahre als vielmehr einer behutsamen Neomodalität verpflichtet. – Die *»Runes from a Holy Island«* für Altflöte, Klarinette, Viola, Violoncello, Celesta und Schlagzeug (1977) bestehen aus 5 Sätzen von statisch anmutender Flächigkeit, angeordnet in der Tempofolge Andante – Presto – Andante moderato – Lento – Presto. Das Fehlen von Tempodifferenzierungen innerhalb der Sätze und der größere Farbenreichtum des mit Celesta und Schlaginstrumenten besetzten Sextetts führen im Vergleich mit dem Streichquartett zu Klangbildern von erheblich verringerter Dramatik, die den Bezug zur mythenumwobenen Inselwelt der Orkneys, wo das Werk entstand und wo Davies seit 1970 lebt, als Inspirationsquelle unschwer nachvollziehen lassen.

Keine eindeutige stilistische Einordnung gibt es für das Werk von **Brian Ferneyhough** (* 1943). Bei seinen *»Funerailles«* für Streichseptett und Harfe (1978–80) leiteten den Komponisten Vorstellungen einer »rituellen Trauerfeierlichkeit« (Ferneyhough), die sich »wie hinter einem Vorhang verborgen« abspielt. Die Instrumente spielen mit einem geradezu neurotisch anmutenden Interesse für Details fast durchweg con sordino und wie von frenetischer Hast getrieben. Nervöses Flageolettfiligran vermittelt dem Hörer den Eindruck einer übertriebenen, da an die Grenzen des Möglichen reichenden Agilität. Daß der Hörer motivische Vorgänge erkennt, wird durch die Komplexität des Satzes verhindert. Typisch für Ferneyhough ist die Zufügung einer variierenden Version des Werkes, die im gleichen Konzert, aber durch andere Werke vom ersten Stück getrennt, gespielt werden soll.

Von den deutschen Komponisten der älteren Generation war **Boris Blacher** (1903–1975) ein Musiker von unverwechselbarer Originalität. Mit den »variablen Metren« schuf er sich eine eigene Kompositionstechnik. »Rhythmus und Form«, erklärte er im Vorwort seines 2. Klavierkonzerts (1952), »stehen im wesentlich engeren Verhältnis zueinander, als bisher angenommen wurde. Diese Erkenntnis führte zur Anwendung der variablen Metrik, einer Metrik, die ganze Komplexe von verschiedenen Taktarten unter bestimmten Bedingungen zusammenfaßt. Daraus ergaben sich Reihenbildungen mannigfaltiger Art: Arithmetrische, Summations-, Primzahlen-, Permutationsreihen oder überhaupt Reihen in ganz beliebiger Zusammensetzung.« Diese Musik ist, wenn dynamische Zeichen es nicht ausdrücklich anders verlangen, betonungslos, auch innerhalb der einzelnen Teile. Die rhythmisch-metrische Durchorganisation hat Blacher auch auf die lineare Gestaltung der Stimmen übertragen, so daß man von einer seriell-variablen Formkonstruktion sprechen kann. Seriell bedeutet die reihenmäßige Durchorganisation des musikalischen Materials nach einem festgelegten Ordnungssystem, variabel dagegen veränderlich, abwandelbar, schwankend. Eine seriell-variable Konstruktion scheint somit ein Widerspruch, denn das eine hebt sozusagen das andere auf. Jedoch nicht bei Blacher: Die ständige Veränderung wird zum Prinzip. Daraus resultiert der Überraschungseffekt, die eigentliche Wirkung der Musik Blachers. »Concertante Musik«, der Titel von Blachers erstem Orchesterwerk (op. 10), könnte auch über seiner Kammermusik stehen. Besondere Erwähnung verdienen vor allem die expressive Sonate für Violine solo (1951), das 5. Streichquartett mit dem Titel »Variationen über einen divergierenden c-Moll-Dreiklang« (1967), das Oktett für Klarinette, Fagott, Horn und Streichquintett (1965) sowie die Divertimenti für Trompete, Posaune und Klavier (1948) bzw. für 4 Holzbläser (Flöte, Oboe, Klarinette, Fagott; 1951).

Unkonventionell wie Boris Blacher schuf **Cesar Bresgen** (1913–1988), der zuerst mit Spiel- und Jugendmusik, mit Kantaten und Kinderopern Erfolg hatte, anspruchsvolle Kammermusik (u. a. 3 Streichquartette [1948, 1970, 1971], Divertimento für Bläserquintett [1957], Klavierquartett »Umrem, umrem« [1966]), die durch ihre Frische und Natürlichkeit den Zuhörer unmittelbar anspricht.

Der aus Danzig stammende **Hans Vogt** (1911–1992) vermied

die Klischees der avantgardistischen Musik. In seinem Buch »Neue Musik seit 1945« ([3]1982) schrieb er: »Ohne ständige Auseinandersetzung mit neuen Verfahren und Materialien kann der Komponist unserer Epoche [...] nicht existieren, ebenso wie ihm immer Tradition im weitesten Umfange verfügbar sein muß. Doch ist damit allein künstlerisch noch nichts gewonnen; Kompositionen benötigen einen anderen Impuls.« Wie selbständig er die verschiedenen Einflüsse verarbeitet hat, dafür sind von seinen späteren Kammermusikwerken die Streichquartette II, III und IV (1975, 1977, 1984), die »Elemente zu einer Sonate« für Violoncello und Klavier (1973), die »Sonatina per Violino e Contrabasso« (1976) und die »Antiphonen« für Oboeninstrumente und Orgel (1976) besonders charakteristisch.

Eine Synthese von serieller Schreibweise, Klangfarbenstrukturen und emotionell-musikantischen Abläufen strebte **Jürg Baur** (* 1918) in seinen zahlreichen Kammermusikwerken an, die ihn als einen allem Neuen gegenüber aufgeschlossenen, aber letztlich doch traditionsbewußten Musiker ausweisen.

Dem Jugoslawen **Milko Kelemen** (* 1924), der seit 1958 in der Bundesrepublik Deutschland lebt, wird man wohl am ehesten gerecht, wenn man seine Musik als pluralistisch bezeichnet. Er ist überzeugt, »daß die Musik Tausende und Abertausende von Gesichtern haben und daß sie durch außermusikalische Impulse und Gedanken jederzeit erneuert und befruchtet werden kann«. Kelemen ist ein Suchender, ein ständig sich Wandelnder. Nach seinen Studienjahren bei Messiaen und Fortner absorbierte er zwar die neuen Kompositionstechniken, stellte sie aber gleichzeitig in Frage. Von der zwölftönig oder seriell organisierten Atonalität, den »Etudes contrapuntiques« für Bläserquintett (1959) und der Sonate für Oboe und Klavier (1960), den Streichquartetten »Motion« (1969) und »Varia melodia« (1972) fand er nach elektronischen Arbeiten, Happenings und der freien Form der Improvisation zur Neotonalität und »Neuen Einfachheit«, wie sie sich im »Rotondo II« für Mundharmonika und Bläsertrio (1980) manifestiert.

Aus der Schule Fortners kam **Günther Becker** (* 1924), der früh die methodischen Neuansätze aufnahm, die nach 1945 bedeutungsvoll waren: die »Technique de mon language musical« von Messiaen und die Lehrwerke von Eimert, Krenek, Rufer und Jelinek. Hieraus resultierte ein hoher Grad kompositionstechnischer Sicherheit, ablesbar etwa in Werken wie »Game for Nine« (1962) und »stabil – instabil« (1965). Besonderen Einfluß auf sein Schaffen nahm Griechenland; 1956–68 lebte Becker in Athen. Seine 1sätzige *»Serpentinata«* für Bläserquintett (1967/68) variiert Aggregatzustände eines Holzbläserklanges in Reihung. Die Disproportioniertheit der Einzelabschnitte in ihrer Relation zueinander und die »harten und unvermittelten Übergänge« verleihen der Komposition eine Frische der Wirkung, die sich dezidiert gegen jegliche Überfrachtung mit motivisch-thematischen Entwicklungsprozessen stellt.

Die Werke des Berliners **Frank Michael Beyer** (* 1928) beziehen ihre Wirkung aus der Spannung von Intuition und Ratio, von Bewußtem und Unbewußtem. Komponieren ist für ihn ein tiefenpsychologischer Prozeß. Persönliche Erlebnisse werden in Musik umgesetzt, wie z. B. in dem *Trio für Oboe, Viola und Harfe* (1980), das nach einem Griechenland-Aufenthalt entstanden ist und als eine »Ode an den Ursprung« bezeichnet wurde; Melos, Rhapsodie, Tanz drängen hier, orphischen Urworten der Musik gleich, zur Gestaltung.

Neben Beyer, **Wilhelm Dieter Siebert** (* 1931) und **Karl Heinz Wahren** (* 1933) gehört **Wolfgang Steffen** (1923 bis 1993) zu den Exponenten der »Neuen Berliner Kompositionsschule«. Die modernen Techniken, Verfremdungen des Streicherklangs, Klangfarbenkomplexe, Clusters und aleatorische Teile integriert er, stets musikalisch begründet, den linearen Strukturen seiner Kompositionen: in dem hochexpressiven Trio für Flöte, Violoncello und Klavier op. 37 (1970) mit ebensoviel Phantasie wie in dem »Triplum 72« für Flöte, Schlagzeug und Klavier op. 39 (1972) und der konzertanten »Music for Piano & 7 Players« op. 44 (1975).

Die ständige Auseinandersetzung mit den verschiedenen zeitgenössischen Kompositionstechniken spiegelt sich auch in der Kammermusik von **Konrad Lechner** (* 1911), **Karl Michael Komma** (* 1913), **Hans Ulrich Engelmann** (* 1921; s. d.) und **Hans Zender** (* 1936; s. d.) sowie bei **Rudolf Halaczinsky** (* 1920), **Wolfgang Köhler** (* 1923), **Wolfgang Hildemann** (1925–1995), **Carlos H. Veerhoff** (* 1926), **Wolfgang Ludewig** (* 1926), **Eva Schorr** (* 1927), **Diether de la Motte** (* 1928), **Norbert Linke** (* 1933), **Walter Steffens** (* 1934), **Peter Michael Braun** (* 1936), **Dieter Acker** (* 1940), **Frank Michael**

(*1943), **Hans Georg Pflüger** (*1944), **Ulrich Leyendecker** (* 1946), **Ernst Helmuth Flammer** (* 1949), **Albrecht Imbescheid** (* 1950), **András Hamary** (* 1950), **Reinhard Febel** (* 1952), **Adriana Hölszky** (* 1953) und **Klaus-K. Hübler** (* 1956).

Einem Neoklassizismus zuzurechnen sind dagegen **Dietrich Erdmann** (* 1917), der bei Paul Hindemith studierte, **Harald Heilmann** (* 1924), ein Schüler von Hanns Eisler und Johann Nepomuk David, **Friedrich Zehm** (* 1923), **Bertold Hummel** (* 1925) und **Dietrich von Bausznern** (1928–1980), die aus der Schule von Harald Genzmer kommen, sowie **Helmut Sadler** (* 1921), **Wolfgang Hofmann** (* 1922), **Helmut Vogel** (* 1925) und **Friedrich Voss** (*1930), die vorwiegend Werke für die Musizierpraxis geschrieben haben. – **Gerhard Braun** (* 1932) engagierte sich für eine künstlerische Aufwertung der Blockflötenmusik. In seinen Stücken werden die Spieltechniken und Ausdrucksmöglichkeiten der verschiedenen Blockflöten erweitert und für eine artifizielle Musik eingesetzt.

Mit neuen Formen und neuen Instrumentalkombinationen, mit elektronischen Klängen, Live-Elektronik und Verfremdungseffekten arbeiten **Erhard Karkoschka** (* 1923; s. d.), **Klaus Hashagen** (* 1924), **Gottfried Michael Koenig** (* 1926), **Hans Otte** (* 1926), **Erhard Grosskopf** (* 1934), **Dieter Einfeldt** (* 1935), **Friedhelm Döhl** (* 1936), **Thomas Jahn** (* 1940), **Wilfried Hiller** (* 1941), **Klaus Hinrich Stahmer** (* 1941), **Hans Darmstadt** (* 1943), **Rolf Gehlhaar** (* 1943), **York Höller** (* 1944), **Robert HP Platz** (* 1951).

Klänge an der untersten Hörschwelle, konfrontiert mit Ausbrüchen nahe der akustischen Schmerzschwelle, mit scharfen Bruchkanten einander gegenübergestellt: das ist die Diktion von **Hans-Joachim Hespos** (* 1938). Die Form ist bei ihm weniger von äußeren Kriterien oder Plänen abhängig, sondern entwickelt sich, indem der Komponist der Eigendynamik der extremen Klanglichkeit folgt; und die Umrisse der Form definieren, hieße den akustischen Verlauf im Detail verbal nachzuzeichnen. Insofern sind Form und Inhalt in Hespos' Musik absolut kongruent, und seine Kompositionen haben keinen anderen Inhalt als den, der musikimmanent ist. Die eruptiven Schallereignisse, oftmals nur mit äußerster Mühe hervorgebracht und mit Ausdrucksangaben wie z. B. »in sich schweflig

gehetzt« oder »flirrend gezerrt« charakterisiert, stehen für nichts anderes als für sich selbst ein. Diese Musik will »nur« Musik sein, eine Musik jedoch, die im Hörer »frische Hellhörigkeit neu-anderen Sinnens« (Hespos) weckt.
Der Nono-Schüler **Helmut Lachenmann** (* 1935; s. d.) und **Nicolaus A. Huber** (* 1939; s. u.) vertreten am konsequentesten die ästhetischen Ansätze einer gesellschaftlichen Selbstverweigerung und gewinnen aus der Fragmentierung des Klangmaterials, die gelegentlich bis zur völligen Auflösung getrieben wird, eine vom Minimalismus grundsätzlich verschiedene, in der Wirkung jedoch ähnliche Stringenz der Diktion. Dieser Richtung ist auch **Mathias Spahlinger** (* 1944) zuzuordnen. – **N. A. Hubers** *»Informationen über die Töne e–f«* für Streichquartett (1965/66) gibt tatsächlich nichts anderes als »Informationen« über ein Intervall. Das Werk ist eine Materialstudie in Form eines Quartettsatzes, geprägt von Farbigkeit in der Tongebung und Nuancierung der Frequenzen bei zartester Abstufung und höchster Zurückhaltung, was die Vielfalt und Abwechslung betrifft. Eine Besonderheit des Stückes liegt darin, daß der Cellist mit 2 Instrumenten umzugehen hat, deren eines »drastisch« verstimmt ist und durch die hörbar gelockerten Saiten wesentlich zu dem Eindruck nervöser Restriktion beiträgt.
In den 1970er Jahren wurde Gustav Mahler wiederentdeckt und maßgebend für eine Reihe von Komponisten, von denen – neben **Wolfgang Rihm** (* 1952; s. d.), **Peter Ruzicka** (* 1948; s. u.), **Michael Denhoff** (* 1955) und **Manfred Trojahn** (* 1949; s. u.) – **Volker David Kirchner** (* 1942), **Peter Kiesewetter** (* 1945), **Theo Brandmüller** (* 1948), **Wolfgang von Schweinitz** (* 1953), **Hans-Jürgen von Bose** (* 1953) und **Detlev Müller-Siemens** (* 1957) mit emotionalen, also wieder ausdrucksbetonten Werken hervorgetreten sind.
Ruzickas *». . . fragment . . ., 5 Epigramme für Streichquartett«* (1970), 5 innerhalb von zwei Tagen komponierte kurze Sätze, sind ein musikalischer Reflex auf die Erschütterung über den Selbstmord Paul Celans. Der Komponist bezeichnet sie als einen »Versuch, sehr differenzierte Emotionen auf die kürzest mögliche Form des Ausdrucks zu konzentrieren – Musik ohne Dekors«. Ruzicka erinnert sich an sein letztes Gespräch mit Celan kurz zuvor, bei dem das Werk Gustav Mahlers im Mittelpunkt gestanden hatte. Celan sprach »immer wieder den

Torso der Zehnten Sinfonie an« (Ruzicka), und deshalb kommt dem Zitat des Viola-Solos aus der 10. Sinfonie kurz vor Schluß der Quartett-Epigramme eine Schlüsselfunktion zu. So hat Ruzicka diese Musik am Rande des Verstummens ein Requiem genannt. »Ich bin der Ansicht, daß sich heute zu komponierende Musik auf jeden Fall zu messen hat an der Möglichkeit des Sichverschweigens, des Aufhörens von kompositorischer Tätigkeit überhaupt.« Fern von jeglichem »Durchführungs-Denken« folgt der Komponist seinen momentanen Eingebungen, die er dank scharfer Selbstkritik zu stringenten Aphorismen zu verdichten weiß. Aus statischer Ruhe löst sich im 1. Epigramm ein zart vibrierendes Filigran, das »ätherisch und zart« im Nichts verhaucht. Einem heftig bewegten »Tumult« (2. Epigramm) und einem verhalten bewegten Klangstück (3. Epigramm) folgt ein aufschreiartig-wilder Satz (4. Epigramm), ehe mit dem Ausdruck der Erd-Entrücktheit das zart angedeutete Mahler-Zitat (im 5. Epigramm) den Zyklus abrundet. Finalität und Zyklik sind kaum intendiert, und doch verbindet ein tief persönlich gehaltener Tonfall die ausdrucksmäßig so disparaten Sätze zum klingenden Dokument menschlichen Betroffenseins.

Trojahn entwickelte, von der Zwölftontechnik ausgehend, eine eigene, freitonale Diktion von emotionsgeladener Prägung, deren Herkunft auch von Berg offenkundig ist. Neuere Strukturmerkmale, z. B. cluster- und suprapolyphone Techniken, zeigen die Handschrift eines profilierten Vertreters der jüngeren Generation. In seinem 1976 komponierten *1. Streichquartett* ist – bei expressivem Gestus – das motivische Geschehen auf kleinere zellenartige Organismen reduziert; es tritt in den Hintergrund einer filigranartig aufgelockerten Quartettstruktur von flächiger Anlage. In einem Einleitungssatz entwickelt sich metamorphosenhaft wuchernd das heterophone Nebeneinander der 4 Stimmen aus einem kleinen Anagramm (a – gis – e – f) hin zu größer dimensionierten Ableitungen. Viele krasse Brüche in der Klanglichkeit und in der rhythmischen Gestalt lassen ein sublimes, nach dramaturgischen Gesichtspunkten konzipiertes Satzgeschehen von psychogrammatischer Bedeutung eher ahnen als tatsächlich deutlich werden. Doch sind die Übergänge des mit »Lontano«-Passagen durchsetzten 1. Teils zur »Nachtmusik« (2. Satz) und zur »Coda« (3. Satz) so gut nachvollziehbar, daß sie dem Hörer den Eindruck formaler Plausibilität vermitteln.

Das kammermusikalische Schaffen von **Jens-Peter Ostendorf** (* 1944) ist geprägt von Solomusik mit Elektronik und szenischen Inhalten (z. B. »Trauer« [1970]). Mikrointervalle und flexible Zeitgestaltung bestimmen sein 1sätziges *Streichquartett* (1968), ein Werk von eigenartig morbider Klanglichkeit: Die 4 Streichinstrumente müssen speziell besaitet werden, damit die Spieler die vierteltönig voneinander differierenden Töne auch auf leeren Saiten hervorbringen können. Aus einer fahl tönenden Klangfläche lösen sich einzelne, mit dem Plektron zu zupfende Impulse von knallartiger Wirkung, denen eine auslösende Funktion für bewegtere Strukturen zukommt; aus dem Geschehen auf leeren Saiten und mit verschieden gestimmten Quinten geht ein zunächst flüchtig wirkendes, später in langatmigere Melodik umschwenkendes Filigranwerk hervor, dem durch improvisatorische Fortführung der Charakter artifizieller Dichte genommen wird. Stringent abgerundet wird dieser Prozeß durch eine Coda, in der alle Elemente in verdichteter Form wiederkehren. – *Seul* für 4 Flöten (1 Spieler) und Live-Elektronik (1973) hat die Darstellung des mit seinen eigenen Klangprodukten konfrontierten Flötisten zum Inhalt. Man hört ihn atmen, man hört seine Schritte – alles verstärkt und ohrenfällig hörbar gemacht. Die Mehrklangtechnik und die geräuschhaften Flötentechniken wie Klappenschlag, Lippenstoß etc. werden zu einem Klangbild verdichtet, das in beklemmender Atmosphäre den Hörer das Solistentum hinterfragen läßt. »Seul« – zu deutsch: allein, einsam – ist der Spieler, der mit Bravour Klänge produziert, die bei geeigneter Elektronik das Alleinsein des Interpreten zu kaschieren suchen.

Aus den USA kam eine neotonale, von den ostasiatischen und afrikanischen Gesangsstilen und Tonsystemen initiierte Musik (Minimal music), als deren Hauptvertreter **Steve Reich** (* 1936), **Philip Glass** (* 1937) und in Deutschland **Peter Michael Hamel** (* 1947) gelten. – **Babette Koblenz** (* 1956) verschmilzt Einflüsse aus dem Beat- und Popbereich mit komplexen Reihentechniken und leitet aus deren Widersprüchlichkeit eine rauh klingende und zugleich dicht gearbeitete Tonsprache ab. Ähnlich ist der kompositorische Ansatz des in Köln lebenden Kanadiers **Denys Bouliane** (* 1955). – Der Ligeti-Schüler **Manfred Stahnke** (* 1951) leitet die Farbigkeit seiner Tonsprache aus Naturtonreihen und außereuropäischen Texturen ab, hierin **Dieter Mack** (* 1954) ver-

wandt, der balinesische Musik in ein europäisches Idiom transformiert.
In der ehemaligen DDR und der alten Bundesrepublik Deutschland hatten sich nach 1945 durch die verschiedenen Gesellschaftssysteme zwei konträre Musikrichtungen entwikkelt, die sich erst in den 70er Jahren wieder zu nähern begannen, nachdem sich einige DDR-Komponisten der westlichen Neuen Musik geöffnet hatten. Die Musik in der DDR wurde ursprünglich von **Hanns Eisler** (1898–1962), **Ernst Hermann Meyer** (1905–1989) und **Paul Dessau** (1894–1979) geprägt. – Von **Eisler** gilt es die Kammermusik wieder zu entdecken, die er unter dem Einfluß Schönbergs, dessen Schüler er war, geschrieben hat. – **Dessau** verhielt sich gegenüber der westlichen Musik wesentlich aufgeschlossener als Eisler. Dies wird in den Werken erkennbar, die frei von politischen Tendenzen sind: in den 7 Streichquartetten, dem Streichtrio und den »Fünf Bagatellen« für Viola und Klavier. – **Meyers** Kammermusik (3 Streichquartette [1956, 1959, 1967]) mißt sich an den Maximen des Komponisten, alle musikalischen Mittel an den Gegebenheiten und Erfordernissen der sozialistischen Musikkultur auszurichten.
Die Komponistin und Cembalistin **Ruth Zechlin** (* 1926), in einer Zeit der künstlerischen Isolation aufgewachsen, orientierte sich an der neuen Musik im Osten (Lutosławski) und im Westen (Henze, Stockhausen, Boulez) und verarbeitete die Einflüsse derart selbständig, daß ihre Werke (u. a. Sonatine für Flöte und Klavier, Trio für Oboe, Viola und Violoncello [1957], 6 Streichquartette, »Stationen« für Bläserquintett und Tasteninstrumente [1974], »Impulse« für Bläserquintett, Kammermusik zu Kleists »Marquise von O . . .« für Oboe, Violoncello und Schlagzeug) durch ihre Originalität einen hohen Rang in der Musik der DDR-Zeit einnehmen.
Internationale Anerkennung wurde **Paul-Heinz Dittrich** (* 1930) zuteil. Seine Musik hat »Zündkraft« (Ursula Stürzbecher), und zwar im doppelten Wortsinn. Sie ist an der Vermittlung aktueller Texte orientiert und vielfach szenisch angelegt. Handwerklich und formal erreicht sie auch die etwas traditioneller orientierten Hörerkreise, die sie aber durch ihre irritierende Artistik zum Nach- und Umdenken zwingt. – Dem Sprachduktus eines Textes folgend und zugleich seine »Botschaft« mit musikalischen Mitteln nachzeichnend, komponierte Dittrich *»Cello-Einsatz«* für Violoncello solo (1975)

nach dem Gedicht von Paul Celan. Einzelne Textpassagen stehen expressis verbis über dem Notentext und lassen erkennen, was die musikalische Diktion »besagen« soll, doch muß man sich hüten, Dittrichs Komposition ausschließlich als Textkomposition zu interpretieren. Zwar gibt Celans Text den Schlüssel zum Verständnis – so verschlüsselt das Gedicht an sich schon ist –, doch wird man der musikalischen Komponente bei Dittrich erst dann gerecht, wenn man sie nach absolutmusikalischen Kriterien beurteilt. Und da zeigt sich die große Meisterschaft der musikalischen Formung. »Exakte Architektur und strukturelle Arbeit« sind die Grundlagen seiner Arbeitsweise, wie der Komponist selbst ausführt, und den Hörer hat er insofern immer im Visier, als er verständliche Formen bevorzugt, Formen, die man nachvollziehen kann, Formen, die durch »Einsetzen von Kontrasten« (Dittrich) klar werden. 4 Großabschnitte zeichnen sich in »Cello-Einsatz« ab, klar erkennbar durch metrische Nuancierung. In »Senza misura«-Rubato gehalten, ist der 1. Abschnitt Ausdeutung der Verszeile »von hinter dem Schmerz«: Gequetscht in der Tongebung, durch Grenzklänge »unschön« (im herkömmlichen Sinn) und durch hektische Rhythmen gequält-gejagt in seinem Fluß, gibt er einer erregten Stimmung Ausdruck. »Quasi Sarabanda, sehr ruhig« heißt der 2. Abschnitt, der sich auf Celans Text »etwas wird wahr« bezieht. Stellenweise traditionell notiert, explodiert auch diese Reminiszenz immer wieder in Ausbrüchen zerbrechenden Instrumentalklangs, in Eruptionen heftigster Deklamation. Im $^{12}/_{8}$-Takt notiert ist dann die Motorik des 3. Abschnitts – ». . . das der Schläfenlärm aufschlug . . .« (Celan) –, eine aggressiv formulierte Passage hämmernder Klänge und erregt gestammelter Melodiefetzen, bis im 4. Abschnitt aufschreiartig ein »Perpetuum mobile« den Bogen rundet.

Siegfried Matthus (* 1934), **Rainer Kunad** (* 1936), **Udo Zimmermann** (* 1943) und **Tilo Medek** (* 1940), der 1977 vom Osten in den Westen wechselte, suchten mit ihren Bühnenwerken den Kontakt mit dem Publikum. – Von **Kunad** gibt es ein expressives Bläserquintett (1965). Markant als Neuansatz ist sein 2. Streichquartett (1967) in seiner Adaption von Reihentechniken. – **Medek** schrieb u. a. Bläserquintette, das Stück »Stadtpfeifer, Ein Schwanengesang« für Klarinette, Posaune, Violoncello und Klavier (1963), ein Streichtrio (1965), ein Divertissement für Cembalo und Bläserquintett

(1967) und »Sensible Variationen um ein Schubert-Thema« für Flöte, Alt-Querflöte und Violoncello (1973). Mit ihnen gelangen Medek spieltechnisch dankbare, für seinen gemäßigt modernen, zur Tonalität tendierenden Stil typische Werke. – Den Forderungen des »Sozialistischen Realismus«, einer volksnahen politisch engagierten Kunst, entspricht die Musik von **Günter Kochan** (* 1930). Außer Laienchören und Jugendmusik in der Nachfolge von Eisler und Dessau komponierte er Orchester- und Kammermusikwerke, wovon die beiden Streichquartette, das Divertimento für Flöte, Klarinette und Fagott (1956), die »Fünf Sätze« für Streichquartett (1961) und die Sonate für Violine und Klavier (1962) besondere Erwähnung verdienen.

Georg Katzers (* 1935) 1. Streichquartett (1967) läßt erkennen, wie der bei Hanns Eisler ausgebildete Komponist paradigmatisch für die Nachwuchsgeneration sämtliche von Bartók, Strawinsky, B. A. Zimmermann und Lutosławski kommenden Einflüsse zu einem eigenen Stil zu verschmelzen sucht. Inzwischen hat Katzer eine Unverwechselbarkeit erreicht, die in »Kommen und Gehen« (1981) für Bläserquintett und Klavier Konkretion und Auflösung musikalischer Gesten zum Inhalt erhebt. – Markant als Vertreter einer neuen Ästhetik, die im Rahmen des (einst) ideologisch Verantwortbaren deutliche Aufbruchstendenzen zeigt, ist auch **Hans Jürgen Wenzel** (* 1939) in seinem 3. und 4. Streichquartett (1970 bzw. 1974–81). Trotz sprachlicher Modernismen verläßt seine Tonsprache nicht den Boden inhaltlich determinierter Expressivität, was gerade diese Werke zu Dokumenten einer persönlichen Selbstaussage erhebt. Eigenständig innerhalb eines zunehmend internationalisierten Umfelds spiegeln solche Werke das Spannungsverhältnis zwischen dem offiziell Zugelassenen und der individuellen Befindlichkeit.

Live-elektronische Techniken im Zusammenhang mit kammermusikalischen Aufführungspraktiken zeichnen sich im Werk von **Lothar Voigtländer** (* 1943) ab. **Friedrich Schenker** (* 1942), **Reiner Bredemeyer** (* 1929), **Friedrich Goldmann** (* 1941), der Schenker-Schüler **Steffen Schleiermacher** (* 1960) sowie der stilistisch schwer einzuordnende **Nicolaus Richter de Vroe** (* 1955) galten als die wichtigsten Vertreter einer kompromißlos neuartigen Kammermusik in der DDR. Die Art und Weise, wie in ihren Werken mit größter Selbstverständlichkeit die Kompositionstechnik und das Formdenken dem internationalen Standard entsprechen, läßt ablesen, daß seit den 80er Jahren eine Eigenständigkeit der DDR auf musikalischem Gebiet ausschließlich in inhaltlich-programmatischer Hinsicht zu finden war und daß seit Öffnung der Grenzen im Jahre 1989 zunehmend auch deren Grundlagen abbröckelten.

Unter den jüngeren Schweizer Komponisten – genannt sind bereits **Klaus Huber** (* 1924; s. d.), **Heinz Holliger** (* 1939; s. d.), **Jürg Wyttenbach** (* 1935; s. d.) – ist **Rudolf Kelterborn** (* 1931) ein vielseitiger und ungewöhnlich versierter Musiker. In Kelterborns Musik spielen – nach seinen Worten – »verschiedene Techniken (von seriellen Verfahren bis zu einer eng begrenzten Aleatorik) eine Rolle. In manchen Werken werden die Ausdrucksbereiche schon durch die Titel angedeutet: Nachtstücke, Phantasmen, Traummusik. Der Bogen spannt sich von oftmals meditativer Verhaltenheit bis zu dramatischer Expressivität, von (durch kompositorische Konstruktivität bedingter) Distanziertheit bis zu elementarer Direktheit«. Undogmatisch wie der Stil seiner Orchester-, Bühnen- und Vokalwerke ist auch seine Kammermusik: die Streichquartette Nr. 2 (1956), Nr. 3 (1961/62) und Nr. 4 (1968–70), die »Fantasia à tre« für Klaviertrio (1967), das Oktett für Klarinette, Fagott, Horn und Streichquintett (1969), die »Kammermusik für 5 Bläser« (1974).

Jacques Wildberger (* 1922), der bei Wladimir Vogel studierte, hat als erster Schweizer die Zwölftontechnik angewandt. Seine Auseinandersetzung mit den Werken der Wiener Zwölftonschule spiegelt sich bereits in dem Quartett für Flöte, Klarinette, Violine und Violoncello (1951) und dem Quartett für Flöte, Oboe, Harfe und Klavier (1967) wider. Die kurzen Motive und ihre Verarbeitung weisen auf Webern, der formale Prozeß auf Schönberg. Der 2. Satz des Quartetts für Flöte, Oboe, Harfe und Klavier entspricht mit Introduktion, Variationen und Finale genau Schönbergs Orchestervariationen op. 31. Entscheidend für Wildbergers Entwicklung wurde die Begegnung mit Pierre Boulez. Im 2. Quartett für Flöte (Baß-, Altflöte), Oboe (Englisch Horn), Harfe und Klavier (1967), in »Rencontres« für Flöte (Piccolo) und Klarinette (Es-Klarinette, Bassetthorn; 1967) und dem »Double Refrain« für Flöte (Baßflöte), Englisch Horn (Oboe), Gitarre und 2 Tonbänder (1972) wird der Klangraum erweitert. Die Strukturen sind bis ins Detail ziseliert, sie gewinnen durch Konsequenz und Präzision

an Profil. Sie weisen Wildberger als einen intelligenten, sensiblen und selbstkritischen Künstler aus.
Den Einfluß von Boulez und Stockhausen lassen die Werke von **Hans Ulrich Lehmann** (* 1937) erkennen, in denen der Instrumentalklang mitunter bis in geräuschhafte Bereiche erweitert ist. Die »Régions pour un flûtiste« (1963), die »Episoden« für Bläserquintett (1963/64), der »Tractus« für Flöte, Oboe und Klarinette (1971) und die »Faces« für Cembalo und 5 Instrumente (1972) weisen ihn als einen sensiblen Musiker aus, der die modernen Techniken sehr bewußt und konsequent für eine eigene Aussage einsetzt. – *»Régions III«* für Klarinette, Posaune und Violoncello (1970) sind nervössensibel in der Diktion, ein zwischen den Extremen ruhig vibrierender Klangschlieren und zerfasert-dichter Impulsfelder und deren Zwischenformen stehendes 1sätziges Werk mit 8 klar voneinander abgesetzten Abschnitten. Minimale Veränderungen, oftmals am Rande der Hörbarkeit, verlangen wachsam alle wechselnden Klangereignisse registrierende Zuhörer.
Mit heterogenen und außermusikalischen Materialien experimentiert **Urs Peter Schneider** (* 1939), der mit **Giuseppe Giorgio Englert** (* 1927), **Gerard Zinsstag** (* 1941) und **Ulrich Gasser** (* 1950) zu den Schweizer Avantgardisten gehört, die Ideen von John Cage aufnahmen und selbständig verarbeiteten.
Im Vergleich zu den Schweizer Komponisten verhielten sich die meisten Österreicher wesentlich konservativer. Eine Ausnahme bildet **Friedrich Cerha** (* 1926). Er engagierte sich mit dem von ihm und Kurt Schwertsik gegründeten Ensemble »die reihe« für die Musik der Avantgarde und trat selbst mit seriellen Kompositionen hervor, bevor er Alban Bergs Oper »Lulu« komplettierte. – **Kurt Schwertsik** (* 1935), Schüler Stockhausens, arbeitet mit parodistischen Instrumentaleffekten, und zwar derart geistreich – in dem »Querschnitt durch eine Operette« für Bläserquintett op. 13 (1966), im »Proviant« für Bläserquintett op. 14 (1966), in dem Trio für Violine, Horn und Klavier op. 3 (1960) und dem »Eichendorff-Quintett« op. 9 (1964) mit Zitaten aus der Novelle »Aus dem Leben eines Taugenichts« – daß sich selbst der konservativste Zuhörer seiner Musik nicht entziehen kann.
Ebenso unbefangen wie Schwertsik verhält sich **Gerhard Wimberger** (* 1923) gegenüber den modernen Klangmitteln,

die er unorthodox und entsprechend der von ihm angestrebten Wirkung verwendet wie z. B. in den »Short Stories« für 11 Bläser (1974/75), dem »Concerto a dodici (›Viaggi‹)« für 12 Instrumentalsolisten (1977) und der »Phantasie« für 8 Spieler (1982), einem Stück für Klarinette, Fagott, Horn und Streichquintett, in dem den Interpreten maximale Eigeninitiative konzediert wird, da nur die Tonhöhen genau fixiert sind und die rhythmische Gestaltung der einzelnen Stimmen den Musikern weitgehend überlassen bleibt.

Allem Neuen gegenüber aufgeschlossen ist **Helmut Eder** (* 1916), der mit **Robert Schollum** (1913–1987), **Karl Schiske** (1916–1969) und **Gottfried von Einem** (1918 bis 1996) die ältere Generation der österreichischen Komponisten repräsentiert. **Eder**, der bei Hindemith, Orff und Johann Nepomuk David studierte, verfügt über eine solide kompositionstechnische Basis. Über seinen Stil sagte er: »Meine Art zu komponieren möchte ich pluralistisch nennen. Ich bejahe eine Entwicklung, die es dem Komponisten in die Hand gibt, alles – von der Modalität bis zum Seriellen und zur Klangfarbenmusik – in seine persönliche Sprache einzubeziehen.« Im 2. Bläserquintett »Septuagesima instrumentalis« op. 51 (1968/1969) bildet eine gregorianische Melodie, der Introitus für den Sonntag Septuagesima, den Ausgangspunkt für die kontrapunktische Struktur der 4 Sätze. In dem 2sätzigen Stück »Melodia-Ritmica« für 12 Violoncelli (1972) werden expressive Kantilenen mit Clustern und seriell organisierten rhythmischen Teilen konfrontiert. Von großem atmosphärischem Reiz sind die Notturni ». . . von Träumen, Tänzern und allerlei Vogelsang« für Flöte, Oboe und Streichtrio (1986), in dem die Anfangsbuchstaben S-C-H des Schulz-Ensembles, in dessen Auftrag das Werk entstanden ist, musikalisch umgesetzt werden und wo im Schlußteil eine Vogelstimme aus Messiaens »Oiseaux exotiques« zitiert wird. Im Quintett für Klarinette, 2 Violinen, Viola und Violoncello (1982) gewinnt Eder aus modalen, tonalen und atonalen Klangfeldern und Klanglinien subjektive Erlebniswerte von suggestiver Wirkung.

Michael Gielen (* 1927), der sich als Dirigent für die Musik der Avantgarde engagiert, hat als Komponist mit der Pentaphonie »Ein Tag tritt hervor« für obligates Klavier, 5 Soloinstrumente und 5 Gruppen zu je 5 Musikern nach einem Gedicht von Pablo Neruda (1960–63) und den Melodramen und Zwischenspielen »Die Glocken sind auf falscher Spur« für

Sopran, Sprecher, Violoncello, Klavier, Gitarre und Schlagzeug nach einem Text von Hans Arp (1967–69) zwei in Idee und Aussage originelle Werke geschaffen. Zu seinen frühen Kompositionen gehören das Trio für Klarinette, Viola und Fagott (1948), die Variationen für Streichquartett (1949) und die Choralvariationen »Christus, der uns selig macht« für Klarinette, Baßklarinette, Violine, Viola und Violoncello (1950), die den Einfluß der Wiener Zwölftonschule erkennen lassen, welche den Komponisten und Dirigenten entscheidend prägte. Zu den Werken, in denen er mit neuen Kompositions- und Spieltechniken seinen Stil erweitert hat, gehört das *Streichquartett »Un vieux souvenir«*, 1983 im Auftrag des Radios der Universität von Cincinnati (Ohio) entstanden und dem LaSalle Quartet gewidmet. Zwei Gedichte (»Une charogne« und »Le cygne«) von Charles Baudelaire sind den 5 Sätzen vorangestellt, in denen die Interpreten, die während der Aufführung ihren Standort ständig wechseln, die Musik kommentieren: ein geistreiches Werk, das an die Interpreten und die Zuhörer hohe Anforderungen stellt.

Erich Urbanner (* 1936) trat zuerst mit zwölftönigen und seriellen Werken hervor (u. a. »Acht Aphorismen« für Flöte, Klarinette und Fagott [1966], »Improvisation IV« für Bläserquintett [1969], 3. Streichquartett [1972]), verzichtete dann aber nach und nach auf jegliche Reihentechnik und kam in dem Nonett für Flöte, Klarinette, Baßklarinette, Posaune, Gitarre, Klavier, Violine, Violoncello und Kontrabaß (1981) zu einem Stil, in dem Melodik, Form und Klangerlebnis allein dem schöpferischen Willen unterliegen.

Eine alternative Position zur atonalen Musik nimmt unter den österreichischen Komponisten **Ivan Eröd** (* 1936) mit seinen neotonalen Werken ein, die sich durch Witz und Esprit auszeichnen und der »Neuen Einfachheit« zuzurechnen sind. – **Klaus Ager** (* 1946), Initiator und Künstlerischer Leiter des Festivals für neue Musik »aspekte« (Salzburg), vertritt eine stilistisch offene Haltung und verbindet neuartige Techniken mit ausgeprägtem Formwillen.

Die osteuropäischen Komponisten fanden erst relativ spät den Anschluß an die westliche Avantgarde. Daß sie sich ständig mit den neuen Kompositionstechniken und schnell wechselnden Moden beschäftigen, wird in der Musik der Ungarn **András Mihály** (* 1917), **Erzsébet Szönyi** (* 1924), **György Kurtág** (* 1926; s. u.), **István Láng** (* 1933), **Ró-**

bert Wittinger (* 1945; s. d.), des Bulgaren **Bojidar Dimov** (* 1935), der Jugoslawen **Primož Ramovš** (* 1921), **Uroš Krek** (* 1922), **Milan Stibilj** (* 1929), **Vinko Globokar** (* 1934; s. d.), der Rumäninnen **Myriam Marbé** (* 1931) und **Violeta Dinescu** (* 1953) und der Tschechen **Václav Kučera** (* 1929), **Marek Kopelent** (* 1932) und **Ladislav Kupkovič** (* 1936) erkennbar.
Unter den Werken dieser Komponisten kommen vor allem dem *3.* und *4. Streichquartett* (1963, 1968) von **Kopelent** besondere Bedeutung zu, da in ihnen nicht nur die Strukturen durch die Aleatorik aufgelockert werden, sondern auch das typische tschechische Kolorit nicht verleugnet wird. Das 1sätzige 3. Streichquartett spiegelt außerdem die Auseinandersetzung eines an der Serialität geschulten Komponisten mit den Auflösungstendenzen der Serialität. Teile unterschiedlicher Struktur und zumeist auch kontrastierender Dynamik folgen aufeinander bei fließenden Übergängen, ohne daß es zu struktureller Durchdringung der klanglich aparten Vorgänge im Detail mit der Makroform käme.
Die Bedeutung **Kurtágs** wurde zuerst von Pierre Boulez erkannt. In seinen Werken verbindet er folkloristische Elemente der Musik seiner ungarischen Heimat mit der seriellen Technik. Er hat Klangsinn, Formgefühl und eine Vorliebe für ungewöhnliche Instrumentenkombinationen. Selbstkritisch läßt er nur die Werke gelten, die nach 1958 entstanden sind: von seiner Kammermusik das Streichquartett op. 1 (1959), das Bläserquintett op. 2 (1959), 8 Duos für Violine und Cymbal op. 4 (1960/61), »Zeichen« für Viola solo op. 5 (1962), »In memoriam György Zilcz« für 2 Trompeten, 2 Posaunen und Tuba (1975), »Hommage à András Mihály« für Streichquartett op. 13 (1977/78), Sieben Bagatellen für Flöte, Klavier und Kontrabaß op. 14d (1981), Gitarrenstücke op. 15 (1978) und »Die kleine Klemme« für Piccoloflöte, Posaune und Gitarre op. 15b (1978).
Zoltán Jeney (* 1943) ist der konsequenteste Verfechter einer antitraditionalistischen Ästhetik. In seinen kammermusikalischen Werken (»Desert plants« [1975], »Hommage à Kurtág« [1975], »Being-time« [1979], »Fantasia su una nota« [1984] u. a.) verschmelzen strenge Handwerklichkeit und minimalistische Prägnanz zu einer unverwechselbar konzisen Diktion. Daran gemessen sind die Werke von **Zsolt Durkó** (* 1934), **Sándor Balassa** (* 1935) und **László Sáry** (* 1940) als mo-

dernistisch, für die Selbstfindung des Landes und Abgrenzung gegenüber den sozialistischen Nachbarländern jedoch unerläßlich, einzustufen.

Polen hat eine Reihe von Komponisten hervorgebracht, die durch ihre neuartigen Werke, durch die Konsequenz und Eigenart ihrer kompositorischen Lösungen die Entwicklung der modernen Musik entscheidend mitbestimmt haben. Neben **Witold Lutosławski** (1913–1994; s. d.) und **Krzysztof Penderecki** (* 1933; s. d.) konnte sich **Grażyna Bacewicz** (1909–1969) behaupten. Unbeirrt ging sie ihren Weg, ständig ihre Mittel erweiternd, ohne ihren neoklassizistischen Stil aufzugeben. Aufschlußreich für ihre Entwicklung sind die 7 Streichquartette, die in der Zeit von 1938 bis 1965 entstanden sind, das Quartett für 4 Violoncelli (1964), das Klaviertrio (1963), das 2. Klavierquintett (1965) und das Trio für Oboe, Harfe und Schlagzeug (1965). – Im Schatten Pendereckis stand der allzufrüh verstorbene **Tadeusz Baird** (1928–1981), der mit lyrischen, an Anton Weberns Zwölftonstil orientierten Kompositionen auch außerhalb Polens starke Beachtung fand. Außer den vielgespielten »Vier Essays« für Orchester (1958) und den »Vier Dialogen« für Oboe und Kammerorchester (1964) schrieb er 1957 ein Streichquartett, das ihn als einen ungewöhnlich klangempfindlichen Musiker ausweist. – **Kazimierz Serocki** (1922–1981) hatte in den 60er Jahren mit farbig instrumentierten, effektvollen und streng strukturierten Orchesterwerken auf den internationalen Festivals für Neue Musik Erfolg. Nach seinem Tod geriet er – wie auch Baird – zu Unrecht in Vergessenheit. Er hinterließ eine frühe, noch folkloristische Sonatine für Posaune und Klavier (1954) und 2 für seinen impulsiv-vitalen und emotionalen Stil charakteristische Kammermusikwerke: die »Swinging Music« für Klarinette, Posaune, Violoncello (oder Kontrabaß) und Klavier (1970) und »Fantasmagoria« für Klavier und Schlagzeug (1971).

Włodzimierz Kotoński (* 1925), der in den Elektronischen Studios des Westdeutschen Rundfunks Köln und der »Groupe de Recherches Musicales« des Französischen Rundfunks arbeitete, **Bogusław Schäffer** (* 1929), der eine neue Notenschrift erfand, und **Henryk Mikołaj Górecki** (* 1933) repräsentieren die serielle und experimentelle Richtung der polnischen Neuen Musik. – **Zygmunt Krauze** (* 1938), der 1982 Polen verließ, überraschte nach seriellen Kompositionen (»Polychromie« für Klarinette, Posaune, Violoncello und Kla-

vier [1968] und u. a. dem 2. Streichquartett [1970]) mit neotonaler Minimal music (3. Streichquartett [1982]).
Von den jüngeren Komponisten Polens ist der in Köln lehrende **Krzysztof Meyer** (* 1943) der eigenwilligste und erfolgreichste Musiker seiner Generation. Wie **Augustyn Bloch** (* 1929) bekennt sich **Meyer** offen zu Emotion und Expression. Nach seiner Überzeugung soll »Neue Musik nicht ein raffiniertes intellektuelles Abenteuer für eine Handvoll Kenner« sein, sondern sich vielmehr durch »Spontaneität und Frische des Einfalls« auszeichnen und den Hörer unmittelbar ansprechen. Sein kompositorisches Schaffen, das u. a. eine Oper, 6 Sinfonien, 4 Solokonzerte, 2 Kammerkonzerte, 6 Streichquartette und 5 Klaviersonaten umfaßt, gliedert sich in vier Phasen. Die erste Phase (1963–66), in der das 1. Streichquartett entstand, ist von der Suche nach neuen Klangfarben bestimmt. In der zweiten Phase (1967–72) setzte sich Meyer mit der Zwölftontechnik auseinander. Im 2. und 3. Streichquartett wandte er sie jedoch nicht im Sinne Schönbergs an; er legte sie unorthodox als Zwölfton-Kontrapunkt aus, der Tonwiederholungen und die Bildung tonaler Zentren nicht ausschließt und die Auflockerung der formalen Strukturen durch aleatorische Teile zuläßt, in denen die Interpreten ihre Partien frei gestalten können. In der dritten Phase (1973 bis 1976) fand er im 4. Streichquartett zu einer Expressivität, die dann in der anschließenden vierten Phase (im 5. und 6. Streichquartett) durch klare und einfachere Strukturen komprimiert wurde.
Was sich in der Sowjetunion in den letzten Werken **Dmitrij Schostakowitschs** (1906–1975; s. d.) angekündigt hat, führten **Edison Denissow** (1929–1996) und **Alfred Schnittke** (* 1934) konsequent weiter. Beide verschrieben sich keinem System. Neue Klangmittel werden von ihnen ebenso berücksichtigt wie traditionelle Elemente: von **Denissow** in fein strukturierten Kammermusikwerken, u. a. in dem Bläserquintett (1969), dem Quartett »DSCH« für Klarinette, Posaune, Violoncello und Klavier (1969) und dem Klaviertrio (1970), von **Schnittke** u. a. in 3 Streichquartetten, einem »Dialog« für Violoncello und 7 Instrumente (1965) und der »Serenade« für Klarinette, Violine, Kontrabaß, Schlagzeug und Klavier (1968). Sein *3. Streichquartett* (1983) beginnt mit 3 Zitaten: einer Kadenz-Floskel aus dem »Stabat mater« von Orlando di Lasso, dem Hauptthema von Beethovens großer

Quartett-Fuge op. 133 und dem Motiv D–S (Es) - C–H, den Tonbuchstaben von Dmitrij Schostakowitsch (der sie selbst seinem 8. Streichquartett und seiner 10., der »Weltfriedens-Sinfonie«, vorangestellt hat). Aus diesen 3 Themen entwickelt Schnittke die 3 Sätze seines Quartetts. Sie werden mit der modernen Harmonik zu einem Stil verbunden, der sich durch Expressivität und Spontaneität auszeichnet.

WL/KHS

FACHWORT-ERLÄUTERUNGEN

absolute Musik. Durch sich selbst wirkende Musik. Sie will weder dichterische noch malerische, philosophische oder andere außermusikalische Vorstellungen vermitteln. Ihr Gegensatz: →Programmmusik.
a cappella. Urspr.: für den Vokalchor, Instrumente nach Belieben. Seit dem 19. Jh.: Vokalmusik ohne jede Instrumentalbegleitung.
accelerando. Schneller werdend.
Adagio. Langsam; Tempo zwischen Larghetto und Andante.
ad libitum (ad lib.), auch *a piacere.* Nach Belieben. Gegensatz: →obligat.
affettuoso. Mit betonter Empfindung.
agitato. Bewegt, unruhig, ungestüm.
Agogik. Leichte, nicht notierte Modifikationen des Tempos beim Vortrag eines Musikstücks.
Air →Arie.
Akkord. Zusammenklang mehrerer, mindestens aber dreier Töne (z. B. Dreiklang).
Akustik. Physikalische Lehre vom Wesen der Klänge (Entstehung, Art – z. B. Geräusch oder Ton –, Größe, Farbe, Höhe, Verbindung usw.).
Alba →Aubade.
Aleatorik. Dem Interpreten vom Komponisten eingeräumte, begrenzte Freiheit, Klangereignisse in zufälliger oder frei gewählter Abfolge auszuführen.
Alla-breve-Takt. $2/2$-Takt mit Schwerpunkt auf dem 1. Taktteil.
alla turca. Nach Art eines türkischen Marsches (Janitscharenmusik).
alla zingarese. Nach Zigeunerweise.
Allegretto. Verkleinerungsform von Allegro; ein wenig langsamer als dieses.
Allegro. Schnell, eigentlich: heiter, lustig. – *allegro assai, allegro molto.* Sehr schnell.
Allemande. Alter deutscher Reigentanz, später von England und Frankreich übernommen und von dort mit der Kunstmusik wieder zu uns gekommen. Die Allemande ist einer der vier Sätze der alten Suitenform (Allemande, Courante, Sarabande, Gigue) und steht meist im ruhigen $2/4$- oder $4/4$-Takt.
Alteration. Chromatische Veränderung eines Tones.
Alternativo. Mittelteil eines nach dem Formschema ABA gebauten Stückes, z. B. das Trio eines Menuetts oder Marsches.
Andante (it. = gehend). Mittleres, eher ruhiges Tempo.
Andantino. Verkleinerungsform von Andante, jedoch nicht unbedingt Beschleunigung oder Verlangsamung des Tempos.
Anglaise. Kontertanz aus Alt-England. Im Gegensatz zum Einzeltanz ein Tanz für mehrere Paare.
animato. Belebt.

Ansatz. 1. Bei Blasinstrumenten die Stellung der Lippen beim Anblasen. – 2. Beim Gesang die Stellung der an der Tonbildung beteiligten Organe.

Anschlag. Art der Hervorbringung des Tones bei Tasteninstrumenten (z. B. legato, staccato).

Ansprache. Mehr oder weniger schnelles (weiches oder hartes) Erscheinen eines Tones beim Anschlagen, Anblasen, Anzupfen u. a.

Anthem (engl. Entstellung aus »Antiphon«). In der englischen Kirchenmusik des 16. und 17. Jh. eine nichtliturgische Chormusik in der Volkssprache, gewöhnlich beim Morgen- oder Abendgebet.

Antiphon. Wechselgesang (von zwei Sängern oder Chören). Urspr. kurzer Einwurf des Volkes beim Psalmodieren, später Teil von Offizium und Messe im Gregorianischen Gesang.

aperto. Offen.

a piacere → ad libitum.

Äquale. Mehrere Instrumente oder Stimmen in gleicher Lage. Im 19. Jh. auch Benennung einiger Trauermusiken.

Arco. Bogen.

Arie, Aria, Air. Sologesangstück lyrischen oder dramatischen Charakters in ursprünglich dreiteiliger Liedform. In Instrumentalsätzen langsamer, liedartiger Satz.

Arpeggio. Rasches Nacheinanderschlagen der Töne eines Akkords, in der Notenschrift bezeichnet durch Schlängellinie.

assai. Sehr, genug.

atonale Musik. Musik, in der die Gesetze der Tonalität keine Gültigkeit haben. Vgl. a. Zwölftonmusik.

attacca. Unmittelbares Anschließen eines Satzes an den vorangehenden.

Aubade, Alba. Morgenlied der Troubadours und Minnesänger. Gegenstück zur Serenade, meist vokal.

Auftakt. Unvollständiger Takt am Anfang eines Musikstücks oder eines seiner Teile.

Augmentation. Vergrößerung, Verdoppelung der Notenwerte eines Themas oder Motivs.

Badinage, Badinerie. Tänzelndes Scherzo älterer Suiten im geraden Takt.

Bagatelle. Kleines Charakterstück.

Ballade. Tondichtung erzählenden Charakters. Ursprünglich Tanzlied. Gesang mit Instrumentalbegleitung oder reines Instrumentalstück.

Balletto. Tanzsuite des 17. und 18. Jh.

Ballo. Geradtaktiger rascher Schreittanz ohne Trio.

Bariolage. Schnelle Aufeinanderfolge desselben Tones auf abwechselnd zwei Saiten eines Streichinstruments.

Barkarole. Venezianisches Gondel- oder Schifferlied im $^6/_8$- oder $^3/_4$-Takt. Auch selbständiges Instrumentalstück.

Barock. Musikalisches Zeitalter (etwa 1600 – etwa 1730/40).

Baß. Die tiefste Stimme im Gefüge einer Komposition. – Bezifferter Baß → Generalbaß.

Basso continuo (b. c.) → Generalbaß.

Basso ostinato. Mehrfach wiederholte Baßmelodie.

Berceuse. Wiegenlied, auch instrumental.
Bicinium. Zweistimmiges Stück in Lied- oder Motettenform, später auch ins Instrumentale übertragen für zwei- bis dreistimmige Kanons.
Bolero. Spanischer Tanz im ¾-Takt (fast immer mit Kastagnettenbegleitung), mäßiges Tempo.
Bordun. Lange, unverändert ausgehaltene Töne in tiefer Lage (oft im Quintabstand), wie etwa beim Dudelsack.
Bourrée. Altfranzösischer Tanz fröhlichen Charakters im 4/4- oder 2/2-Takt mit Auftakt.
Boutade. Schneller, kapriziöser Tanz, auch Bezeichnung für improvisierte Ballette, Impromptus usw.
Brevis. Notenwert der Mensuralnotation.
Brio. Feuer.
Bünde. Quer über dem Griffbrett der Lauteninstrumente und der Gamben angebrachte schmale Leisten, zur Erleichterung der Griffe.
Burleske. Tonstück launig-übermütiger Art.
calando. Verklingend, zugleich ritardando und diminuendo.
Cancan. Wilder, schneller Tanz im 2/4-Takt.
cantabile. Sanglich; auch für Instrumente üblich.
Cantus firmus (lat. = feststehender Gesang). Vorgegebenes melodisches, oft dem Choral entnommenes Thema im kontrapunktischen Satz (→ Kontrapunkt).
Canzone. Urspr. strophisches Lied im Italien des 13.–17. Jh.; später auch Instrumentalstück im Stil der französischen Chanson. Im 18. und 19. Jh. schlichtes Lied mit Instrumentalbegleitung. In der Instrumentalmusik etwa »Lied ohne Worte«.
Capriccio. Scherzoartiges Tonstück mit neckischen, drolligen, auch bizarren Wendungen, urspr. aus der Vokalmusik stammend (16. Jh.).
Carmen. Im 14./15. Jh. Lied für eine Singstimme mit Begleitung. Im 16. Jh. ein kontrapunktischer Instrumentalsatz.
Cassation. Vorklassische Ständchenmusik, Serenade.
Catch. Im 17. und 18. Jh. drei- und mehrstimmige Gesangskomposition, oft als Kanon oder Rundgesang.
Chaconne. Alter italienischer und spanischer Tanz im langsamen ¾-Takt. Baßthema, das durch das ganze Stück beibehalten wird (Basso ostinato) mit vielen Variationen. Beispiel: Schlußsatz von J. S. Bachs Partita in d-Moll BWV 1004 für Violine. – Vgl. a. Passacaglia.
Chromatik (= Einfärbung, nach griech. chroma, Farbe). Erhöhung oder Erniedrigung eines Tones um einen halben Ton; z. B.: c–cis, c–ces (nicht aber c–des oder c–h).
Cluster, tone cluster (= Tontraube). Aus kleinsten übereinandergestellten Intervallen, meist Sekunden, gebildete Klanghäufung.
Coda. Schlußabschnitt eines Musikstücks. Vgl. Sonate.
coll'arco. Mit dem Bogen. Kennzeichen für Streichinstrumentalisten, nach Pizzicato-Stellen zur Hervorbringung der Töne wieder den Bogen zu benützen.
col legno. Klangeffekt bei Streichinstrumenten: Man schlägt mit dem

Holz des Bogens auf die Saiten. Alban Berg verlangt in seiner »Lyrischen Suite« ein gestrichenes Col legno.

Comes. Zweiter Themeneinsatz in der Fuge auf der Dominante. (Vgl. Fuge.)

come sopra. Wie oben.

commodo. Gemächlich.

con anima. Beseelt, mit Empfindung.

con brio. Mit Feuer.

Concerto. Im Barock Ensemble-Musik, in der die verschiedensten Elemente enthalten sind und die auf dem Fundament des b. c. aufgebaut ist. Man kann zwei Grundformen dieses »Konzertierens« unterscheiden: die ältere der vokalen und gemischt vokal-instrumentalen Mehrchörigkeit, wie sie uns beispielsweise in den Concerti von A. und G. Gabrieli (1587) gegenübertritt; die andere Grundform führt zum zunächst vokalen, später instrumentalen Musizieren auf Generalbaßbasis. In der Musikpraxis wurden sie auf die vorhandenen und sich weiterentwickelnden Formen der Canzone, der Sonate und der Sinfonia angewendet, und auf diese Weise ergaben sich die charakteristischen Gattungen der Barockepoche: Concerto grosso und (meist dreisätziges) Concerto für einzelne oder mehrere Soloinstrumente und Orchester, aber auch Triosonate.

Concerto grosso. Concerto, in dem, abweichend vom Solokonzert, ein mehrstimmiges, solistisch besetztes Concertino mit dem Orchestertutti (Ripieno) alterniert (Barockepoche).

con moto. Bewegt.

con sordino. Mit Dämpfer.

con spirito. Lebhaft, mit Witz (Zusatz zur Satz- oder Tempobezeichnung).

Continuo → Generalbaß.

Courante, Corrente. Lebhafter Nachtanz der Allemande. Steht im Dreiertakt ($\frac{3}{2}$, $\frac{3}{4}$, $\frac{6}{4}$). – Vgl. a. Suite.

Crescendo. Allmähliche Steigerung der Lautstärke.

Csárdás. Ungarischer Tanz im $\frac{2}{4}$- oder $\frac{4}{4}$-Takt, der nach einer langsamen Einleitung in einen stimmungsgegensätzlichen wild bewegten Hauptteil übergeht.

da capo. Vom Anfang an wiederholen.

Dämpfer. Vorrichtung an Instrumenten zum Abschwächen des Tones. Der Klangcharakter gedämpfter Töne ist gegenüber den normalen wesentlich verändert, unwirklich, geheimnisvoll.

Decrescendo. Allmähliches Nachlassen der Lautstärke.

desolato. Trostlos.

detonieren. Unrein spielen bzw. singen.

Dialog. Zwiegespräch. In der Instrumentalmusik: Wechselgesang zwischen einzelnen Instrumenten oder zwischen einem Soloinstrument und dem Orchester.

Diatonik. Gegensatz zu Chromatik. Diatonische Fortschreitung innerhalb einer Tonreihe, z. B. e–f, chromatisch dagegen e–eis. Diatonik ursprünglich: Fortschreiten in Ganztönen. In übertragenem Sinne auch wohl angewendet zur Bezeichnung des »zweigeschlechtlichen« tonalen Dur-Moll-Systems.

Dilettant (von lat. dilettare, sich ergötzen). Liebhaber. Musikalischer Dilettantismus mißbräuchlich angewendet auf musikalische Stümperei, urspr. jedoch wertfrei.

Diminuendo. Allmähliches Nachlassen der Lautstärke.

Diphonum. Zweistimmiges Instrumentalstück, zu Anfang und Mitte des 16. Jh. – Vgl. a. Bicinium.

Disharmonie, Diskordanz. Schlecht klingende Tonverbindung.

Diskant. Höchste Singstimme, auch Orgelregister.

Dissonanz. Akkord (auch Intervall), dessen Töne keinen befriedigenden Zusammenklang ergeben und der nach Auflösung verlangt.

Divertimento. Suitenähnliche Kompositionsform leichter, unterhaltsamer Art, höfische und bürgerliche instrumentale Unterhaltungsmusik im 18. Jh.

Dodekaphonie → Zwölftonmusik.

dolce. Sanft, zart.

Dominante. Quintton über dem Grundton (Tonika) einer Tonart, zugleich der auf diesem Ton aufgebaute Dreiklang.

Double. Verzierte Wiederholung eines Suitensatzes, häufig bei J. S. Bach.

Dumka. Slawische Singballade stimmungsgegensätzlichen Charakters. Auch in die Kunst- und Instrumentalmusik übernommen. Mehrzahl: Dumky (Dvořák).

Duo. Stück für zwei Instrumente. Bei Singstimmen: *Duett.*

Duole. Tonfigur aus zwei Tönen anstelle einer (zeitgleichen) Dreitongruppe.

Dur. Hart. Tongeschlecht im diatonischen Harmoniesystem. Kennzeichen der Dur-Tonarten: große Terz. Z. B. die Töne von C-Dur (aufsteigend): c, d, e, f, g, a, h, c (große Terz darin = c–e). – Vgl. Moll.

Durchführung → Sonate, → Fuge.

Dux. Erster Themeneinsatz in der Fuge auf der Tonika. (Vgl. Fuge.)

Dynamik. Lautstärke.

Ecossaise. Schottischer Rundtanz in dreiteiligem Takt, später polkaähnlich im 2/4-Takt (Beethoven).

Elegie. Klagelied. Langsamer Satz in der Kammermusik.

elektronische Musik. Eine Musik, die nicht durch ein herkömmliches Instrument, sondern unmittelbar durch die Verwandlung elektrischer Wellen in Schallwellen erzeugt wird. Die so entstehenden Klänge ähneln zwar teilweise den auf den bisherigen Instrumenten hervorgebrachten, unterliegen jedoch einer eigenen akustischen Gesetzlichkeit. Es handelt sich demnach um eine Art »synthetischer« Musik im Gegensatz zur »lebendigen«. Die Komposition elektronischer Musik erfolgt ohne Notenschrift und unter Aufhebung der festen Tonhöhen, indem die Töne direkt auf Tonband aufgenommen werden.

energico. Mit Kraft.

Engführung. In der Fuge verfrühter Themeneinsatz vor Beendigung des vorangehenden Themeneinsatzes.

Enharmonik. Unterschiedliche Bezeichnung gleichklingender Töne verschiedener Herkunft, z. B. cis–des. Cis kann man etwa auffassen als die große Terz der A-Dur-Tonleiter, des als die kleine Terz der b-Moll-Tonleiter. Für beide Töne kennt die Klaviatur nur *eine* Taste. Sie klingen hier also gleich, sind aber verschiedener harmonischer Herkunft. *Enharmonische Verwechslung* oder *Umdeutung* ist eines der Mittel der Modulation.

Equale → Äquale.

espirando. Verhauchend, ersterbend.

espressivo. Mit Ausdruck.

Etüde. Studie oder technisches Übungsstück, virtuoses Charakterstück.

Expressionismus. Kunststil zu Beginn des 20. Jh., vorwiegend im deutschsprachigen Raum, von der bildenden Kunst auf die Musik übertragen. Kennzeichen: Auflösung der traditionellen Formen und der Tonalität, Steigerung der Ausdrucksmittel bis ins Extrem.

Fancy. Englische Form der Fantasie, in der Kammermusik des 17. Jh. besonders wichtig.

Fandango. Spanischer Nationaltanz im ¾-Takt.

Fanfare. Trompetenart. Ferner Bezeichnung für Trompetensignal.

Fantasie, Fantasia. Instrumentalstück mit freier Erfindung und Entfaltung der musikalischen Gedanken, seit dem 16. Jh.

Fermate. Haltezeichen, längeres Aushalten eines Tones als notiert.

feroce. Trotzig, wild.

Finale. Schlußstück eines mehrsätzigen Werkes.

Fine. Ende, Schluß; besonders dann gebräuchliche Bezeichnung, wenn nach einem Da capo der Satzschluß inmitten der Notierung steht.

Fiorituren. Verzierungen.

Flageolett. Sehr hohe Töne der Streicher von geheimnisvoll zartem Klangcharakter. Man unterscheidet natürliche und künstliche Flageolettöne. Sie werden durch leichtes Berühren der angestrichenen Saiten an bestimmten »Schwingungsknoten« erzeugt.

Folia. Altportugiesischer Tanz im Dreiertakt, oft über ostinatem Baß.

Folkloristik. In der Musik die Wissenschaft, welche die Folklore, nämlich die klanglichen, rhythmischen und melodischen Eigentümlichkeiten der Volkslieder und Tänze verschiedener Völker untersucht und vergleicht.

forte (f). Laut.

fortissimo (ff). Sehr laut.

Fugato. Im Stil einer Fuge gearbeitet, jedoch ohne deren strenge Durchführung.

Fuge (nach it. fuga, Flucht). Streng gebaute, zwei- bis (in der Regel) sechsstimmige polyphone Komposition. Ein charakteristisches Thema wird zunächst im Wechsel von Tonika (Dux) und Dominante (Comes) nacheinander in allen Stimmen vorgestellt (Exposition). Im weiteren modulierenden Ablauf wechseln zumeist vollständige (Thema in allen Stimmen) oder unvollständige (einzelne Themeneinsätze) Durchführungen mit Zwischenspielen (keine Themeneinsätze) ab. Zum Thema tritt oft eine ständige Gegenstimme (Kontrasubjekt). Die Fuge entstand im 17. Jh. aus Kanon und Imitation. Besondere Fugentechniken sind: Engführungen sowie Vergrößerung (Augmentation) und Verkleinerung (Diminution) des Themas, mehrere Kontrasubjekte, mehrere Themen (Doppel-, Tripel-, Quadrupelfuge), Umkehrung und Krebs.

Furiant. Leidenschaftlich erregter böhmischer Tanz im ¾-Takt, in die Kunstmusik eingebürgert durch Smetana und Dvořák.

Gaillarde. Fröhlicher Nachtanz im ¾-Takt zum feierlichen geschrittenen Reigen.

Galopp. Seit etwa 1824 beliebter schneller Rundtanz im 2/4-Takt.

Gavotte. Mäßig bewegter altfranzösischer Tanz im 2/2-Takt, meist mit einem Auftakt von zwei Vierteln. Als Trio dient zuweilen die Musette.

Generalbaß, Basso continuo (b. c.). Der Begriff bezeichnet zugleich eine Kompositions- und Aufführungspraxis wie eine instrumentale Besetzung. Er hatte vom Ende des 16. bis nach der Mitte des 18. Jh. Gültigkeit. Als Baßstimme bildet der Generalbaß das harmonische und melodische Fundament einer Komposition: Die auskomponierte Baßmelodie ist zugleich Träger von exakt definierbaren harmonischen Funktionen; mit Hilfe von Ziffern und Zusatzzeichen (Vorzeichen) stellt die Notation dieses b. c. eine Art musikalischer Kurzschrift dar (daher »bezifferter Baß« genannt), die der erfahrene Spieler seiner Zeit improvisatorisch ausführte. Zur Aufführung eines Generalbasses werden immer zwei Instrumente benötigt: ein tiefes Melodieinstrument für die notierte Baßstimme (Gambe, Violoncello, Fagott) sowie ein Harmonieinstrument zum Greifen der zugehörigen Harmonien (Orgel, Cembalo, Laute u. a.). Seine ersten Schritte ans Licht der Welt tat er in Florenz: Die neu aufkommende Monodie, der instrumentenbegleitete Sologesang, wurde durch die Meister der dortigen Camerata mit einer harmonietragenden Baßstimme gesetzt. Frühestes bekanntes Beispiel ist eine »Sonata con tre violini et basso se piace« von G. Gabrieli. Die sich im Laufe der folgenden Phasen entwickelnde Generalbaßlehre ist zugleich eine theoretische Harmonie- und Stimmführungslehre mit festgefügten Regeln und Gesetzen und eine Improvisationsschule. Überflüssig wurde der b. c. Schritt für Schritt, als die Komponisten des neuen Stils zunehmend auch alle Einzelheiten der Begleitung selber in den Noten fixierten.

Generalpause (G. P.). Eine für sämtliche Stimmen und Instrumente geltende ganztaktige Pause.

Gigue, Giga. Altenglischer Tanz in schnellem Tripeltakt (6/8- oder 9/8-Takt).

giocoso. Heiter.

giubiloso. Jubelnd.

giusto. Richtig.

glissando. Gleitend. Bei Streichinstrumenten durch das stufenlose Gleiten der Finger von Ton zu Ton, auf der Harfe und den Tasteninstrumenten durch Darüberhinwegstreichen erreichter besonderer Klangeffekt.

Gotik. Musikalisches Zeitalter (etwa 1250–1500).

grave. Schwer. Hat oft auch den Charakter einer Tempovorschrift (langsam).
grazioso. Anmutig.
Ground. Ostinater Baß in englischen Variationszyklen des 16.–18. Jh.
Habanera. Kubanischer und spanischer Tanz in zweiteiligem Takt von mäßiger Bewegung.
Halbschluß. Abschluß eines Formabschnitts auf der Dominante (statt auf der Tonika).
Halbton. Das kleinste Tonverhältnis im abendländischen Musiksystem. (Vgl. jedoch: Vierteltonsystem von Alois Hába und Elektronische Musik.)
Harmonie. Wohlklang, Zusammenklang.
Harmoniemusik. Blasorchester in gemischter (Holz- und Blech-)Besetzung.
Harmonik. Harmonielehre, Lehre von den Zusammenklängen. (Vgl. a. Kontrapunkt.)
Hemiole. Zusammenfassung von zwei ungeraden Takten zu einem größeren geraden Takt, oft als Schlußeffekt.
Homophonie. Eine Melodiestimme herrscht, die anderen ordnen sich begleitend unter. Meister des homophonen Stils: die Klassiker Haydn, Mozart, Beethoven. Gegensatz: → Polyphonie.
Hornpipe. Altenglischer Schalmeientanz im $^3/_2$- oder $^4/_4$-Takt.
Imitation. Nachahmung. Ein Thema oder Motiv wird in anderen Stimmen mehr oder weniger streng nachgeahmt.
Impressionismus. Kunststil in der 2. Hälfte des 19. Jh. Der Begriff wurde aus der (französischen) Malerei auf die Musik v. a. Debussys und seines Umkreises (Ravel) übertragen. Merkmale: neuartige Melodik, Ausweitung der diatonischen Harmonik (Chromatik, Ganztonleiter, parallele Akkordverschiebung, Pentatonik), Gleichberechtigung der Klangfarbe, Ausweitung und Auflösung traditioneller Formmodelle.
Impromptu. Charakterstück in Lied-, Rondo-, Sonatensatz- oder Variationenform für Klavier in der Romantik.
improvisieren. »Unvorhergesehen«, aus dem Stegreif musizieren.
innocente, innocentemente. Unschuldig, ungekünstelt.
In nomine. Englisches Instrumentalstück im 16. und 17. Jh., dem als Cantus firmus die Antiphon »Gloria tibi Trinitas« zugrunde liegt, wie sie John Taverner in seiner gleichnamigen Messe zum Textabschnitt »(Benedictus qui venit) in nomine Domini« verwendet hatte.
Instrumentation. Übertragung eines Tonsatzes auf die Instrumente in Kammermusik oder im Orchester.
Intermezzo. Zwischenspiel, Zwischensatz; romantisches Charakterstück.
Intervall. Zwischenraum, Abstand zweier Töne oder ihr Zusammenklang. (Lat. Bezeichnungen: Prime, Sekunde, Terz, Quarte, Quinte, Sext, Septime, Oktave, None.)
Intonation. In der katholischen Liturgie kurzer einleitender Gesang des Priesters. Das »Einstimmen« der Instrumente des Orchesters. Tonangabe für unbegleiteten Chorgesang. Allgemein: Reinheit des Tonansatzes bei Gesang und Instrumentalspiel.

Intrade. Einleitungsmusik.
Introduktion. Einleitung.
Invention. Erfindung, Einfall, kontrapunktisch gearbeitetes Stück, das weder Kanon noch Fuge ist.
istesso. Derselbe, dasselbe. – *L'istesso tempo.* Dasselbe Tempo.
Jazz. Musik der afro-amerikanischen Neger, gegen Ende des 19. Jh. in den Südstaaten der USA entstanden, etwa seit den 1930er Jahren auch von wachsendem Einfluß auf die Kunst- und Unterhaltungsmusik unserer Tage.
Jota. Rascher spanischer Volkstanz im ⅜- oder ¾-Takt, meist mit Gesangsbegleitung.
Kadenz. 1. Bekräftigung einer Tonart (besonders deutlich am Schluß eines Tonstückes). Die Grundakkorde einer Tonart werden noch einmal in bestimmter Reihenfolge im Zusammenhang vorgeführt. Über die Tonart selbst wird somit völlige Klarheit geschaffen. – 2. Im übertragenen Sinne angewendet auf das Alleinspiel eines Solisten in einem Konzert vor dem Abschluß-Tutti. Der Solist faßt noch einmal die Hauptgedanken in freier, meist virtuoser, urspr. improvisierter Form zusammen.
Kammerton (a), *Stimmton.* Urspr. zum Einstimmen der Streichinstrumente innerhalb der Kammermusik. 1858 wurde das eingestrichene a mit einer Tonhöhe von 435 Doppelschwingungen in der Sekunde von der Pariser Akademie als Kammerton festgesetzt. Allgemeingültig seit 1885 (Wien). 1950 von der Pariser Akademie der Wissenschaften auf 432 Doppelschwingungen herabgesetzt, 1970 vom Europarat mit 440 Hz beschlossen. Zu ermitteln durch genormte Stimmgabeln. Auf dem Klavier: a^1. Im Orchester wird nach der Oboe eingestimmt.
Kanon. Richtschnur: strenge Form der Imitation. Ein Thema wird von einer oder mehreren Stimmen (oder Instrumenten) notengetreu nachgesungen (oder gespielt). Die nachahmenden Stimmen setzen in bestimmten Abständen nacheinander ein, während das Thema selbst noch fortgesponnen wird. Nicht jedes Thema läßt sich kanonisch verarbeiten. Es gibt verschiedene Arten von Kanons, z. B. solche in *gerader* und in *Gegenbewegung*, ferner den *Spiegelkanon*, bei dem die nachahmende Stimme alle Intervalle des Themas wie im Spiegelbild umkehrt, oder den *Krebskanon*, bei welchem das Thema in rückläufiger Bewegung nachgeahmt wird. Seltener ist der *Doppelkanon*, mit zwei gleichzeitig nachgeahmten Themen.
Kantate. Urspr. (17. Jh.) italienische Form des weltlichen Sologesangs. In der evangelischen Kirchenmusik des 18. Jh. instrumental begleitetes Vokalwerk, bestehend aus Arien, Ensembles, Chorsätzen und Rezitativen.
Kantilene. Gesangsmäßige Melodie, auch im Instrumentalen verwendet, z. B. Geigenkantilene.
Kavatine. Lyrisches Gesangstück. In der Instrumentalmusik sangliches Solo mit Begleitung.
Kirchentonarten, auch *Kirchentöne, Modi.* Aus der griechischen Antike (nicht ohne Mißverständnisse) abgeleitete melodische (nicht harmoni-

sche) Oktavgattungen der mittelalterlichen Kirchenmusik. Es gibt sechs *authentische* oder *Hauptmodi* (zu finden auf den weißen Tasten des Klaviers): *dorisch* = d–d¹, *phrygisch* = e–e¹, *lydisch* = f–f¹, *mixolydisch* = g–g¹, *äolisch* = a–a¹ und *ionisch* = c–c¹, ferner sechs von ihnen abgeleitete *plagale* oder *Nebenmodi* (mit dem Zusatz *hypo* = unter; sie liegen eine Quarte unter den entsprechenden authentischen Modi). Aus *ionisch* wurde später das harmonische C-Dur, aus *äolisch* a-Moll.

Klassik. Musikalisches Zeitalter (etwa 1770–1827).

Koda → Coda.

Koloratur. Verzierung im Gesang, v. a. in Arien.

Kolorit. Klangcharakter, hervorgerufen durch eine besondere Art der Instrumentation.

Konsonanz. Intervalle oder Akkorde, deren Töne in einfachen Schwingungsverhältnissen bzw. Saitenlängen zueinander stehen (1:2, 2:3, 3:4, 4:5, 5:6) und bei denen das Gehör deshalb keine Auflösung in einen einfacheren Klang verlangt (erwartet). Gegensatz: → Dissonanz.

Kontrapunkt (lat. punctus contra punctum, Note gegen Note). Die Kunst, mehrere einander ergänzende Stimmen melodisch und rhythmisch selbständig miteinander zu führen. Während die *Harmonielehre* die *Zusammenklänge* untersucht, also Gebilde von zwei oder mehreren *übereinander* (vertikal) angeordneten Tönen, befaßt sich die Lehre vom *Kontrapunkt* mit den Gesetzmäßigkeiten, die im gemeinsamen Verlauf von zwei oder mehreren *nebeneinander* (horizontal) angeordneten melodischen Linien wirksam sind.

Konzert. 1. Musikalische Veranstaltung. – 2. Größere Komposition für ein Soloinstrument mit Orchester. Form des *barocken Solokonzerts* → Concerto. Das *klassische Solokonzert* hat ebenfalls drei Sätze. Der 1. Satz ist (bei konzertantem Wechsel von »Tutti« und »Solo«) der Entwicklungsform des klassischen Sonatensatzes angeglichen, meist mit Solo-Kadenz vor dem Ausklang. Der 2. langsame Satz hat oft dreiteilige Liedform, bisweilen bringt er Variationen. Das Finale ist oft ein Rondo, wiederum mit großer Solo-Kadenz vor dem Ausklang.

Konzertieren (lat. concertare, wetteifern). Gemeinsam musizieren.

Kopfsatz. 1. Satz eines mehrsätzigen Werkes.

Krakowiak. Polnischer Nationaltanz im $\frac{2}{4}$-Takt.

Krebs. Thema in rückläufiger Bewegung.

Krebskanon → Kanon.

Ländler. Dem Walzer verwandter gemächlicher zweiteiliger Rundtanz im Tripeltakt.

lamentoso. Klagend.

Larghetto (Verkleinerungsform von Largo). Tempo zwischen Largo und Andante.

Largo. Breit; sehr langsames Zeitmaß.

legato. Gebunden.

leggiero, leggieramente. Leicht.

Leitmotiv. Musikalisches Motiv oder Thema, das in der Programmusik oder im Musikdrama Personen, Stimmungen oder Vorgänge symbolisiert und entweder genau oder in freier Veränderung während des Geschehens als Leitgedanke verschiedentlich wiederkehrt.

Leitton. Ein im kleinen Sekundenschritt (auf- oder abwärts) zu einem anderen hinleitender Ton, vor allem innerhalb des Dominantakkords zur Tonika führend.

lento. Langsam.

Linear nennt man eine Schreibweise, die in *horizontaler* Fortschreitung selbständige musikalische Linien nebeneinander erscheinen läßt. Gegensatz: das *vertikale* Prinzip, das im senkrechten Zusammenklang der Harmonien gründet.

Lombardischer Rhythmus. Rhythmische Einheit von kurz–lang (♩ 𝅗𝅥.).

Loure. Altfranzösischer Tanz von mäßigem Tempo im $^3/_4$- oder $^6/_8$-Takt, meist mit einem Auftakt von einem Achtel oder Viertel.

lusingando. Schmeichelnd.

Madrigal. Lyrisch-musikalische Form in Italien seit dem 14. Jh. Im 16. und 17. Jh. kontrapunktisches Musikstück mit italienischem Madrigaltext.

Maggiore. It.: Dur. Auch Dur-Mittelteil innerhalb eines Moll-Satzes.

Malagueña. Ruhiger spanischer Tanz in dreiteiligem Takt, ursprünglich mit kurzem, dem bayerischen »Schnadahüpfl« verwandtem Text.

mancando. Ersterbend.

marcato. Mit Nachdruck.

Marcia. Marsch. – *Marcia funebre.* Trauermarsch.

Mazurka. Polnischer Nationaltanz in bewegtem $^3/_4$-Takt.

Melisma, Melismatik. Verzierung der Melodie, z. B. Koloratur.

Melodia. Im frühen 16. Jh. Bezeichnung eines kontrapunktischen Instrumentalsatzes (Th. Stoltzer).

Melodie. Musikalisches Thema gesanglichen Charakters, häufig aus einem oder mehreren Motiven oder Motivgruppen aufgebaut. In weitestem Sinn: das »Nacheinander« der Töne im Gegensatz zum »Miteinander« (Harmonie).

meno. Weniger. – *meno mosso.* Weniger bewegt.

Menuett. Höfischer Tanz französischen Ursprungs in ruhigem $^3/_4$-Takt. Fand als Einzelsatz Eingang in die größeren Formen der Instrumentalmusik (Suite, Sinfonie, Sonate).

mesto. Traurig.

Metrik. Lehre vom →Takt. Die Metrik untersucht, ob die Teile eines Taktes *betont* (schwer) oder *unbetont* (leicht) sind – im Unterschied zur →Rhythmik, die sich mit der Unterscheidung der Tonwerte (lang, kurz) befaßt.

mezzo. Halb. – *mezzo forte* (*mf*). Halbes forte.

Minimal music. Kompositionen (seit Mitte des 20. Jh.), die mit ständiger Wiederholung und Variation kurzer Motive arbeiten.

Minore. It.: Moll. Auch Moll-Mittelteil in einem Dur-Satz.

misterioso. Geheimnisvoll.

moderato. Gemäßigt, mäßiges Tempo (oft als *Allegro moderato*).

Modulation. Übergang von einer Tonart in eine andere.

Moll. Zart, weich. Tongeschlecht im diatonischen System. Kennzeichen der Moll-Tonarten: kleine Terz. Z. B. die Töne von c-Moll (aufsteigend): c, d, es, f, g, as, b, c (kleine Terz darin = c–es). – Vgl. Dur.
molto. Sehr.
Monodie. Sologesang mit Generalbaßbegleitung. Entstanden um 1600. Als erster schrieb Vincenzo Galilei monodische Sologesänge. Da sie im Gegensatz zur damaligen vokalen Polyphonie standen, gab man ihnen die Bezeichnung »Nuove musiche« = neue Musik. Eine der wichtigsten Voraussetzungen der Oper.
morendo. Ersterbend.
mosso. Bewegt.
Motiv. Keimzelle eines musikalischen Themas, kleinste musikalische Einheit, nicht mehr teilbar. Vgl. a. Leitmotiv und Melodie.
Musette. (Urspr. ein französischer Dudelsack.) Tanz im 2/4-, 3/4- oder 6/8-Takt, oft mit Borduntönen.
Naturtöne. Bei Blasinstrumenten alle Töne (Naturtonreihe), die durch Anblasen ohne Zuhilfenahme von Klappen, Ventilen u. dgl. zu erzeugen sind.
Neudeutsche Schule. Musikrichtung der Romantik nach Schumann, besonders die Gefolgschaft von Liszt und Wagner.
Nocturne, Notturno. Nachtstück verträumter Stimmung, in der Romantik ein Charakterstück.
Nonett. Komposition für neun Instrumente oder Gesangstimmen mit oder ohne Instrumentalbegleitung.
non troppo. Nicht zuviel.
Novellette. Musikalisches Charakterstück, durch Themenreihung erzählender Art, meist heiterer Natur.
obligat. Pflichtgemäß. Bei mehrstimmigen Stücken die Benennung einer Stimme, die für den musikalischen Satz notwendig ist und deshalb ohne Schaden nicht weggelassen werden kann.
Oktett. Komposition für acht Instrumente oder für acht Gesangstimmen mit und ohne Instrumentalbegleitung.
ondeggiando. Wogend. An- und Abschwellen des Tons durch Druckwechsel des Bogens auf der Saite, ohne Strichwechsel (bei Streichinstrumenten).
ongarese. Ungarisch.
Opus. Werk.
Orgelpunkt. Liegetöne, die in der Baßstimme über mehrere Takte hin ausgehalten oder ständig wiederholt werden. Über dieser Grundlage entfalten sich die anderen Stimmen in reicher Kontrapunktik und oft kühner Harmonik.
Ornament. Verzierung. – *Ornamentik.* Verzierungslehre.
ossia. Oder. Meist für eine erleichterte oder erschwerte Fassung.
ostinat. Hartnäckig. Vgl. Basso ostinato.
Ouvertüre. Instrumentalkomposition, Einleitungsstück zu Bühnenwerken (Oper, Ballett, Schauspiel) und größeren Vokalwerken (Kantate, Oratorium); im 19. Jh. auch eine selbständige Komposition (Konzert-Ouvertüre). Formschema der italienischen Ouvertüre: rasch – lang-

sam – rasch, der französischen: langsam – rasch – langsam. In der Barockmusik Eröffnungssatz der Suite. J. S. Bach nannte seine Orchestersuiten nach diesem Kopfsatz schlechthin »Ouvertüren«.

Paduane → Pavane.

Parameter. Tonqualitäten, die Grundelemente der Musik: Tonhöhe, Tondauer, Klangfarbe, Lautstärke, Artikulation.

Paraphrase. Bearbeitung eines Musikstücks in frei ausschmückender Weise.

Parodie. Im 16. und 17. Jh. die Verwendung von Elementen einer mehrstimmigen Komposition für eine neue. Im 19./20. Jh. komisch übertreibende und verzerrende Nachahmung eines (meist ernsten) Stils oder Stückes.

Partita (auch *Partia, Partie*). Urspr. Teil einer Variationenfolge; seit dem 17. Jh. eine suitenartige Satzfolge.

Partitur. Niederschrift eines mehrstimmigen Tonstücks in übereinandergesetzten Einzelstimmen. Eine *Orchesterpartitur* enthält die Stimmen aller verwendeten Instrumente. Sie vermittelt dem Dirigenten ein vollständiges Bild des Zusammenklangs und jeder einzelnen Stimme.

Passacaglia. Altitalienische Variationsform (vgl. Chaconne). Das Thema wird als Basso ostinato viele Male unverändert im Baß wiederholt. Die anderen Stimmen begleiten mit ständig wechselnden Gedanken.

Passepied. Lebhafter altfranzösischer Tanz im 3/8 oder 6/8-Takt.

Passus duriusculus. Innerhalb der barocken Affektenlehre Bezeichnung für den (meist absteigenden) chromatischen Quartgang, verbunden mit dem Affekt extremer Trauer und Klage.

Pasticcio (it. = Pastete). 1. Eine aus heterogenen Elementen bestehende Komposition. – 2. Ein Stück, an dem mehrere Komponisten gearbeitet haben.

Pastorale. Hirtenlied. 1. Tonstück idyllischen Charakters. – 2. Tanz im 6/8-Takt. – 3. Idyllische Szene in Opern, Singspielen, Operetten.

Pavane. Alter italienischer Schreittanz aus Padua im geraden Takt, gemessenen Charakters.

Pentatonik. Fünfstufiges Tonsystem der altchinesischen und altägyptischen Musik, auch in der frühen europäischen Musik sowie bis heute in europäischer und nichteuropäischer Volksmusik nachweisbar.

perdendosi. Sich verlierend (im zartesten Pianissimo).

Periode. Achttaktiges symmetrisches Themenmodell der Klassik, bestehend aus Vorder- und Nachsatz.

però. Durchweg.

pesante. Gewichtig, schwer, schleppend.

Phrasierung. Sinnvolle Gliederung eines musikalischen Ablaufs, musikalisches Deklamationsprinzip.

pianissimo (pp). Sehr leise.

piano (p). Leise.

piccolo. Klein.

più. Mehr. – *più mosso.* Bewegter. – *più tosto.* Rascher.

pizzicato. Gekniffen, gezupft. Üblich bei Streichinstrumenten. Gegensatz: → coll'arco.

poco. Ein wenig.
Polka. Etwa 1830 aufgekommener böhmischer Nationaltanz im lebhaften $^2/_4$-Takt.
Polonaise. Polnischer Nationaltanz im $^3/_4$-Takt.
Polyphonie. Vielstimmigkeit. Im Gegensatz zur → Homophonie sind alle Stimmen gleichberechtigt.
Polyrhythmik. Das Nebeneinander von verschiedenen, gleichzeitig ablaufenden Rhythmen.
Polytonalität → Tonale Musik.
portato. Artikulationsweise zwischen legato und staccato, vor allem im ruhigeren Tempo.
possibile. Möglich.
Pralltriller. Kurze Trillerfigur (18. Jh.).
Präludium, Prélude. Vorspiel.
presto. Sehr schnell.
Programmusik. Eine Musik, die, im Gegensatz zur → absoluten Musik, das Ziel verfolgt, bestimmte außermusikalische Vorstellungen im Hörer zu erwecken.
Quadrille. Karreetanz in fünf Touren, in drei- oder zweiteiligem Takt.
Quartett. Komposition für vier Instrumente oder für vier Gesangstimmen mit und ohne Instrumentalbegleitung. Ältere Bezeichnung: *Quatuor.*
quasi. Wie, beinahe; z. B. Andante quasi allegretto.
Quatuor brillant. Streichquartett mit virtuosem Einschlag.
Quatuor concertant. Streichquartett mit konzertierenden Soloabschnitten.
Querstand. Gleichzeitigkeit eines Tones und seiner chromatischen Veränderung in zwei verschiedenen Stimmen.
Quintenzirkel. Rundgang durch die zwölf Quinten der gleichschwebenden Temperatur, beginnend und endend mit der Tonika.
Quintett. Komposition für fünf Instrumente oder für fünf Gesangstimmen mit und ohne Instrumentalbegleitung.
Refrain. Kehrreim.
Reigen. Altdeutscher Tanz, Vorläufer der Allemande.
Renaissance. Musikalisches Zeitalter (etwa 1500–1600).
Reprise → Sonate.
Rezitativ. »Sprechgesang.« Auch auf die Instrumentalmusik übertragen im Sinne einer freien, ausdrucksgeladenen instrumentalen Deklamation, etwa bei Beethoven.
Rhapsodie. Urspr. Musikstück in freier Fantasieform. Im 19. Jh. dem Charakterstück angenähert, auch in festen Formabläufen.
Rhythmik. Lehre von den Arten der zeitlichen Aufeinanderfolge von Tönen (in der Musik) und Bewegungen (im Tanz): kurz, lang.
Ricercar, Ricercare (lat. ricercare, suchen). Frühform der Fuge. Aus der Motette entwickelte Instrumentalform des 16. Jh., in der die Stimmen imitatorisch (einander nachahmend) geführt sind.
Rigaudon. Lebhafter altfranzösischer Tanz im Alla-breve-Takt.

Ripieno. Gesamtheit der Streicherstimmen im Gegensatz zu den Solisten im Concerto grosso.
risoluto. Entschlossen.
ritardando. Allmählich das Zeitmaß verlangsamen.
ritenuto. Plötzlich und für wenige Takte in ein langsameres Zeitmaß übergehen.
Ritornell. Instrumentales Vor-, Zwischen- und Nachspiel mit Wiederholung des gleichen musikalischen Gedankens.
Rokoko. In der Musik die Zeit des ausklingenden Barock (Vorklassik). Heiter-liebenswürdige Grundhaltung. Auch »galante« Zeit genannt.
Romantik. Musikalisches Zeitalter (etwa 1800–1900).
Romanze. Verträumtes Musikstück in freier, meist liedartiger Form. Vokal sowohl als instrumental.
Rondo (urspr. *Rondeau*, frz.). Rundgesang. Musikstück, in welchem vor und zwischen verschiedenartigen Seitensätzen stets ein bestimmtes Thema wiederkehrt. (Vgl. a. Ritornell.) Innerhalb des Sonatenzyklus häufig als Schlußsatz.
rubato (wörtlich: geraubt). Bezeichnung für einen freien Vortragsstil einzelner Töne oder auch längerer Abschnitte, etwas rascher oder langsamer werdend.
Saltarello. Italienischer Volkstanz von rascher, hüpfender Bewegung im $^3/_8$-Takt.
Sarabande. Alter spanischer Tanz im $^3/_4$-Takt. Fand etwa um 1600 in Frankreich Eingang in die Kunstmusik.
Satz. 1. Tonsatz im Sinne von Komposition. – 2. Abgeschlossener Teil einer zyklischen Komposition (Suite, Sonate). – 3. Sinneinheit innerhalb eines geschlossenen Werkganzen (analog zur sprachlichen Syntax), entweder Vorder- und Nachsatz der Periode oder thematische Einheit im Sonatensatz (Haupt- und Seitensatz) oder Gegenmodell zur achttaktigen klassischen Periode.
scherzando (it. = scherzend). Im Charakter eines Scherzos.
Scherzo. Lebhaftes, oft übermütiges, oft betont rhythmisches Tonstück im Dreiertakt. Löst seit Beethoven im Sonatenzyklus häufig das Menuett ab.
Scordatura. Umstimmung der Saiten eines Streichinstruments zur Erzielung ungewohnter Mehrtongriffe und Klangfarben.
Seguidilla. Rascher spanischer Nationaltanz im $^3/_4$-Takt.
semplice. Einfach.
sempre. Immer.
senza. Ohne.
Septett. Komposition für sieben Instrumente oder für sieben Gesangstimmen mit und ohne Instrumentalbegleitung.
Sequenz. Folge. Aneinanderreihung bzw. Wiederholung von Motiven, melodischen Phrasen oder Akkordfolgen auf verschiedenen Tonstufen einer Tonart oder in wechselnden Tonarten. Stilmittel vor allem in Barock und Klassik, bisweilen schematisch eingesetzt. Auch in der Spätromantik noch äußerst komplex vorhanden. Nicht zu verwechseln mit den gleichnamigen mittelalterlichen Kirchengesängen, z. B. der

»Mariensequenz«, also dem »Stabat mater«, oder dem »Dies irae« u. a.

Serenade. Ständchen, Abendmusik. Erscheint formal vorwiegend als Suite, aber auch als mehrsätzige Sinfonietta und meist für kleines Orchester.

Serialität. Reihentechnik (serielle Musik). Weitet die in der Dodekaphonie nur auf die Tonhöhe beschränkte Reihentechnik auf alle Parameter aus.

Sextett. Komposition für sechs Instrumente oder sechs Gesangstimmen mit oder ohne Instrumentalbegleitung.

sforzato (sf). Stärkeakzent für eine Einzelnote.

Siciliano. Altitalienischer Tanz in langsamem 6/8- oder 12/8-Takt.

simile. Ähnlich.

Sinfonia. Urspr. als Opern-Sinfonia Vorläuferin der Ouvertüre, verselbständigt zur mehrsätzigen instrumentalen → Sinfonie.

Sinfonie, Symphonie. Zyklische mehrsätzige Komposition für Orchester in Sonatenform (große Sinfonie).

Skordatur → Scordatura.

slargando. Breiter werdend.

smorzando. Ersterbend.

soave. Sanft, lieblich.

Solist. Einzelspieler.

solo. Einzeln. Ohne Begleitung auszuführendes Stück.

Sonata da camera. Zyklische Form, die in ihrer Satzreihung einer Suite entspricht (Barock).

Sonata da chiesa. Zyklische Form in der Reihung langsam–schnell–langsam–schnell (Barock).

Sonate. Urspr. Verkürzung von »canzon da sonar« (z. B. bei Frescobaldi, 1623) oder auch »canzon sonata«, zunächst lediglich als Abgrenzung gegenüber der Vokalmusik.

Mit der späteren klassisch-romantischen Sonate haben die beiden barocken Sonatentypen allein die zyklische Reihung mehrerer Sätze gleicher (oder verwandter) Tonart gemeinsam. Die *Sonata da chiesa (Kirchensonate)* ist viersätzig mit der festgelegten Reihenfolge langsam–schnell–langsam–schnell; ihrem Aufführungsort angemessen erschien sie gelegentlich auch chorisch besetzt. Ihre spätesten und reifsten Ausprägungen findet sie in den Sonaten für Violine und Cembalo von J. S. Bach. Die *Sonata da camera (Kammersonate)* ist eine Suite, also eine Folge mehr oder weniger stilisierter älterer und neuerer Tanzsätze in überwiegend festgelegter Reihenfolge: → Allemande und → Courante gehören als erstes Satzpaar zusammen; es folgen die gravitätische → Sarabande und die schnelle → Gigue. Zwischen diese beiden Sätze werden dann häufig jeweils modischere Einzeltänze oder Tanzpaare eingeschoben. Zu Beginn steht häufig ein Preludio. Lully schuf daraus die charakteristische Form der »Französischen Ouvertüre« mit ihrem festlich mehrteiligen Eröffnungssatz gleichen Namens.

Instrumentale Erscheinungsformen dieser beiden Sonatentypen: vor allem die *Solo-* und die *Triosonate*, jeweils auf der Basis des Generalbasses. Die Triosonate wurde, mit ihrem klassischen Höhepunkt bei Corelli, zur wichtigsten Form der Ensemblekunst dieser Epoche. Die Besetzung ihrer beiden Oberstimmen (häufig zwei Violinen, zwei Flöten oder je ein Instrument von beiden) war variabel, den aktuellen Anlässen und Umständen angemessen.

Die beiden Typen Kirchen- und Kammersonate blieben im Laufe ihrer Entwicklung nicht streng geschieden; es gab vielmehr zahlreiche Übergangsformen. Im Gefolge des Aufkommens von Concerto grosso und Solokonzert Ende des 17. Jh. entstand eine dritte Ausprägung der Sonate: der dreisätzige *Concerto-Typus*. Hier umrahmen zwei lebhafte Sätze einen langsamen kantablen Mittelsatz. Zur Zeit der Wiener Klassik entstehen neue Formmodelle, die sich in der *zyklisch-mehrsätzigen Sonatenform* zusammenschließen. Diese neue Sonate, die fortan die Musik bis an die Schwelle des 20. Jh. beherrschen sollte, hat mit der barocken Gattung gleichen Namens nur noch wenige Äußerlichkeiten gemeinsam, nämlich den Gedanken der zyklischen Reihung mehrerer Einzelsätze, die durch tonale Verwandtschaft aneinander gebunden sind, sowie die mehr oder weniger kontrastreiche Satzfolge, die sich im Wechsel von Tempo und Ausdrucksgehalt darstellt.

Zum zentralen Formmodell innerhalb dieser neuartigen Sonate wird der →Sonatenhauptsatz. Für die übrigen Sätze im Sonatenzyklus gibt es eine Reihe unterschiedlicher Formmodelle: zwei- und dreiteilige Liedformen (z. B. A A′ oder A B A′) überwiegend in langsamen Sätzen, Rondoform (A B A C [A B] A) oder auch eine Verbindung von Merkmalen des Rondos mit denen des Sonatenhauptsatzes, vorrangig in Schlußsätzen. Langsamer Satz und vor allem Finale stehen jedoch gar nicht so selten ebenfalls in der Sonatensatzform. An dritter, seltener an zweiter Stelle steht der zunehmend stilisierte Tanzsatz im Dreiertakt, zugleich der einzige Teil der Sonate, der einen direkten Vorläufer im Barock hat: das Menuett. Dieses wird in der Regel im mäßigen Tempo gespielt und hat dreiteilige Form (a b a). Sein Trio in eng verwandter Tonart kontrastiert gewöhnlich deutlich in seinen musikalischen Merkmalen zum Menuett, das anschließend noch einmal wiederkehrt, so daß sich auch im Großen Dreiteiligkeit ergibt (Menuett – Trio – Menuett = A B A). Nach Ansätzen bei Haydn beschleunigt sich das Menuett dann bei Beethoven zum →Scherzo, wobei die neue – gleichwohl bereits im Barock bekannte – Bezeichnung auch den Charakter der musikalischen Aussage benennt. Zugleich erweitert Beethoven in vielen Fällen die Form zur Fünfteiligkeit (A B A B A). Daneben gibt es jedoch immer noch, oft als gleichsam archaisierendes Stilzitat, das ältere Menuett.

Dieses zyklische Sonatenmodell wird mit der beginnenden Wiener Klassik zur formalen Grundlage des gesamten instrumentalen Komponierens: Fast alle mehrsätzigen Kompositionen sind fortan, auch wenn sie »offiziell« nicht so genannt werden, Sonaten – also Sinfonien und Instrumentalkonzerte, vor allem aber alle kammermusikalischen Solo- und Duowerke, alle Trios – gleich welcher Besetzung –, alle Quartette, Quintette, Sextette, Septette und Oktette.

Sonatenhauptsatz, Sonatensatzform. Wesentlicher Unterschied gegenüber den barocken Sonatensätzen ist sein dynamischer Verlauf, sein Entwicklungscharakter: Am Ende des Satzes hat man eine musikalische Entwicklung nachvollzogen, während die Teile des barocken Sonatensatzes eher einen statischen Charakter haben.

Im einzelnen sieht das so aus: Die Form ist dreiteilig, bestehend aus Exposition, Durchführung und Reprise. – Die *Exposition* stellt das thematische Material vor, das sich gewöhnlich in zwei, manchmal auch drei Themen oder Themengruppen gliedert, die häufig gegensätzlich angelegt und durch eine vermittelnde Überleitung verbunden sind. Es gibt auch – vor allem bei Haydn – monothematische Expositionen, die aus einem einzigen Einfall heraus entwickelt werden. Diese Exposition verläuft zugleich nach einem festgelegten harmonischen Schema: Beginn (Hauptsatz) in der Tonika, modulatorische Überleitung, zweites Thema (oder auch Seitensatz) in der Dominante oder, in Moll-Sonaten, in der Dur-Parallele; danach folgt eine Bestätigung der neuen Tonart in der Schlußgruppe. Bei der Formbetrachtung ist es daher sinnvoll, das – übrigens erst im 19. Jh. genau ausformulierte – Sonatensatzschema nicht nur als Folge von thematischen und unthematischen Abschnitten aufzufassen, sondern vielmehr als ein wohlgeordnet fortschreitendes Harmoniemodell, sozusagen im Sinne einer umfangreichen Kadenz. Um ihrem Zweck – die Präsentation des thematischen Materials – besser genügen zu können, wird die gesamte Exposition wiederholt, eine sinnvolle Übung, die sich erst im Lauf des 19. Jh. verliert.

Der Mittelteil des Satzes, die *Durchführung*, setzt die Kenntnis des Vorangegangenen voraus, indem er einzelne Bestandteile der Exposition »durchführt«, d. h. verarbeitet: Themen werden in ihre motivischen Bruchstücke zerlegt und harmonisch, dynamisch, melodisch und farblich verarbeitet (etwa in Verkleinerungen, Vergrößerungen, Sequenzketten usw.). Man spricht hier von motivisch-thematischer Arbeit, die besonders bei Haydn und in dessen Nachfolge bei Beethoven, weniger jedoch bei Mozart ausgeprägt ist. Diese Technik motivisch-thematischer Arbeit greift zunehmend auf alle Teile des Sonatensatzes über und prägt nachhaltig sein Erscheinungsbild (und häufig auch das der übrigen Sätze). Bei Haydn und vor allem bei Beethoven führt das häufig zu einem Zustand »ständiger« Durchführung, auch schon in der Exposition, was seinerseits zur Folge hat, daß die eigentliche Durchführung in ihrem Umfang zurückgehen und an Gewicht verlieren kann. – Im Gegensatz zur überwiegend periodisch, also formal ausgewogen proportioniert angelegten Exposition ist die Durchführung demnach meistens formal offener, manchmal auch kleinteiliger, zugleich harmonisch beweglicher.

Es folgt als dritter Formteil des Sonatenhauptsatzes die *Reprise*, die im wesentlichen der Exposition entspricht, wobei allerdings das zweite Thema und die Schlußgruppe auf der Tonika verharren. Sinn dieses

Teiles ist es, das thematische Material, dessen Möglichkeiten der Hörer in der Durchführung kennengelernt hat, nun gleichsam von höherer Warte aus noch einmal betrachten zu können, von einem anderen, weiteren Bewußtseinsstand aus – deshalb läßt sich von einer »Entwicklungsform« sprechen. – Der Reprise kann eine mehr oder weniger kurze *Coda* folgen, die zunächst nichts anderes als eine nachdrücklichere Schlußbestätigung war, im Laufe der Klassik aber und vor allem dann durch Beethoven zu einem eigenständigen vierten Formteil heranwuchs, der auch durchführungsähnliche Elemente enthalten kann.

Innerhalb des ganzen Sonatensatzes (und auch in den übrigen Sätzen) waltet offensichtlich als übergeordnetes Prinzip der Klassik der Kontrast; dieses Kontrastprinzip zeigt sich also sowohl im unmittelbaren Nebeneinander kleinster formaler Bestandteile (Themen) wie in der Aufeinanderfolge der einzelnen Sätze innerhalb der Sonate. Als Kontrastmittel dienen alle musikalischen Grundelemente (Melodik, Rhythmik, Harmonik, Dynamik und Klangfarbe bzw. Instrumentation).

Vor dem eigentlichen Sonatensatz steht häufig eine langsame *Einleitung*, die manchmal auch motivische Bezüge zum folgenden Hauptteil enthalten kann. Historisch knüpft diese Einleitung an das Modell der sog. Französischen Ouvertüre an. Auch der Sonatensatz selber hat historische, mehr oder weniger angedeutete Vorbilder, u. a. bei Telemann und J. S. Bach (Cembalofantasie c-Moll BWV 906).

Sonatine. Kleine Sonate.

sopra. Auf, oben.

Sordino. Dämpfer (s. d.).

sostenuto. Gehalten, getragen.

sotto. Unter, unten. – *sotto voce.* Mit gedämpfter Stimme, nicht nur in der Vokal-, sondern auch in der Instrumentalmusik gebräuchlich.

spianato. Ohne Pathos, ohne große Gegensätze.

spiccato. Deutlich, abgesetzt, mit gestoßenen Noten (Bogentechnik bei Streichinstrumenten).

staccato. Gestoßen, kurz, abgehackt. Gegensatz: →legato.

Stretta. Schneller Abschluß eines Musikstücks.

stringendo. Drängend, rascher werdend.

subito. Plötzlich.

Suite. Folge. Zyklische Komposition der Barockepoche (aber auch archaisierend im 19. und 20. Jh.). Mehrere durch Tonart, manchmal auch Thematik und Charakter zusammengehörige stilisierte Tanzsätze, z. B. Allemande, Courante, Sarabande, Gigue, aber auch andere Zusammenstellungen. Blütezeit etwa im 17. Jh.

sul ponticello. Am Steg (Spieltechnik bei Streichinstrumenten).

Symphonie →*Sinfonie.*

Synkopen ergeben sich, wenn rhythmische Betonungen in Widerspruch zu den Taktbetonungen treten. Z. B. 

Takt. Gliederung des zeitlichen Ablaufs einer Musik in »Zähleinheiten«, regelt die Schwerpunkte (abhängig von Melodik und Harmonik). Beispielsweise enthält der »Dreivierteltakt« drei Viertelnoten oder entsprechend mehr kleinere bzw. weniger größere Notenwerte. Aus der periodischen Wiederholung solcher »Zähleinheiten« ergibt sich die Taktart (z. B. 3/4-, 4/4-, 6/8-Takt usw.). – Vgl. a. Rhythmik und Metrik.

Tango. Argentinischer Tanz in langsamem 3/4-Takt; fand in neuerer Zeit auch Eingang in die Kunstmusik.

tanto. So viel. – *tanto possibile.* So viel wie möglich.

Tarantella. Neapolitanischer Volkstanz in lebhaftem 3/8-Takt.

tardante, tardando. Zögernd.

Temperatur. Stimmung eines Instruments in Abhängigkeit von physikalischen und bautechnischen Gesetzmäßigkeiten (z. B. gleichschwebende Temperatur).

Tempo. Zeitmaß. – *Tempo giusto.* Das richtige Tempo.

teneramente. Zart, zärtlich.

tenuto. Gehalten.

Terzett. Komposition für drei Singstimmen, seltener synonym für das instrumentale →Trio.

Thema. Musikalischer Gedanke, häufig aufgebaut auf einem oder mehreren Motiven.

Timbre. Klangfarblicher Eigencharakter eines Instruments oder der Singstimme.

Toccata. »Tastenstück« oder auch »Schlagstück« (it. toccare, schlagen) für Orgel, Cembalo, Klavier, in welchem breites Akkordspiel und technisch virtuose Figuration wirkungsvolle Gegensätze schaffen, der Fantasie und dem Präludium verwandt. In übertragener Bedeutung auch auf Orchesterstücke angewendet.

tonale Musik. In weitestem Sinne eine Musik, deren Melodien und Akkorde in Beziehung zu bringen sind zu dem Grundton bzw. zu einem der Dreiklänge einer Tonart. Merkmal der *polytonalen Musik* ist, daß ihre Akkorde eine gleichzeitige Zuordnung zu den Dreiklängen verschiedener Tonarten zulassen. Sie ist also in ihrem Aufbau tonal nicht mehr ein-, sondern viel(poly-)deutig. Echte Polytonalität ist selten. Meist sind sogenannte polytonale Klänge *»bitonal«* deutbar, d. h. rückführbar auf ihre Zugehörigkeit zu nur *zwei* Tonarten. In der *atonalen Musik* und in der *»Zwölftonmusik«* sind die Gesetze der Tonalität aufgehoben.

Tonart. Tonreihe, die nach bestimmten Gesetzen auf einen Grundton bezogen ist. →Dur und Moll.

Tonika. Grundton sowie der auf ihm aufgebaute Dreiklang.

Tonmalerei. Illustrationsmusik, Ausmalen von außermusikalischen Bildern oder Vorgängen durch Musik.

tosto. eilig, auch: eher (*Allegro più tosto Andante*: eher Andante).

tranquillo. Ruhig.

Tremolo. Schnelle Wiederholung eines Tones oder Akkords, wodurch eine zitternde Bewegung entsteht. Klangeffekt des Klaviers und der Streichinstrumente. – Vgl. a. Vibrato.

Tricinium. Im 16./17. Jh. Bezeichnung für dreistimmige Sätze verschiedener Gattungen, die in Sammeldrucken für das private Musizieren und für den Musikunterricht veröffentlicht wurden.

Trio. 1. Tonstück für drei Instrumente. – 2. Meist kurzer melodischer Mittelsatz im Menuett oder Scherzo, auch in Tanzstücken, Märschen u. ä.

Triole. Drei Töne, die an die Stelle von zwei die gleiche Dauer beanspruchenden Tönen treten (Kennzeichen: schräggestellte 3).

Tritonus. Intervall aus drei Ganztönen, übermäßige Quarte, z. B. f–h.

troppo. Zuviel.

Trugschluß. Harmonischer Schritt von der Dominante aus in einen die Tonika vertretenden Dreiklang (zumeist Tonikaparallele) anstatt in die Tonika.

Tutti. Alle. Orchester-Tutti: alle Instrumente, volles Orchester. Gegensatz: Solo.

un poco. Ein wenig.

unisono. Einstimmig, gemeinsam.

Variation. Veränderung, Umbildung.

Vibrato. Vibrierende Wiederholung, geringfügige periodisch-schnelle Tonhöhenschwankung. Zunächst von der Singstimme gebraucht, später auch auf Streichinstrumente übertragen. Wird, im Übermaß angewendet, zu einem unschönen »Tremolieren«.

Vierteltonsystem. Seit Beginn des 20. Jh. gelegentliche Erweiterung der gewohnten Halbtonteilung der Tonleiter (Busoni, Hába, Bartók).

Villanella. Bauernliedchen, italienisches Tanzlied des 16. Jh.

Virtuose. Gesangs- oder Instrumentalmeister, der alles Technische seines Faches überragend beherrscht. Beispiel: Paganini als Inbegriff des Geigenvirtuosen.

vivace. Lebhaft. Tempo- und Charakterbezeichnung, oft als Zusatz zu Allegro.

Vokalise. Gesungene Tonfolge auf einem einzelnen Vokal (auch als Stimmübung).

Vokalmusik. Gesangsmusik. Gegensatz: Instrumentalmusik.

Volta. Mal. – *prima volta:* erstes Mal; *due volte:* zweimal.

Vorhalt. Verzögerter Eintritt der Akkordnote durch Erklingen der benachbarten Sekunde, meist von oben.

Vorhaltskette. Reihung von Vorhalten.

Walzer. Deutscher Rundtanz im Dreiertakt aus dem 18. Jh. Hochblüte im Wiener Walzer (Lanner, Strauß). Abart: Ländler.

Wechseldominante. Doppeldominante, Dominante der Dominante.

Work in progress. Vom Komponisten als nicht endgültig abgeschlossen betrachtetes Werk, das technisch und gehaltlich ständig neu durchdacht und überarbeitet wird (20. Jh.).

Zwiefacher. Bayerisch-süddeutscher Volkstanz, mit Wechsel zwischen geradem und ungeradem Takt, z. B. Polka und Walzer.

Zwischendominante. Zur Bereicherung des harmonischen Fortschreitens vor einzelne Akkorde eingeschobene und auf diese bezogene Dominante (Doppeldominante: Dominante der Dominante → Wechseldominante).

Zwischensatz. Mittelteil einer dreiteiligen Form (ABA), Übergangsperiode zwischen einem Hauptsatz und dessen Wiederholung.

Zwölftonmusik, Dodekaphonie. Eine Musik, in der die Gesetze der »Tonalität« (Tonarten) durch Zwölftonreihen, eine beliebige, aber für die Dauer einer Komposition fixierte Anordnung der zwölf Töne der chromatischen Skala, abgelöst werden. – Vgl. Tonale Musik und Kap. Schönberg.

zyklische Form. Bindung durch bewußte Herstellung einer harmonischen oder auch thematischen oder geistigen Beziehung zwischen den einzelnen Sätzen eines Kammermusikwerkes oder einer Sinfonie.

NAMENREGISTER
und Verzeichnis der besprochenen Werke

Die Namen von Komponisten mit Einzelartikeln oder mit größeren Abschnitten in den Überblickskapiteln sind durch **fette Schrift** hervorgehoben, ebenso die Seitenzahlen der Hauptstellen.

Abaco, dall' → Dall'Abaco
Abel, Carl Friedrich (1723–1787) 50,63, 106, 240
Abel, Christian Ferdinand (* ~1695) 222
Abert, Hermann (1871–1927) 598
Acker, Dieter (* 1940) **1095**
Adler, Guido (1855–1941) 897
Adler, Oskar 898
Adorno, Theodor W. (1903–1969) 115, 905, 1033, 1046, 1062, 1082
Afanassjew, Nikolaj J. (1821–1898) 111, **702**
Ager, Klaus (* 1946) **1106**
Akimenko, Fjodor S. (1876–1945) 889
Akoka, Henri 969
Albert, Eugen d' (1864–1932) 112, **701**
Albicastro, Henrico (~1670 – ~1738) 44
Albinoni, Tommaso 1671–1750) 31, 44, 45
Albrechtsberger, Johann Georg (1736 bis 1809) 58, 110, 119, 438
Aleramo, Sibilla (1876–1960) 947
Alexander d. Gr. (356–323 v. Chr.) 947
Alexander I. (1777–1825; russ. Zar) 447
Alkan, Charles Valentin (1813–1888) 70, 74, 82
Allegra, Edmond 891
Amalie, Prinzessin von Preußen (1723–1787) 54
Amar, Licco (1891–1959) 931, 939
Amar-Quartett (1921–29) 823, 900, 923, 928, 929, 934, 943
Amati, Niccolò (1596–1684) 913
Amenda 482
Amon, Johann Andreas (1763–1825) 125
Amy, Gilbert (* 1936) **1091**
Andriessen, Louis (* 1939) **1091**
Anhalt-Köthen, Fürst Leopold von (1694–1728) 198
Ansermet, Ernest (1883–1969) 891, 895
Ansorge, Conrad (1862–1930) 112
Antonii, Pietro degli (~1648 bis ~1720) 24
Antoniou, Theodore (* 1935) **1091**
Apostel, Hans Erich (1901–1972) 114, 905, **913–914**
1. Streichquartett 913
Apponyi, Anton Graf (18. Jh.) 328, 337
Arditti-Quartett 928
Arenskij, Anton S. (1861–1906) 83, 91, 111
Ariosti, Attilio (1666 – ~1740) 49
Arne, Thomas Augustin (1710–1778) 36
Arp, Hans (1887–1966) 911, 1106
Arriaga, Juan Crisóstomo de (1806 bis 1826) 107
ars nova ensemble 1043
Artaria (Musikverlag) 86, 241, 246, 254, 289, 290, 304, 354, 377, 399, 404, 472
Asp(e)lmayr, Franz (~1728–1786) 58, 96, 98
Assmann-Quartett 944
Attaingnant, Pierre (~1494–1552) 18
Auber, Daniel-François-Esprit (1782 bis 1871) 106
Aubert, Jacques (1689–1753) 47
Auric, Georges (1899–1983) 865
Aurnhammer, Josepha v. (1758–1820) 399
Avison, Charles (1709–1770) 37, 63

Babbitt, Milton (* 1916) **1083**
Babell, William (~1690–1723) 49
Bacewicz, Grażyna (1909–1969) **1108**
Bach, Anna Magdalena, geb. Wilcken (1701–1760) 198, 238

Bach, Carl Philipp Emanuel (1714 bis 1788) 41, 43, 51, 54, 55, 64, 87, **229**, 234, 235, **236–238**, 239, 272, 273, 409
Sonaten f. Fl u. Generalbaß (G-Dur, e-Moll) 237
Duos (e-Moll, C-Dur) 237
Triosonaten 237
Klavierquartette (C-, D-, G-Dur) 238
Sonatinen f. Cemb, 2 Fl, 2 Vl, Va u. Baß (d-Moll, Es-Dur) 238
Sonaten (Septette) f. Bläser 238
Bach, Heinrich Frhr. v. (pseud. Heinrich Molbe; 1835–1915) 126
Bach, Johann Ambrosius (1645 – 1695) 198
Bach, Johann Christian (1735–1782) 63, 99, 116, 122, 235, **239–240**, 378, 406, 409
Bach, Johann Christoph (1671–1721) 198
Bach, Johann Christoph Friedrich (1732–1795) 56, 64, 67, 79, **238–239**
Sonaten f. Klav u. Vl/Fl 239
Trios 239
Quartette f. Fl u. Streicher 239
Septett C-Dur f. Pianoforte, Ob, 2 Hr, Vl, Va u. b. c. 239
Bach, Johann Ernst (1722–1777) 64
Bach, Johann Sebastian (1685 bis 1750) 12, 31, 50, 51, 52, 53, 54, 55, 56, 72, 110, 155, 157, 158, 161, 163, 164, 173, 177, 178, 186, 196, **198 bis 234**, 235, 236, 238, 397, 400, 410, 411, 572, 591, 592, 614, 640, 707, 820, 821, 829, 830, 841, 868, 886, 890, 902, 914, 922, 924, 929, 933, 942
Solowerke 201
Sonaten u. Partiten f. Vl solo 201
Sonate Nr. 1 g-Moll (BWV 1001) 202
Partita Nr. 1 h-Moll (BWV 1002) 203
Sonate Nr. 2 a-Moll (BWV 1003) 204
Partita Nr. 2 d-Moll (BWV 1004) 205
Sonate Nr. 3 C-Dur (BWV 1005) 207
Partita Nr. 3 E-Dur (BWV 1006) 207
Suiten f. Vcl solo 208
Nr. 1 G-Dur (BWV 1007) 209
Nr. 2 d-Moll (BWV 1008) 210
Nr. 3 C-Dur (BWV 1009) 210
Nr. 4 Es-Dur (BWV 1010) 211
Nr. 5 c-Moll (BWV 1011) 211
Nr. 6 D-Dur (BWV 1012) 212
Partita f. Fl solo a-Moll (BWV 1013) 213
Duosonaten 214
Sonaten f. Vl u. Cemb 214
Nr. 1 h-Moll (BWV 1014) 215
Nr. 2 A-Dur (BWV 1015) 216
Nr. 3 E-Dur (BWV 1016) 217
Nr. 4 c-Moll (BWV 1017) 218
Nr. 5 f-Moll (BWV 1018) 219
Nr. 6 G-Dur (BWV 1019) 220
F-Dur (BWV 1022) 222
Sonaten f. Vl u. b. c. 222
G-Dur (BWV 1021) 222
e-Moll (BWV 1023) 222
Sonaten f. Va da gamba u. Cemb 223
Nr. 1 G-Dur (BWV 1027) 223
Nr. 2 D-Dur (BWV 1028) 224
Nr. 3 g-Moll (BWV 1029) 225
Sonaten f. QuFl u. Cemb 227
h-Moll (BWV 1030) 227
Es-Dur (BWV 1031) 228
A-Dur (BWV 1032) 228
Sonaten f. QuFl u. b. c. 229
C-Dur (BWV 1033; Bach?) 229
e-Moll (BWV 1034) 229
E-Dur (BWV 1035) 230
Sonate f. Fl o. Vl m. b. c. g-Moll (BWV 1020; C. Ph. E. Bach?) 229
Triosonaten 231
Sonate f. 2 Vl o. Vl u. Fl m. b. c. d-Moll (BWV 1036) 231
Sonate f. 2 Vl u. b. c. C-Dur (BWV 1037) 231
Sonate f. Fl, Vl u. b. c. G-Dur (BWV 1038) 231
Sonate f. Fl, Vl u. b. c. c-Moll (aus »Musik. Opfer« BWV 1079) 232
Sonate f. 2 Fl u. b. c. G-Dur (BWV 1039) 231
»Die Kunst der Fuge« (BWV 1080) 233
Bach, J. S., Söhne 167, 233, **234–240**
Bach, Maria Barbara (1684–1720) 198
Bach, Wilhelm Friedemann (1710 bis 1784) 54, **235–236**
Triosonaten 235
Duette 236
Badings, Henk (1907–1987) 52, 71, 131, **870**
Baermann, Carl (1810–1885) 78

Baermann, Heinrich (1784–1847) 77, 122, 123, 534, 535, 536
Bagge, Selmar (1823–1896) 695
Baïf, Jean-Antoine de (1532–1589) 18
Baillot, Pierre (1771–1842) 97, 431, 432, 433
Baird, Tadeusz (1928–1981) **1108**
Balakirew, Milij A. (1836[37]–1910) 111, 702
Balassa, Sándor (* 1935) **1107**
Barber, Samuel (1910–1981) **859**
Bargiel, Woldemar (1828–1897) 81, 129
Barlow, Klarenz (* 1945) **1089**
Barraud, Henry (* 1900) 100
Barrault, Jean-Louis (* 1910) 1012
Barrère, Georges (1876–1944) 911
Barrière, Jean (~1705–1747) 47
Barsanti, Francesco (~1690–1772) 36, 48
Barthélemon, François-Hippolyte (1741–1808) 37, 50
Bartók, Béla (1881–1945) 11, 52, 59, 71, 91, 104, 114, 251, 495, 502, 701, 799, 807, 846, 864, **875–889**, 893, 896, 943, 954, 978, 999, 1008, 1033, 1038, 1055, 1066, 1070, 1077, 1079, 1082, 1102
  Sonate f. Vl allein 886
  44 Duos f. 2 Vl 889
  2 Sonaten f. Vl u. Klav 883
  Rhapsodien f. Vl u. Klav 884
  »Kontraste« f. Vl, Klar u. Klav 885
  Sonate f. 2 Klav u. Schlzg 884
  Streichquartette 876
    Nr. 1 op. 7 877
    Nr. 2 op. 17 877
    Nr. 3 878
    Nr. 4 879
    Nr. 5 881
    Nr. 6 882
  Klavierquintett 888
Bartolozzi, Familie 252
Bärtschi, Gruppe 1048
Bassani, Giovanni Battista (~1647 bis 1716) 133
Baudelaire, Charles (1821–1867) 910, 947, 1106
Baudrier, Yves (* 1906) 968, **1085**
Bauer, Josef Anton (1725–1808) 86
Baumann, Hermann (* 1934) 1004
Baur, Jürg (* 1918) **1094**
Bausznern, Dietrich v. (1928–1980) **1096**
Bausznern, Waldemar v. (1866–1931) **841**
Bax, Arnold (1883–1953) 67, 71, 73, 92, 95
Bazzini, Antonio (1818–1897) 111
Beauvarlet-Charpentier, Jean-Jacques (1734–1794) 62
Beaux-Arts-Trio (gegr. 1955) 967
Beck, Conrad (1901–1989) **869**
Becker, Günther (* 1924) **1094–1095**
  »Serpentinata« f. Bläserquintett 1095
Becker, Jean (1833–1884) 738
Beckett, Samuel (1906–1989) 988
Bedford, David (* 1937) **1091**
Beecham, Sir Thomas (1879–1961) 811
Beethoven, Johann van (~1740–1792) 438
Beethoven, Ludwig van (1770–1827) 11, 12, 13, 64, 65, 66, 68, 74, 77, 79, 80, 81, 84, 86, 90, 92, 95, 98, 99, 100, 102, 103, 104, 105, 107, 108, 109, 110, 113, 114, 118, 119, 124, 125, 126, 176, 214, 248, 281, 294, 300, 335, 347, 348, 349, 351, 369, 371, 395, 422, 429, 430, 431, 432, 435, 436, **438–529**, 531, 532, 534, 537, 538, 541, 552, 562, 572, 576, 578, 579, 580, 583, 585, 589, 592, 594, 595, 614, 615, 616, 628, 630, 640, 651, 653, 655, 660, 672, 678, 684, 686, 703, 707, 762, 774, 794, 797, 816, 829, 831, 849, 856, 886, 920, 1007, 1045, 1050, 1063, 1081, 1091, 1109
  Kammermusik mit Klavier 440
  Für Klavier und Violine 440
    Sonaten op. 12 441
      12/1 D-Dur 441
      12/2 A-Dur 442
      12/3 Es-Dur 443
    Sonate a-Moll op. 23 444
    Sonate F-Dur, »Frühlingssonate«, op. 24 446
    Sonaten op. 30 447
      30/1 A-Dur 448
      30/2 c-Moll 449
      30/3 G-Dur 451
    Sonate A-Dur, »Kreutzer-Sonate«, op. 47 452
    Sonate G-Dur, »Erzherzogssonate«, op. 96 454
    12 Variationen über »Se vuol ballare« (WoO 40) 455
    Rondo G-Dur (WoO 41) 455
    6 Deutsche Tänze (WoO 42) 455
  Für Klavier und Viola
    »Notturno« op. 42 (fremd) 476

(Beethoven, Ludwig van)
Für Klavier und Violoncello 456
Sonaten op. 5 456
5/1 F-Dur 456
5/2 g-Moll 456
Sonate A-Dur op. 69 457
Sonaten op. 102 458
102/1 C-Dur 458
102/2 D-Dur 459
Bearbeitung op. 64 (nach Streichtrio op. 3; fremd) 461
12 Variationen über »Ein Mädchen oder Weibchen« F-Dur op. 66 460
12 Variationen über ein Thema aus »Judas Maccabäus« G-Dur (WoO 45) 460
7 Variationen über »Bei Männern, welche Liebe fühlen« Es-Dur (WoO 46) 461
Für Klavier und Blasinstrument
Serenade f. Klav u. Fl op. 41 525
Sonate f. Klav u. Hr F-Dur op. 17 523
Klaviertrios 461
Trios op. 1 f. Klav, Vl u. Vcl 461
1/1 Es-Dur 462
1/2 G-Dur 463
1/3 c-Moll 464
Trios op. 70 466
70/1 D-Dur, »Geistertrio« 466
70/2 Es-Dur 468
Trio B-Dur op. 97 469
Trio g-Moll/G-Dur op. 121a, Variationen über »Ich bin der Schneider Kakadu« 471
Trio-Bearbeitung nach 2. Sinfonie op. 36 472
Trio-Bearbeitung op. 38 (nach Septett op. 20) 472
Trio-Bearbeitung op. 63 (nach op. 4 bzw. 103; fremd) 472, 528
Trio Es-Dur (WoO 38) 472
Triosatz B-Dur (WoO 39) 472
Variationen über ein eigenes Thema Es-Dur op. 44 472
Trio B-Dur f. Klar (Vl), Vcl u. Klav op. 11 465
Trio G-Dur f. Fl, Fag u. Klav (Cemb) (WoO 37) 472
Klavierquartette 472
Es-Dur (WoO 36/1) 472
D-Dur (WoO 36/2) 472
C-Dur (WoO 36/3) 472
Quartett f. Klav, Vl, Va u. Vcl (Bearb. d. Bläserquintetts op. 16) 473
Quintett f. Klav, Ob, Klar, Hr u. Fag Es-Dur op. 16 473
Kammermusik für Streicher 474
»Duett mit zwei obligaten Augengläsern« f. Vl u. Vcl Es-Dur (WoO 32) 528
Streichtrios 474
Trio Es-Dur op. 3 f. Vl, Va u. Vcl 475
Trios op. 9 477
9/1 G-Dur 477
9/2 D-Dur 477
9/3 c-Moll 478
Serenade D-Dur op. 8 476
6 Menuette (WoO 9) 475
Präludium m. Fuge e-Moll f. 2 Vl u. Vcl (Kb) 475
Streichquartette 480, 488, 502
Streichquartett F-Dur (Bearb. d. Klaviersonate op. 14/1) 480
Streichquartette op. 18 481
18/1 F-Dur 482
18/2 G-Dur, »Komplimentierquartett« 482
18/3 D-Dur 483
18/4 c-Moll 484
18/5 A-Dur 485
18/6 B-Dur 487
Streichquartette op. 59, »Rasumowsky-Quartette« 488
59/1 F-Dur 489
59/2 e-Moll 492
59/3 C-Dur 495
Es-Dur op. 74, »Harfenquartett« 497
f-Moll op. 95, »Quartetto serioso« 499
Es-Dur op. 127 503
B-Dur op. 130 507
cis-Moll op. 131 513
a-Moll op. 132 516
F-Dur op. 135 518
Große Fuge op. 133 510
Streichquintette 521
Es-Dur op. 4 521, 528
C-Dur op. 29 f. 2 Vl, 2 Va u. Vcl 521
c-Moll op. 104 521
Fuge D-Dur op. 137 522
Einleitung zu einer Fuge d-Moll 523
Kammermusik in anderen Besetzungen 523
Duett f. 2 Fl G-Dur (WoO 26) 529

(Beethoven, Ludwig van)
3 Duos f. Klar u. Fag C-Dur, F-Dur, B-Dur (WoO 27) 528
2 Stücke f. Mand u. Cemb c-Moll, Es-Dur (WoO 43) 529
Sonatine f. Mand u. Cemb c-Moll (WoO 44) 529
Serenade f. Fl, Vl u. Va D-Dur op. 25 524
Trio f. 2 Ob u. EnglHr C-Dur op. 87 524
Variationen über »La ci darem la mano« f. 2 Ob u. EnglHr C-Dur (WoO 28) 529
3 Equale f. 4 Pos (WoO 30) 528
Sextett f. Streichquartett u. 2 Hr Es-Dur op. 81b 528/529
Sextett f. 2 Klar, 2 Hr u. 2 Fag Es-Dur op. 71 525
Marsch f. 2 Klar, 2 Hr u. 2 Fag (WoO 29) 528
Septett f. Klar, Fag, Hr, Vl, Va, Vcl u. Kb Es-Dur op. 20 525
Oktett f. Bläser Es-Dur op. 103 527
Rondino f. 8 Bläser Es-Dur (WoO 25) 528
Beethoven-Quartett (1931 ff.) 920, 955, 957, 958, 959, 960, 961
Bekker, Paul (1882–1937) 807, 822, 942
Beljajew (Belaieff), Mitrofan P. (1836–1904) 103
Benavente-Osuna, Familie (18. Jh.) 369
Ben Chaim, Paul → Ben-Haim
Benda, Franz (1709–1786) 41, 48
Ben-Haim, Paul (1897–1984) 53, **1089**
Bennett, Richard Rodney (* 1936) 53, **1091**
Benoist, François (1794–1878) 613, 706
Bentzon, Niels Viggo (* 1919) 53
Berberian, Cathy (1928–1983) 988, 1017
Berg, Alban (1885–1935) 78, 115, 825, 828, 851, 860, 897, 902, **905–910**, 913, 962, 964, 999, 1012, 1068, 1086, 1098, 1104
Streichquartett op. 3 906
»Lyrische Suite« f. Streichquartett 907
4 Stücke f. Klar u. Klav op. 5 906
Berger, Ludwig (1777–1839) 571
Berger, Wilhelm (1861–1911) 70, 91, **700**
Berio, Luciano (* 1925) 990, **1016 bis 1022**, 1039, 1059, 1060, **1090**
»Opus Number Zoo« f. Fl, Ob, Klar, Fag u. Hr 1017
»Chamber Music« f. Frauenstimme, Klar, Vcl u. Hrf 1017
»Circles« f. Frauenstimme, Hrf u. 2 Schlzg 1019
Quartetto per archi 1018
»Sincronie« f. Streichquartett 1020
»Sequenza I« f. Fl 1019
»Sequenza VI« f. Va solo 1021
»Chemins II su Sequenza VI« f. Va u. 9 Instr. 1021
»Linea« f. 2 Klav, Vibraphon u. Marimbaphon 1022
Bériot, Charles-Auguste de (1802 bis 1870) 58, 70
Berlioz, Hector (1803–1869) 432, 707
Bernard, de 951
Bernède-Quartett 994
Berner Streichquartett 1075, 1081
Bernstein, Leonard (1918–1990) 859
Berteau, Martin (~1700–1771) 47
Bertheaume, Isidore (~1752–1802) 47, 53
Bertoli, Giovanni Antonio (17. Jh.) 25
Berwald, Franz (1796–1868) 12, 90, 111, 113, 126
Besch, Eckart 1004
Beyer, Frank Michael (* 1928) **1095**
Trio f. Ob, Va u. Hrf 1095
Bialas, Günter (* 1907) **917**
Biber, Heinrich Ignaz Franz (1644 bis 1704) 25, 38, 43, 44, 50
Billroth, Theodor (1829–1894) 669, 670, 677
Binder, Christlieb Siegmund (1723 bis 1789) 41, 54
Birckenstock, Johann Adam (1687 bis 1733) 44
Birtwistle, Harrison (* 1934) **1091**
Bizet, Georges (1838–1875) 707, 860
Blacher, Boris (1903–1975) 53, 980, 982, 1007, 1008, 1068, **1093**
Bland (Musikverlag) 247
Blavet, Michel (1700–1768) 35, 47
Bliss, Arthur (1891–1975) 114, **844**
Bloch, Augustyn (* 1929) **1109**
Bloch, Ernest (1880–1959) 53, 71, 92, **859**
Blomdahl, Karl-Birger (1916–1968) **1084**

Blow, John (1649–1708) 145
Boccherini, Luigi (1743–1805) 33, 48, 56, 61/62, 73, 74, 89, 96, 97, 101, 103, 105, 106, 110, 119, 120, 122, 124, 126, **369–394**, 417, 434, 437, 456, 552, 692
Duette f. 2 Vl op. 3 370
Sonaten f. Vl (Vcl) u. Baß 392
Streichtrios op. 1, 4, 6, 14, 34, 47, 54 370, 393
Streichquartette
op. 2 370
2/1 c-Moll 372
op. 8 373
8/1 D-Dur 373
8/2 c-Moll 374
8/3 Es-Dur 375
8/4 g-Moll 375
8/5 F-Dur 376
8/6 A-Dur 376
op. 32 377
32/1 Es-Dur 377
32/2 e-Moll/E-Dur 378
32/3 D-Dur 378
32/4 C-Dur 378
32/5 g-Moll 379
32/6 A-Dur 379
op. 58 380
58/1 C-Dur 380
58/2 Es-Dur 381
58/3 B-Dur 382
58/4 h-Moll 382
58/5 D-Dur 383
58/6 Es-Dur 383
Streichquintette m. 2 Vcl op. 10, 11, 13, 20, 25, 27, 29, 30, 31, 36, 39, 40, 46, 51 384
11/5 E-Dur 386
13/4 d-Moll 387
25/6 a-Moll 388
39/3 D-Dur 388
op. 51 385, 389
51/1 Es-Dur 389
51/2 c-Moll/C-Dur 390
Streichquintette m. 2 Va op. 60, 62 391
Begleitete Klaviersonaten op. 5 370, 392
»en trio« 392
Klavierquintette op. 56, 57 393
Gitarrenquintette 394
Bodin de Boismortier, Joseph → Boismortier
Böhmisches Streichquartett (gegr. 1891) 723, 748, 801
Bohrer, Anton (1783–1863) 97
Boismortier, Joseph Bodin de (1689 bis 1755) 35, 57
Bonaparte, Lucien (1775–1840) 369, 371, 380, 391
Bononcini, Giovanni Maria (1642 bis 1678) 28
Bonporti, Francesco Antonio (1672 bis 1748) 31, 45
Borisowskij, Wadim 960
Borodin, Alexander P. (1833–1887) 103, 111, **702–706**, 860
1. Streichquartett A-Dur 703
2. Streichquartett D-Dur 705
Borris, Siegfried (1906–1987) **917**
Bose, Hans-Jürgen v. (* 1953) **1097**
Boßler (Musikverlag) 86
Boulanger, Lili (1893–1918) 76
Boulanger, Nadia (1887–1979) 859, 868
Boulez, Pierre (* 1925) 116, 811, 906, 988, **1012–1016**, 1026, 1030, 1034, 1035, 1041, 1056, 1066, 1070, 1073, **1082**, 1091, 1100, 1103, 1104, 1107
Sonatine f. Fl u. Klav 1013
»Livre pour quatuor« 1014
»Le marteau sans maître« 1014
Bouliane, Denys (* 1955) **1099**
Boulogne de Saint-Georges, Joseph → Saint-Georges
Boyce, William (1711–1779) 36
Brachvogel, Albert Emil (1824–1878) 235
Brade, William (1560–1630) 38
Brahms, Johannes (1833–1897) 12, 65, 66, 70, 71, 72, 75, 78, 82, 84, 85, 87, 88, 90, 91, 104, 109, 112, 113, 121, 122, 123, 124, 125, 201, 252, 430, 465, 536, 591, 610, **628–699**, 719, 721, 722, 723, 732, 736, 737, 738, 748, 763, 767, 777, 779, 813, 815, 816, 817, 820, 825, 826, 829, 836, 849, 850, 1029
Violinsonaten 630
G-Dur op. 78 631
A-Dur op. 100 633
d-Moll op. 108 636
Scherzo c-Moll (FAE-Sonate) 638
Violoncellosonaten
e-Moll op. 38 639
F-Dur op. 99 642
Klarinettensonaten 645
f-Moll op. 120/1 646
Es-Dur op. 120/2 648
Klaviertrios
H-Dur op. 8 650

(Brahms, Johannes)
C-Dur op. 87 653
c-Moll op. 101 655
A-Dur o. op. (zugeschr.) 657
Waldhorntrio Es-Dur op. 40 657
Klarinettentrio a-Moll op. 114 660
Streichquartette 677
c-Moll op. 51/1 678
a-Moll op. 51/2 680
B-Dur op. 67 683
Klavierquartette 663
g-Moll op. 25 664
A-Dur op. 26 667
c-Moll op. 60 669
Streichquintette
F-Dur op. 88 686
G-Dur op. 111 689
Klavierquintett f-Moll op. 34 672
Klarinettenquintett h-Moll op. 115 697
Streichsextette
B-Dur op. 18 692
G-Dur op. 36 694
Brain, Dennis (1921–1957) 77
Brandl, Johann (1760–1837) 119, 122, 125
Brandmüller, Theo (* 1948) **1097**
Braun, Gerhard (* 1932) **1096**
Braun, Peter Michael (* 1936) **1095**
Braunfels, Walter (1882–1954) **841**
Bredemeyer, Reiner (* 1929) **1102**
Breitkopf; Breitkopf & Härtel (Musikverlag) 124, 241, 352, 599, 650, 695
Bresgen, Cesar (1913–1988) **1093**
Bréval, Jean-Baptiste (1753–1823) 48, 98
Bridge, Frank (1879–1941) 83, 87, 92, 113
Bridgetower, George (1780–1860) 452
Brillon de Jouy, Mme. (18. Jh.) 392
Briner, Andres (* 1923) 930
Britten, Benjamin (1913–1976) 53, 73, 76, 114, 117, **873**
Brod, Max (1884–1968) **1089**
Brose-Quartett 920
Brown, Earle (* 1926) **1086, 1087**
Browne, Graf Johann Georg v. 461, 477
Bruch, Max (1838–1920) 12, 81, 85, 111, 126, **700**, 844
Bruckner, Anton (1824–1896) 67, 121, 579, 591, **624–628**, 840
Streichquartett c-Moll 624
Streichquintett F-Dur 625
»Intermezzo« 625
Brüll, Ignaz (1846–1907) 70, 75, 686
Brün, Herbert (* 1918) **1089**
Brunetti, Gaetano (1744–1798) 119
Bruni, Antonio Bartolomeo (1759 bis 1821) 57, 96, 97
Brunner, Fritz 899
Brunner-Quartett 898, 906
Büchtger, Fritz (1903–1978) **917**
Bücken, Ernst (1884–1949) 657
Budapester Streichquartett (1918 bis 1966) 930
Bülow, Hans v. (1830–1894) 636, 811, 829
Bungert, August (1845–1915) 87
Burgmüller, Norbert (1810–1836) 78, 111
Burkard, Heinrich (1888–1950) 840
Burkhard, Willy (1900–1955) **869**, 1007, 1008
Burney, Charles (1726–1814) 36, 61, 356
Burns, Robert (1759–1796) 592
Busch, Adolf (1891–1952) 51
Busch, Wilhelm (1832–1908) 933
Bush, Alan (* 1900) 115
Busoni, Ferruccio (1866–1924) 71, 112,114, 121, **819–821**, 822, 872, 911, 915, 942
2. Violinsonate e-Moll op. 36a 820
Bussotti, Sylvano (* 1931) 976, 1046, **1086–1088**
Butting, Max (1888–1976) 115
Buxbaum-Quartett 827
Buxtehude, Dietrich (1637–1707) 40, 198
Byrd, William (1543–1623) 21
Byron, Lord George Gordon Noel (1788–1824) 1069

Cage, John (1912–1992) 104, **971 bis 977**, 978, 1029, 1053, 1060, **1086**, 1088, 1089, 1090, 1104
Music for Wind Instruments 973
First Construction (in metal) 974
String Quartet in 4 Parts 975
Variations I 976
Caldara, Antonio (1670–1736) 31, 170
Calder, Alexander (1898–1976) 988
Cambini, Giovanni Giuseppe (1746 bis 1825) 96, 97, 98, 99, 100, 103, 105, 120, 122, 369
Camerloher, Placidus v. (1718–1782) 42

Campioni, Carlo Antonio (1720 bis 1788) 37, 58
Campo y Zabaleta, Conrado del (1879–1953) 1048
Canales, Manuel (1747–1784) 107
Cannabich, Familie 357
Cannabich, Christian (1731–1798) 42, 97, 117, 122, **360**, 361, **363**, 364
Caplet, André (1878–1925) 76
Capron, Nicolas (~1740–1784) 47
Cardon, Jean-Guillain (1732–1788) 97
Carl Theodor von der Pfalz, Kurfürst (1724–1799) 43, 46, 355, 360, 361
Carlos IV. (1748–1819; span. König) 119
Carmontelle, Louis Carrogis de (1717 bis 1806) 61
Carter, Elliott (* 1908) 75, 115, 132, **859**
Casals, Pablo (1876–1973) 51
Casella, Alfredo (1883–1947) 115, 862, 870, **871**
Caskel, Christoph (* 1932) 1078
Caspar, Walter 939
Cassagnaud, Emile 1073
Cassanéa de Mondonville, Jean-Jacques → Mondonville
Castello, Dario (16./17. Jh.) 24
Castelnuovo-Tedesco, Mario (1895 bis 1968) **872**
Castiglione, Baldassare (1478–1529) 17
Castiglioni, Niccolò (* 1932) **1090**
Caudwell, Christopher 1062, 1065
Caurroy, Eustache du (1549–1609) 18
Cavendish, Lady Rhodia (17. Jh.) 152
Cazzati, Maurizio (~1620–1677) 28
Celan, Paul (1920–1970) 997, 1097, 1101
Cerha, Friedrich (* 1926) **1104**
Cervantes, Miguel de (1547–1616) 915
Chabrier, Emmanuel (1841–1894) 860
Chamisso, Adelbert v. (1781–1838) 592
Chandos, Duke of (18. Jh.) 175
Char, René (* 1907) 1015
Charles II. (1630–1685; engl. König) 145
Charpentier, Marc-Antoine (1634 bis 1704) 707
Chartrain, Nicolas-Joseph (1740–1793) 96, 97, 99
Chatschaturjan, Aram I. (1903–1978) **845–846**
Chausson, Ernest (1855–1899) 87, 112, 845
Chédeville, Nicolas (1705–1782) 35
Cherubini, Luigi (1760–1842) 106, 120, **429–437**, 530, 531
  Streichquartett Nr. 1 Es-Dur 433
  Streichquartett Nr. 2 C-Dur 434
  Streichquartett Nr. 3 d-Moll 434
  Streichquartett Nr. 4 E-Dur 435
  Streichquartett Nr. 5 F-Dur 436
  Streichquartett Nr. 6 a-Moll 436
  Streichquintett e-Moll/E-Dur 437
Chevardière (Musikverlag) 261
Chopin, Frédéric (Fryderyk; 1810 bis 1849) 74, 82, 611, 612, **701**, 807
Christine (1626–1689; schwed. Königin) 133
Ciampi, Vincenzo Legrenzio (1719 bis 1762) 37
Cima, Giovanni Paolo (~1570) 23, 24, 25
Cimarosa, Domenico (1749–1801) 93, 117
Cingria, Charles-Albert (1883–1954) 893
Cirri, Giovanni Battista (1724–1808) 37, 50, 106, 116
Claudius, Matthias (1740–1815) 546, 548
Clément, Charles-François (~1720 bis n. 1782) 60
Clementi, Aldo (* 1925) **1090**
Clementi, Muzio (1752–1832) 50, 63
Cobbett, Walter Willson 65, 83, 113
Coleridge-Taylor, Samuel (1875–1912) 123
Collot, Serge 1021
Coolidge, Elizabeth Sprague (1864 bis 1953) 103, 853, 855
Copland, Aaron (1900–1990) **859**
Corbett, William (~1670–1748) 36, 49
Corelli, Arcangelo (1653–1713) 11, 13, 14, 24, 25, 26, 28, **29–30**, 31, 34, 35, 44, 45, 47, 49, 56, 103, **133–144**, 145, 149, 151, 170, 171, 186, 187, 191, 200
  Violinsonaten op. 5 134
    6 Sonate da chiesa 134
    6 Sonate da camera 135
  Triosonaten 136
    12 Sonate da chiesa op. 1 137, 138
    12 Sonate da chiesa op. 3 137, 139

(Corelli, Arcangelo)
12 Sonate da camera op. 2 141
12 Sonate da camera op. 4 141, 144
Corrette, Michel (1709–1795) 60
Couperin, François (le grand; 1668 bis 1733) **34**, 35, 807, 809
Courteville, Ralph (Raphael; ~1670 bis ~1735) 57
Courvoisier, Walter (1875–1931) 52
Cowell, Henry (1897–1965) 71, 114, 971
Cramer, Wilhelm (1746–1799) 57
Cranko, John (1927–1973) 985
Cranz, Alwin (1834–1923) 677
Croft, William (1678–1727) 57
Crusell, Bernhard Henrik (1775 bis 1838) 117
Cummings, Edward Estlin (1894 bis 1962) 972, 1019, 1020
Cunningham, Merce (* 1919) 971, 972
Cupis, François (1732–1808) 48
Czerny, Carl (1791–1857) 87

Dalayrac, Nicolas (1753–1809) 105
Dalberg, Wolfgang Heribert Frhr. v. (1750–1806) 356
Dall'Abaco, Evaristo Felice (1675 bis 1742) 40, 44, 45
Dall'Abaco, Joseph (1710–1805) 49
Dallapiccola, Luigi (1904–1975) 1016, **1083–1084**
Dancla, Charles (1817–1907) 58
Dandrieu, Jean-François (1682–1738) 34, 47
Daniel-Lesur, Jean-Yves (* 1908) 968, **1085**
D'Annunzio, Gabriele (1863–1938) 947
Danzi, Franz (1763–1826) 77, 117, 121, 130, 365, **366**, 530
Darmstadt, Hans (* 1943) **1096**
Davaux, Jean-Baptiste (1742–1822) 96, 97, 105
David, Félicien (1810–1876) 120
David, Ferdinand (1810–1873) 124, 585, 608, 609
David, Johann Nepomuk (1895 bis 1977) 52, **912–913**, 1062, 1096, 1105
Davies, Peter Maxwell (* 1934) **1091 bis 1092**
Streichquartett 1092
»Runes from a Holy Island« 1092
Debussy, Claude (1862–1918) 70, 75, 94, 95, 112, 115, 707, 793, 799, **806–811**, 842, 843, 844, 848, 860, 873, 874, 896, 967
»Syrinx« f. Fl allein 811
Sonate f. Vl u. Klav 810
Sonate f. Vcl u. Klav 809
Trio f. Klav, Vl u. Vcl 807
Sonate f. Fl, Va u. Hrf 810
Streichquartett g-Moll op. 10 808
Degen, Helmut (* 1911) **917**
Degiardini, Felice → Giardini, de
Dehmel, Richard (1863–1920) 850
Deinzer, Hans 1043
Deiters, Hermann (1833–1907) 670
Delás, José Luis (* 1928) **1091**
Delius, Frederick (1862–1934) 71, 75, 112, **843**
Denhoff, Michael (* 1955) **1097**
Denissow, Edison W. (1929–1996) **1109**
Derr, Ellwood 807, 808
Desprez, Josquin → Josquin
Dessau, Paul (1894–1979) **1100**, 1102
Deutsch, Otto Erich (1883–1967) 539
Diabelli, Anton (1781–1858) 556
Diaghilew, Serge (1872–1929) 889, 919
Diamond, David (* 1915) 53
Dickenson-Auer, Mary 883
Dieckmann 931
Dietrich, Albert (1829–1908) 70, 81, **610**, 638, 663
Dieupart, Charles (François?) (~1670 bis ~1740) 59
Dimov, Bojidar (* 1935) **1107**
Dinescu, Violeta (* 1953) **1107**
Distler, Hugo (1908–1942) **916**
Dittersdorf, Karl Ditters v. (1739 bis 1799) 96, 98, 109, 120, 130, 358
Dittrich, Paul-Heinz (* 1930) **1100 bis 1101**
»Cello-Einsatz« f. Vcl solo 1100
Döhl, Friedhelm (* 1936) **1096**
Dohnányi, Ernst v. (1877–1960) 70, 75, 91, 99, 112, 113, **846**
Domergue, Charles 862
Donatoni, Franco (* 1927) **1090**
Donizetti, Gaetano (1797–1848) 106
Door, Anton (1833–1919) 825
Dostojewskij, Fjodor M. (1821–1881) 919
Dotzauer, Justus Johann Friedrich (1783–1860) 58
Dowland, John (1562–1626) 38, 873
Draeseke, Felix (1835–1913) 72, 78, 112, 121
Dreisbach, Philipp 931
Dresden, Sem (1881–1957) 95

Drushinin, Fjodor 962
Ducasse, Roger → Roger-Ducasse
Duchamp, Marcel (1887–1968) 971
Dufy, Raoul (1877–1953) 894
Dukas, Paul (1865–1935) 809, 873, 968
Dumesnil, Maurice 807
Duport, Jean-Pierre (1741–1818) 48, 110
Dupré, Marcel (1886–1971) 968
Durand, Émile (1830–1903) 807
Durey, Louis (1888–1979) 865
Durkó, Zsolt (* 1934) 1076, **1107**
Dusík, Jan Ladislav → Dussek
Dushkin, Samuel (1891–1976) 893, 895
Dussek, Johann Ladislaus (Dusík, Jan Ladislav; 1760–1812) 69, 87, 89
Duval, François (~1673–1728) 34, 47
Dvořák, Antonín (1841–1904) 66, 69, 70, 83, 87, 91, 99, 109, 112, 121, 123, 125, 701, **721–786**, 846, 849
  Streichtrios 761
    Terzett C-Dur op. 74 761
    »Miniaturen« B-Dur/g-Moll op. 75a 762
  Streichquartette 722
    A-Dur op. 2 (urspr. op. 1) 723
    B-Dur o. op. (Nr. 2) 724
    D-Dur o. op. (Nr. 3) 726
    e-Moll o. op. (Nr. 4) 728
    f-Moll op. 9 730
    a-Moll op. 12 731
    a-Moll op. 16 732
    E-Dur op. 80 (urspr. op. 27) 734
    d-Moll op. 34 736
    Es-Dur op. 51 738
    C-Dur op. 61 740
    F-Dur op. 96 742
    As-Dur op. 105 744
    G-Dur op. 106 748
    2 Walzer (nach op. 54) 752
    »Zypressen«, 12 Stücke 752
  Streichquintette 753
    a-Moll op. 1 753
    G-Dur op. 77 753
    Es-Dur op. 97 757
  Streichsextett A-Dur op. 48 759
  »Nocturne (Notturno)« f. Streicher op. 40 754
  Kammermusik mit Klavier 763
  Violinsonate F-Dur op. 57 763
  Violinsonatine G-Dur op. 100 765
  Klaviertrios 767
    B-Dur op. 21 767
    g-Moll op. 26 770
    f-Moll op. 65 772
    Dumky e-Moll op. 90 775
  Klavierquartette 777
    D-Dur op. 23 777
    Es-Dur op. 87 779
  Klavierquintette 783
    A-Dur op. 5 783
    A-Dur op. 81 784
  »Bagatellen« op. 47 782

Eberl, Anton (1765–1807) 79, 87
Eccles, Henry (~1670–1742?) 47
Eck, Franz (1776–1804) 529
Eckard, Johann Gottfried (1735 bis 1809) 61
Eck(e)hart, Meister (~1260 bis 1327/1328) 1070
Eco, Stefano 1020
Edelmann, Johann Friedrich (1749 bis 1794) 62
Eder, Helmut (* 1916) **1105**
Eder-Quartett 1050
Edlund, Michael (* 1950) **1091**
Egk, Werner (1901–1983) **916**
Eichendorff, Joseph v. (1788–1857) 592, 605, 630, 658, 803, 822, 1104
Eichner, Ernst (1740–1777) 58, 63, **368**
Eimert, Herbert (1897–1972) 115, 904, 1018, 1030, 1031, 1039, 1094
Einem, Gottfried v. (1918–1996) 71, **1105**
Einfeldt, Dieter (* 1935) **1096**
Einstein, Alfred (1880–1952) 395, 421
Eisenstein, Sergej M. (1898–1948) 919
Eisler, Hanns (1898–1962) 851, 1096, **1100**, 1102
Elgar, Edward (1857–1934) 71, 91, **843**
Elisabeth Auguste von der Pfalz, Kurfürstin (18. Jh.) 356
Ellington, Duke (1899–1974) 1042
Enescu, George (1881–1955) 70, 129, **847**, 864
Engelmann, Hans Ulrich (* 1921) **992–993**, 1095
  »Timbres« op. 27 993
Engelmann, Theodor Wilhelm 683
Englert, Giuseppe Giorgio (* 1927) **1104**
Erben, Karel Jaromír (1811–1870) 722
Erdmann, Dietrich (* 1917) **1096**
Erdmann, Eduard (1896–1958) 52, 840, 942

Erdödy, Joseph Graf (18. Jh.) 337
Erdödy, Marie Gräfin (19. Jh.) 458, 466
Erlebach, Philipp Heinrich (1657 bis 1714) 39
Eröd, Ivan (* 1936) **1106**
Esch, Louis v. (18. Jh.) 63
Eszterházy, Familie 241, 269, 312
Eszterházy, Johann Karl Graf 537
Eszterházy, Maria Josepha Hermenegild Fürstin 249
Eszterházy, Marie Therese Fürstin 248
Eszterházy, Nikolaus Joseph Fürst (1714–1790) 98, 241, 255, 256, 260
Eszterházy, Nikolaus II. Fürst (1765 bis 1833) 241, 249, 255
Eszterházy, Paul Anton Fürst (1711 bis 1762) 241, 248
Eybler, Joseph (1765–1846) 98

Falck, M. 235
Falla, Manuel de (1876–1946) 93, 799, 846, **873–875**, 1048, 1049
  Konzert f. Cemb, Fl, Ob, Klar, Vl u. Vcl 844
Farina, Carlo (~1600 – ~1640) 38
Farkas, Ferenc (* 1905) 998
Fasch, Johann Friedrich (1688–1758) 40
Fauré, Gabriel (1845–1924) 70, 75, 87, 90, 112, 707, **793–799**, 859, 860, 861, 865, 873
  Violinsonaten
    A-Dur op. 13 794
    e-Moll op. 108 794
  Cellosonaten
    d-Moll op. 109 795
    g-Moll op. 117 795
  Klaviertrio d-Moll op. 120 798
  Streichquartett e-Moll op. 121 798
  Klavierquartette
    c-Moll op. 15 796
    g-Moll op. 45 796
  Klavierquintette
    d-Moll op. 89 797
    c-Moll op. 115 797
Favre, Max 794, 798
Fawcett, Rodney 997
Febel, Reinhard (* 1952) **1096**
Feldman, Morton (1926–1987) 104, 1029, **1088**
Ferneyhough, Brian (* 1943) **1092**
  »Funerailles« f. Streichseptett u. Hrf 1092
Ferrari, Domenico (1722–1780) 46
Fesca, Alexander Ernst (1820–1849) 81, 93, 94
Fesca, Friedrich Ernst (1789–1826) 110, 118, 119, 122
Fesch, Willem de (1687–1761) 57
Festing, Michael Christian (~1680 bis 1752) 36
Feuermann, Emanuel (1902–1942) 932
Feuillard, Louis 862
Fibich, Zdeněk (1850–1900) 83
Field, John (1782–1837) 1029
Fils (Filtz), Anton (1733–1760) 42, **360**, 361, **364–365**
Finger, Gottfried (~1660–1730) 35
Fiorillo, Federigo (1755 – n. 1822) 96
Fischer, Kurt v. (* 1913) 1065
Fischer, Michael Gotthard (1773 bis 1829) 87
Fischer-Dieskau, Dietrich (* 1925) 1068
Fitelberg, Grzegorz (1879–1953) 896
Fitzner-Quartett 849
Flammer, Ernst Helmuth (* 1949) **1096**
Flesch, Carl (1873–1944) 51
Flonzaley-Quartett 891
Florentiner Streichquartett (gegr. 1866) 738
Fodor, Josephus (1751–1828) 105
Foerster, Josef Bohuslav (1859–1951) 70, 75, 83, 112, 113
Fontyn, Jacqueline (* 1930) **1091**
Forster (Musikverlag) 260, 354
Förster, Emanuel Aloys (1748–1823) 86, 109, 110, 119
Fortner, Wolfgang (1907–87) 75, 99, **963–967**, 983, 992, 1007, 1022, 1070, 1079, 1082, 1094
  Sonate f. Vcl u. Klav 964
  »Zyklus« f. Vcl u. Klav 966
  Sonate f. Fl u. Klav 964
  Trio f. Vl, Vcl u. Klav 967
  »Serenade« f. Fl, Ob u. Fag 963
  3. Streichquartett 965
Foss, Lukas (* 1922) 1060
Françaix, Jean (* 1912) 114, 131, **868**
Franchomme, Auguste (1808–1884) 74
Franck, César (1822–1890) 67, 70, 77, 82, 83, 90, 106, 112, 113, **613–617**, 707, 806, 808, 844, 861
  Violinsonate A-Dur 615
  4 Klaviertrios 614
  Streichquartett D-Dur 616
  Klavierquintett f-Moll 614

Franco, Francisco (1892–1975) 1065
Francœur, François (1698–1787) 47
Francœur, Louis (~1692–1745) 47
Frank, Maurits (1892–1959) 901, 931, 937, 938
Franz II. (1768–1835; Kaiser) 342
Franz, Karl (18. Jh.) 260
Fränzl, Ferdinand (1767–1833) 97
Fränzl, Ignaz (1736–1811) **360–361**, 362, 365
Fredersdorf, Michael Gabriel (1708 bis 1758) 230
Freivogel, Willy 1078
Frescobaldi, Girolamo (1583–1643) 24
Freund-Quartett (gegr. 1939) 965
Fricker, Peter Racine (* 1920) 77, 132
Frid, Géza (* 1904) 884
Friebert, Joseph (18. Jh.) 353, 354
Friedrich II. d. Gr. (1712–1786; preuß. König) 40, 46, 48, 74, 230, 232, 234, 236
Friedrich Wilhelm II. (1744–1797; preuß. König) 89, 110, 120, 304, 367, 369, 393, 417, 456
Friedrich Wilhelm III. (1770–1840; preuß. König) 369
Fries, Graf Moritz v. (18./19. Jh.) 348, 444, 446, 521
Frommel, Gerhard (1906–1984) **916**
Fuchs, Johann Nepomuk (1842–1899) 825
Fuchs, Robert (1847–1927) 70, 73, 75, 87, 99, 123, 825
Fuchs-Robettin, Hanna 907
Fürnberg, Karl Joseph Edler v. (18. Jh.) 261
Fürstenberg, Prinz Max Egon zu (1896–1959) 894
Furtwängler, Wilhelm (1886–1954) 923
Fussan, Werner (* 1912) **917**
Fux, Johann Joseph (1660–1741) 42, 155

Gabrieli, Giovanni (1554/57–1612/1613) 19, 22, 23, 103
Gabrielli, Domenico (~1659–1690) 25
Gadamer, Hans-Georg (* 1900) 292
Gade, Niels Wilhelm (1817–1890) 69, 78, 81, 111, 121, 124, 129, 606, **701**, 786
Gál, Hans (1890–1987) 115
Galitzin, Fürst Nikolaus (1794–1866) 503, 507, 516
Galliard, Johann Ernst (John Ernest; ~1680–1749) 49
Gänsbacher, Josef (1829–1911) 640
Garth, John (~1722–1810) 63
Gasser, Ulrich (* 1950) **1104**
Gassmann, Florian Leopold (1729 bis 1774) 58, 110, 119, 358
Gaveaux, Pierre (1760–1825) 530
Gaviniès, Pierre (1728–1800) 47, 53
Gawriloff, Saschko (Siegfried Jordan; * 1929) 52, 1004
Gazzelloni, Severino (* 1919) 988, 1019, 1071
Gebel, Franz Xaver (1787–1843) 120
Gédalge, André (1856–1926) 859
Gehlhaar, Rolf (* 1943) **1096**
Geiger, Heinrich 898
Geiringer, Karl (1899–1989) 639
Geminiani, Francesco (1680?–1762) 28, 36, 44, 48, 49, 50
Genzmer, Harald (* 1909) **916–917**, 1096
Georg I. (1660–1727; engl. König) 175
George, Stefan (1868–1933) 851, 852
Gérard, Yves 370
Gerber, Ernst Ludwig (1746–1819) 292
Gerhard, Roberto (1896–1970) 114, 131
Gernsheim, Friedrich (1839–1916) 70, 75, 87, 91, 112, 121, 125
Gerster, Ottmar (1897–1969) **841**
Gerstl, Richard (1883–1908) 851
Geyer, Stefi (1888–1956) 1007
Giardini (Degiardini), Felice (de; 1716–1796) 37, 50, 57, 98, 106
Gibbons, Orlando (1583–1625) 21
Gielen, Michael (* 1927) **1105–1106**
Streichquartett »Un vieux souvenir« 1106
Gieseking, Walter (1895–1956) 964
Giordani, Tommaso (~1730–1806) 86
Glass, Philip (* 1937) **1099**
Glasunow, Alexander K. (1865–1936) 103, 111, 121, **845**, 954
Gleichenstein, Baron v. (18./19. Jh.) 457
Glière (Glier), Reinhold M. (1874 bis 1956) 59, 125, 129, **845**
Glinka, Michail I. (1804–1857) 93, **702**
Globokar, Vinko (* 1934) 1033, **1059–1062**, 1107
»Accord« f. Sopr u. 5 Instr 1060
»Discours IV« f. 3 Klar 1061
»Vorstellung« f. 1 Solisten 1061

Gluck, Christoph Willibald (1714 bis 1787) 36, 37, 348, 368, 707
Göbel, Josef 740
Goebbels, Joseph (1897–1945) 923
Goehr, Alexander (* 1932) **1091**
Goethe, Johann Wolfgang (1749 bis 1832) 103, 242, 537, 576, 592, 670, 803, 898
Goetz, Hermann (1840–1876) 81, 87, 89, **700**
Goeyvaerts, Karel (1923–1993) 1030, 1034, **1083**
Goldberg, Johann Gottlieb (1727 bis 1756) 54
Goldberg, Szymon (* 1909) 932
Goldmann, Friedrich (* 1941) **1102**
Goldmark, Karl (1830–1915) 70, 75, 82, 121
Goltermann, Georg (1824–1898) 74
Gomez, Italo 1064
Gomringer, Eugen (* 1925) 996
Goodman, Benny (1909–1986) 885
Górecki, Henryk Mikołaj (* 1933) **1108**
Gossec, François-Joseph (1734–1829) 35, 97, 105
Gotovac, Jakov (1895–1973) **847**
Götz, Johann Michael (~1735–1810) 365, 366
Gounod, Charles (1818–1893) 106, 130, 707, 860
Gouvy, Théodore (1819–1898) 125, 131
Grabner, Hermann (1886–1969) 829, 963
Graedener, Carl G. P. (1812–1883) 129, **700**
Graedener, Hermann (1844–1929) 129
Graener, Paul (1872–1944) 83, **701**
Granados, Enrique (1867–1916) 91, 846
Graun, Carl Heinrich (1703/04–1759) 54, 55
Graun, Johann Gottlieb (1702/03 bis 1771) 41, 48, 54, 55, 235
Graupner, Christoph (1683–1760) 41, 54
Greissle, Felix 852
Grieg, Edvard (1843–1907) 70, 75, 111, 701, **786–793**
Violinsonaten 790
F-Dur op. 8 790
G-Dur op. 13 791
c-Moll op. 45 792
Cellosonate a-Moll op. 36 789
Streichquartette
g-Moll op. 27 787
F-Dur 788
Grieg, John 789
Griesinger, Georg August (1769 bis 1845) 348
Grillparzer, Franz (1791–1872) 438
Grosskopf, Erhard (* 1934) **1096**
Grümmer, Elisabeth (1911–1986) 1068
Gruppe der Fünf 702
Gruppe der »Six« (seit 1918) **865 bis 867**
Guarneri del Gesù, Giuseppe Antonio (1698–1744) 913
Guarnieri-Quartett 809
Guénin, Marie-Alexandre (1744–1835) 62, 97
Guézec, Jean-Pierre (* 1934) 968
Guignon, Jean-Pierre (1702–1774) 47, 57
Guillemain, Louis-Gabriel (1705–1770) 41, 57, 60, 62
Guillén, Jorge (1893–1984) 1049
Guiraud, Ernest (1837–1892) 806
Gutheil-Schoder, Marie (1874–1935) 851
Gyrowetz, Adalbert (1763–1850) 58, 80, 98, 109, 117, 118, 119, 121

Haas, Joseph (1879–1960) 99, 829, **840–841**, 916, 951
Hába, Alois (1893–1973) 931
Halaczinsky, Rudolf (* 1920) **1095**
Halévy, Fromental (1799–1862) 706
Halffter, Cristóbal (* 1930) 53, **1048 bis 1051**, 1091
2. Streichquartett, »Mémoires« 1050
3. Streichquartett 1050
Halffter, Ernesto (* 1905) 874, 1048
Halffter, Rodolfo (* 1900) 1048
Hallis, Adolphe (* 1896) 884
Halm, August (1869–1929) 52
Halm, Hans (1898–1965) 455
Hamary, András (* 1950) **1096**
Hambræus, Bengt (* 1928) **1091**
Hamel, Peter Michael (* 1947) **1099**
Hand, Ferdinand Gotthelf (1786–1851) 108
Händel, Georg Friedrich (1685–1759) 36, 48, 54, 110, 144, 163, **175–197**, 410, 460, 529, 532, 922, 942
Solosonaten (m. b. c.) 185
Violinsonate d-Moll / Flötensonate e-Moll op. 1/1 186

(Händel, Georg Friedrich)
Blockflötensonate g-Moll op. 1/2 186
Flötensonate e-Moll nach op. 1/1 u. 1/2 187
Violinsonate A-Dur op. 1/3 188
Blockflötensonate a-Moll op. 1/4 188
Oboensonate F-Dur / Flötensonate G-Dur op. 1/5 189
Violinsonate / Gambensonate g-Moll op. 1/6 189
Blockflötensonate C-Dur op. 1/7 190
Oboensonate c-Moll op. 1/8 190
Blockflötensonate / Violinsonate d-Moll op. 1/9 191
Violinsonate A-Dur (Erstausg. op. 1/10) 194
Violinsonate g-Moll (Zweitausg. op. 1/10) 195
Blockflötensonate F-Dur op. 1/11 192
Violinsonate E-Dur (Erstausg. op. 1/12) 195
Violinsonate F-Dur (Zweitausg. op. 1/12) 195
Blockflötensonate B-Dur (1. Fitzwilliam-S.) 193
Blockflötensonate d-Moll (2. Fitzwilliam-S.) 193
Blockflötensonate d-Moll (3. Fitzwilliam-S.) 194
Flötensonate a-Moll (1. »Hallenser S.«) 196
Flötensonate e-Moll (2. »Hallenser S.«) 196
Flötensonate h-Moll (3. »Hallenser S.«) 197
Oboensonate B-Dur 194
Violinsonate D-Dur 192
Sonate f. Flöte u. b. c. D-Dur (J. S. L. Weiss?) 197
Sonate f. Gambe u. Cembalo C-Dur (J. M. Leffloth?) 197
Triosonaten 177
Triosonaten op. 2 178
2/1 h-Moll 178
2/2 g-Moll 179
2/3 B-Dur 179
2/4 F-Dur 180
2/5 g-Moll 181
2/6 g-Moll 181
Triosonaten op. 5 181
5/1 A-Dur 182
5/2 D-Dur 182
5/3 e-Moll 182
5/4 G-Dur 182
5/5 g-Moll 183
5/6 F-Dur 183
5/7 B-Dur 183
»Dresdner Triosonaten« 183
Sonate F-Dur 183
2. Sonate 184
3. Sonate 184
Sinfonia B-Dur 184
Sonate f. 2 Blockflöten u. b. c. F-Dur 185
Sonate f. 2 Flöten u. b. c. e-Moll 185
Sonate f. 2 Violinen u. b. c. C-Dur 185
Hänsel, Peter (1770–1831) 58, 109, 118, 119
Hanslick, Eduard (1825–1904) 721
Harris, Roy (1898–1979) 115, **858**
Harrison, Lou (* 1917) 972, 975
Härtel → Breitkopf & Härtel
Hartig, Graf (18. Jh.) 155
Hartmann, Karl Amadeus (1905–1963) **951–953**
1. Streichquartett, »Carillon« 952
2. Streichquartett 953
»Burleske Musik« 953
Hashagen, Klaus (* 1924) **1096**
Haslinger, Tobias (1787–1842) 522
Hasse, Johann Adolf (1699–1783) 40, 155
Hasse, Karl (1883–1960) 657
Haubenstock-Ramati, Roman (1919 bis 1994) **987–990**, 1089
»Interpolation« f. Fl 988
»Credentials, or ›Think, Think Lucky‹« f. Stimme u. 8 Spieler 988
Concerto a tre f. Klav, Pos u. Schlzg 89
Hauer, Josef Matthias (1883–1959) 848, 918
Häusler, Josef 807, 848
Hausmann, Robert (1852–1909) 645
Havemann-Quartett (1920er Jahre) 943
Haydn, Joseph (1732–1809) 11, 42, 58, 65, 74, 80, 89, 98, 99, 101, 102, 104, 105, 107, 109, 110, 117, 118, 119, 120, 127, 137, 144, 164, 239, **241–355**, 358, 363, 367, 368, 369, 371, 373, 374, 375, 377, 381, 382, 383, 385, 387, 391, 393, 395, 409, 410, 411, 413, 416, 423, 426, 431, 434, 438, 439, 444, 461, 465, 480, 481,

(Haydn, Joseph)
482, 485, 486, 519, 531, 532, 538, 540, 544, 574, 579, 649, 669, 812, 813
Kammermusik mit Klavier 243
Hob. XIV: 3, 4, 7–13 243
Frühe Klavier(Cembalo)trios 243
Hob. XV: 1, 2, 34–38, 40, 41, C1, f1 244
Spätere Klaviertrios 244
G-Dur (XV:5) 245
F-Dur (XV:6) 245
D-Dur (XV:7) 245
B-Dur (XV:8) 245
A-Dur (XV:9) 245
Es-Dur (XV:10) 245
Es-Dur (XV:11) 246
e-Moll (XV:12) 246
c-Moll (XV:13) 246
As-Dur (XV:14) 246
G-Dur (XV:15) 247
D-Dur (XV:16) 247
F-Dur (XV:17) 248
A-Dur (XV:18) 248
g-Moll (XV:19) 249
B-Dur (XV:20) 249
C-Dur (XV:21) 249
Es-Dur (XV:22) 250
d-Moll (XV:23) 250
D-Dur (XV:24) 251
G-Dur, Trio all'Ongarese (XV:25) 251
fis-Moll (XV:26) 252
C-Dur (XV:27) 252
E-Dur (XV:28) 253
Es-Dur (XV:29) 254
Es-Dur (XV:30) 254
es-Moll/Es-Dur (XV:31) 255
G-Dur (XV:32) 247
»Quintett« f. Cemb, Vl, 2 Hr u. Baß Es-Dur (XIV:1) 243
Kammermusik ohne Klavier 255
Duos f. Vl u. Va (VI:1–6) 257
Divertimenti f. verschiedene Besetzungen 257
Divertimento G-Dur (II:2) 259
Divertimento Es-Dur f. Corno da caccia, Vl u. Vcl (IV:5) 260
Divertimenti f. Fl (Vl), Vl u. Vcl (IV:6–11) 260
Streichtrios (V:1–21) 258
»Echo« f. 2 Streichtrios (II:39) 259
Trios f. 2 Fl u. Vcl (IV:1–4) 260
Barytontrios (XI:1–126) 255
Streichquartette 260
op. 1 in B, Es, D, G, C (III:1–4, 6; II:6) 261, 262
1/0 Es-Dur (II:6) 261, 262
1/6 C-Dur (III:6) 261, 263
op. 2 in A, E, F, B (III: 7, 8, 10, 12) 261, 262, 263, 265
op. 3 in E, C, G, B, F, A (III:13–18; R. Hoffstetter?) 265
3/5 F-Dur (III:17) 266
op. 9 (III:19–24) 268
9/1 C-Dur (III:19) 269
9/2 Es-Dur (III:20) 271
9/3 G-Dur (III:21) 272
9/4 d-Moll (III:22) 272
9/5 B-Dur (III:23) 273
9/6 A-Dur (III:24) 274
op. 17 (III:25–30) 274
17/1 E-Dur (III:25) 275
17/2 F-Dur (III:26) 276
17/3 Es-Dur (III:27) 276
17/4 c-Moll (III:28) 277
17/5 G-Dur (III:29) 278
17/6 D-Dur (III:30) 279
op. 20 (III:31–36) 279
20/1 Es-Dur (III:31) 280
20/2 C-Dur (III:32) 281
20/3 g-Moll (III:33) 283
20/4 D-Dur (III:34) 284
20/5 f-Moll (III:35) 285
20/6 A-Dur (III:36) 287
op. 33, »Russische Quartette« (III:37–42) 289
33/1 h-Moll (III:37) 292
33/2 Es-Dur, »The Joke« (III:38) 295
33/3 C-Dur, »Vogelquartett« (III:39) 296
33/4 B-Dur (III:40) 298
33/5 G-Dur (III:41) 299
33/6 D-Dur (III:42) 300
op. 42 d-Moll (III:43) 301
op. 50 (III:44–49) 303
50/1 B-Dur (III:44) 304
50/2 C-Dur (III:45) 306
50/3 Es-Dur (III:46) 307
50/4 fis-Moll (III:47) 308
50/5 F-Dur (III:48) 309
50/6 D-Dur, »Froschquartett« (III:49) 310
»Die sieben letzten Worte unseres Erlösers am Kreuze«, op. 51, Bearb. f. Streichquartett (III:50–56) 353
op. 54 (III:57–59) 311
54/1 G-Dur (III:58) 312
54/2 C-Dur (III:57) 313
54/3 E-Dur (III:59) 315

(Haydn, Joseph)
op. 55 (III:60–62) 311
55/1 A-Dur (III:60) 316
55/2 f-Moll/F-Dur (III:61) 318
55/3 B-Dur (III:62) 319
op. 64 (III:63–68) 320
64/1 C-Dur (III:65) 321
64/2 h-Moll (III:68) 322
64/3 B-Dur (III:67) 324
64/4 G-Dur (III:66) 324
64/5 D-Dur, »Lerchenquartett« (III:63) 326
64/6 Es-Dur (III:64) 327
op. 71 (III:69–71) 328
71/1 B-Dur (III:69) 329
71/2 D-Dur (III:70) 330
71/3 Es-Dur (III:71) 331
op. 74 (III:72–74) 328
74/1 C-Dur (III:72) 333
74/2 F-Dur (III:73) 334
74/3 g-Moll, »Reiterquartett« (III:74) 336
op. 76 (III:75–80) 337
76/1 G-Dur (III:75) 338
76/2 d-Moll, »Quintenquartett« (III:76) 340
76/3 C-Dur, »Kaiserquartett« (III:77) 341
76/4 B-Dur, »Sonnenaufgangsquartett« (III:78) 343
76/5 D-Dur (III:79) 344
76/6 Es-Dur (III:80) 345
op. 77 (III:81–82) 348
77/1 G-Dur (III:81) 348
77/2 F-Dur (III:82) 350
op. 103, Fragment (III:83) 352
Kammermusik in größerer Besetzung (II:1, 11, 33–38) 259
Haydn, Michael (1737–1806) 58, 118, 119, 241, 396, 534
Heckel (Musikverleger) 104
Heider, Werner (* 1930) **1042–1044**
»Edition« 1043
»Kunst-Stoff« 1043
»WIR« f. Streichquartett 1044
Heifetz, Benar 901
Heilmann, Harald (* 1924) **1096**
Heim, Georg 898
Heine, Heinrich (1797–1856) 592, 668
Heinichen, Johann David (1683–1729) 40, 155
Heinrich VIII. (1491–1547; engl. König) 20
Heiß, Hermann (1897–1966) **918**
Heißenbüttel, Helmut (* 1921) 1070
Hellmesberger, Georg (1800–1873) 552, 695, 741
Hellmesberger, Joseph (1828–1893) 625
Hellmesberger-Quartett 549, 669, 678, 740
Henze, Hans Werner (* 1926) 53, 132, **1022–1028**, 1100
2. Streichquartett 1024
Kammersonate f. Klav, Vl u. Vcl 1025
»Kammermusik 1958« f. Tenor, Git u. 8 Soloinstr 1025
»Being Beauteous« f. Kol.-Sopran, Hrf u. 4 Vcl 1027
Herder, Johann Gottfried (1744–1803) 239
Herrmann, Hugo (1896–1967) **914**
Herzogenberg, Heinrich v. (1843 bis 1900) 70, 73, 75, 87, 92, 98, 112, 121, 636
Hespos, Hans-Joachim (* 1938) **1096 bis 1097**
Hessenberg, Kurt (* 1908) **916**
Heymann-Quartett 861
Hildemann, Wolfgang (1925–1995) **1095**
Hiller, Ferdinand (1811–1885) 75, 87, 98
Hiller, Johann Adam (1728–1804) 829
Hiller, Wilfried (1941) **1096**
Himmel, Friedrich Heinrich (1765 bis 1814) 81
Hindemith, Paul (1895–1963) 52, 59, 71, 73, 75, 76, 77, 78, 84, 87, 88, 99, 114, 126, 131, 502, 711, 823, 836, 845, 849, 915, 916, 917, **923–941**, 943, 954, 963, 1082, 1084, 1085, 1096, 1105
Trios 931
1. Streichtrio op. 34 931
2. Streichtrio 932
Trio f. Va, Heckelphon u. Klav op. 47 931
Andante und Scherzo f. Klar, Hr u. Klav op. 1 931
Streichquartette 927
C-Dur op. 2 927
Nr. 1 f-Moll op. 10 928
Nr. 2 C-Dur op. 16 928
Nr. 3 op. 22 929
Nr. 4 op. 32 929
Nr. 5 in Es 930
Nr. 6 930
Quartett f. Klar, Vl, Vcl u. Klav 934

(Hindemith, Paul)
Quintette
»Kleine Kammermusik« f. 5 Bläser op. 24/2 933
Klarinettenquintett op. 30 933
3 Stücke f. 5 Instr 934
Bläserseptett 934
Oktett f. Bläser u. Streicher 935
Das Sonatenwerk 936
Sonaten op. 11 936
11/1 f. Vl u. Klav Es-Dur 936
11/2 f. Vl u. Klav 936
11/3 f. Vcl u. Klav 937
11/4 f. Va u. Klav 937
11/5 f. Va 937
11/6 f. Vl 938
Sonaten op. 25 938
25/1 f. Va 938
25/2, Kleine Sonate f. Va d'amore u. Klav 938
25/3 f. Vcl 938
Sonaten op. 31 939
31/1 f. Vl 939
31/2 f. Vl 939
31/3, Kanonische Sonatine f. 2 Fl 934
31/4 f. Va 939
Sonaten 1935–1955 939
Hrf 941
Vl u. Klav in E 939
Vl u. Klav in C 940
Va u. Klav in C 940
Vcl u. Klav 940
Kb u. Klav in H 941
Fl u. Klav in B 940
Ob u. Klav in G 940
Fag u. Klav in B 940
Klar u. Klav in B 940
EnglHr u. Klav in F 940
AltHr u. Klav in Es 940
Hr u. Klav in F 941
B-Trp u. Klav 941
Pos u. Klav in F 941
Baßtuba u. Klav in B 941
4 Hr 941
Hirayama, Michiko 950
Hirschbach, Hermann (1812–1888) 111
Hoboken, Anthony van (1887–1983) 243
Hoelscher, Ludwig (* 1907) 964
Höffer, Paul (1895–1949) **841**
Hoffmann, Ernst Theodor Amadeus (1776–1822) 94, 821
Hoffmeister, Franz Anton (1754 bis 1812) 58, 87, 98, 100, 119, 367, 416
Hoffstetter, Roman(us) (1742–1815) 265, 266, **367–368**
Hofmann, Heinrich (1842–1902) 82, 124, 125
Hofmann, Wolfgang (* 1922) **1096**
Hofstätter, Peter R. (* 1913) 996
Holbrooke, Joseph (1878–1958) 87, 92, 113
Hölderlin, Friedrich (1770–1843) 1006, 1007, 1026, 1027, 1070
Höller, Karl (1907–1987) **916**
Höller, York (* 1944) **1096**
Holliger, Heinz (* 1939) 1008, **1073 bis 1076**, 1103
»Mobile« f. Ob u. Hrf 1074
»h« f. Bläserquintett 1074
Streichquartett 1075
Hölszky, Adriana (* 1953) **1096**
Holzbauer, Ignaz (1711–1783) 119, 356, **358**, **359–360**, 362, 364, 365
Honauer, Leontzi (~ 1735 – n. 1785) 61
Honegger, Arthur (1892–1955) 52, 58, 71, 73, 75, 78, 114, 807, 842, 865, **867**, 993
Streichquartette 867
Horenstein, Jascha (1898–1973) 907
Hubay, Jenö (1858–1937) 655
Huber, Hans (1852–1921) 83, 92
Huber, Klaus (* 1924) **1007–1011**, 1079, 1089, 1103
»Moteti – Cantiones« f. Streichquartett 1008
»Ascensus« f. Fl, Vcl u. Klav 1009
»Ein Hauch von Unzeit I« f. Fl solo 1011
»Ein Hauch von Unzeit III« f. var. Besetzung 1011
Huber, Nicolaus A. (* 1939) **1097**
»Informationen über die Töne e–f« f. Streichquartett 1097
Hübler, Klaus-K. (* 1956) **1096**
Hüllmandel, Nicolas-Joseph (1756 bis 1823) 62
Hummel, Bertold (* 1925) **1096**
Hummel, Johann Julius (1728–1798) 261
Hummel, Johann Nepomuk (1778 bis 1837) 69, 72, 76, 81, 84, 87, 88, 94, 575
Humperdinck, Engelbert (1854–1921) 112, 700
Humphries, John (18. Jh.) 36, 49

Ibert, Jacques (1890–1962) 76, 100, 114, **867**, 868, 869

Imbescheid, Albrecht (* 1950) **1096**
Indy, Vincent d' (1851–1931) 75, 83, 84, 87, 90, 112, 125, 126, 615, 844, 859, 861, 867
Inghelbrecht, Désiré-Émile (1880 bis 1965) 94
Ireland, John (1879–1962) 83
Isaac, Heinrich (~1450–1517) 14, 16, 21, 897
Ishii, Maki (* 1936) **1089**
Ives, Charles Edward (1874–1954) 71, 84, 103, 115, **857–858**, 1051
Violinsonaten 858

Jacchini, Giuseppe (~1670–1727) 25
Jadin, Louis-Emmanuel (1768–1853) 62
Jahn, Thomas (* 1940) **1096**
Jalowetz, Heinrich (1882–1946) 898, 903
James (Jakob) II. (1633–1701; engl. König) 145
Janáček, Leoš (1854–1928) 71, 94, 103, 112, 131, 617, 701, **799–803**, 846, 1081
Sonate f. Vl u. Klav 800
»Märchen« f. Vcl u. Klav 800
1. Streichquartett 801
»Intime Briefe«, 2. Streichquartett 802
»Mládi«, Suite f. Bläsersextett 802
Janet, Pierre 810
Janitsch, Johann Gottlieb (1708 bis ~1763) 41
Jansen, Therese (18. Jh.) 252
Janson, Jean-Baptiste (~1742–1803) 48
Járdányi, Pál (1920–1966) 998
Jarecki 810
Jarnach, Philipp (1892–1982) 51, 52, 71, 114, 121, 820, **872**, 917, 983
Jarry, Alfred (1873–1907) 984
Jean Paul (1763–1825) 598
Jelinek, Hanns (1901–1969) **912**, 1094
Jemnitz, Sándor (Alexander; 1890 bis 1963) 52, 71, 99
Jeney, Zoltán (* 1943) **1107**
Jenkins, John (1592–1678) 21
Jennens, Charles (18. Jh.) 179
Jenner, Gustav (1865–1920) 12, 70, 78, 85, 630
»Jeune France« (1936 ff.) 968, 1085
Joachim, Joseph (1831–1907) 70, 202, 601, 610, 628, 638, 660, 663, 664, 673, 680, 681, 683, 692, 695
Joachim-Quartett 734, 738
Johann Ernst von Weimar, Herzog 198
Johann Theodor, Fürstbischof von Freising († 1763) 42
Jolivet, André (1905–1974) 76, 968, **1085**
Jommelli, Niccolò (1714–1774) 37
Jonasz, Etta 898
Joseph II. (1741–1790; Kaiser) 110
Josquin des Près (Desprez; ~1450 bis 1521) 21, 945, 1091
Jourdan-Morhange, Hélène 864
Joyce, James (1882–1941) 984, 1017, 1018, 1084
Jungh, Philipp (19. Jh.) 536
Junker, Carl Ludwig (1748–1797) 364
Juon, Paul (1872–1940) 83, 87, 91, 113

Kagel, Mauricio (* 1931) 84, 1033, **1051–1055**, 1083, 1087, **1088**
»Sonant (1960/. . . .)« 1052
1. Streichquartett 1053
»Dressur«, Schlagzeugtrio 1054
Kahn, Micheline 862
Kalafaty, Wassilij P. (1869–1942) 889
Kalbeck, Max (1850–1921) 633, 689
Kalkbrenner, Friedrich (1785–1849) 82, 87, 93, 94
Kalliwoda, Johann Wenzel (1801 bis 1866) 81
Kaminski, Heinrich (1886–1946) 87, 113, 121, 122, **841**
Kammel, Anton(ín) (1730 – v. 1788) 37, 50, 57, 97, 106
Kandinsky, Wassily (1866–1944) 912
Karg-Elert, Sigfrid (1877–1933) 51
Karkoschka, Erhard (* 1923) **996 bis 998**, 1077, **1096**
»quattrologe« f. Streichquartett 997
Karl d. Gr. (742–814; Kaiser) 947
Karl V. (1500–1558; Kaiser) 944
Karl VI. (1685–1740; Kaiser) 155
Kaschperowa (19./20. Jh.) 889
Kässmayer, Moritz (1831–1884) 105
Katzer, Georg (* 1935) **1102**
Kauer, Ferdinand (1751–1831) 98
Kaul, Alexander (1926–1969) 966
Kaun, Hugo (1863–1932) 82, 112, 126
Keiser, Reinhard (1674–1739) 175, 179
Kelemen, Milko (* 1924) 53, **1094**
Keller, Gottfried (1819–1890) 803
Kelterborn, Rudolf (* 1931) **1103**
Kempff, Wilhelm (1895–1991) 52

Kerner, Justinus (1786–1862) 592
Kerpely, Jenö 884
Kiel, Friedrich (1821–1885) 70, 72, 75, 82, 87, 91
Kiesewetter, Peter (* 1945) **1097**
Killmayer, Wilhelm (* 1927) 84, **1028–1030**
  Streichquartett 1029
  Quartett f. 2 Vl, Vcl u. Klav 1030
Kindermann, Johann Erasmus (1616 bis 1655) 38
Kinsky, Georg (1882–1951) 455
Kirchner, Leon (* 1919) 115
Kirchner, Theodor (1823–1903) 87
Kirchner, Volker David (* 1942) **1097**
Kirnberger, Johann Philipp (1721 bis 1783) 40
Kitzler, Otto (1834–1915) 624
Klebe, Giselher (* 1925) 53, **1085 bis 1086**
Klein, Walter (1882–1961) 947
Kleist, Heinrich v. (1777–1811) 1100
Klemperer, Otto (1885–1973) 825
Klengel, Julius (1859–1933) 74
Klöcker, Dieter 535
Knab, Armin (1881–1951) 52
Knorr, Ernst-Lothar v. (1896–1973) **914**
Knorr, Iwan (1853–1916) 87, 821
Koblenz, Babette (* 1956) **1099**
Koch, Heinrich Christoph (1749–1816) 56, 250
Kochan, Günter (* 1930) **1102**
Köchel, Ludwig Ritter v. (1800–1877) 396
Kodály, Zoltán (1882–1967) 52, 58, 75, 99, 208, 701, 799, **846**, 875, 877, 1077
Koechlin, Charles (1867–1950) 73, 100, 793
Koeckert-Quartett 624
Koehler, Egon 947
Koenig, Gottfried Michael (* 1926) **1096**
Koessler, Hans (1853–1926) 875
Koffler, Józef (1896–1943[44?]) 987
Köhler, Wolfgang (* 1923) **1095**
Koldofsky, Adolf 857
Kolisch, Rudolf (1896–1978) 888, 901, 902, 1082
Kolisch-Quartett (gegr. 1922) 853, 855, 881, 882, 904, 907, 944
Komma, Karl Michael (* 1913) **1095**
Kontarsky, Aloys (* 1931) 1071, 1078
Kopelent, Marek (* 1932) **1107**
  3. u. 4. Streichquartett 1107
Kornauth, Egon (1891–1959) 127
Korngold, Erich Wolfgang (1897–1957) 71, 82, 91, 125
Kotoński, Włodzimierz (* 1925) **1108**
Koumendakis, George (* 1959) **1091**
Kounadis, Arghyris (* 1924) **1091**
Kovács, Attila 1077
Kozeluch, Leopold (1747–1818) 109
Kramář, František → Krommer
Kraus, Joseph Martin (1756–1792) **368–369**
Krauze, Zygmunt (* 1938) **1108–1109**
Krebs, Johann Ludwig (1713–1780) 54
Krek, Uroš (* 1922) **1107**
Krenek, Ernst (1900–1991) 52, 53, 72, 73, 99, 114, 127, 857, **942–946**, 992, 1082, 1094
  Sonate f. Vl u. Klav 946
  Sonate f. Va u. Klav 946
  Streichtrio 946
  Trio f. Vl, Klar u. Klav 946
  Streichquartette 943
    Nr. 1 op. 6 943
    Nr. 2 op. 8 943
    Nr. 3 op. 20 943
    Nr. 4 op. 24 943
    Nr. 5 op. 65 944
    Nr. 6 op. 78 944
    Nr. 7 op. 96 944
    Nr. 8 op. 233 946
  »Sestina« op. 161 946
  »Pentagramm« op. 163 946
  »Fibonacci Mobile« op. 187 946
  »Aulokithara« op. 213a 946
Krenn, Franz (1816–1897) 825
Kretschmer, Edmund (1830–1908) 125
Kreusser, Georg Anton (1743 bis v. 1811) 117, 122
Kreutzer, Conradin (1780–1849) 12, 81, 84, 92, 126
Kreutzer, Rodolphe (1766–1831) 53, 58, 97, 105, 431, 452
Kreuzberger Streichquartett 1044
Krieger, Johann Philipp (1649–1725) 39
Krommer, Franz (František Kramář; 1759–1831) 58, 79, 98, 109, 117, 118, 119, 121
Kroyer, Theodor (1873–1945) 963
Krug, Arnold (1849–1904) 125
Krumpholtz, Johann Baptist (Jean-Baptiste; 1742–1790) 94
Kučera, Václav (* 1929) **1107**
Küffner, Joseph (1776–1856) 122, **534**

Kuhlau, Friedrich (1786–1832) 76, 122
Kühnel, August (1645 – ~1700) 40
Kummer, Friedrich August (1797 bis 1879) 58
Kummer, Kaspar (1795–1870) 117
Kunad, Rainer (* 1936) **1101**
Kupkovič, Ladislav (* 1936) **1107**
Kurtág, György (* 1926) 1076, **1106**, **1107**
Kurth, Ernst (1886–1946) 51
Kwast, James (1852–1927) 821

Lachenmann, Helmut (* 1935) 1007, **1062–1065**, 1097
»temA« f. Fl, Stimme u. Vcl 1063
»Gran Torso« f. Streichquartett 1064
»Salut für Caudwell« f. 2 Git 1065
Lachner, Franz (1803–1890) 91, 111, 127, 130, **700**
Lachner, Ignaz (1807–1895) 69, **700**
Lachner, Vinzenz (1811–1893) 111, **700**
Lachnith, Johann Ludwig Wenzel (1746–1820) 62
Lalo, Édouard (1823–1892) 83, 707
La Motte, Diether de → Motte
Lampugnani, Giovanni Battista (1706 bis n. 1784) 37
Landowska, Wanda (1879–1959) 875
Láng, István (* 1933) **1106**
Lang, Johann Georg (~1724–1798) 86
Laporte, André (* 1931) **1091**
LaSalle Quartet (gegr. 1946) 978, 999, 1006, 1040, 1053, 1057, 1106
Lassus, Orlando (~1532–1594) 1109
Laub, Ferdinand (1832–1875) 716
Laux, Karl (1896–1978) 845
Lavigna, Vincenzo (1776–1836) 612
Lawes, William (1602–1645) 21
Lazzari, Sylvio (1857–1944) 70
Le Boulaire, Jean 969
Lebrun, Franziska (1756–1791) 362, **366**
Lebrun, Ludwig August (1752–1790) **366**
Lechner, Konrad (* 1911) **1095**
Leclair, Jean-Marie l'aîné (1697–1764) 47, 57
Le Corbusier (Édouard Jeanneret; 1887–1965) 993
le Duc (Leduc), Simon l'aîné (~ 1745 bis 1777) 47
Leeuw, Ton de (1926–1996) **1091**
Leffloth, Johann Matthäus (1705–1731) 197
Legrenzi, Giovanni (1626–1690) 27
Lehmann, Hans Ulrich (* 1937) **1104**
»Régions III« f. Klar, Pos u. Vcl 1104
Lehner, Eugen (Jenö Léner; 1894 bis 1948) 901
Leibowitz, René (1913–1972) 983, 992, 1012, 1013, 1022, 1059
Leichtentritt, Hugo (1874–1951) 820
Leigh, Augusta 1069
Leitgeb (Leutgeb), Ignaz 428
Lekeu, Guillaume (1870–1894) 70
Lemacher, Heinrich (1891–1966) 983
Lenau, Nikolaus (1802–1850) 592
Lenbach, Franz v. (1836–1904) 792
Leonhard, Kurt 997
Lesur, Daniel → Daniel-Lesur
Levi, Hermann (1839–1900) 673
Levine, Carin 948
Levine, Rhoda 1017
Leyendecker, Ulrich (* 1946) **1096**
Lhotka, Fran (1883–1962) **847**
Liadow, Anatolij → Ljadow
Lichnowsky, Christiane v., Fürstin (1765–1841) 460
Lichnowsky, Karl v., Fürst (1761 bis 1814) 461
Lidel, Andreas (~1740 – v. 1789) 96, 106, 117
Liehmann, Antonín (19. Jh.) 109
Ligeti, György (* 1923) 84, 116, **998 bis 1005**, 1083, 1086, 1099
Trio f. Vl, Hr u. Klav 1004
Streichquartett Nr. 2 999
10 Stücke f. Bläserquintett 1002
Lindner, Adalbert (19. Jh.) 829
Lindpaintner, Peter Joseph v. (1791 bis 1856) 98
Linke, Norbert (* 1933) **1095**
Lissa, Zofia (1908–1980) 1056
Liszt, Franz (1811–1886) 90, 113, 601, 612, 614, 617, 628, 629, **701**, 707, 726, 786, 794, 807, 813, 850
Litolff, Henry (1818–1891) 81, 82
Litta, Graf Agostino (18. Jh.) 239, 240
Ljadow, Anatolij K. (1855–1914) 103, 918
Lobkowitz, Joseph Franz Maximilian Fürst (1772–1816) 348, 481, 497
Locatelli, Pietro (1695–1764) 45, 46, 53
Lœillet, Jean-Baptiste (1680–1730) 36, 49

Morley, Thomas (1557–1602) 20
Moroi, Makoto (* 1930) **1089**
Morzin, Graf (18. Jh.) 241
Moscheles, Ignaz (1794–1870) 75, 76, 77, 94, 612, 786
Motte, Diether de la (* 1928) **1095**
Mozart, Familie 61, 355
Mozart, Leopold (1719–1787) 42, 240, 361, 394
Mozart, Maria Anna (Nannerl; 1751 bis 1829) 68
Mozart, Wolfgang Amadeus (1756 bis 1791) 11, 12, 58, 61, 64, 68, 74, 77, 78, 80, 81, 84, 85, 86, 92, 98, 102, 104, 105, 107, 109, 110, 117, 118, 119, 122, 130, 145, 176, 214, 228, 239, 240, 244, 248, 258, 259, 289, 300, 302, 303, 304, 307, 311, 325, 332, 336, 339, 349, 356, 369, 374, 375, 384, **394–429**, 431, 438, 439, 440, 441, 444, 455, 460, 461, 473, 475, 480, 481, 485, 496, 521, 529, 530, 531, 532, 536, 538, 539, 542, 544, 552, 556, 558, 572, 573, 574, 576, 583, 592, 612, 645, 660, 664, 678, 683, 686, 707, 753, 812, 813, 829, 860, 939
Duos 396
Duos KV 46d, 46e 396
Sonate f. Fag u. Vcl B-Dur (KV 292) 396
Duo f. Vl u. Va G-Dur (KV 423) 396
Duo f. Vl u. Va B-Dur (KV 424) 396
12 Duos f. 2 Hr (KV 487) 396
Violinsonaten 396
Jugendwerke (KV 6–9, 10–15, 26–31) 397
»Romantische Sonaten« (KV 55 bis 60) 397
Sonaten »op. I« (KV 301–306) 398
Variationen G-Dur (KV 359) 398
Variationen g-Moll (KV 360) 398
Sonaten »op. II« (KV 296, 376 bis 380) 399
Sonate A-Dur (KV 402) 397
Sonate C-Dur (KV 403) 397
Sonate B-Dur (KV 454) 400
Sonate Es-Dur (KV 481) 400
Sonate A-Dur (KV 526) 400
Sonate F-Dur (KV 547) 397
Sonate B-Dur (KV 570) 398
Trios
Klaviertrios 402
»Divertimento« (»op. III«) B-Dur (KV 254) 402
Trio f. Vl, Vcl u. Klav G-Dur (KV 496) 402
Trio f. Vl, Vcl u. Klav B-Dur (KV 502) 402
Trio f. Vl, Vcl u. Klav E-Dur (KV 542) 403
Trio f. Vl, Vcl u. Klav C-Dur (KV 548) 403
Trio f. Vl, Vcl u. Klav G-Dur (KV 564) 403
Trio f. Klar (Vl), Va u. Klav Es-Dur (KV 498) 404
Streichtrios 407
Fragment B-Dur (KV 266) 407
Fragment G-Dur (KV 562e / Anh. 66) 407
Trio (Divertimento) Es-Dur (KV 563) 408
Bläsertrios 407
Adagio f. 2 Bassett-Hr u. Fag F-Dur (KV 410) 407
25 Stücke f. 3 Bassett-Hr (KV 439b) 407
Quartette
Klavierquartette 404
Quartett f. Vl, Va, Vcl u. Klav g-Moll (KV 478) 405
Quartett f. Vl, Va, Vcl u. Klav Es-Dur (KV 493) 406
Streichquartette 409
G-Dur (KV 80) 409
»Salzburger Sinfonien« (Divertimenti KV 136–138) 409
Quartette KV 155–160 409
Quartette KV 168–173 409
»Haydn-Quartette« 410
Quartett G-Dur (KV 387) 410
Quartett d-Moll (KV 421) 411
Quartett Es-Dur (KV 428) 412
Quartett B-Dur, »Jagdquartett« (KV 458) 413
Quartett A-Dur (KV 464) 413
Quartett C-Dur, »Dissonanzenquartett« (KV 465) 415
Quartett D-Dur (KV 499) 416
Adagio u. Fuge c-Moll (KV 546) 420
Quartett D-Dur (KV 575) 417
Quartett B-Dur (KV 589) 418
Quartett F-Dur (KV 590) 419
Quartette m. Holzblasinstrumenten 420

(Mozart, Wolfgang Amadeus)
4 Quartette f. QuFl u. Streicher
D-Dur (KV 285) 420
G-Dur (KV 285a) 420
C-Dur (KV Anh. 171/285b) 420
A-Dur (KV 298) 420
Quartett f. Ob, Vl, Va u. Vcl F-Dur (KV 370) 420
Quintette
Quintett f. Klav, Ob, Klar, Fl u. Fag Es-Dur (KV 452) 406
Streichquintette 421
Quintett B-Dur (KV 174) 421
Quintett c-Moll (KV 406; Bearb. d. Bläserserenade KV 388) 427
Quintett C-Dur (KV 515) 422
Quintett g-Moll (KV 516) 423
Quintett D-Dur (KV 593) 425
Quintett Es-Dur (KV 614) 426
Serenade »Eine kleine Nachtmusik« G-Dur (KV 525) 427
Quintette mit Bläsern 427
Divertimento f. 2 Hr u. Streicher B-Dur (KV 287) 427
Quintett f. Hr, Vl, 2 Va u. Vcl Es-Dur (KV 407) 428
Quintett f. Klar, 2 Vl, Va u. Vcl A-Dur (KV 581) 427
Adagio u. Rondo (Allegretto) f. Glasharmonika, Fl, Ob, Va u. Vcl c-Moll/C-Dur (KV 617) 429
Mozart, Wolfgang Amadeus jr. (1791 bis 1844) 68
Muffat, Georg (1653–1704) 28, 29
Mühlfeld, Richard (1856–1907) 78, 84, 122, 123, 645, 660
Müller, August Eberhard (1767–1817) 348
Müller, Wenzel (1767–1835) 471
Müller, Wilhelm (1794–1827) 560
Müller, Brüder, Quartett (~1831 bis 1855) 503
Müller-Blattau, Joseph (1895–1976) 829
Müller-Siemens, Detlev (* 1957) **1097**
Mussorgskij, Modest P. (1839–1881) 111, 702, 799, 807, 860, 959
Mysliveček, Josef (1737–1781) 33, 68, 97, 119

Napoleon I. (1769–1821) 241, 795, 849
Nardini, Pietro (1722–1793) 32, 33, 46, 50, 58, 369
Naudot, Jacques-Christophe (~1700 bis 1762) 57
Naumann, Johann Gottlieb (1741 bis 1801) 64, 86
Neefe, Christian Gottlob (1748–1798) 64, 438
Neruda, Pablo (1904–1973) 1105
Neubauer, Franz Christoph (~1760 bis 1795) 100
Neues Wiener Streichquartett 828
Nicodé, Jean-Louis (1853–1919) 75
Nicolai, Otto (1810–1849) 111
Nicolet, Aurèle (* 1926) 1011, 1066, 1073
Niedermeyer, Louis (1802–1861) 707, 793
Nielsen, Carl (1865–1931) 52, 71, 112, 121, 131, 701, **843**
Quintett f. Fl, Ob, Klar, Hr u. Fag op. 43 843
Nietzsche, Friedrich (1844–1900) 684
Nono, Luigi (1924–1990) 116, **1005 bis 1007**, 1062, **1082**, 1090, 1091, 1097
»Fragmente – Stille. An Diotima« f. Streichquartett 1006
Nordraak, Rikard (1842–1866) 786
North, Roger (1653–1734) 20
Nottebohm, Gustav (1817–1882) 640
Novák, Vítězslav (1870–1949) 75, 83, 112, 113, **846–847**
2. Streichquartett op. 35 846

Oborin, Lew (1907–1974) 921
Ockeghem (Okeghem), Johannes (~1425–1496[97]) 945, 1007
Offenbach, Jacques (1819–1880) 58
Oistrach, David (1908–1974) 921, 961
Okeghem → Ockeghem
Onnou, Alphonse 893
Onslow, George (1784–1853) 69, 89, 92, 93, 94, 106, 120, 127, 431
Orenstein, Arbie 860
Orff, Carl (1895–1982) 914, 1028, 1029, 1105
Oscar (I.), schwed. Kronprinz (1799 bis 1859) 583, 584, 585
Ostendorf, Jens-Peter (* 1944) **1099**
Streichquartett 1099
»Seul« f. 4 Fl u. Live-Elektronik 1099
Otte, Hans (* 1926) **1096**
Ottolenghi, Vittoria 1022
Ovid (43 v. – ~17 n. Chr.) 873

Pablo, Luis de (* 1930) **1091**
Pachelbel, Johann (1653–1706) 54
Paganini, Niccolò (1782–1840) 53, 68, 69, 529, 591, 592, 844, 896
Pagh-Paan, Younghi (* 1945) **1089**
Paisiello, Giovanni (1740–1816) 106, 612
Palestrina, Giovanni Pierluigi da (1525?–1594) 612, 822
Palm, Siegfried (* 1927) 967, 992, 1052, 1055, 1071, 1078
Pamphili, Benedetto (17. Jh.) 133
Parr, Victoria 948
Parrenin-Quartett (gegr. 1942) 1024, 1050, 1058
Partos, Ödön (1907–1977) **1089**
Pascal, Blaise (1623–1662) 995
Pasquier, Étienne (* 1905) 969
Pásztory(-Bartók), Ditta (1903–1982) 884
Paul I. (1754–1801; russ. Zar) 289
Paumgartner, Silvester 566
Pedrell, Felipe (1841–1922) 873
Penderecki, Krzysztof (* 1933) 52, 53, 116, **1055–1059**, **1108**
»Miniatury« f. Vl u. Klav 1056
1. Streichquartett 1057
2. Streichquartett 1058
Pepping, Ernst (1901–1981) **916**, 1068
Pepusch, Johann Christoph (1667 bis 1752) 36, 48
Peragallo, Mario (* 1910) 128
Perger, Richard v. (1854–1911) 87
Pergolesi, Giovanni Battista (1710 bis 1736) 37, 890, 895
Perle, George (* 1915) 907
Petersen, Peter 888
Petersen, Wilhelm (1890–1957) **841**
Petrarca, Francesco (1304–1374) 893
Petrassi, Goffredo (* 1904) **1084 bis 1085**
Petri, Endre 885
Petz, Johann Christoph → Pez
Petzold, Christian → Pezold
Petzold, Rudolf (1908–1988) **917**
Pez (Petz), Johann Christoph (1664 bis 1716) 39
Pezel, Johann (1639–1694) 38
Pezold (Petzold), Christian (1677 bis 1733) 50
Pfeiffer, Franz Anton (1754–1787) 117
Pfeiffer, Johann (1697–1761) 54
Pfeiffer, Marianne (1807–1892) 529
Pfitzner, Hans (1869–1949) 71, 75, 82, 91, 113, 534, **821–824**, 840
Streichquartett cis-Moll op. 36 823
Klavierquintett C-Dur op. 23 822
Pfleger-Moravský, Gustav (1833–1875) 752
Pflüger, Hans Georg (* 1944) **1096**
Picasso, Pablo (1881–1973) 1042
Piccin(n)i, Niccolò (1728–1800) 963
Pichl, Václav (Wenzel; 1741–1805) 58, 80, 117, 121
Pierné, Gabriel (1863–1937) 75, 83, 84, 90
Pietro degli Antonii → Antonii
Pijper, Willem (1894–1947) 52, 71, 75, 76, **870**
Pirlinger, Joseph (1726–1793) 58
Pisendel, Johann Georg (1687–1755) 44, 50
Pissarro, Camille (1830–1903) 806
Piston, Walter (1894–1976) 92, 115, **858**
Pixis, Johann Peter (1788–1874) 110
Pizzetti, Ildebrando (1880–1968) 870, **871**, 872
Platz, Robert HP (* 1951) **1096**
Playford, Henry (1657 – ~1709) 145
Pleyel, Ignaz (1757–1831) 96, 100, 104, 109, 110, 119, 241, 260, 280, 287, 290, 386
Poessinger, Franz Alexander (~1767 bis 1827) 58, 100
Pommers, Leon 860
Popper, David (1843–1913) 655
Porpora, Nicola (1686–1768) 42, 46, 241
Porter, Quincy (1897–1966) **859**
Pörtner, Paul (1925–1984) 984, 985
Poulenc, Francis (1899–1963) 77, 78, 131, 865, **866**
Poulet, Gaston (1892–1974) 810
Pousseur, Henri (* 1929) 116, 1018, 1029, **1038–1041**, 1046, 1060, 1062, **1082**
Quintette à la mémoire d'Anton Webern 1039
Ode pour quatuor à cordes 1040
»Icare apprenti« 1041
Praetorius, Michael (1571[72]–1621) 19
Preston, John (18. Jh.) 249
Prill-Quartett 888
Primrose, William (1903–1982) 73
Pro-Arte-Quartett 893
Prokofjew, Sergej S. (1891–1953) 53, 66, 75, 115, 122, 845, **918–923**, 95[illegible] 984

(Prokofjew, Sergej S.)
Sonate f. Vl allein D-Dur op. 115 922
Sonaten f. Vl u. Klav
Nr. 1 f-Moll op. 80 921
Nr. 2 D-Dur op. 94 921
Sonate f. Vcl u. Klav C-Dur op. 119 922
Streichquartette
Nr. 1 h-Moll op. 50 920
Nr. 2 F-Dur op. 92 920
Provesi, Ferdinando (~1770–1833) 612
Puchberg, Johann Michael (1741 bis 1822) 417
Pugnani, Gaetano (1731–1798) 32, 33, 46, 58
Punto → Stich, Wenzel
Purcell, Henry (1659–1695) 20, 26, 35, **145–154**, 1011
Chaconne g-Moll 148
Fantasia upon a Ground F-Dur 148
Fantasia upon one note F-Dur 147
3stimmige Fantasien 146
4stimmige Fantasien 147
Pavanen 148
Triosonaten 149
Nachlaß 152
Nr. 1 h-Moll 152
Nr. 6 g-Moll = Chaconne 154
Nr. 9 F-Dur, »Golden Sonata« 153
Purksteiner, Joseph († 1797) 99

Quantz, Johann Joachim (1697–1773) 40, 41, 43, 48, 56

Raabe, Wilhelm (1831–1910) 701
Rachmaninow, Sergej W. (1873–1943) 75, 83, **845**
Radicati, Felice (1775–1820) 58, 97
Raff, Joachim (1822–1882) 70, 81, 91, 111, 124, 129, 131, **700**
Raguenet, François (~1660–1722) 34
Rameau, Jean-Philippe (1683–1764) 60, 63, 77, 707, 807, 809
Ramler, Karl Wilhelm (1725–1798) 353
Ramovš, Primož (* 1921) **1107**
Rands, Bernard (* 1935) **1091**
Raphael, Günter (1903–1960) 123, 730, **916**
Rasumowsky, Graf Andrej K. (1752 bis 1836) 488
Raupach, Hermann Friedrich (1728 bis 1778) 61
Rauzzini, Venanzio (1746–1810) 106
Ravel, Maurice (1875–1937) 59, 70, 71, 83, 94, 112, 793, 807, 844, **859–865**, 874
Sonate f. Vl u. Klav (1 Satz) 860
Sonate f. Vl u. Klav 864
Sonate f. Vl u. Vcl 864
»Berceuse sur le nom de Gabriel Fauré« 865
»Tzigane« 865
Klaviertrio 862
Streichquartett F-Dur 861
»Introduction et Allegro« 862
Ravenscroft, John († v. 1708) 31
Rawsthorne, Alan (1905–1971) 114
Razek, Anton (1852–1929) 105
Rebel, Jean-Fery (1666–1747) 34, 46
Rebner, Adolf (1876–1967) 923
Rebner-Quartett 928
Reger Max (1873–1916) 51, 53, 58, 66, 71, 78, 82, 87, 91, 98, 99, 100, 109, 123, 125, 536, 681, 805, **829–840**, 841, 914, 928
4 Sonaten f. Vl solo op. 42 830
7 Sonaten f. Vl allein op. 91 831
7 Präludien u. Fugen u. Chaconne f. Vl allein op. 117 831
6 Präludien u. Fugen f. Vl allein op. 131a 831
3 Suiten f. Vcl allein op. 131c 831
3 Suiten f. Va allein op. 131d 831
3 Duos f. 2 Vl op. 131b 831
Stücke f. Vl u. Klav 831
Sonate d-Moll op. 1 831
Sonate D-Dur op. 3 831
Sonate A-Dur op. 41 831
Sonate C-Dur op. 72 832
Sonate fis-Moll op. 84 832
Sonate d-Moll u. A-Dur op. 103b 834
Sonate e-Moll op. 122 834
Sonate c-Moll op. 139 834
3 kleine Stücke op. 79d 834
2 Stücke op. 87 834
Suite F-Dur im alten Stil op. 93 834
6 Vortragsstücke d. Suite a-Moll op. 103 834
12 kleine Stücke nach eigenen Liedern op. 103c 834
Stücke f. Vcl u. Klav 834
Sonate f-Moll op. 5 834
Sonate g-Moll op. 28 835
Sonate F-Dur op. 78 835
Sonate a-Moll op. 116 835
2 Stücke op. 79e 835

(Reger, Max)
Stücke f. Klar u. Klav 835
Sonaten As-Dur u. fis-Moll op. 49 835
Sonate B-Dur op. 107 835
Trio f. Klav, Vl u. Va h-Moll op. 2 836
Trio f. Vl, Vcl u. Klav e-Moll op. 102 836
Trios ohne Klavier (op. 77a/b, op. 141a/b) 837
Streichquartette 838
d-Moll (Jugend-Streichqu.) 839
g-Moll op. 54/1 838
A-Dur op. 54/2 838
d-Moll op. 74 838
Es-Dur op. 109 838
fis-Moll op. 121 839
Klavierquartette 836
d-Moll op. 113 836
a-Moll op. 133 836
Klavierquintette 837
c-Moll 837
c-Moll op. 64 837
Klarinettenquintett A-Dur op. 146 838
Streichsextett F-Dur op. 118 839
Reich, Steve (* 1936) **1099**
Reicha, Anton(ín) (1770–1836) 66, 69, 79, 98, 106, 117, 119, 122, 127, 130, 613
Reichardt, Johann Friedrich (1752 bis 1814) 64, 96
die reihe, Ensemble 1018, 1104
Reimann, Aribert (* 1936) **1068–1070**
»Canzoni e Ricercari« f. Fl, Va u. Vcl 1068
»Unrevealed« f. Bariton u. Streichquartett 1069
Reinecke, Carl (1824–1910) 69, 73, 75, 76, 78, 85, 87, 91, 98, 130, 605, 695, **700**, 786
Reinhart, Werner 891
Reinken, Johann Adam (1623–1722) 39
Reißiger, Carl Gottlieb (1798–1859) 65, 81, 87, 111, 120
Remény, Eduard (1828–1898) 628
Renoir, Auguste (1841–1919) 806
Respighi, Ottorino (1879–1936) 71, 113, **870–871**
Reutter, Georg d. J. (1708–1772) 241
Reutter, Hermann (1900–1985) **915 bis 916**
Rheinberger, Joseph (1839–1901) 70, 75, 77, 78, 87, 112, 127, 131, **700**
Ricci, Pasquale (1732–1817) 37, 63
Richter, Franz Xaver (1709–1789) 42, 58, 63, 106, **358–359**, 362
Richter, Swjatoslaw (* 1915) 922, 961, 962
Richter de Vroe, Nicolaus (* 1955) **1102**
Riegel, Heinrich Joseph → Rigel, Henri-Joseph
Riegger, Wallingford (1885–1961) **858**
Riemann, Hugo (1849–1919) 821, 829
Ries, Ferdinand (1784–1838) 68, 69, 75, 77, 80, 84, 87, 88, 93, 94, 110, 118, 122
Rietz, Eduard (1802–1832) 571, 575, 577, 578
Rigel, Henri-Joseph (Heinrich Joseph Riegel; 1741–1799) 62
Rihm, Wolfgang (* 1952) 84, **1079 bis 1081**, 1097
»Deploration« f. Fl, Vcl u. Schlzg 1080
»Im Innersten«, 3. Streichquartett 1081
Rijmond Kwintet 953
Rimbaud, Arthur (1854–1891) 1027, 1028
Rimskij-Korsakow, Nikolaj A. (1844 bis 1908) 92, 103, **702**, 860, 889, 918, 977
Ringger, Rolf Urs (* 1935) 842
Ris, G. F. 1071
Ritter, Alexander (1833–1896) **700**
Ritter, Hermann (1849–1926) 72
Ritter, Peter (1763–1846) 365, **366**
Rode, Pierre (1774–1830) 53, 105
»Roger, Jeanne« (Musikverlag) 30, 178, 185
Roger-Ducasse, Jean-Jules-Aimable (1873–1954) 811
Rolla, Alessandro (1757–1841) 58, 97
Rolland, Romain (1866–1944) 707
Rolle, Johann Heinrich (1716–1785) 54
Roman, Johan Helmich (1694–1758) 49
Romano, Eustachio (1500?–1525) 15, 16
Romberg, Andreas (1767–1821) 109, 121/122, 128
Romberg, Bernhard (1767–1841) 58, 74, 97, 109
Röntgen, Julius (1855–1932) 52, 70, 131
Ropartz, Guy (1864–1955) 76, 100
Rosbaud, Hans (1895–1962) 1014

Rosé-Quartett (gegr. 1882) 689, 822, 826, 850, 851
Rosenmüller, Johann (~1619–1684) 38, 39, 170
Roslawez, Nikolaj A. (1881–1944) 95
Rossi, Salomone (~1570–~1630) 23, 24, 25
Rossini, Gioacchino (1792–1868) 106
Rosslawets, Nikolaj → Roslawez
Rostropowitsch, Mstislaw L. (* 1927) 873, 922
Roussel, Albert (1869–1937) 71, 76, 95, 114, **844**, 868, 869
Rubinstein, Anton (1829–1894) 70, 72, 75, 82, 91, 92, 111, 124, **702**, 889
Rubinstein, Nikolaj G. (1835–1881) 717
Rückert, Friedrich (1788–1866) 560, 592
Rudolph, Erzherzog von Österreich (1788–1831) 126, 454, 469, 510
Rufer, Josef (* 1893) 905, 1094
Rühlig, Philipp 884
Rust, Friedrich Wilhelm (1739–1796) 51
Ruzicka, Peter (* 1948) **1097–1098**
»... fragment ...«, 5 Epigramme f. Streichquartett 1097
Rzewski, Frederic (* 1938) 1060

Sacchini, Antonio (1730–1786) 37, 63
Sacher, Paul (* 1906) 978, 1067, 1075
Sadler, Helmut (* 1921) **1096**
Saint-Georges, Joseph Boulogne Chevalier de (1739–1799) 57, 62, 105
Saint-Saëns, Camille (1835–1921) 70, 75, 77, 87, 94, 112, 614, **706–711**, 793, 845, 860
1. Violinsonate d-Moll op. 75 708
2. Violinsonate Es-Dur op. 102 709
1. Cellosonate c-Moll op. 32 709
2. Cellosonate F-Dur op. 123 710
Klavierquartett B-Dur op. 41 710
Salieri, Antonio (1750–1825) 438, 441, 537
Sallustio, Giacinto 947
Salmon, Joseph 809
Salomon, Johann Peter (1745–1815) 241
Sammartini, Giovanni Battista (1700/01–1775) 32, 33, 36, 46, 119, 369, 370, 371, 373
Sanromá, Jesús María (* 1902) 934
Santoro, Cláudio (1919–1988) **1089 bis 1090**
7. Streichquartett 1089
Sarasate, Pablo de (1844–1908) 69
Sarti, Giuseppe (1729–1802) 68, 429
Sáry, László (* 1940) **1107**
Satie, Erik (1866–1925) 806, 860
Sauer, Emil v. (1862–1942) 819
Sauguet, Henri (* 1901) 76
Sauvage, Cécile 967
Savoff, Sava 1073
Scarlatti, Alessandro (1660–1725) 133
Scarlatti, Domenico (1685–1757) 875
Scelsi, Giacinto (1905–1988) **947–951**, **1085**, 1090
Streichquartett Nr. 2 948
Streichquartett Nr. 4 949
»Khoom« 950
»Pranam II« 951
Schaeffer, Pierre (1910–1995) 1031
Schäffer, Bogusław (* 1929) **1108**
Schaffrath, Christoph (1709–1763) 41, 54, 55
Schalk, Franz (1863–1931) 625, 811
Schapler, Julius (19. Jh.) 103
Schat, Peter (* 1935) **1091**
Schaumburg-Lippe, Gräfin Maria Eleonore v. (18. Jh.) 239
Scheck, Gustav (1901–1984) 964
Scheibe, Johann Adolph (1708 bis 1776) 41, 54
Scheidler, Dorette → Spohr
Schenck, Johann (1660–n. 1712/16) 40, 50
Schenk, Johann Baptist (1753–1836) 438
Schenker, Friedrich (* 1942) **1102**
Scherchen, Hermann (1891–1966) 911, 942, 951, 990, 991, 993, 1005, 1062, 1082
Scherchen-Hsiao, Tona (* 1938) **1089**
Schiesser, Fritz 884
Schiller, Friedrich (1759–1805) 518
Schillings, Max v. (1868–1933) **701**
Schirinskij, Sergej P. (1903–1974) 961
Schirinskij, Wassilij P. (1901–1965) 960
Schiske, Karl (1916–1969) **1105**
Schlee, Alfred 988, 1081
Schlegel, Friedrich (1772–1829) 292
Schleiermacher, Steffen (* 1960) **1102**
Schlesinger (Musikverlage) 520, 573, 736
Schmelzer, Johann Heinrich (~1623 bis 1680) 25, 43
Schmidt, Franz (1874–1939) 91, 113, **842**
Schmieder, Wolfgang (* 1901) 202
Schmitt (Musikverlag) 86

Schmitt, Florent (1870–1958) 70, 90, 94, 793
Schmitt, Joseph (1734–1791) 86, **367**
Schmittbau(e)r, Joseph Aloys (1718 bis 1809) **367**
Schnabel, Artur (1882–1951) 52, 942
Schnebel, Dieter (* 1930) 1033, **1045 bis 1048**, 1064, 1086
Stücke f. Streichquartett (aus »Versuche«) 1046
»réactions« (aus »Abfälle I«) 1046
»anschläge – ausschläge« (aus »Modelle – Ausarbeitungen«) 1048
Schneider, Friedrich (1786–1853) 87
Schneider, Georg Abraham (1770 bis 1839) 119, 122
Schneider, Urs Peter (* 1939) **1104**
Schnittke, Alfred (* 1934) 92, **1109 bis 1110**
3. Streichquartett 1109
Schobert, Johann (~1740–1767) 61
Schoeck, Othmar (1886–1957) 113, 127, 829, **841–842**
Schollum, Robert (1913–1987) **1105**
Schönberg, Arnold (1874–1951) 11, 66, 72, 94, 99, 104, 109, 113, 114, 115, 124, 127, 131, 630, 642, 643, 645, 662, 665, 667, 807, 823, 825, 826, 828, 845, **847–857**, 860, 864, 866, 869, 873, 875, 876, 883, 890, 897, 898, 900, 901, 902, 905, 906, 910, 911, 912, 913, 918, 925, 926, 942, 947, 954, 964, 966, 971, 974, 987, 992, 1005, 1013, 1015, 1018, 1033, 1038, 1045, 1051, 1069, 1082, 1084, 1086, 1091, 1100, 1103, 1109
Fantasie f. Vl m. Klav-Begleitung op. 47 857
Streichtrio op. 45 856
Streichquartette
D-Dur 849
Nr. 1 d-Moll op. 7 850
Nr. 2 fis-Moll op. 10 851
Nr. 3 op. 30 853
Nr. 4 op. 37 855
Bläserquintett op. 26 852
Streichsextett »Verklärte Nacht« op. 4 850
Suite f. 7 Instr op. 29 853
Schönberg, Mathilde († 1923) 851
Schorr, Eva (* 1927) **1095**
Schostakowitsch, Dmitrij D. (1906 bis 1975) 11, 73, 75, 84, 92, 114, 129, 845, 919, **954–962**, 1109, 1110
Sonate f. Vl u. Klav op. 134 961
Sonate f. Va u. Klav op. 147 962
Sonate f. Vcl u. Klav d-Moll op. 40 954
Trio f. Klav, Vl u. Vcl Nr. 2 e-Moll op. 67 956
Streichquartette 957
Nr. 1 C-Dur op. 49 957
Nr. 2 A-Dur op. 68 957
Nr. 3 F-Dur op. 73 957
Nr. 4 D-Dur op. 83 957
Nr. 5 B-Dur op. 92 957
Nr. 6 G-Dur op. 101 958
Nr. 7 fis-Moll op. 108 958
Nr. 8 c-Moll op. 110 959
Nr. 9 Es-Dur op. 117 959
Nr. 10 As-Dur op. 118 959
Nr. 11 f-Moll op. 122 960
Nr. 12 Des-Dur op. 133 960
Nr. 13 b-Moll op. 138 960
Nr. 14 Fis-Dur op. 142 961
Nr. 15 es-Moll op. 144 961
Klavierquintett g-Moll op. 57 955
Schostakowitsch, Irina 959
Schostakowitsch, Nina Veruschka 958
Schott (B. Schott's Söhne, Musikverlag) 86, 91
Schreker, Franz (1878–1934) 71, 127, 807, 914, 942, 943
Schroeter, Johann Samuel (1752[50?] bis 1788) 63, 251
Schubert, Franz (1797–1828) 65, 68, 69, 76, 81, 87, 88, 98, 108, 109, 120, 126, 349, 438, 454, 455, 515, 522, 525, **537–571**, 592, 640, 668, 672, 676, 694, 696, 803, 860, 944, 1080, 1102
Kammermusik für Streicher 539
Streichtrios 552
B-Dur (D 471) 552
B-Dur (D 581) 552
Streichquartette 539
In wechselnden Tonarten (D 18) 539
C-Dur (D 32) 540
B-Dur (D 36) 540
C-Dur (D 46) 540
B-Dur (D 68) 540
D-Dur (D 74) 540
Es-Dur (D 87 / op. 125/1) 541
D-Dur (D 94) 539
c-Moll (Grave, Adagio; D 103) 541
B-Dur (D 112) 541
g-Moll (D 173) 541
E-Dur (D 353 / op. 125/2) 542
c-Moll (Allegro; D 703) 543

(Schubert, Franz)
a-Moll (D 804 / op. 29/1) 543
d-Moll, »Der Tod und das Mädchen« (D 810) 546
G-Dur (D 887 / op. 161) 549
Menuette, Deutsche Tänze f. Streichquartett (D 86, 89–91) 541
Quintett-Ouvertüre c-Moll (D 8) 555
Rondo f. Solo-Vl u. Streichorchester (D 438) 555
Streichquintett C-Dur (D 956 / op. 163) 552
Kammermusik mit Klavier 556
Duos
Sonatinen f. Klav u. Vl (op. 137) 556
D-Dur (D 384 / op. 137/1) 556
a-Moll (D 385 / op. 137/2) 557
g-Moll (D 408 / op. 137/3) 558
Sonate A-Dur (D 574 / op. 162) 559
»Rondo brillant« h-Moll (D 895 / op. 70) 559
Fantasie f. Klav u. Vl C-Dur (D 934 / op. 159) 560
Introduktion u. Variationen über ein Thema aus d. Müller-Liedern f. Klav u. Fl e-Moll (D 802 / op. 160) 560
Sonate f. Arpeggione u. Klav a-Moll (D 821) 561
Trios
Triosatz (»Sonata«) B-Dur (D 28) 565
Notturno f. Klav, Vl u. Vcl Es-Dur (D 897 / op. 148) 565
Trio f. Klav, Vl u. Vcl B-Dur (D 898/ op. 99) 562
Trio f. Klav, Vl u. Vcl Es-Dur (D 929 / op. 100) 564
Adagio und Rondo concertante f. Klavierquartett F-Dur (D 487) 566
Klavierquintett A-Dur, »Forellenquintett« (D 667 / op. 114) 566
Kammermusik mit Bläsern und für Bläser 569
Menuett u. Finale eines Oktetts f. 8 Bläser F-Dur (D 72) 571
Oktett f. 2 Vl, Va, Vcl, Kb, Klar, Hr u. Fag F-Dur (D 803 / op. 166) 569
Trauermusik f. 9 Bläser es-Moll (D 79) 571
Schuberth, Karl (1811–1863) 129
Schukowskij, Wassilij (1783–1852) 800
Schulhoff, Erwin (1894–1942) 76, 115
Schuller, Gunther (* 1925) 116, **1085**
Schulz-Ensemble 1105
Schuman, William (1910–1992) **858 bis 859**
Schumann (Wieck), Clara (1819 bis 1896) 81, 591, 592, 598, 599, 600, 604, 605, 606, 608, 609, 610, **611 bis 612**, 628, 629, 631, 650, 651, 664, 668, 670, 683, 684, 692, 695
Klaviertrio g-Moll op. 17 612
Schumann, Felix († 1879) 631, 632
Schumann, Karl 959, 961
Schumann, Robert (1810–1856) 12, 69, 70, 73, 76, 77, 78, 81, 84, 87, 88, 90, 91, 103, 109, 111, 117, 202, 344, 430, 588, **591–611**, 628, 629, 630, 638, 651, 664, 668, 676, 677, 699, 762, 786, 794, 808, 813, 821, 831, 1029
Violinsonaten
a-Moll op. 105 608
d-Moll op. 121 609
a-Moll o. op. (FAE-Sonate) 610
»Märchenbilder« f. Va u. Klav op. 113 611
Stücke im Volkston f. Vcl u. Klav op. 102 610
Fantasiestücke f. Klar u. Klav op. 73 610
Adagio und Allegro f. Hr u. Klav op. 70 610
3 Romanzen f. Ob u. Klav op. 94 611
Klaviertrios 603
Nr. 1 d-Moll op. 63 604
Nr. 2 F-Dur op. 80 605
Nr. 3 g-Moll op. 110 606
Fantasiestücke op. 88 603
»Märchenerzählungen« f. Klar, Va u. Klav op. 132 607
Streichquartette 592
a-Moll op. 41/1 593
F-Dur op. 41/2 594
A-Dur op. 41/3 596
Klavierquartett Es-Dur op. 47 601
Klavierquintett Es-Dur op. 44 598
Schuppanzigh, Ignaz (1776–1830) 103
Schuppanzigh-Quartett 103, 499, 543
Schuster, Joseph (1748–1812) 56, 64, 68
Schwanenberg(er), Johann Gottfried (1740–1804) 96
Schwarz-Schilling, Reinhard (1904 bis 1985) **916**

Schweden, Kronprinz → Oscar (I.)
Schweinitz, Wolfgang v. (* 1953) **1097**
Schweitzer, Anton (1735–1787) 356
Schwertsik, Kurt (* 1935) **1104**
Schwindel, Friedrich (1737–1786) 63, 117
Scontrino, Antonio (1850–1922) 111
Scott, Cyril (1879–1970) **844**
Searle, Humphrey (1915–1982) **1084**
Sechter, Simon (1788–1867) 624, 825
Seemann, Carl (1910–1983) 964
Seiber, Mátyás (1905–1960) **1084**
Sekles, Bernhard (1872–1934) 918, 923
Senallié, Jean-Baptiste (1687–1730) 47
Senfl, Ludwig (~1486–1542/43) 15
Serocki, Kazimierz (1922–1981) **1108**
Sessions, Roger (1896–1985) 53, 115, **859**, 1083
Seter, Mordecai (1916–1994) **1089**
Sevitzky, Fabien (1891–1967) 899
Seydelmann, Franz (1748–1806) 76
Sgambati, Giovanni (1841–1914) 91, 111
Shakespeare, William (1564–1616) 482, 987
Sibelius, Jean (1865–1957) 91, 103, 701, **843**
Streichquartett d-Moll op. 56, »Voces intimae« 843
Sieber (Musikverlag) 312
Siebert, Wilhelm Dieter (* 1931) **1095**
Siebold, Agathe v. (19. Jh.) 696
Siegele, Ulrich (* 1930) 1063
Simon, Simon (18. Jh.) 60
Simrock (Musikverlag) 124, 611, 650, 658, 670, 689, 695, 734, 736, 741, 752, 753, 754, 762, 779
Sinding, Christian (1856–1941) 70, 82, 91, 112, **701**
Sirmen (Syrmen), Maddalena Laura, geb. Lombardini (1735? – ~1800) 57
Skalkottas, Nikos (1904–1949) 52, **847**
Skrjabin, Alexander N. (1872–1915) 896, 911, 947
Smetana, Bedřich (1824–1884) 82, 83, 103, 112, **617–623**, 701, 721, 751, 1076, 1081
Klaviertrio g-Moll op. 15 618
1. Streichquartett e-Moll, »Aus meinem Leben« 619
2. Streichquartett d-Moll 622
Società Cameristica Italiana 948, 1046, 1064
Soler, Antonio (1729–1783) 89
Sollertinskij, Iwan I. (1902–1944) 956
Somis, Giovanni Battista (1686–1763) 45
Sonnleithner, Christoph (1734–1786) 110
Sor, Fernando (1778–1839) 394
Spahlinger, Mathias (* 1944) **1097**
Spies, Hermine (1857–1893) 634
Spohr, Dorette, geb. Scheidler (1787 bis 1834) 94, 529
Spohr, Louis (1784–1859) 58, 81, 92, 94, 108, 110, 118, 119, 121, 124, 126, 127, 128, **529–533**, 579, 585, 590, 692
Duette f. 2 Vl 533
Streichquartette 531
Streichquintette 531
Streichsextett C-Dur op. 140 531
Doppelquartette 531
Oktett f. Klar, 2 Hr, Vl, 2 Va, Vcl u. Kb E-Dur op. 32 532
Nonett f. Fl, Ob, Klar, Hr, Fag, Vl, Va, Vcl u. Kb F-Dur op. 31 533
Andere Kammermusik 529
Staden, Johann (1581–1634) 38
Stadler, Anton (1753–1812) 122, 427
Stadler, Maximilian (1748–1833) 397
Stahmer, Klaus Hinrich (* 1941) **1096**
Stahnke, Manfred (* 1951) **1099**
Stainer, Jakob (~1617–1683) 913
Stalin, Jossif (1879–1953) 919, 954
Stamitz, Familie 357
Stamitz, Anton (1750 – n. 1796) 106, **365–366**
Stamitz, Carl (1745–1801) 63, 106, 117, 119, 167, 362, **365–366**
Stamitz, Johann (1717–1757) 97, **357**, 360, 361, 362, 363, 365
Stanford, Charles Villiers (1852–1924) 75, 78
Staufer, Georg (19. Jh.) 561
Steffani, Agostino (1654–1728) 30, 170
Steffen, Wolfgang (1923–1993) **1095**
Steffens, Walter (* 1934) **1095**
Stein, Fritz (1879–1961) 832
Stein, Leonard (* 1916) 857
Steinberg, Maximilian (1883–1946) 954
Steinecke, Wolfgang (1910–1961) 1082, 1083
Stephan, Rudi (1887–1915) 94, **841**
Sterkel, Franz Xaver (1750–1817) 79, 87

Stern, Isaac (* 1920) 52
Steuermann, Eduard (1892–1964) 883, 902, 1082
Stibilj, Milan (* 1929) **1107**
Stich, Wenzel (Štich, Jan Václav), gen. Punto (1746–1803) 77, 117, 523
Stockhausen, Karlheinz (* 1928) 132, 984, 988, 1018, **1030–1038**, 1041, 1062, 1079, **1082**, 1100, 1104
Nr. 1/7 »Kreuzspiel« 1034
Nr. 5 »Zeitmaße« 1034
Nr. 11 »Refrain« 1036
Nr. 21 »Adieu« 1037
Stoelzel (Stölzel), Johann Heinrich (1690–1749) 40
Stöhr, Richard (1874–1967) 127
Stoltzer, Thomas (1480/85?–1526) 15
Storm, Theodor (1817–1888) 907
Stösslová, Kamila 801, 802
Stradivari, Antonio (1644?–1737) 119, 913
Sträßer, Ewald (1867–1933) 123
Strauss, Richard (1864–1949) 71, 75, 87, 125, 131, 700, 707, 807, **811–819**, 822, 823, 840, 843, 850, 906, 954, 984
Violinsonate Es-Dur op. 18 817
Cellosonate F-Dur op. 6 812
Streichquartett A-Dur op. 2 812
Klavierquartett c-Moll op. 13 813
Strawinsky, Igor (1882–1971) 71, 94, 115, 126, 131, 707, 799, 807, 844, 845, 860, 864, 871, **889–895**, 896, 917, 919, 954, 963, 999, 1008, 1042, 1066, 1082, 1084, 1090, 1091, 1102
»Elegie« f. Va 893
3 Stücke f. Klar solo 891
»Fanfare for a New Theatre« 894
Duo concertant f. Vl u. Klav 893
»Suite Italienne« (n. »Pulcinella«) 895
»Epitaphium« f. Fl, Klar u. Hrf 894
3 Stücke f. Streichquartett 891
Concertino f. Streichquartett 891
»Double Canon« f. Streichquartett 894
Septett 894
Bläseroktett 892
Suiten (n. »Die Geschichte vom Soldaten«) 895
Strepponi (Verdi), Giuseppina (1815 bis 1897) 612
Strinasacchi, Regina (1764–1823) 400
Strobel, Heinrich (1898–1970) 867, 1058
Strub, Max (1900–1966) 936
Stürmer, Bruno (1892–1958) 127
Stürzbecher, Ursula 1100
Stutterheim, Fürst v. (19. Jh.) 513
Suk, Josef (1874–1935) 83, 87, 112, 113, **847**
Susato, Tilman (~1500–1561/64) 18
Suter, Hermann (1870–1926) 113
Sutermeister, Heinrich (* 1910) **869 bis 870**
Serenade Nr. 1 869
Serenade Nr. 2 870
Svendsen, Johan (1840–1911) 129
Sweelinck, Jan Pieterszoon (1562 bis 1621) 963
Swieten, Baron Gottfried van (1733 bis 1803) 110, 353
Syrmen, Maddalena Laura → Sirmen
Székely, Zoltán (* 1903) 884
Szigeti, Joseph (1892–1973) 884, 885
Szönyi, Erzsébet (* 1924) **1106**
Szymanowski, Karol (1882–1937) 114, 807, 846, **896–897**, 987
Sonate f. Vl u. Klav d-Moll op. 9 896
1. Streichquartett C-Dur op. 37 896
2. Streichquartett op. 56 896

Taffanel, Claude Paul (1844–1908) 130, 131
Taffanel, Société (gegr. 1879) 100, 130, 131
Tagore, Rabindranath (1861–1941) 825, 908
Tailleferre, Germaine (1892–1983) 865
Takahashi, Yūji (* 1938) **1089**
Takemitsu, Tōru (* 1930) **1089**
Tal, Josef (* 1910) **1089**
Tallis, Thomas (~1505–1585) 21
Tanejew, Sergej I. (1856–1915) 83, 87, 91, 111, 121, **702**, 918
Tanejew-Quartett 961
Tansman, Alexandre (* 1897) 76, 100
Tarack, Gerald 860
Tartini, Giuseppe (1692–1770) 32, 33, 44, **46**
Taverner, John (~1490–1545) 21
Telemann, Georg Philipp (1681 bis 1767) 30, 40, 41, 48, 50, 54, 55, 56, **163–175**, 234, 236, 829
Werke ohne Generalbaß 166
Fantasien f. »Basse de Viole« 167
Fantasien f. Fl solo 167
Fantasien f. Vl solo 167
Kanonische Sonaten op. 5 168
Konzerte f. 4 Vl 168

(Telemann, Georg Philipp)
Sonaten f. 2 QuFl / 2 Vl op. 2 167
Sonaten f. 2 QuFl 168
Sonate f. Va da gamba F-Dur 167
Werke mit Generalbaß 169
»Corellisierende Sonaten« 171
»Kleine Kammermusik« 169
Konzerte f. Fl, Cemb, b. c. 173
»Methodische Sonaten« 169
Pariser Quartette 174
Quartette 173
»Scherzi melodichi« (»Pyrmonter Kurwoche«) 170
Sonate f. 2 BlockFl m. b. c. 173
Sonaten aus »Essercizii musici« 169
Suiten f. Fl, Cemb, b. c. 173
»Trietti metodichi u. Scherzi« 169
Tertis, Lionel (1876–1975) 73
Terzakis, Dimitris (* 1938) **1091**
Tessarini, Carlo (1690–n. 1766) 45
Thalberg, Sigismund (1812–1871) 612
Theile, Johann (1646–1724) 38
Thibaut, Anton Friedrich Justus (1772–1840) 591
Thieriot, Ferdinand (1838–1919) 126, 129
Thomas, Ambroise (1811–1896) 120
Thomson, Virgil (1896–1989) **858**
Thouvenal-Quartett 946
Thuille, Ludwig (1861–1907) 93, **701**, 841
Thunn, Gräfin Maria Wilhelmine v. (18. Jh.) 465
Tiessen, Heinz (1887–1971) **841**, 911
Tippett, Michael (* 1905) 114, **872**
Toch, Ernst (1887–1964) 75, **842–843**
Toeschi, Carlo Giuseppe (Carl Joseph; 1731–1788) 42, 96, 106, 117, **360**, 361, 363, **364**
Toeschi, Giovanni Battista (Johann Christoph; 1735–1800) **364**
Tolstoj, Lew N. (1828–1910) 801, 919
Tomášek, Václav Jan (Wenzel Johann Tomaschek; 1774–1850) 87
Tomasini, Luigi (1741–1808) 58, 99, 269
Torelli, Giuseppe (1658–1709) 28, 46
Tost, Johann (18./19. Jh.) 127, 312, 320, 532
Tovey, Donald Francis (1875–1940) 672
Traeg (Musikverlag) 104
Trakl, Georg (1887–1914) 869
Trampler, Walter (* 1915) 1021
Trapp, Max (1887–1971) **841**
Troester, Arthur (* 1906) 966
Trojahn, Manfred (* 1949) **1097**, **1098**
1. Streichquartett 1098
Troyer, Graf Ferdinand v. (19. Jh.) 561
Trunk, Richard (1879–1968) **841**
Tschaikowskij, Pjotr I. (Peter; 1840 bis 1893) 67, 83, 111, 124, 598, 702, **711–721**, 806, 808, 845
1. Streichquartett D-Dur op. 11 712
2. Streichquartett F-Dur op. 22 714
3. Streichquartett es-Moll op. 30 716
Streichsextett d-Moll op. 70, »Souvenir de Florence« 719
Klaviertrio a-Moll op. 50 717
Tudor, David (* 1926) 976, 1087, 1088
Turina, Joaquín (1882–1949) 846
Turini, Francesco (~1589–1656) 24
Tye, Christopher (~1500–1573) 21

Uccellini, Marco (~1603–1680) 25
Uhde, Jürgen (1913–1991) 1062
Urbanner, Erich (* 1936) **1106**
Uttini, Francesco Antonio (1723–1795) 33

Vachon, Pierre (1731–1803) 34, 47, 105
Valen, Fartein (1887–1952) 115
Valentini, Giuseppe (~1680–~1746) 47
Valéry, Paul (1871–1945) 910
Vanhal, Johann Baptist (Jan Křtitel V.; 1739–1813) 58, 77, 86, 96, 98, 119
Varèse, Edgar(d) (1883–1965) 131, **910–911**, 1051, 1082, 1085
Vaughan Williams, Ralph (1872–1958) **844**
Veerhoff, Carlos Heinrich (* 1926) **1095**
Vegh-Quartett 952, 953
Velte, Eugen Werner (1923–1984) 1079
Vento, Mattia (1735–1776) 37, 63
Veracini, Francesco Maria (1690–1768) 44, 45
Verdi, Giuseppe (1813–1901) 111, **612–613**
Streichquartett e-Moll 612
Veress, Sándor (1907–1992) 998, 1065, 1066, 1073
Verhulst, Johannes (1816–1891) 111

Viadana, Lodovico (~1560–1627) 23, 26
Vibert, Nicolas (~1710–1772) 34, 57
Vierdanck, Johann (~1605–1646) 38
Vierne, Louis (1870–1937) 90
Vieuxtemps, Henri (1820–1881) 70
Viganò, Salvatore (1769–1821) 369
Villa-Lobos, Heitor (1887–1959) 846, **868**
Viotti, Giovanni Battista (1755–1824) 47, 57, 96, 105, 380, 382, 431, 437
Vitali, Giovanni Battista (1632–1692) 28, 149
Vitali, Tommaso Antonio (1663–1745) 31, 44
Vivaldi, Antonio (1678–1741) **31**, **32**, 34, 44, 45, 46, 161, 389, 963
Vivarino, Innocentio (~1575–1626) 24
Vlad, Roman (* 1919) 904
Vogel, Helmut (* 1925) **1096**
Vogel, Wladimir R. (1896–1984) **911 bis 912**, 1103
Vogler, Georg Joseph (Abbé V.; 1749 bis 1814) 63, 79, 86, 365, **366**, 367, 529, 534
Vogt, Hans (1911–1992) 206, **1093 bis 1094**
Voigtländer, Lothar (* 1943) **1102**
Volkmann, Robert (1815–1883) 81, 82, 111, **700**
Voříšek (Worzischek), Jan Václav (1791–1825) 68
Voss, Friedrich (* 1930) **1096**
Vranický → Wrani(t)zky

Wagenseil, Georg Christoph (1715 bis 1777) 42, 60, 110, 119
Wagner, Richard (1813–1883) 70, 91, 105, 109, 123, 127, 430, 572, 614, 617, 624, 629, 634, 676, 707, 721, 722, 732, 767, 777, 783, 794, 803, 806, 807, 813, 817, 848, 850, 879, 908
Wahren, Karl Heinz (* 1933) **1095**
Wajnberg (Weinberg), Moissej (* 1919) 959
Walch, Leopold 902
Waldbauer, Imre (1892–1953) 883
Waldbauer-Quartett (gegr. 1909) 877, 878, 879
Waldeck, Fürst Carl August Friedrich v. (18. Jh.) 170
Walsh, John (~1665/66–1736) 178, 185, 194, 195, 196
Walsh, John jr. (1709–1766) 181, 182
Walter-Quartett 678
Walther, Johann Jakob (~1650 bis 1717) 43, 44, 50
Walton, William (1902–1983) 73, 114, **872**
Wanek, Friedrich K. (* 1929) 998
Wasiliewski, Wilhelm Joseph v. (1822 bis 1896) 606, 611
Weber, Carl Maria v. (1786–1826) 65, 69, 78, 81, 84, 110, 122, 123, 354, 465, 529, **534–537**, 575
  6 Sonaten op. 10a 534
  9 Variationen f. Vl u. Klav über ein norwegisches Thema op. 22 534
  7 Variationen f. Klar u. Klav über ein Thema aus »Silvana« B-Dur op. 33 535
  Grand Duo concertant f. Klav u. Klar Es-Dur op. 48 535
  Trio f. Klav, Fl u. Vcl g-Moll op. 63 536
  Bläsertrio (»Maienblümchen«) 534
  Klavierquartett B-Dur op. 8 534
  Quintett f. Klar, 2 Vl, Va u. Vcl B-Dur op. 34 536
  Adagio Es-Dur 534
  Rondo f. Bläsersextett u. Kb ad lib. B-Dur 534
Weber, Gottfried (1779–1839) 98
Weber, Joseph Miroslav (1854–1906) 126
Weber (Mozart), Konstanze (1762 bis 1842) 394, 397
Webern, Anton (1883–1945) 88, 91, 99, 104, 115, 127, 851, 860, 875, 891, **897–905**, 906, 907, 926, 951, 964, 987, 991, 992, 997, 1008, 1009, 1018, 1033, 1034, 1038, 1039, 1046, 1056, 1068, 1070, 1082, 1088, 1090, 1103, 1108
  4 Stücke f. Geige u. Klav op. 7 899
  3 kleine Stücke f. Vcl u. Klav op. 11 901
  Streichtrio op. 20 901
  5 Sätze f. Streichquartett op. 5 898
  6 Bagatellen f. Streichquartett op. 9 900
  Streichquartett op. 28 904
  Quartett f. Vl, Klar, TenSax u. Klav op. 22 902
  Quintett f. 2 Vl, Va, Vcl u. Klav 898
  Konzert f. 9 Instrumente op. 24 903
Weckmann, Matthias (1621–1674) 38
Weelkes, Thomas (~1575–1623) 21
Weigl, Joseph (1766–1846) 466

Weill, Kurt (1900–1950) **915**
Streichquartett op. 8 915
Weinberg, Moissej → Wajnberg
Weiner, Leó (1885–1960) **846**
Weingartner, Felix v. (1863–1942) 825
Weismann, Julius (1879–1950) 51, **840**, 841
Weiss, Johann Sigismund Leopold († 1737) 197
Weiss, Silvius Leopold (1686–1750) 197
Wellesz, Egon (1885–1974) 52, 114, **912**
Wendling, Familie 357
Wendling, Johann Baptist (1723 bis 1797) 43, **360**, **363**
Went, Johann (1745–1801) 130
Wenzel, Hans Jürgen (* 1939) **1102**
Werfel, Franz (1890–1945) 907
Werner, Gregor Joseph (1693–1766) 110
Westhoff, Johann Paul (1656–1705) 43, 44, 50
Wetz, Richard (1875–1935) 51
Widor, Charles-Marie (1844–1937) 75, 867
Wieck, Clara → Schumann
Wieck, Friedrich (1785–1873) 591
Wielhorsky, Graf Mathieu (19. Jh.) 601
Wihan, Hans (Hanuš; 1855–1920) 812
Wilcken, Anna Magdalena → Bach
Wildberger, Jacques (* 1922) **1103 bis 1104**
Willaume, Gabriel 862
William III. (1650–1702; engl. König) 145
Wimberger, Gerhard (* 1923) **1104 bis 1105**
Windsperger, Lothar (1885–1935) 52
Winter, Peter v. (1754–1825) 126, **366**, 530
Witt, Friedrich (1770–1836) 92
Wittgenstein, Paul (1887–1961) 91, 842
Wittinger, Róbert (* 1945) **1076 bis 1079**, 1107
»Concentrazioni« f. Bläserquartett op. 7 1077
»Compensazioni« f. Kammerensemble op. 9 1077
»Tendenze« per 3 suonatori op. 14 1078
»Strutture simmetriche« op. 17 1078
3. Streichquartett op. 20 1079
Wolf, Hugo (1860–1903) 109, **803 bis 805**
Streichquartett d-Moll 803
»Italienische Serenade« G-Dur 805
Wolf-Ferrari, Ermanno (1876–1948) 127
Wolff, Christian (* 1934) **1088**
Wolff, Christian Michael (1707–1789) 56
Wolfmayer, Nepomuk (19. Jh.) 518
Wolfrum, Philipp (1854–1919) 91
Wörner, Karl H. (1910–1969) 829
Worzischek → Voříšek
Wrani(t)zky (Vranický), Anton(ín) (1761–1820) 58, 109, 120
Wrani(t)zky (Vranický), Paul (Pavel; 1756–1808) 79, 87, 98, 109, 110, 117, 119
Wulff, Bernhard 1080
Wyttenbach, Jürg (* 1935) 1008, 1033, **1065–1067**, 1103
»Paraphrase« f. 1 Flötisten u. 1 Pianisten 1066
»Exécution ajournée II« f. Streichquartett 1067

Xenakis, Iannis (* 1922) 52, 53, 116, **993–996**, 1089, 1090
»St/4 – 1,080262« f. Streichquartett 994
»Anaktoria« f. 8 Instr 995
»Atrées« f. 10 Instr 995

Ysaye, Eugène (1858–1931) 52, 615, 797, **844–845**
Ysaye-Quartett 808
Yun, Isang (1917–1995) **980–982**, 1089
»Loyang« f. Kammerensemble 981
»Garak« f. Fl u. Klav 982
Trio f. Vl, Vcl u. Klav 982

Zachow, Friedrich Wilhelm (1663 bis 1712) 175, 176, 177
Zanetti, Francesco (1737–1788) 119
Zechlin, Ruth (* 1926) **1100**
Zehm, Friedrich (* 1923) **1096**
Zelenka, Jan Dismas (1679–1745) **155–163**
Triosonaten 155
Nr. 1 F-Dur 158
Nr. 2 g-Moll 159
Nr. 3 B-Dur 159
Nr. 4 g-Moll 160
Nr. 5 F-Dur 161
Nr. 6 c-Moll 162

Zelter, Carl Friedrich (1758–1831) 242, 571
Zemlinsky, Alexander (1871–1942) 12, 82, 113, 114, **825–829**, 847, 849, 850, 907, 908, 909
Trio f. Klar, Vcl u. Klav d-Moll op. 3 825
Streichquartette
Nr. 1 A-Dur op. 4 826
Nr. 2 op. 15 826
Nr. 3 op. 19 827
Nr. 4 op. 25 828
Zender, Hans (* 1936) **1070–1073**, 1095
Quartett f. Fl, Vcl, Klav u. Schlzg 1071
»Trifolium« f. Fl, Vcl u. Klav 1071
»Muji no kyo« f. var. Besetzung 1072
Zieritz, Grete v. (* 1899) **914–915**
Zilcher, Hermann (1881–1948) 92
Zilcz, György 1107
Zillig, Winfried (1905–1963) **917 bis 918**
Zimmermann, Bernd Alois (1918 bis 1970) 53, **983–987**, 1070, 1102
»Présence« f. Vl, Vcl u. Klav 984
»Intercomunicazione« f. Vcl u. Klav 985
Zimmermann, Udo (* 1943) **1101**
Zinsstag, Gerard (* 1941) **1104**
Zmeskall v. Domanovec, Nikolaus (1759–1833) 499
Zuckmayer, Eduard (1890–1972) 901, 923, 936
Zuntz, Günther 266